여러분의 합격을 응원하는
해커스경찰의 특별 혜택!

FREE 경찰학 특강

해커스경찰(police.Hackers.com) 접속 후 로그인 ▶ 상단의 [무료강좌 → 경찰 무료강의] 클릭하여 이용

해커스경찰 온라인 단과강의 **20% 할인쿠폰**

79BF4D86DD63A6HE

해커스경찰(police.Hackers.com) 접속 후 로그인 ▶ 상단의 [내강의실] 클릭 ▶
[쿠폰/포인트] 클릭 ▶ 쿠폰번호 입력 후 이용

* 등록 후 7일간 사용 가능(ID당 1회에 한해 등록 가능)

경찰 합격예측 **온라인 모의고사 응시권 + 해설강의 수강권**

84B265FD3AFF742Z

해커스경찰(police.Hackers.com) 접속 후 로그인 ▶ 상단의 [내강의실] 클릭 ▶
[쿠폰/포인트] 클릭 ▶ 쿠폰번호 입력 후 이용

* ID당 1회에 한해 등록 가능

쿠폰 이용 관련 문의 **1588-4055**

단기 합격을 위한 해커스경찰 커리큘럼

입문
탄탄한 기본기와 핵심 개념 완성!

누구나 이해하기 쉬운 개념 설명과 풍부한 예시로 부담없이 쌩기초 다지기

 베이스가 있다면 **기본 단계**부터!

기본+심화
필수 개념 학습으로 이론 완성!

반드시 알아야 할 기본 개념과 문제풀이 전략을 학습하고
심화 개념 학습으로 고득점을 위한 응용력 다지기

기출+예상 문제풀이
문제풀이로 집중 학습하고 실력 업그레이드!

기출문제의 유형과 출제 의도를 이해하고 최신 출제 경향을 반영한
예상문제를 풀어보며 본인의 취약영역을 파악 및 보완하기

동형모의고사
동형모의고사로 실전력 강화!

실제 시험과 같은 형태의 실전모의고사를 풀어보며 실전감각 극대화

마무리
시험 직전 실전 시뮬레이션!

각 과목별 시험에 출제되는 내용들을 최종 점검하며 실전 완성

* 커리큘럼 및 세부 일정은 상이할 수 있으며,
자세한 사항은 해커스경찰 사이트에서 확인하세요.

단계별 교재 확인 및
수강신청은 여기서!

police.Hackers.com

해커스경찰
킹재규 경찰학 PLUS+ 1000제

해커스

킹재규 경찰학 플러스 1000제
PLUS 1000제란?

① PLUS 1000제는 총론 722문제와 각론 279문제, 총 1001문제로 구성되어 있습니다.

② 핵심서브노트(핵서), 23개년 총알기출OX(이총기)와 동일한 목차로 내용을 구성하였습니다.

③ 최근까지 개정된 법령을 모두 반영하였으며, 출제 경향에 맞춰 채용(행정법), 간부(범죄학, 행정법, 행정학), 해양간부(행정법) 등의 최신 기출문제와 실무종합, 기출문제 변형, 예상문제, 사례형, 판례 등을 포함하여 다양한 문제 유형을 경험할 수 있도록 풍부하게 구성하였습니다.

④ 경찰학을 확실하게 박살내기를 위한 5대원칙
- 정확성 : 23개년 채용, 승진, 경간 등 기출문제 지문 하나하나를 철저히 분석해서 공부의 방향성과 시험문제의 유형, 난이도 등을 정확하게 분석하였습니다.
- 완전성 : 핵서와 이총기를 기반으로 검증된 정확한 내용을 모두 반영하여 PLUS 1000제를 구성하였습니다.
- 경제성 : 기존의 기본서, 핵심이론, 심화이론, 필수 암기노트, 기출문제집, 객관식 문제집, 특강 자료 등 방대한 수험서를 압축하여 시간과 비용의 부담을 덜고, 불필요한 내용과 과도한 강의를 배제한 올인원 수험서를 구성하였습니다.
- 신속성 : 핵서, 이총기, 그리고 PLUS 1000제를 반복적으로 빠르게 학습할 수 있도록 구성하였습니다.
- 효율성 : 짧은 시간에 최대한 빠르게 목표를 달성할 수 있도록 이론서(핵서), OX기출문제집(이총기), 그리고 PLUS 1000제의 연계 맞춤식 학습법을 제시하였습니다.

핵서, 이총기, 그리고 PLUS 1000제가 여러분의 수험생활에 길라잡이가 되길 간절히 바랍니다.

경찰학박사 김 재 규

킹재규 경찰학 플러스 1000제

「킹재규 경찰학 플러스 1000제」를 꾸준히 사랑해 주신
수험생 여러분께 진심으로 감사드립니다.
여러분의 성원 덕분에 본 교재는 출간 이후 베스트셀러로
자리매김할 수 있었으며, 이번에도 새로운 개정 내용과
최신 출제 경향을 반영하여 개정판을 선보이게 되었습니다.
경찰학은 방대한 범위를 다루는 과목이지만,
수험생 여러분이 보다 체계적이고 효율적으로 학습할 수 있도록
핵심을 정리하는 데 힘써 왔습니다.
이번 개정판 또한 치열한 연구와 고민의 결과물로, 여러분의 합격에
든든한 동반자가 되기를 바랍니다.
앞으로도 수험생 여러분과 함께 호흡하며,
한 걸음 더 나아간 교재로 보답할 수 있도록 최선을 다하겠습니다.

경찰학 박사 김재규

CONTENTS

PART 1 경찰학의 기초이론

CHAPTER 1
경찰과 경찰학   9

CHAPTER 2
범죄와 지역사회 경찰활동   53

CHAPTER 3
경찰과 윤리   93

PART 2 한국경찰의 역사와 비교경찰

CHAPTER 1
한국경찰의 역사   149

CHAPTER 2
비교경찰   170

PART 3 경찰행정학

CHAPTER 1
경찰관리   192

CHAPTER 2
경찰홍보 및 통제   245

PART 4 경찰행정법

CHAPTER 1
경찰법의 법원   285

CHAPTER 2
경찰조직법   303

CHAPTER 3
경찰공무원과 법   347

CHAPTER 4
경찰작용법 일반론   435

CHAPTER 5
경찰관 직무집행법   562

PART 5 분야별 경찰활동

CHAPTER 1
생활안전경찰   631

CHAPTER 2
수사경찰   685

CHAPTER 3
경비경찰   721

CHAPTER 4
교통경찰   756

CHAPTER 5
정보경찰   796

CHAPTER 6
안보경찰   827

CHAPTER 7
외사경찰   848

킹재규 경찰학 플러스 1000제

PART 1
경찰학의 기초이론

01

경찰과 경찰학

① 경찰개념의 형성 및 변천
② 경찰의 개념 구분
③ 경찰의 임무 및 위험
④ 경찰의 관할
⑤ 경찰활동의 기본이념

• 기 출 키 워 드 •

23년 2차	• 경찰개념(종합) • 위험
24년 1차	• 영미법계 • 경찰개념의 분류
24년 2차	• 경찰의 분류 • 형식적 실질적 의미의 경찰 • 경찰행정의 특수성 • 경찰의 관할 • 경찰의 기본이념
25년 1차	• 경찰개념의 분류 • 주요 외국 판결 • 위험(사례) • 경찰의 관할 • 경찰의 기본이념
25년 2차	• 경찰개념의 분류 • 형식적 실질적 의미의 경찰 • 영미법계와 대륙법계 • 공공의 안녕과 질서 • 국가경찰과 자치경찰 • 경찰의 기본이념

최신개정법령&무료자료 다운로드 등
네이버 김재규경찰학 카페(https://cafe.naver.com/ollaedu)

THEME 01 경찰개념의 형성 및 변천

1 ☐☐☐☐ 10·23 채용, 10·19 승진, 11·18·24 간부

경찰개념의 형성 및 역사적 변천과정에 대한 설명 중 옳지 않은 것은 모두 몇 개인가?

> ㉠ 경찰이란 용어는 라틴어의 Politia에서 유래한 것으로 도시 국가에 관한 일체의 정치, 특히 헌법을 지칭하였다.
> ㉡ 15세기 말 독일의 개념이 프랑스에 계승되어 질서유지를 포함한 국가행정 전반을 포괄하는 의미로 사용되었고, 16세기 독일의 제국경찰법(1530년)에서 교회행정을 제외한 모든 국가활동을 경찰이라 했다.
> ㉢ 경찰개념은 역사적으로 발전되고 형성된 개념이므로, 근대국가에서의 일반적인 경찰개념을 '공공의 안녕과 질서유지를 위한 권력작용'이라고 할 경우, 이는 각국의 실정법상 경찰개념과 반드시 일치한다고는 할 수 없다.
> ㉣ 17세기 대륙법계 국가에서는 국가작용의 분화현상이 나타나 경찰개념이 소극적인 위험방지 분야에 한정되었다.
> ㉤ 제2차 세계대전 이후 독일에서는 보안경찰을 포함한 영업·위생·건축 등의 협의의 행정경찰사무를 일반행정기관의 사무로 이관하는 이른바 비경찰화 과정이 이루어졌다.
> ㉥ 대륙법계 경찰의 업무범위는 국정전반 → 내무행정 → 보안경찰 → 위험방지 순으로 변화하였다.

① 3개 ② 4개
③ 5개 ④ 6개

정답과 해설

㉠ (O) 고대에서의 경찰개념은 **라틴어의 Politia(Politeia X)**에서 유래한 것으로, 고대에서의 경찰개념은 도시국가에 관한 **일체의 정치(정치를 제외 X)**, 특히 헌법을 지칭했다.
㉡ (X) **15세기 말 프랑스**의 개념이 **독일**에 계승되어 질서유지를 포함한 국가행정 전반을 포괄하는 의미로 사용되었다.
㉢ (O) ~~~각국의 실정법상 경찰개념과 **반드시 일치한다고는 할 수 없다**. 즉, 일치할 수도 있고 일치하지 않을 수도 있다는 의미이다.
㉣ (X) 17세기 대륙법계 국가에서는 국가작용의 분화현상이 나타나 경찰개념이 외교·군사·재정· 사법을 제외한 내무행정 전반에 국한되었으나, **소극적 치안유지뿐만 아니라 적극적 공공복지의 증진을 위해서도 강제력을 행사**하였다.
㉤ (X) 제2차 세계대전 이후 독일에서는 **보안경찰을 제외한(포함한 X)** 영업·위생·건축 등의 협의의 행정경찰사무를 일반행정기관의 사무로 이관하는 이른바 **비경찰화(비범죄화 X)** 과정이 이루어졌다. 따라서 보안경찰을 포함하여 비경찰화 과정이 이루어졌다는 것은 틀린 내용이다.
㉥ (X) 대륙법계 경찰의 업무범위는 중세에 교회행정을 제외한 **국정전반(15·16C)**을 의미하다가 → 경찰국가시대에 이르러 외교(외무), 군사, 재정(재무), 사법을 제외한 **내무행정(17C)**에 국한되고 → 19세기 말 복지경찰을 제외한 소극적인 **위험방지(18·19C)** 분야에 국한되었으며 → 제2차 세계대전 이후 비경찰화 과정을 거치면서 공공의 안녕과 질서유지라고 하는 **보안경찰(20C)** 임무에 국한되기에 이르렀다.

정답 ②

2 19 승진, 11·18·26 간부, 20 경채

경찰개념에 관한 설명으로 옳고 그름의 표시(O, X)가 모두 바르게 된 것은?

> ㉠ 경찰국가시대의 경찰개념은 소극목적에 한정되었다.
> ㉡ 범죄의 예방과 검거 등 보안경찰 이외의 산업, 건축, 영업, 풍속경찰 등의 경찰사무를 다른 행정관청의 분장사무로 이관하는 현상을 '비경찰화'라고 한다.
> ㉢ 프로이센 법원의 크로이츠베르크 판결은 경찰작용의 목적확대와 관계가 깊다.
> ㉣ 프랑스의 경찰개념에 영향을 받아 독일에서는 1476년 「뷔르츠부르크 주교령」과 1492년 「뉘른베르크법」에 경찰개념이 등장하게 된다.
> ㉤ 18세기 이후 계몽주의, 천부인권(天賦人權) 사상을 이념으로 한 법치국가의 발전으로 경찰권의 발동은 소극적 위험방지 분야에 국한되는 것으로 이해하게 되었다.

① ㉠ (X) ㉡ (X) ㉢ (X) ㉣ (O) ㉤ (O)
② ㉠ (O) ㉡ (O) ㉢ (X) ㉣ (O) ㉤ (O)
③ ㉠ (X) ㉡ (X) ㉢ (O) ㉣ (O) ㉤ (O)
④ ㉠ (X) ㉡ (O) ㉢ (O) ㉣ (X) ㉤ (X)

정답과 해설

- ㉠ **(X)** 절대주의적 경찰국가시대의 경찰권은 **소극적인 치안유지뿐 아니라 적극적인 공공복지의 증진을 위해서도 강제력을 행사하는 절대주의적 국가권력의 기초**가 되었다.
- ㉡ **(X) 풍속경찰**은 보안경찰이므로 **비경찰화 대상이 아니다.**
- ㉢ **(X)** 크로이츠베르크(Kreuzberg) 판결은 1882년 독일의 프로이센 고등행정법원이 베를린의 크로이츠베르크 언덕에 있는 전승기념비 조망을 확보하기 위하여 주변 토지에 대한 건축물의 높이를 제한한 베를린 경찰청장의 명령에 대하여 그러한 명령은 심미적 이유로 내려진 것으로 복지의 증진을 목적으로 하는 것이므로 무효라고 함으로써 "경찰의 임무는 위험방지에 한정된다"고 하는 사상이 법해석상 확정되는 계기를 만든 판결이다. 즉, 크로이츠베르크 판결은 경찰작용의 목적확대와 관계가 있는 것이 아니라 **경찰작용의 목적축소와 관계가 깊다.**
- ㉣ **(O)** 프랑스의 경찰개념에 영향을 받아 독일에서는 15세기 후반인 1476년 「뷔르츠부르크 주교령」과 1492년 「뉘른베르크법」에 경찰개념이 최초로 등장하게 된다.
- ㉤ **(O)** 옳은 설명이다.

정답 ①

3 ☐☐☐☐ 22 간부

프랑스 경찰개념의 발달과정에 대한 설명으로 가장 적절하지 않은 것은?

① 11세기경 프랑스에서는 법원과 경찰기능을 가진 프레보(Prévôt)가 파리에 도입되었고, 프레보는 왕이 임명하였다.
② 프랑스에서 경찰권이론은 14세기에 등장하였는데, 이 이론에 따르면 군주는 개인 간의 결투와 같은 자구행위를 억제하기 위하여 공동체의 원만한 질서를 보호할 권리와 의무를 갖고 있으며, 이를 위한 필수불가결한 조치를 경찰권에 근거하여 갖고 있다고 보았다.
③ 14세기 프랑스 경찰권 개념은 라 폴리스(La Police)라는 단어에 의해 대표되었는데, 이 단어의 뜻은 초기에는 '공동체의 질서 있는 상태'를 의미했다가 나중에는 '국가목적 또는 국가작용'을 의미하였다.
④ 15세기 말 프랑스에서 독일로 도입된 경찰권이론은 '국민의 공공복리를 위해 강제력을 동원할 수 있는 통치자의 권한'으로 인정되어 절대적 국가권력의 기초를 제공하였다.

> **정답과 해설**
> ② (O) **프랑스(독일 X)**에서 경찰권이론은 14세기에 등장하였는데, 이 이론에 따르면 군주는 개인 간의 결투와 같은 자구행위를 억제하기 위하여 공동체의 원만한 질서를 보호할 권리와 의무를 갖고 있으며, 이를 위한 필수불가결한 조치를 경찰권에 근거하여 갖고 있다고 보았다.
> ③ (X) 14세기 말의 프랑스의 라 폴리스(La Police)라는 개념은 **초기에는 "국가목적 또는 국가작용"**를 의미했다가 **나중에는 "공동체의 질서 있는 상태(사회목적)"**을 의미하였다.
> ④ (O) 15세기 말 프랑스에서 독일로 도입된 경찰권이론(개념)이 질서유지를 포함한 국가행정 전반을 포괄하는 의미로 사용되고, 통치자가 강제력을 동원할 수 있는 절대적 국가권력의 기초를 제공하였다.
>
> **정답** ③

4 ☐☐☐☐ 22 채용

경찰개념에 관한 설명 중 가장 적절하지 않은 것은?

① 경찰의 개념에 대한 정의는 시대 및 역사 그리고 각국의 전통과 사상을 배경으로 발달하기 때문에 일률적으로 정의를 내리기 어렵다.
② 1648년 독일은 베스트팔렌 조약을 계기로 사법이 국가의 특별작용으로 인정되면서 경찰과 사법이 분리되었다.
③ 독일은 제2차 세계대전 이후 보안경찰 이외의 행정경찰사무, 즉 영업경찰, 건축경찰, 보건경찰 등의 경찰사무를 다른 행정관청의 분장사무로 이관하는 비경찰화 과정을 거쳤다.
④ 독일 프로이센 고등행정법원의 크로이츠베르크 판결을 계기로 경찰의 권한은 소극적 위험방지 분야로 한정하게 되었으며, 비로소 이 취지의 규정을 둔 「경죄처벌법전」(죄와형벌법전)이 제정되었다.

> **정답과 해설**
> ② (O) 17세기에 국가목적적 행정인 외교(외무), 군사, 재정(재무)과 사법 중 1648년 독일은 베스트팔렌 조약을 계기로 사법이 국가의 특별작용으로 인정되면서 경찰과 **사법이 가장 나중에 분리되었다.**
> ④ (X) 독일 프로이센 고등행정법원의 크로이츠베르크 판결(1882년)을 계기로 경찰의 권한은 소극적 위험방지 분야로 한정하게 되었으며, **비로소 이 취지의 규정을 둔 1931년 프로이센 경찰행정법(제4조는 '경찰관청은 일반 또는 개인에 대한 공공의 안녕과 질서를 위협하는 위험을 방지하기 위하여 현행법의 범위 내에서 의무에 합당한 재량에 따라 필요한 조치를 취하지 않으면 안 된다')이 제정되었다.** 참고로 경죄처벌법전은 죄와형벌법전과 혼용해서 사용되는 개념이다.
>
> **정답** ④

5 □□□□ 19 승진, 11·13·18 간부

대륙법계 경찰의 업무범위에 관한 발전과정을 순서대로 올바르게 나열한 것은?

- ㉠ 프랑스의 개념이 독일에 계승되어 질서유지를 포함한 국가행정 전반을 포괄하는 의미로 사용되었다.
- ㉡ 경찰개념은 라틴어의 politia에서 유래한 것으로, 도시국가의 모든 작용을 의미하였다.
- ㉢ 제2차 세계대전 이후 독일에서는 보안경찰을 제외한 영업·위생·건축 등의 협의의 행정경찰사무를 일반행정기관의 사무로 이관하는 이른바 비경찰화 과정이 이루어졌다.
- ㉣ 국가작용의 분화현상이 나타나 경찰개념이 외교·군사·재정·사법을 제외한 내무행정 전반에 국한되었으나, 소극적 치안유지뿐만 아니라 적극적 공공복지의 증진을 위해서도 강제력을 행사하였다.
- ㉤ 계몽철학의 등장으로 법치주의시대가 도래하면서 적극적인 복지경찰분야가 제외되고, 소극적인 위험방지분야에 한정되었다.

① ㉠-㉡-㉢-㉣-㉤
② ㉡-㉠-㉣-㉤-㉢
③ ㉡-㉠-㉤-㉣-㉢
④ ㉠-㉡-㉣-㉤-㉢

> **정답과 해설**
> ② (O) ㉡ 고대경찰 → ㉠ 중세경찰(15·16c) → ㉣ 경찰국가시대(17c) → ㉤ 법치국가시대(18·19c) → ㉢ 제2차 세계대전이후 순이다.
>
> **정답** ②

6 □□□□ 23 채용, 19 간부

대륙법계 국가의 경찰개념에 대한 설명 중 옳지 않은 것은?

① 18~19세기에 등장한 법치국가는 절대주의적 경찰국가에 대항하는 의미에서 자유주의적 법치국가의 성격을 띠었고, 이와 같은 법치국가적 경찰개념이 처음으로 법제화된 경우로는 1794년의 '프로이센 일반란트법'을 들 수 있다.

② 1795년 프랑스「죄와 형벌법전」제16조에서 경찰은 공공의 질서를 유지하고 개인의 자유와 재산 및 안전을 유지하기 위한 기관이라고 규정하였다.

③ 1882년 프로이센 고등행정법원은 크로이츠베르크(Kreuzberg) 판결을 통해 경찰관청이 일반수권 규정에 근거하여 법규법령을 발할 수 있는 분야는 위험방지 분야에 한정된다고 판시하였다.

④ 1884년 프랑스「지방자치법전」제97조는 경찰의 직무범위에서 협의의 행정경찰적 사무를 제외시킴으로써 경찰의 직무를 소극목적에 한정하였다.

> **정답과 해설**
> ① (O) 18~19세기에 등장한 법치국가는 소극적 위험방지에 한정하기 때문에 법치국가적 경찰개념이 처음으로 법제화된 경우로는 **1794년의 '프로이센 일반란트법'**을 들 수 있다.
> ③ (O) 1882년 프로이센 고등행정법원은 크로이츠베르크(Kreuzberg) 판결을 통해 경찰관청이 **일반수권(개별적 수권 X)** 규정에 근거하여 법규명령을 발할 수 있는 분야는 소극적인 위험방지에 한정된다는 사상이 법 해석상 확정되는 계기가 되어 경찰작용의 목적 **축소(확대 X)**에 기여하였다.
> ④ (X) 1884년 지방자치법전 제97조는 '자치체경찰은 공공의 질서·안전 및 위생을 확보함을 목적으로 한다'고 규정하여, 경찰의 직무를 소극목적에 한정하고 있으나 위생사무 등 **협의의 행정경찰적 사무가 포함(제외 X)**되어 있다.
>
> **정답** ④

7 22 채용

실질적 의미의 경찰개념의 역사적 발전과정에 관한 설명 중 가장 적절하지 않은 것은?

① 요한 쉬테판 퓌터(Johann Stephan Pütter)가 자신의 저서인 「독일공법제도」에서 주장한 "경찰의 직무는 임박한 위험을 방지하는 것이다. 복리증진은 경찰의 본래 직무가 아니다."라는 내용은 경찰국가 시대를 거치면서 확장된 경찰의 개념을 제한하기 위한 노력의 일환으로 볼 수 있다.

② 크로이츠베르크 판결(1882)은 승전기념비의 전망을 확보할 목적으로 주변 건축물의 고도를 제한하기 위해 베를린 경찰청장이 제정한 법규명령은 독일의 「제국경찰법」상 개별적 수권조항에 위반되어 무효라고 하였다.

③ 독일의 경우, 15세기부터 17세기에 이르기까지 경찰은 공동체의 질서정연한 상태 또는 공동체의 질서정연한 상태를 창설하고 유지하기 위한 활동으로 이해되었고, 이러한 공동체의 질서정연한 상태를 창설·유지하기 위하여 신민(臣民)의 거의 모든 생활영역이 포괄적으로 규제될 수 있었다.

④ 1931년 제정된 「프로이센 경찰행정법」 제14조 제1항은 "경찰 행정청은 현행법의 범위 내에서 공공의 안녕 또는 공공의 질서를 위협하는 위험으로부터 공중이나 개인을 보호하기 위하여 필요한 조치를 의무에 적합한 재량에 따라 취하여야 한다."라고 규정하여 크로이츠베르크 판결(1882)에 의해 발전된 실질적 의미의 경찰 개념을 성문화시켰다.

정답과 해설

① (O) 1770년에 독일의 공법학자 퓌터는 「독일공법제도」에서 "경찰의 임무는 급박한 위험의 방지이다. 공공복리의 증진은 경찰의 본래의 임무가 아니다"라고 천명했다.

② (X) 크로이츠베르크 판결(1882)은 승전기념비의 전망을 확보할 목적으로 주변 건축물의 고도를 제한하기 위해 베를린 경찰청장이 제정한 법규명령은 **경찰권은 소극적인 위해방지를 위한 조치만을 할 수 있고, 적극적으로 공공복리를 할 권한이 없다는** 이유로 경찰청장이 제정한 명령은 무효라고 하며, **경찰관청이 일반수권 규정에 근거하여 법규명령을 발할 수 있는 분야는 위험방지 분야에 한정된다고 판시된** 판결이다.

③ (O) 15세기(중세경찰)부터 17세기(경찰국가 시대) 이르기까지 경찰은 공동체의 질서정연한 상태를 창설·유지하기 위하여 신민(臣民)의 거의 모든 생활영역이 포괄적으로 규제(절대주의적 국가권력)될 수 있었다.

④ (O) 1931년 제정된 「프로이센 경찰행정법」 제14조 제1항은 크로이츠베르크 판결(1882)에 의해 발전된 **실질적 의미(형식적 의미 X)**의 경찰개념을 성문화시켰다.

정답 ②

8 ☐☐☐☐ 19 채용

18~20세기 독일과 프랑스에서의 경찰개념 형성 및 발달과정에 관한 설명으로 가장 적절하지 않은 것은?

① 경찰개념을 소극적 질서유지로 제한하는 주요 법률과 판결을 시간적 순서대로 나열하면 프로이센 일반란트법(제10조) – 프랑스 죄와 형벌법전(제16조) – 크로이츠베르크 판결 – 프랑스 지방자치법전(제97조) – 프로이센 경찰행정법(제4조)의 순이다.
② 크로이츠베르크 판결은 경찰의 직무범위는 위험방지 분야에 한정된다고 하는 사상이 법해석상 확정되는 계기가 되었다.
③ 프랑스 죄와 형벌법전은 행정경찰과 사법경찰을 최초로 구분하여 법제화하였다는 점에 의의가 있다.
④ 프랑스 지방자치법전은 경찰의 직무범위에서 협의의 행정경찰적 사무를 제외시킴으로써 경찰의 직무를 소극목적에 한정하였다.

정답과 해설

① (O) 1794년 프로이센 일반란트법(제10조) – 1795년 프랑스 죄와 형벌법전(제16조) – 1882년 크로이츠베르크 판결 – 1884년 프랑스 지방자치법전(제97조) – 1931년 프로이센 경찰행정법(제4조) 순서로 올바르게 연결되어 있다.
② (O) 1882년 프로이센 고등행정법원은 크로이츠베르크 판결을 통해 경찰관청이 일반 수권 규정에 근거하여 법규명령을 발할 수 있는 분야는 위험방지 분야에 한정된다고 판시하였으며, 이 판결은 경찰의 직무범위는 위험방지 분야에 한정된다고 하는 사상이 법해석상 확정되는 계기가 되었다.
③ (O) 1795년 **프랑스 죄와형벌법전 제18조**는 '행정경찰은 공공질서유지·범죄예방을 목적으로 하고 사법경찰은 범죄의 수사·체포를 목적으로 한다'고 구별하여 **행정경찰과 사법경찰을 최초로 구별**하였다.
④ (X) 1884년 지방자치법전 제97조는 '자치체경찰은 공공의 질서·안전 및 위생을 확보함을 목적으로 한다'고 규정하여, 경찰의 직무를 소극목적에 한정하고 있으나 위생사무 등 **협의의 행정경찰적 사무가 포함(제외 X)**되어 있다.

정답 ④

9 ☐☐☐☐ 19 채용, 18 승진, 18 · 21 간부

다음 보기 중 소극목적 위험방지에 한정한 법(판결)으로만 옳게 연결된 것은?

> ㉠ 경찰관청은 일반 또는 개인에 대한 공공의 안녕과 질서를 위협하는 위험을 방지하기 위하여 현행 법의 범위 내에서 의무에 합당한 재량에 따라 필요한 조치를 취하지 않으면 안 된다.
> ㉡ 자치체경찰은 공공의 질서 · 안전 및 위생을 확보함을 목적으로 한다.
> ㉢ 변호인과의 접견교통권 및 진술거부권을 침해하여 획득한 자백의 증거능력을 부정한다.
> ㉣ 경찰법규의 목적은 공익의 보호 · 증진과 동시에 국민 개개인의 이익도 보호하려는 것이다.
> ㉤ 손해가 공무원에 의하여 발생한 것이라는 이유에서 행정재판소 관할로 옮겨진 사건으로 공무원에 의한 손해는 국가에 배상책임이 있다.

① ㉠㉡ ② ㉡㉣
③ ㉠㉢ ④ ㉣㉤

정답과 해설

㉠ (O) 1931년 프로이센 경찰행정법으로 소극목적 위험방지에 한정한 법에 해당한다.
㉡ (O) 1884 프랑스 지방자치법전으로 소극목적 위험방지에 한정한 법에 해당한다.
㉢ (X) Escobedo 판결에 해당하며 소극목적 위험방지에 한정한 법과 **거리가 멀다**.
㉣ (X) 띠톱판결로 **경찰개입청구권**에 관한 판례이다.
㉤ (X) Blanco 판결에 해당하며 소극목적 위험방지에 한정한 법과 **거리가 멀다**.

정답 ①

10 ☐☐☐☐ 예상문제

대륙법계 경찰개념과 영미법계 경찰개념에 대한 설명으로 옳지 않은 것은?

① 대륙법계 국가에서 경찰개념은 통치권에 기초한 경찰권 발동의 범위와 성질을 기준으로 형성되었다.
② 영미의 경찰개념은 자치권한을 위임받은 조직체로서 역할을 중심으로 형성되었다.
③ 18세기 법치사상의 등장과 시민권의 신장으로 경찰권의 발동 범위가 축소되었다는 점에서 대륙법계와 영미법계는 공통점을 가진다.
④ 영미의 경찰개념은 비권력적 수단을 중시하였으며, 대륙법계와 같은 행정경찰 · 사법경찰의 구분도 없다.

정답과 해설

① (O)
> [최신기출] 2024년 8월 3일 간부 출제포인트
> **대륙법계(영미법계 X)** 경찰개념은 경찰권 발동의 성질과 범위를 중심으로 형성되었다는 특징이 있다.

③ (X) **대륙법계 국가**에서는 통치권을 토대로 경찰개념이 발전되어 발동범위를 **제한**해 나가는 과정이고, **영미**에서는 주민의 안전을 위한 기능이라는 점에서 경찰개념이 **발전·확대**되어 왔다는 의미에서 공통점이라고 할 수 없다.

정답 ③

11 □□□□ 예상문제

영미법계의 경찰개념에 대한 설명으로 옳은 것은?

① 국가의 통치권을 전제로 권한을 위임받은 조직체로서의 경찰은 시민을 위해 수행하는 기능·역할을 중심으로 형성, 국민의 생명·신체·재산 보호에 중점을 둔다.
② '경찰은 무엇을 하는가' 또는 '경찰활동이란 무엇인가'라는 문제보다 '경찰은 무엇인가'라는 문제를 중심으로 경찰 개념이 논의되었다.
③ 자치권적 개념을 전제로 경찰과 시민과의 관계를 수직적 관계라 하며, 경찰의 역할 및 기능을 기준으로 형성된 개념이라 할 수 있다.
④ 행정경찰과 사법경찰을 미분리하였기 때문에 수사활동(사법경찰)은 당연히 경찰의 고유한 임무로 취급되었다.

> **정답과 해설**
>
> ① (X) **주권자인 시민으로부터 자치권한을 위임받은 조직체**로서의 경찰이 시민을 위해 수행하는 기능·역할을 중심으로 형성, 국민의 생명·신체·재산 보호에 중점을 둔다. 국가의 통치권을 전제로 경찰권의 발동범위와 성질을 기준으로 형성되는 것은 대륙법계 경찰의 개념이다.
>
> [최신기출] 2024년 3월 16일 채용 출제포인트
> **대륙법계(영미법계 X)** 경찰개념은 국왕의 절대적 권력으로부터 유래된 경찰권을 전제로 한다.
>
> ② (X) 영미법계의 경찰개념은 '경찰은 무엇인가'라는 문제보다 '경찰은 무엇을 하는가' 또는 '경찰활동이란 무엇인가'라는 문제를 중심으로 경찰 개념이 논의되었다.
> ③ (X) 영미법계의 경찰개념은 자치권적 개념을 전제로 경찰과 시민과의 관계를 **친화적·비례적·수평적(수직적 X)** 관계라 하며, 경찰의 역할 및 기능을 기준으로 형성된 개념이라 할 수 있다.
> ④ (O) 옳은 설명이다.
>
> **정답** ④

12 □□□□ 23 간부

경찰개념의 형성 및 변천과 관련한 외국의 판례에 관한 설명으로 가장 적절하지 않은 것은?

① 경찰개입청구권을 최초로 인정한 판결은 띠톱 판결이다.
② 일반적 수권조항에 근거한 경찰권의 발동은 소극적인 위험방지 분야에 한정된다는 사상을 확립시킨 계기가 된 판결은 1882년 크로이츠베르크(Kreuzberg) 판결이다.
③ 위법수집증거 배제법칙이 확립된 판결은 맵(Mapp) 판결이다.
④ 국가배상이 인정된 최초의 판결은 에스코베도(Escobedo) 판결이다.

> **정답과 해설**
>
> ④ (X) 국가배상이 인정된 최초의 판결은 **Blanco 판결**이다. 에스코베도(Escobedo) 판결은 변호인과의 접견교통권 및 진술거부권을 침해하여 획득한 자백의 증거능력을 부정하였다.
>
> **정답** ④

13 □□□□ 25 채용

다음의 판결과 내용에 관한 설명으로 가장 적절하지 않은 것은?

① 블랑코 판결은 공무원에 의해 발생한 손해는 국가에 배상책임이 있다고 인정하며 행정개입청구권을 최초로 인정하였다.
② 미란다 판결은 변호인선임권, 진술거부권 등을 피의자에게 고지하지 않은 상태에서 이루어진 자백의 경우에 임의성과 관계없이 증거능력을 부정하였다.
③ 에스코베도 판결은 피고인 에스코베도와 변호인과의 접견교통권을 침해하여 획득한 자백의 증거능력을 부정하였다.
④ 크로이츠베르크 판결은 경찰관청이 일반수권 규정에 근거하여 법규명령을 발할 수 있는 분야는 위험방지 분야에 한정된다고 판시하였다.

> **정답과 해설**
> ① (X) 경찰(행정)개입청구권을 최초로 인정한 판결은 **띠톱판결**이다.
>
> 정답 ①

경찰의 개념 구분

14 □□□□ 20 채용, 23 경채

다음은 형식적 의미의 경찰개념과 실질적 의미의 경찰개념에 대한 설명이다. 옳은 것은 모두 몇 개인가?

> ㉠ 형식적 의미의 경찰이 언제나 실질적 의미의 경찰이 되는 것은 아니며, 실질적 의미의 경찰이 모두 형식적 의미의 경찰이 되는 것도 아니다.
> ㉡ 실질적 의미의 경찰은 사회공공의 안녕과 질서유지를 위한 권력적 작용이므로 소극목적에 한정된다.
> ㉢ 형식적 의미의 경찰개념은 경찰작용의 성질에 따른 것으로서 보건·산림·세무·의료·환경 등을 담당하는 국가기관(특별사법경찰기관)의 권력작용을 포함하여 지방자치단체(특별시, 광역시, 시·군·구)의 권력작용도 경찰로 간주된다.
> ㉣ 실질적 의미의 경찰은 실무상 정립된 개념이 아니라 학문적으로 정립된 개념으로 독일 행정법학에서 유래하였다.
> ㉤ 「경찰관 직무집행법」제2조에 규정된 경찰의 직무범위가 우리나라에서의 형식적 의미의 경찰개념에 해당한다.

① 2개 ② 3개
③ 4개 ④ 5개

정답과 해설

㉡ (O) 실질적 의미의 경찰은 사회공공의 안녕과 질서유지를 위한 권력적 작용이므로 **소극목적 또는 사회목적**(적극목적 또는 국가목적 X)에 한정된다.
㉢ (X) 작용·성질을 중심으로 한 **실질적 의미의 경찰**(보안경찰+협의의 행정경찰)에 대한 설명이다. 즉, 보건·산림·세무·의료·환경 등을 담당하는 국가기관(특별사법경찰기관)의 권력작용을 포함하여 지방자치단체(특별시, 광역시, 시·군·구)의 권력작용은 협의의 행정경찰에 해당한다.

정답 ③

15 □□□□ 21 승진

경찰의 개념에 대한 설명 중 가장 적절하지 않은 것은?

① 실질적 의미의 경찰은 사회공공의 안녕과 질서유지와 같은 소극적 목적을 위한 작용이다.
② 실질적 의미의 경찰은 특별통치권에 근거하여 국민에게 명령·강제하는 권력적 작용으로 독일의 행정법학에서 정립된 학문상 개념이다.
③ 형식적 의미의 경찰작용은 실정법상 보통경찰기관에 분배된 사무를 말하며, 이에 따른 경찰활동의 범위는 나라마다 차이가 있을 수 있다.
④ 형식적 의미의 경찰이 언제나 실질적 의미의 경찰이 되는 것은 아니고, 또한 실질적 의미의 경찰이 모두 형식적 의미의 경찰이 되는 것도 아니다.

> **정답과 해설**
> ② (X) 실질적 의미의 경찰은 **일반통치권(특별통치권 X)**에 근거하여 국민에게 명령·강제하는 권력적 작용으로 **독일(프랑스 X)**의 행정법학에서 정립된 학문상 개념이다.
>
> 정답 ②

16 □□□□ 23 채용, 19 승진, 19·26 간부

형식적 의미의 경찰과 실질적 의미의 경찰에 관한 설명으로 가장 적절하지 않은 것은?

① 법정경찰은 특별경찰기관으로 형식적 의미의 경찰과 실질적 의미의 경찰 어디에도 해당되지 않는다.
② 실질적 의미의 경찰은 형식적 의미의 경찰을 모두 포괄한다.
③ 실질적 의미의 경찰을 보안경찰과 협의의 행정경찰로 구분하는 것이 일반적 견해라고 할 때, 보안경찰은 독립적인 경찰기관이 관할하지만, 협의의 행정경찰은 각종의 일반행정기관이 함께 그것을 관장하는 경우가 많다.
④ 일반행정기관이 실질적 의미의 경찰작용을 하는 경우는 있으나, 형식적 의미의 경찰작용을 하지는 않는다.

> **정답과 해설**
> ① (O) **법정경찰**은 특별경찰기관으로 형식적 의미의 경찰과 실질적 의미의 경찰 어디에도 **해당되지 않는다**.
> ② (X) 형식적 의미의 경찰 일부가 실질적 의미의 경찰이고, 실질적 의미의 경찰 일부가 형식적 의미의 경찰에 해당할 뿐이지 양자는 어느 하나가 다른 하나를 **포함(포괄)하는 관계가 아니다**.
> ③ (O) 행정경찰은 보안경찰과 협의의 행정경찰로 구분할 때, 협의의 행정경찰은 각종의 일반행정기관이 관장을 하는 것이기 때문에 **실질적 의미의 경찰**과 관계가 있다.
> ④ (O) 형식적 의미의 경찰작용이란 실정법상 **보통경찰기관(일반행정기관 X)**에 분배된 사무를 말한다.
>
> **[최신기출] 2024년 8월 17일 채용 출제포인트**
> 보통경찰기관의 범죄 예방, 정보 수집·작성·배포 활동은 **형식적 의미의 경찰(실질적 의미의 경찰 X)**에 해당한다.
>
> 정답 ②

17 ☐☐☐☐ 15·23 채용, 09·13·24 간부

경찰개념에 대한 설명으로 옳은 것은?

① 형식적 의미의 경찰은 사회목적적 작용을 의미하며 작용을 중심으로 파악된 개념이고, 실질적 의미의 경찰은 조직을 기준으로 파악된 개념이다.
② 정보경찰활동과 사법경찰활동, 공물경찰은 실질적 의미의 경찰개념에 해당한다.
③ 사무를 기준으로 하였을 때 우리나라 자치경찰은 형식적 의미의 경찰과 실질적 의미의 경찰 모두에 해당한다.
④ 실질적 의미의 경찰개념은 학문상으로 정립된 개념이며, 프랑스 행정법학에서 유래하였다.

정답과 해설

① (X) **실질적 의미**의 경찰은 사회목적적 작용을 의미하며 **작용을 중심**으로 파악된 개념이고, **형식적 의미**의 경찰은 **조직을 기준**으로 파악된 개념이다.
② (X) 정보경찰활동과 사법경찰활동은 **형식적 의미의 경찰개념**에 해당하고, 공물경찰은 실질적 의미의 경찰개념에 해당한다.
③ (O) **사무를 기준으로 하였을 때** 경찰청장은 국가경찰사무(국자법 제14조), 국가수사본부장은 「형사소송법」에 따른 경찰의 수사(동법 제16조), 시·도자치경찰위원회는 자치경찰사무(동법 제18조)를 관장한다. 즉, 우리나라 자치경찰을 담당하는 시·도자치경찰위원회는 **보통경찰기관(형식적 의미의 경찰)**으로서 **안녕과 질서를 유지(실질적 의미의 경찰)**하기 위한 경찰이다.
④ (X) 실질적 의미의 경찰개념은 학문상으로 정립된 개념으로 **독일** 행정법학에서 유래한다.

정답 ③

18 예상문제

보기가 설명하는 경찰의 개념에 대한 설명으로 옳지 않은 것은?

> 풍속경찰은 경찰청 소속으로, 주요 단속 사항으로 게임제공업소에서 환전 또는 환전을 일선하거나 재매입하는 행위, 무허가 사행성 유기기구를 이용한 사행행위, 청소년 유해약물(술, 담배, 마약류, 환각물질) 제공 등이 있다.

① 경찰작용의 성질에 관계없이 실정법상 보통경찰기관의 권한에 속하는 일체의 작용을 말한다.
② 역사적, 제도적인 면에서 정립된 경찰개념이다.
③ 타 행정작용에 부수하여 그 행정작용과 관련해서 발생하는 위험을 방지하기 위해 행해지는 경찰작용이다.
④ 풍속경찰 이외에도 교통경찰, 경비경찰, 해양경찰, 생활안전경찰 등이 보기가 설명하는 경찰개념에 해당한다.

정답과 해설

보기의 **풍속경찰(보안경찰)은 형식적 의미의 경찰에 해당**한다.
① (O) **형식적 의미의 경찰**은 경찰작용의 성질에 관계없이(권력+비권력) 실정법상 **보통경찰기관의 권한에 속하는 일체의 작용**을 말한다.
② (O) **형식적 의미의 경찰**은 이론·학문상 정립된 개념이 아니라 **제도적, 조직법, 역사적인** 면에서 정립된 경찰개념이다.
③ (X) **타 행정작용에 부수하여** 그 행정작용과 관련해서 발생하는 위험을 방지하기 위해 행해지는 경찰작용은 **협의의 행정경찰**에 대한 설명이다. **보안경찰**은 사회공공의 안녕과 질서를 유지하기 위하여 **타 행정작용에 부수되지 않고** 그 자체로서 독립하여 행해지는 경찰작용을 말한다.
④ (O) 풍속경찰 이외에도 교통경찰, 경비경찰, 해양경찰, 생활안전경찰 등은 **형식적 의미의 경찰에 해당**한다.

정답 ③

19 □□□□ 14 간부, 21 경채

경찰의 분류에 대한 설명이다. 아래 ㉠부터 ㉤까지 설명 중 옳고 그름의 표시(O, X)가 바르게 된 것은?

> ㉠ 국가수사본부의 설치로 한국의 사법경찰은 보통경찰기관에서 완전히 독립하여 운영되고 있다.
> ㉡ 협의의 행정경찰은 오늘날 제도적으로 경찰이라고 불리지 않는다.
> ㉢ 업무 독자성의 구분에 따르면 보안경찰에는 생활안전경찰, 풍속경찰, 교통경찰, 경비경찰 등이 이에 해당한다.
> ㉣ 경찰관 직무집행법 제3조의 불심검문의 수단으로 행하여지는 불심검문 대상자에 대한 정지는 실질적 의미의 경찰에 해당한다고 볼 수 있다.
> ㉤ 일반행정기관에서도 경찰기능을 담당한다고 할 때의 경찰기능은 일반행정기관이라는 조직적 측면에서 바라본 실질적 경찰개념을 의미한다.

① ㉠ (X) ㉡ (O) ㉢ (X) ㉣ (O) ㉤ (X)
② ㉠ (X) ㉡ (X) ㉢ (O) ㉣ (X) ㉤ (O)
③ ㉠ (X) ㉡ (O) ㉢ (O) ㉣ (O) ㉤ (X)
④ ㉠ (O) ㉡ (O) ㉢ (X) ㉣ (X) ㉤ (X)

정답과 해설

㉠ (X) 국가수사본부도 현재 보통경찰기관에서 **모두 관장하고 있다.**
㉡ (O) 협의의 행정경찰은 비경찰화된 경우이기 때문에 제도적으로 경찰이라고 불리지 않는다.
㉢ (O) 업무 독자성의 구분은 보안경찰과 협의의 행정경찰로 분류한다.
㉣ (O) 「경찰관 직무집행법」 제3조에 의한 **불심검문**은 경찰상 즉시강제(불심검문의 성격에 관해 학설의 다툼이 있음)의 권력작용이라는 면에서 **실질적 의미의 경찰에 해당**하고, 실정법에서 경찰행정기관에 그 권한을 맡기고 있으므로 **형식적 의미의 경찰에도 해당**한다.
㉤ (X) 일반행정기관(형식적 의미의 보통경찰기관이 아닌 협의의 행정경찰)에서도 경찰기능을 담당한다고 할 때의 경찰기능은 명령·강제라는 **작용적(조직적 X)** 측면에서 바라본 **실질적 의미(형식적 의미 X)**의 경찰개념을 의미한다.

정답 ③

20 ☐☐☐☐ 예상문제

행정경찰과 사법경찰을 비교한 다음 설명 중 옳은 것은?

① 프로이센 일반란트법은 행정경찰과 사법경찰을 처음으로 구분하여 법제화하였다는 점에 의의가 있다.
② 한국에서는 보통경찰기관이 행정경찰 및 사법경찰 업무를 모두 담당한다.
③ 행정경찰은 실질적 의미의 경찰에 해당하고, 사법경찰은 형식적 의미의 경찰에 해당한다고 할 수 있다. 따라서 행정경찰은 주로 과거의 상황에 대하여 발동되는 반면, 사법경찰은 주로 현재 또는 장래의 상황에 대하여 발동하게 된다.
④ 사법경찰은 공공질서 유지 및 범죄예방을 목적으로 한다.

정답과 해설

① (X) 행정경찰과 사법경찰을 최초로 구분하여 법제화한 것은 1795년 제정된 **죄와형벌법전 제18조**이다.
③ (X) 사법경찰은 주로 **과거의 상황**에 대하여 발동되는 반면, 행정경찰은 주로 **현재 또는 장래의 상황**에 대하여 발동하게 된다.
④ (X) **행정경찰은 공공질서 유지 및 범죄예방을 목적**으로 행정법규(행정기본법 등) 적용하며, **사법경찰**은 형사사법권의 작용을 목적으로 형사소송법 등을 적용한다.

정답 ②

21 □□□□ 16 채용, 21·22 간부

경찰의 분류에 대한 설명으로 적절한 것은 모두 몇 개인가?

> 가. 고등경찰과 보통경찰의 구별은 독일에서 유래한 것으로 경찰에 의하여 보호되는 법익을 기준으로 한 구별이다.
> 나. 질서경찰과 봉사경찰은 경찰서비스의 질과 내용에 따라 구분한 것으로 범죄수사는 질서경찰에 해당하고 방범순찰은 봉사경찰에 해당한다.
> 다. 평시경찰과 비상경찰은 위해의 정도 및 담당기관에 따라 구분한 것으로 평시경찰은 보통경찰기관이 행하는 경찰작용이고 비상경찰은 비상사태 발생으로 계엄이 선포될 경우 계엄법에 따라 군대가 담당하는 경찰작용이다.
> 라. 보안경찰과 협의의 행정경찰은 권한의 책임과 소재에 따라 구분한 것으로 풍속경찰은 보안경찰에 해당하고 산림경찰은 협의의 행정경찰에 해당한다.
> 마. 광의의 행정경찰과 사법경찰은 경찰의 목적·임무를 기준으로 한 구분이며 이러한 경찰개념의 구분은 삼권분립 사상에 투철했던 프랑스에서 확립된 개념이다.
> 바. 국가경찰과 자치경찰은 경찰유지의 권한과 책임의 소재(경찰의 조직·인사·비용부담)에 따른 분류이다.

① 2개　　② 3개
③ 4개　　④ 5개

정답과 해설

가. (X) 고등경찰과 보통경찰의 구별은 **프랑스(독일 X)에서 유래한 것**으로 경찰에 의하여 보호되는 법익을 기준으로 한 구별이다.
나. (O) 질서경찰과 봉사경찰(보통경찰)은 경찰 활동 시 **질과 내용(강제력의 사용유무)**로 구분된다.

> **[최신기출] 2024년 8월 17일 채용 출제포인트**
> **질서경찰**은 보통경찰기관이 사회공공의 안녕과 질서를 유지하기 위하여 강제력을 수단으로 즉시강제, 「경범죄 처벌법」 또는 「도로교통법」 위반자에 대한 통고처분 등 법집행을 행하는 경찰활동을 말한다.
>
> **[최신기출] 2024년 1월 13일 승진 출제포인트**
> **봉사경찰**은 비권력적 작용이므로 권력적 작용을 중심으로 하는 실질적 의미의 경찰작용으로 볼 수 없고, **형식적 의미의 경찰**에 속한다.

다. (O)
라. (X) 보안경찰과 협의의 행정경찰은 **타행정작용에 부수하느냐의 여부**에 따라 구분한 것이며 풍속경찰은 보안경찰에 해당하고, 산림경찰은 협의의 행정경찰에 해당한다. **권한의 책임과 소재에 따라 국가경찰과 자치경찰로 구분**된다.
마. (O) **프랑스(독일 X)에서 확립된 것**으로 **경죄처벌법전(1795년) 제18조**에서 "행정경찰은 공공질서유지·범죄예방을 목적으로 하고, 사법경찰은 범죄의 수사·체포를 목적으로 한다"라고 규정하고 있다.
바. (O)

정답 ③

22 ☐☐☐☐ 21 채용, 예상문제

경찰의 분류에 대한 설명으로 가장 적절하지 않은 것은?

① 행정경찰은 경찰행정법규에 의거하여 발동하지만, 사법경찰은「형사소송법」에 의하므로 행정경찰의 업무는 해당 주무부서의 장의 지휘 아래 수행되고 사법경찰업무는 수사부서의 장의 지휘 아래 수행됨이 원칙이다.
② 진압경찰은 이미 발생한 위해의 제거나 범죄의 수사를 위한 경찰작용으로 범죄의 수사, 범죄의 제지, 총포·화약류의 취급 제한, 광견의 사살 등이 있다.
③ 봉사경찰은 서비스·계몽·지도 등 비권력적인 수단을 통하여 경찰의 직무를 수행하는 경찰활동으로 방범지도, 청소년선도, 교통정보제공 등이 있다.
④ 협의의 행정경찰은 다른 행정작용에 부수하여 그 행정작용과 관련해서 발생하는 위험을 방지하기 위해 행해지는 경찰작용으로 경제경찰, 산림경찰, 철도경찰 등이 있다.

정답과 해설

① (O)

> [주의]
> 수사를 주관하는 부서인 국가수사본부는 보통경찰기관(행정관청)인 경찰청과 별개의 독립된 기관이 아니라 그 아래 있는 조직이므로 행정경찰과 사법경찰을 우리나라는 현재 보통경찰기관이 모두를 관장한다.

② (X) **총포·화약류의 취급 제한은 예방경찰**에 해당한다.

정답 ②

23 24 채용, 19 승진, 08 간부

경찰의 분류에 대한 설명으로 가장 적절한 것은?

① 행정경찰과 사법경찰은 3권분립사상을 기준으로 구분한 것으로서, 행정경찰은 공공질서의 유지·범죄예방을 목적으로 하고, 사법경찰은 범죄의 수사·체포를 목적으로 한다.
② 범죄수사·다중범죄진압, 교통위반자에 대한 통고처분 등은 봉사경찰에 해당한다.
③ 경찰활동의 질과 내용을 기준으로 분류할 때 예방경찰은 경찰상의 위해 발생을 방지하기 위한 작용으로 '위해를 미칠 우려가 있는 정신착란자의 보호'가 이에 해당한다.
④ 자치경찰제도는 각 지방특성에 적합한 경찰행정이 가능하지만, 국가경찰제도에 비해 관료화되어 국민을 위한 봉사가 저해될 수 있다.

정답과 해설

① (O) 행정경찰과 사법경찰은 **경찰의 목적 또는 3권분립 사상**에 따라 구분하며, **프랑스**의 「**죄와 형벌법전**」(「**경죄처벌법전**」 제18조)에서 이와 같은 구분을 최초로 법제화하였다.

> [최신기출] 2022년 7월 29일 간부 출제포인트
> 사법경찰은 **주로 과거의 상황**에 대하여 작용하며, 행정경찰은 **주로 현재 또는 장래**의 상황에 대하여 작용한다.

② (X) 범죄수사·다중범죄진압, 교통위반자에 대한 통고처분 등은 **질서경찰**에 해당한다. 봉사경찰은 강제력을 수반하지 않는 비권력적 수단으로 직무를 수행하는 경찰이다.
③ (X) 경찰활동의 질과 내용을 기준으로 분류할 때 경찰은 **질서경찰과 봉사경찰로 구분**된다. 예방경찰과 진압경찰은 경찰권발동의 시점을 기준으로 한 분류이다.
④ (X) 관료화되어 국민을 위한 봉사가 저해될 수 있다는 것은 **국가경찰제도의 단점**이다.

정답 ①

24 □□□□ 24 채용

다음의 ㉠, ㉡에 들어갈 내용으로 가장 적절한 것은?

(㉠)과 (㉡)의 구별은 프랑스에서 유래한 것으로, 경찰에 의하여 보호되는 법익을 기준으로 한다. 원래 (㉠)은 사회적으로 보다 우월한 가치를 지닌 법익을 보호하기 위한 경찰활동을 의미하였으나, 나중에는 사상·종교·집회·결사·언론의 자유에 대한 정보수집·단속과 같은 국가의 존립과 유지를 보장하기 위하여 국가적 기관 및 제도에 대한 위해를 방지하는 활동을 의미하게 되었다. 이에 비해 (㉡)은 교통의 안전, 풍속의 유지, 범죄의 예방·진압과 같이 일반사회의 안녕과 질서유지를 목적으로 하는 활동을 의미한다.

① ㉠ 행정경찰 ㉡ 사법경찰
② ㉠ 진압경찰 ㉡ 예방경찰
③ ㉠ 비상경찰 ㉡ 평시경찰
④ ㉠ 고등경찰 ㉡ 보통경찰

정답과 해설

④ ㉠ 고등경찰 ㉡ 보통경찰에 대한 설명이다.

[최신기출] 2025년 7월 26일 간부 출제포인트
고등경찰과 보통경찰의 구별은 경찰에 의하여 보호되는 법익을 기준으로 한 것으로서 **고등경찰**에는 **사상·언론의 자유에 관한 정보수집과 단속 등**(교통의 안전, 풍속의 유지 X)이 포함된다.

정답 ④

25

국가경찰과 자치경찰에 대한 설명으로 적절하지 않은 것은 모두 몇 개인가?

> 가. 자치경찰은 국가경찰과 비교하여 비권력적 수단보다는 권력적 수단을 통해 국민의 생명과 신체·재산을 보호하고자 한다.
> 나. 자치경찰은 국가경찰과 비교하여 전국적으로 균등한 서비스를 제공할 수 있다.
> 다. 국가경찰은 자치경찰과 비교하여 지역실정을 반영한 경찰조직의 운영·관리가 용이하다.
> 라. 국가경찰은 자치경찰과 비교하여 지역주민에 대한 경찰의 책임의식이 높다.
> 마. 국가경찰은 자치경찰과 비교하여 인권과 민주성이 보장되어 주민들의 지지를 받기 쉽다.
> 바. 국가경찰은 자치경찰과 비교하여 다른 행정부문과의 긴밀한 협조·조정이 어렵다.
> 사. 국가경찰은 자치경찰과 비교하여 신속한 업무수행으로 인해 인권과 민주성이 보장되어 주민들의 지지를 받기 쉽다.

① 4개 ② 5개
③ 6개 ④ 7개

정답과 해설

가. (X) **국가경찰은** 자치경찰과 비교하여 비권력적 수단보다는 권력적 수단을 통해 국민의 생명과 신체·재산을 보호하고자 한다.
나. (X) 전국적으로 균등한 서비스를 제공할 수 있는 것은 **국가경찰의 장점**에 해당한다.
다. (X) **자치경찰은 국가경찰**과 비교하여 지역실정을 반영한 경찰조직의 운영·관리가 용이하다.
라. (X) **자치경찰은 국가경찰**과 비교하여 지역주민에 대한 경찰의 책임의식이 높다.
마. (X) **자치경찰은 국가경찰**과 비교하여 인권보장과 민주성이 보장되어 주민들의 지지를 받기 쉽다.
바. (X) 다른 행정부문과의 긴밀한 협조·조정이 어려운 경우는 **자치경찰의 단점**이다.
사. (X) 인권과 민주성이 보장되어 주민들의 지지를 받기 쉬운 경우는 **자치경찰의 장점**이다.

정답 ④

경찰의 임무 및 위험

26 ☐☐☐☐ 10·19 채용, 예상문제

경찰의 임무 및 수단에 대한 설명이다. 이에 관한 ㉠부터 ㉣까지의 설명 중 옳고 그름의 표시(O, X)가 모두 바르게 된 것은?

> ㉠ 형사소송법은 경찰의 수사를 경찰의 직무로 규정하고 있으나, 국가경찰과 자치경찰의 조직 및 운영에 관한 법률은 이를 명문으로 규정하고 있지 않다.
> ㉡ 형사소송법은 임의수사를 원칙으로 하고, 강제수사를 예외적으로 허용하고 있다.
> ㉢ 경찰임무 중 경비·주요 인사(요인)경호 및 대간첩 작전 수행은 경찰관직무집행법에서 명시적 규정을 두고 있으나, 국가경찰과 자치경찰의 조직 및 운영에 관한 법률에는 명시적 규정이 없다.
> ㉣ 「경찰관 직무집행법」상 직무의 범위에는 범죄의 예방·진압 및 수사, 범죄피해자 보호가 포함된다.
> ㉤ 「국가경찰과 자치경찰의 조직 및 운영에 관한 법률」상 경찰의 임무에는 치안정보의 수집·작성 및 배포를 규정하고 있다.

① ㉠ (O) ㉡ (X) ㉢ (X) ㉣ (O) ㉤ (O)
② ㉠ (X) ㉡ (O) ㉢ (X) ㉣ (O) ㉤ (X)
③ ㉠ (X) ㉡ (X) ㉢ (O) ㉣ (O) ㉤ (X)
④ ㉠ (O) ㉡ (O) ㉢ (O) ㉣ (X) ㉤ (X)

정답과 해설

㉠ (X) 형사소송법 제195조 제1항은 검사와 사법경찰관은 수사, 공소제기 및 공소유지에 관하여 서로 협력하여야 한다라고 규정되어 있고, **국가경찰과 자치경찰의 조직 및 운영에 관한 법률 제3조(경찰의 임무)와 경찰관 직무집행법 제2조(직무의 범위)는 각각 범죄의 수사를 경찰의 임무(직무)로 규정하고 있다.**

㉡ (O) 수사에 관하여는 그 목적을 달성하기 위하여 필요한 조사를 할 수 있다. 다만, 강제처분은 이 법률에 특별한 규정이 있는 경우에 한하며, 필요한 최소한도의 범위 안에서만 하여야 한다(형사소송법 제199조 제1항).

㉢ (X) 경찰관 직무집행법 제2조(경비, 주요 인사(人士) 경호 및 대간첩·대테러 작전 수행)와 국가경찰과 자치경찰의 조직 및 운영에 관한 법률 제3조(경비·요인경호 및 대간첩·대테러 작전 수행)에 규정되어 **있다(없다 X).**

㉣ (O) 직무의 범위에는 범죄의 예방·진압 및 수사, **범죄피해자(피의자X) 보호**가 포함된다(경찰관 직무집행법 제2조).

㉤ (X) 종래 '치안정보의 수집·작성 및 배포'는 '**공공안녕에 대한 위험의 예방과 대응을 위한 정보의 수집·작성 및 배포**'로 개정되었다(국가경찰과 자치경찰의 조직 및 운영에 관한 법률 제3조 제5호).

정답 ②

27 ☐☐☐☐ 20 채용

경찰의 임무를 공공의 안녕과 질서에 대한 위험의 방지라고 정의할 때, 이에 대한 설명으로 가장 적절한 것은?

① '공공의 안녕'이란 개념은 '법질서의 불가침성'과 '국가의 존립 및 국가기관 기능성의 불가침성', '개인의 권리와 법익의 보호'를 포함하며 이 중 공공의 안녕의 제1요소는 '개인의 권리와 법익의 보호'이다.
② '공공의 질서'란 원만한 공동체 생활을 위해 개인이 준수해야 할 불문규범의 총체를 의미하며, 법적 안전성 확보를 위해 불문규범이 성문화되어가는 현상으로 인하여 그 영역이 점차 축소되고 있다.
③ 경찰이 의무에 합당한 사려 깊은 상황판단을 했음에도 불구하고 위험을 잘못 긍정한 경우를 '오상위험'이라고 한다.
④ 위험의 현실화 여부에 따라 '추상적 위험'과 '구체적 위험'으로 구분할 수 있으며 경찰의 개입은 구체적 위험의 경우에만 정당화된다.

> **정답과 해설**
>
> ① (X) '공공의 안녕'이란 개념은 '법질서의 불가침성'과 '국가의 존립 및 국가기관 기능성의 불가침성', '개인의 권리와 법익의 보호'를 포함하며, 이 중 **공공의 안녕의 제1요소는 '법질서의 불가침성'**이다.
> ② (O) 공공질서는 원만한 공동체생활을 영위하기 위한 불가결적 전제 조건이 되는 각 개인의 행동에 대한 불문규범의 총체로, 오늘날 거의 모든 생활영역에 법적 안전성 확보를 위해 **불문규범이 전면규범화(성문화) 증가추세**에 따라 공공질서 개념의 사용가능분야는 점점 **"축소"**되고 있다.
> ③ (X) 경찰이 의무에 합당한 사려 깊은 상황판단을 했음에도 불구하고 위험을 잘못 긍정한 경우를 **'외관적 위험'**이라고 한다. **오상위험**은 객관적으로 위험의 외관 또는 혐의가 정당화되지 아니함에도 불구하고 경찰이 위험의 존재를 잘못 추정한 경우이다.
> ④ (X) 경찰의 개입은 **구체적 위험 내지 추상적 위험**이 있을 경우 가능하다.
>
> 정답 ②

28 ☐☐☐☐ 23 경채

경찰의 기본적 임무 중 '공공의 안녕과 질서에 대한 위험의 방지'에 관한 설명으로 가장 적절하지 않은 것은?

① 경찰의 개입은 구체적 위험 내지 적어도 오상위험이 있을 때 가능하다.
② 법질서의 불가침성은 공공의 안녕의 제1요소로서, 민주적 정당성을 부여받은 입법자가 창조하고 형성한 법질서는 그 전체로서 보호되어야 한다.
③ 국가의 존립과 기능성을 위험으로부터 보호하기 위하여 가벌성의 범위 내에 이르지 아니하더라도 국민의 자유나 권리를 침해하지 않는 범위 내에서 수사·정보·안보경찰의 첩보수집활동을 할 수 있다.
④ 공공의 안녕을 위해 경찰은 개인의 권리와 법익을 보호해야 한다. 다만 사법(私法)에서 인정되는 사적인 권리확보수단이 존재하는 경우에는 경찰의 보충적인 보호만 인정된다.

정답과 해설

① (X) 경찰의 개입은 구체적 위험 내지 적어도 **추상적 위험(오상위험 X, 추정적 위험 X)**이 있을 때 가능하다.
② (O) 법질서의 불가침성은 공공의 안녕의 제1요소로서, 공법규범에 대한 위반은 일반적으로 공공의 안녕에 대한 위험으로 취급되어 경찰권 발동의 대상이 된다.
③ (O) 가벌성의 범위 내에 이르지 않았더라도 국민의 자유와 권리를 침해하지 않는 범위 내에서 기본적인 경찰활동이 가능하다.
④ (O) 법적 보호가 적시에 이루어지지 않고, 경찰의 원조 없이는 법을 실현시키는 것이 무효화되거나 사실상 어려워질 경우에만 경찰이 개입할 수 있는 것은 **보충성의 원칙**이다.

정답 ①

29 ☐☐☐☐ 24 채용, 예상문제

경찰의 임무와 활동에 대한 설명 중 옳지 않은 것은 모두 몇 개인가?

> ⊙ 실정법상의 규정을 토대로 경찰의 임무를 살펴보면, 궁극적으로는 공공의 안녕과 질서유지를 그 임무로 하고 있다.
> ⓒ 경찰의 임무에는 범죄의 예방·진압, 범죄피해자 보호가 포함된다.
> ⓒ 국민의 생명·신체 및 재산의 보호는 공공의 안녕을 포함하는 상위개념이다.
> ⓔ 경찰의 개입은 구체적 위험이 있을 경우에만 가능하다.
> ⓜ 위험존재에 대한 경찰관의 잘못된 판단은 국가배상 문제와는 관련이 없으나, 형사상 책임문제가 발생할 수 있다.
> ⓑ 오늘날 행정의 전문화·다양화로 '공공질서' 개념의 사용가능 분야는 점차 증가하고 있다.

① 1개　　　　　　　　　　② 2개
③ 3개　　　　　　　　　　④ 4개

정답과 해설

⊙ (O) 경찰의 임무는 경찰조직법상 경찰기관을 전제로 한 개념으로 **실정법(국자법 제3조, 경직법 제2조)**상의 규정을 토대로 경찰의 임무를 살펴보면, **공공의 안녕과 질서에 대한 위험방지가 경찰의 궁극적 임무**라고 할 수 있다.
ⓒ (O) 국가경찰과 자치경찰의 조직 및 운영에 관한 법률 제3조 제2호·제3호
ⓒ (X) **공공의 안녕과 질서유지가 상위개념**이다.
ⓔ (X) 경찰의 개입은 **구체적 위험뿐만 아니라 추상적 위험**이 있을 경우에도 가능하다.
ⓜ (X) 위험의 존재에 대해 잘못된 추정에서 기인한 경찰개입은 **민사책임(국가배상) 문제와 형사책임 문제를 발생**시킬 수 있다.
ⓑ (X) 오늘날 거의 모든 생활영역에 대한 법적 전면규범화 증가추세에 따라 공공질서 개념의 사용가능 분야는 **점점 축소**되고 있다.

정답 ④

30 □□□□ 24 간부

경찰권 행사에 대한 설명으로 가장 적절하지 않은 것은?

① 공공의 안녕은 법질서의 불가침성, 국가존립과 기능성의 불가침성, 개인의 권리와 법익의 보호로 구성되며, 경찰은 사회공공과 관련하여 국가의 존립과 기능을 보호할 의무가 있다.
② 위험은 경찰개입의 전제요건이므로 보호를 받게 되는 법익에 구체적으로 존재해야만 하고 경찰책임자가 누구인지는 불문한다.
③ 범죄수사에 있어서 범죄피해자를 위한 사법경찰권의 적극적인 개입을 인정하는 입법례가 증가하는 추세이다.
④ 공공질서와 관련하여 경찰이 개입할 것인가의 여부는 경찰의 결정에 맡겨져 있더라도 헌법상 과잉금지원칙이 준수되어야 한다.

정답과 해설

① (O) 공공의 안녕은 **법질서의 불가침성(공공의 안녕의 제1요소)**, 국가존립과 기능성의 불가침성, 개인의 권리와 법익의 보호로 구성되며, 경찰은 사회공공과 관련하여 국가의 존립과 기능을 보호할 의무가 있다.
② (X) 위험은 보호받게되는 법익에 대해 구체적으로 **존재하여야 하는 것은 아니다.** 예를들면 보행자의 통행이 거의 없는 밤 시간에 횡단보도 보행자 신호등이 녹색등일 때 정지하지 않고 진행한 경우에도 통행한 운전자는 경찰책임자가 된다.
③ (O) 범죄수사에 있어서 범죄피해자를 위한 사법경찰권의 적극적인 개입을 인정하는 성매매방지 및 피해자보호 등에 관한 법률, 성폭력방지 및 피해자보호 등에 관한 법률, 가정폭력방지 및 피해자보호 등에 관한 법률 등과 같은 입법례가 증가하는 추세이다.
④ (O) 공공질서와 관련하여 경찰이 개입할 것인가의 여부는 경찰의 결정에 맡겨져 있더라도 **헌법상 과잉금지원칙(비례의 원칙)**이 준수되어야 한다.

정답 ②

31 □□□□ 22 채용

경찰의 임무를 공공의 안녕과 공공의 질서에 대한 위험의 방지라고 정의할 때, 위험에 관한 설명 중 가장 적절하지 않은 것은?

① 구체적 위험은 개별사례에서 실제로 또는 최소한 경찰관의 사전적 시점에서 사실관계를 합리적으로 평가하였을 때, 가까운 장래에 공공의 안녕이나 공공의 질서에 대한 손해가 발생할 충분한 개연성이 있는 상황과 관련이 있다.
② 오상위험에 근거한 경찰의 위험방지조치가 위법한 경우에는 경찰관 개인에게는 민·형사상 책임이 문제되고 국가에게는 손해배상책임이 발생할 수 있다.
③ 외관적 위험은 경찰관이 의무에 합당한 사려 깊은 상황판단을 하였음에도 위험을 잘못 긍정하는 경우이다.
④ 위험의 혐의만 존재하는 경우에 위험의 존재가 명백해지기 전까지는 예비적 조치로서 위험의 존재 여부를 조사할 권한은 없다.

> **정답과 해설**
> ④ **(X)** 위험의 혐의만 존재하는 경우에 **위험의 존재가 명백해질 때까지** 예비적 조치로서 위험의 존재 여부를 **조사할 수 있다.**
>
> 정답 ④

32 □□□□ 23 채용, 22 승진

경찰의 기본적 임무인 '위험의 방지'에 대한 설명으로 가장 적절하지 않은 것은?

① 경찰개입을 위해서는 구체적 위험이 존재해야 하지만, 범죄예방 및 위험방지 행위의 준비는 추상적 위험 상황에서도 가능하다.
② 오상위험이란 경찰이 상황을 합리적으로 사려 깊게 판단하여 위험이 존재한다고 인식하여 개입하였으나 실제로는 위험이 없던 경우를 말하며 이 경우 국가의 손실보상책임이 발생할 수 있다.
③ 위험혐의란 경찰이 의무에 합당한 사려 깊은 상황 판단을 할 때, 위험의 발생 가능성은 예측되지만, 위험의 실제 발생 여부가 불확실한 경우를 의미한다.
④ 손해란 보호법익에 대한 현저한 침해행위를 의미하고 정상적 상태의 객관적 감소이어야 하므로, 단순한 성가심이나 불편함은 경찰개입의 대상이 아니다.

> **정답과 해설**
> ① (O) 경찰의 개입은 구체적 위험 내지 적어도 추상적 위험이 있을 때 가능하다. 추상적 위험의 경우 단순히 안전하지 못하다라는 정도의 인식만으로는 충분하지 않고 사실적 관점에서 위험에 대한 예측이 필요하다.
> ② **(X) 오상위험**이란 객관적으로 판단할 때 위험의 외관 또는 혐의가 정당화되지 않음에도 경찰이 위험의 존재를 잘못 추정한 경우를 말하며 이 경우 국가의 **손해배상책임이 발생할 수 있다.** 위 내용은 **외관적 위험**에 관한 설명이다.
> ③ (O) 위험혐의에 관한 설명으로 옳다.
> ④ (O) 손해에 관한 설명으로 옳다.
>
> 정답 ②

33 ☐☐☐☐ 예상문제

위험에 대한 설명으로 옳은 것은?

> 경찰관 A는 야간 도보 순찰 중 사람을 살려달라는 외침소리를 듣고 출입문을 부수고 들어갔는데, 실제로는 노인이 크게 켜놓은 TV 형사극 소리였다.

① 의무에 합당한 사려 깊은 판단을 할 때 실제로 위험의 가능성은 예측되나 불확실한 경우에 해당한다.
② 경찰관 A가 문을 부수고 들어간 행위는 경찰상 위험에 해당하는 적법한 경찰개입이므로 경찰관 A에게 민·형사상 책임을 물을 수 없다.
③ 경찰관 A가 문을 부수고 들어간 행위는 위법한 경찰개입이므로 경찰관 개인에게는 민·형사상 책임이 있다.
④ 경찰관 A가 문을 부수고 들어간 행위로 인한 손해로 국가는 손해배상책임이 발생할 수 있다.

정답과 해설

보기의 상황은 **외관적 위험**에 해당한다.
① (X) **위험혐의**에 대한 설명이다.
② (O) **외관적 위험**에 대한 설명이다.
③ (X) **오상위험 (추정적(성)위험)**에 대한 설명이다.
④ (X) 이는 경찰상 위험에 해당하는 적법한 경찰개입이므로 경찰관에게 민·형사상 책임을 물을 수 없지만, 국가의 **손실보상책임**이 발생할 수 있다.

정답 ②

34 ☐☐☐☐ 25 채용

다음 사례에 해당하는 '위험의 인식'에 관한 설명으로 가장 적절한 것은?

> 전날 악몽을 꾼 경찰관 A는 경찰관 B와 순찰 중에 주택에서 은은한 클래식 음악이 들리자 위험한 상황이라고 판단하고, 자신을 제지하는 경찰관 B를 밀친 후 혼자 현관문을 부수고 들어갔는데 실제로는 임신부가 태교음악을 듣고 있었다.

① 경찰관 A의 경우 의무에 합당한 사려 깊은 판단을 하였고 실제로 위험의 발생 가능성은 있으나, 현관문을 부수고 진입한 행위는 위험의 존재 여부를 확인하기 위한 예비적 조치로는 적합하지 않다.
② 경찰에게 있어 위험의 개념은 사실에 기인하여 향후 발생할 사건에 관한 주관적 추정을 포함하므로, 경찰관 B는 '외관적 위험'이 발생하였음에도 개입하지 않아 합리적인 상황 판단을 하지 못한 경우이다.
③ 경찰관 A의 행위는 위험의 외관이나 혐의가 정당화되지 아니함에도 불구하고 잘못된 주관적 판단에 따라 위험의 존재를 잘못 추정한 위법한 경찰개입이므로, 경찰관 A에게는 민·형사상 책임이 발생할 수 있으며 국가 역시 국가배상책임이 발생될 수 있다.
④ 해당 사례는 결과적으로 위험이 존재하지 않았고 경찰개입 시점에도 경찰상 위험이 없다고 판단되므로, 부순 현관문에 대해서는 원칙적으로 국가는 손실보상책임이 있다.

> **정답과 해설**
> ③ (O) 객관적으로 위험의 외관 또는 혐의가 정당화되지 아니함에도 불구하고 전날 악몽을 꾼 경찰관 A가 주택에서 은은한 클래식 음악이 들리자 위험한 상황이라고 판단하는 것은 **오상위험**에 해당한다. 그러므로 경찰관 A에게는 민·형사상 책임이 발생할 수 있으며 국가 역시 국가배상책임이 발생될 수 있다.
>
> 정답 ③

35 ☐☐☐☐ 23 채용, 예상문제

위험의 분류와 위험에 대한 인식에 대한 설명으로 옳지 않은 것은?

① 구체적 위험이란 구체적 개개 사안에 있어 가까운 장래에 손해발생의 충분한 가능성이 존재하는 경우, 즉 개개의 경우에 실제로 존재하는 경우이다.
② 경찰개입의 대상이 되는 위험은 행위책임에 기인한 것일 때에는 가능하지만, 상태책임에 기인한 것일 때에는 불가능하다.
③ 범죄의 예방분야나 장래의 위험방지를 위한 준비행위는 구체적 위험이나 추상적 위험의 구성요소에 의해서도 제한되지 않으므로 그런 목적으로 경찰이 활동하는 것은 가능하다.
④ 위험에 대한 인식으로 외관적 위험, 위험혐의, 오상위험으로 구분할 수 있다.

> **정답과 해설**
> ② (X) 경찰개입의 대상이 되는 위험은 **행위책임에 기인한 것일 수도 있고 상태책임에 기인한 것일 수도 있다.**
> ④ (O) 위험에 대한 인식으로 **외관적 위험, 위험혐의, 오상위험(=추정적 위험 또는 상상위험)**으로 구분할 수 있다.
>
> 정답 ②

36 ☐☐☐☐ 23 채용, 12 · 18 승진, 19 간부

경찰의 임무를 공공의 안녕과 질서에 대한 위험의 방지라고 정의할 때, 위험에 대한 설명 중 가장 옳지 않은 것은?

① '위험'이란 가까운 장래에 공공의 안녕에 손해가 나타날 가능성이 개개의 경우 충분히 존재하는 상태를 말한다.
② '손해'란 보호받는 개인 및 공동의 법익에 관한 정상적 상태의 객관적 감소를 뜻하고, 보호법익에 대한 현저한 침해행위가 있어야 한다.
③ '외관적 위험'에 대한 경찰권 발동은 경찰상 위험에 해당하는 적법한 경찰개입이므로 경찰관에게 민·형사상의 책임을 물을 수 없고, 국가의 손실보상 책임도 발생하지 않는다.
④ '위험혐의'의 경우 위험의 존재여부가 명백해질 때까지 예비적으로 행하는 위험조사 차원의 경찰개입은 정당화된다.

> **정답과 해설**
> ③ (X) '외관적 위험'은 경찰이 의무에 합당한 사려 깊은 상황판단을 했음에도 불구하고 위험을 잘못 인정한 경우로 적법한 경찰개입이므로 경찰관에게 민·형사상 책임을 물을 수 없지만, **국가의 손실보상책임이 발생할 수 있다.**
>
> 정답 ③

37 □□□□ 21·24 채용

경찰의 임무에 대한 설명으로 가장 적절하지 않은 것은?

① 「국가경찰과 자치경찰의 조직 및 운영에 관한 법률」 제3조에서 경찰의 임무로 '국민의 생명·신체 및 재산의 보호', '범죄피해자 보호', '교통의 단속과 위해의 방지' 등을 규정하고 있다.
② 법질서의 불가침성은 공공의 안녕의 제1요소로서, 공법규범에 대한 위반은 일반적으로 공공의 안녕에 대한 위험으로 취급되어 경찰권 발동의 대상이 된다.
③ 경찰의 임무를 공공의 안녕과 질서에 대한 위험의 방지라고 정의할 때, '공공의 질서'란 원만한 공동체생활을 위한 필수적인 전제조건으로 시대에 따라 변화하는 상대적이고 유동적인 개념이다.
④ 위험이란 가까운 장래에 공공의 안녕이나 질서에 손해가 나타날 수 있는 가능성이 개개의 경우에 충분히 존재하는 상태를 의미한다. 위험은 구체적 위험과 추상적 위험으로 구분할 수 있으며 경찰 개입은 구체적 위험이 있을 때에만 가능하다.

정답과 해설

② (O)

> [최신기출] 2025년 8월 30일 채용 출제포인트
> 공공의 안녕의 요소 중 법질서의 불가침성은 **공법(公法)규범**을 대상으로 한다. **사법(私法)규범**의 경우에도 예외적으로 보충성의 원칙이 적용되는 경우에 대상이 된다.

③ (O) 공공질서란 원만한 공동체생활을 위한 불가결적 전제조건으로서 각 개인의 행동에 대한 불문규범의 총체로, 시대에 따라 변화하는 **상대적·유동적 개념(고정적 X, 절대적 X)**이다.
④ (X) 경찰개입은 **구체적 위험 내지 적어도 추상적 위험이 있을 때** 가능하다.

정답 ④

38 20·25·26 간부, 예상문제

경찰의 기본적 임무에 대한 설명 중 옳지 않은 것은 모두 몇 개인가?

> ㉠ 공공의 안녕이란 개인의 생명·신체·건강·자유·재산과 같은 개인적 법익과 국가적 공동체의 존속 및 기능과 같은 국가적 법익이 침해되지 않은 상태를 의미하며, 공공의 질서보다 엄격한 합헌성을 요구받는다.
> ㉡ 경찰의 임무를 치안서비스의 제공으로 볼 때, 현대국가는 복지국가를 지향하는 만큼 오늘날 국민에게 봉사하고 서비스하는 경찰의 역할이 점차 중요해지고 있다.
> ㉢ 인간의 존엄·자유·명예·생명 등과 같은 개인적 법익뿐만 아니라 사유재산적 가치나 무형의 권리에 대한 위험방지도 경찰의 임무에 해당한다. 그러나 개인적 권리와 법익이 보호된 경우라고 하더라도 경찰의 원조는 잠정적인 보호에 국한되어야 하고, 최종적인 권리구제는 법원(法院)에 의하여야 한다.
> ㉣ 위험은 경찰개입의 전제조건이나 위험이 보호를 받게 되는 법익에 구체적으로 존재해야 하는 것은 아니기 때문에 보행자의 통행이 거의 없는 밤시간에 횡단보도 보행자 신호등이 녹색등일 때 정지하지 않고 진행한 경우에도 통행한 운전자는 경찰책임자가 된다. 이는 공공의 안녕을 보호 법익으로 하는 「도로교통법」을 침해함으로써 법질서의 불가침성을 침해하기 때문이다.
> ㉤ 외관적 위험에 대한 경찰권 발동은 경찰상 위험에 해당하는 적법한 개입이므로 경찰관에게 민·형사상 책임을 물을 수 없다. 단, 경찰개입으로 인한 피해가 '공공필요에 의한 특별한 희생'에 해당하는 경우에는 국가의 손실보상 책임은 발생할 수 있다.
> ㉥ 수사권은 내국인, 외국인 상관없이 발동될 수 있으나, 한국주재 외국상사 직원과 같은 경우는 일부 제한이 인정되고 있다.

① 0개
② 1개
③ 2개
④ 3개

정답과 해설

㉢㉣㉤ (O)

- ㉠ (X) 공공의 **질서**는 불문규범의 총체로서 시대에 따라 변화하는 상대적·유동적 개념이기 때문에 **엄격한 합헌성과 제한적 사용의 요구**를 받는 개념이다.
- ㉡ (O) 오늘날 복지국가적 행정을 요구하고 있는 시대적 요청에 따라 경찰행정 분야에서도 각 개인이 경찰권의 발동을 요청할 수 있는 권리인 경찰개입청구권을 인정하기에 이르렀는데 이는 '재량권의 0으로의 수축이론'과 관련이 있다.
- ㉥ (X) **대통령과 국회의원**에 대해서 일정한 제한이 따르고, **SOFA에 의거 공무집행 중의 미군범죄**에 대해서는 1차적 재판권을 미국 당국이 가지므로 수사권에 제한을 받고 있으며, **면책특권이 있는 외교사절** 등이 수사권의 일부 제한이 인정되고 있다. 다만, **한국주재 외국상사 직원은 수사권의 제한이 인정되지 않는다.**

정답 ③

39 ☐☐☐☐ 예상문제

명백하고 현존한 위험(rule of clear and present danger)에 대한 설명으로 옳지 않은 것은? (다툼이 있으면 판례에 의함)

① 명백하고 현존 위험의 원칙은 미국 연방대법원(솅크 판결)에서 언론·출판 등의 자유를 제한하는 기준으로 판시한 원칙이다.
② 국가보안법 제7조 제1항 및 제5항의 규정은 각 그 소정의 행위가 국가의 존립·안전을 위태롭게 하거나 자유민주적 기본질서에 위해를 줄 명백한 위험이 있을 경우에만 축소적용되는 것으로 해석한다면 헌법에 위반되지 아니한다고 하였다.
③ 우리 대법원판례는 미신고 집회에 대한 해산명령의 적법요건으로 공공의 안녕질서에 대한 직접적인 위험이 명백하고 현존하는 위험이 있을 것으로 요구하고 있다.
④ 우리 대법원 판례는 위해성 경찰장비인 살수차와 물포의 직사살수의 사용요건으로 명백하고 현존한 위험의 원칙을 요구하고 있다.

> **정답과 해설**
> ③ (X) 옥외집회 또는 시위로 인하여 타인의 법익이나 공공의 안녕질서에 대한 '**직접적인 위험이 명백하게 초래된 경우**'에 한하여 위 조항에 기하여 해산을 명할 수 있다고 하였다. **즉 위험의 현존성은 요구하지 않는다**(대판 2010도6388).
>
> 정답 ③

40 ☐☐☐☐ 25 간부

협의의 경찰권에 관한 설명으로 가장 적절하지 않은 것은?

① 사회공공의 안녕과 질서를 유지하기 위하여 일반통치권에 근거하여 국민에게 명령·강제하는 권한을 의미한다.
② 경찰기관 외의 일반행정기관에서는 발동할 수 없다.
③ 협의의 경찰권은 경찰책임자에게 발동되는 것이 원칙이지만, 법령상 근거가 있고 긴급한 필요가 있을 때에는 경찰상 위해나 장애에 직접 책임이 없는 제3자에게도 권한이 발동될 수 있다.
④ 국회의장의 국회경호권이나 법원의 법정질서유지권은 협의의 경찰권에 해당하지 않는다.

> **정답과 해설**
> ① (O) **협의의 경찰권**이란 사회공공의 안녕과 질서를 유지하기 위하여 **일반통치권**에 의거 국민에게 **명령·강제**하는 권한을 의미한다.
> ② (X) 협의의 경찰권은 행정경찰이라고 말할 수 있다. 그러므로 행정경찰을 보안경찰(경찰기관)과 협의의 행정경찰(일반행정기관)로 분류할 때, 경찰기관 외의 일반행정기관에서도 협의의 경찰권을 발동할 수 **있다(없다 X)**.
> ③ (O) 협의의 경찰권은 경찰책임자에게 발동되는 것이 원칙이지만, 법령상 근거가 있고 긴급한 필요가 있을 때에는 경찰상 위해나 장애에 **직접 책임이 없는 제3자(비책임자)**에게도 권한이 발동될 수 **있다**.
> ④ (O) 국회의장의 **국회경호권(의원경찰)**, 법원의 **법정경찰권**과 같이 일반통치권을 전제로 하지 않고 부분사회의 내부질서를 목적으로 하는 경우에는 **협의의 경찰작용에 해당하지 않는다**.
>
> 정답 ②

THEME 04 경찰의 관할

41 ☐☐☐☐ 22 채용, 23·26 간부

경찰의 임무와 관할에 대한 설명으로 적절하지 않은 것은 모두 몇 개인가?

가. 「국가경찰과 자치경찰의 조직 및 운영에 관한 법률」은 경찰의 임무로 국민의 생명·신체 및 재산의 보호, 범죄의 예방·진압 및 수사, 범죄피해자 보호, 교통의 단속과 위해의 방지, 외국 정부기관 및 국제기구와의 국제협력 등을 규정하고 있다.

나. 인간의 존엄·자유·명예·생명 등과 같은 개인적 법익뿐만 아니라 사유재산적 가치에 대한 위험방지도 경찰의 임무에 해당하나, 무형의 권리에 대한 위험방지는 경찰의 임무에 해당하지 아니한다.

다. 「국회법」상 경위나 경찰공무원은 국회 안에 현행범인이 있을 때에는 의장의 지시를 받은 후 체포하여야 한다. 다만, 회의장 안에서는 의장의 명령 없이 의원을 체포할 수 없다.

라. 「법원조직법」상 재판장은 법정에서의 질서유지를 위하여 필요하다고 인정할 때에는 개정 전후에 상관없이 관할 경찰서장에게 경찰공무원의 파견을 요구할 수 있으며, 이에 따라 파견된 경찰공무원은 법정 내에서만 질서유지에 관하여 재판장의 지휘를 받는다.

마. 헌법상 대통령은 내란 또는 외환의 죄를 범한 경우를 제외하고는 재직중 형사상의 소추를 받지 아니한다.

바. '사물관할'이란 경찰권이 발동될 수 있는 지역적 범위를 말하고, 대한민국의 영역 내 모든 범위에 적용되는 것이 원칙이다.

① 2개
② 3개
③ 4개
④ 5개

정답과 해설

가. **(O)** 국가경찰과 자치경찰의 조직 및 운영에 관한 법률 제3조

나. **(X)** 인간의 존엄·자유·명예·생명 등과 같은 개인적 법익뿐만 아니라 **사유재산적 가치와 무형의 권리에 대한 위험방지도 경찰의 임무에 해당**한다.

다. **(X)** 경위나 경찰공무원은 **국회 안에** 현행범인이 있을 때에는 **체포한 후 의장의 지시를 받아야**(지시를 받을 필요가 없지만 X) 한다. 다만, 회의장 안에 있어서는 의장의 명령 없이 이를 체포할 수 없다(국회법 제150조).

라. **(X)** 「법원조직법」상 재판장은 법정에서의 질서유지를 위하여 필요하다고 인정할 때에는 개정 전후에 상관없이 관할 **경찰서장(시·도경찰청장 X)**에게 경찰공무원의 파견을 요구할 수 있으며, 이에 따라 파견된 경찰공무원은 **법정 내외(법정 내 X)**의 질서유지에 관하여 **재판장(경찰서장 X)**의 지휘를 받는다(법원조직법 제60조).

마. **(O)** 옳은 설명이다.

바. **(X) '지역관할'**이란 경찰권이 발동될 수 있는 지역적 범위를 말하고, 대한민국의 영역 내 모든 범위에 적용되는 것이 원칙이다. **'사물관할'**은 경찰이 처리할 수 있고 또 처리해야 하는 사무내용의 범위를 말한다.

정답 ③

42

경찰의 관할에 대한 설명으로 가장 적절하지 않은 것은?

① 사물관할이란 경찰이 처리할 수 있고 처리해야 하는 사무내용의 범위를 말하는 것으로 「국가경찰과 자치경찰의 조직 및 운영에 관한 법률」과 「경찰관 직무집행법」에 규정되어 있다.
② 경찰은 중대한 죄를 범하고 도주하는 현행범인을 추적하는 때에는 주한미군 시설 및 구역 내에서 범인을 체포할 수 있다.
③ 해양에서의 경찰 및 오염방제에 관한 사무를 관장하기 위하여 해양수산부장관 소속으로 해양경찰청을 둔다.
④ 화재 등 긴급한 경우에는 외교사절의 동의가 없어도 공관에 들어갈 수 있으며, 이는 국제법상 인정된 것이다.

> **정답과 해설**
> ① (O) 국가경찰과 자치경찰의 조직 및 운영에 관한 법률 제3조 제2호, 경찰관 직무집행법 제2조 제2호
> ② (O) SOFA 합의의사록 제22조 제10호
> ③ (O) 1996년에 해양경찰청이 해양수산부로 이관(비경찰화)을 하였다(정부조직법 제43조 제2항).
> ④ (X) 외교공관은 **국제법상** 치외법권 지역이나, 화재나 감염병 발생 등과 같은 긴급한 상황에서는 외교사절의 동의 없이도 외교공관에 들어갈 수 있는 것이 **국제관례(국제법상 X)**이다.
>
> 정답 ④

43

경찰의 관할에 대한 설명으로 가장 옳은 것은?

① 국회의장은 국회의 경호를 위하여 필요한 때에는 국가경찰위원회의 동의를 얻어 일정한 기간을 정하여 정부에 대하여 필요한 경찰공무원의 파견을 요구할 수 있다.
② 우리나라는 대륙법계의 영향을 받아 범죄수사에 관한 임무가 경찰의 사물관할로 인정되고 있다.
③ 외교공관과 외교관의 개인주택은 국제법상 치외법권 지역으로 불가침의 대상이 되고, 외교사절의 승용차, 보트, 비행기 등 교통수단도 불가침의 대상이다.
④ 법원의 재판장은 법정의 질서유지를 위해 경찰관의 파견을 요구할 수 있으나, 파견된 경찰관은 법정 내외의 질서유지에 관하여 관할 시·도경찰청장의 지휘를 받는다.

> **정답과 해설**
> ① (X) 국회의장은 국회의 경호를 위하여 필요할 때에는 **국회운영위원회의 동의**를 받아 일정한 기간을 정하여 정부에 경찰공무원의 파견을 요구할 수 있다(국회법 제144조 제2항).
> ② (X) 경찰의 사물관할로서 「국가경찰과 자치경찰의 조직 및 운영에 관한 법률」 제3조와 「경찰관직무집행법」 제2조에 규정된 '범죄수사에 관한 임무'는 **영미법계 경찰개념**의 영향을 받아 규정된 것이다.
> ③ (O) 옳은 설명이다.
> ④ (X) 법원에 파견된 경찰공무원은 법정 내외의 질서유지에 관하여 **재판장(시·도경찰청장 X)**의 지휘를 받는다(법원조직법 제60조 제2항).
>
> 정답 ③

44 ▫▫▫▫ 24 채용. 예상문제

경찰의 관할에 관한 설명으로 가장 적절한 것은?

① 재판장은 법정에서의 질서유지를 위하여 필요하다고 인정할 때에는 개정 전에 한하여 관할 경찰서장에게 경찰공무원의 파견을 요구할 수 있다.
② 국회의원은 회기 중 국회의 동의 없이 체포 또는 구금되지 아니한다. 다만, 국회의원이 회기 전에 체포 또는 구금된 때에는 현행범인인 경우에 한하여 국회의 요구가 있을 시 석방된다.
③ 지역관할과 인적관할은 광의의 경찰권이 발동될 수 있는 지역적 범위와 인적 범위를 말하고, 광의의 경찰권은 협의의 경찰권, 수사권, 비권력적 활동 권한을 포함하는 개념이다.
④ 합중국 군 당국은 합중국 군대가 사용하는 시설과 구역안에서 모든 체포를 행사하며, 대한민국 당군은 이 시설과 구역안에서 체포를 행할 수 없다.

정답과 해설

① (X) 재판장은 법정에서의 질서유지를 위하여 필요하다고 인정할 때에는 **개정 전후에 상관없이(개정 전에 한하여 X)** 관할 경찰서장에게 경찰공무원의 파견을 요구할 수 있다.
② (X) 국회의원은 현행범인인 경우를 제외하고는 회기 중 국회의 동의없이 체포 또는 구금되지 아니한다. 그리고 국회의원이 회기 전에 체포 또는 구금된 때에는 **현행범인이 아닌 한 국회의 요구가 있으면 회기 중 석방된다**(헌법 제44조).
④ (X) 합중국 군 당국은 합중국 군대가 사용하는 시설과 구역 안에서 통상 모든 체포를 행사하지만, **합중국 군대의 관계당국이 동의한 경우 또는 중대한 범죄를 범한 현행범을 추적하는 경우에 대한민국 당국이 시설과 구역 안에서 체포를 행하는 것을 막는 것은 아니다**(SOFA 합의의사록 제22조 제10호).

정답 ③

45 25 채용, 26 간부

경찰의 관할에 관한 설명으로 가장 적절한 것은?

① 국회의장은 필요할 때에는 경위나 경찰공무원으로 하여금 방청인의 신체를 검사하게 할 수 있다.
② 국회의 경호업무는 국회의장의 지휘를 받아 수행하되, 경위는 회의장 건물 밖에서, 경찰공무원은 회의장 건물 안에서 경호한다.
③ 국회의장은 국회의 경호를 위하여 필요할 때에는 국회사무처의 동의를 받아 일정한 기간을 정하여 경찰공무원의 파견을 요구할 수 있다.
④ 재판장은 법정에서의 질서유지를 위하여 필요하다고 인정할 때에는 개정 전후에 상관없이 시·도경찰청장에게 경찰공무원의 파견을 요구할 수 있다.

정답과 해설

① (O) 국회법 제153조 제2항
② (X) 국회의 경호업무는 국회의장의 지휘를 받아 수행하되, 경위는 회의장 **건물 안(건물 밖 X)**에서, 경찰공무원은 회의장 **건물 밖(건물 안 X)**에서 경호한다(동법 제144조 제3항).
③ (X) 국회의장은 국회의 경호를 위하여 필요할 때에는 **국회운영위원회(국회사무처 X)** 동의를 받아 일정한 기간을 정하여 경찰공무원의 파견을 요구할 수 있다(동법 제144조 제2항).
④ (X) 재판장은 법정에서의 질서유지를 위하여 필요하다고 인정할 때에는 개정 전후에 상관없이 **경찰서장(시·도경찰청장 X)**에게 경찰공무원의 파견을 요구할 수 있다(법원조직법 제60조 제1항).

정답 ①

46 25·26 간부, 예상문제

경찰의 관할에 관한 설명으로 적절하지 않은 것은 모두 몇 개인가?

> 가. 경찰권은 원칙적으로 대한민국 영역 내 모든 지역에 적용되나 국내법적 또는 국제법적 근거에 의해 일정한 한계가 있다.
> 나. 「외교관계에 관한 비엔나협약」에 따르면 공관지역과 외교관의 개인주거는 불가침이다.
> 다. 「외교관계에 관한 비엔나협약」에 따르면 영사관원과 영사신서사는 어떠한 형태의 체포 또는 구금도 당하지 아니한다.
> 라. 「외교관계에 관한 비엔나협약」에 따르면 외교관은 어떠한 형태의 체포 또는 구금도 당하지 아니한다.

① 0개 ② 1개
③ 2개 ④ 3개

정답과 해설

가. (O) 대한민국의 영역 내에 모두 적용됨이 원칙이나, **국내법적**(예: 군사시설 보호구역)·**국제법적**(예: 외국 대사관이나 영사관) **일정한 한계**가 있다.
나. (O) 「외교관계에 관한 비엔나협약」에 따르면 외교공관과 외교관의 개인주택은 **불가침의 대상**이다.
다. (X) **영사신서사(영사관원 X)**는 신체의 불가침을 향유하며 또한 **어떠한 형태로도** 체포 또는 구속되지 아니한다. **영사관원**은 중대한 범죄의 경우에 권한있는 사법당국에 의한 결정에 따르는 것을 제외(**체포구속가능**)하고, 재판에 회부되기 전에 체포되거나 또는 구속되지 아니한다(영사관계에 관한 비엔나협약 제35조, 제41조).
라. (O) 외교관의 신체는 불가침이다. 외교관은 어떠한 형태의 체포 또는 구금도 당하지 아니한다(동협약 제29조).

정답 ②

THEME 05 경찰활동의 기본이념

47 □□□□ 22·25 채용

다음은 경찰활동의 기본이념과 관련된 법적 근거를 제시한 것이다. 이와 관련하여 〈보기 1〉과 〈보기 2〉의 내용이 가장 적절하게 연결된 것은?

〈보기 1〉
(가) 헌법 제1조 제2항에서는 "대한민국 주권은 국민에게 있고, 모든 권력은 국민으로부터 나온다"라고 규정하고 있다.
(나) 헌법 제37조 제1항에서는 "국민의 자유와 권리는 헌법에 열거되지 아니한 이유로 경시되지 아니한다"라고 규정하고 있다.
(다) 「국가공무원법」 제65조 제1항에서는 "공무원은 정당이나 그 밖의 정치단체의 결성에 관여하거나 이에 가입할 수 없다"라고 규정하고 있다.
(라) 「행정기본법」 제1조에서는 "행정의 원칙과 기본사항을 규정하여 행정의 민주성과 적법성을 확보하고 적정성과 효율성을 향상시킴으로써 국민의 권익 보호에 이바지함을 목적으로 한다."라고 규정하고 있다.

〈보기 2〉
㉠ 인권존중주의
㉡ 민주주의
㉢ 법치주의
㉣ 정치적 중립주의
㉤ 경영주의

	가	나	다	라
①	㉡	㉣	㉠	㉢
②	㉢	㉡	㉣	㉤
③	㉡	㉠	㉣	㉤
④	㉢	㉠	㉣	㉡

> **정답과 해설**
> ③ (가) - ㉡ 민주주의, (나) - ㉠ 인권존중주의, (다) - ㉣ 정치적 중립주의, (라) - ㉤ 경영주의
>
> 정답 ③

48 ☐☐☐☐ 20 간부

경찰의 기본이념에 대한 설명으로 옳은 것은?

① 경찰의 중앙과 지방간의 권한 분배, 경찰행정정보의 공개, 성과급제도 확대는 경찰의 민주성 확보방안이다.
② 인권존중주의는 비록 「국가경찰과 자치경찰의 조직 및 운영에 관한 법률」에서는 언급이 없으나, 「헌법」상 기본권 조항 등을 통하여 당연히 유추된다.
③ 국가경찰위원회제도, 「부패방지 및 국민권익위원회의 설치와 운영에 관한 법률」상 국민감사청구제도, 경찰책임의 확보 등은 경찰의 민주성을 확보하기 위한 대내적 민주화 방안이다.
④ 국민의 모든 자유와 권리는 국가안전보장·질서유지 또는 공공복리를 위하여 필요한 경우에 한하여 법률로써 제한할 수 있으며 제한하는 경우에도 자유와 권리의 본질적인 내용을 침해할 수 없다.

정답과 해설

① (X) 성과급제도의 확대는 경찰의 **경영주의**의 내용이다.
② (X) **「국가경찰과 자치경찰의 조직 및 운영에 관한 법률」** 제5조에서는 경찰은 그 직무를 수행함에 있어서 헌법과 법률에 따라 국민의 자유와 권리 및 **모든 개인이 가지는 불가침의 기본적 인권을 보호한다**로 **규정**하고 있다.
③ (X) 국가경찰위원회제도, 「부패방지 및 국민권익위원회의 설치와 운영에 관한 법률」상 국민감사청구제도, 경찰책임은 **대내·외적 민주화 방안**이다.
④ (O) 경찰의 기본이념 중 **법치주의**에 대한 내용으로 옳은 설명이다.

정답 ④

49 ☐☐☐☐ 25 승진

경찰의 기본이념에 관한 설명으로 가장 적절하지 않은 것은?

① 경찰조직에서 중앙경찰과 자치경찰 사이의 적절한 권한 분배, 경찰관의 민주적 리더십 함양을 통한 민주주의 의식 확립은 대내적 민주화 방안에 해당한다.
② 「공공기관의 정보공개에 관한 법률」, 「행정절차법」 등을 통한 경찰활동의 공개는 대외적 민주화 방안에 해당한다.
③ 「경찰관 직무집행법」 제1조(목적)는 경찰의 기본이념 중 정치적 중립주의의 법적 근거에 해당한다.
④ 「국가경찰과 자치경찰의 조직 및 운영에 관한 법률」 제1조(목적)는 경찰의 기본이념 중 경영주의의 법적 근거에 해당한다.

정답과 해설

③ (X) 이 법은 국민의 자유와 권리 및 모든 개인이 가지는 불가침의 **기본적 인권을 보호**하고 사회공공의 질서를 유지하기 위한 경찰관(경찰공무원만 해당한다. 이하 같다)의 직무 수행에 필요한 사항을 규정함을 목적으로 한다(경찰관 직무집행법 제1조). → **인권존중주의**의 법적 근거에 해당한다.
④ (O) 이 법은 경찰의 **민주적인 관리·운영과 효율적인 임무수행**을 위하여 경찰의 기본조직 및 직무 범위와 그 밖에 필요한 사항을 규정함을 목적으로 한다(국가경찰과 자치경찰의 조직 및 운영에 관한 법률 제1조).

정답 ③

50 ☐☐☐☐ 24 채용

경찰의 기본이념에 관한 설명으로 가장 적절하지 않은 것은?

① 법치주의: 자치경찰제도를 도입하여 중앙정부의 경찰권을 자치단체에 위임하고, 국가경찰위원회 및 시·도자치경찰위원회 제도, 행정정보공개제도 등을 통해 경찰에 대한 민주적 통제와 참여장치를 마련한다.

② 정치적 중립주의: 공무원은 국민 전체의 봉사자이며 국민에 대하여 책임을 진다. 경찰공무원을 비롯한 공무원의 신분과 정치적 중립성은 제도적으로 보장된다.

③ 민주주의: 국민의 자유와 권리를 보호하고 공공의 안녕과 질서를 유지하는 경찰의 임무수행은 국민을 위하여 행하는 것이며, 경찰권은 국민에게서 부여받은 것이다.

④ 인권 존중주의: 경찰은 직무를 수행할 때 헌법과 법률에 따라 국민의 자유와 권리 및 모든 개인이 가지는 불가침의 기본적 인권을 보호한다.

정답과 해설

① (X) **민주주의(법치주의 X)**: 자치경찰제도를 도입하여 중앙정부의 경찰권을 자치단체에 위임하고, 국가경찰위원회 및 시·도자치경찰위원회 제도, 행정정보공개제도 등을 통해 경찰에 대한 민주적 통제와 참여장치를 마련한다.

정답 ①

51 ☐☐☐☐ 25 간부

경찰 기본 이념에 관한 설명으로 가장 적절하지 않은 것은?

① 민주주의 이념은 국가조직과 국민과의 관계에서만이 아니라 조직구성원 상호관계에서도 중요하다.
② 법치행정의 원칙은「행정기본법」에는 규정이 없으나 헌법 제37조 제2항 등을 통하여 당연히 유추된다.
③ 중앙경찰과 자치경찰 사이의 적절한 권한분배 및 경찰관의 민주주의 의식 확립 등은 경찰의 민주주의 확보를 위한 대내적 방안이다.
④ 헌법 제10조와 「국가경찰과 자치경찰의 조직 및 운영에 관한 법률」 제5조(권한남용의 금지)는 인권존중 이념과 관련된 규정이다.

정답과 해설

② (X) 법치행정의 원칙은 헌법 제37조 제2항, 행정기본법 제3조, 제8조에 규정되어 있다.

대한민국헌법
제37조 ② 국민의 모든 자유와 권리는 국가안전보장·질서유지 또는 공공복리를 위하여 필요한 경우에 한하여 법률로써 제한할 수 있으며, 제한하는 경우에도 자유와 권리의 본질적인 내용을 침해할 수 없다.

행정기본법
제3조(국가와 지방자치단체의 책무) ① 국가와 지방자치단체는 국민의 삶의 질을 향상시키기 위하여 적법절차에 따라 공정하고 합리적인 행정을 수행할 책무를 진다.
② 국가와 지방자치단체는 행정의 능률과 실효성을 높이기 위하여 지속적으로 법령등과 제도를 정비·개선할 책무를 진다.
제8조(법치행정의 원칙) 행정작용은 법률에 위반되어서는 아니 되며, 국민의 권리를 제한하거나 의무를 부과하는 경우와 그 밖에 국민생활에 중요한 영향을 미치는 경우에는 법률에 근거하여야 한다.

정답 ②

52 ☐☐☐☐ 25 채용

경찰의 기본이념에 관한 설명으로 가장 적절하지 않은 것은?

① 헌법상 공무원의 신분과 정치적 중립성은 법률이 정하는 바에 의하여 보장된다.
②「경찰공무원법」은 경찰공무원이 특정 정당이나 특정인의 선거운동을 하거나 선거 관련 대책회의에 관여하는 행위를 정치활동에 관여하는 행위로 보지 않는다.
③「국가경찰과 자치경찰의 조직 및 운영에 관한 법률」과 「경찰관 직무집행법」은 불가침의 기본적 인권 보호를 명문화하고 있다.
④「경찰관 직무집행법」상 경찰관의 직권은 그 직무 수행에 필요한 최소한도에서 행사되어야 하며 남용되어서는 아니 된다.

정답과 해설

① (O) **정치적 중립주의**는 공무원은 국민 전체의 봉사자이며 국민에 대하여 책임을 진다. 경찰공무원을 비롯한 공무원의 신분과 정치적 중립성은 헌법상 제도적으로 보장된다.
② (X)「경찰공무원법」은 경찰공무원이 특정 정당이나 특정인의 선거운동을 하거나 선거 관련 대책회의에 관여하는 행위를 정치활동에 관여하는 행위로 **본다(보지 않는다 X)**(경찰공무원법 제23조 제2항 제4호).
③ (O) 국가경찰과 자치경찰의 조직 및 운영에 관한 법률 제5조와 경찰관 직무집행법 제1조에 **기본적 인권을 보호(인권존중주의)**한다고 **규정**하고 있다.
④ (O) 이 법에 규정된 경찰관의 직권은 그 직무 수행에 **필요한 최소한도(비례의 원칙)**에서 행사되어야 하며 남용되어서는 아니 된다(경찰관 직무집행법 제1조 제2항).

정답 ②

53 24 채용

경찰행정의 특수성에 관한 설명으로 가장 적절하지 않은 것은?

① 경찰은 각종 위험의 제거를 그 주요 기능으로 하고 있고, 그 수단으로서 명령 · 강제 등 경찰권을 발동할 수 있으며 필요한 경우 실력행사를 위하여 무기와 장구를 휴대하는데 이러한 특성을 위험성이라 한다.
② 경찰조직은 예측하기 어려운 다양한 사안에 대해 고도의 민첩성을 갖추고 타 부서 혹은 직원들과의 유기적인 공조체제를 갖추어 돌발적으로 발생하는 범죄사건과 사고에 즉시 대응하여 합리적인 방법으로 해결할 수 있도록 해야 하는데 이러한 특성을 조직성이라 한다.
③ 경찰 업무는 대부분 즉시 해결하지 못하면 그 피해의 회복이 영원히 불가능하거나 현저하게 어려운 경우가 많은 바, 돌발적으로 발생하는 경찰행정 수요에 즉시 대응하기 위해 기동장비 확보, 초동대처시간 단축을 위해 훈련을 해야 하는데 이러한 특성을 기동성이라 한다.
④ 경찰은 본질적으로 사회공공의 안녕과 질서를 유지하기 위하여 국민에게 명령 · 강제하는 권력작용의 특성을 보이는데 이러한 특성을 권력성이라 한다.

> **정답과 해설**
>
> ② (X) 경찰조직은 예측하기 어려운 다양한 사안에 대해 고도의 민첩성을 갖추고 타 부서 혹은 직원들과의 유기적인 공조체제를 갖추어 돌발적으로 발생하는 범죄사건과 사고에 즉시 대응하여 합리적인 방법으로 해결할 수 있도록 해야 하는데 이러한 특성을 **돌발성(조직성 X)**이라 한다.
>
> **경찰행정의 특수성**
>
> | | |
> |---|---|
> | 위험성 | • 경찰관의 자격요건으로 일정한 신체적 기준을 정하여 체력이 강건하고 정의감이 강한 자를 채용하고 있는 것은 **위험한 조건을 충족**시키기 위한 것이다.
• 경찰은 **각종 위험의 제거**를 그 주요 기능으로 하고 있고, 그 수단으로서 명령 · 강제 등 경찰권을 발동할 수 있으며 필요한 경우 실력행사를 위하여 무기와 장구를 휴대한다. |
> | 돌발성 | 경찰조직은 **예측하기 어려운 다양한 사안**에 대해 고도의 민첩성을 갖추고 타 부서 혹은 직원들과의 유기적인 공조체제를 갖추어 돌발적으로 발생하는 범죄사건과 사고에 즉시 대응하여 합리적인 방법으로 해결할 수 있도록 해야한다. |
> | 기동성 | 경찰 업무는 대부분 즉시 해결하지 않으면 피해 회복이 불가능하거나 현저히 어려워지는 경우가 많아, 돌발적인 경찰행정 수요에 **신속히 대응할 수 있도록 기동장비를 확보**하고 초동대처시간을 단축하기 위한 훈련이 요구된다. 26 간부 |
> | 권력성 | 경찰은 사회공공의 안녕과 질서를 유지하기 위해 법에 근거하여 **국민(일반인)에게 명령 · 강제 또는 지시 · 명령함으로써 시민 행동의 자유를 제한**할 수 있다. 25 승진 |
> | 조직성 | 경찰은 사건 · 사고 발생시 시급하게 해결해야 하고 기동성과 협동성을 발휘할 수 있도록 안정되고 능률적이며 **군대식으로 조직**되어야 한다. 이러한 조직성의 요구에 부응하기 위하여 **계급체계를 갖추고 제복을 착용**한다. 25 승진 |
> | 정치성 | 경찰의 조직과 지휘권의 중립성에 대한 제도적 장치가 이루어지지 않았을 때에 경찰은 그 정치성, 권력성으로 인하여 정치운용 여하에 따라서 악용될 소지가 많다. 우리나라는 **정치적 중립성을 확보하기 위하여 국가경찰위원회를 설치**하고 있다. |
> | 고립성 | 경찰에 대한 존경심의 결여, 법집행에 대한 협조의 부족, 경찰업무에 대한 이해부족 등으로 **시민들로부터 소외**받게 되어 고립되는 특성을 갖는다. 25 승진 |
> | 보수성 | 경찰은 헌법을 수호하여 사회공공의 안녕질서를 유지하는 것을 임무로 하기 때문에 본질적으로 쇄신적인 **변화를 추구하기보다는 현상유지적인 행태**를 지니고 있다. 25 승진 |
>
> 정답 ②

02

범죄와 지역사회 경찰활동

① 범죄의 개념
② 범죄원인론(개인적 수준의 범죄원인)
③ 범죄원인론(사회적 수준의 범죄원인)
④ 범죄통제(예방)이론
⑤ 지역사회 경찰활동
⑥ 외국의 범죄예방활동

• 기 출 키 워 드 •

23년 2차	• 지역사회경찰활동 • 범죄예방활동(사례) • SARA
24년 1차	• 학자 • 억제이론 • 범죄예방이론 • 멘델존 • 지역사회경찰활동
24년 2차	• SARA모델 • CPTED • 사회구조원인론 • 지역사회 경찰활동
25년 1차	• 현대적 범죄예방이론 • 범죄예방의 접근법 • 중화기술이론 • 지역사회 경찰활동 • 순찰
25년 2차	• 범죄예방 • 지역사회 경찰활동

최신개정법령&무료자료 다운로드 등
네이버 김재규경찰학 카페(https://cafe.naver.com/ollaedu)

THEME 01 범죄의 개념

54 □□□□ 23 채용

화이트칼라범죄(white-collar crimes)에 관한 설명으로 가장 적절하지 않은 것은?

① 초기 화이트칼라범죄를 정의한 학자는 서덜랜드(Sutherland)이다.
② 화이트칼라범죄는 직업활동과 관련하여 높은 지위를 가지고 있는 사람에 의해 저질러지는 범죄이다.
③ 일반적으로 살인·강도·강간범죄는 화이트칼라범죄로 분류된다.
④ 화이트칼라범죄는 상류계층의 경제범죄에 대한 사회적 심각성을 연구하는 과정에서 등장한 개념이다.

> **정답과 해설**
>
> ③ **(X)** 화이트칼라범죄(white-collar crimes)는 1939년 사회학자 에드윈 서덜랜드(Edwin Sutherland)에 의해 "직업 과정에서 존경과 높은 사회적 지위를 가진 사람에 의해 저질러진 범죄"로 처음 정의되었는데, 일반적으로 사기, 횡령, 뇌물, 사이버 범죄, 탈세, 위조 등과 같이 지능범죄가 여기에 포함된다. **블루칼라범죄**(white-collar crimes)(하층 계급이나 노동 계급에 속하는 사람)는 육체적인 힘을 더 많이 사용(육체적 노동자)하게 되는데, 일반적으로 살인·강도·강간범죄 등은 여기에 해당된다.
>
> **정답** ③

55 □□□□ 예상문제

다음의 범죄이론을 설명한 학자는?

> 범죄란 범죄를 정의할 권한이나 힘을 가진 자들에 의해 규정되며 일탈이라는 낙인이 부착된 사람을 일탈자라고 하고, 사람들에 의해 일탈한 것이라고 규정하였다.

① Howard Becker
② Suthurland
③ Raymond Michalowski
④ Herman & Schwendinger

> **정답과 해설**
>
> ① **(O)** Howard Becker(낙인이론)
> ② **(X)** Suthurland - 상위계층의 경제범죄에 대한 사회적 심각성을 연구함(화이트칼라 범죄이론)
> ③ **(X)** Raymond Michalowski - 범죄는 불법과 유사하여 일체 법적으로 용인될 수 없다고 주장함(사회적 해악행위 범죄이론)
> ④ **(X)** Herman & Schwendinger - 범죄는 인간의 기초적 인권을 침해하는 행위라고 주장하였다(인권침해 행위 범죄이론).
>
> **정답** ①

Chapter 02 범죄와 지역사회 경찰활동 **53**

56 ☐☐☐☐ 15 간부

범죄원인에 대한 학설에 대한 설명 중 사회적 수준의 사회구조원인에 대한 학설은 모두 몇 개인가?

가. 생물학적 이론	나. 사회학습이론
다. 낙인이론	라. 하위문화이론
마. 심리학적 이론	바. 동조성전념이론
사. 차별적 접촉이론	아. 견제이론
자. 중화기술이론	차. 긴장(아노미)이론
카. 사회해체론	

① 2개 ② 3개
③ 4개 ④ 5개

정답과 해설

라, 차, 카는 **사회구조원인**에 대한 학설이다.
나, 다, 바, 사, 아, 자는 **사회과정원인**에 대한 학설에 해당한다.
가, 마는 **개인적원인의 실증주의**에 해당한다.

정답 ②

범죄원인론(개인적 수준의 범죄원인)

57 ☐☐☐☐ 예상문제

범죄원인론에 대한 설명으로 옳은 것은?

① 소질과 환경은 범죄의 발생에 결정적인 요소가 되는데 소질과 환경의 개별적인 영향력의 대소에 따라 범죄를 내인성 범죄(소질적 범죄)와 외인성 범죄(환경적 범죄)로 구분할 수 있다.
② J. F. Sheley가 주장한 범죄유발의 4요소는 적절한 대상, 사회적 제재로부터의 자유, 범행의 기술, 범행의 기회이다. 이들 4요소는 범행에 있어서 필요조건이지만 충분조건은 되지 못하기 때문에 어떤 범행이 가능하기 위해서는 이들 4요소가 동시에 상호작용해야 한다.
③ 실증주의 범죄학은 인간은 누구나 자유의지를 가지고 있는 합리적인 인간이라고 전제를 하기 때문에 범죄 결과만을 가지고 범죄원인을 연구하고 그로 인해 강력하고 신속한 형벌만이 범죄를 효과적으로 예방할 수 있다고 본다
④ 고전주의 범죄학은 범죄원인을 생물학적·심리학적 작용 등 외적요소에 의해 강요되는 것이라고 본다.

정답과 해설

② (X) J. F. Sheley가 주장한 범죄유발의 4요소는 **범행의 동기, 사회적 제재로부터의 자유, 범행의 기술, 범행의 기회**이다. **적절한 대상**은 코헨과 펠슨이 주장한 일상활동이론의 범죄요소 3가지에 대한 설명이다.
③ (X) **고전주의 범죄학**에 대한 설명이다.
④ (X) **실증주의 범죄학**에 대한 설명이다.

정답 ①

58 ☐☐☐☐ 23 간부(범죄학)

범죄원인론 중 고전학파에 대한 설명으로 가장 적절하지 않은 것은?

① 고전학파는 범죄의 원인보다 형벌 제도의 개혁에 더 많은 관심을 기울였다.
② 고전주의 범죄학은 계몽주의 시대사조 속에서 중세 형사사법 시스템을 비판하며 태동하였고, 근대 형사사법 개혁의 근간이 되는 이론적 토대를 제공하였다.
③ 고전주의 범죄학은 범죄를 설명함에 있어 인간이 자유의지(free-will)에 입각한 합리적 존재라는 기본가정을 바탕으로 한다.
④ 고전주의 범죄학은 처벌이 아닌 개별적 처우를 통한 교화 개선을 가장 효과적인 범죄예방 대책으로 본다.

> **정답과 해설**
> ④ (X) 고전주의 범죄학은 범인에게 형벌을 과함으로써 일반인을 위하여 범죄의 발생을 예방함이 형벌의 목적이다. 처벌이 아닌 개별적 처우를 통한 교화 개선을 가장 효과적인 범죄예방 대책으로 보는 것은 **실증주의에 대한 설명**이다.
>
> 정답 ④

59 ☐☐☐☐ 23 간부(범죄학)

실증주의 범죄학파의 기본입장에 대한 설명으로 가장 적절한 것은?

① 인간을 자유로운 의사에 따라 합리적으로 결정하여 행동할 수 있는 이성적 존재로 인식한다.
② 합의의 결과물인 실정법에 반하는 행위를 범죄로 규정하고, 범죄에 상응하는 제재(처벌)를 부과하여야 한다고 본다.
③ 일반시민에 대한 형벌의 위하효과를 통해 범죄예방을 추구한다.
④ 인간의 행동은 개인적 기질과 다양한 환경요인에 의하여 통제되고 결정된다고 본다.

> **정답과 해설**
> ①②③은 고전주의 범죄학파의 기본입장이다.
> ④ 실증주의 범죄학파의 기본입장은 범죄는 자유의지가 아닌 **외적 요소(생물학적(인상, 골격, 체형)·심리학적(정신이상, 낮은 지능, 모방학습)·사회적)**에 의해 강요된다고 본다.
>
> 정답 ④

THEME 03 범죄원인론(사회적 수준의 범죄원인)

60 □□□□ 24 채용

사회학적 범죄학 이론 중에서 사회구조원인론으로 분류하기에 가장 적절하지 않은 이론을 설명한 것은?

① 사람들을 '잠재적 범죄자'로 간주하고 사회적 결속과 유대의 약화로 인해 비행이 발생한다고 주장한다.
② 하류계층 청소년들은 '지위좌절'이라는 갈등의 형태를 경험하면서 중류계층의 가치관에 대한 적대적 반응을 갖게 되고, 목표달성의 어려움을 극복하기 위해 자신들만의 하위문화를 만들게 된다고 주장한다.
③ 사회규범의 붕괴로 무규범 상태가 되고 이러한 무규범 상태에서 범죄가 발생한다고 주장한다.
④ 산업화 및 도시화 과정에서 그 지역의 사회조직이 극도로 해체되었기 때문에 범죄와 비행이 발생한다고 주장한다.

> **정답과 해설**
> ① (X) 사회구조원인론에 해당하는 이론은 아노미이론, 사회 해체이론, 하위문화 이론, 문화전파 이론이기 때문에 ①의 **사회유대 이론은 사회과정원인론**에 해당한다.
> ② (O) 하위문화 이론에 대한 설명이다.
> ③ (O) 아노미 이론에 대한 설명이다.
> ④ (O) 사회 해체 이론에 대한 설명이다.
>
> 정답 ①

61 ☐☐☐☐ 21 승진

사회적수준의 범죄원인론 중 '사회과정원인'에 해당하지 않는 것은?

① Sutherland의 차별적 접촉이론에 따르면, 범죄는 범죄적 전통을 가진 사회에서 많이 발생하며, 이러한 사회에서 개인은 범죄에 접촉·동조하면서 학습한다.
② Cohen은 하류계층의 청소년들이 목표달성의 어려움을 극복하기 위해 자신들만의 하위문화를 만들고, 범죄는 이러한 하위문화에 의해 저질러진다고 주장하였다.
③ Matza & Sykes에 따르면, 청소년은 비행 과정에서 '책임의 회피', '피해자의 부정', '피해 발생의 부인', '비난자에 대한 비난', '충성심에의 호소' 등 5가지 중화기술을 통해 규범, 가치관 등을 중화시킨다.
④ Hirschi에 따르면, 범죄는 사회적인 유대가 약화되어 통제되지 않기 때문에 발생하고, 사회적 결속은 애착, 참여, 전념, 신념의 4가지 요소에 영향을 받는다.

정답과 해설

② (X) **사회구조원인** 중 Cohen의 하위문화이론에 대한 설명이다.
①③④은 사회과정원인에 대한 설명으로 모두 옳은 지문이다.

정답 ②

62 ☐☐☐☐ 23 간부(범죄학)

서덜랜드(Sutherland)의 차별접촉이론(Differential Association Theory)에서 제시하는 명제로 가장 적절하지 않은 것은?

① 범죄행위의 학습과정은 일반적 학습과정의 기제와 다르다.
② 범죄행위는 타인과의 의사소통에서 이루어지는 상호작용으로 학습된다.
③ 차별적 접촉은 교제의 빈도, 기간, 우선성, 강도에 있어 다양할 수 있다.
④ 범죄행위는 일반적인 욕구와 가치관으로 설명될 수 없다.

정답과 해설

① (X) 서덜랜드(Sutherland)의 차별적접촉이론(Differential Association Theory)에서 범죄행위도 범죄적인 행동양식을 받는 집단에서 **정상적인(비정상적 X) 학습**을 통하여 터득한 정상적인 행동양식이라 주장한다.
④ (O) 서덜랜드의 차별적접촉이론에서 제시하는 9가지 명제 중 제9명제에 해당하는 내용이다. 즉, **범죄행위도 일반적 욕구나 가치관의 표현이기는 하지만, 일반적 욕구나 가치관만으로는 범죄행위를 설명할 수 없고, 범죄에 대한 특수한 정의나 가치관을 가진 사람들과의 상호작용을 통해 학습된 결과라고 보았다.**

정답 ①

63 □□□□ 21 채용

범죄원인론에 대한 설명으로 가장 적절하게 연결되지 않은 것은?

① 쇼와 맥케이(Shaw & Mckay)의 사회해체이론 – 빈민(slum)지역에서 범죄발생률이 높은 것은 도시의 산업화·공업화 과정에서 지역사회의 제도나 규범 등이 극도로 해체되기 때문으로, 이 지역에서는 비행적 전통과 가치관이 사회통제를 약화시켜서 일탈이 야기되며 이러한 지역은 구성원이 바뀌더라도 비행발생률은 감소하지 않는다.

② 레클리스(Reckless)의 견제(봉쇄)이론 – 고전주의 범죄학 이론에 기반을 둔 것으로, 인간은 범죄로부터 얻을 수 있는 이익보다 더 큰 고통을 받게 되면, 범죄를 저지르지 않을 것이라는 전제를 하고 있다. 범죄통제를 위해서는 처벌의 엄격성, 신속성, 확실성이 요구되며 이 중 처벌의 확실성이 가장 중요하다.

③ 버제스와 에이커스(Burgess & Akers)의 차별적 강화이론 – 범죄행위의 결과로서 보상이 취득되고 처벌이 회피될 때 그 행위는 강화되는 반면, 보상이 상실되고 처벌이 강화되면 그 행위는 약화된다.

④ 머튼(Merton)의 긴장(아노미)이론 – 목표와 그 목표를 이루기 위한 수단과의 간극이 커지면서 아노미 조건이 유발되어 분노와 좌절이라는 긴장이 초래되고, 그 목적을 달성하기 위한 수단으로서 범죄를 선택한다.

정답과 해설

① (O)

> [최신기출] 2024년 1월 13일 승진 출제포인트
> 쇼와 맥케이(Shaw & Mckay)의 사회해체이론은 특정 지역에서의 범죄가 다른 지역에 비해서 많이 발생하는 이유를 규명하고자 하였으며, 연구결과 전이지역(transitional zone)은 타 지역에 비해 범죄율이 상대적으로 높게 나타났다. 또한 '**낮은 경제적 지위**', '**민족적 이질성**', '**거주 불안정성**'을 중요한 3요소로 제시하였으며, 이로 인해 지역 주민은 서로를 모르기 때문에 공동체 의식이 발달하지 못하고 사회적 통제가 약화된다고 보았다.

② (X) 지문은 범죄통제(예방)이론 중 **합리적 선택이론**에 대한 설명이다.
레클리스(Reckless)의 견제(봉쇄)이론이란 좋은 자아관념은 주변의 범죄적 환경에도 불구하고 비행행위에 가담하지 않도록 하는 중요한 요소가 된다고 보는 견해이다.

정답 ②

64 19 승진, 19·21 간부

범죄원인론에 대한 설명 중 가장 옳지 않은 것은?

① Glaser는 청소년들은 영화의 주인공을 모방하고 자신들과 동일시하면서 범죄를 학습한다"라고 하였다.
② Miller는 범죄는 하위문화의 가치와 규범이 정상적으로 반영된 것이라고 하였다.
③ Hirschi는 범죄의 원인은 사회적인 유대가 약화되어 통제되지 않기 때문이라고 보고, 비행을 통제할 수 있는 사회적 통제의 결속을 애착, 전념, 기회, 참여라고 하였다.
④ Cohen은 하류계층의 청소년들이 목표와 수단의 괴리로 인해 중류계층에 대한 저항으로 비행을 저지르며, 목표달성의 어려움을 극복하기 위해 자신들만의 하위문화를 만들게 되며 범죄는 이러한 하위문화에 의해 저질러진다고 한다.

> **정답과 해설**
> ③ **(X)** Hirschi는 범죄의 원인은 사회적인 유대가 약화되어 통제되지 않기 때문이라고 보고, 비행을 통제할 수 있는 사회적 통제의 결속을 **애착, 전념, 믿음(신념), 참여(기회 X)**라고 하였다.
>
> **정답** ③

65 23 간부(범죄학), 예상문제

다음은 두 명의 학생 사이에 이루어지는 가상의 대화이다. 이들 주장의 근거가 되는 범죄학자들의 이름이 올바르게 짝지어진 것은?

> 가. 인간의 본성은 악하기 때문에 그냥 두면 범죄를 저지를 위험성이 높습니다. 그래서 어릴 때부터 부모나 주변 사람들과의 정서적 유대를 강화하여 행동을 통제해야 합니다.
> 나. 저는 다르게 생각합니다. 사람이 악하게 태어나는 것이 아니라 주변 환경의 영향 때문에 악해지는 것입니다. 따라서 아동이 범죄자로 성장하지 않도록 하기 위해서는 범죄행동을 부추기는 사람들과의 접촉을 차단하는 것이 더 중요합니다.

① 가. 레클레스(Reckless)　　나. 허쉬(Hirschi)
② 가. 허쉬(Hirschi)　　나. 서덜랜드(Sutherland)
③ 가. 에이커스(Akers)　　나. 서덜랜드(Sutherland)
④ 가. 레클레스(Reckless)　　나. 에이커스(Akers)

> **정답과 해설**
> "가"는 **허쉬(Hirschi)의 사회유대(연대)이론**에 대한 설명이다.
> "나"는 **서덜랜드(Sutherland)의 차별적 접촉이론**에 대한 설명이다.
>
> **정답** ②

66 □□□□ 24 채용

범죄 원인에 관한 학설의 설명으로 가장 적절하지 않은 것은?

① 뒤르켐(Durkheim)은 사회규범이 붕괴되어 규범에 대한 억제력이 상실된 상태를 아노미(Anomie)라고 하고 이러한 무규범상태에서 범죄가 발생한다고 주장하였다.
② 글레이저(Glaser)는 차별적 동일시이론을 통해 범죄의 원인이 개인이 아닌 사회구조의 변화에 있다고 설명하였다.
③ 탄넨바움(Tannenbaum)은 낙인이론을 통해 범죄자라는 낙인이 어떠한 결과를 낳는가에 관심을 가졌다.
④ 코헨(Cohen)은 목표와 수단이 괴리된 하류계층 청소년들이 중산층에 대한 저항으로 비행을 저지르며 목표달성의 어려움을 극복하기 위해 자신들의 하위문화를 만들게 된다고 주장하였다.

> **정답과 해설**
> ② (X) 글레이저(Glaser)는 차별적 동일시이론을 통해 범죄의 원인이 **사회과정원인(사회구조의 변화 X)**에 있다고 설명하였다.
>
> 정답 ②

67 □□□□ 25 채용

사이크스와 맛짜(Sykes & Matza)의 중화기술이론에 관한 설명으로 가장 적절하지 않은 것은?

① 사회구조원인론 중에서도 사회학습이론에 해당하는 중화기술이론은 인간에게 내면화되어 있는 합법적 규범이나 가치관을 중화시킴으로써 범죄에 이르게 된다는 이론을 말한다.
② 친구에게 돈을 빌려주었는데 돈을 갚지 않자 벌을 받아야 하는 사람이라고 정당화하며 폭력을 행사한 경우 '피해자의 부정'에 해당한다.
③ 돈을 훔친 자신의 행위에 대해 "그들은 돈이 많으니 괜찮아"라고 합리화하는 것은 '피해의 부정'에 해당한다.
④ 중화기술이론은 비행청소년이 범행 전후를 기준으로 언제 중화를 하는지 설명이 어렵고, 설령 비행행위 이전에 중화를 한다고 주장하여도 이후 비행으로 나아가는 청소년과 그렇지 않은 청소년 간의 개인적 차이를 설명하지 못한다는 비판이 제기되고 있다.

> **정답과 해설**
> ① (X) **사회과정원인(사회구조원인론 X)** 중에서도 사회학습이론에 해당하는 중화기술이론은 인간에게 내면화되어 있는 합법적 규범이나 가치관을 중화시킴으로써 범죄에 이르게 된다는 이론을 말한다.
>
> 정답 ①

68 ☐☐☐☐ 23 간부(범죄학)

다음은 사이크스(Sykes)와 마차(Matza)의 중화기술에 관한 내용이다. 해당되는 유형은 무엇인가?

> '이 사회를 운영하는 지도층도 다들 부패했고 도둑놈들이기 때문에 법을 어기는 것은 괜찮아. 그들은 내가 하는 것에 대해서 비판하는 위선자들일 뿐이야. 그렇게 존경받는 사람들이 저지르는 화이트칼라범죄를 봐.'

① 책임의 부정(Denial of Responsibility)
② 피해의 부정(Denial of Injury)
③ 피해자의 부정(Denial of Victim)
④ 비난자에 대한 비난(Condemnation of Condemners)

정답과 해설

④ 사회통제기관은 부패하여 나를 심판할 자격이 없다고 생각하는 "**비난자에 대한 비난**(Condemnation of Condemners)"에 대한 설명이다.

> **[최신기출] 2025년 7월 26일 간부 출제포인트**
> 범죄자 A는 "경찰, 검사, 판사들은 부패한 공무원들이기 때문에 내가 한 불법행위보다 더 나쁜 짓을 했을 것"이라고 자신의 범죄행위를 합리화하였다.는 **비난자에 대한 비난**에 대한 유형이다.

정답 ④

---

69 ☐☐☐☐ 22 채용

다음 경찰활동 예시의 근거가 되는 범죄원인론으로 가장 관련성이 높은 것은?

> A경찰서는 관내에서 폭행으로 적발된 청소년을 형사입건하는 대신, 학교전담경찰관이 외부 전문가와 함께 3일 동안 다양한 활동으로 구성된 선도프로그램을 제공함으로써 해당 청소년에게 스스로 잘못을 뉘우치고 장차 지역사회로 다시 통합될 수 있는 기회를 제공하였다.

① 낙인이론
② 일반긴장이론
③ 깨진 유리창 이론
④ 일상활동이론

정답과 해설

① 보기의 경찰활동은 '**낙인이론**'에 대한 설명이다. 낙인이론은 범죄자로 만드는 것은 행위의 질적인 면이 아닌 사람들의 인식이라고 본다. '전과자'라는 낙인을 찍는 것보다는 봉사할 수 있는 기회를 주어 선도하는 방법을 택한 것은 낙인이론과 연계된다고 볼 수 있다.

정답 ①

70 □□□□ 19 채용

다음은 관할지역 내 범죄문제 해결을 위해 경찰서별로 실시하고 있는 활동들이다. 각 활동들의 근거가 되는 범죄원인론을 가장 적절하게 연결한 것은?

> ㉠ A경찰서는 관내에서 음주소란과 폭행 등으로 적발된 청소년들을 형사입건하는 대신 지역사회 축제에서 실시되는 행사에 보안요원으로 봉사할 수 있는 기회를 제공하였다.
> ㉡ B경찰서는 지역사회에 만연해 있는 경미한 주취소란에 대해서도 예외 없이 엄격한 법 집행을 실시하였다.
> ㉢ C경찰서는 관내 자전거 절도사건이 증가하자 관내 자전거 소유자들을 대상으로 자전거에 일련번호를 각인해 주는 서비스를 제공하였다.
> ㉣ D경찰서는 관내 청소년 비행 문제가 증가하자 청소년들을 대상으로 폭력 영상물의 폐해에 관한 교육을 실시하고, 해당 유형의 영상물에 대한 접촉을 삼가도록 계도하였다.

① ㉠ 낙인이론 ㉡ 깨진 유리창 이론 ㉢ 상황적 범죄예방 이론 ㉣ 차별적 동일시 이론
② ㉠ 낙인이론 ㉡ 깨진 유리창 이론 ㉢ 상황적 범죄예방 이론 ㉣ 차별적 접촉 이론
③ ㉠ 상황적 범죄예방 이론 ㉡ 깨진 유리창 이론 ㉢ 낙인이론 ㉣ 차별적 접촉 이론
④ ㉠ 상황적 범죄예방 이론 ㉡ 낙인이론 ㉢ 깨진 유리창 이론 ㉣ 차별적 동일시 이론

정답과 해설

㉠ **낙인이론**은 우연한 기회에 저지른 사소한 비행이 범죄로 규정되고 범죄자로 낙인이 찍히면 계속해서 더욱 심각한 범죄를 저지른다는 이론이다. A경찰서의 활동은 낙인이론과 관련이 깊다.
㉡ **깨진 유리창 이론**은 경미한 무질서한 행위와 환경을 그대로 방치하면 범죄와 무질서가 심각해진다는 이론으로, 경미한 무질서에 대한 엄격한 통제·관리를 주장한다. B경찰서의 활동은 깨진 유리창이론과 관련이 깊다.
㉢ **상황적 범죄예방 이론**은 합리적 선택이론, 일상활동이론, 생태학적 이론, 범죄패턴이론에 근거하여 범죄행위에 대한 위험과 어려움을 높여 범죄기회를 줄이고, 범죄행위의 이익을 감소시킴으로써 범죄를 억제·예방하려는 이론이다. C경찰서의 활동은 상황적 범죄예방 이론과 관련이 깊다.
㉣ **차별적 동일시 이론**(Glaser)은 청소년들이 영화의 주인공을 모방하고 자신과 동일시하면서 범죄를 학습한다는 이론이다. D경찰서의 활동은 차별적 동일시이론과 관련이 깊다.

정답 ①

범죄통제(예방)이론

71 ☐☐☐☐ 25 채용

다음은 브랜팅햄(P. J. Brantingham)과 파우스트(F. L. Faust)의 3가지 범죄예방 접근법에 관한 내용이다. 〈보기 1〉과 〈보기 2〉의 연결이 가장 적절한 것은?

〈보기 1〉 주요대상
가. 범죄자   나. 우범자   다. 일반대중

〈보기 2〉 예방전략 및 내용
㉠ 상습범 대책을 수립하거나 재범을 방지하는 전략
㉡ 잠재적 범죄자를 초기에 발견하여 개입하는 전략
㉢ 물리적 · 사회적 환경 중에서 범죄의 기회를 제공하는 원인 또는 조건을 찾아 개입하는 전략
㉣ 지역사회 교정프로그램
㉤ CCTV · 비상벨 설치

① 가 – ㉠, ㉣
② 나 – ㉢, ㉤
③ 다 – ㉡, ㉣
④ 다 – ㉡, ㉤

정답과 해설

가. 범죄자(3차) – ㉠ 상습범 대책을 수립하거나 재범을 방지하는 전략. ㉣ 지역사회 교정프로그램
나. 우범자(2차) – ㉡ 잠재적 범죄자를 초기에 발견하여 개입하는 전략. ㉢ 물리적·사회적 환경 중에서 범죄의 기회를 제공하는 원인 또는 조건을 찾아 개입하는 전략
다. 일반대중(1차) – ㉤ CCTV·비상벨 설치

정답 ①

72 ☐☐☐☐ 21 채용

범죄예방 관련 이론에 대한 설명으로 가장 적절하지 않은 것은?

① 합리적선택이론은 거시적 범죄예방모델에 입각한 특별예방효과에 중점을 둔다.
② 깨진 유리창이론에 이론적 근거를 두고 있는 무관용 경찰활동은 처벌의 확실성을 높여 범죄를 억제하는 전략이다.
③ 범죄패턴이론은 지리적 프로파일링을 통한 범행지역 예측 활성화에 기여할 수 있다.
④ 집합효율성은 지역사회 구성원간의 연대감, 그리고 문제 상황 발생 시 구성원의 적극적인 개입의지를 결합한 개념이다.

> **정답과 해설**
> ① (X) 합리적선택이론은 고전주의 범죄이론에 바탕을 이론으로 **미시적** 범죄예방모델에 입각한 **일반예방효과**에 중점을 둔다.
>
> 정답 ①

73 ☐☐☐☐ 예상문제

다음 중 범죄통제활동에 대한 설명으로 옳지 않은 것은?

① C. R. Jeffery가 제시한 범죄통제모델에는 형벌을 통한 범죄억제 모델, 범죄자의 치료와 갱생을 통한 사회복귀 모델, 사회환경개선을 통한 범죄통제 모델이 있다.
② 미국범죄예방연구소는 범죄예방은 범죄욕구나 범죄기술에 대한 예방이 아니라 범죄기회를 감소시키려는 사전활동, 직접적 통제활동이라고 정의한다.
③ Steven. P. Lab은 범죄예방은 실제의 범죄발생과 범죄에 대한 공중의 두려움(심리적 측면)을 줄이는 사전활동이라고 정의한다.
④ P. J. Brantingham과 F. L. Faust는 범죄예방에 대한 통계적 측면과 심리적 측면을 동시에 고려하였다.

> **정답과 해설**
> ④ (X) 범죄예방에 대한 통계적 측면과 심리적 측면을 동시에 고려한 학자는 **Steven. P. Lab**이다.
>
> 정답 ④

74 ☐☐☐☐ 24 채용

범죄예방이론에 관한 설명으로 가장 적절하지 않은 것은?

① 일상활동이론(Routine Activity Theory), 합리적 선택이론(Rational Choice Theory), 범죄패턴이론(Crime Pattern Theory) 등은 상황적 범죄예방(Situational Crime Prevention)의 중요한 이론적 배경이 되고 있다.

② 환경설계를 통한 범죄예방(CPTED: Crime Prevention Through Environmental Design)은 물리적 환경설계 또는 재설계를 통해 범죄기회를 차단하고 시민의 범죄에 대한 불안을 감소시키는 전략이다.

③ 특별예방이론이 잠재적 범죄자인 일반인에 대한 형벌의 예방 기능을 강조한 것이라면, 일반예방이론은 형벌을 구체적인 범죄자 개인에 대한 영향력의 행사라고 보고, 범죄자를 교화함으로써 재범하지 않도록 하는 것이다.

④ 범죄예방에 질병의 예방과 치료의 개념을 도입하여 소개한 브랜팅햄(P. J. Brantingham)과 파우스트(F. L. Faust)는 범죄예방을 1차적 범죄예방, 2차적 범죄예방, 3차적 범죄예방으로 나누고 있다. 1차적 범죄예방은 일반대중, 2차적 범죄예방은 범죄우범자나 집단, 그리고 3차적 범죄예방은 범죄자가 주요 대상이라고 할 수 있다.

정답과 해설

③ (X) **일반예방이론(고전주의)**이 잠재적 범죄자인 **일반인에 대한 형벌**의 예방 기능을 강조한 것이라면, **특별예방이론(실증주의)**은 형벌을 구체적인 범죄자 개인에 대한 영향력의 행사라고 보고, **범죄자를 교화**함으로써 재범하지 않도록 하는 것이다.

④ (O) 브랜팅햄(P. J. Brantingham)과 파우스트(F. L. Faust)는 1차적 예방은 **일반대중**, 2차적 예방은 **우범자나 우범집단**, 3차적 예방은 **범죄자**로 분류하였다.

정답 ③

75 ☐☐☐☐ 24 채용

고전주의 범죄학의 억제이론(Deterrence Theory)은 베카리아(Beccaria)와 벤담(Bentham)의 주장에 근거한다. 기본전제는 인간이 자유의지를 가지고 합리적인 판단에 의해 행동한다는 것이다. 이를 기반으로 한 처벌은 계량된 처벌의 고통과 범죄로 인한 이익 사이의 함수관계로 설명되는데 이 이론의 핵심적인 내용에 해당되는 것은?

① 처벌의 확실성, 처벌의 엄격성, 처벌의 신속성
② 처벌의 확실성, 처벌의 엄격성, 처벌의 신중성
③ 처벌의 엄격성, 처벌의 신속성, 처벌의 신중성
④ 처벌의 엄격성, 처벌의 신속성, 처벌의 지속성

> **정답과 해설**
> ① 처벌의 확실성, 처벌의 엄격성(엄중성), 처벌의 신속성에 해당한다.
>
> 정답 ①

76 ☐☐☐☐ 05 채용

다음 중 범죄예방이론에 대한 설명으로 옳지 않은 것은?

① 고전학파 범죄이론은 범죄에 대한 국가의 강력하고 확실한 처벌이 범죄예방에 효과적이라고 본다.
② 치료 및 갱생이론은 범죄는 개인의 책임이 아니라 사회의 책임이라고 본다.
③ 사회학적 범죄이론에서는 사회발전을 통한 범죄의 근본적 원인의 제거가 범죄예방에 효과적이라고 주장한다.
④ 상황적 예방이론에서는 범죄기회의 제거가 범죄예방에 효과적이라고 주장하지만, 폭력과 같은 충동적 범죄에 적용하는 데에는 한계가 있다.

> **정답과 해설**
> ④ (X) 폭력과 같은 충동적 범죄에 적용하는 데에 한계가 있다고 보는 이론은 고전학파이론에 바탕을 둔 억제이론이다.
>
> 정답 ④

77 ⬜⬜⬜⬜ 예상문제

범죄통제이론에 대한 설명으로 옳은 것은 모두 몇 개인가?

> ㉠ 상황적 범죄예방이론 중 일상활동이론에서는 동기가 부여된 잠재적 범죄자, 범죄에 적당한 대상, 감시의 부재라는 세 가지 조건이 충족될 때 범죄가 발생한다고 본다.
> ㉡ 합리적 선택이론은 클락, 코니쉬가 주장한 이론으로 인간이 자유의지를 가지고 있다고 가정하고 합리적인 인간관을 전제로 하므로 비결정론적 인간관이라 할 수 있다.
> ㉢ 일상활동이론은 범죄결정요소로 VIVA 모델을 제시했는데, 알파벳 A는 Access의 약자로서 '접근성'을 의미한다.
> ㉣ 생태학적 이론은 어두운 거리에 가로등을 설치하는 등 범죄취약요인을 제거함으로써 범죄예방을 하고자 하는 이론으로 오스카 뉴먼이 주장하였다.

① 1개 ② 2개
③ 3개 ④ 4개

정답과 해설

㉠ (O) 일상활동이론에서 주장하는 범죄의 3요소는 **동기가 부여된 잠재적 범죄자**(motivated offender), **적절한 대상**(suitable target), **보호자(감시자)의 부재**(absence of capable guardianship)이다.
㉡ (O) 합리적 선택이론은 클락, 코니쉬가 주장한 이론으로 인간의 자유의지를 인정하는 **비결정론적(결정론적 X)** 인간관에 입각하여 범죄자는 비용과 이익을 계산하고 자신에게 유리한 경우에 범죄를 행한다고 본다.
㉢ (O) VIVA 모델은 범죄자 입장에서 범행을 결정하는데 고려되는 요소로 **가치**(Value), **이동의 용이성**(Inertia), **가시성**(Visibility), **접근성**(Access) 4가지를 들고 있으며, 영문자 앞글자를 따서 'VIVA 모델'이라고 부른다.
㉣ (O) 오스카 뉴먼(Oscar Newman)의 저서 **"방어공간"**에서 공동주택의 설계와 범죄와의 상관성을 증명하면서 환경설계를 통한 범죄예방(CPTED)의 중요성이 증대되었다.

정답 ④

78 ○○○○ 예상문제

다음은 '범죄통제이론'을 설명한 것이다. 옳은 것은 모두 몇 개인가?

> ㉠ 집합효율성 이론은 지역주민과 경찰관 상호간의 신뢰 또는 연대감과 범죄에 대한 적극적인 개입과 결합을 내용으로 한다.
> ㉡ 억제이론은 강력하고 확실한 처벌을 통하여 범죄를 억제할 수 있다고 보며, 범죄에 대한 책임은 전적으로 사회에 있다고 강조한다.
> ㉢ 범죄패턴이론은 범죄에는 일정한 시간적 패턴이 있으므로, 일정 시간대의 집중순찰을 통해 효율적으로 범죄를 예방할 수 있다.
> ㉣ 방어공간이론은 주거에 대한 영역성 약화를 통해 주민들이 살고있는 지역이나 장소를 자신들의 영역이라 생각하고 감시를 게을리 하지 않으면 어떤 지역이든 범죄로부터 안전할 수 있다고 주장한다.
> ㉤ 합리적 선택이론은 구체적이고 미시적인 분석을 토대로 구체적인 상황에 맞는 범죄예방활동을 하고자 한다.

① 0개
② 1개
③ 2개
④ 3개

정답과 해설

㉠ (X) 집합효율성 이론이란 **지역주민 간**의 상호신뢰 또는 연대감과 범죄에 대한 적극적인 개입과 결합을 내용으로 한다.
㉡ (X) 억제이론은 범죄를 저지를 것인가의 여부는 전적으로 **개인 스스로의 책임**이지, 사회의 책임이 아니라고 본다.
㉢ (X) 브랜팅햄이 주장한 범죄패턴 이론은 범죄는 일정한 **장소적 패턴**이 있으며, **지리적 프로파일링**을 통한 범행지역의 예측 활성화에 기여한다.
㉣ (X) 방어공간이론은 주거에 대한 영역성 **강화**를 통해 주민들이 살고있는 지역이나 장소를 자신들의 영역이라 생각하고 감시를 게을리 하지 않으면 어떤 지역이든 범죄로부터 안전할 수 있다고 주장한다.
㉤ (X) 코헨과 펠슨이 주장한 **일상활동이론**에 대한 설명이다.

정답 ①

79 □□□□ 22 간부, 예상문제

다음 중 상황적 범죄예방이론에 대한 설명으로 옳지 않은 것은 모두 몇 개인가?

> ㉠ 상황적 범죄예방이론은 합리적 선택이론, 일상활동이론, 범죄패턴 이론에 근거하여 범죄행위에 대한 위험과 어려움을 높여 범죄기회를 줄이고 범죄행위의 이익을 감소시켜 범죄를 예방하려는 이론이다.
> ㉡ 브랜팅햄의 '범죄패턴 이론'은 범죄에는 일정한 시간적 패턴이 있으므로, 범죄자의 여가 활동장소와 이동경로·이동수단 등을 분석하여 범죄지역을 예측할 수 있다.
> ㉢ 코헨과 펠슨이 주장한 일상활동이론은 시간과 공간적 변동에 따른 범죄발생 양상·범죄기회·범죄조건 등에 대한 구체적이고 미시적인 분석을 토대로 구체적인 상황에 맞는 범죄예방활동을 하고자 하였다.
> ㉣ 상황적 범죄예방이론은 범죄 전이효과가 있다는 비판이 있다.
> ㉤ 상황적 범죄예방이론은 개인의 범죄성에 초점을 맞춘 이론으로서 범죄성향이 높은 개인들에게 범죄 예방 역량을 집중할 것을 주장한다.

① 0개   ② 1개
③ 2개   ④ 3개

정답과 해설

㉡ (X) 브랜팅햄의 범죄패턴 이론은 범죄에는 일정한 **장소적** 패턴이 있으므로, 지리적 프로파일링을 통한 범행지역의 예측 활성화에 기여한다.
㉢ (O) 코헨과 펠슨(Cohen & Felson)의 일상활동 이론은 지역사회의 차등적 범죄율과 그 변화를 지역사회의 구조적 특성에서 찾지 않고 범죄자의 속성(개인의 일상생활의 변화)에서 찾으며 같은 범죄 기회가 주어져도 누구나 범죄를 저지르지는 않는다.
㉤ (X) 상황적 범죄예방이론은 범죄행위에 대한 위험과 어려움을 높여 **범죄기회를 줄이고 범죄이익을 감소**시킴으로써 범죄를 예방하는 이론이다.

정답 ③

80 □□□□ 12 채용

다음 중 방범용 CCTV에 대한 이론적 설명으로 가장 적절하지 않은 것은?

① 방범용 CCTV는 상황적 범죄예방이론 및 CPTED이론 등을 근거로 하고 있다.
② 한 지역에서 방범용 CCTV를 설치했을 때 그 지역은 범죄율이 감소하지만 인근지역의 범죄율이 증가하는 것을 범죄의 전이효과(crime displacement effect)라고 한다.
③ 방범용 CCTV의 설치로 우발적이고 비이성적인 범죄에 대한 예방은 어렵지만 침입절도나 강도 등을 예방하는데 효과가 있다는 점은 범죄의 합리적 선택이론을 입증하는 것이다.
④ 방범용 CCTV를 통한 범죄예방은 일반예방이론보다 특별예방이론의 측면이 강하다.

> **정답과 해설**
>
> ④ (X) 방범용 CCTV를 통한 범죄예방은 **일반예방이론의 측면이 강하다.** 방범용 CCTV는 범죄예방을 목적으로 주택가나 도로 등에 폐쇄회로 카메라를 설치함으로써 감시기능 향상을 통해 침입절도나 침입강도와 같은 기회성 범죄를 예방하기 위한 기계적 감시장치이다.
>
> 정답 ④

81 □□□□ 23 채용

다음은 경찰이 수행하는 범죄예방활동 사례(〈보기 1〉)와 톤리와 패링턴(Tonry & Farrington)의 구분에 따른 범죄예방전략 유형(〈보기 2〉)이다. 〈보기 1〉과 〈보기 2〉의 내용이 가장 적절하게 연결된 것은?

〈보 기 1〉

(가) 경찰서의 여성청소년 담당부서에서 운영하고 있는 학교전담경찰관(SPO)은 학교에 배치되어 학교폭력예방교육 등 학교폭력 관련 예방과 가해학생 선도 등 사후관리 역할을 담당하고, 학대예방경찰관(APO)은 미취학 혹은 장기결석 아동에 대해 점검하고 학대피해 우려가 높은 아동에 대해 지속적으로 모니터링을 실시함으로써 아동학대의 위험성을 감소시키고 아동의 안전 등을 확인하는 역할을 담당하고 있다.
(나) 여성 1인 가구 밀집지역에 대한 경찰순찰을 확대함으로써 공식적 감시기능을 강화하거나 혹은 아파트 입구 현관문에 반사경을 부착함으로써 출입자의 익명성을 감소시켜 범행에 수반되는 발각 위험을 증대하기 위한 조치를 취하고 있다.
(다) 위법행위에 대한 단속을 강화하는 무관용 경찰활동을 지향함으로써 처벌의 확실성을 높여 범죄를 억제하고자 노력하고 있다.

〈보 기 2〉

㉠ 상황적 범죄예방
㉡ 지역사회 기반 범죄예방
㉢ 발달적 범죄예방
㉣ 법집행을 통한 범죄억제

	(가)	(나)	(다)
①	㉡	㉣	㉠
②	㉢	㉡	㉣
③	㉡	㉢	㉠
④	㉢	㉠	㉣

정답과 해설

가. **발달적 범죄예방전략** 유형에 해당한다. 발달적 범죄예방이론은 범죄로 진행될 위험요인을 차단하고 보호요인을 증대시키기 위해 생의 초기에 개입하는 것이다. 청소년 범죄와 어린 나이에 일탈행동을 하는 아동들에 대해 발달적 측면에서 접근하는 것에 대한 중요성은 계속 증가하고 있다.

[최신기출] 2025년 8월 30일 경채(범죄학) 출제포인트
1. 다음에서 설명하는 톤리(Tonry)와 파링턴(Farrington)의 범죄예방모형으로 가장 적절한 것은?

아동기와 청소년기에 조기 개입하여 범죄 관련 위험요인과 보호요인을 적절히 조작함으로써 범죄가능성을 차단한다.

① 발달적예방모형　　② 상황적예방모형
③ 사회적예방모형　　④ 법집행예방모형

정답) 1

나. **상황적 범죄예방전략** 유형에 해당한다.
다. **법집행을 통한 범죄억제전략** 유형에 해당한다.

정답 ④

82 ☐☐☐☐ 22 채용

뉴먼(1972)은 방어공간의 구성요소를 구분하였다. 이와 관련된 〈보기 1〉의 설명과 〈보기 2〉의 구성요소가 가장 적절하게 연결된 것은?

〈보기1〉
(가) 지역의 외관이 다른 지역과 고립되어 있지 않고, 보호되고 있으며, 주민의 적극적 행동의지를 보여줌
(나) 지역에 대한 소유의식은 일상적이지 않은 일이 있을 때 주민으로 하여금 행동을 취하도록 자극함
(다) 특별한 장치의 도움 없이 실내와 실외의 활동을 관찰할 수 있는 능력임

〈보기2〉
㉠ 영역성   ㉡ 자연적 감시
㉢ 이미지   ㉣ 환경

　　(가) (나) (다)
① ㉢　㉣　㉠
② ㉢　㉠　㉡
③ ㉣　㉠　㉢
④ ㉣　㉢　㉡

정답과 해설

② 연결이 옳다
(가) 지역의 외관이 다른 지역과 고립되어 있지 않고, 보호되고 있으며, 주민의 적극적 행동의지를 보여주는 것은 ㉢ **이미지**에 대한 설명이다.
(나) 지역에 대한 소유의식은 일상적이지 않은 일이 있을 때 주민으로 하여금 행동을 취하도록 자극하는 것은 ㉠ **영역성**에 대한 설명이다.
(다) 특별한 장치의 도움 없이 실내와 실외의 활동을 관찰할 수 있는 능력은 ㉡ **자연적 감시**에 대한 설명이다.

정답 ②

83 25 채용

범죄예방에 관한 설명으로 옳고 그름의 표시(O, X)가 바르게 된 것은?

〈보기〉

㉠ 브랜팅햄(Brantingham)과 파우스트(Faust)의 2차적 범죄예방은 범죄자들이 더 이상 범죄를 저지르지 못하도록 상습범 대책 및 재범억제를 지향하는 범죄예방 전략을 말하며, 교화·개선·전환제도에 중점을 둔다.
㉡ 뉴먼(Newman)이 주장한 방어공간이론은 영역성, 감시, 이미지, 입지조건(환경)을 구성요소로 하고 있다.
㉢ 샘슨 등(Sampson et al.)이 주장한 집합효율성이론은 공식적 사회통제, 즉 경찰 등 법집행기관의 중요성을 간과하고 있다는 한계가 있다.
㉣ 코헨(Cohen)과 펠슨(Felson)의 일상활동이론에서는 동기가 부여된 잠재적 범죄자, 범행의 기술, 보호자(감시자)의 부재를 범행발생의 3요소로 하고 있다.

	㉠	㉡	㉢	㉣
①	(X)	(O)	(O)	(X)
②	(X)	(O)	(X)	(X)
③	(O)	(O)	(O)	(X)
④	(O)	(X)	(X)	(O)

정답과 해설

㉠ (X) 상습범 대책 및 재범억제를 지향하는 범죄예방 전략과 교화·개선은 **3차적 범죄예방**이고, **전환제도는 2차적 범죄예방**에 해당한다.
㉣ (X) 코헨(Cohen)과 펠슨(Felson)의 일상활동이론의 범죄 발생 3요소는 동기가 부여된 **잠재적 범죄자**(motivated offender), 적절한 **대상**(suitable target), 보호자의 **부재**(absence of capable guardianship)이다. **범대부**

정답 ①

84 24 승진

환경설계를 통한 범죄예방(CPTED)의 기본원리에 관한 설명으로 가장 적절한 것은?

① '활동의 활성화'는 주민들이 모여서 상호의견을 교환하고 유대감을 증대할 수 있는 공공장소를 설치하여 이를 이용하도록 함으로써, '거리의 눈'에 의한 자연적인 감시와 접근통제의 기능을 확대하는 것이다. 놀이터와 공원의 설치, 벤치·정자의 위치 및 활용성에 대한 설계를 예로 들 수 있다.

② '영역성의 강화'는 일정한 지역에 접근하는 사람들을 정해진 공간으로 유도하거나 외부인의 출입을 통제하도록 설계함으로써, 접근에 대한 심리적 부담을 증대시켜 범죄를 예방하는 것이다. 출입구의 최소화, 통행로의 설계, 울타리 및 표지판의 설치를 예로 들 수 있다.

③ '유지관리'는 시설물이나 공공장소의 기능을 처음 설계되거나 개선한 의도대로 지속적으로 이용될 수 있도록 관리함으로써, 범죄예방을 위한 환경설계의 장기적이고 지속적 효과를 유지하는 것이다. 청결 유지, 파손의 즉시 보수, 체육시설의 접근성 및 이용의 증대를 예로 들 수 있다.

④ '자연적 접근통제'는 건축물이나 시설물의 설계 시 가시권을 최대한 확보하고 외부 침입에 대한 감시 기능을 확대함으로써, 범죄 발각 위험을 증가시키고 범행 기회를 감소시키는 것이다. 가시권 확대를 위한 건물의 배치, 조명 및 조경 설치를 예로 들 수 있다.

정답과 해설

① (O)
② (X) **자연적 접근 통제**에 대한 설명이다. 울타리 및 표지판의 설치는 **영역성의 강화**에 대한 예시이다.
③ (X) 체육시설의 접근성 및 이용의 증대는 **활동의 활성화**에 해당한다. **유지관리(Maintenance) 전략**은 어떤 시설물이나 공공장소를 처음 디자인하거나 이를 개선한 의도대로 범죄예방 기능을 지속적으로 발휘하도록 하여, 공간을 의도한 목적에 맞게 지속적으로 사용하도록 하는 것이다.
④ (X) **자연적 감시**에 대한 설명이다.

정답 ①

85 □□□□ 22·24 채용, 22 간부

환경설계를 통한 범죄예방(CPTED)에 관한 설명으로 옳지 않은 것은 모두 몇 개인가?

㉠ 뉴먼(O. Newman)과 제프리(C. R. Jeffery)가 주장하였다.
㉡ 지역사회의 설계 시 주민들이 모여서 상호의견을 교환하고 유대감을 증대할 수 있는 공공장소를 설치하고 이용하도록 함으로써 '거리의 눈'을 활용한 자연적 감시와 접근통제의 기능을 확대하는 원리를 활동의 활성화(활용성의 증대)라고 하며, 이에 대한 종류로는 놀이터·공원의 설치, 벤치·정자의 위치 및 활용성에 대한 설계, 통행로의 설계 등이 있다.
㉢ 사적 공간에 대한 경계를 표시하여 주민들의 책임의식과 소유의식을 증대함으로써 사적 공간에 대한 관리권과 권리를 강화시키고, 외부인들에게는 침입에 대한 불법사실을 인식시켜 범죄기회를 차단하는 원리를 자연적 접근통제라고 하며, 이에 대한 종류로는 방범창, 출입구의 최소화 등이 있다.
㉣ 처음 설계된 대로 혹은 개선한 의도대로 기능을 지속적으로 유지하도록 관리함으로써 범죄예방을 위한 환경설계의 장기적이고 지속적인 효과를 유지하는 원리를 유지관리라고 하며, 이에 대한 종류로는 청결유지, 파손의 즉시보수, 조명의 관리 등이 있다.
㉤ 건축물이나 시설물의 설계 시 가시권의 최대 확보, 외부침입에 대한 감시기능을 확대하여 범죄행위의 발견 가능성은 증가시키고 범죄기회는 감소시킬 수 있다는 원리를 자연적 감시라고 하며, 이에 대한 종류로는 조명, 조경, 가시권 확대를 위한 건물의 배치 등이 있다.
㉥ 자연적 감시(Natural surveillance) 전략은 공공장소의 활발한 사용을 유도하여 일상활동의 활성화를 위해 거리에 더 많은 눈(more eyes)을 통해 자연스러운 감시 기능을 강화하여 범죄 위험을 감소시키고 주민들의 안전감을 향상시키는 것이다.

① 0개 ② 1개
③ 2개 ④ 3개

정답과 해설

㉠ (O) 환경설계를 통한 범죄예방(CPTED)은 오스카 뉴먼(Oscar Newman)이 제창한 **방어공간(defensible space)**이론을 기초로 발전되었다. 뉴먼은 물리적 환경 설계를 통해 범죄를 억제하고, 주민들이 자신들의 공간에 대한 통제력을 강화하여 범죄를 예방할 수 있다는 주장을 했다. 이후 제퍼리(C. Ray Jeffery)는 이를 확장하고 체계화하여 범죄예방을 위한 환경설계(CPTED)라는 개념을 정립하였다.
㉡ (X) **통행로의 설계는 자연적 접근통제의 종류**이다.
㉢ (X) 사적 공간에 대한 경계를 표시하여 주민들의 책임의식과 소유의식을 증대함으로써 사적 공간에 대한 관리권과 권리를 강화시키고, 외부인들에게는 침입에 대한 불법사실을 인식시켜 범죄기회를 차단하는 원리는 **영역성의 강화**에 대한 설명이고, **방범창, 출입구의 최소화는 자연적 접근통제의 종류**이다.
㉣ (O) **유지관리**에 대한 설명이다.
㉥ (X) **활동의 활성화(자연적 감시 X)** 전략은 공공장소의 활발한 사용을 유도하여 일상활동의 활성화를 위해 거리에 더 많은 눈(more eyes)을 통해 자연스러운 감시 기능을 강화하여 범죄 위험을 감소시키고 주민들의 안전감을 향상시키는 것이다.

정답 ④

86 20 채용

다음은 환경설계를 통한 범죄예방(CPTED)에 대한 설명이다. 〈보기 1〉과 〈보기 2〉의 내용이 가장 적절하게 연결된 것은?

〈보기 1〉

(가) 사적공간에 대한 경계를 표시하여 주민들의 책임의식과 소유의식을 증대함으로써 사적공간에 대한 관리권과 권리를 강화시키고, 외부인들에게는 침입에 대한 불법사실을 인식시켜 범죄기회를 차단하는 원리
(나) 건축물이나 시설물 설계 시 가시권을 최대한 확보, 외부침입에 대한 감시기능을 확대함으로써 범죄행위의 발견 가능성을 증가시키고 범죄기회를 감소시킬 수 있다는 원리
(다) 일정한 지역에 접근하는 사람들을 정해진 공간으로 유도하거나 외부인의 출입을 통제하도록 설계함으로써 접근에 대한 심리적 부담을 증대시켜 범죄를 예방하는 원리
(라) 지역사회 설계 시 주민들이 모여서 상호의견을 교환하고 유대감을 증대할 수 있는 공공장소를 설치하고 이용하도록 함으로써 '거리의 눈'을 활용한 자연적 감시와 접근통제의 기능을 확대하는 원리

〈보기 2〉

㉠ 조명, 조경, 가시권 확대를 위한 건물의 배치
㉡ 체육시설의 접근성과 이용의 증대, 벤치·정자의 위치 및 활용성에 대한 설계
㉢ 울타리·펜스의 설치, 사적·공적 공간의 구분
㉣ 잠금장치, 통행로의 설계, 출입구의 최소화

	(가)	(나)	(다)	(라)
①	㉢	㉡	㉣	㉠
②	㉣	㉠	㉢	㉡
③	㉢	㉠	㉣	㉡
④	㉣	㉡	㉢	㉠

> **정답과 해설**
> ③의 연결이 옳다. [영역성의 강화(가)-㉢, 자연적 감시(나)-㉠, 자연적 접근통제(다)-㉣, 활동의 활성화(라)-㉡]
>
> 정답 ③

87 24 채용, 예상문제

멘델슨(Mendelsohn)의 범죄피해자 유형과 사례에 대한 연결이 가장 적절한 것은?

① 가해자보다 더 책임이 있는 피해자 → 부모에게 살해된 패륜아
② 책임이 조금 있는 피해자 → 촉탁살인에 의한 피해자
③ 가장 책임이 높은 피해자 → 자신의 부주의로 인한 피해자
④ 완전히 책임 없는 피해자 → 인공유산을 시도하다 사망한 임산부

> **정답과 해설**
> ② (X) 촉탁살인에 의한 피해자는 **가해자와 같은 정도의 책임이 있는 피해자**에 해당한다.
> ③ (X) 자신의 부주의로 인한 피해자는 **가해자보다 더 책임이 있는 피해자**에 해당한다.
> ④ (X) 인공유산을 시도하다 사망한 임산부는 **책임이 조금 있는 피해자**에 해당한다.
>
> 정답 ①

88 23 간부(범죄학)

멘델슨(Mendelsohn)은 범죄피해자 유형을 5가지로 분류하였다. 분류의 기준은 무엇인가?

① 피해자의 유책성(귀책성)
② 피해자의 외적특성과 심리적 공통점
③ 피해자의 도발유무
④ 일반적 피해자성과 잠재적 피해자성

> **정답과 해설**
> ① (O) 멘델슨(Mendelsohn)은 범죄피해자 유형을 5가지로 분류하였는데, **피해자의 유책성(귀책성)을** 분류의 기준으로 하였다.
>
> 정답 ①

지역사회 경찰활동

89 ☐☐☐☐ 22 채용

다음은 전통적 경찰활동과 지역사회 경찰활동에 관한 비교 설명이다(Sparrow, 1988). 질문과 답변의 연결이 가장 적절하지 않은 것은?

① 경찰은 누구인가? - 전통적 경찰활동의 관점에서는 법집행을 주로 책임지는 정부기관이라고 답변할 것이며, 지역사회 경찰활동의 관점에서는 경찰이 시민이고 시민이 경찰이라고 답변할 것이다.

② 언론 접촉 부서의 역할은 무엇인가? - 전통적 경찰활동의 관점에서는 현장경찰관들에 대한 비판적 여론을 차단하는 것이라고 답변할 것이며, 지역사회 경찰활동의 관점에서는 지역사회와의 원활한 소통창구라고 답변할 것이다.

③ 경찰의 효과성은 무엇이 결정하는가? - 전통적 경찰활동의 관점에서는 경찰의 대응시간이라고 답변할 것이며, 지역사회 경찰활동의 관점에서는 시민의 협조라고 답변할 것이다.

④ 가장 중요한 정보란 무엇인가? - 전통적 경찰활동의 관점에서는 범죄자 정보(개인 또는 집단의 활동사항 관련 정보)라고 답변할 것이며, 지역사회 경찰활동의 관점에서는 범죄사건 정보(특정 범죄사건 또는 일련의 범죄사건 관련 정보)라고 답변할 것이다.

> **정답과 해설**
>
> ④ **(X)** 가장 중요한 정보란 무엇인가? - **전통적 경찰활동의 관점에서는** 범죄사건 정보(특정 범죄사건 또는 일련의 범죄사건 관련 정보, 진압)라고 답변할 것이며, **지역사회 경찰활동의 관점에서는** 범죄자 정보(개인 또는 집단의 활동사항 관련 정보, 예방)라고 답변할 것이다.
>
> **정답** ④

90   20 채용

지역사회 경찰활동(Community Policing)에 대한 설명으로 가장 적절하지 않은 것은?

① 업무평가의 주요한 척도는 사후진압을 강조한 범인검거율이 아닌 사전예방을 강조한 범죄나 무질서의 감소율이다.
② 지역사회 경찰활동의 프로그램으로 이웃지향적 경찰활동, 전략지향적 경찰활동, 문제지향적 경찰활동 등이 있다.
③ 타 기관과는 권한과 책임 문제로 인한 갈등구조가 아닌 지역사회 문제해결의 공동목적 수행을 위한 협력구조를 이룬다.
④ 지역사회 문제해결을 위한 경찰업무 영역의 확대로 일선 경찰관에 대한 감독자의 지휘·통제가 강조된다.

> **정답과 해설**
> ④ (X) 문제해결을 위한 일선 경찰관에 대한 감독자의 지휘·통제의 강조는 **전통적 경찰활동**이다.
>
> 정답 ④

91   25 채용, 예상문제

다음 중 전통적 경찰활동에 대한 설명을 옳은 것은 모두 몇 개인가?

> ㉠ 범죄 및 무질서에 대한 문제를 해결함에 있어서 경찰과 지역사회 양자를 참여시키는 협력관계를 중요하게 여긴다.
> ㉡ 효과성은 신고에 대한 경찰의 출동시간으로 결정하며, 능률성은 체포율과 적발건수로 결정한다.
> ㉢ 지역사회와의 협력, 경찰조직의 분권화 등을 중요하게 여긴다.
> ㉣ 경찰과 주민 사이에 의사소통을 강화하는 이웃지향적 경찰활동이 있다.
> ㉤ 경찰의 책임은 법과 규범에 의해 규제하고 법을 엄격히 준수하는 것을 강조한다.

① 1개 ② 2개
③ 3개 ④ 4개

> **정답과 해설**
> ㉡㉤은 **전통적 경찰활동**에 대한 설명이고, ㉠㉢㉣은 **지역사회 경찰활동**에 대한 설명이다.
>
> 정답 ②

92 ☐☐☐☐ 23 채용

'지역사회경찰활동'(Community Policing)에 관한 설명으로 가장 적절하지 않은 것은?

① 범죄가 자주 발생하는 지점에 경찰력을 집중적으로 배치하여 범죄예방효과를 극대화하는 데 중점을 둔다.
② 경찰활동의 목적과 우선순위를 결정할 때 시민의 참여가 중요하다.
③ 사후적 대응보다 사전적 예방 중심의 경찰활동 전개에 주력한다.
④ 경찰은 지역사회 내 지방자치단체, 학교 등 공적 주체들은 물론 시민단체 등 사적 주체들과도 파트너십을 형성할 필요가 있다.

> **정답과 해설**
> ① (X) 지역사회경찰활동은 **경찰과 시민 모두**에게 범죄방지 의무가 있는데, 범죄가 자주 발생하는 지점에 **경찰력을 집중적으로 배치**하는 것은 경찰이 법집행의 책임이 있는 유일한 정부기관으로 표현이 되었으므로 전통적 경찰활동에 해당한다.
>
> 정답 ①

93 ☐☐☐☐ 22 승진

경찰활동 전략별 주요 내용에 대한 설명으로 가장 적절하지 않은 것은?

① 지역중심 경찰활동(community-oriented policing)은 경찰이 지역사회 구성원과 함께 지역이 당면한 문제를 확인하고 우선순위를 정하여 해결하고자 노력하는 것을 의미한다.
② 지역중심 경찰활동과 문제지향적 경찰활동(problem-oriented policing)은 병행되어 실시될 때 효과성이 제고된다.
③ 무관용 경찰활동(zero tolerance policing)은 지역사회 문제해결을 위해 SARA모형이 강조되는데, 이 모형은 조사(Scanning) - 분석(Analysis) - 대응(Response) - 평가(Assessment)로 진행된다.
④ 문제지향적 경찰활동은 지역문제들에 대한 효과적인 대응 전략들을 고려하면서, 필요시에는 경찰과 지역사회의 협력 전략에 보다 높은 가치를 부여한다.

> **정답과 해설**
> ③ (X) **문제지향적 경찰활동은**(Problem-Oriented-Policing) 지역사회 문제해결을 위해 SARA모형이 강조되는데, 이 모형은 조사(Scanning) - 분석(Analysis) - 대응(Response) - 평가(Assessment)로 진행된다.
> ④ (O) **문제지향적 경찰활동**의 목표는 특정한 문제들을 해결하기 위해서 경찰과 지역사회가 함께 노력하고 적절한 대응방안을 개발함으로써, 문제해결에 대한 특별한 관심을 이끌어 내는 것이다.
>
> 정답 ③

94 □□□□ 23·24 채용

에크와 스펠만(Eck & Spelman)은 경찰관서에서 문제지향경찰활동을 지역문제의 해결에 보다 쉽게 적용할 수 있도록 4단계의 문제해결과정(이른바 SARA 모델)을 제시하였다. 개별 단계에 관한 설명으로 가장 적절하지 않은 것은?

① 조사단계(scanning)는 일반적으로 지역사회에서 일회적으로 발생하지만 대중의 이목을 집중시키는 심각한 중대범죄 사건을 우선적으로 조사대상화하는 데에서 출발한다.
② 분석단계(analysis)에서는 각종 통계자료 등 수집된 자료를 활용하여 심층적인 분석을 실시하며, 당면 문제의 성격을 정확하게 파악하기 위해 문제분석 삼각모형(problem analysis triangle)을 유용한 분석도구로 활용할 수 있다.
③ 대응단계(response)에서는 경찰이 보유한 자원과 역량만으로는 한계가 있으므로 지역사회 내의 여러 다른 기관들과의 협력을 통한 대응방안을 추구하며, 상황적 범죄예방에서 제시하는 25가지 범죄예방기술을 적용해 볼 수도 있다.
④ 평가단계(assessment)는 과정평가와 효과평가의 두 단계로 구성되며, 이전 문제해결과정에의 환류를 통해 각 단계가 지속적인 순환과정으로 작동할 수 있도록 한다는 점에서 중요한 의미를 가진다.

정답과 해설

① (X) 조사단계(scanning)는 순찰구역 내 문제들을 확인하고 문제의 유형이나 지역에서 반복적·지속적(일회적 X)으로 발생하는 사건들을 찾아내는 과정에서 출발하여, 문제라고 여겨지는 개인과 관련된 사건을 분류하고, 정확하고 유용한 용어를 활용하여 이러한 문제를 조사한다.
② (O)
> [최신기출] 2023년 7월 29일 간부(범죄학) 출제포인트
> 분석(Analysis) 단계는 각종 통계자료 등(경찰 내부 조직을 통해 X) 문제의 범위와 성격에 따라 문제에 대한 원인을 파악하기 위해 데이터를 수집하고 분석하는 단계이다.

③ (O) 상황적 범죄예방에서 제시하는 25가지 범죄예방기술들은 범죄가 발생할 수 있는 환경을 바꾸고, 범죄 기회를 감소시키는 데 중점을 둔다. SARA 모델의 대응단계(response)에서 경찰은 이러한 기술들을 활용해 지역사회와 협력하여 구체적인 예방책을 마련할 수 있다.
④ (O)
> [최신기출] 2024년 8월 17일 채용 출제포인트
> 평가단계(Assessment)는 대응의 적절성을 평가하며, 효과평가와 과정(결과 X)평가의 두 단계로 이루어진다.
> 참고) 효율성 = 능률성(과정 중시) + 효과성(결과 중시)

정답 ①

95   20 채용, 23 경채

문제지향적 경찰활동에 대한 설명으로 가장 적절하지 않은 것은?

① 문제지향적 경찰활동의 목표는 특정한 문제들을 해결하기 위해서 경찰과 지역사회가 함께 노력하고 적절한 대응방안을 개발함으로써, 문제해결에 대한 특별한 관심을 이끌어 내는 것이다.
② 경찰은 지역사회 유지를 위한 책임보다는 촉진자의 역할을 강조한다.
③ 「형법」의 적용은 여러 대응 수단 중 하나에 불과하다.
④ 거주자들에게 지역에 관한 정보를 제공하며, 주민들은 민간순찰을 실시한다.

> **정답과 해설**
> ①②③은 문제지향적 경찰활동에 대한 설명으로 옳다.
> ④ (X) **이웃지향적 경찰활동**에 대한 설명이다.
>
> 정답 ④

96   20 간부, 예상문제

문제지향 경찰활동에 대한 설명으로 가장 옳지 않은 것은?

① 문제지향 경찰활동은 경찰활동이 단순한 법집행자의 역할에서 지역사회 범죄문제의 근원적 원인을 확인하고 해결하는 역할로 전환할 것을 추구한다.
② 일선경찰관에 대한 문제해결권한과 필요한 시간을 부여하고 범죄분석 자료를 제공하지만, 대중정보와 비평을 적극적으로 수용하지는 않는다.
③ 지역사회의 문제를 해결하기 위한 여러 가지 방안을 중점으로 우선순위를 재평가, 각각의 문제에 따른 형태별 대응을 강조한다.
④ 문제지향 경찰활동은 종종 지역사회경찰활동과 병행되어 실시되곤 한다.

> **정답과 해설**
> ① (O) 문제지향적 경찰활동은 경찰활동이 단순한 법집행자의 역할에서 지역사회 범죄문제의 근원적 원인을 확인하고 해결하는 역할로 전환될 것을 추구한다(**형법에 지나치게 의존하는 것 대신에 문제해결에 대한 합리적·분석적 접근법을 강조**).
> ② (X) 일선경찰관에 대한 문제해결권한과 필요한 시간을 부여하고 범죄분석 자료를 제공, 대중정보와 비평을 **적극적으로 수용한다**.
> ④ (O) 지역중심 경찰활동과 문제지향적 경찰활동은 병행되어 실시될 때 효과성이 제고된다.
>
> 정답 ②

97 25 간부

지역사회 경찰활동 프로그램 중 이웃지향적 경찰활동(Neighborhood-Oriented Policing)에 관한 설명으로 가장 적절한 것은?

① 확인된 문제에 대응하기 위해 전략적으로 경찰인력과 자원을 배치하여 범죄나 무질서에 대한 예방을 강조한다.
② 시민의 서비스 요청에 반응하는 경찰활동의 반응적 기능, 경찰관들이 확인된 범죄문제에 대해 조직화된 순찰전략을 개발·기획하는 사전적 기능과 범죄와 무질서 문제를 확인하고 알려주기 위한 경찰과 시민 사이의 적극적인 협력적 기능을 연결하고자 시도한다.
③ 범죄자의 활동과 조직범죄집단 중범죄자 등에 대한 관리·예방 등에 초점을 두며 증가되는 범죄를 감소시키기 위해 범죄정보를 통합한 법집행 위주의 경찰활동을 강조한다.
④ 형법에 지나치게 의존하는 것 대신에 문제해결에 대한 합리적·분석적 접근법을 강조한다.

> **정답과 해설**
> ① (X) **전략지향적 경찰활동**에 대한 설명이다.
> ② (O) **이웃지향적 경찰활동**에 대한 설명이다. 즉, 경찰과 주민의 의사소통을 활성화하고 주민들에 의한 순찰을 실시하는 등 지역사회에 기초를 둔 범죄예방 활동 등을 위해 노력한다.
> ③ (X) **정보기반 경찰활동**에 대한 설명이다.
> ④ (X) **문제지향적 경찰활동**에 대한 설명이다. 즉, 경찰관이 단순한 법집행자의 역할에서 지역사회 범죄문제의 근원적 원인을 확인하고 해결하는 역할로 전환할 것을 추구한다.
>
> 정답 ②

98 ☐☐☐☐ 24 간부

지역사회 경찰활동(Community Policing)에 대한 설명으로 가장 적절하지 않은 것은?

① 지역중심적 경찰활동(Community Oriented Policing) – 경찰과 지역사회가 협력하여 길거리 범죄, 물리적 무질서 등을 확인하고 해결함으로써 주민들의 삶의 질을 개선하고자 노력한다.
② 문제지향적 경찰활동(Problem Oriented Policing) – 경찰과 지역사회가 전통적인 경찰업무로 해결할 수 없거나 그것의 해결을 위하여 특별히 관심을 필요로 하는 사안들에 있어서 그 상황에 맞는 대안을 개발하기 위해 노력하는 활동에 주력한다.
③ 이웃지향적 경찰활동(Neighborhood Oriented Policing) – 경찰과 주민의 의사소통을 활성화하고 주민들에 의한 순찰을 실시하는 등 지역사회에 기초를 둔 범죄예방 활동 등을 위해 노력한다.
④ 관용중심적 경찰활동(Tolerance Oriented Policing) – 소규모 지역공동체 모임의 활성화를 통해 상호감시를 증대하고 단속 중심의 경찰활동을 전개함으로써 범죄에 대응하는 전략을 추진한다.

정답과 해설

① **(O)** 지역중심적 경찰활동(COP: Community-Oriented Policing)은 지역사회에서의 전반적인 삶의 질 향상을 목표로, 지역사회와 경찰 사이의 새로운 관계를 증진시키는 조직적인 전략원리를 말한다.
② **(O)** 문제지향적 경찰활동(Problem Oriented Policing)은 지역사회의 문제를 해결하기 위한 여러 가지 방안을 중점으로 우선순위를 재평가, 각각의 문제에 따른 형태별 대응을 강조했다.
④ **(X)** 단속 중심의 경찰활동을 전개함으로써 범죄에 대응하는 전략을 추진하는 것은 **관용중심적 경찰활동(Tolerance Oriented Policing)이라기 보다는 무관용 경찰활동(Zero Tolerance Policing)에 대한 설명**이다. 지역사회 경찰활동은 본질적으로 무관용을 지향하는 것은 아니다.

정답 ④

99 25 채용, 23 경채, 예상문제

다음 중 새로운 경찰활동 전략에 대한 설명으로 옳지 않은 것은?

① 정보기반 경찰활동(Intelligence-Led Policing)은 범죄를 감소시키기 위해서는 범죄사건 정보 분석 기법을 통한 법집행 위주 경찰활동을 해야한다.
② 증거기반 경찰활동(Evidence Based Policing)은 셔먼이 주장한 것으로서 단순한 통계적 분석이나 경험적 분석을 넘어 임상 실험에서 얻어진 결과를 더 중시한다.
③ 전략지향적 경찰활동(Strategic-Oriented Policing)은 경찰자원들을 재분배하고 전통적인 경찰활동 및 절차들을 전략적으로 이용하는데, 특히 지역사회 참여가 경찰임무의 중요한 측면이라 인식한다.
④ 경찰의 효과성 향상을 위한 전략은 정보기반 경찰활동(Intelligence-Led Policing)이다.

정답과 해설

① (X) 정보기반(정보주도적) 경찰활동(Intelligence-Led Policing)은 범죄자의 활동, 조직범죄집단, 중범죄자 등에 관한 관리, 예방 등에 초점을 두고, 증가하는 범죄를 감소시키기 위해서는 **범죄자 정보(범죄사건 정보 X)와 분석기법**을 통한 법집행 위주 경찰활동을 해야한다.
③ (O)
> **[최신기출] 2025년 3월 15일 채용 출제포인트**
> 전략지향적 경찰활동은 전통적 관행과 절차를 **이용(배제 X)**하여 범죄 요인이나 사회 무질서의 원인을 제거하기 위해 경찰자원을 재분배하고 범죄나 무질서를 예방하는 경찰활동을 말한다.

④ (O) 정보기반 경찰활동(Intelligence-Led Policing)은 경찰의 **효과성(능률성 X)** 향상을 위한 전략이다.

정답 ①

100 ☐☐☐☐ 24 채용

지역사회 경찰활동에 관한 설명으로 옳은 것을 모두 고른 것은?

㉠ 이웃지향적 경찰활동(NOP)은 경찰과 지역주민 사이에 좋은 관계를 유지하고 경찰활동을 널리 지역주민에게 이해시키고, 범죄예방활동에 지역주민을 적극적으로 참여시켜 협력해 주도록 하는 경찰활동을 말한다.

㉡ 문제지향적 경찰활동(POP)은 반복된 사건을 야기하는 근본적인 원인을 해결해야 한다고 주장하며, 현장 경찰관에게 자유재량을 부여하고, 범죄분석자료를 제공, 대중정보와 비평을 적극적으로 수용한다.

㉢ 전략지향적 경찰활동(SOP)은 치안유지를 위한 각 기관들의 정보 취합과 활용 그리고 지역사회 참여를 업무 처리 방식의 틀로 사용하고, 사건 분석을 위해 지리정보시스템을 활용하여 분석기법을 사용한 법집행 위주의 경찰활동이다.

㉣ 증거기반 경찰활동(evidence-based policing)은 경찰정책과 의사결정에 있어서 과학적 · 의학적 증거에 기반하여 증거의 개발, 검토, 활용을 위해 경찰관 및 직원이 연구기관과 함께 활동하는 접근방법이다.

① ㉠㉡
② ㉠㉢
③ ㉡㉣
④ ㉢㉣

정답과 해설

㉠ (X) 경찰과 지역주민 사이에 좋은 관계를 유지하고 경찰활동을 널리 지역주민에게 이해시키고, 범죄예방활동에 지역주민을 적극적으로 참여시켜 협력해 주도록 하는 경찰활동은 **경찰-지역사회 관계(PCR: Police-Community Relations PCR)**에 대한 설명이다.

> [참고] 경찰과 주민 간 참여와 협력이 강화되는 과정
> **전통적 경찰활동(TP) → 경찰-지역사회 관계(PCR) → 지역사회 경찰활동(CP)**의 순서는 경찰과 주민 간의 관계가 점차적으로 발전하고, 주민 참여와 협력이 강화되는 과정이다.

㉢ (X) 치안유지를 위한 각 기관들의 정보 취합과 활용 그리고 지역사회 참여를 업무 처리 방식의 틀로 사용하고, 사건 분석을 위해 지리정보시스템을 활용하여 분석기법을 사용한 법집행 위주의 경찰활동은 **정보기반 경찰활동(Intelligence-Led Policing ILP)**에 대한 설명이다.

정답 ③

101 ☐☐☐☐ 23 채용, 22 경채

무관용 경찰활동(Zero Tolerance Policing)에 관한 설명으로 옳지 않은 것은 모두 몇 개인가?

> ㉠ 사소한 무질서에 관대하게 대응했던 전통적 경찰활동의 전략을 계승하였다.
> ㉡ 무관용 경찰활동은 1990년대 뉴욕에서 본격적으로 시행되었다.
> ㉢ 윌슨(Wilson)과 켈링(Kelling)의 '깨어진 창 이론'에 기초하였다.
> ㉣ 경미한 비행자에 대한 무관용 개입은 낙인효과를 유발할 수 있다는 비판이 있다.
> ㉤ 일선 경찰관들의 재량권 수준이 낮다.

① 1개   ② 2개   ③ 3개   ④ 4개

정답과 해설
㉠ (X) 무관용경찰활동은 전통적 경찰전략과 부합하기 보다는 **다소 대조적인 면(전략을 계승 X)**이 있다.
㉤ (O) 무관용경찰활동은 작은 무질서라도 일체 용인하지 않기 때문에 일선 경찰관들의 재량권 수준이 낮다.

정답 ①

102 ☐☐☐☐ 25 채용

현대적 범죄예방이론에 관한 설명으로 가장 적절한 것은?

① 깨진 유리창 이론에 따르면 사소한 무질서라도 그대로 방치할 경우 주민들의 범죄에 대한 두려움이 증가하거나 범죄와 무질서가 더욱 심각해질 수 있다고 보기 때문에 낙인효과를 최소화하기 위한 무관용 경찰활동이 필요하다.
② 일상활동이론에 의하면 범죄자가 범행을 결정하는 데 고려하는 4가지 요소(VIVA 모델)에는 대상의 가치(Value), 이동의 용이성(Inertia), 가시성(Visibility), 보호자의 부재(Absence)가 있다.
③ 환경설계를 통한 범죄예방(CPTED) 전략은 제프리(C. R. Jeffery)의 범죄통제모델 3가지 중 범죄억제모델에 해당한다.
④ 상황적 범죄예방이론의 경우 범죄를 예방하는 장치 또는 수단을 통해 범죄 기회를 줄여도, 풍선효과에 따라 범죄가 다른 곳으로 전이되어 결국 전체 범죄는 감소하지 않는다는 비판이 제기된다.

정답과 해설
① (X) 깨진 유리창 이론에 따르면 사소한 무질서라도 그대로 방치할 경우 주민들의 범죄에 대한 두려움이 증가하거나 범죄와 무질서가 더욱 심각해질 수 있다고 보기 때문에 낙인효과를 **최대화(최소화 X)**하기 위한 무관용 경찰활동이 필요하다.
② (X) 일상활동이론에 의하면 범죄자가 범행을 결정하는 데 고려하는 4가지 요소(VIVA 모델)에는 대상의 가치(Value), 이동의 용이성(Inertia), 가시성(Visibility), **접근성(Access)(보호자의 부재(Absence) X)**가 있다.
③ (X) 환경설계를 통한 범죄예방(CPTED) 전략은 제프리(C. R. Jeffery)의 범죄통제모델 3가지 중 **환경공학을 통한 범죄통제 모델(범죄억제모델 X)**에 해당한다.

정답 ④

외국의 범죄예방활동

103 □□□□ 09 채용, 05·07 승진

다음 중 미국의 지역사회 범죄예방활동 프로그램을 설명한 것으로 옳지 않은 것은?

① Safer city program – 가상 범죄상황을 보여주고 유사한 상황에 처한 시청자가 취해야 할 적절한 행동을 가르쳐주는 형식의 프로그램이다.
② Diversion program – 비행을 저지른 소년이 주변의 낙인의 영향으로 심각한 범죄자로 발전하는 것을 방지하기 위해 형사법적 제재를 가하지 않고 지역사회의 보호 및 관찰로 대치하여 범죄를 예방하는 프로그램이다.
③ Head start program – 미국의 빈곤계층 아동들이 적절한 사회화 과정을 거치게 함으로써 장차 범죄를 저지를 수 있는 잠재성을 감소시키려는 교육프로그램이다.
④ Crime stopper program – 범죄에 대한 정보를 가지고 있는 주민이 신고할 수 있도록 동기부여를 위해 현금보상을 실시하는 범죄정보 보상 프로그램이다.

정답과 해설

① (X) Safer city program은 **영국**의 범죄예방활동으로 몇몇 대도시의 다양한 사회적, 경제적 문제들을 해결하고자 하는 정부의 광범위한 범죄예방프로그램이다. 지문은 미 범죄예방연합회가 운영하는 대중홍보 캠페인으로 **범죄분쇄 방안에 대한 설명**이다.

정답 ①

104 ☐☐☐☐ 21 채용, 예상문제

경찰순찰에 대한 설명으로 가장 적절한 것은?

① 뉴왁(Newark)시 도보순찰실험은 도보순찰을 강화하여도 해당 순찰구역의 범죄율을 낮추지는 못하였으나, 도보순찰을 할 때 시민이 경찰서비스에 더 높은 만족감을 드러냈음을 확인하였다.
② 플린트 도보순찰실험은 순찰의 증감이 범죄율과 시민의 안전감에 영향을 미치지 못한다는 결과를 도출하여 경찰의 순찰활동 전략을 재고하게 만든 연구이다.
③ 캔자스시의 예방순찰실험은 순찰근무 경찰관의 수를 두 배로 증원·배치한 실험으로 순찰의 효과를 측정한 최초의 실험이다.
④ 워커(Samuel Walker)는 순찰의 3가지 기능으로 범죄의 억제, 대민서비스 제공, 교통지도단속을 언급하였다.

> **정답과 해설**
>
> ② (X) 캔자스(Kansas)시의 예방순찰실험에 대한 설명이다.
> ③ (X) 뉴욕경찰의25구역 순찰실험에 대한 설명이다.
> ④ (X) 워커(Samuel Walker)는 순찰의 3가지 기능으로 범죄억제, **공공안전감 증진**, 대민서비스의 제공을 언급하였다. **교통지도단속은 헤일(C·D Hale)이 언급한 순찰의 기능**에 해당한다.
>
> 정답 ①

105 ☐☐☐☐ 26 간부

순찰활동에 관한 설명으로 가장 적절하지 않은 것은?

① 뉴왁(Newark)시의 도보순찰실험에서는 도보순찰 경찰관들의 태도에는 변화가 없는 것으로 밝혀졌으나, 주민들의 범죄에 대한 두려움 감소와 경찰에 대한 우호적인 태도 형성에는 긍정적인 영향을 미치는 것으로 나타났다.
② 캔자스(Kansas)시 예방순찰실험을 통해 차량순찰 수준을 증가하여도 범죄는 감소하지 않았고, 시민의 안전감에도 영향을 미치지 않는 것으로 나타났다.
③ 난선순찰은 불규칙적으로 이루어지기 때문에, 범죄자의 경찰순찰에 대한 예측을 교란하여 범죄예방 효과를 증대할 수 있다는 장점이 있다.
④ 워커(Walker)는 범죄의 억제, 공공 안전감의 증진, 대민서비스 제공 등을 순찰의 기능으로 제시하고 있다.

> **정답과 해설**
>
> ① (X) 뉴왁(Newark)시의 도보순찰실험에서는 도보순찰 경찰관들의 태도에는 **긍정적인 변화가 있는 것(변화가 없는 것 X)** 으로 밝혀졌으며, 주민들의 범죄에 대한 두려움 감소와 경찰에 대한 우호적인 태도 형성에는 긍정적인 영향을 미치는 것으로 나타났다.
>
> 정답 ①

106 ☐☐☐☐ 25 채용

순찰에 관한 설명으로 가장 적절하지 않은 것은?

① 순찰은 노선에 따라 정선순찰, 난선순찰, 요점순찰, 구역순찰 등으로 구분할 수 있다.
② 캔자스(Kansas)시 예방순찰실험의 경우 도보순찰을 증가시켜도 실제 범죄는 감소하지 않아 도보순찰과 범죄율의 연관성에 대해 부정하는 결과가 도출되었다.
③ 플린트(Flint)시 도보순찰실험의 경우 도보순찰을 증가시켜도 실제 범죄는 감소하지 않았으나 오히려 시민들은 안전하다고 느꼈다.
④ 해일(C. D. Hale)과 워커(S. Walker)는 순찰의 기능에 대민서비스 제공을 공통적으로 포함시켰다.

정답과 해설

② (X) 캔자스(Kansas)시 예방순찰실험의 경우 **자동차순찰(도보순찰 X)**을 증가시켜도 실제 범죄는 감소하지 않아 **자동차순찰(도보순찰 X)**과 범죄율의 연관성에 대해 부정하는 결과가 도출되었다.

정답 ②

03

경찰과 윤리

① 경찰활동의 기준
② 바람직한 경찰의 역할 모델과 전문직업화
③ 경찰의 일탈
④ 경찰부패
⑤ 경찰의 문화
⑥ 경찰윤리강령
⑦ 부정청탁 및 금품 등 수수의 금지에 관한 법률(청탁금지법)
⑧ 경찰청 공무원 행동강령 (경찰청 훈령)
⑨ 공직자의 이해충돌 방지법 (이해충돌방지법)
⑩ 경찰의 적극행정과 소극행정

• 기 출 키 워 드 •

23년 2차	• 사회계약설 • 냉소주의 • 경찰부패 • 청탁금지법 • 적극행정
24년 1차	• 범죄와 싸우는 경찰 모델 • 내부고발 • 경찰윤리강령 • 청탁금지법 • 이해충돌방지법
24년 2차	• 경찰부패 • 냉소주의 • 경찰청 공무원 행동강령
25년 1차	• 적극행정 • 종합(박스형)
25년 2차	• 전문직업화 • 경찰청 공무원 행동강령 • 부정청탁 및 금품등 수수의 금지에 관한 법률 • 적극행정

최신개정법령&무료자료 다운로드 등
네이버 김재규경찰학 카페(https://cafe.naver.com/ollaedu)

경찰활동의 기준

107 ☐☐☐☐ 26 간부

코헨(Cohen)과 펠드버그(Feldberg)의 경찰활동의 기준 및 사회계약론에 관한 설명으로 적절하지 않은 것은 모두 몇 개인가?

> 가. 로크(Locke)는 자연상태에서 힘이 없는 개인은 생명과 재산에 대한 안전이 결여되어 있으며, 자연법이 존재하지 않아 공동의 척도가 존재하지 않는다고 보았다.
> 나. 루소(Rousseau)는 일반의지의 표현인 법을 통하여 인간의 자연권 및 정의를 실현해야 한다고 보았다.
> 다. 사회계약설에 기초할 때 경찰활동의 궁극적인 목적은 시민의 생명과 재산의 보호에 있고 법집행 자체는 경찰권발동의 목적이 아니다.
> 라. 경찰은 사회 일부분이 아닌 사회 전체의 이익을 염두에 두어야 한다는 내용은 냉정하고 객관적인 자세와 관련이 있다.
> 마. 경찰이 직무수행 과정에서 권한을 남용하거나 물리력을 과도하게 사용하지 않을 것을 신뢰하는 것은 공정한 접근과 관련이 있다.
> 바. 협력은 경찰이 대외적으로 지켜야 할 의무일 뿐만 아니라 내부적으로도 지켜야 할 의무이다.

① 0개 ② 1개
③ 2개 ④ 3개

정답과 해설

가. (X) 로크(Locke)는 **자연상태**에서 강력한 공권력이 없기 때문에 야만적인 강자가 나타나면 생명과 재산을 위협받고, 공통의 정치권력이 결여되어 있고, 공동의 합의에 의해 도출된 공동의 척도가 없지만, **자연법이 있기 때문에** 완전한 무질서한 사회는 아니다.
나. (O)
다. (O)
라. (O)
마. (X) 경찰이 직무수행 과정에서 권한을 남용하거나 물리력을 과도하게 사용하지 않을 것을 신뢰하는 것은 **공공의 신뢰(공정한 접근 X)**와 관련이 있다.
바. (O)

정답 ③

108 ☐☐☐☐ 24 간부

장자크 루소(Jean Jacques Rousseau)가 주장한 사회계약론의 내용으로 가장 적절하지 않은 것은?

① 공동체의 구성원 전체가 개별적인 의지를 초월하는 일반의지에 따를 것을 약속함으로써 국가가 탄생하였으며 일반의지의 표현이 법이고 일반의지의 행사가 주권이 된다.
② 사회계약은 개인들이 문명사회의 현실을 벗어나 하나의 새로운 사회질서를 창출하는 공동행위이다.
③ 공동체 구성원은 사회계약을 통해서 자연적 자유대신에 사회적 자유를 얻게 된다.
④ 시민들이 기본권을 보호받기 위해 계약을 통해 정부를 구성했으므로 국가가 시민의 기본권을 침해하는 경우 시민은 저항하고 나아가 그 정부를 해산할 수 있는 권리가 있다.

정답과 해설

① (O) 공동체의 구성원 전체가 개별적인 의지를 초월하는 **일반의지(공동체 모두의 이익을 지향하는 공적인 마음)**에 따를 것을 약속함으로써 **국가**가 탄생하였으며 일반의지의 표현이 **법**이고 일반의지의 행사가 **주권**이 된다.
④ (X) 시민들이 자연상태의 인간은 각종 위협에 대응할 수 없어 기본권(권리)을 보호받기 위해 계약을 통해 **국가(정부 X)**를 구성했으므로 **국가**는 사회계약을 통해 구성되었고 **정부**는 일반의지에 따라서 제정된 법을 집행하기 위한 기관에 불과하기 때문에 **정부(국가 X)**가 시민의 기본권을 침해하는 경우 시민은 저항하고 나아가 그 정부를 해산할 수 있는 권리가 있다.

정답 ④

109 23 채용, 21 간부

코헨(Cohen)과 필드버그(Feldberg)가 제시한 사회계약설로부터 도출되는 경찰활동의 기준을 제시하였다. 다음 각 사례와 가장 관련 깊은 경찰활동의 기준을 연결한 것 중 옳지 않은 것은 모두 몇 개인가?

> 가. 김순경은 절도범을 추격하던 중 도주하는 범인의 등 뒤에서 권총을 쏘아 사망하게 하였다. - 〔공공의 신뢰〕
>
> 나. 1주일간 출장을 마치고 집에 돌아온 A는 자신의 TV가 없어진 것을 발견하였다. 그래서 여기저기 찾아보던 중에 평소부터 사이가 좋지 않던 옆집의 B가 A의 TV를 몰래 훔쳐가 사용 중인 것을 창문너머로 확인하였다. 이때 A는 몽둥이를 들고 가서 직접 자기의 TV를 찾아오려다 그만두고, 경찰에 신고하여 TV를 되찾았다. - 〔공공의 신뢰〕
>
> 다. 박순경은 순찰 근무 중 달동네는 가려하지 않고 부자 동네인 구역으로만 순찰을 다니려고 하였다. - 〔공정한 접근〕
>
> 라. 이순경은 어렸을 적 아버지로부터 가정폭력을 경험하였는데, 가정폭력 사건을 처리하면서 모든 잘못은 남편에게 있다고 단정 지었다. - 〔냉정하고 객관적인 자세〕
>
> 마. 최순경은 경찰입직 전 집에 도둑을 맞은 경험이 있었다. 그런데 경찰에 임용되어 절도범을 검거하자, 과거의 도둑맞은 경험이 생각나 피의자에게 욕설과 가혹행위를 하였다. - 〔냉정하고 객관적인 자세〕
>
> 바. 탈주범이 자기 관내에 있다는 첩보를 입수한 한순경이 상부에 보고하지 않고 공명심에 단독으로 검거하려다 탈주범 검거에 실패하였다. - 〔협동〕
>
> 사. 은행강도가 어린이를 인질로 잡고 차량도주를 하고 있다면 경찰은 주위 시민들의 안전에 대한 위험에도 불구하고 추격(법집행)을 하여야 한다. - 〔생명과 재산의 안전확보〕

① 0개 ② 1개
③ 2개 ④ 3개

정답과 해설

가. (O) **공공의 신뢰** - 시민은 경찰이 강제력을 행사할 때 필요한 만큼의 **최소한도로 사용**할 것을 신뢰해야 한다.

나. (O) **공공의 신뢰** - 시민은 경찰이 **반드시 법을 집행할 것을 신뢰**해야 한다.

다. (O) **공정한 접근** - 치안서비스는 일종의 사회적 공공재로서 **누구나 차별 없이 제공**(나이, 전과의 유무 등에 의해 서비스의 제공을 거부금지)되어야 하는 것이다.

라.마. (O) **냉정하고 객관적인 자세(객관성)** - 객관성이란 경찰이 공적인 역할을 수행함에 있어서 사사로운 감정에 사로잡히지 않고 공평하고 사심이 없어야 한다는 것이다.

바. (O) **역할한계와 팀워크(협동성)** - 역할한계와 팀워크는 경찰에게 부여된 사회적 역할범위 내에서 행동해야 하며 상호 협력을 통해 경찰목적이 달성되어야 한다는 것이다.

사. (O) **생명과 재산의 안전확보** - 법 집행의 양보 불가능한 상황 하에서는 잠재적 위험보다 **현재적 위험(어린이 인질)**을 먼저 해소해야 한다.

정답 ①

110 23 채용, 11 승진

코헨과 펠드버그가 제시한 민주경찰이 지향해야 할 내용에 대한 설명으로 가장 옳지 않은 것은?

① 경찰 서비스에 대한 '공정한 접근'을 보장하기 위해 성별·종교 등에 의해 차별을 해서는 안 된다.
② 경찰관이 직무수행과정에서 적법절차를 준수하고, 필요 최소한의 물리력을 사용해야 하는 것은 '공공의 신뢰'를 확보하기 위한 것이다.
③ 생명과 재산의 안전이 사회계약의 목적이고, 법집행이 궁극적인 목적은 아니므로, 경찰의 법집행은 '생명과 재산의 안전'이라는 틀 안에서 수행되어야 한다.
④ 경찰의 법집행 과정에서 발생하는 차별과 편들기는 공공의 신뢰에 어긋난다.

> **정답과 해설**
> ④ (X) 차별과 편들기는 공공의 신뢰가 아니라 **공정한 접근 보장**과 관련이 있다.
>
> 정답 ④

111 22 승진

코헨(Cohen)과 펠드버그(Feldberg)가 제시한 경찰활동의 윤리적 표준에 대한 설명으로 가장 적절하지 않은 것은?

① 경찰관이 절도범을 추격하던 중 도주하는 범인의 등 뒤에서 권총을 쏘아 사망하게 하는 경우는 '공공의 신뢰' 위반에 해당한다.
② 경찰관이 우범지역인 A지역과 B지역의 순찰업무를 맡았으나, A지역에 가족이 산다는 이유로 A지역에서 순찰 근무시간을 대부분 할애한 경우는 '공정한 접근' 위반에 해당한다.
③ 불법 개조한 오토바이를 단속하던 경찰관이 정지명령에 불응하는 오토바이를 향하여 과도하게 추격한 결과 운전자가 전신주를 들이받고 사망한 경우는 '시민의 생명과 재산의 안전' 위반에 해당한다.
④ 경찰이 사익을 위해 공권력을 사용하거나 필요한 최소한의 강제력을 초과하여 사용하였다면 '공정한 접근' 위반에 해당한다.

> **정답과 해설**
> ④ (X) 경찰이 사익을 위해 공권력을 사용하거나 필요한 최소한의 강제력을 초과하여 사용하였다면 **'공공의 신뢰확보'** 위반에 해당한다.
>
> 정답 ④

112 예상문제

코헨(Cohen)과 펠드버그(Feldberg)가 제시한 경찰활동의 기준에 따라 분류할 때 가장 성격이 다른 것은?

① 경찰관 甲은 우범지역인 A거리와 B거리의 순찰업무를 맡았으나 A거리에 가족이 산다는 이유로 A거리에서 순찰 근무시간의 대부분을 할애한 경우
② 경찰관 乙은 절도범을 추격하던 중 도주하는 범인의 등 뒤에서 권총을 쏘아 사망하게 한 경우
③ 경찰관 丙은 동료 경찰관의 음주운전사실을 발견하였으나 단속하지 않은 경우
④ 경찰관 丁은 순찰근무중 달동네에 가려고 하지 않고 부자 동네만 순찰을 하는 경우

> **정답과 해설**
> ②는 **"공공의 신뢰 확보"**에 위배되는 사례
> ①③④는 **"공정한 접근의 보장"**에 위배되는 사례
>
> 정답 ②

바람직한 경찰의 역할모델과 전문직업화

113 ☐☐☐☐ 22 채용

다음 사례에서 나타나는 전문직업인으로서 경찰의 윤리적 문제점으로 가장 적절한 것은?

○○경찰서 경비과 소속 경찰관 甲은 집회 현장에서 시위대가 질서유지선을 침범해 경찰관을 폭행하자 교통, 정보, 생활안전 등 다른 전체적인 분야에 대한 고려 없이 경비분야만 생각하고 검거 결정을 하였다.

① 부권주의
② 소외
③ 차별
④ 사적 이익을 위한 이용

정답과 해설

② 설문 사례의 경우는 전문직업화(August Vollmer)의 문제점 중 나무는 보고 숲은 보지 못하듯 전문가가 자신의 국지적 분야만 보고 전체적인 맥락을 보지 못하는 **소외**와 관련된 내용이다.

[최신기출] 2025년 8월30일 채용 출제포인트
일반적으로 전문직은 장기간의 교육을 통해 역량이 함양되며 그로 인한 비용도 발생된다. 이러한 이유로 교육적·경제적으로 불리한 위치에 있는 집단은 경찰직군으로 진입하는 기회가 박탈되는 문제는 **차별**에 관련된 내용이다.

정답 ②

114 ☐☐☐☐ 22 간부

경찰의 전문직업화에 대한 설명으로 가장 적절한 것은?

① 미국의 서덜랜드(Edwin H. Sutherland)는 경찰의 높은 사회적 지위를 확보하기 위하여 전문직업화를 추진하였다.
② 경찰의 전문직업화는 경찰이 시민의 입장을 고려하지 않고 전문지식을 바탕으로 일방적으로 의사결정을 하므로 치안서비스의 질이 향상된다.
③ 경찰의 전문직업화는 경제적·사회적 약자가 경찰에 진출할 기회를 증대시켜 준다.
④ 경찰의 전문직업화는 경찰위상과 사기제고, 치안서비스 질의 향상 등의 이점이 있다.

> **정답과 해설**
> ① (X) 역사적으로 경찰은 높은 지위를 가지지 못하였으며, 경찰업무는 누구나 할 수 있는 일로 인식되어 왔다. 그러나 미국의 **오거스트 볼머(August Vollmer)**에 의해 경찰의 전문직업화 운동이 추진된 이래 경찰의 높은 사회적 지위를 확보하기 위하여 지속적으로 추구되고 있다.
> ② (X) 경찰의 전문직업화는 경찰이 시민의 입장을 고려하지 않고 전문지식을 바탕으로 일방적으로 의사결정을 하는 **부권주의 문제점**으로 치안서비스의 질이 **저하(향상 X)**된다.
> ③ (X) 경찰이 전문직이 되는 데 장기간의 교육과 비용이 들어, 가난한 사람은 전문가가 되는 **기회를 상실(기회증대 X)**할 수 있다.
> ④ (O) 경찰의 전문직업화는 경찰의 지위를 높이며, 직업사기가 올라가고 긍지가 생길 것이며, 경찰에 대한 공중의 존경이 증대할 것이고, 훌륭한 인적자원이 유입될 것이고, 서비스의 질이 개선(향상)될 것이며 효율성이 증대되고 부정부패가 척결된다는 장점이 있다.
>
> **정답** ④

115 ☐☐☐☐ 25 간부

경찰 전문직업화의 문제점에 관한 설명으로 가장 적절하지 않은 것은?

① 전문가가 상대방의 입장을 고려하지 않고 일방적으로 결정하는 부권주의가 발생할 우려가 있다.
② 전문가가 자신의 국지적 분야만 보고 전체적인 맥락을 보지 못하는 소외의 문제가 발생할 수 있다.
③ 전문직들은 그들의 지식과 기술로 상당한 사회적 힘을 소유하지만, 이러한 힘을 공적 이익에만 이용하는 문제점이 있다.
④ 전문직업화를 위해 고학력을 요구할 경우, 경제적 약자 등은 교육기회를 갖지 못하게 되어 공직 진출이 제한되는 등 차별을 야기할 수 있다.

> **정답과 해설**
> ③ (X) 전문직들은 그들의 지식과 기술을 때때로 공익보다는 **사적(공적 X)**인 이익을 위해서만 이용하기도 한다.
>
> **정답** ③

116 24 채용

바람직한 경찰의 역할모델 중 '범죄와 싸우는 경찰모델'에 관한 설명으로 가장 적절하지 않은 것은?

① 경찰활동의 전 부분을 포괄하는 용어로 가장 바람직한 모델이다.
② 경찰역할을 뚜렷이 인식시켜 '전문직화'에 기여한다.
③ 수사, 형사 등 법 집행을 통한 범법자 제압 측면을 강조한 모델로서 시민들은 범인을 제압하는 것이 경찰의 주된 임무라고 인식한다.
④ 범법자는 적이고, 경찰은 정의의 사자라는 흑백논리에 따른 이분법적 오류에 빠질 경우 인권침해 등의 우려가 있다.

> **정답과 해설**
> ① (X) 범죄와 싸우는 경찰모델은 경찰활동의 전 부분을 포괄하는 것이 **불가능하다**.
>
> 정답 ①

117 예상문제

최근 강조되고 있는 치안서비스 제공자 모델(the service worker)에 대한 설명으로 가장 타당하지 않은 것은?

① 이 모델은 범죄와의 싸움도 치안서비스의 한 부분이라고 보며, 특히 시민에 대한 서비스와 사회봉사 활동이 강조된다.
② 이 모델에서 대역적 권위에 의한 경찰활동은 공식적이고 명백하게 권한의 근거가 없는 경우에도 비공식적으로 또는 관행적으로 사회봉사활동에 관여하는 것을 의미한다.
③ 이 모델은 지역사회 경찰활동(community policing)과 일맥상통한다.
④ 오늘날 경찰은 사회의 봉사자이자 치안서비스의 제공자보다 강제력의 행사권을 인정받아야 한다.

> **정답과 해설**
> ① (O)
> ② (O) 경찰은 24시간 근무와 지역적으로 널리 퍼져 있는 조직을 가지고 있어서 사고현장이나 응급조치가 필요한 경우 제일 먼저 접근할 수 있기 때문이다.
> ③ (O) 치안서비스 제공자 모델은 범죄의 진압뿐 아니라 대역적 권위(stand-in-authority)에 의한 사회봉사 활동, 비권력적 치안서비스를 당연한 치안활동에 포함시키기 때문에 지역사회 경찰활동과 일맥상통하는 측면이 있다.
> ④ (X) 강제력의 행사보다 **사회의 봉사자이자 치안서비스의 제공자로서 인정**받아야 한다.
>
> 정답 ④

경찰의 일탈

118 □□□□ 26 간부, 예상문제

경찰의 일탈과 부패에 대한 설명으로 가장 적절하지 않은 것은?

① 펠드버그는 대부분의 경찰인들이 사소한 호의와 뇌물을 구별할 수 있으므로 이 이론은 비현실적이라고 주장한다.
② 펠드버그는 이 이론은 증명되지도 않았으며 논리적으로 설득력도 없다고 주장한다.
③ 밀러(Miller)는 경찰부패는 엄격한 채용, 부패 기회의 감소, 부패조사 및 억제, 부패방지를 위한 도덕적 노력 및 동기부여의 강화라는 4가지 기본원칙에 의해 감소될 수 있다고 주장하였다.
④ 델라트르는 모든 경찰관이 이 이론에 따라 큰 부패로 이어지는 것은 아니고 일부 경찰관이 그렇게 되지만 그건 일부에 불과하기 때문에 이를 무시하거나 간과할 수 있다고 주장한다.

> **정답과 해설**
> ④ (X) **델라트르**는 일부 경찰이 이 이론에 따라 큰 부패로 이어진다고 하더라도 결코 이를 무시하거나 **간과할 수 없다**는 점에서 작은 호의를 금지해야 한다고 주장한다.
>
> 정답 ④

119 · 23 간부

경찰의 일탈과 부패에 대한 설명으로 가장 적절하지 않은 것은?

① 펠드버그는 경찰이 시민의 작은 호의를 받았다고 해서 반드시 큰 부패를 범하는 것은 아니라고 하였다.
② 델라트르는 '미끄러지기 쉬운 경사로이론'에 따라 시민의 작은 호의를 받은 경찰관 중 큰 부패로 이어지는 경찰관은 일부에 불과하므로 시민의 작은 호의를 금지할 필요는 없다고 하였다.
③ 윌슨(O.W.Wilson)은 '경찰은 어떤 작은 호의, 심지어 한 잔의 공짜 커피도 받도록 허용되어서는 안 된다.'라고 주장하였다.
④ 셔먼의 '미끄러지기 쉬운 경사로이론'은 부패에 해당하지 않는 작은 선물 등의 사소한 호의를 허용하면 나중에는 엄청난 부패로 이어진다는 이론이다.

> **정답과 해설**
>
> ② (X) **펠드버그**의 주장에 대한 내용이다. **델라트르**는 일부 경찰이 '미끄러지기 쉬운 경사로이론'에 따라 큰 부패로 이어진다고 하더라도 결코 이를 무시하거나 간과할 수 없다는 점에서 작은 호의를 **금지해야 한다고 주장**한다.
> ④ (O)
>
> > [최신기출] 2025년 7월 26일 간부, 3월 15일 채용 출제포인트
> > 셔먼(Sherman)은 경찰부패와 관련된 미끄러운 경사라는 용어를 제시하고, **부패에 해당하지 않는**(해당하는 X, **사소한 부패 X**) 작은 호의가 나중에 심각한 부패로 발전할 수 있다고 주장하였다.
>
> 정답 ②

120 · 19 채용

경찰부패 문제의 해결을 위해 다음과 같이 「경찰청 공무원 행동강령」을 개정하였다고 가정한다면, 이와 같은 개정의 근거가 된 경찰부패이론(가설)으로 가장 적절한 것은?

현행	개정안
공무원은 직무 관련 여부 및 기부·후원·증여 등 그 명목에 관계없이 <u>동일인으로부터 1회에 100만원 또는 매 회계연도에 300만원을 초과하는 금품</u> 등을 받거나 요구 또는 약속해서는 아니 된다.	공무원은 직무 관련 여부 및 기부·후원·증여 등 그 명목에 관계없이 <u>어떠한 금품</u> 등도 받거나 요구 또는 약속해서는 아니 된다.

① 썩은 사과 가설
② 미끄러지기 쉬운 경사로 이론
③ 형성재론
④ 구조원인 가설

> **정답과 해설**
>
> ② 셔먼의 '미끄러지기 쉬운 경사로 이론'은 부패에 해당하지 않는 작은 호의가 습관화될 경우 미끄러운 경사로를 타고 내려오듯이 점점 더 큰 부패와 범죄로 빠진다는 가설로 공짜 커피, 작은 선물 등 사소한 호의도 경계하자고 주장한다. 설문의 법조문이 엄격하게 개정되는 것은 **미끄러지기 쉬운 경사로 이론**과 관련이 가장 깊다.
>
> 정답 ②

THEME 04 경찰부패

121 □□□□ 24 채용, 예상문제

하이덴하이머(Heidenheimer)는 부정부패를 '사회구성원의 용인도'에 따라 '백색부패', '회색부패', '흑색부패'로 구분한다. 다음 설명 중 옳지 않은 것은?

① 백색부패는 이론상 일탈행위로 규정될 수 있으나, 구성원의 다수가 어느 정도 용인하는 선의의 부패 또는 관례화된 부패를 의미한다.
② 백색부패에 해당하는 것으로는 정치권에 대한 후원금, 떡값 같은 적은 액수의 호의표시나 선물 또는 순찰 경찰관에게 주민들이 제공하는 음료수나 과일 등을 들 수 있다.
③ 회색부패는 사회구성원 가운데 특히 엘리트를 중심으로 일부집단은 처벌을 원하지만, 다른 일부집단은 처벌을 원하지 않는 경우의 부패를 말한다.
④ 흑색부패는 사회 전체에 심각한 해를 끼치는 부패로 구성원 모두가 인정하고 처벌을 원하는 부패를 말한다.

정답과 해설

① (O) **백색부패**는 선의의 목적으로 행해지는 부패행위를 말한다.
② (X) 정치권에 대한 후원금, 떡값 같은 적은 액수의 호의표시나 선물 또는 순찰 경찰관에게 주민들이 제공하는 음료수나 과일 등은 **회색부패의 유형**에 해당하는 것으로 볼 수 있다.
④ (O) 업무와 관련된 대가성 있는 뇌물을 받는 경우는 **흑색부패**에 해당한다.

정답 ②

122 22 경채

다음은 하이덴하이머(A. J. Heidenheimer)의 부정부패 개념 정의 및 분류에 관한 것이다. ㉠부터 ㉢까지 들어갈 말로 옳은 것은?

> ㉠ : 고객들은 잘 알려진 위험을 감수하고라도 원하는 이익을 받는 것을 확실히 하기 위하여 높은 가격(뇌물)을 지불하는 결과로 부패가 발생한다.
> ㉡ : 부패는 뇌물수수행위와 특히 결부되어 있지만, 반드시 금전적인 형태일 필요가 없는 사적 이익을 고려한 결과로 권위를 남용하는 경우를 포괄하는 용어이다.
> ㉢ : 공직자가 법적으로 규정되어 있지 않은 금전적인 또는 다른 형태의 보수에 의하여 그 보수를 제공한 사람들에게 이로운 행위를 함으로써 공중의 이익에 손해를 끼칠 때 부패가 발생한다.

	㉠	㉡	㉢
①	시장중심적 정의	관직중심적 정의	공익중심적 정의
②	관직중심적 정의	시장중심적 정의	공익중심적 정의
③	시장중심적 정의	공익중심적 정의	관직중심적 정의
④	관직중심적 정의	공익중심적 정의	시장중심적 정의

정답과 해설

㉠ (O) **시장중심적 정의**(market-centered)
㉡ (O) 관료들이 직무를 수행하는 과정에서 사적 이익의 추구를 위하여 권한(권위)을 악용하여 조직의 규범을 일탈하는 행위를 **관직중심적 정의**(public-office-centered)라 말한다.
㉢ (O) **공익중심적 정의**(public-interest-centered)

정답 ①

123 22 채용

다음은 경찰의 부정부패 이론(가설)에 관한 설명이다. 주장한 학자와 이론이 가장 적절하게 연결된 것은?

> ㉠ 부패의 사회화를 통하여 신임경찰이 기존의 부패한 경찰에게 물들게 된다는 것으로 부패의 원인을 개인적 결함이 아닌 조직의 체계적 원인으로 보고 있다.
> ㉡ 시카고 경찰의 부패 원인 중 하나로 '시카고 시민이 경찰을 부패시켰다'라는 주장이 거론된 것처럼 시민사회가 경찰관의 부패를 묵인하거나 용인할 때 경찰관이 부패 행위에 빠져들게 된다.

① ㉠ 델라트르(Delattre)-미끄러지기 쉬운 경사로 이론
    ㉡ 니더호퍼(Neiderhoffer), 로벅(Roebuck), 바커(Barker)-구조원인가설
② ㉠ 셔먼(Sherman)-구조원인가설
    ㉡ 델라트르(Delattre)-미끄러지기 쉬운 경사로 이론
③ ㉠ 니더호퍼(Neiderhoffer), 로벅(Roebuck), 바커(Barker)-구조원인가설
    ㉡ 윌슨(Wilson)-전체사회가설
④ ㉠ 윌슨(Wilson)-전체사회가설
    ㉡ 펠드버그(Feldberg)-구조원인가설

정답과 해설

㉠은 니더호퍼(Neiderhoffer), 로벅(Roebuck), 바커(Barker)의 **구조원인가설**에 대한 설명이다.
㉡은 윌슨(Wilson)의 **전체사회가설**에 대한 설명이다.

정답 ③

124 □□□□ 24 승진, 22 간부

경찰부패에 대한 설명으로 가장 적절하지 않은 것은?

① 미끄러지기 쉬운 경사로 이론(Slippery slope theory)은 공짜 커피, 작은 선물 등의 사소한 호의가 나중에는 큰 부패로 이어질 수 있다는 점을 강조한다.
② 썩은 사과 이론(Rotten apple theory)은 부패의 원인을 개인적 결함보다는 조직의 체계적 원인으로 보고 있으며 조직차원의 경찰윤리교육의 중요성을 강조한다.
③ 구조원인 가설(Structural hypothesis)은 니더호퍼(Niederhoffer), 로벅(Roebuck), 바커(Barker) 등이 주장한 이론으로, 조직의 부패전통 내에서 청렴한 신임경찰이 선배경찰에 의해 사회화되어 신임경찰도 부패로 물들게 된다는 이론이다.
④ 윤리적 냉소주의 가설(Ethical cynicism hypothesis)은 경찰에 대한 외부통제기능을 수행하는 정치권력, 대중매체, 시민단체의 부패는 경찰의 냉소주의를 부채질하고 부패의 전염효과를 가져온다고 한다.

> **정답과 해설**
> ② (X) **썩은 사과 이론(Rotten apple theory)**은 부패의 원인을 **개인적 결함**으로 보고 있으며, 모집단계에서 부패가능성 있는 자의 배제를 중시한다.
> ③ (O) **구조원인 가설(Structural hypothesis)**은 니더호퍼(Niederhoffer), 로벅(Roebuck), 바커(Barker) 등이 주장한 이론으로, 조직의 부패전통 내에서 청렴한 신임경찰이 선배경찰에 의해 사회화되어 신임경찰도 부패로 물들게 된다는 이론이다.
>
> 정답 ②

125 □□□□ 22 채용

경찰의 부패에 관한 설명 중 가장 적절하지 않은 것은?

① 'Dirty Harry 문제'는 도덕적으로 선한 목적을 위해 윤리적, 정치적, 혹은 법적으로 더러운 수단을 동원하는 것이 적절한가와 관련된 딜레마적 상황이다.
② 구조화된 조직적 부패는 서로가 문제점을 알면서도 눈감아주는 침묵의 규범 형성의 가능성을 높인다.
③ 셔먼(1985)의 미끄러운 경사(slippery slope) 개념은 작은 호의를 받는 것에 익숙해진 경찰관들이 결국 부패에 연루될 수 있음을 경고한다.
④ 전체사회가설은 신임경찰관이 조직의 부패 전통 내에서 고참 동료들에 의해 사회화됨으로써 부패의 길로 들어선다는 입장이다.

> **정답과 해설**
> ①②③ (O) 옳은 설명이다.
> ④ (X) 신임경찰관이 조직의 부패 전통 내에서 고참 동료들에 의해 사회화됨으로써 부패의 길로 들어선다는 입장은 **구조원인가설**에 대한 설명이다. **전체사회가설**은 시민사회의 부패, 시민사회의 경찰부패에 대한 묵인·조장이 경찰을 부패시켰다라고 보는 가설이다.
>
> 정답 ④

126 22 간부

경찰시험을 준비하는 甲은 언론에서 경찰공무원의 부정부패 기사를 보고 '나는 경찰이 되면 저런 행위를 하지 않겠다'는 생각을 가졌다. 이런 현상에 대한 설명으로 가장 적절하지 않은 것은?

① 이런 현상을 침묵의 규범이라고 한다.
② 개인적 성향과 조직 내 사회화 과정은 상호보완적 관계에 있다.
③ 경찰공무원의 사회화는 경찰이 되기 전의 가치관에 의해 영향을 받는다.
④ 경찰공무원은 공식적 사회화 과정보다 비공식적 사회화 과정의 영향을 더 많이 받는다.

> **정답과 해설**
> ① (X) 설문의 경우는 예기적 사회화 과정에 대한 설명이다. 예기적 사회화 과정이란 경찰인이 되고자 하는 지원자는 그가 경찰이 되기 전에 경찰에 대한 정보 등을 통해 경찰에 대한 사회화를 미리 할 수 있다는 것을 말한다.
> ②③④ (O)
>
> 정답 ①

127 22 승진

경찰의 부패원인가설에 대한 설명이 가장 적절하게 짝지어진 것은?

> ㉠ P경찰관은 부서에서 많은 동료들이 단독 출장을 가면서도 공공연하게 두 사람의 출장비를 청구하고 퇴근 후 잠깐 들러서 시간외 근무를 한 것으로 퇴근시간을 허위 기록되게 하는 것을 보고, P경찰관도 동료들과 같은 행동을 하였다.
> ㉡ 경찰관은 순찰 중 주민으로부터 피로회복 음료를 무상으로 받았고, 그 다음주는 식사대접을 받았다. 순찰나갈 때 마다 주민들에게 뇌물을 받는 습관이 들었고, 주민들도 경찰관이 순찰을 나가면 마음의 선물이라며 뇌물을 주는 것이 관례가 되어버렸다.

① ㉠ – 전체사회 가설   ㉡ – 구조원인 가설
② ㉠ – 썩은 사과 가설   ㉡ – 구조원인 가설
③ ㉠ – 구조원인 가설   ㉡ – 전체사회 가설
④ ㉠ – 구조원인 가설   ㉡ – 썩은 사과 가설

> **정답과 해설**
> ㉠ – 구조원인 가설, ㉡ – 전체사회 가설에 대한 설명이다.
>
> 정답 ③

128 11 승진

경찰의 부정부패 사례와 그에 대한 원인분석을 설명하는 이론 중 가장 옳지 않은 것은?

① 지구대에 근무하는 경찰관 A가 순찰 도중 동네 슈퍼마켓 주인으로부터 음료수를 얻어 마시면서 친분을 유지하다가 나중에는 폭행사건처리 무마 청탁을 받고 큰돈까지 받게 되었다면 '미끄러지기 쉬운 경사로 이론'의 한 예로 볼 수 있다.

② 경제팀 수사관 B가 기소중지자의 신병인수차 출장을 가면서 사실은 1명이 갔으면서도 2명분의 출장비를 수령하였다면, 그 원인은 행정내부의 '법규 및 예산과 현실의 괴리' 때문이라고도 볼 수 있다.

③ 정직하고 청렴하였던 신임형사 C가 자신의 조장인 D로부터 관내 유흥업소 업자들을 소개받고, 이후 D와 함께 활동을 해가면서 D가 유흥업소 업자들로부터 월정금을 받는 것을 보고 점점 그 방식 등을 답습하였다면 '구조원인 가설'로 설명할 수 있다.

④ E지역은 과거부터 지역 주민들이 관내 경찰관들과 어울려 도박을 일삼고, 부적절한 사건청탁을 하는 경우가 종종 있었으나 아무도 이를 문제화하지 않던 곳인데, 동 지역에 새로 발령받은 신임경찰관 F에게도 지역 주민들이 접근하여 도박을 함께 하게 되는 경우는 '썩은 사과 가설'로 설명할 수 있다.

정답과 해설

④ (X) **전체사회 가설**에 대한 내용이다.

정답 ④

129 ☐☐☐☐ 23 채용

부정부패에 관한 설명으로 가장 적절하지 않은 것은?

① 작은 호의를 제공받은 경찰관이 도덕적 부채를 느껴 이를 보충하기 위해 결과적으로 선한 후속행위를 하는 상황은 미끄러운 경사(slippery slope) 가설의 맥락에서 이해할 수 있다.
② 대의명분 있는 부패(noble cause corruption)와 Dirty Harry 문제는 부패의 개념적 징표를 개인적 이익 추구를 넘어 조직 혹은 사회적 차원의 이익 추구로 확대하고자 하는 시도라고 볼 수 있다.
③ 고객이 위험을 감수하고서라도 원하는 이익을 확실히 취하기 위해 높은 가격의 뇌물을 지불하는 상황을 부패로 이해한다면, 이는 하이덴하이머(Heidenheimer)가 제시한 세 가지 유형의 부정부패 정의 중 시장중심적 정의와 가장 관련이 크다.
④ 공직자가 직무와 관련하여 그 지위 또는 권한을 남용하거나 법령을 위반하여 자기 또는 제3자의 이익을 도모하는 행위는 「부패방지 및 국민권익위원회의 설치와 운영에 관한 법률」상 부패행위에 해당한다.

정답과 해설

① (X) 작은 호의를 제공받은 경찰관이 도덕적 부채를 느껴 이를 보충하기 위해 결과적으로 **부정한(선한 X) 후속행위**를 하는 상황은 미끄러운 경사(slippery slope) 가설의 맥락에서 이해할 수 있다.
② (O)
③ (O) 관직(공직)중심적, 시장중심적, 공익중심적 정의는 하이덴하이머(Heidenheimer)가 제시한 세 가지 유형의 부정부패 정의 중 설문은 **시장중심적 정의**와 가장 관련이 있다.
④ (O) 공직자가 직무와 관련하여 그 지위 또는 권한을 남용하거나 법령을 위반하여 **자기 또는 제3자의 이익을 도모하는 행위(제3자의 이익 제외 X)**도 부패행위에 포함된다(부패방지 및 국민권익위원회의 설치와 운영에 관한 법률 제2조 제4호 가목).

정답 ①

130 24 채용

존 클라이니히(J. Kleinig)의 내부고발의 윤리적 정당화 요건으로 가장 적절하지 않은 것은?

① 내부고발자는 특별한 경우를 제외하고는 공표 전 자신의 이견을 표시하기 위한 내부적 채널을 모두 사용했어야 한다.
② 내부고발자는 부적절한 행동을 하도록 지시되었다는 자신의 신념이 합리적 증거에 근거하였는지 확인해야 한다.
③ 적절한 도덕적 동기에 의해 내부고발이 이루어져야 하며, 성공가능성은 불문한다.
④ 도덕적 위반이 얼마나 중대한가, 도덕적 위반이 얼마나 급박한가 등에 대한 세심한 고려가 있어야 한다.

> **정답과 해설**
> ① (O) 내부고발자는 특별한 경우를 제외하고는 **공표 전(공표한 후 X)** 자신의 이견을 표시하기 위한 **내부적 채널을 모두 사용했어야 한다(최후수단성)**.
> ② (O) 내부고발자는 부적절한 행동을 하도록 지시되었다는 자신의 신념이 **합리적 증거**에 근거하였는지 확인해야 한다.
> ③ (X) 적절한 도덕적 동기에 의해 내부고발이 이루어져야 하며, **어느 정도(높은 정도 X) 성공 가능성**이 있어야 한다.
> ④ (O) 도덕적 위반이 얼마나 중대한가, 도덕적 위반이 얼마나 급박한가 등에 대한 **세심한 고려**가 있어야 한다.
>
> 정답 ③

131 20 채용, 예상문제

다음은 경찰부패에 대한 설명이다. 빈칸에 들어갈 것으로 가장 적절하게 짝지어진 것은?

- (㉠)은(는) 남의 비행에 대하여 일일이 참견하면서 도덕적 충고를 하는 것을 의미한다.
- (㉡)은(는) 도덕적 가치관이 붕괴되어 동료의 부패를 부패라고 인식하지 못하는 것을 의미하며, 부패를 잘못된 행위로 인식하고 있지만 동료라서 모르는 척하는 침묵의 규범과는 구별되는 개념이다.

① ㉠ Whistle blowing ㉡ Moral hazard
② ㉠ Whistle blowing ㉡ Deep throat
③ ㉠ Busy bodiness ㉡ Deep throat
④ ㉠ Busy bodiness ㉡ Moral hazard

> **정답과 해설**
> ④ 비지 비즈니스(Busy bodiness), 모럴 헤저드(Moral hazard)에 대한 설명이다.
>
> 정답 ④

THEME 05 경찰의 문화

132 ☐☐☐☐ 예상문제

한국 경찰의 문화와 관련하여 다음 사례와 가장 연결이 올바른 것은?

> ㉠ 어떤 선임경찰관이 후배경찰관에게 '실제 일하는 것보다 서류를 잘 작성하는 것이 더 중요하다.'라고 하였다.
> ㉡ 어떤 경찰관이 친한 경찰관에게 전화를 걸어 사건청탁을 하자 그 경찰관이 "다른 사람은 안 되지만, 너하고 친하니까 잘 봐줄게."라고 하였다.
> ㉢ 경찰청은 고객만족모니터센터를 통하여 치안정책에 대하여 수시모니터링을 실시하여 치안정책에 반영하고 있다.
> ㉣ 김경사는 국민을 위해 충성을 다하여 봉사하겠다는 각오로 경찰이 되었으나, 국민이 도덕적으로 타락하였다고 생각하여 점차 회의가 들기 시작했다.

| ⓐ 정적 인간주의 | ⓑ 대응성 |
| ⓒ 냉소주의 | ⓓ 의식주의 |

① ㉠-ⓓ
② ㉡-ⓒ
③ ㉢-ⓐ
④ ㉣-ⓑ

정답과 해설

㉠-ⓓ, ㉡-ⓐ, ㉢-ⓑ, ㉣-ⓒ가 올바른 연결이다.
ⓐ 인간적 유대나 사인주의를 강조하는 점에서 정적 인간주의는 가족주의와 유사하지만, **가족주의**는 가족, 혈연, 출신학교, 출신지역 등 자연발생적 귀속집단의 경계에 한정되는 반면 **정적 인간주의**는 이런 경계를 넘어 의식적, 인위적으로 다른 사람과 긴밀한 관계를 유지하고 또 이런 정(情)을 바탕으로 사무를 처리하는 것을 말한다.
ⓑ 민주주의 사회에서 시민에 대한 **대응성(responsiveness)**을 제고하는 것으로 대응성은 시민들의 투입(input)에 정치체제나 행정체제가 반응하는 것을 말한다.
ⓒ **냉소주의**는 경찰관이 공중이 도덕적으로 타락하였다고 생각하거나 상부의 지시가 부당하다고 생각될 때 나타난다.

정답 ①

133 □□□□ 23 채용

경찰조직의 냉소주의에 관한 설명으로 가장 적절한 것은?

① 니더호퍼(Niederhoffer)는 사회체계에 대한 기존의 신념체제가 붕괴된 후 새로운 신념체제에 의해 급하게 대체될 때 냉소주의가 나타날 수 있다고 하였다.
② 조직 내 팽배한 냉소주의는 경찰의 전문직업화를 저해하는 기제로 작동할 수 있다.
③ 회의주의와 비교할 때, 냉소주의는 조직 내 특정한 대상을 합리적 의심을 통해 신뢰하지 않는 것과 관련이 있다.
④ 냉소주의 극복을 위한 가장 효과적인 조직관리방안은 인간을 본래 게으르고 생리적 욕구 또는 안전의 욕구에 자극을 주는 금전적 보상이나 제재 등 외재적 유인에 반응한다고 상정하여 조직이 권위적으로 관리할 필요가 있다는 맥그리거(McGregor)의 인간모형에 기초한다.

> **정답과 해설**
>
> ① (X) 니더호퍼(Niederhoffer)는 기존의 신념체제가 붕괴된 후 **대체신념의 부재(새로운 신념체제 X)**로 아노미 현상이 발생하고 냉소주의가 나타날 수 있다고 하였다.
> ② (O) 조직 내 팽배한 냉소주의는 불신으로 인해 경찰의 전문직업화를 저해하는 기제로 작동할 수 있다.
> ③ (X) 회의주의와 비교할 때, 냉소주의는 **대상이 특정되어 있지 않고, 아무런 근거없이 신뢰하지 않는 것**과 관련이 있다. 조직 내 특정한 대상을 합리적 의심을 통해 신뢰하지 않는 것과 관련이 있는 것은 회의주의이다.
> ④ (X) 냉소주의 극복을 위한 가장 효과적인 조직관리방안은 **Y이론**에 입각한 행정관리이다. 지문의 내용은 X이론에 대한 설명이다.
>
> **정답** ②

134 □□□□ 24 채용

다음에서 설명하는 경찰문화를 극복하기 위한 방안으로 가장 적절하지 않은 것은?

> 경찰청에서 새로운 성과평가 제도를 시행하겠다고 발표하자, A순경은 '나랑 상관없어. 이런 건 전시행정이야'라고 비웃었다. 평소 그는 기존의 사회체계에 대한 신뢰가 없으며 개선시키겠다는 의지도 없는 사람이다.

① 의사결정과정에 일선 경찰관들의 참여를 확대시킨다.
② 업무량과 성과에 대한 적절한 보상을 강조하며, 관리층이 적극적으로 개입하고 통제하는 임무를 맡아야 한다.
③ 상사와 부하의 신뢰를 회복하기 위해 노력한다.
④ 상급자의 일방적 지시와 명령을 줄이고 상의하달의 의사소통 과정을 개선한다.

> **정답과 해설**
>
> ② (X) 사례는 냉소주의와 관련된 내용이다. 냉소주의 극복방안은 **관리층이 적극적으로 개입하고 통제하는 것이 아니라 상급자의 일방적 지시와 명령을 줄이고 상의하달의 의사소통 과정을 개선**하는 것이다.
>
> **정답** ②

THEME 06 경찰윤리강령

135 ☐☐☐☐ 24 채용, 14 · 21 승진, 23 간부

경찰윤리강령에 대한 설명 중 옳고 그름의 표시(O, X)가 바르게 된 것은?

가. 우리나라의 경찰윤리강령은 경찰윤리헌장 → 새경찰신조 → 경찰헌장 → 경찰서비스헌장 순으로 제정되었다.
나. 경찰윤리강령은 지나친 강제와 제재로 인한 냉소주의 조장, 최소주의의 위험, 우선순위 미결정 등의 문제점이 있다.
다. 1945년 국립경찰의 탄생 시 경찰의 이념적 좌표가 된 경찰정신은 대륙법계의 영향을 받은 '봉사와 질서'이다.
라. 경찰윤리강령은 대외적으로는 서비스 수준의 보장, 국민과의 신뢰관계 형성, 조직구성원의 자질통제 기준, 과도한 요구에 대한 책임 제한 등과 같은 기능을 하며, 대내적으로는 경찰공무원 개인적 기준 설정, 경찰조직의 기준 제시, 경찰조직에 대한 소속감 고취, 경찰조직구성원에 대한 교육자료 제공 등의 기능을 한다.

① 가.(O) 나.(X) 다.(X) 라.(X)
② 가.(O) 나.(X) 다.(O) 라.(O)
③ 가.(O) 나.(O) 다.(X) 라.(O)
④ 가.(X) 나.(X) 다.(X) 라.(X)

정답과 해설

가. (O) 경찰윤리헌장(1966년) → 새경찰신조(1980년) → 경찰헌장(1991년) → 경찰서비스헌장(1998년)순으로 제정되었다.
나. (X) **경찰윤리강령은 법적 강제력이 없기 때문에 위반했을 경우 제재할 방법이 미흡하다는 단점**이 있다.
다. (X) 1945년 국립경찰의 탄생 시 경찰의 이념적 좌표가 된 경찰정신은 **미군정의 영미법계의 영향을 받은** '봉사와 질서'이다.
라. (X) **조직구성원의 자질통제 기준은 대내적 기능**에 해당한다.

정답 ①

136 ⬜⬜⬜⬜ 16 간부

다음은 「경찰헌장」에서 제시된 경찰의 목표를 나열한 것이다. 가장 옳게 연결된 것은?

㉠ 친절한 경찰	㉡ 의로운 경찰
㉢ 공정한 경찰	㉣ 근면한 경찰

ⓐ 모든 사람의 인격을 존중하고 누구에게나 따뜻하게 봉사하는 경찰
ⓑ 국민의 신뢰를 바탕으로 오직 양심에 따라 법을 집행하는 경찰
ⓒ 건전한 상식 위에 전문지식을 갈고 닦아 맡은 일을 성실하게 수행하는 경찰
ⓓ 정의의 이름으로 진실을 추구하며 어떠한 불의나 불법과도 타협하지 않는 경찰

① ㉡ - ⓒ
② ㉢ - ⓓ
③ ㉣ - ⓑ
④ ㉠ - ⓐ

정답과 해설

경찰헌장(1991년 제정)
ⓐ 우리는 모든 사람의 인격을 존중하고 누구에게나 **따**뜻하게 봉사하는 ㉠ **친**절한 경찰이다. **친따**
ⓓ 우리는 정의의 이름으로 진실을 추구하며 어떠한 불의나 불법과 **타**협하지 않는 ㉡ **의**로운 경찰이다. **의타**
ⓑ 우리는 국민의 신뢰를 바탕으로 오직 **양**심에 따라 법을 집행하는 ㉢ **공**정한 경찰이다. **공양**
ⓒ 우리는 건전한 상식 위에 전문지식을 갈고 닦아 맡은 일을 **성**실하게 수행하는 ㉣ **근**면한 경찰이다. **근성**
• 우리는 화합과 단결 속에 항상 규율을 지키며 **검**소하게 생활하는 **깨**끗한 경찰이다. **깨검**

정답 ④

137 ⬜⬜⬜⬜ 23 경채

경찰 윤리강령에 따라 발생할 수 있는 문제점에 관한 설명으로 가장 적절하지 않은 것은?

① 냉소주의 : 직원의 참여에 의하여 이루어지는 것이 아니라 상부에서 제정하여 하달되기 때문에 발생할 수 있는 문제
② 비진정성 : 전문직업인의 내부규율로서 선언적 효력을 가질 뿐 법적인 강제력이 없기 때문에 이를 위반했을 경우 제재할 방법이 미흡하며, 지나친 이상추구의 성격 때문에 발생할 수 있는 문제
③ 행위중심적 성격 : 행위중심적으로 규정되어 있어서 행위 이전의 의도나 동기를 소홀히 하기 때문에 발생할 수 있는 문제
④ 최소주의 위험 : 경찰관이 최선을 다하여 헌신과 봉사를 하려다가도 경찰윤리강령에 포함된 정도의 수준으로만 근무를 하려 하기 때문에 발생할 수 있는 문제

정답과 해설

② (X) **실행가능성의 문제**에 대한 설명이다. **비진정성의 조장**이란 경찰윤리강령은 경찰관의 도덕적 자각에 따른 자발적인 행동이 아니라 외부로부터 요구된 것으로서 타율성으로 인해 진정한 봉사가 이루어지지 않을 수 있다.

정답 ②

138 □□□□ 12 승진

현행 「경찰윤리강령」에 대한 설명 중 가장 적절하지 않은 것은?

① 경찰윤리강령은 추상성·이념성·관념성이 있어 여러 문제점이 있지만 경찰인의 업무 수행시 윤리적 고려의 준거를 제공하는 데 취지가 있다.
② 경찰윤리강령은 치안서비스의 질적 수준 보장, 경찰의 대시민 관계개선, 행위의 준거 제공, 조직운영의 기준제공, 건전한 조직적 결속감 등의 대내외적 기능이 있다.
③ 윤리강령의 문제점 중 '최소주의의 위험'은 경찰강령이 구체적인 경우 상세하지만 그보다 더 곤란한 현실문제에 있어서 무엇을 먼저하고 무엇을 나중에 해야 할지 우선순위를 결정하는 기준이 못된다는 것을 말한다.
④ 윤리강령의 문제점으로서 '비진정성의 조장'은 경찰강령은 도덕적 자각에 따른 자발적 행동이 아니라 외부로부터 요구된 것으로서 타율성으로 인해 진정한 봉사가 이루어지지 않을 수 있다는 것을 말한다.

> **정답과 해설**
> ③ (X) 경찰윤리강령의 문제점 중 **우선순위 미결정**에 대한 설명이다. **최소주의의 위험**은 경찰관이 최선을 다하여 헌신하고 봉사를 하려다가도 경찰윤리강령에 포함된 정도의 수준으로만 업무를 하여 경찰윤리강령이 업무수행의 최소 기준이 될 수 있음을 말한다.
>
> **정답** ③

139 □□□□ 24 간부

존 클라이니히(J. Kleinig)가 주장한 경찰윤리 교육의 목적에 대한 설명으로 가장 적절하지 않은 것은?

① 도덕적 결의의 강화 – 경찰이 업무를 수행하면서 내부 및 외부로부터의 여러 압력과 유혹에도 굴복하지 않고 자신의 소신과 직업의식에 따라 일을 처리하는 것이다.
② 도덕적 감수성의 배양 – 경찰이 다양한 계층의 사람들을 모두 인간으로서 존중하고 공평하게 봉사하는 것이다.
③ 도덕적 연대책임 향상 – 경찰윤리 교육의 가장 중요한 목적은 경찰의 조직적 연대책임을 강화하도록 하는 것이다.
④ 도덕적 전문능력 함양 – 경찰이 비판적·반성적 사고방식을 배양하여 조직 내에 관습적으로 내려오는 관행을 비판적으로 검토하여 수행하는 것이다.

> **정답과 해설**
> ③ (X) 존 클라이니히(J. Kleinig)가 주장한 경찰윤리 교육의 목적은 도덕적 결의의 강화, 도덕적 감수성의 배양, 도덕적 전문능력 함양이고, 이중에서 **경찰윤리 교육의 가장 중요한 목적은 도덕적 전문능력 함양(도덕적 연대책임 향상 X)**이라 보았다.
>
> **정답** ③

부정청탁 및 금품 등 수수의 금지에 관한 법률(청탁금지법)

140 □□□□ 24 채용, 18 승진

「부정청탁 및 금품등 수수의 금지에 관한 법률」에 대한 설명이다. 아래 ㉠부터 ㉣까지 설명 중 옳고 그름의 표시(O, X)가 바르게 된 것은?

㉠ 공공기관에는 국회, 법원, 헌법재판소, 감사원, 국가인권위원회, 고위공직자범죄수사처, 중앙행정기관(대통령 소속 기관과 국무총리 소속 기관을 포함한다)과 그 소속 기관 및 지방자치단체를 포함한다. 단, 선거관리위원회는 공공기관에 해당하지 않는다.
㉡ 공직자등에는 변호사법 제4조에 따른 변호사 자격이 있는 자는 포함된다고 명시되어 있다.
㉢ 공직자등 자신이 수수 금지 금품등을 받거나 그 제공의 약속 또는 의사표시를 받은 경우에는 소속 기관장에게 지체 없이 서면 또는 구두로 신고하여야 한다.
㉣ 공공기관의 장은 공직자등에게 부정청탁 금지 및 금품등의 수수 금지에 관한 내용을 정기적으로 교육하여야 하며, 교육의 실시를 위하여 필요하면 국민권익위원회에 지원을 요청할 수 있다.

① ㉠ (X) ㉡ (X) ㉢ (X) ㉣ (O)
② ㉠ (O) ㉡ (O) ㉢ (X) ㉣ (X)
③ ㉠ (X) ㉡ (O) ㉢ (O) ㉣ (O)
④ ㉠ (X) ㉡ (O) ㉢ (X) ㉣ (O)

정답과 해설

㉠ (X) 공공기관에는 국회, 법원, 헌법재판소, **선거관리위원회**, 감사원, 국가인권위원회, 고위공직자범죄수사처, 중앙행정기관(대통령 소속 기관과 국무총리 소속 기관을 **포함**한다)과 그 소속 기관 및 지방자치단체를 포함한다(부정청탁 및 금품등 수수의 금지에 관한 법률 제2조 제1호 가목).
㉡ (X) 변호사법 제4조에 따른 변호사 자격이 있는 자는 공직자등에 **포함되지 아니한다**(동법 제2조 제2호).
㉢ (X) 공직자등은 자신이 수수 금지 금품등을 받거나 그 제공의 약속 또는 의사표시를 받은 경우에는 소속기관 장에게 지체 없이 **서면으로 신고**하여야 한다(동법 제9조 제1항 제1호).
㉣ (O) 공공기관의 장은 공직자등에게 부정청탁 금지 및 금품등의 수수 금지에 관한 내용을 정기적으로 **교육하여야 하며**, 교육의 실시를 위하여 필요하면 **국민권익위원회(국가인권위원회 X)**에 지원을 요청할 수 있다. 이 경우 **국민권익위원회(국가인권위원회 X)**는 적극 **협력하여야 한다(할 수 있다 X)**(동법 제19조 제1항, 제3항).

정답 ①

141 □□□□ 24 채용, 22 승진, 23 간부

「부정청탁 및 금품 등 수수의 금지에 관한 법률」에 대한 설명으로 가장 적절하지 않은 것은 모두 몇 개인가?

> ㉠ 공직자등은 사례금을 받는 외부강의를 할 때에는 대통령령으로 정하는 바에 따라 외부강의 요청 명세 등을 소속 기관장에게 그 외부강의를 마친 날부터 10일 이내에 서면으로 신고하여야 한다. 다만, 외부강의를 요청한 자가 국가나 지방자치단체인 경우에는 그러하지 아니한다.
> ㉡ 부정청탁을 받은 공직자등은 부정청탁을 한 자에게 부정청탁임을 알렸다면 이와 별도로 거절하는 의사는 명확하지 않아도 된다.
> ㉢ 증여를 포함한 사적 거래로 인한 채무의 이행 등 정당한 권원(權原)에 의하여 제공되는 금품 등은 수수를 금지하는 금품 등에 해당하지 아니한다.
> ㉣ 공직자 등은 직무 관련 및 기부·후원·증여 등 그 명목에 관계 없이 동일인으로부터 1회에 100만원 또는 매 회계연도에 300만원을 초과하는 금품 등을 받거나 요구 또는 약속해서는 아니된다.
> ㉤ 누구든지 동법의 위반행위가 발생하였거나 발생하고 있다는 사실을 알게 된 때에는 자신의 인적사항을 밝히지 아니하고 변호사를 선임하여 신고를 대리하게 할 수 있다.
> ㉥ 직급에 상관 없이 모든 공직자의 외부강의 사례금 상한액은 1시간당 30만원이며 1시간을 초과하면 상한액은 45만원이다.

① 2개   ② 3개   ③ 4개   ④ 5개

정답과 해설

㉠ (O) 공직자등은 사례금을 받는 외부강의등을 할 때에는 **대통령령**으로 정하는 바에 따라 외부강의등의 요청 명세 등을 소속기관장에게 그 외부강의등을 **마친 날**(다음날 X)**부터 10일 이내에 서면**(구두 X)**으로 신고하여야 한다**(할 수 있다 X). 다만, 외부강의등을 요청한 자가 국가나 지방자치단체인 경우에는 **그러하지 아니하다**(부정청탁 및 금품 등 수수의 금지에 관한 법률 제10조 제2항).

㉡ (X) 공직자등은 부정청탁을 받았을 때에는 부정청탁을 한 자에게 부정청탁임을 알리고 이를 **거절하는 의사를 명확히 표시하여야 한다**(동법 제7조 제1항).

㉢ (X) **증여를 제외한** 사적 거래로 인한 채무의 이행 등 정당한 권원(權原)에 의하여 제공되는 금품 등은 수수를 금지하는 금품등에 해당하지 아니한다(동법 제8조 제3항 제3호).

㉣ (O) 공직자 등은 직무 관련 및 기부·후원·증여 등 그 **명목에 관계 없이** 동일인으로부터 1회에 **100만원** 또는 매 회계연도에 **300만원**을 초과하는 금품 등을 받거나 요구 또는 약속해서는 아니된다(동법 제8조 제1항).

㉤ (O) 동법 제13조 제1항, 제13조의2 제1항

> **제13조(위반행위의 신고 등)** ① **누구든지** 이 법의 위반행위가 발생하였거나 발생하고 있다는 사실을 알게 된 경우에는 다음 각 호의 어느 하나에 해당하는 기관에 **신고할 수 있다**(하여야 한다 X).
> 1. 이 법의 위반행위가 발생한 공공기관 또는 그 감독기관
> 2. 감사원 또는 수사기관
> 3. 국민권익위원회
> ③ 국민권익위원회는 제출된 자료를 봉인하여 보관하여야 하며, 신고자 본인의 동의 없이 이를 열람하여서는 아니 된다.
> **제13조의2(비실명 대리신고)** ① 제13조 제3항에도 불구하고 같은 조 제1항에 따라 신고를 하려는 자는 **자신의 인적사항을 밝히지 아니하고 변호사를 선임하여 신고를 대리하게 할 수 있다.** 이 경우 제13조 제3항에 따른 신고자의 인적사항 및 신고자가 서명한 문서는 변호사의 인적사항 및 변호사가 서명한 문서로 갈음한다.

㉥ (X) 외부강의 시간당 상한액은 직급 구분없이 **40만원**이며, 1시간을 초과하여 강의 등을 하는 경우에도 사례금 총액은 강의시간에 관계없이 1시간 상한액의 100분의 150에 해당하는 금액(**60만원**)을 초과하지 못한다(동법 시행령 [별표2]).

정답 ②

142 예상문제

「부정청탁 및 금품등 수수의 금지에 관한 법률」상 제5조(부정청탁의 금지)에 대한 설명으로 가장 적절한 것은?

① 누구든지 직접 또는 제3자를 통하여 직무를 수행하는 공직자등에게 모집·선발·채용·승진·전보 등 공직자등의 인사에 관하여 법령을 위반하지 않고 개입하거나 영향을 미치도록 하는 행위에 해당하는 부정청탁을 해서는 아니 된다.

② 누구든지 직접 또는 제3자를 통하여 직무를 수행하는 공직자등에게 사건의 수사·재판·심판·결정·조정·중재·화해, 형의 집행, 수용자의 지도·처우·계호 또는 이에 준하는 업무를 법령을 위반하여 처리하도록 하는 행위에 해당하는 부정청탁을 해서는 아니 된다.

③ ①②에도 불구하고 비공개적으로 공직자등에게 특정한 행위를 요구하는 행위에 해당하는 경우에는 이 법을 적용하지 아니한다.

④ ①②에도 불구하고 임명직 공직자, 정당, 시민단체 등이 공익적인 목적으로 제3자의 고충민원을 전달하거나 법령·기준의 제정·개정·폐지 또는 정책·사업·제도 및 그 운영 등의 개선에 관하여 제안·건의하는 행위에 해당하는 경우에는 이 법을 적용하지 아니한다.

정답과 해설

① (X) 누구든지 직접 또는 제3자를 통하여 직무를 수행하는 공직자등에게 모집·선발·채용·승진·전보 등 공직자등의 인사에 관하여 **법령을 위반하여(법령을 위반하지 않고 X)** 개입하거나 영향을 미치도록 하는 행위에 해당하는 부정청탁을 해서는 아니 된다(부정청탁 및 금품등 수수의 금지에 관한 법률 제5조 제1항 제3호).

② (O) 누구든지 직접 또는 제3자를 통하여 직무를 수행하는 공직자등에게 사건의 수사·재판·심판·결정·조정·중재·화해, 형의 집행, 수용자의 지도·처우·계호 또는 이에 준하는 업무를 **법령을 위반하여(법령을 위반하지 않고 X)** 처리하도록 하는 행위에 해당하는 부정청탁을 해서는 아니 된다(동법 제5조 제1항 제14호).

③ (X) ①②에도 불구하고 **공개적(비공개적 X)**으로 공직자등에게 특정한 행위를 요구하는 행위에 해당하는 경우에는 이 법을 적용하지 아니한다(동법 제5조 제2항 제2호).

④ (X) ①②에도 불구하고 **선출직(임명직 X)** 공직자, 정당, 시민단체 등이 **공익적(사익적 X)**인 목적으로 제3자의 고충민원을 전달하거나 법령·기준의 제정·개정·폐지 또는 정책·사업·제도 및 그 운영 등의 개선에 관하여 제안·건의하는 행위에 해당하는 경우에는 이 법을 적용하지 아니한다(동법 제5조 제2항 제3호).

정답 ②

143 예상문제

「부정청탁 및 금품등 수수의 금지에 관한 법률」에서 규정하고 있는 벌칙과 과태료에 대한 설명으로 가장 적절하지 않은 것은?

① 이해당사자가 직접 자신을 위하여 부정청탁 한 경우 500만원 이하의 과태료를 부과한다.
② 부정청탁을 받은 공직자등이 그에 따라 직무를 수행한 경우 2년 이하의 징역 또는 2천만원 이하의 벌금에 처한다.
③ 공직자등이 제3자를 위하여 다른 공직자등(제11조에 따라 준용되는 공무수행사인을 포함한다)에게 수사·재판·심판·결정·조정·중재·화해 또는 이에 준하는 업무를 법령을 위반하여 처리하도록 부정청탁한 경우 3천만원 이하의 과태료를 부과한다.
④ ③의 공직자등에 해당하지 않는 자가 제3자를 위하여 공직자등(제11조에 따라 준용되는 공무수행사인을 포함한다)에게 수사·재판·심판·결정·조정·중재·화해 또는 이에 준하는 업무를 법령을 위반하여 처리하도록 부정청탁한 경우 2천만원 이하의 과태료를 부과한다.

정답과 해설
①의 경우 **과태료 부과대상은 아니지만 징계대상은 될 수 있다.**
②③④ 옳은 설명이다.
위반시 제재(동법 제22조·제23조)

행위 주체	행위유형	제재 수준
이해당사자	직접 **자신을 위하여** 부정청탁하는 경우	**제재 없음**, (공직자등)징계가능
	제3자를 통하여 부정청탁하는 경우	1천만원 이하의 과태료(§23조 ③)
사인(私人)	제3자를 위하여 부정청탁하는 경우	2천만원 이하의 과태료(§23조 ②)
공직자등	제3자를 위하여 부정청탁하는 경우	3천만원 이하의 과태료(§23조 ①)
	부정청탁에 따라 직무 수행	2년 이하의 징역 또는 2천만원 이하의 벌금(§22조 ②)

정답 ①

144 예상문제

「부정청탁 및 금품등 수수의 금지에 관한 법률」 제8조에서는 '금품 등의 수수 금지'를 규정하고 있다. 다음 중 '금품 등의 수수 금지'에 해당하지 않는 것에 대한 설명으로 가장 적절하지 않은 것은?

① 공직자등의 친족(「민법」 제777조에 따른 친족을 말한다)이 제공하는 금품등
② 사적 거래(증여는 제외)로 인한 채무의 이행 등 정당한 권원(權原)에 의하여 제공되는 금품등
③ 공직자등과 관련된 직원상조회·동호인회·동창회·향우회·친목회·종교단체·사회단체 등이 정하는 기준에 따라 구성원에게 제공하는 금품등 및 그 소속 구성원 등 공직자등과 특별히 장기적·지속적인 친분관계를 맺고 있는 자가 질병·재난 등으로 어려운 처지에 있는 공직자등에게 제공하는 금품등
④ 공직자등의 직무와 관련된 비공식적인 행사에서 주최자가 참석자에게 통상적인 범위에서 일률적으로 제공하는 교통, 숙박, 음식물 등의 금품등은 수수를 금지하는 금품등

> **정답과 해설**
> ① (O) **민법 제777조에 따른 친족**이란 8촌 이내의 혈족, 4촌 이내의 인척, 배우자를 말한다(부정청탁 및 금품등 수수의 금지에 관한 법률 제8조 제3항 제4호).
> ② (O) 사적 거래(**증여는 제외**)로 인한 채무의 이행 등 정당한 권원(權原)에 의하여 제공되는 금품등은 수수를 금지하는 금품등에 해당하지 아니한다(동법 제8조 제3항 제3호).
> ③ (O) 월 정기 회비를 납부하는 같은 소속 직원들로 구성된 모임에서 회원의 경조사가 발생하여 회칙에 따라 **50만원을 지급하는 것은 가능하다**(동법 제8조 제3항 제5호).
> ④ (X) 공직자등의 직무와 관련된 **공식적(비공식적 X)**인 행사에서 주최자가 참석자에게 통상적인 범위에서 일률적으로 제공하는 교통, 숙박, 음식물 등의 금품등은 수수를 금지하는 금품등에 **해당하지 아니한다**(동법 제8조 제3항 제6호).
>
> 정답 ④

145 22 승진

「부정청탁 및 금품등 수수의 금지에 관한 법률」에 위반되는 사례로 가장 적절한 것은?

① 예술의전당 소속 공연 관련 업무 담당공무원이 예술의전당 초청 공연작으로 결정된 뮤직드라마의 공연제작사 대표이사 甲 등과 저녁식사를 하고 30만원 상당(1인당 6만원)의 음식 값을 甲이 지불한 경우
② 경찰서장이 소속부서 직원들에게 위로·격려·포상의 목적으로 회식비를 제공한 경우
③ 결혼식을 앞두고 있는 경찰관이 4촌 형으로부터 500만원 상당의 냉장고를 선물 받은 경우
④ 경찰관이 홈쇼핑에서 물품을 구매한 후 구매자를 대상으로 경품을 추첨하는 행사에서 당첨되어 300만원 상당의 안마의자를 받은 경우

정답과 해설

① (X) 甲이 지불한 저녁식사 30만 원 상당(1인당 6만원)의 음식 값은 원활한 직무수행 또는 사교·의례 또는 부조의 목적으로 제공되는 음식물·경조사비·선물 등으로서 대통령령으로 정하는 **가액 범위 안의 금품(음식물-5만원)을 초과하여 청탁금지법에 위반**된다(부정청탁 및 금품등 수수의 금지에 관한 법률 제8조 제3항 제2호).
② (O) 공공기관이 소속 공직자등이나 파견 공직자등에게 지급하거나 상급 공직자등이 위로·격려·포상 등의 목적으로 하급 공직자등에게 제공하는 금품등은 수수를 금지하는 금품등에 해당하지 아니한다(동법 제8조 제3항 제1호).

[최신기출] 2024년 1월 13일 승진 출제포인트
기관장이 소속 직원에게 업무추진비로 10만원 상당의 화환을 보내고, 별도 사비로 10만원의 경조사비를 주는 것은 **청탁금지법 위반이 아니다(위반이다 X)**.

③ (O) 4촌 형은 8촌 이내의 혈족이므로 금품등에 해당하지 아니한다(동법 제8조 제3항 제4호).
④ (O) **불특정(특정 X)** 다수인에게 배포하기 위한 기념품 또는 홍보용품 등이나 경연·추첨을 통하여 받는 보상 또는 상품등은 수수를 금지하는 금품등에 해당하지 아니한다(동법 제8조 제3항 제7호).

정답 ①

146 예상문제

「부정청탁 및 금품등 수수의 금지에 관한 법률」상 '금품 등 수수의 금지' 관련 내용 중 가장 옳지 않은 것은?

① A순경이 결혼식을 하는데 6촌 아저씨가 와서 100만원을 초과하는 축의금을 주었더라도 예외사유에 해당되어 가능하다.
② B경찰서장이 경무계 직원들에게 위로·격려·포상의 목적으로 회식비를 제공하는 것은 특별한 사정이 없다면 예외사유에 해당되어 가능하다.
③ C경위가 휴일날 인근 대형마트 행사에서 추첨권이 뽑혀 외제차가 당첨된 것은 특별한 사정이 없다면 예외사유에 해당되어 가능하다.
④ D경감이 이웃집지인의 부탁으로 전세입주자를 소개해주고 사례금 50만원을 받았다면 청탁금지법위반이다.

정답과 해설

① (O) 공직자등의 친족(**민법 제777조에 따른 8촌이내 혈족, 4촌이내의 인척, 배우자**)이 제공하는 금품등은 예외사유에 해당되어 100만원을 초과해도 수수가 가능하다(부정청탁 및 금품등 수수의 금지에 관한 법률 제8조 제3항 제4호).
② (O) 상급 공직자등이 위로·격려·포상 등의 목적으로 하급 공직자등에게 제공하는 금품등에 해당되면 수수가 가능하다(동법 제8조 제1호).
③ (O) "경연·추첨을 통하여 받는 보상 또는 상품 등"에 해당되면 100만원을 초과해도 수수가 가능하다(동법 제8조 제7호).
④ (X) 직무관련성이 없고, 1회 **100만원을 초과하지도 않았으므로** 청탁금지법위반이 아니다.

정답 ④

147 ○○○○ 예상문제

「부정청탁 및 금품 등 수수의 금지에 관한 법률(시행령 포함)」에 대한 설명이다. 아래 ㉠부터 ㉣까지 설명 중 옳고 그름의 표시(O, X)가 바르게 된 것은? (원활한 직무수행, 사교, 의례, 부조 등의 목적이 충족되는 경우임)

> ㉠ 선물은 5만원까지 허용되지만 예외적으로 선물 중 농수산물 및 농수산가공품(농수산물을 원료 또는 재료의 50퍼센트를 넘게 사용하여 가공한 제품만 해당)과 농수산물·농수산가공품 상품권은 15만원까지 가능하다. (대통령령으로 정하는 설날·추석을 포함한 기간에 한정하여 그 가액 범위를 두배로 한다.)
> ㉡ ㉠의 "대통령령으로 정하는 설날·추석을 포함한 기간"이란 설날·추석 전 24일부터 설날·추석 후 5일까지(그 기간 중에 우편 등을 통해 발송하여 그 기간 후에 수수한 경우에는 그 수수한 날까지)를 말한다.
> ㉢ 경조사비는 5만원 이하이지만, 화환이나 조화를 같이 보낼 경우 합산하여 10만원까지 가능하므로, 축의금 7만원과 화환 3만원짜리를 같이 보낼 경우 10만원 범위 내이므로 법위반이 아니다.
> ㉣ 음식물은 5만원까지 가능하므로 직무관련자가 식당에 미리 결제를 해 두고 공직자에게 연락하여 해당 식당에서 5만원 이하의 식사를 하게 하는 경우 가액범위 내이므로 법위반이 아니다.

① ㉠ (X) ㉡ (X) ㉢ (X) ㉣ (O)
② ㉠ (O) ㉡ (O) ㉢ (X) ㉣ (X)
③ ㉠ (X) ㉡ (O) ㉢ (O) ㉣ (O)
④ ㉠ (O) ㉡ (O) ㉢ (X) ㉣ (O)

정답과 해설

㉠ (O) 부정청탁 및 금품 등 수수의 금지에 관한 법률 시행령 별표 1
㉡ (O) 동법 시행령 제17조 제2항
㉢ (X) 축의금과 화환을 같이 보낼 경우, 10만원의 범위 내에서 가능하지만 이 경우에도 **축의금은 5만원을 초과해서는 안된다.** 따라서 **축의금 7만원을 보낸 것은** 청탁금지법 위반이다.
※ 축의금 3만원과 화환 7만원을 같이 보낸 경우는 경조사비 5만원을 초과하지 않았고, 10만원 범위 내이므로 청탁금지법 위반에 해당하지 않는다.
㉣ (X) 사교·의례 등 목적으로 제공되는 5만원 이하의 '**음식물**'은 제공자와 공직자가 함께 하는 식사 등을 의미하므로 법에서 허용하는 '음식물'에 해당하지 않아 청탁금지법 위반이다.

정답 ②

148 □□□□ 24 채용, 19 간부

「부정청탁 및 금품등 수수의 금지에 관한 법률」상 외부강의등의 사례금 수수 제한에 대한 설명 중 옳지 않은 것은?

① 공직자등은 자신의 직무와 관련되거나 그 지위·직책 등에서 유래되는 사실상의 영향력을 통하여 요청받은 교육·홍보·토론회·세미나·공청회 또는 그 밖의 회의 등에서 한 강의·강연·기고 등(이하 "외부강의등"이라 한다)의 대가로서 대통령령으로 정하는 금액을 초과하는 사례금을 받아서는 아니 된다.

② 공직자등은 ①에 따른 금액을 초과하는 사례금을 받은 경우에는 대통령령으로 정하는 바에 따라 소속기관장에게 신고하고, 제공자에게 그 초과금액을 지체 없이 반환하여야 한다.

③ 공직자등은 국가나 지방자치단체의 요청에 의해 외부강의등을 할 때에는 대통령령으로 정하는 바에 따라 외부강의 등의 요청 명세 등을 소속기관장에게 그 외부강의등을 마친 날부터 10일 이내에 서면으로 신고하여야 한다.

④ 소속기관장은 공직자 등이 신고한 외부강의등이 공정한 직무수행을 저해할 수 있다고 판단하는 경우에는 그 공직자등의 외부강의등을 제한할 수 있다.

정답과 해설

① (O) 부정청탁 및 금품등 수수의 금지에 관한 법률 제10조 제1항
② (O) 공직자등은 ①에 따른 금액을 초과하는 사례금을 받은 경우에는 대통령령으로 정하는 바에 따라 소속기관장에게 신고하고, **제공자(소속기관장 X)**에게 그 초과금액을 **지체 없이** 반환하여야 한다(동법 제10조 제5항).
③ (X) 공직자등은 사례금을 받는 외부강의등을 할 때에는 **대통령령**으로 정하는 바에 따라 외부강의의 요청 명세 등을 소속기관장에게 그 외부강의등을 마친 날(다음날 X)부터 10일 이내에 서면(구두 X)으로 신고하여야 한다(할 수 있다 X). 다만, 외부강의등을 요청한 자가 국가나 지방자치단체인 경우에는 그러하지 아니하다(동법 제10조 제2항).
④ (O) 소속기관장은 공직자등이 신고한 외부강의 등이 공정한 직무수행을 저해할 수 있다고 판단하는 경우에는 그 외부강의 등을 제한할 수 있다(하여야 한다 X)(동법 제10조 제4항).

정답 ③

149 ☐☐☐☐ 23 채용, 예상문제

「부정청탁 및 금품등 수수의 금지에 관한 법률」 및 동법 시행령에 관한 설명으로 가장 적절하지 않은 것은?

① 경찰청에서 근무하는 甲총경은 A전자회사의 요청으로 시간 당 30만 원의 사례금을 약속받고 A전자회사의 직원을 대상으로 자신의 직무와 관련된 3시간짜리 강의를 월 1회, 총 3개월간 진행하였다. 이 경우 甲총경이 지급받을 수 있는 최대사례금 총액은 270만 원이다.

② B자동차회사의 요청으로 자신의 직무와 관련된 외부강의를 마치고 소정의 사례금을 약속받은 乙경무관은 대통령령으로 정하는 바에 따라 외부강의의 요청 명세 등을 소속기관장에게 그 외부강의를 마친 날부터 10일 이내에 서면으로 신고하여야 한다.

③ 사단법인 C학회가 주관 및 개최한 토론회에 참석하여 자신의 직무와 관련된 토론을 한 丙경감이 상한액을 초과하는 사례금을 받은 경우 초과사례금을 받은 사실을 안 날부터 2일 이내에 동법 시행령이 정한 사항을 적은 서면으로 소속기관장에게 신고하여야 하며, 초과사례금을 받고 신고하지 않으면 500만원 이하의 과태료를 부과받을 수 있다.

④ 외부강의를 신고할 때 사례금 등 일부 사항을 알 수 없는 경우에는 해당 사항을 제외한 사항을 먼저 신고한 후, 해당사항을 안 날부터 5일 이내에 신고를 보완하여야 한다.

정답과 해설

① (X) 甲총경은 1시간당 30만 원 3시간 강의이므로 총 90만 원이고, 총 3개월간 3회 강의이니 3×90=270만 원이다. 그러나 시간당 상한액은 직급 구분없이 40만 원이고, 사례금 총액은 강의시간에 관계없이 1시간 상한액의 1.5배(150/100)인 60만 원을 초과하지 못한다. 그러므로 **3×60=180만 원**이 된다.

② (O) 공직자등은 사례금을 받는 외부강의등을 할 때에는 **대통령령**으로 정하는 바에 따라 외부강의등의 요청 명세 등을 소속기관장에게 그 외부강의등을 **마친 날**(다음날 X)부터 10일 이내에 서면(구두 X)으로 **신고하여야 한다**(할 수 있다 X). 다만, **외부강의등을 요청한 자가 국가나 지방자치단체인 경우에는 그러하지 아니하다**(부정청탁 및 금품등 수수의 금지에 관한 법률 제10조 제2항).

③ (O) 동법 제23조 제4항, 동법 시행령 제27조 제1항

> **동법 제23조(과태료 부과)** ④ 신고 및 반환 조치를 하지 아니한 공직자등에게는 **500만원 이하의 과태료**를 부과한다.
>
> **동법 시행령 제27조(초과사례금의 신고방법 등)** ① 공직자등은 금액을 초과하는 사례금(이하 "초과사례금"이라 한다)을 받은 경우에는 초과사례금을 받은 사실을 **안 날부터 2일 이내**에 다음 각 호의 사항을 적은 **서면으로 소속기관장에게 신고하여야 한다**.
> 1. 제26조 제1항(외부강의등의 신고)에 따른 신고사항
> 2. 초과사례금의 액수 및 초과사례금의 반환 여부

④ (O) 상세 명세 또는 사례금 총액 등을 미리 알 수 없는 경우에는 **해당 사항을 제외한 사항을 신고**한 후 해당 사항을 **안 날부터 5일 이내**에 보완하여야 한다(동법 시행령 제26조 제2항).

정답 ①

150 ☐☐☐☐ 25 채용, 예상문제

「부정청탁 및 금품등 수수의 금지에 관한 법률」에 대한 설명으로 가장 적절하지 않은 것은?

① 누구든지 이 법의 위반행위가 발생하였거나 발생하고 있다는 사실을 알게 된 경우에는 수사기관에 신고할 수 있다.
② ①의 경우 신고 받은 수사기관은 그 내용에 관하여 필요한 수사를 하여야 한다.
③ 수사기관은 ②에 따라 수사를 마친 날부터 10일 이내에 그 결과를 신고자와 국민권익위원회에 통보(국민권익위원회로부터 이첩받은 경우만 해당한다)하고, 수사 결과에 따라 공소 제기등 필요한 조치를 하여야 한다.
④ 소속기관장은 부정청탁이 있었던 사실을 알게 된 경우 부정청탁을 받은 공직자등에 대하여 직무 참여 일시중지, 직무 대리자의 지정, 전보의 조치 등을 하여야 한다.

정답과 해설

③ (O) 수사를 마친 날부터 **10일 이내**에 그 결과를 신고자와 국민권익위원회에 통보(국민권익위원회로부터 이첩받은 경우만 해당한다)하고, 수사 결과에 따라 공소 제기등 필요한 조치를 **하여야 한다**(부정청탁 및 금품등 수수의 금지에 관한 법률 제14조 제3항).
④ (X) 동법 제7조 제1항

> **제7조(부정청탁의 신고 및 처리)** 소속기관장은 부정청탁이 있었던 사실을 알게 된 경우 또는 제2항 및 제3항의 부정청탁에 관한 신고·확인 과정에서 해당 직무의 수행에 지장이 있다고 인정하는 경우에는 부정청탁을 받은 공직자등에 대하여 다음 각 호의 조치를 할 수 있다.
> 1. 직무 참여 일시중지
> 2. 직무 대리자의 지정
> 3. 전보
> 4. 그 밖에 국회규칙, 대법원규칙, 헌법재판소규칙, 중앙선거관리위원회규칙 또는 대통령령으로 정하는 조치

정답 ④

THEME 08 경찰청 공무원 행동강령(경찰청 훈령)

151 □□□□ 22·24·25 채용, 23 간부

「경찰청 공무원 행동강령」에 관한 설명 중 옳은 것은 모두 몇 개인가?

㉠ 공무원은 「범죄수사규칙」 제30조에 따른 경찰관서 내 수사 지휘에 대한 이의제기와 관련하여 행동강령책임관에게 상담을 요청할 수 있다.

㉡ 공무원이 대가를 받고 수행하는 외부강의 등은 월 2회를 초과할 수 없다. 국가나 지방자치단체에서 요청하거나 겸직 허가를 받고 수행하는 외부강의 등은 그 횟수에 포함하지 아니한다. 그럼에도 불구하고 월 2회를 초과하여 대가를 받고 외부강의등을 하려는 경우에는 미리 소속 기관의 장의 승인을 받아야 한다.

㉢ 공무원은 직무관련자에게 직위를 이용하여 행사 진행에 필요한 직·간접적 경비, 장소, 인력, 또는 물품 등의 협찬을 요구하여서는 아니 된다.

㉣ 공무원은 직무관련자와 마작, 화투, 카드 등 우연의 결과나 불확실한 승패에 의하여 금품 등 경제적 이익을 취할 목적으로 하는 사행성 오락을 같이 하여서는 아니 된다.

㉤ 공무원은 동창회 등 친목단체에 직무관련자가 있어 부득이 골프를 하는 경우에는 소속관서 행동강령책임관에게 사전에 신고하여야 하며, 사전에 신고하기 어려운 특별한 사유가 있는 경우에는 사후에 즉시 신고하여야 한다.

㉥ 공무원은 직무관련자나 직무관련공무원에게 경조사를 알려서는 아니 되나, 공무원 자신의 배우자가 소속된 종교단체·친목단체 등의 회원에게 알리는 경우에는 경조사를 알릴 수 있다.

① 3개　　② 4개　　③ 5개　　④ 6개

정답과 해설

㉠ (O) 공무원은 「범죄수사규칙」 제30조에 따른 경찰관서 내 수사 지휘에 대한 이의제기와 관련하여 행동강령책임관에게 상담을 **요청할 수 있다(하여야 한다 X)**(경찰청 공무원 행동강령 제4조의2 제1항).

㉡ (X) 공무원이 대가를 받고 수행하는 외부강의 등은 **월 3회(2회 X)**를 초과할 수 없다. 국가나 지방자치단체에서 요청하거나 겸직 허가를 받고 수행하는 외부강의 등은 그 횟수에 포함하지 아니한다. 그럼에도 불구하고 **월 3회(2회 X)**를 초과하여 대가를 받고 외부강의등을 하려는 경우에는 미리 소속 기관의 장의 승인을 받아야 한다(동강령 제15조 제4항, 제5항).

㉢ (O) 공무원은 직무관련자에게 직위를 이용하여 행사 진행에 필요한 **직·간접적** 경비, 장소, 인력, 또는 물품 등의 협찬을 **요구하여서는 아니 된다**(동강령 제16조의2).

㉣ (O) 동강령 제16조의4

㉤ (O) 공무원은 **직무관련자와는 비용 부담 여부와 관계없이** 골프를 같이 하여서는 아니 된다. 다만, 공무원은 동창회 등 친목단체에 직무관련자가 있어 부득이 골프를 하는 경우에는 소속관서 **행동강령책임관(소속기관장 X)**에게 사전에 신고하여야 하며 사전에 신고하기 어려운 특별한 사유가 있는 경우에는 사후에 즉시 신고하여야 한다(동강령 제16조의3 제1항 제3호).

㉥ (X) 공무원은 직무관련자나 직무관련공무원에게 경조사를 알려서는 아니 되나, 공무원 **자신이(자신의 배우자 X)** 소속된 종교단체·친목단체 등의 회원에게 알리는 경우에는 경조사를 알릴 수 있다(동강령 제17조 제4호).

정답 ②

152 22 승진, 예상문제

「경찰청 공무원 행동강령」에 대한 설명으로 가장 적절한 것은?

① 공무원은 여비, 업무추진비 등 공무 활동을 위한 예산을 목적 외의 용도로 사용하여 소속 기관에 재산상 손해를 입혀서는 아니 된다.
② 공무원은 수사·단속의 대상이 되는 업소 중 행동강령책임관이 지정하는 유형의 업소 관계자와 부적절한 사적 접촉을 하여서는 아니 되며, 공적 또는 사적으로 접촉한 경우 경찰청장이 정하는 방법에 따라 신고하여야 한다.
③ 가상자산에 관한 정책 또는 법령의 입안·집행 등에 관련되는 직무를 수행하는 부서와 직위는 소속 기관의 장이 정한다.
④ 공무원은 월 3회를 초과하여 대가를 받고 외부강의등을 하려는 경우에는 미리 소속 기관의 장에게 보고를 하여야 한다.

정답과 해설

① (O) 공무원은 **여비, 업무추진비** 등 공무 활동을 위한 **예산을 목적 외의 용도**로 사용하여 소속 기관에 재산상 손해를 입혀서는 아니 된다(경찰청 공무원 행동강령 제7조).
② (X) 공무원은 수사·단속의 대상이 되는 업소 중 **경찰청장(행동강령책임관 X)**이 지정하는 유형의 업소 관계자와 부적절한 사적 접촉을 하여서는 아니 되며, 공적 또는 사적으로 접촉한 경우 경찰청장이 정하는 방법에 따라 **신고하여야 한다(할 수 있다 X)**(동강령 제5조의2 제1항).
③ (X) 가상자산에 관한 정책 또는 법령의 입안·집행 등에 관련되는 직무를 수행하는 부서와 직위는 **경찰청장(소속기관의 장 X)**이 정한다(동강령 제12조의2 제2항 제1호, 제3항).
④ (X) 공무원은 **월 3회**를 초과하여 대가를 받고 외부강의등을 하려는 경우에는 미리 **소속 기관의 장**의 **승인(보고 X)**을 받아야 한다(동강령 제15조 제5항).

정답 ①

153

「경찰청 공무원 행동강령」에 대한 다음 설명 중 옳지 않은 것은 모두 몇 개인가?

> ㉠ 공무원은 다른 공무원에게 또는 그 공무원의 배우자나 직계 존속·비속에게 수수 금지 금품등을 제공하거나 그 제공의 약속 또는 의사표시를 해서는 아니 된다.
> ㉡ 공무원은 직무수행 중 알게 된 정보를 이용하여 유가증권, 부동산 등과 관련된 재산상 거래 또는 투자를 하여서는 아니되지만, 타인에게 그러한 정보를 제공하여 재산상 거래 또는 투자를 돕는 행위는 그러하지 아니하다.
> ㉢ 인가·허가 등을 담당하는 공무원이 그 신청인에게 이익 또는 불이익을 주거나 제3자에게 이익 또는 불이익을 주기 위하여 부당하게 그 신청의 접수를 지연하거나 거부하는 행위를 해서는 안 된다.
> ㉣ 공무원은 사례금을 받는 외부강의등을 할 때에는 외부강의등의 요청 명세 등을 소속 기관의 장에게 그 외부강의등을 마친 날부터 10일 이내에 신고하여야 한다. 다만, 외부강의등을 요청한 자가 국가나 지방자치단체인 경우에는 그러하지 아니하다.
> ㉤ 공무원은 ㉣에 따른 신고를 할 때 신고사항 중 상세 명세 또는 사례금 총액 등을 ㉣의 기간 내에 알 수 없는 경우에는 해당 사항을 제외한 사항을 신고한 후 해당 사항을 안 날부터 2일 이내에 보완하여야 한다.
> ㉥ 공무원은 직무관련자나 직무관련공무원에게 신문이나 방송을 통하여 경조사를 알릴 수 있다.

① 1개　　　　　　　　　② 2개
③ 3개　　　　　　　　　④ 4개

정답과 해설

㉠ (O) 공무원은 **다른 공무원에게 또는 그 공무원의 배우자나 직계 존속·비속에게 수수 금지 금품등을 제공하거나 그 제공의 약속 또는 의사표시를 해서는 아니 된다**(경찰청 공무원 행동강령 제14조 제6항).
㉡ (X) **타인에게** 그러한 정보를 제공하여 재산상 거래 또는 투자를 돕는 행위를 해서는 아니 된다(동강령 제12조).
㉢ (X) 인가·허가 등을 담당하는 공무원이 **그 신청인에게 불이익(이익 X)을 주거나 제3자에게 이익 또는 불이익**을 주기 위하여 부당하게 그 신청의 접수를 지연하거나 거부하는 행위를 해서는 안 된다(동강령 제13조의3 제1호).
㉣ (O) 공무원은 사례금을 받는 외부강의등을 할 때에는 외부강의등의 요청 명세 등을 소속 기관의 장에게 그 외부강의등을 **마친 날부터 10일 이내에 신고하여야 한다. 다만, 외부강의등을 요청한 자가 국가나 지방자치단체인 경우에는 그러하지 아니하다**(동강령 제15조 제2항).
㉤ (X) 공무원은 신고사항 중 상세 명세 또는 사례금 총액 등을 **10일 이내에** 알 수 없는 경우에는 해당 사항을 제외한 사항을 신고한 후 해당 사항을 안 날부터 **5일 이내에** 보완하여야 한다(동강령 제15조 제3항).
㉥ (O) 공무원은 직무관련자나 직무관련공무원에게 경조사를 알려서는 아니 된다. 다만, **신문, 방송** 또는 제2호에 따른 직원에게만 열람이 허용되는 **내부통신망** 등을 통하여 알리는 경우에는 경조사를 **알릴 수 있다**(동강령 제17조 제3호).

정답 ③

154 예상문제

「경찰청 공무원 행동강령」에서 규정하고 있는 '공정한 직무수행을 해치는 지시에 대한 처리'에 대한 설명으로 가장 적절하지 않은 것은?

① 공무원은 상급자가 자기 또는 타인의 부당한 이익을 위하여 공정한 직무수행을 현저하게 해치는 지시를 하였을 때에는 별지 제1호 서식 또는 전자우편 등의 방법으로 그 사유를 상급자에게 소명하고 지시에 따르지 아니하거나, 행동강령책임관과 상담할 수 있다.
② ①에 따라 지시를 이행하지 아니하였는데도 같은 지시가 반복될 때에는 즉시 행동강령책임관과 상담하여야 한다.
③ ①이나 ②에 따라 상담 요청을 받은 행동강령책임관은 지시 내용을 확인하여 지시를 취소하거나 변경할 필요가 있다고 인정되면 취소 또는 변경하여야 한다. 다만, 지시 내용을 확인하는 과정에서 부당한 지시를 한 상급자가 스스로 그 지시를 취소하거나 변경하였을 때에는 그러하지 아니하다.
④ ③에 따른 보고를 받은 소속 기관의 장은 필요하다고 인정되면 지시를 취소·변경하는 등 적절한 조치를 하여야 한다. 이 경우 공정한 직무수행을 해치는 지시를 ①에 따라 이행하지 아니하였는데도 같은 지시를 반복한 상급자에게는 징계 등 필요한 조치를 할 수 있다.

정답과 해설

① (O) 공무원은 상급자가 자기 또는 타인의 부당한 이익을 위하여 공정한 직무수행을 현저하게 해치는 지시를 하였을 때에는 그 사유를 상급자에게 소명하고 지시에 따르지 아니하거나 **행동강령책임관과 상담할 수 있다**(경찰청 공무원 행동강령 제4조 제1항).
② (O) ①에 따라 지시를 이행하지 아니하였는데도 같은 지시가 **반복될 때에는 즉시 행동강령책임관과 상담하여야 한다**(동강령 제4조 제2항).
③ (X) ①이나 ②에 따라 상담 요청을 받은 행동강령책임관은 지시 내용을 확인하여 지시를 취소하거나 변경할 필요가 있다고 인정되면 소속 기관의 장에게 보고하여야 한다. 다만, 지시 내용을 확인하는 과정에서 부당한 지시를 한 상급자가 **스스로 그 지시를 취소하거나 변경**하였을 때에는 소속 기관의 장에게 보고하지 아니할 수 있다(동강령 제4조 제3항).
④ (O) ③에 따른 보고를 받은 소속 기관의 장은 필요하다고 인정되면 지시를 취소·변경하는 등 적절한 조치를 **하여야 한다**. 이 경우 공정한 직무수행을 해치는 지시를 ①에 따라 이행하지 아니하였는데도 같은 지시를 반복한 상급자에게는 징계 등 필요한 조치를 **할 수 있다**(동강령 제4조 제4항).

정답 ③

155 23 채용, 24 간부

「경찰청 공무원 행동강령」에 대한 설명으로 가장 적절한 것은?

① 공무원은 어떠한 경우에도 자신의 직무권한을 행사하여 직무관련자로부터 사적 노무를 제공받거나 요구해서는 안된다.
② 공무원은 정치인이나 정당 등으로부터 부당한 직무수행을 강요받거나 청탁을 받은 경우에는 별지 제9호 서식 또는 전자우편 등의 방법으로 소속기관장에게 보고하거나 행동강령책임관과 상담할 수 있다.
③ 경찰유관단체원이 경찰 업무와 관련하여 경찰관에게 금품을 제공한 경우 행동강령책임관은 해당 경찰유관단체 운영 부서장과 협의하여 소속기관장에게 경찰유관단체원의 해촉 등 필요한 조치를 건의하여야 하며, 보고를 받은 소속기관장은 적절한 조치를 취하여야 한다.
④ 경찰공무원은 정당이나 정치단체에 가입하거나 정치활동에 관여하는 행위를 하여서는 아니 된다.

정답과 해설

① (X) 공무원은 자신의 직무권한을 행사하거나 지위·직책 등에서 유래되는 사실상 영향력을 행사하여 직무관련자 또는 직무관련공무원으로부터 사적 노무를 제공받거나 요구 또는 약속해서는 아니 된다. **다만, 다른 법령 또는 사회상규에 따라 허용되는 경우에는 그러하지 아니하다**(경찰청 공무원 행동강령 제13조의2).
② (X) 공무원은 정치인이나 정당 등으로부터 부당한 직무수행을 강요받거나 청탁을 받은 경우에는 **소속 기관의 장에게 보고**하거나 **행동강령책임관**과 **상담하여야 한다(상담할 수 있다 X)**(동강령 제8조 제1항).
③ (O) 동강령 제8조의2 제1호(경찰유관단체원의 부정행위에 대한 처리)
④ (X) **경찰공무원법(경찰청 공무원 행동강령 X)**상 경찰공무원은 정당이나 정치단체에 가입하거나 정치활동에 관여하는 행위를 하여서는 아니 된다(경찰공무원법 제23조).

정답 ③

공직자의 이해충돌 방지법(이해충돌방지법)

156 ☐☐☐☐ 24 채용

「공직자의 이해충돌 방지법」에 관한 설명으로 가장 적절하지 않은 것은?

① 이 법은 공직자의 직무수행과 관련한 사적 이익추구를 금지함으로써 공직자의 직무수행 중 발생할 수 있는 이해충돌을 방지하여 공정한 직무수행을 보장하고 공공기관에 대한 국민의 신뢰를 확보하는 것을 목적으로 한다.
② 「초·중등교육법」, 「고등교육법」 또는 그 밖의 다른 법령에 따라 설치된 각급 국립·공립학교는 '공공기관'에 해당한다.
③ 경무관인 세종특별자치시경찰청장은 '고위공직자'에 해당하지 않는다.
④ 최근 2년 이내에 퇴직한 공직자로서 퇴직일 전 2년 이내에 사적이해관계 신고 대상 직무를 수행하는 공직자와 같은 부서에서 근무하였던 사람은 사적이해관계자에 포함된다.

> **정답과 해설**
>
> ① (O) 이 법은 공직자의 직무수행과 관련한 **사적 이익추구를 금지**함으로써 공직자의 직무수행 중 발생할 수 있는 이해충돌을 방지하여 공정한 직무수행을 보장하고 공공기관에 대한 **국민의 신뢰를 확보**하는 것을 목적으로 한다(공직자의 이해충돌 방지법 제1조).
> ② (O) 「초·중등교육법」, 「고등교육법」 또는 그 밖의 다른 법령에 따라 설치된 각급 **국립·공립학교**(사립학교 X)는 '**공공기관**'에 해당한다(동법 제2조 제1호).
> ③ (X) 경무관인 세종특별자치시경찰청장은 '**고위공직자**'에 **해당**한다(동법 제2조 제3호).
>
>> 제2조(정의) 3. "**고위공직자**"란 다음 각 목의 어느 하나에 해당하는 공직자를 말한다. (가.~사., 자.~파. 생략)
>> 아. **치안감 이상의 경찰공무원** 및 특별시·광역시·특별자치시·도·특별자치도의 **시·도경찰청장**
>
> ④ (O) 최근 **2년 이내**에 퇴직한 공직자로서 **퇴직일 전 2년 이내**에 사적이해관계 신고 대상 직무를 수행하는 공직자와 같은 부서에서 근무하였던 사람은 **사적이해관계자에 포함**된다(동법 제2조 제6호 사목).
>
> **정답** ③

157 ☐☐☐☐ 24 국가직 9급

「공직자의 이해충돌 방지법」상 '사적이해관계자'로 규정하고 있는 대상이 아닌 것은?

① 공직자 자신 또는 그 가족
② 공직자의 직무수행과 관련하여 이익 또는 불이익을 직접적으로 받는 다른 공직자
③ 공직자로 채용·임용되기 전 2년 이내에 공직자 자신이 재직하였던 법인 또는 단체
④ 공직자 자신 또는 그 가족이 임원·대표자·관리자 또는 사외이사로 재직하고 있는 법인 또는 단체

> **정답과 해설**
>
> ② (X) 공직자의 직무수행과 관련하여 이익 또는 불이익을 직접적으로 받는 다른 공직자는 **직무관련자**에 규정하고 있는 대상이다(공직자의 이해충돌 방지법 제2조 제5호).
>
> **정답** ②

158 ⬜⬜⬜⬜ 24 승진(행정학), 예상문제

「공직자의 이해충돌 방지법」에 관한 설명으로 가장 적절한 것은?

① 「공직자의 이해충돌 방지법」의 적용대상에는 지방자치단체, 지방의회, 공직유관단체, 교육청, 각급 국공립학교, 사립학교 교직원이 포함되나 민간 언론사 임직원은 제외된다.
② 인·허가를 담당하는 공직자는 자신의 직무관련자가 사적이해관계자임을 안 경우 안 날부터 14일 이내에 소속기관장에게 그 사실을 서면으로 신고하고 회피를 신청하여야 한다.
③ 감사원은 이 법에 따른 공직자의 이해충돌 방지에 관한 제도개선 및 교육·홍보 계획의 수립 및 시행 등 공직자의 이해충돌 방지에 관한 업무를 총괄한다.
④ 고위공직자는 그 직위에 임용되거나 임기를 개시하기 전 2년 이내에 민간 부문에서 업무활동을 한 경우, 그 활동 내역을 그 직위에 임용되거나 임기를 개시한 날부터 30일 이내에 소속기관장에게 제출하여야 한다.

정답과 해설

① (X) **사립학교 교직원과 민간 언론사 임직원**은 청탁금지법 적용대상이나, **이해충돌방지법의 적용대상은 아니다**(이해충돌방지법 제2조 제2호).
② (O) 인·허가를 담당하는 공직자는 자신의 직무관련자가 사적이해관계자임을 **안 경우 안 날부터 14일 이내**에 소속기관장에게 그 사실을 **서면**으로 신고하고 **회피를 신청하여야 한다**(동법 제9조 제2항).
③ (X) 동법 제17조

> [최신기출] 2024년 1월 13일 승진(행정학) 출제포인트
> 제17조(공직자의 이해충돌 방지에 관한 업무의 총괄) **국민권익위원회(감사원 X)**는 이 법에 따른 다음 각 호의 사항에 관한 업무를 관장한다.
> 1. **공직자의 이해충돌 방지에 관한 제도개선 및 교육·홍보 계획의 수립 및 시행**
> 2. 이 법에 따른 신고 등의 안내·상담·접수·처리 등
> 3. 제18조 제1항에 따른 신고를 한 자(이하 "신고자"라 한다) 등에 대한 보호 및 보상
> 4. 제1호부터 제3호까지의 업무 수행에 필요한 실태조사 및 자료의 수집·관리·분석 등

④ (X) 고위공직자는 그 직위에 임용되거나 임기를 개시하기 전 **3년 이내**에 민간 부문에서 업무활동을 한 경우, 그 활동 내역을 그 직위에 임용되거나 임기를 **개시한 날부터 30일 이내**에 **소속기관장**에게 제출하여야 한다(동법 제8조 제1항).

정답 ②

159 22 경채

「공직자의 이해충돌 방지법」에 관한 설명으로 옳은 것을 모두 고른 것은?

> ㉠ 동법 제14조 제2항을 위반하여 공직자로부터 직무상 비밀 또는 소속 공공기관의 미공개정보임을 알면서도 제공받거나 부정한 방법으로 취득하고 이를 이용하여 재물 또는 재산상의 이익을 취득한 자는 5년 이하의 징역 또는 5천만원 이하의 벌금에 처한다.
> ㉡ "고위공직자"에는 치안감 이상의 경찰공무원 및 특별시·광역시·특별자치시·도·특별자치도의 시·도경찰청장이 해당된다.
> ㉢ 사건의 수사·재판·심판·결정·조정·중재·화해 또는 이에 준하는 직무를 수행하는 공직자는 직무관련자(직무관련자의 대리인을 포함한다)가 사적이해관계자임을 안 경우 안 날부터 14일 이내에 소속기관장에게 그 사실을 서면(전자문서를 포함한다) 또는 구두로 신고하고 회피를 신청하여야 한다.
> ㉣ "이해충돌"이란 공직자가 직무를 수행할 때에 자신의 사적이해관계가 관련되어 공정하고 청렴한 직무수행이 저해되거나 저해될 우려가 있는 상황을 말한다.

① ㉠㉡㉢
② ㉢㉣
③ ㉠㉡㉣
④ ㉠㉢

정답과 해설

㉠ (O) 공직자의 이해충돌 방지법 제27조 제2항 제1호
㉡ (O) "고위공직자"에는 **치안감 이상**의 경찰공무원 및 특별시·광역시·특별자치시·도·특별자치도의 **시·도경찰청장**이 해당된다(동법 제2조 제3호 아목).
㉢ (X) 사건의 수사·재판·심판·결정·조정·중재·화해 또는 이에 준하는 직무를 수행하는 공직자는 직무관련자(직무관련자의 대리인을 **포함한다**)가 사적이해관계자임을 안 경우 **안 날부터 14일 이내**에 소속기관장에게 그 사실을 **서면(구두 또는 말 X)**(전자문서를 포함한다)으로 신고하고 **회피**를 신청하여야 한다(동법 제5조 제1항 제8호).
㉣ (O) "이해충돌"이란 공직자가 직무를 수행할 때에 **자신의** 사적이해관계가 관련되어 공정하고 청렴한 직무수행이 **저해되거나 저해될 우려가 있는 상황**을 말한다(동법 제2조 제4호).

정답 ③

160 ☐☐☐☐ 23 승진

「공직자의 이해충돌방지법」에 관한 내용 중 적절한 것은 모두 몇 개인가?

> ㉠ 공직자는 배우자가 공직자 자신의 직무관련자(「민법」제777조에 따른 친족 제외)와 토지 또는 건축물 등 부동산을 거래하는 행위(다만, 공개모집에 의하여 이루어지는 분양이나 공매·경매·입찰을 통한 재산상 거래 행위는 제외)를 한다는 것을 사전에 안 경우에는 안 날부터 14일 이내에 소속기관장에게 그 사실을 서면으로 신고하여야 한다.
> ㉡ 공직자는 직무관련자에게 사적으로 노무 또는 조언·자문 등을 제공하고 대가를 받는 행위를 해서는 아니된다(단, 「국가공무원법」등 타 법령·기준에 따라 허용되는 경우는 제외).
> ㉢ 공직자는 사회상규에 따라 허용되는 경우라 할지라도 직무관련자인 소속 기관의 퇴직자(공직자가 아니게 된 날부터 2년이 지나지 아니한 사람만 해당)와 사적 접촉(골프, 여행, 사행성 오락을 같이 하는 행위)시 소속기관장에게 신고해야 한다.
> ㉣ 사적이해관계자에 공직자 자신 또는 그 가족(「민법」제779조에 따른 가족)도 해당된다.

① 1개 ② 2개
③ 3개 ④ 4개

정답과 해설

㉠ (O) 공직자의 이해충돌방지법 제9조 제1항 제2호

> ① 공직자는 자신, 배우자 또는 직계존속·비속(배우자의 직계존속·비속으로 생계를 같이하는 경우를 **포함**한다) 또는 특수관계사업자(자신, 배우자 또는 직계존속·비속이 대통령령으로 정하는 일정 비율 이상의 주식·지분 등을 소유하고 있는 법인 또는 단체를 말한다)가 공직자 자신의 직무관련자(「민법」제777조에 따른 친족인 경우는 **제외**한다)와 다음 각 호의 어느 하나에 해당하는 행위를 한다는 것을 사전에 안 경우에는 안 날부터 **14일 이내**에 **소속기관장**에게 그 사실을 **서면**으로 신고하여야 한다.
> 2. 토지 또는 건축물 등 부동산을 거래하는 행위. 다만, 공개모집에 의하여 이루어지는 분양이나 공매·경매·입찰을 통한 재산상 거래 행위는 **제외**한다.

㉡ (O) 공직자는 직무관련자에게 **사적**으로 노무 또는 조언·자문 등을 제공하고 대가를 받는 행위를 하여서는 아니 된다. 다만, 「국가공무원법」등 다른 법령·기준에 따라 허용되는 경우는 그러하지 아니하다(동법 제10조 제1호).

㉢ (X) 공직자는 직무관련자인 소속 기관의 퇴직자(공직자가 아니게 **된 날부터 2년**이 지나지 아니한 사람만 해당한다)와 사적 접촉(골프, 여행, 사행성 오락을 같이 하는 행위를 말한다)을 하는 경우 **소속기관장**에게 신고하여야 한다. **다만, 사회상규에 따라 허용되는 경우에는 그러하지 아니하다**(동법 제15조 제1항).

㉣ (O) 사적이해관계자에 **공직자 자신 또는 그 가족(「민법」제779조에 따른 가족)도 해당**된다(동법 제2조 제6호 가목).

정답 ③

161 □□□□ 22·24 채용

「공직자의 이해충돌 방지법」과 「부정청탁 및 금품등 수수의 금지에 관한 법률」에 관한 설명 중 가장 적절한 것은?

① 「공직자의 이해충돌 방지법」상 부동산을 직접 또는 간접으로 취급하는 대통령령으로 정한 공공기관의 공직자가 소속 공공기관의 업무와 관련된 부동산을 보유하고 있거나 매수하는 경우 소속기관장에게 그 사실을 구두 또는 서면으로 신고하여야 한다.
② 「부정청탁 및 금품등 수수의 금지에 관한 법률」상 '공직자등'이 부정청탁을 받았을 때에는 부정청탁을 한 자에게 부정청탁임을 알리고 이를 거절하는 의사를 명확히 표시하여야 하며, 이러한 조치를 하였음에도 불구하고 동일한 부정청탁을 다시 받은 경우에는 이를 소속기관장에게 구두 또는 서면(전자서면을 포함)으로 신고하여야 한다.
③ 「부정청탁 및 금품등 수수의 금지에 관한 법률」에 따르면 ○○경찰서 소속 경찰관 甲이 모교에서 자신의 직무와 관련된 강의를 요청받아 1시간 동안 강의를 하고 50만 원의 사례금을 받았다면 대통령령이 정하는 바에 따라 소속기관장에게 신고하고 그 초과금액을 소속기관장에게 지체없이 반환하여야 한다.
④ 「부정청탁 및 금품등 수수의 금지에 관한 법률」상 「국가공무원법」 또는 「지방공무원법」에 따른 공무원과 그 밖에 다른 법률에 따라 그 자격·임용·교육훈련·복무·보수·신분보장 등에 있어서 공무원으로 인정된 사람은 '공직자등' 개념에 포함된다.

정답과 해설

① (X) 부동산을 **직접적(간접적 X)**으로 취급하는 대통령령으로 정하는 공공기관의 공직자는 다음 각 호의 어느 하나에 해당하는 사람이 소속 공공기관의 업무와 관련된 부동산을 보유하고 있거나 매수하는 경우 **소속기관장**에게 그 사실을 **서면(구두 또는 말 X)**으로 신고하여야 한다(공직자의 이해충돌방지법 제6조 제1항).
② (X) 「부정청탁 및 금품등 수수의 금지에 관한 법률」상 '공직자등'이 부정청탁을 받았을 때에는 부정청탁을 한 자에게 부정청탁임을 알리고 이를 거절하는 의사를 명확히 표시하여야 하며, 이러한 조치를 하였음에도 불구하고 동일한 부정청탁을 다시 받은 경우에는 이를 소속기관장에게 **서면(구두 X)(전자서면을 포함)**으로 신고하여야 한다(부정청탁 및 금품등 수수의 금지에 관한 법률 제7조 제1항, 제2항).
③ (X) 공직자등은 제1항에 따른 금액을 초과하는 사례금을 받은 경우에는 대통령령으로 정하는 바에 따라 소속기관장에게 신고하고, **제공자(소속기관장 X)**에게 그 초과금액을 지체 없이 반환하여야 한다(동법 제10조 제5항).
④ (O) 동법 제2조 제2호 가목

정답 ④

162 예상문제

「공직자의 이해충돌 방지법」에는 이해충돌을 방지하기 위한 신고·제출 의무가 규정되어 있다. 다음 중 설명으로 올바른 것은?

① 인·허가등의 직무를 수행하는 공직자는 직무관련자가(대리인 포함)가 사적이해관계자임을 안 경우 안 날부터 14일 이내에 소속기관장에게 그 사실을 서면(전자문서를 포함)으로 신고하고 기피를 신청하여야 한다.
② 최근 2년 이내에 퇴직한 공직자로서 퇴직일 전 2년 이내에 제5조 제1항 각 호의 어느 하나에 해당하는 직무를 수행하는 공직자와 국회규칙, 대법원규칙, 헌법재판소규칙, 중앙선거관리위원회규칙 또는 대통령령으로 정하는 범위의 부서에서 같이 근무하였던 사람은 사적이해관계자에 해당한다.
③ 공직자는 자신, 배우자 또는 직계존속·비속(배우자의 직계존속·비속으로 생계를 같이하는 경우를 포함) 또는 특수관계사업자가 공직자 자신의 직무관련자(「민법」 제777조에 따른 친족인 경우는 제외)와 직무관련자와의 금전 또는 유가증권을 거래하는 행위, 부동산을 거래하는 행위, 물품·용역·공사 등의 계약을 체결하는 행위를 한다는 것을 사전에 안 경우에는 안 날부터 10일 이내에 소속기관장에게 그 사실을 서면으로 신고할 수 있다.
④ 공직자는 직무관련자인 소속 기관의 퇴직자(공직자가 아니게 된 날부터 3년이 지나지 아니한 사람만 해당)와 사적 접촉(골프, 여행, 사행성 오락을 같이 하는 행위를 말한다)을 하는 경우 소속기관 장에게 신고하여야 한다. 다만, 사회상규에 따라 허용되는 경우에는 그러하지 아니하다.

정답과 해설

① (X) 인·허가등의 직무를 수행하는 공직자는 직무관련자가(**대리인 포함**)가 사적이해관계자임을 안 경우 안 날부터 **14일 이내**에 소속기관장에게 그 사실을 **서면(전자문서를 포함)**(구두 X)으로 신고하고 **회피**(기피 X)를 신청하여야 한다(공직자의 이해충돌 방지법 제5조 제1항 제1호).
② (O) 동법 제2조 제6호 사목
③ (X) 공직자는 자신, 배우자 또는 직계존속·비속(배우자의 직계존속·비속으로 생계를 같이하는 경우를 포함) 또는 특수관계사업자가 공직자 자신의 직무관련자(「민법」 제777조에 따른 친족인 경우는 제외)와 직무관련자와의 금전 또는 유가증권을 거래하는 행위, 부동산을 거래하는 행위, 물품·용역·공사 등의 계약을 체결하는 행위를 한다는 것을 사전에 안 경우에는 **안 날부터 14일(10일 X)이내**에 소속기관장에게 그 사실을 서면으로 **신고하여야 한다(신고할 수 있다 X)**(동법 제9조).
④ (X) 공직자는 직무관련자인 소속 기관의 퇴직자(공직자가 아니게 된 날부터 **2년(3년 X)**이 지나지 아니한 사람만 해당)와 사적 접촉(골프, 여행, 사행성 오락을 같이 하는 행위를 말한다)을 하는 경우 소속기관 장에게 신고하여야 한다. 다만, 사회상규에 따라 허용되는 경우에는 그러하지 아니하다(동법 제15조 제1항).

정답 ②

163 ☐☐☐☐ 25 간부

「공직자의 이해충돌 방지법」에 관한 설명으로 가장 적절하지 않은 것은?

① 누구든지 신고자등에게 신고등을 이유로 불이익조치(「공익신고자 보호법」제2조 제6호에 따른 불이익조치를 말한다)를 하여서는 아니 된다.
② 이 법의 위반행위를 한 자가 위반사실을 자진하여 신고하거나 신고자등이 신고등을 함으로 인하여 자신이 한 이 법의 위반행위가 발견된 경우에는 그 위반행위에 대한 형사처벌, 과태료 부과, 징계처분, 그 밖의 행정처분 등을 감경하거나 면제할 수 있다.
③ 국민권익위원회는 이 법의 위반행위에 대한 신고로 인하여 공공기관에 직접적인 수입의 회복·증대 또는 비용의 절감을 가져온 경우에는 그 신고자의 신청에 의하여 보상금을 지급할 수 있다.
④ 국민권익위원회는 이 법의 위반행위에 대한 신고로 인하여 공공기관에 재산상 이익을 가져오거나 손실을 방지한 경우 또는 공익을 증진시킨 경우에는 그 신고자에게 포상금을 지급할 수 있다.

정답과 해설

① (O) 공직자의 이해충돌 방지법 제20조 제2항
② (O) 이 법의 위반행위를 한 자가 위반사실을 자진하여 신고하거나 신고자등이 신고등을 함으로 인하여 자신이 한 이 법의 위반행위가 발견된 경우에는 그 위반행위에 대한 형사처벌, 과태료 부과, 징계처분, 그 밖의 행정처분 등을 **감경하거나 면제할 수 있다**(동법 제20조 제3항).
③ (X) 국민권익위원회는 제18조 제1항에 따른 신고로 인하여 공공기관에 직접적인 수입의 회복·증대 또는 비용의 절감을 가져온 경우에는 그 **신고자의 신청에 의하여 보상금을 지급하여야 한다(할 수 있다 X)**(동법 제20조 제6항).
④ (O) 국민권익위원회는 이 법의 위반행위에 대한 신고로 인하여 공공기관에 재산상 이익을 가져오거나 손실을 방지한 경우 또는 공익을 증진시킨 경우에는 그 **신고자에게 포상금을 지급할 수 있다(하여야 한다 X)**(동법 제20조 제5항).

정답 ③

164 예상문제

다음 중 「공직자의 이해충돌 방지법」상 위반행위와 벌칙 규정 내용이다. 옳지 않은 것은 모두 몇 개인가?

> ㉠ 직무상 비밀 · 소속기관의 미공개 정보를 이용, 재물 또는 재산상 이득을 취한 공직자 – 7년 이하 징역 또는 7천만원 이하 벌금(병과 가능)
> ㉡ 사적 이익을 위해 직무상 비밀 또는 미공개 정보를 이용하거나 제3자가 이용하도록 한 공직자 – 3년 이하 징역 또는 3천만원 이하 벌금
> ㉢ 공공기관(산하기관, 자회사)에 가족이 채용되도록 지시 · 유도 또는 묵인을 한 공직자 – 3천만원 이하의 과태료
> ㉣ 직무관련자와의 거래를 신고하지 않은 공직자 – 2천만원 이하의 과태료
> ㉤ 직무관련자인 소속기관의 퇴직자와의 사적 접촉을 신고하지 아니한 공직자 – 1천만원 이하의 과태료

① 0개
② 1개
③ 3개
④ 5개

정답과 해설

구분	위반행위	제재내용
징계	이법 또는 이법에 따른 명령을 위반한 공직자(§26)	징계처분
형벌	직무상 비밀 · 소속기관의 미공개 정보를 이용, 재물 또는 재산상 **이득을 취한 공직자**(§27①)	7년 이하 징역 또는 7천만원 이하 벌금(병과 가능)
	공직자로부터 제공받거나 부정 취득한 비밀 · 미공개 정보를 이용하여 재물 · 재산상 **이익 취득한 자**(§27②)	5년 이하 징역 또는 5천만원 이하 벌금(병과 가능)
	사적 이익을 위해 직무상 비밀 또는 미공개 정보를 이용하거나 제3자가 이용하도록 한 공직자(§27③)	3년 이하 징역 또는 3천만원 이하 벌금
	신고등을 방해하거나 신고등을 취소하도록 강요한 자와 불이익조치를 한 자(§27④)	2년 이하의 징역 또는 2천만원 이하의 벌금
과태료	공공기관(산하기관, 자회사)에 **가족**이 채용되도록 지시 · 유도 또는 묵인을 한 공직자(§28①1)	3천만원
	공공기관(산하기관, 자회사)이 제12조 제1항 각 호의 자와 **수**의계약을 체결하도록 지시 · 유도 · 묵인을 한 공직자(§28①2) **가수**	
	사적 이해관계를 신고하지 않은 공직자(§28②1)	2천만원
	부동산 보유 · 매수를 신고하지 않은 공직자(§28②2)	
	직무관련자와의 거래를 신고하지 않은 공직자(§28②3)	
	직무관련 외부활동을 한 공직자(§28②4)	
	공공기관 물품을 사적으로 사용 · 수익하거나 제3자로 하여금 사용 · 수익하게 한 공직자(§28②5)	
	임용 · 임기 개시 전 **업**무활동내역을 제출하지 않은 고위공직자(§28③)	1천만원
	직무관련자인 소속기관의 **퇴**직자와의 사적 접촉을 신고하지 아니한 공직자(§28③) **퇴업**	

정답 ①

THEME 10 경찰의 적극행정과 소극행정

165 ☐☐☐☐ 25 채용, 24 해경간부(행정학), 예상문제

다음 중 적극행정에 대한 설명으로 옳은 것은 모두 몇 개인가?

> ㉠ 「경찰청 적극행정 면책제도 운영규정」상 적극행정 면책심사의 신청은 감사 대상자만 가능하며, 면책사유에 해당하는 증빙자료를 구비하여 감사 책임자에게 면책심사를 신청할 수 있다.
> ㉡ 「적극행정 운영규정」상 적극행정의 판단기준 중 창의성은 자신이 맡은 일을 잘 수행하기 위해 필요한 지식과 경험, 역량을 의미하고, 전문성은 어떤 문제에 대해 기존과 다른 시각으로 새로운 아이디어를 생각해 내는 특성을 의미한다.
> ㉢ 적극행정은 행위 자체에 초점을 두지 않으며, 업무처리로 인해 긍정적인 효과가 발생해야만 적극행정에 해당된다.
> ㉣ 「적극행정 운영규정」상 공무원이 적극행정을 추진한 결과에 대해 그의 행위에 고의 또는 중대한 과실이 없는 경우에는 징계 관련 법령에 따라 징계의결 또는 징계부가금 부과의결을 하지 않는다.
> ㉤ 규정의 해석·적용 측면의 적극행정 유형은 불합리한 규정과 절차, 관행을 타의에 의하여 개선하는 행위를 말한다.

① 1개 ② 2개
③ 3개 ④ 4개

정답과 해설

㉠ (X) 감사대상기관의 장 또는 감사대상자의 소속 부서장(감사 대상자만 X)이 감사를 받은 소속 직원 중에서 특별히 면책조치가 필요할 경우에는 면책사유에 해당하는 증빙자료를 구비하여 감사 책임자에게 면책심사를 **신청할 수 있다** (경찰청 적극행정 면책제도 운영규정 제10조 제2항).
㉡ (X) **창의성**은 어떤 문제에 대해 기존과 다른 시각으로 새로운 아이디어를 생각해 내는 특성을 의미하고, **전문성**은 자신이 맡은 일을 잘 수행하기 위해 필요한 지식과 경험, 역량을 말한다.
㉢ (X) **적극행정은 행위 자체에 초점을 두며**, 업무처리로 인해 긍정적인 효과가 발생해야만 적극행정에 해당되는 것은 아니다.
㉣ (O) 적극행정 운영규정 제17조
㉤ (X) 관행을 타의에 의하여 개선하는 행위가 아니라 **스스로(타의 X) 개선**하는 행위를 말한다.

정답 ①

166 ☐☐☐☐ 25 채용, 25 간부

「경찰청 적극행정 면책제도 운영규정」에 관한 설명으로 적절하지 않은 것은 모두 몇 개인가?

> ㉠ "사전컨설팅 감사"란 불합리한 제도 등으로 인해 적극적인 업무 수행이 어려운 경우, 해당 업무의 수행에 앞서 업무 처리 방향 등에 대하여 미리 감사의견을 듣고 이를 업무처리에 반영하여 적극행정을 추진하는 것을 말한다.
> ㉡ "사전컨설팅 대상 기관 및 대상 부서의 장"이란 경찰청장, 각 시·도경찰청장, 부속기관의 장을 말한다.
> ㉢ 사전컨설팅 감사 의견서를 통보받은 사전컨설팅 대상 기관등의 장은 특별한 사정이 없으면 사전컨설팅 감사 의견을 반영하여 해당 업무를 처리하여야 한다.
> ㉣ 감사관은 사전컨설팅 감사 의견을 반영하여 적극행정을 추진한 결과에 대하여 자체감사규정에 따른 감사 시 책임을 묻지 아니한다.
> ㉤ 사전컨설팅 감사는 현지 확인 등 실지감사를 원칙으로 하되, 부득이한 사유가 발생할 경우 서면감사로 할 수 있다.
> ㉥ 행정심판, 소송, 수사 또는 타 기관에서 감사 중인 사항, 타 법령에서 정하고 있는 재심의 절차를 거친 사항 등은 사전컨설팅 감사 대상에서 제외한다.

① 1개 ② 2개
③ 3개 ④ 4개

정답과 해설

㉠ (O) "사전컨설팅 감사"란 불합리한 제도 등으로 인해 적극적인 업무 수행이 어려운 경우, **해당 업무의 수행에 앞서** 업무 처리 방향 등에 대하여 미리 **감사의견(외부 전문가의 의견 X)**을 듣고 이를 업무처리에 반영하여 적극행정을 추진하는 것을 말한다(경찰청 적극행정 면책제도 운영규정 제2조 제4호).

㉡ (X) "사전컨설팅 대상 기관 및 대상 부서의 장"이란 각 **시·도경찰청장, 부속기관의 장, 산하 공직유관단체의 장 및 경찰청 관·국의 장(경찰청장 X)**을 말한다(동운영규정 제2조 제5호).

㉢ (O) 사전컨설팅 감사 의견서를 통보받은 사전컨설팅 대상 기관등의 장은 **특별한 사정이 없으면** 사전컨설팅 감사 의견을 반영하여 해당 업무를 **처리하여야 한다**(동운영규정 제19조 제2항).

㉣ (O) 감사관은 사전컨설팅 감사 의견을 반영하여 적극행정을 추진한 결과에 대하여 **자체감사규정**에 따른 감사 시 **책임을 묻지 아니한다**(동운영규정 제20조 제1항).

㉤ (X) 사전컨설팅 감사는 **서면감사를 원칙**으로 하되, 현지 확인 등 **실지감사를 함께 할 수 있다**(동법 제18조 제1항).

㉥ (O) 행정심판, 소송, 수사 또는 타 기관에서 감사 중인 사항, 타 법령에서 정하고 있는 재심의 절차를 거친 사항 등은 사전컨설팅 감사 대상에서 **제외(포함 X)**한다(동운영규정 제15조 제2항).

정답 ②

167 ☐☐☐☐ 24 간부, 예상문제

「경찰청 적극행정 면책제도 운영규정」에 대한 설명으로 가장 적절하지 않은 것은?

① 적극행정이란 경찰청 및 그 소속기관의 공무원 또는 산하단체의 임·직원이 국가 또는 공공의 이익을 증진하기 위해 성실하고 능동적으로 업무를 처리하는 행위를 말한다.
② 면책이란 적극행정 과정에서 발생한 부분적인 절차상 하자 또는 비효율, 손실 등과 관련하여 그 업무를 처리한 경찰청 소속 공무원 등에 대하여 「경찰청 감사규칙」 제10조 제1호부터 제3호까지 및 제6호와 「경찰공무원 징계령」에 따른 징계 및 징계부가금의 어느 하나에 해당하는 책임을 묻지 않거나 감면하는 것을 말한다.
③ 자체 감사를 받는 사람이 적극행정면책을 받기 위해서는 세 가지 요건(1. 감사를 받는 사람의 업무처리가 불합리한 규제의 개선, 공익사업의 추진 등 공공의 이익을 위한 것일 것, 2. 감사를 받는 사람이 대상 업무를 적극적으로 처리한 결과일 것, 3. 감사를 받는 사람의 행위에 고의나 중대한 과실이 없을 것)을 모두 갖추어야 한다.
④ 법령·행정규칙 등의 해석에 대한 이견 등으로 인하여 능동적인 업무처리가 곤란한 경우와 행정심판, 수사 중인 사안 등은 사전컨설팅 감사의 대상이다.

정답과 해설

① (O) 적극행정이란 경찰청 및 그 소속기관의 공무원 또는 산하단체의 임·직원(이하 "경찰청 소속 공무원 등"이라 한다)이 **국가 또는 공공의 이익**을 증진하기 위해 **성실하고 능동적**으로 업무를 처리하는 행위를 말한다(경찰청 적극행정 면책제도 운영규정 제2조 제1호).
② (O) 면책이란 적극행정 과정에서 발생한 부분적인 절차상 하자 또는 비효율, 손실 등과 관련하여 그 업무를 처리한 경찰청 소속 공무원 등에 대하여 「경찰청 감사규칙」 제10조 제1호부터 제3호까지 및 제6호와 「경찰공무원 징계령」에 따른 징계 및 징계부가금의 **어느 하나에 해당하는(모든 X)** 책임을 묻지 않거나 감면하는 것을 말한다(동운영규정 제2조 제2호).
③ (O) 동운영규정 제5조 제1항

> 제5조(적극행정 면책요건) ① 자체 감사를 받는 사람이 적극행정면책을 받기 위해서는 다음 각 호의 요건을 **모두 갖추어야 한다. (최소한 하나를 충족하면 된다 X)**
> 1. 감사를 받는 사람의 업무처리가 불합리한 규제의 개선, 공익사업의 추진 등 공공의 이익을 위한 것일 것
> 2. 감사를 받는 사람이 대상 업무를 적극적으로 처리한 결과일 것
> 3. 감사를 받는 사람의 행위에 고의나 중대한 과실이 없을 것

④ (X) **행정심판, 수사 중인 사안 등**은 사전컨설팅 감사의 대상이 아니다.

정답 ④

168 ☐☐☐☐ 23 승진

경찰의 적극행정에 관한 내용 중 가장 적절하지 않은 것은?

① 「경찰청 적극행정 면책제도 운영규정」상 자체감사를 받는 사람은 적극행정 면책요건에 해당된다 하더라도 자의적인 법 해석 및 집행으로 법령의 본질적인 사항을 위반한 경우 면책대상에서 제외된다.
② 「공공감사에 관한 법률」상 자체감사를 받는 사람이 불합리한 규제의 개선 등 공공의 이익을 위하여 업무를 적극적으로 처리한 결과에 대하여 그의 행위에 고의나 중대한 과실이 없는 경우에는 징계 요구 또는 문책 요구 등 책임을 묻지 아니한다.
③ 「공무원 징계령 시행규칙」상 징계위원회는 징계등 혐의자와 비위 관련 직무 사이에 사적인 이해관계가 없었고 대상 업무를 처리하면서 중대한 절차상 하자가 없었을 경우 해당 비위가 고의 또는 중과실에 의하지 않은 것으로 추정한다.
④ 「적극행정 운영규정」상 "적극행정"이란, 공무원이 불합리한 규제를 개선하는 등 공공의 이익을 위해 창의성과 신속성을 바탕으로 적극적으로 업무를 처리하는 행위를 말한다.

정답과 해설

① (O) 자체감사를 받는 사람은 적극행정 면책요건에 해당된다 하더라도 **자의적인 법 해석 및 집행으로 법령의 본질적인 사항을 위반**한 경우 **면책대상에서 제외**된다(경찰청 적극행정 면책제도 운영규정 제6조 제3호).
② (O) 자체감사를 받는 사람이 불합리한 규제의 개선 등 공공의 이익을 위하여 업무를 적극적으로 처리한 결과에 대하여 그의 행위에 **고의나 중대한 과실이 없는 경우**에는 **징계 요구 또는 문책 요구 등 책임을 묻지 아니한다**(공공감사에 관한 법률 제23조의2 제1항).
③ (O) 징계위원회는 징계등 혐의자와 비위 관련 직무 사이에 사적인 이해관계가 없었고 대상 업무를 처리하면서 **중대한 절차상 하자가 없었을 경우** 해당 비위가 고의 또는 중과실에 의하지 않은 것으로 추정한다(공무원 징계령 시행규칙 제3조의2 제2항 제1호, 제2호).
④ (X) "적극행정"이란, 공무원이 불합리한 규제를 개선하는 등 공공의 이익을 위해 **창의성과 전문성(신속성 X)**을 바탕으로 적극적으로 업무를 처리하는 행위를 말한다(적극행정 운영규정 제2조 제1호).

정답 ④

169 ☐☐☐☐ 23 채용, 예상문제

「적극행정 운영규정」 및 「경찰청 적극행정 면책제도 운영규정」에 관한 설명으로 가장 적절하지 않은 것은?

① 「경찰청 적극행정 면책제도 운영규정」에 의한 면책은 경찰청 및 그 소속기관의 공무원 또는 산하단체의 임·직원 등에게 적용된다.
② 「경찰청 적극행정 면책제도 운영규정」 제5조 제1항 제3호의 요건을 적용하는 경우 자체감사를 받는 사람이 '대상 업무를 처리하면서 중대한 절차상의 하자가 없었을 것'과 '자체감사를 받는 사람과 대상 업무 사이에 사적인 이해관계가 없을 것'이라는 요건을 모두 갖추어 업무를 처리한 것으로 인정되는 경우에는 그 행위에 고의나 중대한 과실이 없는 경우에 해당하는 것으로 추정한다.
③ 「경찰청 적극행정 면책제도 운영규정」상 적극행정 면책심사위원회는 위원장 1명을 포함하여 5명 이상 7명 이내로 성별을 고려하여 구성하며 위원장은 감사관으로 하고 위원은 심사안건 관련 부서장(감사담당관 또는 감찰담당관)을 포함하여 회의 개최 시 마다 위원장이 경찰청 소속 과장급 공무원 중에서 지명하는 사람으로 한다.
④ 「적극행정 운영규정」 제18조의3은 "누구든지 공무원의 소극행정을 국가인권위원회가 운영하는 소극행정 신고센터에 신고할 수 있다."고 규정하고 있다.

정답과 해설

① (O) 이 규정에 의한 면책은 **경찰청 및 그 소속기관의 공무원 또는 산하단체의 임·직원 등에게 적용된다**(경찰청 적극행정 면책제도 운영규정 제4조).
② (O) 동운영규정 제5조 제2항 제1호, 제2호

> **제5조(적극행정 면책요건)** ② 제1항 제3호(감사를 받는 사람의 행위에 고의나 중대한 과실이 없을 것)의 요건을 적용하는 경우 자체감사를 받는 사람이 다음 각 호의 요건을 모두 갖추어 업무를 처리한 것으로 인정되는 경우에는 그 행위에 **고의나 중대한 과실이 없는 경우에 해당하는 것으로 추정한다.**
> 1. 자체감사를 받는 사람과 대상 업무 사이에 사적인 이해관계가 없을 것
> 2. 대상 업무를 처리하면서 **중대한** 절차상의 하자가 없었을 것

③ (O) 적극행정 면책심사위원회는 위원장 1명을 포함하여 5명 이상 7명 이내로 성별을 고려하여 구성하며 **위원장은 감사관**으로 하고 **위원은 심사안건 관련 부서장**(감사담당관 또는 감찰담당관)을 포함하여 회의 개최 시 마다 위원장이 경찰청 소속 과장급 공무원 중에서 지명하는 사람으로 한다. 다만, **위원 중 1인은 경감 이하** 경찰공무원 또는 6급 이하 일반직공무원으로 한다(동운영규정 제7조 제2항).
④ (X) 누구든지 공무원의 소극행정을 소속 중앙행정기관의 장이나 제3항(**국민권익위원회**)에 따른 소극행정 신고센터에 신고할 수 있다(적극행정 운영규정 제18조의3 제1항, 제3항).

정답 ④

170 ○○○○ 25 채용, 24 승진, 예상문제

경찰의 적극행정에 관한 내용으로 옳은 것은 모두 몇 개인가?

> ㉠ 국가인권위원회는 중앙행정기관 소속 공무원의 소극행정 예방 및 근절을 위해 소극행정 신고센터를 운영하고, 중앙행정기관의 장에게 신고사항에 대해 적절한 조치를 하도록 권고할 수 있다.
> ㉡ 「경찰청 적극행정 면책제도 운영규정」상 적극행정 면책심사위원회의 회의는 재적위원 과반수의 찬성으로 개의(開議)하고, 출석위원 과반수의 찬성으로 의결한다.
> ㉢ 「경찰청 적극행정 면책제도 운영규정」상 적극행정 면책신청에 대한 심사를 위하여 경찰청에 적극행정 면책심사위원회를 둔다.
> ㉣ 「적극행정 운영규정」상 '소극행정'이란 공무원이 부작위 또는 직무태만 등 소극적 업무행태로 국민의 권익을 침해하거나 국가 재정상 손실을 발생하게 하는 행위를 말한다.

① 1개 ② 2개
③ 3개 ④ 4개

정답과 해설

㉠ (X) **국민권익위원회(국가인권위원회 X)**는 중앙행정기관 소속 공무원의 소극행정 예방 및 근절을 위해 소극행정 신고센터를 운영하고, 중앙행정기관의 장에게 신고사항에 대해 적절한 조치를 하도록 권고할 수 있다(적극행정 운영규정 제18조의3 제3항).
㉡ (O) 적극행정 면책심사위원회의 회의는 **재적위원 과반수의 찬성으로 개의(開議)하고, 출석위원 과반수의 찬성으로** 의결한다(경찰청 적극행정 면책제도 운영규정 제8조 제2항).
㉢ (O) 적극행정 면책신청에 대한 심사를 위하여 **경찰청**에 적극행정 면책심사위원회를 둔다(동규정 제7조 제1항).
㉣ (O) 적극행정 운영규정 제2조 제2호

정답 ③

171 ☐☐☐☐ 25 승진

다음은 「경찰청 적극행정 면책제도 운영규정」상 "면책"에 관한 정의이다. 밑줄 친 '다음 각 목의 어느 하나'에 관한 설명으로 가장 적절하지 않은 것은?

> 「경찰청 적극행정 면책제도 운영규정」 제2조(정의)
> 2. "면책"이란, 적극행정 과정에서 발생한 부분적인 절차상 하자 또는 비효율, 손실 등과 관련하여 그 업무를 처리한 경찰청 소속 공무원 등에 대하여 <u>다음 각 목의 어느 하나</u>에 해당하는 책임을 묻지 않거나 감면하는 것을 말한다.

① '징계 또는 문책 요구'가 포함된다.
② '시정 요구'가 포함된다.
③ '경고 · 주의 요구'가 포함된다.
④ '개선 요구'가 포함된다.

정답과 해설

경찰청 적극행정 면책제도 운영규정
제2조(정의) 이 규정에서 사용하는 용어의 뜻은 다음과 같다.
2. **"면책"**이란, 적극행정
  과정에서 발생한 부분적인 절차상 하자 또는 비효율, 손실 등과 관련하여 그 업무를 처리한 경찰청 소속 공무원 등에 대하여 다음 각 목의 어느 하나에 해당하는 책임을 묻지 않거나 감면하는 것을 말한다.
  가. 「경찰청 감사규칙」 제10조제1호부터 제3호까지 및 제6호
  나. 「경찰공무원 징계령」에 따른 징계 및 징계부가금

경찰청 감사 규칙
제10조(감사결과의 처리기준 등) 감사관은 감사결과를 다음 각 호의 기준에 따라 처리하여야 한다.
1. **징계 또는 문책 요구** : 국가공무원법과 그 밖의 법령에 규정된 징계 또는 문책 사유에 해당하거나 정당한 사유 없이 자체감사를 거부하거나 자료의 제출을 게을리한 경우
2. **시정 요구** : 감사결과 위법 또는 부당하다고 인정되는 사실이 있어 추징·회수·환급·추급 또는 원상복구 등이 필요하다고 인정되는 경우
3. **경고·주의 요구** : 감사결과 위법 또는 부당하다고 인정되는 사실이 있으나 그 정도가 징계 또는 문책사유에 이르지 아니할 정도로 경미하거나, 감사대상기관 또는 부서에 대한 제재가 필요한 경우
4. **개선 요구** : 감사결과 법령상·제도상 또는 행정상 모순이 있거나 그 밖에 개선할 사항이 있다고 인정되는 경우
5. **권고** : 감사결과 문제점이 인정되는 사실이 있어 그 대안을 제시하고 감사대상기관의 장 등으로 하여금 개선방안을 마련하도록 할 필요가 있는 경우
6. **통보** : 감사결과 비위 사실이나 위법 또는 부당하다고 인정되는 사실이 있으나 제1호부터 제5호까지의 요구를 하기에 부적합하여 감사대상기관 또는 부서에서 자율적으로 처리할 필요가 있다고 인정되는 경우
7. **변상명령** : 「회계관계직원 등의 책임에 관한 법률」이 정하는 바에 따라 변상책임이 있는 경우
8. **고발** : 감사결과 범죄 혐의가 있다고 인정되는 경우
9. **현지조치** : 감사결과 경미한 지적사항으로서 현지에서 즉시 시정·개선조치가 필요한 경우

정답 ④

킹재규 경찰학 플러스 1000제

PART 2
한국경찰의 역사와 비교경찰

01

한국경찰의 역사

① 갑오개혁부터 일제강점기 경찰
② 대한민국 임시정부 경찰
③ 미군정하(1945~1948)의 경찰 창설과 경찰개혁
④ 정부수립 이후 1991년 경찰법 제정까지 경찰
⑤ 한국경찰사에 길이 빛날 경찰의 표상
⑥ 종합문제
⑦ 역사순서 문제

• 기 출 키 워 드 •

23년 2차	• 경찰조직의 연혁
24년 1차	• 미군정시기 경찰
24년 2차	• 미군정시기 경찰
25년 1차	• 인물 • 종합
25년 2차	• 종합

최신개정법령&무료자료 다운로드 등
네이버 김재규경찰학 카페(https://cafe.naver.com/ollaedu)

갑오개혁부터 일제강점기 경찰

172 ☐☐☐☐ 22 간부, 23 경채

1894년 갑오개혁 당시 추진되었던 경찰제의 내용으로 적절한 것을 모두 고른 것은?

> 가. 우리나라에 근대적 의미의 경찰개념이 도입된 것은 갑오개혁 이후로 이 시기에 처음으로 경찰이라는 용어를 사용하였다.
> 나. 좌우포도청을 통합하여 경무청을 신설하고 전국의 경찰 사무를 관장토록 하였다.
> 다. 경무청은 최초에 법무아문 소속으로 설치하였으나, 곧 내무아문 소속으로 변경되었다.
> 라. 「경무청관제직장」은 일본의 「행정경찰규칙」을 모방한 것이다.
> 마. 한성부의 5부 내에 경찰지서를 설치하고 서장을 경무사로 보하였다.
> 바. 경무청은 영업·소방·전염병 등 광범위한 직무를 담당하였다.

① 가, 나, 다
② 가, 다, 바
③ 나, 마, 바
④ 라, 마, 바

정답과 해설

가다바. (O)
나. (X) 좌우포도청을 통합하여 경무청을 신설하고 **한성부내 일체의 경찰사무를 관장**하였다. 전국의 경찰 사무를 관장한 경무청은 1902년이다.
라. (X) 「경무청관제직장」은 일본의 「경시청관제」를 모방한 것이다. **「행정경찰장정」**은 일본의 행정경찰규칙과 위경죄즉결례를 혼합하여 제정되었다.
마. (X) 한성부의 5부 내에 경찰지서를 설치하고 서장을 '**경무관**'으로 보하였다.

정답 ②

173 □□□□ 19 간부

갑오개혁 및 광무개혁 당시 경찰제도에 관한 설명 중 옳지 않은 것은 모두 몇 개인가?

> ㉠ 일본의 「행정경찰규칙」(1875년)과 「위경죄즉결례」(1885년)를 혼합하여 만든 「행정경찰장정」에서 영업·시장·회사 및 소방·위생, 결사·집회, 신문잡지·도서 등 광범위한 영역의 사무가 포함되었다.
> ㉡ 광무개혁 당시인 1900년에는 중앙관청으로서 경부(警部)가 한성 및 개항시장의 경찰업무와 감옥사무를 통할하였고, 이를 지휘하는 경무감독소를 두었다.
> ㉢ 1895년 「내부관제」의 제정을 통해 내부대신의 경찰에 대한 지휘감독권을 정비하였고, 1896년 「지방경찰규칙」을 제정하여 지방경찰의 작용법적 근거를 마련하였다.
> ㉣ 「경무청관제직장」에 의해 당시의 좌우포도청을 합하여 경무청을 신설하고(장으로 경무관을 둠), 한성부 내 일체의 경찰사무를 관장하게 하였다.
> ㉤ 1900년 경부(警部) 신설 이후 잦은 대신 교체 등으로 문제가 많아 경무청이 경부의 업무를 관리하게 되었다.

① 1개　　　　　　　　　② 2개
③ 3개　　　　　　　　　④ 4개

정답과 해설

㉡ (X) 광무개혁 당시인 1900년에는 중앙관청으로서 경부(警部)가 한성 및 개항시장의 경찰업무와 감옥사무를 통할하였다. (경부 휘하에) **궁내경찰서와 한성부 내 5개 경찰서, 3개 분서를 두고, 이를 지휘하는 경무감독소를 두었다.**

㉣ (X) 「경무청관제직장」에 의해 당시의 좌우포도청을 합하여 경무청을 신설하고(**장으로 경무사를 둠**), 한성부 내 일체의 경찰사무를 관장하게 하였다.

정답 ②

174 예상문제

갑오개혁 및 광무개혁 당시 경찰제도에 관한 다음 설명 중 옳지 않은 것은 모두 몇 개인가?

> ⊙ 김홍집 내각 '각아문관제'에서 경찰을 내무아문 소속으로 정하였다가 곧바로 법무아문 소속으로 변경하고, 경무청관제직장을 제정하여 한성부에 종전의 좌우포도청을 합쳐 경무청을 신설하였다.
> ⓒ 1894년에 설치된 경무청은 전국의 경찰사무를 담당함으로써 오늘날 경찰청 원형이라 할 수 있다.
> ⓒ 갑오개혁 직후 경찰사무는 위생·영업·소방·감옥사무를 포함하여 그 직무범위가 광범위하였다.
> ⓔ 광무개혁 당시인 1900년에 독립된 중앙관청으로서 경부가 설치되었다.

① 없음　　　　　　　　② 1개
③ 2개　　　　　　　　④ 3개

정답과 해설

- ⊙ (X) 김홍집 내각 '각아문관제'에서 경찰을 **법무아문 소속으로 정하였다가 곧바로 내무아문 소속**으로 변경하고, 경무청관제직장을 제정하여 한성부에 종전의 좌우포도청을 합쳐 경무청을 신설하였다.
- ⓒ (X) 1894년에 설치된 경무청은 한성부 내의 경찰·감옥사무를 담당하여 **수도경찰적 성격**에 그쳤다. **오늘날 경찰청의 원형으로는 1902년 경부를 대체하여 설치된 경무청**이다.

정답 ③

175 22 간부

근대 한국의 경찰개념 형성에 대한 설명으로 가장 적절하지 않은 것은?

① 유길준은 경찰의 기본 업무로 치안에 집중할 것을 강조하면서 '위생'을 경찰업무에서 제외할 것을 주장하였다.
② 유길준은 「서유견문」 '제10편 순찰의 규제'를 통해 경찰제도 개혁을 주장하였다.
③ 유길준은 경찰제도를 행정경찰과 사법경찰로 구분할 것을 주장하였다.
④ 김옥균, 박영효 등이 일본의 경찰제도로부터 영향을 받은 반면, 유길준은 영국의 경찰제도로부터 영향을 받았다.

정답과 해설

- ① (X) 유길준은 근대적 경찰제도 기본 업무로 "치안유지와 함께 "개명한 진보"를 위한 중요한 수단으로 언급하면서, 그 목적은 "**민생의 복지(위생포함)와 안강**"에 있다고 주장하였다.
- ② (O) 경찰제도 개혁 구상은 유길준의 서유견문에 의해 구체화되었다. 즉, 서유견문 제10편(총20편)에서 순찰의 규제를 통한 경찰제도 개혁을 주장하였다.

정답 ①

176 ☐☐☐☐ 예상문제

한국 근·현대 경찰사에 대한 설명으로 가장 적절한 것은?

① 일본의 행정경찰규칙과 위경죄즉결례를 혼합하여 우리나라 최초의 조직법인 행정경찰장정을 제정하였다.
② 1910년 '조선주차헌병조령'에 의해 헌병이 일반치안을 담당할 법적 근거를 마련하였으며, 헌병경찰은 주로 도시나 개항장 등에 배치되어 첩보수집·의병토벌뿐만 아니라 민사소송 조정·집달리 업무·국경세관 업무·일본어 보급 등 광범위한 업무를 수행하였다.
③ 3·1운동을 계기로 헌병경찰제도에서 보통경찰제도로 전환, 총독부 직속 경무총감부는 폐지되고 경무국이 경찰사무와 위생사무를 감독하였다.
④ 3·1운동 이후 「치안유지법」을 제정하고 일본에서 제정된 「정치범처벌법」을 국내에 적용하는 등 탄압의 지배체제를 더욱 강화하였다.

정답과 해설

① (X) 일본의 1875년 행정경찰규칙과 1885년 위경죄즉결례를 혼합하여 한문으로 옮겨놓은 것이 **한국경찰의 최초의 작용법이라고 할 수 있는 행정경찰장정**(1894년 제정)이다.
② (X) 1910년 '조선주차헌병조령'에 의해 헌병이 일반치안을 담당할 법적 근거를 마련하였으며, **헌병은 의병활동지나 군사요충지에 일반경찰은 주로 도시나 개항장 등에 배치**되었다. 헌병경찰의 임무는 첩보수집·의병토벌뿐만 아니라 민사소송 조정·집달리 업무·국경세관 업무·일본어 보급·부업장려 등 광범위하였다.
④ (X) 3·1운동 이후 「**정치범처벌법**」을 제정하고 일본에서 제정된 「**치안유지법**」을 국내에 적용하는 등 탄압의 지배체제를 더욱 강화하였다.

정답 ③

177  18 간부

일제 강점기 경찰제도에 관한 다음 설명 중 옳지 않은 것은 모두 몇 개인가?

㉠ 1910년 일본은 통감부에 경무총감부를, 각 도에 경무부를 설치하여 경찰사무를 관장, 서울과 황궁의 경찰사무는 경무총감부의 직할로 하였다.
㉡ 3·1운동을 계기로 경찰의 사무 중 집달리 사무, 민사쟁송조정 사무 등이 제외되는 등 경찰의 활동 영역에 많은 변화가 있었다.
㉢ 3·1운동을 계기로 헌병경찰제도에서 보통경찰제도로 전환, 총독부 직속 경무총감부는 폐지되고 경무국이 경찰사무와 위생사무를 감독하였다.
㉣ 3·1운동을 기화로 치안유지법을 제정, 단속체계를 갖추었다.
㉤ 일제 강점기의 경찰은 일본 식민지배의 중추기관이었고, 총독에게 주어진 명령권·제령권 등을 통하여 각종 전제주의적·제국주의적 경찰권의 행사가 가능하였다.

① 없음
② 1개
③ 2개
④ 3개

정답과 해설

㉡ (X) 3·1운동을 계기로 헌병경찰제도에서 보통경찰제도로 전환되었으나, **경찰의 직무와 권한에는 변동이 없었다.**
㉣ (X) 3·1운동을 기화로 **정치범처벌법을 제정**하여 단속체제는 한층 강화되었으며, **일본에서 제정된 치안유지법**도 우리나라에 적용되는 등 탄압의 지배체제가 강화되었다.
㉤ (X) 일제 강점기의 경찰은 **총독에게 주어진 제령권**과 **경무총장·경무부장 등의 명령권** 등을 통해 각종 전제주의적·제국주의적 경찰권의 행사가 가능하였다는 특징이 있다.

정답 ④

THEME 02 대한민국 임시정부 경찰

178 ☐☐☐☐ 22 간부
대한민국 임시정부의 경찰에 대한 설명으로 가장 적절하지 않은 것은?

① 상해임시정부는 1919년 4월 25일 「대한민국임시정부장정」을 제정하고 내무부에 경무국을 두고 초대 경무국장으로 김구를 임명하였다.
② 상해 교민단 산하에 의경대를 설치하여 교민단의 치안을 보전하고 밀정을 색출하는 역할을 수행하였다.
③ 상해임시정부는 연통제를 실시하여 도(道)에 경무사를 두었다.
④ 중경임시정부에는 내무부 아래에 경무국을 두었고, 별도로 경위대를 설치하였다.

> **정답과 해설**
> ④ (X) 중경임시정부에는 내무부 아래에 **경무과**를 두었고, 1941년 내무부 직속으로 경찰조직인 경위대를 설치하였다.
>
> 정답 ④

179 ☐☐☐☐ 예상문제
대한민국 임시정부 경찰에 대한 설명으로 가장 적절한 것은?

① 경무국은 '대한민국 임시정부장정'에 근거하여 설치되었으며, 장정에서 경무국의 소관 사무로 행정경찰에 관한 사항, 고등경찰에 관한 사항, 도서출판 및 저작권에 관한 사항, 일체 위생에 관한 사항 등을 규정하였다.
② 상해시기 경찰조직인 연통제(경무사)는 교민사회에 침투한 일제의 밀정을 색출하고 친일파를 처단하는 역할 및 교민사회의 질서유지, 호구조사, 민단세 징수, 풍기단속 등의 업무를 수행하였다.
③ 상해시기 임시정부경찰 운영을 위해 정식예산이 편성되었으나, 현실적 여건상 월급은 지급되지 아니하였다.
④ 1943년 대한민국 잠행관제에 근거하여 설치된 중경시기 경위대는 일반 경찰사무, 인구 조사, 징병 및 징발, 국내 정보 및 적 정보 수집 등의 업무를 수행하였다.

> **정답과 해설**
> ① (O) 옳은 설명이다.
> ② (X) 연통제(경무사)는 **기밀탐지 활동과 군자금 모집활동을 하며 최종 목적으로는 일제 저항운동을 일으키려는 데 있었다.** 교민사회에 침투한 일제의 밀정을 색출하고 친일파를 처단하는 역할 및 교민 사회의 질서유지, 호구조사, 민단세 징수, 풍기단속 등의 업무를 수행한 것은 의경대이다.
> ③ (X) 규정에 의해 **월급이 지급**되었다.
> ④ (X) 지문은 **중경시기 경무과**에 대한 설명이다.
>
> 정답 ①

180 25 간부

자랑스러운 경찰의 표상에 관한 인물과 활동내용에 대한 설명으로 적절하지 않은 것은 모두 몇 개인가?

> 가. 나석주 : 임시정부 경무국 경호원 및 의경대원으로 활동하면서 식민수탈의 심장인 식산은행과 동양척식주식회사에 폭탄을 투척하였다.
> 나. 김 석 : 의경대원으로 활동하면서 윤봉길 의사를 배후 지원하였다.
> 다. 김용원 : 김구 선생의 뒤를 이어 경무국장을 역임하였고, 귀국 후 군자금 모금, 체포와 병보석을 반복하다가 순국하였다.
> 라. 김 철 : 의경대 심판을 역임하였으며, 상하이 프랑스 조계에 잠입하였다가 일제 경찰에 체포되어 감금당하였다.

① 0개 ② 1개
③ 2개 ④ 3개

정답과 해설

가. (O) 나석주는 임시정부 경무국 경호원 및 의경대원으로 활동하면서 1926년 12월 식민수탈의 심장인 **식산은행과 동양척식회사**에 폭탄을 투척하였다.
나. (O) 김 석은 의경대원으로 활동하면서 윤봉길 의사를 배후 지원하였다.
다. (O) 김용원은 1921년 김구 선생의 뒤를 이어 **제2대 경무국장**을 역임하였다.
라. (O) 김 철은 의경대 심판을 역임하였으며 1932년 11월 30일 상하이 프랑스조계에 잠입하였다가 일제경찰에 체포되어 감금당하였고, 이후 고문 후유증으로 급성폐렴으로 생애를 마감하였다.

정답 ①

미군정하(1945~1948)의 경찰 창설과 경찰개혁

181 □□□□ 24 채용, 예상문제

다음 보기 중 '미군정시기'의 경찰에 대해 설명한 것으로 옳지 않은 것은 모두 몇 개인가?

㉠ 경찰의 조직법적·작용법적 정비가 이루어졌으며, 비경찰화 작업이 행해져 경찰의 활동영역이 축소되었다.
㉡ 미군정기에 고등경찰제도가 폐지되었으며, 정보업무를 담당할 정보과와 경제사범단속을 위한 경제경찰이 신설되었다.
㉢ 1945년에 정치범처벌법·보안법·예비검속법이 폐지되었고, 1948년에 마지막으로 치안유지법을 폐지하였다.
㉣ 1946년 여자경찰제도를 신설하여 18세 미만의 소년범죄와 여성관련 업무 등을 담당하게 하였다.
㉤ 1947년 7인으로 구성된 중앙경찰위원회가 법령 제157호로 설치되었으며, 중요한 경무정책의 수립·경찰관리의 소환·심문·임면·이동 등에 관한 사항을 심의하였다.
㉥ 1945년 12월 미군정 '법무국 검사에 대한 훈령 제3호'가 발령되어 '수사는 경찰 – 기소는 검사' 체제가 도입되며 경찰의 독자적 수사권이 인정되었다.

① 1개 ② 2개
③ 3개 ④ 4개

정답과 해설

㉠ (O) 미군정시기에는 광범위하게 이루어지던 행정경찰사무가 경찰의 관할에서 분리되는 비경찰화 작업이 진행되었다.
㉡ (X) 미군정의 실시와 더불어 시작된 구시대의 치안입법의 정비와 함께 조직법적 정비도 이루어져, **고등경찰·경제경찰의 폐지**, 위생업무·소방업무·검열업무·각종 허가권의 이관 등 비경찰화(非警察化) 작업이 진행되어 경찰업무의 범위가 축소되었다. 정보업무를 담당할 정보경찰은 이 시기에 신설되었다.
㉢ (X) 1945년에 **정치범처벌법·치안유지법·예비검속법이 폐지**되었고, 1948년에 **마지막으로 보안법을 폐지**하였다.
㉣ (X) 1946년 여자경찰제도를 신설하여 **14세 미만**의 소년범죄와 여성관련 업무 등을 담당하게 하였다.
㉤ (X) 1947년 **6인**으로 구성된 중앙경찰위원회가 법령 제157호로 설치되었으며, 중요한 경무정책의 수립·경찰관리의 소환·심문·임면·이동 등에 관한 사항을 심의하였다.
㉥ (O)

정답 ④

182 ☐☐☐☐ 23 간부

일제강점기와 미군정시기의 한국경찰에 대한 설명으로 가장 적절하지 않은 것은?

① 미군정하에서는 조직법적, 작용법적 정비가 이루어지고 경찰제도의 개혁이 이루어져 경찰의 활동영역이 확대되었다.
② 광복 이후 신규경찰 채용과정에서 일제 강점기 경찰경력자들이 다수 임용되었으나, 독립운동가 출신들도 상당히 많이 채용되었다.
③ 의경대는 상해임시정부시기 운영된 경찰기구로서 교민사회의 안녕과 질서유지, 호구조사 등을 담당하였다.
④ 3·1운동을 계기로 헌병경찰제도에서 보통경찰제도로 전환되었다.

> **정답과 해설**
> ① (X) 미군정하에서는 조직법적, 작용법적 정비가 이루어지고, 경찰이 담당하였던 위생사무가 위생국으로 이관되고, 경제경찰과 고등경찰이 폐지되는 등 비경찰화 작업으로 경찰의 **활동영역 축소**되었다.
>
> **정답** ①

183 ☐☐☐☐ 21·24 채용

미군정시기의 경찰에 대한 설명으로 가장 적절하지 않은 것은?

① 1946년 경무국을 경무부로 승격시키고, 기존 경무국의 과(課)를 국(局)으로 승격시켰다.
② 소방업무를 민방위본부로 이관하고 경제경찰과 고등경찰을 폐지하는 등 비경찰화를 단행하였다.
③ 「정치범처벌법」, 「치안유지법」, 「예비검속법」이 폐지되었다.
④ 미군정 초창기에는 '태평양미군총사령부포고 1호'를 통해 '군정의 실시'와 '구관리의 현직유지'를 포고함으로써, 일제시대 경찰을 그대로 유지하여 인적청산이 제대로 이루어지지 못했다.

> **정답과 해설**
> ① (O) 1946년 1월 16일 **경무국이 경무부**로 격상 운영되었다.
> ② (X) 미군정기에 경제경찰과 고등경찰을 폐지하는 등 비경찰화를 단행하였지만, **소방본부를 민방위본부로 이관한 것은 1975년 단행**되었다.
> ④ (O) 미군정 초창기에는 '태평양미군총사령부포고 1호'를 통해 '군정의 실시'와 '구관리의 현직유지'를 포고함으로써, **일제시대 경찰을 그대로 유지하여 인적청산이 제대로 이루어지지 못했다**(경찰의 인적 구성원을 대거 쇄신하였다 X).
>
> **정답** ②

정부수립 이후 1991년 경찰법 제정까지 경찰

184 □□□□ 25 승진

다음에서 설명하고 있는 구국경찰활동에 해당되는 전투는 무엇인가?

> ㉠ 미 해병 1사단에 배속된 한국경찰 '화랑부대' 1개 소대(기관총 부대)가 뛰어난 전공을 거둠으로써 미 해병의 극찬을 받았다.
> ㉡ '화랑부대'는 미군으로부터 별도 정예훈련을 받고 부대단위로 편제된 경찰관 부대를 통칭하였다.
> ㉢ 미군으로부터 인정받은 전투력을 바탕으로 수색·정찰임무 및 전투를 공동으로 수행하였다.

① 장진호전투
② 다부동전투
③ 춘천내평전투
④ 함안전투

정답과 해설

① (O) 구국경찰활동 중 **장진호전투**에 해당한다.

정답 ①

185 □□□□ 26 간부

치안국 시대의 경찰에 관한 설명으로 가장 적절하지 않은 것은?

① 1953년 휴전 이후 전후 복구와 교통안정을 위하여 철도경찰대를 확대 운영하게 된다.
② 1953년 「경찰관 직무집행법」이 제정되어 국민의 생명·신체·재산의 보호를 명문으로 규정하여 영미법적 사고가 반영되게 된다.
③ 1966년 자율적이고 적극적인 봉사자로서 경찰관이 갖추어야 할 '기본정신'과 실천하여야 할 윤리적인 '행동지표'를 제시하는 「경찰윤리헌장」이 제정된다.
④ 1969년 「경찰공무원법」이 제정되어 경찰관 직무에 있어서 직능별 전문화를 기하기 위한 경과제를 채택하였다.

정답과 해설

① (X) 1953년 휴전 이후 **철도경찰대를 해체**하고, 1953년 7월 치안국에 경비과를 설치하고 그 업무를 경비과로 이관하였다.

정답 ①

186 ☐☐☐☐ 19 간부

정부수립 이후 1991년 이전의 경찰의 특징으로 옳지 않은 것은 모두 몇 개인가?

> ㉠ 종래 식민지배에 이용되거나 또는 군정통치로 주권이 없는 상태 하에서 활동하던 경찰이 비로소 주권국가 대한민국의 존립과 안녕, 대한민국 국민의 생명과 신체 및 재산의 보호라는 경찰 본연의 임무를 수행하였다.
> ㉡ 독립국가로서 한국 역사상 최초로 자주적인 입장에서 경찰을 운용하였다.
> ㉢ 경찰작용에 관한 기본법으로서 「경찰관직무집행법」이 제정되었다.
> ㉣ 경찰의 부정선거 개입 등으로 정치적 중립이 경찰에 대한 국민의 요청이었던 바, 그 연장선상에서 경찰의 기구독립이 조직의 숙원이었다.
> ㉤ 해양경찰업무, 전투경찰업무가 경찰의 업무범위에 추가되었다.
> ㉥ 1969년 1월 7일 「경찰법」이 처음으로 제정되어 그동안 「국가공무원법」에서 의거하던 경찰공무원을 특별법으로 규율하게 되었다.

① 1개 ② 2개
③ 3개 ④ 4개

정답과 해설

㉢ (O) 경찰작용에 관한 기본법으로서 **「경찰관 직무집행법」은 정부수립 이후 1953년 12월 14일**에 제정되었다.
㉤ (O) **해양경찰업무(1953)와 전투경찰업무(1968)**가 정식으로 경찰의 업무범위에 추가되었다.
㉥ (X) 1969년 1월 7일 **「경찰공무원법」**이 처음으로 제정되어 그동안 「국가공무원법」에서 의거하던 경찰공무원을 특별법으로 규율하게 되었다.

정답 ①

THEME 05 한국경찰사에 길이 빛날 경찰의 표상

187 ☐☐☐☐ 24 승진, 예상문제

다음 설명과 관련이 있는 인물로 가장 적절한 것은?

> ㉠ 제주 4·3사건 당시인 1948년 12월 좌익총책의 명단에 연루된 100여명의 주민들이 처형위기에 처하자 이들에게 자수토록 하고, 1949년 초에 자신의 결정으로 전원을 훈방하였으며, 1950년 8월 30일 성산포경찰서장 재직시 계엄군의 예비검속자 총살 명령에 '부당함으로 불이행'한다고 거부하고 278명 방면하였다.
> ㉡ 1950년 7월 24일 전쟁발발로 예비검속 된 보도연맹원들에 대한 총살 명령이 내려오자 480명의 예비검속자 앞에서 "내가 죽더라도 방면하겠으니 국가를 위해 충성해 달라."라고 연설한 후 전원을 방면하여 구명하였다.
> ㉢ 1998년 5월 강도강간 신고출동 현장(부천남부서)에서 피의자로부터 좌측 흉부를 칼로 피습당한 가운데에서도 끝까지 격투를 벌여 범인 검거 후 순직하였다.
> ㉣ 1950년 순경으로 임용, 1986년 총경으로 승진하였지만, 수사현장을 끝까지 지킨다는 의지로 경찰서장 보직을 희망하지 않고 수사·형사과장으로만 재직하였다. MBC 드라마 수사반장의 실제 모델이며, 1963년, 1968년, 1969년에 치안국의 포도왕(검거왕)으로 선정되었다.

① ㉠ 김학재 ㉡ 이준규 ㉢ 문형순 ㉣ 안종삼
② ㉠ 라희봉 ㉡ 권영도 ㉢ 이준규 ㉣ 김학재
③ ㉠ 김해수 ㉡ 최천   ㉢ 안종삼 ㉣ 최중락
④ ㉠ 문형순 ㉡ 안종삼 ㉢ 김학재 ㉣ 최중락

정답과 해설

④ (O) ㉠ 문형순 경감, ㉡ 안종삼 서장, ㉢ 부천남부서 형사였던 김학재 경사(당시 경장), ㉣ 최중락 총경에 대한 설명이다.

정답 ④

188 ☐☐☐☐ 예상문제

한국경찰사에 길이 빛날 경찰의 표상에 대한 서술과 그 연결이 바르게 된 것은?

㉠ 독립운동가 출신 여성경찰관으로 1946년 1기 여자경찰간부, 1952년 서울여자경찰 서장을 역임. 1957년 국립경찰전문학교 교수로 발령 받아 후배 경찰교육에 힘쓰다 1961년 5·16군사정변이 일어나자 군사정권에 협력할 수 없다며 사표를 제출하였음
㉡ 민족의 사표, 1932년에는 대한교민단 의경대장으로 일제의 밀정색출, 친일파 처단 및 상해 교민사회 질서유지 등 임무를 수행하였음
㉢ 호국경찰·인권경찰·문화경찰의 표상으로 공비들의 근거지가 될 수 있는 사찰들을 불태우라는 상부의 명령에 대하여 '절을 태우는 데는 한나절이면 족하지만, 세우는 데는 천년이상의 세월로도 부족하다'며 사찰의 문짝만 태움으로써 구례 화엄사 등 사찰과 문화재를 보호하였음
㉣ 민주·인권경찰의 표상 1980년 5·18 당시 목포경찰서장으로 재임하면서, 당시 전남경찰국장의 지시에 따라 경찰총기의 대부분을 사용할 수 없도록 뭉치를 제거하여 원천적으로 시민들과의 유혈충돌을 방지하였음

ⓐ 안맥결　　　　　　　ⓑ 김용원
ⓒ 나석주　　　　　　　ⓓ 차일혁
ⓔ 최규식　　　　　　　ⓕ 안병하
ⓖ 김구　　　　　　　　ⓗ 이준규

① ㉠ – ⓒ　　　　　　　② ㉡ – ⓑ
③ ㉢ – ⓔ　　　　　　　④ ㉣ – ⓗ

정답과 해설

④의 연결이 옳다.
㉠ **안맥결** – 한국경찰사 주요 인물 중 1936년 임시정부 군자금 조달 혐의로 5개월간 구금된 도산 안창호 선생의 조카 딸이다.
㉡ **김구**, ㉢ **차일혁**, ㉣ **이준규**에 대한 설명이다.

정답 ④

189 ▫▫▫▫ 20 채용, 예상문제

정부수립 이후 경찰과 관련된 설명으로 가장 적절하지 않은 것은?

① 1953년 경찰작용에 관한 기본법으로 제정된 「경찰관직무집행법」에는 국민의 생명, 신체, 재산의 보호라는 영미법적 사고가 반영되었다.
② 1968년 '무장공비 침투사건(1·21 사태)' 당시 종로경찰서 자하문검문소에서 무장공비를 온몸으로 막아내고 순국한 최규식 경무관과 정종수 경사는 호국경찰, 인본경찰, 문화경찰의 표상이다.
③ 1980년 '5·18 민주화 운동' 당시 안병하 전남경찰국장과 이준규 목포서장은 신군부의 무장 강경진압 방침을 거부하였다.
④ 1987년 '6월 민주항쟁' 이후 경찰 내부에서는 정치적 중립을 지키지 못한 과오를 반성하고 경찰 중립화를 요구하는 성명 발표 등 자성의 목소리가 나왔다.

> **정답과 해설**
>
> ② **(X)** 1968년 '무장공비 침투사건(1·21 사태)' 당시 종로경찰서 자하문검문소에서 무장공비를 온몸으로 막아내고 순국한 **최규식 경무관과 정종수 경사는 호국경찰의 표상이다. 호국경찰·인본(권)경찰·문화경찰의 표상은 차일혁 경무관**이다.
>
> 정답 ②

190 ▫▫▫▫ 22 승진

다음은 한국경찰사에 대한 설명이다. 아래 ( )안에 들어갈 내용으로 가장 적절하게 짝지어진 것은?

> 안병하 치안감은 5·18 광주 민주화운동 당시 전라남도 경찰국장으로서 전라남도 경찰들에게 '분산되는 자는 너무 추적하지 말 것' 등을 지시하고, '연행과정에서 학생의 피해가 없도록 유의하라'고 지시하여 (㉠)에 입각한 경찰권 행사 및 시위대의 (㉡)를 강조하였다.

① ㉠ - 호국정신   ㉡ - 인권보호
② ㉠ - 비례의 원칙 ㉡ - 질서유지
③ ㉠ - 호국정신   ㉡ - 질서유지
④ ㉠ - 비례의 원칙 ㉡ - 인권보호

> **정답과 해설**
>
> ④ **(O)** 5·18 광주 민주화운동 당시 무장 강경진압 방침이 내려오자 안병하 국장은 전남경찰들에게 '분산되는 자는 너무 추적하지 말 것, 부상자가 발생하지 않도록 할 것'등을 지시하고, '연행과정에서 학생의 피해가 없도록 유의하라'고 지시한 것은 ㉠ **비례의 원칙**에 입각한 경찰권 행사 및 시위대의 ㉡ **인권보호**를 강조하였다.
>
> 정답 ④

종합문제

191 ☐☐☐☐ 22 채용

우리나라 경찰의 역사에 관한 설명 중 가장 적절하지 않은 것은?

① 고려시대 중앙에는 형부, 병부, 어사대, 금오위 등이 경찰업무를 수행하였고, 이 중 어사대는 관리의 비리를 규탄하고 풍속교정을 담당하는 등 풍속경찰의 임무를 수행하였다.
② 이준규 서장은 보도연맹원들에 대한 총살명령이 내려오자 480명의 예비검속자 앞에서 "내가 죽더라도 방면하겠으니 국가를 위해 충성해 달라"라는 연설 후 전원 방면하였다.
③ 정부수립 이후 1991년 이전 경찰의 특징을 살펴보면, 전투경찰업무가 경찰의 업무 범위에 추가되었고 소방업무가 경찰의 업무 범위에서 배제되는 등 경찰활동의 영역에 변화가 있었다.
④ 구「경찰법」이「국가경찰과 자치경찰의 조직 및 운영에 관한 법률」로 개정됨에 따라 자치경찰사무를 관장하게 하기 위하여 특별시장·광역시장·특별자치시장·도지사·특별자치도지사 소속으로 시·도자치경찰위원회를 두었다.

정답과 해설

① **(O)** 고려시대 중앙에는 형부(법률과 소송담당), 병부(군사담당), 어사대, 금오위(수도경찰로서 순찰 및 포도금란의 업무와 비위예방 담당) 등이 경찰업무를 수행하였고, 이 중 어사대는 관리의 비리를 규탄하고 풍속교정을 담당하는 등 풍속경찰의 임무를 수행하였다.
② **(X)** **안종삼 서장**에 대한 설명이다.
③ **(O)** 정부수립(1948년) 이후 1991년 이전 경찰의 특징을 살펴보면, 전투경찰업무(1968년)가 경찰의 업무 범위에 추가되었고 소방업무(1975년)가 경찰의 업무 범위에서 배제되는 등 경찰활동의 영역에 변화가 있었다.
④ **(O)** 구 경찰법(1991년)이 국가경찰과 자치경찰의 조직 및 운영에 관한 법률(2020년)로 개정되었다.

정답 ②

192　☐☐☐☐ 22 채용

다음 설명 중 가장 적절한 것은?

① 1919년 3·1운동을 계기로 헌병경찰제도에서 보통경찰제도로의 전환은 이루어졌으나, 일본에서 제정된「정치범처벌법」을 우리나라에 적용하는 등 일제의 탄압적 지배체제가 강화되었다.
② 미군정기에 고등경찰제도가 폐지되었으며, 경찰에 정보업무를 담당하는 정보과와 경제사범단속을 위한 경제경찰이 신설되었다.
③ 1953년 경찰작용의 기본법인「경찰관직무집행법」이 제정되어 경감 이상의 계급정년제가 도입되었고, 1969년「경찰공무원법」이 제정되어 경정 및 경장 계급이 신설되었다.
④ 대한민국 정부 수립 이후 1974년 내무부 치안국이 치안본부로 개편되었고, 2006년 제주특별자치도 '자치경찰단'이 창설되었다.

> **정답과 해설**
> ① (X) 1919년 3·1운동을 계기로 헌병경찰제도에서 보통경찰제도로의 전환은 이루어졌으나, **일본에서 제정된「치안유지법」**을 우리나라에 적용하는 등 일제의 탄압적 지배체제가 강화되었다.
> ② (X) 미군정기에 위생사무의 위생국이 이관하고, **고등경찰과 경제경찰이 폐지**되었으며, 경찰에 정보업무를 담당하는 정보과가 신설되었다.
> ③ (X) 1969년「**경찰공무원법**」이 제정되어 경정 및 경장 계급이 신설되었고, **경감 이상의 계급정년제 등이 도입**되었다.
>
> **정답** ④

193　☐☐☐☐ 25 채용

대한민국 경찰의 법제도 연혁에 관한 설명으로 가장 적절하지 않은 것은?

① 자치경찰제의 도입, 다양한 치안서비스 제공, 국민부담 경감 등을 위하여 2020년에「경찰법」을「국가경찰과 자치경찰의 조직 및 운영에 관한 법률」로 법제명을 변경하는 등 전부개정하였다.
②「경찰법」은 내무부 치안국을 경찰청으로 개편하기 위하여 1991년에 제정하였다.
③「경찰공무원법」은 경찰직무의 특수성에 비추어 경찰질서의 확립과 경찰인사의 합리화를 위하여 기존「국가공무원법」에 포함되어 있는 경찰인사에 관한 규정을 분리하여 별도로 독립된 법으로 1969년에 제정하였다.
④「경찰관 직무집행법」은 경찰관이 국민에 대한 생명·신체·재산의 보호, 범죄의 예방, 공안의 유지, 기타 법령집행등의 직무를 충실히 수행하도록 필요한 사항을 정하기 위하여 1953년에 제정하였다.

> **정답과 해설**
> ② (X) 1948년 제정된「정부조직법」에서, 1946년 이후 중앙행정기관이었던 **경무부**를 내무부의 일국인 **치안국**에서 인수하도록 함으로써 경찰조직은 내무부 산하의 **국으로 격하**되었고, **1974년** 12월 24일 정부조직법 개정으로 종래 **치안국장은 치안본부장으로 격상**되었다.「경찰법」은 내무부 **치안본부(치안국 X)**을 경찰청으로 개편하기 위하여 1991년에 제정하였다.
>
> **정답** ②

194 23 간부

한국 경찰사에 대한 설명으로 적절한 것은 모두 몇 개인가?

> 가. 광복 이후 미군정은 일제가 운용하던 비민주적 형사제도를 상당 부분 개선하고, 영미식 형사제도를 도입하기도 하였는데, 1945년 미군정 법무국 검사에 대한 훈령 제3호가 발령되어 수사는 경찰, 기소는 검사 체제가 도입되며 경찰의 독자적 수사권이 인정되었다.
> 나. 경찰작용에 관한 기본법으로서「경찰관 직무집행법」은 정부수립 이후 1948년 제정되었다.
> 다. 경찰법이 제정될 때까지 경찰체제의 근거가 되는 법률은「정부조직법」이었다.
> 라. 한국경찰 최초의 작용법은 행정경찰장정이고, 한국경찰 최초의 조직법은 경무청관제직장이다.
> 마. 1969년「경찰공무원법」이 처음으로 제정되어 그동안「국가공무원법」에 의거하던 경찰공무원을 특별법으로 규율하게 되었다.

① 1개 ② 2개
③ 3개 ④ 4개

정답과 해설

가. (O)
나. (X) **1953년** 12월「경찰관 직무집행법」제정으로 경찰작용에 관한 기본법 마련하였다.
다. (O) 경찰법이 제정될 때까지 경찰체제의 근거가 되는 법률은「**정부조직법**」(**경찰관 직무집행법 X**)이었다.
라. (O) **경무청관제직장**은 일본의 **경시청관제(1891)**를 모방한 것으로 한국경찰 **최초의 조직법**이다. 일본의 행정경찰규칙과 위경죄즉결례를 혼합하여 만든 한국경찰 **최초의 작용법**은 **행정경찰장정**이다.
마. (O) 1969년 1월 7일 **「경찰공무원법」(경찰법 X)**이 처음으로 제정되어 그동안「국가공무원법」에서 의거하던 경찰공무원을 특별법으로 규율하게 되었다.

정답 ④

195 ☐☐☐☐ 20 간부

한국경찰의 역사에 대한 설명으로 가장 옳지 않은 것은?

① 1894년 6월 일본각의에서 한국경찰의 창설을 결정하여 내정개혁의 방안으로서 조선에 경찰창설을 요구하였다. 이에 김홍집내각은 「각아문관제」에서 경찰을 법무아문 소속으로 설치할 것을 결정하였다. 그러나 곧 경찰을 내무아문 소속으로 변경하였다.
② 구한말(舊韓末) 일본이 한국경찰권을 강탈해 가는 과정은 경찰사무에 관한 취극서, 재한국 외국인에 대한 경찰에 관한 한일협정, 한국 사법 및 감옥사무 위탁에 관한 각서, 한국 경찰사무위탁에 관한 각서의 순으로 진행되었다.
③ 미군정시대에는 경찰의 이념에 민주적인 요소가 도입되면서 최초로 1947년 9인으로 구성된 중앙경찰위원회가 설치되었으며 경제경찰, 고등경찰 등의 사무가 강화되었다.
④ 일제강점기 헌병경찰은 첩보의 수집, 의병의 토벌 등에 그치지 않고 민사소송의 조정, 집달리 업무, 국경세관 업무, 일본어의 보급, 부업의 장려 등 광범위한 영향력을 미치고 있었으며 특히, 지방에서는 한국민의 생사여탈권을 쥐고 있었다.

> **정답과 해설**
> ① (O) 친일 김홍집내각은 1894년 6월 28일(음력) 각아문관제(各衙門官制)에서 법무아문 관리 사법행정경찰(法務衙門 管理 司法行政警察)이라고 정하면서, 경찰을 법무아문하에 창설할 것을 정하였다. 그러나 1894년 7월 1일(음력)의 '경무청관제직장을 의정(議定)한 후 내무아문(內務衙門)에 소속시키는 건'에서는 경찰을 내무아문으로 소속을 변경시켰다. 즉, 김홍집 내각은 「각아문관제」에서 경찰을 **법무아문 소속**으로 정하였다가 곧바로 **내무아문 소속으로 변경**하였다.
> ② (O) 경찰사무에 관한 **취**극서(1908.10.29) – 재한국 **외**국인민에 대한 경찰에 관한 한일협정(1909.3.15) – 한국 **사**법 및 감옥사무 위탁에 관한 각서(1909.7.12) – 한국경찰사무 **위**탁에 관한 각서(1910.6.24)의 순서로 진행되었다.
> 취외냐 사위야 ~!
> ③ (X) 1947년 **6**인으로 구성된 중앙경찰위원회가 설치되었으며 **경제경찰, 고등경찰 등의 사무가 폐지**되었다.
>
> 정답 ③

196 ☐☐☐☐ 25 채용

영미법계와 대륙법계 경찰개념에 관한 설명으로 가장 적절하지 않은 것은?

① 우리나라의 경찰개념은 대륙법계와 영미법계의 경찰개념을 모두 반영하고 있다.
② 1953년 12월에 제정된 「경찰관 직무집행법」 제1조는 '국민의 생명·신체 및 재산의 보호'를 경찰의 직무로 규정하여 치안유지를 중심으로 하는 대륙법계의 행정경찰적 개념이 강조되었다.
③ 우리나라는 영미법계 경찰개념의 영향으로 범죄수사를 경찰의 사물관할로 인정하고 있다.
④ 대륙법계에서는 영미법계와 비교하여 경찰통제를 위한 방법으로 행정소송이나 국가배상 등의 사법적 통제가 주로 발달하였다.

> **정답과 해설**
> ② (X) 「경찰관 직무집행법」 제1조는 '국민의 생명·신체 및 재산의 보호'를 경찰의 직무로 규정하여 치안유지를 중심으로 하는 **영미법계(대륙법계 X)**의 행정경찰적 개념이 강조되었다. 우리나라의 경찰개념은 **대륙법계와 영미법계**의 경찰개념을 모두 반영하고 있다.
>
> 정답 ②

197 ☐☐☐☐ 25 채용

다음은 1991년 제정된 「경찰법」의 의의 및 평가이다. 이와 관련된 설명으로 가장 적절하지 않은 것은?

> - 경찰민주화 및 정치적 중립성 확보에 대한 국민적 열망을 반영하여 제정되었으며, 이를 통하여 정부수립 이후 최초로 독립적인 경찰기구가 만들어졌다.
> - 기존보다 경찰의 독립성 및 경찰에 대한 민주적 통제가 강화되었으며 지방행정과의 연계를 위한 여건이 조성되었으나 경찰이 선거부처로부터 완전히 독립하지는 못하였다는 평가를 동시에 받는다.

① 경찰의 정치적 중립성 및 독립성 확보를 위하여 경찰청을 내무부의 외청으로 설치하였다.
② 분단국가로서 특수한 안보상황을 고려하여 보안경찰 업무는 국가안전기획부로 이양하였다.
③ 경찰에 대한 민주적 통제를 위하여 경찰위원회 제도를 도입하였다.
④ 치안행정과 지방행정 간의 협조를 위하여 치안행정협의회를 설치하였다.

정답과 해설

① (O) 경찰의 정치적 중립성 및 독립성 확보를 위하여 치안본부(내무부 내부 국·본부 형태)를 경찰청(내무부 외청)으로 승격해 경찰청을 내무부의 외청으로 설치하여 조직상 독립성을 높였으나 **내무부) 아래** 있었기 때문에 내무부장관(현 행정안전부장관)의 지휘·감독에서 완전히 벗어난 것은 아닙니다(부분적 독립).
② (X) 분단국가로서 특수한 안보상황을 고려하여 보안경찰 업무는 1991년「경찰법」은 **보안경찰 기능을 국가안전기획부(현 국가정보원)로 이양하지않고 경찰 내부에 그대로 둔다.**
③ (O) 경찰에 대한 민주적 통제를 위하여 합의제 의결기관인 경찰위원회 제도를 도입하여 경찰에 대한 정치적 중립성 및 민주적 통제시스템의 발판을 마련하였다.
④ (O) 치안행정과 지방행정 간의 협조를 위하여 시도지사 소속하에 치안행정협의회를 설치하였다.

> 1991년 제정된 「경찰법」은 치안행정과 지방행정 간의 협조를 위하여 시도지사 소속하에 **치안행정협의회**를 설치 → 2020년에 「국가경찰과 자치경찰의 조직 및 운영에 관한 법률」로 개정됨에 따라 **자치경찰사무**를 관장하게 하기 위하여 시도지사 소속으로 **시·도자치경찰위원회** 둠

정답 ②

THEME 07 역사순서 문제

198 □□□□ 21 채용

우리나라 경찰의 역사적 사실을 오래된 것부터 바르게 나열한 것은?

> ㉠ 경찰윤리헌장 제정
> ㉡ 내무부 민방위본부 소방국으로 소방업무 이관
> ㉢ 경찰공무원법 제정
> ㉣ 경찰서비스헌장 제정
> ㉤ 치안본부에서 경찰청으로 승격

① ㉢-㉠-㉣-㉡-㉤
② ㉠-㉡-㉢-㉣-㉤
③ ㉠-㉢-㉡-㉤-㉣
④ ㉡-㉤-㉠-㉢-㉣

정답과 해설

③ ㉠ 경찰윤리헌장 제정(1966년), ㉢ 경찰공무원법 제정(1969년), ㉡ 내무부 민방위본부 소방국으로 소방업무 이전(1975년), ㉤ 치안본부에서 경찰청으로 승격(1991년), ㉣ 경찰서비스헌장 제정(1998년)

정답 ③

199 □□□□ 18 간부

우리나라 경찰의 역사와 제도에 대한 설명이다. 시기가 올바르게 묶인 것은?

> ㉠ 1947년 경찰병원 설치
> ㉡ 1953년 경찰관직무집행법 제정
> ㉢ 1956년 국립과학수사연구소 설치
> ㉣ 1966년 경찰관 해외주재관 제도 신설
> ㉤ 1970년 경찰공무원법 제정
> ㉥ 1974년 내무부 치안국을 치안본부로 개편
> ㉦ 1996년 해양경찰청을 해양수산부로 이관
> ㉧ 2005년 제주도 자치경찰 출범

① ㉠㉡㉥㉧
② ㉠㉣㉤㉧
③ ㉡㉢㉣㉧
④ ㉡㉣㉥㉦

정답과 해설

㉠ (X) 1949년 경찰병원 설립
㉢ (X) 1955년 국립과학수사연구소 설치
㉤ (X) 1969년 경찰공무원법 제정
㉧ (X) 2006년 제주도 자치경찰 출범

정답 ④

02

비교경찰

① 영국경찰
② 미국경찰
③ 독일경찰
④ 프랑스경찰
⑤ 일본경찰
⑥ 종합문제

• 기 출 키 워 드 •

23년 2차	
24년 1차	• 종합
24년 2차	• 종합
25년 1차	
25년 2차	• 종합

최신개정법령&무료자료 다운로드 등
네이버 김재규경찰학 카페(https://cafe.naver.com/ollaedu)

THEME 01 영국경찰

200 ☐☐☐☐ 예상문제

다음은 영국경찰의 역사에 대한 설명이다. 옳지 않은 것은?

① 고대에는 공공의 안녕 질서의 1차적 책임은 각 마을에 속해 있었기 때문에 10가족을 단위로 한 Tithing이라는 제도가 있었다.
② 현재 순경 계급을 뜻하는 Constable은 주민들이 선출한 100인 조합의 책임자로서 영국 최초의 경찰관이다.
③ 리브(Reeve)는 국왕이 임명한 Shire의 수장으로서 해당지역에서 조세징수, 치안유지 및 재판권 행사하였으며, 1066년 이후 보안관인 sheriff라 칭하였다.
④ 헨리1세가 만든 절도체포대, 기마순찰대, 도보순찰대는 후에 경찰청의 기본이 되었다.

> **정답과 해설**
>
> ④ (X) 헨리1세가 아니라 1749년 바우가의 행정장관으로 임명된 **헨리필딩**에 대한 설명이다. **헨리필딩 법관**은 정부의 허가를 얻어 **절도체포대, 기마순찰대, 도보순찰대** 등 3가지 경찰관을 만들었는데, 나중에 경찰청의 기본이 되었다.
>
> 정답 ④

201 ☐☐☐☐ 06 승진, 26 간부

다음은 영국경찰의 역사에 대한 설명이다. 옳지 않은 것은?

① 앵글로 색슨 시대에는 10인조라는 치안유지제도가 있었다.
② 프랭크플래지(Frankpledge)제도는 앵글로 색슨 시대의 국왕의 평화를 달성하기 위한 제도로서, 법집행의 보장과 침입부족으로부터 지역사회를 보호하기 위한 것이었다.
③ 영국의 「윈체스터법」에는 치안관(Constable)을 임명해서 각 도시에 야경제도를 조직하고 유지하는 책임을 갖도록 하는 내용이 포함되어 있다.
④ 범죄를 개인이나 집단이 아닌 국가가 처벌하여야 한다는 개념이 출현한 것은 로마 정복시대였다.

> **정답과 해설**
>
> ② (O) 프랭크플래지(Frankpledge)제도는 **앵글로 색슨 시대(로마정복시대 X)**의 국왕의 평화를 달성하기 위한 제도로서 12세 이상의 모든 남자가 그 구성원이 된다.
> ④ (X) 범죄를 개인이나 집단이 아닌 국가가 처벌하여야 한다는 개념이 출현한 것은 **노르만 정복시대**였다.
>
> > 노르만 정복시대(1066-1272)에 윌리암 공의 아들인 헨리1세는 헨리 법전을 반포하였고, 이 법에서 국왕에게 살인, 강도, 강간을 포함한 37종의 범죄에 대한 재판권을 부여하였다. 로마 정복시대에는 모든 사람은 자기 지역사회의 구성원의 과오에 대하여 공동으로 책임을 지며, 범법자에 대하여는 복수할 수 있다는 "민중의 평화제도(Peace of the Folk)"가 있었다.
>
> 정답 ④

202 06·23·25 채용, 10·25 승진, 25 간부

다음 중 영국의 근대이후 경찰에 대한 설명으로 옳지 않은 것은?

① 산업혁명으로 인구집중에 따른 치안수요가 급증하자 이에 대응하기 위해 로버트 필경의 제안으로 수도경찰법이 제정되고 수도경찰청 창설되었다.
② 영국의 국립범죄청(NCA)은 2013년 중대조직범죄청(SOCA)과 아동범죄대응센터(CEOPC)를 통합하여 출범하였다.
③ 국립범죄청(NCA)은 내무부의 책임 하에 조직범죄를 담당한다.
④ 1964년 경찰법에 의하여 수도경찰청과 런던시를 포함한 모든 경찰본부가 관리기구인 경찰위원회로 통합되었고, 내무부장관, 지방경찰위원회, 지방경찰청장을 중심으로 하는 경찰 3원 체제를 설정하였다.

정답과 해설

① (O) 근대경찰의 아버지로 불리는 로버트 필경의 제안으로 **1829년 수도경찰법이 제정**되었고, 최초의 관료주의적 경찰조직인 수도경찰청이 창설되었고, 로버트 필은 경찰청장으로 임명되었다.
② (O) 2006년 SOCA를 만들어 이전 국립범죄정보국(NCIS)과 국립범죄수사대(NCS)를 대체했지만, 영국의 **국립범죄청(NCA)은 2013년 중대조직범죄청(SOCA)과 아동범죄대응센터(CEOPC)를 통합**하여 출범하였다.
③ (O) 국립범죄청(NCA)은 테러, 통화위조, 조직범죄, 국제인신매매, 마약과 무기거래 등을 **내무부의 책임 하**에 담당한다.
④ (X) 1964년 경찰법 제정으로 **수도경찰청과 런던시를 제외(포함 X)**한 모든 경찰본부가 관리기구인 경찰위원회로 통합되었다.

정답 ④

203 예상문제

다음은 영국경찰의 신(新)경찰제도 창설의 과정을 나열한 것이다. 순서대로 연결된 것은?

① 수도경찰청 → 왕립위원회 → 경찰법 제정 → NCIS → NCS → NCA → SOCA
② 왕립위원회 → 수도경찰청 → 경찰법 제정 → NCIS → NCS → SOCA → NCA
③ 수도경찰청 → 왕립위원회 → 경찰법 제정 → NCIS → NCS → SOCA → NCA
④ 수도경찰청 → 경찰법 제정 → 왕립위원회 → NCIS → NCS → SOCA → NCA

정답과 해설

③ **수도경찰청**(1829년 로버트 필경에 의해 수도경찰청 탄생) → **왕립위원회**(1960년 1월 발족(1962년에 보고서 제출)) → **경찰법 제정**(1964년 지방경찰이 통폐합됨) → **NCIS**(1992년 국립(중앙)범죄정보국(NCIS) 창설) → **NCS**(1998년 국가범죄수사국(NCS) 창설) → **SOCA**(2006년 중대조직범죄청(Serious and Organized Crime Agency) 창설) → **NCA**(중대조직범죄청(SOCA)이 2013년 10월 폐지되고 국립범죄청(NCA)으로 대체)

정답 ③

204 23 간부

런던수도경찰청을 창시(1829년)한 로버트 필 경(Sr. Robert Peel)이 경찰조직을 운영하기 위하여 제시한 기본적인 원칙(경찰개혁안 포함)에 대한 설명으로 가장 적절하지 않은 것은?

① 경찰은 정부의 통제하에 있어야 한다.
② 범죄발생 사항은 반드시 전파되어야 한다.
③ 단정한 외모가 시민의 존중을 산다.
④ 경찰의 효율성은 항상 범죄나 무질서를 진압하는 가시적인 모습으로 판단하는 것이다.

> **정답과 해설**
> ① (O) 정부의 통제하에 있음을 통해 경찰은 민주적 절차와 법치주의에 따라 행동해야 한다는 것을 의미한다.
> ② (O) 경찰이 범죄 정보를 적극적으로 알리는 것은 범죄 예방 및 시민의 신뢰를 구축하는 데 중요한 요소이다.
> ③ (O) 경찰의 외형적인 모습이 조직의 신뢰와 효과적인 법 집행에 기여한다고 보는 관점이다.
> ④ (X) **경찰의 효율성은 범죄와 무질서의 감소나 부재로 판단되는 것(예방)**이지 범죄나 무질서를 **진압**하는 가시적인 모습으로 인정받는 것은 아니다. 즉, 경찰이 범죄를 사후적으로 진압하는 것보다. 시민과의 협력으로 범죄 자체가 발생하지 않도록 하는 것이 경찰의 주요 역할이라는 점을 강조한다.
>
> 정답 ④

205 22 간부

1829년 런던수도경찰청을 창설한 로버트 필 경(Sir. Robert Peel)이 경찰조직을 운영하기 위하여 제시한 기본적인 원칙에 해당하지 않는 것은?

① 경찰은 안정되고 능률적이며, 군대식으로 조직되어야 한다.
② 경찰의 기본적인 임무는 범죄와 무질서의 예방이다.
③ 모방범죄 예방을 위해 범죄정보는 유출되어서는 안된다.
④ 적합한 경찰관들의 선발과 교육은 필수적인 것이다.

> **정답과 해설**
> ① (O) 경찰이 군대와 유사한 조직 체계를 갖추어야 한다는 것이었으며, 이는 명확한 지휘 체계와 역할 구분을 통해 안정되고 능률적인 조직 운영을 가능하게 한다는 것을 의미한다.
> ② (O) 로버트 필 경의 경찰 원칙에서 가장 핵심적인 부분 중 하나는 경찰의 주요 임무가 **범죄를 사후에 처리(진압)하는 것이 아니라, 범죄와 무질서의 발생을 예방**하는 데 있다.
> ③ (X) 범죄발생 사항은 **반드시 전파**되어야 한다. 즉, 모방범죄를 막기 위해 범죄 정보를 은폐하는 것보다는, 투명하게 공개하여 시민과 협력하는 것이 중요하다.
> ④ (O) 적합한 경찰관들의 선발과 교육은 필수적인 것이다.
>
> 정답 ③

206　03·04·06 채용, 08 간부

다음 중 영국의 경찰조직과 범죄수사에 대한 설명으로 옳지 않은 것은? (잉글랜드와 웨일즈 경찰 기준)

① 수도경찰청장은 전국의 고위 경찰간부나 민간인 중에서 내무부장관의 추천으로 영국여왕이 임명한다.
② 수도경찰청 하부조직으로는 외근형사국, 기획국, 인사교육국, 특별업무국이 있으며, 각 국의 국장은 내무부 장관의 추천을 받아 국왕이 임명한다.
③ 수도경찰청은 창설시에는 자치경찰의 형태를 가지고 있었다.
④ 1985년 범죄소추법의 제정 이전까지는 기소업무도 경찰의 독자적 권한이었으나, 법 제정 후 기소업무는 검찰에 이전되었다.

> **정답과 해설**
> ① (O) **수도경찰청장은** 내무부장관의 추천(런던시장의 의견 수렴)을 거쳐 **영국 여왕이 임명**하며, **치안법관 자격**을 갖추고 있다.
> ② (O) 각 국의 국장은 내무부 장관의 추천을 받아 국왕이 임명하며, 각 국의 보좌관이 국장의 업무를 담당한다.
> ③ (X) 수도경찰청은 창설시에는 내무부장관이 직접 관리하는 형태의 **준국가경찰형태(자치경찰 X)** 였으나, **2000.7.부터 자치경찰**로 전환되었다.
> ④ (O) **1985년 범죄소추법 제정**으로 국립기소청(CPS)이 창설된 이후 **기소권은 검찰에 이전**되어 검찰이 기소를 전담한다.
>
> 정답 ③

207　예상문제

영국의 4원체제하에서 지역치안위원장이 가지고 있는 권한이 아닌 것은 모두 몇 개인가?

> ㉠ 지역경찰청장 중에서 국립범죄청장 임명
> ㉡ 지역치안의 대표자로서 지역주민의 선거에 의하여 선출
> ㉢ 각 지방경찰청 예산의 50%씩 지원
> ㉣ 지역경찰청장 및 차장의 임명 및 해임권
> ㉤ 예산 및 재정 총괄권
> ㉥ 지역경찰의 예산지출에 대한 감사권

① 1개　　　　　　　　　② 2개
③ 3개　　　　　　　　　④ 4개

> **정답과 해설**
> ㉡㉣㉤은 **지역치안위원장**의 권한이다.
> ㉠㉢은 **내무부장관**의 권한이다.
> ㉥은 **지역치안평의회**의 권한이다.
>
> 정답 ③

THEME 02 미국경찰

208 ☐☐☐☐ 03·04 채용, 04 승진, 09·26 간부

다음 중 미국경찰의 역사에 대한 설명으로 옳지 않은 것은?

① 영국은 미국의 경찰제도에 가장 큰 영향을 주었다.
② 미국에서 지나친 지방분권화와 정치적 영향으로 효과적인 범죄 대처가 불가능해지자 1835년에 최초의 주경찰로 펜실베니아 주경찰이 창설되었다.
③ 1838년 보스톤시 경찰, 1844년 뉴욕시 경찰, 1833년, 1848년에 필라델피아 경찰이 근대적 경찰로 개혁되었다.
④ 미국 도시경찰의 시초라고 할 수 있는 제도는 보스톤시의 야경제도이다.

> **정답과 해설**
>
> ① (O) 영국은 식민통치를 위하여 미국 내에 지역사회를 기반으로 하는 법집행기관들을 조직하였는데, 영국의 보안관(Sheriff)과 치안관(Constable), 야경원(Watchman 파수꾼)제도가 도입되면서 **영국은 미국의 경찰제도에 영향**을 주었다.
> ② (X) 1835년 **텍사스주**에서 미국최초로 **주경찰이 창설**되었다.
> ③ (O) **보스톤시(1838, 최초의 제복경찰관이 등장)**, 뉴욕시(1844), 필라델피아시(1833, 1848) 등 대도시에서 경찰개혁이 시작되어 근대적 경찰이 창설되었다.
> ④ (O) 미국 도시경찰의 시초는 **1631년 보스톤시**의 야경제도이다.
>
> 정답 ②

209 ☐☐☐☐ 22 경채

영미법계 국가의 경찰개념 형성 및 발달과정 중 미국경찰의 20세기 초 경찰개혁시대에 관한 설명으로 가장 적절하지 않은 것은?

① 미국경찰은 지나친 분권화와 정치적 영향으로 정치와 경찰의 분리를 추진하였다.
② 개혁을 이끈 대표적 인물로 볼머(August Vollmer), 윌슨(O. W. Wilson) 등이 있다.
③ 경찰의 전문직화를 추진·확립하였다.
④ 시민과의 협력을 위해 도보순찰을 강조하였다.

> **정답과 해설**
>
> ①② (O) '경찰로부터의 정치분리와 정치로부터의 경찰분리'를 기본목표로 **리차드 실베스타**(Richard Sylvester)와 **오거스트 볼머**(August Vollmer, 현대 미국경찰의 아버지), 윌슨(O. W. Wilson) 등에 의해 추진되었다.
> ③ (O) 미국경찰의 20세기 초 경찰개혁의 중요한 목표 중 하나는 **경찰의 전문직화**였다. 볼머와 윌슨을 포함한 개혁가들은 경찰이 단순히 물리적 강제력만을 행사하는 직업이 아닌, **전문적인 직업**으로 자리 잡도록 노력하였다.
> ④ (X) 윌슨(O.W.Wilson)은 순찰의 효율성을 높이기 위해 **도보순찰 대신 자동차 순찰**을 도입했다. 자동차 순찰은 경찰이 더 넓은 지역을 빠르게 순찰할 수 있게 하여, 경찰 활동의 효율성을 높이고 대응 시간을 단축하는 데 중점을 두었다.
>
> 정답 ④

210 ☐☐☐☐ 24 간부

20세기 초 미국경찰에 대한 설명으로 적절하지 않은 것은 모두 몇 개인가?

> 가. 위커샴 위원회(Wickersham Commission) 보고서에서는 경찰전문성 향상을 위해 경찰관 채용기준 강화, 임금 및 복지개선, 교육훈련 증대의 필요성이 제기되었다.
> 나. 오거스트 볼머(August Vollmer)는 경찰관 선발을 지원하기 위해서 지능·정신병·신경학 검사를 도입했다.
> 다. 윌슨(O. W. Wilson)은 1인 순찰제의 효과성에 관한 체계적인 연구를 수행했다.
> 라. 루즈벨트(F. D. Roosevelt) 대통령의 지시로 1903년 최초의 연방수사 기구가 재무부에 창설되었다.

① 1개   ② 2개
③ 3개   ④ 4개

정답과 해설

가. (O) 위커샴 위원회(Wickersham Commission)는 **경찰에 대한 정치적 간섭의 배제, 근무조건의 개선(임금 및 복지개선), 경찰 교육훈련체계의 개선(경찰관 채용기준 강화, 교육훈련 증대의 필요성), 경찰의 기술혁신** 등을 제시하여 **직업경찰제도의 확립 추진**을 위해 1929년 후버 대통령이 경찰전문성 향상과 형사사법제도를 연구하기 위하여 설치하였다.

나. (O) 현대 미국경찰의 아버지라 불리우는 오거스트 볼머(August Vollmer)는 경찰관을 선임할 때 엄격한 기준을 도입(지능·정신병·신경학 검사)할 것을 주장하였다.

다. (O) 윌슨(O. W. Wilson)은 경찰의 **조**직구조, **순**찰운용(자동차 순찰(도보순찰 X), 1인 순찰제도), **통**신의 효율성 제고를 통한 경찰업무의 혁신과 전문직화를 주장하였다. **조순통**

라. (X) **시어도어 루즈벨트(Theodore Roosevelt)** 대통령의 지시로 **1908년 법무부**(재무부 X) 소속의 수사국(Bureau of Investigation)이 창설되었다. 1935년 프랭클린 D. 루즈벨트(Franklin D. Roosevelt) 대통령 시기에 법무부 수사국이 미국 연방범죄수사국(Federal Bureau of Investigation, FBI)으로 개칭되었다.

정답 ①

211 □□□□ 03 · 07 · 25 채용

다음 중 미국의 경찰조직에 대한 설명으로 옳지 않은 것은?

① 미국에서는 주나 자치체가 치안유지를 주로 담당하였고, 연방경찰의 정비는 아주 완만하였다.
② 연방 법집행기관들은 각 기관의 법집행력을 확보하기 위한 필요에 의해 설립되어서 기관상호간의 임무중복과 비효율성 등의 문제점이 발생하고 있다.
③ 미국의 연방정부는 헌법상 명문으로 경찰권을 가지고 있다.
④ 19세기 미국경찰은 비전문적이고 부패와 비능률이 지배하고 있었으며, 지나친 지방분권화와 정치적 영향으로 효과적인 범죄대처가 불가능하게 되었기 때문에 주경찰기관이 조직되었다.

> **정답과 해설**
> ① (O) 미국에서는 주나 자치체가 치안유지를 주로 담당하였고, 연방경찰의 정비는 **아주 완만(빠른 속도 X)**하였다.
> ② (O) **많은 연방경찰기관들이 난립되어 임무가 중복되는 등 비능률적·비경제적** 문제점이 발생하고 있다.
> ③ (X) 연방정부는 **헌법의 명문규정상으로는 경찰권이 없으나**, 헌법상의 과세권 및 주간(州間)통상규제권 등에 의해 사실상 경찰권을 행사한다.
> ④ (O) 19세기 미국경찰은 비전문적이고 부패와 비능률이 지배하고 있었으며, 지나친 **지방분권화(중앙집권화 X)**와 정치적 영향으로 효과적인 범죄대처가 불가능하게 되었기 때문에 주경찰기관이 조직되었다.
>
> **정답** ③

212 □□□□ 06 채용

다음 중 미국 도시경찰에 관한 설명으로 타당하지 않는 것은 모두 몇 개인가?

> ㉠ 미국의 법집행기관 중에서 그 규모가 가장 크고 중요하다.
> ㉡ 시(市) 경찰 중에서 가장 규모가 큰 것은 뉴욕시 경찰청이다.
> ㉢ 우리나라의 파출소에 해당하는 말단조직을 가지고 있다.
> ㉣ 경찰서에 형사(수사)부서를 두어 지역주민을 보호하고 있다.

① 1개 ② 2개
③ 3개 ④ 4개

> **정답과 해설**
> ㉢ (X) 미국의 도시경찰은 우리나라의 파출소에 해당하는 **말단조직을 가지고 있지 않다.**
> ㉣ (X) 미국의 도시경찰을 우리나라 경찰서 조직과 비교하여 볼 때 다른 점은 대부분 형사(수사)부서가 경찰서 소속이 아니라 **시경찰국에서 직접 운용한다는 점**이고, 경찰서장의 지휘를 받지 않으며, 인사교류도 서로 되지 않는다는 점이다.
>
> **정답** ②

독일경찰

213 □□□□ 03 채용, 08 승진, 09 간부

다음 중 독일의 경찰조직에 대한 설명으로 옳지 않은 것은?

① 경찰권은 원칙적으로 주정부에 속해 있다.
② 독일의 지역경찰이 국경경비와 사실상의 모든 지역치안업무를 수행한다.
③ 연방경찰과 주경찰은 상호 독자적인 지위를 유지하며, 예외적으로 연방경찰 관할에 속하는 업무에 관하여 주경찰에 대한 통제를 인정하고 있다.
④ 전국적인 특수상황에 대비하기 위한 연방경찰이 있다.

> **정답과 해설**
> ① (O) 독일 기본법상 경찰권은 **원칙적으로 주정부(연방경찰 X)**에 속하며, 다만 전국적인 특수상황에 대비하기 위하여 연방경찰이 병존한다.
> ② (X) 독일의 경우 **연방경찰이 국경경비와 특수임무**를 수행하고, 사실상의 지역치안업무는 주경찰이 전담한다.
> ③ (O) 연방경찰과 주경찰은 **상호 독자적인 지위(상명하복 관계 X)**를 유지한다.
> ④ (O) 연방경찰은 국경경비와 전국적인 특수한 업무만을 담당한다.
>
> 정답 ②

214 □□□□ 05 · 23 채용, 10 승진, 08 · 09 · 21 간부

다음 중 독일의 연방경찰에 대한 설명으로 가장 적절한 것은?

① 연방헌법보호청은 1950년 독일기본법을 근거로 설치되었다.
② 연방헌법보호청(BfV)은 연방헌법기관 요인들에 대한 신변경호도 담당한다.
③ 연방범죄수사청은 극좌 · 극우의 합법 · 비합법단체, 스파이 등 기본법 위반의 혐의가 있는 모든 행위에 대한 감시업무와 정보수집 · 분석임무를 수행한다.
④ 독일의 연방경찰로 외국과의 수사협조업무를 수행하며 독일인터폴 총국이 설치되어 있는 기관은 연방경찰청(Bundespolizei)이다.

> **정답과 해설**
> ① (O) **연방헌법보호청(BfV)**은 1950년 독일기본법을 근거로 설치되었다.
> ② (X) **연방범죄수사청(BKA)**은 연방헌법기관 요인들에 대한 신변경호도 담당한다.
> ③ (X) 극좌 · 극우의 합법 · 비합법단체, 스파이 등 기본법 위반의 혐의가 있는 모든 행위에 대한 감시업무와 정보수집 · 분석임무는 **연방헌법보호청(BfV)**이다.
> ④ (X) 독일의 연방경찰로 외국과의 수사협조업무를 수행하며 독일인터폴 총국이 설치되어 있는 기관은 **연방범죄수사청(BKA)**이다.
>
> 정답 ①

215 ☐☐☐☐ 08 채용, 03 · 11 간부

다음 중 독일의 범죄수사구조에 대한 설명으로 옳지 않은 것은?

① 독일의 검사와 사법경찰관은 상명하복 관계에 있으며, 사법경찰관은 수사의 보조자이다.
② 경찰에게 독자적인 초동수사권을 인정하고 있다.
③ 독일의 검찰은 공소권만 가지고 있고, 수사권은 가지고 있지 않아 소위 "팔 없는 머리"로 불리기도 한다.
④ 검찰은 경제사범, 테러범, 정치범, 강력범의 경우에만 수사를 하고, 기타 사건은 경찰에게 실질적으로 독자적인 수사를 위임하고 있다.

정답과 해설

① (O) 독일의 검사와 사법경찰관은 **상명하복 관계(상호협력 X)**에 있으며, 사법경찰관은 수사의 **보조자(주재자 X)**이다
② (O) 경찰도 **독자적으로 수사에 착수할 권한과 의무**가 있지만, 수사활동에 있어 검사의 명령에 복종하여야 한다.
③ (X) 독일 검찰은 **공소제기권과 수사권을 모두 가지고 있으나**, 자체적인 집행기관을 보유하고 있지 않아 "팔 없는 머리"로 불리기도 한다.
④ (O) 검사는 경제사범, 테러범, 정치범, 강력범의 경우에만 수사에 관여하고 기타 경미한 사건은 경찰에 독자적 수사를 위임하여 **경찰이 실질적으로 수사를 주도**한다.

정답 ③

THEME 04 프랑스 경찰

216  03 · 05 · 09 채용

다음 중 프랑스의 경찰제도에 대한 설명으로 옳지 않은 것은?

① 프랑스는 국립경찰과 자치체경찰의 업무가 명확히 구분되어 있다.
② 프랑스는 사인소추주의를 채택하고 있다.
③ 2002년 군인경찰 소속은 국방부, 지휘권은 내무부장관이었으나, 2009년부터 소속이 내무부로 이관되어 신분은 군인이나 소속은 내무부, 지휘·감독권은 내무부장관이다.
④ 프랑스경찰은 국가경찰체제로 내무부장관의 지휘하에 전국적인 조직을 가지고 있고, 사법경찰은 내무부장관의 관할이다.

정답과 해설

① (O) 프랑스는 집중형 체제이지만 **국립경찰과 자치체경찰의 업무가 명확히 구분**되어 있다.
② (O) 프랑스 검사의 기소독점주의를 인정하지 않고 **사인소추주의를 채택**하고 있다.
③ (O) 2002년 군인경찰 소속은 국방부, 지휘권은 내무부장관이었으나, 2009년부터 소속이 내무부로 이관되어 신분은 군인이나 **소속은 내무부**, 지휘·감독권은 내무부장관이다.
④ (X) 프랑스의 사법경찰은 **법무부장관**의 관할이다.

정답 ④

217 □□□□ 06 채용, 09 간부, 예상문제

다음 중 프랑스의 경찰조직과 범죄수사구조에 대한 설명으로 옳지 않은 것은?

① 대부분의 국가에서는 경찰관의 노동조합결성권을 인정하지 않으나, 프랑스에서는 명문으로 노동조합 결성권을 인정하고 있다.
② 군인경찰은 국립경찰(경찰서)이 없는 인구 2만명 미만의 소도시(Commune)와 농촌지역에서 지방경찰의 인원부족을 보충하여 치안을 담당하는데, 전 국토의 95%에 해당하는 지역의 경찰업무를 담당한다.
③ 수사(예심)판사는 수사의 주재자로서 수사권을 가지고 동시에 판사로서의 결정권을 가진다.
④ 예심판사는 현행범인의 범죄현장에 출동할 수 있으나 사법경찰관과 검사에게 수사상 필요한 명령을 내릴 수 없다.

정답과 해설

① (O) 프랑스 경찰관은 명문(고급간부노동조합)으로 **노동조합 결성권을 인정**한다. 단, 단체행동권은 원칙적으로 금지되나 실질적으로는 단체행동을 통해 경찰관의 이익을 확보하고 있다.
② (O) **프랑스의 군인경찰**(La Gendamerie Nationale)은 국립경찰이 배치되지 않는 소규모 인구의 소도시와 농촌지역에서 경찰업무를 수행한다.
③ (O) 수사(예심)판사는 제1심의 예심법원을 구성하는 단독제 법관으로, 수사의 주재자로서 수사권을 가지고 동시에 판사로서의 결정권을 가진다.
④ (X) 수사(예심)판사는 현행범인의 범죄현장에 출동하여 사법경찰관과 검사에게 수사상 **필요한 명령을 내릴 수 있다**.

정답 ④

일본경찰

218 □□□□ 26 간부, 예상문제

다음 중 일본경찰에 대한 설명으로 옳지 않은 것은?

① 정봉행소(町奉行所)는 일본 최초의 경찰제도로서 경찰업무 외에 재판업무와 감옥사무 및 토목업무도 담당하였다.
② 일본에서는 1871년 동경부에 나졸 3,000인이 창설되면서 근대 경찰의 기반이 마련되었고, 나졸은 1872년부터 사법성 관할로 이관되었다.
③ 1954년 신경찰법은 경찰의 민주화의 요청으로 경찰운영의 단위를 도도부현으로 하고, 경찰조직을 도도부현경찰로 일원화하였다.
④ 국가경찰기관에 소속된 경찰관은 국가공무원이고, 도도부현에 소속된 경찰관은 지방공무원이다. 다만, 경시정 이상으로서 도도부현에 근무하는 경찰관은 국가공무원이다.

정답과 해설

① (O) 정봉행소(町奉行所)는 에도시대에 일본의 주요 도시에서 운영된 경찰과 행정 기관이다. 이 기관은 **치안유지** 외에도 **재판업무, 감옥업무, 토목업무**와 같은 다양한 행정 업무를 수행했다.
② (O)
③ (X) 1954년 신경찰법은 **경찰의 능률화(민주화 X)의 요청**으로 경찰운영의 단위를 도도부현으로 하고, 경찰조직을 도도부현경찰로 일원화하였다.
④ (O) 국가경찰기관에 소속된 경찰관은 **국가공무원**이고, 도도부현에 소속된 경찰관은 **지방공무원**이다. 다만, **경시정 이상(경시 이상 X)**으로서 도도부현에 근무하는 경찰관은 국가공무원이다.

정답 ③

219 ☐☐☐☐ 03 · 05 · 07 · 09 채용

다음 중 일본경찰의 조직에 관한 설명으로 옳지 않은 것은?

① 국가경찰인 경찰청과 관구경찰국, 도도부현경찰인 동경도 경시청과 도부현 경찰본부 등 2중 체제로 구성되어 있다.
② 대규모 재해 등 긴급사태 발생시에는 내각총리대신과 경찰청장관에 의한 중앙통제를 인정하고 있다.
③ 국가경찰인 경찰청은 내각총리대신의 소할하에 국가공안위원회를 두고, 그 관리 하에 경찰청을 둔다.
④ 도도부현경찰의 경비는 원칙적으로 국가가 부담하고 예외적으로 도도부현이 부담한다.

> **정답과 해설**
> ① (O) 일본경찰은 신경찰법에 의하여 국가경찰인 경찰청과 관구경찰국(6개), 도도부현경찰인 동경도 경시청과 도부현경찰본부 등 **2중체제(절충형)로 구성**되어 있다.
> ② (O) **신경찰법(1954년)은** 대규모 재해 등 긴급사태 발생시에는 내각총리대신과 경찰청장관에 의한 중앙통제를 인정하고 있다.
> ③ (O) 국가경찰인 경찰청은 **국가공안위원회가 관리**한다.
> ④ (X) 도도부현경찰의 경비는 **원칙적으로 도도부현이 부담하고 예외적으로 국가가** 부담한다.
>
> **정답** ④

220 ☐☐☐☐ 08 · 09 채용, 08 · 09 승진

다음 중 일본의 국가공안위원회에 대한 설명으로 옳은 것은?

① 경찰의 민주성과 정치적 중립성 확보위해 1947년 (구)경찰법에 의해 처음 설치되었다.
② 국가공안위원회는 중앙에서 통일적으로 하는 것이 적당한 일반적 업무, 대규모 재해, 소요사태 및 경찰행정을 조정한다. 그러나 업무수행에 필요한 감찰업무는 별도의 기관에서 수행한다.
③ 위원장을 포함한 5인으로 구성된 국가공안위원회는 경찰비리에 대한 감찰지시권을 가지고 있다.
④ 국가공안위원회 위원은 임명 전 5년간 경찰 또는 판사의 전력이 없는 자 중에서 내각총리대신이 국회의 동의를 얻어 임명한다.

> **정답과 해설**
> ① (O) 경찰의 **민주성과 정치적 중립성(능률성 확보 X)** 확보위해 **1947년 (구)경찰법**(관료화와 독선방지 목적)에 의해 처음 설치되었다.
> ② (X) 국가공안위원회는 **업무수행에 필요한 감찰업무도 실시**한다.
> ③ (X) 국가공안위원회는 **위원장 포함한 6인**으로 구성된다.
> ④ (X) 위원은 임명 전 5년간 **경찰 또는 검찰(판사 X)**의 직무를 행한 직업적 공무원의 전력이 없는 자 중에서 내각총리대신이 국회의 동의를 얻어 임명한다.
>
> **정답** ①

221 □□□□ 08 간부

일본검사가 수사하고 있던 사항에 대해 경찰서 사법경찰직원에게 수사의 보조를 구하였다. 이런 권한은 무엇인가?

① 사법경찰직원에 대한 일반적 지시권
② 사법경찰직원에 대한 일반적 지휘권
③ 사법경찰직원에 대한 구체적 지시권
④ 사법경찰직원에 대한 구체적 지휘권

정답과 해설

④ 설문은 사법경찰직원에 대한 **구체적 지휘권**에 대한 설명이다.
① 사법경찰직원에 대한 일반적 지시권은 수사를 적정하게 하고 그 외에 공소수행을 완성하기 위하여 필요한 사항에 관하여 일반적인 준칙을 제정하는 것을 말한다.
② 사법경찰직원에 대한 일반적 지휘권은 사법경찰직원 일반에 대해서 구체적 사건의 수사에 대한 개괄적 지휘로써 수사의 협력을 구하는데 필요한 일반적 지휘를 말한다.

정답 ④

THEME 06 종합문제

222 24 채용

외국경찰에 관한 설명으로 가장 적절하지 않은 것은?

① 11세기경 프랑스의 앙리 1세는 파리의 치안을 유지하기 위해 법원과 경찰기능을 가진 프레보(Prévôt)를 창설하였다.
② 독일경찰은 1949년 「기본법」의 제정으로 대부분의 주(州)에서 주(州)단위 국가경찰제도를 채택하였다.
③ 영국의 지방경찰은 2011년 「경찰개혁 및 사회책임법」 제정을 통해 기존의 3원 체제(지방경찰청장, 지방경찰위원회, 내무부장관)에서 4원 체제(지역치안위원장, 지역치안평의회, 지방경찰청장, 내무부장관)로 변화하면서 자치경찰의 성격이 약화되었다.
④ 미국의 20세기 초 경찰개혁을 이끈 대표적 인물로 1인 순찰제의 효과성을 연구한 윌슨(O. W. Wilson)과 대학에 경찰 관련 교육과정을 개설한 어거스트 볼머(August Vollmer)가 있다.

정답과 해설

① (O) 11세기 프랑스의 앙리 1세(Henri I, 1008-1060)는 당시 파리의 치안과 질서를 유지하기 위해 프레보(Prévôt)라는 제도를 창설했다. 국왕친위순찰대인 **프레보가 재판과 경찰**을 담당했다(**프랑스 경찰의 시초**).
② (O) 1949년 제정된 독일기본법에 따르면 일반경찰행정권을 **주정부(연방정부 X)**에 부여하여 **각 주는** 고유한 경찰법을 제정하게 되었다. 즉, 대부분 주정부는 주단위 **국가경찰제도**를 채택하였다.
③ (X) 3원 체제(지방경찰청장, 지방경찰위원회, 내무부장관)에서 4원 체제(지역치안위원장, 지역치안평의회, 지방경찰청장, 내무부장관)로 변경하면서 **자치경찰의 성격을 강화(약화 X)**하였다.
④ (O) 미국의 20세기 초 경찰개혁을 이끈 대표적 인물로 **1인 순찰제**의 효과성을 연구한 **윌슨**(O. W. Wilson)과 대학에 경찰 관련 교육과정을 개설한 **어거스트 볼머**(August Vollmer)가 있다.

정답 ③

223 □□□□ 23 간부, 예상문제

외국의 경찰에 대한 설명으로 가장 적절하지 않은 것은?

① 미국은 경찰업무의 집행에 있어 범죄대응의 효율성보다는 인권보장에 중점을 두어 적법절차(Due Process of Law)를 강조하는데, 이는 연방대법원의 판결을 통해 확립되어 있다.
② 프랑스 군경찰은 군인의 신분으로 국방임무를 수행하면서, 행정경찰과 사법경찰의 기능을 수행한다.
③ 일본의 경찰은 독자적 수사권을 가지고 있고 검사와는 상명하복관계에 있다.
④ 독일경찰은 연방차원에서는 각 주(州)가 경찰권을 가지고 있는 자치경찰이지만, 주(州)의 관점에서 본다면 주(州) 내무부장관을 정점으로 하는 주(州)단위의 국가경찰체제이다.

정답과 해설

① (O) 20세기 중반 이후에는 연방대법원의 1957년 멜로리(Mallory) 판결, 1964년 Escobedo 판결, 1966년 미란다 판결 등으로 경찰업무의 집행에서도 **적법절차(Due Process of Law)를 강하게 요구**하였으며, 상대적으로 범죄대응의 효율성보다 **인권보호에 중심**을 두는 시기이다.
② (O) 2009년부터 소속이 내무부로 이관되어 **신분은 군인**이나 **지휘감독권은 내무부장관**이 한다.
③ (X) 일본의 경찰은 독자적 수사권을 가지고 있고 검사와는 **상호협력관계(상명하복 X)**에 있다.
④ (O) 독일경찰은 연방차원에서는 각 주(州)가 경찰권을 가지고 있는 자치경찰이지만, 주(州)의 관점에서 본다면 주(州) 내무부장관을 정점으로 하는 주(州)단위의 **국가경찰체제(자치경찰체제 X)**이다.

정답 ③

224 ▢▢▢▢ 24 채용

외국경찰제도에 관한 설명으로 가장 적절한 것은?

① 일본의 사법경찰(직원)은 1차적 수사기관으로 인정받고 있어, 수사를 개시·진행·종결까지 독자적으로 한 이후 검사에게 송치하는 것이 원칙이다.
② 프랑스에서는 수사의 주체가 수사판사 또는 검사이고, 국립경찰 소속 사법경찰뿐만 아니라 사법경찰활동을 하는 군경찰도 수사판사 또는 검사의 수사지휘를 받아야 한다.
③ 독일에서는 주별로 법률이 독자적으로 제정·운영되고 있어 주 경찰 중심으로 일반적 경찰권을 행사하나, 수사권에 있어서는 통일적 업무수행을 위해 연방(범죄)수사청이 주 소속 수사경찰을 지휘·감독한다.
④ 미국경찰에는 기본적으로 지방경찰, 주 경찰, 연방경찰이 존재하며, 이 중 광범위한 경찰권을 행사하여 법집행의 범위가 가장 넓은 것은 주 경찰이다.

정답과 해설

① (X) 일본 경찰은 일반적으로 1차적 수사기관이라고 하며 수사의 **개시권(종결권 X)**을 갖고, **검사**는 수사권과 기소권(공소제기권), **수사의 종결권**을 가지고 있다.
② (O) 수사의 주체가 **수사판사 또는 검사**이고, 국립경찰 소속 **사법경찰**뿐만 아니라 사법경찰활동을 하는 **군경찰**도 수사판사 또는 검사의 수사지휘를 받도록 되어 있으나, 경찰의 독자적 수사개시권을 법률로 인정하고 있다.
③ (X) 연방(범죄)수사청은 수사경찰의 총본부는 아니며, 범죄수사분야에서 각 주 경찰의 수사활동을 지원하지만, **주 소속 수사경찰의 실질적 지휘·감독은 권한은 없다.**
④ (X) 미국경찰에는 기본적으로 지방경찰, 주 경찰, 연방경찰이 존재하며, 이 중 광범위한 경찰권을 행사하여 법집행의 범위가 가장 넓은 것은 **지방경찰(주 경찰 X)**이다.

정답 ②

225 예상문제

다음은 각국 경찰제도에 대한 설명이다. 옳은 것은 모두 몇 개인가?

㉠ 영국경찰은 법관에 대한 영장청구권, 불기소처분에 대한 독자적 수사종결권을 가지고 있으며, 기소업무도 담당한다.
㉡ 미국의 검찰(연방경찰, 지방검찰)과 경찰은 상호협력관계를 유지한다.
㉢ 독일경찰의 각 주는 주범죄수사국을 설치하여 주의 범죄사건을 수사하며, 연방범죄수사청(BKA)과 업무협조를 하지 않는다.
㉣ 프랑스는 국립경찰과 자치체경찰의 업무가 명확히 구분되어 있지 않다.
㉤ 일본의 국가공안위원회는 합의제 행정관청인 행정위원회의 성격을 갖는다.

① 1개   ② 2개
③ 3개   ④ 4개

정답과 해설

㉠ (X) 기소업무는 전통적으로 경찰의 독점적 권한이었으나, **1985년 범죄소추법의 제정으로 검찰**의 독점적 권한으로 이전되었다.
㉡ (O) 미국의 검찰(연방경찰, 지방검찰)과 경찰은 **상호협력관계**를 유지한다.
㉢ (X) 독일경찰의 각 주는 주범죄수사국을 설치하여 주의 범죄사건을 수사하며, **연방범죄수사청(BKA)과 업무협조를 한다**.
㉣ (X) 프랑스는 국립경찰과 자치체경찰의 업무가 **명확히 구분**되어 있다.
㉤ (O) 일본의 국가공안위원회는 합의제 행정관청인 행정위원회의 성격으로 **비상설기관(상설기관 X)**이다.

정답 ②

226 ☐☐☐☐ 25 채용, 예상문제

다음은 각국 경찰제도에 대한 설명이다. 옳지 않은 것은 모두 몇 개인가?

> ㉠ 독일 연방범죄수사청(BKA)은 전국의 범죄수사를 실질적으로 지휘한다.
> ㉡ 프랑스 혁명정부는 경찰국장을 없애고 경찰업무를 중앙에 집중하는 국가경찰체제를 수립하였다.
> ㉢ 미국 법무부산하 기관으로 연방범죄수사국(FBI), 알콜·담배·무기국(ATF), 마약단속국(DEA), 연방항공국(FAA) 등이 있다.
> ㉣ 일본에서는 1차적 수사기관인 경찰과 2차적 수사기관인 검사가 대등적·협력적 관계를 이루고 있다.

① 0개
② 1개
③ 2개
④ 3개

정답과 해설

㉠ (X) 독일 연방범죄수사청은 연방관련 주요사건만을 담당할 뿐 **전국 경찰의 수사활동과는 큰 연관이 없다.**
㉡ (X) 프랑스혁명으로 수립된 혁명정부는 경찰대신을 없애고, 경찰업무를 지방자치단체장에게 속하게 하는 **지방경찰체제를 수립**하였다.
㉢ (X) 연방항공국(FAA)은 **교통부 소속**이다.
㉣ (O)

정답 ④

227 □□□□ 08·22 간부

다른 나라의 경찰제도에 대한 설명으로 적절하지 않은 것은 모두 몇 개인가?

> 가. 일본의 관구경찰국은 동경 경시청과 북해도 경찰본부 관할구역을 제외하고 전국에 7개가 설치되어 있다.
> 나. 프랑스의 군인경찰(La Gendamerie Nationale)은 국립경찰이 배치되지 않는 소규모 인구의 소도시와 농촌지역에서 경찰업무를 수행한다.
> 다. 독일의 연방헌법보호청은 경찰기관의 하나로서 법집행업무를 수행하는데, 헌법위반과 관련된 사안에 대해서만 구속·압수·수색 등 강제 수사를 할 수 있다.
> 라. 미국의 군 보안관(County Sheriff)은 범죄수사 및 순찰 등 모든 경찰권을 행사하며, 대부분의 주(State)에서 군 보안관 선출은 지역주민의 선거로 이루어진다.
> 마. 영국의 수도경찰청은 창설시에는 자치경찰의 형태를 가지고 있었다.

① 없음 ② 1개
③ 2개 ④ 3개

정답과 해설

가. (X) 경찰청의 지방기관으로 동경도와 북해도를 제외한 전국에 **6개(7개 X)**의 관구경찰국이 설치되어 있다.
나. (O) 프랑스의 제2의 국가경찰인 군인경찰(La Gendamerie Nationale)은 국립경찰이 배치되지 않는 소규모 인구의 소도시와 농촌지역에서 경찰업무를 수행한다. 군으로서 임무수행시는 군인, 경찰업무를 수행시에는 국가경찰이다.
다. (X) 독일의 연방헌법보호청은 **법집행권한이 없어 독자적으로 수사나 구속·압수·수색 등을 하지 못하며 정보를 경찰당국에 이첩하여 수사를 한다.**
라. (O) 미국의 군 보안관(County Sheriff)은 50개 중 로즈 아일랜드와 하와이 2개주만 제외하고 해당 **지역주민에 의해 직접 선출**된다. 또한 범죄수사 및 일반 치안(순찰) 업무뿐만 아니라 군유치장과 군법원의 경비업무도 담당하는 경우가 많다.
마. (X) 수도경찰청은 창설시에는 내무부장관이 직접 관리하는 형태의 **준국가경찰형태(자치경찰 X)** 였으나, **2000.7.부터 자치경찰**로 전환되었다.

정답 ④

킹재규 경찰학 플러스 1000제

PART 3
경찰행정학

01

경찰관리

① 경찰조직관리
② 경찰인사관리
③ 계급제와 직위분류제
　 (공직의 분류)
④ 사기관리
⑤ 경찰예산
⑥ 「국가재정법」상 예산과정
⑦ 장비관리
⑧ 보안관리
⑨ 문서관리(행정업무의 운영 및 혁신에 관한 규정)

• 기 출 키 워 드 •

23년 2차	• 경찰조직편성 • 동기부여이론 • 예산 • 경찰장비관리규칙 • 보안업무규정
24년 1차	• 경찰조직편성 • 계급제와 직위분류제 • 국가재정법 • 경찰장비관리규칙 • 보안업무규정
24년 2차	• 조직편성원리 • 직업공무원제도 • 예산제도 • 경찰장비관리규칙
25년 1차	• 조직편성의 원리 • 동기부여이론 • 보안업무규정
25년 2차	• 조직편성의 원리 • 계급제와 직위분류제 • 직업공무원제도 • 동기부여이론 • 예산제도

최신개정법령&무료자료 다운로드 등
네이버 김재규경찰학 카페(https://cafe.naver.com/ollaedu)

228 ☐☐☐☐ 26 간부

경찰관료제의 병리현상에 관한 설명으로 가장 적절하지 않은 것은?

① 관료는 목표가 아닌 수단에 지나치게 동조함으로써 목표와 수단의 전도나 창의력 결여 등의 부작용인 동조과잉이 나타나게 된다.

② 문제해결에 적극적·쇄신적 태도를 취하지 않으려 하고, 정책결정을 지연시키며, 상급자의 명령·지시에만 영합하며, 책임을 회피하기 위하여 상급자의 권위에 의존하는 무사안일주의와 상급자 권위에의 의존이 발생하게 된다.

③ 관료적 서열구조인 조직 안에서 구성원은 자신의 무능력 수준에 도달할 때까지 승진하게 된다는 할거주의가 나타나게 된다.

④ 관료가 한 가지 지식 또는 기술에 대해 훈련을 받고 기존 규칙을 준수하도록 길들여져서 다른 대안을 생각하지 못하는 훈련된 무능이 발생할 수 있다.

정답과 해설

③ (X) 조직구성원들은 자신의 무능력 수준에 도달할 때까지 승진하게 된다는 것은 **피터의 원리(Peter's Principle)**에 대한 설명이다.

[비교]
할거주의는 소속기관·부서에만 충성함으로써 타 조직·부서와의 조정·협조가 곤란하게 하여 조정과 통합이 어려워진다.

정답 ③

229 ☐☐☐☐ 23 해경간부(행정학)

다음 중 관료제 병리현상에 대한 설명으로 가장 옳은 것은?

① 동조과잉과 형식주의로 인해 '전문화로 인한 무능' 현상이 발생한다.
② '피터의 원리(Peter Principle)'가 지적하듯이 무능력자가 승진하게 되는 경우가 생긴다.
③ 상관의 권위에 의존하면서 소극적으로 일을 처리하려는 할거주의가 나타난다.
④ 목표가 아닌 수단으로서의 규칙과 절차에 지나치게 집착하는 번문욕례(red tape)현상이 나타난다.

> **정답과 해설**
>
> ① (X) **동조과잉(목표의 전환)**은 행정의 본래 목표가 도외시되고 수단(규칙·절차)에 집착하는 것을 의미한다. **전문화로 인한 무능 현상이 발생**하는 것은 지나친 분업으로 인한 병리현상이다.
> ② (O) **피터의 원리(Peter's Principle)**란 조직구성원들은 자신의 무능력 수준까지 승진한다. 즉, 무능력자가 승진하는 경우가 생기는 것을 지적한 원리이다.
> ③ (X) 상관의 권위에 의존하면서 소극적으로 일을 처리하려는 현상은 **무사안일주의**이다.
> ④ (X) 목표가 아닌 수단으로서의 규칙과 절차에 지나치게 집착하는 현상은 **목표의 전환(동조과잉)**이다.
>
> 정답 ②

230 ☐☐☐☐ 22 채용

경찰조직편성의 원리에 관한 설명 중 가장 적절하지 않은 것은?

① '통솔의 범위'는 한 사람의 상관이 효과적으로 감독할 수 있는 최대한의 부하의 수를 말한다.
② '계층제'는 권한과 책임의 정도에 따라 직무를 등급화 함으로써 상·하계층간 직무상 지휘·감독관계에 놓이게 하는 것을 말한다.
③ '명령통일의 원리'는 조직구성원들은 한 사람의 상관으로부터만 명령을 받고, 보고도 그 상관에게만 하여야 한다는 것을 의미한다.
④ '할거주의'는 타기관 및 타부처에 대한 횡적인 조정과 협조를 용이하게 만드는 대표적인 요인으로 조정·통합의 원리에 필수적인 요소이다.

> **정답과 해설**
>
> ① (O) '통솔의 범위'는 1인의 상관 또는 감독자가 효과적으로 직접 통솔할 수 있는 부하의 수를 정하는 원리로, 통솔범위는 신설부서보다는 **오래된 부서**, 지리적으로 분산된 부서보다는 **근접 부서**, 복잡한 업무보다는 **단순한 업무**의 경우에 **넓어진다**.
> ② (O) '**계층제의 원리**'는 직무를 책임과 난이도에 따라 상하로 나누어 배치하고 상하계층간에 명령복종관계를 적용하는 조직편성원리로 상위로 갈수록 권한과 책임이 무거운 임무를 수행한다는 원리이다.
> ④ (X) 할거주의는 **소속기관·부서에만 충성함**으로써 타 조직·부서와의 조정·협조가 **곤란하게** 하여 **조정과 통합이 어려워진다**.
>
> 정답 ④

231 ☐☐☐☐ 23 간부

경찰조직편성의 원리에 대한 설명으로 가장 적절하지 않은 것은?

① 통솔범위의 원리에서 조직의 역사, 교통통신의 발달, 관리자의 리더십(Leadership), 부하의 능력 등은 통솔범위의 중요 요소이다.
② 통솔범위의 원리는 직무를 책임과 난이도에 따라 상하로 나누어 배치하고 상하계층간에 명령복종관계를 적용하는 조직편성원리로 상위로 갈수록 권한과 책임이 무거운 임무를 수행한다는 원리이다.
③ 무니(J. Mooney)는 조정·통합의 원리를 조직의 제1원리이며 가장 최종적인 원리라고 하였다.
④ 명령통일의 원리는 조직구성원 누구나 한 사람의 상관에게 보고하며 한 사람의 상관으로부터 명령을 받아야 한다는 원리이다.

> **정답과 해설**
> ① (O) 교통기관이 발달할수록 통솔범위는 넓어진다.
> ② (X) **계층제의 원리**는 직무를 책임과 난이도에 따라 상하로 나누어 배치하고 상하계층간에 명령복종관계를 적용하는 조직편성원리로 상위로 갈수록 권한과 책임이 무거운 임무를 수행한다는 원리이다.
>
> 정답 ②

232 ☐☐☐☐ 예상문제

조직편성의 원리 중 계층제의 원리에 관한 내용으로 옳은 것은?

① 계층이 많아질수록 조직 내의 갈등이나 분쟁이 계층구조 속에서 용해된다.
② 조직의 목적 수행을 위해 구성원의 임무를 책임과 난이도에 따라 등급화하고 계층 간에 명령복종관계를 적용하는 조직원리를 말한다.
③ 환경변화에 대한 조직의 신축적 대응으로 새로운 지식·기술 등 도입이 용이하다.
④ 조직목적 수행을 위한 구성원의 임무를 책임과 난이도에 따라 상위로 갈수록 권한과 책임이 가벼운 임무를 수행하도록 편성하는 원리에 대한 설명이다.

> **정답과 해설**
> ① (X) 조직 내의 갈등이나 분쟁이 계층구조 속에서 용해가 된다. 단, **계층이 많아지면서 오히려 갈등을 증폭시키고 관리비용을 증가시키는 역기능이 존재**한다.
> ② (O) 조직의 목적 수행을 위해 구성원의 임무를 **책임과 난이도**에 따라 상하로 나누어 배치하고, **상위로 갈수록 권한과 책임이 무거운 임무를 수행**하도록 편성하는 원리를 말한다.
> ③ (X) 계층제는 조직의 경직화를 가져와 환경변화에 대한 조직의 신축적 대응을 어렵게 하고 **새로운 지식·기술 등 도입이 곤란**하다는 단점을 가진다.
> ④ (X) 조직목적 수행을 위한 구성원의 임무를 책임과 난이도에 따라 상위로 갈수록 권한과 **책임이 무거운 임무**를 수행하도록 편성하는 원리에 대한 설명이다.
>
> 정답 ②

233 ☐☐☐☐ 23 경채, 예상문제

통솔범위 결정요인과 관련된 빈칸의 내용을 바르게 연결한 것은?

> ㉠ 신설조직이 기성조직보다 통솔범위가 (　)
> ㉡ 조직규모가 클수록 통솔범위가 (　)
> ㉢ 한 장소에 모여 있는 경우 통솔범위가 (　)
> ㉣ 업무의 종류가 동질적이고, 단순한 경우 통솔범위가 (　)
> ㉤ 교통이 발달할수록 통솔범위가 (　)

① ㉠ 넓다 ㉡ 넓다 ㉢ 넓다 ㉣ 넓다 ㉤ 좁다
② ㉠ 넓다 ㉡ 넓다 ㉢ 좁다 ㉣ 넓다 ㉤ 좁다
③ ㉠ 좁다 ㉡ 좁다 ㉢ 넓다 ㉣ 넓다 ㉤ 넓다
④ ㉠ 좁다 ㉡ 좁다 ㉢ 좁다 ㉣ 좁다 ㉤ 넓다

정답과 해설

③ (O) ㉠ 좁다 ㉡ 좁다 ㉢ 넓다 ㉣ 넓다 ㉤ 넓다

정답 ③

234 ☐☐☐☐ 20 채용

경찰조직편성의 원리에 대한 설명으로 가장 적절하지 않은 것은?

① 계층제의 원리의 무리한 적용은 행정능률과 횡적 조정을 저해한다.
② 통솔범위의 원리에서 통솔범위는 계층 수, 업무의 복잡성, 조직 규모의 크기와 반비례 관계이다.
③ 관리자의 공백 등에 의한 업무의 공백에 대비하기 위하여 조직은 권한의 위임·대리 또는 유고관리자의 사전지정 등을 활용하여 명령통일의 한계를 완화할 수 있다.
④ 분업화의 정도가 높아질수록 조정과 통합이 어려워져서 할거주의가 초래될 수 있다.

정답과 해설

① (X) 계층제의 원리의 무리한 적용은 행정능률과 **종적(횡적 X)** 조정을 저해한다. 명령통일의 원리의 무리한 적용이 행정능률과 **횡적(종적 X)** 조정을 저해한다.

정답 ①

235 25 채용

경찰조직편성의 원리에 관한 설명으로 가장 적절하지 않은 것은?

① 계층제 원리 – 권한과 책임의 배분을 통해 신중한 업무처리가 가능하며, 수직적 분화와 집권화 현상이 나타나 구성원의 동기부여를 향상시킨다.

② 통솔범위의 원리 – 업무의 종류가 단순할수록 통솔의 범위는 넓어지며, 계층의 수가 많아질수록 통솔의 범위가 좁아진다.

③ 분업의 원리 – 분업의 원리는 업무를 그 종류와 성질별로 구분하여 구성원에게 가능한 한 한가지의 주된 업무를 분담시킴으로써 조직 관리상의 능률을 향상시키려는 것을 말한다.

④ 조정과 통합의 원리 – 구성원의 노력과 행동을 질서있게 배열하고 통일시키는 작용을 함으로써 경찰행정의 목표를 효율적으로 달성할 수 있게 한다.

정답과 해설

① (X) 계층제 원리는 권한과 책임의 배분을 통해 신중한 업무처리가 가능하다는 장점이 있지만, 계층제가 강할수록 **수직적 분화(분업의 원리의 수직적 분담)와 집권화가 심화**되어 구성원의 동기부여를 **저해(향상 X)**시킨다.

정답 ①

236 □□□□ 19 채용, 예상문제

경찰조직편성의 원리에 관한 설명으로 가장 적절하지 않은 것은 모두 몇 개인가?

> ㉠ 통솔범위는 신설부서보다는 오래된 부서, 지리적으로 근접한 부서보다는 분산된 부서, 복잡한 업무보다는 단순한 업무의 경우에 넓어진다.
> ㉡ 계층제는 계층이 많아질수록 업무처리 과정이 지연되고 많은 비용을 발생시키고 계층간 갈등이 증가하게 되며, 조직의 경직화를 가져와 환경변화에 대한 조직의 신축적 대응을 어렵게 하고 새로운 지식·기술 등 도입이 곤란하다.
> ㉢ 조정과 통합의 원리란 구성원이나 단위기관의 활동을 전체적인 관점에서 통일하여 조직의 목표달성도를 높이려는 원리로 구조조정의 문제와 관련성이 있다.
> ㉣ 분업의 원리란 업무를 성질과 종류별로 구분하여 한 사람에게 한 가지의 동일한 업무만을 전담토록 하는 원리를 말한다.
> ㉤ 명령통일의 한계를 완화하는 대책으로 관리자의 공백 등을 대비한 권한의 위임이나, 대리, 유고 관리자 사전지정 등이 필요하다.

① 1개 ② 2개
③ 3개 ④ 4개

정답과 해설

㉠ (X) 통솔범위는 신설부서보다는 오래된 부서, **지리적으로 분산된 부서보다는 근접한 부서**, 복잡한 업무보다는 단순한 업무의 경우에 넓어진다.
㉡ (O)
㉢ (X) 구조조정의 문제와 관련성이 있는 원리는 **통솔범위의 원리**이다.
㉣ (O) 분업의 원리란 가급적 한 사람에게 동일한 업무를 분담시킴으로써 특정 분야에 대한 업무의 전문화 확보를 가능하게 한다.
㉤ (O)

정답 ②

237 12·18 채용

다음 중 경찰조직의 편성원리에 대한 설명으로 옳지 않은 것은 모두 몇 개인가?

> ㉠ 계층제의 원리 – 책임과 난이도에 따라 상위로 갈수록 권한과 책임이 무거운 임무를 수행하도록 편성한다.
> ㉡ 통솔범위의 원리 – 신설조직보다 기성조직에서, 단순반복 업무보다 전문적 사무를 담당하는 조직에서 상관이 많은 부하직원을 통솔할 수 있다.
> ㉢ 명령통일의 원리 – 상위직에 부여된 권한과 책임을 하위자에게 분담시키는 권한의 위임제도를 적절히 활용하여 명령통일의 한계를 완화할 수 있다.
> ㉣ 조정과 통합의 원리 – 조직의 구조, 보상체계, 인사 등의 제도개선과 조직원의 행태를 합리적으로 개선하는 것은 갈등의 단기적인 대응방안이다.
> ㉤ 분업의 원리 – 다수가 일을 함에 있어서 각자의 임무를 나누어서 분명하게 부과하고 협력을 하도록 하는 것으로, 인간능력의 한계를 극복하고 업무를 효율적으로 수행하기 위한 것이다.

① 1개 ② 2개
③ 3개 ④ 4개

정답과 해설

㉠ (O) 권한 및 책임 한계가 명확하며 경찰행정의 능률성과 조직의 안정성을 확보할 수 있다.
㉡ (X) 신설조직보다 **기성조직**에서, 전문적 사무보다는 **단순반복 업무를 담당하는 조직**에서 상관이 많은 부하직원을 통솔할 수 있다.
㉢ (O) 업무수행의 혼선을 방지하여 신속한 의사결정을 하도록 한다.
㉣ (X) 조직의 구조, 보상체계, 인사 등의 제도개선과 조직원의 행태를 합리적으로 개선하는 것은 갈등의 **장기적인 (단기적 X) 대응방안**이다.
㉤ (O) 업무의 전문화를 통해 업무습득에 걸리는 시간을 단축할 수 있지만 분업의 정도가 높아질수록 조직 할거주의가 초래될 수 있다.

정답 ②

238   22 간부

다음에 설명하는 내용을 볼 때, 경찰조직에 필요한 조직편성의 원리로 가장 적절한 것은?

> 경찰은 대부분의 경우 예기치 못한 사태가 돌발적으로 발생하며, 시급히 해결하지 않으면 피해를 회복하기 곤란한 경우가 많아 신속한 집행을 필요로 하는데, 이때 지시가 분산되고 여러 사람으로부터 지시를 받는다면, 범인을 놓친다든지 사고처리가 늦어 인명이나 재산의 피해에 신속한 대응이 불가능하다.

① 계층제의 원리(Hierarchy)
② 통솔범위의 원리(Span of Control)
③ 명령통일의 원리(Unity of Command)
④ 조정과 통합의 원리(Coordination)

정답과 해설

보기는 **명령통일의 원리**에 대한 설명이다.
③ 명령통일의 원리는 둘 이상의 사람으로부터 지시나 명령을 받는 경우 모순된 지시 등으로 업무수행의 혼선과 비능률이 발생할 수 있는데, 명령통일의 원리는 이를 막아주는 기능을 한다.

정답 ③

239 예상문제

다음 보기에서 설명하는 조직편성의 원리에 대한 설명으로 옳은 것은?

> 경찰의 경우 수사나 사고처리 및 범죄예방활동에 이르기까지 거의 모든 업무수행에서 결단과 신속한 집행을 필요로 하는데, 이때 지시가 분산되고 여러 사람으로부터 지시를 받는다면, 범인을 놓친다든지 사고처리가 늦어 인명이나 재산의 피해에 신속한 대응이 불가능하다.

① 경찰업무는 대부분 여러 명의 협동을 요구하는 경우가 많은데, 각자의 임무를 명확히 나누어 부과하고 협력하도록 하는 것은 인간능력의 한계를 극복함은 물론 전문화를 추구하여 업무의 효율성을 높이기 위한 원칙에 대한 설명이다.
② 조직의 구성원간에 지시나 보고를 주고받는 과정에서 지시는 한 사람만이 할 수 있고, 보고도 한 사람에게만 하여야 한다는 원칙에 대한 설명이다.
③ 조직편성의 각각의 원리는 장단점을 가지고 있는 바, 이러한 장단점을 조화롭게 승화시키는 원리에 대한 설명이다.
④ 조직목적 수행을 위한 구성원의 임무를 책임과 난이도에 따라 상위로 갈수록 권한과 책임이 무거운 임무를 수행하도록 편성하는 원리에 대한 설명이다.

정답과 해설

보기의 내용은 **명령통일의 원리**에 대한 설명이다.
① 해당 내용은 **분업의 원리**에 대한 설명이다.
② 해당 내용은 **명령통일의 원리**에 대한 설명이다.
③ 해당 내용은 **조정과 통합의 원리**에 대한 설명이다.
④ 해당 내용은 **계층제의 원리**에 대한 설명이다.

정답 ②

240　24 채용

다음에서 설명하는 조직편성원리에 관한 내용과 가장 관계가 깊은 것은?

> 한 사람이 직접적으로 감독할 수 있는 부하의 수는 업무의 성질, 고용기술, 작업성과 기준에 달려 있으며, 모든 조직은 일반적으로 상관보다 부하가 더 많다. 이러한 이유 때문에 경찰 조직은 사다리 모양보다는 피라미드 모양을 취하고 있다.

① 조직의 경직화를 초래하여 환경변화에 따른 새로운 기술의 신속한 도입이 어렵다.
② 부하들을 직접 감독하지 않는 참모 및 계선조직이 부하들에게 유익한 자문을 하는 것을 허용하지 않는다.
③ 경과 제도를 통한 특정업무의 세분화 및 시간과 경비를 절약할 수 있다.
④ 구조조정의 문제와 깊은 관련성이 있다.

정답과 해설

보기의 내용은 **통솔범위의 원리**에 대한 설명이다.
① 해당 내용은 **계층제의 원리**에(단점) 대한 설명이다.
② 해당 내용은 **명령통일의 원리**에 대한 설명이다.
③ 해당 내용은 **분업의 원리**에 대한 설명이다.
④ 해당 내용은 **통솔범위의 원리**에 대한 설명이다.

정답 ④

241　25 간부

다음에서 설명하는 조직편성원리의 특징으로 가장 적절하지 않은 것은?

> 조직의 목적을 수행하기 위하여 구성원의 임무를 권한과 책임에 따라 나누어 배치하고 상위로 갈수록 권한과 책임이 무거운 임무를 수행하도록 편성한다.

① 지도와 감독을 통해서 행정의 질서와 통일성을 확보할 수 있다.
② 계층에 따라 의사결정의 검토가 이루어져 신중한 업무처리가 가능하다.
③ 조직의 경직화를 초래하여 새로운 기술이나 지식의 신속한 도입이 어렵다.
④ 특정분야의 전문성 확보에 용이하며 업무의 세분화로 인해 시간과 경비가 절약될 수 있다.

정답과 해설

해당 내용은 **계층제의 원리**에 대한 설명(①, ②, ③) 이다.
④ (X) 해당 내용은 **분업의 원리**에 해당한다.

정답 ④

242 ☐☐☐☐ 24 채용

다음에서 설명하는 조직편성의 원리와 가장 관계가 깊은 것은?

> - 업무를 그 종류와 성질별로 구분하여 구성원에게 가능한 한 한가지의 주된 업무를 부담시킴으로써 조직 관리상의 능률을 향상시키려는 원리이다.
> - 한 사람이 수행할 수 있는 업무의 양과 시간에는 한계가 있고, 서로 다른 특성을 가진 업무를 한 사람이 맡아서 하는 것은 비효율적이다.
> - 다수가 일을 함에 있어서 각자의 임무를 나누어서 분명하게 부과하고 협력을 하도록 하는 것으로, 인간능력의 한계를 극복하고 업무를 효율적으로 수행하기 위한 것이다.

① 이 원리는 구조조정의 문제와 깊은 관련성이 있다.
② 이 원리에 따르면 업무에 대한 신속결단과 결단내용의 지시가 단일한 명령계통이어야 한다.
③ 이 원리의 장점은 권한과 책임을 계층에 따라 분배하여 의사결정의 검토가 이루어져 신중한 업무처리가 가능하다는 것이다.
④ 이 원리의 단점은 정형적·반복적 업무수행에 기인하여 작업에 대한 흥미 상실과 노동의 소외화나 인간기계화를 심화시키며, 부처간의 할거주의가 초래될 수 있다는 것이다.

정답과 해설

보기의 내용은 **분업의 원리**에 대한 설명이다.
① 해당 내용은 **통솔범위의 원리**에 대한 설명이다.
② 해당 내용은 **명령통일의 원리**에 대한 설명이다.
③ 해당 내용은 **계층제의 원리**에 대한 설명이다.
④ 해당 내용은 **분업의 원리**에 대한 설명이다.

정답 ④

THEME 02 경찰인사관리

243 ☐☐☐☐ 예상문제

엽관주의에 대한 설명으로 틀린 것을 모두 고른 것은?

㉠ 선거에서 승리한 정당이 정당에의 충성심에 따라 공직을 배분하는 제도로서 19세기 초반 미국의 잭슨 대통령이 보수엘리트의 공직독점을 막고자 도입하였다.
㉡ 인사행정의 소극화·형식화·집권화를 초래할 수 있다.
㉢ 영국은 추밀원령을 통해서 부패하고 무능력한 공직제도를 엽관주의로 극복하고자 하였다.
㉣ 행정의 전문성을 간과하였다는 비판을 받는다.
㉤ 제도의 장점으로 공직에 대한 국민통제강화 즉, 국민의 요구를 행정에 반영하기 쉽다.
㉥ 공직에의 기회균등을 실현한다.

① ㉠㉡㉢　　　　　　　　　　　　② ㉡㉢㉣
③ ㉡㉣㉤　　　　　　　　　　　　④ ㉡㉢㉥

정답과 해설

㉡ (X) **실적주의**의 단점이다.
㉢ (X) 영국은 **엽관주의의 폐해를 실적주의로 극복하기 위하여** 1870년 2차 추밀원령을 제정하였다.
㉥ (X) 공직의 기회균등을 실현하는 것은 **실적주의**의 장점이다.
㉠㉣㉤ (O)

정답 ④

244 24 승진

엽관주의와 실적주의에 관한 설명으로 옳은 것을 모두 고른 것은?

> ㉠ 엽관주의는 정치지도자의 국정지도력을 강화함으로써 공공정책의 실현을 용이하게 해준다.
> ㉡ 잭슨(Jackson) 대통령이 암살당한 사건은 미국에서 실적주의 도입의 배경이 되었다.
> ㉢ 엽관주의는 행정의 안정성과 지속성을 확보하기 어렵다.
> ㉣ 실적주의는 정치적 중립에 집착하여 인사행정을 소극화·형식화시켰다.

① ㉠㉡
② ㉡㉢
③ ㉠㉢㉣
④ ㉠㉡㉢㉣

정답과 해설

㉠ (O) 엽관주의는 정당정치 발전과 책임행정을 실현한다는 장점이 있다.
㉡ (X) **가필드(Garfield) 대통령**이 암살당한 사건은 미국에서 실적주의 도입(펜들턴법 제정의 촉발장치)의 배경이 되었다.
㉢ (O) 엽관주의는 신분보장이 되지 않기 때문에 행정의 안정성과 지속성을 확보하기 어렵다.
㉣ (O) 실적주의는 인사행정의 소극화, 형식화, 집권화라는 단점이 있다.

정답 ③

245 11 승진

인사행정에 대한 설명으로 가장 옳지 않은 것은?

① 실적주의는 공무원 임용 기준이 직무수행능력과 성적이다.
② 각국의 인사행정은 실적주의와 엽관주의가 적절히 조화되어 실행되고 있고, 우리나라는 실적주의를 주로 하되 엽관주의적 요소가 가미된 것으로 이해할 수 있다.
③ 엽관주의는 인사행정의 기준을 당파성과 정실에 두는 제도로 행정을 단순하게 보아 누구나 수행할 수 있는 것으로 보기 때문에 법령에 저촉되지 않는 한 일체의 신분상의 불이익을 받지 않는다.
④ 실적주의는 19세기 말 미국 등에서 공직의 매관매직·공직부패 등이 문제되어 대두되었고, 공직은 모든 국민에게 개방되며 어떠한 차별도 받지 않는다.

정답과 해설

② (O) 각국의 인사행정은 실적주의와 엽관주의가 적절히 조화되어 실행되고 있고, 우리나라는 **실적주의를 주로 하되 엽관주의적 요소가 가미된** 것으로 이해할 수 있다.
③ (X) 공무원이 법령에 저촉되지 않는 한 일체의 **신분상의 불이익을 받지 않는 인사행정은 실적주의**이다.

정답 ③

THEME 03 계급제와 직위분류제(공직의 분류)

246 ☐☐☐☐ 10·16 채용, 19 경채

다음은 계급제와 직위분류제에 대한 설명이다. 아래 가.부터 라.까지 설명 중 옳고 그름의 표시(O, X)가 바르게 된 것은?

> 가. 계급제는 직업공무원제도 정착에 유리하며 독일·프랑스·일본 등이 이 제도를 따르고 있다.
> 나. 계급제는 인간중심의 분류방법으로 관료제의 전통이 강한 나라에서 채택하고 있다.
> 다. 직위분류제는 프랑스에서 처음 실시된 후 독일 등으로 전파되었다.
> 라. 계급제는 장기간에 걸쳐 능력을 키울 수 있어 공무원이 보다 종합적 능력을 가지게 되므로 기관 간의 종적 협조가 용이하다.

① 가.(O) 나.(X) 다.(O) 라.(X)
② 가.(X) 나.(O) 다.(O) 라.(O)
③ 가.(O) 나.(O) 다.(X) 라.(X)
④ 가.(X) 나.(X) 다.(X) 라.(X)

정답과 해설

가. (O)
나. (O) 계급제는 **인간중심(직무중심 X)**의 분류방법으로 관료제의 전통이 강한 나라에서 채택하고 있다.
다. (X) 직위분류제는 **1909년 미국의 시카고시에서 처음 시작되었다.**
라. (X) 계급제는 장기간에 걸쳐 능력을 키울 수 있어 공무원이 보다 종합적 능력을 가지게 되므로 기관간의 **횡적(종적 X)** 협조가 용이하다.

정답 ③

247 ☐☐☐☐ 19 채용

계급제와 직위분류제에 대한 설명으로 가장 적절하지 않은 것은?

① 직위분류제의 경우 직무중심 분류로서 계급제보다 인사배치에 신축성을 기할 수 있다.
② 계급제의 경우 널리 일반적 교양, 능력을 갖춘 사람을 채용하여 장기간에 걸쳐 능력을 향상시키므로 공무원이 종합적, 신축적인 능력을 갖출 수 있다.
③ 직위분류제의 경우 동일한 직무를 장기간 담당하게 되어 행정의 전문화에 기여한다.
④ 우리나라의 공직분류는 계급제 위주에 직위분류제적 요소를 가미한 혼합 형태라고 할 수 있다.

정답과 해설

① (X) 직위분류제의 경우 직무중심 분류로서 해당직무에만 배치하는 것을 내용으로 하므로 계급제에 비해 인사배치에 있어 **비융통적·비신축성**이다.

정답 ①

248 24 채용

계급제와 직위분류제의 관계에 관한 설명으로 가장 적절하지 않은 것은?

① 직무분석과 직무평가의 충실한 수행을 강조하는 것은 직위분류제이다.
② 계급제는 직업공무원제도 정착에 유리하다.
③ 양자는 양립할 수 없는 상호 배타적인 관계가 아니라 서로의 결함을 시정할 수 있는 상호 보완적인 관계이다.
④ 계급제는 '동일직무에 대한 동일보수의 원칙'을 확립함으로써 보수제도의 합리적 기준을 제시한다.

> **정답과 해설**
> ④ (X) **직위분류제**에 대한 설명이다.
>
> 정답 ④

249 25 간부

직위분류제와 계급제에 관한 비교설명이다. 적절한 것은 모두 몇 개인가?

가. 직위분류제는 일반행정가 양성에 유리하다.
나. 직위분류제는 부서 간의 횡적 협조에 용이하다.
다. 직위분류제는 인사배치의 신축성과 융통성을 확보할 수 있다.
라. 계급제는 보수체계의 합리적 기준을 제시한다.
마. 계급제는 권한과 책임의 한계를 명확히 할 수 있다.
바. 계급제는 공무원의 신분보장이 미약하여 행정의 안정성을 저해하기 쉽다.

① 0개   ② 1개
③ 2개   ④ 3개

> **정답과 해설**
> (가.나.다)는 계급제에 대한 설명이고 (라.마.바)는 직위분류제에 대한 설명이다.
> 가. (X) 일반행정가 양성에 유리한 것은 **계급제**이다.
> 나. (X) **계급제**에 대한 설명이다.
> 다. (X) **계급제**에 대한 설명이다.
> 라. (X) **직위분류제**에 대한 설명이다.
> 마. (X) **직위분류제**에 대한 설명이다.
> 바. (X) **직위분류제**에 대한 설명이다.
>
> 정답 ①

250 ☐☐☐☐ 25 채용

계급제와 직위분류제에 관한 설명으로 옳은 것은 모두 몇 개인가?

> ㉠ 계급제는 사람중심의 분류방법으로 널리 일반적 교양과 능력을 가진 사람을 채용하여 신분보장과 함께 장기간에 걸쳐 능력이 키워지므로 공무원이 보다 종합적이며 신축적인 대응역량을 가질 수 있다.
> ㉡ 직위분류제는 공무원이 동일한 직무를 장기간 담당하게 되어 행정의 전문화에 유용하지만, 권한과 책임의 한계가 불명확하다.
> ㉢ 계급제는 폐쇄형 충원방식으로 공무원에 대한 인사배치가 자유롭지 않으나, 직위분류제는 개방형 충원방식으로 공무원에 대한 인사배치가 자유롭다.
> ㉣ 직위분류제는 계급제에 비해서 보수결정의 합리적인 기준을 제시할 수 있으며, 직무분석을 통해 부서 간, 기관 간 협조 및 조정이 용이하다.

① 1개
② 2개
③ 3개
④ 4개

정답과 해설

㉡ (X) 직위분류제는 공무원이 동일한 직무를 장기간 담당하게 되어 **행정의 전문화**에 유용하고, 권한과 책임의 한계를 **명확(불명확 X)**히 한다.
㉢ (X) 계급제는 폐쇄형 충원방식으로 공무원에 대한 인사배치가 **자유롭지만**, 직위분류제는 개방형 충원방식으로 공무원에 대한 인사배치가 **자유롭지 않다.**
㉣ (X) 기관 간 협조 및 조정이 용이한 것은 **계급제**이다.

정답 ①

251 ☐☐☐☐ 22 간부(행정학)

직위분류제에 대한 설명으로 가장 적절하지 않은 것은?

① 직위분류제는 직무의 종류 · 책임도 · 곤란도를 고려한 인사행정을 수행한다.
② 직위분류제 하에서는 동일 직렬에서의 장기간 근무가 가능하여 전문가 양성에 도움이 된다.
③ 직무 간 인사이동이 용이하여 직무관련 부패가 발생할 가능성이 낮다.
④ 동일 직무에 대한 동일보수제공을 원칙으로 한다.

정답과 해설

③ (X) 직위분류제의 경우 직무중심 분류로서 해당직무에만 배치하는 것을 내용으로 하기 때문에 직무 간 **인사이동이 용이하지 않다.** 그러나 **계급제**는 직무 간 **인사이동이 용이**하여 직무관련 부패가 발생할 가능성이 낮다.

정답 ③

THEME 04 경찰직업공무원제도

252 ☐☐☐☐ 20 채용

다음은 경찰직업공무원제도에 대한 설명이다. 옳은 것은 모두 몇 개인가?

> ㉠ 실적주의는 직업공무원제로 발전되어 가는 기반이 되지만, 실적주의가 바로 직업공무원제도를 의미하는 것은 아니다.
> ㉡ 행정의 안정성, 계속성, 독립성, 중립성 확보가 용이하다.
> ㉢ 행정통제 및 행정책임 확보가 용이하다.
> ㉣ 젊은 인재의 채용을 위한 연령제한으로 공직 임용의 기회균등을 저해한다.

① 1개 ② 2개
③ 3개 ④ 4개

정답과 해설

㉠ (O)
㉡ (O) 경찰직업공무원제는 신분보장이 되기 때문에 행정의 안정성, 계속성, 독립성, 중립성 확보가 용이하기 때문에 공무원의 일체감과 단결심 및 공직에 헌신하려는 정신을 강화하는 데 **유리한(불리한 X)** 제도이다.
㉢ (X) 경찰직업공무원제도는 신분보장이 되기 때문에 엽관주의에 비해 행정통제 및 행정책임 확보가 **어렵다**.
㉣ (O) 직업공무원제도란 인재를 공직에 유치하여 그들이 공직에 근무하는 것을 명예롭게 생각하면서 일생동안 공무원으로 근무하도록 운영하는 인사제도이며 **임용시 학력과 연령을 제한하므로 완전한 기회균등을 보장하지 못한다**.

정답 ③

253 ☐☐☐☐ 24 채용, 24 간부

직업공무원제도에 대한 설명이다. 아래 가.부터 라.까지 설명 중 옳고 그름의 표시(O, X)가 바르게 된 것은?

> 가. 직업공무원제도는 신분보장, 정치적 중립, 자격이나 능력중시, 개방형 인력충원 방식의 선호라는 점에서 실적주의와 공통점을 가진다.
> 나. 직업공무원제도의 성공적 정착을 위해서는 공직에 대한 사회의 높은 평가가 필요하며 퇴직 후의 불안해소와 생계보장을 위해 적절한 연금제도가 확립되어야 한다.
> 다. 직업공무원제도는 장기적인 발전가능성을 선발기준으로 삼고 있으며 직위분류제가 계급제보다 직업공무원제도의 정착에 더 유리하다.
> 라. 직업공무원제도는 행정의 안정성과 독립성 확보에 용이하며 외부환경 변화에 신속하게 대응한다는 장점이 있다.
> 마. 직업공무원제도는 공무원들의 성실한 직무수행과 장기근속을 유도하기 위한 제도와 원칙들을 토대로 한다.

① 가.(O), 나.(O), 다.(O), 라.(X), 마.(O)
② 가.(X), 나.(O), 다.(X), 라.(X), 마.(O)
③ 가.(O), 나.(O), 다.(X), 라.(O), 마.(O)
④ 가.(X), 나.(O), 다.(O), 라.(X), 마.(X)

정답과 해설

가. (X) 직업공무원제도는 신분보장, 정치적 중립, 자격이나 능력중시, **폐쇄형(개방형 X)** 인력충원 방식의 선호라는 점에서 실적주의와 공통점을 가진다.

[최신기출] 2024년 8월 17일 채용 출제포인트
1. 직업공무원제도는 **폐쇄형(개방형 X)** 충원체제로 넓은 시야를 가진 유능한 인재의 등용 및 분야별 전문인력을 확보하는 데 **용이하다.**
2. 직업공무원제도는 연령제한이 필수적이나 **계급제(직위분류제 X)** 를 원칙으로 한다는 점에서 실적주의와 공통점이 있다.

나. (O)
다. (X) 직업공무원제도는 장기적인 발전가능성을 선발기준으로 삼고 있으며 **계급제가 직위분류제보다 직업공무원제도의 정착에 더 유리**하다.
라. (X) 직업공무원제도는 행정의 안정성과 독립성 확보에 용이하지만, **외부환경 변화에 신속하게 대응하지 못한다는 단점**이 있다.
마. (O) 직업공무원제도는 공공의 안녕과 질서를 유지하기 위해 젊고 유능한 인재가 공직을 직업으로 선택해 **일생을 바쳐 성실히 근무하도록 운영**하는 인사제도이다.

정답 ②

THEME 05 사기관리

254 23 채용, 23·26 간부, 예상문제

경찰조직관리를 위한 동기부여이론을 내용이론과 과정이론으로 나눌 때 내용이론을 주창한 사람이 아닌 자는?

㉠ 브룸(Vroom)의 기대이론
㉡ 허즈버그(Herzberg)의 동기위생 이원론이론
㉢ 포터&롤러(Porter & Lawler)의 업적만족이론
㉣ 맥그리거(McGregor)의 X이론·Y이론
㉤ 아담스(Adams)의 공정성이론
㉥ 매슬로우(Maslow)의 욕구단계이론
㉦ 아지리스(C. Argyris)의 성숙·미성숙 이론

① ㉠㉢㉤
② ㉡㉢㉤
③ ㉠㉢㉤㉦
④ ㉡㉣㉥㉦

정답과 해설
㉠㉢㉤는 **과정이론**, ㉡㉣㉥㉦은 **내용이론**에 해당한다.

정답 ①

255 예상문제

매슬로우(Maslow)의 욕구단계이론에 대한 설명으로 옳은 것은?

① 가장 낮은 안전의 욕구부터 시작하여 다섯 가지의 위계적 욕구 단계가 존재한다.
② 안전의 욕구와 사회적 욕구는 엘더퍼(Alderfer)의 ERG이론의 첫 번째 욕구단계인 존재욕구에 해당한다.
③ 어느 한 단계의 욕구가 완전히 충족되어야만 다음 단계의 욕구를 추구하게 되는 것은 아니다.
④ 사회적 욕구는 어떤 일을 행함으로써 느끼게 되는 자신감, 성취감은 '자아실현 욕구'를 의미한다.

> **정답과 해설**
> ① (X) 매슬로우(Maslow)는 가장 낮은 **생리적 욕구부터 시작**하여 다섯가지의 위계적 욕구 순으로 '생리적욕구 - 안전욕구 - 사회적욕구 - 존중욕구 - 자기실현의 욕구'를 제시하였다.
> ② (X) 사회적 욕구는 엘더퍼(Alderfer)의 ERG이론의 **관계욕구(Relatedness Needs)에 해당**한다.
> ③ (O) 한 단계의 욕구가 완전히 또는 절대적으로 충족되어야 다음 단계의 욕구가 발로되는 것이 아니라 **하위계층의 욕구가 어느 정도 충족되면 다음 단계의 욕구가 발로**된다.
> ④ (X) 사회적 욕구는 소속감을 느끼는 상호관계를 유지하고자 하는 욕구로 **우정, 친교** 등을 의미한다. 어떤 일을 행함으로써 느끼게 되는 자신감, 성취감은 **"자아실현 욕구"**를 의미한다.
>
> 정답 ③

256 예상문제

Maslow의 5단계 기본욕구이론에 대한 설명으로 가장 적절하지 않은 것은?

① 자아실현의 욕구는 장래에의 자기발전·자기완성의 욕구 및 성취감 충족에 관한 것으로 공정하고 합리적인 승진 또는 공무원단체 활동을 통해 충족시켜 줄 수 있다.
② 안전 욕구는 공무원의 현재 및 장래의 신분이나 생활에 대한 불안 해소에 관한 것으로 신분보장 또는 연금제도를 통해 충족시켜 줄 수 있다.
③ 생리적 욕구는 의·식·주 및 건강 등에 관한 것으로 적정보수제도 또는 휴양제도를 통해 충족시켜 줄 수 있다.
④ 사회적 욕구는 동료·상사·조직 전체에 대한 친근감·귀속감 충족에 관한 것으로 참여 확대, 권한의 위임, 제안제도를 통해 충족시켜 줄 수 있다.

> **정답과 해설**
> ④ (X) **사회적 욕구**는 동료·상사·조직 전체에 대한 친근감·귀속감 충족에 관한 것으로 **인간관계의 개선, 고충처리 상담을 통해** 충족시켜 줄 수 있다. **참여 확대, 권한의 위임, 제안제도**를 통해 충족시켜 줄 수 있는 것은 **존경의 욕구**이다.
>
> 정답 ④

257 □□□□ 12 승진

〈보기〉는 Maslow의 5단계 기본욕구에 대한 설명이다. 가장 적절하게 연결된 것은?

〈보기 1〉
㉠ 생리적 욕구　　　　　　　　　㉡ 안전욕구
㉢ 사회적 욕구　　　　　　　　　㉣ 존경욕구
㉤ 자기실현욕구

〈보기 2〉
ⓐ 타인의 인정·신망을 받으려는 욕구
ⓑ 장래의 자기발전·자기완성의 욕구 및 성취감 충족
ⓒ 현재 및 장래의 공무원 신분이나 생활에 대한 불안을 해소
ⓓ 동료·상사·조직전체에 대한 친근감·귀속감을 충족
ⓔ 건강 등에 관한 욕구

〈보기 3〉
甲. 합리적인 승진, 공무원 단체활동
乙. 참여확대, 권한의 위임, 제안·포상제도
丙. 신분보장, 연금제도
丁. 인간관계의 개선, 고충처리 상담
戊. 적정보수제도, 휴양제도

① ㉢ - ⓓ - 丁　　　　　　② ㉡ - ⓒ - 甲
③ ㉠ - ⓔ - 丙　　　　　　④ ㉣ - ⓐ - 丁

정답과 해설

㉠ 생리적 욕구 - ⓔ 건강 등에 관한 욕구 - 戊 적정보수제도, 휴양제도
㉡ 안전욕구 - ⓒ 현재 및 장래의 공무원 신분이나 생활에 대한 불안을 해소 - 丙 신분보장, 연금제도
㉢ 사회적 욕구 - ⓓ 동료·상사·조직전체에 대한 친근감·귀속감을 충족 - 丁 인간관계의 개선, 고충처리 상담
㉣ 존경욕구 - ⓐ 타인의 인정·신망을 받으려는 욕구 - 乙 참여확대, 권한의 위임, 제안·포상제도
㉤ 자기실현욕구 - ⓑ 장래에의 자기발전·자기완성의 욕구 및 성취감 충족 - 甲 합리적인 승진, 공무원 단체 활동

정답 ①

258 ☐☐☐☐ 25 채용

동기부여이론에 관한 설명으로 가장 적절한 것은?

① 매슬로우(Maslow)의 욕구단계이론에 의하면 인간의 욕구는 우선순위의 계층을 이루며 상위욕구로부터 하위욕구로 욕구를 추구한다고 한다.
② 맥그리거(McGregor)의 X이론에 의하면 인간은 부지런하고 책임성과 자율성을 발휘하기를 좋아하므로 민주적이고 인간적인 동기유발전략이 필요하다고 한다.
③ 동기부여 과정이론에는 아담스(Adams)의 공정성이론, 브룸(Vroom)의 기대이론, 포터와 롤러(Porter & Lawler)의 업적만족이론 등이 있다.
④ 앨더퍼(Alderfer)는 매슬로우(Maslow)의 욕구단계이론을 수정하여 생존욕구, 존경욕구, 성장욕구로 구분하였다.

정답과 해설

① (X) 매슬로우(Maslow)의 욕구단계이론에 의하면 인간의 욕구는 우선순위의 계층을 이루며 **하위욕구로부터 상위욕구**로 욕구를 추구한다고 한다.
② (X) **맥그리거(McGregor)의 Y이론**에 대한 설명이다.
③ (O) 동기부여 과정이론에는 아담스(**A**dams)의 공정성이론, 브룸(**V**room)의 기대이론, 포터와 롤러(Porter & **L**awler)의 업적만족이론 등이 있다.   VLA
④ (X) 앨더퍼(Alderfer)는 매슬로우(Maslow)의 욕구단계이론을 수정하여 **존재(생존)욕구, 관계욕구, 성장욕구**로 구분하였다.

정답 ③

259 20 채용, 예상문제

A 경찰서장은 동기부여 이론 및 사기 이론을 활용하여 소속 경찰관들의 사기를 높이기 위한 방안을 모색하였다. 아래 ㉠부터 ㉣까지 이론의 적용으로 옳고 그름의 표시(O, X)가 바르게 된 것은?

> ㉠ Maslow의 욕구계층이론에 따라 자아실현 욕구를 충족시켜 주기 위하여 포상제도를 확대하였다.
> ㉡ Herzberg의 동기위생요인이론에 따르면 사기진작을 위해서는 동기요인이 강화되어야 하므로 적성에 맞는 직무에 배정하고 책임감과 성취감을 느낄 수 있도록 독려하였다.
> ㉢ McGregor의 X이론에 따르면 인간은 근본적으로 업무에 대한 의욕을 가지고 있기 때문에 이러한 의욕을 강화시키기 위해 금전적 보상과 포상제도를 강화하였다.
> ㉣ McGregor의 Y이론에 따르면 인간은 부지런하고, 자율성 및 창의성을 발휘하기를 원하고, 조직목적에 적극 참여, 자아실현을 추구, 자기 자신을 통제할 수 있는 능력을 지니고 있기 때문에 이를 적용하여 상급자의 일방적 지시와 명령을 줄이고 의사결정과정에 일선 경찰관들의 참여를 확대시키도록 지시하였다.

① ㉠ (O) ㉡ (X) ㉢ (O) ㉣ (X)
② ㉠ (X) ㉡ (O) ㉢ (O) ㉣ (O)
③ ㉠ (X) ㉡ (O) ㉢ (X) ㉣ (O)
④ ㉠ (X) ㉡ (X) ㉢ (X) ㉣ (O)

> **정답과 해설**
> ㉠ **(X)** Maslow의 욕구계층이론에 따라 자아실현 욕구를 충족시켜 주기 위한 내용으로는 **공정하고 합리적인 승진, 공무원단체활동**이 있다. 포상제도는 존경의 욕구를 충족시켜주기 위한 내용이다.
> ㉡ (O)
> ㉢ **(X)** McGregor의 X이론에 따르면 **인간은 본래 게으르고 일을 싫어하며, 야망과 책임감이 없고, 변화를 싫어하며 금전적 보상이나 제재 등 외재적 유인에 반응**하므로 이러한 의욕을 강화시키기 위해 금전적 보상과 포상 제도를 강화하는 것이다.
> ㉣ (O)
>
> 정답 ③

260 예상문제

아지리스의 동기부여 이론에 대한 설명으로 가장 옳은 것은?

① 매슬로의 5단계 욕구계층설을 수정해 인간의 욕구를 존재, 관계, 성장의 3단계로 나눈다.
② 인간이 이원적 욕구구조를 가지고 있으며 욕구는 불만과 만족의 감정에 대하여 별개의 차원에서 작용하기 때문에 불만을 일으키는 요인과 만족을 주는 요인은 서로 다르다는 욕구충족 이원론을 제시하고 있다.
③ 동기가 개인이 사회문화와 상호작용하는 과정에서 취득되고 학습을 통해 개발될 수 있다는 것을 전제로, 개인의 욕구 중 사회문화적으로 학습된 욕구들을 성취욕구, 권력욕구, 친교욕구로 분류했다.
④ 공식조직이 개인의 행태에 미치는 영향 연구를 통해 인간은 미성숙상태에서 성숙상태로 발전하는 과정에서 성격 변화를 경험한다는 점을 주장했다.

정답과 해설

① (X) 앨더퍼(Alderfer)의 ERG이론에 대한 설명이다.
② (X) 허즈버그(Herzberg)의 동기위생 이원론에 해당하는 설명이다.
③ (X) 맥클리랜드(McClelland)의 성취동기이론에 대한 설명이다.
④ (O) 아지리스(C. Argyris)의 성숙·미성숙 이론에 대한 설명이다.

정답 ④

261 ☐☐☐☐ 23 해경간부(행정학)

다음 중 동기부여 이론에 대한 설명으로 가장 옳지 않은 것은?

① 허즈버그(Herzberg)의 동기-위생이론에 따르면 욕구가 충족되었다고 해서 모두 동기부여로 이어지는 것이 아니고 어떤 욕구는 충족되어도 단순히 불만을 예방하는 효과밖에 없다. 이러한 불만 예방효과만 가져오는 요인을 위생 요인이라고 설명한다.

② 아담스(Adams)의 형평성이론에 의하면 인간은 자신의 투입에 대한 산출의 비율이 비교대상의 투입에 대한 산출의 비율보다 크거나 작다고 지각하면 불형평성을 느끼게 되고 이에 따른 심리적 불균형을 해소하기 위하여 형평성 추구의 행동을 작동시키는 동기가 유발된다고 본다.

③ 앨더퍼(Alderfer)는 매슬로우(Maslow)의 욕구계층론을 받아들여 한 계층의 욕구가 만족되어야 다음 계층의 욕구를 중요시한다고 본다. 그리고 이에 더하여 한 계층의 욕구가 충분히 채워지지 않는 상태에서는 바로 하위욕구의 중요성이 훨씬 커진다고 주장한다.

④ 브룸(Vroom)의 기대이론에 의하면 동기의 정도는 노력을 통해 얻게 될 중요한 산출물인 목표달성, 보상, 만족에 대한 주관적 믿음에 의하여 결정되는데 특히 성과와 보상 간의 관계에 대한 인식인 기대치의 정도가 동기부여의 주요한 요인이다.

정답과 해설

① (O) 허즈버그(Herzberg)의 동기위생 이원론은 **위생요인(불만 예방효과만 가져오는 요인)과 동기요인(만족요인, 동기요인이 충족되지 않아도 불만은 없음)**으로 분류한다.

② (O) 아담스(Adams)의 형평성(공정성)이론에 의하면 인간은 자신의 투입에 대한 산출의 비율이 비교대상의 투입에 대한 산출의 비율보다 크거나 작다고 지각하면 불형평성(불공정)을 느끼게 되고 이에 따른 심리적 불균형을 해소하기 위하여 형평성(공정성) 추구의 행동을 작동시키는 동기가 유발된다고 본다.

③ (O) 앨더퍼(Alderfer)의 ERG이론은 매슬로우(Maslow)의 욕구계층론을 받아들여 한 계층의 욕구가 만족되어야 다음 계층의 욕구를 중요시한다고 본다. 또한 Maslow의 5단계 욕구단계이론을 3단계 이론으로 구분하여 고차 또는 고위욕구가 만족되지 않거나 좌절될 때, 그보다 낮은 하위욕구의 중요성이 커진다고 본다.

④ (X) 브룸(Vroom)의 기대이론에 의하면 동기의 정도는 노력을 통해 얻게 될 중요한 산출물인 목표달성(성과), 보상, 만족에 대한 주관적 믿음에 의하여 결정되는데, 성과와 보상 간의 관계에 대한 인식인 **수단성(기대감 X)**의 정도가 동기부여의 주요한 요인이다.

정답 ④

262 ☐☐☐☐ 22 간부(행정학)

동기부여이론에 관한 설명 중 가장 적절한 것은?

① 매슬로우(A.H. Maslow)의 욕구단계이론은 인간의 욕구를 다섯 가지로 구분하고 하위 욕구를 완전히 충족해야 상위욕구를 추구하게 된다고 주장한다.
② 맥그리거(D. McGregor)의 X이론은 근로자들의 자율행동과 자기규제를 중시한다.
③ 아담스(J.S. Adams)의 형평성(공정성)이론은 개인이 지각하는 산출–투입비율이 타인의 산출–투입비율과 대등하면 동기가 유발되지 않는다고 주장한다.
④ 브룸(V.H. Vroom)의 V.I.E. 기대이론은 기대감, 수단성, 유의성과 함께 만족감을 동기부여의 주요 요인으로 본다.

정답과 해설

① (X) 인간의 욕구는 한 단계 욕구가 **어느정도 충족(완전한 충족 X)**되어야 다음 단계 욕구를 충족하고자 노력하며, 이미 충족된 욕구는 더 이상 동기부여 요인으로의 의미가 없어진다.
② (X) 근로자들의 자율행동과 자기규제를 중시한다는 것은 **McGregor의 Y이론에 대한 설명이다**.
③ (O) 아담스(Adams)의 형평성(공정성)이론에 의하면 인간은 자신의 투입에 대한 산출의 비율이 비교대상의 투입에 대한 산출의 비율보다 크거나 작다고 지각하면 불형평성(불공정)을 느끼게 되고 이에 따른 심리적 불균형을 해소하기 위하여 형평성(공정성) 추구의 행동을 작동시키는 동기가 유발된다고 본다.
④ (X) 브룸(V.H. Vroom)의 V.I.E.(Valence, Instrumentality, Expectancy) 기대이론은 노력이 일정한 성과를 가져오는 **기대감**, 성과가 보상을 가져오는 **수단성**, 보상에 대한 자신의 선호도에 달려있다는 **유의성**으로 설명된다. 그러나 보상의 공정성에 대한 개인의 **만족감**을 주요변수로 삼아 기대이론을 보완한 것은 **포터&롤러(Porter & Lawler)의 업적만족이론**에 대한 설명이다.

정답 ③

263 22 채용

동기부여이론에 관한 설명과 학자가 가장 적절하게 연결된 것은?

> ㉠ 인간은 자신의 욕구를 충족시키기 위해서 노력하며 하위단계의 욕구가 충족되어야 다음 단계로 발전되는 순차적 특성을 갖는다.
> ㉡ Y이론적 인간형은 부지런하고, 책임과 자율성 및 창의성을 발휘하기를 좋아하고, 스스로 통제와 발전이 가능하기 때문에 민주적이고 인간적인 동기유발 전략이 필요한 유형이다.
> ㉢ 인간의 개인적 성격과 성격의 성숙과정을 '미성숙에서 성숙으로'라고 보고, 관리자는 조직 구성원을 최대의 성숙상태로 실현시켜야 한다고 하였다.
> ㉣ 위생요인을 제거해주는 것은 불만을 줄여주는 소극적 효과일 뿐이기 때문에, 근무태도 변화에 단기적 영향을 주어 사기는 높여줄 수 있으나 생산성을 높여주지는 못한다. 만족요인이 충족되면 자기실현욕구를 자극하여, 적극적 만족을 유발하고 동기유발에 장기적 영향을 준다.

① ㉠ 매슬로우(Maslow) ㉡ 맥그리거(McGregor) ㉢ 아지리스(Argyris) ㉣ 허즈버그(Herzberg)
② ㉠ 매슬로우(Maslow) ㉡ 아지리스(Argyris) ㉢ 맥그리거(McGregor) ㉣ 허즈버그(Herzberg)
③ ㉠ 매슬로우(Maslow) ㉡ 맥그리거(McGregor) ㉢ 허즈버그(Herzberg) ㉣ 아지리스(Argyris)
④ ㉠ 맥그리거(McGregor) ㉡ 아지리스(Argyris) ㉢ 허즈버그(Herzberg) ㉣ 매슬로우(Maslow)

정답과 해설

㉠ **매슬로우(Maslow)의 욕구단계 이론**에 대한 설명이다.
㉡ **맥그리거(McGregor)의 Y이론**에 대한 설명이다.
㉢ **아지리스(Argyris)의 성숙·미성숙이론**에 대한 설명이다.
㉣ **허즈버그(Herzberg)의 동기위생 이원론**에 대한 설명이다.

정답 ①

264 □□□□ 예상문제

다음 내용이 설명하는 인간관에 부합하는 조직관리 전략은?

> 대부분의 사람들은 본질적으로 일을 싫어하는 것이 아니다. 사람들에게 일이란 작업조건만 제대로 정비되면 놀이를 하거나 쉬는 것과 같이 극히 자연스러운 것이며, 인간의 물리적·사회적 환경에 도전하는 여러 방법 중의 하나이다.

① 업무 지시를 정확하게 하고 엄격한 상벌 원칙을 제시해야 한다.
② 업무 평가 하위 10%에 해당하는 직원에 대한 20%의 급여 삭감 계획은 더욱 많은 업무 노력을 이끌어 낼 수 있는 방법이다.
③ 의사결정 시 부하직원을 참여시키고 자율적으로 업무를 수행할 수 있도록 해야 한다.
④ 관리자가 조직구성원에게 적절한 업무량을 부과하여 수행하게 해야 한다.

정답과 해설

보기의 내용은 맥그리거(McGregor)의 **Y이론의 인간관을 설명**하는 것이다. Y이론의 인간관은 본질적으로 일을 싫어하는 것은 아니며, 적절한 조건만 갖추어지면 책임지기를 원하며 책임 있는 행동을 수행하고자 한다.
①②④ (X) 엄격한 감독과 통제, 경제적 보상체계, 권위주의적 리더십 등은 **X이론적 인간관에 해당되는 관리전략**이다.
③ (O) 의사결정 시 부하직원을 참여시키고 자율적 업무수행을 돕는 등의 노력(분권화와 권한의 위임, 민주적 리더십) 등은 Y이론적 인간관에 해당되는 관리전략이다.

정답 ③

265 □□□□ 25 채용

동기부여이론에 관한 설명으로 가장 적절하지 않은 것은?

① 매슬로(Maslow)는 다원적 인간욕구의 존재를 인정하고 가장 기본적인 욕구는 생리적 욕구라고 하였다.
② 브룸(Vroom)은 동기유발은 욕구충족이 아니라 과업에 대한 기대감, 수단성, 유의성에 의해 결정된다고 주장하였다.
③ 앨더퍼(Alderfer)는 매슬로의 욕구계층이론을 수정하여 생존욕구, 관계욕구, 성장욕구로 구분하였다.
④ 맥그리거(McGregor)는 전통적 조직이론의 인간관을 위생요인, 새로운 조직이론의 인간관을 동기요인으로 구분하였다.

정답과 해설

④ (X) 맥그리거(McGregor)는 **X이론·Y이론**, 허즈버그(Herzberg)는 **위생요인(불만요인)과 동기요인(만족요인)으로 구분**하였다.

정답 ④

THEME 06 경찰예산

266 □□□□ 12 채용, 예상문제
경찰예산에 대한 설명 중 옳지 않은 것은 모두 몇 개인가?

> ㉠ 경찰특별회계로는 책임운영기관(경찰병원) 특별회계 등이 있다.
> ㉡ 특별회계는 원칙적으로 설치 소관부서가 관리하며 기획재정부의 직접적인 통제를 받지 않는다.
> ㉢ 경찰예산의 대부분은 특별회계에 속한다.
> ㉣ 특별회계는 국가에서 특정한 사업을 운영하고자 할 때, 특정한 자금을 보유하여 운용하고자 할 때, 특정한 세입으로 특정한 세출에 충당함으로써 일반회계와 구분하여 계리할 필요가 있을 때에 법률로써 설치한다.
> ㉤ 예산집행의 신축성을 부여하고 예산 불성립으로 인한 행정중단의 방지를 하기 위한 예산제도는 추가경정예산이다.

① 1개 ② 2개
③ 3개 ④ 4개

정답과 해설
㉢ (X) 경찰예산의 대부분은 **일반회계**에 속한다.
㉤ (X) 예산집행의 신축성을 부여하고 예산 불성립으로 인한 행정중단의 방지를 도모하기 위한 예산제도는 **준예산제도**이다.

정답 ②

267 □□□□ 예상문제
예산절차상의 특징에 따른 예산의 유형에 관한 설명으로 옳은 것은?

① 본예산은 정기국회의 심의를 거쳐 확정된 최초의 예산으로 당초예산이라고도 한다.
② 수정예산은 예산이 국회를 통과한 이후 예산집행과정에서 다시 제출되는 예산이다.
③ 추가경정예산은 예산안이 제출된 이후 국회의결 이전에 기존안의 일부를 수정해 제출한 예산이다.
④ 준예산은 새로운 회계연도가 시작되는 날로부터 최초 수개월분의 일정한 금액의 예산을 정부가 집행할 수 있게 허가하는 제도이다.

정답과 해설
① (O)
② (X) **추가경정예산**에 대한 설명이다.
③ (X) **수정예산**에 대한 설명이다.
④ (X) 준예산은 회계연도 개시 전까지 예산의 불성립시 전년도 예산에 준하여 지출하는 제도로 예산 확정 전에는 경찰공무원의 보수와 경찰관서의 유지·운영 등 **한정적으로 지출할 수 있는 경비가** 제한적이다.

정답 ①

268 ☐☐☐☐ 13 간부

다음 중 품목별 예산제도에 대한 설명으로 옳지 않은 것은?

> ㉠ 정부가 수행하는 업무에 중점에 두는 관리지향적 예산제도이다.
> ㉡ 회계 집행내용과 책임의 소재가 명확하다.
> ㉢ 지출대상 및 금액이 명확히 설정되어 있어 예산집행의 신축성이 제약된다.
> ㉣ 인사행정에 유용한 자료를 제공한다.
> ㉤ 감독부서 및 국회의 통제가 비교적 용이하다.
> ㉥ 인건비 등 경직성 경비의 적용이 어려워 기본경비에 대해서는 적용이 곤란하다.
> ㉦ 일반국민이 정부사업을 이해하는데 용이하다.

① 2개　　　　　　　　　　② 3개
③ 4개　　　　　　　　　　④ 5개

정답과 해설

㉡㉢㉣㉤은 **품목별 예산제도에 대한 설명**이다.
㉠㉥㉦은 **성과주의 예산제도에 대한 설명**이다.

정답 ②

269 ☐☐☐☐ 예상문제

다음 중 성과주의 예산제도에 대한 설명으로 옳은 것은?

① 정부의 기능·활동·사업계획을 세부사업으로 분류하고 각 세부사업을 '단위원가×업무량 = 예산액'으로 표시하여 편성하는 예산제도이다.
② 정부가 구입하는 물품보다 정부가 수행하는 업무에 중점을 두는 관리지향적 예산제도로 기능의 중복을 피하기가 곤란하고 인건비 등 경직성 경비에 적용이 어렵다.
③ 성과주의 예산제도는 지출의 대상, 성질을 기준으로 하여 세출예산의 금액을 분류한 것이다.
④ 정부정책이나 계획수립을 용이하게 하고 있을 뿐, 입법부의 예산심의가 어려운 단점이 있다.

정답과 해설

② (X) 성과주의 예산제도는 정부가 구입하는 물품보다 정부가 수행하는 업무에 중점을 두는 관리지향적 예산제도로 예산편성시 자원배분 합리화, 예산집행의 신축성 등의 장점이 있으나, 인건비 등 경직성 경비에 적용이 어렵다는 단점이 있다. **기능의 중복을 피하기가 곤란하다는 단점이 있는 예산 제도는 품목별 예산제도**이다.
③ (X) **품목별 예산제도**의 설명이다.
④ (X) 정부정책이나 계획수립을 용이하게 하고 있을 뿐 아니라 **입법부의 예산심의를 간편하게 하는 장점**이 있다.

정답 ①

270 ☐☐☐☐ 25 채용

예산제도에 관한 설명으로 가장 적절하지 않은 것은?

① 품목별 예산제도는 회계 집행내용과 책임이 명확하며, 인건비 등 경직성 경비에 적용이 용이하다.
② 성과주의 예산제도는 자원배분의 합리성과 예산집행의 신축성을 기할 수 있으며 국민의 입장에서 행정기관의 활동을 이해하기 쉽다.
③ 계획예산제도는 장기적인 기획과 단기적인 예산편성을 유기적으로 연결하여 자원배분의 일관성과 합리성을 도모한다.
④ 일몰법 예산제도는 행정부가 제정한 법령에 의하여 특정 사업이 일정 기간이 경과하면 의무적·자동적으로 폐지되게 하는 예산제도이며 행정부의 사업에 주로 사용된다.

> **정답과 해설**
> ④ (X) 일몰법 예산제도는 **입법부**(행정부 X)가 제정한 법령에 의하여 특정 사업이 일정 기간이 경과하면 의무적·자동적으로 폐지되게 하는 예산제도이며, **중요사업**에 대해 적용된다.
>
> 정답 ④

271 ☐☐☐☐ 23 간부(행정학)

예산제도에 대한 설명으로 가장 옳지 않은 것은?

① 품목별 예산제도(Line Item Budgeting)는 예산지출에 대한 통제와 담당 공무원의 책임성을 확보하는데 유리하다.
② 성과주의 예산제도(Performance Budgeting)는 사업성과가 좋은지 나쁜지의 결과에 초점을 두며 예산을 들여 사업과 활동별로 무엇을 하는지에 대한 정보는 알기 어렵다.
③ 계획 예산제도(Planning Programming Budgeting)는 의사결정이 지나치게 집권화되고 전문화되어 외부통제가 어렵다.
④ 영기준 예산제도(Zero Based Budgeting)는 예산편성 과정에서 중간관리층을 포함한 구성원의 참여 및 이들의 상향적 의사소통 통로가 확대된다.

> **정답과 해설**
> ① (O) **품목별 예산제도(Line Item Budgeting)**는 품목별 예산제도는 지출품목마다 그 비용이 얼마인가에 따라 예산을 배정하는 제도이다.
> ② (X) **성과주의 예산제도(Performance Budgeting)**는 '단위원가×업무량 = 예산액'으로 표시하여 편성하는 예산제도로서 사업의 성과보다는 산출물에 초점을 두며, 예산을 들여 사업과 활동별로 무엇을 하는지에 대한 **정보를 알기 쉽다**.
> ③ (O) **계획 예산제도(Planning Programming Budgeting)**는 국민의 입장에서 경찰활동을 이해하기 어려운 예산제도로서 의사결정이 지나치게 집권화되고 전문화되어 외부통제가 어렵다.
> ④ (O) **영기준 예산제도(Zero Based Budgeting)**는 사업의 존속·축소·확대 여부를 원점에서 새로 분석·검토하여 우선순위별로 실행예산을 결정하는 제도로서 예산편성 과정에서 중간관리층을 포함한 구성원의 참여 및 이들의 상향적 의사소통 통로가 확대된다.
>
> 정답 ②

272 □□□□ 25 간부

예산제도에 관한 설명으로 가장 적절한 것은?

① 품목별예산제도는 행정의 재량범위가 확대되어 예산유용 및 부정을 방지할 수 있다.
② 성과주의예산제도는 국민이 정부의 활동과 목적을 이해하는데 용이하나 단위원가를 산출하는 것이 곤란하다.
③ 자본예산제도는 기획(planning), 사업구조화(programming), 예산(budgeting)을 연계시킨 시스템적 예산제도이다.
④ 영기준예산제도는 모든 사업에 대한 근본적인 재평가를 실시하며 장기적인 계획에 중점을 둔다.

> **정답과 해설**
> ① (X) 품목별예산제도는 행정의 재량범위가 **축소(확대 X)**되어 예산유용 및 부정을 방지할 수 있다.
> ③ (X) **계획예산제도(자본예산제도 X)**는 기획(planning), 사업구조화(programming), 예산(budgeting)을 연계시킨 시스템적 예산제도이다.
> ④ (X) 영기준예산제도는 **모든 사업**에 대한 근본적인 재평가를 실시하며 매년사업의 우선순위를 새로이 결정하고 그에 따라 예산 책정하므로 **단기적인(장기적인 X)** 계획에 중점을 둔다.
> **주의** 일몰법은 중요 사업(모든 사업 X)에 대해 적용하게 된다.
>
> **정답** ②

273 □□□□ 24 채용

예산제도에 관한 설명으로 가장 적절하지 않은 것은?

① 영기준예산제도는 정부지출의 전체적인 성과파악이 곤란하고 예산운영의 신축성 부족 등이 단점으로 평가되고 있다.
② 성과주의예산제도는 정부가 무슨 일을 하느냐에 중점을 두는 제도로 관리지향성을 지닌다.
③ 품목별예산제도는 정부지출 대상이 되는 물품, 품목 등을 기준으로 한 예산제도로서 예산의 남용이나 오용을 방지하는 데 도움이 된다.
④ 계획예산제도는 의사결정을 일관성 있게 합리화하려는 제도이지만 하향적(top-down)인 방식으로 집권화되어 있기 때문에 조직구성원들의 참여를 저해한다는 한계가 있다.

> **정답과 해설**
> ① (X) **품목별 예산제도(영기준예산제도 X)**는 정부지출의 전체적인 성과파악이 곤란하고 예산운영의 신축성 부족 등이 단점으로 평가되고 있다.
> ② (O) 성과주의 예산제도는 **관리지향적**이며, 단순히 예산을 집행하는 것에 그치지 않고, 정부가 **얼마나 잘 일하고 있는지**를 평가하는 데 초점을 맞추는 예산제도이다.
> ③ (O) 품목별예산제도는 정부의 지출 항목을 **물품, 품목, 서비스** 등 구체적인 항목을 기준으로 세분화하여 예산을 편성하는 방식이다. 이 제도의 주된 목적은 **예산의 남용이나 오용을 방지**하고, 지출 항목별로 **세밀한 통제**를 가능하게 한다.
> ④ (O) 계획예산제도는 **장기적 목표와 자원의 효율적 배분**을 강조하며 의사결정을 합리화하려는 장점이 있지만, **하향식 (top-down) 집권화**로 인해 조직구성원의 참여가 저해되는 한계가가 있다.
>
> **정답** ①

「국가재정법」상 예산과정

274 ☐☐☐☐ 22·23·24 채용

「국가재정법」상 예산 편성 및 집행에 관한 설명 중 가장 적절하지 않은 것은 모두 몇 개인가?

> ㉠ 각 중앙관서의 장은 제29조의 규정에 따른 예산안편성지침에 따라 그 소관에 속하는 다음 연도의 세입세출예산·계속비·명시이월비 및 국고채무부담행위 요구서를 작성하여 매년 3월 31일까지 기획예산처장관에게 제출하여야 한다.
> ㉡ 각 중앙관서의 장은 매년 1월 31일까지 해당 회계연도부터 5회계 연도 이상의 기간 동안의 신규사업 및 행정안전부장관이 정하는 주요 계속사업에 대한 중기사업계획서를 기획예산처장관에게 제출하여야 한다.
> ㉢ 기획예산처장관은 국회의 심의를 거쳐 대통령의 승인을 얻은 다음 연도의 예산안편성지침을 매년 3월 31일까지 각 중앙관서의 장에게 통보하여야 한다.
> ㉣ 각 중앙관서의 장은 예산이 확정된 후 사업운영계획 및 이에 따른 세입세출예산·계속비와 국고채무부담행위·명시이월비를 포함한 예산배정요구서를 기획예산처장관에게 제출하여야 한다.
> ㉤ 정부는 제32조의 규정에 따라 대통령의 승인을 얻은 예산안을 회계연도 개시 120일 전까지 국회에 제출하여야 한다.

① 2개　　　　　　　　　　② 3개
③ 4개　　　　　　　　　　④ 5개

정답과 해설

- ㉠ (X) 각 중앙관서의 장은 제29조의 규정에 따른 예산안편성지침에 따라 그 소관에 속하는 다음 연도의 세입세출예산·계속비·명시이월비 및 국고채무부담행위 요구서(이하 "예산요구서"라 한다)를 작성하여 매년 **5월 31일(3월 31일 X)**까지 기획예산처장관에게 제출하여야 한다(국가재정법 제31조 제1항).
- ㉡ (X) 각 중앙관서의 장(경찰청장)은 매년 1월 31일까지 해당 회계연도부터 5회계 연도 이상의 기간 동안의 신규사업 및 **기획예산처장관(행정안전부장관 X)**이 정하는 주요 계속사업에 대한 중기사업계획서를 기획예산처장관에게 제출하여야 한다(국가재정법 제28조).
- ㉢ (X) 기획예산처장관은 **국무회의(국회 X)**의 심의를 거쳐 대통령의 승인을 얻은 다음 연도의 예산안편성지침을 매년 3월 31일까지 각 중앙관서의 장에게 통보하여야 한다(동법 제29조 제1항).
- ㉣ (X) 각 중앙관서의 장은 예산이 확정된 후 사업운영계획 및 이에 따른 세입세출예산·계속비와 국고채무부담행위를 **포함한 예산배정요구서(명시이월비 X)**를 기획예산처장관에게 제출하여야 한다(동법 제42조).
- ㉤ (O) 정부는 대통령의 승인을 얻은 예산안을 회계연도 개시 **120일(90일 X)** 전까지 국회에 제출하여야 한다(동법 제33조).

주의 헌법상 정부는 회계연도마다 예산안을 편성하여 회계연도 개시 **90일** 전까지 국회에 제출하고, 국회는 회계연도 개시 **30일**전까지 이를 의결하여야 한다(헌법 제54조 제2항).

정답 ③

275 ☐☐☐☐ 20 승진, 24 간부

「국가재정법」에 대한 설명 중 옳지 않은 것은 모두 몇 개인가?

> ㉠ 각 중앙관서의 장은 예산이 확정되기 전에 사업운영계획 및 이에 따른 세입세출예산 계속비와 국고채무부담행위를 포함한 예산배정요구서를 기획예산처장관에게 제출하여야 한다.
> ㉡ 기획예산처장관은 예산요구서에 따라 예산안을 편성하여 국무회의의 심의를 거친 후 대통령의 승인을 얻어야 한다.
> ㉢ 예산이 확정되면 해당 예산이 배정되지 않은 상태라도 지출원인 행위를 할 수 있다.
> ㉣ 경찰청장은 예산이 정한 각 기관 간 또는 각 장·관·항 간에 상호 이용(移用)할 수 있는 것이 원칙이다.
> ㉤ 각 중앙관서의 장은 예산의 목적범위 안에서 재원의 효율적 활용을 위하여 대통령령으로 정하는 바에 따라 국무회의의 심의를 거친 후 대통령의 승인을 얻어 각 세항 또는 목의 금액을 전용할 수 있다.

① 1개 ② 2개
③ 3개 ④ 4개

정답과 해설

㉠ (X) 각 중앙관서의 장(경찰청장)은 예산이 **확정된 후**(확정되기 전 X) 사업운영계획 및 이에 따른 **세입세출예산·계속비와 국고채무부담행위**(명시이월비 X)를 **포함한**(제외한 X) 예산배정요구서를 기획예산처장관에게 제출하여야 한다(국가재정법 제42조).
㉡ (O) 기획예산처장관은 예산요구서에 따라 예산안을 편성하여 **국무회의의 심의**(국회의 심의 X)를 거친 후 대통령의 승인을 얻어야 한다(동법 제32조).
㉢ (X) 예산이 확정되었더라도 해당 예산이 배정되지 않은 상태에서는 지출원인행위를 **할 수 없다**(국고금관리법 제20조).
㉣ (X) 경찰청장은 예산이 정한 각 기관 간 또는 각 장·관·항 간에 **상호 이용할 수 없다**(국가재정법 제47조 제1항).
㉤ (X) 각 중앙관서의 장은 예산의 목적범위 안에서 재원의 효율적 활용을 위하여 대통령령으로 정하는 바에 따라 **기획예산처장관**(국무회의의 심의를 거친 후 대통령 X)의 승인을 얻어 **각 세항 또는 목의 금액을 전용**할 수 있다. 이 경우 사업 간의 유사성이 있는지, 재해대책 재원 등으로 사용할 시급한 필요가 있는지, 기관운영을 위한 필수적 경비의 충당을 위한 것인지 여부 등을 종합적으로 고려하여야 한다(동법 제46조 제1항).

정답 ④

276 ☐☐☐☐ 19 채용, 23 간부, 예상문제

「국가재정법」상 경찰예산의 집행에 대한 설명으로 옳지 않은 것은 모두 몇 개인가?

> ㉠ 기획예산처장관은 예산집행의 효율성을 높이기 위하여 매년 예산집행에 관한 지침을 작성하여 경찰청장에게 통보하여야 한다.
> ㉡ 경찰청장은 세출예산이 정한 목적 외에 경비를 사용할 수 있다.
> ㉢ 기획예산처장관은 예산배정요구서에 따라 분기별 예산배정계획을 작성하여 국무회의의 심의를 거친 후 대통령의 승인을 얻어야 한다.
> ㉣ 기획예산처장관은 각 중앙관서의 장에게 예산을 배정한 때에는 예산결산특별위원회에 통지하여야 한다.

① 1개 ② 2개
③ 3개 ④ 4개

정답과 해설

㉠ (O) 국가재정법 제44조
㉡ (X) 각 중앙관서의 장(경찰청장 등)은 세출예산이 정한 목적 외에 경비를 **사용할 수 없다(있다 X)**(동법 제45조).
㉢ (O) 기획예산처장관은 예산배정요구서에 따라 분기별 예산배정계획을 작성하여 **국무회의의 심의(국회의 심의 X)**를 거친 후 대통령의 승인을 얻어야 한다(동법 제43조 제1항).
㉣ (X) 기획예산처장관은 각 중앙관서의 장에게 예산을 배정한 때에는 **재정경제부장관과 감사원(예산결산특별위원회 X)**에 통지하여야 한다(동법 제43조 제2항).

정답 ②

277 　21 간부, 20 승진

경찰예산에 대한 내용으로 옳은 것은?

① 국회에 제출된 경찰예산안은 행정안전위원회에서 종합심사를 통해 구체적이고 실질적인 금액 조정이 이루어지며 종합심사가 끝난 예산안은 본회의에 상정되어 회계연도 개시 30일 전까지 본회의 의결을 거침으로써 확정된다.
② 경찰청장은 예산이 확정된 후 예산배정요구서를 기획예산처장관에게 제출하고 기획예산처장관은 예산배정요구서에 따라 분기별 예산배정계획을 작성하여 국무회의 심의와 대통령 승인을 얻은 후 분기별 예산배정계획에 따라 경찰청장에게 예산을 배정한다.
③ 경찰청장은 예산이 정한 각 기관 간 또는 각 장·관·항 간에 상호 이용(移用)할 수 있는 것이 원칙이다.
④ 「국가재정법」에 따라 경찰은 예산을 편성할 때 예산이 인권에 미친 영향을 평가하는 보고서를 작성하여야 한다.

정답과 해설

① (X) 국회에 제출된 경찰예산안은 **예산결산특별위원회(행정안전위원회 X)** 종합심사를 통해 구체적이고 실질적인 금액 조정이 이루어지며, 종합심사가 끝난 예산안은 본회의에 상정되어 회계연도 **개시 30일 전까지** 본회의의 의결을 거쳐 확정된다(헌법 제54조).
② (O) 국가재정법 제42조, 제43조

> **제42조(예산배정요구서의 제출)** 각 중앙관서의 장(경찰청장)은 예산이 **확정된 후(확정되기 전 X)** 사업운영계획 및 이에 따른 세입세출예산·계속비와 국고채무부담행위를 **포함한 예산배정요구서(명시이월비 X)** 를 기획예산처장관에게 제출하여야 한다.
> **제43조(예산의 배정)** ① 기획예산처장관은 제42조의 규정에 따른 예산배정요구서에 따라 분기별 예산배정계획을 작성하여 국무회의의 심의를 거친 후 대통령의 승인을 얻어야 한다.

③ (X) 경찰청장은 예산이 정한 각 기관 간 또는 각 장·관·항 간에 원칙적으로 **상호 이용할 수 없다**(동법 제47조 제1항).
④ (X) 「국가재정법」은 경찰예산편성시 **인권**에 미친 영향을 평가하는 보고서 제출을 **규정하고 있지 않다.**

정답 ②

「국가재정법」상 예산의 결산에 대한 설명으로 적절하지 않은 것은 모두 몇 개인가?

㉠ 정부는 여성과 남성이 동등하게 예산의 수혜를 받고 예산이 성차별을 개선하는 방향으로 집행되었는지를 평가하는 보고서(이하 "성인지 결산서"라 한다)를 작성하여야 한다.
㉡ 경찰청장은 「국가회계법」에서 정하는 바에 따라 회계연도마다 작성한 결산보고서("중앙관서결산보고서")를 다음 연도 2월 말일까지 재정경제부장관에게 제출하여야 한다.
㉢ 재정경제부장관은 「국가회계법」에서 정하는 바에 따라 회계연도마다 작성하여 대통령의 승인을 받은 국가결산보고서를 다음 연도 3월 10일까지 기획예산처장관과 감사원에 제출하여야 한다.
㉣ 감사원은 ㉢에 따라 제출된 국가결산보고서를 검사하고 그 보고서를 다음 연도 5월 20일까지 재정경제부장관에게 송부하여야 한다.
㉤ 정부는 ㉣에 따라 감사원의 검사를 거친 국가결산보고서를 다음 연도 5월 31일까지 국회에 제출하여야 한다.

① 1개
② 2개
③ 3개
④ 4개

정답과 해설

㉠ (O) 국가재정법 제57조 제1항
㉡ (O) 각 중앙관서의 장(경찰청장 등)은 「국가회계법」에서 정하는 바에 따라 회계연도마다 작성한 결산보고서("중앙관서결산보고서")를 **다음 연도 2월 말일까지** 재정경제부장관에게 제출하여야 한다(동법 제58조 제1항).
㉢ (X) 재정경제부장관은 「국가회계법」에서 정하는 바에 따라 회계연도마다 작성하여 대통령의 승인을 받은 국가결산보고서를 **다음 연도 4월 10일까지**(3월 10일까지 X) 기획예산처장관과 감사원에 제출하여야 한다(동법 제59조).
㉣ (O) 감사원은 ㉢에 따라 제출된 국가결산보고서를 검사하고 그 보고서를 **다음 연도 5월 20일까지** 재정경제부장관에게 송부하여야 한다(동법 제60조).
㉤ (O) 정부는 ㉣에 따라 감사원의 검사를 거친 국가결산보고서를 **다음 연도 5월 31일까지** 국회에 제출하여야 한다(동법 제61조).

정답 ①

279   20 채용

다음은 경찰 예산의 과정을 순서 없이 나열한 것이다. 과정의 순서를 가장 바르게 나열한 것은?

> ㉠ 경찰청장은 다음 연도의 세입세출예산·계속비·명시이월비 및 국고 채무부담 행위 요구서를 작성하여 기획예산처장관에게 제출한다.
> ㉡ 재정경제부장관은 「국가회계법」에서 정하는 바에 따라 회계연도마다 작성하여 대통령의 승인을 받은 국가결산보고서를 기획예산처장관과 감사원에 제출하여야 한다.
> ㉢ 정부는 국가결산보고서를 국회에 제출하여야 한다.
> ㉣ 경찰청장은 예산배정 요구서를 기획예산처장관에게 제출하여야 한다.
> ㉤ 기획예산처장관은 국무회의 심의를 거쳐 대통령의 승인을 얻은 다음 연도의 예산편성지침을 경찰청장에게 통보한다.
> ㉥ 정부는 대통령의 승인을 얻은 예산안을 국회에 제출하고 국회는 심의와 의결을 거쳐 예산안을 확정한다.

① ㉤-㉠-㉣-㉥-㉢-㉡
② ㉠-㉤-㉥-㉣-㉢-㉡
③ ㉤-㉠-㉥-㉣-㉡-㉢
④ ㉣-㉤-㉠-㉥-㉡-㉢

정답과 해설

③ (O) ㉤-㉠-㉥-㉣-㉡-㉢ 옳은 순서이다.
「국가재정법」상 예산은 '**편성 → 심의·의결 → 집행 → 결산**' 과정으로 이루어진다.
㉠ 예산안의 **편성 과정 중 예산요구서 제출**에 관한 설명이다(매년 **5월 31일까지**, 국가재정법 제31조).
㉡ 예산의 **결산과정 중 국가결산보고서의 작성 및 제출**에 관한 설명이다(다음 연도 **4월 10일까지**, 동법 제59조).
㉢ 예산의 **결산과정 중 국가결산 국회보고서의 국회제출**에 관한 설명이다(다음 연도 **5월 31일까지**, 동법 제61조).
㉣ 예산의 **집행과정 중 예산배정 요구서의 제출**에 관한 설명이다(**예산이 확정된 후**, 동법 제42조).
㉤ 예산안의 **편성 과정 중 예산안편성지침의 통보**에 관한 설명이다(매년 **3월 31일까지**, 동법 제29조).
㉥ 예산안의 **편성 과정 중 예산안의 국회 제출**에 대한 설명이다(**회계연도 개시 120일 전까지**, 동법 제33조).

정답 ③

THEME 08 장비관리

280 □□□□ 22·23 채용, 17 승진, 24 간부

「경찰장비관리규칙」상 무기고 및 탄약고 설치에 관한 설명 중 적절하지 않은 것은 모두 몇 개인가?

> ㉠ 무기는 인명 또는 신체에 위해를 가할 수 있도록 제작된 권총·소총·도검 등을 말한다.
> ㉡ 무기·탄약고 비상벨은 상황실과 숙직실 등 초동조치 가능장소와 연결하고, 외곽에는 철조망장치와 조명등 및 순찰함을 설치할 수 있다.
> ㉢ 탄약고 내에는 전기시설을 하는 것이 원칙이나, 조명은 건전지 등으로 하고 방화시설을 완비하여야 한다.
> ㉣ 무기고와 탄약고의 환기통 등에는 손이 들어가지 않도록 쇠창살 시설을 하고, 출입문은 2중으로 하여 각 1개소 이상씩 자물쇠를 설치하여야 한다.
> ㉤ 탄약고는 무기고와 분리되어야 하며 가능한 본 청사와 격리된 독립 건물로 하여야 한다.
> ㉥ 간이무기고란 경찰인력 및 경찰기관별 무기책정기준에 따라 배정된 개인화기와 공용화기를 집중보관·관리하기 위하여 각 경찰기관에 설치된 시설을 말한다.
> ㉦ 지구대 등의 간이무기고의 경우는 소속 경찰관에 한하여 무기를 지급하되 감독자 입회(감독자가 없을 경우 반드시 타 선임 경찰관 입회)하에 무기탄약 입출고부에 기재한 뒤 입출고하여야 한다. 다만, 긴급상황 발생시 경찰서장의 사전허가를 받은 경우의 대여는 예외로 한다.

① 1개　　　　　　　　　② 2개
③ 3개　　　　　　　　　④ 4개

정답과 해설

㉠ (O) 경찰장비관리규칙 제112조 제1호
㉡ (X) 무기·탄약고 비상벨은 상황실과 숙직실 등 초동조치 가능장소와 연결하고, 외곽에는 철조망 장치와 조명등 및 순찰함을 **설치하여야 한다(설치할 수 있다 X)**(동규칙 제115조 제5항).
㉢ (X) 탄약고 내에는 **전기시설을 하여서는 아니 되며**, 조명은 건전지 등으로 하고 방화시설을 완비하여야 한다. 단, 방폭설비를 갖춘 경우 전기시설을 설치할 수 있다(동규칙 제115조 제7항).
㉣ (O) 무기고와 탄약고의 환기통 등에는 손이 들어가지 않도록 쇠창살 시설을 하고, 출입문은 **2중**으로 하여 **각 1개소 이상씩 자물쇠**를 설치하여야 한다(동규칙 제115조 제4항).
㉤ (O) 탄약고는 무기고와 **분리**되어야 하며 가능한 본 **청사와 격리된 독립 건물**로 하여야 한다(동규칙 제115조 제3항).
㉥ (X) **집중무기고**에 대한 설명이다. **간이무기고**는 근무자가 24시간 상주하는 지구대, 파출소, 상황실 및 112타격대 등 경찰기관의 장이 필요하다고 인정하는 상당한 이유가 있는 장소에 **설치할 수 있다**(동규칙 제115조 제6항).
㉦ (O) 지구대 등의 간이무기고의 경우는 소속 경찰관에 한하여 무기를 지급하되 **감독자 입회(감독자가 없을 경우 반드시 타 선임 경찰관 입회)**하에 무기탄약 입출고부에 **기재한 뒤** 입출고하여야 한다. 다만, 긴급상황 발생시 경찰서장의 사전허가를 받은 경우의 대여는 예외로 한다(동규칙 제118조 제4항).

정답 ③

281 ☐☐☐☐ 23 채용, 20 승진, 예상문제

「경찰장비관리규칙」상 무기 탄약의 회수 및 보관에 대한 설명 중 가장 적절한 것은?

① 경찰기관의 장은 무기를 휴대한 자 중에서 사의를 표명한 자에게 대여한 무기·탄약을 무기 소지 적격 심의위원회의 심의를 거쳐 회수할 수 있다.

② 경찰기관의 장은 무기를 휴대한 자 중에서 경찰공무원 직무적성검사 결과 고위험군에 해당되는 자에게 대여한 무기·탄약을 즉시 회수해야 한다.

③ 경찰기관의 장은 무기를 휴대한 자 중에서 직무상의 비위 등으로 인하여 중징계 의결 요구된 자에게 대여한 무기·탄약을 즉시 회수해야 한다. 다만, 대상자가 이의신청을 하거나 소속 부서장이 무기 소지 적격 여부에 대해 심의를 요청하는 경우에는 무기 소지 적격 심의위원회(이하 '심의위원회'라 함)의 심의를 거쳐 대여한 무기·탄약의 회수여부를 결정한다.

④ 경찰기관의 장은 무기를 휴대한 자 중에서 직무상의 비위 등으로 인하여 감찰조사의 대상이 되거나 경징계의결 요구 또는 경징계 처분 중인 자에게 심의위원회의 심의를 거쳐 대여한 무기·탄약을 회수할 수 있다. 다만, 심의위원회를 개최할 시간적 여유가 없거나 사고 방지 등을 위해 신속한 회수가 필요하다고 인정되는 경우에는 대여한 무기·탄약을 즉시 회수해야 하며, 회수한 날부터 7일 이내에 심의위원회를 개최하여 회수의 타당성을 심의하고 계속 회수 여부를 결정한다.

정답과 해설

① (X) 경찰기관의 장은 무기를 휴대한 자 중에서 사의를 표명한 자에게 대여한 무기·탄약을 **즉시(무기 소지 적격 심의위원회의 심의를 거쳐 X) 회수해야 한다(할 수 있다 X)**(경찰장비관리규칙 제120조 제1항 제2호).

② (X) 경찰기관의 장은 무기를 휴대한 자 중에서 경찰공무원 직무적성 검사 결과 고위험군에 해당 되는 자에게 대여한 무기·탄약을 **심의위원회의 심의를 거쳐 회수할 수 있다(해야 한다 X)**(동규칙 제120조 제2항 제3호).

③ (O) 동규칙 제120조 제1항 제1호

④ (X) 다만, 심의위원회를 개최할 시간적 여유가 없거나 사고 방지 등을 위해 신속한 회수가 필요하다고 인정되는 경우에는 대여한 무기·탄약을 즉시 **회수할 수 있으며(해야 하며 X)**, 회수한 날부터 7일 이내에 심의위원회를 개최하여 회수의 타당성을 심의하고 계속 회수 여부를 결정한다(동규칙 제120조 제2항 제2호).

정답 ③

282 24 채용, 24 승진

「경찰장비관리규칙」에 관한 설명으로 가장 적절하지 않은 것은?

① 심의위원회는 위원장 1명을 포함하여 총 5명 이상 7명 이내의 위원으로 구성하되 민간위원 1명 이상이 위원으로 참여하여야 한다.
② 집중무기·탄약고의 열쇠보관은 일과시간에는 무기 관리부서의 장이, 일과시간 후에는 당직 업무(청사방호) 책임자가 한다.
③ 경찰기관의 장은 무기를 휴대한 자가 술자리 또는 연회장소에 출입할 경우 즉시 대여한 무기·탄약을 회수해야 한다.
④ 경찰관이 권총을 휴대·사용하는 경우 1탄은 공포탄, 2탄 이하는 실탄을 장전한다. 다만, 대간첩작전, 살인·강도 등 중요범인이나 무기·흉기 등을 사용하는 범인의 체포 및 위해의 방호를 위하여 불가피한 경우에 1탄부터 실탄을 장전할 수 있다.

정답과 해설

① (O) 경찰장비관리규칙 제120조의2 제2항
② (O) 동규칙 제117조 제2항 제1호
③ (X) 경찰기관의 장은 무기를 휴대한 자가 술자리 또는 연회장소에 출입할 경우에는 대여한 무기·탄약을 **무기고에 보관하도록 해야 한다**(동규칙 제120조 제4항 제1호).
④ (O) 동규칙 제123조 제3항

> 가. 총구는 **공중 또는 지면(안전지역)(전방 X)**을 향한다.
> 나. 실탄 장전시 반드시 안전장치(방아쇠울에 설치 사용)를 장착한다.
> 다. 1탄은 공포탄, 2탄 이하는 실탄을 장전한다. 다만, 대간첩작전, 살인 강도 등 중요범인이나 무기·흉기 등을 사용하는 범인의 체포 및 위해의 방호를 위하여 불가피한 경우에 1탄부터 실탄을 장전할 수 있다.
> 라. 조준시는 **대퇴부(허리 X)** 이하를 향한다.

정답 ③

283 ☐☐☐☐ 26 간부

「경찰장비관리규칙」상 무기소지 적격 심의위원회에 관한 설명으로 가장 적절하지 않은 것은?

① 민간위원은 총포·도검·화약류 분야에 전문성을 갖춘 사람으로서 심의 대상자 소속 경찰기관의 장이 위촉하는 사람을 1명 이상 위촉해야 한다.
② 무기소지 적격 심의위원회의 회의는 비공개로 한다.
③ 무기·탄약 회수 대상자에 해당하는지 여부 및 회수의 해제 여부를 심의한다.
④ 재적위원의 과반수의 출석으로 개의하며, 출석위원 과반수의 찬성으로 의결한다.

정답과 해설

① **(X)** 민간위원은 **정신건강(총포·도검·화약류 X) 분야**에 전문성을 갖춘 사람으로서 심의 대상자 소속 경찰기관의 장이 위촉하는 사람을 1명 이상 위촉해야 한다.

정답 ①

284 ☐☐☐☐ 예상문제

「경찰장비관리규칙」에서 '차량관리'에 관한 내용으로 옳은 것은?

① 부속기관 및 시·도경찰청의 장은 다음 연도에 소속기관의 차량정수를 증감시킬 필요가 있을 때에는 매년 11월 말까지 다음 연도 차량정수 소요계획을 경찰청장에게 제출하여야 한다.
② 사용기간이 동일한 경우에는 차량사용기간과 차량의 노후상태, 사용부서 등을 종합적으로 검토 예산낭비 요인이 없도록 신중하게 선정한다.
③ 각 경찰기관의 업무용차량은 운전요원의 부족 등 불가피한 사유가 없는 한 집중관리를 원칙으로 한다.
④ 부속기관 및 시·도경찰청은 소속기관 차량 중 다음 연도 교체대상 차량을 매년 3월 말까지 경찰청장에게 보고하여야 한다.

정답과 해설

① **(X)** 부속기관 및 시·도 경찰청의 장은 다음 년도에 소속기관의 차량정수를 증감시킬 필요가 있을 때에는 **매년 3월 말까지** 다음 년도 차량정수 소요계획을 경찰청장에게 제출하여야 한다(경찰장비관리규칙 제90조 제1항).
② **(X)** 사용기간이 동일한 경우에는 **주행거리(차량사용기간 X)**와 차량의 노후상태, 사용부서 등을 종합적으로 검토 예산낭비 요인이 없도록 신중하게 선정한다(동규칙 제94조 제2항).
③ **(O)** 동규칙 제95조 제1항
④ **(X)** 부속기관 및 시·도경찰청은 소속기관 차량 중 다음 년도 교체대상 차량을 **매년 11월 말까지** 경찰청장에게 보고하여야 한다(동규칙 제93조 제1항).

정답 ③

THEME 09 보안관리

285 □□□□ 22·25 채용, 24 승진, 19 간부

「보안업무규정」에 대한 설명으로 옳지 않은 것은 모두 몇 개인가?

> ㉠ 비밀은 그 중요성과 가치의 정도에 따라 구분하는데, 누설될 경우 국가안전보장에 막대한 지장을 끼칠 우려가 있는 비밀은 Ⅰ급비밀로 구분한다.
> ㉡ 비밀은 적절히 보호할 수 있는 최고등급으로 분류하되, 과도하거나 과소하게 분류해서는 아니 된다.
> ㉢ 비밀은 보관하고 있는 시설 밖으로 반출해서는 아니 된다. 다만, 공무상 반출이 필요할 때에는 소속 기관의 장의 승인을 받아야 한다.
> ㉣ 비밀을 휴대하고 출장 중인 사람은 비밀을 안전하게 보호하기 위하여 국내 경찰기관 또는 재외공관에 보관을 위탁할 수 있으며, 위탁받은 기관은 그 비밀을 보관하여야 한다.
> ㉤ 외국 정부나 국제기구로부터 접수한 비밀은 그 접수기관이 필요로 하는 정도로 보호할 수 있도록 분류하여야 한다.
> ㉥ 비밀은 해당 등급의 비밀취급 인가를 받은 사람만 취급할 수 있으며, 암호자재는 해당 등급의 비밀 소통용 암호자재취급 인가를 받은 사람만 취급할 수 있다.

① 1개　　　　　　　　　　② 2개
③ 3개　　　　　　　　　　④ 4개

정답과 해설

㉠ (X) 비밀은 그 중요성과 가치의 정도에 따라 구분하는데, 누설될 경우 국가안전보장에 **막대한** 지장을 끼칠 우려가 있는 비밀은 **Ⅱ급**비밀로 구분한다(보안업무규정 제4조 제2호).
㉡ (X) 비밀은 적절히 보호할 수 있는 **최저등급(최고등급 X)**으로 분류하되, 과도하거나 과소하게 분류해서는 아니 된다(동규정 제12조 제1항).
㉢ (O) 비밀은 보관하고 있는 시설 밖으로 반출해서는 아니 된다. 다만, 공무상 반출이 필요할 때에는 **소속 기관의 장(중앙행정기관의 장 X)**의 승인을 받아야 한다(동규정 제27조).
㉣ (O) 비밀을 휴대하고 출장 중인 사람은 비밀을 안전하게 보호하기 위하여 **국내 경찰기관 또는 재외공관**에 보관을 **위탁할 수 있으며**, 위탁받은 기관은 그 비밀을 **보관하여야 한다**(동규정 제19조).
㉤ (X) 외국 정부나 국제기구로부터 접수한 비밀은 그 **생산기관(접수기관 X)**이 필요로 하는 정도로 보호할 수 있도록 분류하여야 한다(동규정 제12조 제3항).
㉥ (O) **비밀**은 해당 등급의 비밀취급 인가를 받은 사람만 취급할 수 있으며, **암호자재**는 해당 등급의 비밀 소통용 암호자재취급 인가를 받은 사람만 취급할 수 있다(동규정 제8조).

정답 ③

286 ☐☐☐☐ 23 간부, 예상문제

「보안업무규정」 및 동 시행규칙에 대한 설명으로 가장 적절하지 않은 것은 모두 몇 개인가?

> ㉠ 지방자치단체의 장, 광역시·도의 교육감, 경찰청장은 Ⅱ급 및 Ⅲ급비밀 취급 인가권자와 Ⅲ급비밀 소통용 암호자재 취급 인가권자이다.
> ㉡ 비밀취급 인가권자는 업무상 조정·감독을 받는 기업체나 단체에 소속된 사람에 대하여 소관 비밀을 계속적으로 취급하게 하여야 할 필요가 있을 때에는 미리 경찰청장과의 협의를 거쳐 해당하는 사람에게 Ⅱ급 이하의 비밀취급을 인가할 수 있다.
> ㉢ 보관용기에 넣을 수 없는 비밀은 제한지역 또는 통제구역에 보관하는 등 그 내용이 노출되지 아니하도록 특별한 보호대책을 마련하여야 한다.
> ㉣ 제한구역이란 비인가자가 비밀, 주요시설 및 Ⅲ급 비밀 소통용 암호자재에 접근하는 것을 방지하기 위하여 안내를 받아 출입하는 구역을 말한다.
> ㉤ 비밀열람기록전의 자료는 비밀과 함께 철하여 보관·활용하고, 비밀의 보호기간이 만료되면 비밀에서 분리한 후 각각 편철하여 5년간 보관해야 한다.

① 1개
② 2개
③ 3개
④ 4개

정답과 해설

㉠ (O) 보안업무규정 제9조 제2항

> **제9조(비밀·암호자재취급 인가권자)** ② Ⅱ급 및 Ⅲ급비밀 취급 인가권자와 Ⅲ급비밀 소통용 암호자재 취급 인가권자는 다음 각 호와 같다.
> 1. 제1항 각 호의 사람
> 2. 중앙행정기관등인 청의 장(경찰청장)
> 3. 지방자치단체의 장
> 4. 특별시·광역시·도 및 특별자치시·특별자치도의 교육감
> 5. 제1호부터 제4호까지의 사람이 지정한 기관의 장

㉡ (X) 비밀취급 인가권자는 업무상 조정·감독을 받는 기업체나 단체에 소속된 사람에 대하여 소관 비밀을 계속적으로 취급하게 하여야 할 필요가 있을 때에는 미리 **국가정보원장(경찰청장 X)**과의 협의를 거쳐 해당하는 사람에게 **Ⅱ급 이하의 비밀취급을 인가할 수 있다**(동규정 시행규칙 제13조 제1항).

㉢ (X) 보관용기에 넣을 수 없는 비밀은 **제한구역(제한지역 X) 또는 통제구역**에 보관하는 등 그 내용이 노출되지 아니하도록 특별한 보호대책을 마련하여야 한다(동규정 시행규칙 제33조 제4항).

㉣ (O) 보호지역 중 **제한구역**은 비인가자가 비밀, 주요시설 및 Ⅲ급 비밀 소통용 암호자재에 접근하는 것을 방지하기 위하여 **안내를 받아 출입**하여야 하는 구역을 말한다(동규정 시행규칙 제54조 제1항 제2호).

㉤ (O) 비밀접수증, 비밀열람기록전, 배부처는 비밀과 함께 철하여 보관·활용하고, **비밀의 보호기간이 만료되면 비밀에서 분리한 후 각각 편철하여 5년간 보관해야 한다**(동규정 시행규칙 제70조 제1항 제2호).

정답 ②

287 19 간부, 예상문제

「보안업무규정」 및 「경찰청 보안업무규정 시행세칙」상 비밀에 대한 설명으로 적절한 것은 모두 몇 개인가?

> ㉠ 누설될 경우 대한민국과 외교관계가 단절되고 전쟁을 일으키며, 국가의 방위계획·정보활동 및 국가방위에 반드시 필요한 과학과 기술의 개발을 위태롭게 하는 등의 우려가 있는 비밀은 이를 Ⅰ급 비밀로 한다.
> ㉡ 국가정보원장은 암호자재를 제작하여 필요한 기관에 공급한다. 다만, 국가정보원장이 필요하다고 인정하는 암호자재의 경우 그 암호자재를 사용하는 기관은 국가정보원장이 인가하는 암호체계의 범위에서 암호자재를 제작할 수 있다.
> ㉢ 비밀은 그 중요성과 가치에 따라 Ⅰ급, Ⅱ급, Ⅲ급 비밀, 대외비로 구분된다.
> ㉣ 경찰청장은 Ⅱ급 및 Ⅲ급 비밀 취급 인가권을 경찰병원장에게 위임한다.
> ㉤ ㉣의 규정에 따라 Ⅱ급 및 Ⅲ급 비밀취급 인가권을 위임받은 경찰병원장은 임명됨과 동시에 비밀취급을 할 수 있으며, 위임받은 인가권을 다시 위임할 수 없다.

① 1개 ② 2개
③ 3개 ④ 4개

정답과 해설

㉠ (O) 누설될 경우 대한민국과 외교관계가 단절되고 **전쟁**을 일으키며, 국가의 방위계획·정보활동 및 국가방위에 반드시 필요한 과학과 기술의 개발을 위태롭게 하는 등의 우려가 있는 비밀은 이를 **Ⅰ급비밀**로 한다(보안업무규정 제4조 제1호).
㉡ (O) **국가정보원장(경찰청장 X)**은 암호자재를 제작하여 필요한 기관에 **공급한다**. 다만, 국가정보원장이 필요하다고 인정하는 암호자재의 경우 그 암호자재를 사용하는 기관은 **국가정보원장이 인가**하는 암호체계의 범위에서 **암호자재를 제작할 수 있다**(동규정 제7조 제1항).
㉢ (X) 대외비는 비밀의 개념에 포함되지 않는다(동규정 시행규칙 제16조 제3항).
㉣ (O) 경찰청장은 Ⅱ급 및 Ⅲ급 비밀 취급 인가권을 **경찰대학장, 경찰인재개발원장, 중앙경찰학교장, 경찰수사연수원장, 경찰병원장, 시·도경찰청장, 경찰서장, 직할대장**에게 위임한다(동규정 시행세칙 제11조).
㉤ (O) 동규정 시행세칙 제11조 제2항

정답 ④

288 22·24 승진

비밀에 대한 설명으로 가장 적절하지 않은 것은?

① 「경찰청 보안업무규정 시행세칙」상 모든 경찰공무원은 임용과 동시에 Ⅲ급 비밀취급 인가를 받은 것으로 본다.
② 「경찰청 보안업무규정 시행세칙」상 치안정보부서에 근무하는 경찰공무원은 그 보직 발령과 동시에 Ⅱ급 비밀취급 인가를 받은 것으로 본다.
③ 「보안업무규정」과 「보안업무규정 시행규칙」상 보호지역 중 제한구역은 비인가자가 비밀, 주요시설 및 Ⅲ급 비밀 소통용 암호자재에 접근하는 것을 방지하기 위하여 안내를 받아 출입하여야 하는 구역을 말한다.
④ 「보안업무규정」상 각급기관의 장은 비밀 분류를 통일성 있고 적절하게 하기 위하여 세부 분류지침을 작성하여 시행하여야 하며 이 경우 세부 분류지침은 공개하는 것을 원칙으로 한다.

> **정답과 해설**
>
> ① (O) 모든 경찰공무원은 임용과 동시에 **Ⅲ급**(Ⅱ급 X) 비밀취급 인가를 받은 것으로 본다(경찰청 보안업무규정 시행세칙 제14조 제1항).
> ② (O) **치안정보, 수사, 안보수사 및 국제협력** 담당 부서에 근무하는 경찰공무원은 그 보직 발령과 동시에 Ⅱ급 비밀취급 인가를 받은 것으로 본다(동규정 시행세칙 제14조 제2항 제2호).
> ③ (O) 보호지역 중 **제한구역**은 비인가자가 비밀, 주요시설 및 Ⅲ급 비밀 소통용 암호자재에 접근하는 것을 방지하기 위하여 **안내를 받아 출입**하여야 하는 구역을 말한다(동규정 시행규칙 제54조 제1항 제2호).
> ④ (X) 각급기관의 장은 비밀 분류를 통일성 있고 적절하게 하기 위하여 세부 분류지침을 작성하여 시행하여야 한다. 이 경우 세부 분류지침은 **공개하지 않는다**(동규정 제13조).
>
> 정답 ④

289 ☐☐☐☐ 18 채용, 19 승진, 예상문제

「보안업무규정」에 대한 설명으로 가장 적절한 것은?

① 대통령, 국무총리, 감사원장, 국가인권위원회 위원장, 국가정보원장, 검찰총장, 국방부장관이 지정하는 각군 부대장, 경찰청장 등은 Ⅰ급 비밀취급 인가권자이다.
② 공무원 또는 공무원이었던 사람은 어떠한 경우에도 소속 기관의 장이나 소속되었던 기관의 장의 승인 없이 비밀을 공개해서는 아니 된다.
③ 그 생산자가 특정한 제한을 하지 아니한 것으로서 해당 등급의 비밀취급 인가를 받은 사람이 공용(共用)으로 사용하는 경우 Ⅱ급비밀 및 Ⅲ급비밀의 일부 또는 전부에 대해서 모사(模寫)·타자(打字)·인쇄·조각·녹음·촬영·인화(印畵)·확대 등 그 원형을 재현(再現)하는 행위를 할 수 있다.
④ Ⅰ급 비밀은 그 생산자의 허가를 받은 경우에도 모사·타자·인쇄·조각·녹음·촬영·인화·확대 등 그 원형을 재현하는 행위를 할 수 없다.

정답과 해설

① (X) 경찰청장은 **Ⅱ급 비밀취급 인가권자**이다(보안업무규정 제9조 제2항).
② (X) 공무원 또는 공무원이었던 사람은 **법률에서 정하는 경우를 제외(어떠한 경우에도 X)**하고는 소속 기관의 장이나 소속되었던 기관의 장의 승인 없이 비밀을 공개해서는 아니 된다(동규정 제25조 제2항).
③ (O) 그 생산자가 특정한 제한을 하지 아니한 것으로서 해당 등급의 비밀취급 인가를 받은 사람이 공용(共用)으로 사용하는 경우 **Ⅱ급비밀 및 Ⅲ급비밀(Ⅰ급비밀 X)**의 일부 또는 전부에 대해서 모사(模寫)·타자(打字)·인쇄·조각·녹음·촬영·인화(印畵)·확대 등 그 원형을 재현(再現)하는 행위를 할 수 있다(동규정 제23조 제1항 제2호).
④ (X) 비밀의 일부 또는 전부나 암호자재에 대해서는 모사(模寫)·타자(打字)·인쇄·조각·녹음·촬영·인화(印畵)·확대 등 그 원형을 재현(再現)하는 **행위를 할 수 없다.** 다만, Ⅰ급 비밀이라도 그 **생산자(사용자 X)**의 허가를 받은 경우에는 모사·타자·인쇄·조각·녹음·촬영·인화·확대 등 그 원형을 재현하는 행위를 **할 수 있다(없다 X)**(동규정 제23조 제1항 제1호).

정답 ③

290 ☐☐☐☐ 25 승진

「보안업무규정」 및 「보안업무규정 시행규칙」에 관한 설명으로 가장 적절하지 않은 것은?

① Ⅰ급비밀은 반드시 금고에 보관하여야 하며, 다른 비밀과 혼합하여 보관하여서는 아니된다.
② 각급기관의 장은 비밀의 작성·분류·취급·유통 및 이관 등의 모든 과정에서 비밀이 누설되거나 유출되지 아니하도록 보안대책을 수립하여 시행할 수 있다.
③ 비밀의 보관용기 외부에는 비밀의 보관을 알리거나 나타내는 어떠한 표시도 해서는 아니된다.
④ 보호지역은 그 중요도에 따라 제한지역, 제한구역 및 통제구역으로 나눈다.

정답과 해설

① (O) 보안업무규정 시행규칙 제33조 제2항
② (X) 각급기관의 장은 비밀의 작성·분류·취급·유통 및 이관 등의 모든 과정에서 비밀이 누설되거나 유출되지 아니하도록 보안대책을 수립하여 **시행하여야 한다(할 수 있다 X)**(동규정 시행규칙 제5조).
③ (O) 동규정 시행규칙 제34조 제1항
④ (O) 동규정 제34조 제2항

정답 ②

291 □□□□ 22·23 채용, 예상문제

「보안업무규정」및「보안업무규정 시행규칙」에 대한 설명으로 가장 적절한 것은?

① 각급기관의 장은 비밀의 작성·분류·접수·발송 및 취급 등에 필요한 모든 관리사항을 기록하기 위하여 비밀관리기록부를 작성하여 갖추어 두어야 한다. 다만, II급 이상 비밀관리기록부는 따로 작성하여 갖추어 두어야 하며, 암호자재는 암호자재 관리기록부로 관리한다.

② 비밀은 보관하고 있는 시설 밖으로 반출해서는 아니 된다. 다만, 공무상 반출이 필요할 때에는 소속 기관의 장의 승인을 받아야 한다.

③ 비밀열람기록전은 그 비밀의 사용기관이 첨부하며, 비밀을 파기하는 때에는 비밀에서 분리하여 따로 철하여 보관하여야 한다.

④ 비밀접수증, 비밀열람기록전, 배부처 자료는 비밀의 보호기간이 만료되면 비밀에서 분리한 후 각각 편철하여 5년간 보관해야 하고, 암호자재 증명서는 해당 암호자재를 반납하거나 파기한 후 3년간 보관해야 한다.

정답과 해설

① (X) 각급기관의 장은 비밀의 작성·분류·접수·발송 및 취급 등에 필요한 모든 관리사항을 기록하기 위하여 비밀관리기록부를 작성하여 갖추어 **두어야 한다**. 다만, **I급비밀관리기록부(II급 이상 비밀관리기록부 X)**는 따로 작성하여 갖추어 두어야 하며, 암호자재는 암호자재 관리기록부로 관리한다(보안업무규정 제22조 제1항).

② (O) 비밀은 보관하고 있는 시설 밖으로 반출해서는 아니 된다. 다만, 공무상 반출이 필요할 때에는 **소속 기관의 장(중앙행정기관의 장 X)**의 승인을 받아야 한다(동규정 제27조).

③ (X) 비밀열람기록전은 그 비밀의 **생산기관(사용기관 X)**이 첨부하며, **비밀을 파기하는 때에는** 비밀에서 **분리**하여 따로 철하여 **보관하여야 한다**(동규정 시행규칙 제45조 제3항).

④ (X) 비밀접수증, 비밀열람기록전, 배부처 자료는 비밀과 함께 철하여 보관·활용하고, 비밀의 보호기간이 만료되면 비밀에서 분리한 후 각각 편철하여 **5년**간 보관해야 하고, 암호자재 증명서는 해당 암호자재를 반납하거나 파기한 후 **5년**간 보관해야 한다(보안업무규정 시행규칙 제70조 제1항, 제4항).

정답 ②

292 23 채용, 19 간부

「보안업무규정」상 비밀보호에 관한 설명으로 가장 적절하지 않은 것은?

① 암호자재를 사용하는 기관의 장은 사용기간이 끝난 암호자재를 지체 없이 국가정보원장에게 반납하여야 한다.
② 각급기관의 장은 비밀문서의 접수·발송·복제·열람 및 반출 등의 통제에 필요한 규정을 따로 작성·운영할 수 있다.
③ 각급기관의 장은 연 2회 비밀 소유 현황을 조사하여 국가정보원장에게 통보하여야 한다.
④ 중앙행정기관등의 장은 국가안전보장을 위하여 국민에게 긴급히 알려야 할 필요가 있다고 판단될 때에는 그가 생산한 비밀을 「보안업무규정」 제3조의3에 따른 보안심사위원회의 심의를 거쳐 공개할 수 있다. 다만, Ⅰ급비밀의 공개에 관하여는 국가정보원장과 미리 협의해야 한다.

> **정답과 해설**
>
> ① (X) 암호자재를 사용하는 기관의 장은 사용기간이 끝난 암호자재를 지체 없이 **그 제작기관의 장(국가정보원장 X)**에게 반납하여야 한다(보안업무규정 제7조 제2항).
> ② (O) **각급기관의 장**은 비밀문서의 접수·발송·복제·열람 및 반출 등의 통제에 필요한 규정을 따로 작성·운영할 수 있다(동규정 제29조).
> ③ (O) **각급기관의 장**은 **연 2회** 비밀 소유 현황을 조사하여 **국가정보원장**에게 통보하여야 한다(동규정 제31조 제1항).
> ④ (O) 중앙행정기관등의 장은 국가안전보장을 위하여 국민에게 긴급히 알려야 할 필요가 있다고 판단될 때에는 그가 생산한 비밀을 「보안업무규정」 제3조의3에 따른 **보안심사위원회의 심의를 거쳐 공개할 수 있다.** 다만, Ⅰ급비밀의 공개에 관하여는 **국가정보원장**과 미리 협의해야 한다(동규정 제25조 제1항 제1호).
>
> 정답 ①

293 21 채용

「경찰청 보안업무규정 시행세칙」에서 제한구역에 해당하는 것은 모두 몇 개인가?

㉠ 전자교환기(통합장비)실	㉡ 정보통신관제센터
㉢ 정보보안기록실	㉣ 시·도경찰청 항공대
㉤ 종합상황실	

① 2개 ② 3개
③ 4개 ④ 5개

> **정답과 해설**
>
> ㉠㉡㉣ 제한구역에 해당한다.
> ㉢㉤ (X) **통제구역**에 해당한다.
>
> 정답 ②

294 24 채용

「보안업무규정」에 따른 보호지역 중 비인가자가 비밀, 주요시설 및 Ⅲ급 비밀 소통용 암호자재에 접근하는 것을 방지하기 위하여 안내를 받아 출입하여야 하는 구역에 해당하는 장소는?

① 작전 · 경호 · 정보 · 안보업무 담당부서 전역
② 무기고 및 탄약고
③ 종합상황실
④ 종합조회처리실

정답과 해설

위 지문은 **제한구역**에 대한 설명이므로 ① **작전·경호·정보·안보업무 담당부서 전역**이 옳은 정답이다.

(1) 보호지역 구분(보안업무규정 시행규칙 제54조 제1항)

1. **제한지역**: 비밀 또는 국 · 공유재산의 보호를 위하여 울타리 또는 방호 · 경비인력에 의하여 승인을 받지 않은 사람의 접근이나 **출입에 대한 감시**가 필요한 지역
2. **제한구역**: 비인가자가 비밀, 주요시설 및 Ⅲ급 비밀 소통용 암호자재에 접근하는 것을 방지하기 위하여 **안내를 받아** 출입하여야 하는 구역
3. **통제구역**: 보안상 매우 중요한 구역으로서 **비인가자의 출입이 금지**되는 구역

(2) 보호구역의 설정기준(경찰청 보안업무규정 시행세칙 제54조)

제한구역	통제구역
• 전자교환기(통합장비)실, **정보통신실** • 발간실(**비밀 발간실과 구분**) • 송신 및 중계소, **정보통신관제센터** • 시 · 도경찰청 항공대 • 작전 · 경호 · 정보 · 안보업무 담당 부서 전역 • 경찰청 과학수사분석과 과학수사자료관리계 · 법과학분석계(시 · 도경찰청은 과학수사계 · 과학수사대)	• **무기**창 · 무기고 및 탄약고 • **암호**취급소 • **암호**장비관리실 • **비밀**발간실 • **종합**조회처리실 • **종합**상황실 · 치안상황실 • 정보보안**기록실** • 통합**증거물** 보관실 • **사건**기록관 · **사건**기록보관실

무기암호 비밀종합기록실 증거물사건

정답 ①

문서관리(행정업무의 운영 및 혁신에 관한 규정)

295 □□□□ 예상문제

「행정업무의 운영 및 혁신에 관한 규정」에 대한 설명으로 옳지 않은 것은?

① 공문서란 행정기관에서 공무상 작성하거나 시행하는 문서(도면·사진·디스크·테이프·필름·슬라이드·전자문서 등의 특수매체기록을 포함)와 행정기관이 접수한 모든 문서를 말한다.
② 전자문서는 컴퓨터 등 정보처리능력을 가진 장치에 의하여 전자적인 형태로 작성, 송수신 또는 저장된 문서이다.
③ 서명은 기안자 등이 전자문서를 제외한 공문서상에 자필로 자기의 성명을 다른 사람이 알아볼 수 있도록 한글로 표시하는 것이다.
④ 행정정보시스템은 행정기관이 업무처리의 모든 과정을 과제관리카드 및 문서관리카드 등을 이용하여 전자적으로 관리하는 시스템이다.

정답과 해설

① (O) 공문서란 행정기관에서 공무상 작성하거나 시행하는 문서(도면·사진·디스크·테이프·필름·슬라이드·전자문서 등의 특수매체기록을 **포함(제외 X)**)와 행정기관이 접수한 모든 문서를 말한다(행정업무의 운영 및 혁신에 관한 규정 제3조 제1호).
② (O) 동규정 제3조 제2호
③ (O) 서명은 **전자문서를 제외**한 공문서에 표시되는 것이며, '전자이미지서명'은 전자문서에 이미지 형태로 된 자기의 서명을 표시하는 것으로 서로 구분된다(동규정 제3조 제5호).
④ (X) **업무관리시스템에 관한 정의**이다(동규정 제3조 제11호). **행정정보시스템**이란 행정기관이 행정정보를 생산·수집·가공·저장·검색·제공·송신·수신하고 활용할 수 있도록 하드웨어·소프트웨어·데이터베이스 등을 통합한 시스템을 말한다(동규정 제3조 제12호).

정답 ④

296 □□□□ 22 채용

「행정업무의 운영 및 혁신에 관한 규정」상 공문서에 관한 설명 중 가장 적절하지 않은 것은?

① '지시문서'란 훈령 · 지시 · 예규 · 일일명령 등 행정기관이 그 하급 기관이나 소속 공무원에 대하여 일정한 사항을 지시하는 문서를 말한다.
② '공고문서'란 고시 · 공고 등 행정기관이 일정한 사항을 일반에게 알리는 문서를 말한다.
③ '일반문서'란 민원인이 행정기관에 허가, 인가, 그 밖의 처분 등 특정한 행위를 요구하는 문서와 그에 대한 처리문서를 말한다.
④ '법규문서'란 헌법 · 법률 · 대통령령 · 총리령 · 부령 · 조례 · 규칙 등에 관한 문서를 말한다.

> **정답과 해설**
> ① (O) 행정업무의 운영 및 혁신에 관한 규정 제4조 제2호
> ② (O) 동규정 제4조 제3호
> ③ (X) **'민원문서'**에 대한 설명이다. **'일반문서'**란 법규문서, 지시문서, 공고문서, 비치문서, 민원문서에 속하지 아니하는 모든 문서를 말한다(동규정 제4조 제5호, 제6호).
> ④ (O) 동규정 제4조 제1호
>
> 정답 ③

297 □□□□ 24 승진

「행정업무의 운영 및 혁신에 관한 규정」에 대한 설명으로 가장 적절하지 않은 것은?

① 공문서는 「국어기본법」에 따른 어문규범에 맞게 한글로 작성하되, 뜻을 정확하게 전달하기 위하여 필요한 경우에는 괄호 안에 한자나 그 밖의 외국어를 함께 적을 수 있다.
② 공문서는 결재권자가 해당 문서에 서명(전자이미지서명, 전자문자서명 및 행정전자서명을 포함한다)의 방식으로 결재함으로써 성립된다.
③ 공문서는 수신자에게 도달(전자문서의 경우는 수신자가 관리하거나 지정한 전자적 시스템 등에 입력되는 것을 말한다)됨으로써 효력을 발생한다. 다만, 공고문서의 경우 그 문서에서 효력발생 시기를 구체적으로 밝히고 있지 않으면 그 고시 또는 공고 등이 있은 날부터 5일이 경과한 때에 효력이 발생한다.
④ 공문서에는 음성정보나 영상정보 등이 수록되거나 연계된 바코드 등을 표기할 수 없다.

> **정답과 해설**
> ① (O) 행정업무의 운영 및 혁신에 관한 규정 제7조 제1항
> ② (O) 문서는 결재권자가 해당 문서에 **서명**(전자이미지서명, 전자문자서명 및 행정전자서명을 포함)의 방식으로 결재함으로써 **성립(효력을 발생 X)**한다(동규정 제6조 제1항).
> ③ (O) **문서**는 수신자에게 **도달**(전자문서의 경우는 수신자가 관리하거나 지정한 전자적 시스템 등에 입력되는 것을 말한다)됨으로써 **효력을 발생(성립 X)**한다(동규정 제6조 제2항). **공고문서**는 그 문서에서 효력발생 시기를 구체적으로 밝히고 있지 않으면 그 고시 또는 공고 등이 **있은 날부터 5일**이 경과한 때에 효력이 발생한다(동규정 제6조 제3항).
> ④ (X) 문서에는 음성정보나 영상정보 등이 수록되거나 연계된 바코드 등을 표기할 수 **있다(없다 X)**(동규정 제7조 제3항).
>
> 정답 ④

02

경찰홍보 및 통제

① 경찰홍보
② 언론보도와 피해 구제(언론중재 및 피해구제 등에 관한 법률)
③ 경찰에 대한 통제
④ 경찰통제의 유형
⑤ 경찰 감찰 규칙(경찰청훈령)
⑥ 경찰청 감사 규칙(경찰청훈령)
⑦ 국가인권위원회법 및 동법 시행령 등
⑧ 경찰 인권보호 규칙(경찰청 훈령)
⑨ 정책결정모델
⑩ 경찰제도개혁

• 기 출 키 워 드 •

23년 2차	• 경찰 감찰 규칙 • 경찰 인권보호 규칙
24년 1차	• 경찰홍보
24년 2차	• 언론중재 및 피해구제 등에 관한 법률 • 경찰통제(종합) • 정책결정모델
25년 1차	• 경찰 인권보호 규칙
25년 2차	• 경찰통제 • 경찰 감찰 규칙

최신개정법령&무료자료 다운로드 등
네이버 김재규경찰학 카페(https://cafe.naver.com/ollaedu)

THEME 01 경찰홍보

298 19 승진, 25 간부

경찰홍보와 관련하여 다음 (   ) 안에 들어갈 말을 나열한 것으로 가장 적절한 것은?

- (㉠)는 신문·잡지·TV 등의 보도기능에 대응하는 활동으로 대개 사건·사고에 대한 질의에 답하는 대응적이고 소극적인 홍보활동을 말하고, (㉡)는 주민을 소비자로 보는 관점으로 유료광고·캐릭터 활용 등의 방법이 있다.
- (㉢)는 인쇄매체, 유인물 등 각종 대중매체를 통하여 개인이나 단체의 긍정적인 점을 일방적으로 알리는 활동을 의미하고, (㉣)는 단순히 기자들의 질문에 응답만 하는 것이 아니라 신문·방송 등 대중매체와 긴밀한 협조관계를 구축하여 대중매체가 원하는 바를 충족시켜주는 것과 동시에 경찰의 긍정적인 측면을 널리 알리는 활동을 말한다.

① ㉠ 언론관계 ㉡ 지역공동체관계 ㉢ 협의의 홍보 ㉣ 기업식 경찰홍보
② ㉠ 언론관계 ㉡ 기업식 경찰홍보 ㉢ 협의의 홍보 ㉣ 대중매체관계
③ ㉠ 공공관계 ㉡ 지역공동체관계 ㉢ 대중매체관계 ㉣ 협의의 홍보
④ ㉠ 공공관계 ㉡ 기업식 경찰홍보 ㉢ 대중매체관계 ㉣ 언론관계

정답과 해설

② (O) ㉠ 언론관계 ㉡ 기업식 경찰홍보 ㉢ 협의의 홍보 ㉣ 대중매체관계이다.

정답 ②

299 13 간부

경찰홍보에 관한 설명이다. 가장 적절하지 않은 것은?

① 기업 이미지식 경찰홍보란 포돌이처럼 상징물을 개발, 전파하는 등 조직이미지를 고양하여 높아진 주민 지지도를 바탕으로 예산획득, 형사사법 환경하의 협력확보 등의 목적을 달성하는 종합적이고 계획적인 홍보활동을 말한다.
② 경찰과 대중매체의 관계를 '단란하고 행복스럽지는 않더라도, 오래 지속되는 결혼생활'에 비유한 사람은 Sir. Robert Mark이다.
③ 적극적 홍보전략으로는 대중매체 이용 언론 접촉 장려, 홍보와 타기능 연계, 비밀주의와 공개최소화 원칙이 있다.
④ 협의의 홍보란 유인물, 팜플렛 등 각종 매체를 통해 개인이나 단체의 좋은 점을 일방적으로 알리는 활동이다.

> **정답과 해설**
> ③ (X) 비밀주의와 공개최소화 원칙은 **소극적 홍보전략**에 해당한다.
>
> 정답 ③

300 24 채용, 18 승진

경찰과 대중매체 관계에 관한 내용과 인물을 바르게 연결한 것은?

> ㉠ 경찰과 대중매체가 서로를 필요로 하기 때문에 둘 사이에는 공생관계가 발달한다고 주장하였다.
> ㉡ 경찰과 대중매체는 서로 연합하여 그 사회의 일탈에 대한 개념을 규정하며, 도덕성과 정의를 규정짓는 사회적 엘리트 집단을 구성한다.
> ㉢ 경찰과 대중매체의 관계를 "단란하고 행복스럽지는 않지만, 오래 지속되는 결혼생활"에 비유하였다.

① ㉠ – G. Crandon ㉡ – R. Mark ㉢ – R. Ericson
② ㉠ – R. Ericson ㉡ – G. Crandon ㉢ – R. Mark
③ ㉠ – R. Mark ㉡ – R. Ericson ㉢ – G. Crandon
④ ㉠ – G. Crandon ㉡ – R. Ericson ㉢ – R. Mark

정답과 해설

차례대로 ㉠ G. Crandon ㉡ R. Ericson ㉢ R. Mark(Sir Robert Mark)에 대한 설명이다.

정답 ④

301 16 간부

보도 관련 용어에 대한 다음 설명 중 가장 옳지 않은 것은?

① issue : 기사 내용을 요약해서 1~2줄 정도로 간략하게 쓴 글
② deadline : 취재된 기사를 편집부에 넘겨야 하는 기사 마감시간
③ embargo : 어느 시한까지 보도하지 않을 것을 전제로 자료 제공이 이루어지는 관행
④ off the record : 보도하지 않을 것을 조건으로 하는 자료나 정보제공

정답과 해설

① (X) 이는 **리드(lead)**에 대한 설명이다.

정답 ①

언론보도와 피해 구제(언론중재 및 피해구제 등에 관한 법률)

302 □□□□ 22·24 채용, 예상문제

「언론중재 및 피해구제 등에 관한 법률」에 관한 설명 중 가장 적절하지 않은 것은?

① 정정보도란 언론의 보도 내용의 진실 여부에 관계없이 그와 대립되는 반박적 주장을 보도하는 것을 말한다.

② 「언론중재 및 피해구제 등에 관한 법률」 제16조 제1항, 제2항에 따르면, 사실적 주장에 관한 언론보도 등으로 인하여 피해를 입은 자는 그 보도 내용에 관한 반론보도를 언론사등에 청구할 수 있고, 이러한 청구에는 언론사등의 고의·과실이나 위법성을 필요로 하지 아니하며, 보도 내용의 진실 여부와 상관없이 그 청구를 할 수 있다.

③ 「언론중재 및 피해구제 등에 관한 법률」 제19조 제3항에 따르면, 제2항의 출석요구를 받은 신청인이 2회에 걸쳐 출석하지 아니한 경우에는 조정신청을 취하한 것으로 보며, 피신청 언론사등이 2회에 걸쳐 출석하지 아니한 경우에는 조정신청 취지에 따라 정정보도등을 이행하기로 합의한 것으로 본다.

④ 언론, 인터넷뉴스서비스 및 인터넷 멀티미디어 방송(이하 "언론등"이라 한다)은 타인의 생명, 자유, 신체, 건강, 명예, 사생활의 비밀과 자유, 초상, 성명, 음성, 대화, 저작물 및 사적 문서, 그 밖의 인격적 가치 등에 관한 권리를 침해하여서는 아니 된다.

정답과 해설

① (X) **정정보도**란 언론의 보도 내용의 **전부 또는 일부가 진실하지 아니한 경우** 이를 진실에 부합되게 고쳐서 보도하는 것을 말하며, **반론보도**란 언론의 보도 내용의 **진실 여부에 관계없이** 그와 대립되는 반박적 주장을 보도하는 것을 말한다(언론중재 및 피해구제 등에 관한 법률 제2조).

② (O) 「언론중재 및 피해구제 등에 관한 법률」 제16조 제1항, 제2항에 따르면, 사실적 주장에 관한 언론보도등으로 인하여 피해를 입은 자는 그 보도 내용에 관한 반론보도를 언론사등에 청구할 수 있고, 이러한 청구에는 언론사등의 고의·과실이나 위법성을 **필요로 하지 아니하며(필요로 한다 X)**, 보도 내용의 진실 여부와 상관없이 그 청구를 할 수 있다(동법 제16조 제1항·제2항).

③ (O) 동법 제19조 제3항

④ (O) 언론, 인터넷뉴스서비스 및 인터넷 멀티미디어 방송(이하 "언론등"이라 한다)은 타인의 생명, 자유, 신체, 건강, 명예, 사생활의 비밀과 자유, 초상(肖像), 성명, 음성, 대화, 저작물 및 사적(私的) 문서, 그 밖의 인격적 가치 등에 관한 권리(이하 "인격권"이라 한다)를 **침해하여서는 아니 되며**, 언론등이 타인의 인격권을 침해한 경우에는 이 법에서 정한 절차에 따라 그 피해를 **신속하게 구제하여야 한다**(동법 제5조 제1항).

정답 ①

303 □□□□ 24 채용, 24 해경승진

「언론중재 및 피해구제 등에 관한 법률」에 대한 설명으로 가장 적절한 것은?

① 국가·지방자치단체, 기관 또는 단체의 장은 해당 업무에 대하여 그 기관 또는 단체를 대표하여 정정보도를 청구할 수 있다.
② 「민사소송법」상 당사자능력이 없는 기관 또는 단체라도 하나의 생활단위를 구성하고 보도 내용과 간접적인 이해관계가 있을 때에는 그 대표자가 정정보도를 청구할 수 있다.
③ 정정보도 청구는 언론사등의 대표자에게 서면 또는 구두로 하여야 하며, 청구서에는 피해자의 성명·주소·전화번호 등의 연락처를 적고, 정정의 대상인 언론보도등의 내용 및 정정을 청구하는 이유와 청구하는 정정보도문을 명시하여야 한다.
④ 언론사등이 정정보도청구를 수용할 때에는 지체없이 피해자 또는 그 대리인과 정정보도의 내용·크기 등에 관하여 협의한 후, 그 협의가 있은 날부터 7일 내에 정정보도문을 방송하거나 게재하여야 한다. 다만, 신문 및 잡지 등 정기간행물의 경우 이미 편집 및 제작이 완료되어 부득이할 때에는 게재하지 않을 수 있다.

정답과 해설

① (O) 언론중재 및 피해구제 등에 관한 법률 제14조 제3항
② (X) 「민사소송법」상 당사자능력이 없는 기관 또는 단체라도 하나의 생활단위를 구성하고 보도 내용과 **직접적인(간접적인 X)** 이해관계가 있을 때에는 그 대표자가 정정보도를 청구할 수 있다(동법 제14조 제4항).
③ (X) 정정보도 청구는 언론사등의 대표자에게 **서면(구두 X)**으로 하여야 하며, 청구서에는 피해자의 성명·주소·전화번호 등의 연락처를 적고, 정정의 대상인 언론보도등의 내용 및 정정을 청구하는 이유와 청구하는 정정보도문을 명시하여야 한다. 다만, 인터넷신문 및 인터넷뉴스서비스의 언론보도등의 내용이 해당 인터넷 홈페이지를 통하여 계속 보도 중이거나 매개 중인 경우에는 그 내용의 정정을 함께 청구할 수 있다(동법 제15조 제1항).
④ (X) 언론사등이 ③의 청구를 수용할 때에는 지체 없이 피해자 또는 그 대리인과 정정보도의 내용·크기 등에 관하여 협의한 후, **그 청구를 받은 날부터(그 협의가 있은 날부터 X)** 7일 내에 정정보도문을 방송하거나 게재하여야 한다. 다만, 신문 및 잡지 등 정기간행물의 경우 이미 편집 및 제작이 완료되어 부득이할 때에는 다음 발행 호에 이를 **게재하여야 한다(게재하지 않을 수 있다 X)**(동법 제15조 제3항).

정답 ①

304 ☐☐☐☐ 23 간부, 예상문제

「언론중재 및 피해구제 등에 관한 법률」에 대한 설명으로 가장 적절한 것은?

① 피해자가 정정보도청구권을 행사할 정당한 이익이 없더라도 피해자 권리 보호를 위해 해당 언론사는 정정보도의 청구를 거부할 수 없다.
② 정정보도 청구를 받은 언론사 등의 대표자는 3일 이내에 그 수용여부에 대한 통지를 청구인에게 발송하여야 한다.
③ 언론사등이 하는 정정보도에는 원래의 보도 내용을 정정하는 사실적 진술, 그 진술의 내용을 대표할 수 있는 제목과 이를 충분히 전달하는 데에 필요한 설명 또는 해명, 위법한 내용을 포함한다.
④ 청구된 정정보도의 내용이 국가·지방자치단체 또는 공공단체의 공개회의와 법원의 공개재판절차의 사실보도에 관한 것인 경우에는 언론사 등은 정정보도 청구를 거부할 수 없다.

정답과 해설

① (X) 피해자가 정정보도청구권을 행사할 정당한 이익이 없는 경우에 해당하는 사유가 있는 경우에는 언론사등은 정정보도 청구를 **거부할 수 있다(거부할 수 없다 X)**(언론중재 및 피해구제 등에 관한 법률 제15조 제4항 제1호).
② (O) 정정보도 청구를 받은 언론사등의 대표자는 **3일 이내(7일 이내 X)**에 그 수용 여부에 대한 통지를 청구인에게 발송하여야 한다. 이 경우 정정의 대상인 언론보도등의 내용이 방송이나 인터넷신문, 인터넷뉴스서비스 및 인터넷 멀티미디어 방송의 보도과정에서 성립한 경우에는 해당 언론사등이 그러한 사실이 없었음을 입증하지 아니하면 그 사실의 존재를 부인하지 못한다(동법 제15조 제2항).
③ (X) 언론사등이 하는 정정보도에는 원래의 보도 내용을 정정하는 사실적 진술, 그 진술의 내용을 대표할 수 있는 제목과 이를 충분히 전달하는 데에 필요한 설명 또는 해명을 포함하되, **위법한 내용은 제외(포함 X)**한다(동법 제15조 제5항).
④ (X) 청구된 정정보도의 내용이 국가·지방자치단체 또는 공공단체의 공개회의와 법원의 공개재판절차의 사실보도에 관한 것인 경우에 해당하는 사유가 있는 경우에는 언론사등은 정정보도 청구를 **거부할 수 있다(거부할 수 없다 X)**(동법 제15조 제4항 제5호).

정답 ②

305 ☐☐☐☐ 21 간부

경찰관이 언론사를 상대로 정정보도를 청구하려고 한다. 법률과 판례에 따를 때 옳지 않은 것은?

① 사실적 주장에 관한 언론보도가 진실하지 아니함으로 피해를 입은 경우 해당 언론보도가 있음을 안 날부터 3개월 이내에 해당 언론사 대표에게 서면으로 그 언론보도 내용에 관한 정정보도를 청구할 수 있다.

② 사실적 주장이란 의견표명에 대치되는 개념으로서 사실적 주장과 의견표명이 혼재할 경우 양자를 구별할 때에는 해당 언론보도의 객관적인 내용과 아울러 해당 언론보도가 게재한 문맥의 보다 넓은 의미나 배경이 되는 사회적 흐름 및 시청자에게 주는 전체적인 인상도 함께 고려하여야 한다.

③ 복잡한 사실관계를 알기 쉽게 단순하게 만드는 과정에서 일부 특정한 사실관계를 압축, 강조하거나 대중의 흥미를 끌기 위해 실제 사실관계에 장식을 가하는 과정에서 다소의 수사적 과장이 있더라도 전체적인 맥락에서 보아 보도내용의 중요 부분이 진실에 합치한다면 그 보도의 진실성은 인정된다.

④ 정정보도를 청구하는 경우에 그 언론사의 고의·과실이나 위법성을 필요로 하는 것은 아니며 그 언론사는 언론보도가 진실하다는 것에 대한 증명책임을 부담한다.

정답과 해설

① (O) 언론중재 및 피해구제 등에 관한 법률 제14조 제1항, 제15조 제1항
② (O) 대법원 2011. 9. 2. 2009다52649 전원합의체
③ (O) 대법원 2011. 9. 2. 2009다52649 전원합의체
④ (X) 사실적 주장에 관한 언론보도 등의 내용에 관한 정정보도를 청구하는 **피해자는 그 언론보도 등이 진실하지 아니하다는데 대한 증명책임을 부담**한다(대법원 2011. 9. 2. 2009다52649 전원합의체).

정답 ④

306 18 간부

「언론중재 및 피해구제 등에 관한 법률」상 언론중재위원회에 대한 설명 중 가장 옳지 않은 것은?

① 언론등의 보도 또는 매개로 인한 분쟁의 조정·중재 및 침해사항을 심의하기 위하여 언론중재위원회(이하 "중재위원회"라 한다)를 둔다.
② 중재위원회는 40명 이상 90명 이내의 중재위원으로 구성하며, 중재위원은 문화체육관광부장관이 위촉한다.
③ 중재위원회에 위원장 1명과 2명 이내의 부위원장 및 2명 이내의 감사를 두며, 각각 중재위원 중에서 호선한다.
④ 위원장·부위원장·감사 및 중재위원의 임기는 각각 2년으로 하며, 한 차례만 연임할 수 있다.

정답과 해설

① (O) 언론중재 및 피해구제 등에 관한 법률 제7조 제1항
② (O) 동법 제7조 제3항
③ (O) 동법 제7조 제4항
④ (X) 위원장·부위원장·감사 및 중재위원의 임기는 각각 3년(2년 X)으로 하며, 한 차례만 연임할 수 있다(동법 제7조 제5항).

정답 ④

307 21 채용, 예상문제

「언론중재 및 피해구제 등에 관한 법률」상 조정과 중재에 대한 설명으로 옳지 않은 것은 모두 몇 개인가?

> ㉠ 정정보도청구등과 관련하여 분쟁이 있는 경우 피해자 또는 언론사등은 중재위원회에 조정을 신청할 수 있다.
> ㉡ 조정신청은 당해 언론보도가 있음을 안 날부터 3개월 이내, 있은 날로부터 6개월 이내 구술, 서면, 전자문서 등으로 신청하여야 한다.
> ㉢ 조정은 관할 중재부에서 한다. 관할구역을 같이 하는 중재부가 여럿일 경우에는 중재위원회 위원장이 중재부를 지정한다.
> ㉣ 조정은 신청 접수일부터 14일 이내에 하여야 하며, 중재부의 장은 조정신청을 접수하였을 때에는 3일 이내 당사자에게 출석을 요구하여야 한다.
> ㉤ ㉣의 출석요구를 받은 신청인이 2회에 걸쳐 출석하지 아니한 경우에는 조정신청 취지에 따라 정정보도등을 이행하기로 합의한 것으로 보며, 피신청 언론사등이 2회에 걸쳐 출석하지 아니한 경우에는 조정신청을 취하한 것으로 본다.
> ㉥ 조정은 비공개를 원칙으로 하고, 조정에 의한 합의(합의가 이루어진 것으로 보는 경우, 직권조정 결정에 대하여 이의신청이 없는 경우 포함)는 재판상 화해와 동일한 효력을 가진다.
> ㉦ 당사자 양쪽은 정정보도청구등 또는 손해배상의 분쟁에 관하여 중재부의 종국적 결정에 따르기로 합의하고 중재를 신청할 수 있고, 중재결정은 확정판결과 동일한 효력이 있다.

① 1개 ② 2개
③ 3개 ④ 4개

정답과 해설

㉠ (O) 언론중재 및 피해구제 등에 관한 법률 제18조 제1항
㉡ (O) 조정신청은 당해 언론보도가 있음을 안 날부터 **3개월** 이내, 있은 날로부터 **6개월** 이내 **구술, 서면, 전자문서 등**으로 신청하여야 한다(동법 제18조 제3항).
㉢ (O) 동법 제19조 제1항
㉣ (X) 조정은 신청 접수일부터 14일 이내에 하여야 하며, 중재부의 장은 조정신청을 접수하였을 때에는 **지체 없이(3일 이내 X)** 당사자에게 출석을 요구하여야 한다(동법 제19조 제2항).
㉤ (X) ㉣의 출석요구를 받은 신청인이 2회에 걸쳐 출석하지 아니한 경우에는 **조정신청을 취하한 것으로** 보며, 피신청 언론사등이 2회에 걸쳐 출석하지 아니한 경우에는 **조정신청 취지에 따라 정정보도등을 이행하기로 합의**한 것으로 본다(동법 제19조 제3항).
㉥ (O) 동법 제19조 제8항, 제23조
㉦ (O) 동법 제24조 제1항, 제25조 제1항

정답 ②

경찰에 대한 통제

308 □□□□ 25 간부

경찰통제의 필요성과 기본요소를 구분할 때, 경찰통제의 기본요소에 관한 설명으로 가장 적절하지 않은 것은?

① 권한의 분산 : 경찰의 중앙조직과 지방조직 간의 권한 분산, 상위계급자와 하위계급자 간의 권한 분산 등이 필요하다.
② 정보의 공개 : 경찰의 정보공개를 통해 행정기관의 투명성이 확보된다면 독선과 부패는 억제될 수 있다.
③ 인권의 보호 : 경찰활동은 특성상 국민의 인권과 직결되는 부분이 많기 때문에 인권침해를 방지해야 한다.
④ 참여의 보장 : 경찰은 국민에게 행정참여를 보장함으로써 행정의 공정성, 투명성 및 신뢰성을 확보해야 한다.

> **정답과 해설**
>
> ③ (X) 인권의 보호는 경찰통제의 기본요소가 아니라 경찰통제의 필요성과 관련이 있다. 경찰통제의 기본요소는 권한의 분산, 정보의 공개, 참여의 보장, 책임, 환류로 구분할 수 있다.
>
> 정답 ③

309 03·04·09 채용, 11 승진

경찰에 대한 통제의 설명이다. 아래 ㉠부터 ㉢까지 설명 중 옳고 그름의 표시(O, X)가 바르게 된 것은?

> ㉠ 경찰통제의 기본요소는 경찰권한의 집중, 경찰정보의 공개, 국민의 경찰행정 참여 보장, 경찰의 잘못에 대한 책임이 있다.
> ㉡ 경찰에 대한 통제의 필요성은 경찰의 능률성을 확보하기 위해서 필요하다.
> ㉢ 경찰통제의 확보는 국민의 경찰이라는 관점에서 볼 때, 경찰의 민주성 추구라는 이념과 배치되는 경향이 강하다.
> ㉣ 정보공개는 행정통제의 근본으로서, 공공기관의 정보공개에 관한 법률에서는 정보공개를 청구할 수 있는 외국인의 범위에 관하여 대통령령에 정하고 있다.

① ㉠ (O) ㉡ (X) ㉢ (O) ㉣ (X)
② ㉠ (X) ㉡ (X) ㉢ (O) ㉣ (O)
③ ㉠ (X) ㉡ (X) ㉢ (X) ㉣ (O)
④ ㉠ (X) ㉡ (X) ㉢ (X) ㉣ (X)

정답과 해설

㉠ (X) 권한이 중앙이나 일부에 집중되어 있을 때 남용되기 쉽고 특히 정치적 유혹 또는 이용의 대상이 되기 쉬우므로 경찰의 권한을 통제하는 중요한 요소 중의 하나는 권한이 **분산(집중 X)**되어야 한다.
㉡ (X) 경찰에 대한 통제는 경찰의 능률성보다는 **민주적 운영, 정치적 중립, 부패방지**를 위해서 필요하다.
㉢ (X) 경찰통제의 확보는 국민의 경찰이라는 관점에서 볼 때, **경찰의 민주적 운영을 위해 필요하다.**
㉣ (O) 공공기관의 정보공개에 관한 법률 제5조 제2항

정답 ③

THEME 04 경찰통제의 유형

310 □□□□ 22·24 채용

경찰통제에 관한 설명 중 가장 적절하지 않은 것은?

① 국회는 입법권과 예산심의권을 통해 경찰을 사전 통제할 수 있다.
②「부패방지 및 국민권익위원회의 설치와 운영에 관한 법률」및 동법 시행령에 따르면, 18세 이상의 국민은 경찰 등 공공기관의 사무처리가 법령위반 또는 부패행위로 인하여 공익을 현저히 해하는 경우, 100명 이상의 국민의 연서로 감사원에 감사를 청구할 수 있다.
③ 상급자의 하급자에 대한 직무명령권은 내부적 통제의 일환이다.
④ 경찰의 위법한 처분에 대한 행정소송제도는 사법통제로서 외부적 통제 장치이다.

> **정답과 해설**
> ① (O) 국회에 의한 입법통제 방식에는 **사전통제 방식(국회의 입법권·예산심의권)과 사후통제 방식(국회의 예산결산권, 국정감사·조사권)**이 존재한다.
> ③④ (O) 옳은 설명이다.
> ② (X)「부패방지 및 국민권익위원회의 설치와 운영에 관한 법률」및 동법 시행령에 따르면, **18세 이상(19세 이상 X)**의 국민은 경찰 등 공공기관의 사무처리가 법령위반 또는 부패행위로 인하여 공익을 현저히 해하는 경우, **300명 이상(100명 이상 X)**의 국민의 연서로 **감사원(법원 X)**에 감사를 청구할 수 있다(부패방지 및 국민권익위원회 설치와 운영에 관한 법률 제72조 제1항, 동법 시행령 제84조).
>
> 정답 ②

311 □□□□ 15 간부

다음 경찰의 통제유형 가운데 사후통제인 동시에 외부통제에 해당하는 것은 모두 몇 개인가?

㉠ 청문감사인권관제도	㉡ 국회의 예산심의권
㉢ 국회의 국정감사	㉣ 국가경찰위원회의 심의·의결
㉤ 법원의 사법심사	㉥ 감사원의 직무감찰

① 2개 ② 3개
③ 4개 ④ 5개

> **정답과 해설**
> ② ㉢㉤㉥ 3 항목이 사후통제인 동시에 외부통제에 해당한다.
> ㉠ 청문감사인권관제도는 **내부통제**에 해당한다.
> ㉡ 국회의 예산심의권, ㉣ 국가경찰위원회의 심의·의결은 **사전통제인 동시에 외부통제**에 해당한다.
>
> 정답 ②

312 ☐☐☐☐ 17 간부

다음은 경찰의 사전통제와 사후통제, 내부통제와 외부통제를 구분없이 나열한 것이다. 이 중 사전통제와 내부통제에 관한 것으로 올바르게 짝지어진 것은?

〈사전통제와 사후통제〉
가. 행정절차법에 의한 청문   나. 국회의 입법권
다. 국회의 국정감사 조사권   라. 사법부에 의한 사법심사
마. 국회의 예산심의권

〈내부통제와 외부통제〉
㉠ 국가경찰위원회의 심의 · 의결   ㉡ 감사원에 의한 직무감찰
㉢ 청문감사인권관 제도   ㉣ 경찰청장의 훈령권
㉤ 중앙행정심판위원회의 심리 · 재결

① 사전통제 : 가, 나 / 내부통제 : ㉠, ㉢
② 사전통제 : 나, 다 / 내부통제 : ㉢, ㉣
③ 사전통제 : 라, 마 / 내부통제 : ㉡, ㉤
④ 사전통제 : 나, 마 / 내부통제 : ㉢, ㉣

정답과 해설

사전통제 : 가, 나, 마 / 사후통제 : 다, 라
내부통제 : ㉢, ㉣ / 외부통제 : ㉠, ㉡, ㉤

정답 ④

313 ☐☐☐☐ 19 채용

경찰통제의 유형이 가장 바르게 연결된 것은?

① 내부통제 : 청문감사인권관 제도, 국가경찰위원회, 직무명령권
② 외부통제 : 국민권익위원회, 소청심사위원회, 국민감사청구제도
③ 사전통제 : 행정예고제, 상급기관의 하급기관에 대한 감독권
④ 사후통제 : 사법부에 의한 사법심사, 국회의 입법권 · 예산심의권

정답과 해설

① (X) 국가경찰위원회는 **외부통제**에 해당한다.
③ (X) 상급기관의 하급기관에 대한 감독권은 **사후통제**에 해당한다.
④ (X) 국회의 입법권 · 예산심의권은 **사전통제**에 해당한다.

정답 ②

314 20 승진, 예상문제

경찰 통제에 대한 설명 중 가장 적절하지 않은 것은?

① 경찰위원회 제도는 경찰의 주요정책 등에 관하여 심의 의결하는 권한을 가지고 있으므로 민주적 통제에 해당하고, 행정안전부 소속으로 외부적 통제에도 해당한다.
② 행정절차법은 입법예고, 행정예고 등 행정에 대한 사전 통제를 규정하고 있다.
③ 국회의 국정감사, 감사원의 직무감찰은 사후통제인 동시에 외부통제에 해당한다.
④ 국회의 입법권 · 예산심의권, 상급기관의 하급기관에 대한 감사권은 사전통제에 해당한다.

> **정답과 해설**
> ①②③ (O)
> ④ (X) 상급기관의 하급기관에 대한 감사권은 **사후통제**에 해당한다.
>
> 정답 ④

315 20 · 24 채용

경찰통제에 대한 설명으로 가장 적절하지 않은 것은?

① 국가경찰위원회제도와 국민감사청구제도는 경찰행정에 대하여 국민들의 참여를 보장하는 민주적 통제장치이다.
② 행정부에 의한 통제유형에는 중앙행정심판위원회에 의한 통제, 국정조사 · 감사권 등이 포함된다.
③ 상급기관이 갖는 훈령권 · 직무명령권은 하급기관의 위법이나 재량권 행사의 오류를 시정할 수 있는 내부적 통제장치이다.
④ 국회가 갖는 입법권과 예산심의권은 사전통제에 해당하나 예산 결산권은 사후통제에 해당한다.

> **정답과 해설**
> ② (X) 행정심판(중앙행정심판위원회)에 의한 통제는 **행정부에 의한 통제이자 사후통제**이고, 국정조사·감사권은 **국회에 의한 통제이자 사후통제**에 해당한다.
>
> 정답 ②

316 ☐☐☐☐ 예상문제

대륙법계와 영미법계의 경찰통제의 방법에 대한 설명으로 옳은 것은?

① 대륙법계 국가에서는 초기 행정소송 등의 개괄주의에서 열기주의로 전환함으로써 행정에 대한 법원의 통제를 확대하고 있으며, 대륙법계 국가에서는 사후적 통제가 발달되어 있다.
② 경찰의 통제방법과 관련하여 영미법계 국가에서는 경찰조직의 민주성을 확보하기 위하여 경찰책임자의 선거, 자치경찰제도의 시행 등 제도적 장치 마련을 통해 시민이 직접 또는 그 대표기관을 통한 참여와 감시를 가능하게 하는 시스템을 구축하고 있지만, 대륙법계 국가에서는 행정소송, 국가배상제도, 경찰위원회 등 사법심사를 통해 법원이 행정부의 행위를 심사함으로써 통제하는 시스템을 구축하고 있다.
③ 우리나라에서 시행되고 있는 국가경찰위원회는 경찰의 주요정책 등에 관하여 심의·자문하는 권한을 가지고 있으나, 행정안전부장관의 재의요구권이 있어 실질적으로는 심의회 수준에 머물고 있는 등 명실상부한 민주적 통제장치로 보기는 어렵다.
④ 오늘날 대부분의 국가에서는 점차 혼합적인 시스템을 구축해 가고 있다.

정답과 해설

① (X) 행정소송의 열기주의는 행정소송이 가능한 사항만 몇 가지 열거하는 방식이고, 개괄주의는 포괄적으로 행정소송의 가능성을 인정하는 방식이다. 대륙법계 국가에서는 초기 행정소송 등의 **열기주의에서 개괄주의로 전환**함으로써 행정에 대한 법원의 통제를 확대하고 있다.
② (X) 경찰의 통제방법과 관련하여 **영미법계 국가에서는** 경찰조직의 민주성을 확보하기 위하여 **경찰위원회**, 경찰책임자의 선거, 자치경찰제도의 시행 등 제도적 장치 마련을 통해 시민이 직접 또는 그 대표기관을 통한 참여와 감시를 가능하게 하는 시스템을 구축하고 있지만, 대륙법계 국가에서는 행정소송, 국가배상제도 등 사법심사를 통해 법원이 행정부의 행위를 심사함으로써 통제하는 시스템을 구축하고 있다.
③ (X) 국가경찰위원회는 경찰의 주요정책 등에 관하여 **심의·의결(자문 X)하는 권한**을 가지고 있으나, 행정안전부장관의 재의요구권이 있어 실질적으로는 심의회 수준에 머물고 있는 등 명실상부한 민주적 통제장치로 보기는 어렵다.
④ (O)

정답 ④

317 ▢▢▢▢ 22 채용

경찰작용 및 경찰공무원을 통제하는 행정기관의 역할과 기능에 관한 설명 중 옳은 것을 모두 고른 것은?

> ㉠ 행정심판위원회는 경찰관청의 위법한 처분 및 대통령의 부작위에 대해서 심리하여 침해된 국민의 권리를 구제하고 경찰행정의 적정한 운영을 도모한다.
> ㉡ 시 · 도자치경찰위원회는 자치경찰사무 담당 경찰공무원에 대한 징계를 요구할 수 있다.
> ㉢ 국민권익위원회는 누구든지 경찰공무원 등의 부패행위를 알게 된 때에는 무기명으로 신고할 수 있도록 하고 있다.
> ㉣ 인사혁신처에 소청심사위원회를 설치하여, 경찰공무원이 징계처분, 그 밖에 그 의사에 반하는 불리한 처분이나 부작위를 구제받을 수 있도록 하고 있다.
> ㉤ 국가인권위원회는 경찰기관 및 경찰공무원 등에 의한 인권침해행위 또는 차별행위에 대해 조사하고 구제할 수 있다.
> ㉥ 감사원은 국회 · 법원 및 헌법재판소를 포함한 모든 국가기관 및 그에 소속한 공무원의 사무를 감찰하여 비위를 적발하고 시정한다.

① ㉠㉢㉤   ② ㉡㉣㉤
③ ㉡㉢㉣   ④ ㉢㉣㉥

정답과 해설

- ㉠ (X) **대통령의 처분 또는 부작위**에 대하여는 다른 법률에 행정심판을 청구할 수 있도록 정한 경우 외에는 **청구할 수 없다**(행정심판법 제3조).
- ㉡ (O) 국가경찰과 자치경찰의 조직 및 운영에 관한 법률 제24조 제1항 제9호
- ㉢ (X) 누구든지 부패행위를 알게 된 때에는 이를 위원회에 신고할 수 있다. 신고를 하려는 자는 본인의 인적사항과 신고취지 및 이유를 기재한 기명(무기명 X)의 문서로써 하여야 하며, 신고대상과 부패행위의 증거 등을 함께 제시하여야 한다(부패방지 및 국민권익위원회의 설치와 운영에 관한 법률 제55조, 제58조).
- ㉣ (O) 국가공무원법 제9조 제1항
- ㉤ (O) 국가인권위원회법 제19조
- ㉥ (X) 감사원은 국회·법원 및 헌법재판소를 **제외**한 「정부조직법」 및 그 밖의 법률에 따라 설치된 행정기관의 사무와 그에 소속한 공무원의 직무, 지방자치단체의 사무와 그에 소속한 지방공무원의 직무, 제22조제1항제3호 및 제23조제7호에 규정된 자의 사무와 그에 소속한 임원 및 감사원의 검사대상이 되는 회계사무와 직접 또는 간접으로 관련이 있는 직원의 직무, 법령에 따라 국가 또는 지방자치단체가 위탁하거나 대행하게 한 사무와 그 밖의 법령에 따라 공무원의 신분을 가지거나 공무원에 준하는 자의 직무를 감찰하여 비위를 적발하고 시정한다(감사원법 제24조 제1항, 제3항).

정답 ②

318 15 승진

「부패방지 및 국민권익위원회의 설치와 운영에 관한 법률」에 대한 설명으로 가장 적절하지 않은 것은?

① 공직자가 직무와 관련하여 그 지위 또는 권한을 남용하거나 법령을 위반하여 자기 또는 제3자의 이익을 도모하는 행위도 부패행위에 포함된다.
② 공공기관의 예산사용, 공공기관 재산의 취득·관리·처분 또는 공공기관을 당사자로 하는 계약의 체결 및 그 이행에 있어서 법령에 위반하여 공공기관에 대하여 재산상 손해를 가하는 행위도 부패행위에 포함된다.
③ 공직자의 청렴의무는 별도로 규정하고 있지 않다.
④ 공공기관은 부패를 방지하기 위하여 법령상, 제도상 또는 행정상의 모순이 있거나 그 밖에 개선할 사항이 있다고 인정할 때는 즉시 이를 개선 또는 시정하여야 한다.

정답과 해설

① (O) 부패방지 및 국민권익위원회의 설치와 운영에 관한 법률 제2조 제4호 가목
② (O) 동법 제2조 제4호 나목
③ (X) 공직자의 청렴의무는 제7조에 **규정**하고 있다.
④ (O) 동법 제3조 제2항

정답 ③

319 ☐☐☐☐ 17・24 승진, 예상문제

부패방지 및 국민권익위원회의 설치와 운영에 관한 법률에 대한 설명으로 적절하지 않은 것은 모두 몇 개인가?

> ㉠ 누구든지 부패행위를 알게 된 때에는 이를 위원회에 신고할 수 있으나, 신고자가 신고의 내용이 허위라는 사실을 알았거나 알 수 있었음에도 불구하고 신고한 경우에는 이 법의 보호를 받을 수 없다.
> ㉡ 공직자는 그 직무를 행함에 있어 다른 공직자가 부패행위를 한 사실을 알게 되었거나 부패행위를 강요 또는 제의받은 경우에는 지체 없이 이를 수사기관·감사원 또는 위원회에 신고하여야 한다.
> ㉢ 국민권익위원회는 접수된 신고사항에 대하여 신고자를 상대로 신고대상자의 인적사항, 신고의 경위 및 취지 등 신고내용의 특정에 필요한 사항을 확인하여야 한다.
> ㉣ 국민권익위원회는 신고가 접수된 부패행위의 혐의대상자가 치안감급 이상의 경찰공무원이고, 부패혐의의 내용이 형사처벌을 위한 수사 및 공소제기의 필요성이 있는 경우에는 위원회의 명의로 검찰, 수사처, 경찰 등 관할 수사기관에 고발하여야 한다.
> ㉤ 위원회는 접수된 신고사항에 대하여 감사·수사 또는 조사가 필요한 경우 이를 감사원, 수사기관 또는 해당 공공기관의 감독기관(감독기관이 없는 경우에는 해당 공공기관을 말한다. 이하 "조사기관"이라 한다)에 이첩하여야 하며, 조사기관은 신고를 이첩 또는 송부받은 날부터 60일 이내에 감사·수사 또는 조사를 종결하여야 한다. 다만, 정당한 사유가 있는 경우에는 그 기간을 연장할 수 있으며, 위원회에 그 연장사유 및 연장기간을 통보하여야 한다.
> ㉥ 신고를 이첩 또는 송부받은 조사기관은 감사·수사 또는 조사결과를 감사·수사 또는 조사 종료 후 60일 이내에 위원회에 통보하여야 한다.

① 1개 ② 2개
③ 3개 ④ 4개

정답과 해설

㉠ (O) 부패방지 및 국민권익위원회의 설치와 운영에 관한 법률 제55조, 제57조
㉡ (O) 동법 제56조
㉢ (X) 국민권익위원회는 접수된 신고사항에 대하여 신고자를 상대로 신고대상자의 인적사항, 신고의 경위 및 취지 등 신고내용의 특정에 필요한 사항을 **확인할 수 있다(하여야 한다 X)**(동법 제59조 제1항 제1호).
㉣ (X) 위원회에 신고가 접수된 당해 부패행위의 혐의대상자가 **경무관급 이상(치안감급 이상 X)**의 경찰공무원이고, 부패혐의의 내용이 형사처벌을 위한 수사 및 공소제기의 필요성이 있는 경우에는 위원회의 명의로 검찰, 수사처, 경찰 등 관할 수사기관에 고발을 하여야 한다(동법 제59조 제6항 제3호).
㉤ (O) 동법 제59조 제3항, 제60조 제1항
㉥ (X) 신고를 이첩 또는 송부받은 조사기관은 감사·수사 또는 조사결과를 감사·수사 또는 조사 종료 후 **10일 이내(60일 이내 X)**에 위원회에 통보하여야 한다(동법 제60조 제2항).

정답 ③

THEME 05 경찰 감찰 규칙(경찰청훈령)

320  23·24 채용

「경찰 감찰 규칙」에 관한 설명으로 적절하지 않은 것은 모두 몇 개인가?

㉠ "감찰"이란 복무기강 확립과 경찰행정의 적정성을 확보하기 위해 경찰기관 또는 소속공무원의 제반업무와 활동 등을 조사·점검·확인하고 그 결과를 처리하는 감찰관의 직무활동을 말한다.

㉡ 감찰부서장은 소속 감찰관에 대하여 감찰관 보직 후 3년마다 적격심사를 실시하여 인사에 반영하여야 한다.

㉢ 경찰기관의 장은 의무위반행위가 자주 발생하거나 그 발생 가능성이 높다고 인정되는 시기, 업무분야 및 경찰관서 등에 대하여는 일정기간 동안 전반적인 조직관리 및 업무추진 실태 등을 집중 점검할 수 있다.

㉣ 감찰관은 감찰관 본인이 의무위반행위로 인해 감찰대상이 된 때에는 당해 감찰직무(감찰조사 및 감찰업무에 대한 지휘를 포함한다)에서 제척된다.

㉤ 감찰부서장은 감찰정보의 구분 및 감찰활동 착수와 관련된 사항을 결정하기 위하여 감찰정보심의회를 설치·운영해야 한다. 감찰정보심의회는 위원장을 포함한 5명 이상 7명 이하의 위원으로 구성하며, 위원장은 감찰부서장이 되고 위원은 감찰부서장이 소속 공무원 중에서 지명한다.

㉥ 감찰관은 민원사건을 접수한 경우 접수 후 매 1개월이 경과한 때와 감찰조사를 종결하였을 때에 민원인 또는 피해자에게 사건처리 진행상황을 통지하여야 한다. 다만, 진행상황에 대한 통지가 감찰조사에 지장을 주거나 피해자 또는 사건관계인의 명예와 권리를 부당히 침해할 우려가 있는 때에는 통지하지 않을 수 있다.

① 1개 ② 2개 ③ 3개 ④ 4개

정답과 해설

㉠ (O) 경찰 감찰 규칙 제2조 제2호
㉡ (X) **경찰기관의 장(감찰부서장 X)**은 소속 감찰관에 대하여 감찰관 보직 후 **2년(3년 X)**마다 적격심사를 실시하여 인사에 반영하여야 한다(동규칙 제8조).
㉢ (O) **경찰기관의 장(감찰부서장 X)**은 의무위반행위가 자주 발생하거나 그 발생 가능성이 높다고 인정되는 시기, 업무분야 및 경찰관서 등에 대하여는 일정기간 동안 전반적인 조직관리 및 업무추진 실태 등을 **집중 점검할 수 있다**(동규칙 제13조).
㉣ (O) 감찰관은 감찰관 본인이 의무위반행위로 인해 감찰대상이 된 때에는 당해 감찰직무(감찰조사 및 감찰업무에 대한 지휘를 **포함**한다)에서 **제척된다**(동규칙 제9조 제1호).
㉤ (X) 동규칙 제22조 제1항, 제2항

> **제22조(감찰정보심의회)** ① 감찰부서장은 다음 각 호의 사항을 결정하기 위하여 감찰정보심의회를 **설치·운영할 수 있다**.
> 1. 제21조에 따른 감찰정보의 구분
> 2. 제15조에 따른 감찰활동 착수와 관련된 사항
> ② 감찰정보심의회는 위원장을 포함한 **3명 이상 5명 이하**의 위원으로 구성하며, 위원장은 감찰부서장이 되고 위원은 감찰부서장이 소속 공무원 중에서 지명한다.

㉥ (O) 동규칙 제35조 제4항

정답 ②

321 「경찰 감찰 규칙」상 감찰활동에 대한 설명으로 가장 적절하지 않은 것은?

① 경찰기관의 장은 감찰관 보직공모에 응모한 지원자 및 3인 이상의 동료로부터 추천받은 자를 대상으로 적격심사를 거쳐 감찰관을 선발한다.
② 감찰관은 소속공무원의 의무위반행위에 관한 단서(현장인지, 진정·탄원 등을 포함한다)를 수집·접수한 경우 소속 경찰기관의 장에게 보고하여야 한다.
③ 감찰관은 직무수행에 있어서 조사를 위한 출석, 질문에 대한 답변 및 진술서 제출, 증거품 및 자료 제출, 현지조사의 협조 등을 요구할 수 있으며, 경찰공무원 등은 정당한 사유가 없는 한 그 요구에 응하여야 한다.
④ 경찰기관의 장은 상급 경찰기관의 장의 지시에 따라 소속 감찰관으로 하여금 일정기간 동안 다른 경찰기관 소속 직원의 복무실태, 업무추진 실태 등을 점검하게 할 수 있다.

정답과 해설

① (O) 경찰기관의 장은 감찰관 보직공모에 응모한 지원자 및 **3인 이상**의 동료로부터 추천받은 자를 대상으로 적격심사를 거쳐 감찰관을 선발한다(경찰 감찰 규칙 제6조).
② (X) 감찰관은 소속공무원의 의무위반행위에 관한 단서(현장인지, 진정·탄원 등을 포함한다)를 수집·접수한 경우 소속 **경찰기관의 감찰부서장(경찰기관의 장 X)**에게 보고하여야 한다(동규칙 제15조 제1항).
③ (O) 감찰관은 직무상 조사를 위한 출석, 질문에 대한 답변 및 진술서 제출, 증거품 등 자료 제출 또는 현지조사의 협조를 요구할 수 있다. 소속공무원등은 감찰관으로부터 요구를 받은 때에는 정당한 사유가 없는 한 그 요구에 **응하여야 한다(응할 수 있다 X)**(동규칙 제17조 제1항, 제2항).
④ (O) **경찰기관의 장(감찰관 X)**은 상급 **경찰기관장(경찰기관장 X)**의 지시에 따라 소속 감찰관으로 하여금 일정기간 동안 다른 경찰기관의 소속 직원의 복무실태, 업무추진 실태 등을 점검하게 할 수 있다(동규칙 제14조).

정답 ②

322 　18 간부

「경찰 감찰 규칙」에 대한 설명 중 가장 옳은 것은?

① 감찰관은 감찰조사를 위해서 조사대상자의 출석을 요구할 때에는 조사기일 2일 전까지 출석요구서 또는 구두로 조사일시, 의무위반행위사실 요지 등을 통지하여야 한다. 다만, 사안이 급박한 경우에는 즉시 조사에 착수할 수 있다.
② 감찰관은 소속공무원의 의무위반사실에 대한 민원을 접수한 경우 접수일로부터 1개월 내에 신속히 처리하여야 한다.
③ 감찰관은 다른 경찰기관 또는 검찰, 감사원 등 다른 행정기관으로부터 통보받은 소속공무원의 의무위반행위에 대해서는 통보받은 날로부터 2개월 이내에 신속히 처리하여야 한다.
④ 경찰기관의 장은 1년 이상 성실히 근무한 감찰관에 대해서는 희망부서를 고려하여 전보한다.

정답과 해설

① (X) 감찰관은 감찰조사를 위해서 조사대상자의 출석을 요구할 때에는 **조사기일 3일 전(2일 전 X)**까지 출석요구서 또는 구두로 조사일시, 의무위반행위사실 요지 등을 통지하여야 한다. 다만, 사안이 급박한 경우에는 즉시 조사에 착수할 수 있다(경찰 감찰 규칙 제25조 제1항).
② (X) 감찰관은 소속공무원의 의무위반사실에 대한 민원을 접수한 경우 **접수일로부터 2개월 내(1개월 내 X)**에 신속히 처리하여야 한다. 다만, 부득이한 사유로 민원을 기한 내에 처리할 수 없을 때에는 소속 경찰기관의 감찰부서장에게 보고하여 그 처리 기간을 **연장할 수 있다**(동규칙 제35조 제1항).
③ (X) 감찰관은 다른 경찰기관 또는 검찰, 감사원 등 다른 행정기관으로부터 통보받은 소속공무원의 의무위반행위에 대해서는 통보받은 날로부터 **1개월 이내(2개월 이내 X)**에 신속히 처리하여야 한다(동규칙 제36조 제1항).
④ (O) 동규칙 제7조 제2항

정답 ④

323 ☐☐☐☐ 25 채용, 21 승진, 예상문제

「경찰 감찰 규칙」에 대한 설명으로 가장 적절한 것은?

① 감찰관은 소속 경찰기관의 관할 구역 안에서 활동하여야 하나, 소속 경찰기관의 장의 지시가 있는 경우에는 관할구역 밖에서도 활동할 수 있다.
② 경찰기관의 장은 감찰관이 제5조에 따른 결격사유에 해당되는 것으로 밝혀졌을 경우와 제7조 제1항 각 호의 어느 하나에 해당하는 경우를 제외하고는 3년 이내에 본인의 의사에 반하여 전보하여서는 아니 된다. 다만, 승진 등 인사관리상 필요한 경우에는 그러하지 아니하다.
③ 감찰관은 검찰·경찰, 그 밖의 수사기관으로부터 수사개시 통보를 받은 경우에는 징계의결요구권자의 결재를 받아 해당 기관으로부터 수사결과의 통보를 받을 때까지 감찰조사, 징계의결요구 등의 절차를 진행하지 아니한다.
④ 감찰관의 의무위반행위에 대해서는 「경찰공무원 징계령 세부시행규칙」의 징계양정에 정한 기준보다 가중하여 징계조치한다.

> **정답과 해설**
>
> ① (X) 감찰관은 소속 경찰기관의 관할 구역 안에서 활동하여야 하나, **상급 경찰기관의 장(소속 경찰기관의 장 X)**의 지시가 있는 경우에는 관할구역 밖에서도 활동할 수 있다(경찰 감찰 규칙 제12조).
> ② (X) 경찰기관의 장은 감찰관이 제5조에 따른 결격사유에 해당되는 것으로 밝혀졌을 경우와 제7조 제1항 각 호의 어느 하나에 해당하는 경우를 제외하고는 **2년 이내(3년 이내 X)**에 본인의 의사에 반하여 전보하여서는 아니 된다. 다만, 승진 등 인사관리상 필요한 경우에는 그러하지 아니하다(동규칙 제7조 제1항).
> ③ (X) 감찰관은 검찰·경찰, 그 밖의 수사기관으로부터 수사개시 통보를 받은 경우에는 징계의결요구권자의 결재를 받아 해당 기관으로부터 수사결과의 통보를 받을 때까지 감찰조사, 징계의결요구 등의 절차를 진행하지 **아니할 수 있다(아니한다 X)**(동규칙 제36조 제2항).
> ④ (O) 감찰관의 의무위반행위(금품 및 향응 수수, 공금횡령·유용, 성폭력범죄에 **한정되지 않음**)에 대해서는 경찰공무원 징계령 세부시행규칙의 **징계양정에 정한 기준보다 가중하여 징계조치한다**(동규칙 제40조 제2항).
>
> 정답 ④

324 24 채용, 예상문제

「경찰 감찰 규칙」에 대한 설명으로 적절한 것은 모두 몇 개인가?

> ㉠ 직무와 관련한 금품 및 향응 수수, 공금횡령·유용, 「성폭력범죄의 처벌 등에 관한 특례법」에 따른 성폭력범죄로 징계처분을 받은 사람은 감찰관의 결격 사유에 해당한다.
> ㉡ 감찰관은 심야(자정부터 오전 6시까지를 말한다)에 조사를 하여서는 아니 된다.
> ㉢ ㉡에도 불구하고 감찰관은 조사대상자 또는 그 변호인의 심야조사 요청이 있는 경우에는 예외적으로 심야조사를 할 수 있다. 이 경우 심야조사의 사유를 조서에 명확히 기재하여야 한다.
> ㉣ 감찰관은 조사대상자가 동료공무원의 동석을 신청할 경우 동석시킬 수 있다.
> ㉤ 감찰관은 감찰활동 결과 소속공무원의 의무위반행위, 불합리한 제도·관행, 선행·수범직원 등을 발견한 경우 이를 소속 경찰기관의 장에게 보고하여야 한다.
> ㉥ 조사대상자가 영상녹화를 요청하는 경우에 감찰관이 재량적으로 판단할 수 있도록 하고 있다.

① 1개
② 2개
③ 3개
④ 4개

정답과 해설

㉠ (O) 경찰 감찰 규칙 제5조 제1호
㉡ (O) 감찰관은 심야(**자정부터**(오후 10시부터 X) 오전 6시까지를 말한다)에 조사를 하여서는 아니 된다(동규칙 제32조 제1항).
㉢ (O) 심야조사금지에도 불구하고, 조사대상자 또는 그 변호인의 **심야조사 요청**이 있는 경우에는 예외적으로 심야조사를 할 수 있다. 이 경우 심야조사의 사유를 **조서에 명확히 기재**하여야 한다(동규칙 제32조 제2항).
㉣ (X) 동료공무원의 동석을 신청할 경우 동석하도록 **하여야 한다**(시킬 수 있다 X)(동규칙 제28조 제1항).
㉤ (O) 감찰관은 감찰활동 결과 **소속공무원**의 의무위반행위, 불합리한 제도·관행, 선행·수범직원 등을 발견한 경우 이를 **소속 경찰기관의 장**에게 보고하여야 한다(동규칙 제19조 제1항).
㉥ (X) 감찰관은 조사대상자가 영상녹화를 요청하는 경우에는 그 조사과정을 **영상녹화하여야 한다**(재량적 판단 X)(동규칙 제30조 제1항).

정답 ④

325 ☐☐☐☐ 25 승진

「경찰 감찰 규칙」상 감찰처분심의회의 심의 사항으로 가장 적절하지 않은 것은?

① 감찰관 제척·회피 및 기피 신청과 관련한 사항
② 감찰결과에 대한 이의신청 처리와 관련한 사항
③ 감찰결과의 공개와 관련한 사항
④ 감찰결과 처리 및 양정과 관련한 사항

> **정답과 해설**
>
> ① (X) 감찰관 **기피**(제척·회피 X) **신청**과 관련한 사항(경찰 감찰 규칙 제37조 제1항)
>
> > **제37조(감찰처분심의회)** ① 감찰부서장은 다음 각 호의 사항을 심의하기 위하여 감찰처분심의회(이하 "처분심의회"라고 한다)를 설치·운영할 수 있다.
> > 1. 감찰결과 처리 및 양정과 관련한 사항
> > 2. 감찰결과에 대한 이의신청 처리와 관련한 사항
> > 3. 감찰결과의 공개와 관련한 사항
> > 4. 감찰관 기피 신청과 관련한 사항
>
> 정답 ①

경찰청 감사 규칙(경찰청훈령)

326 □□□□ 22 채용

「경찰청 감사 규칙」상 감사결과의 처리기준에 관한 설명 중 옳은 것은 모두 몇 개인가?

> ㉠ 변상명령 : 감사결과 경미한 지적사항으로서 현지에서 즉시 시정·개선조치가 필요한 경우
> ㉡ 경고·주의 요구 : 감사결과 위법 또는 부당하다고 인정되는 사실이 있으나 그 정도가 징계 또는 문책사유에 이르지 아니할 정도로 경미하거나, 감사대상기관 또는 부서에 대한 제재가 필요한 경우
> ㉢ 시정 요구 : 감사결과 법령상·제도상 또는 행정상 모순이 있거나 그 밖에 개선할 사항이 있다고 인정되는 경우
> ㉣ 개선 요구 : 감사결과 문제점이 인정되는 사실이 있어 그 대안을 제시하고 감사대상기관의 장 등으로 하여금 개선방안을 마련하도록 할 필요가 있는 경우

① 0개 ② 1개
③ 2개 ④ 3개

정답과 해설

㉠ **(X) 현지조치** : 감사결과 경미한 지적사항으로서 현지에서 즉시 시정·개선조치가 필요한 경우(경찰청 감사 규칙 제10조 제9호)
㉡ **(O)** 동규칙 제10조 제3호
㉢ **(X) 개선 요구** : 감사결과 법령상제도상 또는 행정상 모순이 있거나 그 밖에 개선할 사항이 있다고 인정되는 경우(동규칙 제10조 제4호)
㉣ **(X) 권고** : 감사결과 문제점이 인정되는 사실이 있어 그 대안을 제시하고 감사대상기관의 장 등으로 하여금 개선방안을 마련하도록 할 필요가 있는 경우(동규칙 제10조 제5호)

정답 ②

327 ☐☐☐☐ 예상문제

「경찰청 감사 규칙」상 감사관의 감사결과에 대한 처리기준으로서 옳지 않은 것은?

① 감사결과 법령상·제도상 또는 행정상 모순이 있거나 그 밖에 개선할 사항이 있다고 인정되는 경우 개선요구를 하여야 한다.
② 감사결과 위법 또는 부당하다고 인정되는 사실이 있으나 그 정도가 징계 또는 문책사유에 이르지 아니할 정도로 경미하거나 감사대상기관 또는 부서에 대한 제재가 필요한 경우에 경고·주의 요구를 하여야 한다.
③ 감사결과 문제점이 인정되는 사실이 있어 그 대안을 제시하고 감사대상기관의 장 등으로 하여금 개선방안을 마련하도록 할 필요가 있는 경우에 권고를 하여야 한다.
④ 감사결과 위법 또는 부당하다고 인정되는 사실이 있어 추징·회수·환급·추급 또는 원상복구 등이 필요하다고 인정되는 경우 징계 또는 문책요구를 하여야 한다.

> **정답과 해설**
>
> ① (O) 경찰청 감사 규칙 제10조 제4호
> ② (O) 동규칙 제10조 제3호
> ③ (O) 동규칙 제10조 제5호
> ④ (X) 감사결과 위법 또는 부당하다고 인정되는 사실이 있어 추징·회수·환급·추급 또는 **원상복구 등이 필요하다고 인정되는 경우 시정 요구를 하여야 한다**(동규칙 제10조 제2호). 국가공무원법과 그 밖의 법령에 규정된 징계 또는 문책사유에 해당하거나 정당한 사유 없이 자체감사를 거부하거나 자료의 제출을 게을리한 경우 징계 또는 문책요구를 하여야 한다(동규칙 제10조 제1호).
>
> 정답 ④

THEME 07 국가인권위원회법 및 동법 시행령 등

328 ☐☐☐☐ 예상문제

「국가인권위원회법」과 동법 「시행령」에 대한 설명으로 가장 적절하지 않은 것은?

① 「국가인권위원회법」은 국가인권위원회가 경찰서 유치장 및 사법경찰관리가 그 직무수행을 위하여 사람을 조사하고 유치하거나 수용하는 데에 사용하는 시설을 방문하여 조사할 수 있는 법적 근거이다.
② 국가인권위원회가 방문하여 조사할 수 있는 "구금·보호시설"에는 아동복지시설이 포함된다.
③ 동법은 대한민국 국민에게 적용되며, 외국인에 대하여는 적용되지 아니한다.
④ 국가인권위원회는 개인의 사생활을 침해하거나 계속 중인 재판 또는 수사 중인 사건의 소추(訴追)에 부당하게 관여할 목적으로 조사를 하여서는 아니 된다.

정답과 해설

① (O) 국가인권위원회법 제24조
② (O) 동법 제2조(정의) 제2호, 시행령 제2조(다수인 보호시설) - 다수인 보호시설에는 아동복지시설 등이 포함된다.
③ (X) 동법은 대한민국 국민과 **대한민국의 영역에 있는 외국인에 대하여 적용한다**(제4조).
④ (O) 동법 제35조 제2항

정답 ③

329 ☐☐☐☐ 21 간부

경찰활동의 인권지향성을 제고하기 위한 제도적 수단들로 옳은 것은?

① 「국가재정법」에 따라 경찰은 예산을 편성할 때 예산이 인권에 미친 영향을 평가하는 보고서를 작성하여야 한다.
② 「국가경찰과 자치경찰의 조직 및 운영에 관한 법률」에 따라 인권보호와 관련된 국가경찰의 운영·개선에 관한 사항은 국가경찰위원회의 심의·의결을 거칠 수 있다.
③ 「경찰 인권보호 규칙」에 따라 경찰청장은 인권침해를 예방하고 인권친화적인 치안 행정이 구현되도록 소정의 사항에 대하여 인권영향평가를 실시해야 한다.
④ 「국가인권위원회법」에 따라 국가인권위원회는 인권의 보호와 향상을 위하여 필요하다고 인정하면 경찰정책과 관행을 개선 또는 시정할 수 있다.

정답과 해설

① (X) 「국가재정법」은 경찰예산편성시 인권에 미친 영향을 평가하는 보고서 제출을 **규정하고 있지 않다.**
② (X) 국가경찰과 자치경찰의 조직 및 운영에 관한 법률에 따라 국가경찰사무에 관한 인권보호와 관련되는 경찰의 운영·개선에 관한 사항은 국가경찰위원회의 심의·의결을 **거쳐야 한다(거칠 수 있다 X)**(국가경찰과 자치경찰의 조직 및 운영에 관한 법률 제10조 제1항 제2호).
③ (O) 경찰 인권보호 규칙 제21조
④ (X) 위원회는 인권의 보호와 향상을 위하여 필요하다고 인정하면 관계기관등에 정책과 관행의 **개선 또는 시정을 권고하거나 의견을 표명할 수 있다(개선 또는 시정할 수 있다 X)**(국가인권위원회법 제25조 제1항).

정답 ③

THEME 08 경찰 인권보호 규칙(경찰청 훈령)

330 □□□□ 22 채용, 21 승진, 23 간부

「경찰 인권보호 규칙」에 관한 설명 중 적절하지 않은 것은 모두 몇 개인가?

> ㉠ 경찰 활동 전반에 걸친 민주적 통제를 구현하여 경찰력 오·남용을 예방하고, 경찰 행정의 인권지향성을 높여 인권을 존중하는 경찰 활동을 정립하기 위해 시·도경찰청장 및 경찰서의 심의·의결기구로서 각각 시·도경찰청 인권위원회, 경찰서 인권위원회를 설치하여 운영한다.
> ㉡ 경찰청(인권보호담당관), 시·도경찰청(인권업무 담당 계장)의 간사는 분기별 1회 이상 인권영향평가의 이행 여부를 점검하고, 이를 소속 위원회에 제출하여야 한다.
> ㉢ 경찰청장은 경찰관등이 근무하는 동안 지속적·체계적으로 교육을 받을 수 있도록 매년 단위로 인권교육종합계획을 수립하여 시행해야 한다.
> ㉣ 인권보호담당관은 인권침해를 예방하고 제도를 개선하기 위해 연 1회 이상 인권 관련 정책 이행 실태, 인권교육 추진 현황, 경찰청과 소속기관의 청사 및 부속 시설 전반의 인권침해적 요소의 존재 여부를 진단하여야 한다.
> ㉤ 조사담당자는 제출자가 보관 중인 물건의 반환을 요구하는 경우에는 반환하여야 하며, 사건이 종결되어 더 이상 보관할 필요가 없는 경우에는 제출자가 요구하지 않더라도 반환할 수 있다.
> ㉥ 경찰청장은 국민의 인권보호와 증진을 위하여 경찰 인권정책 기본계획을 3년마다 수립해야 한다.

① 3개   ② 4개
③ 5개   ④ 6개

정답과 해설

㉠ (X) 경찰 활동 전반에 걸친 민주적 통제를 구현하여 경찰력 오·남용을 예방하고, 경찰 행정의 인권지향성을 높여 인권을 존중하는 경찰 활동을 정립하기 위해 **경찰청장 및 시·도경찰청장의 자문기구(경찰서의 심의·의결기구 X)**로서 각각 **경찰청 인권위원회, 시·도경찰청 인권위원회(경찰서 인권위원회 X)**(이하 "위원회"라 한다)를 설치하여 운영한다(경찰 인권보호 규칙 제3조).
㉡ (X) **경찰청(인권보호담당관), 시·도경찰청(인권업무 담당 계장)의 간사는 반기(분기 X)** 1회 이상 인권영향평가의 이행 여부를 점검하고, 이를 **소속 위원회(국가경찰위원회 X)**에 제출하여야 한다(동규칙 제24조).
㉢ (X) 경찰청장은 경찰관등이 근무하는 동안 지속적·체계적으로 교육을 받을 수 있도록 **3년 단위(매년 단위 X)**로 인권교육종합계획을 수립하여 시행해야 한다(동규칙 제18조의2).
㉣ (O) 동규칙 제25조
㉤ (O) 조사담당자는 제출자가 보관 중인 물건의 반환을 요구하는 경우에는 반환하여야 하며, 사건이 종결되어 더 이상 보관할 필요가 없는 경우에는 **제출자가 요구하지 않더라도(요구하는 경우에 한하여 X)** 반환할 수 있다(동규칙 제32조 제4항 제2호).
㉥ (X) 경찰청장은 국민의 인권보호와 증진을 위하여 경찰 인권정책 기본계획을 **5년(3년 X)**마다 수립해야 한다(동규칙 제18조 제1항).

정답 ②

331 22 간부, 23 경채

「경찰 인권보호 규칙」에 대한 설명으로 적절하지 않은 것은 모두 몇 개인가?

> ㉠ "경찰관등"이란 경찰청과 그 소속기관의 경찰공무원, 일반직공무원을 의미하고, 무기계약근로자 및 기간제근로자는 포함되지 않는다.
> ㉡ "인권침해"란 경찰관등이 직무를 수행하는 과정에서 모든 사람에게 보장된 인권을 침해하는 것을 말한다.
> ㉢ "조사담당자"란 인권침해를 내용으로 하는 진정을 조사하고 이에 따른 구제 업무 등을 수행하는 경찰청과 그 소속기관에 근무하는 공무원을 말한다.
> ㉣ 위원회는 위원장 1명을 포함하여 7명 이상 15명 이하의 위원으로 구성한다. 이때, 특정 성별이 전체위원 수의 10분의 6을 초과하지 아니해야 한다. 위원장은 위원회에서 호선(互選)하며, 위원은 당연직 위원과 위촉 위원으로 구분한다.
> ㉤ 경찰청장은 위원회의 위원이 특별한 사유 없이 연속적으로 임시회의에 2회 불참 등 직무를 태만히 한 경우 직권으로 위원을 해촉할 수 있다.
> ㉥ 위촉위원 중 「공직선거법」에 따라 실시하는 선거에 의하여 취임한 공무원이거나 그 직에서 퇴직한 날부터 5년이 지나지 아니한 사람은 결격사유에 해당한다.
> ㉦ 위원회의 회의는 정기회의와 임시회의로 구분하며, 재적위원 과반수의 출석으로 개의(開議)하고, 출석위원 과반수의 찬성으로 의결한다.

① 1개 ② 2개
③ 3개 ④ 4개

정답과 해설

㉠ (X) "경찰관등"이란 경찰청과 그 소속기관의 경찰공무원, 일반직공무원, **무기계약근로자 및 기간제근로자**를 의미한다(경찰 인권보호 규칙 제2조 제1호).

㉡ (O) 인권침해란 경찰관등이 직무를 수행하는 과정에서 **모든 사람**(특정인 X)에게 보장된 인권을 침해하는 것을 말한다(동규칙 제2조 제2호).

㉢ (O) 동규칙 제2조 제3호

㉣ (X) 위원회는 위원장 1명을 포함하여 **7명 이상 13명 이하**(7명 이상 15명 이하 X)의 위원으로 구성한다. 이때, 특정 성별이 전체위원 수의 10분의 6을 초과하지 아니해야 한다. 위원장은 위원회에서 호선(互選)하며, 위원은 당연직 위원과 위촉 위원으로 구분한다(동규칙 제5조 제1항, 제2항).

> [비교] 고충심사위원회: 위원장 1명 포함하여 7명 이상 15명 이하

㉤ (X) 경찰청장은 위원회의 위원이 특별한 사유 없이 연속적으로 **정기회의에 3회**(임시회의에 2회 X) 불참 등 직무를 태만히 한 경우 **위원회의 의견을 들어**(직권 X)으로 위원을 해촉할 수 있다(동규칙 제8조 제3호).

㉥ (X) 위촉위원 중 「공직선거법」에 따라 실시하는 선거에 의하여 취임한 공무원이거나 그 직에서 퇴직한 날부터 **3년**(5년 X)이 지나지 아니한 사람은 결격사유에 해당한다(동규칙 제6조 제2호).

㉦ (O) 동규칙 제11조 제1항

정답 ④

332 ☐☐☐☐ 23 채용

「경찰 인권보호 규칙」상 경찰청 및 시·도경찰청 인권위원회에 관한 설명으로 가장 적절한 것은?

① 당연직 위원은 경찰청은 청문감사인권담당관, 시·도경찰청은 감사관으로 한다.
② 경찰청 인권위원회와 시·도경찰청 인권위원회 각각의 위원장과 위촉 위원의 임기는 위촉된 날로부터 2년으로 하며 위원장의 직은 연임할 수 없고, 위촉 위원은 세 차례만 연임할 수 있다.
③ 경찰청 인권위원회와 시·도경찰청 인권위원회의 정기회의는 각각 분기 1회 개최한다.
④ 경찰의 직에 있거나 그 직에서 퇴직한 날부터 3년이 지나지 아니한 사람은 경찰청 인권위원회나 시·도경찰청 인권위원회의 위촉 위원이 될 수 없다.

> **정답과 해설**
> ① (X) 당연직 위원은 경찰청은 **감사관**, 시·도경찰청은 **청문감사인권담당관**으로 한다(경찰 인권 보호규칙 제5조 제3항).
> ② (X) ~~ 위촉 위원은 **두 차례(세 차례 X)**만 연임할 수 있다(동규칙 제7조 제1항).
> ③ (X) 정기회의는 경찰청은 **월 1회**, 시·도경찰청은 **분기 1회** 개최한다(동규칙 제11조 제2항).
> ④ (O) 동규칙 제6조 제1항 제3호
>
> 정답 ④

333 ☐☐☐☐ 21 채용

다음 중 「경찰 인권보호 규칙」상 경찰청 및 그 소속기관의 장이 진정을 기각할 수 있는 경우로 가장 적절한 것은?

① 진정인이 진정을 취소한 경우
② 사건 해결과 진상 규명에 핵심적인 중요 참고인의 소재를 알 수 없는 경우
③ 진정 내용이 사실이 아니거나 사실 여부를 확인하는 것이 불가능한 경우
④ 진정의 원인이 된 사실이 공소시효, 징계시효 및 민사상 시효 등이 모두 완성된 경우

> **정답과 해설**
> ③ (O) 기각사유이다(경찰 인권보호 규칙 제37조 제1호).
> ①④ (X) **각하사유**이다(동규칙 제29조 제1항 제4호, 제7호).
> ② (X) **조사중지사유**이다(동규칙 제35조 제1항 제2호).
> ※ 각하, 중지, 기각사유 구분하여 학습하기
>
> 정답 ③

334 22 승진, 26 간부, 예상문제

인권과 관련한 설명이다. 아래 가.부터 라.까지 설명 중 옳고 그름의 표시(O, X)가 바르게 된 것은?

> 가. 경찰청장은 국민의 인권에 영향을 미치는 정책 및 계획에 대하여 해당 안건이 확정되기 30일 이전까지 인권영향평가를 실시해야 한다.
> 나. 경찰청장은 제·개정하려는 법령 및 행정규칙에 대하여 해당 안건을 경찰위원회(국가경찰위원회)에 상정하기 60일 이전까지 인권영향평가를 실시하여야 한다.
> 다. 「경찰관 인권행동강령」상 경찰관은 직무를 수행하는 과정에서 합리적인 이유 없이 성별, 종교, 장애 등을 이유로 누구도 차별하여서는 아니 되고, 신체적·정신적·경제적·문화적인 차이 등으로 특별한 보호가 필요한 사람의 인권을 보호하여야 한다.
> 라. 참가인원, 내용, 동원 경력의 규모, 배치 장비 등을 고려하여 인권침해 가능성이 높다고 판단되는 집회 및 시위의 경우는 「경찰 인권보호 규칙」상 인권영향평가 실시 대상에 해당한다.
> 마. 임시회의는 위원장이 필요하다고 인정하거나 청장 또는 재적위원 3인 이상이 소집을 요구하는 경우 위원장이 소집한다.

① 가.(X) 나.(X) 다.(X) 라.(O) 마.(O)
② 가.(O) 나.(O) 다.(X) 라.(X) 마.(X)
③ 가.(X) 나.(O) 다.(X) 라.(O) 마.(O)
④ 가.(X) 나.(O) 다.(O) 라.(O) 마.(X)

정답과 해설

가. (X) 경찰청장은 국민의 인권에 영향을 미치는 정책 및 계획에 대하여 해당 안건이 **확정되기 이전까지(30일 이전까지 X)** 인권영향평가를 실시해야 한다(경찰 인권보호 규칙 제21조 제1항 제2호, 제23조 제1항 제2호).
나. (O) 동규칙 제21조 제1항 제1호, 제23조 제1항 제1호
다. (O) 경찰관 인권행동강령 제6조
라. (O) 경찰 인권보호 규칙 제21조 제1항 제3호
마. (X) 임시회의는 위원장이 필요하다고 인정하거나 청장 또는 재적위원 **3분의 1 이상(3인 이상 X)**이 소집을 요구하는 경우 위원장이 소집한다(동규칙 제11조 제3항).

정답 ④

335 ☐☐☐☐ 22 승진, 예상문제

인권과 관련한 설명이다. 아래 가.부터 라.까지 설명 중 옳고 그름의 표시(O, X)가 바르게 된 것은?

> 가. 조사담당자는 사건 조사 과정에서 진정인·피진정인 또는 참고인 등이 임의로 제출한 물건 중 사건 조사에 필요한 물건은 보관할 수 있다.
> 나. 조사담당자는 제출받은 물건에 사건번호와 표제, 제출자 성명, 물건 번호, 보관자 성명 등을 적은 표지를 붙인 후 봉투에 넣거나 포장하여 안전하게 보관하여야 한다.
> 다. 조사담당자는 제출자가 보관 중인 물건의 반환을 요구하는 경우에는 반환하여야 하며, 진정인이 진정을 취소한 사건에서 진정인이 제출한 물건이 있는 경우에는 제출자가 요구하지 않더라도 반환할 수 있다.
> 라. 「경찰 인권보호 규칙」상 인권침해사건 조사절차에서 사건이 종결되어 더 이상 물건을 보관할 필요가 없는 경우, 조사담당자는 사건 조사 과정에서 진정인이 임의로 제출한 물건을 제출자가 요구하지 않더라도 반환할 수 있다.

① 가.(X) 나.(X) 다.(X) 라.(O)
② 가.(O) 나.(O) 다.(O) 라.(X)
③ 가.(O) 나.(O) 다.(O) 라.(O)
④ 가.(X) 나.(O) 다.(O) 라.(O)

정답과 해설

가. (O) 경찰 인권보호 규칙 제32조 제1항
나. (O) 동규칙 제32조 제3항
다. (O) 동규칙 제32조 제4항 제1호
라. (O) 인권침해사건 조사절차에서 사건이 종결되어 더 이상 물건을 보관할 필요가 없는 경우, 조사담당자는 사건 조사 과정에서 진정인이 임의로 제출한 물건을 **제출자가 요구하지 않더라도(제출자가 요구하는 경우에 한하여 X)** 반환할 수 있다(동규칙 제32조 제4항 제2호).

정답 ③

정책결정모델

336 □□□□ 22 간부

정책결정 모델에 대한 설명으로 가장 적절하지 않은 것은?

① 만족 모델(Satisfying model)은 정책결정자가 최선의 합리성을 추구하기 보다는, 시간적·공간적·재정적측면에서 여러 요인을 고려하여 만족할 만한 수준에서 결정한다.
② 쓰레기통 모델(Garbage can model)은 설정된 목표를 달성하기 위해 정보분석과 환류과정을 통해 자신의 행동을 스스로 조정해 나간다고 가정하는 모델이다.
③ 혼합탐사 모델(Mixed scanning model)은 점증 모델(Incremental model)의 단점을 합리 모델(Rational model)과의 통합을 통해서 보완하기 위해 주장된 것이다. 정책결정을 근본적 결정과 세부적 결정으로 나누고, 합리적 결정과 점증적 결정을 적절하게 혼합하여 의사결정을 한다.
④ 최적 모델(Optimal model)은 합리 모델의 비현실성과 점증 모델의 보수성을 극복하기 위하여 이상주의와 현실주의의 통합을 시도한 것이다. 이 모델은 기존의 정책을 바탕으로 이루어지는 점증주의 성향을 비판하면서, 새로운 결정을 내릴 때마다 정책방향도 다시 검토할 것을 주장한다.

> **정답과 해설**
> ② (X) **사이버네틱스모델**에 대한 설명이다. **쓰레기통 모델**은 조직화된 무질서(혼란)상태에서 나타나는 **문제의 흐름, 해결책의 흐름, 참여자의 흐름, 선택의 기회의 흐름 등 4가지 흐름**에 의하여 정책이 우연히 결정되어진다고 보는 이론이다. 예를 들면 친목단체 같은 경우인데 상하관계가 분명하지 않고 계층적 권위가 없는 조직의 의사결정에 잘 적용되는 모델이다.
>
> 정답 ②

337 □□□□ 23·26 간부

다음에서 설명하고 있는 정책결정모델은 무엇인가?

> 가. 정책결정과정이 합리적이라는 가정이 부정된다.
> 나. 정책결정상황이 불확실성과 심한 혼란상태에 놓여 있으며, 정상적인 권위구조와 결정규칙이 작동하지 않는다고 가정하였다.
> 다. 문제의 흐름, 정책적 흐름, 정치적 흐름 등이 합치할 때 정책결정이 될 수 있다는 킹던(Kingdon)의 'PolicyWindow(정책의창)'모델의 배경이 되었다.

① 합리모델(Rational Model)　　② 쓰레기통모델(Garbage Can Model)
③ 만족모델(Satisfying Model)　　④ 점증모델(Incremental Model)

> **정답과 해설**
> ② (O) 보기의 내용은 **쓰레기통모델(Garbage Can Model)**에 대한 설명이다.
>
> 정답 ②

338 ☐☐☐☐ 24 채용, 24 간부

정책결정 모델과 그에 대한 설명으로 가장 적절한 것은?

① 엘리트 모델에 의하면 정책결정자는 고도의 합리성을 기반으로 최선의 대안을 결정한다.
② 사이버네틱스 모델은 설정된 목표를 달성하기 위해 정보분석과 환류과정을 통해 자신의 행동을 스스로 조정해 나간다고 가정한다.
③ 혼합탐사 모델은 합리모델의 비현실성과 점증모델의 보수성을 극복하기 위한 모델로 기존의 정책을 바탕으로 이루어지는 점증주의 성향을 비판하면서, 새로운 정책을 내릴 때마다 정책방향도 다시 검토할 것을 주장한다.
④ 관료정치 모델에 의하면 정책결정시 정치적 합리성을 기반으로 기존 정책의 문제점을 부분적으로 수정하거나 약간의 향상을 가져오는 결정을 한다.

정답과 해설

① (X) 정책결정자는 고도의 합리성을 기반으로 최선의 대안을 결정한다는 모델은 **합리모델(Rational model)**이다.
② (O)
③ (X) 합리모델의 비현실성과 점증모델의 보수성을 극복하기 위한 모델로 기존의 정책을 바탕으로 이루어지는 점증주의 성향을 비판하면서, 새로운 정책을 내릴 때마다 정책방향도 다시 검토할 것을 주장한 정책결정 모델은 **최적모델(Optimal model)**이다.
④ (X) 정책결정시 정치적 합리성을 기반으로 기존 정책의 문제점을 부분적으로 수정하거나 약간의 향상을 가져오는 결정을 한다는 모델은 **점증모델(Incremental model)**이다.

정답 ②

339 ☐☐☐☐ 23 간부(행정학), 예상문제

정책결정모형에 대한 설명으로 옳은 것은 모두 몇 개인가?

> 가. 만족모형에서 정책담당자는 제한된 합리성으로 인해 모든 대안을 탐색하지 않고 몇 개의 대안만을 무작위적이고 순차적으로 탐색한다.
> 나. 혼합주사모형은 합리모형과 점증모형의 두 요소를 절충한 것으로 근본적 정책결정은 점증모형을, 부분적 정책결정은 합리모형을 따른다.
> 다. 쓰레기통모형은 조직화된 무질서 상태에서의 정책결정을 설명하며 정책결정 요소들이 우연히 만나 결정이 이루어진다고 본다.
> 라. 점증모형(모델)은 합리적인 분석만이 아니라 결정자의 직관적 판단(초합리성)도 중요한 요소이고, 양적 분석과 질적 분석도 동시에 고려해야 한다고 주장한다.
> 마. 합리모형(모델)은 인간은 경제인이라는 전지전능성에 기인하고, 모든 대안을 총체적(포괄적)으로 검토한 후 그 결과를 완벽하게 예측하여 그 결과를 전체 최적화를 추구한다.

① 1개　　　　　　　　　　　② 2개
③ 3개　　　　　　　　　　　④ 4개

정답과 해설

가. (O) 만족모형(만족모델)은 **마치와 사이먼**에 의해 주장된 모델로 **합리 모델을 완화(비판)한 모델**이다.
나. (X) 혼합주사모형(혼합탐사 모델)은 정책결정을 **근본적 결정(합리 모델)** 과 **세부적 결정(점증 모델)** 으로 나누고, 합리적 결정과 점증적 결정을 적절하게 혼합하여 의사결정을 한다.
다. (O)
라. (X) 합리적인 분석만이 아니라 결정자의 직관적 판단(초합리성)도 중요한 요소이고, 양적 분석과 질적 분석도 동시에 고려해야 한다고 주장하는 모델은 **최적 모델**에 대한 설명이다. 점증모형(모델)은 기존 정책을 토대로 하여 그보다 약간 수정된 정책을 추구하는 방식으로 결정한다.
마. (O)

정답 ③

경찰제도개혁

340 ☐☐☐☐ 04 승진
다음 중 목표에 의한 관리(MBO)에 대한 설명으로 틀린 것은?

① 조직구성원의 참여과정을 통하여 조직의 공통된 목표를 명확히 하고 체계적으로 조직 구성원들의 목표를 부과하며, 그 수행결과를 평가하고 환류시켜 궁극적으로 조직의 효율성을 향상시키기 위한 관리기법을 말한다.
② 공공부문에 도입할 경우 목표성과의 측정이 용이하다.
③ 조직목표에 조직활동을 집중시킴으로 인한 효과성을 제고할 수 있다.
④ 급격한 변화나 복잡한 환경에서는 목표설정이 어렵고, 구성원간의 합의도출이 어렵다.

> **정답과 해설**
> ② (X) 공공부문에 도입할 경우 목표성과의 측정이 **어렵다(용이하다 X)**.
>
> 정답 ②

341 ☐☐☐☐ 11 승진
구체적·결과적인 목표를 중시하는 MBO(목표에 의한 관리)의 특성 중 가장 옳지 않은 것은?

① 참여를 통해 목표를 설정하고 집행함으로써 민주적 관리풍토를 조성
② 갈등의 극소화를 중시
③ 조직목표와 조직 속의 개인 목표를 분리
④ 수행결과의 평가 및 환류

> **정답과 해설**
> ③ (X) 목표에 의한 관리(MBO)는 **조직목표와 조직 속의 개인 목표를 통합**하려는 것이다.
>
> 정답 ③

342   23 간부(행정학)

총체적 품질관리(TQM)에 대한 설명으로 가장 옳지 않은 것은?

① 신공공관리에 지대한 영향을 주었다.
② 목표관리제(MBO)의 목표설정은 외향적이나 총체적 품질관리의 목표설정은 내향적이다.
③ 품질 향상을 통한 고객만족을 최종 목표로 하기 때문에 공무원들의 행태를 고객중심적으로 전환할 수 있다.
④ 업무수행 노력의 초점이 개인적 노력에서 집단적 노력으로 옮아간다.

> **정답과 해설**
>
> ① (O) 1920년대 미국에서 창안되어서 우리나라도 2007년 이후부터 국가품질관리 제도를 도입해서 운영하고 있으며, **신공공관리에 지대한 영향을 주었다.**
> ② (X) 목표관리제(MBO)의 목표설정은 **내향적(조직내 상하급 공동참여)**이나 총체적 품질관리의 목표설정은 **외향적(고객)**이다.
> ③ (O)
> ④ (O)
> ※ **총체적 품질관리(Total Quality Management,TQM)**란 조직내의 모든 구성원(14만 경찰)이 참여하여 고객(국민)에 대한 서비스 품질향상을 목표로 지속적으로 업무수행방식을 개선하고자 하는 관리방식을 말한다.
>
> 정답 ②

343   26 간부

귤릭&어윅(Gulick&Urwick)은 조직 내 관리자의 역할을 POSDCoRB로 정의하였다. 옳은 것으로 짝지어진 것은?

① 정책(Policy) - 조직화(Organizing) - 인사(Staffing) - 지시(Directing) - 조정(Coordinating) - 보고(Reporting) - 예산(Budgeting)
② 정책(Policy) - 순서(Ordering) - 인사(Staffing) - 지시(Directing) - 조정(Coordinating) - 보고(Reporting) - 완충(Buffering)
③ 기획(Planning) - 조직화(Organizing) - 인사(Staffing) - 지시(Directing) - 조정(Coordinating) - 보고(Reporting) - 예산(Budgeting)
④ 기획(Planning) - 순서(Ordering) - 인사(Staffing) - 지시(Directing) - 조정(Coordinating) - 합리성(Rationality) - 완충(Buffering)

> **정답과 해설**
>
> ③ (O) 귤릭&어윅(Gulick&Urwick)은 조직 내 관리자의 역할을 POSDCoRB의 7가지 역할(기능)을 제시했다. 즉, 기획(Planning) - 조직화(Organizing) - 인사(Staffing) - 지시(Directing) - 조정(Coordinating) - 보고(Reporting) - 예산(Budgeting) 이다.
>
> 정답 ③

킹재규 경찰학 플러스 1000제

PART 4
경찰행정법

01

경찰법의 법원

① 경찰법의 법원
② 법규명령
③ 법규명령과 행정규칙
④ 훈령과 직무명령

• 기출 키워드 •

23년 2차	
24년 1차	
24년 2차	• 법령 등 공포에 관한 법률
25년 1차	• 법규명령과 행정규칙
25년 2차	• 법원 • 지방자치법

최신개정법령&무료자료 다운로드 등
네이버 김재규경찰학 카페(https://cafe.naver.com/ollaedu)

THEME 01 경찰법의 법원

344 ☐☐☐☐ 23 간부

경찰법의 법원(法源)에 관한 설명이다. 아래 가.부터 라.까지 설명 중 옳고 그름의 표시(O, X)가 바르게 된 것은?

> 가. 헌법은 국가의 기본적인 통치구조를 정한 기본법으로서 행정의 조직이나 작용의 기본원칙을 정한 부분은 그 한도 내에서 경찰법의 법원이 된다.
> 나. 경찰권 발동은 법률에 근거해야 하므로, 법률은 경찰법상의 법률관계에 있어서 중요한 법원이다.
> 다. 불문법원으로서 일반적으로 정의에 합치되는 보편적 원리로서 인정되고 있는 모든 원칙을 조리라 하고, 경찰관청의 행위가 형식상 적법하면 조리에 위반하더라도 위법이 될 수 없다.
> 라. 경찰법의 법원은 일반적으로 성문법원과 불문법원으로 나눌 수 있으며 헌법, 법률, 조약과 국제법규, 규칙은 성문법원이다.

① 가.(O) 나.(X) 다.(O) 라.(O)
② 가.(O) 나.(O) 다.(X) 라.(X)
③ 가.(O) 나.(O) 다.(X) 라.(O)
④ 가.(X) 나.(O) 다.(X) 라.(O)

정답과 해설

가. (O)
나. (O) 경찰권 발동의 근거는 원칙적으로 법률에 따라서만 발동(법률에 의한 행정의 원리)될 수 있으나, 예외적으로 조리상의 원칙 및 관습은 간접적으로 경찰권 발동의 근거가 될 수 있다.
다. (X) 경찰관청의 행위가 형식상 적법하더라도 **조리에 위반할 경우에는 위법**이 될 수 있다.
라. (O) **성문법원**은 헌법, 법률, 조약과 국제법규, **조례(조리 X)**, 규칙이 있고, **불문법원**으로는 관습법, 판례법, 조리 등이 있다.

정답 ③

345 20 채용(행정법). 예상문제

통치행위에 대한 설명으로 가장 적절하지 않은 것은? (다툼이 있는 경우 판례에 의함)

① 대통령의 긴급재정·경제명령은 국가긴급권의 일종으로서 고도의 정치적 결단에 의하여 발동되는 행위이고 그 결단을 존중하여야 할 필요성이 있는 행위라는 의미에서 이른바 통치행위에 속한다고 할 수 있으나, 그것이 국민의 기본권 침해와 직접 관련되는 경우에는 당연히 헌법재판소의 심판대상이 된다.

② 남북정상회담의 개최과정에서 재정경제부장관에게 신고하지 아니하거나 통일부장관의 협력사업 승인을 얻지 아니한 채 북한측에 사업권의 대가 명목으로 송금한 행위 자체는 헌법상 법치국가의 원리와 법 앞에 평등원칙 등에 비추어 볼 때 사법심사의 대상이 된다.

③ 대법원은 대통령의 서훈 취소행위를 통치행위로 보고 있다.

④ 신행정수도건설이나 수도이전의 문제를 국민투표에 붙일지 여부에 관한 대통령의 의사결정이 사법심사의 대상이 될 경우 위 의사결정은 고도의 정치적 결단을 요하는 문제여서 사법심사를 자제함이 바람직하다고 할 수 있고, 이에 따라 그 의사결정에 관련된 흠을 들어 위헌성이 주장되는 법률에 대한 사법심사 또한 자제함이 바람직하다고 할 수 있다. 그러나 대통령의 위 의사결정이 국민의 기본권침해와 직접 관련되는 경우에는 헌재의 심판대상이 될 수 있고, 이에 따라 위 의사결정과 관련된 법률도 헌재의 심판대상이 될 수 있다.

정답과 해설

① (O) 헌법재판소는 헌법(憲法)의 수호와 국민의 기본권 보장을 사명으로 하는 국가기관이므로 비록 고도의 정치적 결단에 의하여 행해지는 국가작용이라고 할지라도 그것이 국민의 기본권 침해와 직접 관련되는 경우에는 당연히 **헌법재판소의 심판대상**이 된다(헌법재판소 1996. 2. 29. 선고 93헌마186).

② (O) **남북정상회담의 개최는 고도의 정치적 성격을 지니고 있는 행위**라 할 것이므로 특별한 사정이 없는 한 그 당부를 심판하는 것은 사법권의 내재적·본질적 한계를 넘어서는 것이 되어 적절하지 못하지만, 남북정상회담의 개최과정에서 기획재정부장관에게 신고하지 아니하거나 통일부장관의 협력사업 승인을 얻지 아니한 채 북한측에 사업권의 대가 명목으로 **송금한 행위 자체**는 헌법상 법치국가의 원리와 법 앞에 평등원칙 등에 비추어 볼 때 **사법심사의 대상이 된다**(대법원 2004. 3. 26. 2003도7878).

③ (X) 대통령의 특별사면, 남북정상회담의 개최, 대통령의 긴급재정·경제명령은 **통치행위**이다. 단, **서훈취소는 고도의 정치성을 띤 행위라고 볼 수 없다**(대법원 2015. 4. 23. 2012두 26920).

④ (O) 헌재 2004. 10. 21. 2004헌마554

정답 ③

346 25 채용, 14 승진, 21 · 24 간부

경찰법의 법원(法源)에 대한 설명이다. 옳은 것은 모두 몇 개인가?

㉠ 경찰법의 법원은 일반적으로 성문법원과 불문법원으로 나눌 수 있으며 헌법, 법률, 조약과 국제법규, 조리와 규칙은 성문법원이다.
㉡ 국회에서 의결을 거치지 않고 행정기관에 의하여 제정된 법규를 법규명령이라고 한다.
㉢ 신의성실의 원칙은 「민법」뿐만 아니라 경찰행정법을 포함한 모든 법의 일반원칙이며 법원으로 인정된다.
㉣ 헌법에 의하여 체결·공포된 조약과 일반적으로 승인된 국제법규도 경찰법의 법원으로 볼 수 있다.
㉤ 경찰행정법의 일반원칙인 평등의 원칙, 비례의 원칙, 권한남용금지의 원칙, 신뢰보호의 원칙은 「행정기본법」에는 규정되어 있지 않다.
㉥ 헌법재판소의 위헌결정은 신뢰의 대상이 되는 공적인 견해이므로 신뢰보호의 원칙이 적용된다.

① 1개　　② 2개
③ 3개　　④ 4개

정답과 해설

㉠ (X) **조리는 불문법원**이다.
㉡ (O) 국회에서 **의결을 거치지 않고** 행정기관에 의하여 제정된 법규를 **법규명령(행정입법)**이라고 한다.
㉢ (O) 행정기본법은 사법상의 원칙인 '신의성실의 원칙'을 행정법상 행정청의 '성실의무의 원칙'으로 수정하여 명시적으로 규정하고 있으므로 **「민법」뿐만 아니라 경찰행정법을 포함한 모든 법의 일반원칙이며 법원으로 인정**된다.
㉣ (O) 헌법에 의하여 체결·공포된 조약과 일반적으로 승인된 국제법규는 **국내법과 동일한 효력**을 가지는 성문법원으로서 **별도로 국내법 제정 필요없이 적용가능**하다.
㉤ (X) 행정기본법 제9조(평등의 원칙), 동법 제10조(비례의 원칙), 동법 제11조(권한남용금지의 원칙), 동법 제12조(신뢰보호의 원칙)에 **규정되어 있다**.
㉥ (X) 헌법재판소의 위헌결정은 법원이나 기타 국가기관(국가경찰) 및 지방자치단체(자치경찰)를 기속(羈束)하므로 **법원성이 인정된다**. 그러므로 헌법재판소의 위헌결정은 행정청이 개인에 대하여 신뢰의 대상이 되는 공적인 견해를 표명한 것이라고 할 수 없으므로 그 결정에 관련한 개인의 행위에 대하여는 **신뢰보호의 원칙이 적용되지 아니한다** (대판 2002두6965).

정답 ③

347 ☐☐☐☐ 19 채용, 예상문제

경찰법의 법원(法源)에 관한 설명으로 가장 적절하지 않은 것은? (다툼이 있으면 판례에 의함)

① 일반적으로 승인된 국제법규라도 의회에 의한 입법절차를 거쳐야 경찰법의 법원이 된다.
② 행정입법이란 행정부가 제정하는 법을 의미하며, 행정조직 내부의 사무처리기준에 관한 행정규칙과 국민을 구속하는 효력이 있는 법규명령으로 구분된다.
③ 최후의 보충적 법원으로서 조리는 일반적·보편적 정의를 의미하는 바, 경찰관청의 행위가 형식상 적법하더라도 조리에 위반할 경우 위법이 될 수 있다.
④ 판례에 의할 때 운전면허 취소사유에 해당하는 음주운전을 적발한 경찰관의 소속 경찰서장이 사무착오로 위반자에게 운전면허정지처분을 한 상태에서 위반자의 주소지 관할 시·도경찰청장이 위반자에게 운전면허취소처분을 한 경우 이는 법의 일반원칙인 조리에 반하여 허용될 수 없다.

정답과 해설

① (X) 헌법에 의하여 체결·공포된 조약과 일반적으로 승인된 국제법규는 **국내법과 같은 효력**을 가진다(헌법 제6조 제1항).
② (O) **국민을 구속하는 효력이 있는 법규명령**은 공포를 요하며 공포일로부터 20일 경과 후 효력이 발생하나, **행정조직 내부의 사무처리기준을 정하는 행정규칙**은 공포를 요하지 않는다. 또한, 법규명령은 법규성이 있으나, 행정규칙은 법규성이 없다.
③ (O) 조리(행정법의 일반원칙)의 **최후의 보충적 법원성**을 설명한 내용으로 옳다.
④ (O) 운전면허 취소사유에 해당하는 음주운전을 적발한 경찰관의 소속경찰서장이 사무착오로 위반자에게 운전면허정지처분을 한 상태에서 위반자의 주소지 관할 시·도경찰청장이 위반자에게 운전면허 취소처분을 한 것은 **신뢰보호원칙에 위배**된다(대법원 2000. 2. 25. 선고 99두10520 판결).

정답 ①

348 25 채용

「지방자치법」상 자치법규에 관한 설명으로 가장 적절한 것은?

① 지방자치단체의 장은 법령의 범위에서 그 사무에 관하여 조례를 제정할 수 있다. 다만, 주민의 권리 제한 또는 의무 부과에 관한 사항이나 벌칙을 정하는 때에는 법률의 위임이 있어야 한다.
② 지방자치단체는 조례를 위반한 행위에 대하여 조례로써 1천만원 이하의 벌금을 정할 수 있고, 해당 지방자치단체의 장이 부과·징수한다.
③ 조례안이 지방의회에서 의결되면 지방의회의 의장은 의결된 날부터 7일 이내에 그 지방자치단체의 장에게 이송하여야 한다.
④ 법령에서 조례로 정하도록 위임한 사항은 그 법령의 하위 법령에서 그 위임의 내용과 범위를 제한하거나 직접 규정할 수 없다.

정답과 해설

① (X) **지방자치단체**는 법령의 범위에서 그 사무에 관하여 조례를 제정할 수 있다. 다만, 주민의 권리 제한 또는 의무 부과에 관한 사항이나 벌칙을 정하는 때에는 법률의 위임이 있어야 한다(지방자치법 제28조 제1항).
② (X) 지방자치단체는 조례를 위반한 행위에 대하여 조례로써 1천만원 이하의 **과태료**를 정할 수 있고, 해당 지방자치단체의 장이 부과·징수한다(동법 제34조).
③ (X) 조례안이 지방의회에서 의결되면 지방의회의 의장은 의결된 날부터 **5일** 이내에 그 지방자치단체의 장에게 이송하여야 한다(동법 제32조 제1항).

정답 ④

349 17 채용, 14·20 승진

경찰법의 법원에 대한 설명 중 옳지 않은 것은 모두 몇 개인가?

> ㉠ 경찰법의 법원이란 경찰법의 존재형식 또는 인식근거에 관한 문제이다.
> ㉡ 지방자치단체의 장은 법령의 범위에서 그 사무에 관하여 조례를 제정할 수 있다. 다만, 주민의 권리 제한 또는 의무 부과에 관한 사항이나 벌칙을 정할 때에는 법률의 위임이 있어야 한다.
> ㉢ 국무총리는 직권으로 총리령을 발할 수 있으나, 행정각부의 장은 직권으로 부령을 발할 수 없다.
> ㉣ 지방의회가 법령의 범위 안에서 제정하는 자치법규를 규칙이라고 한다.
> ㉤ 지방자치단체의 장은 법령 또는 조례가 위임한 범위 내에서 그 권한에 속하는 사무에 관하여 규칙을 제정할 수 있다.
> ㉥ 조례에 대한 법률의 위임은 법규명령에 대한 법률의 위임과 같이 반드시 구체적으로 범위를 정하여 할 필요가 없다. 법률이 주민의 권리의무에 관한 사항에 관하여 구체적으로 범위를 정하지 않은 채 조례로 정하도록 포괄적으로 위임한 경우에도 지방자치단체는 법령에 위반되지 않는 범위 내에서 주민의 권리의무에 관한 사항을 조례로 제정할 수 있다.

① 1개　　② 2개
③ 3개　　④ 4개

정답과 해설

㉠ (O) 법원이란 무엇이 법이냐를 정할 때에 그 근거로서 드는 것. 성문법원과 불문법원으로 나눌 수 있다.
㉡ (X) **지방자치단체(지방자치단체의 장 X)**는 법령의 범위에서 그 사무에 관하여 **조례**를 제정할 수 있다(지방자치법 제28조 제1항).
㉢ (X) 국무총리 또는 행정각부의 장은 소관사무에 관하여 법률이나 **대통령령의 위임 또는 직권**으로 총리령 또는 부령**을 발할 수 있다**(헌법 제95조).
㉣ (X) 지방의회가 법령의 범위 안에서 제정하는 자치법규를 **조례**라고 한다.
㉤ (X) **지방자치단체의 장(지방자치단체 X)**은 법령 또는 **조례의 범위(조례가 위임한 범위 내에서 X)**에서 그 권한에 속하는 사무에 관하여 규칙을 제정할 수 있다(지방자치법 제29조).
㉥ (O) 대법원 2017. 12. 5. 2016추5162

정답 ④

THEME 02 법규명령

350  25 채용

행정입법에 관한 설명으로 가장 적절하지 않은 것은? (다툼이 있는 경우 판례에 의함)

① 국무총리 또는 행정각부의 장은 소관사무에 관하여 법률이나 대통령령의 위임 또는 직권으로 총리령 또는 부령을 발할 수 있다.
② 「도로교통법시행규칙」 제53조 제1항이 정한 [별표 16]의 운전면허행정처분기준은 부령의 형식으로 되어 있으나, 행정청 내부의 사무처리준칙을 규정한 것에 지나지 아니하므로 대외적으로 국민이나 법원을 기속하는 효력이 없다.
③ 법규명령의 위임의 근거가 되는 법률에 대하여 위헌결정이 선고되더라도 그 위임규정에 근거하여 제정된 법규명령은 원칙적으로 효력을 유지한다.
④ 국민의 권리 제한 또는 의무 부과와 직접 관련되는 대통령령, 총리령 및 부령은 긴급히 시행하여야 할 특별한 사유가 있는 경우를 제외하고는 공포일부터 적어도 30일이 경과한 날부터 시행되도록 하여야 한다.

정답과 해설

① (O)
② (O) 법규명령의 형식(부령)을 취하고 있지만, 그 내용이 행정규칙의 실질을 가지는 경우 판례는 당해 규범을 **행정규칙**으로 보고 있다.
③ (X) 법규명령의 위임의 근거가 되는 법률에 대하여 위헌결정이 선고되면 그 위임규정에 근거하여 제정된 법규명령도 원칙적으로 **효력을 상실한다**(대판 96다52359).
④ (O) 국민의 권리 제한 또는 의무 부과와 직접 관련되는 **법률, 대통령령, 총리령 및 부령**은 긴급히 시행하여야 할 특별한 사유가 있는 경우를 제외하고는 공포일부터 적어도 **30일**이 경과한 날부터 시행되도록 하여야 한다(법령 등 공포에 관한 법률 제13조의2).

정답 ③

351 □□□□ 18·21 채용(행정법), 예상문제

법규명령의 위임의 한계에 대한 설명으로 옳지 않은 것은 모두 몇 개인가? (다툼이 있으면 판례에 의함)

> ㉠ 위임의 범위는 법치행정의 원리에 따라 구체적으로 범위를 정하여 위임받은 사항만을 위임할 수 있고, 법률에 의한 포괄적·일반적 수권은 허용되지 않는다.
> ㉡ 법령의 규정이 특정 행정기관에게 법령 내용의 구체적 사항을 정할 수 있는 권한을 부여하면서도 권한행사의 절차나 방법을 특정하지 아니한 경우에는 수임행정기관으로서는 행정규칙이나 규정 형식으로 법령 내용이 될 사항을 구체적으로 정할 수 없다.
> ㉢ 국회 전속적 법률사항의 위임은 원칙적으로 금지된다.
> ㉣ 법률에 의하여 위임된 사항을 전부 하위명령에 재위임하는 것은 금지된다.
> ㉤ 위임법규에서는 구체성·명확성이 요구되므로 규율대상이 지극히 다양하거나 수시로 변화하는 성질의 것일 때에는 위임의 구체성·명확성의 요건이 강화된다.
> ㉥ 일반적으로 법률의 위임에 따라 효력을 갖는 법규명령의 경우, 위임의 근거가 없어 무효였다고 하더라도 나중에 법률 개정을 통해 위임의 근거가 부여되었다면 소급하여 유효한 법규명령으로 볼 수 있다.

① 1개
② 2개
③ 3개
④ 4개

정답과 해설

㉠ (O) 대판 97부36

㉡ (X) 법령의 규정이 특정 행정기관에게 법령 내용의 구체적 사항을 정할 수 있는 권한을 부여하면서 권한행사의 절차나 방법을 특정하지 아니한 경우에는 수임행정기관은 행정규칙이나 규정형식으로 법령 내용이 될 사항을 **구체적으로 정할 수 있다.** 이 경우 행정규칙 등은 당해 법령의 위임한계를 벗어나지 않는 한 대외적 구속력이 있는 법규명령으로서 효력을 가지게 되지만, 이는 행정규칙이 갖는 일반적 효력이 아니라 행정기관에 법령의 구체적 내용을 보충할 권한을 부여한 법령 규정의 효력에 근거하여 예외적으로 인정되는 것이다(대판 2010다72076).

㉢ (O) 국회의 전속적 법률사항에 대한 위임이 금지되는 이유는, **국민의 의사를 반영하는 입법권**이 국회에 고유한 권한이기 때문이다.

㉣ (O) 법률에 의하여 위임된 사항을 **전부 하위명령에 재위임하는 것은 금지**된다.

㉤ (X) 처벌법규나 조세법규와 같이 국민의 기본권을 직접적으로 제한하거나 침해할 소지가 있는 법규에서는 구체성·명확성의 요구가 강화되어 그 위임의 요건과 범위가 일반적인 급부행정법규의 경우보다 더 엄격하게 제한적으로 규정되어야 하는 반면에, 규율대상이 지극히 다양하거나 수시로 변화하는 성질의 것일 때에는 **위임의 구체성·명확성의 요건이 완화(강화 X)**된다(대판 2013헌가6).

㉥ (X) 법률의 위임에 따라 효력을 갖는 법규명령의 경우에 위임의 근거가 없어 무효였더라도 나중에 법 개정으로 위임의 근거가 부여되면 **그때부터(소급하여 X)**는 유효한 법규명령으로 볼 수 있다. 그러나 법규명령이 개정된 법률에 규정된 내용을 함부로 유추·확장하는 내용의 해석규정이어서 위임의 한계를 벗어난 것으로 인정될 경우에는 법규명령은 여전히 무효이다(대판 2015두45700).

정답 ③

352 ☐☐☐☐ 23 승진, 예상문제

다음은 법률과 법규명령의 효력발생시기에 대한 설명이다. (   )안에 들어갈 숫자의 연결이 바르지 않은 것은?

ⓐ 「헌법」상 국회에서 의결된 법률안은 정부에 이송되어 (㉠)일 이내에 대통령이 공포한다.
ⓑ 「헌법」상 법률은 특별한 규정이 없는 한 공포한 날로부터 (㉡)일을 경과함으로써 효력을 발생한다.
ⓒ 「법령 등 공포에 관한 법률」상 대통령령은 특별한 규정이 없는 한 공포일로부터 (㉢)일이 경과해야 효력이 발생한다.
ⓓ 「법령 등 공포에 관한 법률」상 국민의 권리 제한 또는 의무 부과와 직접 관련되는 법률, 대통령령, 총리령 및 부령은 긴급히 시행하여야 할 특별한 사유가 있는 경우를 제외하고는 공포일로부터 적어도 (㉣)일이 경과한 날부터 시행되도록 하여야 한다.

① ㉠ – 15
② ㉡ – 20
③ ㉢ – 30
④ ㉣ – 30

정답과 해설

ⓐ (O) 국회에서 의결된 법률안은 정부에 이송되어 **15일** 이내에 대통령이 공포한다(헌법 제53조 제1항).
ⓑ (O) 법률은 특별한 규정이 없는 한 공포한 날로부터 **20일**을 경과함으로써 효력을 발생한다(헌법 제53조 제7항).
ⓒ (X) 대통령령, 총리령 및 부령은 특별한 규정이 없으면 공포한 날부터 **20일**이 경과함으로써 효력을 발생한다(법령 등 공포에 관한 법률 제13조).
ⓓ (O) 국민의 권리 제한 또는 의무 부과와 직접 관련되는 법률, 대통령령, 총리령 및 부령은 긴급히 시행하여야 할 특별한 사유가 있는 경우를 제외하고는 공포일로부터 적어도 **30일**이 경과한 날부터 시행되도록 하여야 한다(법령 등 공포에 관한 법률 제13조의2).

정답 ③

353 24 채용

「법령 등 공포에 관한 법률」에 대한 설명으로 가장 적절하지 않은 것은?

① 「법령 등 공포에 관한 법률」상 법률, 대통령령, 총리령 및 부령은 특별한 규정이 없으면 공포한 날부터 20일이 경과함으로써 효력을 발생한다.
② 「국회법」 제98조 제3항 전단에 따라 하는 국회의장의 법률 공포는 서울특별시에서 발행되는 둘 이상의 일간신문에 게재함으로써 한다.
③ 법령 등의 공포일 또는 공고일은 해당 법령 등을 게재한 관보 또는 신문이 발행된 날로 한다.
④ 헌법개정·법률·조약·대통령령·총리령 및 부령의 공포와 헌법개정안·예산 및 예산 외 국고부담계약의 공고는 관보에 게재함으로써 한다.

정답과 해설

① (X) 「법령 등 공포에 관한 법률」상 **대통령령, 총리령 및 부령(법률 X)**은 특별한 규정이 없으면 공포한 날부터 **20일**이 경과함으로써 효력을 발생한다.

[주의] 「헌법」상 **법률**은 특별한 규정이 없는 한 공포한 날로부터 **20일**을 경과함으로써 효력을 발생한다.

② (O) 법령 등 공포에 관한 법률 제11조 제2항

[최신기출] 2023년 7월 29일 간부(행정법) 출제포인트
「국회법」 제98조 제3항 전단에 따라 하는 **국회의장의 법률 공포**는 서울특별시에서 발행되는 **둘 이상의 일간신문(관보 X)**에 게재함으로써 한다.

③ (O) 법령 등의 공포일 또는 공고일은 해당 법령 등을 게재한 **관보 또는 신문이 발행된 날**로 한다(동법 제12조).
④ (O) 헌법개정·법률·조약·대통령령·총리령 및 부령의 공포와 헌법개정안·예산 및 예산 외 국고부담계약의 공고는 **관보**에 게재함으로써 한다(동법 제11조 제1항).

[최신기출] 2023년 7월 29일 간부(행정법) 출제포인트
관보의 내용 해석 및 적용 시기 등에 대하여 **종이관보와 전자관보는 동일한 효력**을 가진다(동법 제11조 제4항).

정답 ①

법규명령과 행정규칙

354 ☐☐☐☐ 21 승진, 예상문제

법규명령과 행정규칙에 대한 설명으로 가장 옳은 것은? (다툼이 있으면 판례에 의함)

① 법령 규정이 특정 행정기관에 그 법령 내용의 구체적 사항을 정할 수 있는 권한을 부여하면서 그 권한 행사의 절차나 방법을 특정하고 있지 않아 수임행정기관이 행정규칙의 형식으로 그 내용을 구체적으로 정하고 있다면 그 행정규칙은 대외적 구속력이 있는 법규명령으로서의 효력을 가진다.
② 행정규칙에 따른 종래의 행정관행이 적법한 경우에는 행정청은 자기구속을 당하지 않는다.
③ 법규명령의 제정에는 헌법·법률 또는 상위명령의 근거가 필요하지 않아 독자적인 행정입법 작용이 허용된다.
④ 위임명령은 상위법령의 집행 시 필요한 절차나 형식을 정하는데 그쳐야 하며 새로운 법규사항을 정하여서는 안된다.

정답과 해설

① (O) 법령의 규정이 특정 행정기관에게 그 법령 내용의 구체적 사항을 정할 수 있는 권한을 부여하면서 그 권한 행사의 절차나 방법을 특정하고 있지 않은 관계로 수임행정기관이 행정규칙의 형식으로 그 법령의 내용이 될 사항을 구체적으로 정하고 있다면, 그와 같은 행정규칙, 규정은 행정규칙이 갖는 일반적 효력으로서가 아니라 행정기관에 법령의 구체적 내용을 보충하는 기능을 갖게 된다할 것이므로, 이와 같은 행정규칙, 규정은 해당 법령의 수임한계를 벗어나지 않는 범위에서는 그것들과 결합하여 대외적인 구속력이 있는 법규명령으로서의 효력을 갖게 된다고 판시(대법원 1989. 11. 14. 선고 89누5676)하여 **예외적으로 행정규칙의 법규성(법령 보충적 행정규칙)을 인정**하고 있다.
② (X) 행정규칙에 따른 종래의 행정관행이 **위법한 경우**에는 행정청은 자기구속을 당하지 않는다.
③ (X) 법규명령의 제정에는 **헌법·법률 또는 상위명령의 근거가 필요**하다.
④ (X) **집행명령**은 상위법령의 집행 시 필요한 절차나 형식을 정하는데 그쳐야 하며 새로운 법규사항을 정하여서는 안된다.

정답 ①

355 19 승진, 예상문제

법규명령과 행정규칙에 대한 설명으로 가장 옳은 것은?

① 재량준칙의 제정은 행정청에게 재량권이 인정되는 경우에만 가능하며 행정청이 기속권만을 갖는 경우에는 인정되지 않는다.
② 경찰청장이 제정하여 고시한 「범인검거 등 공로자 보상에 관한 규정」은 행정규칙이므로 법규명령의 효력을 갖지 못한다.
③ 위임명령은 법규명령이고, 집행명령은 행정규칙이다.
④ 법규명령의 형식(부령)을 취하고 있지만 그 내용이 행정규칙의 실질을 가지는 경우에도 판례는 당해 규범을 법규명령으로 보고 있다.

정답과 해설

① (O) 재량준칙은 재량권 행사의 일반적 방향을 제시하기 위하여 발하는 것이므로 행정청이 기속권만을 갖는 경우에는 인정되지 않는다.
② (X) 「경찰관 직무집행법 시행령」 제22조는 '범인검거 등 공로자 보상금의 지급 등에 필요한 사항은 경찰청장이 정하여 고시한다'고 규정하고 있는 바, 이에 따라 경찰청장이 제정하여 고시한 「범인검거 등 공로자 보상에 관한 규정(경찰청고시)」은 행정규칙이지만, 이 고시 규정들은 경찰관 직무집행법과 시행령의 위임에 따라서 **보상금의 내용을 보충하는 이른바 법령보충적 행정규칙으로서 법규명령의 효력을 가진다**(대판 2017두66541).
③ (X) **법규명령은 위임명령과 집행명령으로 나뉜다**. 대통령은 법률에서 구체적으로 범위를 정하여 위임받은 사항과 법률을 집행하기 위하여 필요한 사항에 관하여 대통령령을 발할 수 있다(헌법 제75조). 국무총리 또는 행정각부의 장은 소관사무에 관하여 법률이나 대통령령의 위임 또는 직권으로 총리령 또는 부령을 발할 수 있다(동법 제95조).
④ (X) 법규명령의 형식(부령)을 취하고 있지만 그 내용이 행정규칙의 실질을 가지는 경우 판례는 당해 규범을 **행정규칙**으로 보고 있다(대법원 2015. 7. 9. 2014두47853).

> **[최신기출]** 2023년 8월 8일 간부(행정법) 출제포인트
> **상위법령**에서 세부사항 등을 **시행규칙(총리령, 부령)**으로 정하도록 위임하였음에도 이를 **고시 등 행정규칙**으로 정하였다면 그 역시 대외적 구속력을 가지는 **법규명령으로서 효력이 인정될 수 없다**(대판 2010다72076).

정답 ①

356 ☐☐☐☐ 21 간부, 예상문제

법규명령과 행정규칙에 대한 설명으로 가장 옳은 것은? (판례에 의함)

① 법규명령이란 국회의 의결을 거치지 않고 행정기관이 정립하는 일반·추상적인 규정으로서 법규성을 지닌 것을 말한다.
② 행정입법이란 행정부가 제정하는 법을 의미하며, 행정조직 내부의 사무처리기준에 관한 법규명령과 국민을 구속하는 효력이 있는 행정규칙으로 구분된다.
③ 법규명령의 제정에는 헌법·법률 또는 상위명령의 근거가 필요하지 않아 독자적인 행정입법 작용이 허용된다.
④ 법규명령은 특별한 규정이 없는 한 공포일로부터 30일이 경과해야 효력이 발생하나 행정규칙은 공포를 요하지 않는다.

> **정답과 해설**
> ② (X) 행정입법은 행정조직 **내부의 사무처리기준에 관한 행정규칙**과, **국민을 구속하는 효력이 있는 법규명령**으로 구분된다.
> ③ (X) **법규명령의 제정**에는 헌법·법률 또는 상위명령의 **근거가 필요**하다.
> ④ (X) 대통령령, 총리령 및 부령은 특별한 규정이 없으면 공포한 날부터 **20일(30일 X)**이 경과함으로써 효력을 발생한다(법령 등 공포에 관한 법률 제13조).
>
> 정답 ①

357 ☐☐☐☐ 예상문제

법규명령과 행정규칙에 대한 설명으로 옳은 것은? (다툼이 있으면 판례에 의함)

① 경찰관은 업무를 처리할 때 법규명령에는 반드시 따라야 하지만, 일반적으로 행정규칙에 따라야 할 의무는 없다.
② 원칙적으로 행정규칙은 법규가 아니므로 대외적(대국민적) 효력이 없는 단순한 경찰 내부규범에 불과하지만, 자기구속 법리가 적용되는 경우에는 외부적 효력이 있다.
③ 법규명령이 법률상 위임의 근거가 없어 무효이기 때문에 나중에 법 개정으로 위임의 근거가 부여되어도 유효한 법규명령으로서 구속력을 갖지 못한다.
④ 이른바 법령 보충적 행정규칙은 그 자체로서 직접적으로 대외적인 구속력을 갖는다.

> **정답과 해설**
> ① (X) 경찰관은 업무를 처리할 때 **양자를 모두 따라야 할 의무(양면적 구속)**를 지는데, 행정규칙이 국민을 구속하는 것은 아니지만, 내부적 관계에 있는 경찰관을 구속하기 때문이다.
> ② (O) 2011두28783 판결
> ③ (X) 법률의 위임에 따라 효력을 갖는 법규명령의 경우에 위임의 근거가 없어 무효였더라도 나중에 법 개정으로 위임의 근거가 부여되면 **그때부터(소급하여 X)**는 유효한 법규명령으로 볼 수 있다(2015두45700).
> ④ (X) 법령보충적 행정규칙이라도 그 자체로서 직접적으로 대외적인 **구속력을 갖는 것은 아니다.** 즉, **상위법령과 결합하여 일체가 되는 한도 내에서 상위법령의 일부가 됨으로써 대외적 구속력이 발생**되는 것일 뿐 그 행정규칙 자체는 대외적으로 구속력을 갖는 것은 아니라 할 것이다(헌재 2004. 10. 28. 99헌바91).
>
> 정답 ②

358 □□□□ 19 채용

훈령과 직무명령에 관한 설명 중 옳지 않은 것을 모두 고른 것은?

> ㉠ 직무명령은 직무와 관련 없는 사생활에는 그 효력이 미치지 않는다.
> ㉡ 훈령은 일반적·추상적 사항에 대하여만 발할 수 있으며, 개별적·구체적 사항에 대해서는 발할 수 없다.
> ㉢ 훈령을 발하기 위해서는 법령의 구체적 근거를 요하나, 직무명령은 법령의 구체적 근거가 없이도 발할 수 있다.
> ㉣ 훈령의 종류에는 '협의의 훈령, 지시, 예규, 일일명령' 등이 있으며, 이 중 예규는 반복적 경찰 사무의 기준을 제시하기 위하여 발하는 명령을 의미한다.
> ㉤ 훈령은 직무명령의 성격을 가지나(직무명령을 겸할 수 있으나), 직무명령은 훈령의 성격을 갖지 못한다.

① ㉠㉢　　　　　　　　　　　② ㉡㉢
③ ㉢㉤　　　　　　　　　　　④ ㉣㉤

정답과 해설

㉠ (O) 직무명령은 직접적으로 직무집행에 관계되는 사항뿐만 아니라 간접적으로 직무에 관계되는 복장, 용모, 음주금지 등 공무원의 사생활까지 규율할 수 있다. **직접적·간접적으로 직무와 관련이 전혀 없는 사생활에는 효력이 미치지 않는다.**
㉡ (X) 훈령은 원칙적으로 일반적·추상적 사항에 대해서 발해야 하지만, **개별적·구체적 사항에 대해서도 발해질 수 있다.**
㉢ (X) 훈령과 직무명령 **모두 법령의 성질을 갖지 않기 때문에 법령의 구체적 근거가 없이도 발할 수 있다.**
㉣ (O)
㉤ (O) 훈령은 직무명령의 성격을 가지나 (**지시**), 직무명령은 훈령의 성격을 갖지 못한다.

정답 ②

359 ☐☐☐☐ 23 경채, 예상문제

훈령의 형식적 요건에 대해 바르게 설명한 항목의 개수로 가장 적절한 것은?

> ㉠ 내용이 실현 가능하고 명확할 것
> ㉡ 하급관청의 직무상 독립성이 보장되어 있는 사항일 것
> ㉢ 내용이 공익에 반하지 않을 것
> ㉣ 하급관청의 권한 내의 사항에 관한 것일 것
> ㉤ 내용이 적법하고 타당할 것
> ㉥ 훈령권이 있는 상급관청이 발한 것일 것

① 1개 ② 2개 ③ 3개 ④ 4개

정답과 해설

㉡ (X) 직무상 독립된 범위에 속하는 사항이 **아닐 것**이어야 한다.
㉣ (O) 하급관청의 **권한 내의 사항에 관할 것일 것**(권한 내의 사항이 아닐 것 X)
㉥ (O) 훈령권이 **있는**(없는 X) 상급 관청이 발한 것일 것
㉠㉢㉤ (X) **실질적 요건**에 해당한다.

정답 ②

360 ☐☐☐☐ 18 승진, 21 간부, 예상문제

훈령과 직무명령에 대한 설명으로 옳지 않은 것은?

① 상호 모순되는 둘 이상의 상급관청의 훈령이 경합할 경우 주관상급관청이 불명확한 때에는 주관쟁의의 방법으로 해결한다.
② 훈령이란 상급관청이 하급관청의 권한행사를 지휘하기 위하여 발하는 명령으로 구성원의 변동이 있는 경우에도 효력에는 영향이 없다.
③ 훈령은 내부적 구속력을 갖고 있어, 훈령을 위반한 공무원의 행위는 징계의 사유가 되고, 무효 또는 취소사유에 해당한다.
④ 훈령은 법규의 성질을 갖지 않기에 하급경찰관청의 법적 행위가 훈령에 위반하여 행해진 경우에도 위법이 아니며 행위자체의 효력에도 영향이 없다.

정답과 해설

① (O) 상호 모순되는 둘 이상의 상급관청의 훈령이 경합할 경우 주관상급관청이 불명확한 때에는 **주관쟁의의 방법으로 해결한다**(직근상급행정관청의 훈령에 따른다 X).
② (O) **훈령**은 상급관청이 하급관청의 권한행사를 지휘하기 위하여 발하는 명령이다. 상급공무원이 하급공무원에게 발하는 명령은 **직무명령**이다.
③ (X) **훈령**은 내부적 구속력을 갖고 있어 훈령을 위반한 공무원의 행위는 징계의 사유가 되지만, 훈령에 위반되었더라도 당연히 **위법한 것이 아니므로** 공무원의 행위가 무효 또는 취소사유에 해당한다고 할 수 **없다**.
④ (O) 훈령은 법규의 성질을 갖지 않기에 하급경찰관청의 법적 행위가 훈령에 위반하여 행해진 경우에도 **위법이 아니며 유효한 행위가 된다**.

정답 ③

361 예상문제

훈령과 직무명령에 대한 다음 설명 중 옳은 것은 모두 몇 개인가? (다툼이 있으면 판례에 의함)

> ㉠ 직무명령위반은 징계사유가 되지만, 훈령위반은 징계사유가 아니다.
> ㉡ 상급관청의 훈령에 위반한 하급관청의 행정처분은 당연 무효이다.
> ㉢ 훈령과 달리 직무명령의 효력은 경찰공무원의 변동여부에 영향을 받지 않는다.
> ㉣ 직무명령은 상급공무원이 직무에 관하여 하급공무원에게 발하는 명령이며, 직무와 관련 없는 사생활에도 효력이 미친다.
> ㉤ 훈령이란 상급관청이 하급관청의 권한행사를 지휘·감독하기 위하여 발하는 행정명령이다. 이는 훈령, 예규, 통첩, 지시, 고시, 각서 등 그 사용명칭 여하에 불구하고 공법상의 법률관계 내부에 관한 준칙 등을 정하는데 그치고 대외적으로는 구속력을 갖지 않음이 원칙이다.
> ㉥ 공무원의 요정출입 금지를 명한 국무총리의 훈령을 어기고 요정을 출입하는 행위는 공무원의 품위를 손상하는 행위에 해당되지 않는다.

① 0개 ② 1개
③ 2개 ④ 3개

정답과 해설

㉠ (X) 훈령과 직무명령 모두 법규가 아니므로 대외적 구속력은 없지만, 대내적으로 공무원은 직무명령과 훈령을 따라야 할 의무가 있으므로 **대내적 징계책임**을 지게 된다.
㉡ (X) 훈령은 대외적 효력이 없으므로, 훈령을 위반한 행정처분의 경우 **대외적 효력에 영향을 받지 않는다**고 보는 것이 다수설이다.
㉢ (X) 훈령은 상급관청이 하급관청의 권한행사를 일반적으로 감독하기 위하여 발하는 명령으로 기관의 구성원이 변경되어도 훈령의 효력에는 영향이 없다. 한편 상관이 부하직원에게 명령하는 직무명령은 **경찰공무원 개인을 구속**하므로 수명 경찰공무원의 변동이 있는 경우에는 당연히 효력을 상실하게 된다.
㉣ (X) 직무명령은 직무사항 외에 객관적으로 직무수행에 필요하다고 인정되는 경찰공무원의 일상생활에 대해서도 관여할 수 있다. 그러나 **직무와 관련 없는 사생활에는 효력이 미치지 않는다**.
㉤ (O) 대판 82누324
㉥ (X) 공무원의 요정출입 금지를 명한 국무총리의 훈령은 캬바레, 빠, 요정등 유흥영업장소에서의 유흥에는 일반적으로 과대한 비용이 소요되므로 그러한 요정에 출입하는 공무원은 대개 직무상의 부정한 청탁과 관련되어 향응을 받는 것이라는 국민의 의혹을 살 우려가 있다하여 이를 금지하는 것이므로 이와 같은 훈령을 어기고 요정을 출입하는 행위는 **공무원의 품위를 손상하는 행위에 해당된다**(서울고법 66구329).

정답 ②

362 ○○○○ 20·21 간부

훈령과 직무명령에 관한 설명으로 옳지 않은 것은?

① 훈령과 직무명령 모두 법령의 구체적 근거가 없어도 발할 수 있다.
② 훈령의 실질적 요건으로는 훈령이 법규에 저촉되지 않을 것, 공익에 반하지 않을 것, 실현 가능성이 있을 것이 있다.
③ 훈령은 직무명령의 성격을 가지나 직무명령은 훈령의 성격을 갖지 못한다.
④ 훈령은 원칙적으로 일반적·추상적 사항에 발해야 하지만, 개별적·구체적 사항에 대해서는 발해질 수 없다.

정답과 해설

① (O) 훈령과 직무명령은 법이 아니기 때문에 **모두 법령의 구체적 근거가 없어도 발할 수 있다.**
② (O) 훈령의 **실질적 요건**으로는 훈령이 법규에 저촉되지 않을 것, 공익에 반하지 않을 것, 실현 가능성이 있을 것이 있다.
③ (O) 훈령은 직무명령의 성격을 가지나 **직무명령은 훈령의 성격을 갖지 못한다.**
④ (X) 훈령은 원칙적으로 일반적·추상적 사항에 발해야 하지만, 지시와 같이 개별적·구체적 사항에 대해서도 발해질 수 **있다(없다 X).**

정답 ④

363 ○○○○ 19 채용

직무명령의 형식적 요건에 해당하지 않는 것은 모두 몇 개인가?

㉠ 권한있는 상관이 발한 것
㉡ 부하공무원의 직무범위 내의 사항일 것
㉢ 실현가능성이 있을 것
㉣ 부하공무원의 직무상 독립성이 보장된 것이 아닐 것
㉤ 그 내용이 법령과 공익에 적합할 것
㉥ 법정의 형식이나 절차가 있으면 이를 갖출 것

① 없음
② 1개
③ 2개
④ 3개

정답과 해설

㉢㉤ (X) **실질적 요건**에 해당한다.

정답 ③

02

경찰조직법

① 국가경찰과 자치경찰의 조직 및 운영에 관한 법률
② 국가경찰위원회
③ 경찰청장
④ 국가수사본부장
⑤ 시·도자치경찰위원회
⑥ 시·도경찰청장, 경찰서장
⑦ 행정관청의 권한 대리
⑧ 행정관청의 권한 위임

• 기 출 키 워 드 •

23년 2차	• 국가수사본부장 • 시·도자치경찰 위원회 • 행정권한의 위임 및 위탁에 관한 규정
24년 1차	• 시·도자치경찰 위원회
24년 2차	• 국자법(사례형)
25년 1차	• 시·도자치경찰위원회 • 종합
25년 2차	• 시·도자치경찰위원회 소관 사무

최신개정법령&무료자료 다운로드 등
네이버 김재규경찰학 카페(https://cafe.naver.com/ollaedu)

THEME 01 국가경찰과 자치경찰의 조직 및 운영에 관한 법률(국자법)

364 ☐☐☐☐ 24 승진, 예상문제

「국가경찰과 자치경찰의 조직 및 운영에 관한 법률」상 목적, 책무, 경찰의 사무와 관련한 설명 중 옳은 것은?

① 국가와 공공단체는 국민의 생명·신체 및 재산을 보호하고 공공의 안녕과 질서유지에 필요한 시책을 수립·시행하여야 한다.
② 이 법은 경찰의 민주적인 관리·운영과 효율적인 임무수행을 위하여 경찰의 기본조직 및 직무 범위와 그 밖에 필요한 사항을 규정함을 목적으로 한다.
③ 경찰은 그 직무를 수행할 때 헌법과 법령에 따라 국민의 자유와 권리 및 모든 개인이 가지는 불가침의 기본적 인권을 보호하고, 국민 전체에 대한 봉사자로서 공정·중립을 지켜야 하며, 부여된 권한을 남용하여서는 아니 된다.
④ 「국가경찰과 자치경찰의 조직 및 운영에 관한 법률」에 의하면 경찰공무원은 구체적 사건수사와 관련된 지휘·감독의 적법성 또는 정당성에 대하여 이견이 있을 때에는 이의를 제기할 수 없다.

> **정답과 해설**
> ① (X) 국가와 **지방자치단체(공공단체 X)**는 국민의 생명·신체 및 재산을 보호하고 공공의 안녕과 질서유지에 필요한 시책을 수립·시행하여야 한다(국가경찰과 자치경찰의 조직 및 운영에 관한 법률 제2조).
> ② (O) 이 법은 경찰의 **민주적인** 관리·운영과 **효율적인** 임무수행을 위하여 경찰의 기본조직 및 직무 범위와 그 밖에 필요한 사항을 규정함을 목적으로 한다(동법 제1조).
> ③ (X) 경찰은 그 직무를 수행할 때 **헌법과 법률(법령 X)**에 따라 국민의 자유와 권리 및 모든 개인이 가지는 불가침의 기본적 인권을 보호하고, 국민 전체에 대한 봉사자로서 공정·중립을 지켜야 하며, 부여된 권한을 남용하여서는 아니 된다(동법 제5조).
> ④ (X) 경찰공무원은 구체적 사건수사와 관련된 지휘·감독의 적법성 또는 정당성에 대하여 이견이 있을 때에는 **이의를 제기할 수 있다**(동법 제6조 제2항).
>
> 정답 ②

365 ☐☐☐☐ 22 채용

「국가경찰과 자치경찰의 조직 및 운영에 관한 법률」상 자치경찰사무에 관한 내용 중 가장 적절하지 않은 것은?

① 생활안전을 위한 순찰 및 시설의 운영, 주민참여 방범활동의 지원 및 지도, 주민의 일상생활과 관련된 사회질서의 유지 및 그 위반행위의 지도·단속 등 지역 내 주민의 생활안전 활동에 관한 사무는 자치경찰의 사무에 포함된다.
② 교통법규 위반에 대한 지도·단속, 교통안전시설 및 무인 교통단속용 장비의 심의·설치·관리 등 지역 내 교통활동에 관한 사무는 자치경찰사무에 포함된다.
③ 학교폭력 등 소년범죄, 가정폭력, 아동학대 범죄, 「형법」 제245조에 따른 공연음란 및 「성폭력범죄의 처벌 등에 관한 특례법」 제11조에 따른 공중밀집 장소에서의 추행행위에 관한 범죄는 자치경찰사무에 포함된다.
④ 지역 내 주민의 생활안전 활동에 관한 사무, 지역 내 교통활동에 관한 사무, 지역 내 다중운집 행사 관련 혼잡 교통 및 안전 관리의 자치경찰사무에 관한 구체적인 사항 및 범위 등은 대통령령으로 정하는 기준에 따라 시·도조례로 정한다.

정답과 해설

① (O) 국가경찰과 자치경찰의 조직 및 운영에 관한 법률 제4조 제1항 제2호 가목
② (O) 동법 제4조 제1항 제2호 나목
③ (X) 동법 학교폭력 등 소년범죄, 가정폭력, 아동학대 범죄, 「형법」 제245조에 따른 공연음란 및 「성폭력범죄의 처벌 등에 관한 특례법」 제12조에 따른 성적 목적을 위한 다중이용장소 침입행위에 관한 범죄(제11조 공중 밀집 장소에서의 추행 X, 제13조 통신매체를 이용한 음란행위 X)는 자치경찰사무에 포함된다(동법 제4조 제1항 제2호 라목).
④ (O) 동법 제4조 제2항

정답 ③

THEME 02 국가경찰위원회

366 ☐☐☐☐ 20 채용

「국가경찰과 자치경찰의 조직 및 운영에 관한 법률」상 다음 ( ) 안에 들어갈 숫자의 합은?

> ㉠ 국가경찰위원회는 위원장 1명을 포함한 ( )명의 위원으로 구성한다.
> ㉡ 국가경찰위원회 위원 중 ( )명은 법관의 자격이 있는 사람이어야 한다.
> ㉢ 국가경찰위원회 위원의 임기는 ( )년으로 하며, 연임할 수 없다.
> ㉣ 국가경찰위원회 위원은 특정 성(性)이 10분의 ( )을 초과하지 아니하도록 노력하여야 한다.

① 15
② 16
③ 17
④ 18

정답과 해설

숫자의 합은 18이다.
㉠ 국가경찰위원회는 위원장 1명을 포함한 (7)명의 위원으로 구성한다(동법 제7조 제2항).
㉡ 국가경찰위원회 위원 중 (2)명은 법관의 자격이 있는 사람이어야 한다(동법 제8조 제3항).
㉢ 국가경찰위원회 위원의 임기는 (3)년으로 하며, 연임할 수 없다(동법 제9조 제1항).
㉣ 국가경찰위원회 위원은 특정 성(性)이 10분의 (6)을 초과하지 아니하도록 노력하여야 한다(동법 제8조 제4항).

정답 ④

367 ☐☐☐☐ 23 간부

「국가경찰과 자치경찰의 조직과 운영에 관한 법률」상 국가경찰위원회에 대한 설명으로 적절한 것은 모두 몇 개인가?

> 가. 국가경찰위원회는 위원장 1명을 포함한 7명의 위원으로 구성하되, 위원장은 당연직 상임이며, 5명의 위원은 비상임으로 하고, 1명의 위원은 상임으로 한다.
> 나. 위원의 임기는 3년으로 하며, 연임할 수 있다. 이 경우 보궐위원의 임기는 전임자 임기의 남은 기간으로 한다.
> 다. 국가경찰위원회의 사무는 자체에서 수행한다.
> 라. 국가경찰위원회의 회의는 재적위원 과반수의 출석과 출석위원 과반수의 찬성으로 의결한다.

① 0개　　② 1개
③ 2개　　④ 3개

정답과 해설

가. (X) 국가경찰위원회는 위원장 1명을 **포함한**(제외한 X) 7명의 위원으로 구성하되, **위원장 및 5명의 위원은 비상임**으로 하고, 1명의 위원은 상임(**정무직**)으로 한다(국가경찰과 자치경찰의 조직 및 운영에 관한 법률 제7조 제2항).
나. (X) 위원의 임기는 **3년**으로 하며, **연임**(중임 X)할 수 **없다**(있다 X). 이 경우 보궐위원의 임기는 전임자 임기의 남은 기간으로 한다(동법 제9조 제1항).
다. (X) 국가경찰위원회의 사무는 **경찰청**(자체 X)에서 수행한다(동법 제11조 제1항).
라. (O) 국가경찰위원회의 회의는 재적위원 과반수의 출석과 **출석위원**(재적위원 X) 과반수의 찬성으로 의결한다(동법 제11조 제2항).

정답 ②

368 ☐☐☐☐ 21 승진, 예상문제

「국가경찰과 자치경찰의 조직 및 운영에 관한 법률」과 「국가경찰위원회 규정」상 국가경찰위원회에 대한 설명으로 적절하지 않은 것은 모두 몇 개인가?

> ㉠ 국가경찰위원회는 경찰청에 설치한 심의·의결 기구이다.
> ㉡ 행정안전부장관은 위원 임명을 동의할 때 경찰의 정치적 중립이 보장되도록 하여야 한다.
> ㉢ 위원장은 필요한 경우 임시회의를 소집할 수 있으며, 위원 2인 이상과 행정안전부장관 또는 경찰청장은 위원장에게 임시회의의 소집을 요구할 수 있다.
> ㉣ 경찰, 검찰, 법관, 군인의 직에서 퇴직한 날부터 3년이 지나지 아니한 사람은 위원으로 선임될 수 없다.
> ㉤ 「국가경찰위원회 규정」에 규정된 사항외에 위원회의 운영을 위하여 필요한 사항은 위원회의 의결을 거쳐 행정안전부장관이 정한다.

① 2개　　　　　　　　　　② 3개
③ 4개　　　　　　　　　　④ 5개

정답과 해설

㉠ (X) '국가경찰위원회'는 **행정안전부(경찰청 X)**에 설치한 심의·의결 기구이다(국가경찰과 자치경찰의 조직 및 운영에 관한 법률 제7조 제1항).
㉡ (X) 행정안전부장관은 **위원 임명을 제청(동의 X)할 때** 경찰의 정치적 중립이 보장되도록 하여야 한다(동법 제8조 제2항).
㉢ (X) 위원장은 필요한 경우 임시회의를 소집할 수 있으며, 위원 **3인(2인 X)** 이상과 행정안전부장관 또는 경찰청장은 위원장에게 임시회의의 소집을 요구할 수 있다(국가경찰위원회 규정 제7조 제3항).
㉣ (X) **경찰, 검찰, 국가정보원 직원(법관 X) 또는 군인의 직**에 있거나 그 직에서 **퇴직한 날부터 3년**이 지나지 아니한 사람 (동법 제8조 제5항 제3호).
㉤ (X) 이 영(국가경찰위원회 규정)에 규정된 사항외에 위원회의 운영을 위하여 필요한 사항은 위원회의 의결을 거쳐 **위원장(행정안전부장관 X)**이 정한다(국가경찰위원회 규정 제11조).

정답 ④

369 예상문제

「국가경찰과 자치경찰의 조직 및 운영에 관한 법률」과 「국가경찰위원회 규정」상 국가경찰위원회에 대한 설명이다. 아래 ㉠부터 ㉤까지 설명 중 옳고 그름의 표시(O, X)가 바르게 된 것은?

> ㉠ 위원장은 행정안전부장관의 제청으로 국무총리를 거쳐 대통령이 임명하며, 위원장이 사고가 있을 때에는 상임위원, 위원중 연장자순으로 위원장의 직무를 대리한다.
> ㉡ 위원회의 회의는 정기회의와 임시회의로 구분하며, 정기회의는 특별한 사유가 있는 경우를 제외하고는 매월 1회 위원장이 소집한다.
> ㉢ 국가경찰위원회 회의는 재적위원 과반수의 출석과 출석위원 3분의2 이상의 찬성으로 의결한다.
> ㉣ 행정안전부장관은 국가경찰위원회에서 심의·의결된 내용이 적정하지 아니하다고 판단할 때에는 재의를 요구할 수 있으며, 재의를 요구하는 경우에는 의결한 날부터 7일 이내에 재의요구서를 위원회에 제출하여야 한다.
> ㉤ 위원장은 재의요구가 있는 경우에는 그 요구를 받은 날부터 10일 이내에 회의를 소집하여 다시 의결하여야 한다.

① ㉠ (X) ㉡ (O) ㉢ (X) ㉣ (O) ㉤ (X)
② ㉠ (X) ㉡ (X) ㉢ (O) ㉣ (X) ㉤ (O)
③ ㉠ (X) ㉡ (X) ㉢ (X) ㉣ (X) ㉤ (X)
④ ㉠ (O) ㉡ (O) ㉢ (X) ㉣ (X) ㉤ (X)

정답과 해설

㉠ (X) 위원장은 **비상임위원중에서 호선**하며, 위원장이 사고가 있을 때에는 상임위원, 위원중 연장자순으로 위원장의 직무를 대리한다(국가경찰위원회 규정 제2조 제2항, 제3항).
㉡ (X) 정기회의는 **매월** 2회(1회 X, 2회 이상 X) 위원장이 소집한다(동규정 제7조 제1항, 제2항).
㉢ (X) 국가경찰위원회 회의는 재적위원 과반수의 출석과 출석위원 **과반수(3분의2 이상 X)**의 찬성으로 의결한다(국가경찰과 자치경찰의 조직 및 운영에 관한 법률 제11조 2항).
㉣ (X) **행정안전부장관**이 재의를 요구하는 경우에는 의결한 날부터 10일 이내(7일 이내 X)에 재의요구서를 위원회에 **제출하여야 한다**(동규정 제6조 제1항).
㉤ (X) **위원장**은 재의요구가 있는 경우에는 그 요구를 받은 날부터 7일 이내(10일 이내 X)에 회의를 소집하여 다시 **의결하여야 한다**(동규정 제6조 제2항).

정답 ③

370 예상문제

「국가경찰과 자치경찰의 조직 및 운영에 관한 법률」 제10조에서 규정하고 있는 국가경찰위원회의 심의·의결 사항에 대한 설명으로 옳지 않은 것은?

① 국가경찰사무 외에 다른 국가기관으로부터의 업무협조 요청에 관한 사항
② 제주특별자치도의 자치경찰에 대한 경찰의 지원·협조 및 협약체결의 조정 등에 관한 주요 정책사항
③ 시·도자치경찰위원회 의결에 대한 재의 요구에 관한 사항
④ 행정안전부장관 및 국가경찰위원회 위원장이 중요하다고 인정하여 국가경찰위원회의 회의에 부친 사항

정답과 해설

④ (X) 행정안전부장관 및 **경찰청장**(국가경찰위원회 위원장 X)이 중요하다고 인정하여 국가경찰위원회의 회의에 부친사항이다(국가경찰과 자치경찰의 조직 및 운영에 관한 법률 제10조 제1항 제9호).

> **제10조(국가경찰위원회의 심의·의결 사항 등)** ① 다음 각 호의 사항은 국가경찰위원회의 심의·의결을 **거쳐야 한다**(거칠 수 있다 X).
> 1. 국가경찰사무에 관한 인사, 예산, 장비, 통신 등에 관한 주요정책 및 경찰 업무 발전에 관한 사항
> 2. 국가경찰사무에 관한 인권보호와 관련되는 경찰의 운영·개선에 관한 사항
> 3. 국가경찰사무 담당 공무원의 부패 방지와 청렴도 향상에 관한 주요 정책사항
> 4. 국가경찰사무 **외에**(관련하여 X) 다른 국가기관으로부터의 업무협조 요청에 관한 사항
> 5. 제주특별자치도의 자치경찰에 대한 경찰의 지원·협조 및 협약체결의 조정 등에 관한 주요 정책사항
> 6. 제18조에 따른 시·도자치경찰위원회 위원 추천, 자치경찰사무에 대한 주요 법령·정책 등에 관한 사항, 제25조 제4항에 따른 시·도자치경찰위원회 의결에 대한 재의 요구에 관한 사항
> 7. 제2조에 따른 시책 수립에 관한 사항
> 8. 제32조에 따른 비상사태 등 전국적 치안유지를 위한 **경찰청장**의 **지휘·명령**(감독 X)에 관한 사항
> 9. 그 밖에 **행정안전부장관** 및 **경찰청장**이 중요하다고 인정하여 국가경찰위원회의 회의에 부친 사항

정답 ④

371 예상문제

「국가경찰과 자치경찰의 조직 및 운영에 관한 법률」과 「국가경찰위원회 규정」상 국가경찰위원회에 대한 설명이다. 다음 보기 중 적절하지 않은 것은 모두 몇 개인가?

> ㉠ 국가경찰위원회 위원은 경찰청장의 제청으로 행정안전부장관을 거쳐 대통령이 임명한다.
> ㉡ 위원 중 3명은 법관의 자격이 있는 사람이어야 한다.
> ㉢ 경찰청장은 국가경찰위원회의 의결사항이 부적당하다고 판단될 때에는 재의를 요구할 수 있다.
> ㉣ 위원장은 필요한 경우 임시회의를 소집할 수 있으며, 위원 3인 이상과 행정안전부장관 또는 경찰청장은 위원장에게 임시회의의 소집을 요구할 수 있다.
> ㉤ 위원은 중대한 신체상 또는 정신상의 장애로 직무를 수행할 수 없게 된 경우를 제외하고는 그 의사에 반하여 면직되지 아니하며, 위원이 중대한 심신상의 장애로 직무를 수행할 수 없게 되어 면직하는 경우에는 위원회의 의결이 있어야 한다.
> ㉥ ㉤의 위원회에 대한 의결요구는 위원장 또는 경찰청장이 한다.

① 3개 ② 4개
③ 5개 ④ 6개

정답과 해설

㉠ (X) 국가경찰위원회 위원은 **행정안전부장관(경찰청장 X)의** 제청으로 **국무총리를(행정안전부장관 X) 거쳐** 대통령이 임명한다(국가경찰과 자치경찰의 조직 및 운영에 관한 법률 제8조 제1항).

㉡ (X) 위원 중 **2명(3명 X)**은 법관의 자격이 있는 사람이어야 한다(동법 제8조 제3항).

㉢ (X) **행정안전부장관(경찰청장 X)**은 심의·의결된 내용이 적정하지 아니하다고 판단할 때에는 재의를 요구할 수 있다(동법 제10조 제2항).

㉣ (O) 위원장은 필요한 경우 임시회의를 소집할 수 있으며, **위원 3인 이상**과 **행정안전부장관 또는 경찰청장**은 위원장에게 임시회의의 소집을 요구할 수 있다(국가경찰위원회 규정 제7조 제3항).

㉤ (O) 위원은 중대한 신체상 또는 정신상의 장애로 직무를 수행할 수 없게 된 경우를 **제외**하고는 그 의사에 반하여 **면직(당연퇴직 X)**되지 아니하며, 위원이 중대한 심신상의 장애로 직무를 수행할 수 없게 되어 면직하는 경우에는 **위원회의 의결이 있어야 한다(당연퇴직한다 X)**(동법 제9조 제2항, 국가경찰위원회 규정 제4조 제1항).

㉥ (X) 의결요구는 **위원장 또는 행정안전부장관(경찰청장 X)**이 한다(국가경찰위원회 규정 제4조 제2항).

정답 ②

경찰청장

372 ☐☐☐☐ 예상문제

「국가경찰과 자치경찰의 조직 및 운영에 관한 법률」상 경찰청장에 대한 설명으로 옳지 않은 것은?

① 경찰청장은 국가경찰위원회의 동의를 받아 행정안전부장관의 제청으로 국무총리를 거쳐 대통령이 임명한다. 이 경우 국회의 인사청문을 거쳐야 한다.
② 경찰청장이 직무를 집행하면서 헌법이나 법률을 위배하였을 때에는 국회는 탄핵소추를 의결할 수 있다.
③ 경찰청장의 임기는 2년으로 하고, 중임할 수 없다.
④ 소속 공무원뿐만 아니라 자치경찰사무를 담당하는 경찰공무원을 언제나 직접 지휘·명령할 수 있다.

정답과 해설

① (O) 경찰청장은 **국가경찰위원회의(국회 X)** 동의를 받아 **행정안전부장관의 제청**으로 국무총리를 거쳐 대통령이 임명한다. 이 경우 국회의 인사청문을 **거쳐야 한다(거칠 수 있다 X)**(국가경찰과 자치경찰의 조직 및 운영에 관한 법률 제14조 제2항).
② (O) 경찰청장이 직무를 집행하면서 **헌법**이나 **법률(법령 X)**을 위배하였을 때에는 **국회는 탄핵소추를 의결할 수 있다** (동법 제14조 제5항).
③ (O) 경찰청장의 임기는 **2년**으로 하고, **중임(연임 X)할 수 없다(있다 X)**(동법 제14조 제4항).
④ (X) 경찰청장은 국가경찰과 자치경찰의 조직 및 운영에 관한 법률 제32조 제1항 **제1,2,3호의 경우에는(언제나 X)** 제2항에 따라 자치경찰사무를 수행하는 경찰공무원(제주특별자치도의 자치경찰공무원을 포함한다)을 직접 **지휘·명령(감독 X)**할 수 있다(동법 제32조 제1항).

정답 ④

373 ☐☐☐☐ 22 경채, 예상문제

「국가경찰과 자치경찰의 조직 및 운영에 관한 법률」상 경찰청장에 대한 설명으로 가장 적절하지 않은 것은?

① 경찰청장은 경찰의 수사에 관한 사무의 경우에는 개별 사건의 수사에 대하여 구체적으로 지휘·감독할 수 없다. 다만, 국민의 생명·신체·재산 또는 공공의 안전 등에 중대한 위험을 초래하는 긴급하고 중요한 사건의 수사에 있어서 경찰의 자원을 대규모로 동원하는 등 통합적으로 현장 대응할 필요가 있다고 판단할 만한 상당한 이유가 있는 때에는 직접 개별 사건의 수사에 대하여 구체적으로 지휘·감독할 수 있다.
② 경찰청장은 ①의 단서에 따라 개별 사건의 수사에 대한 구체적 지휘·감독을 개시한 때에는 이를 국가경찰위원회에 보고하여야 한다.
③ 경찰청장은 ①의 단서 사유가 해소된 경우에는 개별 사건의 수사에 대한 구체적 지휘·감독을 중단하여야 한다.
④ ①에 따른 '긴급하고 중요한 사건'의 범위 등 필요한 사항은 대통령령으로 정한다.

정답과 해설

① (X) 경찰청장은 경찰의 수사에 관한 사무의 경우에는 개별 사건의 수사에 대하여 구체적으로 지휘·감독할 수 없다. 다만, 국민의 생명·신체·재산 또는 공공의 안전 등에 중대한 위험을 초래하는 긴급하고 중요한 사건의 수사에 있어서 경찰의 자원을 대규모로 동원하는 등 통합적으로 현장 대응할 필요가 있다고 판단할만한 상당한 이유가 있는 때에는 **국가수사본부장(직접 X)**을 통하여 개별 사건의 수사에 대하여 구체적으로 지휘·감독할 수 있다(국가경찰과 자치경찰의 조직 및 운영에 관한 법률 제14조 제6항).
② (O) 경찰청장은 ①의 단서에 따라 개별 사건의 수사에 대한 구체적 지휘·감독을 개시한 때에는 이를 **국가경찰위원회에 보고하여야 한다(국가수사본부장에게 통보하여야 한다 X)**(동법 제14조 제7항).
③ (O) 경찰청장은 ①의 단서 사유가 해소된 경우에는 개별 사건의 수사에 대한 **구체적 지휘·감독을 중단하여야 한다**(동법 제14조 제8항).
④ (O) ①에 따른 '긴급하고 중요한 사건'의 범위 등 필요한 사항은 **대통령령**으로 정한다(동법 제14조 제10항).

[최신기출] 2025년 7월 26일 간부 출제포인트
국가경찰과 자치경찰의 조직 및 운영에 관한 법률 제14조제10항에 따른 긴급하고 중요한 사건의 범위 등에 관한 규정(대통령령)
제3조(수사지휘의 방식) ① 경찰청장은 국자법 제14조제6항 단서에 따라 국가수사본부장에게 **개별 사건의 수사**에 대한 구체적 지휘를 하는 경우에는 **서면**으로 지휘해야 한다.
② 경찰청장은 ①에도 불구하고 **서면 지휘가 불가능하거나 현저히 곤란한 경우에는 구두나 전화 등 서면 외의 방식으로 지휘할 수 있다.** 이 경우 **사후에 신속하게 서면으로 지휘내용을 송부해야 한다.**

정답 ①

374 □□□□ 23 간부

「국가경찰 및 자치경찰의 조직 및 운영에 관한 법률」상 비상사태 등 전국적 치안유지에 대한 설명으로 가장 적절하지 않은 것은?

① 경찰청장은 비상사태 등 전국적 치안유지를 위한 지휘·명령이 필요한 경우에는 시·도자치경찰위원회에 자치경찰사무를 담당하는 경찰공무원을 직접 지휘·명령하려는 사유 및 내용 등을 구체적으로 제시하여 통보하여야 한다.
② 경찰청장이 비상사태 등 전국적 치안유지를 위한 지휘·명령을 하는 경우에는 국가경찰위원회에 즉시 보고하여야 하지만, 국민안전에 중대한 영향을 미치는 사안에 대하여 다수의 시·도에 동일하게 적용되는 치안정책을 시행할 필요가 있다고 인정할 만한 충분한 사유가 있는 경우에는 미리 국가경찰위원회의 의결을 거쳐야 하며 긴급한 경우에는 우선 조치 후 지체 없이 국가경찰위원회의 의결을 거쳐야 한다.
③ 경찰청장은 비상사태 등 전국적 치안유지를 위한 지휘·명령할 수 있는 사유가 해소된 때에는 경찰공무원에 대한 지휘·명령을 즉시 중단하여야 한다.
④ 시·도자치경찰위원회는 자치경찰사무와 관련하여 해당 시·도의 경찰력으로는 국민의 생명·신체·재산의 보호 및 공공의 안녕과 질서유지가 어려워 경찰청장의 지원·조정이 필요하다고 인정할 만한 충분한 사유가 있는 경우 의결로 지원·조정의 범위·기간 등을 정하여 경찰청장에게 지원·조정을 요청할 수 있다.

정답과 해설

① (O) 경찰청장은 비상사태 등 전국적 치안유지를 위한 지휘·명령이 필요한 경우에는 **시·도자치경찰위원회(시도지사 X)**에 자치경찰사무를 담당하는 경찰공무원을 **직접 지휘·명령(감독 X)**하려는 사유 및 내용 등을 구체적으로 제시하여 **통보하여야 한다**(국가경찰 및 자치경찰의 조직 및 운영에 관한 법률 제32조 제2항).
② (X) 경찰청장이 제1항에 따라 지휘·명령을 하는 경우에는 국가경찰위원회에 즉시 보고하여야 한다. 다만, 제1항 제3호(자치경찰사무와 관련하여 해당 시·도의 경찰력으로는 국민의 생명·신체·재산의 보호 및 공공의 안녕과 질서유지가 어려워 경찰청장의 지원·조정이 필요하다고 인정할 만한 충분한 사유가 있는 경우)경우에는 미리 국가경찰위원회의 의결을 거쳐야 하며 긴급한 경우에는 우선 조치 후 지체 없이 국가경찰위원회의 의결을 거쳐야 한다(동법 제32조 제4항). **국민안전에 중대한 영향을 미치는 사안**에 대하여 다수의 시·도에 동일하게 적용되는 치안정책을 시행할 필요가 있다고 인정할 만한 충분한 사유가 있는 경우는 **제1항 제2호에 해당하여 틀린지문이다**.
③ (O) 경찰청장은 비상사태 등 전국적 치안유지를 위한 지휘·명령할 수 있는 사유가 해소된 때에는 경찰공무원에 대한 **지휘·명령(감독 X)**을 즉시 중단하여야 한다(동법 제32조 제6항).
④ (O) **시·도자치경찰위원회**는 자치경찰사무와 관련하여 해당 시·도의 경찰력으로는 국민의 생명·신체·재산의 보호 및 공공의 안녕과 질서유지가 어려워 **경찰청장**의 지원·조정이 필요하다고 인정할 만한 충분한 사유가 있는 경우 의결로 지원·조정의 범위·기간 등을 정하여 **경찰청장(시·도지사 X)**에게 지원·조정을 요청할 수 있다(동법 제32조 제7항).

정답 ②

375 ☐☐☐☐ 21·23 채용, 예상문제

「국가경찰과 자치경찰의 조직 및 운영에 관한 법률」에서 국가수사본부장에 대한 설명으로 가장 적절한 것은?

① 국가수사본부장은 치안감으로 보하며, 임기가 끝나면 당연히 퇴직한다.
② 국가수사본부장의 임기는 2년으로 하며, 중임할 수 없다.
③ 국가수사본부장은 국가경찰사무를 총괄하고 경찰청 업무를 관장하며 소속 공무원 및 각급 경찰기관의 장을 지휘·감독한다.
④ 국가수사본부장이 직무를 집행하면서 헌법이나 법률을 위배하였을 때에는 국회는 대통령에게 해임을 건의할 수 있다.

정답과 해설

① (X) 경찰청에 국가수사본부를 두며, 국가수사본부장은 **치안정감(치안감 X)**으로 보하며, 임기가 끝나면 당연히 퇴직한다(국가경찰과 자치경찰의 조직 및 운영에 관한 법률 제16조 제1항·제4항).
② (O) 국가수사본부장의 임기는 **2년**으로 하며, **중임(연임 X)할 수 없다(있다 X)**(동법 제16조 제3항).
③ (X) 국가수사본부장은 「**형사소송법**」에 따른 경찰의 수사에 관하여 각 시·도경찰청장과 경찰서장 및 수사부서 소속 공무원을 **지휘·감독**한다(동법 제16조 제2항).
④ (X) 국가수사본부장이 직무를 집행하면서 **헌법**이나 **법률**을 위배하였을 때에는 **국회는 탄핵 소추를 의결할 수 있다**(동법 제16조 제5항).

정답 ②

376 ⬜⬜⬜⬜ 예상문제

「국가경찰과 자치경찰의 조직 및 운영에 관한 법률」상 '국가수사본부장'을 경찰청 외부를 대상으로 모집하여 임용하는 경우 임용자격에 대한 설명으로 옳지 않은 것은 모두 몇 개인가?

> ㉠ 10년 이상 수사업무에 종사한 사람 중에서 「국가공무원법」 제2조의2에 따른 고위공무원단에 속하는 공무원, 3급 이상 공무원 또는 경무관 이상 경찰공무원으로 재직한 경력이 있는 사람
> ㉡ 판사 · 검사 또는 변호사의 직에 5년 이상 있었던 사람
> ㉢ 변호사 자격이 있는 사람으로서 국가기관, 지방자치단체, 「공공기관의 운영에 관한 법률」 제4조에 따른 공공기관에서 법률에 관한 사무에 10년 이상 종사한 경력이 있는 사람
> ㉣ 대학이나 공인된 연구기관에서 법률학 · 경찰학 분야에서 조교수 이상의 직이나 이에 상당하는 직에 5년 이상 있었던 사람
> ㉤ ㉠부터 ㉣까지의(틀리지 않는다는 것을 전제로 함) 경력 기간의 합산이 10년 이상인 사람

① 1개 ② 2개
③ 3개 ④ 4개

정답과 해설

㉠ (X) 10년 이상 수사업무에 종사한 사람 중에서 「국가공무원법」 제2조의2에 따른 고위공무원단에 속하는 공무원, 3급 이상 공무원 또는 **총경 이상(경무관 이상 X)** 경찰공무원으로 재직한 경력이 있는 사람(국가경찰과 자치경찰의 조직 및 운영에 관한 법률 제16조 제6항 제1호)

㉡ (X) **판사 · 검사 또는 변호사의 직**에 **10년 이상(5년 이상 X)** 있었던 사람(동법 제16조 제6항 제2호)

㉢ (O) 변호사 자격이 있는 사람으로서 국가기관, 지방자치단체, 「공공기관의 운영에 관한 법률」 제4조에 따른 공공기관에서 법률에 관한 사무에 **10년 이상** 종사한 경력이 있는 사람(동법 제16조 제6항 제3호)

㉣ (X) 대학이나 공인된 연구기관에서 법률학·경찰학 분야에서 **조교수 이상**의 직이나 이에 상당하는 직에 **10년 이상 (5년 이상 X)** 있었던 사람(동법 제16조 제6항 제4호)

㉤ (X) ㉠부터 ㉣까지의 경력 기간의 합산이 **15년 이상(10년 이상 X)**인 사람(동법 제16조 제6항 제5호)

정답 ④

377 ☐☐☐☐ 예상문제

국가수사본부장을 외부를 대상으로 모집하여 임용하는 경우 결격사유에 해당하지 않는 것은?

① 자격정지 이상의 형(刑)을 선고받은 사람
② 정당의 당원이거나 당적을 이탈한 날부터 3년이 지나지 아니한 사람
③ 선거에 의하여 취임하는 공직에 있거나 그 공직에서 퇴직한 날부터 3년이 지나지 아니한 사람
④ 판사 · 검사의 직에서 퇴직한 날로부터 3년이 지나지 아니한 사람

정답과 해설

④ (X) 판사 · 검사의 직에서 퇴직한 날로부터 1년(3년 X)이 지나지 아니한 사람(동법 제16조 제7항 제4호)

> **제16조(국가수사본부장)** ⑦ 국가수사본부장을 경찰청 외부를 대상으로 모집하여 임용하는 경우 다음 각 호의 어느 하나에 해당하는 사람은 국가수사본부장이 될 수 없다.
> 1. 「경찰공무원법」 제8조 제2항 각 호의 결격사유에 해당하는 사람
> 2. 정당의 당원이거나 당적을 이탈한 **날부터(다음날부터 X) 3년**이 지나지 아니한 사람(지난사람 X)
> 3. 선거에 의하여 취임하는 공직에 있거나 그 공직에서 퇴직한 **날부터(다음날부터 X) 3년**이 지나지 아니한 사람(지난사람 X)
> 4. 제6항 제1호에 해당하는 공무원 또는 제6항 제2호의 판사 · 검사의 직에서 퇴직한 **날로부터(다음날부터 X) 1년**이 지나지 아니한 사람(지난사람 X)
> 5. 제6항 제3호에 해당하는 사람으로서 국가기관등에서 퇴직한 **날로부터(다음날부터 X) 1년**이 지나지 아니한 사람(지난사람 X)

정답 ④

THEME 05 시·도자치경찰위원회

378 ☐☐☐☐ 22 간부

「국가경찰과 자치경찰의 조직과 운영에 관한 법률」상 다음 ( )안에 들어갈 숫자의 합은?

> 가. 시·도자치경찰위원회는 위원장 1명을 포함한 (   )명의 위원으로 구성하되, 위원장과 (   )명의 위원은 상임으로 하고, (   )명의 위원은 비상임으로 한다.
> 나. 시·도자치경찰위원회 위원 중 (   )명은 인권문제에 관하여 전문적인 지식과 경험이 있는 사람이 임명될 수 있도록 노력하여야 한다.
> 다. 시·도자치경찰위원회 위원장과 위원의 임기는 (   )년으로 하며, 연임할 수 없다.

① 17
② 18
③ 19
④ 20

정답과 해설

7+1+5+1+3 = 17
가. 시·도자치경찰위원회는 위원장 1명을 포함한 (7)명의 위원으로 구성하되, 위원장과 (1)명의 위원은 상임으로 하고, (5)명의 위원은 비상임으로 한다(국가경찰과 자치경찰의 조직 및 운영에 관한 법률 제19조 제1항).
나. 시·도자치경찰위원회 위원 중 (1)명은 인권문제에 관하여 전문적인 지식과 경험이 있는 사람이 임명될 수 있도록 노력하여야 한다(동법 제19조 제3항).
다. 시·도자치경찰위원회 위원장과 위원의 임기는 (3)년으로 하며, 연임할 수 없다(동법 제23조 제1항).

정답 ①

379 22·24 채용, 24 승진

「국가경찰과 자치경찰의 조직 및 운영에 관한 법률」상 시·도자치경찰위원회의 설명에 관한 내용 중 가장 적절하지 않은 것은?

① 공무원이 아닌 위원에 대해서는 「국가공무원법」 제52조 및 제57조를 준용하고, 그 소관 사무와 관련하여 형법이나 그 밖의 법률에 따른 벌칙을 적용할 때에는 공무원으로 본다.
② 위원 중 1명은 인권문제에 관하여 전문적인 지식과 경험이 있는 사람이 임명될 수 있도록 노력하여야 한다.
③ 위원은 정치적 중립을 지켜야 하며, 권한을 남용하여서는 아니 된다.
④ 시·도자치경찰위원회는 합의제 행정기관으로서 그 권한에 속하는 업무를 독립적으로 수행한다.

정답과 해설

① (X) 공무원이 아닌 위원에 대해서는 **지방공무원법(국가공무원법 X)** 제52조 및 제57조를 준용하고, 그 소관 사무와 관련하여 형법이나 그 밖의 법률에 따른 벌칙을 적용할 때에는 공무원으로 본다(국가경찰과 자치경찰의 조직 및 운영에 관한 법률 제20조 제5항, 제6항).
② (O) 위원 중 **1명(2명 X)**은 인권(법관 X)문제에 관하여 전문적인 지식과 경험이 있는 **사람이 임명될 수 있도록 노력하여야 한다**(~ 사람이어야 한다 X)(동법 제19조 제3항).
③ (O) 동법 제20조 제4항
④ (O) 시·도자치경찰위원회는 **합의제 행정기관(심의·의결기관 X)**으로서 그 권한에 속하는 업무를 독립적으로 수행한다(동법 제18조 제2항).

정답 ①

380 □□□□ 24 승진, 예상문제

「국가경찰과 자치경찰의 조직 및 운영에 관한 법률」상 '시·도자치경찰위원회'에 대한 설명으로 올바른 것은 모두 몇 개인가?

> ㉠ 시·도자치경찰위원회는 위원장 1명을 포함한 7명의 위원으로 구성하되, 위원장과 1명의 위원은 상임으로 하고, 5명의 위원은 비상임으로 한다.
> ㉡ 시·도자치경찰위원회 위원장은 위원 중에서 시·도지사가 임명하고, 상임위원은 시·도자치경찰위원회의 의결을 거쳐 위원 중에서 시·도경찰청장의 제청으로 시·도지사가 임명한다.
> ㉢ 시·도자치경찰위원회 위원 중 2명은 법관의 자격이 있는 사람이어야 한다.
> ㉣ 자치경찰사무를 관장하게 하기 위하여 시·도경찰청장 소속으로 시·도자치경찰위원회를 둔다.
> ㉤ 시·도자치경찰위원회의 사무를 처리하기 위하여 시·도자치경찰위원회에 필요한 사무기구를 둔다.
> ㉥ 사무기구의 조직·정원·운영 등에 관하여 필요한 사항은 경찰청장의 의견을 들어 대통령령으로 정하는 기준에 따라 시·도조례로 정한다.

① 1개 ② 2개
③ 3개 ④ 4개

정답과 해설

㉠ (O) 시·도자치경찰위원회는 위원장 **1명을 포함한 7명의 위원**으로 구성하되, **위원장과 1명의 위원은 상임**으로 하고, **5명의 위원은 비상임**으로 한다(국가경찰과 자치경찰의 조직 및 운영에 관한 법률 제19조 제1항).
㉡ (X) 시·도자치경찰위원회 위원장은 위원 중에서 **시·도지사가 임명**(호선 X)하고, 상임위원은 시·도자치경찰위원회의 의결을 거쳐 위원 중에서 **위원장(시·도경찰청장 X)**의 제청으로 시·도지사가 임명한다(동법 제20조 제3항).
㉢ (X) **국가경찰위원회 위원의 자격요건**이다(동법 제8조 제3항).
㉣ (X) **시·도지사 소속(시·도경찰청장 소속 X)**으로 시·도자치경찰위원회를 둔다(동법 제18조 제1항).
㉤ (O) 동법 제27조 제1항
㉥ (O) 사무기구의 조직·정원·운영 등에 관하여 필요한 사항은 **경찰청장(시·도경찰청장 X)**의 의견을 들어 **대통령령**으로 정하는 기준에 따라 **시·도조례**로 정한다(동법 제27조 제4항).

정답 ③

381

「국가경찰과 자치경찰의 조직 및 운영에 관한 법률」상 시·도자치경찰위원회 위원에 대한 설명으로 옳지 않은 것은 모두 몇 개인가?

> ㉠ 위원은 특정 성(性)이 10분의 6을 초과하지 아니하도록 노력하여야 한다.
> ㉡ 시·도자치경찰위원회 위원은 시·도의회가 추천하는 2명, 국가경찰위원회가 추천하는 1명, 해당 시·도 교육감이 추천하는 1명, 시·도자치경찰위원회 위원추천위원회가 추천하는 2명, 시·도지사가 지명하는 1명의 사람을 시·도경찰청장이 임명한다.
> ㉢ 시·도자치경찰위원회 위원장과 위원의 임기는 3년으로 하며, 연임할 수 없다.
> ㉣ 위원장이 부득이한 사유로 직무를 수행할 수 없을 때에는 상임위원, 시·도자치경찰위원회 위원 중 연장자순으로 그 직무를 대행한다.
> ㉤ 보궐위원의 임기는 전임자 임기의 남은 기간으로 하되, 전임자의 남은 임기가 6개월 미만인 경우 그 보궐위원은 한 차례만 연임할 수 있다.
> ㉥ 위원은 중대한 신체상 또는 정신상의 장애로 직무를 수행할 수 없게 된 경우를 제외하고는 그 의사에 반하여 면직되지 아니한다.

① 1개 ② 2개
③ 3개 ④ 4개

정답과 해설

㉠ (O) 위원(비상임 위원 X)은 특정 성(性)이 10분의 6을 초과하지 **아니하도록 노력하여야 한다**(아니해야 한다 X)(국가경찰과 자치경찰의 조직 및 운영에 관한 법률 제19조 제2항).
㉡ (X) 시·도자치경찰위원회 위원은 시·도의회가 추천하는 **2명**, 국가경찰위원회가 추천하는 **1명**, 해당 시·도 교육감이 추천하는 **1명**, 시·도자치경찰위원회 위원추천위원회가 추천하는 **2명**, 시·도지사가 **지명**하는 **1명**의 사람을 **시·도지사**(시·도경찰청장 X)가 임명한다(동법 제20조 제1항).
㉢ (O) 시·도자치경찰위원회 위원장과 위원의 임기는 **3년**으로 하며, **연임할 수 없다**(한 차례 연임 X)(동법 제23조 제1항).
㉣ (O) 시·도자치경찰위원회 위원장이 부득이한 사유로 직무를 수행할 수 없을 때에는 **상임위원**, 시·도자치경찰위원회 위원 중 **연장자순**으로 그 직무를 대행한다(동법 제22조 제2항).
㉤ (X) 전임자의 남은 임기가 **1년 미만**(6개월 미만 X) 경우 그 보궐위원은 한 차례만 연임할 수 있다(동법 제23조 제2항).
㉥ (O) 위원은 중대한 신체상 또는 정신상의 장애로 직무를 수행할 수 없게 된 경우를 **제외**하고는 그 의사에 반하여 면직되지 아니한다(동법 제23조 제3항).

정답 ②

382 예상문제

「국가경찰과 자치경찰의 조직 및 운영에 관한 법률」상 시·도자치경찰위원회 위원의 자격요건으로 옳은 것은 모두 몇개인가?

> ㉠ 판사·검사·변호사 또는 경찰의 직에 5년 이상 있었던 사람
> ㉡ 변호사 자격이 있는 사람으로서 국가기관등에서 법률에 관한 사무에 5년 이상 종사한 경력이 있는 사람
> ㉢ 대학이나 공인된 연구기관에서 법률학·행정학 또는 경찰학 분야의 조교수 이상의 직이나 이에 상당하는 직에 5년 이상 있었던 사람
> ㉣ 그 밖에 관할 지역주민 중에서 지방자치행정 또는 경찰행정 등의 분야에 경험이 풍부하고 학식과 덕망을 갖춘 사람

① 1개
② 2개
③ 3개
④ 4개

정답과 해설

모두 시·도자치경찰위원회 위원의 자격요건에 해당한다.

국가경찰과 자치경찰의 조직 및 운영에 관한 법률 제20조(시·도자치경찰위원회 위원의 임명 및 결격사유)
② 시·도자치경찰위원회 위원은 다음 각 호의 어느 하나에 해당하는 자격을 갖추어야 한다.
  1. **판사(국가정보원 직원 X)·검사·변호사** 또는 **경찰**의 직에 **5년** 이상 있었던 사람
  2. 변호사 자격이 있는 사람으로서 국가기관등에서 법률에 관한 사무에 **5년** 이상 종사한 경력이 있는 사람
  3. 대학이나 공인된 연구기관에서 법률학·행정학 또는 경찰학 분야의 **조교수** 이상의 직이나 이에 상당하는 직에 **5년** 이상 있었던 사람
  4. 그 밖에 관할 지역주민 중에서 지방자치행정 또는 경찰행정 등의 분야에 경험이 풍부하고 학식과 덕망을 갖춘 사람

정답 ④

383 25 간부

「국가경찰과 자치경찰의 조직 및 운영에 관한 법률」상 시·도자치경찰위원회 위원의 결격사유에 해당하지 않는 사람은?

① 정당의 당적을 이탈한 날부터 1년이 지나지 아니한 사람
② 군인의 직에서 퇴직한 날부터 2년이 지나지 아니한 사람
③ 공립대학의 부교수의 직에서 퇴직한 날부터 3년이 지나지 아니한 사람
④ 선거에 의하여 취임하는 공직에서 퇴직한 날부터 3년이 지나지 아니한 사람

정답과 해설

① (O) 정당의 당원이거나 당적을 이탈한 날부터 **3년**이 **지나지 아니한 사람**(지난 사람 X)(국가경찰과 자치경찰의 조직 및 운영에 관한 법률 제20조 제7항 제1호)
② (O) **경찰, 검찰, 국가정보원 직원 또는 군인의 직**(판사 X)에 있거나 그 직에서 퇴직한 날부터 **3년**이 지나지 아니한 사람(동법 제20조 제7항 제3호)
③ (X) 국가 및 지방자치단체의 공무원(국립 또는 **공립대학의 조교수 이상**의 직에 있는 사람은 **제외**)이거나 공무원이었던 사람으로서 퇴직한 날부터 **3년**이 지나지 아니한 사람. 다만, 제20조 제3항 후단에 따라 위원장과 상임위원이 지방자치단체의 공무원이 된 경우에는 당연퇴직하지 아니한다(동법 제20조 제7항 제4호)
④ (O) 선거에 의하여 취임하는 공직에 있거나 그 공직에서 퇴직한 날부터 **3년**이 지나지 아니한 사람(동법 제20조 제7항 제2호)

정답 ③

384 ☐☐☐☐ 23 승진

「국가경찰과 자치경찰의 조직 및 운영에 관한 법률」상 시·도자치경찰위원회의 소관사무에 관한 설명으로 가장 적절하지 않은 것은?

① 자치경찰사무 담당 공무원의 고충심사 및 사기진작
② 국가경찰사무·자치경찰사무의 협력·조정과 관련하여 시·도경찰청장과 협의
③ 국가경찰위원회에 대한 심의·조정 요청
④ 그 밖에 시·도지사, 시·도경찰청장이 중요하다고 인정하여 시·도자치경찰위원회의 회의에 부친 사항에 대한 심의·의결

정답과 해설

② (X) 국가경찰사무·자치경찰사무의 협력·조정과 관련하여 **경찰청장(시·도경찰청장 X)**과 협의(국가경찰과 자치경찰의 조직 및 운영에 관한 법률 제24조 제1항 제15호)

> **제24조(시·도자치경찰위원회의 소관 사무)** ① 시·도자치경찰위원회의 소관 사무는 다음 각 호로 한다.
> 1. 자치경찰사무에 관한 목표의 수립 및 평가
> 2. 자치경찰사무에 관한 인사, 예산, 장비, 통신 등에 관한 주요정책 및 그 운영지원 25 채용
> 3. 자치경찰사무 담당 공무원의 임용, 평가 및 인사위원회 운영
> 4. 자치경찰사무 담당 공무원의 부패 방지와 청렴도 향상에 관한 주요 정책 및 인권침해 또는 권한남용 소지가 있는 규칙, 제도, 정책, 관행 등의 개선 25 채용
> 5. 제2조에 따른 시책 수립
> 6. 제28조 제2항에 따른 **시·도경찰청장의 임용과 관련한 경찰청장과의 협의**, 제30조 제4항에 따른 평가 및 결과 통보 25 채용
> 7. 자치경찰사무 감사 및 감사의뢰
> 8. 자치경찰사무 담당 공무원의 주요 비위사건에 대한 감찰요구
> 9. 자치경찰사무 담당 공무원에 대한 징계요구
> 10. 자치경찰사무 담당 공무원의 고충심사 및 사기진작
> 11. 자치경찰사무와 관련된 중요사건·사고 및 현안의 점검
> 12. 자치경찰사무에 관한 규칙의 제정·개정 또는 폐지
> 13. 지방행정과 치안행정의 업무조정과 그 밖에 필요한 협의·조정
> 14. 제32조에 따른 비상사태 등 전국적 치안유지를 위한 **경찰청장**의 지휘·명령에 관한 사무
> 15. 국가경찰사무·자치경찰사무의 협력·조정과 관련하여 **경찰청장(시·도경찰청장 X)**과 협의
> 16. 국가경찰위원회에 대한 심의·조정 요청
> 17. 그 밖에 **시·도지사(경찰청장 X), 시·도경찰청장**이 중요하다고 인정하여 시·도자치경찰위원회의 회의에 부친 사항에 대한 심의·의결

정답 ②

385 □□□□ 24 채용, 예상문제

시·도자치경찰위원회의 의결에 대한 설명으로 옳은 것은 모두 몇 개인가?

㉠ 시·도자치경찰위원회의 회의는 정기적(월1회 이상)으로 개최하여야 한다. 다만 위원장이 필요하다고 인정하는 경우, 위원 3명 이상이 요구하는 경우 및 시·도지사가 필요하다고 인정하는 경우에는 임시회의를 개최할 수 있다.
㉡ 시·도자치경찰위원회의 회의는 재적위원 과반수의 출석과 출석위원 과반수의 찬성으로 의결한다.
㉢ 행정안전부장관은 시·도자치경찰위원회의 의결이 적정하지 아니하다고 판단할 때에는 재의를 요구할 수 있다
㉣ 시·도자치경찰위원회의 위원장은 ㉢의 재의요구를 받은 날부터 10일 이내에 회의를 소집하여 재의결하여야 한다.
㉤ ㉣의 경우 재적위원 과반수의 출석과 출석위원 과반수의 찬성으로 전과 같은 의결을 하면 그 의결사항은 확정된다.

① 1개　　　　　　　　　　　② 2개
③ 3개　　　　　　　　　　　④ 4개

정답과 해설

㉠ (X) 시·도자치경찰위원회의 회의는 **정기적(월1회 이상)**으로 개최하여야 한다. 다만 **위원장**이 필요하다고 인정하는 경우, 위원 **2명(3명 X) 이상**이 요구하는 경우 및 **시·도지사**가 필요하다고 인정하는 경우에는 임시회의를 개최할 수 있다(국가경찰과 자치경찰의 조직 및 운영에 관한 법률 제26조 제1항).
㉡ (O) 시·도자치경찰위원회의 회의는 **재적위원 과반수의 출석**과 **출석위원 과반수의 찬성**으로 의결한다(동법 제25조 제2항).
㉢ (X) **시·도지사(행정안전부장관 X)**는 시·도자치경찰위원회의 **의결이 적정하지 아니하다고 판단할 때에는 재의를 요구**할 수 있다. 위원회의 의결이 **법령에 위반되거나 공익을 현저히 해친다고 판단되면 행정안전부장관**은 미리 경찰청장의 의견을 들어 국가경찰위원회를 거쳐 시·도지사에게 재의를 요구하게 할 수 있고, **경찰청장**은 국가경찰위원회와 행정안전부장관을 거쳐 시·도지사에게 재의를 요구하게 할 수 있다(동법 제25조 제3항, 제4항).
㉣ (X) 시·도자치경찰위원회의 위원장은 ㉢의 재의요구를 **받은 날부터 7일 이내(10일 이내 X)**에 회의를 소집하여 재의결하여야 한다(동법 제25조 제5항).
㉤ (X) ㉣의 경우 **재적위원** 과반수의 출석과 **출석위원 3분의 2 이상(과반수 X)**의 찬성으로 전과 같은 의결을 하면 그 의결사항은 확정된다(동법 제25조 제5항).

정답 ①

386 □□□□ 예상문제

다음은 시·도자치경찰위원회에 대한 설명이다. (   )안에 들어갈 내용이 같은 것은 모두 몇 개인가?

> ㉠ 자치경찰사무를 관장하게 하기 위하여 (   )소속으로 시·도자치경찰위원회를 둔다.
> ㉡ 시·도자치경찰위원회 위원은 국가경찰위원회가 추천하는 1명을 (   )가 임명한다.
> ㉢ 시·도자치경찰위원회 위원장은 위원 중에서 (   )가 임명한다.
> ㉣ 시·도자치경찰위원회 위원 추천을 위하여 (   ) 소속으로 시·도자치경찰위원회 위원추천위원회를 둔다.
> ㉤ (   )는 시·도자치경찰위원회의 의결이 적정하지 아니하다고 판단할 때에는 재의를 요구할 수 있다.
> ㉥ (   )은 재의요구를 받은 날부터 7일 이내에 회의를 소집하여 재의결하여야 한다.

① 3개　　　　　　　　　　　② 4개
③ 5개　　　　　　　　　　　④ 6개

정답과 해설

㉠ 자치경찰사무를 관장하게 하기 위하여 **(시·도지사)** 소속으로 시·도자치경찰위원회를 둔다(국가경찰과 자치경찰의 조직 및 운영에 관한 법률 제18조 제1항).
㉡ 시·도자치경찰위원회 위원은 국가경찰위원회가 추천하는 1명을 **(시·도지사)**가 임명한다(동법 제20조 제1항 제5호).
㉢ 시·도자치경찰위원회 위원장은 위원 중에서 **(시·도지사)**가 임명한다(동법 제20조 제1항).
㉣ 시·도자치경찰위원회 위원 추천을 위하여 **(시·도지사)** 소속으로 시·도자치경찰위원회 위원추천위원회를 둔다(동법 제21조 제1항).
㉤ **(시·도지사)**는 시·도자치경찰위원회의 의결이 적정하지 아니하다고 판단할 때에는 재의를 요구할 수 있다(동법 제25조 제3항).
㉥ **(위원장)**은 재의요구를 받은 날부터 7일 이내에 회의를 소집하여 재의결하여야 한다(동법 제25조 제5항).

정답 ③

387 ☐☐☐☐ 22 채용

「국가경찰과 자치경찰의 조직 및 운영에 관한 법률」상 국가경찰위원회와 시·도자치경찰위원회에 공통적으로 적용되는 규정 중 가장 적절한 것은?

① 위원장 및 1명의 위원은 상임위원으로 하고 나머지 5명의 위원은 비상임으로 한다.
② 경찰의 직에서 퇴직한 날로부터 3년이 지나지 아니한 사람은 위원이 될 수 없다.
③ 위원 2명이 회의를 요구하는 경우 임시회의를 개최할 수 있다.
④ 보궐위원은 전임자의 남은 임기가 1년 미만인 경우 한 차례에 한해서 연임할 수 있다.

정답과 해설

① (X) 시·도자치경찰위원회에 대한 설명이다. 국가경찰위원회는 1명의 위원은 상임위원으로 하고 위원장 및 5명의 위원은 비상임으로 한다.
② (O) 공통적으로 적용되는 규정이다.
③ (X) 시·도자치경찰위원회에 대한 설명이다. 국가경찰위원회는 위원 3명 이상이다.
④ (X) 시·도자치경찰위원회에 대한 설명이다.

정답 ②

388 25 승진

다음 중 「국가경찰과 자치경찰의 조직 및 운영에 관한 법률」상 국가경찰위원회와 시·도자치경찰위원회에 공통적으로 적용되는 규정은 모두 몇 개인가?

> ㉠ 위원은 특정 성(性)이 10분의 6을 초과하지 아니하도록 노력하여야 한다.
> ㉡ 위원은 중대한 신체상 또는 정신상의 장애로 직무를 수행할 수 없게 된 경우를 제외하고는 그 의사에 반하여 면직되지 아니한다.
> ㉢ 정당의 당원이거나 당적을 이탈한 날부터 3년이 지나지 아니한 사람은 위원이 될 수 없다.
> ㉣ 선거에 의하여 취임하는 공직에 있거나 그 공직에서 퇴직한 날부터 3년이 지나지 아니한 사람은 위원이 될 수 없다.
> ㉤ 경찰, 검찰, 국가정보원 직원 또는 군인의 직에 있거나 그 직에서 퇴직한 날부터 3년이 지나지 아니한 사람은 위원이 될 수 없다.
> ㉥ 위원 중 2명은 법관의 자격이 있는 사람이어야 한다.
> ㉦ 위원장 및 5명의 위원은 비상임으로 하고, 1명의 위원은 상임으로 한다.

① 2개 ② 3개
③ 4개 ④ 5개

정답과 해설

㉠ (O)
㉡ (O)
㉢ (O)
㉣ (O)
㉤ (O)
㉥ (X) **국가경찰위원회**에만 해당한다.

제8조(국가경찰위원회 위원의 임명 및 결격사유 등) ③ 위원 중 2명은 법관의 자격이 있는 사람이어야 한다.

제19조(시·도자치경찰위원회의 구성) ③ 위원 중 1명은 인권문제에 관하여 전문적인 지식과 경험이 있는 사람이 임명될 수 있도록 노력하여야 한다.

㉦ (X) **국가경찰위원회**에만 해당한다.

제7조(국가경찰위원회의 설치) ② 국가경찰위원회는 위원장 1명을 포함한 7명의 위원으로 구성하되, **위원장 및 5명의 위원은 비상임(非常任)으로 하고, 1명의 위원은 상임(常任)으로 한다.**

제19조(시·도자치경찰위원회의 구성) ① 시·도자치경찰위원회는 위원장 1명을 포함한 7명의 위원으로 구성하되, 위원장과 1명의 위원은 상임으로 하고, 5명의 위원은 비상임으로 한다.

정답 ④

THEME 06 시·도경찰청장, 경찰서장

389 ☐☐☐☐ 24 승진, 예상문제

「국가경찰과 자치경찰의 조직 및 운영에 관한 법률」상 시·도경찰청장에 대한 설명으로 옳지 않은 것은?

① 경찰의 사무를 지역적으로 분담하여 수행하게 하기 위하여 경찰청장 소속으로 시·도경찰청을 두고, 시·도경찰청장 소속으로 경찰서를 둔다. 이 경우 인구, 행정구역, 면적, 지리적 특성, 교통 및 그 밖의 조건을 고려하여 시·도지사 소속으로 2개의 시·도경찰청을 둘 수 있다.

② 시·도경찰청에 시·도경찰청장을 두며, 시·도경찰청장은 치안정감·치안감 또는 경무관으로 보한다.

③ 시·도경찰청장은 국가경찰사무에 대해서는 경찰청장의 지휘·감독을, 자치경찰사무에 대해서는 시·도자치경찰위원회의 지휘·감독을, 수사에 관한 사무에 대해서는 국가수사본부장의 지휘·감독을 받아 관할구역의 소관 사무를 관장하고 소속 공무원 및 소속 경찰기관의 장을 지휘·감독한다.

④ ③의 경우 시·도자치경찰위원회는 자치경찰사무에 대해 심의·의결을 통하여 시·도경찰청장을 지휘·감독한다. 다만, 시·도자치경찰위원회가 심의·의결할 시간적 여유가 없거나 심의·의결이 곤란한 경우 대통령령으로 정하는 바에 따라 시·도자치경찰위원회의 지휘·감독권을 시·도경찰청장에게 위임한 것으로 본다.

정답과 해설

① (X) 경찰의 사무를 지역적으로 분담하여 수행하게 하기 위하여 **특별시·광역시·특별자치시·도·특별자치도(이하 "시·도"라 한다)**에 시·도경찰청을 두고, 시·도경찰청장 소속으로 경찰서를 둔다. 이 경우 인구, 행정구역, 면적, 지리적 특성, 교통 및 그 밖의 조건을 고려하여 시·도에 2개의 시·도경찰청을 둘 수 있다(국가경찰과 자치경찰의 조직 및 운영에 관한 법률 제13조).

② (O) **시·도경찰청**에 시·도경찰청장을 두며, 시·도경찰청장은 **치안정감·치안감 또는 경무관**으로 보한다(동법 제28조 제1항).

③ (O) 시·도경찰청장은 **국가경찰사무**에 대해서는 **경찰청장**의 지휘·감독을, **자치경찰사무**에 대해서는 **시·도자치경찰위원회**의 지휘·감독을, **수사에 관한 사무**에 대해서는 **국가수사본부장**의 지휘·감독을 받아 관할구역의 소관 사무를 관장하고 소속 공무원 및 소속 경찰기관의 장을 지휘·감독한다(동법 제28조 제3항).

④ (O) 시·도자치경찰위원회는 자치경찰사무에 대해 심의·의결을 통하여 시·도경찰청장을 지휘·감독한다. 다만, 시·도자치경찰위원회가 심의·의결할 시간적 여유가 없거나 심의·의결이 곤란한 경우 대통령령으로 정하는 바에 따라 시·도자치경찰위원회의 지휘·감독권을 **시·도경찰청장(경찰청장 X)**에게 위임한 것으로 본다(동법 제28조 제4항).

정답 ①

390 22 승진

「국가경찰과 자치경찰의 조직 및 운영에 관한 법률」에 대한 설명으로 가장 적절하지 않은 것은?

① 시·도경찰청장은 경찰청장이 시·도자치경찰위원회와 협의하여 추천한 사람 중에서 행정안전부장관의 제청으로 국무총리를 거쳐 대통령이 임용한다.
② 시·도경찰청 차장은 시·도경찰청장을 보좌하여 소관 사무를 처리하고, 시·도경찰청장이 부득이한 사유로 직무를 수행할 수 없을 때에는 그 직무를 대행한다.
③ 국가수사본부장은 「형사소송법」에 따른 경찰의 수사에 관하여 각 시·도경찰청장과 경찰서장 및 수사부서 소속 공무원을 지휘·감독한다.
④ 국가수사본부장이 직무를 집행하면서 헌법이나 법률을 위배하였더라도 국회는 탄핵소추를 의결할 수 없다.

정답과 해설

① (O) 시·도경찰청장은 **경찰청장**이 시·도자치경찰위원회와 협의하여 **추천**한 사람 중에서 **행정안전부장관**의 **제청**으로 국무총리를 거쳐 대통령이 임용한다(국가경찰과 자치경찰의 조직 및 운영에 관한 법률 제28조 제2항).
② (O) 동법 제29조 제2항
③ (O) 국가수사본부장은 「**형사소송법」에 따른 경찰의 수사**에 관하여 각 시·도경찰청장과 경찰서장 및 수사부서 소속 공무원을 지휘·감독한다(동법 제16조 제2항).
④ (X) 국가수사본부장은 직무를 집행하면서 헌법이나 법률을 위배하였을 때에는 국회는 **탄핵소추를 의결할 수 있다**(동법 제16조 제5항).

정답 ④

391 예상문제

「국가경찰과 자치경찰의 조직 및 운영에 관한 법률」상 경찰서장에 대한 설명으로 옳지 않은 것은?

① 경찰서에 경찰서장을 두며, 경찰서장은 경무관, 총경 또는 경정으로 보한다.
② 경찰서장은 시·도경찰청장의 지휘·감독을 받아 관할구역의 소관 사무를 관장하고 소속 공무원을 지휘·감독한다.
③ 경찰서장 소속으로 지구대 또는 파출소를 두고, 그 설치기준은 치안수요·교통·지리 등 관할구역의 특성을 고려하여 행정안전부령으로 정한다. 다만, 필요한 경우에는 출장소를 둘 수 있다.
④ 시·도자치경찰위원회는 정기적으로 경찰서장의 자치경찰사무 수행에 관한 평가결과를 시·도경찰청장에게 통보하여야 하며 경찰청장은 이를 반영하여야 한다.

정답과 해설

① (O) 경찰서에 경찰서장을 두며, **경찰서장은 경무관, 총경 또는 경정**으로 보한다(국가경찰과 자치경찰의 조직 및 운영에 관한 법률 제30조 제1항).
② (O) 동법 제30조 제2항
③ (O) 경찰서장 소속으로 지구대 또는 파출소를 두고, 그 설치기준은 치안수요·교통·지리 등 관할구역의 특성을 고려하여 **행정안전부령**으로 정한다. 다만, 필요한 경우에는 출장소를 둘 수 있다(동법 제30조 제3항).
④ (X) **시·도자치경찰위원회**는 정기적으로 경찰서장의 **자치경찰사무** 수행에 관한 평가결과를 **경찰청장(시·도경찰청장 X)** 에게 통보하여야 하며 **경찰청장**은 이를 반영**하여야 한다**(동법 제30조 제4항).

정답 ④

392 예상문제

「경찰청과 그 소속기관 직제(대통령령)」 및 「경찰청과 그 소속기관 조직 및 정원관리 규칙(경찰청 훈령)」의 내용으로 옳은 것은?

① 경찰청장의 관장사무를 지원하기 위하여 경찰청장 소속으로 경찰대학·경찰인재개발원·중앙경찰학교 및 국립과학수사연구원을 두며, 「책임운영기관의 설치·운영에 관한 법률」에 따라 경찰청장 소속의 책임운영기관으로 경찰병원을 둔다.
② 시·도경찰청장은 경찰서장의 소관사무를 분장하기 위하여 행정안전부령으로 정하는 바에 따라 경찰청장의 승인을 받아 지구대 또는 파출소를 두어야 하며, 임시로 필요한 경우에는 출장소를 둘 수 있다.
③ 지구대·파출소 및 출장소의 명칭·위치 및 관할구역과 그 밖에 필요한 사항은 대통령령으로 정한다.
④ 시·도경찰청장이 지구대 또는 파출소를 설치하고자 할 때에는 별표1 제4호에 준한 서류를 첨부하여 경찰청장에게 승인을 요청하여야 하며, 시·도경찰청장이 지구대 또는 파출소를 폐지하거나 명칭·위치 및 관할구역을 변경하였을 때에는 경찰청장에게 보고하여야 한다.

정답과 해설

① (X) **국립과학수사연구원은 행정안전부 소속기관**이다(경찰청과 그 소속기관 직제 제2조 참고).
② (X) 시·도경찰청장은 경찰서장의 소관사무를 분장하기 위하여 행정안전부령으로 정하는 바에 따라 경찰청장의 승인을 받아 지구대 또는 파출소를 **둘 수 있으며**, 임시로 필요한 경우에는 출장소를 둘 수 있다(동직제 제43조 제1항, 제2항).
③ (X) 지구대·파출소 및 출장소의 명칭·위치 및 관할구역과 그 밖에 필요한 사항은 **시·도경찰청장**이 정한다(동직제 제43조 제3항).
④ (O) 경찰청과 그 소속기관 조직 및 정원관리 규칙 제10조

정답 ④

393 24 승진, 23 간부, 예상문제

「국가경찰과 자치경찰의 조직 및 운영에 관한 법률」상 자치경찰사무에 대한 설명으로 가장 적절하지 않은 것은?

① 국가는 지방자치단체가 이관받은 사무를 원활히 수행할 수 있도록 인력, 장비 등에 소요되는 비용에 대하여 재정적 지원을 하여야 한다.
② 자치경찰사무의 수행에 필요한 예산은 관할 시·도경찰청장의 의견을 들어 시·도자치경찰위원회의 심의·의결을 거쳐 시·도지사가 수립한다.
③ 시·도의회는 관련 예산의 효율적인 관리를 위하여 의결로써 자치경찰사무에 대해 시·도자치경찰위원장의 출석 및 자료 제출을 요구할 수 있다.
④ 시·도경찰청 및 경찰서의 명칭, 위치, 관할구역, 하부조직, 공무원의 정원, 그 밖에 필요한 사항은 「정부조직법」 제2조 제4항 및 제5항을 준용하여 대통령령 또는 행정안전부령으로 정한다.

정답과 해설

① (O) 국가는 **지방자치단체(공공단체 X)**가 이관받은 사무를 원활히 수행할 수 있도록 인력, 장비 등에 소요되는 비용에 대하여 재정적 지원을 **하여야 한다(할 수 있다 X)**(국가경찰과 자치경찰의 조직 및 운영에 관한 법률 제34조).
② (X) 자치경찰사무의 수행에 필요한 예산은 시·도자치경찰위원회의 심의·의결을 거쳐 시·도지사가 수립한다. 이 경우 시·도자치경찰위원회는 **경찰청장의 의견(시·도경찰청장의 의견 X)**을 들어야 한다(동법 제35조 제1항).
③ (O) 동법 제35조 제3항
④ (O) 동법 제31조

> **국가경찰과 자치경찰의 조직 및 운영에 관한 법률**
> **제17조(하부조직)** ③ 경찰청의 하부조직의 명칭 및 분장 사무와 공무원의 정원은 「정부조직법」 제2조 제4항 및 제5항을 준용하여 **대통령령(경찰청과 그 소속기관 직제) 또는 행정안전부령(경찰청과 그 소속기관 직제 시행규칙)**으로 정한다(동법 제17조 제3항).
> **제31조(직제)** 시·도경찰청 및 경찰서의 명칭, 위치, 관할구역, 하부조직, 공무원의 정원, 그 밖에 필요한 사항은 「정부조직법」 제2조 제4항 및 제5항을 준용하여 **대통령령(경찰청과 그 소속기관 직제) 또는 행정안전부령(경찰청과 그 소속기관 직제 시행규칙)**으로 정한다.

정답 ②

394 ☐☐☐☐ 예상문제

경찰조직법에 대한 설명으로 가장 적절하지 않은 것은?

① 행정조직법정주의 원칙에 따라 「정부조직법」 제34조에서 경찰의 설치근거를 마련하고 있다.
② 「정부조직법」은 경찰청의 조직·직무범위 그 밖에 필요한 사항은 따로 법률로 정한다.
③ 「국가경찰과 자치경찰의 조직 및 운영에 관한 법률」은 경찰사무를 국가경찰사무와 자치경찰사무로 구분하고, 자치경찰사무는 시·도지사가 관장하도록 하고 있다.
④ 「국가경찰과 자치경찰의 조직 및 운영에 관한 법률」에 의하면 국가는 지방자치단체가 이관받은 사무를 원활히 수행할 수 있도록 인력, 장비 등에 소요되는 비용에 대하여 재정적 지원을 하여야 하고, 시·도지사는 자치경찰사무 담당 공무원에게 조례에서 정하는 예산의 범위에서 재정적 지원 등을 할 수 있다고 규정하고 있다.

정답과 해설

① (O) 치안에 관한 사무를 관장하기 위하여 **행정안전부장관 소속으로 경찰청**을 둔다(정부조직법 제34조 제5항).
② (O) 경찰청의 조직·직무범위 그 밖에 필요한 사항은 따로 **법률(국가경찰과 자치경찰의 조직 및 운영에 관한 법률)**로 정한다(동법 제34조 제6항).
③ (X) **자치경찰사무를 관장**하게 하기 위하여 특별시장·광역시장·특별자치시장·도지사·특별자치도지사(이하 "시·도지사"라 한다) 소속으로 **시·도자치경찰위원회**를 둔다(국가경찰과 자치경찰의 조직 및 운영에 관한 법률 제18조 제1항).
④ (O) **국가**는 지방자치단체가 이관받은 사무를 원활히 수행할 수 있도록 인력, 장비 등에 소요되는 비용에 대하여 재정적 **지원을 하여야 하고**, **시·도지사**는 자치경찰사무 담당 공무원에게 조례에서 정하는 예산의 범위에서 재정적 지원 등을 **할 수 있다**고 규정하고 있다(동법 제34조, 제35조 제2항).

정답 ③

395 ☐☐☐☐ 24 채용

다음 경찰과 관련한 대화 중 가장 적절하지 않은 설명을 하고 있는 사람은?

① 민희: "우리 지역에 파출소 하나만 생기면 밤길이 안전할 거 같은데, 파출소 설치의 승인권자는 경찰청장이라고 하네."
② 지율: "경찰청장, 국가수사본부장, 국가경찰위원회 위원, 시·도자치경찰위원회 위원 모두 연임이 불가능해. 단, 시·도자치경찰위원회 보궐위원의 경우 전임자의 남은 임기가 1년 미만인 경우 한 차례만 연임할 수 있어."
③ 수연: "우리 동네에 요즘 가정폭력사건이 자주 발생하네. 「국가경찰과 자치경찰의 조직 및 운영에 관한 법률」을 보면 가정폭력의 예방은 자치경찰사무에 해당하여 시·도자치경찰위원회의 소관사무이지만, 가정폭력범죄의 수사사무는 국가경찰사무로 규정되어 있어."
④ 윤우: "한국의 자치경찰제도는 법률에서 자치경찰사무와 국가경찰사무를 구분하고 있지만, 자치경찰사무를 담당하는 경찰관의 신분은 기존 그대로 국가공무원이더라고. 단, 제주특별자치도 자치경찰단 소속의 자치경찰공무원은 지방공무원이야."

정답과 해설

① (O) 시·도경찰청장은 경찰서장의 소관사무를 분장하기 위하여 행정안전부령으로 정하는 바에 따라 **경찰청장의 승인**을 받아 **지구대 또는 파출소를 둘 수 있다**(경찰청과 그 소속기관 직제 제43조 제1항).
② (O) 경찰청장과 국가수사본부장은 **중임할 수 없으니 연임도 불가능하다**. 국가경찰위원회 위원과 시·도자치경찰위원회 위원은 **연임할 수 없다**. 그러므로 경찰청장, 국가수사본부장, 국가경찰위원회 위원, 시·도자치경찰위원회 위원 모두 연임이 불가능하다(국가경찰과 자치경찰의 조직 및 운영에 관한 법률).
③ (X) 가정폭력범죄의 수사사무는 **자치경찰사무(국가경찰사무 X)**로 규정되어 있다(동법 제4조 라목 2).
④ (O) 국가경찰과 자치경찰의 조직 및 운영에 관한 법률에서 자치경찰사무와 국가경찰사무를 구분하고 있지만 신분은 **모두 국가공무원**이다. 그러나 2006년에 출범한 제주특별자치도 자치경찰단 소속의 자치경찰공무원은 **지방공무원**이다.

정답 ③

396 25 간부

「국가경찰과 자치경찰의 조직 및 운영에 관한 법률」에 대한 설명으로 적절한 것은 모두 몇 개인가?

> 가. 국회의 탄핵 소추 의결의 대상자로는 경찰청장과 국가수사본부장이 규정되어 있다.
> 나. 세종특별자치시자치경찰위원회에 대해서는 위원장 및 상임위원을 비상임으로 할 수 있다.
> 다. 시·도지사가 시·도자치경찰위원회의 의결에 대해 재의를 요구하려면 해당 의결이 법령에 위반되거나 공익을 현저히 해친다고 판단되어야 한다.
> 라. 자치경찰사무의 수행에 필요한 예산은 시·도자치경찰위원회의 심의·의결을 거쳐 시·도지사가 수립한다. 이 경우 시·도자치경찰위원회는 시·도경찰청장의 의견을 들어야 한다.

① 1개
② 2개
③ 3개
④ 4개

정답과 해설

가. (O)
> 제14조(경찰청장) ⑤ 경찰청장이 직무를 집행하면서 헌법이나 법률을 위배하였을 때에는 **국회는 탄핵 소추를 의결할 수 있다.**
> 제16조(국가수사본부장) ⑤ 국가수사본부장이 직무를 집행하면서 헌법이나 법률을 위배하였을 때에는 **국회는 탄핵 소추를 의결할 수 있다.**

나. (X) 부칙에 따르면, 세종특별자치시자치경찰위원회의 위원장과 상임위원은 **비상임이 아니라 상임으로 임명**되어야 한다.
> 제2조(세종특별자치시자치경찰위원회 위원장의 상임화에 관한 경과조치) 이 법 시행 당시 종전의 규정에 따라 임명된 세종특별자치시자치경찰위원회의 **위원장**은 제19조 및 제20조의 규정에 따라 임명된 **상임인 위원장**으로 보되, 그 임기는 종전 임기의 남은 기간으로 한다.
> 제3조(세종특별자치시자치경찰위원회의 위원장이 아닌 위원 중 1명의 상임화에 관한 경과조치) 세종특별자치시자치경찰위원회, 세종특별자치시자치경찰위원회 위원장 및 세종특별자치시장은 이 법 시행 이후 3개월 이내에 제20조 제3항에 따른 **상임위원** 임명 절차를 완료하여야 하고, 상임위원으로 새로 임명된 위원의 임기는 종전 비상임위원으로서의 임기의 남은 기간으로 한다.

다. (X) 시·도지사가 시·도자치경찰위원회의 의결에 대해 재의를 요구하려면 해당 의결이 **적정하지 아니하다고 판단(법령에 위반되거나 공익을 현저히 해친다고 판단 X)**되어야 한다.

라. (X) 자치경찰사무의 수행에 필요한 예산은 시·도자치경찰위원회의 심의·의결을 거쳐 시·도지사가 수립한다. 이 경우 시·도자치경찰위원회는 **경찰청장(시·도경찰청장 X)**의 의견을 들어야 한다(동법 제35조 제1항).

정답 ①

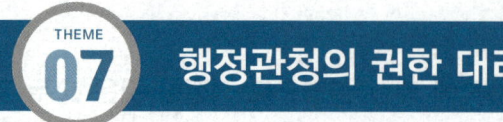

행정관청의 권한 대리

397 ☐☐☐☐ 예상문제

다음 중 복대리에 관한 설명으로 틀린 것은?

① 복대리란 대리기관이 그 대리권의 행사를 다시 타 기관으로 하여금 대리하게 하는 것을 말한다.
② 복대리는 대리기관의 대리가 아닌 피대리관청의 대리이다.
③ 임의대리의 경우에는 복대리가 가능하나, 법정대리의 경우에는 복대리가 허용되지 않는다.
④ 대리인이 대리 행위를 할 때 그 행위가 대리인을 위한 것이 아니라 피대리관청을 위한 것임을 제3자에게 명확히 표시해야 한다는 원칙은 민법상 현명주의(顯名主義)라 한다.

정답과 해설

① (O) 복대리란 **대리기관(피대리관청 X)**이 그 대리권의 행사를 다시 타 기관으로 하여금 대리하게 하는 것을 말한다.
② (O) 복대리는 **대리기관(피대리관청 X)**의 대리가 아닌 **피대리관청(대리기관 X)**의 대리이다.
③ (X) **임의대리의 경우** 신임관계에 의한 대리권의 수여이므로 **원칙적으로 불가능**하나, **법정대리의 경우** 신임관계를 전제하지 않으므로 **가능**하다.
④ (O) 민법상의 **현명주의**에 따라 피대리관청을 위한 것임을 표시하고 대리기관이 자기의 이름으로 한다.

정답 ③

398 □□□□ 08·19·22 채용, 20 승진

다음 중 행정관청의 권한 대리에 대한 설명으로 옳은 것은 모두 몇 개인가?

> ㉠ 권한의 대리는 경찰관청의 권한의 전부 또는 일부를 대리기관이 피대리관청을 위한 것임을 표시하고 자기의 명의로 대행하는 것으로 그 행위는 대리기관의 행위로서 효과가 발생한다.
> ㉡ 권한의 대리는 권한의 전부 또는 일부에 대하여 할 수 있다.
> ㉢ 권한의 대리에는 임의대리와 법정대리가 있는데, 보통 대리는 법정대리를 의미한다.
> ㉣ 법정대리의 경우 피대리관청이 사고 등으로 인해 공석이므로 대리의 법적 효과는 대리관청에 귀속된다.
> ㉤ 복대리의 성격은 임의대리에 해당한다.

① 1개   ② 2개   ③ 3개   ④ 4개

정답과 해설

㉠ (X) 권한의 대리는 경찰관청의 **권한의 전부(법정대리) 또는 일부(임의대리)**를 대리기관이 **피대리관청**을 위한 것임을 표시하고 자기의 명의로 대행하는 것으로 그 행위는 **피대리관청(대리기관 X)**의 행위로서 효과가 발생한다.
㉡ (O) 권한의 대리는 권한의 **전부(법정대리)** 또는 **일부(임의대리)**에 대하여 할 수 있다.
㉢ (X) 보통의 경우 대리라고 할 때는 **임의대리**를 말한다.
㉣ (X) 법정대리의 경우 피대리관청이 사고 등으로 인해 공석이므로 대리의 법적 효과는 **피대리관청(대리관청 X)**에 귀속된다.
㉤ (O) 복대리는 항상 임의대리(수권대리)에 해당한다.

정답 ②

399 □□□□ 예상문제

다음 보기의 내용에서 파생된 개념에 대한 설명으로 옳지 않은 것은?

> 경찰청 차장은 경찰청장을 보좌하며, 경찰청장이 부득이한 사유로 직무를 수행할 수 없을 때에는 그 직무를 대행한다.

① 경찰청 차장은 경찰청장의 권한의 전부를 대리한다.
② 경찰청 차장의 모든 책임하에 권한을 행사한다.
③ 설문의 내용은 법률에 규정되어 있다.
④ 경찰청 차장이 대리권의 일부에 대하여 정보국장에게 다시 대리할 수 없다.

정답과 해설

보기의 설문은 **협의의 법정대리**에 관한 설명이다.
① (O) 경찰청 차장(대리기관)은 경찰청장(피대리관청)의 권한의 **전부를 대리(법정대리)한다.**
② (O) 경찰청 차장의 **모든 책임하에 권한을 행사**하지만, 대리의 법적 효과는 경찰청장(피대리관청)에 귀속된다.
③ (O) 국가경찰과 자치경찰의 조직 및 운영에 관한 법률 제15조 제2항
④ (X) 법정대리는 **대리권의 일부에 대하여 복대리가 가능**하다.

정답 ④

THEME 08 행정관청의 권한 위임

400 ☐☐☐☐ 22 채용

경찰관청의 '권한의 대리'와 '권한의 위임'에 관한 설명 중 가장 적절하지 않은 것은? (다툼이 있는 경우 판례에 의함)

① 권한을 위임받은 수임청은 자기의 이름 및 자기의 책임으로 권한을 행사한다.
② 수임청 및 피대리관청은 항고소송에서 피고가 된다.
③ 법정대리의 경우 피대리관청이 사고 등으로 인해 공석이므로 대리의 법적 효과는 대리관청에 귀속된다.
④ 「국가경찰과 자치경찰의 조직 및 운영에 관한 법률」상 "차장은 경찰청장을 보좌하며, 경찰청장이 부득이한 사유로 직무를 수행할 수 없을 때에는 그 직무를 대행한다."는 대리방식을 '협의의 법정대리'라고 한다.

정답과 해설

① (O) 권한의 위임은 권한이 이전되기 때문에 권한을 위임받은 **수임청은 자기의 이름 및 자기의 책임으로 권한을 행사**한다.
② (O) 권한의 위임은 **수임청**, 권한의 대리는 **피대리관청**이 항고소송에서 **피고**가 된다.
③ (X) 법정대리의 경우 피대리관청이 사고 등으로 인해 공석이므로 대리의 법적 효과는 **피대리관청**에 귀속된다.
④ (O) 국가경찰과 자치경찰의 조직 및 운영에 관한 법률 제15조 제2항

정답 ③

401 21 채용(행정법), 예상문제

다음 중 경찰관청의 권한의 위임에 관한 설명으로 옳지 않은 것은 모두 몇 개인가?

㉠ 경찰관청이 자기 권한의 전부 또는 일부를 다른 경찰기관에 이전하여 수임기관의 권한으로 하는 것을 말한다.
㉡ 수임기관은 자기 명의와 책임하에 그 권한을 행사한다.
㉢ 반드시 법령상의 근거가 있음을 요하지 않는다.
㉣ 수임기관이 그 권한의 일부를 다른 기관에 재위임하는 경우에는 별도의 법적 근거가 필요 없다.
㉤ 전결(專決)과 같은 행정권한의 내부위임은 법령상 처분권자인 행정관청이 내부적인 사무처리의 편의를 도모하기 위하여 그의 보조기관 또는 하급 행정관청으로 하여금 그의 권한을 사실상 행사하게 하는 것으로서 법률의 위임이 있어야 허용된다.

① 1개　　　　　　　　　② 2개
③ 3개　　　　　　　　　④ 4개

정답과 해설

㉠ (X) 권한의 **전부위임이나 중요한 부분에 대한 위임은 인정되지 않는다**.
㉡ (O) 권한의 위임은 권한이 이전되기 때문에 **위임기관이 아니라 수임기관**이 자기 명의와 책임하에 그 권한을 행사한다.
㉢ (X) 권한의 위임은 법정권한의 변경을 의미하므로 **반드시 법령상의 근거가 있어야만 가능하다**.
㉣ (X) 수임청은 위임받은 권한의 일부를 보조기관이나 하급행정청에 재위임할 수 있으며 이 경우에도 **법령의 근거를 요한다**.
㉤ (X) 전결과 같은 행정권한의 내부위임은 법령상 처분권자인 행정관청이 내부적인 사무처리의 편의를 도모하기 위하여 그의 보조기관 또는 하급 행정관청으로 하여금 그의 권한을 사실상 행사하게 하는 것으로서 **법률이 위임을 허용하지 않는 경우에도 인정된다**(대판 97누1105).

정답　④

402 ☐☐☐☐ 19 채용

권한의 위임과 대리에 관한 설명으로 가장 적절하지 않은 것은?

① 임의대리는 복대리가 허용되지 않는 것이 원칙이다.
② 복대리의 성격은 임의대리에 해당한다.
③ 원칙적으로 대리관청이 대리행위에 대한 행정소송의 피고가 된다.
④ 수임관청이 권한의 위임에서 쟁송의 당사자가 된다.

> **정답과 해설**
>
> ①② (O) "**복대리**"란 대리기관이 그 대리권의 행사를 다시 타 기관으로 하여금 대리하게 하는 것을 말하며, 복대리는 **항상 임의대리(수권대리)**에 해당한다. **임의대리**는 대리인에 대한 신임에 기초하여 행하여지므로 복대리는 **원칙상 인정되지 않으나, 법정대리**는 대리인에 대한 신임에 기초한 것이 아니므로 대리인은 그 대리권의 일부에 대하여 **복대리가 가능**하다.
> ③ (X) 권한의 대리란 행정관청의 권한의 전부 또는 일부를 타 행정기관(대리기관)이 피대리관청을 위한 것임을 표시하여 자기의 이름으로 행사하고, 그 행위는 피대리관청의 행위로서의 효과를 발생하는 것을 말한다. 단, 대리로 인하여 권한의 귀속 자체가 대리관청으로 이전되는 것은 아니며, **행정소송의 피고도 피대리관청**이 된다.
> ④ (O) 권한의 위임이란 행정관청이 자기 **권한의 일부(전부 X)**를 다른 행정기관(보조기관 또는 하급관청)에 이전하여 수임 기관의 권한으로 행사하도록 하는 것을 말하며, 수임하급관청은 위임된 권한을 자기명의와 책임하에 행하고 **쟁송시 피고도 수임기관**이 된다.
>
> 정답 ③

403 ☐☐☐☐ 25 간부(행정법), 예상문제

다음 중 권한의 위임과 대리에 대한 설명으로 옳지 않은 것은?

① 위임은 수임청에 권한이 이전되나, 법정대리는 대리기관에 권한이 이전되지 않는다.
② 행정관청 내부의 사무처리규정인 전결규정에 위반하여 원래의 전결권자가 아닌 보조기관이 처분권자인 행정관청의 이름으로 처분을 하였더라도 무효의 처분이라고 할 수는 없다.
③ 위임은 일부위임만 가능하고, 법정대리는 전부대리가 가능하다.
④ 위임은 수임청에 효과가 귀속되고, 임의대리는 대리관청에 효과가 귀속된다.

> **정답과 해설**
>
> ② (O) 행정관청 내부의 사무처리규정에 불과한 전결규정(내부위임규정)에 위반하여 원래의 전결권자 아닌 보조기관 등이 처분권자인 행정관청의 이름으로 행정처분을 하였다고 하더라도 그 처분이 권한 없는 자에 의하여 행하여진 **무효의 처분이라고는 할 수 없다(무효의 처분이다 X)**(대판 97누1105).
> ④ (X) 임의대리는 **피대리관청**에 효과가 귀속된다.
>
> 정답 ④

404 24 승진, 예상문제

다음 중 대결(내부위임)과 위임전결에 대한 설명으로 옳은 것은?

① 위임과 내부위임은 위임기관의 권한이 수임기관의 권한으로 이전된다.
② 대결은 법령상의 근거를 요하지 않으며, 외부에 대한 관계에서는 본래 행정청의 이름으로 표시하여 행한다.
③ 권한의 위임은 수임관청이 자기의 이름으로 그 권한행사를 할 수 있지만, 내부위임의 경우에는 수임관청은 위임관청의 이름으로 그 권한을 행사할 수 있을 뿐만 아니라 자기의 이름으로는 그 권한을 행사할 수 있다.
④ 위임전결은 행정관청이 그 보조기관에 사무처리에 관한 결정을 맡기고 외부에 대한 관계에서도 보조기관의 이름으로 표시하는 경우를 말한다.

정답과 해설
① (X) 위임은 위임기관의 권한이 수임기관의 권한으로 이전되나, **내부위임은 권한의 이전이 없다**.
② (O) 대결은 **법령상의 근거를 요하지 않으며**(법령상의 근거를 요함 X), 외부에 대한 관계에서는 본래 행정청의 이름으로 표시하여 행한다.
③ (X) **권한의 위임**은 수임관청이 자기의 이름으로 그 권한행사를 할 수 있지만 **내부위임**의 경우에는 수임관청은 위임관청의 이름으로만 그 권한을 행사할 수 있을 뿐 자기의 이름으로는 그 권한을 **행사할 수 없다**(대판 94누6475).
④ (X) **위임전결**은 행정관청이 그 보조기관에 사무처리에 관한 결정을 맡기지만 외부에 대한 관계에서만 **본래의 행정청의 이름**으로 표시하는 경우를 말한다.

정답 ②

405 25 간부

「행정업무의 운영 및 혁신에 관한 규정」에 대한 설명으로 가장 적절하지 않은 것은?

① 보조기관 또는 보좌기관의 명의로 발신하는 공문서는 해당 행정기관의 장의 결재를 받아야 한다.
② 보조기관 또는 보좌기관이 결재권자의 결재 전에 기안문을 검토하는 경우에 그 내용과 다른 의견이 있으면 기안문을 직접 수정하거나 기안문 또는 별지에 그 의견을 표시하여야 한다.
③ 행정기관의 장은 업무의 내용에 따라 보조기관 또는 보좌기관이나 해당 업무를 담당하는 공무원으로 하여금 위임전결하게 할 수 있으며, 그 위임전결 사항은 해당 기관의 장이 훈령이나 지방자치단체의 규칙으로 정한다.
④ 공문서의 기안은 전자문서로 하는 것을 원칙으로 한다. 다만, 업무의 성질상 전자문서로 기안하기 곤란하거나 그 밖의 특별한 사정이 있으면 그러하지 아니하다.

정답과 해설

① (X) 문서는 해당 행정기관의 장의 결재를 받아야 한다. 다만, 보조기관 또는 보좌기관의 명의로 발신하는 문서는 그 보조기관 또는 보좌기관(행정기관의 장 X)의 결재를 받아야 한다(행정업무의 운영 및 혁신에 관한 규정 제10조 제1항).
② (O) 보조기관 또는 보좌기관이 결재권자의 결재 전에 기안문을 검토하는 경우에 그 내용과 다른 의견이 있으면 기안문을 **직접 수정하거나**(직접 수정할 수 없으나 X) 기안문 또는 별지에 그 의견을 표시하여야 한다(동규정 제9조 제3항).
③ (O) 행정기관의 장은 업무의 내용에 따라 보조기관 또는 보좌기관이나 해당 업무를 담당하는 공무원으로 하여금 **위임전결하게 할 수 있으며**, 그 위임전결 사항은 해당 기관의 장이 훈령이나 지방자치단체의 규칙으로 **정한다**(정할 수 없다 X)(동규정 제10조 제2항).
④ (O) 공문서의 기안은 **전자문서**(종이문서 X)로 하는 것을 원칙으로 한다. 다만, 업무의 성질상 전자문서로 기안하기 곤란하거나 그 밖의 특별한 사정이 있으면 그러하지 아니하다(동규정 제8조 제1항).

정답 ①

406 ☐☐☐☐ 21 채용, 24 승진

다음은 「행정권한의 위임 및 위탁에 관한 규정」에 대한 설명이다. 적절한 것만을 고른 것은 모두 몇 개인가?

> ㉠ 위임 및 위탁기관은, 수임 및 수탁기관의 수임 및 수탁사무 처리에 대하여 지휘·감독하고, 그 처리가 위법하거나 부당하다고 인정될 때에는 이를 취소하거나 정지시킬 수 있다.
> ㉡ 수임 및 수탁사무의 처리에 관하여 위임 및 위탁기관은 수임 및 수탁기관에 대하여 사전승인을 받거나 협의를 할 것을 요구할 수 있으나, 수임 및 수탁사무 처리상황은 감사할 수 없다.
> ㉢ 수임 및 수탁 사무의 처리에 관한 책임은 수임 및 수탁기관에 있으며, 위임 및 위탁기관은 그에 대한 감독책임을 진다.
> ㉣ 수임 및 수탁사무에 관한 권한을 행사할 때에는 수임 및 수탁기관의 명의로 하여야 한다.

① 1개
② 2개
③ 3개
④ 4개

정답과 해설

㉠ (O) 위임 및 위탁기관은, 수임 및 수탁기관의 수임 및 수탁사무 처리에 대하여 지휘·감독하고, 그 처리가 **위법하거나 부당하다고 인정될 때에는 이를 취소하거나 정지시킬 수 있다(시켜야 한다 X)**(행정권한의 위임 및 위탁에 관한 규정 제6조).

㉡ (X) 수임 및 수탁사무의 처리에 관하여 위임 및 위탁기관은 수임 및 수탁기관에 대하여 사전승인을 받거나 협의를 할 것을 **요구할 수 없다**(동규정 제7조). 위임 및 위탁기관은 위임 및 위탁사무 처리의 적정성을 확보하기 위하여 필요한 경우에는 수임 및 수탁기관의 수임 및 수탁사무 처리 상황을 수시로 **감사할 수 있다**(동규정 제9조).

㉢ (O) 수임 및 수탁사무의 처리에 관한 책임은 수임 및 수탁기관에 있으며, **위임 및 위탁기관**은 그에 대한 **감독책임을 진다(지지 않는다 X)**(동규정 제8조 제1항).

㉣ (O) 수임 및 수탁사무에 관한 권한을 행사할 때에는 **수임 및 수탁기관의 명의**로 하여야 한다(동규정 제8조 제2항).

정답 ③

407 ☐☐☐☐ 23 채용, 21·24 승진

「행정권한의 위임 및 위탁에 관한 규정」에 대한 설명으로 가장 적절하지 않은 것은?

① 위탁이란 법률에 규정된 행정기관의 장의 권한 중 일부를 다른 행정기관의 장에게 맡겨 그의 권한과 책임 아래 행사하도록 하는 것을 말한다.
② 수임 및 수탁사무의 처리에 관한 책임은 수임 및 수탁기관에 있으며, 수임 및 수탁사무에 관한 권한을 행사할 때에는 위임 및 위탁기관의 명의로 하여야 한다.
③ 수임 및 수탁사무의 처리가 부당한지 여부의 판단은 위법성 판단과 달리 합목적적·정책적 고려도 포함되므로, 위임 및 위탁기관이 그 사무처리에 관하여 일반적인 지휘·감독을 하는 경우는 물론이고 나아가 수임 및 수탁사무의 처리가 부당하다는 이유로 그 사무처리를 취소하는 경우에도 광범위한 재량이 허용된다고 보아야 한다.
④ 행정기관의 장은 허가·인가·등록 등 민원에 관한 사무, 정책의 구체화에 따른 집행사무 및 일상적으로 반복되는 사무로서 그가 직접 시행하여야 할 사무를 제외한 일부 권한을 그 보조기관 또는 하급행정기관의 장, 다른 행정기관의 장, 지방자치단체의 장에게 위임 및 위탁한다.

정답과 해설

① (O) 행정권한의 위임 및 위탁에 관한 규정 제2조 제2호
② (X) 수임 및 수탁사무의 처리에 관한 책임은 수임 및 수탁기관에 있으며, 수임 및 수탁사무에 관한 권한을 행사할 때에는 **수임 및 수탁기관의 명의**로 하여야 한다(동규정 제8조).
③ (O) 수임 및 수탁사무의 처리가 부당한지 여부의 판단은 위법성 판단과 달리 합목적적·정책적 고려도 포함되므로, 위임 및 위탁기관이 그 사무처리에 관하여 일반적인 지휘·감독을 하는 경우는 물론이고 나아가 수임 및 수탁사무의 처리가 부당하다는 이유로 그 사무처리를 취소하는 경우에도 **광범위한 재량이 허용된다고 보아야 한다.** 다만 그 사무처리로 인하여 이해관계 있는 제3자나 이미 형성된 법률관계가 존재하는 경우에는 위임 및 위탁기관이 일반적인 지휘·감독을 하는 경우와 비교하여 **그 사무처리가 부당하다는 이유로 이를 취소할 때 상대적으로 엄격한 재량통제의 필요성이 인정된다**(대판 2016두55629).
④ (O) 동규정 제3조 제2항

정답 ②

408 ☐☐☐☐ 23 채용, 예상문제

「행정권한의 위임 및 위탁에 관한 규정」에 대한 설명으로 옳은 것은?

① "위탁"이란 법률에 규정된 행정기관의 장의 권한 중 일부를 하급행정기관의 장에게 맡겨 그의 권한과 책임 아래 행사하도록 하는 것을 말한다.
② "위임"이란 법률에 규정된 행정기관의 장의 권한 전부를 그 보조기관 또는 하급행정기관의 장이나 지방자치단체의 장에게 맡겨 그의 권한과 책임 아래 행사하도록 하는 것을 말한다.
③ 행정기관의 장은 행정권한을 위임 및 위탁할 때에는 위임 및 위탁하기 전에 수임기관의 수임능력 여부를 점검하고, 필요한 인력 및 예산을 이관할 수 있다.
④ 행정기관의 장은 행정권한을 위임 및 위탁할 때에는 위임 및 위탁하기 전에 단순한 사무인 경우를 제외하고는 수임 및 수탁기관에 대하여 수임 및 수탁사무 처리에 필요한 교육을 하여야 하며, 수임 및 수탁사무의 처리지침을 통보하여야 한다.

정답과 해설

① (X) "위탁"이란 법률에 규정된 행정기관의 장의 권한 중 **일부(전부 X)**를 **다른 행정기관의 장(대등기관)**에게 맡겨 그의 권한과 책임 아래 행사하도록 하는 것을 말한다(동규정 제2조 제2호).
② (X) "위임"이란 법률에 규정된 행정기관의 장의 **권한 중 일부(전부 X)**를 그 보조기관 또는 하급행정기관의 장이나 지방자치단체의 장에게 맡겨 그의 권한과 책임 아래 행사하도록 하는 것을 말한다(동규정 제2조 제1호).
③ (X) 행정기관의 장은 행정권한을 위임 및 위탁할 때에는 위임 및 위탁하기 전에 수임기관의 수임능력 여부를 점검하고, 필요한 인력 및 예산을 **이관하여야 한다(이관할 수 있다 X)**(동규정 제3조 제2항).
④ (O) 행정기관의 장은 행정권한을 위임 및 위탁할 때에는 위임 및 위탁하기 전에 단순한 사무인 경우를 제외하고는 수임 및 수탁기관에 대하여 수임 및 수탁사무 처리에 필요한 **교육을 하여야 하며**, 수임 및 수탁사무의 처리지침을 **통보하여야 한다**(동규정 제3조 제3항).

정답 ④

03

경찰공무원과 법

① 경찰공무원의 분류
② 경찰공무원관계의 발생
③ 경찰공무원관계의 변경
④ 경찰공무원관계의 소멸
⑤ 경찰공무원의 권리
⑥ 경찰공무원의 의무
⑦ 징계
⑧ 경찰공무원의 권익보장제도

• 기 출 키 워 드 •

23년 2차	• 경찰공무원 복무규정 • 징계
24년 1차	
24년 2차	• 종합
25년 1차	• 경찰공무원 채용
25년 2차	• 공직자윤리법 • 징계

최신개정법령&무료자료 다운로드 등
네이버 김재규경찰학 카페(https://cafe.naver.com/ollaedu)

THEME 01 경찰공무원의 분류

409 ☐☐☐☐ 24 채용, 예상문제

다음 중 경과에 대한 설명으로 옳지 않은 것은 모두 몇 개인가?

> ㉠ 경찰공무원은 그 직무의 종류에 따라 경과에 의하여 구분할 수 있으며, 경과의 구분에 필요한 사항은 대통령령으로 정한다.
> ㉡ 「경찰공무원 임용령」과 「경찰공무원 임용령 시행규칙」에서는 경과별 직무의 종류를 규정하고 있으며, 수사경과·안보수사경과·항공경과·정보통신경과에 속하지 아니하는 직무를 일반경과의 직무로 구분하고 있다.
> ㉢ 임용권자(위임을 받은 자 포함) 또는 임용제청권자는 경찰공무원을 신규채용할 때 경과를 부여할 수 있다.
> ㉣ 전과는 일반경과에서 수사경과·안보수사경과 또는 특수경과로의 전과만 인정한다. 다만, 정원감축 등 경찰청장이 정하는 사유가 있는 경우 수사경과·안보수사경과 또는 정보통신경과에서 일반경과로의 전과를 인정할 수 있다.
> ㉤ 전과의 대상자에 해당하는 경우에도 특정한 직무분야에 근무할 것을 조건으로 채용된 경찰공무원으로서 채용 후 3년이 지나지 아니한 사람은 ㉣에 따른 전과를 할 수 없다.

① 0개 ② 1개
③ 2개 ④ 3개

정답과 해설

㉠ (O) 경찰공무원법 제4조(비교 : 경과별 직무의 종류 및 전과 등에 관하여 필요한 사항은 **행정안전부령**으로 정한다.) (경찰공무원 임용령 제3조 제5항)

㉡ (O)

> **경찰공무원 임용령**
> **제3조(경과)** ① 총경 이하 경찰공무원에게 부여하는 경과는 **일반경과, 특수경과(항공경과, 정보통신경과), 수사경과, 안보수사경과**이다. 다만, **수사경과, 안보수사경과**는 경정 이하 경찰공무원에게만 부여한다.

㉢ (X) 임용권자 또는 임용제청권자는 경찰공무원을 신규채용할 때 경과를 **부여해야 한다(부여할 수 있다 X)**(동임용령 제3조 제2항).

㉣ (O) 동임용령 시행규칙 제27조 제1항

㉤ (X) 전과의 대상자에 해당하는 경우에도 특정한 직무분야에 근무할 것을 조건으로 채용된 경찰공무원으로서 채용 후 **5년(3년 X)**이 지나지 아니한 사람은 ㉣에 따른 전과를 할 수 없다(동임용령 시행규칙 제28조 제2항 제2호).

정답 ③

410 ☐☐☐☐ 25 승진, 예상문제

「수사경찰 인사운영규칙(경찰청훈령)」상 수사경과에 대한 설명으로 적절하지 않은 것은?

① 수사경과 유효기간은 수사경과 부여일 또는 갱신일로부터 5년으로 한다.
② 인권침해, 편파수사를 이유로 다수의 진정을 받는 등 공정한 수사업무 수행을 기대하기 곤란한 경우 수사경과자의 수사경과를 해제해야 한다.
③ 2년간 연속으로 정당한 사유없이 수사경찰 근무부서 외의 부서에서 근무하는 경우(「국가공무원법」 및 「경찰공무원 임용령」에 따른 파견기간 및 휴직의 기간은 위 기간에 산입하지 아니한다)에는 '수사업무 능력·의욕이 현저하게 부족한 경우'에 해당하여 수사경과를 해제할 수 있다.
④ 직무와 관련한 청렴의무위반·인권침해 또는 부정청탁에 따른 직무수행으로 징계처분을 받은 경우에는 수사경과를 해제하여야 한다.

정답과 해설
① (O) 수사경과 유효기간은 수사경과 부여일 또는 갱신일로부터 **5년**으로 한다(수사경찰 인사운영규칙 제14조 제1항).
② (X) 인권침해, 편파수사를 이유로 다수의 진정을 받는 등 공정한 수사업무 수행을 기대하기 곤란한 경우 수사경과자의 수사경과를 **해제할 수 있다(해야 한다 X)**(동규칙 제15조 제2항 제2호).
③ (O) 동규칙 제15조 제2항 제3호, 제4항 제1호
④ (O) 직무와 관련한 청렴의무위반·인권침해 또는 부정청탁에 따른 직무수행으로 징계처분을 받은 경우에는 수사경과를 **해제하여야 한다(해제할 수 있다 X)**(동규칙 제15조 제1항 제1호).

정답 ②

THEME 02 경찰공무원관계의 발생

411 □□□□ 예상문제

「경찰공무원법」상 밑줄 친 내용으로 옳지 않은 것은 모두 몇 개인가?

> **제7조(임용권자)** ① ㉠ <u>총경 이상 경찰공무원은 경찰청장의 추천을 받아</u> ㉡ <u>행정안전부장관의 제청으로 국무총리를 거쳐 대통령이 임용한다.</u> 다만, ㉢ <u>총경의 전보, 휴직, 직위해제, 강등, 정직 및 면직은 경찰청장이 한다.</u>
> ② 경정 이하의 경찰공무원은 경찰청장이 임용한다. 다만, 경정으로의 신규채용, 승진임용 및 면직은 ㉣ <u>경찰청장의 추천으로 국무총리를 거쳐 대통령이 한다.</u>
> ③ 경찰청장은 대통령령으로 정하는 바에 따라 경찰공무원의 임용에 관한 권한의 일부를 시·도지사, 국가수사본부장, 소속 기관의 장, 시·도경찰청장에게 위임할 수 있다. 이 경우 시·도지사는 위임받은 권한의 일부를 대통령령으로 정하는 바에 따라 「국가경찰과 자치경찰의 조직 및 운영에 관한 법률」 제18조에 따른 ㉤ <u>시·도자치경찰위원회, 시·도경찰청장에게 다시 위임할 수 있다.</u>

① 2개 ② 3개
③ 4개 ④ 5개

정답과 해설

㉢㉣이 옳지 않다.

제7조(임용권자) ① ㉠ **총경 이상** 경찰공무원은 **경찰청장의 추천을** 받아 ㉡ 행정안전부장관의 제청으로 국무총리를 거쳐 대통령이 임용한다. 다만, ㉢ **총경의 전보, 휴직, 직위해제, 강등, 정직 및 복직(면직 X)은** 경찰청장이 한다.
② 경정 이하의 경찰공무원은 경찰청장이 임용한다. 다만, 경정으로의 신규채용, 승진임용 및 면직은 ㉣ <u>경찰청장의 **제청(추천 X)**으로 국무총리를 거쳐 대통령이 한다.</u>
③ 경찰청장은 대통령령으로 정하는 바에 따라 경찰공무원의 임용에 관한 권한의 일부를 시·도지사, 국가수사본부장, 소속 기관의 장, 시·도경찰청장에게 위임할 수 있다. 이 경우 시·도지사는 위임받은 권한의 일부를 대통령령으로 정하는 바에 따라 「국가경찰과 자치경찰의 조직 및 운영에 관한 법률」 제18조에 따른 ㉤ <u>시·도자치경찰위원회, 시·도경찰청장에게 다시 **위임할 수 있다.**</u>

정답 ①

412 예상문제

「경찰공무원 임용령」상 밑줄 친 내용으로 옳은 것은 모두 몇 개인가?

> **제4조(임용권의 위임 등)** ① 경찰청장은 법 제7조 제3항 전단에 따라 특별시장·광역시장·특별자치시장·도지사 또는 특별자치도지사(이하 "시·도지사"라 한다)에게 해당 특별시·광역시·특별자치시·도 또는 특별자치도(이하 "시·도"라 한다)의 자치경찰사무를 담당하는 경찰공무원[「국가경찰과 자치경찰의 조직 및 운영에 관한 법률」 제18조 제1항에 따른 시·도자치경찰위원회(이하 "시·도자치경찰위원회"라 한다), 시·도경찰청 및 경찰서(지구대 및 파출소는 제외한다)에서 근무하는 경찰공무원을 말한다] 중 **가. 경정의 전보·파견·휴직·직위해제 및 면직**에 관한 권한과 경감 이하의 임용권(**나. 신규채용 및 면직에 관한 권한은 포함한다**)을 위임한다.
> ② 경찰청장은 법 제7조 제3항 전단에 따라 국가수사본부장에게 국가수사본부 안에서의 **다. 경정 이하에 대한 전보권을 위임한다.**
> ③ 경찰청장은 법 제7조 제3항 전단에 따라 경찰대학·경찰인재개발원·중앙경찰학교·경찰수사연수원·경찰병원 및 시·도경찰청(이하 "소속기관등"이라 한다)의 장에게 그 소속 경찰공무원 중 경정의 전보·파견·휴직·직위해제 및 복직에 관한 권한과 경감 이하의 임용권을 **라. 위임할 수 있다.**
> ④ 제1항에 따라 임용권을 위임받은 시·도지사는 법 제7조 제3항 후단에 따라 **마. 경감 또는 경위로의 승진임용에 관한 권한을 포함한** 임용권을 시·도자치경찰위원회에 다시 위임한다.
> ⑤ 제4항에 따라 임용권을 위임받은 시·도자치경찰위원회는 시·도지사와 시·도경찰청장의 의견을 들어 그 권한의 일부를 시·도경찰청장에게 다시 **바. 위임한다.**
> ⑥ 제3항 및 제5항에 따라 임용권을 위임받은 시·도경찰청장은 소속 경감 이하 경찰공무원에 대한 해당 경찰서 안에서의 **사. 임용권**을 경찰서장에게 다시 위임할 수 있다.
> ⑩ 소속기관등의 장은 **아. 경감 또는 경위를 신규채용하거나 경위 또는 경사를 승진**시키려면 미리 경찰청장의 승인을 받아야 한다.

① 2개 ② 3개
③ 4개 ④ 5개

정답과 해설

가. **(X)** 경정의 전보·파견·휴직·직위해제 및 **복직(면직 X)**
나. **(X)** 신규채용 및 면직에 관한 권한은 **제외(포함 X)**한다.
다. **(O)** 경정 이하에 대한 전보권을 **위임한다(위임할 수 있다 X)**.
라. **(X)** ~~**위임한다(위임할 수 있다 X)**
마. **(X)** ~~경감 또는 경위로의 승진임용에 관한 권한을 **제외한(포함한 X)**~~
바. **(X)** ~~**위임할 수 있다(위임한다 X)**.
사. **(X)** ~~경찰서 안에서의 **전보권(임용권 X)**
아. **(O)** 소속기관등의 장은 경감 또는 경위를 **신규채용(승진 X)**하거나 경위 또는 경사를 **승진(신규채용 X)**시키려면 미리 경찰청장의 승인을 받아야 한다.

정답 ①

413 예상문제

「경찰공무원 임용령」에서 규정한 '임용권의 위임 등'에 대한 설명으로 (   )안에 들어갈 내용의 연결이 옳지 않은 것은?

- 경찰청장은 수사부서에서 총경을 보직하는 경우에는 (㉠)의 추천을 받아야 한다.
- 시·도자치경찰위원회는 임용권을 행사하는 경우에는 (㉡)의 추천을 받아야 한다.
- 시·도경찰청장 및 경찰서장은 지구대장 및 파출소장을 보직하는 경우에는 (㉢)의 의견을 사전에 들어야 한다.
- 제1항부터 제6항까지의 규정에도 불구하고 (㉣)은 경찰공무원의 정원 조정, 승진임용, 인사교류 또는 파견을 위하여 필요한 경우에는 임용권을 행사할 수 있다.

① ㉠ 국가수사본부장
② ㉡ 시·도경찰청장
③ ㉢ 시·도지사
④ ㉣ 경찰청장

정답과 해설

㉠ (O) 경찰청장은 수사부서에서 총경을 보직하는 경우에는 **(국가수사본부장)**의 추천을 받아야 한다(동임용령 제4조 제7항).
㉡ (O) 시·도자치경찰위원회는 임용권을 행사하는 경우에는 **(시·도경찰청장)**의 추천을 받아야 한다(동임용령 제4조 제8항).
㉢ (X) 시·도경찰청장 및 경찰서장은 지구대장 및 파출소장을 보직하는 경우에는 **(시·도자치경찰위원회)**의 의견을 사전에 들어야 한다(동임용령 제4조 제9항).
㉣ (O) 제1항부터 제6항까지의 규정에도 불구하고 **(경찰청장)**은 경찰공무원의 정원 조정, 승진임용, 인사교류 또는 파견을 위하여 필요한 경우에는 임용권을 행사할 수 있다(동임용령 제4조 제11항).

정답 ③

414 ☐☐☐☐ 예상문제

「경찰공무원법」에서 규정하는 '경찰공무원의 임용'에 대한 설명으로 가장 적절한 것은? (다툼이 있는 경우 판례에 의함)

① "임용"이란 신규채용·승진·전보·파견·휴직·직위해제·강임·전직·정직·강등·복직·면직·해임 및 파면을 말한다.
② "전보"란 경찰공무원의 동일 직위 및 자격 내에서의 근무기관이나 부서를 달리하는 임용을 말한다.
③「경찰공무원 임용령」상 경찰공무원은 임용장이나 임용통지서에 적힌 날짜에 임용된 것으로 본다. 다만, 사망으로 인한 면직은 사망한 날에 면직된 것으로 본다.
④ 직위해제 중에 자격정지 이상의 형의 선고유예를 받아 당연퇴직된 경찰공무원에게 임용권자가 복직처분을 하였다면 선고유예기간이 경과된 경우에 경찰공무원의 신분은 회복된다.

정답과 해설

① (X) "임용"이란 신규채용·승진·전보·파견·휴직·직위해제·정직·강등·복직·면직·해임 및 파면(**강임 X, 전직 X**)을 말한다(경찰공무원법 제2조 제1호).
② (O) 동법 제2조 제2호
③ (X) 사망으로 인한 면직은 **사망한 다음 날(사망한 날 X)**에 면직된 것으로 본다(동임용령 제5조 제2항).
④ (X) 임용권자가 임용결격사유의 발생 사실을 알지 못하고 직위해제되어 있던 중 임용결격사유가 발생하여 당연퇴직된 자에게 복직처분을 하였다고 하더라도 이 때문에 그 자가 공무원의 신분을 **회복하는 것은 아니다**(대법원 1997. 7. 8. 선고 96누4275 판결).

정답 ②

415 ☐☐☐☐ 23 간부, 예상문제

「경찰공무원 임용령」상 임용시기에 대한 설명으로 가장 적절하지 않은 것은?

① 경찰공무원은 임용장이나 임용통지서에 적힌 날짜에 임용된 것으로 보며, 임용일자를 원칙적으로 소급할 수 없다.
② 재임용된 경찰공무원의 계급정년 연한은 재임용 전에 해당 계급의 경찰공무원으로 근무한 연수를 합하여 계산한다.
③ 경찰공무원이 재직 중 전사하거나 순직한 경우로서 특별승진 임용하는 경우에는 사망한 날을 임용일자로 본다.
④ 경찰공무원이 재직 중 전사하거나 순직한 경우로서 특별승진 임용하는 경우에는 퇴직일의 전날을 임용일자로 본다.

정답과 해설

① (O) 경찰공무원은 임용장이나 임용통지서에 **적힌 날짜에 임용**된 것으로 보며, 임용일자를 **소급해서는 아니 된다** (= 소급할 수 없다)(경찰공무원 임용령 제5조 제1항).
② (O) 재임용된 경찰공무원의 계급정년 연한은 재임용 전에 해당 계급의 경찰공무원으로 근무한 연수를 **합하여(제외하고 X)** 계산한다(동임용령 제8조).
③ (X) 경찰공무원이 재직 중 전사하거나 순직한 경우로서 특별승진 임용하는 경우에는 **사망일의 전날**을 임용일자로 본다(재직 중 사망한 경우, 동임용령 제6조 제1호 가목).
④ (O) 경찰공무원이 재직 중 전사하거나 순직한 경우로서 특별승진 임용하는 경우에는 **퇴직일의 전날**을 임용일자로 본다(퇴직 후 사망한 경우, 동임용령 제6조 제1호 나목).

정답 ③

416 □□□□ 20 간부, 예상문제

「경찰공무원법」상 경찰공무원 임용결격사유는 모두 몇 개인가?

> ㉠ 「국적법」에 따른 복수국적자
> ㉡ 피한정후견인
> ㉢ 파산선고를 받고 복권된 사람
> ㉣ 「도로교통법」에 따른 음주운전 후 300만원 벌금형을 선고받고 그 형이 확정된 후 6개월이 지난 사람
> ㉤ 「성폭력범죄의 처벌 등에 관한 특례법」에 규정된 죄를 범한 후 100만원의 벌금형을 선고받고 그 형이 확정된 후 2년이 지난 사람
> ㉥ 공무원으로 재직기간 중 직무와 관련하여 「형법」 제355조 (횡령, 배임) 및 제356조(업무상의 횡령과 배임)에 규정된 죄를 범한 사람으로서 300만원 이상의 벌금형을 선고받고 그 형이 확정된 후 2년이 지난 사람

① 2개
② 3개
③ 4개
④ 5개

정답과 해설

㉠ (O) 경찰공무원법 제8조 제2항 제2호
㉡ (O) 피성년후견인 또는 **피한정후견인**(동법 제8조 제2항 제3호)
㉢ (X) 파산선고를 받고 복권되지 **아니한** 사람(동법 제8조 제2항 제4호)
㉣ (X) 경찰공무원법 제8조 제2항 7, 8, 9호 외의 범죄로 형을 선고받은 경우 임용결격사유는 **자격정지** 이상의 형을 선고받은 사람이다(동법 제8조 제2항 제5호). 따라서 도로교통법 위반으로 인한 벌금형은 임용결격사유에 해당하지 않는다.
㉤ (O) 「성폭력범죄의 처벌 등에 관한 특례법」 제2조에 규정된 죄를 범한 사람으로서 **100만원 이상의 벌금형을 선고받고 그 형이 확정된 후 3년이 지나지 아니한 사람**(동법 제8조 제2항 제8호)
㉥ (X) 공무원으로 재직기간 중 **직무와 관련하여** 「형법」 제355조 (횡령, 배임) 및 제356조(업무상의 횡령과 배임)에 규정된 죄를 범한 사람으로서 **300만원 이상**의 벌금형을 선고받고 그 형이 확정된 후 **2년이 지나지 않은 사람**(지난 사람 X)(동법 제8조 제2항 제7호)

정답 ②

417 ☐☐☐☐ 21 채용, 예상문제

다음 중 「국가공무원법」과 「경찰공무원법」상 공통적으로 적용되는 임용결격사유는 모두 몇 개인가?

> ⊙ 피성년후견인
> ⓒ 파산선고를 받고 복권되지 아니한 사람(자)
> ⓒ 자격정지 이상의 형의 선고유예를 선고받고 그 유예 기간 중에 있는 사람(자)
> ⓔ 「성폭력범죄의 처벌 등에 관한 특례법」 제2조에 규정된 죄를 범한 사람으로서 100만원 이상의 벌금형을 선고받고 그 형이 확정된 후 3년이 지나지 아니한 사람(자)
> ⓜ 징계에 의하여 파면 또는 해임처분을 받은 사람(자)
> ⓗ 복수국적자
> ⓢ 공무원으로 재직기간 중 직무와 관련하여 「형법」 제355조(횡령, 배임) 및 제356조(업무상의 횡령과 배임)에 규정된 죄를 범한 자로서 300만원 이상의 벌금형을 선고받고 그 형이 확정된 후 2년이 지나지 아니한 사람(자)

① 2개 ② 3개
③ 4개 ④ 5개

정답과 해설

⊙ⓒⓔⓢ이 국가공무원법과 경찰공무원법상 공통적으로 적용되는 임용결격사유에 해당한다.
ⓒ (X) 국가공무원법 : 금고 이상, 경찰공무원법 : 자격정지 이상
ⓜ (X) 징계에 의하여 파면 또는 해임처분을 받은 사람은 경찰공무원법상 결격사유, 국가공무원법상은 파면처분을 받은 때부터 5년이 지나지 아니한 자, 해임처분을 받은 때부터 3년이 지나지 아니한 자
ⓗ (X) 복수국적자는 경공법상은 결격사유이나 국공법상은 임용결격사유가 아니다.

정답 ③

418 ☐☐☐☐ 예상문제

다음 중 공무원의 임용결격사유에 대한 설명으로 가장 적절하지 않은 것은? (다툼이 있는 경우 판례에 의함)

① 「경찰공무원법」상 벌금 이상의 형의 선고유예를 받고 그 선고유예 기간 중에 있는 사람은 경찰공무원으로 임용될 수 없다.
② 징계로 해임처분을 받은 사람은 경찰공무원으로는 임용될 수 없으나, 징계로 해임처분을 받은 때부터 3년이 지난 자는 일반공무원에 임용될 수 있다.
③ 임용결격자가 공무원으로 임용되어 사실상 근무하여 왔다고 하더라도 공무원연금법 소정의 퇴직급여 등을 청구할 수 없다.
④ 임용당시 공무원임용결격사유가 있었다면 비록 국가의 과실에 의하여 임용결격자임을 밝혀내지 못하였다 하더라도 그 임용행위는 당연무효로 보아야 한다.

정답과 해설

① (X) **자격정지 이상의 형의 선고유예**를 받고 그 선고유예 기간 중에 있는 사람이 임용결격사유이다.
② (O) 경찰공무원법 제8조 제2항 제10호, 국가공무원법 제33조 제8호
③ (O) 공무원연금법에 의한 퇴직급여 등은 적법한 공무원으로서의 신분을 취득하여 근무하다가 퇴직하는 경우에 지급되는 것이고, 당연무효인 임용결격자에 대한 임용행위에 의하여 공무원의 신분을 취득할 수는 없으므로, 임용결격자가 공무원으로 임용되어 사실상 근무하여 왔다고 하더라도 적법한 공무원으로서의 신분을 취득하지 못한 자로서는 공무원연금법 소정의 **퇴직급여 등을 청구할 수 없으며,** 나아가 임용결격사유가 소멸된 후에 계속 근무하여 왔다고 하더라도 그때부터 무효인 임용행위가 유효로 되어 적법한 공무원의 신분을 회복하고 퇴직급여 등을 청구할 수 있다고 볼 수는 없다(대판 95누9617).
④ (O) 대판1987. 4. 14. 86누459

정답 ①

419 ☐☐☐☐ 예상문제

다음 중 「경찰공무원법」에서 규정하는 '신규채용'에 대한 설명으로 가장 적절하지 않은 것은?

① 경정 및 순경의 신규채용은 공개경쟁시험으로 한다.
② 「국가공무원법」 제70조 제1항 제3호(직제와 정원의 개폐 등에 따른 면직의 사유)로 퇴직하거나 같은 법 제71조 제1항 제1호(신체·정신상의 장애로 장기 요양이 필요할 때)의 휴직 기간 만료로 퇴직한 경찰공무원을 퇴직한 날부터 3년(「공무원 재해보상법」에 따른 공무상 질병 또는 부상으로 인한 휴직의 경우에는 5년) 이내에 퇴직 시에 재직한 계급의 경찰공무원으로 재임용하는 경우에는 경력 등 응시요건을 정하여 같은 사유에 해당하는 다수인을 대상으로 경쟁의 방법으로 채용하는 시험(이하 경력경쟁채용시험)으로 경찰공무원을 신규채용할 수 있다.
③ 「국가공무원법」에 따른 5급 공무원의 공개경쟁채용시험이나 「사법시험법」(폐지되기 전의 것)에 따른 사법시험에 합격한 사람을 경정 이하의 경찰공무원으로 임용하는 경우에 ②의 경력경쟁채용시험으로 신규채용할 수 있다.
④ 경찰청장은 경찰공무원의 신규채용시험(경위공개경쟁채용시험을 포함), 승진시험 또는 그 밖의 시험에서 다른 사람에게 대신하여 응시하게 하는 행위 등 부정행위를 한 사람에 대하여 해당 시험의 정지·무효 또는 합격 취소 처분을 할 수 있다. 처분을 받은 사람에 대해서는 처분이 있은 날부터 3년의 범위에서 신규채용시험, 승진시험 또는 그 밖의 시험의 응시자격을 정지한다.

> **정답과 해설**
>
> ① (O) 동법 제10조 제1항
> ② (O) 동법 제10조 제3항 제1호
> ③ (O) 동법 제10조 제3항 제4호
> ④ (X) ~~있은 날부터 **5년(3년 X)**의 범위에서~(동법 제11조)
>
> > **제11조(부정행위자에 대한 제재)** ① **경찰청장 또는 해양경찰청장**은 경찰공무원의 신규채용시험(경위공개경쟁채용시험을 **포함**한다), 승진시험 또는 그 밖의 시험에서 다른 사람에게 대신하여 응시하게 하는 행위 등 대통령령으로 정하는 부정행위를 한 사람에 대하여 대통령령으로 정하는 바에 따라 해당 시험의 정지·무효 또는 합격 취소 처분을 **할 수 있다**.
> > ② 제1항에 따른 처분을 받은 사람에 대해서는 처분이 **있은 날(다음 날 X)**부터 **5년**의 범위에서 대통령령으로 정하는 기간 동안 신규채용시험, 승진시험 또는 그 밖의 시험의 응시자격을 **정지한다**.
>
> 정답 ④

420 예상문제

다음 중 「경찰공무원법」과 「경찰공무원 임용령」에서 규정하는 채용후보자명부에 관한 설명으로 적절하지 않은 것은?

① 공개경쟁채용시험, 경위공개경쟁채용시험 및 경력경쟁채용시험등에 합격한 사람은 행정안전부령으로 정하는 바에 따라 임용권자 또는 임용제청권자에게 채용후보자 등록을 해야 한다.
② 채용후보자 명부의 유효기간은 2년의 범위에서 대통령령으로 정한다. 다만, 경찰청장 또는 해양경찰청장은 필요에 따라 2년의 범위에서 그 기간을 연장할 수 있다.
③ 경찰청장은 채용후보자 명부의 유효기간을 연장하기로 결정한 경우에는 그 사실을 공고하여야 한다.
④ 경찰공무원의 신규채용은 채용후보자 명부의 등재 순위에 따른다. 다만, 채용후보자가 경찰교육기관에서 신임교육을 받은 경우에는 그 교육성적 순위에 따른다.

정답과 해설

① (O) 경찰공무원 임용령 제17조 제1항

> **[출제포인트]** 대통령령과 행정안전부령을 구분할 것
> **경찰공무원법**
> **제12조(채용후보자 명부 등)** ① 경찰청장 또는 해양경찰청장(임용권을 위임받은 자를 포함한다)은 신규채용시험에 합격한 사람(경찰대학을 졸업한 사람과 경위공개경쟁채용시험합격자를 포함)을 **대통령령(행정안전부령 X)**으로 정하는 바에 따라 **성적 순위**에 따라 채용후보자 명부에 **등재(登載)**하여야 한다.
> **경찰공무원 임용령**
> **제17조(채용후보자의 등록)** ① 공개경쟁채용시험, 경위공개경쟁채용시험 및 경력경쟁채용시험등에 합격한 사람은 **행정안전부령(대통령령 X)**으로 정하는 바에 따라 임용권자 또는 임용제청권자에게 채용후보자 **등록**을 해야 한다

② (X) 채용후보자 명부의 유효기간은 **2년**의 범위에서 대통령령으로 정한다. 다만, **경찰청장 또는 해양경찰청장**은 필요에 따라 **1년(2년 X)**의 범위에서 그 기간을 연장할 수 있다(경찰공무원법 제12조 제3항).
③ (O) 경찰청장은 채용후보자 명부의 유효기간을 연장하기로 결정한 경우에는 그 사실을 **공고하여야 한다(할 수 있다 X)**(동법 제12조 제5항).
④ (O) 경찰공무원의 신규채용은 채용후보자 명부의 **등재 순위**에 따른다. 다만, 채용후보자가 경찰교육기관에서 신임교육을 받은 경우에는 그 **교육성적 순위**에 따른다(동법 제12조 제2항).

정답 ②

421 ☐☐☐☐ 25 채용

「경찰공무원법」 및 「경찰공무원 임용령」상 경찰공무원 채용에 관한 설명으로 가장 적절하지 않은 것은?

① 채용후보자 등록을 하지 아니한 사람은 경찰공무원으로 임용될 의사가 없는 것으로 본다.
② 경찰청장 또는 해양경찰청장은 채용후보자 명부의 유효기간을 연장하기로 결정한 경우에는 그 사실을 공고하여야 한다.
③ 경찰청장 또는 해양경찰청장은 경찰공무원의 신규채용시험에서 대통령령으로 정하는 부정행위를 한 사람에 대하여 부정행위자에 대한 제재로서 해당 시험의 정지·무효 또는 합격 취소 처분을 할 때에는 미리 그 처분의 내용과 사유를 당사자에게 통지하여 소명할 기회를 주어야 한다.
④ 경찰공무원의 신규채용시험은 계급별로 실시한다. 다만, 결원보충을 원활히 하기 위하여 필요하다고 인정될 때에는 직무분야별·근무예정지역 또는 근무예정기관별로 구분하여 실시할 수 있다.

> **정답과 해설**
> ① (O) 경찰공무원 임용령 제17조 제2항
> ② (O) 경찰청장 또는 해양경찰청장은 채용후보자 명부의 유효기간을 연장하기로 결정한 경우에는 그 사실을 **공고하여야 한다**(할 수 있다 X)(경찰공무원법 제12조 제5항).
> ③ (X) 경찰청장 또는 해양경찰청장은 경찰공무원의 신규채용시험에서 대통령령으로 정하는 부정행위를 한 사람에 대하여 부정행위자에 대한 제재로서 해당 시험의 **무효 또는 합격 취소**(정지 X) 처분을 할 때에는 미리 그 처분의 내용과 사유를 당사자에게 통지하여 소명할 기회를 주어야 한다(동법 제11조 제1항, 제3항).
> ④ (O) 경찰공무원의 신규채용시험은 **계급별**로 실시한다. 다만, 결원보충을 원활히 하기 위하여 필요하다고 인정될 때에는 직무분야별·근무예정지역 또는 근무예정기관별로 **구분**하여 **실시할 수 있다**(경찰공무원 임용령 제32조).
>
> **정답** ③

422

다음 중 경찰공무원 임용에 대한 설명으로 적절하지 않은 것은 모두 몇 개인가?

> 가. 채용후보자 명부의 유효기간은 2년으로 하되, 경찰서장은 필요에 따라 1년의 범위에서 그 기간을 연장할 수 있다.
> 나. 임용권자 또는 임용제청권자는 채용후보자 명부에 등재된 채용후보자가 학업을 계속하는 경우 채용후보자 명부의 유효기간의 범위에서 기간을 정하여 임용 또는 임용제청을 유예할 수 있다. 다만, 유예기간 중이라도 그 사유가 소멸한 경우에는 임용 또는 임용제청을 할 수 있다.
> 다. 나.에 따른 임용 또는 임용제청의 유예를 원하는 사람은 해당 사유를 증명할 수 있는 자료를 첨부하여 임용권자 또는 임용제청권자가 정하는 기간 내에 신청해야 한다. 이 경우 원하는 유예기간을 분명하게 적어야 한다.
> 라. 신규채용시험에 합격한 사람이 채용후보자 명부에 등재된 이후 그 유효기간 내에 「병역법」에 따른 병역 복무를 위하여 군에 입대한 경우(대학생 군사훈련 과정 이수자를 포함한다)의 의무복무 기간은 채용후보자 명부의 유효기간에 넣어 계산하지 아니한다.

① 없음 ② 1개
③ 2개 ④ 3개

정답과 해설

가. (X) 채용후보자 명부의 유효기간은 **2년**으로 하되, **경찰청장(경찰서장 X)**은 필요에 따라 **1년**의 범위에서 그 기간을 연장할 수 있다(경찰공무원 임용령 제18조 제3항).
나. (O) 임용권자 또는 임용제청권자는 채용후보자 명부에 등재된 채용후보자가 학업을 계속하는 경우 채용후보자 명부의 유효기간의 범위에서 기간을 정하여 임용 또는 임용제청을 **유예할 수 있다(유예해야 한다 X)**. 다만, 유예기간 중이라도 그 사유가 소멸한 경우에는 **임용 또는 임용제청을 할 수 있다(해야 한다 X)**(동임용령 제18조의2 제1항 제2호).
다. (O) 나.에 따른 임용 또는 임용제청의 유예를 원하는 사람은 해당 사유를 증명할 수 있는 자료를 첨부하여 임용권자 또는 임용제청권자가 정하는 기간 내에 **신청해야 한다**. 이 경우 **원하는 유예기간을 분명하게 적어야 한다**(동임용령 제18조의2 제2항).
라. (O) 신규채용시험에 합격한 사람이 채용후보자 명부에 등재된 이후 그 유효기간 내에 「병역법」에 따른 병역 복무를 위하여 군에 입대한 경우(대학생 군사훈련 과정 이수자를 **포함(제외 X)**한다)의 **의무복무 기간은 채용후보자 명부의 유효기간에 넣어 계산하지 아니한다**(경찰공무원법 제12조 제4항).

정답 ②

423 ☐☐☐☐ 25 승진

「경찰공무원 임용령」상 임용권자 또는 임용제청권자가 시보임용경찰공무원을 정규 경찰공무원으로 임용하는 것이 부적당하다고 인정되는 경우에 임용심사위원회의 의결을 거쳐 해당 시보임용경찰공무원을 면직시키거나 면직을 제청할 수 있는 사유로 가장 적절하지 않은 것은?

① 징계사유에 해당하는 경우
② 제21조 제1항에 따른 교육훈련 중 질병, 병역 복무 또는 그 밖에 교육훈련을 계속할 수 없는 불가피한 사정 외의 사유로 퇴교처분을 받은 경우
③ 제21조 제1항에 따른 교육훈련성적이 만점의 60퍼센트 미만이거나 생활기록이 극히 불량한 경우
④ 「경찰공무원 승진임용 규정」 제7조 제2항에 따른 제2 평정 요소인 근무실적, 직무수행능력, 직무수행태도, 포상의 평정점이 만점의 50퍼센트 미만인 경우

정답과 해설

④ (X) **근무실적, 직무수행능력, 직무수행태도**가 「경찰공무원 승진임용 규정」 제7조 제2항에 따른 제2 평정 요소에 해당한다. **포상은 제1 평정 요소**에 해당하므로 틀린 지문이다.

> **제20조(시보임용경찰공무원)** ④ 임용권자 또는 임용제청권자는 시보임용경찰공무원이 다음 각 호의 어느 하나에 해당하여 정규 경찰공무원으로 임용하는 것이 부적당하다고 인정되는 경우에는 임용심사위원회의 의결을 거쳐 해당 시보임용경찰공무원을 면직시키거나 면직을 제청할 수 있다.
> 1. 징계사유에 해당하는 경우
> 1의2. 제21조 제1항에 따른 교육훈련 중 질병, 병역 복무 또는 그 밖에 교육훈련을 계속할 수 없는 불가피한 사정 외의 사유로 퇴교처분을 받은 경우
> 2. 제21조 제1항에 따른 교육훈련성적이 만점의 60퍼센트 미만이거나 생활기록이 극히 불량한 경우
> 3. 「경찰공무원 승진임용 규정」 제7조 제2항에 따른 **제2평정 요소의 평정점이 만점의 50퍼센트 미만인 경우**
>
> **제7조(근무성적 평정)** ② 근무성적은 다음 각 호의 평정 요소에 따라 평정한다. 다만, 총경의 근무성적은 제2 평정 요소로만 평정한다.
> 1. 제1 평정 요소
>   가. 경찰업무 발전에 대한 기여도
>   **나. 포상 실적**
>   다. 그 밖에 행정안전부령으로 정하는 평정 요소
> 2. 제2 평정 요소
>   가. 근무실적
>   나. 직무수행능력
>   다. 직무수행태도

정답 ④

424 □□□□ 24 승진, 예상문제

다음 중 「경찰공무원법」 및 「경찰공무원 임용령」상 '시보임용'에 대한 설명으로 가장 적절한 것은?

① 경정 이하의 경찰공무원을 신규채용할 때에는 1년간 시보로 임용하고, 그 기간이 만료되는 날에 정규 경찰공무원으로 임용한다.

② 시보임용기간 중에 있는 경찰공무원이 근무성적 또는 교육훈련성적이 불량할 때에는 「국가공무원법」 제68조 및 이 법 제28조에도 불구하고 면직시키거나 면직을 제청할 수 있다.

③ 휴직 기간, 직위해제기간 및 징계에 의한 감봉처분 또는 견책처분을 받은 기간은 시보임용기간에 산입하지 아니한다.

④ 임용권자 또는 임용제청권자는 시보임용경찰공무원의 교육훈련성적이 만점의 60퍼센트 미만 또는 근무성적 평정 제2 평정 요소의 평정점이 만점의 50퍼센트 미만에 해당하여 정규 경찰공무원으로 임용하는 것이 부적당하다고 인정되는 경우에는 임용심사위원회의 의결을 거쳐 해당 시보임용경찰공무원을 면직시키거나 면직을 제청하여야 한다.

정답과 해설

① (X) 그 기간이 만료되는 다음날에 정규 경찰공무원으로 임용한다(경찰공무원법 제13조 제1항).

② (O) 시보임용기간 중에 있는 경찰공무원이 근무성적 또는 교육훈련성적이 불량할 때에는 「국가공무원법」 제68조(신분보장) 및 이 법 제28조(신규채용)에도 불구하고 면직시키거나 면직을 제청할 수 있다(동법 제13조 제3항).

③ (X) 휴직 기간, 직위해제기간 및 징계에 의한 정직처분 또는 감봉처분(견책처분 X)을 받은 기간은 시보임용기간에 산입하지 아니한다(동법 제13조 제2항).

④ (X) 임용권자 또는 임용제청권자는 시보임용경찰공무원이 교육훈련성적이 만점의 60퍼센트 미만이거나 생활기록이 극히 불량한 경우, 제2 평정 요소의 평정점이 만점의 50퍼센트 미만에 해당하여 정규 경찰공무원으로 임용하는 것이 부적당하다고 인정되는 경우에는 임용심사위원회의 의결을 거쳐 해당 시보임용경찰공무원을 면직시키거나 면직을 제청할 수 있다(하여야 한다 X)(동임용령 제20조 제4항 제2호, 제3호).

정답 ②

425 ☐☐☐☐ 24 승진, 예상문제

「경찰공무원 임용령(대통령령)」상 경찰공무원 시보임용에 대한 설명으로 가장 적절하지 않은 것은?

① 임용권자 또는 임용제청권자는 시보임용 기간 중에 있는 경찰공무원의 근무사항을 항상 지도·감독하여야 한다.
② 시보임용경찰공무원을 정규 경찰공무원으로 임용하는 경우 그 적부를 심사하게 하기 위하여 임용권자 또는 임용제청권자 소속으로 임용심사위원회를 둔다.
③ 임용권자 또는 임용제청권자는 시보임용경찰공무원 또는 시보임용예정자에게 일정 기간 교육훈련(실무수습을 포함한다)을 시킬 수 있다. 이 경우 시보임용예정자에게 훈련을 받는 기간 동안 예산의 범위에서 임용예정계급의 1호봉에 해당하는 봉급에 상당하는 금액(교육훈련기간은 그 금액의 80퍼센트) 등을 지급할 수 있다.
④ 임용권자 또는 임용제청권자는 시보임용예정자가 ③에 따른 교육훈련성적이 만점의 60퍼센트 미만이거나 생활기록이 극히 불량할 때에는 시보임용을 하지 아니한다.

> **정답과 해설**
> ① (O) 임용권자 또는 임용제청권자는 시보임용 기간 중에 있는 경찰공무원(이하 "시보임용경찰공무원"이라 한다)의 근무사항을 항상 **지도·감독하여야 한다**(할 수 있다 X)(경찰공무원 임용령 제20조 제1항).
> ② (O) 시보임용경찰공무원을 정규 경찰공무원으로 임용하는 경우 그 적부를 심사하게 하기 위하여 임용권자 또는 임용제청권자 소속으로 임용심사위원회를 **둔다(둘 수 있다 X)**(동임용령 제20조의2 제1항 제2호).
> ③ (O) 임용권자 또는 임용제청권자는 시보임용경찰공무원 또는 시보임용예정자에게 일정 기간 교육훈련(실무수습을 **포함한다**)을 시킬 수 있다. 이 경우 시보임용예정자에게 훈련을 받는 기간 동안 예산의 범위에서 임용예정계급의 1호봉에 해당하는 봉급에 상당하는 금액(**교육훈련기간은** 그 금액의 **80퍼센트**) 등을 지급할 수 있다(동임용령 제23조 제1항).
> ④ (X) 임용권자 또는 임용제청권자는 시보임용예정자가 ③에 따른 교육훈련성적이 만점의 **60퍼센트 미만**이거나 생활기록이 극히 불량할 때에는 시보임용을 하지 **아니할 수 있다(아니한다 X)**(동임용령 제21조 제2항).
>
> 정답 ④

426 ☐☐☐☐ 24 승진, 예상문제

다음 중 「경찰공무원 임용령 시행규칙」상 시보경찰공무원의 임용심사위원회에 대한 설명으로 가장 적절한 것은?

① 임용심사위원회는 위원장 1명을 포함한 위원 3명 이상 5명 이하로 구성한다.
② 위원장은 위원 중에서 호선한다.
③ 위원회는 재적위원 3분의 2 이상 출석과 출석위원 과반수 찬성으로 의결한다.
④ 이 규칙에서 정한 사항 외에 위원회의 운영에 필요한 사항은 위원회의 의결을 거쳐 행정안전부령으로 정한다.

정답과 해설

① (X) 임용심사위원회는 위원장 1명을 포함한 위원 **5명 이상 7명 이하**로 구성한다(경찰공무원 임용령 시행규칙 제10조 제1항).
② (X) 위원장은 위원 중 **가장 계급이 높은 경찰공무원(호선 X)**이 된다. 다만, 가장 계급이 높은 경찰공무원이 둘 이상인 경우 그 중 해당 계급에 승진임용된 날이 가장 빠른 경찰공무원이 된다(동시행규칙 제10조 제2항).
③ (O) 위원회는 재적위원 3분의 2 이상 출석과 출석위원 과반수 찬성으로 의결한다(동시행규칙 제10조 제4항).
④ (X) 이 규칙에서 정한 사항 외에 위원회의 운영에 필요한 사항은 위원회의 의결을 거쳐 **위원장(행정안전부령 X)**이 정한다(동시행규칙 제10조 제7항).

정답 ③

427 ☐☐☐☐ 18 간부, 예상문제

다음 중 대통령령인 「경찰공무원 임용령」상 경찰의 인사에 관한 다음 설명 중 옳은 것은?

① 경찰공무원인사위원회는 위원장을 포함하여 3명 이상 7명 이하의 위원으로 구성한다.
② 인사위원회의 위원장은 경찰청 인사담당국장이 되고, 위원은 경찰청 소속 총경 이상의 경찰공무원 중에서 위원장이 임명한다.
③ 회의는 재적위원 과반수의 출석과 출석위원 과반수의 찬성으로 의결한다.
④ 위원장이 부득이한 사유로 직무를 수행할 수 없을 때에는 위원 중에서 최상위계급 또는 선임의 경찰공무원이 그 직무를 대행한다.

정답과 해설

① (X) 경찰공무원인사위원회(이하 "인사위원회"라 한다)는 위원장을 포함하여 **5명 이상 7명 이하(3명 이상 7명 이하 X)**의 위원으로 구성한다(경찰공무원 임용령 제9조 제1항).
② (X) 인사위원회의 위원장은 경찰청 인사담당국장이 되고, 위원은 경찰청 소속 총경 이상 경찰공무원 중에서 **경찰청장(위원장 X)이 각각** 임명한다(동용령 제9조 제2항).
③ (X) 회의는 **재적위원 과반수의 찬성**으로 의결한다(동임용령 제11조 제2항).
④ (O) 위원장이 부득이한 사유로 직무를 수행할 수 없을 때에는 위원 중에서 **최상위계급 또는 선임(미리 지명한 위원 X)**의 경찰공무원이 그 직무를 대행한다(동임용령 제10조 제2항).

정답 ④

경찰공무원관계의 변경

428 ☐☐☐☐ 예상문제

다음 중 경찰공무원 관계의 변동에 대한 설명으로 가장 적절하지 않은 것은?

① 경력 평정은 기본경력과 초과경력으로 구분하여 실시하되, 경위·경사계급의 기본경력에 포함되는 기간은 평정기준일부터 최근 1년 6개월간이다.

② 경무관 이하 계급으로의 승진은 승진심사에 의하여 한다. 다만, 경정 이하 계급으로의 승진은 대통령령으로 정하는 비율에 따라 승진시험과 승진심사를 병행할 수 있다.

③ 총경 이하의 경찰공무원에 대하여는 대통령령으로 정하는 바에 따라 계급별로 승진 대상자 명부를 작성하여야 한다.

④ 경찰청장은 순경에서 4년 이상 근속자를 경장으로, 경장에서 5년 이상 근속자를 경사로, 경사에서 6년 6개월 이상 근속자를 경위로, 경위에서 8년 이상 근속자를 경감으로 각각 근속승진임용을 할 수 있다.

> **정답과 해설**
>
> ① **(X)** 경력 평정은 기본경력과 초과경력으로 구분하여 실시하되, 경위·경사계급의 기본경력에 포함되는 기간은 평정기준일부터 최근 **2년**(1년 6개월 X)간이다(경찰공무원 승진임용 규정 제9조 제3항 제1호 나목).
> ② **(O) 경무관 이하** 계급으로의 승진은 **승진심사**에 의하여 한다. 다만, **경정 이하** 계급으로의 승진은 대통령령으로 정하는 비율에 따라 **승진시험과 승진심사**를 병행할 수 있다(경찰공무원법 제15조 제2항).
> ③ **(O) 총경 이하**의 경찰공무원에 대하여는 대통령령으로 정하는 바에 따라 계급별로 승진 대상자 명부를 **작성하여야 한다**(동법 제15조 제3항).
> ④ **(O)** 동법 제16조
>
> **정답** ①

429 ☐☐☐☐ 22 채용

「경찰공무원 승진임용 규정」상 승진에 관한 설명 중 가장 적절하지 않은 것은?

① 경찰공무원의 승진임용은 심사승진임용·시험승진임용 및 특별승진임용으로 구분한다.
② 「경찰공무원 승진임용 규정」 제6조 제1항 제2호에 따르면 소극행정으로 감봉에 해당하는 징계처분을 받은 경찰공무원은 징계 처분의 집행이 끝난 날부터 18개월이 지나지 아니하면 심사승진 임용될 수 없다.
③ 임용권자나 임용제청권자는 시험승진후보자 명부에 기록된 사람이 승진임용되기 전에 감봉 이상의 징계처분을 받은 경우에는 시험 승진후보자 명부에서 그 사람을 제외하여야 한다.
④ 총경 이하의 경찰공무원에 대해서는 매년 근무성적을 평정하여야 하나 휴직·직위해제 등의 사유로 해당 연도의 평정기관에서 6개월 이상 근무하지 아니한 경찰공무원에 대해서는 근무성적을 평정하지 아니한다.

정답과 해설

① (O) 경찰공무원의 승진임용은 심사승진임용·시험승진임용 및 **특별승진임용(근속승진 X)**으로 구분한다(경찰공무원 승진임용 규정 제3조). **주의)** 근속승진은 경찰공무원법 제16조에 규정되어 있다.

> **경찰공무원법**
> **제16조(근속승진)** ① 경찰청장 또는 해양경찰청장은 제15조 제2항에도 불구하고 해당 계급에서 다음 각 호의 기간 동안 재직한 사람을 **경장, 경사, 경위, 경감으로 각각 근속승진**임용할 수 있다. 다만, 인사교류 경력이 있거나 주요 업무의 추진 실적이 우수한 공무원 등 경찰행정 발전에 기여한 공이 크다고 인정되는 경우에는 대통령령으로 정하는 바에 따라 그 기간을 단축할 수 있다.
> 1. **순경을 경장**으로 근속승진임용하려는 경우: 해당 계급에서 **4년 이상** 근속자
> 2. **경장을 경사**로 근속승진임용하려는 경우: 해당 계급에서 **5년 이상** 근속자
> 3. **경사를 경위**로 근속승진임용하려는 경우: 해당 계급에서 **6년 6개월 이상** 근속자
> 4. **경위를 경감**으로 근속승진임용하려는 경우: 해당 계급에서 **8년 이상** 근속자
>
> **경찰공무원 승진임용 규정**
> **제3조(승진임용의 구분)** 경찰공무원의 승진임용은 **심사승진임용·시험승진임용 및 특별승진임용**으로 구분한다.

② (O) 소극행정으로 감봉(12개월)에 해당하는 징계처분을 받은 경찰공무원은 징계 처분의 집행이 끝난 날부터 **18개월**(12+6)이 지나지 아니하면 심사승진 임용될 수 없다(동규정 제6조 제1항 제2호).
③ (X) 임용권자나 임용제청권자는 심사승진후보자 명부에 기록된 사람이 승진임용되기 전에 **정직 이상**(감봉 이상 X)의 징계처분을 받은 경우에는 심사승진후보자 명부에서 그 사람을 제외하여야 한다(동규정 제24조 제3항).
④ (O) 동규정 제7조 제1항, 제8조 제1항

정답 ③

430 ☐☐☐☐ 22 채용

경찰공무원 관련 법령에 따를 때, 승진에 관한 설명 중 가장 적절하지 않은 것은? (다툼이 있는 경우 판례에 의함)

① ○○지구대에 근무하는 순경 甲이 승진후보자명부에 등재된 후 경장으로 승진임용되기 전에 정직 3개월의 징계처분을 받아 임용권자가 순경 甲을 승진후보자명부에서 삭제함으로써 순경 甲이 승진임용의 대상에서 제외되었다면, 임용권자의 승진후보자명부에서의 삭제 행위 그 자체는 행정처분에 해당한다.

② 7세인 초등학교 1학년 외동딸을 양육하기 위하여 1년간 휴직한 경사 乙의 위 휴직 기간 1년은 승진소요 최저근무연수에 포함된다.

③ 통상적인 근무시간보다 짧은 시간을 근무하는 시간선택제전환경찰공무원으로 경위 계급에서 1년간 근무한 경위 丙의 위 근무기간 1년은 승진소요 최저근무연수에 포함된다.

④ 위법·부당한 처분과 직접적 관계없이 50만 원의 향응을 받아 감봉 1개월의 징계처분을 받은 경감 丁이 그 징계처분을 받은 후 해당 계급에서 경찰청장 표창을 받은 경우(그 외 일체의 포상을 받은 사실 없음)에는 징계처분의 집행이 끝난 날부터 18개월이 지나면 승진임용될 수 있다.

정답과 해설

① (X) 경찰공무원 시험승진후보자명부에 등재된 자가 승진임용되기 전에 정직 이상의 징계처분을 받은 경우, 임용권자가 당해인을 시험승진후보자명부의 삭제행위는 결국 그 명부에 등재된 자에 대한 승진 여부를 결정하기 위한 **행정청 내부의 준비과정에 불과하고, 그 자체가 어떠한 권리나 의무를 설정하거나 법률상 이익에 직접적인 변동을 초래하는 별도의 행정처분이 된다고 할 수 없다**(대판 97누7325).

② (O) 휴직 기간, 직위해제 기간, 징계처분 기간은 승진소요 최저근무연수 기간에 포함하지 않는다. 그러나 8세 이하 또는 초등학교 2학년 이하의 자녀를 양육하기 위하여 필요하거나 여성공무원이 임신 또는 출산하게 된 때에는 **승진소요 최저근무연수에 포함된다**(경찰공무원 승진임용규정 제5조 제2항 제1호 라목).

③ (O) 경찰공무원 승진임용규정 제5조 제6항 제1호

④ (O) 금품 또는 향응 수수로 감봉처분을 받은 경우 승진임용기간 제한 기간은 12개월+6개월이다(경찰공무원 승진임용규정 제6조 제1항 제2호). 또한 경감 丁이 받은 **경찰청장 표창은 승진제한기간 단축 규정**(대통령표창 또는 국무총리표창)**에 해당하지 않는다**(동임용규정 제6조 제3항).

정답 ①

431 ☐☐☐☐ 예상문제

A 경찰서 승진대상자에 대한 설명이다. 아래 ㉠부터 ㉣까지의 설명으로 옳고 그름의 표시 (O · X)가 바르게 된 것은?

> ㉠ 甲 경감은 경찰공무원으로서 모든 경찰공무원의 귀감이 되는 공을 세우고 순직하여 총경으로 특별승진을 하였다.
> ㉡ 乙 경위는 음주운전으로 정직처분을 받아 징계집행이 끝난 날부터 24개월 동안 승진제한을 받는다.
> ㉢ 丙 경사는 기본경력에 포함되는 기간이 평정기준일부터 최근 2년간이다.
> ㉣ 丁 경장은 승진임용되기 전 감봉의 징계처분을 받았기 때문에 심사승진후보자 명부에서 제외되었다.
> ㉤ 임용권자는 경감으로의 근속승진임용을 위한 심사를 할 때에는 연도별로 합산하여 해당 기관의 근속승진 대상자의 100분의 40에 해당하는 인원수(소수점 이하가 있는 경우에는 1명을 가산한다)를 초과하여 근속승진임용할 수 없다.

① ㉠ (O) ㉡ (X) ㉢ (O) ㉣ (X) ㉤ (X)
② ㉠ (X) ㉡ (O) ㉢ (O) ㉣ (X) ㉤ (X)
③ ㉠ (X) ㉡ (X) ㉢ (O) ㉣ (O) ㉤ (O)
④ ㉠ (X) ㉡ (X) ㉢ (X) ㉣ (O) ㉤ (O)

정답과 해설

㉠ (X) **경위 이하**의 경찰공무원으로서 모든 경찰공무원의 귀감이 되는 공을 세우고 전사하거나 순직한 사람에 대하여는 **2계급 특별승진시킬 수 있다**(경찰공무원법 제19조 제1항).
㉡ (O) 18개월(정직처분) + 6개월(음주운전)(경찰공무원 승진임용 규정 제6조 제1항 제2호 가목)
㉢ (O) 동규정 제9조 제3항 제1호

> **제9조(경력 평정)** ③ 경력 평정은 기본경력과 초과경력으로 구분하여 실시하되, 계급별로 기본경력과 초과경력에 포함되는 기간은 다음 각 호와 같다.
> 1. 기본경력
>   가. **총경 · 경정 · 경감**: 평정기준일부터 최근 **3년간**
>   나. **경위 · 경사**: 평정기준일부터 최근 **2년간**
>   다. **경장 · 순경**: 평정기준일부터 최근 **1년 6개월간**

㉣ (X) 임용권자나 임용제청권자는 심사승진후보자 명부에 기록된 사람이 승진임용되기 전에 **정직 이상**의 징계처분을 받은 경우에는 심사승진후보자 명부에서 그 사람을 제외하여야 한다(동규정 제24조 제3항).
㉤ (X) 임용권자는 경감으로의 근속승진임용을 위한 심사를 할 때에는 연도별로 합산하여 해당 기관의 근속승진 대상자의 **100분의 50**에 해당하는 인원수(소수점 이하가 있는 경우에는 1명을 가산한다)를 초과하여 근속승진임용할 수 없다(동규정 제26조 제4항).

정답 ②

432 ☐☐☐☐ 22 채용

경찰의 근무성적평정에 관한 설명 중 가장 적절하지 않은 것은?

① 공무원에 대한 근무성적평정은 현대에 이르러 조직발전의 기초로 작용하는 공무원의 능력개발과 행정제도개선의 수단으로도 활용될 수 있다.
② 전통적 근무성적평정제도는 생산성과 능률성에 중점을 두어 공무원의 직무수행능력을 측정하고 이를 인사행정의 표준화와 직무수행의 통제를 위한 수단으로 활용하였다.
③ 근무성적평정과정에서 평정자에 의한 집중화·엄격화 등의 오류를 방지하기 위해 경찰서 수사과에서 고소·고발 등에 대한 조사업무를 직접 처리하는 경위 계급의 경찰공무원의 제2평정요소에 따른 근무성적 평정은 수 20%, 우 40%, 양 30%, 가 10%로 분배해야 한다.
④ 총경에 대한 근무성적평정은 매년 하되, 근무실적, 직무수행능력 및 직무수행태도로만 평정한다.

정답과 해설

①② (O) 옳은 설명이다.
③ (X) 경찰공무원과 경찰서 수사과에서 고소·고발 등에 대한 조사업무를 직접 처리하는 경위 계급의 경찰공무원을 평정할 때에는 제3항의 비율을 적용하지 아니할 수 있다(경찰공무원 승진임용 규정 제7조 제4항).
④ (O) 총경의 근무성적은 제2평정 요소(근무실적, 직무수행능력 및 직무수행태도)로만 평정한다(동규정 제7조 제1항, 제2항 제2호).

정답 ③

433 21 간부

경찰공무원의 근무성적평정에 대한 내용 중 옳지 않은 것은 모두 몇 개인가?

가. 총경 이하의 경찰공무원에 대해서는 매년 근무성적을 평정하여야 하며, 근무성적 평정의 결과는 승진 등 인사관리에 반영하여야 한다.
나. 근무성적 평정 시 제2평정(주관)요소들에 대한 평정은 수(20%), 우(40%), 양(30%), 가(10%)의 분포비율에 맞도록 하여야 한다.
다. 근무성적 평정 결과는 공개한다. 다만, 경찰청장은 근무성적 평정이 완료되기 전이라도 필요하면 평정 대상 경찰공무원에게 해당 근무성적 평정 예측결과를 통보할 수 있다.
라. 정기평정 이후에 신규채용되거나 승진임용된 경찰공무원에 대해서는 3개월이 지난 후부터 근무 성적을 평정하여야 한다.
마. 근무성적 평정은 연 1회 실시하며, 근무성적 평정자는 3명으로 한다.

① 2개 ② 3개
③ 4개 ④ 5개

정답과 해설

가. (O) 총경 이하의 경찰공무원에 대해서는 **매년 근무성적을 평정하여야 하며**, 근무성적 평정의 결과는 승진 등 인사관리에 반영**하여야 한다(할 수 있다 X)**(경찰공무원 승진임용 규정 제7조 제1항).
나. (O) 동규정 제7조 제3항
다. (X) 근무성적 평정 결과는 **공개하지 아니한다**. 다만, 경찰청장은 근무성적 평정이 완료되면 평정 대상 경찰공무원에게 해당 근무성적 평정 결과를 통보할 수 있다(동규정 제7조 제5항).
라. (X) 정기평정 이후에 신규채용되거나 승진임용된 경찰공무원에 대해서는 **2개월(3개월 X)**이 지난 후부터 근무성적을 평정하여야 한다(동규정 제8조 제5항).
마. (O) 근무성적 평정, 경력 평정은 **연 1회** 실시하고, 근무성적 평정자는 **3명**으로 하되, 제1차평정자는 평정대상자의 바로 위 감독자가 되고, 제2차평정자는 제1차평정자의 바로 위 감독자가 되며, 제3차평정자는 제2차평정자의 바로 위 감독자가 된다(경찰공무원 승진임용 규정 시행규칙 제4조 제1항, 제6조 제1항).

정답 ①

434 ☐☐☐☐ 26 간부

「경찰공무원 임용령」상 보직관리에 관한 설명으로 가장 적절하지 않은 것은?

① 1년 이상의 교육훈련을 받은 경찰공무원은 특별한 사정이 없으면 그 교육훈련내용과 관련되는 직위에 보직해야 한다.
② 임용권자 또는 임용제청권자는 직무수행요건이 같은 직위 간의 전보 등 경찰청장이 정하는 경우를 제외하고는 전문직위에 임용된 경찰공무원을 해당 직위에 임용된 날부터 3년의 범위에서 경찰청장이 정하는 기간이 지나야 다른 직위에 전보할 수 있다.
③ 임용권자 또는 임용제청권자는 원칙적으로 소속 경찰공무원이 해당 직위에 임용된 날부터 2년 이내에 다른 직위에 전보할 수 없다.
④ 교육훈련기관의 교수요원으로 임용된 사람은 원칙적으로 그 임용일부터 1년 이상 3년 이하의 범위에서 경찰청장이 정하는 기간 안에는 다른 직위에 전보할 수 없다.

> **정답과 해설**
> ① (O) 경찰공무원 임용령 제24조 제1항
> ② (O) 동법 임용령 제25조 제1항
> ③ (X) 임용권자 또는 임용제청권자는 소속 경찰공무원이 해당 직위에 임용된 날부터 **1년 이내**(감사업무를 담당하는 경찰공무원의 경우에는 **2년 이내**)에 다른 직위에 전보할 수 없다(동법 임용령 제27조 제1항).
> ④ (O) 동법 임용령 제27조 제2항
>
> 정답 ③

435 ☐☐☐☐ 15 승진

「경찰공무원 임용령」상 경찰관의 전보에 대한 설명으로 가장 적절하지 않은 것은?

① 전보란 계급의 변화 없이 직위만 바뀌는 것으로 동일한 계급 내의 보직변경이다.
② 전보의 기간이나 시기를 일정하게 정해 놓아야 안정된 심리상태 속에서 업무수행이 가능하다.
③ 전보의 목적은 같은 직위에 장기적으로 근무함으로써 생기는 무기력 현상을 막고 신선한 자극을 주어 활력이 넘치는 업무수행으로 조직 효과성을 높이는데 있다.
④ 경찰공무원은 예외 없이 어떤 직위에 임용된 날로부터 1년 이내에는 다른 직위로 전보될 수 없다.

> **정답과 해설**
> ①②③ (O)
> ④ (X) 전보제한의 예외 사유에 해당하는 경우 전보제한 기간 내에도 전보가 가능하다(동임용령 제27조 제1항).
>
> 정답 ④

다음 중 「국가공무원법」상 휴직에 대한 설명으로 옳지 않은 것은 모두 몇 개인가?

> ㉠ 휴직 중인 공무원은 신분은 보유하나 직무에 종사하지 못한다.
> ㉡ 휴직 기간 중 그 사유가 없어지면 30일 이내에 임용권자 또는 임용제청권자에게 신고하여야 하며, 임용권자는 지체 없이 복직을 명하여야 한다.
> ㉢ 휴직 기간이 끝난 공무원이 30일 이내에 복귀신고를 하면 당연히 복직된다.
> ㉣ 공무원이 천재지변이나 전시·사변, 그 밖의 사유로 생사(生死) 또는 소재(所在)가 불명확하게 된 때의 휴직 기간은 3개월 이내로 한다.
> ㉤ 신체·정신상의 장애로 장기 요양이 필요할 때에는 임용권자는 본인의 의사에도 불구하고 휴직을 명할 수 있다.
> ㉥ 휴직 기간이 끝나거나 휴직사유가 소멸된 후에도 직무에 복귀하지 아니하거나 직무를 감당할 수 없을 때에는 임용권자는 그 공무원을 직권으로 면직시켜야 한다.

① 1개
② 2개
③ 3개
④ 4개

정답과 해설

㉠ (O) 국가공무원법 제73조 제1항
㉡ (O) 휴직 기간 중 그 사유가 없어지면 **30일**(지체 없이 X) 이내에 임용권자 또는 임용제청권자에게 신고**하여야 하며**, 임용권자는 **지체 없이**(30일 이내 X) 복직을 **명하여야 한다**(명할 수 있다 X)(동법 제73조 제2항).
㉢ (O) 동법 제73조 제3항
㉣ (O) 공무원이 **천재지변이나 전시·사변, 그 밖의 사유로 생사(生死) 또는 소재(所在)가 불명확하게 된 때의 휴직 기간은 3개월** 이내로 한다(국가공무원법 제71조 제1항 제4호).

> [주의] 「경찰공무원법」상 「국가공무원법」 제71조 제1항 제4호의 사유로 인한 경찰공무원의 휴직기간은 같은 법 제72조 제3호에도 불구하고 **법원의 실종선고를 받는 날까지로 한다**.

㉤ (X) 신체·정신상의 장애로 장기 요양이 필요할 때에는 임용권자는 본인의 의사에도 불구하고 휴직을 **명하여야 한다**(명할 수 있다 X)(동법 제71조 제1항 제1호).
㉥ (X) 휴직 기간이 끝나거나 휴직사유가 소멸된 후에도 직무에 복귀하지 아니하거나 직무를 감당할 수 없을 때에는 임용권자는 그 공무원을 직권으로 **면직시킬 수 있다**(면직시켜야 한다 X)(동법 제70조 제1항 제4호).

정답 ②

437 ★★★★ 예상문제

다음 중 「국가공무원법」상 '휴직사유'와 '휴직 기간'을 연결한 것 중 옳은 것은 모두 몇 개인가?

> ㉠ 신체·정신상의 장애로 장기요양이 필요한 때 – 1년 (부득이한 경우 1년의 범위에서 연장할 수 있다. 다만 「공무원 재해보상법」 제22조 제1항에 따른 요양급여 지급 대상 부상 또는 질병이나 「산업재해보상보험법」 제40조에 따른 요양급여 결정 대상 질병 또는 부상으로 인한 휴직 기간은 3년 이내로 하되, 의학적 소견 등을 고려하여 대통령령 등으로 정하는 바에 따라 1년의 범위에서 연장할 수 있다.)
> ㉡ 국제기구, 외국 기관, 국내외의 대학·연구기관, 다른 국가 기관 또는 대통령령으로 정하는 민간 기업, 그 밖의 기관에 임시로 채용될 때 – 채용기간(단, 민간기업이나 그 밖의 기관에 채용되면 3년 이내로 한다)
> ㉢ 국외 유학을 하게 된 때 – 2년 이내(부득이한 경우에는 2년의 범위에서 연장가능)
> ㉣ 중앙인사관장기관의 장이 지정하는 연구기관이나 교육기관 등에서 연수하게 된 때 – 2년 이내
> ㉤ 외국에서 근무·유학 또는 연수하게 되는 배우자를 동반하게 된 때 – 휴직 기간은 3년 이내로 하되, 부득이한 경우에는 2년의 범위에서 연장할 수 있다.
> ㉥ 대통령령 등으로 정하는 기간 동안 재직한 공무원이 직무 관련 연구과제 수행 또는 자기개발을 위하여 학습·연구 등을 하게 된 때 – 1년 이내

① 3개 ② 4개
③ 5개 ④ 6개

정답과 해설

㉠ (X) 다만 「공무원 재해보상법」 제22조 제1항에 따른 요양급여 지급 대상 부상 또는 질병이나 「산업재해보상보험법」 제40조에 따른 요양급여 결정 대상 질병 또는 부상으로 인한 휴직 기간은 **3년 이내**로 하되, 의학적 소견 등을 고려하여 대통령령 등으로 정하는 바에 따라 **2년(1년 X)**의 범위에서 연장할 수 있다(국가공무원법 제72조 제1호 가목, 나목).

> [주의] 「**경찰공무원법**」상 경찰공무원이 「공무원 재해보상법」 제5조 제1호 각 목에 해당하는 직무를 수행하다가 「국가공무원법」 제72조 제1호 각 목의 어느 하나에 해당하는 공무상 질병 또는 부상을 입어 휴직하는 경우 그 휴직기간은 같은 조 제1호 단서에도 불구하고 **5년 이내**로 하되, 의학적 소견 등을 고려하여 대통령령으로 정하는 바에 따라 **3년**의 범위에서 연장할 수 있다.

㉡ (O) 동법 제72조 제4호
㉢ (X) 국외 유학을 하게 된 때– 휴직 기간은 **3년(2년 X)** 이내로 하되, 부득이한 경우에는 **2년**의 범위에서 연장할 수 있다(동법 제72조 제5호).
㉣ (O) 동법 제72조 제6호
㉤ (O) 동법 제72조 제5호
㉥ (O) **대통령령등으로 정하는 기간** 동안 재직한 공무원이 직무 관련 연구과제 수행 또는 자기개발을 위하여 학습·연구 등을 하게 된 때(국가공무원법 제71조 제2항 제7호)에 휴직 기간은 **1년 이내**로 한다(국가공무원법 제72조 제10호).

> [보충] 공무원임용령
> 제57조의10(자기개발휴직) ① "**대통령령등으로 정하는 기간**"이란 3년 이상을 말한다.
> ② 휴직(이하 "자기개발휴직"이라 한다) 후 복직한 공무원은 복직 후 **6년 이상** 근무하여야 다시 자기개발휴직을 할 수 있다.

정답 ②

438 □□□□ 15 간부, 예상문제

다음 중 직권휴직 사유는 모두 몇 개인가?

㉠ 직무수행 능력이 부족하거나 근무성적이 극히 나쁜 자(3개월 범위 내)
㉡ 국제기구 등 임시채용
㉢ 병역 징집·소집
㉣ 파면·해임·강등 또는 정직에 해당하는 징계의결이 요구 중인 자
㉤ 형사사건으로 기소된 자(약식명령 제외)
㉥ 신체·정신상 장애로 장기요양
㉦ 연구기관·교육기관 연수
㉧ 조부모, 부모(배우자의 부모를 포함한다), 배우자, 자녀 또는 손자녀를 부양하거나 돌봄
㉨ 노동조합 전임자 종사
㉩ 외국 근무·유학·연수하는 배우자 동반

① 3개 ② 4개
③ 5개 ④ 6개

정답과 해설

㉢㉥㉨은 **직권휴직** 사유이다(국가공무원법 제71조, 제72조).
㉡㉦㉧㉩은 **의원휴직** 사유이고, ㉠㉣㉤은 **직위해제** 사유이다.

정답 ①

439 ☐☐☐☐ 21 채용

다음 중 「국가공무원법」상 직위해제에 대한 설명으로 가장 적절한 것은?

① 임용권자는 형사사건으로 기소된 자(약식명령이 청구된 자를 포함한다)에게 직위를 부여하지 아니할 수 있다.
② 임용권자는 신체·정신상의 장애로 장기 요양이 필요한 자에게 직위를 부여하지 아니할 수 있다.
③ 임용권자는 직무수행 능력이 부족하거나 근무성적이 극히 나빠 직위해제 된 자에게 3개월의 범위에서 대기를 명한다.
④ 「국가공무원법」 제73조의3 제1항에 따라 직위를 부여하지 아니한 경우에 그 직위해제 사유가 소멸되면 임용권자는 직위를 부여할 수 있다.

정답과 해설

① (X) 임용권자는 형사사건으로 기소된 자(약식명령이 청구된 자를 **제외(포함 X)**한다)에게 직위를 부여하지 **아니할 수 있다**(국가공무원법 제73조의3 제1항 제4호).
② (X) 임용권자는 신체·정신상의 장애로 장기 요양이 필요한 자에게는 본인의 의사에도 불구하고 **휴직을 명하여야 한다**(동법 제71조 제1항 제1호). **직권휴직사유이다.**
③ (O) 동법 제73조의3 제3항
④ (X) 임용권자는 제73조의3 제1항에 따라 직위를 부여하지 아니한 경우에는 그 사유가 소멸되면 **임용권자는 직위를 부여하여야 한다(할 수 있다 X)**(동법 제73조의3 제2항).

정답 ③

440 ☐☐☐☐ 21 승진

다음 중 직위해제에 대한 설명으로 가장 적절하지 않은 것은?

① 직위해제는 휴직과 달리 제재적 성격을 가지는 보직의 해제이다.
② 직무수행능력이 부족하여 직위해제를 한 경우 대기명령 기간 중 근무성적의 향상을 기대하기 어렵다고 인정될 때에는 징계위원회의 동의를 얻어 임용권자가 직권면직시킬 수 있다.
③ 직위해제 기간은 원칙적으로 승진소요 최저근무연수에 포함되지 않으나, 파면·해임·강등 또는 정직에 해당하는 징계 의결 요구로 직위해제된 사람에 대하여 관할 징계위원회가 징계하지 아니하기로 의결한 경우 등은 승진소요 최저근무연수에 포함된다.
④ 「국가공무원법」 제73조의3 제1항 제5호(고위공무원단에 속하는 일반직공무원으로서 제70조의2 제1항 제2호부터 제5호까지의 사유로 적격심사를 요구받은 자)에 따라 직위해제된 사람이 직위해제일부터 3개월이 지나도 직위를 부여받지 못한 경우에는 그 3개월이 지난 후의 기간 중에는 봉급의 50퍼센트를 지급한다.

정답과 해설

① (O) 옳은 설명이다.
② (O) 직무수행능력이 부족하여 직위해제를 한 경우 대기명령 기간 중 근무성적의 향상을 기대하기 어렵다고 인정될 때에는 **징계위원회의 동의**를 얻어 임용권자가 **직권면직시킬 수 있다**(경찰공무원법 제28조 제2항).
③ (O) 경찰공무원 승진임용 규정 제5조 제2항 제2호 가목
④ (X) 「국가공무원법」 제73조의3 제1항 제5호(고위공무원단에 속하는 일반직공무원으로서 제70조의2 제1항 제2호부터 제5호까지의 사유로 적격심사를 요구받은 자)에 따라 직위해제된 사람은 봉급의 **70퍼센트**를 지급한다. 다만, 직위해제일부터 **3개월**이 지나도 직위를 부여받지 못한 경우에는 그 **3개월**이 지난 후의 기간 중에는 봉급의 **40퍼센트 (50퍼센트 X)**를 지급한다(공무원보수규정 제29조 제2호).

정답 ④

441 ★★★★ 예상문제

다음 중 직위해제에 관한 설명으로 옳지 않은 것은?

① 임용권자는 국가공무원법 및 국가공무법에 의한 명령에 위반하였거나, 직무수행 능력이 부족하거나 근무성적이 극히 나쁜 자에게는 직위를 부여하지 아니할 수 있다.

② 직위해제 기간은 원칙적으로 승진소요 최저근무연수에 포함되지 않으나, '형사 사건으로 기소된 자(약식명령이 청구된 자는 제외한다)' 사유로 직위해제처분을 받은 사람의 처분 사유가 된 형사사건이 법원의 판결에 따라 무죄로 확정된 경우는 승진소유 최저근무연수에 포함된다.

③ 형사사건으로 기소되어(약식명령이 청구된 자는 제외) 직위해제가 된 사람에게는 봉급의 50%만 지급하나, 3개월이 지나도 직위를 부여받지 못한 경우에는 그 3개월이 지난 후의 기간 중에는 봉급의 30%를 지급한다.

④ 직위해제처분을 한 후 그 직위해제 사유와 동일한 사유를 이유로 파면처분을 하였다고 하더라도 그 파면처분에 의하여 그 전에 하였던 직위해제처분의 효력이 상실된다고 할 수 없다.

정답과 해설

① (X) '국가공무원법 및 국가공무원법에 의한 명령에 위반'은 **직위해제 사유**가 아니라 징계사유이다(국가공무원법 제73조의3 제1항).
② (O) 경찰공무원 승진임용규정 제5조 제2항 제2호 나목
③ (O) 국가공무원법 제73조의3 제1항 제2호, 공무원보수규정 제29조 제3호
④ (O) 직위해제처분을 한 후 그 직위해제 사유와 동일한 사유를 이유로 파면처분을 하였다고 하더라도 일사부재리의 원칙이나 이중처벌금지의 원칙에 위배되는 것은 아니다(대법원 1984.2.28. 83누489).

정답 ①

THEME 04 경찰공무원관계의 소멸

442 □□□□ 25 간부

「경찰공무원법」상 경찰공무원의 당연퇴직 사유이다. 적절하지 않은 것은 모두 몇 개인가?

> 가. 「국적법」 제11조의2 제1항에 따른 복수국적자
> 나. 자격정지 이상의 형(刑)을 선고받은 사람
> 다. 「형법」 제357조에 규정된 배임수증죄를 범한 사람으로서 자격정지 이상의 형의 선고유예를 받고 그 유예기간 중에 있는 사람
> 라. 미성년자에 대한 「성폭력범죄의 처벌 등에 관한 특례법」 제2조에 따른 성폭력범죄를 저질러 형 또는 치료감호가 확정된 사람(집행유예를 선고받은 후 그 집행유예기간이 경과한 사람을 포함한다)

① 0개 ② 1개
③ 2개 ④ 3개

정답과 해설

- 가. (O) 경찰공무원법 제8조 제2항 제2호
- 나. (O) 동법 제8조 제2항 제5호
- 다. (X) 「형법」 제129조부터 제132조까지, **성폭력범죄의 처벌 등에 관한 특례법」 제2조, 「정보통신망 이용 촉진 및 정보보호 등에 관한 법률」 제74조 제1항 제2호·제3호, 「스토킹범죄의 처벌 등에 관한 법률」 제2조 제2호, 「아동·청소년의 성보호에 관한 법률」 제2조 제2호 및 직무와 관련하여 「형법」 제355조(횡령, 배임) 또는 제356조(업무상의 횡령과 배임)에 규정된 죄를 범한 사람으로서 자격정지 이상의 형의 선고유예를 받은 경우만 해당한다.** 「형법」 제357조에 규정된 **배임수증죄를 범한 사람은 당연퇴직 사유에 해당되지 않는다.**
- 라. (O) 동법 제8조 제2항 제9호

정답 ②

443 ☐☐☐☐ 예상문제

다음 중 「경찰공무원법」에 규정된 '경찰공무원 당연퇴직사유'에 해당하는 것은 모두 몇 개인가?

㉠ 자격정지 이상의 형의 선고유예를 선고받고 그 유예 기간 중에 있는 사람
㉡ 공무원으로 재직기간 중 직무와 관련하여 「형법」 제355조 및 제356조에 규정된 죄를 범한 사람으로서 100만원 이상의 벌금형을 선고받고 그 형이 확정된 후 3년이 지나지 아니한 사람
㉢ 「성폭력범죄의 처벌 등에 관한 특례법」 제2조에 규정된 죄를 범한 사람으로서 300만원 이상의 벌금형을 선고받고 그 형이 확정된 후 1년이 지나지 아니한 사람
㉣ 미성년자에 대한 「아동·청소년의 성보호에 관한 법률」 제2조 제2호에 따른 아동·청소년대상 성범죄를 저질러 형 또는 치료감호가 확정된 사람(집행유예를 선고받은 후 그 집행유예기간이 경과한 사람을 포함한다)
㉤ 파산선고를 받고 복권되지 아니한 사람

① 1개 ② 2개
③ 3개 ④ 4개

정답과 해설

㉠ (X) 제6호 자격정지 이상의 형의 선고유예를 선고받고 그 유예기간 중에 있는 사람 : 「형법」 제129조부터 제132조까지, 「성폭력범죄의 처벌 등에 관한 특례법」 제2조, 「정보통신망 이용촉진 및 정보보호 등에 관한 법률」 제74조 제1항 제2호·제3호, 「스토킹범죄의 처벌 등에 관한 법률」 제2조 제2호, 「아동·청소년의 성보호에 관한 법률」 제2조 제2호 및 직무와 관련하여 「형법」 제355조 또는 제356조에 규정된 죄를 범한 사람으로서 자격정지 이상의 형의 선고유예를 받은 경우만 해당된다(경찰공무원법 제8조 제2항 제6호, 제27조).

㉡ (X) 공무원으로 재직기간 중 직무와 관련하여 「형법」 제355조 및 제356조에 규정된 죄를 범한 사람으로서 **300만원 이상**의 벌금형을 선고받고 그 형이 확정된 후 **2년**이 지나지 아니한 사람(동법 제8조 제2항 제5호, 제27조)

㉢ (X) 「성폭력범죄의 처벌 등에 관한 특례법」 제2조에 규정된 죄를 범한 사람으로서 **100만원** 이상의 벌금형을 선고받고 그 형이 확정된 후 **3년**이 지나지 아니한 사람(동법 제8조 제2항 제8호, 제27조)

㉣ (O) 동법 제8조 제2항 제9호 나목, 제27조

㉤ (X) 경찰공무원법 제4호 파산선고를 받은 사람으로서 **채무자 회생 및 파산에 관한 법률**에 따라 신청 기한 내에 면책신청을 하지 아니하였거나 면책불허가 결정 또는 면책취소가 확정된 경우만 당연퇴직사유이다(동법 제8조 제2항 제4호, 제27조).

정답 ①

444 예상문제

다음은 「경찰공무원법」상 경찰공무원의 정년에 대한 내용이다. 다음 각 ( )에 해당하는 숫자의 합은?

> ㉠ 계급정년 - 치안감 : ( )년, 경무관 : ( )년, 총경 : ( )년, 경정 : ( )년
> ㉡ 수사, 정보, 외사, 안보, 자치경찰사무 등 특수 부문에 근무하는 경찰공무원으로서 대통령령으로 정하는 바에 따라 지정을 받은 사람은 총경 및 경정의 경우에는 ( )년의 범위에서 대통령령으로 정하는 바에 따라 계급정년을 연장할 수 있다.
> ㉢ 경찰청장은 전시·사변이나 그 밖에 이에 준하는 비상사태에서는 ( )년의 범위에서 계급정년을 연장할 수 있다.

① 38
② 39
③ 40
④ 41

정답과 해설

숫자의 합은 41이다.
㉠ 계급정년은 치안감 (4)년, 경무관 (6)년, 총경 (11)년, 경정 (14)년이다(경찰공무원법 제30조 제1항 제2호).
㉡ 수사, 정보, 외사, 안보, 자치경찰사무 등 특수 부문에 근무하는 경찰공무원으로서 대통령령으로 정하는 바에 따라 지정을 받은 사람은 총경 및 경정의 경우에는 (4)년의 범위에서 대통령령으로 정하는 바에 따라 제1항 제2호에 따른 계급정년을 연장할 수 있다(동법 제30조 제3항).
㉢ 경찰청장은 전시·사변이나 그 밖에 이에 준하는 비상사태에서는 (2)년의 범위에서 계급정년을 연장할 수 있다(동법 제30조 제4항).

정답 ④

445 ☐☐☐☐ 예상문제

다음은 경찰관의 '정년'에 대한 설명으로 적절한 것은?

① 경찰청장은 전시·사변이나 그 밖에 이에 준하는 비상사태에서는 2년의 범위에서 동법에 따른 계급정년을 연장할 수 있고, 이 경우 총경 이상의 경찰공무원에 대하여는 행정안전부장관과 국무총리를 거쳐 대통령의 승인을 받아야 한다.

② 징계로 인하여 강등(경감으로 강등된 경우를 포함한다)된 경찰공무원의 계급정년은 강등된 계급의 계급정년은 강등되기 전 계급 중 가장 낮은 계급의 계급정년으로 하고, 계급정년을 산정할 때에는 강등되기 전 계급의 근무연수와 강등 이후의 근무연수를 합산한다.

③ 수사, 정보, 외사, 안보, 자치경찰사무 등 특수 부문에 근무하는 경찰공무원으로서 대통령령으로 정하는 바에 따라 지정을 받은 사람은 총경 및 경정의 경우에는 4년의 범위에서 대통령령으로 정하는 바에 따라 연령정년을 연장할 수 있다.

④ A 총경과 B 치안감의 계급정년의 합은 15년이다.

정답과 해설

① (X) 경찰청장은 전시·사변이나 그 밖에 이에 준하는 비상사태에서는 **2년**의 범위에서 계급정년을 연장할 수 있다. 이 경우 **경무관(총경 X)** 이상의 경찰공무원에 대해서는 행정안전부장관과 국무총리를 거쳐 대통령의 승인을 받아야 하고, **총경·경정**의 경찰공무원에 대해서는 국무총리를 거쳐 대통령의 승인을 받아야 한다(동법 제30조 제4항).

② (X) 징계로 인하여 강등(경감으로 강등된 경우를 **포함한다**)된 경찰공무원의 계급정년은 강등된 계급의 계급정년은 **강등되기 전 계급 중 가장 높은 계급(낮은 계급 X)**의 계급정년으로 하고, 계급정년을 산정할 때에는 강등되기 전 계급의 근무연수와 강등 이후의 근무연수를 합산한다(동법 제30조 제2항).

③ (X) 수사, 정보, 외사, 안보, 자치경찰사무 등 특수 부문에 근무하는 경찰공무원으로서 대통령령으로 정하는 바에 따라 지정을 받은 사람은 **총경 및 경정**의 경우에는 **4년**의 범위에서 대통령령으로 정하는 바에 따라 제1항 제2호에 따른 **계급정년(연령정년 X)**을 연장할 수 있다(동법 제30조 제3항).

④ (O) A총경(11년) + B치안감(4년) = **15년**(경찰공무원법 제30조 제1항 제2호)

정답 ④

446 22 채용, 예상문제

다음 중 「경찰공무원법」상 경찰공무원의 직권면직사유 중 직권면직 처분을 위해 징계위원회의 동의가 필요한 사유로 옳은 것은 모두 몇 개인가?

> ㉠ 해당 경과에서 직무를 수행하는 데 필요한 자격증의 효력이 상실되거나 면허가 취소되어 담당 직무를 수행할 수 없게 되었을 때
> ㉡ 직무를 수행하는 데에 위험을 일으킬 우려가 있을 정도의 성격적 또는 도덕적 결함이 있는 사람으로서 대통령령으로 정하는 사유에 해당된다고 인정될 때
> ㉢ 경찰공무원으로는 부적합할 정도로 직무 수행능력이나 성실성이 현저하게 결여된 사람으로서 대통령령으로 정하는 사유에 해당된다고 인정될 때
> ㉣ 휴직 기간이 끝나거나 휴직 사유가 소멸된 후에도 직무에 복귀하지 아니하거나 직무를 감당할 수 없을 때
> ㉤ 직위해제로 인한 대기명령을 받은 자가 그 기간에 능력 또는 근무성적의 향상을 기대하기 어렵다고 인정된 때
> ㉥ 직제와 정원의 개폐 또는 예산의 감소 등에 따라 과원(過員)이 되었을 때

① 1개
② 2개
③ 3개
④ 4개

정답과 해설

③ ㉡㉢㉤은 징계위원회의 동의를 필요로 하는 사유에 해당한다(경찰공무원법 제28조 제2항).

정답 ③

447 17 · 24 승진

「국가공무원법」 제70조에 따른 직권 면직 요건으로 가장 적절한 것은?

① 전직시험에서 세 번 이상 불합격한 자로서 직무수행 능력이 부족하다고 인정된 때
② 직무수행 능력이 부족하거나 근무성적이 극히 나쁜 자
③ 파면 · 해임 · 강등 또는 정직에 해당하는 징계 의결이 요구 중인 자
④ 형사 사건으로 기소된 자(약식명령이 청구된 자는 제외한다)

정답과 해설

① (O) 국가공무원법 제70조 제1항 제6호
②③④ (X) 직위해제 사유에 해당한다.

정답 ①

448 19·22 승진

다음은 경찰공무원 근무관계의 발생, 변동, 소멸에 대한 설명이다. 아래 ㉠부터 ㉣까지의 설명 중 옳고 그름의 표시(O, X)가 바르게 된 것은?

> ㉠ 「경찰공무원법」상 자치경찰공무원을 그 계급에 상응하는 경찰공무원으로 임용할 때에는 시보임용을 거친다.
> ㉡ 「경찰공무원 승진임용규정」상 임용권자나 임용제청권자는 심사승진후보자 명부에 기록된 사람이 승진임용되기 전에 정직 이상의 징계처분을 받은 경우에는 심사승진후보자 명부에서 그 사람을 제외하여야 한다.
> ㉢ 「국가공무원법」상 임용권자는 금품비위, 성범죄 등 대통령령으로 정하는 비위행위로 인하여 감사원 및 검찰·경찰 등 수사기관에서 조사나 수사 중인 자로서 비위의 정도가 중대하고 이로 인하여 정상적인 업무수행을 기대하기 현저히 어려운 자는 직위해제할 수 있다.
> ㉣ 「경찰공무원법」상 국가공무원법 제73조의3 제3항에 따라 대기 명령을 받은 자가 그 기간에 능력 또는 근무성적의 향상을 기대하기 어렵다고 인정된 때는 직권면직 처분을 위해서 징계위원회의 동의가 필요하다.

① ㉠ (X) ㉡ (O) ㉢ (X) ㉣ (O)
② ㉠ (O) ㉡ (X) ㉢ (O) ㉣ (O)
③ ㉠ (X) ㉡ (O) ㉢ (O) ㉣ (O)
④ ㉠ (X) ㉡ (O) ㉢ (O) ㉣ (X)

정답과 해설

㉠ (X) 자치경찰공무원을 그 계급에 상응하는 경찰공무원으로 임용하는 경우 **시보임용을 거치지 아니한다**(경찰공무원법 제13조 제4항 제4호).
㉡ (O) 임용권자나 임용제청권자는 심사승진후보자 명부에 기록된 사람이 승진임용되기 전에 **정직 이상(중징계 이상)** 의 징계처분을 받은 경우에는 심사승진후보자 명부에서 그 사람을 **제외하여야 한다(제외할 수 있다 X)**(경찰공무원 승진임용규정 제24조 제3항).
㉢ (O) 임용권자는 금품비위, 성범죄 등 대통령령으로 정하는 비위행위로 인하여 감사원 및 검찰·경찰 등 수사기관에서 조사나 수사 중인 자로서 비위의 정도가 중대하고 이로 인하여 정상적인 업무수행을 기대하기 현저히 어려운 자는 **직위를 부여하지 아니할 수 있다(아니 한다 X)**(국가공무원법 제73조의3 제1항 제6호).
㉣ (O) 경찰공무원법 제28조 제2항

정답 ③

449 18 승진

다음 중 경찰공무원 근무관계의 성립·변동·소멸에 대한 설명으로 적절한 것을 모두 고른 것은?

> ⊙ 징계에 의하여 해임의 처분을 받았더라도 그 후 3년이 경과하였다면 경찰공무원에 임용될 수 있다.
> ⓒ 국가공무원법상 강임은 하위 직급에의 임용으로서 경찰공무원에도 적용된다.
> ⓒ 감사업무를 담당하는 경찰공무원은 부적격자로 인정되는 경우가 아닌 한 해당 직위에 임용된 날부터 3년 이내에는 다른 직위에 전보할 수 없다.
> ㉣ 형법 제129조부터 제132조에 규정된 죄를 범한 사람으로서 벌금 이상의 형의 선고유예를 받고 그 선고유예기간 중에 있는 자는 당연히 퇴직된다.

① 없음
② ⓒ
③ ⓒ
④ ⊙㉣

정답과 해설

⊙ (X) 징계에 의하여 **파면 또는 해임처분을 받은 사람은 경찰공무원으로 임용될 수 없다**(경찰공무원법 제8조 제2항 제10호).
ⓒ (X) 국가공무원법상 **강임은 경찰공무원에게 적용되지 않는다**.
ⓒ (X) 감사업무를 담당하는 경찰공무원은 부적격자로 인정되는 경우가 아닌 한 해당 직위에 임용된 날부터 **2년 이내(3년 이내 X)** 에는 다른 직위에 전보할 수 없다(경찰공무원 임용령 제27조 제1항).
㉣ (X) 제6호는 「형법」 제129조부터 제132조까지, 「성폭력범죄의 처벌 등에 관한 특례법」 제2조, **「정보통신망 이용촉진 및 정보보호 등에 관한 법률」 제74조 제1항 제2호·제3호, 「스토킹범죄의 처벌 등에 관한 법률」 제2조 제2호**, 「아동·청소년의 성보호에 관한 법률」 제2조 제2호 및 직무와 관련하여 「형법」 제355조 또는 제356조에 규정된 죄를 범한 사람으로서 **자격정지 이상(벌금 이상 X)** 의 형의 선고유예를 받은 경우 당연퇴직된다(경찰공무원법 제27조).

정답 ①

THEME 05 경찰공무원의 권리

450 ☐☐☐☐ 예상문제

경찰공무원의 권리에 대한 설명으로 가장 적절하지 않은 것은 모두 몇 개인가? (다툼이 있는 경우 판례에 의함)

> ㉠ 경찰공무원은 위법·부당하게 권리가 침해된 경우에 소청 기타 행정쟁송을 제기할 수 있다.
> ㉡ 「국가공무원법」에서는 '공무원이 질병·부상·장해·퇴직·사망 또는 재해를 입으면 본인이나 유족에게 법률로 정하는 바에 따라 적절한 급여를 지급한다'고 규정하고 있는데, 이와 관련된 법률이 공무원연금법과 공무원재해보상법이다.
> ㉢ 경찰공무원의 특수한 권리로서 무기의 휴대는 「경찰관 직무집행법」에, 무기의 사용은 「경찰공무원법」에 규정되어 있다.
> ㉣ 「경찰공무원법」상 무기 휴대 규정에 근거하여 경찰관은 허가 없이 개인적으로 총포 등을 구입하여 소지하는 것이 허용된다.
> ㉤ 경찰공무원은 자기가 담당하는 직무를 집행할 권리가 있으며, 이를 방해하면 「형법」상 공무집행방해죄가 성립할 수 있다.
> ㉥ 경찰공무원은 제복을 착용할 권리를 갖는데, 이는 권리임과 동시에 의무이기도 하다.

① 1개 ② 2개
③ 3개 ④ 4개

정답과 해설

㉠ (O) 경찰공무원은 위법·부당하게 권리가 침해된 경우에 소청 기타 행정쟁송을 제기할 수 있는 **일반적 권리로서 쟁송제기권**이 있다.
㉡ (O) 국가공무원법 제77조
㉢ (X) 경찰공무원의 특수한 권리로서 **무기의 휴대**는 「**경찰공무원법**」에, **무기의 사용**은 「**경찰관 직무집행법**」에 규정되어 있다.
㉣ (X) 경찰공무원법의 규정 취지는 경찰공무원이 직무수행을 위하여 필요하다고 인정되는 경우에 한하여 무기를 휴대할 수 있다는 것뿐이지, 경찰관이라 하여 허가 없이 **개인적으로 총포 등을 구입하여 소지하는 것을 허용하는 것은 아니다**(대법원 1996. 7. 30. 선고 95도2408 판결).
㉤ (O) 경찰공무원은 일반적 권리로서 **직무집행권**이 있으므로 이를 방해하면 「형법」상 공무집행방해죄가 성립할 수 있다.
㉥ (O) 제복 착용은 **권리임과 동시에 의무**이기도 하다.

정답 ②

451 예상문제

다음 중 공무원의 보수청구권에 대한 설명으로 타당하지 않은 것은?

① 공무원의 보수는 봉급과 기타 각종 수당을 합산한 금액으로 근로의 대가로서의 성질과 공무원의 생활보장적 성격을 갖고 있다.
② 경찰공무원의 보수에 관한 사항을 별도로 규정하는 법률은 존재하지 않고 대통령령인 공무원보수규정에서 통합하여 규정하고 있다.
③ 국가재정법상 금전채권 소멸시효는 5년, 판례는 보수청구권의 소멸시효의 경우 민법을 적용하여 3년이라고 한다.
④ 보수를 거짓이나 그 밖의 부정한 방법으로 수령한 경우에는 수령한 금액의 2배의 범위에서 가산하여 징수할 수 있다.

정답과 해설
③ (O) 대법원 2000.4.7, 99다53742
④ (X) 보수를 거짓이나 그 밖의 부정한 방법으로 수령한 경우에는 수령한 금액의 5배(2배 X)의 범위에서 가산하여 징수할 수 있다(국가공무원법 제47조 제3항).

정답 ④

452 예상문제

다음 중 「공무원재해보상법」상 보상청구권과 「공무원연금법」상 연금청구권에 대한 설명으로 옳지 않은 것은?

① 「공무원연금법」은 공무원의 퇴직, 장해 또는 사망에 대하여 적절한 급여를 지급하고 후생복지를 지원함으로써 공무원 또는 그 유족의 생활안정과 복지 향상에 이바지함을 목적으로 한다.
② 「공무원연금법」에 따른 급여를 받을 권리는 급여의 사유가 발생한 날부터 5년간 행사하지 아니하면 시효로 인하여 소멸한다.
③ 「공무원재해보상법」상 급여를 받으려는 사람은 인사혁신처장에게 급여를 청구하여야 한다.
④ 「공무원재해보상법」상 급여를 받을 권리는 그 급여의 사유가 발생한 날부터 요양급여·재활급여·간병급여·부조급여는 5년간, 그 밖의 급여는 3년간 행사하지 아니하면 시효로 인하여 소멸한다.

정답과 해설
① (O) 공무원연금법 제1조
② (O) 동법 제88조 제1항
③ (O) 공무원재해보상법 제9조 제1항
④ (X) 「공무원재해보상법」상 급여를 받을 권리는 그 급여의 사유가 발생한 날부터 요양급여·재활 급여·간병급여·부조급여는 3년간, 그 밖의 급여는 5년간 행사하지 아니하면 시효로 인하여 소멸한다(동법 제54조 제1항).

정답 ④

THEME 06 경찰공무원의 의무

453 □□□□ 22 승진

다음 중 경찰공무원의 권리와 의무에 대한 설명으로 가장 적절하지 않은 것은?

① 「경찰공무원법」상 모든 계급의 경찰공무원은 형의 선고, 징계처분 또는 「국가공무원법」 및 「경찰공무원법」에 정하는 사유에 따르지 아니하고는 본인의 의사에 반하여 휴직·강임 또는 면직을 당하지 아니한다.
② 「경찰공무원 복무규정」상 경찰공무원은 직위 또는 직권을 이용하여 부당하게 타인의 민사분쟁에 개입하여서는 아니 된다.
③ 「경찰공무원법」상 경찰공무원을 지휘하는 사람은 전시·사변, 그 밖에 이에 준하는 비상사태이거나 작전수행 중인 경우 또는 많은 인명 손상이나 국가재산 손실의 우려가 있는 위급한 사태가 발생한 경우, 정당한 사유 없이 그 직무수행을 거부 또는 유기하거나 경찰공무원을 지정된 근무지에서 진출·퇴각 또는 이탈하게 하여서는 아니 된다.
④ 「공직자윤리법」은 총경(자치총경 포함)이상의 경찰공무원을 재산등록의무자로 규정하고 있고, 「공직자윤리법 시행령」은 경찰공무원 중 경정, 경감, 경위, 경사와 자치경찰공무원 중 자치경정, 자치경감, 자치경위, 자치경사를 재산등록의무자로 규정하고 있다.

정답과 해설

① **(X)** 「경찰공무원법」상 **치안총감과 치안정감을 제외한**(모든 계급 X) 경찰공무원은 형의 선고, 징계처분 또는 「**국가공무원법**」에서 정하는 사유에 따르지 아니하고는 본인의 의사에 반하여 휴직·강임 또는 면직을 당하지 아니한다(국가공무원법 제68조).

> **국가공무원법**
> **제68조(의사에 반한 신분 조치)** 공무원은 형의 선고, 징계처분 또는 이 법에서 정하는 사유에 따르지 아니하고는 본인의 의사에 반하여 휴직·강임 또는 면직을 당하지 아니한다.
>
> **경찰공무원법**
> **제36조(「국가공무원법」과의 관계)** ① **치안총감과 치안정감**에 대해서는 「국가공무원법」 제68조 본문을 적용하지 아니한다.

② (O) 경찰공무원 복무규정 제10조
③ (O) 경찰공무원법 제25조
④ (O) **공직자윤리법은 총경(자치총경 포함)이상**의 경찰공무원을 재산등록의무자로 규정하고 있고, **공직자윤리법 시행령**은 경찰공무원 중 **경사이상**(경정, 경감, 경위, 경사)과 자치경찰공무원 중 자치경정, 자치경감, 자치경위, 자치경사를 재산등록의무자로 규정하고 있다(동법 제3조 제1항 제9호, 동법 시행령 제3조 제5항 제6호). **공직자윤리법령상 경사이상**이면 재산등록의무가 있다.

정답 ①

454 ☐☐☐☐ 18 간부

다음 보기 중 「국가공무원법」상 직무상의 의무에 해당하는 것은 모두 몇 개인가?

㉠ 종교중립의 의무	㉡ 복종의 의무
㉢ 비밀엄수의 의무	㉣ 친절·공정의 의무
㉤ 정치 운동의 금지	㉥ 법령준수의 의무

① 3개 ② 4개
③ 5개 ④ 6개

정답과 해설

㉠㉡㉣㉥ 4 항목은 「국가공무원법」상 **직무상의 의무**에 해당하고,
㉢㉤ 2 항목은 「국가공무원법」상 **신분상의 의무**에 해당한다.

정답 ②

455 ☐☐☐☐ 18 승진

「국가공무원법」상 국가공무원의 의무 중 신분상 의무에 해당하지 않는 것은?

① 공무원은 재직 중은 물론 퇴직 후에도 직무상 알게 된 비밀을 엄수하여야 한다.
② 공무원이 외국정부로부터 영예나 증여를 받을 경우 대통령의 허가를 받아야 한다.
③ 공무원은 종교에 따른 차별 없이 직무를 수행하여야 하며, 소속 상관이 이에 위배되는 직무상 명령을 한 경우에는 따르지 아니할 수 있다.
④ 공무원은 직무와 관련 없는 경우에도 그 소속 상관에게 증여하거나 소속 공무원으로부터 증여를 받아서는 아니 된다.

정답과 해설

③ (X) **직무상 의무 중 종교중립의 의무**에 해당한다.
① 비밀엄수의무, ② 외국정부의 영예 등의 제한, ④ 청렴의 의무로 「국가공무원법」상 **신분상 의무**에 해당한다.

정답 ③

456 19 채용

경찰공무원의 의무 중 그 근거 법령이 나머지 셋과 다른 하나는?

① 법령을 준수하며 성실히 직무를 수행하여야 한다.
② 직무를 수행할 때 소속 상관의 직무상 명령에 복종하여야 한다.
③ 직무에 관하여 거짓으로 보고나 통보를 하여서는 아니 된다.
④ 소속 상관의 허가 또는 정당한 사유가 없으면 직장을 이탈하지 못한다.

> **정답과 해설**
> ① 국가공무원법 제56조(성실 의무)
> ② 국가공무원법 제57조(복종의 의무)
> ③ **경찰공무원법** 제24조 제1항(거짓 보고 등의 금지)
> ④ 국가공무원법 제58조(직장 이탈 금지)
>
> 정답 ③

457 예상문제

다음은 경찰공무원의 의무에 대한 설명이다. 근거법령이 같은 것끼리 연결이 옳은 것은?

> ㉠ 외국 정부로부터 영예나 증여를 받을 경우에는 대통령의 허가를 받아야 한다.
> ㉡ 전시·사변, 그 밖에 이에 준하는 비상사태이거나 작전수행 중인 경우 또는 많은 인명 손상이나 국가재산 손실의 우려가 있는 위급한 사태가 발생한 경우, 경찰공무원을 지휘·감독하는 사람은 정당한 사유 없이 그 직무 수행을 거부 또는 유기하거나 경찰공무원을 지정된 근무지에서 진출·퇴각 또는 이탈하게 하여서는 아니 된다.
> ㉢ 선거에서 특정 정당 또는 특정인을 지지 또는 반대하기 위한 다음의 행위를 하여서는 아니 된다.
> ㉣ 공무 외에 영리를 목적으로 하는 업무에 종사하지 못하며 소속 기관장의 허가 없이 다른 직무를 겸할 수 없다.
> ㉤ 직무를 게을리하거나 유기(遺棄)해서는 아니 된다.

① 국가공무원법 - ㉢㉣㉤, 경찰공무원법 - ㉠㉡
② 국가공무원법 - ㉠㉡㉣, 경찰공무원법 - ㉢㉤
③ 국가공무원법 - ㉠㉣, 경찰공무원법 - ㉡㉢㉤
④ 국가공무원법 - ㉠㉢㉣, 경찰공무원법 - ㉡㉤

> **정답과 해설**
> ㉠ **국가공무원법** 제62조(외국정부의 영예등의 제한) ㉡ **경찰공무원법** 제25조(지휘권남용금지의무)
> ㉢ **국가공무원법** 제65조 제2항(정치운동금지 의무) ㉣ **국가공무원법** 제64조 제1항(영리업무 및 겸직금지)
> ㉤ **경찰공무원법** 제24조 제2항(거짓보고 및 통보 금지의무)
>
> 정답 ④

458 ☐☐☐☐ 22 간부

「경찰공무원법」상 경찰공무원의 의무에 해당하는 것은 모두 몇 개인가?

가. 정치관여금지 의무	나. 영리업무종사금지 의무
다. 품위유지 의무	라. 법령준수의 의무
마. 지휘권 남용 등의 금지 의무	바. 집단행위금지 의무
사. 비밀엄수 의무	아. 거짓 보고 등의 금지 의무

① 3개 ② 4개
③ 5개 ④ 6개

정답과 해설

가. (O) 경찰공무원법 제23조   나. (X) 국가공무원법 제64조
다. (X) 국가공무원법 제62조   라. (X) 국가공무원법 제56조
마. (O) 경찰공무원법 제25조   바. (X) 국가공무원법 제66조
사. (X) 국가공무원법 제60조   아. (O) 경찰공무원법 제24조

정답 ①

459 ☐☐☐☐ 예상문제

다음 중 경찰공무원의 의무에 대한 설명으로 옳고 그름의 연결이 옳은 것은?

㉠ 「국가공무원법」에서는 성실의무를 명시적으로 규정하고 있는데, 이는 공무원의 기본적 의무로서 다른 의무의 원천이라 할 수 있다.
㉡ 공무원은 종교에 따른 차별 없이 직무를 수행하며, 공무원은 소속 상관이 이에 위배되는 직무상 명령을 한 경우에는 이에 따르지 아니하여야 한다.
㉢ 공무원은 직무와 관련하여 직접적이든 간접적이든 사례·증여 또는 향응을 주거나 받을 수 없다.
㉣ 공무원은 직무상 관계가 없을 때에는 소속 상관에게 증여하거나 소속 공무원으로부터 증여를 받을 수 있다.

① ㉠ (O) ㉡ (O) ㉢ (O) ㉣ (O)   ② ㉠ (O) ㉡ (X) ㉢ (O) ㉣ (O)
③ ㉠ (X) ㉡ (O) ㉢ (O) ㉣ (X)   ④ ㉠ (O) ㉡ (X) ㉢ (O) ㉣ (X)

정답과 해설

㉠ (O) 국가공무원법 제56조(**성실의무**)
㉡ (X) 공무원은 종교에 따른 차별 없이 직무를 수행하며, 공무원은 소속 상관이 이에 위배되는 직무상 명령을 한 경우에는 이에 **따르지 아니할 수 있다**(동법 제59조의2 제1항, 제2항)(종교중립의 의무).
㉢ (O) 동법 제61조(**청렴의 의무**) 제1항
㉣ (X) **직무상 관계가 없을 때에도 상관에게 증여가 금지된다**(동법 제61조 제2항)(청렴의 의무).

정답 ④

460 예상문제

「국가공무원법」과 「국가경찰과 자치경찰의 조직 및 운영에 관한 법률」상 공무원의 복종의무에 대한 설명으로 가장 적절하지 않은 것은 모두 몇 개인가? (다툼이 있는 경우 판례에 의함)

> ㉠ 「국가공무원법」 제57조는 "공무원은 직무를 수행할 때 소속 상관의 직무상 명령에 복종하여야 한다."고 규정하고 있다.
> ㉡ ㉠의 직무명령은 부하의 권한행사 외의 사항에 대한 명령도 포함된다.
> ㉢ ㉠의 소속 상관은 신분상의 상관이 아닌 직무상의 상관을 말한다.
> ㉣ 경찰공무원은 구체적 사건수사와 관련된 국가경찰과 자치경찰의 조직 및 운영에 관한 법률 제6조 제1항의 지휘·감독의 적법성 또는 정당성 여부에 대하여 이견이 있는 때에는 이의를 제기할 수 있다.
> ㉤ 군인이 상관의 지시나 명령에 대하여 재판청구권을 행사하는 경우에 그것이 위법·위헌인 지시와 명령을 시정하려는데 그 목적이 있을 뿐, 군 내부의 상명하복관계를 파괴하고 명령불복종 수단으로서 재판청구권의 외형만을 빌리거나 그 밖에 다른 불순한 의도가 있지 않다면, 정당한 기본권의 행사라 할 것이므로 군인의 복종의무를 위반하였다고 볼 수 없다.

① 1개 ② 2개
③ 3개 ④ 4개

정답과 해설

㉠㉢ (O)
㉡ (X) 직무명령은 **수명공무원의 직무 범위 내에 속하는 것**이어야 복종의무가 발생한다.
㉣ (O) 국가경찰과 자치경찰의 조직 및 운영에 관한 법률 제6조 제2항
㉤ (O) 대판 2012두26401

정답 ①

461 ☐☐☐☐ 예상문제

「국가공무원법」상 공무원의 의무에 대한 설명으로 가장 적절하지 않은 것은?

① 공무원은 소속 상관의 허가 또는 정당한 사유가 없으면 직장을 이탈하지 못한다.
② 수사기관이 공무원을 구속하려면 그 소속기관의 장에게 미리 통보하여야 한다. 다만, 현행범인은 그러하지 아니하다.
③ 경찰공무원으로서 집단행위 금지의무를 위반한 사람은 1년 이하의 징역 또는 100만원 이하의 벌금에 처한다.
④ 공무원은 공무 외에 영리를 목적으로 하는 업무에 종사하지 못하며 소속 기관장의 허가 없이 다른 직무를 겸할 수 없다.

> **정답과 해설**
> ① (O) 공무원은 **소속 상관(소속 기관장 X)**의 허가 또는 정당한 사유가 없으면 직장을 이탈하지 못한다(국가공무원법 제58조 제1항).
> ② (O) 수사기관이 공무원을 구속하려면 그 소속 기관의 장에게 미리 통보하여야 한다. 다만, **현행범은 그러하지 아니하다**(동법 제58조 제2항).
> ③ (X) 경찰공무원으로서 집단행위 금지의무를 위반한 사람은 **2년 이하의 징역 또는 200만원 이하의 벌금**에 처한다(경찰공무원법 제37조 제4항).
> ④ (O) 공무원은 공무 외에 영리를 목적으로 하는 업무에 종사하지 못하며 **소속 기관장(소속 상관 X)**의 허가 없이 다른 직무를 겸할 수 없다(국가공무원법 제64조).
>
> **정답** ③

462 ☐☐☐☐ 예상문제

「경찰공무원법」상 경찰공무원의 의무에 대한 설명으로 가장 적절하지 않은 것은?

① 경찰공무원은 직무에 관하여 거짓으로 보고나 통보를 하여서는 아니 된다.
② 경찰공무원은 직무를 게을리 하거나 유기하여서는 아니 된다.
③ 전시·사변, 그 밖의 이에 준하는 비상사태 이거나 작전수행 중인 경우 또는 많은 인명손상이나 국가재산 손실의 우려가 있는 위급한 사태가 발생한 경우, 경찰공무원을 지휘·감독하는 사람은 정당한 사유 없이 그 직무수행을 거부 또는 유기하거나 경찰공무원을 지정된 근무지에서 진출·퇴각 또는 이탈하게 하여서는 아니 된다.
④ 경찰공무원의 복제에 관한 사항은 대통령령으로 정하고 있다.

> **정답과 해설**
> ① (O) 동법 제24조 제1항
> ② (O) 동법 제24조 제2항
> ③ (O) 동법 제25조
> ④ (X) 경찰공무원의 복제에 관한 사항은 **행정안전부령(대통령령 X)**으로 정하고 있다(동법 제26조 제3항).
>
> **정답** ④

463 ☐☐☐☐ 예상문제

「국가공무원법」상 공무원의 '의무'에 대한 설명으로 옳지 않은 것은?

① 친절·공정의 의무는 국가공무원법에 규정된 법적인 의무로 공무원은 국민 전체의 봉사자로서 친절하고 공정하게 직무를 수행하여야 한다.
② 공무원은 취임할 때에 소속 기관장 앞에서 대통령령등으로 정하는 바에 따라 선서하여야 한다. 다만, 불가피한 사유가 있으면 취임 후에 선서하게 할 수 있다.
③ 공무원이 외국 정부로부터 영예나 증여를 받을 경우에는 경찰청장의 허가를 받아야 한다.
④ 공무원은 직무와 관련하여 직접적이든 간접적이든 사례·증여 또는 향응을 주거나 받을 수 없고, 직무상 관계가 없을 때에도 소속 상관에게 증여하거나 소속 공무원으로부터 증여를 받을 수 없다.

정답과 해설

① (O) 국가공무원법 제59조
② (O) 동법 제55조
③ (X) 공무원이 외국 정부로부터 영예나 증여를 받을 경우에는 **대통령의 허가(경찰청장의 허가 X)**를 받아야 한다(동법 제62조).
④ (O) 공무원은 직무와 관련하여 **직접적이든 간접적이든(간접적인 경우 제외 X)** 사례·증여 또는 향응을 주거나 받을 수 없고, 직무상의 **관계가 있든 없든** 그 소속 **상관(소속 기관장 X)**에게 증여하거나 소속 공무원으로부터 증여를 받아서는 아니 된다(동법 제61조 제1항, 제2항).

정답 ③

464 다음은 「경찰공무원 복무규정」의 내용이다. 다음 설명 중 옳지 않은 것은 모두 몇 개인가?

> ㉠ 경찰공무원의 기본강령으로 제1호에 경찰사명, 제2호에 경찰정신, 제3호에 규율, 제4호에 책임, 제5호에 단결, 제6호에 성실·청렴을 규정하고 있다.
> ㉡ 경찰공무원은 근무시간 중 음주를 하여서는 아니 된다. 다만, 특별한 사정이 있는 경우에는 예외로 하되, 이 경우 주기가 있는 상태에서 직무를 수행하여서는 아니 된다.
> ㉢ 경찰기관의 장은 근무성적이 탁월하거나 다른 경찰공무원의 모범이 될 공적이 있는 경찰공무원에 대하여 1회 15일 이내의 포상휴가를 허가할 수 있다. 이 경우의 포상휴가기간은 연가일수에 산입하지 아니한다.
> ㉣ 경찰기관의 장은 특별한 사정이 없는 한, 연일근무자 및 공휴일 근무자에 대하여는 그 다음 날 1일의 휴무, 당직 또는 철야근무자에 대하여는 다음날 오후 2시를 기준으로 하여 오전 또는 오후의 휴무를 허가할 수 있다.
> ㉤ 경찰공무원은 경찰관서의 장의 허가를 받거나 그 명령에 의한 경우를 제외하고는 직무와 관계없는 장소에서 직무수행을 하여서는 아니 된다.
> ㉥ 경찰공무원은 휴무일 또는 근무시간외에 2시간 이내에 직무에 복귀하기 어려운 지역으로 여행을 하고자 할 때에는 소속상관의 허가를 받아야 한다. 다만, 치안상 특별한 사정이 있어 경찰청장 또는 경찰기관의 장이 지정하는 기간에는 소속 경찰기관의 장의 허가를 받아야 한다.
> ㉦ 경찰공무원은 신규채용·승진·전보·파견·출장·연가·교육훈련기관에의 입교 기타 신분관계 또는 근무관계 또는 근무관계의 변동이 있는 때에는 소속 경찰기관의 장에게 신고를 하여야 한다.

① 4개 ② 5개 ③ 6개 ④ 7개

정답과 해설

㉠ (X) 경찰공무원의 기본강령으로 제1호에 경찰사명, 제2호에 경찰정신, 제3호에 규율, 제4호에 **단결**, 제5호에 **책임**, 제6호에 성실·청렴을 규정하고 있다(경찰공무원 복무규정 제3조).
㉡ (O) 동규정 제9조
㉢ (X) 경찰기관의 장은 근무성적이 탁월하거나 다른 경찰공무원의 모범이 될 공적이 있는 경찰공무원에 대하여 **1회 10일** 이내의 포상휴가를 허가할 수 있다. 이 경우의 포상휴가기간은 연가일수에 산입하지 아니한다(동규정 제18조).
㉣ (X) 동규정 제19조

> 제19조(연일근무자 등의 휴무) 경찰기관의 장은 특별한 사정이 없는 한 다음과 같이 **휴무를 허가하여야 한다 (할 수 있다 X)**.
> 1. **연일근무자 및 공휴일근무자**에 대하여는 그 **다음날 1일**의 휴무
> 2. 당직 또는 **철야근무자**에 대하여는 **다음 날 오후 2시**를 기준으로 하여 오전 또는 오후의 휴무

㉤ (X) 경찰공무원은 **상사의 허가(경찰관서의 장 X)**를 받거나 그 명령에 의한 경우를 제외하고는 직무와 관계없는 장소에서 직무수행을 하여서는 아니 된다(동규정 제8조).
㉥ (X) 경찰공무원은 휴무일 또는 근무시간외에 2시간 이내에 직무에 복귀하기 어려운 지역으로 여행을 하고자 할 때에는 **소속 경찰기관의 장에게 신고(소속상관의 허가 X)**를 하여야 한다(동규정 제13조).
㉦ (X) 경찰공무원은 신규채용·승진·전보·파견·출장·연가·교육훈련기관에의 입교 기타 신분관계 또는 근무관계 또는 근무관계의 변동이 있는 때에는 **소속상관(소속 경찰기관의 장 X)에게 신고**를 하여야 한다(동규정 제11조).

정답 ③

465 □□□□ 18 채용

「경찰공무원 복무규정」상 기본강령과 그에 대한 내용으로 가장 적절하게 연결된 것은?

① 경찰사명 : 경찰공무원은 주어진 사명을 다하기 위하여 긍지를 가지고 한마음 한뜻으로 굳게 뭉쳐 임무수행에 모든 역량을 기울여야 한다.
② 경찰정신 : 경찰공무원은 국가와 민족을 위하여 충성과 봉사를 다하며, 국민의 생명·신체 및 재산을 보호하고, 공공의 안녕과 질서를 유지함을 그 사명으로 한다.
③ 규율 : 경찰공무원은 성실하고 청렴한 생활태도로써 국민의 모범이 되어야 한다.
④ 책임 : 경찰공무원은 창의와 노력으로써 소임을 완수하여야 하며, 직무수행의 결과에 대하여 책임을 진다.

정답과 해설

① (X) **단결**에 대한 설명이다(경찰공무원 복무규정 제3조 제4호).
② (X) **경찰사명**에 대한 설명이다(동규정 제3조 제1호).
③ (X) **성실·청렴**에 대한 설명이다(동규정 제3조 제6호).
④ (O) 동규정 제3조 제5호

정답 ④

466 □□□□ 예상문제

다음은 경찰공무원의 의무에 대한 설명이다. 아래 ㉠부터 ㉣까지의 설명으로 옳고 그름의 표시(O, X)가 바르게 된 것은?

㉠ 공무원은 직무의 내외를 불문하고 그 품위가 손상하는 행위를 하여서는 아니된다.
㉡ 공무원으로서 노동조합에 가입된 자가 조합업무에 전임하려는 경우에는 소속기관장의 허가를 받아야 한다.
㉢ 공무원(사실상 노무에 종사하는 공무원을 포함)은 노동운동이나 그 밖의 공무 외의 일을 위한 집단 행위를 하여서는 아니 된다.
㉣ 비밀에 대해서 실질적으로 보호가 필요가치가 있는 것을 의미한다는 실질설이 통설·판례이다.

① ㉠ (O) ㉡ (O) ㉢ (X) ㉣ (O)
② ㉠ (O) ㉡ (X) ㉢ (X) ㉣ (O)
③ ㉠ (O) ㉡ (O) ㉢ (X) ㉣ (X)
④ ㉠ (X) ㉡ (O) ㉢ (O) ㉣ (O)

정답과 해설

㉠ (O) 국가공무원법 제63조
㉡ (X) 공무원으로서 노동조합에 가입된 자가 조합업무에 전임하려는 경우에는 **소속 장관(소속기관장 X)**의 허가를 받아야 한다(동법 제66조 제3항).
㉢ (X) 공무원(사실상 노무에 종사하는 공무원을 **제외(포함 X)**)은 노동운동이나 그 밖의 공무 외의 일을 위한 집단 행위를 하여서는 아니 된다(동법 제66조 제1항).
㉣ (O)

정답 ②

467 ☐☐☐☐ 예상문제

「경찰공무원법」상 '경찰공무원의 정치관여 금지의무'와 「국가공무원법」상 '정치운동의 금지의무'에 대한 설명으로 옳은 것은?

① 「국가공무원법」상 정당이나 정치단체에 가입하거나 정치활동에 관여하는 행위를 하여서는 아니 된다.
② 「경찰공무원법」상 공무원은 선거에서 특정정당 또는 특정인을 지지 반대하기 위하여 타인에게 정당이나 그 밖의 정치단체에 가입하게 하거나 또는 가입하지 아니하도록 권유 운동을 하여서는 아니 된다.
③ 「경찰공무원법」상 '경찰공무원의 정치관여 금지의무'와 「국가공무원법」상 '정치운동의 금지의무'를 위반한 경우 5년 이하의 징역과 5년 이하의 자격정지에 처한다.
④ 경찰공무원이 「경찰공무원법」상 '경찰공무원의 정치관여 금지의무' 위반한 경우 이에 대한 공소시효의 기간은 「형사소송법」 제249조 제1항에도 불구하고 10년으로 한다.

정답과 해설

① (X) 「경찰공무원법」 제23조 제1항에 규정되어 있는 사항이다.
② (X) 「국가공무원법」 제65조 제2항 제5호에 규정되어 있는 사항이다.
③ (X) 「경찰공무원법」상 '경찰공무원의 정치관여 금지의무'를 위반한 경우 5년 이하의 징역과 5년 이하의 자격정지에 처하고, 「국가공무원법」상 '정치운동의 금지의무'를 위반한 경우 3년 이하의 징역과 3년 이하의 자격정지에 처한다(경찰공무원법 제37조, 국가공무원법 제84조 제1항).
④ (O) 경찰공무원법 제37조

정답 ④

468 ☐☐☐☐ 19 승진

경찰공무원의 의무에 대한 설명으로 가장 적절하지 않은 것은?

① 「국가공무원법」에 따라 직무와 관련하여 직접적이든 간접적이든 사례・증여 또는 향응을 주거나 받을 수 없다.
② 「국가공무원법」에 따라 재직 중은 물론 퇴직 후에도 직무상 알게 된 비밀을 엄수하여야 한다.
③ 「공직자윤리법 시행령」에서는 국가경찰공무원 중 경정, 경감, 경위, 경사를 재산등록 의무자로 규정하고 있다.
④ 「국가공무원법」에 따라 제복을 착용하여야 한다.

정답과 해설

① (O) 국가공무원법 제61조 제1항
② (O) 동법 제60조
③ (O) 공직자윤리법 시행령 제3조 제5항 제6호

> [비교]
> 「공직자 윤리법」에서는 총경(자치총경을 포함) 이상의 경찰공무원을 재산등록 의무자로 규정하고 있다.

④ (X) 「경찰공무원법」에 따라 제복을 착용하여야 한다(경찰공무원법 제26조 제1항).

정답 ④

469 ☐☐☐☐ 19 승진

경찰공무원의 「국가공무원법」상 의무에 대한 설명으로 가장 적절한 것은?

① 공무원의 직무상 의무로서 직무전념의 의무, 친절·공정의 의무, 법령준수의 의무, 종교중립의 의무, 비밀엄수의 의무, 복종의 의무를 규정하고 있다.
② 복종의 의무와 관련하여 경찰공무원은 구체적 사건수사와 관련하여 상관의 지휘·감독의 적법성 또는 정당성에 대하여 이견이 있을 때에는 이의를 제기할 수 있다.
③ 공무원은 공무 외에 영리를 목적으로 하는 업무에 종사하지 못하며 소속 기관장의 허가 없이 다른 직무를 겸할 수 없다.
④ 공무원은 종교에 따른 차별 없이 직무를 수행하여야 하며, 소속 상관이 종교중립의 의무에 위배되는 직무상 명령을 한 경우에는 이에 따르지 아니하여야 한다.

> **정답과 해설**
> ① (X) 「국가공무원법」 제58조(직장 이탈 금지)와 제64조(영리 업무 및 겸직 금지)를 통칭해서 직무전념의 의무(국공법에 직접적으로 규정은 되어 있지 않음)로 표현하는 것이고, 비밀엄수의 의무는 신분상 의무이다.
> ② (X) 복종의 의무란 '공무원은 직무를 수행할 때 소속 상관의 직무상 명령에 복종하여야 한다'라는 것을 말한다 (국가공무원법 제57조). '경찰공무원은 구체적 사건수사와 관련하여 상관의 지휘·감독의 적법성 또는 정당성에 대하여 이견이 있을 때에는 이의를 제기할 수 있다'라는 내용은 「국가경찰과 자치경찰의 조직 및 운영에 관한 법률」 제6조 제2항에 규정되어 있다.
> ③ (O) 국가공무원법 제64조 제1항(영리업무 및 겸직금지)
> ④ (X) 공무원은 종교에 따른 차별 없이 직무를 수행하여야 하며, 소속 상관이 종교중립의 의무에 위배되는 직무상 명령을 한 경우에는 이에 따르지 **아니할 수 있다**(국가공무원법 제59조의2).
>
> 정답 ③

470 예상문제

「공직자 윤리법」과 「동법 시행령」상 '재산등록 및 공개의무와 취업금지의무'에 대한 설명으로 옳은 것은?

① 「공직자윤리법」에서는 경사 이상의 경찰공무원을 재산등록의무자로 규정하고 있고, 「동법 시행령」에서는 총경 이상을 재산등록의무자로 규정하고 있다.
② 공직자는 등록의무자가 된 날부터 2개월이 되는 날이 속하는 달의 말일까지 등록의무자가 된 날 현재의 재산을 등록하여야 한다.
③ 공무원 또는 공직유관단체의 임직원은 외국으로부터 선물을 받거나 그 직무와 관련하여 외국인(외국단체를 포함한다)에게 선물을 받으면 지체없이 소속 기관·단체의 장에게 신고하고 그 선물을 인도하여야 하며, 동법 시행령상 신고하여야 할 선물은 그 선물 수령 당시 증정한 국가 또는 외국인이 속한 국가의 시가로 미국화폐 100달러 이상이거나 국내 시가로 15만원 이상인 선물로 한다.
④ 취업심사대상자는 퇴직일부터 5년간 "취업심사대상기관"에 취업할 수 없다. 다만, 관할 공직자윤리위원회로부터 취업심사대상자가 퇴직 전 3년 동안 소속하였던 부서 또는 기관의 업무와 취업심사대상기관 간에 밀접한 관련성이 없다는 확인을 받거나 취업승인을 받은 때에는 취업할 수 있다.

정답과 해설

① (X) 「공직자윤리법」 제3조 제1항 제9호에서는 **총경 이상**의 경찰공무원을 재산등록의무자로 규정하고 있고, 「동법 시행령」 제3조 제4항 제6호에서는 **경사 이상**을 재산등록의무자로 규정하고 있다.
② (O) 공직자는 등록의무자가 된 날부터 **2개월**이 되는 날이 속하는 달의 말일까지 등록의무자가 된 날 현재의 재산을 등록**하여야 한다**(동법 제5조 제1항).
③ (X) 공무원(지방의회의원을 포함) 또는 공직유관단체의 임직원은 외국으로부터 선물(대가 없이 제공되는 물품 및 그 밖에 이에 준하는 것을 말하되, **현금은 제외**)을 받거나 그 직무와 관련하여 외국인(**외국단체를 포함**)에게 선물을 받으면 지체없이 소속 기관·단체의 장에게 신고하고 그 선물을 인도**하여야 하며(할 수 있으며 X)**, 동법 시행령상 신고하여야 할 선물은 그 선물 수령 당시 증정한 국가 또는 외국인이 속한 국가의 시가로 미국화폐 100달러 이상이거나 국내 시가로 **10만원** 이상인 선물로 한다(동법 제15조).
④ (X) 취업심사대상자는 퇴직일부터 **3년**간 "취업심사대상기관"에 취업할 수 없다. 다만, 관할 공직자 윤리위원회로부터 취업심사대상자가 퇴직 전 **5년** 동안 소속하였던 부서 또는 기관의 업무와 취업심사대상기관 간에 밀접한 관련성이 없다는 확인을 받거나 취업승인을 받은 때에는 취업할 수 있다(동법 제17조 제1항).

정답 ②

471 ☐☐☐☐ 24 간부

다음은 甲총경과 친족의 재산 현황이다. 「공직자윤리법」을 기준으로 甲총경이 등록해야 하는 재산의 총액으로 가장 적절한 것은? (단, 제시한 자료 이외의 친족 및 재산은 없음)

> 가. 甲총경이 소유한 미국에 있는 5천만원 상당의 아파트
> 나. 甲총경의 성년아들이 소유한 합계액 500만원의 예금
> 다. 甲총경의 배우자가 소유한 합계액 2천만원의 채권
> 라. 甲총경의 부친이 소유한 합계액 500만원의 현금
> 마. 甲총경의 외조모가 소유한 합계액 3천만원의 주식
> 바. 甲총경의 혼인한 딸이 소유한 합계액 5천만원의 현금

① 7천만원
② 7천 500만원
③ 8천만원
④ 8천 500만원

정답과 해설

가. 甲총경이 소유한 미국에 있는 5천만원 상당의 아파트(**외국에 있는 재산을 포함**): **등록대상**
나. 甲총경의 성년아들이 소유한 합계액 500만원의 예금(**소유자별 합계액 1천만원 이상의 예금**): 1천만원 이상 등록대상이므로 500만원은 등록대상 아니다.
다. 甲총경의 배우자가 소유한 합계액 2천만원의 채권(**소유자별 합계액 1천만원 이상의 채권**): **등록대상**
라. 甲총경의 부친이 소유한 합계액 500만원의 현금(**소유자별 합계액 1천만원 이상의 현금**): 1천만원 이상 등록대상이므로 500만원은 등록대상 아니다.
마. 甲총경의 외조모가 소유한 합계액 3천만원의 주식(**외조부모는 등록대상 제외**)
바. 甲총경의 혼인한 딸이 소유한 합계액 5천만원의 현금(**혼인한 직계비속인 여성 제외**)
결론적으로 정답은 가(5천만원)+다(2천만원)=7천만원(이하 공직자윤리법 제4조)

정답 ①

472 ☐☐☐☐ 23 해경(승진)

다음 중 「공직자윤리법」에 대한 설명으로 가장 옳지 않은 것은?

① 총경 이상(자치총경을 포함)의 경찰공무원은 재산등록 의무자에 해당한다.
② 소유자별 합계액 5백만원 이상의 현금, 예금, 보석류는 등록재산에 해당한다.
③ 재산등록 의무자는 매년 1월 1일부터 12월 31일까지 재산 변동사항을 다음 해 2월 말일까지 등록기관에 신고하여야 한다.
④ 법령의 규정에 따라 휴직하게 된 경우 재산 변동사항 신고를 3년간 유예할 수 있다.

> **정답과 해설**
>
> ① (O) 대령 이상의 장교, 법관, 검사, 총경 이상(자치총경을 포함)의 경찰공무원 등은 재산등록 의무자에 해당한다(공직자윤리법 제3조 제1항 제9호).
> ② (X) **소유자별 합계액 1천만원 이상의 현금(수표를 포함한다)**, 예금, **품목당 500만원 이상의 보석류**는 등록재산에 해당한다(동법 제4조 제2항 가목, 나목, 사목).
> ③ (O) 등록의무자는 매년 1월 1일부터 12월 31일까지의 재산 변동사항을 다음 해 **2월 말**일까지 등록기관에 신고**하여야 한다**(동법 제6조 제1항).
> ④ (O) 동법 제6조의3
>
>> 제6조의3(변동사항 신고의 유예 등) ① 등록기관의 장은 등록의무자가 다음 각 호의 어느 하나에 해당하여 변동사항 신고의 유예신청을 하는 경우에는 **3년**의 범위에서 변동사항 **신고를 유예할 수 있다.**
>> 1. 법령의 규정에 따라 외국에 파견근무하게 된 경우
>> 2. 법령의 규정에 따라 휴직하게 된 경우
>> 3. 재외공관 또는 해외 주재 사무소에서 근무하게 된 경우
>> 4. 그 밖에 대통령령으로 정하는 사유에 해당하는 경우
>
> 정답 ②

473 ☐☐☐☐ 25 채용

「공직자윤리법」상 등록재산의 공개대상자에 해당하지 않는 경찰공무원은?

① 충청북도경찰청장 치안감 A
② 세종특별자치시경찰청장 경무관 B
③ 경찰청 국제협력관 경무관 C
④ 경찰청 기획조정관 치안감 D

> **정답과 해설**
>
> ③ (X) 공직자윤리위원회는 관할 등록의무자 중 **치안감 이상**의 경찰공무원 및 특별시·광역시·특별자치시·도·특별자치도의 **시·도경찰청장(경무관인 세종특별자치시경찰청장도 공개대상에 해당함)**에 해당하는 공직자 본인과 배우자 및 본인의 직계존속·직계비속의 재산에 관한 등록사항과 변동사항 신고내용을 등록기간 또는 신고기간 만료 후 **1개월** 이내에 관보(공보를 포함한다) 및 인사혁신처장이 지정하는 정보통신망을 통하여 공개**하여야 한다.**
>
> 정답 ③

징계

474 ☐☐☐☐ 예상문제

경찰조직 구성원들의 잘못된 행동을 교정하고자 하는 의도와 함께 사전에 잘못된 행동을 예방하고자 하는 의도로서 징계라는 수단을 통해 경찰활동을 관리한다. 다음 경찰공무원의 징계유형으로서 강등에 대한 설명으로 가장 적절하지 않은 것은?

① 강등은 1계급 직급을 아래로 내리고 공무원신분은 보유하나 3개월간 직무에 종사하지 못하며 그 기간 중 보수는 전액을 감한다.
② 강등된 계급의 계급정년은 강등되기 전 계급 중 가장 높은 계급의 계급정년으로 한다.
③ 징계로 인하여 경감으로 강등된 경우에도 경찰공무원의 계급정년을 산정할 때에는 경정의 근무연수를 적용한다.
④ 금품 또는 향응수수로 강등 징계처분을 받은 경찰공무원은 그 처분의 집행이 끝난 날로부터 24개월이 지나지 아니한 경우 승진임용을 할 수 없다.

정답과 해설

① (O) 강등은 1계급 직급을 아래로 내리고 공무원신분은 보유하나 **3개월**간 직무에 종사하지 못하며 그 기간 중 보수는 **전액**을 감한다(국가공무원법 제80조 제1항).
② (O) 징계로 인하여 강등(경감으로 강등된 경우를 **포함(제외 X)**)된 경찰공무원의 계급정년은 강등되기 전의 계급 중 **가장 높은(낮은 X) 계급의 계급정년**으로 한다(경찰공무원법 제30조 제2항 제1호).
③ (X) 징계로 인하여 경감으로 강등된 경찰공무원의 계급정년을 산정할 때에는 **강등되기 전 계급인 경정의 근무연수와 강등 이후의 계급인 경감의 근무연수를 합산**한다.
④ (O) 강등 18개월+금품 또는 향응수수 6개월 = 24개월(경찰공무원 승진임용규정 제6조 제1항)

정답 ③

475 ☐☐☐☐ 19 채용, 예상문제

다음 중 경찰공무원의 징계에 대한 설명으로 가장 옳은 것은?

① 경찰기관의 장은 소속 경찰공무원이 직무상의 의무(다른 법령에서 공무원의 신분으로 인하여 부과된 의무를 포함)를 위반하거나 직무를 태만히 하여 징계 사유가 있다고 인정할 때에는 관할 징계위원회를 구성하여 징계등 의결을 요구할 수 있다.

② 징계 사유가 금전, 물품, 부동산, 향응을 취득하거나 제공한 경우에는 해당 징계 외에 취득하거나 제공한 금전 또는 재산상 이득의 3배 내의 징계부가금 부과 의결을 징계 위원회에 요구하여야 한다.

③ 금품 및 향응수수, 공금의 횡령·유용 등의 경우에는 10년, 「성폭력범죄의 처벌 등에 관한 특례법」 제2조에 따른 성폭력범죄등의 경우에는 5년, 그 밖의 징계 등 사유에 해당하는 경우에는 3년이 지나면 하지 못한다.

④ 금품 또는 향응 수수로 감봉 징계처분을 받은 경찰공무원은 그 처분의 집행이 끝난 날로부터 18개월이 지난 경우 승진임용될 수 있다.

정답과 해설

① (X) 경찰기관의 장은 소속 경찰공무원이 직무상의 의무(다른 법령에서 공무원의 신분으로 인하여 부과된 의무를 포함)를 위반하거나 직무를 태만히 하여 징계 사유가 있다고 인정할 때에는 관할 징계위원회를 구성하여 징계등 의결을 요구하여야 한다(할 수 있다 X)(경찰공무원 징계령 제9조 제1항, 국가공무원법 제78조 제1항 제2호).

② (X) 징계 사유가 금전, 물품, 부동산, 향응을 취득하거나 제공한 경우에는 해당 징계 외에 취득하거나 제공한 금전 또는 재산상 이득의 5배(3배 X) 내의 징계부가금 부과 의결을 징계위원회에 요구하여야 한다(국가공무원법 제78조의2).

③ (X) 금품 및 향응수수, 공금의 횡령·유용 등의 경우에는 5년, 「성폭력범죄의 처벌 등에 관한 특례법」 제2조에 따른 성폭력범죄등의 경우에는 10년, 그 밖의 징계 등 사유에 해당하는 경우에는 3년이 지나면 하지 못한다(동법 제83조의2).

④ (O) 감봉 12개월 + 금품 또는 향응 수수 6개월 = 18개월(경찰공무원 승진임용 규정 제6조 제1항 제2호 나목)

정답 ④

476 ☐☐☐☐ 예상문제

「국가공무원법」상 징계사유에 해당하는 것은?

① 신체·정신상의 장애로 장기 요양이 필요한 때
② 직무상의 의무(다른 법령에서 공무원의 신분으로 인하여 부과된 의무를 포함한다)를 위반하거나 직무를 태만히 한 때
③ 직무수행 능력이 부족하거나 근무성적이 극히 나쁜 자
④ 경찰공무원으로는 부적합할 정도로 직무 수행능력이나 성실성이 현저하게 결여된 사람으로서 대통령령으로 정하는 사유에 해당된다고 인정될 때

정답과 해설
① (X) **직권휴직**사유
② (O) 징계사유(국가공무원법 제78조 제1항)
③ (X) **직위해제**사유
④ (X) **직권면직**사유

정답 ②

477 ☐☐☐☐ 예상문제

징계사유에 대한 설명으로 가장 적절하지 않은 것은? (다툼이 있는 경우 판례에 의함)

① 「국가공무원법」상 직무수행 능력이 부족하거나 근무성적이 극히 나쁜 자에 해당되어 직위해제되어 대기 명령을 받은 자가 그 기간에 능력 또는 근무성적의 향상을 기대하기 어렵다고 인정된 때에는 징계사유에 해당한다.
② 「국가공무원법」상 공무원이 직무상의 의무(다른 법령에서 공무원의 신분으로 인하여 부과된 의무를 포함한다)를 위반하거나 직무를 태만히 한 때에는 징계사유에 해당된다.
③ 정류장에서의 앞지르기금지의무를 위반한 운전수에게 대하여 정류장에서는 앞지르기를 하지 못한다고 주의를 한데 그친 것은 교통경찰관으로서는 바람직한 근무자세라 할 것이고 경찰공무원으로서 성실의무에 위반하는 등 직무를 태만히 한 것이라고는 볼 수 없다.
④ 「지방공무원법」상 품위유지의 의무는 공직의 체면, 위신, 신용을 유지하고 주권자인 국민의 수임자로서 국민전체의 봉사자로서의 직책을 다함에 손색이 없는 몸 가짐을 뜻하고 직무 내외를 불문한다.

정답과 해설
① (X) **직권면직** 사유이다(국가공무원법 제70조 제1항 제5호, 경찰공무원법 제28조 제1항 제1호). **징계사유에는 해당되지 않는다.**
② (O) 국가공무원법 제78조 제1항 제2호
③ (O) 싸이카에 승무하고 교통단속을 하던 경찰공무원이 정류장에서 앞차를 앞지르려고 하는 것을 목격하고 손짓을 하여 앞지르지 못하게 한 뒤 그 버스를 정차시켜 놓고 운전사에게 대하여 정류장에서는 앞지르기를 하지 못한다고 주의를 한데 그친 것은 교통경찰관으로서는 바람직한 근무자세라 할 것이고 경찰공무원으로서 **성실의무에 위반하는 등 직무를 태만히 한 것이라고는 볼 수 없다**(대법원 1976. 9. 14. 선고 76누179).
④ (O) 대법원 1982. 9. 14. 선고 82누46

정답 ①

478 　14 승진

다음은 「국가공무원법」, 「공무원연금법」 및 동법 시행령상 경찰공무원의 징계에 관한 설명이다. (　) 안에 들어갈 숫자를 가장 적절하게 나열한 것은?

> (1) 감봉은 1개월 이상 3개월 이하의 기간 동안 보수의 (㉠)분의 1을 감하고, 감봉기간 종료 후 (㉡)개월간 승진이 제한된다.
> (2) 징계에 의하여 파면된 경우, 재직기간이 5년 이상인 사람의 퇴직급여는 그 금액의 (㉢)분의 1을 감액한다.
> (3) 징계의결등의 요구는 「성매매알선 등 행위의 처벌에 관한 법률」 제4조에 따른 금지행위, 「성폭력범죄의 처벌 등에 관한 특례법」 제2조에 따른 성폭력 범죄, 「아동·청소년의 성보호에 관한 법률」 제2조제2호에 따른 아동·청소년대상 성범죄, 「양성평등기본법」 제3조제2호에 따른 성희롱의 경우에는 (㉣)년, 금품 및 향응수수, 공금의 횡령·유용 등의 경우 (㉤)년, 그 밖의 징계사유에 해당하는 경우는 3년이 지나면 하지 못한다.

① ㉠ 3 ㉡ 12 ㉢ 2 ㉣ 10 ㉤ 5
② ㉠ 3 ㉡ 18 ㉢ 4 ㉣ 5 ㉤ 5
③ ㉠ 2 ㉡ 12 ㉢ 4 ㉣ 10 ㉤ 5
④ ㉠ 2 ㉡ 18 ㉢ 2 ㉣ 5 ㉤ 10

정답과 해설

(1) 감봉은 1개월 이상 3개월 이하 보수의 ㉠ (3)분의 1을 감하고(국가공무원법 제80조 제4항), 감봉기간 종류 후 ㉡ (12)개월간 승진이 제한된다(공무원보수규정 제14조 제2항 제2호 나목).
(2) 징계에 의하여 파면된 경우, 재직기간이 5년 이상인 사람의 퇴직급여는 그 금액의 ㉢ (2)분의 1을 감액한다(공무원연금법 시행령 제61조 제1항 제1호 나목).
(3) 징계의결등의 요구는 「성매매알선 등 행위의 처벌에 관한 법률」 제4조에 따른 금지행위, 「성폭력범죄의 처벌 등에 관한 특례법」 제2조에 따른 성폭력 범죄, 「아동·청소년의 성보호에 관한 법률」 제2조제2호에 따른 아동·청소년대상 성범죄, 「양성평등기본법」 제3조제2호에 따른 성희롱의 경우에는 ㉣ (10)년, 금품 및 향응수수, 공금의 횡령·유용 등의 경우 ㉤ (5)년, 그 밖의 징계사유에 해당하는 경우는 **3년**이 지나면 하지 못한다(국가공무원법 제83조의2 제1항).

정답 ①

479 ☐☐☐☐ 예상문제

「경찰공무원 승진임용 규정」상 '징계처분에 따른 승진임용 제한'에 대한 설명으로 가장 적절하지 않은 것은?

① 정직 기간의 종료 후 18개월이 지나지 않으면 승진의 대상이 되지 못한다.
② 감봉처분을 종료하고 12개월이 지나지 않으면 승진의 대상이 되지 못한다.
③ 견책을 받고 6개월이 지나지 않으면 승진의 대상이 되지 못한다.
④ 금품 또는 향응 수수로 강등 징계처분을 받은 경찰공무원은 그 처분의 집행이 끝난 날로부터 18개월이 지난 경우 승진임용될 수 있다.

정답과 해설

①②③ (O) 동규정 제6조 제1항 제2호
④ (X) 강등 [그 처분의 집행이 끝난 날로부터 **18개월** + 금품 또는 향응 수수 **6개월** = 24개월]

정답 ④

480 예상문제

다음 중 징계의 종류와 효과에 대한 설명으로 가장 적절한 것은 모두 몇 개인가? (다툼이 있는 경우 판례에 의함)

> ㉠ 「국가공무원법」상 징계는 파면·해임·강등·정직·감봉·견책(譴責)으로 구분하며, 「경찰공무원 징계령」상 "중징계"는 파면, 해임, 강등 및 정직을 말하며, "경징계"란 감봉 및 견책을 말한다.
> ㉡ 파면과 해임은 공무원의 신분을 박탈하는 배제징계이고, 해임징계처분을 받게되면 향후 일반공직에 3년간 임용될 수 없으나 경찰공무원으로서는 기간에 관계없이 다시 임용될 수 없다.
> ㉢ '경고와 주의'는 징계의 종류에 해당하지 아니한다.
> ㉣ 징계에 관한 일반사면이 있는 경우 파면처분으로 공무원의 지위를 상실한 공무원은 파면처분의 위법을 주장하여 그 취소를 구할 수 없다.
> ㉤ 경찰공무원 보통징계위원회는 해당 징계위원회가 설치된 경찰기관 소속 경정 이하 경찰공무원에 대한 징계 등 사건을 심의·의결한다.
> ㉥ 징계의결요구권자 또는 징계위원회는 행위자에 대한 의무위반행위의 유형·정도, 과실의 경중, 행위 당시 계급 및 직위, 비위행위가 공직 내외에 미치는 영향, 수사 중 경찰공무원 신분을 감추거나 속인 정황, 평소 행실, 공적, 뉘우치는 정도, 규제개혁 및 국정과제 등 관련 업무 처리의 적극성 또는 그 밖의 정상을 참작하여 징계양정기준에 따라 징계의결 요구 또는 징계의결하여야 한다.

① 1개 ② 2개
③ 3개 ④ 4개

정답과 해설

㉠ (O) 국가공무원법 제79조, 경찰공무원 징계령 제2조
㉡㉢ (O)
㉣ (X) 징계에 관한 일반사면이 있었다고 할지라도 사면의 효과는 소급하지 아니하므로 파면처분으로 이미 상실된 원고의 공무원지위가 회복될 수 없는 것이니 원고로서는 동 파면처분의 위법을 주장하여 그 취소를 구할 **소송상 이익이 있다고** 할 것이다(대법원 1981. 7. 14. 선고 80누536 전원합의체).
㉤ (X) 경찰공무원 보통징계위원회는 해당 징계위원회가 설치된 경찰기관 소속 **경감 이하(경정 이하 X)** 경찰공무원에 대한 징계 등 사건을 심의·의결한다(동징계령 제4조 제2항).
㉥ (O) 동징계령 세부시행규칙 제4조 제1항

정답 ④

481 ☐☐☐☐ 예상문제

「공무원연금법」에서는 아래와 같이 형벌등에 따른 급여를 제한하고 있다. 이에 대한 「공무원연금법시행령(대통령령)」상 '퇴직급여 및 퇴직수당의 감액'에 대한 설명으로 가장 적절하지 않은 것은?

> 제65조(형벌 등에 따른 급여의 제한)
> ① 공무원이거나 공무원이었던 사람이 다음 각 호의 어느 하나에 해당하는 경우에는 대통령령으로 정하는 바에 따라 퇴직급여 및 퇴직수당의 일부를 줄여 지급한다.
>   1. 재직 중의 사유(직무와 관련이 없는 과실로 인한 경우 및 소속 상관의 정당한 직무상의 명령에 따르다가 과실로 인한 경우는 제외)로 금고 이상의 형이 확정된 경우
>   2. 탄핵 또는 징계에 의하여 파면된 경우
>   3. 금품 및 향응 수수, 공금의 횡령·유용으로 징계에 의하여 해임된 경우

① 공무원이 제1호에 해당하게 되었을 때에는 재직기간이 5년 미만인 사람은 퇴직급여의 4분의 1을 감액한 후 지급한다.
② 공무원이 제2호에 해당하게 되었을 때에는 퇴직수당은 2분의 1을 감액한 후 지급한다.
③ 공무원이 제3호에 해당하게 되었을 때에는 재직기간이 5년 이상인 사람은 퇴직급여의 8분의 1을 감액한 후 지급한다.
④ 공무원이 제3호에 해당하게 되었을 때에는 퇴직수당은 4분의 1을 감액한 후 지급한다.

> **정답과 해설**
> ① (O) 제1호에 해당하는 내용은 제2호 파면과 동일하게 재직기간이 5년 미만인 사람의 퇴직급여: 4분의 1, 재직기간이 5년 이상인 사람의 퇴직급여: 2분의 1, 퇴직수당: 2분의 1을 적용한다.
> ③ (X) 금품 및 향응 수수로 징계 해임된 자의 퇴직급여는 재직기간이 5년 이상인 경우 퇴직급여는 **1/4을 감액한 후 3/4을 지급**한다(공무원연금법 시행령 제61조 제2호).
>
> 정답 ③

482 ☐☐☐☐ 20 승진, 예상문제

공무원 관련 범죄의 수사(조사)개시 통보에 관한 설명으로 가장 적절하지 않은 것은?

① 경찰은 국가공무원에 대한 수사를 시작한 때에는 10일 내에 소속 기관의 장에게 그 사실을 통보하여야 한다.
② 경찰에서 수사 중인 사건에 대하여는 수사개시 통보를 받은 날부터 징계의결의 요구나 그 밖의 징계 절차를 진행하지 아니할 수 있다.
③ 감사원에서 조사 중인 사건에 대하여는 조사개시 통보를 받은 날부터 징계의결의 요구나 그 밖의 징계 절차를 진행하지 못한다.
④ 감사원과 검찰·경찰, 그 밖의 수사기관은 조사나 수사를 마친 때에는 지체없이 소속 기관의 장에게 그 사실을 통보하여야 한다.

> **정답과 해설**
> ① (O) 감사원과 검찰·경찰, 그 밖의 수사기관은 조사나 **수사를 시작한 때와 이를 마친 때에는 10일 내에(지체없이 X)** 소속 기관의 장에게 그 사실을 통보하여야 한다(국가공무원법 제83조 제3항).
> ② (O) **검찰·경찰, 그 밖의 수사기관에서 수사 중인 사건**에 대하여는 제3항에 따른 수사개시 통보를 받은 날부터 징계 의결의 요구나 그 밖의 징계 절차를 진행하지 **아니할 수 있다**(동법 제83조 제2항).
> ③ (O) **감사원에서 조사 중인 사건**에 대하여는 ①에 따른 조사개시 통보를 받은 날부터 징계 의결의 요구나 그 밖의 징계 절차를 **진행하지 못한다**(동법 제83조 제1항).
> ④ (X) 감사원과 검찰·경찰, 그 밖의 수사기관은 조사나 수사를 시작한 때와 **이를 마친 때에는 10일 내에(지체없이 X)** 소속 기관의 장에게 그 사실을 통보하여야 한다(동법 제83조 제3항).
>
> 정답 ④

483 21·23 채용, 예상문제

「경찰공무원 징계령」상 경찰공무원 징계에 대한 설명으로 가장 적절한 것은?

① 징계위원회는 징계등 심의 대상자에게 진술할 수 있는 기회를 충분히 주어야 하며, 징계등 심의 대상자는 의견서 또는 말로 자기에게 이익이 되는 사실을 진술하거나 증거를 제출할 수 있다.
② 「경찰공무원 징계령」상 징계등 심의 대상자는 증인의 심문을 신청할 수 있다. 이 경우 징계위원회의 위원장이 그 채택 여부를 결정하여야 한다.
③ 징계위원회는 징계등 사건을 의결할 때에는 징계등 심의 대상자의 비위행위 당시 계급 및 직위, 비위행위가 공직 내외에 미치는 영향, 평소 행실, 공적(功績), 뉘우치는 정도나 그 밖의 정상과 징계등 의결을 요구한 자의 의견을 고려할 수 있다.
④ 징계등 의결 요구를 받은 징계위원회는 그 요구서를 받은 날부터 60일 이내에 징계등에 관한 의결을 하여야 한다. 다만, 부득이한 사유가 있을 때에는 해당 징계등 의결을 요구한 경찰기관의 장의 승인을 받아 30일 이내의 범위에서 그 기한을 연기할 수 있다.

정답과 해설
① (O) 경찰공무원 징계령 제13조 제2항
② (X) 징계등 심의 대상자는 증인의 심문을 신청할 수 있다. 이 경우 **징계위원회는 의결로써**(위원장이 X) 그 채택 여부를 결정**하여야 한다**(할 수 있다 X)(동징계령 제13조 제3항).
③ (X) 징계위원회는 징계등 사건을 의결할 때에는 징계등 심의 대상자의 비위행위 당시 계급 및 직위, 비위행위가 공직 내외에 미치는 영향, 평소 행실, 공적(功績), 뉘우치는 정도나 그 밖의 정상과 징계등 의결을 요구한 자의 의견을 **고려해야 한다**(할 수 있다 X)(동징계령 제16조).
④ (X) 징계등 의결 요구를 받은 징계위원회는 그 요구서를 받은 날부터 **30일**(60일 X, 15일 X) 이내에 징계등에 관한 의결을 하여야 한다. 다만, 부득이한 사유가 있을 때에는 **해당 징계등 의결을 요구한 경찰기관의 장의 승인**(해당 징계 심의대상자의 동의 X, 해당 징계등 심의 대상자에게 그 사유를 고지 X)을 받아 30일 이내의 범위에서 그 기한을 연기할 수 있다(동징계령 제11조 제1항).

정답 ①

484 □□□□ 21 채용, 23 경채, 예상문제

「경찰공무원 징계령」상 경찰공무원 징계에 대한 설명으로 가장 적절하지 않은 것은 모두 몇 개인가?

> ⊙ 징계위원회가 징계등 심의대상자의 출석을 요구할 때에는 출석 통지서로 하되, 징계위원회 개최일 5일 전까지 그 징계등 심의대상자에게 도달되도록 해야 한다.
> ⓒ 징계위원회는 징계등 심의대상자가 그 징계위원회에 출석하여 진술하기를 원하지 아니할 때에는 진술권 포기서를 제출하게 하여 이를 기록에 첨부하고 서면심사로 징계등 의결을 할 수 있다.
> ⓒ 출석한 징계 등 심의대상자에게 진술할 수 있는 기회를 충분히 주어야 하며, 진술의 기회를 주지 않고 한 징계등 의결은 절차상 하자로 무효가 된다.
> ② 징계등 의결을 요구한 자 또는 징계등 의결의 요구를 신청한 자는 징계위원회에 출석하여 의견을 진술하거나 서면으로 의견을 진술할 수 있다. 다만, 중징계나 중징계 관련 징계부가금 요구사건의 경우에는 특별한 사유가 없는 한 징계위원회에 출석하여 의견을 진술해야 한다.
> ⑩ 징계등 심의 대상자의 소재가 분명하지 아니할 때에는 출석통지를 관보에 게재하고, 그 게재일부터 7일이 지나면 출석통지가 송달된 것으로 보며, 징계등 의결을 할 때에는 관보 게재의 사유와 그 사실을 기록에 분명히 적어야 한다.

① 1개
② 2개
③ 3개
④ 4개

정답과 해설

⊙ (O) 징계위원회가 징계등 심의 대상자의 출석을 요구할 때에는 출석 통지서로 하되, 징계위원회 개최일 **5일**(3일 X) 전까지 그 징계등 심의 대상자에게 **도달되도록 해야 한다**(경찰공무원 징계령 제12조 제1항).
ⓒ (O) 동징계령 제12조 제2항
ⓒ (O) 동징계령 제13조 제2항
② (O) 징계등 의결을 요구한 자 또는 징계등 의결의 요구를 신청한 자는 징계위원회에 출석하여 의견을 진술하거나 **서면으로** 의견을 **진술할 수 있다**. 다만, **중징계나 중징계 관련 징계부가금 요구사건**의 경우에는 특별한 사유가 없는 한 징계위원회에 출석하여 의견을 **진술해야 한다**(동징계령 제13조 제4항).
⑩ (X) 징계등 심의대상자가 소재가 분명하지 아니할 때에는 출석통지를 관보에 게재하고 그 **게재일부터**(게재일 다음 날부터 X) **10일**(7일 X)이 지나면 출석통지가 송달된 것으로 본다(동징계령 제12조 제3항).

정답 ①

485 ☐☐☐☐ 24 승진(행정학)

「경찰공무원 징계령」 제14조(징계위원회의 의결)에 따르면, 다음과 같은 상황에서 괄호 안의 내용으로 가장 적절한 것은? (단, 징계의 감경이나 가중 사유는 존재하지 않음)

> 징계 혐의자인 경찰공무원 甲에 대한 징계 의결을 위한 징계위원회에 6명의 징계위원이 출석하였는데, 징계위원들의 의견이 분분하였다. 징계위원 A와 B는 '정직 2월', 징계위원 C는 '정직 1월', 징계위원 D는 '감봉 3월', 징계위원 E와 F는 '감봉 2월' 의견을 제시하였다. 이 경우 징계 혐의자인 경찰공무원 甲에 대한 징계로 (   )을 징계위원회의 합의된 의견으로 본다.

① 정직 2월
② 정직 1월
③ 감봉 3월
④ 감봉 2월

정답과 해설

징계위원회의 의결은 위원장을 포함한 위원 과반수의 출석과 출석위원 과반수의 찬성으로 의결하되, 의견이 나뉘어 출석위원 과반수의 찬성을 얻지 못한 경우에는 출석위원 과반수가 될 때까지 징계등 심의 대상자에게 가장 불리한 의견을 제시한 위원의 수를 그 다음으로 불리한 의견을 제시한 위원의 수에 차례로 더하여 그 의견을 합의된 의견으로 본다(경찰공무원 징계령 제14조 제1항). 그러므로 징계위원 6명의 과반수인 4명에 해당되는 **감봉 3월**을 합의된 의견으로 본다.

정답 ③

486 ☐☐☐☐ 23 채용, 예상문제

「경찰공무원 징계령」상 징계등의 집행에 대한 설명으로 가장 적절하지 않은 것은? (다툼이 있는 경우 판례에 의함)

① 징계위원회는 징계등 의결을 하였을 때에는 지체 없이 징계등 의결을 요구한 자에게 의결서 정본(正本)을 보내어 통지하여야 한다.
② 징계등 의결을 요구한 자는 경징계의 징계등 의결을 통지받았을 때에는 통지받은 날부터 15일 이내에 징계등을 집행하여야 한다.
③ 공무원인 피징계자에게 징계사유가 있어서 징계처분을 하는 경우 어떠한 처분을 할 것인가는 징계권자의 재량에 맡겨진 것이고, 다만 징계권자가 재량권의 행사로서 한 징계처분이 사회통념상 현저하게 타당성을 잃어 징계권자에게 맡겨진 재량권을 남용한 것이라고 인정되는 경우에 한하여 그 처분을 위법하다고 할 수 있다.
④ 징계등 의결을 요구한 자는 중징계의 징계등 의결을 통지받았을 때에는 지체 없이 징계등 처분 대상자의 임용권자에게 의결서 사본을 보내어 해당 징계등 처분을 제청하여야 한다. 다만, 경무관 이상의 강등 및 정직, 경정 이상의 파면 및 해임 처분의 제청, 총경 및 경정의 강등 및 정직의 집행은 경찰청장 또는 해양경찰청장이 한다.

정답과 해설

① (O) 징계위원회는 징계등 의결을 하였을 때에는 **지체 없이** 징계등 의결을 요구한 자에게 의결서 **정본(正本)**을 보내어 통지하여야 한다(경찰공무원 징계령 제17조).
② (O) 징계등 의결을 요구한 자는 **경징계(= 감봉 또는 견책)**의 징계등 의결을 통지받았을 때에는 통지받은 날부터 **15일 이내(30일 이내 X)**에 징계등을 집행하여야 한다(동징계령 제18조 제1항).
③ (O) 대판 99두6101
④ (X) 징계등 의결을 요구한 자는 중징계의 징계등 의결을 통지받았을 때에는 **지체 없이** 징계등 처분 대상자의 임용권자에게 의결서 **정본(사본 X)**을 보내어 해당 징계등 **처분을 제청**하여야 한다(동징계령 제19조 제1항).

정답 ④

487 예상문제

다음 보기의 사례 상황에 대한 설명으로 옳은 것은?

<보기>
영등포 경찰서 경찰기관장 A는 소속 경찰공무원 B 경장이 부하직원을 성희롱 하였다는 징계사유가 인정되어 지체없이 관할 징계위원회를 구성하여 징계의결을 요구하였다.

① B 경장에게 파면·해임·강등 또는 정직에 해당하는 징계 의결이 요구 중인 자인 경우 직위해제를 할 수 있다.
② 영등포 경찰서장은 징계위원회로부터 2개월의 감봉처분의 의결을 통지받았을 때에는 통지받은 날부터 지체없이 감봉의 징계처분을 집행하여야 한다.
③ B 경장은 2개월의 감봉기간 동안 보수의 3분의 1을 지급 받는다.
④ B 경장은 감봉기간 종료 후 12개월 간 승진과 승급에 제한이 있다.

정답과 해설

① (O) 국가공무원법 제73조의3 제1항 제3호
② (X) 징계등 의결을 요구한 자는 경징계(2개월의 감봉)의 징계등 의결을 통지받았을 때에는 통지받은 날부터 **15일 이내에 징계등을 집행**하여야 한다(경찰공무원 징계령 제18조 제1항).
③ (X) 감봉은 1개월 이상 3개월 이하의 기간 동안 보수의 3분의 1을 감한다(국가공무원법 제80조 제4항). 그러므로 **B 경장은 3분의 2를 지급받는다.**
④ (X) 감봉(12) + 성희롱(6) = **18개월**(경찰공무원 승진임용규정 제6조 제1항 제2호 나목)

정답 ①

488 ☐☐☐☐ 22 채용

경찰공무원 관련 법령에 따를 때, 다음 설명 중 가장 적절한 것은?

① ○○경찰서 소속 지구대장 경감 甲과 동일한 지구대 소속 순경 乙이 관련된 징계등 사건(甲의 감독상 과실책임만으로 관련된 경우, 관련자에 대한 징계등 사건을 분리하여 심의·의결하는 것이 타당하다고 인정되는 경우는 제외)은 ○○경찰서에 설치된 징계위원회에서 심의·의결한다.

② 경찰공무원 임용 당시 임용결격사유가 있었더라도 국가의 과실에 의해 임용결격자임을 밝혀내지 못했다면, 그 임용행위는 당연무효로 볼 수 없다.

③ 국가경찰사무를 담당하는 ○○경찰서 소속 경사 丙에 대한 정직처분은 소속기관장인 ○○경찰서장이 행하지만, 그 처분에 대한 행정소송의 피고는 경찰청장이다.

④ 징계의결이 요구된 경정 丁에게 국무총리 표창을 받은 공적이 있는 경우에 징계위원회는 징계를 감경할 수 있지만, 그 표창이 丁에게 수여된 표창이 아니라 丁이 속한 ○○경찰서에 수여된 단체표창이라면 감경할 수 없다.

정답과 해설

① (X) 상위 계급과 하위 계급 경찰이 관련된 징계사건은 상위계급 관할 징계위원회에서 심의·의결하므로, 지구대장 甲관할 징계위원회에서 심의·의결한다. 그러나 ○○경찰서에 설치된 징계위원회는 **소속 경위이하** 징계 사건만 심의·의결하므로 경찰공무원징계령 제4조 제4항에 따라 **○○경찰서에 설치된 징계위원회가 아닌 바로 위 상급 경찰기관에 설치된 보통징계위원회에서 심의·의결**한다(경찰공무원 징계령 제4조).

② (X) 임용당시 공무원임용결격사유가 있었다면 비록 국가의 과실에 의하여 임용결격자임을 밝혀내지 못하였다 하더라도 그 **임용행위는 당연무효로 보아야 한다**(대판1987. 4. 14. 86누459).

③ (X) 국가경찰사무를 담당하는 ○○경찰서 소속 경사 丙의 정직처분(중징계)은 **임용권자**인 **시·도경찰청장**이 행하고, 징계처분에 대한 **행정소송 피고도 시·도경찰청장**이다(경찰공무원법 제34조, 경찰공무원 임용령 제4조).

④ (O) 경찰공무원 징계령 세부시행규칙 제8조 제1항 제2호

정답 ④

489 ☐☐☐☐ 24 간부, 23 경채, 예상문제

「경찰공무원법」과 「경찰공무원징계령」상 징계위원회에 대한 설명으로 옳지 않은 것은 모두 몇 개인가?

> ㉠ 「경찰공무원법」상 경무관 이상의 경찰공무원에 대한 징계의결은 「국가공무원법」에 따라 국무총리 소속으로 설치된 징계위원회에서 하며, 총경 이하의 경찰공무원에 대한 징계의결을 하기 위하여 대통령령으로 정하는 경찰기관 및 해양경찰관서에 경찰공무원 징계위원회를 둔다.
> ㉡ 「경찰공무원법」상 경찰청 소속 경무관 이상의 강등 및 정직과 경정 이상의 파면 및 해임은 경찰청장의 제청으로 행정안전부장관과 국무총리를 거쳐 대통령이 한다.
> ㉢ 「경찰공무원징계령」상 경찰공무원 징계위원회는 경찰공무원 중앙징계위원회와 경찰공무원 보통 징계위원회로 구분한다.
> ㉣ 「경찰공무원징계령」상 중앙징계위원회는 총경 및 경정에 대한 징계 또는 「국가공무원법」 제78조의2에 따른 징계부가금 부과 사건을 심의·의결하고, 보통징계위원회는 해당 징계위원회가 설치된 경찰기관 소속 경위 이하의 경찰공무원에 대한 징계등 사건을 심의·의결한다.
> ㉤ 「경찰공무원징계령」상 징계위원회 회의는 위원장과 징계위원회가 설치된 경찰기관의 장이 회의마다 지정하는 4명 이상 6명 이하의 위원으로 성별을 고려하여 구성하되, 「성폭력범죄의 처벌 등에 관한 특례법」에 따른 성폭력범죄, 「양성평등기본법」에 따른 성희롱에 해당하는 징계 사건이 속한 징계위원회의 회의를 구성하는 경우에는 피해자와 같은 성별의 위원이 위원장을 제외한 위원 수의 2분의 1 이상 포함되어야 한다.
> ㉥ 「경찰공무원징계령」상 위원장이 부득이한 사유로 직무를 수행할 수 없거나 위원장이 필요하다고 인정하는 경우에는 출석한 위원 중 최상위 계급 또는 이에 상응하는 직급에 있거나 최상위 계급 또는 이에 상응하는 직급에 먼저 승진임용된 공무원이 위원장이 된다.

① 1개   ② 2개   ③ 3개   ④ 4개

정답과 해설

㉠ (O) **경무관 이상**의 경찰공무원에 대한 징계의결은 「국가공무원법」에 따라 **국무총리 소속**(행정안전부장관 소속 X, 경찰청 X)으로 설치된 징계위원회에서 하며, **총경 이하**의 경찰공무원에 대한 징계의결을 하기 위하여 대통령령(경찰공무원 징계령)으로 정하는 경찰기관 및 해양경찰관서에 경찰공무원 징계위원회를 둔다(경찰공무원법 제32조 제1항, 제2항).

㉡ (O) 경찰청 소속 **경무관 이상의 강등 및 정직**과 **경정 이상의 파면 및 해임**은 **경찰청장**(행정안전부장관 X) 제청으로 행정안전부장관과 국무총리를 거쳐 **대통령**이 하고, **총경 및 경정의 강등 및 정직**은 **경찰청장**이 한다(동법 제33조 후단).

㉢ (O) 경찰공무원징계령 제3조 제1항

㉣ (X) 보통징계위원회는 해당 징계위원회가 설치된 경찰기관 소속 **경감 이하**(경위 이하 X)의 경찰공무원에 대한 징계등 사건을 심의·의결한다(동징계령 제4조 제1항, 제2항).

㉤ (X) 징계위원회의 회의는 위원장과 징계위원회가 설치된 경찰기관의 장이 회의마다 지정하는 **4명 이상 6명 이하**의 위원으로 성별을 고려하여 구성하되, 민간위원의 수는 위원장을 **포함한** 위원 수의 **2분의 1 이상**이어야 한다(동징계령 제7조 제1항). 징계사유가 「성폭력범죄의 처벌 등에 관한 특례법」에 따른 성폭력범죄, 「양성평등기본법」에 따른 성희롱에 해당하는 징계 사건이 속한 징계위원회의 회의를 구성하는 경우에는 피해자와 같은 성별의 위원이 위원장을 **제외한** 위원 수의 **3분의 1 이상**(2분의 1 이상 X) 포함되어야 한다(동징계령 제7조 제2항).

㉥ (O) 동징계령 제7조 제6항

정답 ②

490 □□□□ 예상문제

「공무원 징계령」과 「경찰공무원 징계령」상 징계위원회의 구성에 대한 설명으로 가장 적절하지 않은 것은?

① 「공무원 징계령」상 중앙징계위원회는 위원장 1명을 포함하여 17명 이상 33명 이하의 공무원위원과 민간위원으로 구성한다. 회의는 위원장과 위원장이 회의마다 지정하는 8명의 위원으로 구성한다.
② 「경찰공무원 징계령」상 중앙·보통징계위원회는 위원장 1명을 포함하여 11명 이상 51명 이하의 공무원위원과 민간위원으로 구성한다.
③ 「경찰공무원 징계령」상 징계위원회가 설치된 경찰기관의 장은 징계등 심의 대상자보다 상위 계급인 경위 이상의 소속 경찰공무원 또는 상위 직급에 있는 6급 이상의 소속 공무원 중에서 징계위원회의 공무원위원을 임명한다.
④ 「경찰공무원 징계령」상 소속이 다른 2명 이상의 경찰공무원이 관련된 징계등 사건으로서 관할 징계위원회가 서로 다른 경우에는 상위 계급의 경찰공무원을 관할하는 징계위원회에서 심의·의결한다.

정답과 해설

① (O) 공무원 징계령 제4조 제1항, 제5항
② (O) 각 징계위원회는 위원장 1명을 포함하여 **11명 이상 51명 이하(17명 이상 33명 이하 X)**의 공무원위원과 민간위원으로 구성한다(경찰공무원 징계령 제6조 제1항).
③ (O) 징계위원회가 설치된 경찰기관의 장은 징계등 심의 대상자보다 상위 계급인 **경위 이상(경감 이상 X)**의 소속 경찰공무원 또는 상위 직급에 있는 6급 이상의 소속 공무원 중에서 징계위원회의 공무원위원을 임명한다(동징계령 제6조 제2항).
④ (X) 소속이 다른 2명 이상의 경찰공무원이 관련된 징계등 사건으로서 관할 징계위원회가 서로 다른 경우에는 모두를 관할하는 **바로 위 상급 경찰기관**에 설치된 징계위원회에서 심의·의결한다(동징계령 제5조 제2항).

정답 ④

491 ☐☐☐☐ 예상문제

「경찰공무원 징계령」상 징계위원회에 대한 설명으로 옳지 않은 것은?

① 징계위원회가 설치된 경찰기관의 장은 위원 수의 2분의 1이상을 특정 성별의 위원이 민간위원 수의 10분의 6을 초과하지 않도록 해야 한다.
② 위촉되는 민간위원의 임기는 2년으로 하며, 한 차례만 연임할 수 있다.
③ 징계위원회의 위원장은 위원 중 최상위 계급 또는 이에 상응하는 직급에 있거나 최상위 계급 또는 이에 상응하는 직급에 먼저 승진임용된 공무원이 된다.
④ 경찰공무원 징계위원회의 위원장은 위원회의 사무를 총괄하며 위원회를 대표하지만, 표결권은 가지지 아니한다.

정답과 해설

① (O) 경찰공무원 징계령 제6조 제3항
② (O) 위촉되는 민간위원의 임기는 **2년**으로 하며, **한 차례만 연임**할 수 있다(동징계령 제6조의2).
③ (O) 동징계령 제6조 제4항
④ (X) 징계위원회의 위원장은 위원회의 사무를 총괄하고 위원회를 대표하며, 표결권을 **가진다**(경찰공무원 징계령 제7조 제3항, 제5항).

정답 ④

492 ☐☐☐☐ 예상문제

징계절차에 대한 설명으로 가장 적절한 것은? (다툼이 있는 경우 판례에 의함)

① 경찰공무원의 징계의결과정에 징계심의위원회에 출석하라는 통보를 하지 아니한 위법이 있다면 그와 같은 사유는 징계처분의 무효사유에 해당한다.
② 형사사건에서 무죄판결을 받으면 무죄판결된 사실에 근거한 공무원에 대한 징계처분은 당연무효가 된다.
③ 「국가공무원법」상 중앙행정기관에 설치된 징계위원회(중앙행정기관의 소속기관에 설치된 징계위원회는 제외한다)의 의결이 가볍다고 인정한 때에는 징계요구를 한 기관의 장은 그 처분을 하기 전에 해당 징계위원회에 재심사를 청구할 수 있다.
④ 징계처분의 취소를 구하는 소에서 징계사유가 될 수 없다고 판결한 사유와 동일한 사유를 내세워 다시 징계처분할 수 없다.

정답과 해설

① (X) 경찰공무원의 징계의결과정에 징계심의위원회에 출석하라는 통보를 하지 아니한 위법이 있다 하더라도 그와 같은 사유는 징계처분의 **취소사유에 불과하다**(대판 85누386).
② (X) 공무원인 갑이 그 직무에 관하여 뇌물을 받았음을 징계사유로 하여 파면처분을 받은 후 그에 대한 형사사건이 항소심까지 유죄로 인정되었고 그 형사사건에서 갑이 수사기관과 법정에서 금품수수 사실을 자인하였으나 그후 대법원의 파기환송판결에 따라 무죄의 확정판결이 있었다면 위 징계처분은 근거 없는 사실을 징계사유로 삼은 것이 되어 위법하다고 할 수는 있을지언정 그것이 객관적으로 명백하다고는 할 수 없으므로 위 **징계처분이 당연무효인 것은 아니다**(대판 89누4963 판결).
③ (X) **국무총리 소속으로 설치된 징계위원회**에 심사를 청구할 수 있다(국가공무원법 제82조 제2항 2호).
④ (O) 징계처분의 취소를 구하는 소에서 **징계사유가 될 수 없다고 판결한 사유와 동일한 사유를 내세워 행정청이 다시 징계처분을 한 것**은 확정판결에 저촉되는 행정처분을 한 것으로서, 위 취소판결의 기속력이나 확정판결의 기판력에 저촉되어 **허용될 수 없다**(대판 92누2912).

정답 ④

493 예상문제

「경찰공무원 징계령」상 징계의 집행절차에 대한 설명으로 가장 적절하지 않은 것은? (다툼이 있는 경우 판례에 의함)

① 징계등 의결을 요구한 자는 중징계의 징계등 의결을 통지받았을 때에는 지체 없이 징계등 처분 대상자의 임용권자에게 의결서 정본을 보내어 해당 징계등 처분을 제청하여야 한다. 다만, 총경 이상의 강등 및 정직, 경정 이상의 파면 및 해임 처분의 제청, 총경 및 경정의 강등 및 정직의 집행은 경찰청장이 한다.

② ①에 따라 중징계 처분의 제청을 받은 임용권자는 15일 이내에 의결서 사본에 징계 등 처분 사유 설명서를 첨부하여 징계등 처분 대상자에게 보내야 한다.

③ 공무원에 대한 징계처분의 사유설명서의 교부는 소송서류의 송달이 아니므로 민사소송법의 송달방법에 의할 것이 아니고 이를 받을 자가 볼 수 있는 상태에 놓여질 때에 교부한 것이 된다.

④ 징계권자가 징계의결대로 징계처분을 집행한 다음에는 특단의 사정이 없는 한 그 스스로 이를 취소하거나 변경할 수 없으며, 이는 징계위원회의 의결내용에 하자가 있는 경우에도 마찬가지이다.

정답과 해설

① (X) 다만, **경무관 이상(총경 이상 X)**의 강등 및 정직, 경정 이상의 파면 및 해임 처분의 제청, 총경 및 경정의 강등 및 정직의 집행은 경찰청장이 한다(동징계령 제19조 제1항).

② (O) 동징계령 제19조 제2항

③ (O) 공무원에 대한 징계처분의 사유설명서의 교부는 '법원조직법 및 민사소송법의 정하는 바에 의한다' 라는 규정에 따라 민사소송법의 송달방법에 의하여야 한다고는 할 수 없다 할 것이고 일반적으로 징계처분의 설명서가 **이를 받을 자의 볼 수 있는 상태에 놓여질 때에는 이를 교부한 것이 된다**고 할 수 있을 것이며, 그것이 우편(등기)에 의하여 배달된 경우 그 우편물의 교부로서 징계처분의 설명서가 원고에게 교부된 것이다(대판 68누148).

④ (O) 징계권자로서는 징계의결대로 징계처분을 집행한 다음에는, 징계권자 자신에 의한 징계처분의 취소 또는 변경을 허용하는 규정을 두고 있지 아니하며, 특히 앞서 본 국가공무원법 제82조 제2항에서 "그 처분을 하기 전에 소청심사위원회(현행법은 징계위원회로 개정)에 심사를 청구할 수 있다"고 규정하고 있는 점등에 비추어, 특단의 사정이 없는 한 그 스스로 이를 취소하거나, 변경할 수 없다(대구고등법원 1979. 6. 5. 선고 78구92).

정답 ①

494 ☐☐☐☐ 예상문제

「경찰공무원 징계령」상 징계위원회 제척, 기피 및 회피에 대한 설명으로 옳지 않은 것은?

① 징계위원회의 위원장 또는 위원이 징계등 심의 대상자의 친족에 해당하는 경우에는 그 징계등 사건의 심의·의결에 관여하지 못한다.
② 징계등 심의 대상자는 징계위원회의 위원장 또는 위원이 직근 상급자(징계 사유가 발생한 기간 동안 직근 상급자였던 사람을 포함)인 경우에는 징계위원회에 그 사실을 서면으로 밝히고 해당 위원장 또는 위원의 기피를 신청할 수 있다.
③ 징계위원회는 기피 신청을 받은 때에는 해당 징계등 사건을 심의하기 전에 의결로써 해당 위원장 또는 위원의 기피 여부를 결정해야 한다. 이 경우 기피 신청을 받은 위원장 또는 위원은 그 의결에 참여하지 못한다.
④ 징계위원회의 위원장 또는 위원은 불공정한 의결을 할 우려가 있다고 의심할 만한 타당한 사유가 있는 경우 스스로 해당 징계등 사건의 심의·의결을 회피해야 한다.

정답과 해설

① (O) 경찰공무원 징계령 제15조 제1항
② (O) 동징계령 제15조 제2항
③ (O) 동징계령 제15조 제3항
④ (X) 징계위원회의 위원장 또는 위원은 **불공정한 의결을 할 우려가 있다고 의심할 만한 타당한 사유가 있는 경우**에는 스스로 해당 징계등 사건의 심의·의결을 **회피할 수 있다(회피해야 한다 X)**(동징계령 제15조 제4항).

정답 ④

495 ☐☐☐☐ 25 채용

「경찰공무원 징계령 세부시행규칙」에 관한 설명으로 가장 적절한 것은?

① 징계의결요구권자는 공금횡령·유용 및 업무상 배임의 금액이 100만원 이상일 경우에는 중징계 의결을 요구하여야 한다.
② 징계요구권자 또는 징계위원회는 감독자가 부임기간이 3개월 미만으로 부하직원에 대한 실질적인 감독이 곤란하다고 인정된 때에는 징계책임을 감경하여 징계의결 요구 또는 징계의결하거나 징계책임을 묻지 아니할 수 있다.
③ 징계의결요구권자 또는 징계위원회는 서로 관련이 없는 2개 이상의 의무위반행위가 경합될 때에는 그 중 책임이 중한 의무위반행위에 해당하는 징계보다 2단계 위의 징계의결 요구 또는 징계의결을 할 수 있다.
④ 징계위원회는 징계의결이 요구된 자가 「모범공무원규정」에 따라 모범공무원으로 선발된 공적이 있어도 징계의결이 요구된 자의 의무위반행위가 직무상 미공개 정보를 이용한 부당행위에 해당하는 경우는 징계를 감경할 수 없다.

정답과 해설

① (X) 징계의결요구권자는 공금횡령·유용 및 업무상 배임의 금액이 **300만원 이상**일 경우에는 **중징계 의결**을 **요구하여야 한다**(경찰공무원 징계령 세부시행규칙 제4조 제1항 단서).
② (X) 징계요구권자 또는 징계위원회는 감독자가 부임기간이 **1개월 미만**으로 부하직원에 대한 실질적인 감독이 곤란하다고 인정된 때에는 징계책임을 감경하여 징계의결 요구 또는 징계의결하거나 징계책임을 묻지 **아니할 수 있다**(**책임을 묻을 수 없다 X**)(동징계령 세부시행규칙 제5조 제2항 제3호).
③ (X) 징계의결요구권자 또는 징계위원회는 서로 관련이 없는 **2개 이상**의 의무위반행위가 경합될 때에는 그 중 책임이 중한 의무위반행위에 해당하는 징계보다 **1단계 위**의 징계의결 요구 또는 징계의결을 할 수 있다(동징계령 세부시행규칙 제7조 제1항).
④ (O) 동징계령 세부시행규칙 제8조 제3항 제14호

정답 ④

경찰공무원 관련 법령에 따를 때, 경찰공무원의 신분변동에 관한 설명 중 가장 적절한 것은?

① 중징계 의결이 요구 중인 경찰공무원 甲에 대해 직위해제처분을 할 경우, 임용권자는 3개월의 범위 내에서 대기를 명하고 능력 회복이나 근무성적의 향상을 위한 교육훈련 또는 특별한 연구과제의 부여 등 필요한 조치를 하여야 한다.
② 위원장 포함 5명이 출석하여 구성된 징계위원회에서 정직 3월 1명, 정직 1월 1명, 감봉 3월 1명, 감봉 2월 1명, 감봉 1월 1명으로 의견이 나뉜 경우, 감봉 3월로 의결해야 한다.
③ 자치경찰사무를 담당하는 OO경찰서 소속 경위 乙의 경감으로의 승진임용을 시·도지사가 하므로, 경위 乙에 대한 휴직이나 복직도 시·도지사가 한다.
④ 순경 채용후보자 명부에 등재된 채용후보자 丙이 학업을 계속하고자 이를 증명할 수 있는 자료를 첨부하여 임용권자가 정하는 기간 내에 원하는 유예기간을 적어 신청할 경우, 임용권자는 채용후보자 명부의 유효기간 범위에서 기간을 정하여 임용을 유예해야 한다.

정답과 해설

① (X) 직무수행 능력이 부족하거나 근무성적이 극히 나쁜 자에 대해 직위해제처분을 할 경우, 임용권자는 직위해제된 자에게 3개월의 범위에서 대기를 명하고, 능력 회복이나 근무성적의 향상을 위한 교육훈련 또는 특별한 연구과제의 부여 등 필요한 조치를 하여야 한다(국가공무원법 제73조의3 제3항·제4항).
② (O) 의결정족수인 재적위원 과반수 출석과 출석위원 과반수 찬성이므로 **5명의 과반수에 해당하는 3명인 감봉 3월로 의결(위원장을 포함한 재적위원 과반수의 출석과 출석위원 과반수의 찬성)**을 한다.
③ (X) 자치경찰사무를 담당하는 OO경찰서 소속 경위 乙의 경감으로의 승진임용을 시·도지사가 하고, 경위 乙에 대한 휴직이나 복직은 **시·도자치경찰위원회**가 한다(경찰공무원 임용령 제4조 제4항 임용권을 위임받은 시·도지사는 법 제7조제3항 후단에 따라 경감 또는 경위로의 승진임용에 관한 권한을 제외한 임용권을 시·도자치경찰위원회에 다시 위임한다).
④ (X) 임용권자 또는 임용제청권자는 채용후보자 명부에 등재된 채용후보자가 학업을 계속하는 경우에는 채용후보자 명부의 유효기간의 범위에서 기간을 정하여 임용 또는 임용제청을 **유예할 수 있다**. 임용 또는 임용제청의 유예를 원하는 사람은 해당 사유를 증명할 수 있는 자료를 첨부하여 임용권자 또는 임용제청권자가 정하는 기간 내에 신청해야 한다. 이 경우 원하는 유예기간을 분명하게 적어야 한다(경찰공무원 임용령 제18조의2 제1항 제2호, 제2항).

정답 ②

497 ☐☐☐☐ 예상문제

징계벌과 형사벌에 대한 설명으로 가장 적절하지 않은 것은?

① 징계벌과 형사벌은 대상·목적 등을 달리하기 때문에 동일한 행위에 대하여 양자를 병과할 수 있으며, 병과하더라도 일사부재리의 원칙에 저촉되지 아니한다.
② 형사벌은 일반사회의 질서유지를 목적으로 한다.
③ 징계벌은 퇴직 후에는 부과할 수 없다.
④ 징계벌은 일반통치권에 근거하여 내부질서유지에 목적이 있다.

정답과 해설
④ (X) **징계벌은 특별행정법관계에 근거하여** 공무원내부관계를 규율하는 것이고, 형벌은 국가의 일반통치권에 근거하여 과해진다(권력의 기초상 구별).

정답 ④

경찰공무원의 권익보장제도

498 □□□□ 예상문제

경찰공무원의 권익보장제도에 대한 설명으로 적절하지 않은 것은?

① 공무원에 대하여 징계처분 등을 할 때나 휴직·직위해제 또는 면직처분을 할 때에는 그 처분권자 또는 처분제청권자는 처분사유를 적은 설명서를 교부할 수 있다. 다만, 본인의 원(願)에 따른 강임·휴직 또는 면직처분은 그러하지 아니한다.

② 처분권자는 피해자가 요청하는 경우「성폭력범죄의 처벌 등에 관한 특례법」제2조에 따른 성폭력범죄,「양성평등기본법」제3조 제2호에 따른 성희롱, 직장에서의 지위나 관계 등의 우위를 이용하여 업무상 적정범위를 넘어 다른 공무원 등에게 부당한 행위를 하거나 신체적·정신적 고통을 주는 등의 행위로서 대통령령등으로 정하는 행위에 해당하는 사유로 처분사유 설명서를 교부할 때에는 그 징계처분결과를 피해자에게 함께 통보하여야 한다.

③ 공무원이 질병·부상·장해·퇴직·사망 또는 재해를 입으면 본인이나 유족에게 법률로 정하는 바에 따라 적절한 급여를 지급한다.

④ 경찰공무원으로서 전투나 그 밖의 직무 수행 또는 교육훈련 중 사망한 사람(공무상 질병으로 사망한 사람을 포함한다) 및 부상(공무상의 질병을 포함한다)을 입고 퇴직한 사람과 그 유족 또는 가족은「국가유공자 등 예우 및 지원에 관한 법률」또는「보훈보상대상자 지원에 관한 법률」에 따라 예우 또는 지원을 받는다.

정답과 해설

① (X) 공무원에 대하여 징계처분 등을 할 때나 휴직·직위해제 또는 면직처분을 할 때에는 그 처분권자 또는 처분제청권자는 처분사유를 적은 설명서를 **교부하여야 한다(할 수 있다 X)**. 다만, 본인의 원(願)에 따른 강임·휴직 또는 면직처분은 그러하지 아니한다(국가공무원법 제75조 제1항).
② (O) 동법 제75조 제2항
③ (O) 동법 제77조 제1항
④ (O) 경찰공무원법 제21조

정답 ①

499 ☐☐☐☐ 22 승진

고충처리에 대한 설명으로 가장 적절하지 않은 것은?

① 「국가공무원법」에 따라 공무원은 인사·조직·처우 등 각종 직무조건과 그 밖에 신상 문제와 관련한 고충에 대하여 상담을 신청하거나 심사를 청구할 수 있다.
② 「경찰공무원법」에 따라 '경찰공무원 고충심사위원회'의 심사를 거친 재심청구와 경정 이상의 경찰공무원의 인사상담 및 고충심사는 「국가공무원법」에 따라 설치된 중앙고충심사위원회에서 한다.
③ 「공무원고충처리규정」에 따라 고충심사위원회가 청구서를 접수한 때에는 30일 이내에 고충심사에 대한 결정을 해야 한다. 다만, 부득이하다고 인정되는 경우에는 고충심사위원회의 의결로 30일의 범위에서 그 기한을 연기할 수 있다.
④ 「국가공무원법」에 따라 중앙인사관장기관의 장, 임용권자 또는 임용제청자는 기관 내 성폭력 범죄 또는 성희롱 발생 사실의 신고를 받은 경우에는 지체 없이 사실 확인을 위한 조사를 하고 그에 따라 필요한 조치를 할 수 있다.

정답과 해설

① (O) 국가공무원법 제76조의2 제1항
② (O) 경찰공무원법 제31조 제2항

> **[최신기출] 2024년 8월 3일 간부 출제포인트**
> **제31조(고충심사위원회)** ① 경찰공무원의 인사상담 및 고충을 심사하기 위하여 **경찰청, 해양경찰청, 시·도자치경찰위원회, 시·도경찰청**, 대통령령으로 정하는 경찰기관 및 지방해양경찰관서에 경찰공무원 고충심사위원회를 둔다.

③ (O) 고충심사위원회가 청구서를 접수한 때에는 **30일 이내**에 고충심사에 대한 결정을 **해야 한다.** 다만, 부득이하다고 인정되는 경우에는 **고충심사위원회의 의결로 30일**의 범위에서 그 기한을 연기할 수 있다(공무원고충처리규정 제7조 제1항).
④ (X) 중앙인사관장기관의 장, 임용권자 또는 임용제청권자는 기관 내 성폭력 범죄 또는 성희롱 발생 사실의 신고를 받은 경우에는 지체 없이 사실 확인을 위한 조사를 하고 그에 따라 필요한 조치를 **하여야 한다**(할 수 있다 X)(국가공무원법 제76조의2 제3항).

정답 ④

500 ☐☐☐☐ 22 간부

경찰공무원 고충심사에 대한 설명으로 가장 적절하지 않은 것은?

① 계급이 경사인 경찰공무원이 종교를 이유로 불합리한 차별을 겪어 고충을 당한 사안일 경우, 보통고충심사위원회에서 고충을 심사하는 것이 부적당하다고 인정될 경우에는 중앙고충심사위원회에서 심사할 수 있다.

② 경찰공무원 고충심사위원회를 두는 「경찰공무원법」 제31조 제1항에서 "대통령령이 정하는 경찰기관"이라 함은 경찰대학·경찰인재개발원·중앙경찰학교·경찰수사연수원·경찰서·경찰기동대·경비함정 기타 경정 이상의 경찰공무원을 장으로 하는 기관 중 행정안전부장관 또는 해양수산부장관이 지정하는 경찰기관을 말한다.

③ 경찰공무원 고충심사위원회는 위원장 1명을 포함하여 7명 이상 15명 이하의 공무원위원과 민간위원으로 구성한다. 이 경우 민간위원의 수는 위원장을 제외한 위원 수의 2분의 1 이상이어야 한다.

④ 경찰공무원 고충심사위원회의 위원장은 설치기관 소속 공무원 중에서 인사 또는 감사 업무를 담당하는 과장 또는 이에 상당하는 직위를 가진 사람이 된다.

정답과 해설

① (O) 공무원고충처리규정 제3조의6 제5항 제3호

> ⑤ 국가공무원법 제76조의2 제5항 단서에 따라 **6급 이하(경사)**의 공무원의 고충으로서 보통고충심사위원회에서 심사하는 것이 부적당하여 **중앙고충심사위원회에서 심사할 수 있는 사안**은 다음 각 호의 어느 하나에 해당하는 사안을 말한다.
> 1. 성폭력범죄 또는 성희롱 사실에 관한 고충
> 2. 「공무원 행동강령」 제13조의3에 따른 부당한 행위로 인한 고충
> **3. 그 밖에 성별·종교·연령 등을 이유로 하는 불합리한 차별로 인한 고충**

② (X) 「경찰공무원법」 제31조 제1항에서 "대통령령이 정하는 경찰기관"이라 함은 경찰대학·경찰인재개발원·중앙경찰학교·경찰수사연수원·경찰서·경찰기동대·경비함정 기타 **경감 이상(경정 이상 X)**의 경찰공무원을 장으로 하는 기관 중 행정안전부장관 또는 해양수산부장관이 지정하는 경찰기관을 말한다(동규정 제3조의2 제1항).

③ (O) 경찰공무원 고충심사위원회(이하 "경찰공무원고충심사위원회"라 한다)는 **위원장 1명**을 포함하여 **7명 이상 15명 이내**의 **공무원위원과 민간위원**으로 구성한다. 이 경우 민간위원의 수는 **위원장을 제외한 위원 수의 2분의 1** 이상이어야 한다(동규정 제3조의2 제2항).

④ (O) 동규정 제3조의2 제3항

정답 ②

501 24 간부, 예상문제

다음은 「공무원고충처리규정」상 고충심사에 관한 설명이다. 옳고 그름의 표시가 바르게 된 것은?

> ㉠ 경찰공무원고충심사위원회의 공무원위원은 청구인보다 상위 계급 또는 이에 상당하는 소속 공무원 중에서 설치기관의 장이 임명한다.
> ㉡ 경찰공무원고충심사위원회 민간위원의 임기는 3년으로 하며, 한 번만 연임할 수 있다.
> ㉢ 경찰공무원고충심사위원회의 회의는 위원장과 위원장이 회의마다 지정하는 3명 이상 7명 이내의 위원으로 성별을 고려하여 구성한다. 이 경우 민간위원이 3분의 1 이상 포함되어야 한다.
> ㉣ 경찰공무원고충심사위원회의 민간위원은 경찰공무원으로 20년 이상 근무하고 퇴직한 사람, 대학에서 법학·행정학·심리학·정신건강의학 또는 경찰학을 담당하는 사람으로서 조교수 이상으로 재직 중인 사람, 변호사 또는 공인노무사로 5년 이상 근무한 사람, 「의료법」에 따른 의료인 중에서 설치기관의 장이 위촉한다.

　　㉠　㉡　㉢　㉣
① (X) (O) (X) (O)
② (O) (X) (X) (O)
③ (X) (X) (X) (O)
④ (O) (X) (O) (X)

정답과 해설

㉠ (O) 제3조의2 제4항
㉡ (X) 경찰공무원고충심사위원회 민간위원의 임기는 **2년**(3년 X)으로 하며, **한 번만 연임할 수 있다**(동규정 제3조의2 제6항)
㉢ (X) 경찰공무원고충심사위원회의 회의는 위원장과 위원장이 회의마다 지정하는 **5명**(3명 X) 이상 7명 이내의 위원으로 성별을 고려하여 구성한다. 이 경우 **민간위원이 3분의 1 이상 포함**되어야 한다(동규정 제3조의2 제7항)
㉣ (O) 동규정 제3조의2 제5항

정답 ②

502 ☐☐☐☐ 22 채용

「국가공무원법」 및 관련 법령에 따를 때, 소청심사와 관련하여 아래 사례에 관한 설명 중 가장 적절하지 않은 것은?

> ○○경찰서 소속 지구대에서 근무하는 순경 甲이 법령준수 의무위반 등 각종 비위행위로 인하여 관련 절차를 거쳐 징계권자로부터 해임의 징계처분을 받았다. 이에 순경 甲은 소청심사를 제기하고자 한다.

① 소청심사위원회는 소청심사 결과 甲의 비위행위의 정도에 비해 해임의 징계처분이 경미하다는 판단에 이르더라도 파면의 징계처분으로 변경하는 결정을 할 수 없다.
② 소청심사위원회에서 해임처분 취소명령결정을 내릴 경우, 그 해임의 징계처분은 소청심사위원회의 결정에 따른 징계나 그 밖의 처분이 있기 전에 당연히 효력을 상실한다.
③ 소청심사위원회에서 해임처분을 취소 또는 변경하고자 할 경우에는 재적 위원 3분의 2이상의 출석과 출석 위원 3분의 2 이상의 합의가 있어야 한다.
④ 甲이 징계처분사유 설명서를 받은 날부터 30일 이내(甲에게 책임이 없는 사유로 소청심사를 청구할 수 없는 기간은 없다고 전제한다) 소청심사를 제기하지 않은 경우에는 행정소송을 제기할 수 없다.

정답과 해설

① (O) 소청심사위원회는 원징계처분보다 무거운 징계하는 부과하는 결정을 하지 못한다(**불이익변경금지의 원칙**)(국가공무원법 제14조 제8항).
② (X) 소청심사위원회의 취소명령 또는 변경명령 결정은 그에 따른 징계나 그 밖의 처분이 있을 때까지는 **종전에 행한 징계처분에 영향을 미치지 아니한다**(동법 제14조 제7항).
③ (O) 동법 제14조 제2항
④ (O) 동법 제76조 제1항

정답 ②

503 예상문제

「국가공무원법」상 소청심사에 대한 설명으로 가장 적절하지 않은 것은?

① 소청심사란 징계처분 기타 그 밖에 불이익처분을 받은 자가 관할 소청심사위원회에 심사를 청구하는 행정심판의 일종이다.
② 소청심사위원회가 소청 사건을 심사할 때에는 소청인 또는 대리인에게 진술 기회를 주어야 한다. 진술 기회를 주지 아니한 결정은 무효로 한다.
③ 불이익 처분에 대한 사후구제를 위한 형식적 쟁송절차로서 준사법적 성격을 가진다.
④ 소청심사위원회가 절차상 하자가 있다는 이유로 의원면직처분을 취소하는 결정을 한 후 징계권자가 징계절차에 따라 당해 공무원에 대하여 징계처분을 하는 경우 징계절차는 소청심사위원회의 의원면직처분취소 결정과는 별개의 절차로서 불이익변경금지의 원칙이 적용될 여지는 있다.

정답과 해설

① (O) 행정기관 소속 공무원의 징계처분, 그 밖에 그 의사에 반하는 불리한 처분이나 부작위에 대한 소청을 심사·결정하게 하기 위하여 인사혁신처에 소청심사위원회를 둔다(국가공무원법 제9조 제1항).
② (O) 소청심사위원회가 소청 사건을 심사할 때에는 소청인 또는 대리인에게 진술 기회를 **주어야 하며(줄 수 있으며 X)**, 진술 기회를 주지 아니한 결정은 **무효(취소 X)**로 한다(동법 제13조 제1항, 제2항).
③ (O) 소청심사는 불이익처분에 대한 **사후구제(사전구제 X)**를 위한 형식적 쟁송절차로서 준사법적 성격을 갖는다.
④ (X) 의원면직처분에 대하여 소청심사청구를 한 결과 소청심사위원회가 의원면직처분의 전제가 된 사의표시에 절차상 하자가 있다는 이유로 의원면직처분을 취소하는 결정을 하였다고 하더라도, 그 효력은 의원면직처분을 취소하여 당해 공무원으로 하여금 공무원으로서의 신분을 유지하게 하는 것에 그치고, 이때 당해 공무원이 국가공무원법 제78조 제1항 각 호에 정한 징계사유에 해당하는 이상 같은 항에 따라 징계권자로서는 반드시 징계절차를 열어 징계처분을 하여야 하므로, 이러한 징계절차는 소청심사위원회의 의원면직처분취소 결정과는 별개의 절차로서 여기에 국가공무원법 제14조 제6항에 정한 **불이익변경금지의 원칙이 적용될 여지는 없다**(대판 2008.10.9, 2008두11853,11860).

정답 ④

504 예상문제

「국가공무원법」상 인사혁신처 소속 소청심사위원회 위원에 대한 설명으로 가장 적절한 것은?

① 인사혁신처에 설치된 소청심사위원회는 위원장 1명을 포함한 5명 이상 7명 이하의 상임위원과 상임위원 수의 2분의 1 이상인 비상임위원으로 구성되며, 위원은 행정안전부장관의 제청으로 국무총리를 거쳐 대통령이 임명한다.
② 법관·검사 또는 변호사의 직에 5년 이상 근무한 자는 비상임위원이 될 수 있으나, 3급 이상 공무원 또는 고위공무원단에 속하는 공무원으로 3년 이상 근무한 자는 비상임위원이 될 수 없다.
③ 소청심사위원회의 위원은 자격정지 이상의 형벌이나 장기의 심신 쇠약으로 직무를 수행할 수 없게 된 경우 외에는 본인의 의사에 반하여 면직되지 아니한다.
④ 소청심사위원회의 상임, 비상임위원의 임기는 3년으로 하며, 한 번만 연임 가능하다.

정답과 해설

① (X) 인사혁신처에 설치된 소청심사위원회는 위원장 1명을 포함한 **5명 이상 7명 이하**의 상임위원과 상임위원 수의 **2분의 1 이상**인 비상임위원으로 구성되며, 위원은 **인사혁신처장(행정안전부장관 X)**의 제청으로 국무총리를 거쳐 대통령이 임명한다(국가공무원법 제9조 제3항).
② (O) 3급 이상 공무원 또는 고위공무원단에 속하는 공무원으로 **3년(5년 X)** 이상 근무한 자는 상임위원은 될 수 있으나, **비상임위원은 될 수 없다**(동법 제10조 제1항 제1호, 제3호).
③ (X) 소청심사위원회의 위원은 **금고 이상(자격정지 이상 X)**의 형벌이나 장기의 심신 쇠약으로 직무를 수행할 수 없게 된 경우 외에는 본인의 의사에 반하여 면직되지 아니한다(동법 제11조).
④ (X) 소청심사위원회의 **상임위원(비상임위원 X)**의 임기는 **3년**으로 하며, **한 번만 연임할 수 있다**(동법 제10조 제2항).

정답 ②

505 예상문제

「국가공무원법」상 소청심사위원회의 심사의 결정에 대한 설명으로 가장 적절한 것은?

① 소청심사청구를 접수한 날부터 30일 이내에 이에 대한 결정을 하여야 한다. 다만, 불가피하다고 인정되면 소청심사위원회의 의결로 30일을 연장할 수 있다.
② 소청 사건의 결정은 재적위원 3분의 2 이상의 출석과 출석위원 과반수의 합의에 따르되, 의견이 나뉠 경우에는 출석위원 과반수에 이를 때까지 소청인에게 가장 불리한 의견에 차례로 유리한 의견을 더하여 그 중 가장 유리한 의견을 합의된 의견으로 본다.
③ ②에도 불구하고 파면·해임·강등 또는 정직에 해당하는 징계처분을 취소 또는 변경하려는 경우와 효력 유무 또는 존재 여부에 대한 확인을 하려는 경우에는 재적위원 3분의 2 이상의 출석과 출석위원 과반수의 합의가 있어야 한다. 이 경우 구체적인 결정의 내용은 출석 위원 과반수의 합의에 따르되, 의견이 나뉘어 출석 위원 과반수의 합의에 이르지 못하였을 때에는 과반수에 이를 때까지 소청인에게 가장 불리한 의견에 차례로 유리한 의견을 더하여 그 중 가장 유리한 의견을 합의된 의견으로 본다.
④ 소청심사위원회 심사 결정에 불이익변경금지원칙이 적용되지 않는다.

정답과 해설

① (X) 소청심사청구를 접수한 날부터 **60일 이내(30일 이내 X)**에 이에 대한 결정을 하여야 한다. 다만, 불가피하다고 인정되면 소청심사위원회의 의결로 **30일**을 연장할 수 있다(국가공무원법 제76조 제5항).
② (O) 소청 사건의 결정은 **재적위원 3분의 2 이상의 출석과 출석위원 과반수의 합의**에 따르되, 의견이 나뉠 경우에는 출석위원 과반수에 이를 때까지 소청인에게 가장 **불리한** 의견에 차례로 **유리한** 의견을 더하여 그 중 가장 유리한 의견을 합의된 의견으로 본다(동법 제14조 제1항).
③ (X) ②에도 불구하고 파면·해임·강등 또는 정직에 해당하는 징계처분을 취소 또는 변경하려는 경우와 효력 유무 또는 존재 여부에 대한 확인을 하려는 경우에는 **재적위원 3분의 2 이상의 출석과 출석 위원 3분의 2 이상의 합의**가 있어야 한다(동법 제14조 제2항).
④ (X) 원징계처분보다 무거운 징계 또는 원징계부가금 부과처분보다 무거운 징계부가금을 부과하는 **결정을 하지 못한다**(동법 제14조 제8항).

정답 ②

506 ☐☐☐☐ 예상문제

소청심사청구와 그 결정에 대한 행정소송에 대한 설명으로 가장 적절하지 않은 것은?

① 소청심사위원회의 결정에 불복이 있는 때 또는 소청제기 후 60일이 지나도록 위원회의 결정이 없는 때에는 행정법원에 행정소송을 제기할 수 있다.
② 행정소송은 소청심사위원회의 심사·결정을 거치지 아니하면 이를 제기할 수 없다.
③ 소송의 대상은 징계처분이 아니라 소청심사위원회의 결정이다.
④ 행정소송의 피고는 경찰청장이 됨이 원칙이나, 임용권을 위임한 경우에는 그 위임을 받은 자를 피고로 한다.

정답과 해설

① (O) 행정소송법 제18조
② (O) 국가공무원법 제16조 제1항(필요적 전치주의)
③ (X) 행정소송법은 원칙적으로 원처분주의를 채택하고 있으므로 소송의 대상은 소청심사위원회의 결정이 아니라 **원래의 징계처분**이 된다.
④ (O) **징계처분, 휴직처분, 면직처분, 그 밖에 의사에 반하는 불리한 처분**에 대한 행정소송은 경찰청장 또는 해양경찰청장을 피고로 한다. 다만, 제7조 제3항 및 제4항에 따라 임용권을 위임한 경우에는 그 **위임을 받은 자를 피고**로 한다(경찰공무원법 제34조).

정답 ③

507 ☐☐☐☐ 예상문제

소청심사위원회의 심사에 대한 설명으로 옳지 않은 것은?

① 소청심사위원회의 결정은 그 이유를 구체적으로 밝힌 결정서로 하여야 한다.
② 소청심사위원회의 결정은 처분 행정청을 기속(羈束)한다.
③ 소청심사위원회 위원의 제척·기피 또는 회피 등으로 심사·결정에 참여할 수 있는 위원 수가 3명 미만이 된 경우에는 3명이 될 때까지 국회사무총장, 법원행정처장, 헌법재판소사무처장, 중앙선거관리위원회사무총장 또는 인사혁신처장은 임시위원을 임명하여 해당 사건의 심사·결정에 참여하도록 하여야 한다.
④ 소청심사위원회의 취소명령 또는 변경명령 결정은 그에 따른 징계나 그 밖의 처분이 있을 때까지는 종전에 행한 징계처분 또는 징계부가금 부과처분에 영향을 미친다.

정답과 해설

① (O) 국가공무원법 제14조 제9항
② (O) 소청심사위원회의 결정은 **처분 행정청을 기속(羈束)한다**(동법 제15조).
③ (O) 동법 14조의2 제1항

> **제14조의2(임시위원의 임명)** ① 소청심사위원회 위원의 제척·기피 또는 회피 등으로 심사·결정에 참여할 수 있는 위원 수가 **3명 미만이 된 경우**에는 **3명이 될 때까지** 국회사무총장, 법원행정처장, 헌법재판소사무처장, 중앙선거관리위원회사무총장 또는 인사혁신처장은 임시위원을 임명하여 해당 사건의 심사·결정에 참여하도록 하여야 한다.

④ (X) 소청심사위원회의 **취소명령 또는 변경명령** 결정은 그에 따른 징계나 그 밖의 처분이 있을 때까지는 종전에 행한 징계처분 또는 징계부가금 부과처분에 영향을 **미치지 아니한다**(동법 제14조 제7항).

정답 ④

04

경찰작용법 일반론

① 수권조항
② 경찰권발동의 한계
③ 경찰개입청구권
④ 행정행위
⑤ 행정의 법 원칙 (행정의 일반원칙)
⑥ 행정(경찰)처분(행정기본법)
⑦ 행정조사(행정조사기본법)
⑧ 공공기관의 정보공개에 관한 법률
⑨ 개인정보 보호법
⑩ 경찰(행정)상 실효성(의무이행) 확보수단
⑪ 질서위반행위규제법
⑫ 경찰(행정)작용에 대한 구제

• 기 출 키 워 드 •

23년 2차	• 행정행위 • 행정기본법 • 의무이행 확보수단 • 행정심판법	• 부당결부금지 • 개인정보 보호법 • 행정상 법률관계 • 행정소송법(판례)
24년 1차	• 법치행정의 원칙 • 행정응원 • 공공기관의 정보 공개에 관한 법률 • 개인정보 보호법 • 국가배상	• 행정기본법 • 의무이행 확보수단 • 행정심판법
24년 2차	• 비례의 원칙 • 행정행위의 부관 • 공공기관의 정보공개에 관한 법률 • 질서위반행위규제법	• 행정행위의 무효 • 행정절차법 • 국가배상법
25년 1차	• 법치행정의 원칙 • 공정력 • 경찰강제 • 행정절차법 • 행정소송법	• 질서위반행위규제법 • 무효 • 개인정보보호법 • 행정심판법
25년 2차	• 신뢰보호의 원칙 • 행정절차법 • 국가배상 • 행정심판법	

최신개정법령&무료자료 다운로드 등
네이버 김재규경찰학 카페(https://cafe.naver.com/ollaedu)

수권조항

508 ☐☐☐☐ 16 채용

「경찰관 직무집행법」 제2조 제7호의 개괄적 수권조항 인정 여부에 있어 찬성 측의 논거로 가장 적절하지 않은 것은?

① 경찰권의 성질상 경찰권의 발동사태를 상정해서 경찰권발동의 요건·한계를 입법기관이 일일이 규정한다는 것은 불가능하다.
② 개괄적 수권조항은 개별조항이 없는 경우에만 보충적으로 적용하면 된다.
③ 개괄적 수권조항으로 인한 경찰권 남용의 가능성은 조리상의 한계 등으로 충분히 통제가 가능하다.
④ 「경찰관 직무집행법」 제2조 제7호는 단지 경찰의 직무범위만을 정한 것으로서 본질적으로는 조직법적 성질의 규정이다.

정답과 해설

① (O) 찬성측 논거에 해당한다.
② (O) 찬성측 논거에 해당한다.
③ (O) 찬성측 논거에 해당한다.
④ (X) 「경찰관 직무집행법」 제2조 제7호는 단지 경찰의 직무범위만을 정한 것으로서 본질적으로는 **조직법적 성질**의 규정으로서 개괄적 수권조항을 **반대 측의 논거이다**.

정답 ④

509 ☐☐☐☐ 23 채용

경찰권 발동의 근거와 한계에 관한 설명으로 가장 적절하지 않은 것은? (다툼이 있는 경우 판례에 의함)

① 일반수권조항이란 경찰권의 발동근거가 되는 개별적인 작용법적 근거가 없을 때 경찰권 발동의 일반적·보충적 근거가 될 수 있도록 개괄적으로 수권된 일반조항을 말한다.
② 「경찰관 직무집행법」 제5조는 형식상 경찰관에게 재량에 의한 직무수행권한을 부여한 것처럼 되어 있으나, 경찰관에게 그러한 권한을 부여한 취지와 목적에 비추어 볼 때 구체적인 사정에 따라 경찰관이 그 권한을 행사하여 필요한 조치를 취하지 아니하는 것이 현저하게 불합리하다고 인정되는 경우에는 그러한 권한의 불행사는 직무상의 의무를 위반한 것이 되어 위법하게 된다.
③ 경찰청장과 해양경찰청장은 경찰관이 「경찰관 직무집행법」 제2조 각 호에 따른 직무의 수행으로 인하여 민·형사상 책임과 관련된 소송을 수행할 경우 변호인 선임 등 소송 수행에 필요한 지원을 할 수 있다.
④ 「경찰관 직무집행법」은 "경찰공무원은 직위 또는 직권을 이용하여 부당하게 타인의 사생활에 개입하여서는 아니된다."고 규정하고 있다.

정답과 해설

① (O) 일반수권조항이란 경찰권의 발동에 필요한 개별적인 법적 근거가 **명확하게 규정되지 않은 경우**에 경찰이 공공의 안녕과 질서를 유지하기 위해 **일반적이고 보충적인** 법적 근거로 사용할 수 있는 조항을 말한다.
② (O) 대법원 1998. 8. 25. 선고 98다16890
③ (O) **경찰청장**과 해양경찰청장은 경찰관이 「경찰관 직무집행법」 제2조 각 호에 따른 직무의 수행으로 인하여 민·형사상 책임과 관련된 소송을 수행할 경우 변호인 선임 등 소송 수행에 필요한 **지원을 할 수 있다**(경찰관 직무집행법 제11조의4).
④ (X) **경찰공무원 복무규정 제10조**는 경찰공무원은 직위 또는 직권을 이용하여 부당하게 타인의 민사분쟁에 개입하여서는 아니된다(민사분쟁에의 부당개입금지).

정답 ④

THEME 02 경찰권발동의 한계

510 ☐☐☐☐ 22 간부

경찰권발동의 조리상 한계에 대한 설명으로 가장 적절하지 않은 것은?

① 경찰공공의 원칙이란 경찰권은 공공의 안녕·질서유지에 관계없는 사적관계에 대해서 발동되어서는 안된다는 원칙을 의미한다.
② 경찰비례의 원칙 중 필요성의 원칙은 협의의 비례원칙이라고도 불리며 경찰기관의 조치는 그 목적을 달성하는데 적합하여야 한다는 원칙이다.
③ 경찰책임의 원칙이란 경찰권은 원칙적으로 경찰위반상태를 야기한 자, 즉 공공의 안녕·질서의 위험에 대하여 행위책임 또는 상태책임을 질 자에게만 발동될 수 있다는 원칙이다.
④ 경찰평등의 원칙이란 경찰권은 그 대상이 되는 모든 사람에게 차별 없이 평등하게 행사되어야 한다는 것을 의미한다.

정답과 해설

① (O) 경찰공공의 원칙이란 **사생활불가침, 사주소불가침, 사경제자유, 민사관계불간섭의 원칙**에는 경찰권은 원칙적으로 관여할 수 없고, 그것이 사회공공의 안녕과 질서에 영향을 미치는 경우에 한하여 그 범위 안에서만 발동될 수 있다는 원칙이다.
② (X) 경찰비례의 원칙은 **과잉금지의 원칙**이라고도 한다. **필요성의 원칙**은 '**최소침해의 원칙**'이라고 불리고, '협의의 비례원칙'은 상당성의 원칙을 말하며, 경찰기관의 조치는 그 목적을 달성하는데 적합하여야 한다는 원칙은 **적합성의 원칙** 내용이다.
③ (O) 경찰책임의 원칙(경찰권발동의 대상에 관한 원칙)이란 경찰권은 경찰상 위험의 발생 또는 위험의 제거에 **책임이 있는 자에게 발동**되어야 한다는 원칙이다.
④ (O)

정답 ②

511 □□□□ 19·24 채용

경찰권발동의 조리상 한계에 대한 설명으로 가장 적절하지 않은 것은?

① 경찰비례의 원칙이란 행정작용에 있어서 행정목적과 행정수단 사이에는 합리적인 비례관계가 있어야 한다는 원칙을 말한다.
② 적합성의 원칙은, 행정조치는 설정된 목적 달성을 위해 필요 최소한의 한도 내에서 이루어져야 한다는 것으로, 협의의 비례원칙이라고도 한다.
③ 경찰책임의 원칙이란 경찰권은 경찰위반상태에 책임이 있는 자에게만 발동되어야 한다는 원칙이다.
④ 경찰책임 원칙의 예외로서 긴급한 필요가 있는 경우 경찰책임 있는 자가 아닌 제3자에 대한 경찰권발동이 허용되는 경우가 있다.

> **정답과 해설**
> ① (O) 경찰비례의 원칙이란 경찰작용에 있어 목적 실현을 위한 수단과 당해 목적 사이에 **합리적인 비례관계**가 있어야 한다는 원칙이다.
> ② (X) **필요성의 원칙(적합성의 원칙 X)**은 행정조치는 설정된 목적 달성을 위해 필요 최소한의 한도 내에서 이루어져야 한다는 것으로 **최소침해의 원칙(협의의 비례원칙 X)**이라고도 한다.
> ③ (O) 경찰책임의 원칙이란 경찰권은 경찰위반상태에 책임이 있는 자에게만 발동되어야 한다는 것은 **원칙적이고, 예외적으로** 경찰긴급사태 때에는 비장해자(비책임자)에 대하여도 경찰권발동이 가능하다.
> ④ (O) 경찰책임 원칙의 예외를 **경찰 긴급권**이라고도 한다.
>
> **정답** ②

512 □□□□ 22 승진

경찰비례의 원칙에 대한 설명으로 가장 적절하지 않은 것은?

① 행정영역에서 적용되는 원칙으로서, 일반적 수권조항에 근거하여 경찰권을 발동하는 경우는 물론, 개별적 수권조항에 근거하여 경찰권을 발동하는 경우에도 적용된다.
② 경찰행정관청의 특정행위가 공적 목적 달성을 위해 적합하고, 국민에게 가장 피해가 적으며, 달성되는 공익이 침해되는 사익보다 더 커야 적법한 행정작용이 될 수 있다.
③ 상당성의 원칙(협의의 비례원칙)은 경찰기관의 어떤 조치가 경찰목적 달성을 위해 필요한 경우라고 하여도 그 조치에 따른 불이익이 그 조치로 인해 발생하는 이익보다 큰 경우에는 경찰권을 발동해서는 안된다는 원칙이다.
④ 경찰비례의 원칙은 법률에 명문의 규정은 존재하지 않지만 이를 위반한 경찰작용은 위법한 것으로 평가되어 행정소송의 대상이 되며, 국가배상청구의 대상이 될 수 있다.

> **정답과 해설**
> ③ (O) 행정조치를 취함에 따른 불이익이 그것에 의해 달성되는 이익보다 심히 큰 경우에는 그 행정조치를 취해서는 아니된다는 원칙을 상당성의 원칙이라 한다.
> ④ (X) 경찰비례의 원칙은 「헌법」 제37조 제2항, 「행정기본법」 제10조, 「경찰관 직무집행법」 제1조 제2항에 명문으로 규정되어 있다.
>
> **정답** ④

513 ☐☐☐☐ 20 채용, 예상문제

다음 중 경찰비례의 원칙에 관한 설명으로 옳지 않은 것은 모두 몇 개인가?

> ⊙ 경찰비례의 원칙은 과잉금지의 원칙이라고도 부른다.
> ⓒ 미국에서 경찰법상의 판례를 중심으로 발달하여 왔고, 오늘날에는 행정법의 모든 영역에서 적용되는 원칙으로 이해되고 있다.
> ⓒ 경찰비례의 원칙의 내용 중 상당성의 원칙은 경찰권발동에 따른 이익보다 사인의 피해가 더 큰 경우 경찰권을 발동해서는 안 된다는 원칙으로서 최소침해원칙이라고도 한다.
> ⓔ "경찰은 대포로 참새를 쏘아서는 안 된다."는 법언은 적합성의 원칙을 잘 표현한 것이다.
> ⓜ 경찰권은 사회공공의 안녕·질서에 대한 위해가 오직 발생할 가능성이 있는 정도에 그치는 경우에도 발동될 수 있다.
> ⓑ 경찰공공의 원칙의 내용으로 사생활불가침·사주소불가침·최소침해의 원칙·민사관계불간섭의 원칙이 있다.

① 2개 ② 3개
③ 4개 ④ 5개

정답과 해설

⊙ (O) 경찰비례의 원칙은 **과잉금지의 원칙**이라고도 하고, **경찰권발동의 조건과 정도**를 명시한 원칙이다.
ⓒ (X) **독일(미국 X)**에서 경찰법상의 판례를 중심으로 발달하여 왔고 오늘날에는 행정법의 모든 영역에서 적용되는 원칙으로 이해되고 있다.
ⓒ (X) 경찰비례 원칙의 세부원칙은 **적합성의 원칙, 필요성의 원칙(최소침해의 원칙), 상당성의 원칙(협의의 비례원칙)**이 있다.
ⓔ (X) "경찰은 대포로 참새를 쏘아서는 안 된다."는 법언은 **상당성의 원칙**을 잘 표현한 것이다.
ⓜ (X) 경찰권은 사회공공의 안녕·질서에 대한 위해가 오직 발생할 가능성이 있는 정도에 그치는 것이 아니라, **그 위해가 현존하거나 적어도 보통의 상태 아래서 위해발생을 확실히 예견할 수 있는 경우**에 한하여 인정된다.
ⓑ (X) 경찰공공의 원칙의 내용으로 사생활불가침, 사주소불가침, 사경제자유(**최소침해의 원칙 X**), 민사관계불간섭의 원칙이 있다.

정답 ④

514 ☐☐☐☐ 예상문제

경찰비례의 원칙에 대한 설명으로 가장 적절한 것은?

① 경찰비례의 원칙은 경찰권의 발동의 조건과 정도를 명시한 불문법 원칙이므로 명시적 규정은 없다.
② 경찰비례의 원칙을 충족하려면 적합성의 원칙, 필요성의 원칙, 상당성의 원칙 모두를 충족하여야 하는 것은 아니다.
③ 경찰비례의 원칙 위반은 위법한 국가작용이므로 행정소송의 대상이 되며, 국가배상 책임도 성립할 수 있다.
④ 경찰비례의 원칙은 주로 재량권행사의 한계를 설정해주는 원리이며, 오늘날에는 경찰행정영역에서만 작용하고, 일반 행정영역에서는 축소되고 있다.

정답과 해설

① **(X)** 헌법 제37조 제2항, 행정기본법 제10조, 경찰관 직무집행법 제1조 제2항 등에 **명시적으로 규정**되어 있다.
② **(X)** 경찰비례의 원칙을 충족하려면 적합성의 원칙, 필요성의 원칙, 상당성의 원칙 **모두를 충족하여야 한다**.
③ **(O)** 경찰비례의 원칙 위반의 효과는 **행정소송의 대상**이 되며, **국가배상책임**이 성립할 수 있다.
④ **(X)** 재량권의 한계를 설정해주는 원리이며, 초기에는 주로 경찰행정영역에서 적용되었으나, 오늘날에는 **모든 행정영역에서 적용**된다.

정답 ③

515 23·26 간부

경찰책임의 원칙에 관한 설명으로 적절한 것은 모두 몇 개인가?

가. 경찰책임은 행위자의 고의·과실 유무, 의사능력·행위능력·책임능력 유무, 위험에 대한 인식 여부를 불문하고 인정된다.
나. 경찰책임자에 대한 경찰의 경찰권발동으로 경찰책임자에게 재산적 손해가 발생한 경우, 그 경찰책임자에게 손실보상청구권이 인정된다.
다. 소유권자 등 정당한 권리자의 의사에 반하여 위법하게 물건을 사실상 지배하는 자는 상태책임자에 해당하지 않는다.
라. 행위책임은 작위뿐만 아니라 부작위에 의해서도 성립할 수 있다.
마. 다수의 경찰책임자가 존재하는 경우 경찰은 일부 또는 전체 경찰책임자에 대하여 경찰권을 행사할 수 있다.

① 2개   ② 3개
③ 4개   ④ 5개

정답과 해설

가. (O)
나. (X) 경찰책임자에 대한 경찰의 경찰권발동으로 경찰책임자에게 재산적 손해가 발생한 경우, 그 **경찰책임자에게 손실보상청구권이 인정되지 않는다**. 다만, 손실발생의 원인에 대하여 책임이 있는 자가 자신의 책임에 상응하는 정도를 초과하는 생명·신체 또는 재산상의 손실을 입은 경우에는 손실을 보상하여야 한다(경찰관 직무집행법 제11조의2 제1항 2호).
다. (X) 소유권자 등 정당한 권리자의 의사에 반하여 위법하게 물건을 사실상 지배하는 자도 고의나 과실 불문하고 상태책임자에 **해당한다(해당하지 않는다 X)**.
라. (O)
마. (O)

정답 ②

516 ☐☐☐☐ 19 채용

경찰책임의 원칙에 관한 설명으로 가장 적절하지 않은 것은?

① 경찰책임의 원칙이란 경찰위반상태에 책임 있는 자에게만 경찰권이 발동되어야 한다는 원칙을 의미한다.
② 경찰책임의 예외로서 경찰긴급권은 급박성, 보충성 등의 요건이 충족되는 경우 경찰책임자가 아닌 제3자에게 경찰권발동이 인정되는 경우를 의미한다. 법적근거는 요하지 않으나 제3자의 승낙이 있는 경우에 한하여 경찰긴급권의 발동이 허용된다. 다만 이 경우에도 생명·건강 등 제3자의 중대한 법익에 대한 침해는 허용되지 않는다.
③ 경찰책임의 종류에는 행위책임, 상태책임, 복합적 책임이 있다. 먼저 행위책임은 사람의 행위로 인해 경찰위반상태가 발생한 경우를 의미하며, 상태책임은 물건 또는 동물의 소유자·점유자·관리자가 그 지배범위 안에 속하는 물건·동물로 인해 경찰위반상태가 발생한 경우를 의미한다. 마지막으로 복합적 책임은 다수인의 행위책임, 다수의 상태책임 또는 행위·상태 책임이 중복되는 경우를 의미한다.
④ 경찰책임은 사회 공공의 안녕과 질서에 대한 객관적 위험상황이 존재하면 인정되며, 자연인·법인, 고의·과실, 위법성 유무, 의사·행위·책임능력의 유무 등을 불문한다.

정답과 해설

① (O) **경찰책임의 원칙(경찰권 발동 대상의 원칙)**이란 경찰위반상태에 책임 있는 자에게만 경찰권이 발동되어야 한다는 원칙을 의미한다.
② (X) 경찰긴급권은 예외적인 것으로 목전의 급박한 위해를 제거하는 경우에 한하여 **반드시 법령에 근거**하여 행하여져야 하지만 제3자의 승낙이 있을 필요는 없다.
③ (O)
④ (O)

정답 ②

517 ☐☐☐☐ 19 간부

경찰책임의 원칙에 대한 설명 중 옳지 않은 것은?

① 경찰책임의 주체는 모든 자연인이 될 수 있다. 또한 권리능력 유무에 관계없이 모든 사법인(私法人)도 경찰책임자가 될 수 있다.
② 경찰이 경찰긴급권에 의하여 예외적으로 경찰책임이 없는 자에게 경찰권을 발동함으로써 제3자에게 손실을 입히는 경우에는 그 손실을 보상하여야 한다.
③ 다수인의 행위 또는 다수인이 지배하는 물건의 상태로 인하여 하나의 질서위반상태가 발생한 경우, 일부 또는 전체에 대하여 경찰권발동이 가능하다.
④ 타인을 보호 감독할 지위에 있는 자가 피지배자의 행위로 발생한 경찰위반에 대하여 경찰책임을 지는 경우, 자기의 지배범위 내에서 발생한 데에 대한 대위책임이다.

정답과 해설

① (O) 경찰책임의 주체는 **모든 자연인**이 될 수 있다. 또한 권리능력 유무에 관계없이 **모든 사법인(私法人)**도 경찰책임자가 될 수 있다.
② (O) 경찰긴급권에 의하여 예외적으로 경찰책임이 없는 자(비책임자)에게 경찰권을 발동한 경우, 그로 인하여 제3자에게 손실을 입히는 경우에는 **보상하여야 한다(할 수 있다 X)**.
③ (O) 다수인의 행위 또는 다수인이 지배하는 물건의 상태로 인하여 하나의 질서위반상태가 발생한 경우를 **복합적 책임**이라 한다.
④ (X) 타인을 보호 감독할 지위에 있는 자가 피지배자의 행위로 발생한 경찰위반에 대하여 경찰책임을 지는 경우, 그 책임은 **자기책임(행위책임)(대위책임 X)**의 성질을 갖는다는 것이 통설이다.

정답 ④

518 ☐☐☐☐ 23 간부

경찰상 긴급상태(경찰비책임자에 대한 경찰권발동)에 대한 설명으로 가장 적절하지 않은 것은?

① 위험이 이미 현실화되었거나 위험의 현실화가 목전에 급박하여야 한다.
② 경찰상 긴급상태에 대한 일반적 근거는 「경찰관 직무집행법」에 규정되어 있다.
③ 경찰비책임자에 대한 경찰권발동을 위해서 보충성은 전제조건이므로 경찰책임자에 대한 경찰권발동 또는 경찰 자신의 고유한 수단으로는 위험방지가 불가능한지 여부를 먼저 심사하여야 한다.
④ 경찰권발동으로 인하여 손실을 입은 경찰비책임자에게는 정당한 보상이 행해져야 하며, 결과제거청구와 같은 구제수단이 마련되어야 한다.

정답과 해설

② (X) 경찰긴급권에 대한 **일반법은 없고 개별 법률**(소방기본법 제24조, 경범죄 처벌법 제3조 제1항 제29호, 경찰관 직무집행법 제5조 제1항 제3호)에서 **규정**하고 있다.

> **[최신기출] 2025년 7월 26일 간부 출제포인트**
> 비책임자에 대한 경찰권 발동은 경찰상 긴급상태에서 허용될 수 있으며, 이 경우 법률의 근거가 **있어야 된다(없어도 된다 X)**.

③ (O) 경찰상 긴급상태(경찰비책임자에 대한 경찰권발동)에 대한 경찰권발동을 위해서 **보충성**은 전제조건이다.

> **제3자에게 경찰책임(경찰비책임자, 경찰긴급권)을 부과할 때 요건**
> ① 경찰위반의 상태가 현존·급박할 것
> ② 본래의 제1차적 경찰책임자에 대한 경찰권의 발동만으로는 위해의 제거를 기대할 수 없을 것
> ③ 제3자의 생명·건강을 해하지 않고, 제3자의 본래의 급박한 업무를 방해하지 않을 것
> ④ 법적 근거가 있을 것
> ⑤ 위해방지를 위한 최소한도에 그칠 것
> ⑥ 일시적·임시적 방편에 그칠 것
> ⑦ 제3자가 특별한 손실을 입은 경우에는 그 손실을 보상해 줄 것

④ (O) 경찰긴급권에 의하여 예외적으로 경찰책임이 없는 자(비책임자)에게 경찰권을 발동한 경우, 그로 인하여 제3자에게 손실을 입히는 경우에는 **보상하여야 하며(할 수 있다 X), 결과제거청구**와 같은 구제수단이 마련되어야 한다.

정답 ②

519 ☐☐☐☐ 23 간부

다음 상황에 대한 설명으로 가장 적절하지 않은 것은?

> A는 자신이 운영하는 옷가게에서 여자모델 B에게 수영복만을 입게 하여 쇼윈도우에서 있도록 하였다. 지나가던 사람들이 이를 구경하기 위해 쇼윈도우 앞에 몰려들어 도로교통상의 심각한 장해가 발생하였다.

① 조건설에 의하면 군중, A, B 모두 경찰책임자가 된다.
② 의도적 간접원인제공자이론(목적적 원인제공자책임설)을 인정한다면 A에게 경찰권을 발동하여 A로 하여금 B를 쇼윈도우에서 나가도록 하라고 할 수 있다.
③ 직접원인설에 의할 때 경찰책임자는 B이다.
④ 교통장해가 그다지 중대하지 않다면 A를 경찰책임자로 보아서는 안 될 것이다.

정답과 해설

① (O) **조건설**은 경찰위반상태의 조건이 된 모든 행위는 경찰위반상태의 원인이 된다는 견해로서 **군중, A, B 모두 경찰책임자**가 된다.
② (O) **의도적 간접원인제공자이론**(목적적 원인제공자책임설)은 **제3자로 하여금 경찰법에 위반하는 행위를 하도록 한 자**를 의도적 간접원인제공자라 하여 그를 예외적으로 행위책임자로 할 수 있다는 견해이다.
③ (X) **직접원인설**은 원칙적으로 경찰위반상태를 **직접 야기한 행위자만이 경찰책임**을 지고 간접적인 원인제공자는 경찰책임을 지지 않는다는 견해로서 경찰책임자는 **군중**이다.

정답 ③

THEME 03 경찰개입청구권

520 ☐☐☐☐ 예상문제

경찰개입청구권에 대한 설명으로 옳지 않은 것은?

① 경찰개입청구권이란 경찰권의 부작위 등으로 인하여 권익을 침해당한 자가 해당 경찰관청 등에 대하여 제3자에게 경찰권의 발동을 청구할 수 있는 권리를 의미한다.
② 경찰개입청구권은 무하자 재량행사청구권의 법리를 기초로 하여 띠톱판결을 통해 발전된 개념이다.
③ 경찰개입 여부는 원칙적으로 재량이지만, 일정한 상황하에서는 재량권이 영(0)으로 수축되고, 이때 개인은 경찰당국에 대해 해당 조치를 취할 것을 청구할 수 있는 권리를 가진다.
④ 경찰권 행사로 국민이 받은 이익이 반사적 이익인 경우라고 하더라도 경찰개입청구권이 인정될 수 있다.

> **정답과 해설**
> ② (O) 띠톱판결 → 재량권 영(0)으로 수축이론 → 경찰개입청구권
> ④ (X) 경찰권 행사로 제3자가 받는 이익이 **법률상 이익인 경우**에는 경찰개입청구권이 **인정**되지만 **반사적 이익인 경우**에는 인정되지 아니한다.
>
> 정답 ④

521 ☐☐☐☐ 예상문제

경찰개입청구권과 관련된 설명으로 가장 적절하지 않은 것은? (다툼이 있는 경우 판례에 의함)

① 독일에서 경찰개입청구권을 인정한 판결의 효시로 띠톱판결이 있고, 경찰개입청구권은 경찰재량이 0으로 수축되는 경우를 전제로 함이 보통이다.

② 무장공비색출체포를 위한 대간첩작전을 수행하기 위하여 파출소 소장, 순경 및 육군 장교 수명 등이 파출소에서 합동대기하고 있던 중 그로부터 불과 60~70미터 거리에서 약 15분간에 걸쳐 주민들이 무장간첩과 격투하던 주민 중 1인이 무장간첩의 발사 권총탄에 맞아 사망하였다면 위 군경공무원들의 직무유기행위와 위 사망인의 사망 사이에 인과관계가 있다고 봄이 상당하여 국가배상책임을 인정하였고, 우리나라 최초로 경찰개입청구권을 인정한 사례이다.

③ 재량권 영으로의 수축은 일반적으로 경찰재량의 영역에서 인정되는 것으로 개인적 공권의 축소를 가져오게 되었다.

④ 오늘날 사회적 법치국가에서는 경찰개입청구권의 인정 범위가 점점 확대되어가고 있는 경향이다.

정답과 해설

② (O) 대판 1971.4.6. 71다124

③ (X) 재량권 영으로의 수축은 일반적으로 경찰재량의 영역에서 인정되는 것으로 개인적 공권의 **확대화(축소 X)**를 가져오게 되었다.

④ (O) 오늘날 사회적 법치국가에서는 경찰개입청구권이 인정 범위가 점점 **확대(축소 X)**되어가고 있는 경향이다.

정답 ③

522 예상문제

현대 사회적 법치국가와 경찰개입청구권에 대한 설명으로 가장 적절하지 않은 것은? (다툼이 있는 경우 판례에 의함)

① 독일에서 제2차 세계대전 이후 제정된 독일연방공화국기본법은 사회적 법치국가를 추구하고, 경찰개입청구권을 인정한 판결의 효시로 띠톱판결이 있다.
② 사회국가란 경제·사회·문화의 모든 영역에서 정의로운 사회질서의 형성을 위하여 사회현상에 관여하고 간섭하고 분배하고 조정하는 국가이다.
③ 경찰권 행사로 국민이 받은 이익이 반사적 이익인 경우라고 하더라도 경찰개입청구권이 인정될 수 있다.
④ 개인의 자유보호를 위해 국가권력의 발동 범위를 제한하는데 초점을 둔 형식적 법치주의와 달리, 현대 사회적 법치국가의 실질적 법치주의는 국민의 자유와 권리를 실질적으로 보호하기 위한 국가권력의 적극적인 개입을 인정한다.

정답과 해설

③ (X) 경찰권 행사로 제3자가 받는 이익이 법률상 이익인 경우에는 경찰개입청구권이 인정되지만, **반사적 이익인 경우에는 인정되지 아니한다.**

정답 ③

523 ☐☐☐☐ 17·18 경채

다음 중 개인적 공권에 대한 설명으로 옳지 않은 것은 모두 몇 개인가? (다툼이 있는 경우 판례에 의함)

> ㉠ 환경영향평가 대상지역 밖의 주민이라 할지라도 공유수면매립면허 처분 등으로 인하여 그 처분 전과 비교하여 수인한도를 넘는 환경피해를 받거나 받을 우려가 있는 경우에는, 공유수면매립 면허처분 등으로 인하여 환경상 이익에 대한 침해 또는 침해우려가 있다는 것을 입증함으로써 그 처분 등의 무효확인을 구할 원고적격을 인정받을 수 있다.
> ㉡ 종래에는 반사적 이익으로 보았던 것도 관계법규가 공익과 동시에 개인적 이익도 보호하는 것(법률상 보호이익화)으로 해석함으로써 공권으로서의 성격이 인정되는 경우가 증가하고 있다.
> ㉢ 상수원보호구역 설정의 근거가 되는 규정이 보호하고자 하는 것은 상수원의 확보와 수질보전일 뿐이고, 그 상수원에서 급수를 받고 있는 지역주민들이 가지는 상수원의 오염을 막아 양질의 급수를 받을 이익은 상수원의 확보와 수질보호라는 공공의 이익이 달성됨에 따라 반사적으로 얻게 되는 이익에 불과하다.
> ㉣ 한의사 면허는 경찰금지를 해제하는 명령적 행위에 해당하고 한약조제시험을 통하여 약사에게 한약조제권을 인정함으로써 한의사들의 영업상 이익이 감소되었다고 하더라도 이는 사실상 이익에 불과하기 때문에 한약조제권을 인정받은 약사들에 대한 합격처분의 무효확인을 구하는 한의사의 소는 부적법하다.

① 0개　　② 1개
③ 2개　　④ 3개

정답과 해설

㉠ (O) 환경영향평가대상지역 밖의 주민이라 할지라도 공유수면매립면허처분 등(새만금 사건)으로 인하여 그 처분 전과 비교하여 수인한도를 넘는 환경피해를 받거나 받을 우려가 있는 경우에는, 공유수면매립면허처분 등으로 인하여 환경상 이익에 대한 침해 또는 침해우려가 있다는 것을 입증함으로써 그 처분 등의 무효확인을 구할 원고적격을 인정받을 수 있다(대판 2006.3.16, 2006두330 전합).

㉡ (O) 경찰관청의 개입의무가 존재한다고 하더라도 경찰권의 행사로 인하여 국민이 받는 이익이 반사적 이익인 경우에는 경찰개입청구권이 인정되지 않지만, 최근 반사적 이익의 공권화 추세에 따라 경찰개입청구권이 인정될 여지가 확대되고 있다.

㉢ (O) **상수원보호구역 설정**의 근거가 되는 수도법 제5조 제1항 및 동 시행령 제7조 제1항이 보호하고자 하는 것은 **상수원의 확보와 수질보전일뿐**이고, 그 상수원에서 급수를 받고 있는 지역주민들이 가지는 상수원의 오염을 막아 양질의 급수를 받을 이익은 직접적이고 구체적으로 보호하고 있지 않음이 명백하여 위 **지역주민들**이 가지는 이익은 상수원의 확보와 수질보호라는 공공의 이익이 달성됨에 따라 **반사적으로 얻게 되는 이익**에 불과하므로 지역주민들에 불과한 **원고들에게는 위 상수원보호구역변경처분의 취소를 구할 법률상의 이익이 없다**(94누14544).

㉣ (O) 한의사 면허는 경찰금지를 해제하는 명령적 행위(강학상 허가)에 해당하고, 한약조제시험을 통하여 약사에게 한약조제권을 인정함으로써 한의사들의 영업상 이익이 감소되었다고 하더라도 **이러한 이익은 사실상의 이익에 불과**하고 약사법이나 의료법 등의 **법률에 의하여 보호되는 이익이라고 볼 수 없다**(대판 1998.3.10. 97누4289).

정답 ①

524 ☐☐☐☐ 23 해경간부(행정법), 예상문제

경찰권발동의 근거와 한계에 관한 설명으로 옳은 것은? (다툼이 있는 경우 판례에 의함)

① 파출소 직원 甲은 주민 乙로부터 집에 간첩이 있으니 출동하여 달라는 요청을 받았으나, 신고의 신빙성을 의심하여 출동을 하지 않았다. 乙의 집에는 모친 丙이 있었는데 乙이 신고를 하러 간 사이에 간첩한테 살해당하고 말았다. 그 후 乙은 국가를 상대로 丙의 사망에 대하여 손해배상청구소송을 제기하였고, 법원에 의하여 인용된 사례는 비례의 원칙과 관계가 있다.

② 경찰관이 교통법규 등을 위반하고 도주하는 차량을 순찰차로 추적하는 직무를 집행하는 중에 그 도주차량의 주행에 의하여 제3자가 손해를 입었다면 특별한 사정이 없는 한 그 추적행위는 위법하다.

③ 「경찰관 직무집행법」제2조 제7호는 경찰권발동권한을 포괄적으로 수권하는 규정이지만, 개별적 수권규정이 없는 때에 한하여 제2차적·보충적으로 적용된다는 것이 판례의 견해다.

④ 편의주의 원칙은 범죄수사에 있어서의 수사법정주의 원칙의 개념으로 경찰위반의 상태가 있는 경우에는 반드시 경찰권을 발동해야 하는 것은 아니고, 발동의 여부 또는 어떠한 수단의 선택에 있어서 당해 경찰관청의 의무에 합당한 재량에 따른다는 원칙이다.

정답과 해설

① (X) 위 사례는 **재량권 영으로의 수축 이론과 경찰개입 청구권**과 관계가 있다.
② (X) 경찰관이 교통법규 등을 위반하고 도주하는 차량을 순찰차로 추적하는 직무를 집행하는 중에 그 도주차량의 주행에 의하여 제3자가 손해를 입었다고 하더라도 그 추적이 당해 직무목적을 수행하는 데에 불필요하다거나 또는 도주차량의 도주의 태양 및 도로교통상황 등으로부터 예측되는 피해발생의 구체적 위험성의 유무 및 내용에 비추어 추적의 개시·계속 혹은 추적의 방법이 상당하지 않다는 등의 특별한 사정이 없는 한 그 **추적행위를 위법하다고 할 수는 없다**(대법원 2000. 11. 10. 선고 2000다26807).
③ (O) 대판 1986.1.28, 85도2448
④ (X) 편의주의 원칙은 범죄수사에 있어서의 **수사법정주의 원칙에 "반대되는" 개념**으로 경찰위반의 상태가 있는 경우에는 반드시 경찰권을 발동해야 하는 것은 아니고, 발동의 여부 또는 어떠한 수단의 선택에 있어서 당해 경찰관청의 의무에 합당한 재량에 따른다는 원칙이다.

정답 ③

525 ☐☐☐☐ 22 채용

경찰재량에 관한 설명 중 가장 적절하지 않은 것은? (다툼이 있는 경우 판례에 의함)

① 「도로교통법」상 교통단속임무를 수행하는 경찰공무원을 폭행한 사람의 운전면허를 취소하는 것은 행정청이 재량여지가 없으므로 재량권의 일탈·남용과는 관련이 없다.
② 재량을 선택재량과 결정재량으로 나눌 경우, 경찰공무원의 비위에 대해 징계처분을 하는 결정과 그 공무원의 건강 등 제반사정을 고려하여 징계처분을 하지 않는 결정 사이에서 선택권을 갖는 것을 결정재량이라 한다.
③ 재량의 일탈·남용뿐만 아니라 단순히 재량권 행사에서 합리성을 결하는 등 재량을 그르친 경우에도 행정심판의 대상이 된다.
④ 재량권의 일탈이란 재량권의 내적 한계(재량권이 부여된 내재적 목적)를 벗어난 것을 말하며, 재량권의 남용이란 재량권의 외적 한계(법적·객관적 한계)를 벗어난 것을 의미한다.

정답과 해설

① (O) 행정청의 재량과 관련하여 재량행위와 기속행위의 구별에 있어 일차적 기준은 법률규정이다. 즉, 법률에서 "……할 수 있다."라고 규정하고 있는 경우에는 재량행위이고, "……하여야 한다"라고 규정하고 있는 경우에는 기속행위이다. 그러므로 「도로교통법」상 **교통단속임무를 수행하는 경찰공무원을 폭행한 사람의 운전면허를 취소하는 것은 기속행위**로서 행정청이 재량여지가 없으므로 재량권의 일탈·남용과는 관련이 없다.
② (O) **결정재량**이란 경찰기관이 경찰권을 행사함에 있어서 어떠한 행정결정을 하거나 하지 않을 수 있는 권한을 갖는 경우이고, **선택재량**은 둘 이상의 조치 중 선택을 할 수 있는 권한을 말한다. 설문의 경우 징계처분을 할 것인가 하지 않을 것인가의 문제는 결정재량에 해당한다.
③ (O) 재량권이 법적 한계(재량권의 일탈 또는 남용)를 넘은 경우에는 그 재량권 행사는 위법한 것이 되고, 단순히 재량권 행사에서 합리성을 결하는 등 재량을 그르친 경우에는 부당한 경우로서 행정심판의 대상이 된다.
④ (X) 재량권의 **일탈**이란 재량권의 **외적 한계(법적·객관적 한계)를 벗어난 것**을 의미하고, 재량권의 **남용**이란 재량권의 **내적 한계(재량권이 부여된 내재적 목적)를 벗어난 것**을 말한다. 판례는 재량권의 일탈과 재량권의 남용을 명확히 구분하지 않고, 단지 재량권의 일탈 또는 남용이 없는지 여부를 판단한다.

정답 ④

THEME 04 행정행위

526 □□□□ 19 채용, 21 간부, 예상문제

경찰하명에 대한 설명으로 가장 적절하지 않은 것은?

① 도로교통법 제43조 '누구든지 제80조에 따라 시·도경찰청장으로부터 운전면허를 받지 아니하거나 운전면허의 효력이 정지된 경우에는 자동차등을 운전하여서는 아니된다'는 규정은 부작위하명에 해당한다.

② 경찰하명을 불이행하거나 위반 시에는 경찰상 강제집행의 대상이 되거나 경찰벌이 과해질 수 있으나, 하명을 위반한 행위의 법적 효력에는 원칙적으로 영향을 미치지 않는다.

③ 경찰하명의 상대방인 수명자는 수인의무를 지므로 경찰하명이 위법하더라도 손해배상을 청구할 수 없다.

④ 법률행위적 행정행위는 명령적 행정행위(하명·허가·면제 등)와 형성적 행정행위(특허·인가·대리)로 구분할 수 있고, 준법률행위적 행정행위는 확인, 공증, 통지, 수리 등으로 구분할 수 있다.

정답과 해설

① (O) 시·도경찰청장으로부터 운전면허를 받지 아니하거나 운전면허의 효력이 정지된 경우에는 자동차등을 운전하여서는 아니된다'는 규정은 **부작위하명(작위하명 X)**에 해당한다.

② (O) 경찰하명을 불이행하거나 위반 시에는 경찰상 **강제집행(경찰벌 X)**의 대상이 되거나 **경찰벌(강제집행 X)**이 과해질 수 있으나, 하명을 위반한 행위의 법적 효력에는 원칙적으로 영향을 미치지 않는다.

③ (X) 위법한 하명으로 인하여 권리·이익이 침해된 자는 **행정심판 또는 행정소송을 제기하여 하명의 취소 등을 구하거나 손해배상소송을 제기하여 손해배상**을 청구할 수 있다.

④ (O) 법률행위적 행정행위는 **명령적 행정행위(하명·허가·면제 등)**와 형성적 행정행위(특허·인가·대리)로 구분할 수 있고, **준법률행위적 행정행위는 확인, 공증, 통지, 수리** 등으로 구분할 수 있다.

정답 ③

527 ☐☐☐☐ 19 채용, 21 간부

행정행위에 대한 설명으로 옳지 않은 것은?

① 경찰하명이란 일반통치권에 기인하여 경찰목적을 달성하기 위해 국민에 대하여 작위·부작위·급부·수인 등 의무의 일체를 명하는 법률행위적 행정행위를 말하며 경찰관의 수신호나 교통신호등의 신호도 의무를 부과하는 행위로서 경찰하명에 해당한다.
② 부작위 하명의 유형으로는 절대적 금지와 상대적 금지가 있으며, 청소년에게 술이나 담배 판매금지는 절대적 금지이고, 유흥업소의 영업금지는 상대적 금지에 해당한다.
③ 경찰하명이 있는 경우, 상대방은 행정주체에 대하여만 의무를 이행할 책임이 있고 그 이외의 제3자에 대하여 법상 의무를 부담하는 것은 아니다.
④ 경찰하명에 위반하여 이루어진 행위는 원칙적으로 그 법적 효력에는 아무런 영향을 받지 않는다. 그러나 영업정지 명령에 위반하여 영업을 계속하였을 경우는 당해 영업에 대한 거래행위의 효력이 부인된다.

정답과 해설

① (O) 경찰하명이란 **일반통치권**에 기인하여 경찰목적을 달성하기 위해 국민에 대하여 작위·부작위·급부·수인 등 의무의 일체를 명하는 **법률행위적 행정행위 또는 명령적 행정행위**를 말하며, 경찰관의 수신호나 교통신호등의 신호도 의무를 부과하는 행위로서 **경찰하명**에 해당한다.
② (O) 부작위 하명의 유형으로는 절대적 금지와 상대적 금지가 있으며, 청소년에게 술이나 담배 판매금지는 **절대적 금지**이고, 유흥업소의 영업금지는 **상대적 금지**에 해당한다.
③ (O) 경찰하명이 있는 경우, 상대방은 **행정주체에 대하여만** 의무를 이행할 책임이 있고 그 이외의 **제3자에 대하여 법상 의무를 부담하는 것은 아니다.**
④ (X) 하명을 준수하는 것은 적법 요건일 뿐 유효요건이 아니므로 하명을 위반한 행위 자체는 원칙적으로 **그 법적 효력에 아무런 영향을 미치지 않는다.** 이를테면 영업정지명령을 위반해 맥주를 판매한 경우 맥주 매매행위 효력은 **부인되지 않는다(부인된다 X).**

정답 ④

528 ☐☐☐☐ 24 간부

경찰하명에 대한 설명으로 가장 적절한 것은 모두 몇 개인가?

> 가. 「경찰관 직무집행법」 제4조의 강제보호조치 대상자에 대한 응급을 요하는 구호조치에 따른 수인의무는 하명이 아니다.
> 나. 대간첩 지역이나 국가중요시설에 대한 접근제한명령이나 통행제한명령은 수인의무를 명하는 행위로서 하명의 성질이 아니다.
> 다. 「경찰관 직무집행법」 제5조 제1항 제3호의 관계인에게 '필요한 조치를 하게 하는 것'은 상대방이 필요한 조치를 하도록 명하는 행위이더라도 하명의 성질은 아니다.
> 라. 도로교통법 위반에 의한 과태료납부의무는 하명이 아니다.

① 없음
② 1개
③ 2개
④ 3개

정답과 해설

가. (X) 「경찰관 직무집행법」 제4조의 강제보호조치는 경찰상 즉시강제수단의 일종이며, 대인적 강제수단의 성질을 가진다. 그러나 **수인의무는 하명에 해당**한다. **경찰하명이란** 일반통치권에 기인하여 경찰목적을 달성하기 위해 국민에 대하여 **작위·부작위·급부·수인** 등 의무의 일체를 명하는 **법률적 행정행위 또는 명령적 행정행위**를 말한다
나. (X) 대간첩 지역이나 국가중요시설에 대한 접근제한명령이나 통행제한명령은 **부작위의무(수인의무 X)**를 명하는 행위로서 **하명의 성질을 갖는다.**
다. (X) 「경찰관 직무집행법」 제5조 제1항 제3호의 관계인에게 '필요한 조치를 하게 하는 것'은 상대방이 필요한 조치를 하도록 명하는 행위이라면 이는 **작위의무를 명하는 행위로서 하명의 성질을 갖는다.**
라. (X) 도로교통법 위반에 의한 과태료납부의무는 **급부의무로서 하명에 해당**한다.

정답 ①

529 ☐☐☐☐ 예상문제

다음 설명 중 옳지 않은 것은?

① 교통신호에 의한 정지신호, 경찰청 청사 내에서의 금연을 명하는 것은 부작위하명에 해당한다.
② 코로나 등 긴급 재난 사태가 발생하여 관련 공무원이 코로나 환자들을 확인하기 위하여 공공시설 등에 출입을 할 때 상대방이 그 출입을 허용하고 조사에 응하는 것을 '부작위 하명'이라고 한다.
③ 화재를 발견했을 때 소방서나 경찰서 등에 신속히 통지할 의무는 작위하명에 해당한다.
④ 총포소지허가증 교부시의 수수료 납부나 실험상 필요한 정도의 식품 등을 무상으로 수거하는 것은 급부하명에 해당한다.

정답과 해설

① (O) 교통신호에 의한 정지신호, 경찰청 청사 내에서의 금연을 명하는 것은 **부작위하명(작위하명 X)**에 해당한다.
② (X) 코로나 등 긴급 재난 사태가 발생하여 경찰관이 코로나 환자들을 확인하기 위하여 공공시설 등에 출입을 할 때 상대방이 그 출입을 허용하고 조사에 응하는 것을 '**수인하명**'이라고 한다.

정답 ②

530 예상문제

경찰하명에 대한 효과에 대한 설명으로 옳지 않은 것은?

① 청소년관람불가 판정을 받은 영화를 상영하고 있는 극장에 경찰관이 내부확인을 위하여 출입할 때, 상대방이 받게 되는 하명은 수인하명에 해당된다.
② 경찰하명의 효과는 원칙적으로 그 수명자에게만 발생하는 것이나, 대물적 하명의 경우에는 그 대상인 물건에 대한 법적 지위를 승계한 자에게도 그 효과가 미친다.
③ 적법한 하명은 수명자는 수인의무를 지므로 손실보상을 청구할 수 없지만, 수명자 또는 책임 없는 제3자에게 특별한 희생을 가한 경우에 경찰상 손해배상청구가 가능하다.
④ 행정관청의 위법한 하명으로 인하여 권리·이익이 침해된 자는 행정심판 또는 행정소송을 제기하여 하명의 취소 등을 구하거나, 손해배상소송을 제기하여 손해배상을 청구할 수 있다.

정답과 해설

① (O) 청소년관람불가 판정을 받은 영화를 상영하고 있는 극장에 경찰관이 내부확인을 위하여 출입할 때, 상대방이 받게 되는 하명은 **수인하명**에 해당된다.
② (O) 경찰하명의 효과는 원칙적으로 그 수명자에게만 발생하는 것이나, **대물적 하명(대인적 하명 X)**의 경우에는 그 대상인 물건에 대한 법적 지위를 승계한 자에게도 그 효과가 미친다.
③ (X) **적법한 하명**으로 인해 수명자 또는 책임 없는 제3자에게 특별한 희생을 가한 경우에 경찰상 **손실보상청구**가 가능하다.
④ (O) 행정관청의 **위법한 하명**으로 인하여 권리·이익이 침해된 자는 행정심판 또는 행정소송을 제기하여 하명의 취소 등을 구하거나, 손해배상소송을 제기하여 **손해배상(손실보상 X)**을 청구할 수 있다.

정답 ③

531 ☐☐☐☐ 22 채용

강학상 경찰허가에 관한 설명 중 가장 적절한 것은? (다툼이 있는 경우 판례에 의함)

① 특별한 규정이 없는 한, 허가를 받게 되면 다른 법령상의 제한들도 모두 해제되는 것이 원칙이다.
② 특별한 규정이 없는 한, 허가는 법령이 부과한 작위의무, 부작위의무 및 급부의무를 모두 해제하는 것이다.
③ 강학상 허가와 강학상 특허는 당사자의 신청이 없어도 가능하다는 점에서 공통점이 있다.
④ 일반적으로 영업허가를 받지 아니한 상태에서 행한 사법상 법률행위는 유효하다.

정답과 해설

① (X) 특별한 규정이 없는 한, 관계법상의 금지가 해제될 뿐이고, **타법상의 제한까지 해제되는 것은 아니다.**
② (X) 특별한 규정이 없는 한, 허가는 법령이 부과한 **부작위의무(작위의무, 수인의무, 급부의무 X)**를 해제하는 것이다.

> [비교] 면제는 법령에 의하여 일반적으로 부과된 경찰상의 **작위·급부·수인의무(부작위의무 X)**를 특정한 경우에 해제하여 주는 경찰상의 행정행위이다.

③ (X) 허가와 특허는 쌍방적 행정행위로 **당사자 신청을 요한다.** 단, 허가는 신청이 없어도 가능한 경우도 있다.
④ (O) 경찰허가는 **행위의 적법요건이지, 유효요건이 아니므로** 이를 위반하면 위법하나 **무효가 되는 것이 아니기 때문에** 일반적으로 영업허가를 받지 아니한 상태에서 행한 **사법상 법률행위는 유효하다.**

정답 ④

532 ☐☐☐☐ 09 채용

다음 중 경찰허가에 대한 설명으로 옳은 것은 모두 몇 개인가?

㉠ 경찰허가는 상대방의 출원에 의하여 행하여지는게 보통이지만 출원에 의하지 않는 경우도 있다.
㉡ 경찰허가의 특정행위를 사실상 적법하게 할 수 있도록 하는 적법요건이자 유효요건이다.
㉢ 상대적 금지만 허가의 대상이 되고, 절대적 금지는 허가의 대상이 될 수 없다.
㉣ 의사면허, 총포류 제조·판매의 허가, 자동차 운전학원의 허가, 마약취급면허 등은 대인적 허가이다.
㉤ 판례에 의하면 허가여부의 결정기준은 특별한 사정이 없는 한 원칙적으로 신청 당시의 법령에 의한다.
㉥ 기한부허가의 경우 그 기간이 도래하기 전에 상대방이 갱신을 신청할 경우에는 경찰상 장애발생의 새로운 사유가 없는 한 반드시 허가해야 한다.

① 2개   ② 3개
③ 4개   ④ 5개

정답과 해설

㉠ (O) 경찰허가는 공익상의 필요보다 당사자의 이익을 위한 것이 보통인 까닭에 당사자의 출원(신청)을 필요로 하는 쌍방적 행정행위인 것이 원칙이나, 예외적으로 야간통행의 허가와 같이 상대방의 출원(신청)이 없이도 직권에 의해 일반적 허가로 이루어지는 경우도 있다.
㉡ (X) 경찰허가는 특정행위를 사실상 적법하게 할 수 있도록 하는 **적법요건에 불과하고 유효요건이 되는 것은 아니다.**
㉢ (O) 허가는 **상대적 금지의 경우에만 인정**되고, 절대적 금지(예- 성매매행위)에는 인정되지 않는다.
㉣ (X) 의사면허와 마약취급면허는 대인적 허가에 해당하나, **총포류제조·판매의 허가와 자동차운전학원의 허가는 사람과 물건 둘 다 심사대상으로 하는 혼합적 허가**에 해당한다.
㉤ (X) 허가 신청 후 행정처분 전에 법령의 개정으로 허가기준이 변경된 경우 **허가는 원칙적으로 개정 법(처분시의 법령)에 따라야 한다는 것이 판례의 입장**이다(대판 1996.8.20, 95누10877).
㉥ (X) 특별한 사정이 없는 한 그 조건의 개정을 고려할 수 있으나 반드시 허가해야 하는 것은 아니다. 사행행위를 단속함을 목적으로 제정된 구 복표발행, 현상기타사행행위단속법(1991.3.8. 법률 제4339호 사행행위등규제법으로 개정되기 전의 것)의 규정에 비추어 보면 사행행위의 허가는 그것이 비록 갱신허가라 하더라도 종전 허가에 붙여진 기한의 연장에 불과하여 관련 법령의 변동이나 위법한 사유가 새로 발생하는 등 사정의 변화가 없는 한 반드시 갱신하여야 하는 것은 아니고 위 **법조 소정의 허가요건이나 그 밖에 다른 법령에 저촉되는가의 여부 및 공익 등을 고려하여 허가 여부를 결정하여야 한다고 봄이 상당하다**(대판 1992.10.23., 92누4543).

정답 ①

533 ☐☐☐☐ 예상문제

甲은 식품위생법상 영업허가를 신청하였다. 이에 대한 설명으로 옳은 것은? (다툼이 있으면 판례에 의함)

① 甲이 공무원인 경우 허가를 받으면 이는 식품위생법 상의 금지를 해제할 뿐만 아니라 국가공무원법상의 영리업무금지까지 해제하여 주는 효과가 있다.
② 甲이 신청한 허가여부의 결정기준은 특별한 사정이 없는 한 원칙적으로 처분시의 법령에 의한다.
③ 甲이 신청한 식품위생법상 영업허가는 대인적 허가의 성질을 갖는 것이어서 그 사업의 양도가 불가능하다.
④ 甲에 대해 허가가 거부되었음에도 불구하고 甲이 영업을 한 경우, 당해 영업행위는 사법상 효력이 없는 것이 원칙이다.

> **정답과 해설**
>
> ① (X) 식품위생법상의 영업허가를 받았더라도 **국가공무원법상 영리업무금지까지 해제하여 주는 것은 아니다**.
> ② (O) 甲이 신청한 허가여부의 결정기준은 특별한 사정이 없는 한 원칙적으로 **처분시(신청시 X)**의 법령에 의한다.
> ③ (X) 식품위생법상 영업허가는 **대물적 허가**의 성질을 갖는 것이어서 그 사업의 **양도가 가능**하다.
> ④ (X) 허가는 적법요건이므로 허가없이 영업을 하더라도 처벌을 받는 것은 별개로 **사법상 효력이 부정되는 것은 아니다**.
>
> 정답 ②

534 ☐☐☐☐ 예상문제

다음 중 경찰면제에 대한 설명으로 틀린 것은?

① 경찰면제의 발급여부를 결정하는 것은 원칙적으로 경찰행정청의 기속재량에 속한다.
② 경찰상의 부작위의무를 해제하여 주는 행위이다.
③ 경찰면제의 예로는 병역면제, 체납처분의 집행면제, 조세면제 등이 있다.
④ 명령적 행위에 속한다.

> **정답과 해설**
>
> ① (O) 경찰면제의 발급여부를 결정하는 것은 원칙적으로 경찰행정청의 **기속재량(자유재량 X)**에 속한다.
> ② (X) 경찰면제는 경찰상의 작위·급부·수인의무를 특정한 경우에 해제하여 주는 경찰상의 행정행위를 말하며, **부작위의무를 해제하여 주는 것은 경찰허가**이다.
> ③ (O) 병역면제, 체납처분의 집행면제, 조세면제 등은 **경찰면제에 해당**한다.
> ④ (O) 허가와 면제는 명령적 행위에 속하며, 양자는 **의무의 해제**라는 점에서 공통점이 있다.
>
> 정답 ②

535 ☐☐☐☐ 23 채용, 21 간부

허가의 효과를 제한 또는 보충하기 위하여 주된 의사표시에 부가된 종된 의사표시를 부관이라고 한다. 부관에 대한 설명으로 옳지 않은 것은?

① 법정부관의 경우 처분의 효과제한이 직접 법규에 의해서 부여되는 부관으로서 이는 행정행위의 부관과는 구별되는 개념으로 원칙적으로 부관의 개념에 속하지 않는다.
② 부담은 그 자체가 하나의 행정행위이다. 즉, 하명으로서의 성격을 지니기 때문에 분리가 가능하지만, 그 자체가 독립적으로 행정쟁송 및 경찰강제의 대상이 될 수 없다.
③ 부담과 정지조건의 구별이 불분명한 경우에는 최소침해의 원칙에 따라 부담으로 보아야 한다.
④ 수정부담은 새로운 의무를 부가하는 것이 아니라 상대방이 신청한 것과는 다르게 행정행위의 내용을 정하는 부관을 말하며 상대방의 동의가 있어야 효력이 발생한다.

정답과 해설

① (O) **법정부관**은 행정청의 재량이 아닌 **법률에 의해 자동적으로 부과되는 제한**이기 때문에, 행정청이 재량으로 부과하는 **부관의 개념**에 속하지 않는다.
② (X) 부담이란 행정행위의 주된 내용에 부가하여 그 행정행위의 상대방에게 작위·부작위·급부 등의 의무를 부과하는 부관을 말하며, 주로 허가·특허 등과 같은 수익적 행정행위에 붙여진다. 부담은 다른 부관과 달리 그 자체가 하나의 독립된 행정행위의 성질을 가진다. 따라서 **부담만이 독립하여 행정소송의 대상이 될 수 있고, 의무불이행이 있는 경우에는 독립하여 강제집행의 대상**이 된다.
③ (O) 어떠한 부관이 부담인지 조건(정지·해제)인지 불분명한 경우에는 **최소침해의 원칙상** 상대방에게 유리한 **부담**으로 해석하여야 한다.
④ (O) A도로의 통행허가 신청에 대하여 B도로의 통행을 허가한 경우에 수정부담은 새로운 의무를 부가하는 것이 아니라 상대방이 신청한 것과는 다르게 행정행위의 내용을 정하는 부관을 말하며 **상대방의 동의가 있어야 효력이 발생**한다.

정답 ②

536 ☐☐☐☐ 예상문제

행정행위의 부관에 대한 설명으로 옳지 않은 것은? (다툼이 있는 경우 판례에 의함)

① 재량행위에 있어서는 법령상의 근거가 없다고 하더라도 부관을 붙일 수 있다.
② 지방국토관리청장이 일부 공유수면매립지에 대하여 한 국가 또는 광역시 귀속처분은 법률효과의 일부배제에 해당하는 것으로 행정행위의 부관의 유형으로 볼 수 없다는 것이 판례의 태도이다.
③ 부담과 조건의 구별이 명확하지 않는 경우에는 부담으로 보는 것이 행정행위의 상대방에게 유리하다고 본다.
④ 조건은 행정행위의 효력 발생 또는 소멸을 장래의 불확실한 사실의 성부에 의존시키는 부관을 말한다.

정답과 해설

① (O) 행정청은 처분에 **재량이 있는 경우 부관**을 붙일 수 있고, 처분에 **재량이 없는 경우 법률에 근거가 있는 경우에만 부관**을 붙일 수 있다.
② (X) **법률효과일부배제는 부관이다**(대판 90누8503).

정답 ②

537 예상문제

부관에 대한 설명으로 옳지 않은 것은? (다툼이 있으면 판례에 의함)

① 행정행위의 부관의 유형 중에서 장래의 불확실한 사실에 의해서 행정행위의 효력을 소멸시키는 것은 해제조건이다.
② 행정청이 수익적 행정처분을 하면서 부가한 부담의 위법 여부는 처분 당시 법령을 기준으로 판단하여야 하고, 부담이 처분 당시 법령을 기준으로 적법하다면 처분 후 부담의 전제가 된 주된 행정처분의 근거 법령이 개정됨으로써 행정청이 더 이상 부관을 붙일 수 없게 되었다 하더라도 곧바로 위법하게 되거나 그 효력이 소멸하게 되는 것은 아니다.
③ 주택재건축사업시행의 인가는 상대방에게 권리나 이익을 부여하는 효과를 가진 이른바 수익적 행정처분으로서 법령에 행정처분의 요건에 관하여 일의적으로 규정되어 있지 아니한 이상 행정청의 재량행위에 속하더라도, 처분청으로서는 여러 조건(부담)을 부과할 수 없다.
④ 수익적 행정행위에 있어서는 법령에 특별한 근거규정이 없다고 하더라도 그 부관으로서 부담을 붙일 수 있으나, 그러한 부담은 비례의 원칙, 부당결부금지의 원칙에 위반되지 않아야만 적법하다.

정답과 해설

① (O) **해제조건**은 경찰허가의 효력은 처음부터 발생하지만 **조건이 성취되면 효력 소멸**, **정지조건**은 경찰허가의 효력이 발생하지 않고 있다가 조건이 성취되면 발생한다.
② (O) 대법원 2009. 2. 12. 2005다65500
③ (X) 주택재건축사업시행의 인가는 상대방에게 권리나 이익을 부여하는 효과를 가진 이른바 수익적 행정처분으로서 법령에 행정 처분의 요건에 관하여 일의적으로 규정되어 있지 아니한 이상 행정청의 재량행위에 속하므로, **처분청으로서는 법령상의 제한에 근거한 것이 아니라 하더라도 공익상 필요 등에 의하여 필요한 범위 내에서 여러 조건(부담)을 부과할 수 있다**(대법원 2007. 7. 12. 2007두6663).
④ (O) 대법원 1997. 3. 11. 96다49650

정답 ③

538 | 23 채용, 23 국가직(7급)

다음은 「행정기본법」상 부관에 대한 설명이다. 아래 ㉠부터 ㉣까지의 설명 중 옳고 그름의 표시(O, X)가 바르게 된 것은?

> ㉠ 행정청은 처분에 재량이 있는 경우에는 부관을 붙일 수 있다.
> ㉡ 행정청은 처분에 재량이 없는 경우에는 법률에 근거가 있는 경우에 부관을 붙일 수 있다.
> ㉢ 행정청은 사정이 변경되어 종전의 부관을 변경하지 아니하면 해당 처분의 목적을 달성할 수 없다고 인정되는 경우에도 법률에 근거가 없다면 종전의 부관을 변경할 수 없다.
> ㉣ 부관은 해당 처분의 목적에 위배되지 아니하고, 실질적 관련이 없을 것을 요건으로 한다.

① ㉠ (O) ㉡ (X) ㉢ (X) ㉣ (O)
② ㉠ (X) ㉡ (O) ㉢ (X) ㉣ (O)
③ ㉠ (O) ㉡ (O) ㉢ (O) ㉣ (X)
④ ㉠ (O) ㉡ (O) ㉢ (X) ㉣ (X)

정답과 해설

㉠ (O) 행정청은 처분에 **재량이 있는 경우**에는 부관(조건, 기한, 부담, 철회권의 유보 등을 말한다)을 붙일 수 있다(행정기본법 제17조 제1항).

㉡ (O) 행정청은 처분에 **재량이 없는 경우**에는 법률에 근거가 있는 경우에 부관을 붙일 수 있다(동법 제17조 제2항).

㉢ (X) 행정청은 **사정이 변경**되어 종전의 부관을 변경하지 아니하면 해당 처분의 목적을 달성할 수 없다고 인정되는 경우에는 **그 처분을 한 후에도 부관을 새로 붙이거나 종전의 부관을 변경할 수 있다**(동법 제17조 제3호).

> 제17조(부관) ③ 행정청은 부관을 붙일 수 있는 처분이 다음 각 호의 어느 하나에 해당하는 경우에는 그 처분을 한 후에도 부관을 새로 붙이거나 종전의 **부관을 변경할 수 있다.**
> 1. **법률(법령 X)**에 근거가 있는 경우
> 2. **당사자(행정청 X)**의 **동의**가 있는 경우
> 3. **사정이 변경**되어 부관을 새로 붙이거나 종전의 부관을 변경하지 아니하면 해당 처분의 목적을 달성할 수 없다고 인정되는 경우

㉣ (X) 부관은 해당 처분의 목적에 위배되지 아니하고, 실질적 관련이 **있을 것(없을 것 X)**을 요건으로 한다(동법 제17조 제4항).

> 제17조(부관) ④ 부관은 다음 각 호의 요건에 적합하여야 한다.
> 1. 해당 처분의 목적에 위배되지 아니할 것
> 2. 해당 처분과 **실질적인 관련이 있을 것**
> 3. 해당 처분의 목적을 달성하기 위하여 필요한 최소한의 범위일 것

정답 ④

539 24 채용, 예상문제

행정행위의 부관에 관한 설명으로 가장 적절한 것은? (다툼이 있는 경우 판례에 의함)

① 지방국토관리청장이 일부 공유수면매립지에 대하여 한 국가 또는 광역시 귀속처분은 법률효과의 일부배제에 해당하는 것으로 행정행위의 부관의 유형으로 볼 수 없다는 것이 판례의 태도이다.
② 기한은 법률행위 효력의 발생 또는 소멸을 장래의 불확실한 사실의 성부에 의존하게 하는 법률행위의 부관이다.
③ 장래의 사실이더라도 그것이 장래 반드시 실현되는 사실이면 실현되는 시기가 비록 확정되지 않더라도 이는 조건으로 보아야 한다.
④ 행정청이 종교단체에 대하여 기본재산전환인가를 함에 있어 인가조건을 부가하고 그 불이행시 인가를 취소할 수 있도록 한 경우, 그 인가조건의 의미를 철회권의 유보로 본다.

정답과 해설

① (X) **법률효과일부배제는 부관**이다(대판 90누8503).
② (X) **조건(기한 X)**은 법률행위 효력의 발생 또는 소멸을 장래의 **불확실한 사실**의 성부에 의존하게 하는 법률행위의 부관이다.
③ (X) 장래의 사실이더라도 그것이 장래 반드시 실현되는 사실이면 실현되는 시기가 비록 확정되지 않더라도 이는 **불확정기한(조건 X)**으로 보아야 한다.
④ (O) 행정청이 종교단체에 대하여 기본재산전환인가를 함에 있어 인가조건을 부가하고 그 불이행시 인가를 **취소할 수 있도록 한 경우**, 그 인가조건의 의미를 **철회권의 유보(해제조건 X)**로 본다.

정답 ④

540 예상문제

다음 중 수익적 행정행위와 부담적 행정행위에 대한 설명으로 옳지 않은 것은?

① 수익적 행정행위는 법률유보의 원칙이 완화되어 적용되고, 부담적 행정행위는 엄격히 적용된다.
② 수익적 행정행위는 취소·철회가 자유롭지 못하나, 부담적 행정행위는 자유롭다.
③ 수익적 행정행위는 부관을 붙일 수 있으나, 부담적 행정행위는 붙일 수 없다.
④ 수익적 행정행위는 청문이 필요하나, 부담적 행정행위는 필요하지 않다.

정답과 해설

① (O) 수익적 행정행위는 법률유보의 원칙이 **완화(강화 X)**되어 적용되고, 부담적 행정행위는 **엄격히(완화 X)** 적용된다.
② (O) 수익적 행정행위는 취소·철회가 자유롭지 못하나, 부담적 행정행위는 **자유롭다(자유롭지 못하다 X)**.
③ (O) 수익적 행정행위는 **부관을 붙일 수 있으나**, 부담적 행정행위는 **붙일 수 없다**는 것이 다수설이다.
④ (X) 수익적 행정행위는 **청문이 필요하지 않으나**, 부담적 행정행위는 **청문이 필요하다**.

정답 ④

541 ☐☐☐☐ 21 간부, 예상문제

다음 중 행정행위에 대한 설명으로 옳지 않은 것은?

① 법률행위적 행정행위는 명령적 행정행위(하명·허가·면제)와 형성적 행정행위(특허·인가·대리)로 구분할 수 있고, 준법률행위적 행정행위는 확인, 공증, 통지, 수리로 구분할 수 있다.
② 통지란 특정·불특정의 상대방에 대하여 특정한 사실을 알리는 행위를 말하며, 그 예로 대집행의 계고 등을 들 수 있다.
③ 공증은 특정한 사실 또는 법률관계의 존재를 공적으로 증명하는 행위로서 시험합격자 결정이 이에 해당한다.
④ 수리란 타인의 행정청에 대한 행위를 유효한 것으로서 수령하는 행위를 말하며, 그 예로 행정심판청구서의 수리를 들 수 있다.

정답과 해설
③ (X) 시험합격자 결정은 **확인**에 해당한다. **공증**은 각종 등기의 등록·증명서 발급(합격증서 발급)이 이에 해당한다.

정답 ③

542 예상문제

행정행위에 대한 설명으로 옳지 않은 것은? (다툼이 있으면 판례에 의함)

① 민법 제45조와 제46조에서 말하는 재단법인의 정관변경 "허가"는 법률상의 표현이 허가로 되어 있기는 하나, 그 성질에 있어 법률행위의 효력을 보충해 주는 것이지 일반적 금지를 해제하는 것이 아니므로, 그 법적 성격은 인가라고 보아야 한다.

② 하천법 제33조에 의한 하천의 점용허가에 따라 해당 하천을 점용할 수 있는 권리와 마찬가지로 허가에 의한 공물사용권의 일종으로서, 양도가 가능하고 이에 대한 민사집행법상의 집행 역시 가능한 독립된 재산적 가치가 있는 구체적인 권리라고 보아야 한다.

③ 위법한 행정대집행이 완료되면 그 처분의 무효확인 또는 취소를 구할 소의 이익은 없다 하더라도, 미리 그 행정처분의 취소판결이 있어야만, 그 행정처분의 위법임을 이유로 한 손해배상 청구를 할 수 있는 것은 아니다.

④ 행정행위의 취소 사유는 행정행위의 성립 당시에 존재하였던 하자를 말하고, 철회 사유는 행정행위가 성립된 이후에 새로이 발생한 것으로서 행정행위의 효력을 존속시킬 수 없는 사유를 말한다.

> **정답과 해설**
>
> ① (O) 민법 제45조와 제46조에서 말하는 **재단법인의 정관변경 "허가"**는 법률상의 표현이 허가로 되어 있기는 하나, 그 성질에 있어 법률행위의 효력을 보충해 주는 것이지 일반적 금지를 해제하는 것이 아니므로, 그 **법적 성격은 인가**(허가 X)라고 보아야 한다(95누4810).
> ② (X) 하천법 제33조에 의한 **하천의 점용허가**에 따라 해당 하천을 점용할 수 있는 권리와 마찬가지로 **특허**(허가 X)에 의한 공물사용권의 일종으로서, 양도가 가능하고 이에 대한 민사집행법상의 집행 역시 가능한 독립된 재산적 가치가 있는 구체적인 권리라고 보아야 한다(대법원 2018. 12. 27. 2014두11601).
> ③ (O) 대법원 1972. 4. 28. 72다337
> ④ (O) 행정행위의 취소는 일단 유효하게 성립한 행정행위를 그 행위에 위법 또는 부당한 하자가 있음을 이유로 소급하여 그 효력을 소멸시키는 별도의 행정처분이고, 행정행위의 철회는 적법요건을 구비하여 완전히 효력을 발하고 있는 행정행위를 사후적으로 그 행위의 효력의 전부 또는 일부를 장래에 향해 소멸시키는 행정처분이므로, 행정행위의 **취소 사유**는 행정행위의 **성립 당시**에 존재하였던 하자를 말하고, **철회 사유**는 행정행위가 성립된 이후에 **새로이 발생**한 것으로서 행정행위의 효력을 존속시킬 수 없는 사유를 말한다(대법원 2003. 5. 30. 2003다6422).
>
> 정답 ②

543 ☐☐☐☐ 22 채용

다음 행정행위 중 강학상 특허에 해당하는 것은? (다툼이 있는 경우 판례에 의함)

① 자동차운전면허
② 재단법인의 정관변경 허가
③ 한의사 면허
④ 국유재산 등의 관리청이 행정재산의 사용·수익에 대하여 하는 허가

정답과 해설

①③ (X) **허가**에 해당한다.
② (X) **인가**에 해당한다. 인가란 행정주체가 제3자의 법률행위를 보충하여 그 법률적 효력을 완성시켜주는 행정행위를 말한다.
④ (O) **특허**에 해당한다. 특허란 특정 상대방을 위하여 새로이 권리를 설정하는 행정행위를 말한다.

정답 ④

544 ☐☐☐☐ 예상문제

다음 중 행정행위의 공정력과 관련된 설명으로 틀린 것은?

① 처분은 권한이 있는 기관이 취소 또는 철회하거나 기간의 경과 등으로 소멸되기 전까지는 유효한 것으로 통용된다.
② 중대·명백한 하자가 있어 무효인 행정행위에 대해서는 공정력이 인정되지 않는다.
③ 사경제적 작용(국고작용)이나 비권력적 작용(사실행위, 공법상 계약, 사인의 공법행위 등)에도 공정력은 인정된다.
④ 하명의 취소시에는 권한 있는 기관에 의하여 취소되기 전까지는 공정력에 의해 관계자를 구속한다.

정답과 해설

① (O) 행정기본법 제15조
③ (X) 사경제적 작용이나 비권력적 작용에는 **공정력은 인정되지 않는다.**

정답 ③

545 | 15 채용(행정법)

다음 판례와 관련 있는 행정행위 효력으로 가장 적절한 것은?

> 행정처분이 아무리 위법하다고 하여도 그 하자가 중대하고 명백하여 당연 무효라고 보아야할 사유가 있는 경우를 제외하고는 아무도 그 하자를 이유로 무단히 그 효과를 부정하지 못한다.

① 불가쟁력
② 공정력
③ 집행력
④ 불가변력

정답과 해설

② **공정력**에 대한 설명이다. **공정력**이란 행정행위가 중대·명백한 하자로 당연무효가 아닌 한 그것이 권한 있는 기관에 의하여 취소되기까지는 **상대방과 행정청 및 제3자에 대하여 유효한 것으로 통용되는 힘**을 말한다.

정답 ②

546 | 예상문제

다음 중 행정행위의 존속력에 관한 설명으로 옳지 않은 것은? (다툼이 있는 경우 판례에 의함)

① 불가변력은 처분청에 미치는 효력이고, 불가쟁력은 상대방 및 이해관계인에게 미치는 효력이다.
② 불가변력이 있는 행위가 당연히 불가쟁력을 발생시키는 것은 아니다.
③ 불가변력이 있는 행정행위라도 불가쟁력이 발생하기 전에는 이해관계인은 행정쟁송절차를 통하여 그 효력을 다툴 수 있다.
④ 불가쟁력은 특정 행정행위에 대해서만 발생하는데 대하여, 불가변력은 모든 행정행위에 대하여 발생한다.

정답과 해설

① (O) 불가변력은 행정청(처분청)에 대한 구속력이고, 불가쟁력은 상대방 및 이해관계인에게 미치는 구속력이다.
② (O) 불가쟁력과 불가변력의 관계는 **독립적 관계**이다.
③ (O) 불가변력이 발생한 행정행위에 불가쟁력이 당연히 발생하는 것도 아니므로, 불가변력이 발생한 행정행위라도 불가쟁력이 발생하지 않았다면 상대방은 쟁송을 제기할 수 있다.
④ (X) **불가쟁력**은 (무효 제외) **모든 행정행위**에 대해서 발생하는데 대하여, **불가변력**은 **특정 행정행위**(준사법적 행정행위)에 대하여만 발생한다.

정답 ④

547 예상문제

다음은 행정행위의 효력에 관한 설명이다. 이와 관련하여 옳게 설명한 것은 모두 몇 개인가?

> Ⓐ 쟁송제기기간의 경과, 쟁송수단을 모두 거친 경우에는 행정행위의 상대방 기타 이해관계인이 더 이상 행정행위의 효력을 다툴 수 없게 되는 힘
> Ⓑ 행정행위가 중대·명백한 하자로 당연무효가 아닌 한 그것이 권한 있는 기관에 의하여 취소되기 까지는 상대방과 행정청 및 제3자에 대하여 유효한 것으로 통용되는 힘

> ㉠ Ⓐ(은)는 일정한 기간 내에만 다투게 하여 행정상 법률관계의 조속한 확정을 통한 행정목적의 신속한 실현을 위한 절차법적 효력이다.
> ㉡ 연령을 속여 발급받은 운전면허를 가지고 운전하였다 하여도 취소되지 않는 이상 무면허운전은 아니라고 보는 것은 Ⓑ(과)와 관련된 내용이다.
> ㉢ 취소사유인 행정행위는 Ⓐ의 효력이 발생하지 않으나, 무효인 경우에는 Ⓐ의 효력이 인정된다.
> ㉣ 무효인 행정행위에는 Ⓑ(이)가 발생하지 않는다.

① 1개 ② 2개
③ 3개 ④ 4개

정답과 해설

㉠㉡㉣ 3 지문이 옳다.
Ⓐ는 **불가쟁력**, Ⓑ는 **공정력**에 대한 설명이다.
㉢ (X) **무효인 행정행위**는 Ⓐ(불가쟁력)의 효력이 발생하지 않으나, **취소사유인 경우**에는 Ⓐ(불가쟁력)의 효력이 인정된다.

정답 ③

548 ☐☐☐☐ 19 채용(행정법) 예상문제

다음은 행정행위의 효력에 관한 내용으로 옳게 설명한 것은 모두 몇 개인가? (다툼이 있는 경우 판례에 의함)

> ㉠ 행정행위가 성립요건·효력요건을 구비하면 효과의사의 내용에 따라(법률행위적 행정행위), 법이 정하는 바에 따라(준법률적 행정행위) 일정한 효과를 발생하여 행정청·상대방·관계인을 구속하는데, 이를 강제력이라 한다.
> ㉡ 과세처분이 당연무효라고 볼 수 없는 한 과세처분에 취소할 수 있는 위법사유가 있다 하더라도 그 과세처분은 행정행위의 공정력 또는 집행력에 의하여 그것이 적법하게 취소되기 전까지는 유효하다 할 것이므로, 민사소송절차에서 그 과세처분의 효력을 부인할 수 없다.
> ㉢ 연령미달의 결격자 甲이 타인(자신의 형)의 이름으로 운전면허 시험에 응시, 합격하여 교부받은 운전면허라 하더라도 당연무효는 아니고, 당해 면허가 취소되지 않는 한 유효하므로, 甲의 운전행위는 무면허운전죄에 해당하지 않는다.
> ㉣ 불가쟁력이 발생한 행정행위에 당연히 불가변력이 발생하는 것도 아니므로 불가쟁력이 발생한 행정행위에 대하여 불가변력이 발생하지 않았다면 행정청은 직권취소가 가능하다.

① 0개 ② 1개
③ 2개 ④ 3개

정답과 해설

- ㉠ (X) 강제력이 아니라 **구속력**이라 한다.
- ㉡ (O) **과세처분이 당연무효가 아닌 경우** 그 처분에 취소할 수 있는 위법사유가 있더라도 **행정행위의 공정력 또는 집행력**에 의해 그 처분이 적법하게 취소되기 전까지는 **유효**하고, **민사소송절차에서는** 해당 과세처분의 효력을 부정할 수 없다(대판 99다20179).
- ㉢ (O) 연령미달의 결격자인 피고인이 소외인의 이름으로 운전면허시험에 응시, 합격하여 교부받은 운전면허는 당연무효가 아니고 도로교통법 제65조 제3호의 사유에 해당함에 불과하여 취소되지 않는 한 유효하므로 피고인의 운전행위는 **무면허운전에 해당하지 아니한다**(대판 80도2646).
- ㉣ (O) 불가쟁력과 불가변력의 관계는 **독립적 관계**이다.

정답 ④

549 ☐☐☐☐ 24 해경간부(행정법)

행정행위의 효력에 대한 설명으로 가장 옳지 않은 것은? (다툼이 있는 경우 판례에 의함)

① 처분의 통지는 행정처분을 상대방에게 표시하는 것으로서 상대방이 인식할 수 있는 상태에 둠으로써 족하고, 객관적으로 보아서 행정처분을 인식할 수 있도록 고지하면 되는 것이다.
② 행정행위의 불가변력은 당해 행정행위에 대해서는 물론 그 대상을 달리하는 동종의 행정행위에 대해서도 이를 인정할 수 있다.
③ 과세처분의 하자가 단지 취소할 수 있는 정도에 불과할 때에는 과세관청이 이를 스스로 취소하거나 항고소송절차에 의하여 취소되지 않는 한 그로 인한 조세의 납부가 부당이득이 된다고 할 수 없다.
④ 제소기간이 이미 도과하여 불가쟁력이 생긴 행정처분에 대해서는 특별한 사정이 없는 한 국민에게 그 행정처분의 변경을 구할 신청권이 있다고 할 수 없다.

정답과 해설

① (O) 중요문화재 가지정의 효력이 가지정문화재의 소유자·점유자 또는 관리자에게 통지한 날로부터 발생한다고 규정하고 있는바, 여기에서 말하는 **처분의 통지**는 행정처분을 상대방에게 표시하는 것으로서 상대방이 인식할 수 있는 상태에 둠으로써 족하고, 객관적으로 보아서 행정처분으로 인식할 수 있도록 고지하면 되는 것이다(대법원 2003. 7. 22. 선고 2003두513).
② (X) 국민의 권리와 이익을 옹호하고 법적안정을 도모하기 위하여 특정한 행위에 대하여는 행정청이라 하여도 이것을 자유로이 취소, 변경 및 철회할 수 없다는 행정행위의 **불가변력은 당해 행정행위에 대하여서만 인정**되는 것이고, 동종의 행정행위라 하더라도 그 대상을 달리할 때에는 이를 인정할 수 없다(대법원 74. 12. 10. 73누129).
③ (O) 행정처분이 아무리 위법하다고 하여도 그 하자가 중대하고 명백하여 당연 무효라고 보아야 할 사유가 있는 경우를 제외하고는 아무도 그 하자를 이유로 무단히 그 효과를 부정하지 못하는 것으로, 이러한 행정행위의 공정력은 판결의 기판력과 같은 효력은 아니지만 그 공정력의 객관적 범위에 속하는 **행정행위의 하자가 취소사유에 불과한 때에는 그 처분이 취소되지 않는 한 처분의 효력을 부정하여 그로 인한 이득을 법률상 원인 없는 이득이라고 말할 수 없는 것이다**(대법원 1994. 11. 11. 94다28000).
④ (O) **제소기간이 이미 도과하여 불가쟁력이 생긴 행정처분**에 대하여는 개별 법규에서 그 변경을 요구할 신청권을 규정하고 있거나 관계 법령의 해석상 그러한 신청권이 인정될 수 있는 등 특별한 사정이 없는 한 국민에게 그 **행정처분의 변경을 구할 신청권이 있다고 할 수 없다**(대법원 2007. 4. 26. 2005두11104).

정답 ②

550 □□□□ 25 채용

무효에 관한 설명으로 가장 적절하지 않은 것은? (다툼이 있는 경우 판례에 의함)

① 하자 있는 행정처분이 당연무효가 되기 위하여는 그 하자가 법규의 중요한 부분을 위반한 중대한 것으로서 객관적으로 명백한 것이어야 하며, 하자가 중대하고 명백한 것인지 여부를 판별함에 있어서는 그 법규의 목적, 의미·기능 등을 목적론적으로 고찰함과 동시에 구체적 사안 자체의 특수성에 관하여도 합리적으로 고찰함을 요한다.

② 경찰공무원에 대한 징계위원회의 심의과정에 감경사유에 해당하는 공적 사항이 제시되지 아니한 경우에는 그 징계양정이 결과적으로 적정한지와 상관없이 이는 관계 법령이 정한 징계절차를 지키지 아니한 것으로서 당연무효이다.

③ 임용 당시 공무원임용 결격사유가 있었다면 비록 국가의 과실에 의하여 임용결격자임을 밝혀 내지 못하였다고 하더라도 그 임용행위는 당연무효이다.

④ 적법한 건축물에 대한 철거명령은 그 하자가 중대하고 명백하여 당연무효이고, 그 후행행위인 건축물 철거 대집행계고처분 역시 당연무효이다.

정답과 해설

② (X) 공무원징계령의하면, 공무원에 대한 징계의결을 요구할 때는 징계사유의 증명에 필요한 관계 자료뿐 아니라 '감경대상 공적 유무' 등이 기재된 확인서를 징계위원회에 함께 제출하여야 하고, 경찰공무원 징계양정 등에 관한 규칙 의하면 경찰청장의 표창을 받은 공적은 징계양정에서 감경할 수 있는 사유의 하나로 규정되어 있다. 위와 같은 관계 법령의 규정 및 기록에 비추어 보면, 징계위원회의 심의과정에 반드시 제출되어야 하는 공적(功績) 사항이 제시되지 않은 상태에서 결정한 징계처분은 징계양정이 결과적으로 적정한지 그렇지 않은지와 상관없이 법령이 정한 징계절차를 지키지 않은 것으로서 **위법하다(당연무효이다 X)**(대판 2011두20505).

정답 ②

551 ☐☐☐☐ 24 채용

다음 중 행정행위의 무효로 볼 수 있는 경우가 아닌 것은? (다툼이 있는 경우 판례에 의함)

① 음주운전을 단속한 경찰관 명의로 행한 운전면허정지처분의 효력
② 임용권자의 과실에 의한 임용결격자에 대한 경찰공무원 임용행위의 효력
③ 행정처분의 처분 방식에 관한 「행정절차법」 제24조 제1항을 위반한 처분의 효력
④ 임면권자가 아닌 국가정보원장이 5급 이상의 국가정보원직원에 대하여 한 의원면직처분의 효력

정답과 해설

① (O) 운전면허에 대한 정지처분권한은 **경찰청장으로부터 경찰서장에게 권한위임**된 것이므로 음주운전자를 적발한 단속 경찰관으로서는 관할 경찰서장의 명의로 운전면허정지처분을 대행처리할 수 있을지는 몰라도 자신의 명의로 이를 할 수는 없다 할 것이므로, 단속 경찰관이 자신의 명의로 운전면허행정처분통지서를 작성·교부하여 행한 운전면허정지처분은 비록 그 처분의 내용·사유·근거 등이 기재된 서면을 교부하는 방식으로 행하여졌다고 하더라도 **권한 없는 자에 의하여 행하여진 점에서 무효의 처분에 해당한다**(대법원 97누2313).
② (O) 임용당시 공무원임용결격사유가 있었다면 비록 국가의 과실에 의하여 임용결격자임을 밝혀내지 못하였다 하더라도 그 임용행위는 **당연무효로 보아야 한다**(대법원 86누459).
③ (O) 행정절차에 관한 일반법인 행정절차법은 제24조 제1항에서 "행정청이 처분을 할 때에는 다른 법령 등에 특별한 규정이 있는 경우를 제외하고는 **문서**로 하여야 하며, 전자문서로 하는 경우에는 당사자 등의 동의가 있어야 한다. 다만 신속히 처리할 필요가 있거나 사안이 경미한 경우에는 말 또는 그 밖의 방법으로 할 수 있다."라고 정하고 있다. 이 규정은 처분내용의 명확성을 확보하고 처분의 존부에 관한 다툼을 방지하여 처분상대방의 권익을 보호하기 위한 것이므로, **이를 위반한 처분은 하자가 중대·명백하여 무효이다**(대법원 2017두38874).
④ (X) 5급 이상의 국가정보원직원에 대한 의원면직처분이 임면권자인 대통령이 아닌 국가정보원장에 의해 행해진 것으로 **위법**하고, 나아가 국가정보원직원의 명예퇴직원 내지 사직서 제출이 직위해제 후 1년여에 걸친 국가정보원장 측의 종용에 의한 것이었다는 사정을 감안한다 하더라도 그러한 **하자가 중대한 것이라고 볼 수는 없으므로**, 대통령의 내부결재가 있었는지에 관계없이 **당연무효는 아니다**(대법원 2005두15748).

정답 ④

552 ☐☐☐☐ 12 채용, 예상문제

행정행위의 무효와 취소에 관한 다음 설명 중 가장 적절한 것은? (다툼이 있으면 판례에 의함)

① 행정처분의 근거법률이 행정처분 후에 위헌으로 선언된 경우 그 행정처분은 무효사유에 해당한다.
② 무효인 행정행위도 상당한 시간이 경과하게 되는 경우 불가쟁력이 인정된다.
③ 행정행위의 일부가 무효이면 나머지 부분도 무효라고 보는 것이 원칙이다.
④ 무효인 행정행위도 취소소송의 제소요건을 갖추는 경우 취소소송의 형식으로 소제기가 가능하다.

정답과 해설

① (X) 행정처분의 근거법률이 행정처분 후에 위헌으로 선언된 경우 그 행정처분은 **취소(무효 X)**사유에 해당한다.
② (X) 무효인 행정행위는 **불가쟁력이 인정되지 않는다.**
③ (X) 행정행위의 일부가 무효이면 **나머지 부분은 유효한 행위이다.** 다만, 그 무효부분이 중요한 것이어서 행정청이 그것 없이는 행정행위를 발하지 않았으리라 판단되는 경우에 한하여 그 행정행위는 전체가 무효가 된다.
④ (O) 무효선언을 구하는 의미에서의 취소소송의 형식으로 소제기가 가능하다.

정답 ④

553 17 경채

행정행위의 하자의 승계에 대한 설명으로 가장 적절하지 않은 것은? (다툼이 있는 경우 판례에 의함)

① 구 경찰공무원법 제50조 제1항에 의해 선행된 직위해제 처분의 위법사유를 들어 동법 제50조 제3항에 의한 후행 면직처분의 효력을 다툴 수 없다.
② 대집행에 있어서 선행처분인 계고처분이 하자가 있는 위법한 처분이라면 후행처분인 대집행 영장발부통보처분의 취소를 청구하는 소송에서 청구원인으로 선행처분인 계고처분이 위법한 것이기 때문에 그 계고처분을 전제로 행하여진 대집행 영장발부통보처분도 위법한 것이라는 주장을 할 수 있다.
③ 하자의 승계문제는 선행행정행위에 하자가 존재하고, 그 하자가 무효가 아닌 취소 사유인 경우에 문제가 되는 것이다.
④ 수용보상금의 증액을 구하는 소송에서, 선행처분으로서 그 수용대상 토지 가격 산정의 기초가 된 비교표준지공시지가 결정의 위법을 독립한 사유로 주장할 수 없다.

정답과 해설

① (O) 직위해제의 적법여부를 가지고 면직처분의 적부를 다툴 수 없으며, 직위해제와 면직 상호간에는 하자의 승계가 인정되지 않는다(대판 1970. 9. 8. 70구19)(공무원의 직위해제처분과 직권면직처분).
② (O) 계고처분(선행행위)과 대집행 영장발부통보처분(후행행위)은 동일한 효과의 발생을 목적으로 하므로 선행처분(선행행위)의 하자는 후행처분(후행행위)에 승계된다(대집행절차(계고·통지·실행·비용징수)상호간).
③ (O) 하자의 승계가 논의되기 위해서는 선행처분에 **무효가 아닌 취소사유**의 하자가 존재하고 후행정처분에는 정상인 처분인 경우에 논의된다.
④ (X) 표준지공시지가결정이 위법한 경우에는 그 자체를 행정소송의 대상이 되는 행정처분으로 보아 그 위법 여부를 다툴 수 있음은 물론, 수용보상금의 증액을 구하는 소송에서도 선행처분으로서 그 수용대상 토지 가격 산정의 기초가 된 비교표준지공시지가결정의 위법을 독립한 사유로 **주장할 수 있다**(대판 2008.8.21. 2007두13845). **이 판례는 별개의 효과를 발생하게 하지만 수인한도를 넘는 불이익을 강요하는 것**으로서 국민의 재산권과 재판받을 권리를 보장한 헌법의 이념에도 부합하는 것이 아니어서 **하자의 승계가 인정된 사례**이다.

정답 ④

554 예상문제

다음 중 행정행위의 하자가 승계되기 위한 요건으로 옳지 않은 것은?

① 선행행위와 후행행위가 모두 항고소송의 대상인 행정처분일 것
② 선행행위에 취소사유인 하자가 존재할 것
③ 후행행위에 고유한 하자가 없을 것
④ 선행행위에 불가쟁력이 발생하지 아니하였을 것

정답과 해설

② (O) 선행행위에 **취소사유(무효사유 X)**인 하자가 존재할 것 등의 요건이 충족되어야 한다.
④ (X) 선행행위에 불가쟁력이 **발생하였을 것** 등의 요건이 충족되어야 한다.

정답 ④

555　25 간부(행정법)

선행처분의 하자가 후행처분에 승계되지 않는 것으로만 묶인 것은? (다툼이 있는 경우 판례에 의함)

> 가. 선행 대집행계고처분과 후행 대집행비용납부명령
> 나. 선행 과세처분과 후행 체납처분
> 다. 선행 표준지공시지가결정과 후행 인근 토지소유자에 대한 수용재결
> 라. 선행 직위해제처분과 후행 직권면직처분

① 가, 나　　　　　　　　　　② 가, 다
③ 나, 다　　　　　　　　　　④ 나, 라

정답과 해설

나. 라의 경우 하자의 승계가 **부정**되고,
가. 다는 하자의 승계가 **인정**된다.

정답 ④

556　10 채용

다음 중 하자의 승계가 부정되는 경우는? (다툼이 있으면 판례에 의함)

① 대집행절차에 있어서 선행처분인 계고처분의 하자와 후행처분인 대집행영장발부통보 처분 간의 경우
② 개별공시지가결정의 위법과 이를 기초로 한 과세처분 간의 경우
③ 안경사시험합격무효처분의 하자와 안경사면허취소처분 간의 경우
④ 대학원에서의 수강거부처분의 하자와 수료처분 간의 경우

정답과 해설

④의 경우 하자의 승계가 **부정**되고,
①·②·③은 하자의 승계가 **인정**된다.

정답 ④

557 ☐☐☐☐ 예상문제

다음 중 행정행위의 하자의 치유에 대한 설명으로 적절하지 않는 것은?

① 공정력은 행정행위에 하자가 있더라도 취소될 때까지 잠정적으로 그 내용적 구속력을 통용시키는 절차법적 효력이며, 하자의 치유사유와는 무관하다.
② 하자의 치유란 성립 당시에는 하자있는 행정행위를 사후에 요건이 충족되거나, 위법성이 경미하여 취소원인이 될 만한 가치를 상실한 경우에 이를 적법한 행위로 취급하는 것을 말한다.
③ 하자의 치유는 무효사유에만 인정되고 취소인 경우에는 인정되지 않는다.
④ 보통 하자의 치유는 형식·절차상 하자의 경우에 인정된다. 판례는 행정처분의 내용상의 하자에 대해서는 하자의 치유를 인정하지 아니한다.

정답과 해설
① (O) 공정력은 하자의 치유사유와는 무관하다.
② (O)
③ (X) 하자의 치유는 **취소**사유에만 인정되고 **무효**인 경우에는 인정되지 않는다.
④ (O)

정답 ③

558 16·20 경채, 23 해경간부(행정법), 예상문제

행정행위의 절차상 하자를 설명한 것이다. 다음 중 적절하지 않은 것은 모두 몇 개인가? (다툼이 있으면 판례에 의함)

> ㉠ 행정청이 청문서 도달기간을 다소 어겼다 하더라도 영업자가 이에 대하여 이의하지 아니한 채 스스로 청문일에 출석하여 그 의견을 진술하고 변명하는 등 방어의 기회를 충분히 가졌다면 청문서 도달기간을 준수하지 아니한 하자는 치유된다.
> ㉡ 도로관리청이 도로점용허가를 함에 있어서 특별사용의 필요가 없는 부분을 도로점용허가의 점용장소 및 점용면적으로 포함한 하자가 있고 그로 인하여 점용료 부과처분에도 하자가 있게 된 경우, 하자 있는 부분에 해당하는 점용료를 감액하는 것은 당초 처분 자체를 일부 취소하는 변경처분이 아니라 하자의 치유에 해당한다.
> ㉢ 하자 있는 행정행위의 전환은 취소할 수 있는 행정행위에만 인정되고, 하자의 치유는 무효인 행정행위에도 인정된다.
> ㉣ 치유의 효과는 추급적이어서, 처음부터 적법한 행위와 같은 효력을 발생한다.
> ㉤ 행정처분을 한 처분청은 그 처분의 성립에 하자가 있는 경우 이를 취소할 별도의 법적 근거가 없다고 하더라도 직권으로 이를 취소할 수 있다.

① 1개 ② 2개
③ 3개 ④ 4개

정답과 해설

㉠ (O) 행정청이 식품위생법상의 청문절차를 이행함에 있어 청문서 도달기간을 다소 어겼지만 영업자가 이의하지 아니한 채 청문일에 출석하여 의견을 진술하고 변명하는 등 방어의 기회를 충분히 가진 경우 **하자의 치유가 가능**하다 (대판 2001.4.13. 2000두3337).

㉡ (X) 행정청은 행정소송이 계속되고 있는 때에도 직권으로 그 처분을 변경할 수 있고, 행정소송법 제22조 제1항은 이를 전제로 처분변경으로 인한 소의 변경에 관하여 규정하고 있다. 점용료 부과처분에 취소사유에 해당하는 흠이 있는 경우 도로관리청으로서는 당초 처분 자체를 취소하고 흠을 보완하여 새로운 부과처분을 하거나, 흠이 있는 부분에 해당하는 점용료를 감액하는 처분을 할 수 있다. 한편 흠 있는 행정행위의 치유는 원칙적으로 허용되지 않을 뿐 아니라, 흠의 치유는 성립 당시에 적법한 요건을 갖추지 못한 흠 있는 행정행위를 그대로 존속시키면서 사후에 그 흠의 원인이 된 적법 요건을 보완하는 경우를 말한다. 그런데 앞서 본 바와 같은 흠 있는 부분에 해당하는 점용료를 감액하는 처분은 당초 처분 자체를 일부 취소하는 변경처분에 해당하고, 그 실질은 종래의 위법한 부분을 제거하는 것으로서 **흠의 치유와는 차이가 있다**(대판 2019. 1. 17., 선고, 2016두56721). 즉, 하자의 치유가 아니라 당초 처분 자체를 일부 취소하는 변경처분에 해당한다.

㉢ (X) 하자 있는 행정행위의 **전환은 무효인 행정행위에만** 인정되고, 하자의 **치유는 취소사유인 행정행위에만 인정**된다.

㉣ (X) 치유의 효과는 **소급(추급 X)**적이어서, 처음부터 적법한 행위와 같은 효력을 발생한다.

㉤ (O) 대판 2001두9653

정답 ③

559 ☐☐☐☐ 예상문제

하자있는 행정행위의 전환에 관한 설명으로 가장 옳은 것은? (다툼이 있으면 다수설에 의함)

① 하자의 전환은 처분청에 의해서만 행해질 수 있다.
② 하자의 전환은 무효인 행정행위에만 인정되고, 취소사유 있는 행정행위에는 인정되지 않는다.
③ 기속행위의 재량행위로의 전환이 가능하다.
④ 하자있는 행정행위의 전환으로 인하여 생긴 새로운 행정행위는 전환시점을 기준으로 장래에 향하여 효력을 발생한다.

> **정답과 해설**
>
> ① (X) 하자의 전환은 **처분청이나 행정심판기관 및 법원에 의해 행해질 수 있다**(법원에 전환권을 인정하는 것은 권력분립의 원칙에 반한다는 견해 있음).
> ② (O)
> ③ (X) **기속행위의 재량행위로의 전환은 인정되지 않는다**(다수설). 왜냐하면 기속행위의 재량행위로의 전환을 인정한다면 처분청의 재량권을 침해하는 것이 되기 때문이다.
> ④ (X) 하자 있는 행정행위의 전환으로 인하여 생긴 새로운 행정행위는 종전의 행정행위의 "**발령 당시로 소급**"하여 효력을 발생한다.
>
> 정답 ②

560 ☐☐☐☐ 예상문제

다음 중 무효행위의 전환이 인정되기 위한 요건에 해당하지 않는 것은?

① 전환될 행정행위의 성립·효력요건을 갖추고 있어야 한다.
② 하자있는 행정행위를 한 행정청의 의도에 반하는 것이 아니어야 한다.
③ 하자있는 행정행위와 전환될 행위사이에 공통성이 없어야 한다.
④ 전환으로 인해 제3자의 이익이 침해되지 아니하여야 한다.

> **정답과 해설**
>
> ③ (X) 하자있는 행정행위와 전환될 행위사이에 **실질적 공통성이 있어야 한다**.
>
> 정답 ③

561 예상문제

행정행위의 취소와 철회에 관한 다음 설명 중 옳지 않은 것은? (다툼이 있으면 판례에 의함)

① 취소권자와 철회권자가 반드시 동일한 것은 아니다.
② 취소와 철회는 모두 그 효과가 소급한다.
③ 취소권이나 철회권의 행사에는 제한이 따른다.
④ 행정행위를 한 처분청은 비록 처분 당시에 별다른 하자가 없었고, 처분 후에 이를 철회할 별도의 법적 근거가 없더라도 원래의 처분을 존속시킬 필요가 없게 된 사정변경이 생겼거나 중대한 공익상 필요가 발생한 경우에는 그 효력을 상실케 하는 별개의 행정행위로 이를 철회할 수 있다.

> **정답과 해설**
> ② (X) 취소는 원칙적으로 행위시에 소급하여 효력이 소멸됨에 비하여, 철회는 더 이상 존속할 수 없는 사유로 인하여 장래에 향하여 효력이 소멸된다.
> ④ (O) 대판 2014두41190
>
> 정답 ②

562 22 채용

행정청이 행하는 구체적 사실에 관한 법 집행으로서 공권력의 행사 또는 그 거부와 그 밖에 이에 준하는 행정작용에 해당하는 것은 모두 몇 개인가? (다툼이 있는 경우 판례에 의함)

> ㉠ 도로점용허가
> ㉡ 주민등록번호 변경신청 거부
> ㉢ 교통경찰관의 수신호
> ㉣ 교통신호등에 의한 신호
> ㉤ 경찰청장의 횡단보도 설치 기본계획 수립

① 1개
② 2개
③ 3개
④ 4개

> **정답과 해설**
> 행정청이 구체적 사실에 관하여 행하는 법 집행으로서 공권력의 행사 또는 그 거부와 그 밖에 이에 준하는 행정작용을 처분(행정기본법 제2조 제4호)이라고 하며 ㉠㉡㉢㉣은 처분에 해당하지만 ㉤의 횡단보도 설치 기본계획 수립은 처분성이 인정되지 않는다.
> ㉠ (O) 도로점용허가 –특허
> ㉡ (O) 주민등록번호 변경신청 거부 – 처분에 해당(2013두2945)
> ㉢ (O) 교통경찰관의 수신호–하명
> ㉣ (O) 교통신호등에 의한 신호–하명
> ㉤ (X) 경찰청장의 횡단보도 설치 기본계획 수립– 처분성 없다.
>
> 정답 ④

 행정의 법 원칙(행정의 일반원칙)

563 ☐☐☐☐ 25 채용

법치행정의 원칙에 관한 설명으로 가장 적절하지 않은 것은? (다툼이 있는 경우 판례에 의함)

① 행정작용은 법률에 위배되어서는 아니 되며, 국민의 권리를 제한하거나 의무를 부과하는 경우와 그 밖에 국민생활에 중요한 영향을 미치는 경우에는 법률에 근거하여야 한다.
② 법률유보의 원칙에서 요구되는 법적 근거는 행정의 조직법적 근거이다.
③ 법률유보의 원칙은 '법률에 의한' 규율만을 뜻하는 것이 아니라 '법률에 근거한' 규율을 요청하는 것이다.
④ 경찰행정은 법에 따라 행하여져야 하며, 경찰행정권에 의하여 국민의 권익이 침해된 경우에는 이에 대한 구제제도가 보장되어야 한다.

정답과 해설

① (O) 행정작용은 **법률에 위반되어서는 아니 되며(법률우위의 원칙)**, 국민의 권리를 제한하거나 의무를 부과하는 경우와 그 밖에 국민생활에 중요한 영향을 미치는 경우에는 **법률에 근거(법률유보의 원칙)**하여야 한다(행정기본법 제8조).
② (X) 법률유보의 원칙에서 요구되는 법적 근거는 **행정의 작용법적(조직법적 X) 근거**이다.
③ (O) 기본권 제한에 관한 법률유보원칙은 '**법률에 의한 규율**'을 요청하는 것이 아니라 '**법률에 근거한 규율**'을 요청하는 것이다(헌재 2012헌마167).
④ (O) 경찰행정은 법에 따라 행하여져야 하며, 경찰행정권에 의하여 국민의 권익이 침해된 경우에는 **행정쟁송(행정심판, 행정소송)과 손해배상**등과 같은 구제제도가 보장되어야 한다.

정답 ②

564 ☐☐☐☐ 24 채용

법치행정의 원칙에 관한 설명으로 가장 적절하지 않은 것은? (다툼이 있는 경우 판례에 의함)

① 법률우위원칙은 행정의 종류를 불문하고 모든 행정 영역에 적용된다.
② 법률유보원칙은 법률에 의한 규율을 뜻하므로 위임입법에 의해 기본권 제한을 할 수 없다.
③ 헌법상 보장된 국민의 자유나 권리를 제한할 때에는 적어도 그 제한의 본질적인 사항에 관하여 국회가 법률로써 스스로 규율하여야 한다.
④ 집회나 시위 해산을 위한 살수차 사용은 기본권에 대한 중대한 제한이므로, 살수차 사용요건이나 기준은 법률에 근거를 두어야 한다.

정답과 해설

① (O) 모든 영역(성문+불문)에서 예외없이 적용되며, 소극적 의미의 법률 적합성의 원칙이라고 한다.

> [비교] **법률 유보의 원칙은 일정한 영역(성문 O, 불문 X)에서만 적용**되며, 적극적 의미의 법률 적합성의 원칙이라고 한다.

② (X) 기본권 제한에 관한 법률유보원칙(근거규범)은 **"법률에 의한 규율"**을 요청하는 것이 아니라 **"법률에 근거한 규율"**을 요청하는 것이므로 기본권 제한에는 법률의 근거가 필요할 뿐이고 기본권 제한의 형식이 반드시 법률의 형식일 필요는 없으므로 법규명령, 규칙, 조례 등 **실질적 의미의 법률을 통해서도 기본권 제한이 가능하다**(헌재 2012헌마167).
③ (O) 헌법상 보장된 국민의 자유나 권리를 제한할 때에는 그 제한의 본질적인 사항에 관한 한 입법자가 법률로써 스스로 규율하여야 할 것이다(헌재 98헌바70).
④ (O) 집회나 시위 해산을 위한 살수차 사용은 집회의 자유 및 신체의 자유에 대한 중대한 제한을 초래하므로 살수차 사용요건이나 기준은 법률에 근거를 두어야 하고, 살수차와 같은 위해성 경찰장비는 본래의 사용방법에 따라 지정된 용도로 사용되어야 하며 다른 용도나 방법으로 사용하기 위해서는 **반드시 법령에 근거가 있어야 한다**(헌재 2015헌마476).

[정답] ②

565 22 채용

행정의 법률적합성 원칙(법치행정의 원칙)에 관한 설명 중 가장 적절한 것은? (다툼이 있는 경우 판례에 의함)

① 법치행정의 원칙에 관한 전통적 견해는 '법률의 지배', '법률의 우위', '법률의 유보'를 내용으로 한다.
② '법률의 우위'에서의 법률에는 형식적 의미의 법률뿐만 아니라 그 밖에 성문법과 불문법이 포함된다.
③ 법규명령에는 위임명령과 집행명령이 있으며, 모두 국민의 권리·의무에 관한 사항을 규정할 수 있다.
④ 법령의 구체적 위임 없이 최루액의 혼합·살수 방법 등을 규정한 경찰청장의 「살수차운용지침」(2014. 4. 3.)은 법률유보의 원칙에 위배되는 측면이 있으나, 그 지침에 따라 살수한 경찰관의 행위는 집회를 해산하기 위한 불가피한 조치라는 점에서 반드시 위헌·위법이라 할 수 없다.

정답과 해설

① (X) 법치행정의 원칙에 관한 전통적 견해는 **법률의 법규창조력(법률의 지배 X), 법률의 우위, 법률의 유보**를 내용으로 한다.
② (O) **법률우위의 원칙(제약규범)**은 행정은 합헌적으로 제정된 법률에 위반되어선 안 된다는 원칙을 말한다. 여기서 말하는 법률은 국회에서 제정한 형식적 의미의 법률만이 아니라 헌법·법률·법규명령(성문법)·행정법의 일반원칙(불문법)까지를 **포함(성문+불문)**한다.
③ (X) 법규명령에는 위임명령과 집행명령이 있으며, 국민의 권리·의무에 관계되는 법규는 국회에서 제정하는 것이 원칙이나 예외적으로 **법률의 위임에 의하여 또는 법률의 집행에 필요한 범위 내에서 행정권이 법규의 성질을 가지는 명령(위임명령)**을 제정할 수 있다. 그러나 집행명령은 새로운 법규사항을 규정할 수 없다.
④ (X) 혼합살수방법은 법령에 열거되지 않은 새로운 위해성 경찰장비에 해당하고 이 사건 지침에 **혼합살수의 근거 규정을 둘 수 있도록 위임하고 있는 법령이 없으므로**, 이 사건 지침은 법률유보원칙에 위배되고 이 사건 지침만을 근거로 한 이 사건 혼합살수행위 역시 **법률유보원칙에 위배된다.** 따라서 **이 사건 혼합살수행위는 청구인들의 신체의 자유와 집회의 자유를 침해한다**(헌재 2015헌마476).

정답 ②

566 23 해경간부(행정법), 예상문제

법치행정의 원칙에 대한 설명 중 옳고 그름의 표시(O, X)가 바르게 된 것은?

㉠ 법률의 법규창조력이란 국회가 제정한 법률 또는 법률의 위임에 의한 명령(법규명령)만이 국민의 권리·의무에 관한 사항을 규정할 수 있다는 것을 의미한다.
㉡ 법률유보원칙에 있어서 법률은 형식적 의미의 법률을 의미하므로 관습법은 포함되지 않는다.
㉢ 법률유보의 원칙은 소극적으로 기존법률의 침해를 금지하는 것이지만, 법률우위의 원칙은 적극적으로 행정기관이 일정한 행위를 할 수 있도록 하게 하는 법적 근거의 문제이기 때문에 적극적 의미의 법률적합성 원칙이라고 한다.
㉣ 「행정기본법」은 법률우위의 원칙을 명문화하였다.
㉤ 법률유보원칙에서 요구되는 법적 근거는 작용법적 근거를 의미하며, 조직법적 근거는 모든 행정권 행사에 있어서 당연히 요구된다.
㉥ 토지 등 소유자가 도시환경정비사업을 시행하는 경우 사업시행인가 신청에 필요한 토지 등 소유자의 동의정족수를 토지 등 소유자가 자치적으로 정하여 운영하는 규약에 정하도록 한 것은 법률유보원칙에 위반된다.
㉦ 법령의 규정보다 더 침익적인 조례는 법률유보 원칙에 위반되어 위법하며 무효이다.

① ㉠(O) ㉡(O) ㉢(X) ㉣(O) ㉤(O) ㉥(O) ㉦(X)
② ㉠(O) ㉡(X) ㉢(X) ㉣(X) ㉤(O) ㉥(O) ㉦(O)
③ ㉠(O) ㉡(O) ㉢(O) ㉣(O) ㉤(X) ㉥(X) ㉦(O)
④ ㉠(X) ㉡(O) ㉢(X) ㉣(O) ㉤(O) ㉥(X) ㉦(X)

정답과 해설

㉠ (O) 법률의 법규창조력이란 국민의 권리나 의무에 관한 일반적이고 추상적인 규범인 법규를 창조하는 힘은 국민의 대표기관인 의회의 전속적 권한에 속한다는 것을 의미한다.
㉡ (O) 법률유보에서의 법률이란 국회에서 제정한 형식적 의미의 법률(성문)을 의미하므로 불문법으로서의 관습법 등은 포함되지 아니한다(**성문O, 불문X**).
㉢ (X) **법률우위의 원칙**은 **소극적으로** 기존법률의 침해를 금지하는 것이지만, **법률유보의 원칙**은 **적극적으로** 행정기관이 일정한 행위를 할 수 있도록 하게 하는 법적 근거의 문제이기 때문에 적극적 의미의 법률적합성 원칙이라고 한다.
㉣ (O) 「행정기본법」제8조는 **행정작용은 법률에 위반되어서는 아니 되며**(법률우위의 원칙)라고 하여 **법률우위의 원칙을 명문화**하였다.
㉤ (O) 행정권의 행사는 모든 경우에 조직법적 근거와 작용법적 근거가 있어야 한다. 행정은 모든 경우에 소관사무의 범위내에서만 가능하므로, 조직법적 근거는 모든 행정권의 행사에 있어서 당연히 요구되는 것이고, 법률유보원칙에서 요구되는 법적 근거는 작용법적 근거를 의미한다.
㉥ (O) 토지등소유자가 도시환경정비사업을 시행하는 경우 사업시행인가 신청시 필요한 토지등소유자의 동의는 개발사업의 주체 및 정비구역 내 토지등소유자를 상대로 수용권을 행사하고 각종 행정처분을 발할 수 있는 행정주체로서의 지위를 가지는 사업시행자를 지정하는 문제로서 그 동의요건을 정하는 것은 국민의 권리와 의무의 형성에 관한 기본적이고 본질적인 사항이므로 국회가 스스로 행하여야 하는 사항에 속하는 것임에도 불구하고 사업시행인가 신청에 필요한 동의정족수를 토지등소유자가 자치적으로 정하여 운영하는 규약에 정하도록 한 것은 **법률유보원칙에 위반**된다(헌재 2011. 8. 30. 2009헌바128).
㉦ (X) 법령의 규정보다 더 침익적인 조례(침익초과조례)는 **법률우위의 원칙에 위반**되어 무효가 된다.

정답 ①

Chapter 04 경찰작용법 일반론

567 ☐☐☐☐ 22 채용

개인의 자유를 침해하거나 의무를 부과하는 행정은 반드시 법률의 근거가 있어야 한다는 원칙을 전제할 때, 법률의 근거 없이도 가능한 것을 모두 고른 것은? (다툼이 있는 경우 판례에 의함)

> ㉠ 경찰관의 학교 앞 등교지도
> ㉡ 주민을 상대로 한 교통정책홍보
> ㉢ 기초생활수급자에 대한 생계비지원
> ㉣ 공무원에 대해 특정종교를 금지하는 훈령
> ㉤ 자살을 시도하는 사람에 대한 경찰관서 보호
> ㉥ 붕괴위험시설에 대한 예방적 출입금지

① ㉠㉡㉢
② ㉠㉡㉤
③ ㉠㉢㉤
④ ㉡㉢㉣㉥

정답과 해설

㉠㉡㉢ (O) : 법률유보의 원칙과 관련하여 국민의 자유와 권리를 제한하고, 국민에게 의무를 부과하는 권력적 영역(명령,강제)에서는 근거규범이 요구되고, 비권력적 수단이나 순수한 서비스활동에서는 근거규범을 요하지 않기 때문에 **㉠㉡㉢은 비권력적 수단이나 순수한 서비스 활동에 해당하여 근거규범을 요하지 않는다.**
㉣ (X) **법률의 근거 요함** : 원칙적으로 훈령은 법적 근거를 요하지 않으나 **특별행정법관계에 있는 공무원에게도 침익적 처분을 할 때에는 법률의 근거가 있어야 한다.**
㉤ (X) **법률의 근거 요함** : 경찰관 직무집행법 제4조
㉥ (X) **법률의 근거 요함** : 경찰관 직무집행법 제5조

정답 ①

568 ☐☐☐☐ 21 채용(행정법)

행정의 법 원칙에 관한 설명 중 가장 적절하지 않은 것은? (다툼이 있는 경우 판례에 의함)

① 행정작용은 법률에 위반되어서는 아니되며, 국민의 권리를 제한하거나 의무를 부과하는 경우와 그 밖에 국민생활에 중요한 영향을 미치는 경우에는 법률에 근거하여야 한다.
② 재량준칙은 일반적으로 행정조직 내부에서만 효력을 가질 뿐 대외적인 구속력을 갖는 것은 아니므로 행정처분이 이를 위반하였다고 하여 그러한 사정만으로 곧바로 위법하게 되는 것은 아니다. 다만, 그 재량준칙이 정한 바에 따라 되풀이 시행되어 행정관행이 이루어지게 되면 평등의 원칙이나 신뢰보호의 원칙에 따라 행정기관은 상대방에 대한 관계에서 그 규칙에 따라야 할 자기구속을 받는다.
③ 행정청은 공익 또는 제3자의 이익을 현저히 해칠 우려가 있는 경우를 제외하고는 행정에 대한 국민의 정당하고 합리적인 신뢰를 보호하여야 한다.
④ 고속국도의 관리청이 고속도로 부지와 접도구역에 송유관 매설을 허가하면서 상대방과 체결한 협약에 따라 송유관 시설을 이전하게 될 경우 상대방에게 그 비용을 부담하도록 한 부관은 행정작용과 실질적 관련성이 없는 의무를 부과하는 것으로서 부당결부금지원칙에 위반된다.

정답과 해설

① (O) 행정작용은 **법률에 위반되어서는 아니 되며(법률우위의 원칙)**, 국민의 권리를 제한하거나 의무를 부과하는 경우와 그 밖에 국민생활에 중요한 영향을 미치는 경우에는 **법률에 근거(법률유보의 원칙)**하여야 한다(행정기본법 **제8조**).
② (O) 재량권 행사의 준칙인 행정규칙이 그 정한 바에 따라 되풀이 시행되어 행정관행이 이루어지게 되면 평등의 원칙이나 신뢰보호의 원칙에 따라 **행정기관은 그 상대방에 대한 관계에서 그 규칙에 따라야 할 자기구속을 받게 되므로**, 이러한 경우에는 특별한 사정이 없는 한 **그를 위반하는 처분은 평등의 원칙이나 신뢰보호의 원칙에 위배되어 재량권을 일탈·남용한 위법한 처분**이 된다(2009두7967, 2011두28783 등).
③ (O) 행정청은 공익 또는 제3자의 이익을 현저히 해칠 우려가 있는 경우를 제외하고는 행정에 대한 국민의 정당하고 합리적인 신뢰를 보호하여야 한다(행정기본법 **제12조(신뢰보호의 원칙)**).
④ (X) 고속국도 관리청이 고속도로 부지와 접도구역에 송유관 매설을 허가하면서 상대방과 체결한 협약에 따라 송유관 시설을 이전하게 될 경우 그 비용을 상대방에게 부담하도록 하였고, 그 후 도로법 시행규칙이 개정되어 접도구역에는 관리청의 허가 없이도 송유관을 매설할 수 있게 된 사안에서, 위 협약이 효력을 상실하지 않을 뿐만 아니라 위 협약에 포함된 부관이 **부당결부금지의 원칙에도 반하지 않는다**(대판 2009. 2. 12. 2005다65500).

정답 ④

569 ☐☐☐☐ 22 채용

다음 〈보기〉의 내용 중 공통된 행정의 법 원칙은 무엇인가?

〈보기〉
- 「행정기본법」제12조 제1항 "행정청은 공익 또는 제3자의 이익을 현저히 해칠 우려가 있는 경우를 제외하고는 행정에 대한 국민의 정당하고 합리적인 신뢰를 보호하여야 한다."
- 「행정절차법」제4조 제2항 "행정청은 법령등의 해석 또는 행정청의 관행이 일반적으로 국민들에게 받아들여졌을 때에는 공익 또는 제3자의 정당한 이익을 현저히 해칠 우려가 있는 경우를 제외하고는 새로운 해석 또는 관행에 따라 소급하여 불리하게 처리하여서는 아니 된다."

① 비례의 원칙
② 평등의 원칙
③ 신뢰보호의 원칙
④ 부당결부금지의 원칙

정답과 해설
③ 위 보기는 행정의 법 원칙 중 **신뢰보호의 원칙**에 대한 내용이다

정답 ③

570 22 채용

행정법의 일반원칙에 관한 설명 중 가장 적절하지 않은 것은? (다툼이 있는 경우 판례에 의함)

① 폐기물처리업에 대하여 사전에 관할 관청으로부터 적정통보를 받고 막대한 비용을 들여 허가요건을 갖춘 다음 허가신청을 하였음에도 관할 관청으로부터 '다수 청소업자의 난립으로 안정적이고 효율적인 청소업무의 수행에 지장이 있다'는 이유로 불허가처분을 받은 경우, 그 처분은 신뢰보호원칙 위반으로 인한 위법한 처분에 해당된다.

② 지방자치단체장이 사업자에게 주택사업계획승인을 하면서 그 주택사업과는 아무런 관련이 없는 토지를 기부채납하도록 하는 부관을 주택사업계획승인에 붙인 경우, 그 부관은 부당결부금지 원칙에 위반되어 위법하다.

③ 같은 정도의 비위를 저지른 자들 사이에 있어서도 그 직무의 특성, 비위의 성격 및 정도를 고려하여 징계 종류의 선택과 양정을 차별적으로 취급하는 것은 합리적 차별로서 평등원칙에 반하지 아니한다.

④ 적법 및 위법을 불문하고 재량준칙에 따른 행정관행이 성립한 경우라면, 행정의 자기구속 원칙이 적용될 수 있다.

정답과 해설

① (O) 대판 1998.5.8. 98두4061

> **행정기본법**
> **제12조(신뢰보호의 원칙)** ① 행정청은 **공익 또는 제3자의 이익**을 현저히 해칠 우려가 있는 **경우를 제외(경우에도 X)**하고는 행정에 대한 국민의 정당하고 합리적인 신뢰를 보호하여야 한다.
> ② 행정청은 권한 행사의 기회가 있음에도 불구하고 장기간 권한을 행사하지 아니하여 국민이 그 권한이 행사되지 아니할 것으로 **믿을 만한 정당한 사유가 있는 경우**에는 그 권한을 행사해서는 아니 된다. **다만, 공익 또는 제3자의 이익을 현저히 해칠 우려가 있는 경우는 예외로 한다.**

② (O) 대판 1997.3.11. 96다49650
③ (O) 대판 1999.8.20. 99두2611

> **행정기본법**
> **제9조(평등의 원칙)** 행정청은 **합리적 이유 없이(어떠한 경우에도 X)** 국민을 차별하여서는 아니 된다.

④ (X) 행정규칙에 따른 종래의 관행이 **위법한 경우**에는 **행정청은 자기구속을 당하지 않는다.**

정답 ④

571 예상문제

행정법의 일반원칙에 대한 설명으로 가장 적절하지 않은 것은? (다툼이 있는 경우 판례에 의함)

① 수익적 행정행위에 있어서는 법령에 특별한 근거규정이 없다고 하더라도 그 부관으로서 부담을 붙일 수 있으나, 그러한 부담은 비례의 원칙, 부당결부금지의 원칙에 위반되지 않아야 적법하다.

② 과잉금지의 원칙이라 함은 국민의 기본권을 제한함에 있어서 국가작용의 한계를 명시한 것으로서 목적의 정당성·방법의 적정성·피해의 최소성·법익의 균형성 등을 의미하며 그 어느 하나에라도 저촉이 되면 위헌이 된다는 헌법상의 원칙을 말한다.

③ 운전면허 취소사유에 해당하는 음주운전을 적발한 경찰관의 소속 경찰서장이 사무착오로 위반자에게 운전면허정지처분을 한 상태에서 위반자의 주소지 관할 시·도경찰청장이 위반자에게 운전면허취소처분을 한 것은 선행처분에 대한 당사자의 신뢰 및 법적 안정성을 저해하는 것으로 볼 수 없다.

④ 부당결부금지의 원칙이란 행정주체가 행정작용을 함에 있어서 상대방에게 이와 실질적인 관련이 없는 의무를 부과하거나 그 이행을 강제하여서는 아니 된다는 원칙을 말한다.

정답과 해설

③ (X) 운전면허 취소사유에 해당하는 음주운전을 적발한 경찰관의 소속 경찰서장이 사무착오로 위반자에게 운전면허정지처분을 한 상태에서 위반자의 주소지 관할 시·도경찰청장이 위반자에게 운전면허취소처분을 한 것은 **신뢰보호원칙에 위반하는 것으로서 허용될 수 없다**(대판 99두10520).

정답 ③

572 □□□□ 24 간부(행정법). 예상문제

행정의 일반원칙에 대한 설명으로 옳은 것은? (다툼이 있으면 판례에 의함)

① 과세관청이 납세의무자에게 부가가치세 면세사업자용 사업자등록증을 교부한 행위는 부가가치세를 과세하지 아니함을 시사하는 언동이나 공적인 견해를 표명한 것으로 볼 수 있다.
② 신뢰보호의 원칙이란 행정기관의 일정한 언동(명시적·묵시적)의 정당성 또는 존속성에 대한 개인의 보호가치 있는 신뢰는 보호해 주어야 한다는 원칙이다. 이에 반하는 행정청의 처분행위는 원칙적으로 무효사유가 된다.
③ 신뢰보호의 원칙이란 행정주체가 행정작용을 함에 있어서 상대방에게 이와 실질적인 관련이 없는 의무를 부과하거나 그 이행을 강제하여서는 아니 된다는 원칙을 말한다.
④ 제1종 보통면허로 운전할 수 있는 차량의 음주운전은 당해 운전면허 뿐만 아니라 제1종 대형면허로도 가능하고, 또한 제1종 대형면허나 제1종 보통면허의 취소에는 당연히 원동기장치자전거의 운전까지 금지하는 취지가 포함된 것이어서 이들 세 종류의 운전면허는 서로 관련된 것이라고 할 것이므로 제1종 보통면허로 운전할 수 있는 차량을 음주운전한 경우에 이와 관련된 면허인 제1종 대형면허와 원동기장치자전거면허까지 취소할 수 있는 것으로 볼 수 있다.

정답과 해설

① **(X)** 사업자등록증의 교부는 등록사실을 증명하는 증서의 교부행위에 불과한 것으로 과세관청이 납세의무자에게 면세사업자등록증을 교부하고 수년간 면세사업자로서 한 부가가치세 예정신고 및 확정신고를 받은 행위만으로는 과세관청이 납세의무자에게 그가 영위하는 사업에 관하여 부가가치세를 과세하지 아니함을 시사하는 언동이나 공적인 견해를 표명한 것이라 **할 수 없다**(대법원 2002. 9. 4. 선고 2001두9370).
② **(X)** 행정기관의 일정한 언동(명시적·묵시적)의 정당성 또는 존속성에 대한 개인의 보호가치 있는 신뢰는 보호해 주어야 한다는 원칙이다. 이에 반하는 행정청의 처분행위는 원칙적으로 **취소사유(무효사유 X)**가 된다.
③ **(X) 부당결부금지의 원칙**이란 행정주체가 행정작용을 함에 있어서 상대방에게 이와 실질적인 관련이 없는 의무를 부과하거나 그 이행을 강제하여서는 아니 된다는 원칙을 말한다(대법원 2009. 2.12. 2005다65500).
④ **(O)** 대법원 1994.11.25. 94누 9672

정답 ④

573 ☐☐☐☐ 23 채용

부당결부금지의 원칙에 관한 설명으로 가장 적절한 것은? (다툼이 있는 경우 판례에 의함)

① 행정청은 행정작용을 할 때 상대방에게 해당 행정작용과 실질적인 관련이 없는 의무를 부과해서는 아니 된다는 원칙이다.
② 현행법상 명시적인 규정은 없지만 법치국가의 원리와 자의금지의 원칙으로부터 도출되는 행정법의 일반원칙이다.
③ 지방자치단체장이 사업자에게 주택사업계획승인을 하면서 그 주택사업과는 아무런 관련이 없는 토지를 기부채납하도록 하는 부관을 붙인 경우에는, 기부채납한 토지 가액이 그 주택사업계획의 100분의 1 상당의 금액에 불과하고 사업자가 이의를 제기하지 아니하다가 지방자치단체장이 업무착오로 기부채납한 토지에 대하여 보상협조요청서를 보내자 그 때서야 비로소 부관의 하자를 들고 나왔다고 하더라도 그 부관은 당연무효이다.
④ 甲이 혈중알코올농도 0.140%의 주취상태로 배기량 125cc 이륜자동차를 운전하였다는 이유로 甲의 자동차운전면허[제1종 대형, 제1종 보통, 제1종 특수(대형견인·구난), 제2종 소형]를 취소한 것은 甲이 음주상태에서 운전을 하지 않으면 안 되는 부득이한 사정이 없었더라도 재량권을 일탈·남용한 것이다.

정답과 해설

① **(O)** 행정기본법 제13조
② **(X)** 행정기본법 제13조에 **명시적으로 규정되어 있다.**
③ **(X)** 지방자치단체장이 사업자에게 주택사업계획승인을 하면서 그 주택사업과는 아무런 관련이 없는 토지를 기부채납하도록 하는 부관을 주택사업계획승인에 붙인 경우, 그 부관은 부당결부금지의 원칙에 위반되어 위법하지만, 지방자치단체장이 승인한 사업자의 주택사업계획은 상당히 큰 규모의 사업임에 반하여, 사업자가 기부채납한 토지 가액은 그 100분의 1 상당의 금액에 불과한 데다가, 사업자가 그 동안 그 부관에 대하여 아무런 이의를 제기하지 아니하다가 지방자치단체장이 업무착오로 기부채납한 토지에 대하여 보상협조요청서를 보내자 그 때서야 비로소 부관의 하자를 들고 나온 사정에 비추어 볼 때 부관의 하자가 중대하고 명백하여 **당연무효라고는 볼 수 없다**(대판 96다49650).
④ **(X)** 제1종 대형, 제1종 보통, 제1종 특수(대형 견인·구난) 운전면허를 취소한 부분에 재량권을 일탈·남용한 위법이 있다고 본 원심판단에 **재량권 일탈·남용에 관한 법리 등을 오해한 위법이 있다**(대법원 2017두67476).

정답 ①

THEME 06 행정(경찰)처분(행정기본법)

574 □□□□ 25 간부(행정법), 24 국가직(9급)

「행정기본법」상 기간에 대한 설명으로 옳지 않은 것은 모두 몇 개인가? (여기서의 '법령등'은 훈령·예규·고시·지침 등을 포함함)

> ㉠ 행정에 관한 기간의 계산에 관하여는 「행정기본법」 또는 다른 법령등에 특별한 규정이 있는 경우를 제외하고는 「민법」을 준용한다.
> ㉡ 행정청은 이 법에서 정한 예외사항을 제외하고는 법령등의 위반행위가 종료된 날부터 5년이 지나면 해당 위반행위에 대하여 제재처분을 할 수 없다.
> ㉢ 국민의 권익을 제한하거나 의무를 부과하는 경우, 국민에게 불리하지 않는 한, 그 기간의 말일이 토요일 또는 공휴일인 경우에 기간은 그 날로 만료한다.
> ㉣ 법령등을 공포한 날부터 일정 기간이 경과한 날부터 시행하는 경우 그 기간의 말일이 토요일 또는 공휴일인 때에는 그 말일로 기간이 만료한다.
> ㉤ 법령등을 공포한 날부터 일정 기간이 경과한 날부터 시행하는 경우 법령등을 공포한 날을 첫날에 산입한다.

① 1개 ② 2개
③ 3개 ④ 4개

정답과 해설

㉠ (O) 행정에 관한 기간의 계산에 관하여는 **「행정기본법」** 또는 다른 법령등에 특별한 규정이 있는 경우를 제외하고는 **「민법」**을 준용한다(동법 제6조 제1항).

㉡ (O) 행정청은 이 법에서 정한 예외사항을 제외하고는 법령등의 위반행위가 **종료된 날부터 5년**이 지나면 해당 위반행위에 대하여 제재처분을 **할 수 없다**(동법 제23조 제1항).

㉢ (O) 동법 제6조 제2항 제1호

> ② 법령등 또는 처분에서 국민의 권익을 제한하거나 의무를 부과하는 경우 권익이 제한되거나 의무가 지속되는 기간의 계산은 다음 각 호의 기준에 따른다. 다만, 다음 각 호의 기준에 따르는 것이 **국민에게 불리한 경우에는 그러하지 아니하다.**
> 1. 기간을 일, 주, 월 또는 연으로 정한 경우에는 **기간의 첫날을 산입**한다.
> 2. 기간의 말일이 토요일 또는 공휴일인 경우에도 기간은 **그 날(익일 X)로** 만료한다.

㉣ (O) 법령등을 공포한 날부터 일정 기간이 경과한 날부터 시행하는 경우 그 기간의 말일이 토요일 또는 공휴일인 때에는 **그 말일(그 말일의 다음날 X)로** 기간이 만료한다(동법 제7조 제3호).

㉤ (X) 법령등을 공포한 날부터 일정 기간이 경과한 날부터 시행하는 경우 법령등을 공포한 날을 **첫날에 산입하지 아니한다(산입한다 X)**(동법 제7조 제2호).

정답 ①

575 ☐☐☐☐ 22 국가직(7급), 예상문제

「행정기본법」상 "처분"에 대한 설명으로 가장 적절하지 않은 것은? (다툼이 있는 경우 판례에 의함)

① 행정청은 위법 또는 부당한 처분의 전부나 일부를 소급하여 취소할 수 있다. 다만, 당사자의 신뢰를 보호할 가치가 있는 등 정당한 사유가 있는 경우에는 장래를 향하여 취소할 수 있다.
② 도로교통법 제10조 제1항, 제24조 제1항 규정 취지에 비추어 볼 때, 시·도경찰청장이 횡단보도를 설치하여 보행자의 통행방법 등을 규제하는 것은 행정청이 특정 사항에 대하여 의무의 부담을 명하는 행위이고, 이는 국민의 권리·의무에 직접 관계가 있는 행위로서 행정처분이 아니다.
③ 행정청은 적법한 처분이라도 법령등의 변경이나 사정변경으로 처분을 더 이상 존속시킬 필요가 없게 된 경우에는 그 처분의 전부 또는 일부를 장래를 향하여 철회할 수 있다.
④ 행정청은 ③에 따라 처분을 철회하려는 경우에는 철회로 인하여 당사자가 입게 될 불이익을 철회로 달성되는 공익과 비교·형량하여야 한다.

정답과 해설

① (O) 행정청은 **위법 또는 부당**한 처분의 전부나 일부를 소급하여 **취소(철회 X)**할 수 있다. 다만, 당사자의 신뢰를 보호할 가치가 있는 등 정당한 사유가 있는 경우에는 장래를 향하여 **취소(철회 X)**할 수 있다(행정기본법 제18조 제1항).
② (X) 도로교통법 제10조 제1항, 제24조 제1항 규정 취지에 비추어 볼 때, 시·도경찰청장이 횡단보도를 설치하여 보행자의 통행방법 등을 규제하는 것은 행정청이 특정 사항에 대하여 의무의 부담을 명하는 행위이고, 이는 국민의 권리·의무에 직접 관계가 있는 행위로서 **행정처분이라고 보아야 한다**(대판 98두8964).
③ (O) 행정청은 **적법**한 처분이라도 법령등의 변경이나 사정변경으로 처분을 더 이상 존속시킬 필요가 없게 된 경우에는 그 **처분의 전부 또는 일부**를 장래를 향하여 **철회(취소 X)**할 수 있다(동법 제19조 제1항 제2호).
④ (O) 동법 제19조 제2항

정답 ②

576 ☐☐☐☐ 23 채용

「행정기본법」에 관한 설명으로 가장 적절한 것은?

① 행정에 관한 나이는 다른 법령등에 특별한 규정이 있는 경우에도 출생일을 산입하지 않고 만(滿) 나이로 계산하고, 연수(年數)로 표시하되, 1세에 이르지 아니한 경우에는 월수(月數)로 표시할 수 있다.
② 행정작용은 그 행정작용이 의도하는 공익이 행정작용으로 인한 국민의 이익 침해보다 크지 않아야 한다.
③ 행정청은 법률로 정하는 바에 따라 완전히 자동화된 시스템(인공지능 기술을 적용한 시스템을 포함)으로 처분을 할 수 있으나, 처분에 재량이 있는 경우는 그러하지 아니하다.
④ 공익 또는 제3자의 이익을 현저히 해칠 우려가 있는 경우에도 행정청은 권한 행사의 기회가 있음에도 불구하고 장기간 권한을 행사하지 아니하여 국민이 그 권한이 행사되지 아니할 것으로 믿을 만한 정당한 사유가 있는 경우에는 그 권한을 행사해서는 아니 된다.

> **정답과 해설**
> ① (X) 행정에 관한 나이는 다른 법령등에 특별한 규정이 있는 **경우를 제외하고는**(경우에도 X) 출생일을 **산입하여**(산입하지 않고 X) 만(滿) 나이로 계산하고, 연수(年數)로 표시한다. 다만, 1세에 이르지 아니한 경우에는 월수(月數)로 표시할 수 있다(행정기본법 제7조의2).
> ② (X) 행정작용은 행정작용으로 인한 **국민의 이익 침해**(공익 X)가 그 행정작용이 의도하는 **공익**(국민의 이익 침해 X)보다 크지 아니할 것(동법 제10조 제3호)
> ③ (O) 동법 제20조
> ④ (X) 행정청은 공익 또는 제3자의 이익을 현저히 해칠 우려가 있는 경우를 **제외하고**(경우에도 X)는 ~~(동법 제12조)
>
> > **제12조(신뢰보호의 원칙)** ① 행정청은 **공익 또는 제3자**의 이익을 현저히 해칠 우려가 있는 **경우를 제외하고**(경우에도 X)는 행정에 대한 국민의 정당하고 합리적인 신뢰를 보호하여야 한다. 22·23 채용, 23 승진, 23 국회직 8급 행정법, 23 국가직 7급 행정법, 22 군무원 7급·9급, 22 소방승진
> > ② 행정청은 권한 행사의 기회가 있음에도 불구하고 장기간 권한을 행사하지 아니하여 국민이 그 권한이 행사되지 아니할 것으로 믿을 만한 정당한 사유가 있는 경우에는 그 권한을 행사해서는 아니 된다. 다만, **공익 또는 제3자**의 이익을 현저히 해칠 우려가 있는 경우는 예외로 한다. 23 국가직 7급 행정법, 22 소방
>
> **정답** ③

577 ☐☐☐☐ 23 채용, 예상문제

「행정기본법」상 "처분"에 대한 설명으로 옳은 것은 모두 몇 개인가?

> ㉠ "처분"이란 행정청이 구체적 사실에 관하여 행하는 법 집행으로서 공권력의 행사 또는 그 거부와 그 밖에 이에 준하는 행정작용을 말한다.
> ㉡ "제재처분"이란 법령등에 따른 의무를 위반하거나 이행하지 아니하였음을 이유로 당사자에게 의무를 부과하거나 권익을 제한하는 처분을 말하며 행정상 강제를 제외한다.
> ㉢ 처분은 권한이 있는 기관이 취소 또는 철회하거나 기간의 경과 등으로 소멸되기 전까지는 유효한 것으로 통용된다. 다만, 취소된 처분은 처음부터 그 효력이 발생하지 아니한다.
> ㉣ 행정청은 당사자에게 권리나 이익을 부여하는 처분을 취소하려는 경우에는 취소로 인하여 당사자가 입게 될 불이익을 취소로 달성되는 공익과 비교 · 형량하여야 하는데, '당사자가 처분의 위법성을 알고 있었거나 중대한 과실로 알지 못한 경우에는 비교 · 형량의무가 면제된다.
> ㉤ 행정청은 법률로 정하는 바에 따라 완전히 자동화된 시스템(인공지능 기술을 적용한 시스템을 포함)으로 처분을 할 수 있으나, 처분에 재량이 있는 경우는 그러하지 아니하다.

① 1개 ② 2개
③ 3개 ④ 4개

정답과 해설

㉠ (O) 행정기본법 제2조 제4호
㉡ (O) "제재처분"이란 법령등에 따른 의무를 위반하거나 이행하지 아니하였음을 이유로 당사자에게 의무를 부과하거나 권익을 제한하는 처분을 말하며 행정상 강제를 **제외**한다(동법 제2조 제5호).
㉢ (X) 처분은 권한이 있는 기관이 취소 또는 철회하거나 기간의 경과 등으로 소멸되기 전까지는 **유효**(적법 X)한 것으로 통용된다. 다만, **무효**(취소 X)인 처분은 처음부터 그 효력이 발생하지 아니한다(동법 제15조).
㉣ (O) 동법 제18조 제2항 제2호

> 제18조(위법 또는 부당한 처분의 취소) ② 행정청은 제1항에 따라 당사자에게 권리나 이익을 부여하는 처분을 취소하려는 경우에는 **취소로 인하여 당사자가 입게 될 불이익을 취소로 달성되는 공익과 비교 · 형량**(衡量)하여야 한다. 다만, 다음 각 호의 어느 하나에 해당하는 경우에는 그러하지 아니하다. 23 국가직 9급 행정법, 22 국가직 7급, 7급 군무원
> 1. 거짓이나 그 밖의 부정한 방법으로 처분을 받은 경우
> 2. 당사자가 **처분의 위법성을 알고 있었거나 중대한 과실로 알지 못한 경우**

㉤ (O) 행정청은 법률로 정하는 바에 따라 완전히 자동화된 시스템(인공지능 기술을 적용한 시스템을 **포함**(제외 X))으로 처분을 할 수 있다. 다만, **처분에 재량이 있는 경우는 그러하지 아니하다**(동법 제20조).

정답 ④

578 ☐☐☐☐ 23 행정사(행정법), 예상문제

「행정기본법」상 법 적용의 기준에 관한 내용이다. (   )에 들어갈 것으로 옳은 것은?

- 당사자의 (ㄱ)에 따른 처분은 법령등에 특별한 규정이 있거나 (ㄴ) 당시의 법령등을 적용하기 곤란한 특별한 사정이 있는 경우를 제외하고는 (ㄴ) 당시의 법령등에 따른다.
- 법령등을 위반한 행위의 성립과 이에 대한 제재처분은 법령등에 특별한 규정이 있는 경우를 제외하고는 (ㄷ) 당시의 법령등에 따른다. 다만, 법령등을 위반한 행위 후 법령등의 변경에 의하여 그 행위가 법령등을 위반한 행위에 해당하지 아니하거나 제재처분 기준이 가벼워진 경우로서 해당 법령등에 특별한 규정이 없는 경우에는 (ㄹ) 법령등을 적용한다.

	ㄱ	ㄴ	ㄷ	ㄹ
①	처분	신청	제재처분	변경된
②	신청	신청	법령등을 위반한 행위	신청시
③	처분	처분	판결	신청시
④	신청	처분	법령등을 위반한 행위	변경된

> **정답과 해설**
>
> - 당사자의 **(신청)**에 따른 처분은 법령등에 특별한 규정이 있거나 **(처분)** 당시의 법령등을 적용하기 곤란한 특별한 사정이 있는 경우를 제외하고는 **(처분)** 당시의 법령등에 따른다(행정기본법 제14조 제2항).
> - 법령등을 위반한 행위의 성립과 이에 대한 제재처분은 법령등에 특별한 규정이 있는 경우를 제외하고는 **(법령등을 위반한 행위)** 당시의 법령등에 따른다. 다만, 법령등을 위반한 행위 후 법령등의 변경에 의하여 그 행위가 법령등을 위반한 행위에 해당하지 아니하거나 제재처분 기준이 가벼워진 경우로서 해당 법령등에 특별한 규정이 없는 경우에는 **(변경된)** 법령등을 적용한다(동법 제14조 제3항).
>
> 정답 ④

579 24 채용

「행정기본법」상 이의신청에 관한 설명으로 가장 적절하지 않은 것은?

① 행정청의 처분에 이의가 있는 당사자는 처분을 받은 날부터 30일 이내에 해당 행정청에 이의신청을 할 수 있다.
② 행정청은 이의신청을 받으면 부득이한 사유가 있는 경우를 제외하고는 그 이의신청을 받은 날부터 14일 이내에 그 이의신청에 대한 결과를 신청인에게 통지하여야 한다.
③ 이의신청을 한 경우에도 그 이의신청과 관계없이 「행정심판법」에 따른 행정심판 또는 「행정소송법」에 따른 행정소송을 제기할 수 있다.
④ 이의신청에 대한 결과를 통지받은 후 행정심판 또는 행정소송을 제기하려는 자는 그 결과를 통지받은 날부터 60일 이내에 행정심판 또는 행정소송을 제기하여야 한다.

정답과 해설

④ (X) ~~90일 이내에 제1항의 처분(이의신청 결과 처분이 변경된 경우에는 **변경된 처분으로 한다**)에 대하여 행정심판 또는 행정소송을 **제기할 수 있다(제기하여야 한다 X)**(행정기본법 제36조 제4항).

제36조(처분에 대한 이의신청) ① 행정청의 처분(「행정심판법」 제3조에 따라 같은 법에 따른 행정심판의 대상이 되는 처분을 말한다. 이하 이 조에서 같다)에 이의가 있는 당사자는 처분을 **받은 날부터 30일 이내**에 해당 행정청에 이의신청을 할 수 있다. 7급 군무원
② 행정청은 제1항에 따른 이의신청을 받으면 그 신청을 **받은 날부터 14일 이내**에 그 이의신청에 대한 결과를 신청인에게 통지하여야 한다. 다만, 부득이한 사유로 **14일 이내**에 통지할 수 없는 경우에는 그 기간을 만료일 **다음 날부터** 기산하여 10일의 범위에서 한 차례 연장할 수 있으며, 연장 사유를 신청인에게 통지하여야 한다. 7급 서울시
③ 제1항에 따라 이의신청을 한 경우에도 그 이의신청과 **관계없이** 「행정심판법」에 따른 행정심판 또는 「행정소송법」에 따른 행정소송을 제기할 수 있다.
④ 이의신청에 대한 결과를 통지받은 후 행정심판 또는 행정소송을 제기하려는 자는 그 결과를 통지받은 날(제2항에 따른 통지기간 내에 결과를 통지받지 못한 경우에는 같은 항에 따른 통지기간이 만료되는 날의 다음 날을 말한다)부터 **90일 이내**에 행정심판 또는 제1항의 처분(이의신청 결과 처분이 변경된 경우에는 **변경된 처분으로 한다**)에 대하여 행정소송을 **제기할 수 있다.** 7급 군무원, 7급 서울시

정답 ④

07 행정조사(행정조사기본법)

580 ☐☐☐☐ 22 채용

행정조사에 관한 설명 중 가장 적절한 것은? (다툼이 있는 경우 판례에 의함)

① 「행정조사기본법」상 조사대상자의 자발적 협조를 얻어 조사를 실시하는 경우에는 법령의 근거를 요하지 아니하며 조직법상의 권한 범위 밖에서도 가능하다.
② 조사대상자의 자발적 협조로 조사가 이루어지는 경우일지라도 행정의 적법성 및 공공성 등을 높이기 위해서 조사목적 등을 반드시 서면으로 통보하여야 한다.
③ 경찰작용은 행정작용의 일환이므로 경찰의 수사에도 「행정조사기본법」이 적용되는 것이 원칙이다.
④ 행정조사는 행정기관이 향후 행정작용에 필요한 자료 및 정보를 얻기 위한 준비적·보조적 작용이다.

정답과 해설

① (X) 「행정조사기본법」상 조사대상자의 자발적 협조를 얻어 조사를 실시하는 경우에는 법령의 근거를 요하지 아니하지만(동법 제5조), 행정조사는 **조사목적을 달성하는데 필요한 최소한의 범위 안에서 실시**해야 한다(동법 제4조 제1항).
② (X) 조사대상자의 자발적인 협조를 얻어 실시하는 행정조사의 경우 행정조사의 개시와 동시에 출석요구서등을 조사대상자에게 제시하거나 행정조사의 목적 등을 조사대상자에게 **구두로 통지할 수 있다**(행정조사기본법 제17조 제1항 제3호).
③ (X) 경찰의 수사에는 「**형사소송법**」이 적용되는 것이 원칙이다.
④ (O) 행정조사는 행정기관이 향후 행정작용에 필요한 자료 및 정보를 얻기 위한 **준비적·부수적(보조적)인 작용**에 그치며, 그 자체로서 직접 일정한 경찰상태를 실현시키는 작용(즉시강제)은 아니다.

정답 ④

581 ☐☐☐☐ 24 승진, 예상문제

「행정조사기본법」에 대한 설명으로 옳지 않은 것은?

① 행정조사기본법은 조세·형사등 관련분야에 동법을 적용하지 아니하는 등 적용범위의 예외를 두고 있고, 구체적인 조사절차와 위반시 제재에 대해서는 개별법에서 별도로 규정하고 있는 경우가 많다.
② 행정조사에 관하여 다른 법률에 특별한 규정이 있는 경우를 제외하고는 행정조사기본법으로 정하는 바에 따른다.
③ 행정기관은 행정조사를 통하여 알게 된 정보를 어떠한 경우에도 원래의 조사목적 이외의 용도로 이용할 수 없다.
④ 일반적으로 행정조사의 실시여부는 재량규정이 대부분이고, 음주측정도 재량규정이다. 그러나 교통사고조사는 그 중요성으로 인해 조사를 의무로 규정하고 있다.

정답과 해설

① (O) 행정조사기본법 제3조 제5호
② (O) 행정조사에 관하여 **다른 법률에 특별한 규정이 있는 경우를 제외**하고는 **행정조사기본법**으로 정하는 바에 따른다 (동법 제3조 제1항).
③ (X) 행정기관은 행정조사를 통하여 알게 된 정보를 **다른 법률에 따라 내부에서 이용하거나 다른 기관에 제공하는 경우를 제외**하고는 원래의 조사목적 이외의 용도로 이용하거나 타인에게 제공하여서는 아니 된다(동법 제4조 제6항).
④ (O) 일반적으로 행정조사의 실시여부는 재량규정이 대부분이고, 음주측정도 재량규정이다(도로교통법 §44②). 그러나 **교통사고조사는** 그 중요성으로 인해 조사를 **의무로 규정**하고 있다(도로교통법 §54⑥, 동법 시행령 §32).

정답 ③

582 ☐☐☐☐ 24 승진, 예상문제

행정조사에 관한 설명으로 가장 적절한 것은? (다툼이 있는 경우 판례에 의함)

① 「고용보험법」상 '실업인정대상기간 중의 취업 사실'에 대한 행정조사 절차에는 수사절차에서의 진술거부권 고지의무에 관한 「형사소송법」 규정이 준용되지 않는다.
② 경찰공무원이 「도로교통법」 규정에 따라 호흡측정 또는 혈액 검사 등의 방법으로 운전자가 술에 취한 상태에서 운전하였는지를 조사하는 것은 수사로서의 성격을 갖지만, 행정조사의 성격을 가지는 것은 아니다.
③ 조사대상자의 자발적 협조로 조사가 이루어지는 경우일지라도 행정의 적법성 및 공공성 등을 높이기 위해서 조사목적 등을 반드시 서면으로 통보하여야 한다.
④ 「행정조사기본법」상 행정기관은 유사하거나 동일한 사안에 대하여는 서로 다른 기관이 공동으로 조사하는 것은 원칙적으로 허용되지 않는다.

정답과 해설

① (O) 대판 2020두31323
② (X) 경찰공무원이 도로교통법 규정에 따라 호흡측정 또는 혈액 검사 등의 방법으로 운전자가 술에 취한 상태에서 운전하였는지를 조사하는 것은, 수사기관과 경찰행정조사자의 지위를 겸하는 주체가 형사소송에서 사용될 증거를 수집하기 위한 수사로서의 성격을 가짐과 아울러 교통상 위험의 방지를 목적으로 하는 운전면허 정지·취소의 행정처분을 위한 자료를 수집하는 **행정조사의 성격을 동시에 가지고 있다고 볼 수 있다**(대판 2014두46850).
③ (X) 조사대상자의 자발적인 협조를 얻어 실시하는 행정조사의 경우 행정조사의 개시와 동시에 출석요구서등을 조사대상자에게 제시하거나 행정조사의 목적 등을 조사대상자에게 **구두로 통지할 수 있다**(행정조사기본법 제17조 제1항 제3호).
④ (X) 행정기관은 유사하거나 동일한 사안에 대하여는 **공동조사 등을 실시함으로써 행정조사가 중복되지 아니하도록 하여야 한다**(서로 다른 기관이 공동으로 조사하는 것은 원칙적으로 허용되지 않는다 X)(동법 제4조 제3항).

정답 ①

THEME 08 공공기관의 정보공개에 관한 법률

583 ☐☐☐☐ 23 채용, 예상문제

「공공기관의 정보공개에 관한 법률」의 내용으로 적절하지 않은 것은?

① "정보"란 공공기관이 직무상 작성 또는 취득하여 관리하고 있는 문서(전자문서를 포함한다 이하 같다) 및 전자매체를 비롯한 모든 형태의 매체 등에 기록된 사항을 말한다.
② "공개"란 공공기관이 이 법에 따라 정보를 열람하게 하거나 그 사본·복제물을 제공하는 것 또는 「전자정부법」 제2조 제10호에 따른 정보통신망을 통하여 정보를 제공하는 것 등을 말한다.
③ 정보공개를 하게 되어 있는 공공기관은 국가 또는 지방자치단체에 한정된다.
④ 공공기관이 보유·관리하는 정보는 국민의 알권리 보장 등을 위하여 이 법에서 정하는 바에 따라 적극적으로 공개하여야 한다.

정답과 해설

① (O) 공공기관의 정보공개에 관한 법률 제2조 제1호
② (O) 동법 제2조 제2호
③ (X) 정보공개를 하여야 하는 공공기관의 범위에는 **국가, 지방자치단체뿐만 아니라, 「공공기관의 운영에 관한 법률」 제2조에 따른 공공기관, 「지방공기업법」에 따른 지방공사·지방공단, 그 밖에 대통령령으로 정하는 기관도 포함**된다.
④ (O) 공공기관이 보유·관리하는 정보는 국민의 알권리 보장 등을 위하여 이 법에서 정하는 바에 따라 **적극적(소극적 X)**으로 **공개하여야 한다(공개할 수 있다 X)**(동법 제3조).

정답 ③

584 □□□□ 24 채용, 17·20 승진, 예상문제

「공공기관의 정보공개에 관한 법률」에 대한 설명이다. 아래 ㉠부터 ㉣까지 설명 중 옳고 그름의 표시(O, X)가 바르게 된 것은?

> ㉠ 모든 국민은 정보의 공개를 청구할 권리를 가지며, 외국인의 정보공개 청구에 관하여는 대통령령으로 정한다.
> ㉡ 공공기관은 「공공기관의 정보공개에 관한 법률」 제11조에 따라 정보의 공개 결정을 한 경우에는, 청구인이 사본 또는 복제물의 교부를 원하는 경우에는 이를 교부하여야 한다.
> ㉢ 청구인이 정보공개와 관련한 공공기관의 결정에 대하여 불복하는 경우 이의신청 절차를 거치지 않으면 행정심판을 청구할 수 없다.
> ㉣ 공공기관은 정보공개 청구를 받으면 그 청구를 받은 날부터 7일 이내에 공개 여부를 결정하여야 한다.

① ㉠ (X) ㉡ (X) ㉢ (X) ㉣ (O)
② ㉠ (O) ㉡ (O) ㉢ (X) ㉣ (X)
③ ㉠ (O) ㉡ (O) ㉢ (O) ㉣ (O)
④ ㉠ (O) ㉡ (O) ㉢ (X) ㉣ (O)

정답과 해설

㉠ (O) 모든 국민은 정보의 공개를 청구할 권리를 가진다. **외국인**의 정보공개 청구에 관하여는 **대통령령**으로 정한다(공공기관의 정보공개에 관한 법률 제5조).
㉡ (O) 공공기관은 제11조에 따라 정보의 공개를 결정한 경우에는 공개의 일시 및 장소 등을 분명히 밝혀 청구인에게 통지하여야 하며, 공공기관은 청구인이 사본 또는 복제물의 교부를 원하는 경우에는 이를 교부하여야 한다(동법 제13조 제1항, 제2항).
㉢ (X) 청구인은 이의신청 절차를 **거치지 아니하고 행정심판을 청구할 수 있다**(없다 X)(동법 제19조 제2항).
㉣ (X) 공공기관은 정보공개 청구를 받으면 그 청구를 **받은 날부터**(받은 날의 다음 날부터 X) **10일 이내**에 공개 여부를 결정하여야 한다(동법 제11조 제1항).

정답 ②

585 22·24 채용

「공공기관의 정보공개에 관한 법률」상 정보공개의 절차에 관한 설명 중 가장 적절한 것은?

① 정보의 공개를 청구하는 자는 해당 정보를 보유하거나 관리하고 있는 공공기관에 정보공개 청구서를 제출하여 정보의 공개를 청구할 수 있으나, 말로써 정보의 공개를 청구할 수 없다.
② 공공기관은 부득이한 사유로 「공공기관의 정보공개에 관한 법률」 제11조 제1항에 따른 기간 이내에 공개 여부를 결정할 수 없을 때에는 그 기간이 끝난 날부터 기산하여 10일의 범위에서 공개 여부 결정기간을 연장할 수 있다. 이 경우 공공기관은 연장된 사실과 연장 사유를 청구인에게 지체 없이 구두로 통지하여야 한다.
③ 공공기관은 전자적 형태로 보유·관리하는 정보에 대하여 청구인이 전자적 형태로 공개하여 줄 것을 요청하는 경우에는 그 정보의 성질상 현저히 곤란한 경우를 제외하고는 청구인의 요청에 따라야 한다.
④ 정보의 공개 및 우송 등에 드는 비용은 실비의 범위에서 공공기관이 부담한다.

정답과 해설

① **(X)** 정보의 공개를 청구하는 자는 해당 정보를 보유하거나 관리하고 있는 **공공기관에 정보공개 청구서를 제출(서면)하거나 말(구두)**로써 정보의 공개를 **청구할 수 있다(없다 X)**(공공기관의 정보공개에 관한 법률 제10조 제1항).
② **(X)** 공공기관은 부득이한 사유로 「공공기관의 정보공개에 관한 법률」 제11조 제1항에 따른 기간 이내에 공개 여부를 결정할 수 없을 때에는 그 기간이 끝나는 날의 **다음 날부터** 기산하여 **10일**의 범위에서 공개 여부 결정기간을 연장할 수 있다. 이 경우 공공기관은 연장된 사실과 연장 사유를 청구인에게 **지체 없이 문서(구두 X)**로 통지하여야 한다(동법 제11조 제2항).
③ **(O)** 동법 제15조 제1항
④ **(X)** 정보의 공개 및 우송 등에 드는 비용은 실비의 범위에서 **청구인(공공기관 X, 행정청 X)이 부담**한다(동법 제17조 제1항).

정답 ③

「공공기관의 정보공개에 관한 법률」 및 「동법 시행령」에 관한 설명으로 가장 적절한 것은?

① 학술·연구를 위하여 일시적으로 체류하는 외국인은 정보공개를 청구할 수 없다.
② 공공기관은 공개청구된 공개대상정보의 전부 또는 일부가 제3자와 관련이 있다고 인정되는 때에는 그 사실을 제3자에게 2일 이내 통지하여야 하며, 필요한 경우에는 그의 의견을 들을 수 있다.
③ ②에 따라 공개 청구된 사실을 통지받은 제3자는 그 통지를 받은 날부터 3일 이내에 해당 공공기관에 대하여 자신과 관련된 정보를 공개하지 아니할 것을 요청할 수 있다.
④ 경찰기관이 보유·관리하는 경찰의 보안관찰 관련 통계자료는 정보공개청구대상이 되며, 비공개 정보대상인 폭력단체 현황자료 정보는 공개하지 아니할 수 있다.

정답과 해설

① (X) 학술연구를 위하여 **일시적**으로 체류하는 외국인은 정보공개를 **청구할 수 있다**(없다 X)(공공기관의 정보공개에 관한 법률 제5조 제2항, 동법 시행령 제3조).

> **공공기관의 정보공개에 관한 법률 시행령**
> **제3조(외국인의 정보공개 청구)** 법 제5조 제2항에 따라 정보공개를 청구할 수 있는 외국인은 다음 각 호의 어느 하나에 해당하는 자로 한다.
> 1. 국내에 일정한 주소를 두고 거주하거나 **학술·연구**를 위하여 **일시적으로 체류하는 사람**
> 2. 국내에 사무소를 두고 있는 법인 또는 단체

② (X) 공공기관은 공개 청구된 공개 대상 정보의 전부 또는 일부가 제3자와 관련이 있다고 인정할 때에는 그 사실을 제3자에게 **지체없이(2일 이내 X)** 통지하여야 하며, 필요한 경우에는 그의 의견을 **들을 수 있다**(들어야 한다 X)(동법 제11조 제3항).
③ (O) 동법 제21조 제1항
④ (X) 공공기관이 보유·관리하는 정보는 정보공개청구대상이 되며, 비공개 정보대상인 **경찰의 보안관찰 관련 통계자료나 폭력단체 현황자료** 정보는 공개하지 **아니할 수 있다**(동법 제9조 제2호).

정답 ③

587 21 승진, 예상문제

「공공기관의 정보공개에 관한 법률」의 내용으로 적절하지 않은 것은 모두 몇 개인가?

㉠ 민원인이 경찰관서에서 현재 수사 중인 '폭력단체 현황'에 대한 정보공개를 요청한 경우, 국민의 알 권리를 충족시킨다는 차원에서 해당 정보를 공개하여야 한다.
㉡ 공공기관은 비공개 대상 정보가 기간의 경과 등으로 인하여 비공개의 필요성이 없어진 경우에는 그 정보를 공개 대상으로 하여야 한다.
㉢ 비공개 요청에도 불구하고 공공기관이 공개 결정을 할 때에는 공개 결정 이유와 공개 실시일을 분명히 밝혀 지체 없이 문서로 통지하여야 하며, 제3자는 해당 공공기관에 문서로 이의신청을 하거나 행정심판 또는 행정소송을 제기할 수 있다. 이 경우 이의신청은 통지를 받은 날부터 7일 이내에 하여야 한다.
㉣ 공개를 청구하는 정보의 사용 목적이 공공복리의 유지·증진을 위하여 필요하다고 인정되는 경우에 비용을 감면하여야 한다.
㉤ 청구인이 정보공개와 관련한 공공기관의 비공개 결정 또는 부분 공개 결정에 대하여 불복이 있거나 정보공개 청구 후 20일이 경과하도록 정보공개 결정이 없는 때에는 공공기관으로부터 정보공개 여부의 결정 통지를 받은 날 또는 정보공개 청구 후 20일이 경과한 날부터 30일 이내에 해당 공공기관에 문서로 이의신청을 할 수 있다.
㉥ 공공기관은 이의신청을 받은 날부터 7일 이내에 그 이의신청에 대하여 결정하고 그 결과를 청구인에게 지체없이 문서로 통지하여야 한다.

① 1개　　② 2개　　③ 3개　　④ 4개

정답과 해설

㉠ (X) 진행 중인 재판에 관련된 정보와 **범죄의 예방, 수사, 공소의 제기 및 유지(폭력단체 현황)**, 형의 집행, 교정(矯正), 보안처분에 관한 사항으로서 공개될 경우 그 직무수행을 현저히 곤란하게 하거나 형사피고인의 공정한 재판을 받을 권리를 침해한다고 인정할 만한 상당한 이유가 있는 정보는 **공개하지 아니할 수 있다(공개하여야 한다 X)**(공공기관의 정보공개에 관한 법률 제9조 제1항 제4호).
㉡ (O) 공공기관은 비공개 대상 정보가 기간의 경과 등으로 인하여 **비공개의 필요성이 없어진 경우**에는 그 정보를 **공개 대상으로 하여야 한다(할 수 있다 X)**(동법 제9조 제2항).
㉢ (O) 비공개 요청에도 불구하고 공공기관이 공개 결정을 할 때에는 공개 결정 이유와 공개 실시일을 분명히 밝혀 **지체 없이** 문서로 통지하여야 하며, 제3자는 해당 공공기관에 문서로 이의신청을 하거나 행정심판 또는 행정소송을 제기할 수 있다. 이 경우 이의신청은 통지를 받은 **날부터 7일 이내**에 하여야 한다(동법 제21조 제2항).
㉣ (X) 공개를 청구하는 정보의 사용 목적이 공공복리의 유지·증진을 위하여 필요하다고 인정되는 경우에 비용을 **감면할 수 있다(감면하여야 한다 X)**(동법 제17조 제2항).
㉤ (O) 청구인이 정보공개와 관련한 공공기관의 비공개 결정 또는 부분 공개 결정에 대하여 불복이 있거나 정보공개 청구 후 **20일**이 경과하도록 정보공개 결정이 없는 때에는 공공기관으로부터 정보공개 여부의 결정 통지를 받은 날 또는 정보공개 청구 후 **20일**이 경과한 날(다음날 X)부터 30일 이내(60일 X, 20일 X)에 해당 공공기관에 **문서(구두 X)**로 이의신청을 할 수 있다(동법 제18조 제1항).
㉥ (O) 공공기관은 이의신청을 받은 날부터 **7일 이내(10일 이내 X)**에 그 이의신청에 대하여 결정하고 그 결과를 청구인에게 **지체 없이(3일 이내 X)** 문서로 통지하여야 한다. 다만, 부득이한 사유로 정하여진 기간 이내에 결정할 수 없을 때에는 그 기간이 **끝나는 날의 다음 날부터(끝나는 날부터 X)** 기산하여 7일(10일 X)의 범위에서 연장할 수 있으며, 연장 사유를 청구인에게 통지하여야 한다(동법 제18조 제3항).

정답 ②

588 ☐☐☐☐ 24 채용

「공공기관의 정보공개에 관한 법률」상 비공개대상정보에 대한 설명으로 가장 적절하지 않은 것은? (다툼이 있는 경우 판례에 의함)

① 직무를 수행한 공무원의 성명·직위 등「개인정보 보호법」제2조 제1호에 따른 개인정보로서 공개될 경우 사생활의 비밀 또는 자유를 침해할 우려가 있다고 인정되는 정보는 공개하지 않을 수 있다.
② 피의자신문조서 등 조서에 기재된 피의자 등의 인적사항 이외의 진술내용 역시 개인의 사생활의 비밀 또는 자유를 침해할 우려가 인정되는 경우에는 비공개대상정보에 해당한다.
③ 수사기록 중 의견서, 보고문서, 메모, 법률검토 등은 그 실질적인 내용을 구체적으로 살펴 수사의 방법 및 절차 등이 공개됨으로써 수사기관의 직무수행을 현저히 곤란하게 한다고 인정할 만한 상당한 이유가 있어야만 비공개대상정보에 해당한다.
④ 의사결정 과정에 있는 사항으로서 공개될 경우 업무의 공정한 수행에 현저한 지장을 초래한다고 인정할 만한 상당한 이유가 있는 정보는 공개하지 않을 수 있다.

정답과 해설

① (X)「개인정보보호법 제2조 제1호에 따른 개인정보로서 공개될 경우 사생활의 비밀 또는 자유를 침해할 우려가 있다고 인정되는 정보는 공개하지 않을 수 있는데, **직무를 수행한 공무원의 성명·직위는 제외된다**(공공기관의 정보공개에 관한 법률 제9조 제1항 제6호 라목).
② (O) 공공기관의 정보공개에 관한 법률 제9조 제1항 제6호 본문은 "해당 정보에 포함되어 있는 성명·주민등록번호 등 개인에 관한 사항으로서 공개될 경우 사생활의 비밀 또는 자유를 침해할 우려가 있다고 인정되는 정보"를 비공개대상정보의 하나로 규정하고 있다. 여기에서 말하는 비공개대상정보에는 성명·주민등록번호 등 '개인식별정보'뿐만 아니라 그 외에 정보의 내용에 따라 '개인에 관한 사항의 공개로 인하여 개인의 내밀한 내용의 비밀 등이 알려지게 되고, 그 결과 인격적·정신적 내면생활에 지장을 초래하거나 자유로운 사생활을 영위할 수 없게 될 위험성이 있는 정보'도 포함된다. 따라서 불기소처분 기록이나 내사기록 중 피의자신문조서 등 조서에 기재된 피의자 등의 인적사항 이외의 진술내용 역시 개인의 사생활의 비밀 또는 자유를 침해할 우려가 인정되는 경우에는 위 비공개대상정보에 해당한다(대법원 2017. 9. 7. 선고 2017두44558).
③ (O) 대법원 2012. 7. 12. 선고 2010두7048
④ (O) 동법 제9조 제5호

정답 ①

589 예상문제

「공공기관의 정보공개에 관한 법률」상 정보공개심의회에 관한 내용으로 옳지 않은 것은?

① 정보공개 여부 등을 심의하기 위하여 정보공개심의회를 설치·운영한다. 이 경우 국가기관등의 규모와 업무성격, 지리적 여건, 청구인의 편의 등을 고려하여 소속 상급기관에서 협의를 거쳐 심의회를 통합하여 설치·운영할 수 있다.
② 심의회는 위원장 1명을 포함하여 5명 이상 7명 이하의 위원으로 구성한다.
③ 심의회의 위원장은 위원 중에서 국가기관등의 장이 지명하거나 위촉한다.
④ 심의회의 위원은 소속 공무원, 임직원 또는 외부 전문가로 지명하거나 위촉하되, 그 중 2분의 1은 해당 국가기관등의 업무 또는 정보공개의 업무에 관한 지식을 가진 외부 전문가로 위촉하여야 한다.

정답과 해설

① (O) 공공기관의 정보공개에 관한 법률 제12조 제1항
② (O) 동법 제12조 제2항
③ (O) 동법 제12조 제4항
④ (X) 심의회의 위원은 소속 공무원, 임직원 또는 외부 전문가로 지명하거나 위촉하되, 그 중 **3분의 2**는 해당 국가기관등의 업무 또는 정보공개의 업무에 관한 지식을 가진 외부 전문가로 위촉하여야 한다(동법 제12조 제3항).

정답 ④

590 예상문제

「공공기관의 정보공개에 관한 법률」상 '정보공개위원회'에 대한 설명으로 옳은 것은?

① 정보공개에 관한 정책 수립 및 제도 개선에 관한 사항 등을 심의·조정하기 위하여 국무총리 소속으로 정보공개위원회를 둔다.
② 행정안전부장관은 이 법에 따른 정보공개제도의 정책 수립 및 제도 개선 사항 등에 관한 기획·총괄 업무를 관장한다. 행정안전부장관은 정보공개위원회가 정보공개제도의 효율적 운영을 위하여 필요하다고 요청하면 공공기관(국회·법원·헌법재판소 및 중앙선거관리위원회를 제외한다)의 정보공개제도 운영실태를 평가할 수 있다.
③ 위원회는 성별을 고려하여 위원장과 부위원장 각 1명을 포함한 9명의 위원으로 구성한다.
④ 위원장·부위원장의 임기는 2년으로 하며, 연임할 수 없다.

정답과 해설

① (X) 정보공개에 관한 정책 수립 및 제도 개선에 관한 사항 등을 심의·조정하기 위하여 **행정안전부장관 소속(국무총리 소속 X)**으로 정보공개위원회를 둔다(공공기관의 정보공개에 관한 법률 제22조 제1호).
② (O) 동법 제24조 제1항, 제2항
③ (X) 위원회는 성별을 고려하여 **위원장과 부위원장 각 1명을 포함한 11명**의 위원으로 구성한다(동법 제23조 제1항).
④ (X) 위원장·부위원장 및 위원(제2항 제1호의 위원은 제외)의 임기는 **2년**으로 하며, **연임할 수 있다(없다 X)**(동법 제23조 제3항).

정답 ②

591 □□□□ 18 채용

다음은 「공공기관의 정보공개에 관한 법률」상 이의신청에 대한 설명이다. ㉠부터 ㉤까지에 들어갈 숫자를 모두 합한 값은?

- 청구인이 정보공개와 관련한 공공기관의 비공개 결정 또는 부분 공개 결정에 대하여 불복이 있거나 정보공개 청구 후 (㉠)일이 경과하도록 정보공개 결정이 없는 때에는 공공기관으로부터 정보공개 여부의 결정 통지를 받은 날 또는 정보공개 청구 후 (㉡)일이 경과한 날부터 (㉢)일 이내에 해당 공공기관에 문서로 이의신청을 할 수 있다.
- 공공기관은 이의신청을 받은 날부터 (㉣)일 이내에 그 이의신청에 대하여 결정하고 그 결과를 청구인에게 지체 없이 문서로 통지하여야 한다. 다만, 부득이한 사유로 정하여진 기간 이내에 결정할 수 없을 때에는 그 기간이 끝나는 날의 다음 날부터 기산하여 (㉤)일의 범위에서 연장할 수 있으며, 연장 사유를 청구인에게 통지하여야 한다.

① 84
② 90
③ 94
④ 100

정답과 해설

① ㉠ 20 ㉡ 20 ㉢ 30 ㉣ 7 ㉤ 7로 숫자의 합은 84이다(공공기관의 정보공개에 관한 법률 제18조 제1항, 제3항).

정답 ①

THEME 09 개인정보 보호법

592 22·23 채용

「개인정보 보호법」상 정의 및 개념에 관한 설명 중 가장 적절하지 않은 것은?

① 살아 있는 개인에 관한 정보로서 해당 정보만으로는 특정 개인을 알아볼 수 없더라도 다른 정보와 쉽게 결합하여 알아볼 수 있는 정보를 "개인정보"라 한다.
② 개인정보의 일부를 삭제하거나 일부 또는 전부를 대체하는 등의 방법으로 추가 정보가 없이는 특정 개인을 알아볼 수 없도록 처리하는 것을 "가명처리"라 한다.
③ 정보처리 기술을 활용하여 기존의 다양한 정보를 가공해서 만들어 낸 새로운 정보에 관한 독점적 권리를 가지는 사람을 "정보주체"라 한다.
④ 일정한 공간에 설치되어 지속적 또는 주기적으로 사람 또는 사물의 영상 등을 촬영하거나 이를 유·무선망을 통하여 전송하는 장치로서 대통령령으로 정하는 장치를 "고정형 영상정보처리기기"라 한다.

정답과 해설

① (O) "개인정보"란 **살아 있는 개인(사자 X)**에 관한 정보로서 성명, 주민등록번호 및 영상 등을 통하여 개인을 알아볼 수 있는 정보, 해당 정보만으로는 특정 개인을 알아볼 수 없더라도 다른 정보와 쉽게 결합하여 알아볼 수 있는 정보를 말한다(개인정보 보호법 제2조 제1호 가목, 나목).
② (O) "**가명처리(익명처리 X)**"란 개인정보의 일부를 삭제하거나 일부 또는 전부를 대체하는 등의 방법으로 추가 정보가 없이는 **특정 개인을 알아볼 수 없도록 처리**하는 것을 말한다(동법 제2조 제1의2호).
③ (X) "정보주체"란 **처리되는 정보에 의하여 알아볼 수 있는 사람으로서 그 정보의 주체가 되는 사람**을 말한다(동법 제2조 제3호).
④ (O) "**고정형 영상정보처리기기(이동형 영상정보처리기기 X)**"란 **일정한 공간에 설치**되어 지속적 또는 주기적으로 사람 또는 사물의 영상 등을 촬영하거나 이를 유·무선망을 통하여 전송하는 장치로서 대통령령으로 정하는 장치를 말한다(동법 제2조 제7호).

정답 ③

593 ☐☐☐☐ 25 채용

「개인정보 보호법」상 '개인정보 보호 원칙'에 관한 설명으로 가장 적절하지 않은 것은?

① 개인정보처리자는 개인정보의 처리 목적을 명확하게 하여야 하고 그 목적에 필요한 범위에서 최소한의 개인정보만을 적법하고 정당하게 수집하여야 한다.
② 개인정보처리자는 개인정보의 처리 목적에 필요한 범위에서 개인정보의 완전성, 확장성 및 신속성이 보장되도록 하여야 한다.
③ 개인정보처리자는 개인정보를 익명 또는 가명으로 처리하여도 개인정보 수집목적을 달성할 수 있는 경우 익명처리가 가능한 경우에는 익명에 의하여, 익명처리로 목적을 달성할 수 없는 경우에는 가명에 의하여 처리될 수 있도록 하여야 한다.
④ 개인정보처리자는 개인정보의 처리 방법 및 종류 등에 따라 정보주체의 권리가 침해받을 가능성과 그 위험 정도를 고려하여 개인정보를 안전하게 관리하여야 한다.

> **정답과 해설**
>
> ① **(O)** 개인정보 보호법 제3조 제1항
> ② **(X)** 개인정보처리자는 개인정보의 처리 목적에 필요한 범위에서 개인정보의 **정확성, 완전성 및 최신성(확장성 X, 신속성 X)**이 보장되도록 하여야 한다(동법 제3조 제3항).
> ③ **(O)** 동법 제3조 제7항
> ④ **(O)** 동법 제3조 제4항
>
> 정답 ②

다음 중 「개인정보 보호법」에 대한 설명으로 가장 적절하지 않은 것은?

① "개인정보처리자"란 업무를 목적으로 개인정보파일을 운용하기 위하여 스스로 또는 다른 사람을 통하여 개인정보를 처리하는 공공기관, 법인, 단체 및 개인 등을 말한다.
② 보호위원회는 상임위원 2명(위원장 1명, 부위원장 1명)을 포함한 9명의 위원으로 구성한다.
③ 정보주체는 자신의 개인정보 처리와 관련하여 개인정보의 처리 정지, 정정·삭제 및 파기를 요구할 권리를 가진다.
④ 고정형영상정보처리기기운영자는 고정형 영상정보처리기기의 설치 목적과 다른 목적으로 고정형 영상정보처리기기를 임의로 조작하거나 다른 곳을 비춰서는 아니 되며, 녹음기능은 사용할 수 있다.

정답과 해설

① (O) "개인정보처리자"란 업무를 목적으로 개인정보파일을 운용하기 위하여 스스로 또는 다른 사람을 통하여 개인정보를 처리하는 **공공기관, 법인, 단체 및 개인** 등을 말한다(동법 제2조 제5호).
② (O) 보호위원회는 **상임위원 2명(위원장 1명, 부위원장 1명)을 포함한 9명의 위원**으로 구성한다(동법 제7조의2 제1항).
③ (O) 동법 제4조 제4호

> **제4조(정보주체의 권리)** 정보주체는 자신의 개인정보 처리와 관련하여 다음 각 호의 권리를 가진다.
> 1. 개인정보의 처리에 관한 정보를 제공받을 권리
> 2. 개인정보의 처리에 관한 동의 여부, 동의 범위 등을 선택하고 결정할 권리
> 3. 개인정보의 처리 여부를 확인하고 개인정보에 대한 열람(사본의 발급을 포함한다. 이하 같다) 및 전송을 요구할 권리
> 4. 개인정보의 처리 정지, 정정·삭제 및 파기를 요구할 권리
> 5. 개인정보의 처리로 인하여 발생한 피해를 신속하고 공정한 절차에 따라 구제받을 권리
> 6. 완전히 자동화된 개인정보 처리에 따른 결정을 거부하거나 그에 대한 설명 등을 요구할 권리

④ (X) 영상정보처리기기운영자는 영상정보처리기기의 설치 목적과 다른 목적으로 영상정보처리기기를 임의로 조작하거나 다른 곳을 비춰서는 아니 되며, **녹음기능은 사용할 수 없다**(동법 제25조 제5항).

정답 ④

595 ☐☐☐☐ 24 채용

「개인정보 보호법」에 관한 설명으로 가장 적절하지 않은 것은? (단, 동법 제3조의 개인정보 보호 원칙은 준수한 것으로 봄)

① 개인정보처리자는 법령상 의무를 준수하기 위하여 불가피한 경우에는 개인정보를 수집할 수 있으며 그 수집 목적의 범위에서 이용할 수 있다.
② 인명의 구조·구급 등을 위하여 필요한 경우로서 대통령령으로 정하는 경우에는 불특정 다수가 이용하는 목욕실, 탈의실 등 개인의 사생활을 현저히 침해할 우려가 있는 장소의 내부를 볼 수 있는 곳에서 이동형 영상정보처리기기로 사람 또는 그 사람과 관련된 사물의 영상을 촬영할 수 있다.
③ 개인정보처리자는 개인정보를 익명 또는 가명으로 처리하여도 개인정보 수집목적을 달성할 수 있는 경우 익명처리가 가능한 경우에는 익명에 의하여, 익명처리로 목적을 달성할 수 없는 경우에는 가명에 의하여 처리될 수 있도록 하여야 한다.
④ 개인정보처리자는 통계작성, 과학적 연구, 공익적 기록보존 등을 위하여 가명정보를 처리하는 경우에 정보주체에게 이를 알리고 동의를 받아야 한다.

정답과 해설

① (O) 개인정보 보호법 제15조 제1항 제2호
② (O) 누구든지 불특정 다수가 이용하는 목욕실, 화장실, 발한실, 탈의실 등 개인의 사생활을 현저히 침해할 우려가 있는 장소의 내부를 볼 수 있는 곳에서 이동형 영상정보처리기기로 사람 또는 그 사람과 관련된 사물의 **영상을 촬영하여서는 아니 된다**. 다만, 인명의 구조·구급 등을 위하여 필요한 경우로서 대통령령으로 정하는 경우에는 그러하지 아니하다(동법 제25조의2 제2항 단서).
③ (O) 동법 제3조 제7항
④ (X) 개인정보처리자는 통계작성, 과학적 연구, 공익적 기록보존 등을 위하여 **정보주체의 동의 없이** 가명정보를 처리할 수 있다(동법 제28조의2).

정답 ④

경찰(행정)상 실효성(의무이행) 확보수단

596 ☐☐☐☐ 예상문제

아래 〈보기〉에서 직접적 의무이행 확보수단에 해당하는 것은 모두 몇 개인가?

〈보기〉
㉠ 즉시강제
㉡ 행정대집행
㉢ 행정형벌
㉣ 이행강제금 부과
㉤ 강제징수
㉥ 과징금
㉦ 공급 거부

① 3개
② 4개
③ 5개
④ 6개

정답과 해설
㉠㉡㉤ 3 항목이 **직접적** 의무이행 확보수단이고, 나머지 항목은 모두 간접적 의무이행 확보수단이다.

정답 ①

597 ☐☐☐☐ 23 간부

경찰의무의 이행확보수단에 대한 설명으로 가장 적절한 것은?

① 형사처벌과 이행강제금을 병과하는 것은 헌법상의 이중처벌금지의 원칙에 위반된다.
② 경찰상의 강제집행의 실정법적 근거로는 「경찰관 직무집행법」이 유일하다.
③ 즉시강제는 경찰상의 이행을 확보하기 위한 가장 효과적인 수단이며, 공공의 안녕 또는 질서에 대한 급박한 위해가 존재하는 경우에는 국가는 그 위해를 제거하여 공공의 안녕과 질서를 유지할 자연법적 권리와 의무를 가지므로, 특별한 법률적 근거가 없다 하더라도 경찰상의 즉시강제가 가능하다.
④ 경찰상의 강제집행을 하기 위해서는 경찰의무를 부과하는 경찰하명의 근거가 되는 법률 이외에 경찰상의 강제집행을 위한 별도의 법적 근거가 있어야 한다.

정답과 해설
① (X) 이행강제금은 행정상 강제집행의 수단으로 장래를 향한 의무이행을 확보하기 위한 것인데 반해 형사처벌은 과거의 위반에 대한 제재를 주된 목적으로 한다. 따라서 양자병과 될 수 있으며, 헌법상 **이중처벌 금지의 원칙에 위반되지 않는다**.
② (X) **일반법은 행정대집행법과 국세징수법**이고 있고, **개별법으로는 도로교통법, 출입국관리법, 식품위생법** 등이 있다.
③ (X) 즉시강제는 기본권 침해의 소지가 큰 권력작용이므로, **엄격한 법령등의 근거가 있어야 하며**, 법령등의 수권이 있는 경우에도 당해 법령등의 내용에 적합하도록 하여야 한다. 즉, 국가는 그 위해를 제거하여 공공의 안녕과 질서를 유지할 **실정법적(자연법적 X)** 권리와 의무를 가지므로 **법률적 근거가 있어야 경찰상의 즉시강제가 가능**하다.

정답 ④

598 ☐☐☐☐ 24 채용, 예상문제

다음 중 경찰상 의무이행 확보수단에 대한 설명으로 옳지 않은 것은?

① 과징금·가산금 등은 전통적 의무이행 확보수단에 해당한다.
② 강제징수는 강제집행에 해당하는 것으로 직접적인 의무이행 확보수단이다.
③ 직접강제는 행정대집행이나 이행강제금 부과로는 행정상 의무이행을 확보할 수 없거나 그 실현이 불가능한 경우에 실시하여야 한다.
④ 경찰상 강제집행은 의무의 존재 및 그 불이행을 전제로 한다는 점에서 이를 전제로 하지 아니하고 급박한 경우에 행하여지는 경찰상 즉시강제와 구별된다.

> **정답과 해설**
> ① (X) 과징금·가산금은 금전상 제재로서 **새로운 의무이행확보수단**이라고 할 수 있다.
> ③ (O) 행정기본법 제32조 제1항
> ④ (O) **경찰상 강제집행**은 경찰하명에 따른 **의무의 존재 및 그 불이행을 전제**로 한다는 점에서 이를 전제로 하지 아니하고 급박한 경우에 행하여지는 **경찰상 즉시강제**와 구별된다.
>
> 정답 ①

599 ☐☐☐☐ 23 채용

행정상 의무이행 확보수단에 관한 설명으로 가장 적절하지 않은 것은? (다툼이 있는 경우 판례에 의함)

① 질서위반행위에 대하여 과태료 부과의 근거 법률이 개정되어 행위 시의 법률에 의하면 과태료 부과대상이었지만 재판 시의 법률에 의하면 과태료 부과대상이 아니게 된 때에는 개정 법률의 부칙에서 종전 법률 시행 당시에 행해진 질서위반행위에 대해서는 행위 시의 법률을 적용하도록 특별한 규정을 두지 않은 이상 재판 시의 법률을 적용하여야 하므로 과태료를 부과할 수 없다.
② 경찰서장이 범칙행위에 대하여 통고처분을 한 이상 통고처분에서 정한 범칙금 납부기간까지는 원칙적으로 경찰서장은 즉결심판을 청구할 수 없다.
③ 피고인이 즉결심판에 대하여 제출한 정식재판청구서에 피고인의 자필로 보이는 이름이 기재되어 있고 그 옆에 서명이 되어 있어 위 서류가 작성자 본인인 피고인의 진정한 의사에 따라 작성되었다는 것을 명백하게 확인할 수 있더라도 피고인의 인장이나 지장이 찍혀 있지 않다면 정식재판청구는 부적법하다고 보아야 한다.
④ 「질서위반행위규제법」에 따르면 고의 또는 과실이 없는 질서위반행위는 과태료를 부과하지 아니한다.

정답과 해설

① (O) 대법원 2017. 4. 7.자 2016마1626
② (O) 대법원 2020. 4. 29. 선고 2017도13409
③ (X) 피고인이 즉결심판에 대하여 제출한 정식재판청구서에 피고인의 자필로 보이는 이름이 기재되어 있고 그 옆에 서명이 되어 있어 위 서류가 작성자 본인인 피고인의 진정한 의사에 따라 작성되었다는 것을 명백하게 확인할 수 있으며 형사소송절차의 명확성과 안정성을 저해할 우려가 없으므로, 정식재판청구는 **적법하다고 보아야 한다**(대판 2017모3458).
④ (O) 고의 또는 과실이 없는 질서위반행위는 **과태료를 부과하지 아니한다**(질서위반행위규제법 제7조).

정답 ③

600 ☐☐☐☐ 22 채용

행정의 실효성 확보수단에 관한 설명 중 가장 적절한 것은? (다툼이 있는 경우 판례에 의함)

① 통고처분은 형식적 의미의 행정이며 실질적 의미의 사법이다.
② 작위의무를 부과한 행정처분의 법적 근거가 있다면 행정대집행은 별도의 법적 근거를 요하지 아니하며, 즉시강제는 법률의 근거가 없더라도 일반긴급권에 기초하여 행사할 수 있다.
③ 행정대집행과 행정상 즉시강제는 제3자에 의해 집행될 수 없고 행정청이 직접 행사해야 한다.
④ 「관세법」상 통고처분 여부는 관세청장의 재량에 맡겨져 있지만, 「경범죄처벌법」 및 「도로교통법」상 통고처분은 재량의 여지가 없다.

정답과 해설

① (O) 통고처분은 비록 행정청에 의해 이루어지지만(형식적 의미의 행정), 그 본질은 위법행위에 대한 제재로서 형벌적 성격(실질적 의미의 사법)을 가진다.
② (X) 행정대집행을 위해서는 별도의 법적 근거를 요하며, **즉시강제는 엄격한 법령등의 근거가 있어야 하며**, 법령등의 수권이 있는 경우에도 당해 법령등의 내용에 적합하도록 하여야 한다.
③ (X) **행정대집행**은 대체적 작위의무의 불이행이 있는 경우 당해 행정청이 **스스로 의무자의 작위의무를 행하거나 또는 제3자로 하여금 이를 행하게 하고 그 비용을 의무자로부터 징수하는 것을** 말한다.
④ (X) 「경범죄처벌법」 및 「도로교통법」상 통고처분은 재량의 여지가 있다(경범죄 처벌법 제7조, 도로교통법 제163조).

정답 ①

601 ☐☐☐☐ 24 채용, 예상문제

행정상 강제집행의 수단에 대한 설명이다. 연결이 올바른 것은?

> ㉠ 의무자가 행정상 의무를 이행하지 아니하는 경우 행정청이 적절한 이행기간을 부여하고, 그 기한까지 행정상 의무를 이행하지 아니하면 금전급부의무를 부과하는 것
> ㉡ 의무자가 행정상 의무 중 금전급부의무를 이행하지 아니하는 경우 행정청이 의무자의 재산에 실력을 행사하여 그 행정상 의무가 실현된 것과 같은 상태를 실현하는 것
> ㉢ 의무자가 행정상 의무(법령등에서 직접 부과하거나 행정청이 법령등에 따라 부과한 의무를 말한다. 이하 같다)로서 타인이 대신하여 행할 수 있는 의무를 이행하지 아니 하는 경우 법률로 정하는 다른 수단으로는 그 이행을 확보하기 곤란하고 그 불이행을 방치하면 공익을 크게 해칠 것으로 인정될 때에 행정청이 의무자가 하여야 할 행위를 스스로 하거나 제3자에게 하게 하고 그 비용을 의무자로부터 징수하는 것
> ㉣ 의무자가 행정상 의무를 이행하지 아니하는 경우 행정청이 의무자의 신체나 재산에 실력을 행사하여 그 행정상 의무의 이행이 있었던 것과 같은 상태를 실현하는 것

① ㉠ 이행강제금의 부과 ㉡ 직접강제 ㉢ 행정대집행 ㉣ 강제징수
② ㉠ 행정대집행 ㉡ 직접강제 ㉢ 강제징수 ㉣ 이행강제금의 부과
③ ㉠ 이행강제금의 부과 ㉡ 강제징수 ㉢ 행정대집행 ㉣ 직접강제
④ ㉠ 강제징수 ㉡ 이행강제금의 부과 ㉢ 직접강제 ㉣ 행정대집행

정답과 해설

㉠ **이행강제금의 부과**(행정기본법 제30조 제1항 제2호)
㉡ **강제징수**(동법 제30조 제1항 제4호)
㉢ **행정대집행**(동법 제30조 제1항 제1호)
㉣ **직접강제**(동법 제30조 제1항 제3호)

정답 ③

602 ☐☐☐☐ 25 채용

「행정기본법」상 행정상 강제에 관한 설명으로 가장 적절하지 않은 것은?

① 행정상 직접강제란 의무자가 행정상 의무를 이행하지 아니하는 경우 행정청이 의무자의 신체나 재산에 실력을 행사하여 그 행정상 의무의 이행이 있었던 것과 같은 상태를 실현하는 것이다.
② 행정상 강제징수란 의무자가 행정상 의무 중 금전급부의무를 이행하지 아니하는 경우 행정청이 의무자의 재산에 실력을 행사하여 그 행정상 의무가 실현된 것과 같은 상태를 실현하는 것이다.
③ 행정상 즉시강제란 현재의 급박한 행정상의 장해를 제거하기 위한 경우로서 행정청이 미리 행정상 의무 이행을 명할 시간적 여유가 없는 경우 또는 그 성질상 행정상 의무의 이행을 명하는 것만으로는 행정목적 달성이 곤란한 경우에 행정청이 곧바로 국민의 신체 또는 재산에 실력을 행사하여 행정목적을 달성하는 것이다.
④ 이행강제금의 부과란 의무자가 행정상 의무를 이행하지 아니하는 경우 행정청이 적절한 이행기간을 부여하고, 그 기한까지 행정상 의무를 이행하지 아니하면 금전급부의무를 부과하는 것으로서, 행정상 의무를 이행하지 않더라도 반복하여 부과할 수 없다.

정답과 해설

① (O) 행정기본법 제30조 제1항 제3호
② (O) 동법 제30조 제1항 제4호
③ (O) 동법 제30조 제1항 제5호
④ (X) 이행강제금의 부과란 의무자가 행정상 의무를 이행하지 아니하는 경우 행정청이 적절한 이행기간을 부여하고, 그 기한까지 행정상 의무를 이행하지 아니하면 금전급부의무를 부과하는 것으로서, 행정상 의무를 **이행할 때까지 이행강제금을 반복하여 부과할 수 있다**(동법 제30조 제1항 제2호, 제31조 제5항).

정답 ④

603 ☐☐☐☐ 21 채용, 예상문제

경찰상 강제집행 및 그 수단에 대한 설명으로 가장 적절하지 않은 것은?

① 경찰상 강제집행이란 경찰하명에 따른 경찰의무의 불이행이 있는 경우에 상대방의 신체 또는 재산이나 주거 등에 실력을 행사하여 경찰상 필요한 상태를 실현하는 작용으로 직접적 또는 간접적 실효성 확보수단이다.
② 경찰상 강제집행은 장래에 향하여 의무이행을 강제한다는 점에서 과거의 의무위반에 대한 제재인 경찰벌과 구별된다.
③ 강제징수란 의무자가 관련 법령상의 대체적 작위의무를 이행하지 않을 경우, 당해 경찰관청이 스스로 행하거나 또는 제3자로 하여금 의무자가 하여야 할 행위를 하게 함으로써 의무의 이행이 있는 것과 같은 상태를 실현시킨 후 그 비용을 의무자로부터 징수하는 것이다.
④ 대집행의 근거가 되는 일반법으로는 「행정대집행법」이 있다.

정답과 해설

① (O) 경찰상 강제집행이란 경찰하명에 따른 경찰의무의 불이행이 있는 경우에 상대방의 신체 또는 재산이나 주거 등에 실력을 행사하여 경찰상 필요한 상태를 실현하는 작용으로 **직접적(대집행, 직접강제, 강제징수) 또는 간접적(집행벌=이행강제금 부과)** 실효성 확보수단이다.
② (O) 경찰상 강제집행은 **장래(과거 X)**에 향하여 의무이행을 강제한다는 점에서 **과거(장래 X)**의 의무위반에 대한 제재인 경찰벌과 구별된다.
③ (X) '**대집행**'에 대한 설명이다. 강제징수란 국민이 국가 또는 공공단체에 대해 부담하고 있는 공법상의 금전부담의무를 이행하지 않는 경우에 행정청이 강제적으로 의무가 이행된 것과 동일한 상태를 실현하는 작용을 말한다.

정답 ③

604 ☐☐☐☐ 21 간부

경찰상 의무이행확보수단에 대한 설명으로 가장 적절한 것은?

① 경찰상 강제집행은 경찰하명에 따른 경찰의무의 불이행이 있는 경우에 상대방의 신체 또는 재산이나 주거 등에 실력을 행사하여 경찰상 필요한 상태를 실현하는 작용으로 간접적 의무이행확보수단이다.
② 강제징수란 국민이 국가 또는 공공단체에 대해 부담하고 있는 공법상의 금전급부의무를 이행하지 않는 경우에 행정청이 강제적으로 의무가 이행된 것과 동일한 상태를 실현하는 작용으로 새로운 의무이행확보 수단이다.
③ 이행강제금 부과는 의무이행을 위한 강제집행이라는 점에서 의무위반에 대한 제재인 경찰벌과 구별되며, 경찰벌과 병과해서 행할 수 있고, 의무이행될 때까지 반복적으로 부과하는 것도 가능하다.
④ 해산명령 불이행에 따른 해산조치, 불법영업소의 폐쇄조치, 감염병 환자의 즉각적인 강제격리는 모두 즉시강제에 해당한다.

정답과 해설

① (X) 경찰상 강제집행은 경찰하명에 따른 경찰의무의 불이행이 있는 경우에 상대방의 신체 또는 재산이나 주거 등에 실력을 행사하여 경찰상 필요한 상태를 실현하는 작용으로 **직접적 또는 간접적(이행강제금 부과, 이행강제금) 의무이행확보수단**이다.
② (X) 강제징수란 국민이 국가 또는 공공단체에 대해 부담하고 있는 공법상의 금전급부의무를 이행하지 않는 경우에 행정청이 강제적으로 의무가 이행된 것과 동일한 상태를 실현하는 작용으로 **전통적 의무이행확보 수단**이다.
③ (O)

> **[최신기출]** 2024년 3월 16일 채용 출제포인트
> 행정기본법 제31조(이행강제금의 부과)
> ⑤ 행정청은 의무자가 행정상 의무를 이행할 때까지 **이행강제금을 반복하여 부과할 수 있다(없다 X)**. 다만, 의무자가 의무를 이행하면 새로운 이행강제금의 부과를 즉시 중지하되, **이미 부과한 이행강제금은 징수하여야 한다(하여서는 안 된다 X)**.

④ (X) **해산명령 불이행에 따른 해산조치, 불법영업소의 폐쇄조치는 직접강제**이고, 감염병 환자의 즉각적인 강제격리는 즉시강제에 해당한다.

정답 ③

605 　21 간부

경찰상 강제집행의 수단에 대한 설명이다. 다음 중 옳은 것은?

① 대집행의 절차는 계고 → 통지 → 비용의 징수 → 실행 순이다.
② 이행강제금 부과(집행벌)는 경찰벌과 병과해서 행할 수 없다.
③ 강제징수 절차는 독촉 → 압류 → 매각 → 청산 순으로 진행한다.
④ 강제집행과 즉시강제는 선행의무 불이행을 전제하지 않는다.

> **정답과 해설**
> ① (X) 대집행의 절차는 계고 → 통지 → **실행 → 비용의 징수** 순이다.
> ② (X) 이행강제금은 의무이행을 위한 강제집행이라는 점에서 의무위반에 대한 제재로써 과하는 경찰벌과 구별되며, **이행강제금은 경찰벌과 병과해서 행할 수 있다.**
> ③ (O)
> ④ (X) 경찰상 강제집행은 의무의 존재 및 그 불이행을 전제로 한다는 점에서 **이를 전제로 하지 아니하고 급박한 경우에 행하여지는 경찰상 즉시강제와 구별**된다.
>
> 정답 ③

606 　예상문제

다음 중 행정상 강제에 대한 설명 중 옳은 것은?

① 행정상 강제에는 행정상 강제집행(행정대집행·강제징수·이행강제금 부과·즉시강제)과 행정상 직접강제가 있는데, 행정상 강제집행은 의무의 존재 및 그 불이행을 전제로 한다는 점에서 이를 전제로 하지 아니하고 급박한 경우에 행하여지는 행정상 직접강제와 구별된다.
② 이행강제금의 부과란 의무자가 행정상 의무를 이행하지 아니하는 경우 행정청이 적절한 이행기간을 부여하고, 그 기한까지 행정상 의무를 이행하지 아니하면 금전급부의무를 부과하는 것을 말하며, 행정청은 의무자가 행정상 의무를 이행할 때까지 이행강제금을 반복하여 부과할 수 있다.
③ 직접강제의 수단으로는 「출입국관리법」상 외국인의 강제퇴거, 「집시법 시행령」상 직접해산, 「감염병의 예방 및 관리에 관한 법률」상 강제격리 등을 들 수 있다.
④ 행정대집행 수단으로는 「도로교통법」상 주차위반 차량에 대한 견인등 이동 및 도로의 위법 인공구조물에 대한 제거조치 등을 들 수 있다.

> **정답과 해설**
> ① (X) 행정상 강제에는 행정상 강제집행(대집행·강제징수·이행강제금 부과·**직접강제**)과 행정상 **즉시강제**가 있는데, 행정상 강제집행은 의무의 존재 및 그 불이행을 전제로 한다는 점에서 이를 전제로 하지 아니하고 급박한 경우에 행하여지는 행정상 **즉시강제**와 구별된다.
> ③ (X) 「감염병의 예방 및 관리에 관한 법률」상 강제격리는 **즉시강제**에 해당한다.
> ④ (X) 「도로교통법」상 도로의 위법 인공구조물에 대한 제거조치는 **직접강제**에 해당한다.
>
> 정답 ②

607 예상문제

다음 중 직접강제에 대한 설명으로 옳지 않은 것은?

① 경찰법상의 의무불이행의 경우 직접적으로 의무자의 신체·재산에 실력을 가하여 의무의 이행이 있었던 것과 동일한 상태를 실현하는 경찰상의 강제집행의 일종이다.
② 직접강제는 대체적 작위의무, 비대체적 작위의무, 부작위 의무 및 수인의무 등 일체의 의무불이행에 대하여 할 수 있다.
③ 경찰관 직무집행법에서 일반적 규정을 두고 있고, 감염병의 예방 및 관리에 관한 법률등 개별법에서도 인정되고 있다.
④ 강제집행 수단 중에서 가장 강력한 수단이라고 할 수 있고, 국민의 기본권을 침해할 가능성이 가장 높다.

> **정답과 해설**
> ③ (X) 직접강제에 대한 일반적 규정은 **행정기본법**에 두고 있다. 경찰관 직무집행법은 즉시강제의 일반법이다.
>
> 정답 ③

608 22 채용

행정상 즉시강제에 해당하는 것을 모두 고른 것은? (다툼이 있는 경우 판례에 의함)

> ㉠ 「경찰관 직무집행법」 제6조 범죄의 예방을 위한 제지
> ㉡ 「경찰관 직무집행법」 제4조 제1항 제1호에서 규정하는 술에 취한 상태로 인하여 자기 또는 타인의 생명·신체와 재산에 위해를 미칠 우려가 있는 피구호자에 대한 보호조치
> ㉢ 「행정대집행법」 제2조 대집행
> ㉣ 「국세징수법」 제24조 강제징수

① ㉠㉢　　　　　　　　　　　　　② ㉡㉢
③ ㉠㉡　　　　　　　　　　　　　④ ㉡㉣

> **정답과 해설**
> ③ ㉠㉡은 **행정상 즉시강제**에 해당하고, ㉢㉣은 강제집행에 해당한다.
>
> 정답 ③

609 ☐☐☐☐ 22 채용

「경찰관 직무집행법」상 즉시강제에 해당하는 것은 모두 몇 개인가? (다툼이 있는 경우 판례에 의함)

> ㉠ 주택가에서 흉기를 들고 난동을 부리며 경찰관의 중지명령에 항거하는 사람에 대해 전자충격기를 사용하여 강제로 제압하는 것
> ㉡ 음주운전 등 교통법규 위반자에 대해 운전면허를 취소하는 것
> ㉢ 불법집회로 인한 공공시설의 안전에 대한 위해를 억제하기 위해 최루탄을 사용하는 것
> ㉣ 위험물의 폭발로 인해 매우 긴급한 경우에 위해를 입을 우려가 있는 사람을 억류하거나 피난시키는 것
> ㉤ 지정된 기한까지 체납액을 완납하지 않은 국세체납자의 재산을 압류하는 것
> ㉥ 무허가건물의 철거 명령을 받고도 이를 불이행하는 사람의 불법건축물을 철거하는 것

① 3개 ② 4개
③ 5개 ④ 6개

정답과 해설
㉠㉢㉣ (O) 경찰관 직무집행법상 **즉시강제**에 해당한다.
㉡ (X) **행정처분(철회)**에 해당한다.
㉤ (X) **강제집행(강제징수)**에 해당한다.
㉥ (X) **강제집행(대집행)**에 해당한다.

정답 ①

610 ☐☐☐☐ 20 채용

경찰상 즉시강제에 대한 설명으로 가장 적절하지 않은 것은?

① 경찰상 즉시강제는 권력적 사실행위인 처분이기 때문에 행정쟁송이 가능하다.
② 즉시강제의 절차적 한계에 있어서 영장주의의 적용 여부에 대하여 영장필요설이 통설과 판례이다.
③ 경찰상 즉시강제 시 필요 이상으로 실력을 행사하여 경찰책임자 이외의 자에게 유형력을 행사하는 것은 위법이 된다.
④ 적법한 즉시강제에 대한 구제로 손실보상을 청구할 수 있으며, 일정한 요건하에서 「형법」상 위법성조각사유에 해당하는 긴급피난도 가능하다.

정답과 해설
② (X) 행정목적의 달성을 위하여 불가피하다고 인정할 만한 합리적 이유가 있는 경우에 한하여 영장제도에 대한 예외 인정이 가능하다는 절충설이 통설과 판례의 입장이다.

정답 ②

611 예상문제

행정상 즉시강제에 대한 설명으로 옳지 않은 것은 모두 몇 개인가?

㉠ 행정상 즉시강제는 현재의 급박한 행정상의 장해를 제거하기 위한 경우로서 행정청이 미리 행정상 의무 이행을 명할 시간적 여유가 없는 경우에만 행정청이 곧바로 국민의 신체 또는 재산에 실력을 행사하여 행정목적을 달성하는 행정 강제이다.
㉡ 행정상 즉시강제는 법치국가에서는 극히 예외적인 권력작용으로 법적 근거를 요하지 않으나, 경미한 위해 제거를 위해서는 사용하면 안 된다.
㉢ 행정상 즉시강제는 성질상 단기간 내에 종료되어 행정처분과 같이 취소·변경을 구할 법률상 이익이 존재하지 않는 것이 대부분이어서 이른바 권력적 사실행위로서 행정쟁송 대상의 '처분 등'에 해당하지 않는다.
㉣ 행정상 즉시강제의 수단으로는 감염병 환자의 즉각적인 강제격리, 해산명령 불이행에 따른 해산조치가 있다.
㉤ 적법한 즉시강제에 의하여 수인의 한도를 넘는 특별한 희생을 받은 경우 손해배상 청구가 가능하다.

① 2개 ② 3개
③ 4개 ④ 5개

정답과 해설

㉠ (X) 행정상 즉시강제는 행정청이 미리 행정상 의무 이행을 명할 시간적 여유가 없는 경우 **외에도 그 성질상 행정상 의무의 이행을 명하는 것만으로는** 행정목적 달성이 곤란한 경우에도 인정된다.
㉡ (X) 행정상 즉시강제는 법치국가에서는 극히 예외적인 권력작용이므로 그 발동에서는 **엄격한 법규의 근거**가 있어야 한다.
㉢ (X) **행정상 즉시강제**는 이른바 권력적 사실행위로서 행정쟁송 대상의 **'처분 등'에 해당하지만** 경찰상 즉시강제는 성질상 단기간 내에 종료되어 행정처분과 같이 취소·변경을 구할 법률상 이익이 존재하지 않는 것이 대부분이어서, 행정소송에 의한 구제는 즉시강제의 성질상 적합하지 아니하다.
㉣ (X) **해산명령 불이행에 따른 해산조치**는 직접강제 수단이다.
㉤ (X) **적법한** 즉시강제에 의하여 수인의 한도를 넘는 특별한 희생을 받은 경우 **손실보상** 청구가 가능하다.

정답 ④

612 ☐☐☐☐ 예상문제

다음 중 경찰상 강제집행과 즉시강제에 대한 설명으로 옳지 않은 것은?

① 실력으로써 경찰상 필요한 상태를 실현시키는 권력적 사실행위라는 점에서 양자는 동일하다.
② 의무를 전제로 한다는 점에서 양자는 동일하다.
③ 경찰상 강제집행의 근거법으로는 행정대집행법·국제징수법 등이 있다.
④ 경찰상 즉시강제의 근거법으로는 경찰관 직무집행법이 일반법적인 지위에 있다.

> **정답과 해설**
> ② (X) 경찰상의 **강제집행은 의무를 전제로** 하지만 **경찰상 즉시강제는 의무를 전제로 하지 않는다**.
>
> 정답 ②

613 ☐☐☐☐ 예상문제

행정상 즉시강제에 대한 설명으로 가장 적절하지 않은 것은? (다툼이 있는 경우 판례에 의함)

① 경찰관 직무집행법 제4조 제1항 제1호에서 규정하는 "술에 취하여 자신 또는 다른 사람의 생명·신체·재산에 위해를 끼칠 우려가 있는 사람"에 대한 보호조치는 행정상 즉시강제에 해당한다.
② 경찰관 직무집행법 제6조 제1항("경찰관은 범죄행위가 목전에 행하여지려고 하고 있다고 인정될 때에는 이를 예방하기 위하여 관계인에게 필요한 경고를 하고, 그 행위로 인하여 사람의 생명·신체에 위해를 끼치거나 재산에 중대한 손해를 끼칠 우려가 있는 긴급한 경우에는 그 행위를 제지할 수 있다.") 중 경찰관의 제지에 관한 부분은 범죄의 예방을 위한 행정상 즉시강제에 관한 근거 조항이다.
③ 사전영장주의원칙은 인신보호를 위한 헌법상의 기속원리이기 때문에 인신의 자유를 제한하는 행정상 즉시강제에서도 존중되어야 하고, 다만 사전영장주의를 고수하다가는 도저히 그 목적을 달성할 수 없는 지극히 예외적인 경우에만 형사절차에서와 같은 예외가 인정된다.
④ 경찰관 직무집행법상 경찰관의 제지에 관한 부분은 눈앞의 급박한 경찰상 장해를 제거하여야 할 필요가 있고 의무를 명할 시간적 여유가 없거나 의무를 명하는 방법으로는 그 목적을 달성하기 어려운 상황에서 의무이행을 전제로 하지 않고 경찰이 직접 실력을 행사하여 경찰상 필요한 상태를 실현하는 권력적 법률행위에 관한 근거조항이다.

> **정답과 해설**
> ④ (X) 경찰관의 제지에 관한 부분은 범죄 예방을 위한 경찰 행정상 즉시강제, 즉 눈앞의 급박한 경찰상 장해를 제거할 필요가 있고 의무를 명할 시간적 여유가 없거나 의무를 명하는 방법으로는 그 목적을 달성하기 어려운 상황에서 의무불이행을 전제로 하지 않고 경찰이 직접 실력을 행사하여 경찰상 필요한 상태를 실현하는 **권력적 사실행위(법률행위 X)**에 관한 근거조항이다(대판 2016도19417).
>
> 정답 ④

614 예상문제

다음 중 경찰벌에 대한 설명으로 틀린 것은?

① 의무위반에 대한 제재로서 특별행정법관계에 의거하여 과하는 벌이다.
② 경찰의무 위반자에게 과하는 제재벌이다.
③ 경찰벌 중 형벌은 죄형법정주의가 적용된다.
④ 경찰벌을 경찰형벌과 경찰질서벌로 구분할 수 있다.

정답과 해설

① (X) 경찰벌이란 법규에 의한 명령·금지 등의 의무위반에 대하여 일반 사인에게 과하여지는 제재로서 **일반통치권**에 의한 처벌을 말한다. 특별행정법관계에 의거하여 과하는 벌은 **징계벌**이다.

정답 ①

615 예상문제

경찰벌에 대한 설명으로 가장 적절하지 않은 것은?

① 경찰형벌은 행정법규를 위반한 사람에 대하여 형법상의 형벌(벌금등 형벌)을 부과하는 것이다.
② 경찰질서벌이란 행정법규 위반에 대한 제재로서 과료가 과하여지는 행정벌을 말한다.
③ 경찰형벌의 경찰법규 위반에 대한 제재로서 사형, 징역, 금고, 자격상실, 자격정지, 벌금, 구류, 과료, 몰수 등 형법 제41조에 규정된 형을 과하는 경찰벌을 말한다.
④ 과태료의 부과대상이 되는 질서위반행위와 과태료 금액은 개별법규에서 정하고, 그 부과 등 징수절차는 질서위반행위규제법에서 정한다.

정답과 해설

② (X) 행정질서벌이란 행정법규 위반에 대한 제재로서 **과태료(과료 X)**가 과하여지는 행정벌을 말한다. **과료는 형벌의 일종**이다.

정답 ②

THEME 11 질서위반행위규제법

616 22 채용, 24 승진, 22 경채

「질서위반행위규제법」에 관한 설명 중 옳지 않은 것은 모두 몇 개인가?

> ㉠ 질서위반행위의 성립과 과태료 처분은 처분 시의 법률에 따른다. 질서위반행위 후 법률이 변경되어 그 행위가 질서위반행위에 해당하지 아니하게 되거나 과태료가 변경되기 전의 법률보다 가볍게 된 때에는 법률에 특별한 규정이 없는 한 변경된 법률을 적용한다.
> ㉡ 이 법은 대한민국 영역 밖에서 질서위반행위를 한 대한민국의 국민에게 적용하지 아니한다.
> ㉢ 법률에 따르지 아니하고는 어떤 행위도 질서위반행위로 과태료를 부과하지 아니한다.
> ㉣ 고의 또는 과실이 없는 질서위반행위는 과태료를 부과하지 아니한다.
> ㉤ 자신의 행위가 위법하지 아니한 것으로 오인하고 행한 질서위반행위는 그 오인에 정당한 이유가 있는 때에도 과태료를 부과한다.
> ㉥ 다른 법률에 특별한 규정이 없는 한 18세가 되지 아니한 자의 질서위반행위는 과태료를 부과하지 아니한다.

① 1개 ② 2개
③ 3개 ④ 4개

정답과 해설
㉠ (X) 질서위반행위의 성립과 과태료 처분은 **행위 시(처분 시 X)**의 법률에 따른다(동법 제3조 제1항, 제2항).
㉡ (X) 이 법은 대한민국 영역 밖에서 질서위반행위를 한 대한민국의 **국민에게 적용한다(적용하지 아니한다 X)**(동법 제4조 제2항).
㉢ (O) **법률에 따르지 아니하고는** 어떤 행위도 질서위반행위로 **과태료를 부과하지 아니한다**(동법 제6조).
㉣ (O) 고의 또는 과실이 없는 질서위반행위는 과태료를 **부과하지 아니한다(감면한다 X)**(동법 제7조).
㉤ (X) 자신의 행위가 위법하지 아니한 것으로 오인하고 행한 질서위반행위는 그 오인에 **정당한 이유가 있는 때에 한하여 과태료를 부과하지 아니한다(부과한다 X)**(동법 제8조).
㉥ (X) 다른 법률에 특별한 규정이 없는 한 **14세가 되지 아니한 자**의 질서위반행위는 과태료를 부과하지 아니한다(동법 제9조).

정답 ④

617 □□□□ 예상문제

다음 「질서위반행위규제법」 및 「질서위반행위규제법 시행령」에 대한 내용에서 괄호 안에 들어갈 숫자를 모두 더한 값은?

> ㉠ 과태료는 행정청의 과태료 부과처분이나 법원의 과태료 재판이 확정된 후 ( )년간 징수하지 아니하거나 집행하지 아니하면 시효로 인하여 소멸한다.
> ㉡ 동법 제19조 제1항에 따라 행정청은 질서위반행위가 종료된 날부터 ( )년이 경과한 경우에는 해당 질서위반행위에 대하여 과태료를 부과할 수 없다.
> ㉢ ( )세가 되지 아니한 자의 질서위반행위는 과태료를 부과하지 아니한다.
> ㉣ 행정청은 당사자가 동법 제24조의3 제1항에 따라 과태료(체납된 과태료와 가산금, 중가산금 및 체납처분비를 포함한다)를 납부하기가 곤란하다고 인정되면 ( )년의 범위에서 과태료의 분할납부나 납부기일의 연기를 결정할 수 있다.
> ㉤ 행정청은 ㉣에 따라 과태료의 분할납부나 납부기일의 연기(이하 "징수유예등"이라 한다)를 결정하는 경우 그 기간을 그 징수유예등을 결정한 날의 다음 날부터 ( )개월 이내로 하여야 한다.

① 28
② 31
③ 34
④ 38

정답과 해설

5 + 5 + 14 + 1 + 9 = **34**

㉠ 과태료는 행정청의 과태료 부과처분이나 법원의 과태료 재판이 확정된 후 (**5**)년간 징수하지 아니하거나 집행하지 아니하면 시효로 인하여 소멸한다(질서위반행위규제법 제15조 제1항).
㉡ 동법 제19조 제1항에 따라 행정청은 질서위반행위가 종료된 날부터 (**5**)년이 경과한 경우에는 해당 질서위반행위에 대하여 과태료를 부과할 수 없다(동법 제19조 제1항).
㉢ (**14**)세가 되지 아니한 자의 질서위반행위는 과태료를 부과하지 아니한다(동법 제9조).
㉣ 행정청은 당사자가 동법 제24조의3 제1항에 따라 과태료(체납된 과태료와 가산금, 중가산금 및 체납처분비를 포함한다)를 납부하기가 곤란하다고 인정되면 (**1**)년의 범위에서 과태료의 분할납부나 납부기일의 연기를 결정할 수 있다(동법 제24조의3 제1항).
㉤ 행정청은 ㉣에 따라 과태료의 분할납부나 납부기일의 연기(이하 "징수유예등"이라 한다)를 결정하는 경우 그 기간을 그 징수유예등을 결정한 날의 다음 날부터 (**9**)개월 이내로 하여야 한다(동법 시행령 제7조의2 제1항).

정답 ③

618 ☐☐☐☐ 21 간부

「질서위반행위규제법」에 대한 설명이다. 옳지 않은 것은?

① 심신장애로 인하여 행위의 옳고 그름을 판단할 능력이 없거나 그 판단에 따른 행위를 할 능력이 없는 자의 질서위반행위는 과태료를 부과하지 아니한다.
② 2인 이상이 질서위반행위에 가담한 때에는 각자가 질서위반행위를 한 것으로 본다. 또한 신분에 의하여 성립하는 질서위반행위에 신분이 없는 자가 가담한 때에는 신분이 없는 자에 대하여도 질서위반행위가 성립한다.
③ 하나의 행위가 2 이상의 질서위반행위에 해당하는 경우에는 각 질서위반행위에 대하여 정한 과태료 중 가장 중한 과태료를 부과한다.
④ 과태료는 행정청의 과태료 부과처분이나 법원의 과태료 재판이 확정된 후 3년간 징수하지 아니하거나 집행하지 아니하면 시효로 인하여 소멸된다.

정답과 해설

① (O) 심신장애로 인하여 행위의 옳고 그름을 판단할 능력이 **없거나(미약하거나 X)** 그 판단에 따른 행위를 할 능력이 **없는 자(미약한 자 X)**의 질서위반행위는 **과태료를 부과하지 아니한다(감경한다 X)**(질서위반행위규제법 제10조 제1항).
② (O) 2인 이상이 질서위반행위에 가담한 때에는 각자가 질서위반행위를 한 것으로 본다. 또한 신분에 의하여 성립하는 질서위반행위에 신분이 없는 자가 가담한 때에는 **신분이 없는 자에 대하여도 질서위반행위가 성립한다(성립하지 않는다 X)**(동법 제12조 제1항 제2항).
③ (O) 하나의 행위가 2 이상의 질서위반행위에 해당하는 경우에는 각 질서위반행위에 대하여 정한 과태료 중 **가장 중한 과태료를 부과한다**(동법 제13조 제1항).
④ (X) 과태료는 행정청의 과태료 부과처분이나 법원의 과태료 재판이 확정된 후 **5년간** 징수하지 아니하거나 집행하지 아니하면 시효로 인하여 소멸한다(제15조 제1항).

정답 ④

619 □□□□ 24 승진, 예상문제

「질서위반행위규제법」에 관한 다음 설명 중 옳지 않은 것은?

① 행정청의 과태료 부과에 불복하는 당사자는 과태료 부과 통지를 받은 날부터 60일 이내에 해당 행정청에 서면으로 이의제기 할 수 있다.
② 심신장애로 인하여 행위의 옳고 그름을 판단할 능력이 미약하거나 그 판단에 따른 행위를 할 능력이 미약한 자의 질서위반행위는 과태료를 감면한다.
③ 행정청이 질서위반행위에 대하여 과태료를 부과하고자 하는 때에는 미리 당사자에게 10일 이상의 기간을 정하여 의견을 제출할 기회를 주어야 한다.
④ 이 법은 대한민국 영역 안에서 질서위반행위를 한 자에게 적용하고, 대한민국 영역 밖에 있는 대한민국의 선박 또는 항공기 안에서 질서위반행위를 한 외국인에게도 적용한다.

정답과 해설

① (O) 행정청의 과태료 부과에 불복하는 당사자는 과태료 부과 통지를 **받은 날로부터 60일 이내**에 **해당 행정청**(상급행정청 X)에 서면으로 이의제기를 할 수 있다(질서위반행위규제법 제20조 제1항).
② (X) **심신장애로 인하여 판단능력이 미약한 자**의 질서위반행위는 **과태료를 감경**(감면 X)한다(동법 제10조 제2항).
③ (O) 행정청이 질서위반행위에 대하여 과태료를 부과하고자 하는 때에는 미리 당사자에게 대통령령으로 정하는 사항을 통지하고, **10일 이상**의 기간을 정하여 의견을 제출할 **기회를 주어야 한다**(기회를 줄 수 있다 X). 이 경우 지정된 기일까지 의견 제출이 없는 경우에는 의견이 없는 것으로 본다(동법 제16조 제1항).
④ (O) 이 법은 대한민국 영역 밖에서 질서위반행위를 한 대한민국의 국민에게 **적용하고**(적용하지 아니하고 X), 대한민국 영역 밖에 있는 대한민국의 선박 또는 항공기 안에서 질서위반행위를 한 외국인에게도 **적용한다**(적용하지 아니한다 X)(동법 제4조 제1항, 제3항).

정답 ②

620 23 채용

「질서위반행위규제법」상 행정청의 과태료 부과 및 징수에 관한 설명으로 가장 적절하지 않은 것은?

① 행정청은 법 제16조 제2항에 따라 당사자가 제출한 의견에 상당한 이유가 있는 경우에는 과태료를 부과하지 아니하거나 통지한 내용을 변경할 수 있다.
② 법 제20조 제1항에 따른 이의제기가 있는 경우에는 행정청의 과태료 부과처분은 그 효력을 상실하지 않는다.
③ 당사자가 법 제18조 제1항에 따라 감경된 과태료를 납부한 경우에는 해당 질서위반행위에 대한 과태료 부과 및 징수절차는 종료한다.
④ 행정청은 당사자가 납부기한까지 과태료를 납부하지 아니한 때에는 납부기한을 경과한 날부터 체납된 과태료에 대하여 100분의 3에 상당하는 가산금을 징수한다.

정답과 해설

① (O) 질서위반행위규제법 제16조 제3항

> 제16조(사전통지 및 의견 제출 등) ② 당사자는 의견 제출 기한 이내에 대통령령으로 정하는 방법에 따라 행정청에 의견을 진술하거나 필요한 자료를 **제출할 수 있다.**
> ③ 행정청은 제2항에 따라 당사자가 제출한 의견에 상당한 이유가 있는 경우에는 과태료를 부과하지 아니하거나 통지한 내용을 변경할 수 있다.

② (X) 법 제20조 제1항에 따른 이의제기가 있는 경우에는 행정청의 과태료 부과처분은 그 효력을 **상실한다(상실하지 않는다 X)**(동법 제20조 제2항).
③ (O) 동법 제18조 제2항
④ (O) 행정청은 당사자가 납부기한까지 과태료를 납부하지 아니한 때에는 **납부기한을 경과한 날부터** 체납된 과태료에 대하여 **100분의 3**에 상당하는 가산금을 징수한다(동법 제24조 제1항).

정답 ②

621 24 간부(행정법). 예상문제

「질서위반행위규제법」와 「동법 시행령」에 대한 설명으로 옳지 않은 것은? (다툼이 있는 경우 판례에 의함)

① 어떤 행정법규 위반행위에 대하여 입법자가 행정질서벌인 과태료를 부과할 것인지, 행정형벌을 부과할 것인지를 정하는 것은 입법재량에 속한다.
② 행정청은 당사자가 동법 제24조의3 제1항 각 호의 어느 하나에 해당하여 과태료(체납된 과태료와 가산금, 중가산금 및 체납처분비를 포함)를 납부하기가 곤란하다고 인정되면 1년의 범위에서 대통령령으로 정하는 바에 따라 과태료의 분할납부나 납부기일의 연기를 결정할 수 있다.
③ 행정청은 불의의 재난으로 피해를 당한 사람에 대하여 과태료의 징수유예등을 하는 경우 그 유예하는 금액에 상당하는 담보의 제공을 요구할 수 없다.
④ 행정청은 과태료의 분할납부나 납부기일의 연기(이하 "징수유예등"이라 한다)를 결정하는 경우 그 기간을 그 징수유예등을 결정한 날의 다음 날부터 9개월 이내로 하여야 한다.

정답과 해설

① (O) 어떤 행정법규 위반행위에 대하여 이를 단지 간접적으로 행정상의 질서에 장해를 줄 위험성이 있음에 불과한 경우로 보아 행정질서벌인 과태료를 과할 것인가 아니면 직접적으로 행정목적과 공익을 침해한 행위로 보아 행정형벌을 과할 것인가, 그리고 행정형벌을 과할 경우 그 법정형의 형종과 형량을 어떻게 정할 것인가는 당해 위반행위가 위의 어느 경우에 해당하는가에 대한 법적 판단을 그르친 것이 아닌한 그 처벌내용은 기본적으로 입법권자가 제반사정을 고려하여 결정할 입법재량에 속하는 문제이다(헌재 91헌바14).
② (O) 질서위반행위규제법 제24조의3 제1항
③ (X) 행정청은 불의의 재난으로 피해를 당한 사람에 대하여 과태료의 징수유예등을 하는 경우 그 유예하는 금액에 상당하는 담보의 제공이나 제공된 담보의 변경을 **요구할 수 있고(요구할 수 없고 X)**, 그 밖에 담보보전에 필요한 명령을 할 수 있다(동법 제24조의3 제5호).

> **[최신기출] 2023년 8월 8일 간부(행정법) 출제포인트**
> **제24조의3(과태료의 징수유예 등)** ① 행정청은 당사자가 다음 각 호의 어느 하나에 해당하여 과태료(체납된 과태료와 가산금, 중가산금 및 체납처분비를 포함)를 납부하기가 곤란하다고 인정되면 1년의 범위에서 대통령령으로 정하는 바에 따라 과태료의 **분할납부나 납부기일의 연기(이하 "징수유예등"이라 한다)를 결정할 수 있다.
> 1. 「국민기초생활 보장법」에 따른 수급권자
> 2. 「국민기초생활 보장법」에 따른 차상위계층 중 다음 각 목의 대상자
>   가. 「의료급여법」에 따른 수급권자
>   나. 「한부모가족지원법」에 따른 지원대상자
>   다. 자활사업 참여자
> 3. 「장애인복지법」 제2조 제2항에 따른 장애인
> 4. 본인 외에는 가족을 부양할 사람이 없는 사람
> 5. **불의의 재난으로 피해를 당한 사람**
> 6. 납부의무자 또는 그 동거 가족이 질병이나 중상해로 1개월 이상의 장기 치료를 받아야 하는 경우
> 7. 「채무자 회생 및 파산에 관한 법률」에 따른 개인회생절차개시결정자
> 8. 「고용보험법」에 따른 실업급여수급자
> 9. 그 밖에 제1호부터 제8호까지에 준하는 것으로서 대통령령으로 정하는 부득이한 사유가 있는 경우
> ③ 행정청은 ①에 따라 징수유예등을 하는 경우 그 유예하는 금액에 상당하는 담보의 제공이나 제공된 담보의 변경을 **요구할 수 있고**, 그 밖에 담보보전에 필요한 명령을 할 수 있다.

④ (O) 행정청은 과태료의 분할납부나 납부기일의 연기(이하 "징수유예등"이라 한다)를 결정하는 경우 그 기간을 그 징수유예등을 **결정한 날의 다음 날(결정한 날 X)부터 9개월 이내**로 하여야 한다(동법 시행령 제7조의2).

정답 ③

경찰(행정)작용에 대한 구제

622 25 채용

「행정절차법」에 관한 설명으로 가장 적절하지 않은 것은?

① 이 법은 행정절차에 관한 공통적인 사항을 규정하여 국민의 행정 참여를 도모함으로써 행정의 공정성·투명성 및 신뢰성을 확보하고 국민의 권익을 보호함을 목적으로 한다.
② 행정청의 관할이 분명하지 아니한 경우에는 해당 행정청을 공통으로 감독하는 상급 행정청이 그 관할을 결정하며, 공통으로 감독하는 상급 행정청이 없는 경우에는 각 상급 행정청이 협의하여 그 관할을 결정한다.
③ 송달은 우편 또는 정보통신망을 이용한 방법으로만 하되, 송달받을 자의 주소·거소·영업소·사무소 또는 전자우편주소로 한다.
④ 행정청이 처분을 할 때에는 다른 법령등에 특별한 규정이 있는 경우를 제외하고는 문서로 하여야 하며, 당사자등의 동의가 있거나 당사자가 전자문서로 처분을 신청한 경우에는 전자문서로 할 수 있다.

정답과 해설

① (O) 이 법은 행정절차에 관한 공통적인 사항을 규정하여 국민의 행정 참여를 도모함으로써 행정의 **공정성·투명성 및 신뢰성**을 확보하고 국민의 권익을 보호함을 목적으로 한다(행정절차법 제1조).
② (O) 행정청의 관할이 분명하지 아니한 경우에는 해당 행정청을 공통으로 감독하는 **상급 행정청이 그 관할을 결정**하며, 공통으로 감독하는 상급 행정청이 없는 경우에는 **각 상급 행정청**이 협의하여 그 관할을 결정한다(동법 제6조 제2항).
③ (X) **송달**은 **우편, 교부 또는 정보통신망 이용 등**의 방법으로 하되, 송달받을 자(대표자 또는 대리인을 포함한다)의 주소·거소(居所)·영업소·사무소 또는 전자우편주소(이하 "주소등"이라 한다)로 한다. 다만, 송달받을 자가 동의하는 경우에는 그를 만나는 장소에서 송달할 수 있다(동법 제14조 제1항).
④ (O) 동법 제24조 제항

> **제24조(처분의 방식)** ① 행정청이 처분을 할 때에는 다른 법령등에 특별한 규정이 있는 경우를 제외하고는 **문서(구두 X)**로 하여야 하며, 당사자등의 동의가 있거나 당사자가 전자문서로 처분을 신청한 경우에는 전자문서로 할 수 있다(없다 X). 23 군무원 5급, 24 해경간부, 23 경찰간부(행정법)
> 1. **당사자등의 동의가 있는 경우** 23 군무원 5급, 24 해경간부
> 2. 당사자가 전자문서로 처분을 신청한 경우

정답 ③

623 24 채용

「행정절차법」 제8조에 따른 행정응원에 관한 설명으로 가장 적절하지 않은 것은?

① 행정청은 다른 행정청의 응원을 받아 처리하는 것이 보다 능률적이고 경제적인 경우 다른 행정청에 행정응원을 요청할 수 있다.
② 행정응원을 요청받은 행정청은 행정응원으로 인하여 고유의 직무 수행이 현저히 지장받을 것으로 인정되는 명백한 이유가 있는 경우에는 응원을 거부할 수 있다.
③ 행정응원을 위하여 파견된 직원은 다른 법령 등에 특별한 규정이 있는 경우를 제외하고는 원 소속 행정청의 지휘·감독을 받는다.
④ 행정응원에 드는 비용은 응원을 요청한 행정청이 부담하며, 그 부담금액 및 부담방법은 응원을 요청한 행정청과 응원을 하는 행정청이 협의하여 결정한다.

정답과 해설

① (O) 행정절차법 제8조 제1항 제5호
② (O) 동법 제8조 제2항 제2호
③ (X) 행정응원을 위하여 파견된 직원은 응원을 요청한 **행정청(원 소속 행정청 X)**의 지휘·감독을 받는다(동법 제8조 제5항).
④ (O) 동법 제8조 제6항

[최신기출] 2023년 6월 3일 행정사 출제포인트
제8조(행정응원)
  ⑥ 행정응원에 드는 비용은 응원을 **요청한(하는 X)** 행정청이 부담하며, 그 부담금액 및 부담방법은 응원을 **요청한 행정청과 응원을 하는 행정청이 협의하여** 결정한다.

정답 ③

624 ☐☐☐☐ 23 행정사(행정법), 예상문제

「행정절차법」상 송달 및 기간·기한에 관한 설명으로 옳은 것은?

① 정보통신망을 이용한 송달은 송달받을 자의 동의 여부와 상관없이 언제든지 가능하다.
② 송달은 다른 법령등에 특별한 규정이 있는 경우를 제외하고는 해당 문서를 발신한때 그 효력이 발생한다.
③ 천재지변이나 그 밖에 당사자등에게 책임이 없는 사유로 기간 및 기한을 지킬 수 없는 경우에는 그 사유가 끝나는 날이 속하는 주말까지 기간의 진행이 정지된다.
④ 외국에 거주하거나 체류하는 자에 대한 기간 및 기한은 행정청이 그 우편이나 통신에 걸리는 일수(日數)를 고려하여 정하여야 한다.

정답과 해설

① (X) 정보통신망을 이용한 송달은 송달받을 자가 **동의하는 경우에만** 한다(행정절차법 제14조 제3항).

> **제14조(송달)** ③ 정보통신망을 이용한 송달은 송달받을 자가 **동의하는 경우**(동의 여부와 상관없이 X)에만 한다. 이 경우 **송달받을 자는 송달받을 전자우편주소**(행정청이 송달받을 주소 X) 등을 지정하여야 한다. 22 국회직 8급, 23 행정사, 23 해경간부
> ⑥ 행정청은 송달하는 문서의 명칭, 송달받는 자의 성명 또는 명칭, 발송방법 및 발송 연월일을 확인할 수 있는 기록을 **보존하여야 한다**(보존하지 않아도 된다 X). 23 행정사

② (X) 송달은 다른 법령등에 특별한 규정이 있는 경우를 제외하고는 해당 문서가 **송달받을 자에게 도달됨으로써 그 효력이 발생**한다(동법 제15조 제1항).

> **제15조(송달의 효력 발생)** ① 송달은 다른 법령등에 특별한 규정이 있는 경우를 제외하고는 해당 문서가 **송달받을 자에게 도달됨**(발신 X)으로써 그 효력이 발생한다. 23 행정사
> ② 제14조 제3항에 따라 정보통신망을 이용하여 전자문서로 송달하는 경우에는 송달받을 자가 지정한 컴퓨터 등에 입력된 때에 도달된 것으로 본다. 23 국가직 9급, 24 해경승진, 24 경찰간부(행정법)

③ (X) 천재지변이나 그 밖에 당사자등에게 책임이 없는 사유로 기간 및 기한을 지킬 수 없는 경우에는 그 사유가 **끝나는 날까지** 기간의 진행이 정지된다(동법 제16조 제1항).

④ (O) 동법 제16조 제2항

정답 ④

625 예상문제

다음 중 「행정절차법」에 대한 설명으로 옳지 않은 것은 모두 몇 개인가?

㉠ 처분절차, 행정예고절차, 확약절차, 행정계획절차, 신고절차, 위반사실 등 공표절차, 행정상 입법예고, 행정조사절차를 규정하고 있다.
㉡ 행청청은 공청회와 병행하여서만 정보통신망을 이용한 온라인공청회를 실시할 수 있다. 예외적인 경우에는 온라인공청회를 단독으로 개최할 수 있다.
㉢ 행정청은 신청 내용을 모두 그대로 인정하는 처분을 할 때에는 그 근거와 이유를 제시하여야 한다.
㉣ 행정청이 당사자에게 의무를 부과하거나 권익을 제한하는 처분을 할 때 청문을 실시하거나 공청회를 개최하는 경우 외에는 당사자등에게 의견제출의 기회를 줄 수 있다.
㉤ 행정청은 청문을 하려면 청문이 시작되는 날부터 7일 전까지 처분의 제목 등 일정한 사항을 당사자등에게 통지하여야 한다.
㉥ 행정청은 필요한 처분기준을 해당 처분의 성질에 비추어 되도록 구체적으로 정하여 공표하여야 한다. 처분기준을 변경하는 경우에는 적용되지 않는다.

① 2개 ② 3개
③ 4개 ④ 5개

정답과 해설

㉠ (X) 처분, 신고, 확약, 위반사실 등의 공표, 행정계획, 행정상 입법예고, 행정예고 및 **행정지도(행정조사 X)**의 절차에 관하여 다른 법률에 특별한 규정이 있는 경우를 제외하고는 이 법에서 정하는 바에 따른다(행정절차법 제3조 제1항).

> **[최신기출] 2022년 6월 30일 행정사(행정법) 출제포인트**
> 행정절차에 관하여 다른 법률에 특별한 규정이 있는 **경우를 제외하고는(경우에도 X)** 「행정절차법」이 우선한다.

㉡ (O) 동법 제38조의2 제1항, 제2항
㉢ (X) 행정청은 처분을 할 때에는 당사자에게 그 근거와 이유를 제시하여야 한다. 단, 1. **신청 내용을 모두 그대로 인정하는 처분인 경우**, 2. 단순·반복적인 처분 또는 경미한 처분으로서 당사자가 그 이유를 명백히 알 수 있는 경우, 3. 긴급히 처분을 할 필요가 있는 경우는 **이유부기를 생략할 수 있다**(동법 제23조 제1항).
㉣ (X) 행정청이 당사자에게 의무를 부과하거나 권익을 제한하는 처분을 할 때 청문을 실시하거나 공청회를 개최하는 경우 외에는 당사자등에게 의견제출의 **기회를 주어야 한다(줄 수 있다 X)**(동법 제22조 제3항).
㉤ (X) 행정청은 청문을 하려면 청문이 시작되는 날부터 **10일 전까지 당사자등**에게 통지하여야 한다(동법 제21조 제2항).
㉥ (X) 행정청은 필요한 처분기준을 해당 처분의 성질에 비추어 되도록 구체적으로 정하여 공표하여야 한다. 처분기준을 변경하는 경우에도 **또한 같다(적용되지 않는다 X)**(동법 제20조 제1항). 24 소방(행정법), 23 국가직 9급, 23 경찰간부(행정법)

정답 ④

626 ☐☐☐☐ 25 채용

「행정절차법」상 처분에 관한 설명으로 가장 적절하지 않은 것은?

① 행정청은 신청에 구비서류의 미비 등 흠이 있는 경우에는 보완에 필요한 상당한 기간을 정하여 지체 없이 신청인에게 보완을 요구하여야 한다.
② 행정청은 당사자에게 의무를 부과하거나 권익을 제한하는 처분을 하는 경우에는 미리 당사자등에게 통지하여야 한다. 다만, 공공의 안전 또는 복리를 위하여 긴급히 처분을 할 필요가 있는 경우에는 통지하지 아니할 수 있다.
③ 행정청은 처분 후 2년 이내에 당사자등이 요청하는 경우에는 청문·공청회 또는 의견제출을 위하여 제출받은 서류나 그 밖의 물건을 반환할 수 있다.
④ 행정청은 청문·공청회 또는 의견제출을 거쳤을 때에는 신속히 처분하여 해당 처분이 지연되지 아니하도록 하여야 한다.

정답과 해설

① (O) 행정청은 신청에 구비서류의 미비 등 흠이 있는 경우에는 보완에 필요한 상당한 기간을 정하여 **지체 없이** 신청인에게 **보완을 요구하여야 한다**(거부하여야 한다 X)(행정절차법 제17조 제5항).
② (O) 동법 제21조 제1항, 제4항 제1호

> **제21조(처분의 사전 통지)** ① 행정청은 당사자에게 의무를 부과하거나 권익을 제한하는 처분을 하는 경우에는 **미리 다음 각 호의 사항을 당사자등에게 통지하여야 한다.** 22 군무원 9급
> 1. 처분의 제목
> 2. 당사자의 성명 또는 명칭과 주소
> 3. 처분하려는 원인이 되는 사실과 처분의 내용 및 법적 근거
> 4. 제3호에 대하여 의견을 제출할 수 있다는 뜻과 의견을 제출하지 아니하는 경우의 처리방법
> 5. 의견제출기관의 명칭과 주소
> 6. 의견제출기한
> 7. 그 밖에 필요한 사항
> ④ 다음 각 호의 어느 하나에 해당하는 경우에는 제1항에 따른 **통지를 하지 아니할 수 있다**(사전통지를 해야 한다 X). 22 군무원 7급
> 1. 공공의 안전 또는 복리를 위하여 긴급히 처분을 할 필요가 있는 경우
> 2. 법령등에서 요구된 자격이 없거나 없어지게 되면 반드시 일정한 처분을 하여야 하는 경우에 그 자격이 없거나 없어지게 된 사실이 법원의 재판 등에 의하여 객관적으로 증명된 경우 22 국가직 9급
> 3. 해당 **처분의 성질상 의견청취가 현저히 곤란**하거나 명백히 불필요하다고 인정될 만한 상당한 이유가 있는 경우

③ (X) 행정청은 처분 후 **1년** 이내에 당사자등이 요청하는 경우에는 청문·공청회 또는 의견제출을 위하여 제출받은 서류나 그 밖의 물건을 **반환하여야 한다**(동법 제22조 제6항).
④ (O) 행정청은 **청문·공청회 또는 의견제출**을 거쳤을 때에는 신속히 처분하여 **해당 처분이 지연되지 아니하도록 하여야 한다**(동법 제22조 제5항).

정답 ③

627 24 채용

「행정절차법」상 처분에 관한 설명으로 가장 적절한 것은?

① 의견제출기한에 따른 기한은 의견제출에 필요한 기간을 10일 이상으로 고려하여 정하여야 한다.
② 행정청이 정당한 처리기간 내에 처리하지 아니하였을 때에도 신청인은 해당 행정청 또는 그 감독 행정청에 신속한 처리를 요청할 수 없다.
③ 행정청에 처분을 구하는 신청은 구두 또는 문서로 하여야 한다. 다만, 다른 법령등에 특별한 규정이 있는 경우와 행정청이 미리 다른 방법을 정한 경우에는 그러하지 아니하다.
④ 행정청이 인허가 등의 취소처분을 하는 경우 공청회를 개최한다.

정답과 해설

① (O) 행정절차법 제21조 제3항
② (X) 행정청이 정당한 처리기간 내에 처리하지 아니하였을 때에는 신청인은 해당 행정청 또는 그 감독 행정청에 신속한 처리를 요청할 수 **있다(없다 X)**(동법 제19조 제4항).
③ (X) 행정청에 처분을 구하는 신청은 **문서(구두 또는 문서 X)**로 하여야 한다. 다만, 다른 법령등에 특별한 규정이 있는 경우와 행정청이 미리 다른 방법을 정하여 공시한 경우에는 그러하지 아니하다(동법 제17조 제1항).
④ (X) 행정청이 인허가 등의 취소처분을 하는 경우 **청문(공청회 X)**을 개최한다.

정답 ①

628 예상문제

「행정절차법」상 '의견제출 및 청문'에 관한 설명 중 가장 적절한 것은?

① 행정청은 청문이 시작되는 날부터 10일 전까지 청문 주재자에게 청문과 관련한 필요한 자료를 미리 통지하여야 한다.
② 행정청이 처분을 할 때 인허가 등의 취소, 신분·자격의 박탈, 법인이나 조합 등의 설립허가의 취소 등의 처분 시 의견제출기한 내에 당사자등의 신청이 있는 경우에는 청문을 한다.
③ 당사자등은 처분 전에 그 처분의 관할 행정청에 서면이나 말로 또는 정보통신망을 이용하여 의견제출을 할 수 있다.
④ 청문은 당사자가 공개를 신청하거나 청문 주재자가 필요하다고 인정하는 경우 공개하여야 한다.

정답과 해설

① (X) 행정청은 청문이 시작되는 날부터 **7일 전까지 청문 주재자**에게 청문과 관련한 필요한 자료를 미리 통지하여야 한다(동법 제28조 제3항). **주의할 것은** 행정청은 청문을 하려면 청문이 시작되는 날부터 **10일 전까지 당사자등**에게 통지하여야 한다(동법 제21조 제2항).
② (X) 행정청이 처분을 할 때 인허가 등의 취소, 신분·자격의 박탈, **법인이나 조합 등의 설립허가의 취소(법인이나 조합 등의 설립허가의 취소 등의 처분 시 의견제출기한 내에 당사자등의 신청이 있는 경우 X)**하는 경우에는 청문을 **한다(할 수 없다 X)**(동법 제22조 제1항 제3호).
③ (O) 동법 제27조 제1항
④ (X) 청문은 당사자가 공개를 신청하거나 청문 주재자가 필요하다고 인정하는 경우 **공개할 수 있다.** 다만, 공익 또는 제3자의 정당한 이익을 현저히 해칠 우려가 있는 경우에는 **공개하여서는 아니 된다**(동법 제30조).

정답 ③

629 ☐☐☐☐ 24 해경간부(행정법)

「행정절차법」상 행정청이 처분을 할 때에 당사자에게 그 근거와 이유를 반드시 제시하여야 하는 경우는?

① 신청 내용을 모두 그대로 인정하는 처분인 경우
② 처분의 성질상 이유의 제시가 현저히 곤란한 경우
③ 단순·반복적인 처분 또는 경미한 처분으로서 당사자가 그 이유를 명확히 알 수 있는 경우
④ 긴급히 처분을 할 필요가 있는 경우

> **정답과 해설**
>
> ①③④의 경우에는 당사자에게 그 근거와 이유를 제시하지 않을 수 있다(행정절차법 제23조 제1항).
>
> **제23조(처분의 이유 제시)** ① 행정청은 처분을 할 때에는 다음 각 호의 어느 하나에 해당하는 경우를 제외하고는 당사자에게 그 근거와 이유를 **제시하여야 한다.**
> 1. 신청 내용을 **모두 그대로(상당부분 X)**로 인정하는 처분인 경우
> 2. 단순·반복적인 처분 또는 경미한 처분으로서 당사자가 그 이유를 명백히 알 수 있는 경우
> 3. 긴급히 처분을 할 필요가 있는 경우
>
> ② 행정청은 제1항 제2호 및 제3호의 경우에 처분 후 당사자가 요청하는 경우에는 그 근거와 이유를 제시하여야 한다.
>
> 정답 ②

630 ☐☐☐☐ 24 간부(행정법), 예상문제

「행정절차법」에 대한 설명으로 옳은 것은 모두 몇 개인가?

> ⊙ 행정청이 처분을 할 때 청문을 하여야 하는 경우는 다른 법령등에서 청문을 하도록 규정하고 있는 경우, 행정청이 필요하다고 인정하는 경우, 인허가 등의 취소, 신분·자격의 박탈, 법인이나 조합 등의 설립허가의 취소의 처분을 하는 경우이다.
> ⓒ 행정청은 공청회를 개최하려는 경우에는 공청회 개최 14일 전까지 다음 각 호의 사항을 당사자등에게 통지하고 관보, 공보, 인터넷 홈페이지 또는 일간신문 등에 공고하는 등의 방법으로 널리 알려야 한다. 다만, 공청회 개최를 알린 후 예정대로 개최하지 못하여 새로 일시 및 장소 등을 정한 경우에는 공청회 개최 7일 전까지 알려야 한다.
> ⓒ 행정청은 위반사실등의 공표를 하기 전에 당사자가 공표와 관련된 의무의 이행 등의 조치를 마친 경우에는 위반사실등의 공표를 하지 않을 수 있다.
> ⓔ 행정청은 공표된 내용이 사실과 다른 것으로 밝혀진 경우에도 당사자가 원하지 아니하면 정정한 내용을 공표하지 아니할 수 있다.

① 1개
② 2개
③ 3개
④ 4개

정답과 해설

⊙ (O) 행정청이 인허가 등의 취소처분을 하는 경우 **청문(공청회 X)**을 개최한다(행정절차법 제22조 제1항).
ⓒ (O) 행정청은 공청회를 개최하려는 경우에는 공청회 개최 **14일 전**까지 다음 각 호의 사항을 당사자등에게 통지하고 관보, 공보, 인터넷 홈페이지 또는 일간신문 등에 공고하는 등의 방법으로 널리 알려야 한다. 다만, 공청회 개최를 알린 후 예정대로 개최하지 못하여 새로 일시 및 장소 등을 정한 경우에는 공청회 개최 **7일 전**까지 알려야 한다(동법 제38조).
ⓒ (O) 행정청은 위반사실등의 공표를 하기 전에 당사자가 공표와 관련된 의무의 이행, 원상회복, 손해배상 등의 조치를 마친 경우에는 위반사실등의 **공표를 하지 아니할 수 있다**(동법 제40조의3 제7항).
ⓔ (O) 행정청은 공표된 내용이 사실과 다른 것으로 밝혀지거나 공표에 포함된 처분이 취소된 경우에는 그 내용을 정정하여, 정정한 내용을 지체 없이 해당 공표와 같은 방법으로 공표된 기간 이상 공표하여야 한다. **다만, 당사자가 원하지 아니하면 공표하지 아니할 수 있다**(동법 제40조의3 제8항).

정답 ④

631 예상문제

「행정절차법」상 확약에 관한 설명으로 옳지 않은 것은?

① 법령등에서 당사자가 신청할 수 있는 처분을 규정하고 있는 경우 행정청은 당사자의 신청에 따라 장래에 어떤 처분을 하거나 하지 아니할 것을 내용으로 하는 확약을 할 수 있다.
② 행정청은 다른 행정청과의 협의 등의 절차를 거쳐야 하는 처분에 대하여 확약을 하려는 경우에는 확약을 한 후에 그 절차를 거쳐야 한다.
③ 행정청은 확약을 한 후에 확약의 내용을 이행할 수 없을 정도로 법령등이나 사정이 변경된 경우에는 지체 없이 당사자에게 그 사실을 통지하여야 한다.
④ 확약은 문서로 하여야 한다.

정답과 해설

① (O) 행정절차법 제40조의2 제1항
② (X) 행정청은 다른 행정청과의 협의 등의 절차를 거쳐야 하는 처분에 대하여 확약을 하려는 경우에는 확약을 **하기 전(한 후 X)**에 그 절차를 거쳐야 한다(동법 제40조의2 제3항).
③ (O) 동법 제40조의2 제4항 제1호
④ (O) 확약은 **문서(문서 또는 말 X)**로 하여야 한다(동법 제40조의2 제2항).

정답 ②

632 ☐☐☐☐ 22 해경승진(행정법)

다음 〈보기〉 중 「행정절차법」상 기간과 관련된 규정을 정리한 것이다. ㉠~㉣에 들어갈 기간을 바르게 나열한 것은?

〈보기〉
- 행정예고기간은 예고 내용의 성격 등을 고려하여 정하되, 특별한 사정이 없으면 (㉠)일 이상으로 한다.
- 입법예고기간은 예고할 때 정하되, 특별한 사정이 없으면 (㉡)일 [자치법규는 (㉢)일] 이상으로 한다.
- 행정청은 공청회를 개최하려는 경우에는 공청회 개최 (㉣)일 전까지 제목, 일시 및 장소 등을 당사자 등에게 통지하고 관보, 공보, 인터넷 홈페이지 또는 일간신문 등에 공고하는 등의 방법으로 널리 알려야 한다.

① ㉠ (14) ㉡ (40) ㉢ (20) ㉣ (14)
② ㉠ (14) ㉡ (20) ㉢ (10) ㉣ (14)
③ ㉠ (20) ㉡ (40) ㉢ (20) ㉣ (20)
④ ㉠ (20) ㉡ (40) ㉢ (20) ㉣ (14)

정답과 해설

㉠ 행정예고기간은 예고 내용의 성격 등을 고려하여 정하되, **20일** 이상으로 한다(행정절차법 제46조).
㉡, ㉢ 입법예고기간은 예고할 때 정하되, 특별한 사정이 없으면 **40일**(자치법규는 **20일**) 이상으로 한다(동법 제43조).
㉣ 행정청은 공청회를 개최하려는 경우에는 공청회 개최 **14일** 전까지 제목, 일시 및 장소 등을 당사자 등에게 통지하고 관보, 공보, 인터넷 홈페이지 또는 일간신문 등에 공고하는 등의 방법으로 널리 알려야 한다(동법 제38조).

정답 ④

633 19·22 채용, 15 승진, 예상문제

「행정절차법」상 행정지도에 관한 설명 중 가장 적절하지 않은 것은 모두 몇 개인가?

> ㉠ 행정지도란 행정기관이 그 소관 사무의 범위에서 일정한 행정목적을 실현하기 위하여 특정인에게 일정한 행위를 하거나 하지 아니하도록 지도, 권고, 조언 등을 하는 행정작용을 말한다.
> ㉡ 행정지도는 그 목적 달성에 필요한 최소한도에 그쳐야 하며, 행정지도의 상대방의 의사에 반하여 부당하게 강요하여서는 아니 된다.
> ㉢ 행정기관은 행정지도의 상대방이 행정지도에 따르지 아니하였다는 것을 이유로 불이익한 조치를 하여서는 아니 된다.
> ㉣ 행정지도가 말로 이루어지는 경우에 상대방이 행정지도의 취지 및 내용과 신분의 사항을 적은 서면의 교부를 요구하면 그 행정지도를 하는 자는 직무 수행에 특별한 지장이 없으면 이를 교부하여야 한다.
> ㉤ 행정지도의 상대방은 해당 행정지도의 방식·내용 등에 관하여 행정기관에 의견제출을 할 수 없다.
> ㉥ 행정기관이 같은 행정목적을 실현하기 위하여 많은 상대방에게 행정지도를 하려는 경우에는 특별한 사정이 없으면 행정지도에 공통적인 내용이 되는 사항을 공표하여야 한다.

① 1개   ② 2개
③ 3개   ④ 4개

정답과 해설

㉠ (O) **행정지도란** 행정기관이 그 소관 사무의 범위에서 일정한 행정목적을 실현하기 위하여 특정인에게 일정한 행위를 하거나 하지 아니하도록 지도, 권고, 조언 등을 하는 **행정작용**(국민에게 임의적인 협력을 요청하는 비권력적 사실행위 O, 권력적 사실행위 X)을 말한다(행정절차법 제2조 제3호).

㉡ (O) 행정지도는 그 목적 달성에 최소한도에 그쳐야 하며(**과잉금지 원칙**), 행정지도의 상대방의 의사에 반하여 부당하게 강요하여서는 아니 된다(**임의성 원칙**)(동법 제48조 제1항).

㉢ (O) 행정기관은 행정지도의 상대방이 행정지도에 따르지 아니하였다는 것을 이유로 불이익한 조치를 하여서는 아니 된다(**불이익조치금지 원칙**)(동법 제48조 제2항).

㉣ (O) 행정지도가 **말로 이루어지는 경우**에 상대방이 서면의 교부를 요구하면 그 행정지도를 하는 자는 **직무 수행에 특별한 지장이 없으면 이를 교부하여야 한다**(동법 제49조 제2항). 즉, 행정지도는 **말 또는 서면으로 할 수 있다**.

㉤ (X) 행정지도의 상대방은 해당 행정지도의 방식·내용 등에 관하여 행정기관에 **의견제출을 할 수 있다**(없다 X)(동법 제50조).

㉥ (O) 행정기관이 같은 행정목적을 실현하기 위하여 **많은 상대방**에게 행정지도를 하려는 경우에는 특별한 사정이 없으면 행정지도에 공통적인 내용이 되는 사항을 **공표하여야 한다**(동법 제51조).

정답 ①

634 25 채용

국가배상에 관한 설명으로 가장 적절하지 않은 것은? (다툼이 있는 경우 판례에 의함)

① 지방자치단체가 '교통할아버지 봉사활동 계획'을 수립한 후 관할 동장으로 하여금 '교통할아버지'를 선정하게 하여 어린이 보호, 교통안내, 거리질서 확립 등의 공무를 위탁하여 집행하게 하던 중 '교통할아버지'로 선정된 노인이 위탁받은 업무 범위를 넘어 교차로 중앙에서 교통정리를 하다가 교통사고를 발생시킨 경우, 지방자치단체가 「국가배상법」 제2조 소정의 배상책임을 부담한다.

② 지방자치단체장이 설치하여 관할 지방경찰청장에게 관리권한이 위임된 교통신호기의 고장으로 인하여 교통사고가 발생한 경우, 지방자치단체뿐만 아니라 경찰관들의 봉급을 부담하는 국가도 손해배상책임이 인정된다.

③ 음주운전으로 적발된 주취운전자가 도로 밖으로 차량을 이동하겠다며 단속경찰관으로부터 보관중이던 차량열쇠를 반환받아 몰래 차량을 운전하여 가던 중 사고를 일으킨 경우, 국가배상책임을 인정한다.

④ 군인·군무원·경찰공무원 또는 예비군대원이 전투·훈련 등 직무 집행과 관련하여 전사·순직하거나 공상을 입은 경우, 유족이 다른 법령에 따라 재해보상금·유족연금·상이연금 등의 보상을 지급받을 수 있을 때에는 「국가배상법」 및 「민법」에 따른 손해배상 및 위자료를 청구할 수 없다.

정답과 해설

④ (X) 군인·군무원·경찰공무원 또는 예비군대원이 전투·훈련 등 직무 집행과 관련하여 전사·순직하거나 공상을 입은 경우, 유족이 다른 법령에 따라 재해보상금·유족연금·상이연금 등의 보상을 지급받을 수 있을 때에는 「국가배상법」 및 「민법」에 따른 **손해배상을 청구할 수 없으나, 위자료는 청구할 수 있다**(국가배상법 제2조 제1항, 제3항).

정답 ④

635 ☐☐☐☐ 23 간부

「국가배상법」에 대한 설명으로 적절한 것은 모두 몇 개인가? (다툼이 있는 경우 판례에 따름)

> 가. 경찰관들의 시위진압에 대항하여 시위자들이 던진 화염병에 의하여 발생한 화재로 인하여 손해를 입은 주민이 국가를 상대로 국가배상을 청구한 경우에는 국가의 배상책임이 인정되지 않는다.
> 나. 시위진압 과정에서 가해공무원인 전투경찰이 특정되지 않더라도 손해배상책임이 인정된다.
> 다. 전투경찰순경은 「국가배상법」 제2조 제1항 단서에 따라 손해배상청구가 제한되는 군인·군무원·경찰공무원 또는 예비군대원에 해당한다.
> 라. 경찰공무원이 전투·훈련 등 직무집행과 관련하여 순직한 경우에는 전투·훈련 또는 이에 준하는 직무집행뿐만 아니라 일반 직무집행에 관하여도 국가나 지방자치단체의 배상책임이 제한된다.
> 마. 「국가배상법」 제5조에 따라 도로나 하천은 물론 경찰견도 영조물에 포함된다.

① 2개　　　　　　　　　　② 3개
③ 4개　　　　　　　　　　④ 5개

정답과 해설

가. (O) 대법원 1997. 7. 25., 선고, 94다2480, 판결
나. (O) 최근 과실의 객관화 경향으로 가해공무원이 특정되지 않는다 하더라도 손해의 발생상황으로 보아 그것이 공무원의 행위인 이상 과실을 인정하고 있다(대법원 1995.11.10. 선고, 95다 23897)
다. (O) 경찰공무원이 낙석사고 현장 주변 교통정리를 위하여 사고현장 부근으로 이동하던 중 대형 낙석이 순찰차를 덮쳐 사망하자, **도로를 관리하는 지방자치단체가 면책조항을 주장한 사안에서, 경찰공무원 등이 '전투·훈련 등 직무집행과 관련하여' 순직 등을 한 경우** 같은 법 및 민법에 의한 손해배상책임을 청구할 수 없다고 정한 국가배상법 제2조 제1항 단서의 면책조항은 전투·훈련 또는 이에 준하는 직무집행뿐만 아니라 '일반 직무집행'에 관하여도 **국가나 지방자치단체의 배상책임을 제한하는 것이라고 해석**(대법원 1995. 3. 24., 선고, 94다25414).
라. (O) 대법원 2011. 3. 10., 선고, 2010다85942
마. (O) 대법원 2000. 1. 14., 선고, 99다24201

정답 ④

636 ☐☐☐☐ 22 채용

국가배상에 관한 설명 중 가장 적절하지 않은 것은? (다툼이 있는 경우 판례에 의함)

① 일반적으로 공무원이 직무를 집행함에 있어서 법령에 대한 해석이 그 문언 자체만으로는 명백하지 아니하여 여러 견해가 있을 수 있는 데다가 이에 대한 선례나 학설, 판례 등도 귀일된 바 없어 이의(異義)가 없을 수 없는 경우, 관계 국가공무원이 그 나름대로 신중을 다하여 합리적인 근거를 찾아 그 중 어느 한 견해를 따라 내린 해석이 후에 대법원이 내린 입장과 같지 않아 결과적으로 잘못된 해석에 돌아가고, 이에 따른 처리가 역시 결과적으로 위법하게 되어 그 법령의 부당집행이라는 결과를 가져오게 되었다고 하더라도 「국가배상법」상 공무원의 과실을 인정할 수는 없다.

② 국가공무원이 고의 또는 과실로 직무상 의무를 위반하였을 경우라고 하더라도 국가는 그러한 직무상의 의무 위반과 피해자가 입은 손해 사이에 상당인과관계가 인정되는 범위 내에서만 배상책임을 지는 것이고, 이 경우 상당인과관계가 인정되기 위하여는 공무원에게 부과된 직무상 의무의 내용이 단순히 공공 일반의 이익을 위한 것이거나 행정기관 내부의 질서를 규율하기 위한 것이 아니고 전적으로 또는 부수적으로 사회구성원 개인의 안전과 이익을 보호하기 위하여 설정된 것이어야 한다.

③ 외국인이 피해자인 경우 국가배상청구권은 해당 국가와 상호 보증이 있을 때에만 인정되므로, 그 상호 보증은 외국의 법령, 판례 및 관례 등에 의한 발생요건을 비교하여 인정되는 것이 아니라 반드시 당사국과의 조약이 체결되어 있어야 한다.

④ 국민의 생명, 신체 및 재산의 보호, 범죄의 예방·진압 및 수사, 기타 공공의 안녕과 질서유지 등의 직무를 수행하는 경찰은 「경찰관 직무집행법」, 「형사소송법」 등 관련 법령에서 부여한 여러 권한을 제반 상황에 대응하여 적절하게 행사하여 필요한 조치를 취할 수 있고, 그 권한은 일반적으로 경찰관의 전문적 판단에 기한 합리적인 재량에 위임되어 있지만, 경찰관에게 권한을 부여한 취지와 목적에 비추어 볼 때 구체적인 사정에 따라 경찰관이 그 권한을 행사하여 필요한 조치를 취하지 아니하는 것이 현저하게 불합리하다고 인정되는 경우에는 그러한 권한의 불행사는 직무상의 의무를 위반한 것이 되어 위법하게 된다.

정답과 해설

① (O) 대법원 2020. 5. 14. 선고 2019다277126
② (O) 대법원 2010. 9. 9., 선고, 2008다77795
③ (X) 상호보증은 외국의 법령, 판례 및 관례 등에 의하여 발생요건을 비교하여 인정되면 충분하고 **반드시 당사국과의 조약이 체결되어 있을 필요는 없으며, 당해 외국에서 구체적으로 우리나라 국민에게 국가배상청구를 인정한 사례가 없더라도 실제로 인정될 것이라고 기대할 수 있는 상태이면 충분**하다(대법원 2015. 6. 11., 선고, 2013다208388).
④ (O) 대법원 2016. 4. 15., 선고, 2013다20427

정답 ③

637 ☐☐☐☐ 24 간부

「국가배상법」상 경찰공무원의 배상책임에 대한 설명으로 가장 적절하지 않은 것은? (다툼이 있는 경우 판례에 의함)

① 경찰공무원이 공무를 수행하는 과정에서 위법행위로 타인에게 손해를 가한 경우에 국가 등이 손해배상책임을 지는 것 외에 그 개인은 고의 또는 중과실이 있는 경우에는 손해배상책임을 진다.
② 경찰공무원의 중과실이란 공무원에게 통상 요구되는 정도의 상당한 주의를 하지 않더라도 약간의 주의를 한다면 손쉽게 위법·위해한 결과를 예견할 수 있는 경우임에도 만연히 이를 간과한 경우와 같이, 거의 고의에 가까운 현저한 주의를 결여한 상태를 의미한다.
③ 경찰공무원이 직무를 수행함에 있어 경과실로 타인에게 손해를 입힌 경우에는 그로 인하여 발생한 손해에 대하여 경찰공무원 개인에게 배상책임을 부담시키지 아니하는 것은 공무원의 공무집행의 안정성을 확보하려는 데 있다.
④ 국민의 생명·신체·재산 등을 보호하는 것을 본래의 사명으로 하는 국가는 형식적 의미의 법령에 근거가 없다면 경찰공무원에 대하여 위험을 배제할 작위의무를 인정할 수 없으므로, 경찰공무원의 부작위를 이유로 국가배상책임을 인정할 수 없다.

정답과 해설

①③ (O) 공무원이 직무수행 중 불법행위로 타인에게 손해를 입힌 경우에 국가 등이 국가배상책임을 부담하는 외에 공무원 개인도 **고의 또는 중과실**이 있는 경우에는 불법행위로 인한 손해배상책임을 진다고 할 것이지만, 공무원에게 **경과실뿐인 경우**에는 공무원 **개인은 손해배상책임을 부담하지 아니한다.** 이는 공무원의 공무집행의 안정성을 확보하려는 데 있다(대법원 1996. 2. 15. 선고 95다38677).
② (O) 대법원 2011. 9. 8. 선고 2011다34521
④ (X) 국민의 생명·신체·재산 등에 관하여 절박하고 중대한 위험상태가 발생하였거나 발생할 우려가 있어서 국민의 생명·신체·재산 등을 보호하는 것을 본래적 사명으로 하는 국가가 초법규적, 일차적으로 그 위험 배제에 나서지 않으면 국민의 생명·신체·재산 등을 보호할 수 없는 경우에는 **형식적 의미의 법령에 근거가 없더라도 국가나 관련 공무원에 대하여 그러한 위험을 배제할 작위의무를 인정할 수 있다.** 공무원의 부작위를 이유로 국가배상책임을 인정할 것인지가 문제되는 경우에 관련 공무원에 대하여 작위의무를 명하는 법령 규정이 없다면 **공무원의 부작위로** 침해된 국민의 법익 또는 국민에게 발생한 손해가 어느 정도 심각하고 절박한 것인지, 관련 공무원이 그와 같은 결과를 예견하여 결과를 회피하기 위한 조치를 취할 가능성이 있는지 등을 **종합적으로 고려하여 판단하여야 한다**(대법원 2022. 7. 14., 선고, 2017다290538, 판결).

정답 ④

638 ☐☐☐☐ 26 간부

국가배상에 관한 설명으로 가장 적절하지 않은 것은? (다툼이 있는 경우 판례에 의함)

① 공무원에게 부과된 직무상 의무의 내용이 사회구성원 개인의 안전과 이익을 보호하기 위하여 설정된 것이 아니고 전적으로 공공 일반의 이익을 위한 것이더라도, 공무원이 그와 같은 직무상 의무를 위반함으로 인하여 피해자가 입은 손해에 대하여는 상당인과관계가 인정되는 범위 내에서 국가가 배상책임을 진다.

② 경찰관이 범인을 검거하면서 안면 부위를 향하여 가스총을 근접 발사하여 가스와 함께 발사된 고무마개가 범인의 눈에 맞아 실명한 경우 국가배상책임이 인정될 수 있다.

③ 경찰관이 음주운전 단속시 운전자의 요구에 따라 곧바로 채혈을 실시하지 않은 채 호흡측정기에 의한 음주측정을 하고 1시간 12분이 경과한 후에야 채혈을 하였다는 사정만으로는 위 행위가 법령에 위배된다거나 객관적 정당성을 상실하여 운전자가 음주운전 단속과정에서 받을 수 있는 권익이 현저하게 침해되었다고 단정하기 어렵다.

④ 경찰관에게 권한을 부여한 취지와 목적에 비추어 볼 때 구체적인 사정에 따라 경찰관이 그 권한을 행사하여 필요한 조치를 취하지 아니하는 것이 현저하게 불합리하다고 인정되는 경우에는 그러한 권한의 불행사는 직무상의 의무를 위반한 것이 되어 위법하게 된다.

정답과 해설

① (X) 공무원에게 부과된 직무상 의무의 내용이 단순히 공공일반의 이익을 위한 것이거나 행정기관의 내부의 질서를 규율하기 위한 것이 아니고, **전적으로 또는 부수적으로 사회구성원 개인의 안전과 이익을 보호하기 위하여 설정된 것이라면**, 공무원이 그와 같은 직무상 의무를 위반함으로 인하여 피해자가 입은 손해에 대하여는 **상당인과관계가 인정되는 범위 내에서 국가나 지방자치단체가 손해배상책임을 지는 것이다**(대판 2012다11297).

정답 ①

639 24 채용

「국가배상법」상 손해배상에 관한 설명으로 가장 적절한 것은?

① 군인·군무원·경찰공무원 또는 예비군대원이 전투·훈련 등 직무 집행과 관련하여 전사·순직하거나 공상을 입은 경우에 본인이나 그 유족이 다른 법령에 따라 재해보상금·유족연금·상이연금 등의 보상을 지급받을 수 있을 때에도 「국가배상법」 및 「행정기본법」에 따른 손해배상을 청구할 수 있다.
② 생명·신체에 대한 침해와 물건의 멸실·훼손으로 인한 손해 외의 손해는 불법행위와 상당한 인과관계가 있는 범위에서 배상한다.
③ 국가나 지방자치단체에 대한 배상신청사건을 심의하기 위하여 행정안전부에 본부심의회를 둔다. 다만, 군인이나 군무원이 타인에게 입힌 손해에 대한 배상신청사건을 심의하기 위하여 국방부에 특별심의회를 둔다.
④ 결정서의 송달에 관하여는 「행정소송법」의 송달에 관한 규정을 준용한다.

정답과 해설

① (X) ~~다른 법령에 따라 재해보상금·유족연금·상이연금 등의 보상을 지급받을 수 있을 때에는 「국가배상법」 및 「민법」에 따른 손해배상을 청구할 수 없다(있다 X)(면책조항, 이중배상 금지).
② (O) 생명·신체에 대한 침해와 물건의 멸실·훼손으로 인한 손해 외의 손해는 불법행위와 **상당한 인과관계가 있는 범위에서 배상한다**(국가배상법 제3조 제4항).
③ (X) 국가나 지방자치단체에 대한 배상신청사건을 심의하기 위하여 **법무부**(행정안전부 X)에 본부심의회를 둔다. 다만, 군인이나 군무원이 타인에게 입힌 손해에 대한 배상신청사건을 심의하기 위하여 **국방부**에 특별심의회를 둔다(동법 제10조 제1항).
④ (X) 결정서의 송달에 관하여는 **민사소송법**(행정소송법 X)의 송달에 관한 규정을 준용한다(동법 제14조 제2항).

정답 ②

640 ☐☐☐☐ 25 간부

국가배상에 관한 설명으로 가장 적절하지 않은 것은? (다툼이 있는 경우 판례에 의함)

① 지방자치단체의 도로에 관한 설치·관리상 하자로 인하여 대형낙석이 교통정리를 위해 이동 중이던 순찰차를 덮쳐 경찰공무원이 사망한 경우, 「국가배상법」 제2조 제1항 단서의 면책 조항은 '일반 직무집행'에 관하여는 지방자치단체의 배상책임을 제한하지 않으므로, 위 지방자치단체의 국가배상책임은 면책되지 아니한다.

② 경찰관이 교통법규 등을 위반하고 도주하는 차량을 순찰차로 추적하는 직무를 집행하는 중에 그 도주차량의 주행에 의하여 제3자가 손해를 입었다고 하더라도 그 추적이 당해 직무 목적을 수행하는 데에 불필요하다거나 또는 도주차량의 도주의 태양 및 도로교통상황 등으로부터 예측되는 피해발생의 구체적 위험성의 유무 및 내용에 비추어 추적의 개시·계속 혹은 추적의 방법이 상당하지 않다는 등의 특별한 사정이 없는 한 그 추적행위를 위법하다고 할 수는 없다.

③ 지방자치단체가 '교통할아버지 봉사활동 계획'을 수립한 후 관할 동장으로 하여금 '교통할아버지'를 선정하게 하여 어린이 보호, 교통안내, 거리질서 확립 등의 공무를 위탁하여 집행하게 하던 중 '교통할아버지'로 선정된 노인이 위탁받은 업무 범위를 넘어 교차로 중앙에서 교통정리를 하다가 교통사고를 발생시킨 경우, 지방자치단체가 「국가배상법」 제2조 소정의 배상 책임을 부담한다.

④ 집회참가자들이 집회에서 사용할 조형물을 차량에 싣고 와 집회 장소 인근 도로에 정차한 후 내려놓으려고 하자 경찰관이 「도로교통법」 위반을 이유로 조형물이 실린 채로 차량을 견인하려고 하였고 이에 집회참가자들이 스스로 차량을 옮기겠다고 하였음에도 경찰관이 위 차량을 견인한 행위는 「경찰관 직무집행법」 제6조에 따른 적법한 행위라고 평가할 수 없다.

정답과 해설

① **(X)** 경찰공무원이 낙석사고 현장 주변 교통정리를 위하여 사고현장 부근으로 이동하던 중 대형 낙석이 순찰차를 덮쳐 사망하자, **도로를 관리하는 지방자치단체가 면책조항을 주장한 사안**에서, **경찰공무원 등이 '전투·훈련 등 직무집행과 관련하여' 순직 등을 한 경우** 같은 법 및 민법에 의한 손해배상책임을 청구할 수 없다고 정한 국가배상법 제2조 제1항 단서의 면책조항은 전투·훈련 또는 이에 준하는 직무집행뿐만 아니라 '일반 직무집행'에 관하여도 **국가나 지방자치단체의 배상책임을 제한하는 것이라고 해석**(대판 2010다85942)

② **(O)** 대판 2000다26807, 26814
③ **(O)** 대판 98다39060
④ **(O)** 대판 2017다218475

정답 ①

641 24 채용

국가배상에 관한 설명으로 가장 적절하지 않은 것은? (다툼이 있는 경우 판례에 의함)

① 경찰관의 부작위를 이유로 한 국가배상책임을 인정하기 위한 요건으로서의 '법령 위반'이란 형식적 의미의 법령에 명시적으로 공무원의 작위의무가 규정되어 있는데도 이를 위반하는 경우를 의미하며, 인권존중·권력남용금지·신의성실과 같이 공무원으로서 마땅히 지켜야 할 준칙이나 규범을 지키지 않고 위반한 경우는 포함하지 않는다.

② 경찰관의 직무집행이 법령이 정한 요건과 절차에 따라 이루어진 것이라면 특별한 사정이 없는 한 이는 법령에 적합한 것이고 그 과정에서 개인의 권리가 침해되었다고 하여 그 법령적합성이 곧바로 부정되는 것은 아니다.

③ 공무원에게 부과된 직무상 의무의 내용이 전적으로 또는 부수적으로 사회구성원 개인의 구체적 안전과 이익을 보호하기 위하여 설정된 것이라면, 공무원이 그와 같은 직무상 의무를 위반함으로써 개인이 입게 된 손해는 상당인과관계가 인정되는 범위 안에서 국가가 그에 대한 배상책임을 부담하여야 한다.

④ 시위진압이 불필요하거나 또는 불법시위의 태양 및 시위 장소의 상황 등에서 예측되는 피해 발생의 구체적 위험성의 내용에 비추어 시위진압의 계속 수행 내지 그 방법 등이 현저히 합리성을 결하였다면 경찰관의 직무집행이 법령에 위반한 것이라고 할 수 있다.

정답과 해설

① (X) ~~인권존중·권력남용금지·신의성실과 같이 공무원으로서 마땅히 지켜야 할 준칙이나 규범을 지키지 않고 위반한 경우를 포함하여 널리 객관적인 정당성이 없는 행위를 한 경우를 **포함한다**(대법원 2022. 7. 14. 선고 2017다290538).
② (O) 대법원 1997. 7. 25. 선고 94다2480
③ (O) 대법원 2008. 4. 10. 선고 2005다48994
④ (O) 대법원 1997. 7. 25. 선고 94다2480

정답 ①

642 ☐☐☐☐ 23·24 채용

「행정심판법」에 관한 설명으로 가장 적절한 것은?

① 대통령의 처분 또는 부작위에 대하여는 다른 법률에서 행정심판을 청구할 수 있도록 정한 경우 외에는 행정심판을 청구할 수 없다.
② 취소심판은 당사자의 신청에 대한 행정청의 위법 또는 부당한 거부처분이나 부작위에 대하여 일정한 처분을 하도록 하는 행정심판이다.
③ 처분 또는 부작위에 대한 행정심판은 청구서를 제출하거나 말로써 청구할 수 있다.
④ 행정심판위원회는 심판청구가 이유가 있다고 인정하는 경우에도 이를 인용(認容)하는 것이 공공복리에 크게 위배된다고 인정하면 그 심판청구를 기각하는 재결을 하여야 한다.

정답과 해설

① (O) **대통령의 처분 또는 부작위**에 대하여는 다른 법률에서 행정심판을 청구할 수 있도록 정한 경우 외에는 **행정심판을 청구할 수 없다**(행정심판법 제3조 제2항).
② (X) **취소심판**은 행정청의 위법 또는 부당한 처분을 **취소하거나 변경하는 행정심판**이다(동법 제5조 제1호).

> 제5조(행정심판의 종류) 행정심판의 종류는 다음 각 호와 같다. 23 국회직8급
> 1. **취소심판**: 행정청의 위법 또는 부당한 처분을 취소하거나 변경하는 행정심판
> 2. **무효등확인심판**: 행정청의 처분의 효력 유무 또는 존재 여부를 확인하는 행정심판
> 3. **의무이행심판**: 당사자의 신청에 대한 행정청의 위법 또는 부당한 거부처분이나 부작위에 대하여 일정한 처분을 하도록 하는 행정심판 23 국회직9급, 23 소방간부

③ (X) 심판청구는 **서면(말 X)**으로 하여야 한다(동법 제28조 제1항).
④ (X) 위원회는 심판청구가 이유가 있다고 인정하는 경우에도 이를 인용(認容)하는 것이 공공복리에 크게 위배된다고 인정하면 그 심판청구를 기각하는 재결을 **할 수 있다(하여야 한다 X)**(동법 제44조 제1항).

정답 ①

643 ☐☐☐☐ 24 간부(행정법), 23 행정사(행정법)

「행정심판법」상 행정심판에 대한 설명으로 옳은 것은?

① "부작위"란 행정청이 당사자의 신청에 대하여 상당한 기간 내에 일정한 처분을 하여야 할 법률상 의무가 있는데도 처분을 하지 아니하는 것을 말한다.
② 감사원의 처분 또는 부작위에 대한 심판청구에 대하여는 중앙행정심판위원회에서 심리·재결한다.
③ 행정심판을 청구하려는 자는 행정심판청구서를 관할 행정심판위원회에 제출하여야 하고, 피청구인에게는 제출할 수 없다.
④ 피청구인의 경정결정이 있으면 심판청구는 피청구인이 경정된 때 제기된 것으로 본다.

정답과 해설

① (O) 행정심판법 제2조 제2호
② (X) 감사원의 처분 또는 부작위에 대한 심판청구에 대하여는 **행정심판위원회(중앙행정심판위원회 X)**에서 심리·재결한다(동법 제6조 제1항).

> **제6조(행정심판위원회의 설치)** ① 다음 각 호의 행정청 또는 그 소속 행정청(행정기관의 계층구조와 관계없이 그 감독을 받거나 위탁을 받은 모든 행정청을 말하되, 위탁을 받은 행정청은 그 위탁받은 사무에 관하여는 위탁한 행정청의 소속 행정청으로 본다)의 처분 또는 부작위에 대한 행정심판의 청구(이하 "심판청구"라 한다)에 대하여는 다음 각 호의 행정청에 두는 **행정심판위원회**에서 심리·재결한다. 24 경찰간부(행정법), 23 해경승진
> 1. **감사원**, 국가정보원장, 그 밖에 대통령령으로 정하는 대통령 소속기관의 장 24 경찰간부(행정법)
> 2. 국회사무총장·법원행정처장·헌법재판소사무처장 및 중앙선거관리위원회사무총장
> 3. 국가인권위원회, 그 밖에 지위·성격의 독립성과 특수성 등이 인정되어 대통령령으로 정하는 행정청

③ (X) 행정심판을 청구하려는 자는 제28조에 따라 심판청구서를 작성하여 피청구인이나 위원회에 제출하여야 한다. **이 경우 피청구인의 수만큼 심판청구서 부본을 함께 제출하여야 한다**(동법 제23조).
④ (X) 피청구인의 경정결정이 있으면 **종전의 피청구인에 대한 심판청구는 취하되고 종전의 피청구인에 대한 행정심판이 청구된 때에 새로운 피청구인에 대한 행정심판이 청구된 것으로 본다**(동법 제17조).

> **제17조(피청구인의 적격 및 경정)** ② 청구인이 피청구인을 잘못 지정한 경우에는 위원회는 직권으로 또는 당사자의 신청에 의하여 결정으로써 피청구인을 경정(更正)할 수 있다. 24 경찰간부(행정법)
> ④ ②에 따른 결정이 있으면 종전의 피청구인에 대한 심판청구는 취하되고 종전의 피청구인에 대한 행정심판이 청구된 때에 새로운 피청구인에 대한 행정심판이 청구된 것으로 본다. 24 경찰간부(행정법)

정답 ①

644 24 채용, 24 해경승진(행정법)

「행정심판법」상 행정심판에 관한 설명으로 가장 적절한 것은?

① 행정심판은 처분이 있음을 알게 된 날부터 60일 이내에 청구하여야 한다.
② 시·도경찰청장의 처분 또는 부작위에 대한 행정심판의 청구에 대해서는 경찰청에 두는 행정심판위원회에서 심리·재결한다.
③ 행정심판위원회는 처분, 처분의 집행 또는 절차의 속행 때문에 중대한 손해가 생기는 것을 예방할 필요성이 긴급하다고 인정할 때에는 직권으로 또는 당사자의 신청에 의하여 처분의 효력, 처분의 집행 또는 절차의 속행의 전부 또는 일부의 정지를 결정할 수 있다.
④ 행정심판의 재결에 불복하는 경우 그 재결 및 같은 처분 또는 부작위에 대하여 다시 행정심판을 청구할 수 있다.

정답과 해설

① (X) 행정심판은 처분이 있음을 **알게 된 날부터 90일 이내**에 청구하여야 한다(행정심판법 제27조 제1항).

> **제27조(심판청구의 기간)** ① 행정심판은 처분이 있음을 **알게 된 날부터 90일 이내**에 청구하여야 한다. 23 소방승진, 23 해경간부, 23 행정사
> ② 청구인이 천재지변, 전쟁, 사변(事變), 그 밖의 불가항력으로 인하여 ①에서 정한 기간에 심판청구를 할 수 없었을 때에는 그 사유가 **소멸한 날부터 14일 이내**에 행정심판을 청구할 수 있다. 다만, 국외에서 행정심판을 청구하는 경우에는 그 기간을 **30일**로 한다. 23 소방승진, 23 해경간부
> ③ 행정심판은 처분이 **있었던 날부터 180일**이 지나면 청구하지 못한다. 다만, 정당한 사유가 있는 경우에는 그러하지 아니하다. 23 해경승진

② (X) 시·도경찰청장의 처분 또는 부작위에 대한 행정심판의 청구에 대해서는 **국민권익위원회(경찰청 X)**에 두는 **중앙행정심판위원회(행정심판위원회 X)**에서 심리·재결한다(동법 제6조 제2항).

③ (O) 행정심판위원회는 처분, 처분의 집행 또는 절차의 속행 때문에 **중대한 손해(회복하기 어려운 손해 X)**가 생기는 것을 예방할 필요성이 긴급하다고 인정할 때에는 **직권으로 또는 당사자의 신청**에 의하여 처분의 효력, 처분의 집행 또는 절차의 속행의 전부 또는 일부의 정지를 **결정할 수 있다**(행정심판법 제30조 제2항).

> **[비교] 행정소송법 제23조**
> ② 취소소송이 제기된 경우에 처분등이나 그 집행 또는 절차의 속행으로 인하여 생길 **회복하기 어려운 손해(중대한 손해 X)**를 예방하기 위하여 긴급한 필요가 있다고 인정할 때에는 본안이 계속되고 있는 법원은 당사자의 신청 또는 직권에 의하여 처분등의 효력이나 그 집행 또는 절차의 속행의 전부 또는 일부의 정지(집행정지)를 결정할 수 있다.

④ (X) 행정심판의 재결에 불복하는 경우 그 재결 및 같은 처분 또는 부작위에 대하여 다시 행정심판을 청구할 수 **없다(있다 X)**(동법 제51조).

정답 ③

645 ☐☐☐☐ 25 채용

「행정심판법」에 관한 설명으로 가장 적절하지 않은 것은?

① 행정청의 처분 또는 부작위에 대하여는 다른 법률에 특별한 규정이 있는 경우 외에는 이 법에 따라 행정심판을 청구할 수 있다. 다만, 대통령의 처분 또는 부작위에 대하여는 다른 법률에 특별한 규정이 있는 경우 외에는 행정심판을 청구할 수 없다.
② 행정심판위원회는 무효등확인심판의 청구가 이유가 있다고 인정하면 처분의 효력 유무 또는 처분의 존재 여부를 확인한다.
③ 심판청구는 처분의 효력이나 그 집행 또는 절차의 속행에 영향을 주지 아니한다.
④ 행정심판의 재결은 행정심판위원회 또는 피청구인의 행정청이 심판청구서를 받은 날부터 60일 이내에 하여야 한다. 다만, 부득이한 사정이 있는 경우에는 위원장이 직권으로 60일을 연장할 수 있다.

정답과 해설

① (O) 행정심판법 제3조 제1항, 제2항
② (O) **행정심판위원회**는 **무효등확인심판의 청구**가 이유가 있다고 인정하면 처분의 효력 유무 또는 처분의 존재 여부를 확인한다(동법 제43조 제4항).
③ (O) 심판청구는 처분의 효력이나 그 집행 또는 절차의 **속행에 영향을 주지 아니한다**(동법 제30조 제1항).
④ (X) 행정심판의 재결은 행정심판위원회 또는 피청구인의 행정청이 심판청구서를 **받은 날부터 60일 이내에 하여야 한다**. 다만, 부득이한 사정이 있는 경우에는 위원장이 직권으로 **30일을 연장할 수 있다**(동법 제45조 제1항).

정답 ④

646 ☐☐☐☐ 22 채용

「행정심판법」상 사정재결에 관한 설명 중 가장 적절하지 않은 것은? (다툼이 있는 경우 판례에 의함)

① 사정재결은 인용재결의 일종이다.
② 무효등확인심판에서는 사정재결을 할 수 없다.
③ 사정재결을 하는 경우 반드시 재결주문에 그 처분 또는 부작위가 위법하다는 것을 명시해야 한다.
④ 사정재결 이후에도 행정심판의 대상인 처분등의 효력은 유지된다.

정답과 해설

① (X) 위원회는 심판청구가 이유가 있다고 인정하는 경우에도 이를 인용(認容)하는 것이 공공복리에 크게 위배된다고 인정하면 그 심판청구를 **기각하는 재결(사정재결)**을 할 수 있다(행정심판법 제44조 제1항).
② (O) **무효등확인심판**에는 사정재결을 적용하지 아니한다(동법 제44조 제3항).
③ (O) 재결주문에 그 처분 또는 부작위가 위법하다는 것을 **명시해야 한다(**명시할 수 있다 X)(동법 제44조 제1항).
④ (O) 「행정심판법」상 사정재결 이후에도 행정심판의 대상인 처분등의 효력은 **유지된다(**상실된다 X).

정답 ①

647 25 채용, 24 해경승진(행정법)

「행정심판법」상 재결에 관한 설명으로 가장 적절하지 않은 것은?

① 행정심판위원회는 사정재결을 할 때에는 청구인에 대하여 상당한 구제방법을 취하거나 상당한 구제방법을 취할 것을 청구인과 피청구인에게 명한다.
② 행정심판위원회는 의무이행심판의 청구가 이유가 있다고 인정하면 지체 없이 신청에 따른 처분을 하거나 처분을 할 것을 피청구인에게 명한다.
③ 행정심판위원회는 취소심판의 청구가 이유가 있다고 인정하면 처분을 취소 또는 다른 처분으로 변경하거나 처분을 다른 처분으로 변경할 것을 피청구인에게 명한다.
④ 행정심판위원회는 심판청구가 이유가 있다고 인정하는 경우에도 이를 인용하는 것이 공공복리에 크게 위배된다고 인정하면 그 심판청구를 기각하는 재결을 할 수 있다.

정답과 해설

① (X) 행정심판위원회는 사정재결을 할 때에는 청구인에 대하여 상당한 구제방법을 취하거나 상당한 구제방법을 취할 것을 **피청구인에게 명할 수 있다**(행정심판법 제44조 제2항).
② (O) 행정심판위원회는 **의무이행심판의 청구**가 이유가 있다고 인정하면 지체 없이 신청에 따른 처분을 하거나 **처분을 할 것을 피청구인에게 명한다**(동법 제43조 제5항).
③ (O) 행정심판위원회는 **취소심판의 청구가 이유가 있다고 인정**하면 **처분을 취소** 또는 **다른 처분으로 변경하거나 처분을 다른 처분으로 변경할 것**을 피청구인에게 명한다(동법 제43조 제3항).

> [최신기출] 2024년 1월 6일 해경승진(행정법) 출제포인트
> 1. 「행정심판법」상 행정심판위원회가 취소심판의 청구가 이유가 있다고 인정하는 경우에 행할 수 있는 재결에 해당하지 않는 것은?
> ① 처분을 할 것을 명하는 재결
> ② 처분을 취소하는 재결
> ③ 처분을 다른 처분으로 변경하는 재결
> ④ 처분을 다른 처분으로 변경할 것을 명하는 재결
> 정답) 1

④ (O) 동법 제44조 제1항

정답) ①

648 ☐☐☐☐ 22 채용

「행정소송법」상 항고소송에 해당하지 않은 것은?

① 국가 또는 공공단체의 기관이 법률에 위반되는 행위를 한 때에 직접 자기의 법률상 이익과 관계없이 그 시정을 구하기 위하여 제기하는 민중소송
② 행정청의 처분등의 효력 유무 또는 존재여부를 확인하는 무효등 확인소송
③ 행정청의 부작위가 위법하다는 것을 확인하는 부작위위법확인소송
④ 행정청의 위법한 처분등을 취소 또는 변경하는 취소소송

정답과 해설

① (X) 해당 지문은 **민중소송**에 대한 설명이다(행정소송법 제3조 제3호). **행정소송의 종류로 항고소송, 당사자소송, 민중소송, 기관소송이 있다.**
②③④ (O) 항고소송에 해당한다.

> **제3조(행정소송의 종류)** 행정소송은 다음의 네가지로 구분한다.
> 1. **항고소송**: 행정청의 처분등이나 부작위에 대하여 제기하는 소송 25 채용
> 2. **당사자소송**: 행정청의 처분등을 원인으로 하는 법률관계에 관한 소송 그 밖에 공법상의 법률관계에 관한 소송으로서 그 법률관계의 한쪽 **당사자**를 피고로 하는 소송 25 채용
> 3. **민중소송**: 국가 또는 공공단체의 기관이 법률에 위반되는 행위를 한 때에 직접 자기의 법률상 이익과 관계없이 그 시정을 구하기 위하여 제기하는 소송 25 채용
> 4. **기관소송**: 국가 또는 공공단체의 기관상호간에 있어서의 권한의 존부 또는 그 행사에 관한 다툼이 있을 때에 이에 대하여 제기하는 소송. 다만. 헌법재판소법 제2조의 규정에 의하여 헌법재판소의 관장사항으로 되는 소송은 제외한다.
>
> **제4조(항고소송)** 항고소송은 다음과 같이 구분한다.
> 1. **취소소송**: 행정청의 **위법(부당 X)**한 처분등을 취소 또는 변경하는 소송
> 2. **무효등 확인소송**: 행정청의 처분등의 효력 유무 또는 존재여부를 확인하는 소송
> 3. **부작위위법확인소송**: 행정청의 부작위가 위법하다는 것을 확인하는 소송

정답 ①

649 23 채용

다음 빈칸에 들어갈 말로 가장 적절한 것은? (다툼이 있는 경우 판례에 의함)

> 명예퇴직한 법관이 미지급 명예퇴직수당액에 대하여 가지는 권리는 명예퇴직수당 지급대상자 결정 절차를 거쳐 명예퇴직수당규칙에 의하여 확정된 공법상 법률관계에 관한 권리로서, 그 지급을 구하는 소송은 「행정소송법」의 (   )에 해당하며, 그 법률관계의 당사자인 국가를 상대로 제기하여야 한다.

① 취소소송
② 부작위위법확인소송
③ 기관소송
④ 당사자소송

정답과 해설

대법원 2016. 5. 24. 선고 2013두14863
당사자소송은 행정청의 처분등을 원인으로 하는 법률관계에 관한 소송 그 밖에 **공법상의 법률관계에 관한 소송**으로서 그 법률관계의 **한쪽 당사자를 피고**로 하는 소송(행정소송법 제3조 제2호)

정답 ④

「행정소송법」에 대한 설명으로 가장 적절하지 않은 것은? (다툼이 있는 경우 판례에 의함)

① 집행정지는 행정처분의 집행부정지원칙의 예외로서 인정되는 것이고 또 본안에서 원고가 승소할 수 있는 가능성을 전제로 한 권리보호수단이라는 점에 비추어 보면 집행정지사건 자체에 의하여도 신청인의 본안청구가 적법한 것이어야 한다는 것을 집행정지의 요건에 포함시켜야 할 것이다.
② 취소소송이 제기된 경우에 처분등이나 그 집행 또는 절차의 속행으로 인하여 생길 회복하기 어려운 손해를 예방하기 위하여 긴급한 필요가 있다고 인정할 때에는 본안이 계속되고 있는 법원은 당사자의 신청 또는 직권에 의하여 처분등의 효력이나 그 집행 또는 절차의 속행의 전부 또는 일부의 정지(집행정지)를 결정할 수 있다.
③ ②의 규정에 의한 집행정지의 결정 또는 기각의 결정에 대하여는 즉시항고할 수 있다.
④ 법원은 당사자의 신청이 있는 때에는 결정으로써 재결을 행한 행정청에 대하여 행정심판에 관한 기록의 제출을 명하여야 한다.

정답과 해설

① (O) 대판 94두36
② (O) 취소소송이 제기된 경우에 처분등이나 그 집행 또는 절차의 속행으로 인하여 생길 회복하기 어려운 손해를 예방하기 위하여 긴급한 필요가 있다고 인정할 때에는 본안이 계속되고 있는 법원은 당사자의 신청 또는 직권에 의하여 처분등의 효력이나 그 집행 또는 절차의 속행의 전부 또는 일부의 정지(집행정지)를 결정할 수 있다. **다만, 처분의 효력정지는 처분등의 집행 또는 절차의 속행을 정지함으로써 목적을 달성할 수 있는 경우에는 허용되지 아니한다**(행정소송법 제23조 제2항).
③ (O) ②의 규정에 의한 **집행정지의 결정 또는 기각의 결정**에 대하여는 **즉시항고할 수 있다.** 이 경우 집행정지의 결정에 대한 즉시항고에는 결정의 집행을 정지하는 효력이 없다(동법 제23조 제5항)
④ (X) 법원은 당사자의 신청이 있는 때에는 결정으로써 재결을 행한 행정청에 대하여 행정심판에 관한 기록의 제출 **을 명할 수 있다(명하여야 한다 X)**(동법 제25조 제1항).

정답 ④

651 예상문제

「행정소송법」과 관련한 다음의 설명으로 적절하지 않은 것은? (다툼이 있으면 판례에 의함)

① 취소소송은 처분등이 있은 날부터 90일 경과하면 이를 제기하지 못한다.
② 처분 당시에는 취소소송의 제기가 법제상 허용되지 않아 소송을 제기할 수 없다가 위헌결정으로 인하여 비로소 취소소송을 제기할 수 있게 된 경우, 객관적으로는 '위헌결정이 있는 날', 주관적으로 '위헌결정이 있음을 안 날' 비로소 취소소송을 제기할 수 있게 되어 이때를 제소기간의 기산점으로 삼아야 한다.
③ 사정판결에 있어서 처분의 위법 여부 판단의 기준시점은 처분시이나, 사정판결은 처분이후의 사정변경을 고려하는 취지에서 인정되는 것이므로 사정판결의 필요성 판단의 기준시점은 변론종결시이다.
④ 취소청구가 기각되거나 행정청이 처분등을 취소 또는 변경함으로 인하여 청구가 각하 또는 기각된 경우에는 소송비용은 피고의 부담으로 한다.

> **정답과 해설**
>
> ① (X) 취소소송은 처분등이 있은 날부터 **1년(90일 X)**(제1항의 단서의 경우는 **재결이 있은 날부터 1년**)을 경과하면 이를 제기하지 못한다(행정소송법 제20조 제2항).
>
> > **제20조(제소기간)** ① 취소소송은 처분등이 **있음을 안 날부터 90일 이내에 제기하여야 한다.** 다만, 제18조 제1항 단서에 규정한 경우와 그 밖에 행정심판청구를 할 수 있는 경우 또는 행정청이 행정심판청구를 할 수 있다고 잘못 알린 경우에 행정심판청구가 있은 때의 기간은 재결서의 정본을 송달받은 날부터 기산한다.
> > ② 취소소송은 처분등이 **있은 날부터 1년**(제1항의 단서의 경우는 **재결이 있은 날부터 1년**)을 경과하면 이를 제기하지 못한다. 다만, 정당한 사유가 있는 때에는 그러하지 아니하다.
>
> ② (O) 대판 2007두20997
> ③ (O) 대판 69누29
> ④ (O) 취소청구가 기각되거나 행정청이 처분등을 취소 또는 변경함으로 인하여 청구가 각하 또는 기각된 경우에는 소송비용은 **피고의 부담**으로 한다(동법 제32조).
>
> 정답 ①

652 ○○○○ 24 간부

경찰작용에 있어서 행정소송에 대한 설명으로 가장 적절한 것은 모두 몇 개인가? (다툼이 있는 경우 판례에 의함)

> 가. 관할 경찰청장은 운전면허와 관련된 처분권한을 각 경찰서장에게 위임하였고, 이에 따라 A경찰서장은 자신의 명의로 甲에게 운전면허정지처분을 하였다면, 甲의 운전면허정지처분 취소소송의 피고적격자는 A경찰서장이 아니라 관할 경찰청장이다.
> 나. 혈중알콜농도 0.13%의 주취상태에서 차량을 운전하다가 적발된 乙에게 관할 경찰청장이 「도로교통법」에 의거 운전면허취소처분을 하였을 경우, 乙은 행정심판을 거치지 않고 바로 행정소송을 제기할 수 있다.
> 다. 도로 외의 곳에서의 음주운전·음주측정거부 등에 대해서는 형사처벌도 가능하고 운전면허취소처분도 부과할 수 있다.
> 라. 경찰청장을 피고로 하여 취소소송을 제기하는 경우, 대법원 소재지를 관할하는 행정법원이 제1심 관할 법원으로 될 수 있다.

① 1개 ② 2개
③ 3개 ④ 4개

정답과 해설

가. (X) 경찰청장이 처분권한을 경찰서장에게 **위임하지 않았다면 경찰청장이 취소소송의 피고적격자**가 되지만, 경찰청장(위임관청)이 경찰서장(수임관청)에게 권한을 위임하였으므로 **취소소송의 피고적격자는 A경찰서장**이다.

나. (X) 도로교통법 제142조는 **행정심판을 거치지 않고 바로 행정소송을 제기할 수 없다**는 필요적 전치주의를 명시적으로 규정하고 있다. 이 법에 따른 처분으로서 해당 처분에 대한 행정소송은 행정심판의 재결(裁決)을 거치지 아니하면 제기할 수 없다(동법 제142조).

다. (X) 음주·약물 운전 및 조치불이행 교통사고, 음주측정거부의 경우 도로 외의 장소에서 발생하더라도 처벌이 가능하므로, **형사처벌만 가능하며 운전면허 행정처분은 불가능하다**.

라. (O) ① 취소소송의 제1심관할법원은 피고의 소재지를 관할하는 행정법원으로 한다. ② 제1항에도 불구하고 1. **중앙행정기관(경찰청장)**, 중앙행정기관의 부속기관과 합의제행정기관 또는 그 장이나 2. 국가의 사무를 위임 또는 위탁받은 공공단체 또는 그 장에 해당하는 피고에 대하여 취소소송을 제기하는 경우에는 **대법원소재지를 관할하는 행정법원**에 제기할 수 있다(행정소송법 제9조).

정답 ①

653 ☐☐☐☐ 23 채용

행정상 법률관계에 관한 설명으로 가장 적절하지 않은 것은? (다툼이 있는 경우 판례에 의함)

① 국유재산의 관리청이 그 무단점유자에 대하여 하는 변상금부과처분은 순전히 사경제 주체로서 행하는 사법상의 법률행위이다.
② 국가나 지방자치단체에 근무하는 청원경찰은 「국가공무원법」이나 「지방공무원법」상의 공무원은 아니지만 그 근무관계를 사법상의 고용계약관계로 보기는 어렵다.
③ 원천징수의무자가 비록 과세관청과 같은 행정청이라 하더라도 그의 원천징수행위는 법령에서 규정된 징수 및 납부의무를 이행하기 위한 것에 불과한 것이지, 공권력의 행사로서의 행정처분을 한 경우에 해당되지 아니한다.
④ 국립 교육대학 학생에 대한 퇴학처분은 행정처분이다.

정답과 해설

① (X) 국유재산법 제51조 제1항은 국유재산의 무단점유자에 대하여는 대부 또는 사용, 수익허가 등을 받은 경우에 납부하여야 할 대부료 또는 사용료 상당액 외에도 그 징벌적 의미에서 국가측이 일방적으로 그 2할 상당액을 추가하여 변상금을 징수토록 하고 있으며 동조 제2항은 변상금의 체납시 국세징수법에 의하여 강제징수토록 하고 있는 점 등에 비추어 보면 국유재산의 관리청이 그 무단점유자에 대하여 하는 변상금부과처분은 순전히 **사경제 주체로서 행하는 사법상의 법률행위라 할 수 없고 이는 관리청이 공권력을 가진 우월적 지위에서 행한 것으로서 행정소송의 대상이 되는 행정처분이라고 보아야 한다**(대법원 1988. 2. 23. 선고 87누1046).
② (O) 부산고등법원 2011누1870
③ (O) 대법원 1990. 3. 23. 선고 89누4789
④ (O) 국립 교육대학 학생에 대한 퇴학처분은 학장이 교육목적실현과 학교의 내부질서유지를 위해 학칙 위반자인 재학생에 대한 구체적 법집행으로서 행정처분에 해당한다(대법원 1991. 11. 22. 선고 91누2144).

정답 ①

654 ☐☐☐☐ 23 경채

현행 우리나라 「행정심판법」과 「행정소송법」에 관한 설명으로 가장 적절하지 않은 것은?

① 「행정소송법」은 행정소송을 항고소송, 당사자소송, 민중소송, 기관소송으로 구분하고 있다.
② 「행정심판법」은 행정심판의 종류로 취소심판, 무효등확인심판, 의무이행심판을 규정하고 있다.
③ 「행정심판법」상 중앙행정심판위원회는 위원장 1명을 포함하여 70명 이내의 위원으로 구성하되, 위원 중 상임위원은 4명 이내로 한다.
④ 「행정심판법」상 중앙행정심판위원회 상임위원의 임기는 2년으로 하며, 연임할 수 없다.

정답과 해설

① (O) 행정소송법 제3조
② (O) 행정심판법 제5조
③ (O) 행정심판법 제8조 제1항
④ (X) 중앙행정심판위원회 상임위원의 임기는 **3년(2년 X)**으로 하며, **1차에 한하여 연임할 수 있다(연임할 수 없다 X)** (행정심판법 제9조 제2항).

정답 ④

655 ☐☐☐☐ 예상문제

경찰작용에 대한 사후구제 제도인 행정심판, 행정소송에 대한 설명으로 옳은 것은?

① 행정소송의 대상은 위법한 처분과 부당한 처분인데 반하여, 행정심판은 위법한 처분만이 그 대상이 된다.
② 행정심판에서는 의무이행심판을 인정하나, 행정소송에서는 의무이행소송을 인정하지 않고 있다.
③ 행정심판에서는 불이익변경금지의 원칙이 적용되지 않으나, 행정소송에서는 불이익변경금지의 원칙이 적용된다.
④ 행정심판은 서면심리 또는 구두심리로 진행되고, 행정소송은 구두변론으로 심리절차가 진행되며, 모두 공개를 원칙으로 한다.

정답과 해설

① (X) **행정심판**의 대상은 위법한 처분과 부당한 처분인데 반하여, **행정소송**은 위법한 처분만이 그 대상이 된다.
② (O)
③ (X) **행정소송뿐만 아니라 행정심판에도 불이익변경금지의 원칙이 적용**된다(행정심판법 제47조).
④ (X) **행정심판**은 구술심리 또는 서면심리에 의할 수 있고 **비공개주의를 원칙**으로 하는데 반해, **행정소송**은 구술심리주의와 공개주의를 원칙으로 한다.

정답 ②

05 경찰관 직무집행법

① 목적 및 직무의 범위
② 불심검문(§3)
③ 보호조치(§4)
④ 위험발생의 방지 등(§5)
⑤ 범죄의 예방과 제지(§6)
⑥ 위험방지를 위한 출입(§7)
⑦ 직무수행상의 사실확인 및 출석요구(§8)
⑧ 정보의 수집 등(§8의2)
⑨ 경찰장비·장구·무기·분사기 등의 사용
⑩ 경찰착용기록장치의 사용
⑪ 위해성 경찰장비의 사용기준 등에 관한 규정
⑫ 경찰 물리력 행사의 기준과 방법에 관한 규칙(경찰청예규)
⑬ 손실보상
⑭ 범인검거 등 공로자 보상
⑮ 소송지원 및 형의 감면 등
⑯ 경찰관 직무집행법 기타규정
⑰ 종합문제

• 기 출 키 워 드 •

23년 2차	• 종합(2)
24년 1차	• 정보의 수집 등 • 경찰장비 • 손실보상 • 물리력 • 종합
24년 2차	• 경찰장비와 장구 • 직무범위
25년 1차	• 위해성 경찰장비 사용기준 등에 관한 규정 • 경찰착용기록장치 • 손실보상
25년 2차	• 경찰관의 정보수집 및 처리 등에 관한 규정 • 범인검거 등 공로자 보상 • 직무 수행으로 인한 형의 감면

최신개정법령&무료자료 다운로드 등
네이버 김재규경찰학 카페(https://cafe.naver.com/ollaedu)

01 목적 및 직무의 범위

656 □□□□ 23 채용, 예상문제

「경찰관 직무집행법」에 대한 설명으로 적절하지 않은 것은 모두 몇 개인가?

> ㉠ 이 법은 국민의 자유와 권리 및 모든 개인이 가지는 불가침의 기본적 인권을 보호하고 사회공공의 질서를 유지하기 위한 경찰관(경찰공무원만 해당한다)의 직무 수행에 필요한 사항을 규정함을 목적으로 한다.
> ㉡ 불심검문, 보호조치, 분사기 등의 사용, 무기의 사용, 위험방지를 위한 출입은 경찰상 대인적 즉시강제의 수단이다.
> ㉢ 제2조 제7호 '그 밖의 공공의 안녕과 질서유지'를 일반적 수권조항으로 보는 것에 행정법학자들은 긍정설, 부정설, 입법필요설로 입장이 나뉘고 있다.
> ㉣ '범죄피해자 보호'와 '테러경보 발령·대테러 작전 수행' 업무를 명시적으로 제2조 '직무 범위'로 규정하고 있다.
> ㉤ 경찰관의 직권은 그 직무수행에 필요한 최소한도 내에서 행사되어야 하며, 이를 남용해서는 안된다'는 경찰소극목적의 원칙은 「경찰관 직무집행법」에 명시적 규정이 있다.
> ㉥ 출입국관리공무원 외의 수사기관이 출입국사범에 관한 사건을 입건(立件)하였을 때에는 지체 없이 관할 지방출입국·외국인관서의 장에게 인계하여야 하므로 일반사법경찰관리의 출입국사범에 대한 수사권한은 배제된다.

① 2개 ② 3개
③ 4개 ④ 5개

정답과 해설

㉠ (O) 경찰관 직무집행법 제1조 제1호
㉡ (X) 위험방지를 위한 출입은 경찰상 **대가택적(대인적 X) 즉시강제의 수단**이다.
㉢ (O)
㉣ (X) 경비, 주요 인사(人士) 경호 및 **대간첩(테러경보 발령 X)·대테러 작전 수행** 업무를 명시적으로 제2조 제3호에 '직무 범위'로 규정하고 있다.
㉤ (X) 지문은 **경찰비례원칙(경찰소극목적의 원칙 X)의 명시적 규정**이라 할 수 있다.
㉥ (X) 출입국관리공무원 외의 수사기관이 출입국사범에 관한 사건을 입건(立件)하였을 때에는 지체 없이 관할 지방출입국·외국인관서의 장에게 인계하여야 하므로 일반사법경찰관리의 출입국사범에 대한 수사권한은 **배제하는 것은 아니다(배제된다 X)**(대판2008도7724).

정답 ③

THEME 02 불심검문(§3)

657 □□□□ 24 승진, 23·25 간부, 예상문제

「경찰관 직무집행법」상 불심검문에 대한 설명으로 적절한 것은 모두 몇 개인가? (다툼이 있는 경우 판례에 따름)

> 가. 경찰관은 동행한 사람의 가족이나 친지 등에게 동행한 경찰관의 신분, 동행 장소, 동행 목적과 이유를 알리거나 다른 사람으로 하여금 즉시 연락할 수 있는 기회를 주어야 하며, 변호인의 도움을 받을 권리가 있음을 알려야 한다.
> 나. 불심검문을 하게 된 경위, 불심검문 당시의 현장상황과 검문을 하는 경찰관들의 복장, 불심검문 대상자가 공무원증 제시나 신분 확인을 요구하였는지 여부 등을 종합적으로 고려하여, 검문하는 사람이 경찰관이고 검문하는 이유가 범죄행위에 관한 것임을 불심검문 대상자가 충분히 알고 있었다고 보이는 경우라고 하더라도 신분증을 제시하지 않고서 한 불심검문은 위법한 공무집행에 해당한다.
> 다. 경찰관은 불심검문시 그 장소에서 질문을 하는 것이 그 사람에게 불리하거나 교통에 방해가 된다고 인정될 때에는 질문을 하기 위하여 가까운 경찰청·경찰서·지구대·파출소 또는 출장소(해양경찰관서 미포함)로 동행할 것을 요구할 수 있다. 이 경우 동행을 요구받은 사람은 그 요구를 거절할 수 있다.
> 라. 경찰관은 불심검문 대상자에게 질문을 할 때에 그 사람이 흉기를 가지고 있는지를 조사하여야 한다.
> 마. 경찰관은 질문을 하거나 동행을 요구할 경우 자신의 신분을 표시하는 증표를 제시하면서 소속과 성명을 밝히고 질문이나 동행의 목적과 이유를 설명할 수 있으며, 동행을 요구하는 경우에는 동행 장소를 밝힐 수 있으며, 미리 진술거부권이 있음을 상대방에게 고지할 필요는 없다.

① 0개   ② 1개   ③ 2개   ④ 3개

정답과 해설

가. (X) 경찰관은 동행한 사람의 가족이나 친지 등에게 동행한 경찰관의 신분, 동행 장소, 동행 목적과 이유를 **알리거나(알리고 X) 본인으로(다른 사람으로 X)** 하여금 즉시 연락할 수 있는 기회를 **주어야 하며(줄 수 있으며 X)**, 변호인의 도움을 받을 권리가 있음을 **알려야 한다(알릴 필요는 없다 X)**(경찰관 직무집행법 제3조 제5항).

나. (X) ~~검문하는 사람이 경찰관이고 검문하는 이유가 범죄행위에 관한 것임을 피고인이 충분히 알고 있었다고 보이는 경우에는 신분증을 제시하지 않았다고 하여 그 불심검문이 위법한 공무집행이라고 **할 수 없다**(대판 2004도4029).

다. (X) 경찰관은 불심검문시 정지시킨 장소에서 질문을 하는 것이 그 사람에게 불리하거나 교통에 방해가 된다고 인정될 때에는 질문을 하기 위하여 가까운 **(경찰청 X)**경찰서·지구대·파출소 또는 출장소(지방해양경찰관서를 **포함(미포함 X)**)로 동행할 것을 요구할 수 있다. 이 경우 동행을 요구받은 사람은 그 요구를 거절할 수 있다(동법 제3조 제2항).

라. (X) 경찰관은 불심검문 대상자에게 질문을 할 때에 그 사람이 흉기를 가지고 있는지를 **조사할 수 있다(조사하여야 한다 X)**(동법 제3조 제3항).

마. (X) 경찰관은 질문을 하거나 동행을 요구할 경우 자신의 신분을 표시하는 증표를 제시하면서 소속과 성명을 밝히고 질문이나 동행의 목적과 이유를 설명**하여야 하며(할 수 있으며 X)**, 동행을 요구하는 경우에는 동행 장소를 **밝혀야 한다(밝힐 수 있다 X)**(동법 제3조 제4항). 당해인(피질문자)은 답변을 강요당하지 아니하기 때문에 **진술거부권을 고지하지 않아도 된다.**

정답 ①

658 ☐☐☐☐ 예상문제

「경찰관 직무집행법」상 불심검문을 하는 '경찰관의 신분증명'과 관련한 설명으로 옳지 않은 것은? (다툼이 있으면 판례에 의함)

① 경찰관 직무집행법 제3조 제4항에서 불심검문시 '신분을 표시하는 증표를 제시하면서'라고 규정하고, 동법 시행령 제5조에서 '신분을 표시하는 증표는 경찰공무원의 공무원증으로 한다.'고 규정하고 있다.
② 「경찰관 직무집행법」상 제복을 착용한 지구대 소속 경찰공무원이 불심검문을 하려면 대상자에게 증표를 제시하면서 구두로 소속과 성명 등을 밝혀 신분증명을 하여야 할 필요가 있다.
③ 경찰관이 신분증을 제시하지 않고 불심검문을 하였다면, 검문하는 사람이 경찰관이고 검문하는 이유가 범죄행위에 관한 것임을 검문대상자가 알고 있었던 경우라도 그 불심검문은 위법하다.
④ 「주민등록법」에서는 경찰관이 범인을 체포하는 등 그 직무를 수행할 때에 신원확인을 위하여 주민등록증의 제시를 요구할 수 있고, 이때 정복근무 중인 경우 외에는 미리 신원을 표시하는 증표를 내보여야 한다고 규정하고 있다.

정답과 해설

① (O) 신분을 표시하는 증표는 **경찰공무원의 공무원증(흉장 X)**으로 한다(경찰관 직무집행법 시행령 제5조).
② (O) 경찰관 직무집행법은 주민등록법과 달리 제복을 착용한 경찰관의 신분증명을 면제하는 규정이 없다. 따라서 정복이나 사복을 불문하고 불심검문 시 신분증명을 하여야 할 필요가 있다(동법 제3조 제4항).
③ (X) 경찰관 직무집행법 제3조 제4항은 경찰관이 불심검문을 하고자 할 때에는 자신의 신분을 표시하는 증표를 제시하여야 한다고 규정하고, 경찰관 직무집행법 시행령 제5조는 위 법에서 규정한 신분을 표시하는 증표는 경찰관의 공무원증이라고 규정하고 있는데, 불심검문을 하게 된 경위, 불심검문 당시의 현장상황과 검문을 하는 경찰관들의 복장, 피고인이 공무원증 제시나 신분 확인을 요구하였는지 여부 등을 종합적으로 고려하여, 검문하는 사람이 경찰관이고 검문하는 이유가 범죄행위에 관한 것임을 피고인이 충분히 알고 있었다고 보이는 경우에는 신분증을 제시하지 않았다고 하여 그 불심검문이 **위법한 공무집행이라고 할 수 없다**(대법원 2014. 12. 11. 2014도7976).
④ (O) 주민등록법 제26조

정답 ③

659 ☐☐☐☐ 24 승진, 예상문제

「경찰관 직무집행법」상 불심검문에 대한 설명으로 옳지 않은 것은?

① 경찰관은 수상한 행동이나 그 밖의 주위 사정을 합리적으로 판단하여 볼 때 어떠한 죄를 범하였거나 범하려 하고 있다고 의심할 만한 상당한 이유가 있는 사람을 정지시켜 질문할 수 있다.
② ①에서 말하는 '상당한 이유'는 경찰관의 주관적 판단에 의한 것이 아니라 객관적·합리적으로 판단할 때에 상당한 이유이어야 함을 뜻한다.
③ 이미 행하여진 범죄나 행하여지려고 하는 범죄행위에 관한 사실을 아는 사람은 불심검문의 대상자가 아니다.
④ 「경찰관 직무집행법」상 경찰관은 불심검문 대상자에게 질문을 할 때에 그 사람이 흉기를 가지고 있는지를 조사할 수 있지만, 흉기 이외의 일반소지품 조사 규정은 두고 있지 않다.

정답과 해설

① (O) 경찰관은 수상한 행동이나 그 밖의 주위 사정을 합리적으로 판단하여 볼 때 어떠한 죄를 범하였거나 범하려 하고 있다고 의심할 만한 상당한 이유가 있는 사람을 정지시켜 **질문할 수 있다(질문하여야 한다 X)**(경찰관 직무집행법 제3조 제1항 제1호).
③ (X) 불심검문의 대상자(요건)은 수상한 행동이나 그 밖의 주위 사정을 합리적으로 판단하여 볼 때 어떠한 죄를 범하였거나 범하려 하고 있다고 의심할 만한 상당한 이유가 있는 사람, **이미 행하여진 범죄나 행하여지려고 하는 범죄행위에 관한 사실을 안다고 인정되는 사람**이다.

정답 ③

「경찰관 직무집행법」상 불심검문에 대한 설명으로 옳은 것은? (다툼이 있으면 판례에 의함)

① 검문하는 사람이 경찰관이고 검문하는 이유가 범죄행위에 관한 것임을 상대방이 충분히 알고 있었다고 보이는 경우에도 신분증을 제시하지 않고 행한 경찰관의 불심검문은 위법한 공무집행이다.
② 경찰관의 질문을 위한 동행요구가 형사소송법의 규율을 받는 수사로 이어지는 경우, 그 동행요구는 피의자의 자발적인 의사에 의하여 수사관서 등에 동행이 이루어졌음이 객관적인 사정에 의하여 명백하게 입증된 경우가 아니어도 그 적법성이 인정된다.
③ 질문을 받거나 동행을 요구받은 사람은 형사소송에 관한 법률에 따르지 아니하고는 신체를 구속당하지 아니하며, 그 의사에 반하여 답변을 강요당하지 아니한다.
④ 임의동행은 상대방의 동의 또는 승낙을 그 요건으로 하는 것이므로 경찰관으로부터 임의동행 요구를 받은 경우 상대방은 이를 거절할 수 있을 뿐만 아니라 임의동행 후 언제든지 경찰관서에서 퇴거할 자유가 있다 할 것이고, 경찰관 직무집행법 제3조 제6항이 '임의동행한 경우 당해인을 6시간을 초과하여 경찰관서에 머물게 할 수 없다'고 규정하고 있어 그 규정에 따라 임의동행한 자를 6시간 동안 경찰관서에 구금하는 것을 허용한다.

정답과 해설

① (X) 검문하는 사람이 경찰관이고 검문하는 이유가 범죄행위에 관한 것임을 피고인이 충분히 알고 있었다고 보이는 경우에는 **신분증을 제시하지 않았다고 하여 그 불심검문이 위법한 공무집행이라고 할 수 없다**(대법원 2014.12.11. 2014도7976).
② (X) 경찰관의 질문을 위한 동행요구가 형사소송법의 규율을 받는 수사로 이어지는 경우, 그 동행요구는 피의자의 자발적인 의사에 의하여 수사관서 등에 동행이 이루어졌음이 객관적인 사정에 의하여 명백하게 **입증된 경우에만 그 적법성이 인정된다**(대법원 2006.7.6. 2005도6810).
③ (O) 경찰관 직무집행법 제3조 제7항
④ (X) 경찰관 직무집행법 제3조 제6항이 '임의동행한 경우 당해인을 6시간을 초과하여 경찰관서에 머물게 할 수 없다'고 규정하고 있다고 하여 그 규정이 **임의동행한 자를 6시간 동안 경찰관서에 구금하는 것을 허용하는 것은 아니다**(대법원 1997. 8.22. 97도1240).

정답 ③

661 24 채용, 24 간부, 23 경채, 예상문제

「경찰관 직무집행법」상 불심검문에 관련된 판례로 옳지 않은 것은? (다툼이 있으면 판례에 의함)

① 경찰관이 불심검문 대상자 해당 여부를 판단할 때에는 불심검문 당시의 구체적 상황은 물론 사전에 얻은 정보나 전문적 지식 등에 기초하여 불심검문 대상자인지를 객관적·합리적인 기준에 따라 판단하여야 하며, 반드시 불심검문 대상자에게 형사소송법상 체포나 구속에 이를 정도의 혐의가 있을 것을 요한다.

② 경찰관은 불심검문 대상자에게 질문을 하기 위하여 범행의 경중, 범행과의 관련성, 상황의 긴박성, 혐의의 정도, 질문의 필요성 등에 비추어 목적 달성에 필요한 최소한의 범위 내에서 사회통념상 용인될 수 있는 상당한 방법으로 대상자를 정지시킬 수 있고 질문에 수반하여 흉기의 소지 여부도 조사할 수 있다.

③ 술값문제로 시비가 있다는 신고를 받고 출동한 수내파출소 소속 순경 A와 경사 B가 여종업원과 여사장으로부터 피고인이 술값을 내지 않고 가려다 여종업원과 실랑이가 있었다는 경위를 듣고, 순경 A가 음식점 밖으로 나가려는 피고인의 앞을 막으며 "상황을 설명해 주십시오"라고 말한 것은 목적 달성에 필요한 최소한의 범위에서 사회통념상 용인될 수 있는 방법에 의한 것으로 적법한 공무집행에 해당한다.

④ 인근에서 자전거를 이용한 날치기 사건이 발생한 직후 검문을 하던 경찰관들이 날치기 사건의 범인과 흡사한 인상착의인 피고인을 발견하고 앞을 가로막으며 진행을 제지한 행위는 목적 달성에 필요한 최소한의 범위 내에서 사회통념상 용인될 수 있는 상당한 방법에 의한 것으로 적법한 공무집행에 해당한다.

정답과 해설

① (X) 경찰관이 불심검문 대상자 해당 여부를 판단할 때에는 불심검문 당시의 구체적 상황은 물론 사전에 얻은 정보나 전문적 지식 등에 기초하여 불심검문 대상자인지를 객관적·합리적인 기준에 따라 판단하여야 하나, 반드시 불심검문 대상자에게 형사소송법상 체포나 구속에 이를 정도의 **혐의가 있을 것을 요한다고 할 수는 없다**(혐의가 있을 것을 요한다 X)(대법원 2014. 2. 7. 2011도13999).
② (O) 대법원 2014. 2. 7. 2011도13999
③ (O) 대법원 2014.12.11. 2014도7976
④ (O) 대법원 2012. 9.13. 2010도6203

정답 ①

THEME 03 보호조치(§4)

662 23 간부

「경찰관 직무집행법」상 보호조치에 대한 설명으로 적절하지 않은 것을 모두 고른 것은?

> 가. 경찰관은 적당한 보호자가 없는 부상자에 대해 응급구호가 필요하다고 인정할 만한 사유가 있다면 본인이 구호를 거절하더라도 보호조치를 할 수 있다.
> 나. 경찰관은 보호조치를 하였을 때에는 지체 없이 구호대상자의 가족, 친지 또는 그 밖의 연고자에게 그 사실을 알려야 하며, 연고자가 발견되지 아니할 때에는 구호대상자를 적당한 공공보건의료기관이나 공공구호기관에 즉시 인계할 수 있다.
> 다. 경찰관이 구호대상자를 공공보건의료기관이나 공공구호기관에 인계하였을 때에는 해당 경찰관이 즉시 그 사실을 해당 공공보건의료기관 또는 공공구호기관의 장 및 그 감독행정청에 통보하여야 한다.
> 라. 경찰관은 구호대상자를 발견하였을 때 보건의료기관이나 공공구호기관에 긴급구호를 요청할 수 있고, 긴급구호를 요청받은 기관이 정당한 이유없이 이를 거절하는 경우 「경찰관 직무집행법」에 따라 처벌하도록 규정되어 있다.

① 가. 나.
② 나. 다.
③ 나. 다. 라.
④ 가. 나. 다. 라.

정답과 해설

가. (X) 경찰관은 수상한 행동이나 그 밖의 주위 사정을 합리적으로 판단해 볼 때 미아, 병자, **부상자 등으로서 적당한 보호자가 없으며 응급구호가 필요하다고 인정되는 사람**(다만, **본인이 구호를 거절하는 경우는 제외**)에 해당하는 것이 명백하고 응급구호가 필요하다고 믿을 만한 상당한 이유가 있는 사람을 발견하였을 때에는 보건의료기관이나 공공구호기관에 긴급구호를 요청하거나 경찰관서에 보호하는 등 적절한 조치를 할 수 있다(경찰관 직무집행법 제4조 제1항).

나. (X) 경찰관은 보호조치를 하였을 때에는 지체 없이 구호대상자의 가족, 친지 또는 그 밖의 연고자에게 그 사실을 알려야 하며, 연고자가 발견되지 아니할 때에는 구호대상자를 적당한 공공보건의료기관이나 공공구호기관에 **즉시 인계하여야 한다**(동법 제4조 제4항).

다. (X) **경찰관**은 구호대상자를 공공보건의료기관이나 공공구호기관에 인계하였을 때에는 **즉시 그 사실을 소속 경찰서장(해당 경찰관 X)이나 해양경찰서장에게 보고하여야 하며, 보고를 받은 소속 경찰서장(해당 경찰관 X)이나 해양경찰서장은** 대통령령으로 정하는 바에 따라 구호대상자를 인계한 사실을 지체 없이 해당 공공보건의료기관 또는 공공구호기관의 장 및 그 감독행정청에 통보하여야 한다(동법 제4조 제5항, 제6항).

라. (X) 경찰관은 구호대상자를 발견하였을 때 보건의료기관이나 공공구호기관에 긴급구호를 요청할 수 있고, 긴급구호를 요청받은 보건의료기관이나 공공구호기관은 정당한 이유 없이 긴급구호를 거절할 수 없다(동법 제4조 제1항, 제2항). 긴급구호를 요청받은 기관이 정당한 이유없이 이를 거절하는 경우 「**응급의료에 관한 법률**」(「**경찰관 직무집행법**」 X)에 따라 처벌하도록 규정되어 있다(응급의료에 관한 법률 제60조 제3항).

정답 ④

663 21 승진, 예상문제

「경찰관 직무집행법」 제4조 '보호조치등'에 대한 설명으로 적절한 것은 모두 몇 개인가?

> ㉠ 경찰관은 자살기도자를 발견하여 경찰관서에 보호할 경우 24시간 이내에 구호대상자의 가족, 친지 또는 그 밖의 연고자에게 그 사실을 알려야 하며, 연고자가 발견되지 아니할 때에는 구호대상자의 의사와 상관없이 공공보건의료기관이나 공공구호기관에 인계하여야 한다.
> ㉡ 경찰관은 자살을 시도하는 것이 명백하고 응급구호가 필요하다고 믿을 만한 상당한 이유가 있다면 본인 동의 여부와 관계없이 보호조치를 실시할 수 있으며, 이 경우 경찰관서에 24시간 이내 보호가 가능하다.
> ㉢ 경찰관은 보호조치 등을 하는 경우에 구호대상자가 휴대하고 있는 무기·흉기 등 위험을 일으킬 수 있는 것으로 인정되는 물건을 경찰관서에 임시로 영치(領置)하여 놓을 수 있고, 그 기간은 10일을 초과할 수 없으며 법적 성질은 대인적 즉시강제이다.
> ㉣ 긴급구호요청을 받은 응급의료종사자가 정당한 이유 없이 긴급구호요청을 거절할 경우, 「경찰관 직무집행법」에 따라 3년 이하의 징역 또는 3천만원 이하의 벌금에 처한다.
> ㉤ 보호조치는 경찰관서에서 일시 보호하여 구호의 방법을 강구하는 것으로 경찰관의 재량행위에 해당하기 때문에 국가배상책임이 인정되는 경우는 없다.

① 없다
② 1개
③ 2개
④ 3개

정답과 해설

㉠ (X) 경찰관은 제1항의 조치를 하였을 때에는 **지체 없이**(24시간 이내 X) 구호대상자의 가족, 친지 또는 그 밖의 연고자에게 그 사실을 알려야 하며, 연고자가 발견되지 아니할 때에는 구호대상자를 적당한 공공보건의료기관이나 공공구호기관에 즉시 인계하여야 한다(경찰관 직무집행법 제4조 제4항).
㉡ (O) 동법 제4조 제7항
㉢ (X) 임시영치는 **대물적**(대인적 X) 즉시강제이다(동법 제4조 제7항).
㉣ (X) 긴급구호요청을 받은 응급의료종사자가 정당한 이유 없이 긴급구호요청을 거절할 경우, **「응급의료에 관한 법률」**(「경찰관 직무집행법」X) 제60조 제3항에 따라 3년 이하의 징역 또는 3천만원 이하의 벌금에 처한다.
㉤ (X) 보호조치는 원칙적으로 경찰관의 재량행위이나 '재량권이 0으로 수축되는 경우' 기속행위의 성격을 가지게 되며, 경찰관이 이를 소홀히 할 경우 **국가배상책임이 인정될 수 있다**(인정되는 경우는 없다 X).

정답 ②

664 □□□□ 18 행정사

( )에 들어갈 수 있는 것으로 옳은 것을 모두 고르면?

경찰관 직무집행법에 따르면, 경찰관은 주위 사정을 합리적으로 판단해 볼 때 ( )에 해당하는 것이 명백하고 응급구호가 필요하다고 믿을 만한 상당한 이유가 있는 사람을 발견하였을 때에는 보건의료기관에 긴급구호를 요청하거나 경찰관서에 보호하는 등 적절한 조치를 할 수 있다.

㉠ 자살을 시도하는 사람
㉡ 정신착란을 일으켜 타인의 신체에 위해를 끼칠 우려가 있는 사람
㉢ 술에 취하여 자신의 재산에 위해를 끼칠 우려가 있는 사람
㉣ 부상자로서 적당한 보호자가 없음에도 구호를 거절하는 사람

① ㉠㉡
② ㉢㉣
③ ㉠㉡㉢
④ ㉡㉢㉣

정답과 해설

㉣ (X) 부상자는 **임의보호조치** 대상자로, **본인이 구호를 거절하는 경우는 보호조치에서 제외**한다(경찰관 직무집행법 제4조).

정답 ③

665 □□□□ 21 채용

다음 상황에 대한 설명으로 가장 적절하지 않은 것은? (다툼이 있는 경우 판례에 의함)

> 甲은 음주 후 자신의 처(처는 술을 마시지 않음)와 동승한 채 화물차를 운전하여 가다가 음주단속을 당하게 되자 경찰관이 들고 있던 경찰용 불봉을 충격하고 그대로 도주하였다. 단속현장에서 약 3km 떨어진 지점까지 교통사고를 내지 않고 운전하며 진행하던 중 다른 차량에 막혀 더 이상 진행하지 못하게 되자 스스로 차량을 세운 후 운전석에서 내려 도주하려 하였으나, 결국 甲은 경찰관에게 제지되어 체포의 절차에 따르지 않고 甲과 그의 처의 의사에 반하여 지구대로 보호조치 되었다. 이후 2회에 걸친 경찰관의 음주측정요구를 거부하였다는 이유로 甲은 「도로교통법」 위반(음주측정거부) 혐의로 기소되었다.

① 경찰관이 甲에 대하여 「경찰관 직무집행법」 제4조에 따른 보호조치를 하고자 하였다면, 당시 옆에 있었던 처에게 甲을 인계하였어야 했고, 특별한 사정이 없는 한 지구대에서 甲을 보호하는 것은 허용되지 않는다.
② 甲은 음주측정거부에 관한 「도로교통법」 위반죄로 처벌될 수 없다.
③ 구 「도로교통법」 제44조 제2항 및 제148조의2 제2호 규정들이 음주측정을 위한 강제처분의 근거가 될 수 있으므로, 위와 같은 음주측정을 위하여 운전자를 강제로 연행하기 위해서는 수사상 강제처분에 관한 「형사소송법」상 절차에 따를 필요가 없다.
④ 경찰관이 甲에 대하여 행한 음주측정요구는 「형법」 제136조에 따른 공무집행방해죄의 보호대상이 될 수 없다.

정답과 해설

③ (X) 교통안전과 위험방지를 위한 필요가 없음에도 주취운전을 하였다고 인정할 만한 상당한 이유가 있다는 이유만으로 이루어지는 음주측정은 이미 행하여진 주취운전이라는 범죄행위에 대한 증거 수집을 위한 수사절차로서 의미를 가지는데, **도로교통법상 규정들이 음주측정을 위한 강제처분의 근거가 될 수 없으므로 위와 같은 음주측정을 위하여 운전자를 강제로 연행하기 위해서는 수사상 강제처분에 관한 형사소송법상 절차에 따라야 하고**, 이러한 절차를 무시한 채 이루어진 강제연행은 위법한 체포에 해당한다(대법원 2012.12.13. 2012도11162).

④ (O) 음주측정을 위하여 운전자를 강제로 연행할 때 준수하여야 하는 **절차를 위반한 경우 위법한 체포에 해당**하더라도 음주측정 요구에 불응한 행위를 음주측정거부죄와 음주측정 요구과정에서 행하여진 공무집행방해행위는 **적법절차를 위반한 음주측정거부죄와 이에 대한 공무집행방해행위는 처벌받지 않는다**(대법원 2012. 12. 13. 선고, 2012도11162).

정답 ③

666 □□□□ 25 간부

A경찰서 소속 경찰관 甲은, 정신착란을 일으켜 타인의 생명·신체에 위해를 끼칠 우려가 있는 乙을 발견하였다. 甲은 「경찰관 직무집행법」에 따라 乙에 대한 응급구호가 필요하다고 판단하여 B보건의료기관에 긴급구호를 요청하였다. 이에 관한 설명으로 적절하지 않은 것은 모두 몇 개인가?

> 가. 甲으로부터 긴급구호를 요청받은 B보건의료기관은 정당한 이유 없이 긴급구호를 거절할 수 없다.
> 나. 甲은 乙이 휴대하고 있는 흉기를 발견하였을 경우 경찰관서에 이를 임시로 영치하여 놓을 수 있다.
> 다. 乙의 연고자가 발견되지 아니할 때에는 甲은 乙을 적당한 공공보건의료기관이나 공공구호기관에 즉시 인계하여야 하고, 인계 즉시 그 사실을 A경찰서장에게 보고하여야 한다.
> 라. 甲이 乙을 적당한 공공보건의료기관이나 공공구호기관에 인계한 사실을 보고받은 A경찰서장은 대통령령으로 정하는 바에 따라 乙을 인계한 사실을 지체 없이 해당 공공보건의료기관 또는 공공구호기관의 장 및 그 감독행정청에 통보하여야 한다.

① 0개
② 1개
③ 2개
④ 3개

정답과 해설

가. **(O)** 긴급구호를 요청받은 보건의료기관이나 공공구호기관은 정당한 이유 없이 긴급구호를 거절할 수 없다(경찰관 직무집행법 제4조 제2항).

나. **(O)** 경찰관은 구호대상자가 휴대하고 있는 무기·흉기 등 위험을 일으킬 수 있는 것으로 인정되는 물건을 경찰관서에 임시로 영치(領置)하여 놓을 수 있다(동법 제4조 제3항).

다. **(O)** 동법 제4조 제4항, 제5항

> ④ 경찰관은 제1항의 조치를 하였을 때에는 지체 없이 구호대상자의 가족, 친지 또는 그 밖의 연고자에게 그 사실을 **알려야 하며,** 연고자가 발견되지 아니할 때에는 구호대상자를 적당한 공공보건의료기관이나 공공구호기관에 **즉시 인계하여야 한다.**
> ⑤ 경찰관은 제4항에 따라 구호대상자를 공공보건의료기관이나 공공구호기관에 인계하였을 때에는 즉시 그 사실을 **소속 경찰서장이나 해양경찰서장**에게 보고하여야 한다.

라. **(O)** 제5항에 따라 보고를 받은 소속 경찰서장이나 해양경찰서장은 대통령령으로 정하는 바에 따라 구호대상자를 인계한 사실을 지체 없이 해당 공공보건의료기관 또는 공공구호기관의 장 및 그 감독행정청에 통보하여야 한다(동법 제4조 제6항).

정답 ①

667 ☐☐☐☐ 26 간부

「경찰관 직무집행법」상 보호조치에 관한 설명으로 가장 적절하지 않은 것은? (다툼이 있는 경우 판례에 의함)

① 보호조치를 필요로 하는 피구호자에 해당하는지는 구체적인 상황을 고려하여 사회 평균인을 기준으로 판단하되, 그 판단은 보호조치의 취지와 목적에 비추어 현저하게 불합리하여서는 아니 된다.
② 경찰공무원이 보호조치된 운전자에 대하여 음주측정을 요구하였다는 이유만으로 음주측정 요구가 당연히 위법하다거나 보호조치가 당연히 종료된 것으로 볼 수 없다.
③ 「경찰관 직무집행법」상 정신착란자, 주취자, 자살기도자 등 응급의 구호를 요하는 자를 24시간을 초과하지 아니하는 범위 내에서 경찰관서에 보호조치할 수 있는 시설로 제한적으로 운영되는 경우를 제외하고는 구속영장을 발부받음 없이 경찰서 조사대기실에 유치하는 것은 영장주의에 위배되는 위법한 구금에 해당한다.
④ 주취 상태에서의 운전은 「도로교통법」에 의하여 금지되어 있는 범죄행위임이 명백하고 그로 인하여 자기 또는 타인의 생명이나 신체에 위해를 미칠 위험이 큰 점을 감안하면, 주취운전을 적발한 경찰관은 운전자의 주취 정도가 심한 경우에는 경찰관서에 일시 보호하는 조치를 할 수 있다.

정답과 해설

① (X) 보호조치를 필요로 하는 피구호자에 해당하는지는 구체적인 상황을 고려하여 **경찰관 평균인(사회 평균인 X)**을 기준으로 판단하되, 그 판단은 보호조치의 취지와 목적에 비추어 현저하게 불합리하여서는 아니 되며, 피구호자의 가족 등에게 피구호자를 인계할 수 있다면 특별한 사정이 없는 한 경찰관서에서 피구호자를 보호하는 것은 허용되지 않는다(대판 2012도11162).
③ (O) 「경찰관 직무집행법」상 정신착란자, 주취자, 자살기도자 등 응급의 구호를 요하는 자를 24시간을 초과하지 아니하는 범위내에서 경찰관서에 보호조치할 수 있는 시설로 제한적으로 운영되는 경우를 제외하고는 구속영장을 발부받음이 없이 피의자를 보호실에 유치함은 영장주의에 위배되는 위법한 구금으로서 **적법한 공무수행이라고 볼 수 없다**(대판 93도958).
④ (O) 대판 97다54482

정답 ①

668

「경찰관 직무집행법」상 보호조치에 대한 설명으로 가장 적절하지 않은 것은? (다툼이 있는 경우 판례에 의함)

① 「경찰관 직무집행법」에서 규정하는 술에 취한 상태로 인하여 자기 또는 타인의 생명·신체와 재산에 위해를 미칠 우려가 있는 피구호자에 대한 보호조치는 경찰 행정상 즉시강제에 해당한다.
② 술에 취한 상태란 피구호자가 술에 만취하여 정상적인 판단능력이나 의사능력을 상실할 정도에 이른 것을 말하지 않는다.
③ 경찰공무원이 보호조치된 운전자에 대하여 음주측정을 요구하였다는 이유만으로 음주측정 요구가 당연히 위법하거나 보호조치가 당연히 종료된 것으로 볼 수는 없다.
④ 술에 취한 피구호자의 가족 등에게 인계할 수 있다면 특별한 사정이 없는 한 경찰관서에서 피구호자를 보호하는 것은 허용되지 않는다.

정답과 해설

① (O) 경찰관직무집행법 제4조 제1항 제1호에서 규정하는 술에 취한 상태로 인하여 자기 또는 타인의 생명·신체와 재산에 위해를 미칠 우려가 있는 피구호자에 대한 보호조치는 **경찰 행정상 즉시강제에 해당**한다(대법원 1994. 3. 11., 선고, 93도958).
② (X) '술에 취한 상태'란 피구호자가 술에 만취하여 정상적인 판단능력이나 의사능력을 상실할 정도에 이른 것을 **말한다**(대법원 1994. 3. 11., 선고, 93도958, 판결).
③ (O) 대법원 2012. 2. 9., 선고, 2011도4328, 판결
④ (O) 대법원 1994. 3. 11., 선고, 93도958, 판결

정답 ②

THEME 04 위험 발생의 방지 등(§5)

669  19 승진

다음은 「경찰관 직무집행법」 제5조 위험 발생의 방지조치를 설명한 것이다. 빈칸의 내용을 가장 적절하게 연결한 것은?

> 경찰관은 사람의 생명 또는 신체에 위해를 끼치거나 재산에 중대한 손해를 끼칠 우려가 있는 천재, 사변, 인공구조물의 파손이나 붕괴, 교통사고, 위험물의 폭발, 위험한 동물 등의 출현, 극도의 혼잡, 그 밖의 위험한 사태가 있을 때에는 다음 각 호의 조치를 할 수 있다.
> 1. 그 장소에 모인 사람, 사물의 관리자, 그 밖의 관계인에게 필요한 (㉠)을(를) 하는 것
> 2. 긴급한 경우에는 위해를 입을 우려가 있는 사람을 필요한 한도에서 (㉡)시키는 것
> 3. 위험한 상황의 원인을 제공한 사람을 그 장소에서 퇴거시키거나 그 장소에의 (㉢)시키는 것
> 4. 그 장소에 있는 사람, 사물의 관리자, 그 밖의 관계인에게 위해를 방지하기 위하여 필요하다고 인정되는 조치를 하게 하거나 (㉣)을(를) 하는 것

① ㉠ 경고 ㉡ 직접 그 조치 ㉢ 이동을 제한하거나 대피 ㉣ 제지
② ㉠ 경고 ㉡ 이동을 제한하거나 대피 ㉢ 접근을 금지 ㉣ 직접 그 조치
③ ㉠ 접근을 금지 ㉡ 직접 그 조치 ㉢ 이동을 제한하거나 대피 ㉣ 제지
④ ㉠ 접근을 금지 ㉡ 이동을 제한하거나 대피 ㉢ 경고 ㉣ 직접 그 조치

정답과 해설

② (O) 경찰관 직무집행법 제5조 제1항

> **제5조(위험 발생의 방지 등)** ① 경찰관은 사람의 생명 또는 신체에 위해를 끼치거나 재산에 중대한 손해를 끼칠 우려가 있는 **천재(天災), 사변(事變)**, 인공구조물의 파손이나 붕괴, 교통사고, 위험물의 폭발, 위험한 동물 등의 출현, 극도의 혼잡, 그 밖의 위험한 사태가 있을 때에는 다음 각 호의 조치를 할 수 있다(하여야 한다 X).
> 1. 그 장소에 모인 사람, 사물(事物)의 관리자, 그 밖의 관계인에게 필요한 **경고**를 하는 것
> 2. **긴급(매우 긴급 X)**한 경우에는 위해를 입을 우려가 있는 사람을 필요한 한도에서 **이동을 제한하거나 대피**시키는 것
> 3. 위험한 상황의 원인을 제공한 사람을 그 장소에서 퇴거시키거나 그 장소에의 **접근을 금지**시키는 것
> 4. 그 장소에 있는 사람, 사물의 관리자, 그 밖의 관계인에게 위해를 방지하기 위하여 필요하다고 인정되는 조치를 하게 하거나 **직접 그 조치**를 하는 것

정답 ②

범죄의 예방과 제지(§6)

670 25 간부, 예상문제

「경찰관 직무집행법」 제6조(이하 '제6조')는 범죄의 예방과 제지에 관하여 규정하고 있다. 이에 관한 설명으로 적절한 것은 모두 몇 개인가? (다툼이 있는 경우 판례에 의함)

> 가. 충청남도에서 근무하는 경찰서장D는 관내 甲단체가 서울역 앞에서 개최할 예정인 미신고 폭력집회에 참석하려고 단체로 버스에 탑승하여 출발하는 것을 제지하였다.
> 나. 제6조 중 경찰관의 제지에 관한 부분은 범죄의 예방을 위한 경찰행정상 즉시강제에 관한 근거조항이다.
> 다. 제6조에 의한 경찰관의 제지 조치는 그러한 조치가 불가피한 최소한도 내에서만 행사되도록 그 발동·행사 요건을 신중하고 엄격하게 해석하여야 하고, 그러한 해석·적용의 범위 내에서만 우리 헌법상 신체의 자유 등 기본권 보장 조항과 그 정신 및 해석 원칙에 합치될 수 있다.
> 라. 경찰관은 형사처벌의 대상이 되는 행위가 눈앞에서 막 이루어 지려고 하는 것이 객관적으로 인정될 수 있는 상황이고 그 행위를 당장 제지하지 않으면 곧 인명·신체에 위해를 미치거나 재산에 중대한 손해를 끼칠 우려가 있는 상황이어서, 직접 제지하는 방법 외에는 위와 같은 결과를 막을 수 없는 급박한 상태일 때에만 제6조에 의하여 적법하게 그 행위를 제지할 수 있고, 그 범위 내에서만 경찰관의 제지 조치가 적법하다고 평가될 수 있다.

① 1개   ② 2개   ③ 3개   ④ 4개

정답과 해설

가. (X) 「경찰관 직무집행법」 제6조 제1항의 행정상 즉시강제인 경찰관의 제지의 범위를 명백히 넘어 **허용될 수 없다** (대판 2008.11.13. 2007도9794).

나. (O) **경찰관의 제지에 관한 부분은** 범죄 예방을 위한 경찰 **행정상 즉시강제**, 즉 눈앞의 급박한 경찰상 장해를 제거할 필요가 있고 의무를 명할 시간적 여유가 없거나 의무를 명하는 방법으로는 그 목적을 달성하기 어려운 상황에서 의무불이행을 전제로 하지 않고 경찰이 직접 실력을 행사하여 경찰상 필요한 상태를 실현하는 **권력적(비권력적 X)** 사실행위에 관한 근거조항이다(대판 2016도19417).

다. (O) 행정상 즉시강제는 그 본질상 행정 목적 달성을 위하여 불가피한 한도 내에서 예외적으로 허용되는 것이므로, 위 조항에 의한 경찰관의 제지 조치 역시 그러한 **조치가 불가피한 최소한도 내에서만 행사되도록 그 발동·행사 요건을 신중하고 엄격하게 해석하여야 한다.** 그러한 해석·적용의 범위 내에서만 우리 헌법상 신체의 자유 등 기본권 보장 조항과 그 정신 및 해석 원칙에 합치될 수 있다(대판 2007도9794).

라. (O) 경찰관은 형사처벌의 대상이 되는 행위가 눈앞에서 막 이루어지려고 하는 것이 객관적으로 인정될 수 있는 상황이고 그 행위를 당장 제지하지 않으면 곧 인명·신체에 위해를 미치거나 재산에 중대한 손해를 끼칠 우려가 있는 상황이어서, 직접 제지하는 방법 외에는 위와 같은 결과를 막을 수 없는 **급박한 상태일 때에만 경찰관 직무집행법 제6조에 의하여 적법하게 그 행위를 제지할 수 있고, 그 범위 내에서만 경찰관의 제지 조치가 적법**하다고 평가될 수 있다(대판 2018다288631).

정답 ③

671 22·24 채용, 23 경채

다음은 「경찰관 직무집행법」상 범죄의 예방과 제지에 관한 사례이다. 이와 관련한 설명 중 가장 적절한 것은? (다툼이 있는 경우 판례에 의함)

> 甲은 평소 집에서 심한 고성과 욕설, 시끄러운 음악 소리 등으로 이웃 주민들로부터 수 회에 걸쳐 112신고가 있어 왔던 사람이다. 사건 당일에도 甲이 자정에 가까운 한밤중에 집 안에서 음악을 크게 켜놓고 심한 고성을 지른다는 112신고를 받고 경찰관이 출동하였다. 출동한 경찰관이 인터폰으로 甲에게 문을 열어달라고 하였으나, 甲은 심한 욕설을 할 뿐 출입문을 열어주지 않은 채, 소란행위를 멈추지 않았다. 이에 경찰관들이 甲을 만나기 위해 甲의 집으로 통하는 전기를 일시적으로 차단하여 甲이 집 밖으로 나오도록 유도하였다.

① 「경찰관 직무집행법」상 경찰관의 제지에 관한 부분은 눈앞의 급박한 경찰상 장해를 제거하여야 할 필요가 있고 의무를 명할 시간적 여유가 없거나 의무를 명하는 방법으로는 그 목적을 달성하기 어려운 상황에서 의무이행을 전제로 하지 않고 경찰이 직접 실력을 행사하여 경찰상 필요한 상태를 실현하는 비권력적 사실행위에 관한 근거조항이다.

② 甲의 행위는 「경범죄처벌법」상 '인근소란 등'에 해당하고 이로 인하여 인근 주민들이 잠을 이루지 못할 수 있으며 출동한 경찰관들을 만나지 않고 소란행위를 지속하고 있으므로, 甲의 행위를 제지하는 것은 경찰관의 직무상 권한이자 의무로 볼 수 있다.

③ 「경찰관 직무집행법」상 경찰관의 제지 조치의 위법 여부는 사후적으로 순수한 객관적 기준에서 판단해야 하고 제지 조치 당시의 구체적 상황을 기초로 판단하는 것은 아니다.

④ 경찰관의 조치는 사람의 생명·신체에 위해를 끼치거나 재산에 중대한 손해를 끼칠 우려가 있는 긴급한 경우로 보기는 어려워 즉시강제가 아니라 직접강제의 요건에 부합한다.

정답과 해설

① **(X)** 경찰관의 제지에 관한 부분은 범죄 예방을 위한 경찰 행정상 즉시강제, 즉 눈앞의 급박한 경찰상 장해를 제거할 필요가 있고 의무를 명할 시간적 여유가 없거나 의무를 명하는 방법으로는 그 목적을 달성하기 어려운 상황에서 의무불이행을 전제로 하지 않고 경찰이 직접 실력을 행사하여 경찰상 필요한 상태를 실현하는 **권력적 사실행위에 관한 근거조항이다**(대판 2016도19417).

② **(O)** 주거지에서 음악 소리를 크게 내거나 큰 소리로 떠들어 이웃을 시끄럽게 하는 행위는 경범죄처벌법 제3조 제1항 제21호에서 경범죄로 정한 '인근소란 등'에 해당한다. 경찰관은 경찰관 직무집행법에 따라 경범죄에 해당하는 행위를 예방·진압·수사하고, 필요한 경우 제지할 수 있다(대판 2016도19417).

③ **(X)** 경찰관의 제지 조치가 적법한지는 **제지 조치 당시의 구체적 상황을 기초로 판단**하여야 하고 **사후적으로 순수한 객관적 기준에서 판단할 것은 아니다**(대판 2016도19417).

④ **(X)** 경찰관 직무집행법 제6조 제1항 중 **경찰관의 제지에 관한 부분은 범죄의 예방을 위한 즉시강제에 관한 근거 조항**이다(대판 2008.11.13. 2007도9794).

정답 ②

위험방지를 위한 출입(§7)

672 19 승진

「경찰관 직무집행법」상 위험방지를 위한 출입에 대한 설명으로 가장 적절하지 않은 것은?

① 위험방지를 위한 출입의 성질은 대가택적 즉시강제이다.
② 경찰공무원은 여관에 불이 나서 객실에 쓰러져 있는 사람이 있는 경우에는 주인이 허락하지 않더라도 들어갈 수 있다.
③ 새벽 3시에 영업이 끝난 식당에서 주인만 머무르는 경우라도, 경찰공무원은 범죄의 예방을 위해 출입을 요구할 수 있고, 상대방은 이를 거절할 수 없다.
④ 경찰공무원은 위험방지를 위해 여관에 출입할 경우에는 그 신분을 표시하는 증표를 제시하여야 하며, 함부로 관계인이 하는 정당한 업무를 방해해서는 아니 된다.

정답과 해설

① (O) 옳은 설명이다.
② (O) 경찰관 직무집행법 제7조 제1항
③ (X) 음식점 주인은 경찰관이 범죄나 사람의 생명·신체·재산에 대한 위해를 예방하기 위하여 해당 장소의 '영업시간이나 해당 장소가 일반인에게 공개된 시간에' 그 장소에 출입하겠다고 요구하면 정당한 이유 없이 그 요구를 거절할 수 없다(동법 제7조 제2항). 따라서 새벽 3시 영업이 끝난 식당에서 주인만 머무르는 경우, **경찰공무원은 범죄의 예방을 위해 출입을 요구할 수 있는 경우 상대방은 이를 거절할 수 있다.**
④ (O) 동법 제7조 제4항

정답 ③

673 예상문제

「경찰관 직무집행법」상 '위험방지를 위한 출입'에는 긴급출입·예방출입·긴급검색이 있다. 이에 대한 설명으로 옳지 않은 것은?

① 예방출입의 대상은 공개된 장소이나, 긴급출입과 긴급검색의 대상은 타인의 토지·건물·배 또는 차 내이다.
② 예방출입은 관리자 등에게 출입을 요구하여 동의를 얻어야 하나, 긴급출입은 상대방의 동의를 요하지 않는다.
③ 예방출입은 영업 또는 공개시간 내에만 출입이 가능하나, 긴급출입과 긴급검색은 주야를 불문하고 허용된다.
④ 긴급검색은 법관의 영장이나 관리자 등의 동의를 요하지 않는다.

> **정답과 해설**
>
> ① (X) 예방출입과 긴급검색의 대상은 공개된 장소이나, 긴급출입의 대상은 타인의 토지·건물·배 또는 차 내이다(경찰관 직무집행법 제7조).
>
> 정답 ①

THEME 07 직무수행상의 사실확인 및 출석요구(§8)

674 ☐☐☐☐ 예상문제

다음 중 「경찰관 직무집행법」상 출석요구 사유에 해당하지 않는 것은 모두 몇 개인가?

㉠ 미아를 인수할 보호자의 여부 확인
㉡ 유실물을 인수할 권리자의 여부 확인
㉢ 사고로 인한 사상자의 확인
㉣ 형사처분을 위한 교통사고조사상의 사실 확인
㉤ 범죄피해의 내용 확인
㉥ 고소사건 처리를 위한 사실의 확인

① 1개 ② 2개
③ 3개 ④ 4개

정답과 해설

③ ㉣㉤㉥이 경찰관 직무집행법상 **출석요구 사항에 해당하지 않는다.**

② **경찰관**은 다음 각 호의 직무를 수행하기 위하여 필요하면 관계인에게 출석하여야 하는 사유·일시 및 장소를 명확히 적은 출석 요구서를 보내 경찰관서에 출석할 것을 요구**할 수 있다**(하여야 한다 X).
 1. **미아**를 인수할 보호자 확인
 2. **유실물**을 인수할 권리자 확인
 3. **사고**로 인한 사상자(死傷者) 확인
 4. **행정처분**을 위한 교통사고 조사에 필요한 사실 확인

정답 ③

675 ☐☐☐☐ 예상문제

경찰관 직무집행법상 사실확인 및 출석요구에 대한 설명으로 옳지 않은 것은?

① 경찰관은 직무수행에 필요하다고 인정되는 상당한 이유가 있을 때에는 국가기관 또는 공사단체 등에 대하여 직무수행에 관련된 사실을 조회할 수 있다.
② 긴급한 경우에는 소속 경찰관으로 하여금 현장에 나가 해당 기관 또는 단체의 장의 협조를 받아 그 사실을 확인하게 할 수 있다.
③ 경찰 출석 요구시 임의출석한 당사자에게 특정장소로 이동할 것을 요구하는 경우 반드시 상대방의 동의를 구해야 한다.
④ 사실확인 행위는 임의적 사실행위로서 법적 효과를 발생시키는 법률행위가 아니며 즉시강제수단도 아니다.

정답과 해설

① (X) **경찰관서의 장(경찰관 X)**은 직무수행에 필요하다고 인정되는 상당한 이유가 있을 때에는 국가기관 또는 공사단체 등에 대하여 직무수행에 관련된 **사실을 조회할 수 있다**(경찰관 직무집행법 제8조 제1항).

[비교] **경찰관**은 범죄·재난·공공갈등 등 공공안녕에 대한 위험의 예방과 대응을 위한 정보의 수집·작성·배포와 이에 수반되는 **사실의 확인을 할 수 있다**(동법 제8조의2 제1항).

정답 ①

THEME 08 정보의 수집 등(§8의2)

676 22·24 채용

「경찰관 직무집행법」 및 「경찰관의 정보수집 및 처리 등에 관한 규정(대통령령)」상 경찰관이 정보활동을 위해 필요한 경우에 한정하여 일시적으로만 출입이 가능한 곳은 모두 몇 개인가?

㉠ 언론기관	㉡ 종교시설
㉢ 민간기업	㉣ 정당의 사무소
㉤ 시민사회 단체	

① 2개 ② 3개
③ 4개 ④ 5개

정답과 해설

④ (O) 경찰관 직무집행법 제8조의2(정보의 수집 등), 경찰관의 정보수집 및 처리 등에 관한 규정 제5조

> **제5조(정보 수집 등을 위한 출입의 한계)** 경찰관은 다음 각 호의 장소에 상시적으로 출입해서는 안 되며, 정보 활동을 위해 필요한 경우에 한정하여 일시적으로만 출입해야 한다.
> 1. 언론·교육·종교·시민사회 단체 등 **민간단체(자치단체 X)**
> 2. **민간기업(공기업 X)**
> 3. 정당의 사무소

정답 ④

677 ☐☐☐☐ 25 채용

「경찰관의 정보수집 및 처리 등에 관한 규정」에 대한 설명으로 가장 적절하지 않은 것은?

① 공공안녕에 대한 위험의 예방과 대응을 위한 정보의 수집·작성·배포와 이에 수반되는 사실의 확인을 위해 경찰관이 수행하는 활동은 국가의 존립과 기능을 보호하는 것을 목적으로 해야 하며, 필요 최소한의 범위에 그쳐야 한다.
② 경찰관이「경찰관 직무집행법」제8조의2 제1항에 따라 수집·작성·배포할 수 있는 정보의 구체적인 범위에는 도로 교통의 위해 방지·제거 및 원활한 소통 확보를 위한 정보가 포함된다.
③ 경찰관은 정보를 제공하거나 사실을 확인해 준 자가 신분이나 처우와 관련하여 불이익을 받지 않도록 비밀유지 등 필요한 조치를 해야 한다.
④ 경찰관은 공공안녕에 대한 위험의 예방과 대응을 위해 필요한 경우에는 수집·작성한 정보를 관계 기관 등에 통보할 수 있다.

정답과 해설

① (X) 공공안녕에 대한 위험의 예방과 대응을 위한 정보의 수집·작성·배포와 이에 수반되는 사실의 확인을 위해 경찰관이 수행하는 활동(이하 "정보활동"이라 한다)은 국민의 자유와 권리를 보호(**국가의 존립과 기능을 보호 X**)하는 것을 목적으로 해야 하며, 필요 최소한의 범위에 그쳐야 한다.
② (O) 동규정 제3조 제8호
③ (O) 경찰관은 정보를 제공하거나 사실을 확인해 준 자가 신분이나 처우와 관련하여 불이익을 받지 않도록 비밀유지 등 **필요한 조치를 해야 한다**(동규정 제4조 제3항).
④ (O) 경찰관은 공공안녕에 대한 위험의 예방과 대응을 위해 필요한 경우에는 수집·작성한 정보를 관계 기관 등에 **통보할 수 있다**(동규정 제7조 제2항).

정답 ①

678 ○○○○ 24 채용, 예상문제

「경찰관 직무집행법」 및 「경찰관의 정보수집 및 처리 등에 관한 규정」상 정보의 수집 등에 대한 설명으로 옳은 것은 모두 몇 개인가?

> ㉠ 경찰관은 범죄·재난·공공갈등 등 공공질서에 대한 위험의 예방과 대응을 위한 정보의 수집·작성·배포와 이에 수반되는 사실의 확인을 할 수 있다. 정보의 구체적인 범위와 처리 기준, 정보의 수집·작성·배포에 수반되는 사실의 확인 절차와 한계는 대통령령으로 정한다.
> ㉡ 정보활동은 국민의 자유와 권리를 보호하는 것을 목적으로 해야 하며, 필요 최소한의 범위에 그쳐야 한다.
> ㉢ 경찰관은 정치에 관여하기 위해 정보를 수집·작성·배포하는 행위를 해서는 안 된다.
> ㉣ 누구든지 정보활동과 관련하여 경찰관에게 이 영과 그 밖의 법령에 반하여 지시해서는 안 되며, 경찰관은 명백히 위법한 지시라고 판단되는 경우에는 그 집행을 거부하여야 한다.
> ㉤ 경찰관은 수집·작성한 정보가 그 목적이 달성되어 불필요하게 되었을 때에는 다른 법령에 따라 보존해야 하는 경우를 제외하고는 지체 없이 그 정보를 폐기해야 한다.
> ㉥ 경찰관은 정보를 수집하거나 정보의 수집·작성·배포에 수반되는 사실을 확인하려는 경우 상대방에게 자신의 신분을 밝히고 정보를 수집 또는 사실 확인의 목적을 설명해야 한다. 다만 범죄의 대응을 위한 정보활동에 현저한 지장을 초래할 우려가 있는 경우 설명해야 하는 절차를 생략할 수 있다.

① 2개
② 3개
③ 4개
④ 5개

정답과 해설

㉠ (X) 경찰관은 범죄·재난·공공갈등 등 **공공안녕(공공질서 X)**에 대한 위험의 예방과 대응을 위한 정보의 수집·작성·배포와 이에 수반되는 사실의 확인을 할 수 있다. 정보의 구체적인 범위와 처리 기준, 정보의 수집·작성·배포에 수반되는 사실의 확인 절차와 한계는 **대통령령(행정안전부령 X)**으로 정한다(경찰관 직무집행법 제8조의2).
㉡ (O) 경찰관의 정보수집 및 처리등에 관한 규정 제2조 제1항
㉢ (O) 동규정 제2조 제2항 제1호
㉣ (X) 누구든지 정보활동과 관련하여 경찰관에게 이 영과 그 밖의 법령에 반하여 지시해서는 안 되며, 경찰관은 지시가 명백히 위법한 지시라고 판단되는 경우에는 그 집행을 **거부할 수 있다(거부하여야 한다 X)**(동규정 제8조 제1항, 제2항).
㉤ (O) 동규정 제7조 제3항
㉥ (O) 동규정 제4조 제2항 제2호

정답 ③

THEME 09 경찰장비·장구·무기·분사기 등의 사용

679 □□□□ 24 채용, 19·23 간부, 23 경채

「경찰관 직무집행법」상 경찰장비에 대한 설명으로 적절한 것은 모두 몇 개인가?

㉠ 경찰관은 현행범이나 사형·무기 또는 장기 3년 이상의 징역이나 금고에 해당하는 죄를 범한 범인의 체포 또는 도주 방지의 직무를 수행하기 위하여 필요하다고 인정되는 상당한 이유가 있을 때에는 그 사태를 합리적으로 판단하여 필요한 한도에서 경찰장구를 사용할 수 있다.

㉡ 경찰관은 직무수행 중 경찰장비를 사용할 수 있다. 다만, 재산의 침해 또는 생명이나 신체에 위해를 끼칠 수 있는 경찰장비를 긴급하게 사용할 때에는 안전검사 없이 안전교육을 받은 후 사용할 수 있다.

㉢ "경찰장구"란 무기, 최루제와 그 발사장치, 살수차, 감식기구, 해안 감시기구, 통신기기, 차량·선박·항공기 등 경찰이 직무를 수행할 때 필요한 장치와 기구를 말한다.

㉣ 위해성 경찰장비는 필요한 최소한도에서 사용하여야 하며, 위해성 경찰장비의 종류 및 그 사용기준, 안전교육·안전검사의 기준 등은 행정안전부령으로 정한다.

㉤ 경찰청장은 위해성 경찰장비를 새로 도입하려는 경우에는 대통령령으로 정하는 바에 따라 안전교육을 실시하여 그 안전교육의 결과보고서를 국회 소관 상임위원회에 제출하여야 한다. 이 경우 안전교육에는 외부 전문가를 참여시킬 수 있다.

㉥ 경찰관은 경찰장비를 함부로 개조하거나 경찰장비에 임의의 장비를 부착하여 일반적인 사용법과 달리 사용함으로써 다른 사람의 생명·신체에 위해를 끼쳐서는 아니 된다.

① 0개 ② 1개
③ 2개 ④ 3개

정답과 해설

㉠ (O) "경찰장구"란 경찰관이 휴대하여 범인 검거와 범죄 진압 등의 직무 수행에 사용하는 **수갑, 포승, 경찰봉, 방패(도검 X)** 등을 말한다(경찰관 직무집행법 제10조의2 제1항 제1호, 제2항).

㉡ (X) 경찰관은 직무수행 중 경찰장비를 사용할 수 있다. 다만, 사람의 **생명이나 신체(재산의 침해 X)** 에 위해를 끼칠 수 있는 경찰장비를 사용할 때에는 **필요한 안전교육과 안전검사를 받은 후(안전검사 없이 X) 사용하여야 한다(사용할 수 있다 X)**(동법 제10조 제1항).

㉢ (X) 제1항 본문에서 **"경찰장비"** 란 무기, 경찰장구, 경찰착용기록장치, 최루제와 그 발사장치, 살수차, 감식기구, 해안 감시기구, 통신기기, 차량·선박·항공기 등 경찰이 직무를 수행할 때 필요한 장치와 기구를 말한다(동법 제10조 제2항).

㉣ (X) 위해성 경찰장비는 필요한 최소한도에서 사용하여야 하며, 위해성 경찰장비의 종류 및 그 사용기준, 안전교육·안전검사의 기준 등은 **대통령령(행정안전부령 X)** 으로 정한다(동법 제10조 제4항, 제6항).

㉤ (X) 경찰청장은 위해성 경찰장비를 새로 도입하려는 경우에는 대통령령으로 정하는 바에 따라 **안전성 검사(안전교육 X)** 를 실시하여 그 **안전성 검사(안전교육 X)** 의 결과보고서를 국회 소관 상임위원회에 제출하여야 한다. 이 경우 **안전성 검사(안전교육 X)** 에는 외부 전문가를 **참여시켜야 한다(시킬 수 있다 X)**(동법 제10조 제5항).

㉥ (O) 동법 제10조 제3항

정답 ③

예상문제

'경찰장비'에 대한 설명으로 가장 적절하지 않은 것은? (다툼이 있는 경우 판례에 의함)

① 「경찰관 직무집행법」상 경찰관은 직무수행 중 경찰장비를 사용할 수 있다. 다만, 사람의 생명이나 신체에 위해를 끼칠 수 있는 경찰장비(위해성 경찰장비)를 사용할 때에는 필요한 안전교육과 안전검사를 받은 후 사용하여야 한다.

② 「경찰관 직무집행법」상 "경찰장비"란 무기, 경찰장구, 경찰착용기록장치, 최루제와 그 발사장치, 살수차, 감식기구, 해안감시기구, 통신기기, 차량·선박·항공기 등 경찰이 직무를 수행할 때 필요한 장치와 기구를 말한다.

③ 위해성 경찰장비인 살수차와 물포는 필요한 최소한의 범위에서만 사용되어야 하고, 직사살수는 타인의 법익이나 공공의 안녕질서에 위험이 존재하는 경우에 사용이 가능하다.

④ 「경찰관 직무집행법」상 경찰청장은 위해성 경찰장비를 새로 도입하려는 경우에는 대통령령으로 정하는 바에 따라 안전성 검사를 실시하여 그 안전성 검사의 결과보고서를 국회 소관 상임위원회에 제출하여야 한다. 이 경우 안전성 검사에는 외부 전문가를 참여시켜야 한다.

정답과 해설

③ (X) 인명 또는 신체에 위해를 가할 가능성이 더욱 커지는 직사살수는 타인의 법익이나 공공의 안녕질서에 직접적이고 명백한 위험이 현존하는 경우에 한해서만 사용이 가능하다. 단순히 위험이 존재하는 경우가 아니라 **명백하고 현존하는 위험을 요구**한다.

정답 ③

681 22 승진

경찰장비에 대한 설명이다. 아래 ㉠부터 ㉣까지의 설명 중 옳고 그름의 표시(O, X)가 바르게 된 것은?

> ㉠ 「경찰관 직무집행법」상 경찰청장은 위해성 경찰장비를 새로 도입하려는 경우에는 대통령령으로 정하는 바에 따라 안전성 검사를 실시하여 그 안전성 검사의 결과보고서를 행정안전부장관에게 제출하여야 한다.
>
> ㉡ 「위해성 경찰장비의 사용기준 등에 관한 규정」상 경찰관은 14세 미만의 자 또는 65세 이상의 고령자에 대하여 전자충격기를 사용하여서는 아니 된다.
>
> ㉢ 「경찰관 직무집행법」상 경찰관은 범인의 체포 또는 범인의 도주 방지를 위하여 부득이한 경우에는 현장책임자가 판단하여 필요한 최소한의 범위에서 「총포·도검·화약류 등의 안전관리에 관한 법률」에 따른 분사기를 사용할 수 있다.
>
> ㉣ 「경찰관 직무집행법」상 경찰관은 범인의 체포, 범인의 도주 방지, 자신이나 다른 사람의 생명·신체의 방어 및 보호, 공무집행에 대한 항거의 제지를 위하여 필요하다고 인정되는 상당한 이유가 있을 때에는 그 사태를 합리적으로 판단하여 필요한 한도에서 무기를 사용할 수 있다.

① ㉠ (X) ㉡ (O) ㉢ (O) ㉣ (X)
② ㉠ (O) ㉡ (X) ㉢ (O) ㉣ (X)
③ ㉠ (X) ㉡ (X) ㉢ (X) ㉣ (O)
④ ㉠ (X) ㉡ (X) ㉢ (O) ㉣ (O)

정답과 해설

㉠ **(X)** 경찰청장은 위해성 경찰장비를 새로 도입하려는 경우에는 대통령령으로 정하는 바에 따라 안전성 검사를 실시하여 그 안전성 검사의 결과보고서를 **국회 소관 상임위원회**(행정안전부장관 X)에 제출하여야 한다(경찰관 직무집행법 제10조 제5항).

㉡ **(X)** 경찰관은 **14세 미만**(이하 X)의 자 또는 **임산부**(65세 고령자 X)에 대하여 전자충격기 또는 전자방패를 사용하여서는 아니된다(위해성 경찰장비의 사용기준 등에 관한 규정 제8조 제1항).

㉢ **(O)** 경찰관은 범인의 체포 또는 범인의 도주 방지를 위하여 부득이한 경우에는 **현장책임자**(해당경찰관 X)가 판단하여 필요한 최소한의 범위에서 「총포·도검·화약류 등의 안전관리에 관한 법률」에 따른 분사기를 사용할 수 있다(동법 제10조의3).

㉣ **(O)** 동법 제10조의4

정답 ④

「경찰관 직무집행법」상 '경찰장비'에 대한 설명으로 가장 적절한 것은?

① 「경찰관 직무집행법」상 위해성 경찰장비는 필요한 최소한도 내에서 사용해야 하며, 그 종류·사용기준·안전교육·안전검사의 기준 등은 대통령령인 「경찰관 직무집행법 시행령」으로 정한다.
② 경찰장비란 무기, 경찰장구, 경찰착용기록장치, 최루제와 그 발사장치, 살수차, 감식기구, 해안 감시기구, 통신기기, 차량·선박·항공기 등 경찰이 직무를 수행할 때 필요한 장치와 기구를 말한다.
③ 경찰장구, 살수차, 분사기, 최루탄, 무기 등의 경찰장비를 사용하는 경우에 그 책임자는 사용 일시·장소·대상, 현장책임자, 종류, 수량 등을 기록하여 보관하여야 한다.
④ 위해성 경찰장비를 새로 도입하는 경우에는 위해성 경찰장비의 안전성 검사에는 외부 전문가를 참여시킬 수 있다.

정답과 해설

① (X) 경찰관 직무집행법상 위해성 경찰장비는 필요한 최소한도 내에서 사용해야 하며, 그 종류·사용 기준·안전교육·안전검사의 기준 등은 대통령령인 **「위해성 경찰장비의 사용기준 등에 관한 규정」(「경찰관 직무집행법 시행령」 X)**으로 정한다(경찰관 직무집행법 제10조 제4항, 제6항).
② (O) 동법 제10조 제2항
③ (X) **(경찰장구 X)살수차, 분사기, 최루탄 또는 무기**를 사용하는 경우 그 책임자는 사용 일시·장소·대상, 현장책임자, 종류, 수량 등을 기록하여 보관하여야 한다(동법 제11조).
④ (X) 위해성 경찰장비를 새로 도입하는 경우에는 안전성 검사에는 외부 전문가를 **참여시켜야 한다(시킬 수 있다 X)** (동법 제10조 제5항).

[정답] ②

683 ☐☐☐☐ 20 채용

「경찰관 직무집행법」 및 「위해성 경찰장비의 사용기준 등에 관한 규정」상 경찰장비의 사용에 대한 설명으로 가장 적절한 것은?

① 경찰관은 범인의 체포 또는 도주의 방지, 자신이나 다른 사람의 생명·신체의 방어 및 보호, 공무집행에 대한 항거의 제지를 위하여 필요한 상당한 이유가 있는 경우 경찰장구를 사용할 수 있다.
② 경찰관은 불법집회·시위 또는 소요사태로 인하여 발생할 수 있는 타인 또는 경찰관의 생명·신체의 위해와 재산·공공시설의 위험을 억제하기 위하여 부득이한 경우에는 시·도경찰청장의 명령에 따라 필요한 최소한의 범위에서 가스차를 사용할 수 있다.
③ 제11조(사용기록의 보관)에 따라 살수차, 분사기, 전자충격기 및 전자방패, 무기를 사용하는 경우 그 책임자는 사용 일시·장소·대상, 현장책임자, 종류, 수량 등을 기록하여 보관하여야 한다.
④ 경찰관은 범인·술에 취한 사람 또는 정신착란자의 자살 또는 자해기도를 방지하기 위하여 필요한 때에는 수갑·포승 또는 호송용포승을 사용할 수 있다. 이 경우 경찰관은 소속 국가경찰관서의 장에게 그 사실을 보고해야 한다.

정답과 해설

① (X) 무기사용 요건에 대한 설명이다. 경찰관은 **현행범**이나 **사형·무기 또는 장기 3년 이상**의 징역이나 금고에 해당하는 죄를 범한 범인의 체포 또는 도주의 방지, **자신이나 다른 사람의 생명·신체의 방어 및 보호, 공무집행에 대한 항거의 제지**를 위하여 필요한 상당한 이유가 있는 경우 **경찰장구**를 사용할 수 있다(경찰관 직무집행법 제10조의2 제1항).
② (X) 경찰관은 불법집회·시위 또는 소요사태로 인하여 발생할 수 있는 타인 또는 경찰관의 생명·신체의 위해와 재산·공공시설의 위험을 억제하기 위하여 부득이한 경우에는 **현장책임자의 판단(시·도경찰청장의 명령 X)**에 의하여 필요한 최소한의 범위에서 가스차를 사용할 수 있다(위해성 경찰장비의 사용기준 등에 관한 규정 제13조 제1항).
③ (X) 제10조 제2항에 따른 **살수차**, 제10조의3에 따른 **분사기, 최루탄(전자충격기 및 전자방패 X)** 또는 제10조의4에 따른 **무기**를 사용하는 경우 그 책임자는 사용 일시·장소·대상, 현장책임자, 종류, 수량 등을 기록하여 보관하여야 한다(경찰관 직무집행법 제11조).
④ (O) 경찰관은 범인·술에 취한 사람 또는 정신착란자의 자살 또는 자해기도를 방지하기 위하여 필요한 때에는 수갑·포승 또는 호송용포승을 **사용할 수 있다(없다 X)**. 이 경우 경찰관은 **소속 국가경찰관서의 장**(경찰청장·해양경찰청장·시·도경찰청장·지방해양경찰청장·경찰서장 또는 해양경찰서장 기타 경무관·총경·경정 또는 경감을 장으로 하는 국가경찰관서의 장을 말한다)에게 그 사실을 **보고해야 한다**(위해성 경찰장비의 사용기준 등에 관한 규정 제5조).

[정답] ④

「경찰관 직무집행법」상 분사기 등의 사용에 대한 내용을 옳게 표시한 것은?

> 제10조의3(분사기 등의 사용) 경찰관은 다음 각 호의 직무를 수행하기 위하여 부득이한 경우에는 ㉠ 해당 경찰관이 판단하여 필요한 최소한의 범위에서 ㉡ 분사기(「총포·도검·화약류 등 단속법」에 따른 분사기를 말하며, 그에 사용하는 최루 등의 작용제를 포함한다) 또는 최루탄을 사용하여야 한다.
> 1. ㉢ 범인의 체포 또는 범인의 도주 방지
> 2. ㉣ 불법집회·시위로 인한 자신이나 다른 사람의 생명·신체와 재산 및 공공시설 안전에 대한 현저한 위해의 발생 억제

① ㉠, ㉡
② ㉠, ㉢
③ ㉡, ㉣
④ ㉢, ㉣

정답과 해설

㉠㉡ (X) 경찰관은 다음 각 호의 직무를 수행하기 위하여 부득이한 경우에는 **현장 책임자**(현장사용자 X, 해당 경찰관 X)**가 판단**하여 필요한 최소한의 범위에서 분사기(「총포·도검·화약류 등의 안전관리에 관한 법률」에 따른 분사기를 말하며, 그에 사용하는 최루 등의 용제를 포함한다) 또는 최루탄을 **사용할 수 있다**(사용하여야 한다 X).

정답 ④

685 예상문제

「경찰관 직무집행법」상 경찰장구, 무기, 분사기사용 등에 대한 설명 중 옳은 것은 모두 몇 개인가?

> ㉠ 불법집회·시위로 인한 자신이나 다른 사람의 생명·신체와 재산 및 공공시설 안전에 대한 현저한 위해의 발생 억제는 경찰장구의 사용 기준에 해당한다.
> ㉡ 최루탄을 사용하는 경우 그 책임자는 사용일시·장소·대상·현장책임자·종류·수량 등을 기록하여 보관하여야 한다.
> ㉢ 경찰장구는 사형·무기 또는 장기 3년 이상의 징역이나 금고에 해당하는 죄를 범한 범인의 체포 또는 도주 방지를 위해서 사용할 수 있다.
> ㉣ 「경찰관 직무집행법」상 경찰관은 자신이나 다른 사람의 생명·신체 및 재산의 보호를 위하여 필요하다고 인정되는 상당한 이유가 있을 때에는 그 사태를 합리적으로 판단하여 필요한 한도에서 무기를 사용할 수 있다.

① 1개 ② 2개
③ 3개 ④ 4개

정답과 해설

㉠ (X) 분사기 등의 사용 기준(경찰장구의 사용 기준 X)에 해당한다(경찰관 직무집행법 제10조의3).
㉡ (O) 동법 제11조
㉢ (O) 동법 제10조의2 제1항
㉣ (X) 「경찰관 직무집행법」 제10조의4 제1항은 '경찰관은 범인의 체포, 범인의 도주 방지, **자신이나 다른 사람의 생명·신체의 방어 및 보호**, 공무집행에 대한 항거의 제지를 위하여 필요하다고 인정되는 상당한 이유가 있을 때에는 그 사태를 합리적으로 판단하여 필요한 한도에서 무기를 사용할 수 있다.'라고 규정하고 있다. **재산의 보호는 무기사용 요건에 해당하지 않는다.**

정답 ②

686 26 간부

「경찰관 직무집행법」상 무기사용에 관한 설명으로 가장 적절하지 않은 것은? (다툼이 있는 경우 판례에 의함)

① 경찰관은 범인의 체포, 도주의 방지, 자기 또는 타인의 생명·신체에 대한 방호, 공무집행에 대한 항거의 억제를 위하여 무기를 사용할 수 있으나, 이 경우에도 무기는 목적 달성에 필요하다고 인정되는 상당한 이유가 있을 때 그 사태를 합리적으로 판단하여 필요한 한도 내에서 사용하여야 한다.

② 경찰관이 총기사용에 이르게 된 동기나 목적, 경위 등을 고려하여 형사사건에서 무죄판결이 확정되었다면 민사상 불법행위책임은 인정될 수 없다.

③ 경찰관의 무기 사용이 그 요건을 충족하는지는 범죄의 종류, 죄질, 피해법익의 경중, 위해의 급박성, 저항의 강약, 범인과 경찰관의 수 등을 고려하여 사회통념상 상당하다고 평가되는지 여부에 따라 판단하여야 한다.

④ 경찰관은 사람을 향하여 권총 또는 소총을 발사하고자 하는 때에는 미리 구두 또는 공포탄에 의한 사격으로 상대방에게 경고하여야 하지만, 경찰관을 급습하거나 타인의 생명·신체에 대한 중대한 위험을 야기하는 범행이 목전에 실행되고 있는 등 상황이 급박하여 특히 경고할 시간적 여유가 없는 경우로서 부득이한 때에는 경고하지 않을 수 있다.

정답과 해설

② (X) 경찰관이 범인을 제압하는 과정에서 총기를 사용하여 범인을 사망에 이르게 한 사안에서, 경찰관이 총기사용에 이르게 된 동기나 목적, 경위 등을 고려하여 형사사건에서 무죄판결이 확정되었더라도 당해 경찰관의 과실의 내용과 그로 인하여 발생한 결과의 중대함에 비추어 **민사상 불법행위책임을 인정**한 사례이다(대판 2006다6713).

④ (O) 위해성 경찰장비의 사용기준 등에 관한 규정 제9조 제1호

정답 ②

687 24 간부

경찰관 무기사용에 대한 설명으로 적절한 것은 모두 몇 개인가? (다툼이 있는 경우 판례에 의함)

> 가. 경찰관이 신호위반을 이유로 정지명령에 불응하고 도주하던 차량에 탑승한 동승자를 추격하던 중 수차례에 걸쳐 경고하고 공포탄을 발사했음에도 불구하고 계속 도주하자 실탄을 발사하여 사망케 한 경우, 위 총기 사용 행위는 허용 범위를 벗어난 위법행위이다.
> 나. 경찰관의 무기 사용이 특히 사람에게 위해를 가할 위험성이 큰 권총의 사용에 있어서는 그 요건을 더욱 엄격하게 판단하여야 한다.
> 다. 「경찰관 직무집행법」상 무기란 사람의 생명이나 신체에 위해를 끼칠 수 있도록 제작된 권총·소총·도검 등을 말하며, 대간첩·대테러 작전 등 국가안전에 관련되는 작전을 수행할 때에는 개인화기 외에 공용화기를 사용할 수 있다.
> 라. 경찰관이 길이 40cm 가량의 칼로 반복적으로 위협하며 도주하는 차량 절도 혐의자를 추적하던 중, 도주하기 위하여 등을 돌린 혐의자의 몸 쪽을 향하여 약 2m 거리에서 실탄을 발사하여 혐의자를 복부관통상으로 사망케 한 경우, 경찰관의 총기사용은 사회통념상 허용범위를 벗어난 위법행위이다.

① 1개 ② 2개
③ 3개 ④ 4개

정답과 해설

가. **(O)** ~~**경찰관직무집행법 제10조의4에 정해진 총기 사용의 허용 범위를 벗어난 위법행위이다**(대법원 1999. 6. 22. 선고 98다61470 판결).
나. **(O)** 대법원 2004. 5. 13., 선고, 2003다57956, 판결
다. **(O)** 경찰관 직무집행법 제10조의4 제2항, 제3항
라. **(O)** 대법원 1999. 3.23. 98다63445, 판결

정답 ④

경찰착용기록장치의 사용

688 ☐☐☐☐ 24 채용, 예상문제

「경찰관 직무집행법」상 경찰착용기록장치의 사용에 관한 설명으로 가장 적절하지 않은 것은?

① "경찰착용기록장치"란 경찰관이 신체에 착용 또는 휴대하여 직무수행 과정을 근거리에서 영상·음성으로 기록할 수 있는 기록장치 또는 그 밖에 이와 유사한 기능을 갖춘 기계장치를 말한다.
② 경찰착용기록장치는 사람의 생명·신체에 위해를 끼치거나 재산에 중대한 손해를 끼칠 우려가 있는 범죄행위를 긴급하게 예방 및 제지하는 경우 경찰관은 직무 수행을 위하여 필요한 경우에는 필요한 최소한의 범위에서 사용할 수 있다.
③ 경찰청장, 시·도경찰청장 및 경찰서장은 경찰착용기록장치로 기록한 영상·음성을 저장하고 데이터베이스로 관리하는 영상음성기록정보 관리체계를 구축·운영하여야 한다.
④ 그 밖에 경찰착용기록장치의 사용기준 및 관리 등에 필요한 사항은 대통령령으로 정한다.

정답과 해설

① **(O)** "경찰착용기록장치"란 경찰관이 **신체에 착용 또는 휴대하여** 직무수행 과정을 **근거리에서 영상·음성으로 기록**할 수 있는 기록장치 또는 그 밖에 이와 유사한 기능을 갖춘 기계장치를 말한다 (경찰관 직무집행법 제10조의5 제2항).
② **(O)** 경찰착용기록장치는 사람의 **생명·신체**에 위해를 끼치거나 **재산에 중대한 손해**를 끼칠 우려가 있는 범죄행위를 긴급하게 예방 및 제지하는 경우 경찰관은 직무 수행을 위하여 필요한 경우에는 **필요한 최소한의 범위(제한 없이 X)** 에서 사용할 수 있다(동법 제10조의5 제1항 제6호).
③ **(X)** **경찰청장**(시·도경찰청장 및 경찰서장 X)은 경찰착용기록장치로 기록한 영상·음성을 저장하고 데이터베이스로 관리하는 영상음성기록정보 관리체계를 구축·운영**하여야 한다**(동법 제10조의7).
④ **(O)** 동법 제10조의6 제4항

정답 ③

689 25 채용, 26 간부, 예상문제

「경찰관 직무집행법」및 「경찰착용기록장치 운영 등에 관한 규정」상 경찰착용기록장치의 사용에 관한 설명으로 적절한 것은 모두 몇 개인가?

> 가. 경찰관이 경찰착용기록장치를 사용하여 이동형 영상정보처리기기로 사람 또는 그 사람과 관련된 사물의 영상을 촬영하는 때는, 촬영 사실을 별도로 고지하지 않아도 된다.
> 나. 경찰관은 범행 중이거나 범행 직전·직후 또는 증거보전의 필요성 및 긴급성이 있는 경우로서 범죄수사를 위하여 필요한 경우에는 필요한 최소한의 범위에서 경찰착용기록장치를 사용할 수 있다.
> 다. 경찰착용기록장치로 기록을 마친 영상음성기록은 10일 이내로 영상음성기록정보 관리체계를 이용하여 영상음성기록정보 데이터베이스에 전송·저장할 수 있으며, 영상음성기록을 임의로 편집·복사하거나 삭제하여서는 아니 된다.
> 라. 경찰착용기록장치로 기록한 영상음성기록의 보관기간은 해당 기록을 다.에 따라 영상음성기록정보 데이터베이스에 전송·저장한 날부터 30일(해당 영상음성기록이 수사 중인 범죄와 관련된 경우 등 경찰청장 또는 해양경찰청장이 정하는 사항에 해당하는 경우에는 90일)로 한다.
> 마. 라.에도 불구하고 경찰청장, 시·도경찰청장, 경찰서장은 범죄수사를 위한 증거 보전이 필요한 경우 등 영상음성기록을 계속하여 보관할 필요가 있다고 인정하는 경우에는 90일의 범위에서 한 차례만 보관기간을 연장할 수 있다.

① 1개
② 2개
③ 3개
④ 4개

정답과 해설

가. (X) 경찰관이 경찰착용기록장치를 사용하여 기록하는 경우로서 이동형 영상정보처리기기로 사람 또는 그 사람과 관련된 사물의 영상을 촬영하는 때에는 **불빛, 소리, 안내판 등 대통령령으로 정하는 바에 따라 촬영 사실을 표시하고 알려야 한다**(경찰관 직무집행법 제10조의6 제1항).

나. (X) 동법 제10조의5 제1항 제2호

> **제10조의5(경찰착용기록장치의 사용)** ① 경찰관은 다음 각 호의 어느 하나에 해당하는 직무 수행을 위하여 필요한 경우에는 **필요한 최소한의 범위에서** 경찰착용기록장치를 **사용할 수 있다.**
> 2. 범죄 수사를 위하여 필요한 경우로서 다음 각 목의 요건을 **모두 갖춘 경우**(또는 X)
>   가. 범행 중이거나 범행 직전 또는 직후일 것
>   나. 증거보전의 필요성 및 긴급성이 있을 것

다. (X) 경찰착용기록장치로 기록을 마친 영상음성기록은 **지체 없이** 영상음성기록정보 관리체계를 이용하여 영상음성기록정보 데이터베이스에 전송·저장하도록 **하여야 하며**, **영상음성기록을 임의로 편집·복사하거나 삭제하여서는 아니 된다**(동법 제10조의6 제3항).

라. (O) 경찰착용기록장치로 기록한 영상음성기록의 보관기간은 해당 기록을 다.에 따라 영상음성기록정보 데이터베이스에 **전송·저장한 날부터 30일**(해당 영상음성기록이 **수사 중인 범죄와 관련된 경우 등 경찰청장 또는 해양경찰청장이 정하는 사항**에 해당하는 경우에는 **90일**)로 한다(경찰착용기록장치 운영 등에 관한 규정 제5조 제1항).

마. (O) 라.에도 불구하고 경찰청장, 해양경찰청장, 시·도경찰청장, 지방해양경찰청장, 중앙해양특수구조단장, 경찰서장 또는 해양경찰서장은 범죄수사를 위한 증거 보전이 필요한 경우 등 영상음성기록을 계속하여 보관할 필요가 있다고 인정하는 경우에는 **90일**의 범위에서 **한 차례만 보관기간을 연장할 수 있다**(동법 시행령 제5조 제2항).

정답 ②

THEME 11 위해성 경찰장비의 사용기준 등에 관한 규정

690 □□□□ 22 채용, 19 승진, 예상문제

「위해성 경찰장비의 사용기준 등에 관한 규정」에 관한 설명 중 가장 적절한 것은?

① 권총·소총·기관총·함포·크레모아·수류탄·가스발사총은 무기에 해당한다.
② 경찰관을 급습하거나 타인의 생명·신체·재산에 대한 중대한 위험을 야기하는 범행이 목전에 실행되고 있는 등 상황이 급박하여 특히 경고할 시간적 여유가 없는 경우에는 경고하지 아니하고 권총 또는 소총을 발사할 수 있다.
③ 경찰관은 전극침(電極針) 발사장치가 있는 전자충격기를 사용하는 경우 상대방의 얼굴을 향하여 전극침을 발사하여서는 아니된다.
④ 경찰관(경찰공무원으로 한정한다)은 체포·구속영장을 집행하거나 신체의 자유를 제한하는 판결 또는 처분을 받은 자를 법률이 정한 절차에 따라 호송하거나 수용하기 위하여 필요한 때에는 최소한의 범위안에서 수갑·포승 또는 호송용포승을 사용하여야 한다.

정답과 해설

① (X) 위해성 경찰장비의 사용기준 등에 관한 규정상 무기는 권총·소총·기관총(기관단총을 포함)·산탄총·유탄발사기·박격포·3인치포·함포·크레모아·수류탄·폭약류 및 도검이 해당한다. **가스발사총은 분사기·최루탄등에 해당**한다 (위해성 경찰장비의 사용기준 등에 관한 규정 제2조 제2호).
② (X) 경찰관을 급습하거나 타인의 **생명·신체(재산 X)**에 대한 중대한 위험을 야기하는 범행이 목전에 실행되고 있는 등 상황이 급박하여 특히 경고할 시간적 여유가 없는 경우로서 부득이한 때에는 경고하지 아니하고 권총 또는 소총을 발사할 수 있다(동규정 제9조).
③ (O) 경찰관은 전극침(電極針) 발사장치가 있는 전자충격기를 사용하는 경우 상대방의 얼굴을 향하여 전극침을 **발사하여서는 아니된다(발사할 수 있다 X)**(동규정 제8조 제2항).
④ (X) 경찰관(경찰공무원으로 한정한다)은 체포·구속영장을 집행하거나 신체의 자유를 제한하는 판결 또는 처분을 받은 자를 법률이 정한 절차에 따라 호송하거나 수용하기 위하여 필요한 때에는 최소한의 범위안에서 수갑·포승 또는 호송용포승을 **사용할 수 있다(사용하여야 한다 X)**(동규정 제4조).

정답 ③

691 □□□□ 21 승진

「위해성 경찰장비의 사용기준 등에 관한 규정」에 대한 설명으로 가장 적절하지 않은 것은?

① 경찰관은 불법집회·시위로 인하여 발생할 수 있는 경찰관의 생명·신체의 위해와 재산·공공시설의 위험을 방지하기 위해서는 경찰봉 또는 호신용경봉을 사용할 수 없다.
② 경찰관은 범인·술에 취한 사람 또는 정신착란자의 자살 또는 자해기도를 방지하기 위하여 필요한 때에는 수갑·포승 또는 호송용포승을 사용할 수 있다.
③ 경찰청장은 위해성 경찰장비를 새로 도입하려는 경우에는 신규 도입 장비에 대한 안전성 검사를 실시한 후 3개월 이내에 안전성 검사 결과보고서를 국회 소관 상임위원회에 제출하여야 한다.
④ 경찰관은 가스차·살수차 또는 특수진압차의 최루탄발사대로 최루탄을 발사하는 경우에는 15도 이상의 발사각을 유지하여야 하고, 최루탄발사기로 최루탄을 발사하는 경우 30도 이상의 발사각을 유지하여야 한다.

정답과 해설

① (X) 경찰관은 불법집회·시위로 인하여 발생할 수 있는 타인 또는 경찰관의 생명·신체의 위해와 재산·공공시설의 위험을 방지하기 위하여 필요한 때에는 최소한의 범위안에서 경찰봉 또는 호신용경봉을 **사용할 수 있다(사용할 수 없다 X)**(위해성 경찰장비의 사용기준 등에 관한 규정 제6조).
② (O) 동규정 제5조

> [최신기출] 2024년 3월 16일 채용 출제포인트
> 수사기관에서 구속된 피의자의 도주, 항거 등을 억제하는데 필요하다고 인정할 상당한 이유가 있는 경우에는 필요한 한도 내에서 포승이나 수갑을 사용할 수 있는 것이며, 이러한 조치가 **무죄추정의 원칙에 위배되는 것이라고 할 수는 없다**(대판 96도561).

③ (O) **경찰청장**은 위해성 경찰장비를 새로 도입하려는 경우에는 신규 도입 장비에 대한 안전성 검사를 실시한 후 **3개월 이내**에 안전성 검사 결과보고서를 **국회 소관 상임위원회(국가경찰위원회 X)**에 제출하여야 한다(동규정 제18조의2 제4항).
④ (O) 경찰관은 **최루탄발사기**로 최루탄을 발사하는 경우 **30도 이상**의 발사각을 유지하여야 하고, 가스차·살수차 또는 특수진압차의 **최루탄발사대**로 최루탄을 발사하는 경우에는 **15도 이상**의 발사각을 유지하여야 한다(동규정 제12조 제2항).

정답 ①

692 ☐☐☐☐ 25 채용, 예상문제

「위해성 경찰장비의 사용기준 등에 관한 규정」상 다음 보기를 경찰장구, 무기, 분사기·최루탄 등, 기타장비로 옳게 구분한 것은?

㉠ 살수차	㉡ 산탄총
㉢ 포승	㉣ 전자충격기
㉤ 가스발사총	㉥ 석궁
㉦ 가스차	㉧ 경찰봉

① 경찰장구 3개, 무기 2개, 분사기·최루탄 등 2개, 기타장비 1개
② 경찰장구 2개, 무기 1개, 분사기·최루탄 등 2개, 기타장비 3개
③ 경찰장구 3개, 무기 1개, 분사기·최루탄 등 1개, 기타장비 3개
④ 경찰장구 2개, 무기 3개, 분사기·최루탄 등 1개, 기타장비 2개

정답과 해설

경찰장구 : ㉢ 포승, ㉣ 전자충격기, ㉧ 경찰봉 – 3개
무기 : ㉡ 산탄총 – 1개
분사기·최루탄 등 : ㉤ 가스발사총 – 1개
기타장비 : ㉠ 살수차, ㉥ 석궁, ㉦ 가스차 – 3개

정답 ③

693 ☐☐☐☐ 18 간부, 예상문제

「위해성 경찰장비의 사용기준 등에 관한 규정」에 대한 설명으로 옳고 그름의 표시(O, X)가 모두 바르게 된 것은?

> ㉠ 위해성 경찰장비를 사용하는 경찰관이 소속한 국가경찰관서의 장은 소속 경찰관이 사용할 위해성 경찰장비에 대한 안전검사를 실시할 수 있다.
> ㉡ 위해성 장비 중 유탄발사기, 도검, 산탄총은 무기에 해당한다.
> ㉢ 분사기 · 최루탄 등에는 근접분사기 · 가스분사기 · 가스발사총(고무탄 발사겸용을 제외) 및 최루탄(그 발사장치를 포함)이 있다.
> ㉣ 경찰관은 범인의 체포 또는 도주방지, 타인 또는 경찰관의 생명 · 신체에 대한 방호, 공무집행에 대한 항거의 억제를 위하여 필요한 때에는 최소한의 범위 안에서 가스발사총을 사용할 수 있다. 이 경우 경찰관은 1미터 이내의 거리에서 상대방의 얼굴을 향하여 이를 발사하여서는 아니 된다.

① ㉠ (X) ㉡ (X) ㉢ (X) ㉣ (X)
② ㉠ (O) ㉡ (O) ㉢ (X) ㉣ (O)
③ ㉠ (X) ㉡ (X) ㉢ (O) ㉣ (O)
④ ㉠ (X) ㉡ (O) ㉢ (X) ㉣ (O)

정답과 해설

① (X) 위해성 경찰장비를 사용하는 경찰관이 소속한 국가경찰관서의 장은 소속 경찰관이 사용할 위해성 경찰장비에 대한 안전검사를 **실시하여야 한다**(실시할 수 있다 X)(위해성 경찰장비의 사용기준 등에 관한 규정 제18조).
② (O) '무기'란 권총 · 소총 · 기관총(기관단총을 **포함**(제외 X)) · 산탄총 · 유탄발사기 · 박격포 · 3인치포 · 함포 · 크레모아 · 수류탄 · 폭약류 및 도검이 있다(동규정 제2조 제2호).
③ (X) '분사기 · 최루탄등'이란 근접분사기 · 가스분사기 · 가스발사총(고무탄 발사겸용을 **포함**(제외 X)) 및 최루탄(그 발사장치를 포함)이 있다(동규정 제2조 제3호).
④ (O) **경찰관**은 범인의 체포 또는 도주방지, 타인 또는 경찰관의 **생명 · 신체**(재산 X)에 대한 **방호**, 공무집행에 대한 항거의 억제를 위하여 필요한 때에는 최소한의 범위안에서 **가스발사총**(가스차 X)**을 사용할 수 있다**. 이 경우 경찰관은 **1미터 이내의 거리**에서 상대방의 얼굴을 향하여 이를 발사하여서는 아니 된다(동규정 제12조 제1항).

정답 ④

694 ☐☐☐☐ 21 채용

다음은 「위해성 경찰장비의 사용기준 등에 관한 규정」에 대한 설명이다. 적절한 것만을 고른 것은 모두 몇 개인가?

> ㉠ 경찰관은 소요사태로 인해 타인의 법익이나 공공의 안녕질서에 대한 직접적인 위험이 명백하게 초래되어 살수차 외에 경찰장비로는 그 위험을 제거·완화시키는 것이 현저히 곤란한 경우에는 시·도경찰청장의 명령에 따라 살수차를 배치·사용할 수 있다.
> ㉡ 경찰관은 총기 또는 폭발물을 가지고 대항하는 경우를 제외하고는 14세 미만의 자 또는 임산부에 대하여 권총 또는 소총을 발사하여서는 아니된다.
> ㉢ 「경찰관 직무집행법」 제10조 제5항 후단에 따라 안전성 검사에 참여한 외부 전문가는 안전성 검사가 끝난 후 3개월 이내에 신규 도입 장비의 안전성 여부에 대한 의견을 경찰청장에게 제출하여야 한다.
> ㉣ 국가경찰관서의 장(경찰청장·해양경찰청장·시·도경찰청장·지방해양경찰청장·경찰서장 또는 해양경찰서장 기타 경무관·총경·경정 또는 경감을 장으로 하는 국가경찰관서의 장을 말한다)은 폐기대상인 위해성 경찰장비 또는 성능이 저하된 위해성 경찰장비를 개조할 수 있으며, 소속경찰관으로 하여금 이를 본래의 용법에 준하여 사용하게 할 수 있다.
> ㉤ 「위해성 경찰장비의 사용기준 등에 관한 규정」 제2조 제2호부터 제4호까지의 위해성 경찰장비(제4호의 경우에는 가스차만 해당한다)를 사용하는 경우 그 현장책임자 또는 사용자는 사용보고서를 작성하여 직근상급 감독자에게 보고하고, 직근상급 감독자는 이를 3년간 보관하여야 한다.

① 1개   ② 2개
③ 3개   ④ 4개

정답과 해설

㉠ (O) 경찰관은 소요사태로 인해 타인의 법익이나 공공의 안녕질서에 대한 **직접적인(간접적인 X)** 위험이 명백하게 초래되어 살수차 외에 경찰장비로는 그 위험을 제거·완화시키는 것이 현저히 곤란한 경우에는 **시·도경찰청장**의 명령에 따라 **살수차**를 배치·사용할 수 있다(위해성 경찰장비의 사용기준 등에 관한 규정(살수차의 사용기준) 제13조의2).
㉡ (O) 동규정 제10조 제2항(권총 또는 소총의 사용제한)
㉢ (X) 법 제10조 제5항 후단에 따라 안전성 검사에 참여한 외부 전문가는 안전성 검사가 끝난 후 **30일 이내(3개월 이내 X)**에 신규 도입 장비의 안전성 여부에 대한 의견을 경찰청장에게 제출하여야 한다(동규정 제18조의2 제3항).
㉣ (O) 동규정 제19조(위해성 경찰장비의 개조 등)
㉤ (X) 「위해성 경찰장비의 사용기준 등에 관한 규정」 제2조 제2호부터 제4호까지의 위해성 경찰장비(제4호의 경우에는 **살수차(가스차 X)**만 해당한다)를 사용하는 경우 그 현장책임자 또는 사용자는 별지 서식의 사용보고서를 작성하여 직근상급 감독자에게 보고하고, 직근상급 감독자는 이를 **3년간 보관하여야 한다**(동규정 제20조 제1항).

정답 ③

695 ☐☐☐☐ 25 간부

집회나 시위 해산을 위한 살수차의 사용에 관한 설명으로 가장 적절하지 않은 것은? (다툼이 있는 경우 판례에 의함)

① 경찰관이 직사살수의 방법으로 집회나 시위 참가자들을 해산시키려면, 먼저 「집회 및 시위에 관한 법률」에서 정한 해산 사유를 구체적으로 고지하는 적법한 절차에 따른 해산명령을 시행한 후에 직사살수의 방법을 사용할 수 있다.
② 집회나 시위 해산을 위한 살수차 사용요건이나 기준은 법률에 근거를 두어야 한다.
③ 살수차를 사용하는 경우 그 책임자가 기록하여 보관하여야 하는 사항에는 사용 일시·장소·대상, 현장책임자, 종류, 수량 등이 포함된다.
④ 살수거리가 10미터 초과 20미터 이하인 경우 수압기준은 7바(bar) 이하라야 한다. 이 경우 사람의 생명 또는 신체에 치명적인 위해를 가하지 않도록 필요한 최소한의 범위에서 살수해야 한다.

정답과 해설

① (O) 대판 2015다236196
② (O) 경찰관 직무집행법 제10조와 위해성 경찰장비의 사용기준 등에 관한 규정 제13조의2(살수차 사용 기준)
③ (O) 경찰관 직무집행법 제11조
④ (X) 살수거리가 10미터 초과 20미터 이하인 경우 수압기준은 **5바(bar) 이하(7바(bar) 이하 X)**라야 한다. 이 경우 사람의 생명 또는 신체에 치명적인 위해를 가하지 않도록 필요한 최소한의 범위에서 살수해야 한다(위해성 경찰장비의 사용기준 등에 관한 규정 제13조의2 제2항).

[심화] 살수거리별 수압기준 별표3

살수거리	수압기준
10미터 이하	3바(bar) 이하
10미터 초과 20미터 이하	5바(bar) 이하
20미터 초과 25미터 이하	7바(bar) 이하
25미터 초과	13바(bar) 이하

정답 ④

경찰 물리력 행사의 기준과 방법에 관한 규칙(경찰청예규)

696 □□□□ 20 채용

「경찰 물리력 행사의 기준과 방법에 관한 규칙」에 대한 설명으로 가장 적절하지 않은 것은?

① 경찰관이 물리력 사용 시 준수하여야 할 기본원칙, 물리력 사용의 정도, 각 물리력 수단의 사용 한계 및 유의사항을 규정함으로써 국민과 경찰관의 생명·신체를 보호하고 인권을 보장하며 경찰 법집행의 정당성을 확보하는 데에 그 목적이 있다.
② 경찰관은 성별, 장애, 인종, 종교 및 성정체성 등에 대한 선입견을 가지고 차별적으로 물리력을 사용하여서는 아니 된다.
③ 경찰관은 이미 경찰목적을 달성하여 더 이상 물리력을 사용할 필요가 없는 경우에는 물리력 사용을 즉시 중단하여야 한다.
④ 대상자가 경찰관의 지시, 통제를 따르지 않고 비협조적이지만 경찰관 또는 제3자에 대해 직접적인 위해를 가하지 않는 경우에 경찰봉이나 방패 등으로 대상자의 신체 중요 부위 또는 급소 부위를 가격할 수 있다.

정답과 해설

① (O) 이 규칙은 경찰관이 물리력 사용 시 준수하여야 할 기본원칙, 물리력 사용의 정도, 각 물리력 수단의 사용 한계 및 유의사항을 규정함으로써 **국민과 경찰관의 생명·신체(재산 X)를 보호하고 인권을 보장하며 경찰 법집행의 정당성을 확보하는 데에 그 목적**이 있다(경찰 물리력 행사의 기준과 방법에 관한 규칙 1.1.).
② (O) 경찰관은 성별, 장애, 인종, 종교 및 성정체성 등에 대한 선입견을 가지고 **차별적으로 물리력을 사용하여서는 아니 된다**(동규칙 1.4.2.).
③ (O) 경찰관은 이미 경찰목적을 달성하여 더 이상 물리력을 사용할 필요가 없는 경우에는 물리력 사용을 **즉시 중단하여야 한다**(동규칙 1.4.4.).
④ (X) 경찰봉, 방패, 신체적 물리력으로 대상자의 신체 중요 부위 또는 급소 부위 가격하는 행위인 **고위험물리력**은 치명적 공격상태의 대상자로 인해 **경찰관 또는 제3자의 생명·신체에 급박하고 중대한 위해가 초래될 가능성이 있는 경우 최후의 수단**으로 사용할 수 있는 물리력 수준이다(동규칙 2.2.5.).

정답 ④

697 ☐☐☐☐ 22 채용, 24 승진

「경찰 물리력 행사의 기준과 방법에 관한 규칙」상 대상자의 행위와 내용의 연결이 가장 적절하지 않은 것은?

① 순응 – 대상자가 경찰관의 지시, 통제에 따르는 상태를 말한다. 다만, 대상자가 경찰관의 요구에 즉각 응하지 않고 약간의 시간만 지체하는 경우는 '순응'으로 본다.
② 소극적 저항 – 대상자가 경찰관의 지시, 통제를 따르지 않고 비협조적이지만 경찰관 또는 제3자에 대해 직접적인 위해를 가하지 않는 상태를 말한다. 경찰관이 정당한 이동 명령을 발하였음에도 가만히 서있거나 앉아 있는 등 전혀 움직이지 않는 상태, 일부러 몸의 힘을 모두 빼거나, 고정된 물체를 꽉 잡고 버팀으로써 움직이지 않으려는 상태 등이 이에 해당한다.
③ 적극적 저항 – 대상자가 자신에 대한 경찰관의 체포·연행 등 정당한 공무집행을 방해하지만 경찰관 또는 제3자에 대해 위해 수준이 낮은 행위만을 하는 상태를 말한다. 대상자가 자신을 체포·연행하려는 경찰관으로부터 물리적으로 이탈하거나 도주하려는 행위, 체포·연행을 위해 팔을 잡으려는 경찰관의 손을 뿌리치거나, 경찰관을 밀고 잡아끄는 행위, 경찰관에게 침을 뱉거나 경찰관을 밀치는 행위 등이 이에 해당한다.
④ 폭력적 공격 – 대상자가 경찰관 또는 제3자에 대해 사망 또는 심각한 부상을 초래할 수 있는 행위를 하는 상태를 말한다. 흉기(칼·도끼·낫 등)를 이용하여 경찰관, 제3자에 대해 위력을 행사하고 있거나 위해 발생이 임박한 경우, 경찰관이나 제3자의 목을 세게 조르거나 무차별 폭행하는 등 생명·신체에 대해 중대한 위해가 발생할 정도의 위험한 폭력을 행사하는 경우가 이에 해당한다.

정답과 해설

① (O) 경찰 물리력 행사의 기준과 방법에 관한 규칙 2.1.1. 순응
② (O) 동규칙 2.1.2. 소극적 저항
③ (O) 동규칙 2.1.3. 적극적 저항
④ (X) **치명적 공격**에 대한 설명이다(동규칙 2.1.5.). **폭력적 공격**이란 대상자가 경찰관 또는 제3자에 대해 신체적 위해를 가하는 상태를 말한다. 대상자가 경찰관에게 폭력을 행사하려는 자세를 취하여 그 행사가 임박한 상태, 주먹·발 등을 사용해서 경찰관에 대해 신체적 위해를 초래하고 있거나 임박한 상태, 강한 힘으로 경찰관을 밀거나 잡아당기는 등 완력을 사용해 체포에서 벗어나려고 하는 상태 등이 이에 해당한다.

정답 ④

698 예상문제

「경찰 물리력 행사의 기준과 방법에 관한 규칙(경찰청예규)」상 경찰의 물리력 사용정도에 대한 설명으로 옳은 것은?

① 고위험 물리력이란 '폭력적 공격' 상태의 대상자로 인해 경찰관 또는 제3자의 생명·신체에 급박하고 중대한 위해가 초래될 가능성이 있는 경우 최후의 수단으로 사용할 수 있는 물리력 수준으로서, 대상자의 사망 또는 심각한 부상을 초래할 수 있는 물리력을 말한다.
② 중위험 물리력은 대상자에게 신체적 부상을 입힐 수 있으나 생명·신체에 대한 중대한 위해 발생 가능성은 낮은 물리력이다.
③ 접촉 통제란 대상자의 협조를 유도하거나 협조에 따른 물리력을 말한다.
④ 협조적 통제란 대상자 신체 접촉을 통해 경찰 목적 달성을 강제하지만 신체적 부상을 야기할 가능성은 극히 낮은 물리력을 말한다.

정답과 해설

① (X) 고위험 물리력이란 **'치명적 공격'** 상태의 대상자로 인해 경찰관 또는 제3자의 생명·신체에 급박하고 중대한 위해가 초래될 가능성이 있는 경우 최후의 수단으로 사용할 수 있는 물리력 수준으로서, 대상자의 사망 또는 심각한 부상을 초래할 수 있는 물리력을 말한다.
② (O) 옳은 설명이다.
③ (X) **협조적 통제**에 대한 설명이다.
④ (X) **접촉 통제**에 대한 설명이다.

정답 ②

699 24 채용

「경찰 물리력 행사의 기준과 방법에 관한 규칙」상 '적극적 저항'을 하는 대상자에 대하여 경찰관이 사용할 수 있는 물리력의 종류로 가장 적절하지 않은 것은? (규칙 제2장 2.2.의 설명에 따름)

① 언어적 통제
② 체포 등을 위한 수갑 사용
③ 손바닥, 주먹, 발 등 신체부위를 이용한 가격
④ 분사기 사용

정답과 해설

③ (X) **적극적 저항**을 하는 대상자에 대하여 경찰관이 사용할 수 있는 물리력의 종류는 **저위험 물리력 이하**이다.
①② **협조적 통제**의 종류이다.
③ **중위험 물리력**의 종류이다.
④ **저위험 물리력**의 종류이다.

협조적 통제 (2.2.1.)	가. **현장 임장** 나. **언어적 통제** 다. **체포 등을 위한 수갑 사용** 라. 안내·체포 등에 수반한 신체적 물리력
접촉 통제 (2.2.2.)	가. **신체 일부 잡기·밀기·잡아끌기, 쥐기·누르기·비틀기** 나. 경찰봉 양 끝 또는 방패를 잡고 대상자의 신체에 안전하게 밀착한 상태에서 대상자를 특정 방향으로 밀거나 잡아당기기
저위험 물리력 (2.2.3.)	가. 목을 압박하여 제압하거나 **관절을 꺾는 방법**, 팔·다리를 이용해 움직이지 못하도록 **조르는 방법**, 다리를 걸거나 들쳐 매는 등 균형을 무너뜨려 **넘어뜨리는 방법**, 대상자가 넘어진 상태에서 움직이지 못하게 위에서 **눌러 제압**하는 방법 나. **분사기 사용**(다른 저위험 물리력 이하의 수단으로 제압이 어렵고, 경찰관이나 대상자의 부상 등의 방지를 위해 필요한 경우)
중위험 물리력 (2.2.4.)	가. **손바닥, 주먹, 발 등 신체부위를 이용한 가격** 나. 경찰봉으로 **중요부위가 아닌** 신체 부위를 찌르거나 가격 다. 방패로 강하게 압박하거나 세게 미는 행위 라. **전자충격기 사용**
고위험 물리력 (2.2.5.)	1) **권총 등 총기류 사용** 2) 경찰봉, 방패, 신체적 물리력으로 대상자의 신체 중요 부위 또는 급소 부위 가격, 대상자의 목을 강하게 조르거나 신체를 강한 힘으로 압박하는 행위

정답 ③

700 예상문제

「경찰 물리력 행사의 기준과 방법에 관한 규칙(경찰청예규)」에서 규정하고 있는 '중위험 물리력'의 종류에 해당하는 것은 모두 몇 개인가?

> ㉠ 팔·다리를 이용해 움직이지 못하도록 조르는 방법
> ㉡ 손바닥, 주먹, 발 등 신체부위를 이용한 가격
> ㉢ 경찰봉으로 중요 신체 부위를 찌르거나 가격
> ㉣ 전자충격기 사용
> ㉤ 권총 등 총기류 사용

① 1개
② 2개
③ 3개
④ 4개

정답과 해설

㉡㉣ 2개의 항목이 중위험 물리력 종류에 해당한다.
㉠ (X) 팔·다리를 이용해 움직이지 못하도록 조르는 방법은 **저위험 물리력**의 종류이다.
㉡ (O) 손바닥, 주먹, 발 등 신체부위를 이용한 가격은 중위험 물리력의 종류이다.
㉢ (X) 경찰봉으로 중요 신체 부위를 찌르거나 가격은 **고위험 물리력**의 종류이며, 중위험 물리력은 경찰봉으로 **중요부위가 아닌 신체 부위**를 찌르거나 가격을 말한다.
㉣ (O) 전자충격기 사용은 중위험 물리력의 종류이다.
㉤ (X) 권총 등 총기류 사용은 **고위험 물리력**의 종류이다.

정답 ②

701 예상문제

「경찰 물리력 행사의 기준과 방법에 관한 규칙(경찰청예규)」상 경찰 물리력 사용의 정도(경찰관의 대응 수준)에 관한 내용으로 옳은 것은?

① 저위험 물리력이란 '소극적 저항' 이상의 상태인 대상자에 대해 사용할 수 있는 물리력 수준으로서, 대상자 신체 접촉을 통해 경찰목적 달성을 강제하지만 신체적 부상을 야기할 가능성은 극히 낮은 물리력을 말하며, 소극적 저항이란 대상자가 경찰관의 지시, 통제를 따르지 않고 비협조적이지만 경찰관 또는 제3자에 대해 직접적인 위해를 가하지 않는 상태를 말한다.

② 협조적 통제란 '순응' 이상의 상태인 대상자에 대해 사용할 수 있는 물리력 수준으로서, 대상자의 협조를 유도하거나 협조에 따른 물리력을 말하며, 여기서 말하는 순응이란 대상자가 경찰관의 지시, 통제에 따르는 상태를 말한다.

③ 접촉 통제란 '적극적 저항' 이상의 상태인 대상자에 대해 사용할 수 있는 물리력 수준으로서, 대상자가 통증을 느낄 수 있으나 신체적 부상을 당할 가능성은 낮은 물리력을 말하며, 적극적 저항이란 대상자가 자신에 대한 경찰관의 체포·연행 등 정당한 공무집행을 방해하지만 경찰관 또는 제3자에 대해 위해 수준이 낮은 행위만을 하는 상태를 말한다.

④ 중위험 물리력이란 '폭력적 공격' 이상의 상태의 대상자에 대해 사용할 수 있는 물리력 수준으로서, 대상자에게 신체적 부상을 입힐 수 있으나 생명·신체에 대한 중대한 위해 발생 가능성은 낮은 물리력을 말하며, 폭력적 공격이란 대상자가 경찰관 또는 제3자에 대해 사망 또는 심각한 부상을 초래할 수 있는 행위를 하는 상태를 말한다.

정답과 해설

① (X) **접촉 통제**란 '소극적 저항' 이상의 상태인 대상자에 대해 사용할 수 있는 물리력 수준으로서, 대상자 신체 접촉을 통해 경찰목적 달성을 강제하지만 신체적 부상을 야기할 가능성은 극히 낮은 물리력을 말한다(경찰 물리력 행사의 기준과 방법에 관한 규칙 2.2.2).

② (O) 옳은 설명이다(동규칙 2.2.1).

③ (X) **저위험 물리력**이란 '적극적 저항' 이상의 상태인 대상자에 대해 사용할 수 있는 물리력 수준으로서, 대상자가 통증을 느낄 수 있으나 신체적 부상을 당할 가능성은 낮은 물리력을 말한다.

④ (X) 중위험 물리력이란 '폭력적 공격' 이상의 상태의 대상자에 대해 사용할 수 있는 물리력 수준으로서, 대상자에게 신체적 부상을 입힐 수 있으나 생명·신체에 대한 중대한 위해 발생 가능성은 낮은 물리력을 말하며, **폭력적 공격**이란 대상자가 경찰관 또는 제3자에 대해 신체적 위해를 가하는 상태를 말한다. **대상자가 경찰관 또는 제3자에 대해 사망 또는 심각한 부상을 초래할 수 있는 행위를 하는 상태는 치명적 공격에 관한 내용**이다.

정답 ②

702   ☐☐☐☐ 25 승진

「경찰 물리력 행사의 기준과 방법에 관한 규칙」상 경찰봉 사용에 관한 설명으로 가장 적절하지 않은 것은?

① 경찰관은 '소극적 저항' 이상인 상태의 대상자에게 경찰봉을 대상자의 신체에 안전하게 밀착한 상태로 밀거나 끌어당길 수 있다.
② 경찰관은 '폭력적 저항' 이상인 상태의 대상자의 신체를 경찰봉으로 찌르거나 가격할 수 있으며, 이 경우 가급적 대상자의 머리, 얼굴, 목, 흉부, 복부 등 신체 중요 부위를 피하여야 한다.
③ 현행범, 사형·무기 또는 장기 3년 이상의 징역이나 금고에 해당하는 죄를 범한 대상자가 도주하는 경우 경찰관은 최후의 수단으로서 경찰봉으로 대상자의 신체 중요 부위 또는 급소 부위를 찌르거나 가격할 수 있다.
④ 경찰관이 '중위험 물리력' 이상의 경찰봉을 사용한 경우 신속히 사용보고서를 작성하여 소속기관의 장에게 보고하여야 한다.

정답과 해설

① (O) 경찰 물리력 행사의 기준과 방법에 관한 규칙 3.5.2. 가목
② (O) 동규칙 3.5.2. 나목 1)
③ (X) 경찰관은 현행범 또는 사형·무기 또는 장기 3년 이상의 징역이나 금고에 해당하는 죄를 범한 대상자가 도주하는 경우 체포를 위해서 경찰봉으로 찌르거나 가격할 수 있다. 이 경우 **가급적 신체 중요 부위를 피하여야 한다**(동규칙 3.5.2. 나목 2)).
④ (O) 동규칙 4.2.1.

정답 ③

703 예상문제

「경찰 물리력 행사의 기준과 방법에 관한 규칙」상 보기의 대상자 행위에 대한 경찰관의 대응수준으로 적절한 것은?

> 대상자가 자신에 대한 경찰관의 체포·연행 등 정당한 공무집행을 방해하지만 경찰관 또는 제3자에 대해 위해 수준이 낮은 행위만을 하는 상태를 말하며, 대상자가 자신을 체포·연행하려는 경찰관으로부터 물리적으로 이탈하거나 도주하려는 행위, 체포·연행을 위해 팔을 잡으려는 경찰관의 손을 뿌리치거나, 경찰관을 밀고 잡아끄는 행위, 경찰관에게 침을 뱉거나 경찰관을 밀치는 행위 등이 이에 해당한다.

① 신체 일부 잡기·밀기·잡아끌기, 쥐기·누르기·비틀기
② 경찰봉, 방패, 신체적 물리력으로 대상자의 신체 중요 부위 또는 급소 부위 가격, 대상자의 목을 강하게 조르거나 신체를 강한 힘으로 압박하는 행위
③ 손바닥, 주먹, 발 등 신체부위를 이용한 가격
④ 목을 압박하여 제압하거나 관절을 꺾는 방법, 팔·다리를 이용해 움직이지 못하도록 조른다.

정답과 해설

보기는 대상자의 적극적 저항에 해당하는 행위이며 경찰관은 **저위험 물리력** 단계로 대응한다.
① (X) 경찰 물리력 행사의 기준과 방법에 관한 규칙 2.2.2. **접촉통제**
② (X) 동규칙 2.2.5. **고위험 물리력**
③ (X) 동규칙 2.2.4. **중위험 물리력**
④ (O) 동규칙 2.2.3. 저위험 물리력

정답 ④

THEME 13 손실보상

704 ☐☐☐☐ 22·23 채용

「경찰관 직무집행법」 및 동법 시행령상 손실보상에 관한 내용 중 가장 적절하지 않은 것은?

① 소속 경찰공무원의 직무집행으로 인하여 발생한 손실보상청구 사건을 심의하기 위하여 경찰청, 해양경찰청, 시·도경찰청 및 지방해양경찰청에 손실보상심의위원회를 설치한다.

② 손실보상을 청구할 수 있는 권리는 손실이 있음을 안 날부터 3년, 손실이 발생한 날부터 5년간 행사하지 아니하면 시효의 완성으로 소멸한다.

③ 손실보상 결정권자는 손실보상 청구가 요건과 절차를 갖추지 못한 경우(다만, 그 잘못된 부분을 시정할 수 있는 경우는 제외한다) 그 청구를 기각하는 결정을 해야 한다.

④ 손실보상 결정권자는 특별한 사유가 없으면 보상금을 지급하기로 결정한 날부터 30일 이내에 이를 지급하되, 부득이한 사유가 있는 경우에는 그 보상금을 지급받을 사람의 신청에 따라 현금으로 지급할 수 있고, 일시불로 지급하되, 예산 부족 등의 사유로 일시불로 지급할 수 없는 특별한 사정이 있는 경우에는 그 보상금을 지급받을 사람의 동의를 받아 분할하여 지급할 수 있다.

정답과 해설

① (O) 경찰관 직무집행법 제11조의2 제3항

② (O) 손실보상을 청구할 수 있는 권리는 **손실이 있음을 안 날로부터**(발생한 날부터 X) 3년, 손실이 발생한 날로부터(있음을 안 날부터 X, 손실보상이 확정된 때부터 X) 5년간 행사하지 아니하면 시효의 완성으로 소멸한다(동법 제11조의2 제2항).

③ (X) 손실보상 결정권자는 손실보상 청구가 요건과 절차를 갖추지 못한 경우(다만, 그 잘못된 부분을 시정할 수 있는 경우는 제외)에는 그 청구를 **각하(却下)(기각 X)**하는 결정을 해야 한다(동법 시행령 제10조 제6항 제2호).

④ (O) 손실보상 결정권자는 특별한 사유가 없으면 보상금을 지급하기로 **결정한 날부터 30일 이내**에 이를 지급하되, 부득이한 사유가 있는 경우에는 그 보상금을 지급받을 사람의 신청에 따라 **현금**으로 지급할 수 있고, **일시불로 지급**하되, 예산 부족 등의 사유로 일시불로 지급할 수 없는 특별한 사정이 있는 경우에는 그 **보상금을 지급받을 사람의 동의**를 받아 분할하여 지급할 수 있다(동법 시행령 제10조 제9항, 제10항).

정답 ③

705 ☐☐☐☐ 18 간부

「경찰관 직무집행법」 및 「경찰관 직무집행법 시행령」상 손실보상에 대한 다음 설명 중 옳지 않은 것은 모두 몇 개인가?

> ㉠ 국가는 경찰관의 적법한 직무집행으로 인하여 손실발생의 원인에 대하여 책임이 있는 자가 자신의 책임에 상응하는 정도를 초과하는 재산상의 손실을 입은 경우 손실을 입은 자에 대하여 정당한 보상을 하여야 한다.
> ㉡ 손실보상의 기준, 보상금액, 지급절차 및 방법, 손실보상심의위원회의 구성 및 운영, 그 밖에 필요한 사항은 행정안전부령으로 한다.
> ㉢ 소속 경찰공무원의 직무집행으로 인하여 발생한 손실보상청구 사건을 심의하기 위하여 경찰청, 시·도경찰청 및 경찰서에 손실보상심의위원회(이하 "위원회"라 한다)를 설치한다.
> ㉣ 위원회는 위원장 1명을 포함한 5명 이상 7명 이하의 위원으로 구성한다. 이 경우 위원의 과반수 이상은 경찰공무원이 아닌 사람으로 하여야 한다.
> ㉤ 위원회의 위원은 1. 소속 경찰관, 2. 판사·검사 또는 변호사로 5년 이상 재직한 사람, 3. 고등교육법 제2조에 따른 학교에서 법학 또는 행정학을 가르치는 정교수 이상으로 5년 이상 재직한 사람, 4. 경찰업무와 손실보상에 관하여 학식과 경험이 풍부한 사람 중에서 손실보상 결정권자가 위촉하거나 임명한다.
> ㉥ 위원회의 회의는 재적위원 과반수의 출석으로 개의하고, 출석위원 과반수의 찬성으로 의결한다.

① 1개　　② 2개
③ 3개　　④ 4개

정답과 해설

㉠ (O) 국가는 경찰관의 **적법(위법 X)**한 직무집행으로 인하여 손실발생의 원인에 대하여 책임이 있는 자가 자신의 책임에 상응하는 정도를 초과하는 재산상의 손실을 입은 경우 **손실(손해 X)**을 입은 자에 대하여 정당한 **보상을 하여야 한다(보상을 하지 않을 수 있다 X)**(경찰관 직무집행법 제11조의2 제1항 제2호).

㉡ (X) 손실보상의 기준, 보상금액, 지급절차 및 방법, 손실보상 심의위원회의 구성 및 운영, 그 밖에 필요한 사항은 **대통령령**으로 정한다(동법 제11조의2 제7항).

㉢ (X) 소속 경찰공무원의 직무집행으로 인하여 발생한 손실보상청구 사건을 심의하기 위하여 **경찰청, 해양경찰청, 시·도경찰청 및 지방해양경찰청(경찰서 X)**에 손실보상심의위원회를 설치한다(동법 시행령 제11조 제1항).

㉣ (X) 위원회는 위원장 1명을 포함한 **7명 이상 9명 이내의 위원**으로 성별을 고려하여 구성한다. 이 경우 위원의 과반수는 경찰관이 아닌 사람으로 해야 한다(동법 시행령 제11조 제2항, 제3항).

㉤ (X) 위원회의 위원은 소속 경찰관과 판사·검사 또는 변호사로 5년 이상 근무한 사람, 고등교육법 제2조에 따른 학교에서 법학 또는 행정학을 가르치는 **부교수 이상(정교수 이상 X)**으로 5년 이상 재직한 사람, 경찰업무와 손실보상에 관하여 학식과 경험이 풍부한 사람 중에서 **손실보상 결정권자**가 위촉하거나 임명한다(동법 시행령 제11조 제3항).

㉥ (O) 동법 시행령 제13조 제2항

정답 ④

706 ○○○○ 21 채용

「경찰관 직무집행법」 및 「경찰관 직무집행법 시행령」상 손실보상에 대한 설명으로 가장 적절한 것은?

① 손실발생의 원인에 대하여 책임이 없는 자가 경찰관의 적법한 직무집행으로 인하여 생명·신체 또는 재산상의 손실을 입은 경우(손실발생의 원인에 대하여 책임이 없는 자가 경찰관의 직무집행에 자발적으로 협조하거나 물건을 제공하여 생명·신체 또는 재산상의 손실을 입은 경우를 제외한다), 국가는 그 손실을 입은 자에 대하여 정당한 보상을 하여야 한다.

② 경찰청장 또는 시·도경찰청장은 손실보상심의위원회의 심의·의결에 따라 보상금을 지급하고, 거짓 또는 부정한 방법으로 보상금을 받은 사람에 대하여는 해당 보상금을 환수할 수 있다.

③ 손실보상심의위원회는 위원장 1명을 포함한 7명 이상 9명 이내의 위원으로 성별을 고려하여 구성하며, 보상위원장이 부득이한 사유로 직무를 수행할 수 없는 때에는 상임위원, 위원 중 연장자 순으로 보상위원장의 직무를 대행한다.

④ 손실보상 결정권자는 통지를 하는 경우 서면, 전자우편, 문자메시지 등 청구인이 요청하는 방법으로 할 수 있으며, 별도로 요청하는 방법이 없는 경우에는 보상금 지급 결정 통지서에 따른 서면으로 통지한다.

> **정답과 해설**
>
> ① (X) 손실발생의 원인에 대하여 책임이 없는 자가 경찰관의 적법한 직무집행으로 인하여 생명·신체 또는 재산상의 손실을 입은 경우(손실발생의 원인에 대하여 책임이 없는 자가 경찰관의 직무집행에 자발적으로 협조하거나 물건을 제공하여 생명·신체 또는 재산상의 손실을 입은 경우를 **포함(제외 X)**한다), 국가는 그 손실을 입은 자에 대하여 정당한 **보상을 하여야 한다(보상을 하지 않을 수 있다 X)**(경찰관 직무집행법 제11조의2 제1항 제1호).
>
> ② (X) 경찰청장, 해양경찰청장, 시·도경찰청장 또는 지방해양경찰청장은 손실보상심의위원회의 심의·의결에 따라 보상금을 지급하고, 거짓 또는 부정한 방법으로 보상금을 받은 사람에 대하여 해당 보상금을 **환수하여야 한다(환수할 수 있다 X)**(동법 제11조의2 제4항).
>
> ③ (X) 손실보상심의위원회는 위원장 1명을 포함한 **7명 이상 9명 이내의 위원으로 성별을 고려하여 구성**하며, 보상위원장이 부득이한 사유로 직무를 수행할 수 없는 때에는 **보상위원장**이 **미리 지명한 위원(연장자 순 X)**이 그 직무를 대행한다(동법 시행령 제11조 제2항, 제12조 제3항).
>
> ④ (O) 손실보상 결정권자는 통지를 하는 경우 서면, 전자우편, 문자메시지 등 **청구인이 요청하는 방법**으로 할 수 있으며, **별도로 요청하는 방법이 없는 경우에는** 보상금 지급 결정 통지서에 따른 **서면**으로 통지한다(동법 시행령 제10조 제8항 제1호).
>
> 정답 ④

707 19·24 간부, 20 경채

「경찰관 직무집행법」 및 「경찰관 직무집행법 시행령」상 손실보상에 대한 설명으로 옳지 않은 것은 모두 몇 개인가?

> ㉠ 경찰청장 또는 시·도경찰청장은 보상금을 반환하여야 할 사람이 대통령령으로 정한 기한까지 그 금액을 납부하지 아니한 때에는 국세강제징수의 예에 따라 징수할 수 있다.
> ㉡ 손실을 입은 물건을 수리할 수 있는 경우에는 수리비에 상당하는 금액으로 보상한다.
> ㉢ 손실을 입은 물건을 수리할 수 없는 경우에는 보상 당시의 해당물건의 교환 가액으로 보상한다.
> ㉣ 영업자가 손실을 입은 물건의 수리나 교환으로 인하여 영업을 계속할 수 없는 경우에는 기간 중 영업상 이익에 상당하는 금액으로 보상한다.
> ㉤ 위촉위원의 임기는 2년으로 한다.
> ㉥ 보상금이 지급된 경우 손실보상심의위원회는 대통령령으로 정하는 바에 따라 국가경찰위원회에 심사자료와 결과를 보고하여야 한다.

① 1개 ② 2개
③ 3개 ④ 4개

정답과 해설

㉠ (O) 경찰청장, 해양경찰청장, 시·도경찰청장 또는 지방해양경찰청장은 보상금을 반환하여야 할 사람이 대통령령으로 정한 기한까지 그 금액을 납부하지 아니한 때에는 국세강제징수의 예에 따라 징수할 수 있다(경찰관 직무집행법 제11조의2 제6항).
㉡ (O) 동법 시행령 제9조 제1항 제1호
㉢ (X) 손실을 입은 물건을 수리할 수 없는 경우에는 **손실을 입은 당시(보상 당시 X)**의 해당물건의 교환 가액으로 보상한다(동법 시행령 제9조 제1항 제2호).
㉣ (O) 동법 시행령 제9조 제1항 제3호
㉤ (O) 동법 시행령 제11조 제4항
㉥ (O) 보상금이 지급된 경우 손실보상심의위원회는 **대통령령(경찰관 직무집행법 시행령)**으로 정하는 바에 따라 국가경찰위원회 또는 해양경찰위원회에 심사자료와 결과를 보고하여야 한다. 이 경우 국가경찰위원회 또는 해양경찰위원회는 손실보상의 적법성 및 적정성 확인을 위하여 필요한 자료의 제출을 요구할 수 있다(동법 제11조의2 제5항).

정답 ①

「경찰관 직무집행법 시행령」상 '손실보상심의위원회'에 대한 내용으로 옳고 그름(O, X)의 표시가 바르게 연결된 것은?

> ㉠ 보상금 지급 청구서를 받은 손실보상 결정권자는 특별한 사유가 없으면 보상금 지급 청구서를 받은 날부터 60일 이내에 손실보상심의위원회의 심의·의결에 따라 보상 여부 및 보상금액을 결정해야 한다. 다만, 부득이한 사유로 60일 이내에 결정할 수 없을 때에는 그 기간이 끝나는 날의 다음 날부터 60일의 범위에서 결정기간을 한 차례만 연장할 수 있다.
> ㉡ 위원회는 위원장 1명을 포함한 7명 이상 9명 이내의 위원으로 성별을 고려하여 구성한다. 다만, 청구금액이 100만원 이하인 사건에 대해서는 제3항제1호에 해당하는 위원 5명으로만 구성할 수 있다.
> ㉢ 보상위원장은 소속 경찰관 위원 중에서 손실보상 결정권자가 지명한 사람이 된다.
> ㉣ 위원회의 회의는 재적위원 과반수의 출석으로 개의하고, 출석위원 과반수의 찬성으로 의결한다.

① ㉠ (O) ㉡ (O) ㉢ (X) ㉣ (X)
② ㉠ (X) ㉡ (X) ㉢ (O) ㉣ (O)
③ ㉠ (X) ㉡ (O) ㉢ (O) ㉣ (O)
④ ㉠ (O) ㉡ (X) ㉢ (X) ㉣ (O)

정답과 해설

㉠ (X) 다만, 부득이한 사유로 60일 이내에 결정할 수 없을 때에는 그 기간이 끝나는 날의 다음 날부터 **20일**의 범위에서 결정기간을 **한 차례만 연장**할 수 있다(경찰관 직무집행법 시행령 제10조 제4항).
㉡ (X) 위원회는 위원장 1명을 포함한 **7명 이상 9명 이내**의 위원으로 성별을 고려하여 구성한다. 다만, 청구금액이 **100만원 이하인 사건**에 대해서는 제3항제1호에 해당하는 **위원 3명**으로만 구성할 수 있다(동법 시행령 제11조 제2항).
㉢ (O) 손실보상심의위원회의 위원장(이하 "보상위원장"이라 한다)은 제11조제3항제1호(소속 경찰관)에 따른 위원 중에서 **손실보상 결정권자(경찰청, 시·도경찰청의 장)**가 지명한 사람이 된다(동법 시행령 제12조 제1항).
㉣ (O) 동법 시행령 제13조 제2항

정답 ②

THEME 14 범인검거 등 공로자 보상

709 ☐☐☐☐ 25 채용

「경찰관 직무집행법」 및 동법 시행령상 범인검거 등 공로자 보상에 관한 설명으로 가장 적절하지 않은 것은?

① 경찰청장, 해양경찰청장, 시·도경찰청장, 지방해양경찰청장, 경찰서장 또는 해양경찰서장은 범인 검거와 관련하여 경찰 수사 활동에 협조한 사람 중 보상금 지급 대상자에 해당한다고 보상금심사위원회가 인정하는 사람에게 보상금을 지급할 수 있다.

② 경찰청장, 해양경찰청장, 시·도경찰청장, 지방해양경찰청장, 경찰서장 또는 해양경찰서장은 보상금 지급사유가 발생한 경우에는 직권으로 또는 보상금을 지급받으려는 사람의 신청에 따라 소속 보상금심사위원회의 심사·의결을 거쳐 보상금을 지급한다.

③ 보상금심사위원회 위원의 과반수는 경찰관이 아닌 사람으로 해야 한다.

④ 경찰청장, 해양경찰청장, 시·도경찰청장, 지방해양경찰청장, 경찰서장 또는 해양경찰서장은 보상금심사위원회의 심사·의결에 따라 보상금을 지급하고, 거짓 또는 부정한 방법으로 보상금을 받은 사람에 대하여는 해당 보상금을 환수한다.

정답과 해설

① (O) 경찰관 직무집행법 제11조의3 제1항 제4호, 동법 시행령 제18조 제3호

> **경찰관 직무집행법**
> **제11조의3(범인검거 등 공로자 보상)** ① 경찰청장, 해양경찰청장, 시·도경찰청장, 지방해양경찰청장, 경찰서장 또는 해양경찰서장("경찰청장등"이라 함)은 다음 각 호의 어느 하나에 해당하는 사람에게 보상금을 **지급할 수 있다(하여야 한다 X).**
> 1. 범인 또는 범인의 소재를 신고하여 검거하게 한 사람
> 2. 범인을 검거하여 경찰공무원에게 인도한 사람
> 3. 테러범죄의 예방활동에 현저한 공로가 있는 사람
> 4. 그 밖에 제1호부터 제3호까지의 규정에 준하는 사람으로서 **대통령령으로 정하는 사람**
>
> **경찰관 직무집행법 시행령**
> **제18조(범인검거 등 공로자 보상금 지급 대상자)** 동법 제11조의3 제1항 제4호에서 "**대통령령으로 정하는 사람**"이란 다음 각 호의 어느 하나에 해당하는 사람을 말한다.
> 1. 범인의 신원을 특정할 수 있는 정보를 제공한 사람
> 2. 범죄사실을 입증하는 증거물을 제출한 사람
> 3. 그 밖에 범인 검거와 관련하여 경찰 수사 활동에 협조한 사람 중 보상금 지급 대상자에 해당한다고 보상금심사위원회가 인정하는 사람

② (O) 동법 시행령 제21조 제1항

③ (X) 보상금심사위원회의 위원은 **소속 경찰공무원 중에서** 경찰청장등이 임명한다(동법 제11조의3 제4항).

> [비교]
> 손실보상심의위원회의 위원은 손실보상 결정권자가 위촉하거나 임명한다. 이 경우 위원의 과반수는 경찰관이 아닌 사람으로 해야 한다.

④ (O) **경찰청장등**은 보상금심사위원회의 심사·의결에 따라 보상금을 지급하고, 거짓 또는 부정한 방법으로 보상금을 받은 사람에 대하여는 해당 보상금을 **환수한다(할 수 있다 X)**(동법 제11조의3 제5항).

정답 ③

710 25 간부

「경찰관 직무집행법」 및 동법 시행령상 범인검거 등 공로자 보상에 관한 설명이다. ( ) 안에 들어갈 숫자의 합은?

> 가. 보상금의 최고액은 ( )억원으로 하며, 구체적인 보상금 지급 기준은 경찰청장이 정하여 고시한다.
> 나. 보상금심사위원회는 위원장 1명을 포함한 ( )명 이내의 위원으로 구성한다.
> 다. 부정한 방법으로 보상금을 지급받은 사람이 보상금 환수 통지를 받은 경우, 보상금 환수통지일부터 ( )일 이내의 범위에서 경찰청장, 시·도경찰청장 또는 경찰서장이 정하는 기한까지 환수금액을 납부하지 아니한 때에는 국세강제징수의 예에 따라 징수할 수 있다.

① 35
② 40
③ 45
④ 50

정답과 해설

가. 보상금의 최고액은 **5억원**으로 하며, 구체적인 보상금 지급 기준은 경찰청장이 정하여 고시한다(경찰관 직무집행법 시행령 제20조).
나. 보상금심사위원회는 위원장 1명을 포함한 **5명** 이내의 위원으로 구성한다.
다. 부정한 방법으로 보상금을 지급받은 사람이 보상금 환수 통지를 받은 경우, 보상금 환수통지일부터 **40일** 이내의 범위에서 경찰청장, 시·도경찰청장 또는 경찰서장이 정하는 기한까지 환수금액을 납부하지 아니한 때에는 국세강제징수의 예에 따라 징수할 수 있다.

> **경찰관 직무집행법**
> 제11조의3(범인검거 등 공로자 보상) ⑥ 경찰청장, 시·도경찰청장 또는 경찰서장은 제5항에 따라 보상금을 반환하여야 할 사람이 **대통령령으로 정한 기한**까지 그 금액을 납부하지 아니한 때에는 국세강제징수의 예에 따라 징수할 수 있다.
> **경찰관 직무집행법 시행령**
> 제21조의2(범인검거 등 공로자 보상금의 환수절차) ② "대통령령으로 정한 기한"이란 제1항에 따른 통지일부터 **40일** 이내의 범위에서 경찰청장, 시·도경찰청장 또는 경찰서장이 정하는 기한을 말한다.

정답 ④

THEME 15 소송지원 및 형의 감면 등

711 ☐☐☐☐ 예상문제

「경찰관 직무집행법」상 소송지원 및 직무수행으로 인한 형의 감면에 대한 설명으로 옳은 것은?

① 경찰청장은 경찰관이 제2조 각 호에 따른 직무의 수행으로 인하여 민·형사상 책임과 관련된 소송을 수행할 경우 변호인 선임 등 소송 수행에 필요한 지원을 하여야 한다.
② 직무수행으로 인한 형의 감면은 형의 감면 대상인 범죄가 행하여지려고 하거나 행하여지고 있어 타인의 생명·신체에 대한 위해 발생의 우려가 명백하고 긴급한 상황이어야 한다.
③ 경찰관이 그 위해를 예방하거나 진압하기 위한 행위 또는 범인의 검거 과정에서 경찰관을 향한 직접적인 유형력 행사에 대응하는 행위를 하여 그로 인하여 경찰관 자신에게 피해가 발생한 경우이어야 하며 그 경찰관의 직무수행이 불가피한 것이고 필요한 최소한의 범위에서 이루어졌으며 해당 경찰관에게 고의 또는 중대한 과실이 없는 때에는 그 정상을 참작하여 형을 감경하거나 면제할 수 있다.
④ 「경찰관 직무집행법」 제11조의5의 형의 감면 대상범죄로는 살인의 죄, 상해와 폭행의 죄, 강간과 추행의 죄, 절도와 강도의 죄 및 이에 대하여 다른 법률에 따라 가중 처벌하는 범죄, 가정폭력범죄, 아동학대범죄 등이다.

정답과 해설

① (X) 경찰청장은 경찰관이 제2조 각 호에 따른 직무의 수행으로 인하여 민·형사상 책임과 관련된 소송을 수행할 경우 변호인 선임 등 소송 수행에 필요한 지원을 **할 수 있다**(경찰관 직무집행법 제11조의4).
② (O) 동법 제11조의5
③ (X) 「경찰관 직무집행법」 제11조의5에서는 경찰관이 그 위해를 예방하거나 진압하기 위한 행위 또는 범인의 검거 과정에서 경찰관을 향한 직접적인 유형력 행사에 대응하는 행위를 하여 그로 인하여 **타인(경찰관 자신 X)에게 피해가 발생한 경우**이어야 하며 그 경찰관의 직무수행이 불가피한 것이고 필요한 최소한의 범위에서 이루어졌으며 해당 경찰관에게 고의 또는 중대한 과실이 없는 때에는 그 정상을 참작하여 형을 감경하거나 면제할 수 있다.
④ (X) 「형법」 제2편제24장 살인의 죄, 제25장 상해와 폭행의 죄, 제32장 **강간과 추행의 죄 중 강간에 관한 범죄**, 제38장 **절도와 강도의 죄 중 강도에 관한 범죄** 및 이에 대하여 다른 법률에 따라 가중처벌하는 범죄, 「가정폭력범죄의 처벌 등에 관한 특례법」에 따른 가정폭력범죄, 「아동학대범죄의 처벌 등에 관한 특례법」에 따른 아동학대범죄가 대상범죄에 해당한다.

> [최신기출] 2025년 8월 30일 채용 출제포인트
> 1. 「경찰관 직무집행법」 제11조의5에 따른 '직무 수행으로 인한 형의 감면'의 대상이 되는 범죄에 해당하는 것은 모두 몇 개인가?
>
> ㉠ 「형법」 제2편 제24장 살인의 죄
> ㉡ 「형법」 제2편 제32장 강간과 추행의 죄 중 강제추행에 관한 범죄
> ㉢ 「아동학대범죄의 처벌 등에 관한 특례법」에 따른 아동학대범죄
> ㉣ 「가정폭력범죄의 처벌 등에 관한 특례법」에 따른 가정폭력범죄
>
> ① 1개 ② 2개 ③ 3개 ④ 4개   정답) 3(㉡ (X))

정답 ②

712 23 채용

「경찰관 직무집행법」에 관한 설명으로 가장 적절한 것은? (다툼이 있는 경우 판례에 의함)

① 경찰 병력이 행정대집행 직후 "A자동차 희생자 추모와 해고자 복직을 위한 범국민대책위원회"(이하 'A차 대책위'라 함)가 또다시 같은 장소를 점거하고 물건을 다시 비치하는 것을 막기 위해 당해 사건 장소를 미리 둘러싼 뒤 'A차 대책위'가 같은 장소에서 기자회견 명목의 집회를 개최하려는 것을 불허하면서 소극적으로 제지한 것은 범죄행위 예방을 위한 경찰 행정상 즉시강제로서 적법한 공무집행에 해당한다.

② 「아동학대범죄의 처벌 등에 관한 특례법」에 따른 아동학대범죄가 행하여지려고 하거나 행하여지고 있어 타인의 생명·신체에 대한 위해 발생의 우려가 명백하고 긴급한 상황에서, 경찰관이 그 위해를 예방하거나 진압하기 위한 행위 또는 범인의 검거 과정에서 경찰관을 향한 직접적인 유형력 행사에 대응하는 행위를 하여 그로 인하여 타인에게 피해가 발생한 경우, 그 경찰관의 직무수행이 불가피한 것이고 필요한 최소한의 범위에서 이루어졌으며 해당 경찰관에게 고의 또는 중대한 과실이 없는 때에는 형을 감경하거나 면제한다.

③ 경찰관은 형사처벌의 대상이 되는 행위가 눈앞에서 막 이루어지려고 하는 것이 주관적으로 인정될 수 있는 상황이고 그 행위를 당장 제지하지 않으면 곧 인명·신체에 중대한 위해를 미치거나 재산에 손해를 끼칠 우려가 있는 상황이어서, 직접 제지하는 방법 외에는 위와 같은 결과를 막을 수 없는 급박한 상태일 때에만 「경찰관 직무집행법」 제6조에 의하여 적법하게 그 행위를 제지할 수 있다.

④ 「경찰관 직무집행법」은 제1조 제2항에서 "경찰관의 직권은 그 직무 수행에 필요한 최소한도에서 행사되어야 하며 남용되어서는 아니 된다."라고 선언하여 경찰비례의 원칙을 명시적으로 규정하고 있는데, 이는 경찰행정 영역에서의 헌법상 과소보호금지원칙을 표현한 것이다.

정답과 해설

① (O) 대판 2018도2993
② (X) ~~ 고의 또는 중대한 과실이 없는 때에는 형을 감경하거나 면제**할 수 있다**(한다 X)(경찰관 직무집행법 제11조의5 제2호).
③ (X) 경찰관은 형사처벌의 대상이 되는 행위가 눈앞에서 막 이루어지려고 하는 것이 **객관적**(주관적 X)으로 인정될 수 있는 상황이고, 그 행위를 당장 제지하지 않으면 곧 생명·신체에 위해를 미치거나 재산에 중대한 손해를 끼칠 우려가 있는 상황이어서, 직접 제지하는 방법 외에는 위와 같은 결과를 막을 수 없는 절박한 사태가 있어야 한다(대판 2016도19417).
④ (X) ~~ 이는 경찰행정 영역에서의 헌법상 **과잉금지원칙**(과소보호금지원칙 X)을 표현한 것이다(동법 제1조 제2항).

정답 ①

경찰관 직무집행법 기타규정

713 □□□□ 24 채용

「경찰관 직무집행법」에 실정법상 경찰의 직무가 규정되어 있다. 이러한 직무의 범위는 사회환경 또는 범죄양상의 변화 등으로 인해서 확장될 수 있다. 다음 중 「경찰관 직무집행법」 제2조에 명시적으로 규정된 직무 중에서 가장 최근에 신설된 것은 무엇인가?

① 경비, 주요인사 경호 및 대간첩·대테러 작전 수행
② 외국 정부기관 및 국제기구와의 국제협력
③ 교통 단속과 교통 위해의 방지
④ 범죄피해자 보호

> **정답과 해설**
>
> ④ 2018년 4월 14차 개정으로 경찰관의 직무에 '**범죄피해자 보호**'가 추가되었다. ①③은 1981년, ②는 2014년에 추가되었다.
>
> 정답 ④

714 ▢▢▢▢ 24 간부

경찰권의 발동과 한계에 대한 설명으로 가장 적절하지 않은 것은? (다툼이 있는 경우 판례에 의함)

① 「경찰관 직무집행법」 제1조 제2항은 경찰비례의 원칙을 명시적으로 선언하고 있는 것이며, 이는 공공의 안녕과 질서유지라는 공익목적과 이를 실현하기 위하여 개인의 권리나 재산을 침해하는 수단 사이에는 합리적인 비례관계가 있어야 한다는 의미를 갖는다.

② 「경찰관 직무집행법」상 경찰장비 규정은 경찰관의 직무수행 중 경찰장비의 사용 여부, 용도, 방법 및 범위에 관하여 재량의 한계를 정한 것이라 할 수 있고, 특히 위해성 경찰장비는 그 사용의 위험성과 기본권 보호 필요성에 비추어 볼 때 본래의 사용방법에 따라 지정된 용도로 사용되어야 하며 다른 용도나 방법으로 사용하기 위해서는 반드시 법령에 근거가 있어야 한다.

③ 형법상 공무집행방해죄는 공무원의 직무집행이 적법한 경우에 한하여 성립하며, 이때 적법한 공무집행은 그 행위가 공무원의 추상적 권한이 아니라 구체적 직무집행에 관한 법률상 요건과 방식을 갖춘 경우를 가리키므로, 경찰관이 적법절차를 준수하지 않은 채 실력으로 현행범인을 연행하려 하였다면 적법한 공무집행이라고 할 수 없다.

④ 위법이나 비난의 정도가 미약한 사안을 포함한 모든 경우에 부정 취득하지 않은 운전면허까지 필요적으로 취소하고 이로 인해 2년 동안 해당 운전면허 역시 받을 수 없게 하는 것은, 공익의 중대성을 감안하더라도 지나치게 기본권을 제한하는 것이 아니므로 비례의 원칙에 위배되지 않는다.

정답과 해설

① (O) 이 법에 규정된 경찰관의 직권은 그 직무 수행에 **필요한 최소한도(비례의 원칙)**에서 행사되어야 하며 남용되어서는 아니 된다(경찰관 직무집행법 제1조 제2항).

② (O) 경찰관직무집행법 제10조 제3항은 "경찰장비를 임의로 개조하거나 임의의 장비를 부착하여 통상의 용법과 달리 사용함으로써 타인의 생명·신체에 위해를 주어서는 아니된다."라고 정하고 있다. 이는 경찰비례의 원칙에 따라 경찰관의 직무수행 중 경찰장비의 사용 여부, 용도, 방법 및 범위에 관하여 재량의 한계를 정한 것이라 할 수 있고, 특히 위해성 경찰장비는 그 사용의 위험성과 기본권 보호 필요성에 비추어 볼 때 본래의 사용방법에 따라 지정된 용도로 사용되어야 하며 다른 용도나 방법으로 사용하기 위해서는 **반드시 법령에 근거가 있어야 한다**(대법원 2022. 11. 30. 2016다26662).

③ (X) 공무집행방해죄는 공무원의 적법한 공무집행이 전제되어야 하고, 공무집행이 적법하기 위해서는 그 행위가 공무원의 **추상적 직무 권한에 속할 뿐만 아니라 구체적으로 그 권한 내에 있어야 하며**, 직무행위로서 중요한 방식을 갖추어야 한다. 추상적인 권한은 반드시 법령에 명시되어 있을 필요는 없다. 추상적인 권한에 속하는 공무원의 어떠한 공무집행이 적법한지는 행위 당시의 구체적 상황에 기초를 두고 객관적·합리적으로 판단해야 하고, 사후적으로 순수한 객관적 기준에서 판단할 것은 아니다(대법원 2022. 3. 17. 선고 2021도13883).

④ (X) 위법이나 비난의 정도가 미약한 사안을 포함한 모든 경우에 **부정 취득하지 않은 운전면허까지 필요적으로 취소**하고 이로 인해 2년 동안 해당 운전면허 역시 받을 수 없게 하는 것은, 공익의 중대성을 감안하더라도 지나치게 운전면허 소지자의 **기본권을 제한**하는 것이다. 즉, **부정 취득한 운전면허**를 필요적으로 취소하도록 한 것은 과잉금지원칙에 위반되지 아니하나, **부정 취득하지 않은 운전면허**까지 필요적으로 취소하도록 한 것은 **과잉금지 원칙(비례의 원칙)에 위반된다**(헌재 2020. 6. 25. 선고 2019헌가9).

정답 ③, ④

THEME 17 종합문제

715 ☐☐☐☐ 22 채용

「경찰관 직무집행법」에 관한 내용 중 가장 적절하지 않은 것은?

① 경찰관서의 장은 직무 수행에 필요하다고 인정되는 상당한 이유가 있을 때에는 국가기관이나 공사(公私) 단체 등에 직무 수행에 관련된 사실을 조회할 수 있다. 다만, 긴급한 경우에는 소속 경찰관으로 하여금 현장에 나가 해당 기관 또는 단체의 장의 협조를 받아 그 사실을 확인하게 할 수 있다.
② 국가경찰위원회 위원장은 경찰관이 「경찰관 직무집행법」 제2조(직무의 범위) 각 호에 따른 직무의 수행으로 인하여 민·형사상 책임과 관련된 소송을 수행할 경우 변호인 선임 등 소송 수행에 필요한 지원을 하여야 한다.
③ 경찰청장등은 「경찰관 직무집행법」 제11조의3 제2항에 따른 보상금심사위원회의 심사·의결에 따라 보상금을 지급하고, 거짓 또는 부정한 방법으로 보상금을 받은 사람에 대하여는 해당 보상금을 환수한다.
④ 보상금심사위원회는 위원장 1명을 포함한 5명 이내의 위원으로 구성한다.

정답과 해설

① (O) **경찰관서의 장**(경찰관 X)은 직무 수행에 필요하다고 인정되는 상당한 이유가 있을 때에는 국가기관이나 공사(公私) 단체 등에 직무 수행에 관련된 **사실을 조회할 수 있다.** 다만, 긴급한 경우에는 소속 경찰관으로 하여금 현장에 나가 해당 기관 또는 단체의 장의 협조를 받아 그 사실을 확인하게 **할 수 있다**(경찰관 직무집행법 제8조 제1항).
② (X) **경찰청장과 해양경찰청장**은 경찰관이 제2조(직무의 범위) 각 호에 따른 직무의 수행으로 인하여 민·형사상 책임과 관련된 소송을 수행할 경우 변호인 선임 등 소송 수행에 필요한 지원을 **할 수 있다**(동법 제11조의4).
③ (O) 경찰청장등은 제2항에 따른 보상금심사위원회의 심사·의결에 따라 보상금을 지급하고, 거짓 또는 부정한 방법으로 보상금을 받은 사람에 대하여는 해당 보상금을 **환수한다**(환수할 수 있다 X)(동법 제11조의3 제5항).
④ (O) 동법 제11조의3 제3항

정답 ②

716 ☐☐☐☐ 22 승진, 25·26 간부

「경찰관 직무집행법」에 대한 설명으로 가장 적절하지 않은 것은?

① 국민의 자유와 권리 및 모든 개인이 가지는 불가침의 기본적 인권을 보호하고 사회공공의 질서를 유지하기 위한 경찰관의 직무 수행에 필요한 사항을 규정함을 목적으로 한다.
② 경찰관은 범죄행위가 목전(目前)에 행하여지려고 하고 있다고 인정될 때에는 이를 예방하기 위하여 관계인에게 필요한 경고를 하고, 그 행위로 인하여 사람의 생명·신체에 위해를 끼치거나 재산에 중대한 손해를 끼칠 우려가 있는 긴급한 경우에는 그 행위를 제지할 수 있다.
③ 정당한 사유 없이 경찰관의 토지·건물·배 또는 차에의 출입을 거부 또는 방해한 자에게는 300만원 이하의 과태료를 부과한다.
④ 경찰관은 위험한 사태가 발생하여 사람의 생명·신체 또는 재산에 대한 위해가 임박한 때에 그 위해를 방지하거나 피해자를 구조하기 위하여 부득이하다고 인정하면 합리적으로 판단하여 필요한 한도에서 다른 사람의 토지·건물·배 또는 차에 출입할 수 있다.

정답과 해설

① (O) 경찰관 직무집행법 제1조 제1항
② (O) 경찰관은 범죄행위가 목전(目前)에 행하여지려고 하고 있다고 인정될 때에는 이를 **예방하기 위하여** 관계인에게 **필요한 경고(필요한 제지 X)**를 하고, 그 행위로 인하여 사람의 생명·신체에 위해를 끼치거나 재산에 중대한 손해를 끼칠 우려가 있는 **긴급한 경우(즉시 X)**에는 그 행위를 **제지**할 수 있다(동법 제6조).

> [최신기출] 2024년 3월 16일 채용 출제포인트
> 경찰관의 경고나 제지는 범죄의 예방을 위하여 범죄행위에 관한 실행의 착수 전에 행하여질 수 있을 뿐만 아니라, 이후 범죄행위가 계속되는 중에 그 진압을 위하여도 **당연히 행하여질 수 있다고 보아야 한다(행하여질 수 없다 X)**(대판 2013도643).

③ (X) 해당 설문은 '경찰관 직무집행법'이 아닌 '112신고의 운영 및 처리에 관한 법률'에 규정되어 있는 내용이다.

> 112신고의 운영 및 처리에 관한 법률
> 제18조(과태료) ② 정당한 사유 없이 토지·물건 등의 일시사용, 사용의 제한, 처분 또는 토지·건물·배 또는 차에 출입을 거부 또는 방해한 자에게는 300만원 이하의 **과태료**를 부과한다.

> [비교] 경찰관 직무집행법
> 제12조(벌칙) 이 법에 규정된 경찰관의 의무를 위반하거나 직권을 남용하여 다른 사람에게 해를 끼친 사람은 1년 이하의 징역이나 금고 또는 300만원 이하의 **벌금**에 처한다.

④ (O) 동법 제7조 제1항

정답 ③

717   22·24 승진

다음 설명으로 가장 적절하지 않은 것은? (다툼이 있는 경우 판례에 의함)

① 「경찰관 직무집행법 시행령」상 경찰관의 적법한 직무집행으로 인하여 발생한 손실을 보상받으려는 사람은 보상금 지급 청구서에 손실내용과 손실금액을 증명할 수 있는 서류를 첨부하여 경찰청장·해양경찰청장이나 손실보상청구 사건 발생지를 관할하는 시·도경찰청, 지방해양경찰청의 장 또는 경찰관서의 장에게 제출해야 한다.

② 「경찰관 직무집행법」에 따라 경찰관은 미아, 병자, 부상자 등으로서 적당한 보호자가 없으며 응급구호가 필요하다고 인정되는 사람은 본인이 구호를 거절하는 경우에도 보호조치를 할 수 있다.

③ 「경찰관 직무집행법」에 따라 경찰관이 불심검문을 하던 중 정지시킨 장소에서 질문하는 것이 불심자에게 불리하거나 교통에 방해가 된다고 인정될 때에는 질문을 하기 위하여 경찰관서로 동행할 것을 요구할 수 있다.

④ 「경찰관 직무집행법」상 '제지'는 행정상 즉시강제에 해당하며, 필요한 최소한도 내에서 행해져야 하므로 해당 집회 참가가 불법 행위라도, 집회 장소와 시간적·장소적으로 근접하지 않은 경우에는 이를 제지할 수 없다.

정답과 해설

① (O) 경찰관 직무집행법 시행령 제10조 제1항
② (X) 경찰관은 수상한 행동이나 그 밖의 주위 사정을 합리적으로 판단해 볼 때 미아, 병자, 부상자 등으로서 적당한 보호자가 없으며 응급구호가 필요하다고 인정되는 사람을 발견하였을 때에는 보건의료기관이나 공공구호기관에 긴급구호를 요청하거나 경찰관서에 보호하는 등 적절한 조치를 할 수 있다. **다만, 본인이 구호를 거절하는 경우는 제외한다**(동법 제4조 제1항 제3호).
③ (O) 경찰관은 불심검문 대상자를 정지시킨 장소에서 질문을 하는 것이 **그 사람에게 불리하거나 교통에 방해가 된다고 인정될 때에는** 질문을 하기 위하여 가까운 **경찰서(경찰청 X)·지구대·파출소 또는 출장소(지방해양경찰관서를 포함(미포함 X)하며, 이하 "경찰관서")로 동행할 것을 요구할 수 있다(요구하여야 한다 X)**. 이 경우 동행을 요구받은 사람은 그 요구를 **거절할 수 있다(거절할 수 없다 X)**(동법 제3조 제2항).
④ (O) 경찰관 직무집행법 제6조 제1항 중 경찰관의 제지에 관한 부분은 범죄의 예방을 위한 경찰 행정상 즉시강제에 관한 근거 조항이며, 구 집회 및 시위에 관한 법률(2007. 5. 11. 법률 제8424호로 개정되기 전의 것)에 의하여 금지되어 그 주최 또는 참가행위가 형사처벌의 대상이 되는 위법한 집회·시위가 장차 특정지역에서 개최될 것이 예상된다고 하더라도, 이와 시간적·장소적으로 근접하지 않은 다른 지역에서 그 집회·시위에 참가하기 위하여 출발 또는 이동하는 행위를 함부로 제지하는 것은 경찰관 직무집행법 제6조 제1항의 행정상 즉시강제인 경찰관의 제지의 범위를 명백히 넘어 허용될 수 없다(대판 2008.11.13. 2007도9794).

정답 ②

718 예상문제

「경찰관 직무집행법」에 대한 설명이다. 다음 빈칸에 들어갈 말로 옳게 연결된 것은?

> ㉠ (   )은 대간첩 작전의 수행이나 소요사태의 진압을 위하여 필요하다고 인정되는 상당한 이유가 있을 때에는 작전지역이나 경찰관서·무기고 등 국가중요시설에 대한 접근 또는 통행을 제한하거나 금지할 수 있다.
> ㉡ (   )은 직무 수행에 필요하다고 인정되는 상당한 이유가 있을 때에는 국가기관이나 공사단체 등에 직무수행에 관련된 사실을 조회할 수 있다.
> ㉢ (   )은 이 법에 따라 경찰관의 직무수행을 위하여 외국 정부기관, 국제기구 등과 자료교환, 국제협력 활동 등을 할 수 있다.
> ㉣ 살수차, 분사기, 최루탄, 무기를 사용하는 경우 (   )은(는) 사용 일시장소, 대상, 현장책임자, 종류, 수량 등을 기록하여 보관하여야 한다.

① ㉠ 경찰청장　　㉡ 경찰관서의 장　　㉢ 경찰청장　　㉣ 사용자
② ㉠ 경찰관서의 장　　㉡ 경찰청장　　㉢ 경찰관서의 장　　㉣ 책임자
③ ㉠ 경찰청장　　㉡ 경찰관서의 장　　㉢ 경찰관서의 장　　㉣ 사용자
④ ㉠ 경찰관서의 장　　㉡ 경찰관서의 장　　㉢ 경찰청장　　㉣ 책임자

정답과 해설

㉠ **경찰관서의 장**은 대간첩 작전의 수행이나 소요(騷擾) 사태의 진압을 위하여 필요하다고 인정되는 상당한 이유가 있을 때에는 대간첩 작전지역이나 경찰관서·무기고 등 국가중요시설에 대한 접근 또는 통행을 제한하거나 금지할 수 있다(경찰관 직무집행법 제5조 제2항).
㉡ **경찰관서의 장**은 직무 수행에 필요하다고 인정되는 상당한 이유가 있을 때에는 국가기관이나 공사, 단체 등에 직무수행에 관련된 사실을 조회할 수 있다(동법 제8조 제1항).
㉢ **경찰청장**은 이 법에 따른 경찰관의 직무수행을 위하여 외국 정부기관, 국제기구 등과 자료 교환, 국제협력 활동 등을 할 수 있다(동법 제8조의3).
㉣ 살수차, 분사기, 최루탄, 무기를 사용하는 경우 그 **책임자**는 사용 일시장소, 대상, 현장책임자, 종류, 수량 등을 기록하여 보관하여야 한다(동법 제11조).

정답 ④

719 ★★★★ 24 채용, 24 간부

경찰관의 직무수행 및 경찰장비의 사용과 관련한 재량의 범위 및 한계에 대한 설명으로 가장 적절하게 나열한 것은? (다툼이 있는 경우 판례에 의함)

> 불법적인 농성을 진압하는 방법 및 그 과정에서 어떤 경찰장비를 사용할 것인지는 (가.)인 상황과 예측되는 피해 발생의 (나.) 위험성의 내용 등에 비추어 경찰관이 그 재량의 범위 내에서 정할 수 있다. 그러나 그 직무수행 중 특정한 경찰장비를 필요한 최소한의 범위를 넘어 관계 법령에서 정한 통상의 용법과 달리 사용함으로써 타인의 생명·신체에 위해를 가하였다면, 불법적인 농성의 진압을 위하여 그러한 방법으로라도 해당 경찰장비를 사용할 필요가 있고 그로 인하여 발생할 우려가 있는 타인의 생명·신체에 대한 위해의 정도가 (다.)으로 예견되는 범위 내에 있다는 등의 특별한 사정이 없는 한 그 직무수행은 위법하다고 보아야 한다. 나아가 경찰관이 농성 진압의 과정에서 경찰장비를 위법하게 사용함으로써 그 직무수행이 적법한 범위를 벗어난 것으로 볼 수밖에 없다면, 상대방이 그로 인한 생명·신체에 대한 위해를 면하기 위하여 (라.)으로 대항하는 과정에서 그 경찰장비를 손상시켰더라도 이는 위법한 공무집행으로 인한 신체에 대한 현재의 부당한 침해에서 벗어나기 위한 행위로서 정당방위에 해당한다.

	가.	나.	다.	라.
①	구체적	추상적	특수적	간접적
②	추상적	구체적	통상적	직접적
③	구체적	추상적	통상적	직접적
④	구체적	구체적	통상적	직접적

정답과 해설

불법적인 농성을 진압하는 방법 및 그 과정에서 어떤 경찰장비를 사용할 것인지는 **(가.구체적)** 상황과 예측되는 피해 발생의 **(나.구체적)** 위험성의 내용 등에 비추어 경찰관이 그 재량의 범위 내에서 정할 수 있다. 그러나 그 직무수행 중 특정한 경찰장비를 필요한 최소한의 범위를 넘어 관계법령에서 정한 통상의 용법과 달리 사용함으로써 타인의 생명·신체에 위해를 가하였다면, 불법적인 농성의 진압을 위하여 그러한 방법으로라도 해당 경찰장비를 사용할 필요가 있고 그로 인하여 발생할 우려가 있는 타인의 생명·신체에 대한 위해의 정도가 **(다.통상적)**으로 예견되는 범위 내에 있다는 등의 특별한 사정이 없는 한 그 직무수행은 위법하다고 보아야 한다. 나아가 경찰관이 농성 진압의 과정에서 경찰장비를 **위법(적법 X)**하게 사용함으로써 그 직무수행이 적법한 범위를 벗어난 것으로 볼 수밖에 없다면, 상대방이 그로 인한 생명·신체에 대한 위해를 면하기 위하여 **(라.직접적)**으로 대항하는 과정에서 그 경찰장비를 손상시켰더라도 이는 위법한 공무집행으로 인한 신체에 대한 현재의 부당한 침해에서 벗어나기 위한 행위로서 **정당방위에 해당**한다(대판 2022. 11. 30. 2016다26662, 26679, 26686).

정답 ④

720 예상문제

「경찰관 직무집행법」의 내용 중 옳지 않은 것은?

① "경찰장구"란 경찰관이 휴대하여 범인검거와 범죄진압 등 직무수행에 사용하는 수갑, 포승, 경찰봉, 방패 등을 말한다.
② 경찰관 직무집행법에 규정된 경찰관의 의무를 위반하거나 직권을 남용하여 다른 사람에게 해를 끼친 사람은 1년 이하의 징역이나 금고 또는 300만원 이하의 벌금에 처한다.
③ 법률에서 정한 절차에 따라 체포·구속된 사람 또는 신체의 자유를 제한하는 판결이나 처분을 받은 사람을 수용하기 위하여 경찰서와 해양경찰서에 유치장을 둔다.
④ 경찰관은 근무 중 낯선 사람이 집 앞에 서 있다는 신고를 받고 출동하여 주민등록증을 제시해 줄 것을 요청했으나, 이를 거부하여 신원을 확인하지 못한 경우 경찰관은 신원확인 요구를 강제할 수 있다.

정답과 해설

① (O) "경찰장구"란 경찰관이 휴대하여 범인 검거와 범죄 진압 등의 직무 수행에 사용하는 **수갑, 포승, 경찰봉, 방패(무기 X)** 등을 말한다(동법 제10조의2 제2항).
② (O) 경찰관 직무집행법에 규정된 경찰관의 의무를 위반하거나 직권을 남용하여 다른 사람에게 해를 끼친 사람은 **1년 이하의 징역이나 금고 또는 300만원 이하의 벌금**에 처한다(동법 제12조).
③ (O) **법률**(법령 X)에서 정한 절차에 따라 체포·구속된 사람을 수용하기 위하여 **경찰서와 해양경찰서**(시·도경찰청 X, 지방해양경찰청 X)에 유치장을 **둔다(둘 수 있다 X)**(동법 제9조).
④ (X) 불심검문 수단 중 신원확인은 임의적 수단으로 상대방이 경찰관의 요구를 거절하더라도 이를 **강제할 수 없다.**

정답 ④

721 ☐☐☐☐ 23 채용, 예상문제

「경찰관 직무집행법」에 대한 설명이다. (   )안에 들어갈 말을 바르게 나열한 것은?

> ㉠ 경찰청장은 위해성 경찰장비를 새로 도입하려는 경우에는 (   )으로 정하는 바에 따라 안전성 검사를 실시하여 그 안전성 검사의 결과보고서를 국회 소관 상임위원회에 제출하여야 한다.
> ㉡ 위해성 경찰장비의 종류 및 그 사용기준, 안전교육·안전검사의 기준 등은 (   ) 으로 정한다.
> ㉢ 손실보상의 기준, 보상금액, 지급 절차 및 방법, 제3항에 따른 손실보상심의위원회의 구성 및 운영, 제4항 및 제6항에 따른 환수절차, 그 밖에 손실보상에 관하여 필요한 사항은 (   )으로 정한다.

① ㉠ 대통령령   ㉡ 대통령령   ㉢ 대통령령
② ㉠ 대통령령   ㉡ 행정안전부령 ㉢ 행정안전부령
③ ㉠ 행정안전부령 ㉡ 대통령령   ㉢ 대통령령
④ ㉠ 행정안전부령 ㉡ 행정안전부령 ㉢ 대통령령

정답과 해설

① 옳은 연결이다.
㉠ 경찰청장은 위해성 경찰장비를 새로 도입하려는 경우에는 **대통령령**으로 정하는 바에 따라 안전성 검사를 실시하여 그 안전성 검사의 결과보고서를 국회 소관 상임위원회에 제출하여야 한다(경찰관 직무집행법 제10조 제5항).
㉡ 위해성 경찰장비의 종류 및 그 사용기준, 안전교육·안전검사의 기준 등은 **대통령령**으로 정한다(동법 제10조 제6항).
㉢ 손실보상의 기준, 보상금액, 지급 절차 및 방법, 제3항에 따른 손실보상심의위원회의 구성 및 운영, 제4항 및 제6항에 따른 환수절차, 그 밖에 손실보상에 관하여 필요한 사항은 **대통령령**으로 정한다(동법 제11조의2 제7항).

정답 ①

722 □□□□ 20 채용

「경찰관 직무집행법」에 대한 내용으로 옳지 않은 것은 모두 몇 개인가?

> ㉠ 일반적 수권조항의 존재를 부정하는 학자들에 따르면 「경찰관 직무집행법」 제2조 제7호는 경찰의 직무범위만을 정한 것으로서 본질적으로 조직법적 성질의 규정에 해당한다고 주장한다.
> ㉡ 경찰관은 수상한 행동이나 그 밖의 주위 사정을 합리적으로 판단해 볼 때 보호조치대상자에 해당하는 것이 명백하고 응급구호가 필요하다고 믿을 만한 상당한 이유가 있는 사람을 발견하였을 때에는 보건의료기관이나 공공구호기관에 긴급구호를 요청하거나 경찰관서에 보호하는 등 적절한 조치를 하여야 한다.
> ㉢ 구호대상자를 경찰관서에서 보호하는 기간은 24시간을 초과할 수 없고, 물건을 경찰관서에 임시로 영치하는 기간은 10일을 초과할 수 없다.
> ㉣ 경찰관은 '현행범이나 사형·무기 또는 장기 3년 이상의 징역이나 금고에 해당하는 죄를 범한 범인의 체포 또는 도주 방지', '자신이나 다른 사람의 생명·신체 및 재산의 보호', '공무집행에 대한 항거 제지'의 직무를 수행하기 위하여 필요하다고 인정되는 상당한 이유가 있을 때에는 그 사태를 합리적으로 판단하여 필요한 한도 내에서 경찰장구를 사용할 수 있다.
> ㉤ 경찰청장 또는 시·도경찰청장은 손실보상심의위원회의 심의·의결에 따라 보상금을 지급하고, 거짓 또는 부정한 방법으로 보상금을 받은 사람에 대하여는 해당 보상금을 환수할 수 있다.

① 1개　　② 2개
③ 3개　　④ 4개

정답과 해설

㉠ (O) 옳은 설명이다.
㉡ (X) 경찰관은 수상한 행동이나 그 밖의 주위 사정을 합리적으로 판단해 볼 때 보호조치대상자에 해당하는 것이 명백하고 응급구호가 필요하다고 믿을 만한 상당한 이유가 있는 사람을 발견하였을 때에는 보건의료 기관이나 공공구호기관에 긴급구호를 요청하거나 경찰관서에 보호하는 등 적절한 조치를 **할 수 있다**(경찰관 직무집행법 제4조 제1항).
㉢ (O) 동법 제4조 제7항
㉣ (X) 경찰관은 '현행범이나 사형·무기 또는 장기 3년 이상의 징역이나 금고에 해당하는 죄를 범한 범인의 체포 또는 도주 방지', '자신이나 다른 사람의 **생명·신체(재산 X)의 보호**', '공무집행에 대한 항거 제지'의 직무를 수행하기 위하여 필요하다고 인정되는 상당한 이유가 있을 때에는 그 사태를 합리적으로 판단하여 필요한 한도 내에서 경찰장구를 사용할 수 있다(동법 제10조의2 제1항).
㉤ (X) 경찰청장 또는 시·도경찰청장은 손실보상심의위원회의 심의·의결에 따라 보상금을 지급하고, 거짓 또는 부정한 방법으로 보상금을 받은 사람에 대하여는 해당 보상금을 **환수하여야 한다**(동법 제11조의2 제4항).

정답 ③

킹재규 경찰학 플러스 1000제

PART 5
분야별 경찰활동

01

생활안전경찰

① 지역경찰
② 경범죄 처벌법
③ 풍속영업의 단속
④ 성매매알선 등 행위의 처벌에 관한 법률
⑤ 총포·도검·화약류 등의 안전관리에 관한 법률
⑥ 경비업(경비업법)
⑦ 유실물법
⑧ 소년경찰
⑨ 청소년 보호법
⑩ 아동·청소년 성보호에 관한 법률
⑪ 실종아동등의 보호 및 지원에 관한법률과 실종아동등 및 가출인 업무처리 규칙

• 기 출 키 워 드 •

23년 2차	• 지역경찰의 조직 및 운영에 관한 규칙 • 아동·청소년의 성보호에 관한 법률
24년 1차	• 아동·청소년의 성보호에 관한 법률
24년 2차	• 112신고 • 경범죄 처벌법
25년 1차	• 112신고 • 풍속영업의 규제에 관한 법률 • 실종아동등의 보호 및 지원에 관한 법률
25년 2차	• 총포·도검·화약류 등의 안전관리에 관한 법률

최신개정법령&무료자료 다운로드 등
네이버 김재규경찰학 카페(https://cafe.naver.com/ollaedu)

THEME 01 지역경찰

723 □□□□ 23 채용, 22 승진, 예상문제

「지역경찰의 조직 및 운영에 관한 규칙」에 대한 설명으로 가장 적절하지 않은 것은?

① 지역경찰 동원은 근무자 동원을 원칙으로 하되, 불가피한 경우에 한하여 비번자, 휴무자 순으로 동원할 수 있다.
② 지역경찰관리자는 신고출동태세 유지 등을 위해 필요한 경우에는 휴게 및 식사시간도 기타 근무로 지정할 수 있다.
③ 순찰팀장은 관리팀원에게 행정근무를 지정하고, 순찰팀원에게 상황 또는 순찰근무 지정하는 것을 원칙으로 하되, 필요한 경우에는 다른 근무를 지정하거나 병행하여 수행하도록 지정할 수 있다.
④ 지역경찰 정원 충원 현황을 연 2회 이상 점검하고 현원이 정원에 미달할 경우, 지역경찰 정원충원 대책을 수립, 시행하여야 한다.

정답과 해설

① (O) 지역경찰 동원은 근무자 동원을 원칙으로 하되, 불가피한 경우에 한하여 **비번자, 휴무자 순으로 동원할 수 있다**(지역경찰의 조직 및 운영에 관한 규칙 제31조 제2항).
② (X) 지역경찰관리자는 신고출동태세 유지 등을 위해 필요한 경우에는 **휴게 및 식사시간도 대기 근무(기타 근무 X)**로 지정할 수 있다(동규칙 제29조 제6항).
③ (O) 동규칙 제29조 제3항
④ (O) 지역경찰 정원 충원 현황을 **연 2회 이상(반기별 2회 이상 X)** 점검하고 현원이 정원에 미달할 경우, 지역경찰 정원충원 대책을 수립, 시행하여야 한다(동규칙 제37조 제3항).

정답 ②

724 ☐☐☐☐ 22 간부

경찰공무원의 근무시간 등에 관한 용어 설명으로 가장 적절한 것은?

① "상시근무"라 함은 일상적으로 24시간 계속하여 대응·처리해야 하는 업무를 수행하기 위하여 근무조를 나누어 일정한 계획에 의한 반복주기에 따라 교대로 업무를 수행하는 근무형태를 말한다.
② "대기"라 함은 근무도중 자유롭게 쉬는 시간을 말하며 식사시간을 포함한다.
③ "비번"이라 함은 교대근무자가 일정한 계획에 따라 다음 근무시작 전까지 자유롭게 쉬는 것을 말한다.
④ "휴게시간"이라 함은 근무일에 해당함에도 불구하고 누적된 피로 회복 등 건강유지를 위하여 일정시간 동안 근무에서 벗어나 자유롭게 쉬는 것을 말한다.

정답과 해설

① (X) "상시근무"라 함은 일상적으로 24시간 계속하여 대응·처리해야 하는 업무를 수행하거나 **긴급하고 중대한 치안상황에 대비하기 위하여 야간, 토요일 및 공휴일에 관계없이 상시적으로 업무를 수행하는 근무형태**를 말한다(경찰기관 상시근무 공무원의 근무시간 등에 관한 규칙 제2조 제1호). 근무조를 나누어 일정한 계획에 의한 반복주기에 따라 교대로 업무를 수행하는 근무형태는 교대근무에 해당한다.
② (X) "대기"라 함은 **신고사건 출동 등 치안상황에 대응하기 위하여 일정시간 지정된 장소에서 근무태세를 갖추고 있는 형태의 근무**를 말한다(동규칙 제2조 제6호). 근무도중 자유롭게 쉬는 시간을 말하며 식사시간은 휴게시간에 해당한다.
③ (O) 동규칙 제2조 제4호
④ (X) "휴게시간"이라 함은 **근무도중 자유롭게 쉬는 시간을 말하며 식사시간을 포함**한다(동규칙 제2조 제5호). 근무일에 해당함에도 불구하고 누적된 피로 회복 등 건강유지를 위하여 일정시간 동안 근무에서 벗어나 자유롭게 쉬는 것은 휴무에 해당한다.

정답 ③

725 예상문제

다음 중 「지역경찰의 조직 및 운영에 관한 규칙」에 따른 순찰팀장의 업무 내용을 바르게 고른 것은 모두 몇 개인가?

㉠ 근무교대시 주요 취급사항 및 장비 등의 인수인계 확인
㉡ 관내 중요 사건 발생시 현장 지휘
㉢ 소속 지역경찰의 근무와 관련된 제반사항에 대한 지휘 및 감독
㉣ 지역경찰관서의 시설·예산·장비의 관리
㉤ 관리팀원 및 순찰팀원에 대한 일일근무 지정 및 지휘·감독
㉥ 순찰팀원의 업무역량 향상을 위한 교육

① 3개 ② 4개
③ 5개 ④ 6개

정답과 해설

㉠㉡㉤㉥ 순찰팀장의 업무 내용이다.

제8조(순찰팀) ① 순찰팀은 범죄예방 순찰, 각종 사건사고에 대한 초동조치 등 현장 치안활동을 담당하며, 팀장은 경감 또는 경위로 보한다.
② **순찰팀장**은 다음 각호의 직무를 수행한다.
  1. 근무교대시 주요 취급사항 및 장비 등의 **인수**인계 확인
  2. 관리팀원 및 순찰팀원에 대한 **일일**근무 지정 및 지휘·감독
  3. 관내 중요 사건 발생시 **현장** 지휘
  4. 지역경찰관서장 부재시 업무 **대행**
  5. 순찰팀원의 업무역량 향상을 위한 **교육**

인수팀장 일일현장대행교육

㉢㉣ **지역경찰관서장**의 업무 내용이다.

제5조(지역경찰관서장) ③ **지역경찰관서장**은 다음 각 호의 직무를 수행한다.
  1. 관내 치안상황의 분석 및 대책 수립
  2. 지역경찰관서의 시설·예산·장비의 관리
  3. 소속 지역경찰의 근무와 관련된 제반사항에 대한 지휘 및 감독
  4. 경찰 중요 시책의 홍보 및 협력치안 활동

정답 ②

726 ☐☐☐☐ 예상문제

「지역경찰의 조직 및 운영에 관한 규칙」상 '순찰근무'에 대한 설명으로 가장 적절하지 않은 것은?

① 각종 사건사고 발생시 초동조치 및 보고, 전파
② 비상 및 작전사태 등 발생시 차량, 선박 등의 통행 통제
③ 범법자의 단속 및 검거
④ 통행인 및 차량에 대한 검문검색 등

> **정답과 해설**
>
> ①③④ (O)
> ② (X) **경계근무**에 해당한다(지역경찰의 조직 및 운영에 관한 규칙 제25조 제3항, 제26조 제2항).
>
>> **제26조(경계근무)** ① 경계근무는 **반드시 2인 이상 합동**으로 지정하여야 한다.
>> ② 경계근무를 지정받은 지역경찰은 지정된 장소에서 다음 각 호의 업무를 수행한다.
>> 1. 범법자 등을 단속·검거하기 위한 통행인 및 차량, 선박 등에 대한 검문검색 및 후속조치
>> 2. 비상 및 작전사태 등 발생시 차량, 선박 등의 통행 통제
>
> 정답 ②

727 ☐☐☐☐ 예상문제

다음 중 「지역경찰의 조직 및 운영에 관한 규칙」에 명시된 근무종류와 그 업무내용의 설명이 올바르지 않은 것은 모두 몇 개인가?

> ㉠ 행정근무 – 방문민원 및 각종 신고사건의 접수 및 처리
> ㉡ 순찰근무 – 주민여론 및 범죄첩보 수집
> ㉢ 행정근무 – 시설·장비의 관리 및 예산의 집행
> ㉣ 경계근무 – 범법자 등을 단속·검거하기 위한 통행인 및 차량, 선박 등에 대한 검문검색 및 후속조치
> ㉤ 기타근무 – 치안상황에 효과적으로 대응하기 위하여 지역경찰 관리자가 지정하는 근무로 ㉠~㉣의 근무형태에 해당하지 않는 근무

① 0개 ② 1개
③ 2개 ④ 3개

> **정답과 해설**
>
> ㉠ (X) 방문민원 및 각종 신고사건의 접수 및 처리는 **'상황근무'**의 내용이다.
>
> 정답 ②

728 ☐☐☐☐ 23 승진

「지역경찰의 조직 및 운영에 관한 규칙」에 대한 설명 중 가장 적절한 것은?

① "지역경찰관서"란 「국가경찰과 자치경찰의 조직 및 운영에 관한 법률」 제30조 제3항 및 「경찰청과 그 소속기관 직제」 제43조에 규정된 지구대, 파출소 및 치안센터를 말한다.
② 상황근무를 지정받은 지역경찰은 문서의 접수 및 처리와 중요 사건·사고 발생 시 보고·전파 업무를 수행한다.
③ 지역경찰은 근무 중 주요사항을 근무일지(을지)에 기재하여야 하고, 근무일지는 5년간 보관한다.
④ 대기근무를 지정받은 지역경찰은 지정된 장소에서 휴식을 취하되, 무전기를 청취하며 10분 이내 출동이 가능한 상태를 유지하여야 한다.

정답과 해설

① (X) "지역경찰관서"란 「국가경찰과 자치경찰의 조직 및 운영에 관한 법률」 제30조 제3항 및 「경찰청과 그 소속기관 직제」 제43조에 규정된 **지구대 및 파출소**(치안센터 X)를 말한다(지역경찰의 조직 및 운영에 관한 규칙 제2조 제1호).
② (X) **문서의 접수 및 처리는 행정근무**에 대한 설명이다(동법 제23조 제1호).
③ (X) 지역경찰은 근무 중 주요사항을 근무일지(**을지**(갑지 X))에 기재하여야 하고, 근무일지는 **3년간**(5년간 X) 보관한다(동법 제42조 제1항, 제3항).
④ (O) 동법 제27조 제3항

정답 ④

729 22·23 채용

「지역경찰의 조직 및 운영에 관한 규칙」에 관한 설명 중 옳은 것은 모두 몇 개인가?

> ⊙ 시·도경찰청장은 인구, 면적, 행정구역, 교통·지리적 여건, 각종 사건사고 발생 등을 고려하여 경찰서의 관할구역을 나누어 지역경찰관서를 설치한다.
> ⓒ 관리팀원 및 순찰팀원에 대한 일일근무 지정 및 지휘·감독과 관내 중요 사건 발생시 현장 지휘는 순찰팀장의 직무이다.
> ⓒ 직주일체형 치안센터에 배치된 근무자는 근무 종료 후(휴무일 포함)에도 관할구역 내에 위치하며 지역경찰관서와 연락체계를 유지하여야 한다.
> ② 지역경찰관서장은 관내 치안상황의 분석 및 대책을 수립하고 소속 지역경찰의 근무와 관련된 제반사항에 대해 지휘 및 감독한다.
> ⓜ 상황근무를 지정받은 지역경찰은 지역경찰관서 및 치안센터 내에서 방문민원 및 각종 신고사건의 접수 및 처리를 수행한다.
> ⓑ 지역경찰관서장은 지역경찰관서의 운영에 관하여 총괄 지휘·감독한다.

① 5개 ② 4개
③ 3개 ④ 2개

정답과 해설

⊙ (O) 시·도경찰청장(경찰청장 X, 경찰서장 X)은 인구, 면적, 행정구역, 교통·지리적 여건, 각종 사건사고 발생 등을 고려하여 경찰서의 관할구역을 나누어 지역경찰관서를 설치한다(지역경찰의 조직 및 운영에 관한 규칙 제4조 제1항).
ⓒ (O) 동규칙 제8조 제2항 제2호, 제3호
ⓒ (X) 직주일체형 치안센터에 배치된 근무자는 근무 종료 후에도 관할구역 내에 위치하며 지역경찰관서와 연락체계를 유지하여야 한다. **단만, 휴무일은 제외**한다(동규칙 제18조 제3항).
② (O) 동규칙 제5조 제3항 제1호, 제3호
ⓜ (O) 동규칙 제24조 제1항 2호
ⓑ (X) **경찰서장(지역경찰관서장 X)**은 지역경찰관서의 운영에 관하여 총괄 지휘·감독한다(동규칙 제9조 제1호).

정답 ②

730 ☐☐☐☐ 24 간부

「지역경찰의 조직 및 운영에 관한 규칙」상 경찰서장이 정하는 사항으로 적절한 것은 모두 몇 개인가?

> 가. 치안센터 관할구역의 크기
> 나. 순찰팀의 수
> 다. 치안센터 전담근무자의 근무형태 및 근무시간
> 라. 관리팀 및 순찰팀의 인원

① 1개 ② 2개
③ 3개 ④ 4개

> **정답과 해설**
> 가. (O) 치안센터 관할구역의 크기는 설치목적, 배치 인원 및 장비, 교통·지리적 요건 등을 고려하여 **경찰서장**이 정한다(지역경찰의 조직 및 운영에 관한 규칙 제11조 제3항).
> 나. (X) 순찰팀의 수는 지역 치안수요 및 인력여건 등을 고려하여 **시·도경찰청장**이 결정한다(동법 제6조 제2항).
> 다. (O) 치안센터 전담근무자의 근무형태 및 근무시간은 치안센터의 종류 및 운영시간 등을 고려하여 제1항부터 제3항까지의 규정을 준용하여 **경찰서장**이 정한다(동법 제21조 제4항).
> 라. (O) 관리팀 및 순찰팀의 인원은 지역 치안수요 및 인력여건 등을 고려하여 **경찰서장**이 결정한다(동법 제6조 제3항).
>
> 정답 ③

731 ▢▢▢▢ 예상문제

다음 중 「지역경찰의 조직 및 운영에 관한 규칙」상 치안센터에 대한 설명으로 옳지 않은 것은 모두 몇 개인가?

> ㉠ 치안센터는 지역경찰관서장의 소속 하에 둔다.
> ㉡ 치안센터 관할구역의 크기는 설치목적 등을 고려하여 지역경찰관서장이 정한다.
> ㉢ 치안센터는 24시간 상시 운영을 원칙으로 한다.
> ㉣ 치안센터는 설치목적에 따라 검문소형과 출장소형으로 구분한다.
> ㉤ 검문소형 치안센터는 지리적 여건·치안수요 등을 고려하여 필요한 경우 직주일체형으로 운영할 수 있다.
> ㉥ 직주일체형 치안센터 근무자의 근무기간은 2년 이상으로 한다.

① 1개
② 2개
③ 3개
④ 4개

정답과 해설

㉠ (O) 치안센터는 **지역경찰관서장**의 소속 하에 두며, 치안센터의 인원, 장비, 예산 등은 지역경찰관서에서 통합 관리한다(지역경찰의 조직 및 운영에 관한 규칙 제11조 제1항).
㉡ (X) 치안센터 관할구역의 크기는 설치목적, 배치 인원 및 장비, 교통·지리적 요건 등을 고려하여 **경찰서장(지역경찰관서장 X)**이 정한다(동규칙 제11조 제3항).
㉢ (O) 동법 제12조 제1항

> 제12조(운영시간) ① 치안센터는 **24시간 상시 운영을 원칙**으로 한다.
> ② 경찰서장은 지역 치안여건 및 인원여건을 고려, 운영시간을 탄력적으로 조정할 수 있다.

㉣ (O) 동법 제15조 제1항
㉤ (X) **출장소형(검문소형 X)** 치안센터는 지리적 여건·치안수요 등을 고려하여 필요한 경우 직주일체형으로 운영할 수 있다(동규칙 제15조 제2항).
㉥ (X) 직주일체형 치안센터 근무자의 근무기간은 **1년 이상(2년 이상 X)**으로 하며, 임기를 마친 경찰관은 희망부서로 배치하고, 차기 경비부서의 차출순서에서 1회 면제한다(동규칙 제19조 제2항).

정답 ③

732 □□□□ 26 간부

「112신고의 운영 및 처리에 관한 법률」 및 동법 시행령에 관한 설명으로 가장 적절하지 않은 것은?

① 112신고 현장에 출동하여 필요한 조치를 한 경찰관은 해당 112신고와 관련하여 범죄의 혐의가 있다고 인정할 만한 상당한 이유가 있어 계속 수사할 필요가 있는 경우 지체 없이 해당 수사기관에 인계하여야 한다.

② 경찰관은 112신고를 처리하는 과정에서 재난·재해, 범죄 또는 그 밖의 위급한 상황이 발생하여 사람의 생명·신체를 위험하게 할 것으로 인정할 때에는 일정한 구역을 정하여 그 구역에 있는 사람에게 그 구역 밖으로 피난할 것을 명할 수 있다.

③ 경찰청장등은 112신고를 처리할 때 112치안종합상황실에서 출동 현장의 상황을 실시간으로 확인하고 지휘하기 위한 목적으로 무인비행장치에 영상촬영장치를 설치하여 출동 현장을 촬영할 수 있다.

④ 112신고 접수 및 처리와 관련된 녹음·녹화자료의 보존기간은 3개월이다. 다만, 범죄 수사를 위해 기록의 보존이 필요한 경우 등 경찰청장등이 필요하다고 인정하는 경우에는 3개월의 범위에서 그 보존기간을 연장할 수 있다.

정답과 해설

① (O) 112신고 현장에 출동하여 필요한 조치를 한 경찰관은 해당 112신고와 관련하여 **범죄의 혐의가 있다고 인정할 만한 상당한 이유**가 있어 계속 수사할 필요가 있는 경우 **지체 없이** 해당 **수사기관에 인계하여야 한다**(112신고의 운영 및 처리에 관한 법률 제8조 제2항).

② (X) **경찰청장등(경찰관 X)**은 112신고를 처리하는 과정에서 재난·재해, 범죄 또는 그 밖의 위급한 상황이 발생하여 사람의 생명·신체를 위험하게 할 것으로 인정할 때에는 일정한 구역을 정하여 그 구역에 있는 사람에게 그 구역 밖으로 피난할 것을 명할 수 있다(동법 제8조 제4항).

③ (O) **경찰청장등**은 112신고를 처리할 때 112치안종합상황실에서 출동 현장의 상황을 실시간으로 확인하고 지휘하기 위한 목적으로 무인비행장치에 영상촬영장치를 설치하여 출동 현장을 **촬영할 수 있다**(동법 시행령 제5조 제1항).

④ (O) 112신고 접수 및 처리와 관련된 **녹음·녹화자료**의 보존기간은 **3개월**이다. 다만, 범죄 수사를 위해 기록의 보존이 필요한 경우 등 **경찰청장등**이 필요하다고 인정하는 경우에는 **3개월**의 범위에서 그 보존기간을 **연장할 수 있다**(동법 시행령 제6조 제1항).

정답 ②

733 25 채용, 25 승진

「112신고의 운영 및 처리에 관한 법률」과 동법 시행령상 출동 현장의 촬영·관리 및 관련 기록·보존 등에 관한 설명으로 옳은 것을 모두 고른 것은?

> ㉠ 경찰청장등은 112치안종합상황실에서 출동 현장의 상황 등을 실시간으로 확인하고 지휘하기 위한 목적으로 경찰관이 영상촬영장치를 착용 또는 휴대하도록 하여 출동 현장을 촬영할 수 있다.
> ㉡ 출동 현장을 촬영할 때에는 불빛, 소리, 안내판, 안내서면, 안내방송 또는 그 밖에 이에 준하는 수단이나 방법으로 출동 현장에 있는 사람이 촬영 사실을 쉽게 알 수 있도록 표시하고 알려야 한다.
> ㉢ 경찰청장등은 출동 현장 촬영 사실을 표시하거나 알리기 어려운 경우에는 경찰청 홈페이지에 촬영 사실을 사후 공지하는 방법으로 알려야 한다.
> ㉣ 출동 현장을 촬영하여 수집된 영상정보의 보관기간은 촬영일부터 1년으로 한다. 다만, 범죄 수사를 위해 영상정보의 보관이 필요한 경우 등 경찰청장등이 필요하다고 인정하는 경우에는 1년의 범위에서 보관기간을 연장할 수 있다.

① ㉠㉡
② ㉠㉢
③ ㉡㉣
④ ㉢㉣

정답과 해설

㉠ (O) **경찰청장등**은 112치안종합상황실에서 출동 현장의 상황 등을 실시간으로 확인하고 지휘하기 위한 목적으로 경찰관이 영상촬영장치를 착용 또는 휴대하도록 하여 출동 현장을 **촬영할 수 있다**(112신고의 운영 및 처리에 관한 법률 제11조 제1항).
㉡ (O) 출동 현장을 촬영할 때에는 불빛, 소리, 안내판, 안내서면, 안내방송 또는 그 밖에 이에 준하는 수단이나 방법으로 출동 현장에 있는 사람이 촬영 사실을 쉽게 알 수 있도록 **표시하고 알려야 한다**(동법 시행령 제5조 제2항).
㉢ (X) 경찰청장등은 제2항에 따른 방법으로 촬영 사실을 표시하거나 알리기 어려운 경우에는 **개인정보 보호위원회가 구축하는 인터넷 사이트**에 촬영 사실을 **미리** 공지하는 방법으로 **알릴 수 있다**(동법 시행령 제5조 제3항).
㉣ (X) 출동 현장을 촬영하여 수집된 영상정보의 보관기간은 촬영일부터 **30일**로 한다. 다만, 범죄 수사를 위해 영상정보의 보관이 필요한 경우 등 경찰청장등이 필요하다고 인정하는 경우에는 **30일**의 범위에서 보관기간을 연장할 수 있다(동법 시행령 제5조 제4항).

정답 ①

734 ☐☐☐☐ 24 채용

「112신고의 운영 및 처리에 관한 법률」과 같은 법 시행령상 112신고의 접수·처리 등에 관한 설명으로 가장 적절하지 않은 것은?

① 경찰청장, 시·도경찰청장 및 경찰서장(이하 "경찰청장등"이라 한다)은 112신고를 받으면 「경찰관 직무집행법」 제2조에 따른 경찰사무의 구분이나 현장 출동이 필요한 지역의 관할의 관계를 고려하여 해당 112신고를 신속하게 접수하여 처리하여야 한다.
② 경찰청장등은 112신고를 처리하는 과정에서 재난·재해, 범죄 또는 그 밖의 위급한 상황이 발생하여 사람의 생명·신체를 위험하게 할 것으로 인정할 때에는 일정한 구역을 정하여 그 구역에 있는 사람에게 그 구역 밖으로 피난할 것을 명할 수 있다.
③ 112치안종합상황실은 경찰청, 시·도경찰청 및 경찰서에 설치한다.
④ 112신고 접수 및 처리와 관련된 112시스템 입력자료는 3년간 보존한다. 다만, 단순 민원·상담 등 경찰청장이 정하는 경미한 내용의 112신고의 경우에는 1년으로 한다.

정답과 해설

① (X) 경찰청장등은 112신고를 받으면 「**국가경찰과 자치경찰의 조직 및 운영에 관한 법률**」 제4조 제1항(경찰관 직무집행법 제2조 X)에 따른 경찰사무의 구분이나 현장 출동이 필요한 지역의 **관할에 관계없이**(관할의 관계를 고려하여 X) 해당 112신고를 신속하게 접수하여 처리하여야 한다(112신고의 운영 및 처리에 관한 법률 제7조 제1항).
② (O) 동법 제8조 제4항
③ (O) 동법 시행령 제2조 제1항
④ (O) 동법 시행령 제6조 제1항

정답 ①

735 □□□□ 22 채용, 23·24 승진

「112치안종합상황실 운영 및 신고처리 규칙」에 관한 설명 중 가장 적절하지 않은 것은?

① 112근무요원의 근무기간은 1년 이상으로 한다.
② 경찰관서 방문 등 112신고 외의 방법으로 범죄나 각종 사건·사고 등 위급한 상황이 발생하였거나 발생할 것이 예상된다는 신고를 접수한 경찰관은 소속 경찰관서의 112시스템에 신고내용을 입력해야 한다.
③ 즉각적인 현장조치는 불필요하나 수사, 전문상담 등이 필요한 경우는 112신고 대응 코드(code) 중 코드 3 신고로 분류한다.
④ 112근무요원은 112신고가 완전하게 수신되지 않는 경우와 같이 정확한 신고내용을 파악하기 힘든 경우라도 신속한 처리를 위해 우선 임의의 112신고 대응 코드를 부여할 수 있다.

> **정답과 해설**
> ① (X) 112근무요원의 근무기간은 **2년 이상**으로 한다(112치안종합상황실 운영 및 신고처리 규칙 제25조 제1항).
> ② (O) 동규칙 제6조 제2항
> ③ (O) 동규칙 제7조 제1항 제4호
> ④ (O) 동규칙 제7조 제3항
>
> 정답 ①

736 □□□□ 22 채용, 23·24 승진

「112치안종합상황실 운영 및 신고처리 규칙」에 관한 설명 중 가장 적절하지 않은 것은?

① 112근무요원 및 출동 경찰관은 112신고 대응 코드를 변경할 만한 사실을 추가로 확인한 경우 이미 분류된 112신고 대응 코드를 다른 112신고 대응 코드로 변경할 수 있다.
② 112근무요원은 접수한 신고의 내용이 코드 3 신고의 유형에 해당하는 경우에는 출동 경찰관에게 지령하지 않고 자체 종결하거나, 담당 부서 또는 112신고 관계 기관에 신고내용을 통보하여 처리하도록 조치해야 한다.
③ 출동 경찰관은 112치안종합상황실에 다음 각 호의 보고(최초보고, 수시보고, 종결보고)를 해야함에도 불구하고 현장 상황이 급박하여 신속한 현장 조치가 필요한 경우 우선 조치 후 보고할 수 있다.
④ 112신고 접수·처리자료 중 112시스템 입력자료는 112신고 대응 코드 0·코드 1·코드 2로 분류한 자료는 3년간, 코드 3·코드 4로 분류한 자료는 1년간 보존하고, 녹음·녹화자료는 3개월간 보존한다.

> **정답과 해설**
> ① (O) 112치안종합상황실 운영 및 신고처리 규칙 제7조 제4항
> ② (X) 112근무요원은 접수한 신고의 내용이 **코드 4** 신고의 유형에 해당하는 경우에는 출동 경찰관에게 지령하지 않고 자체 종결하거나, 담당 부서 또는 112신고 관계 기관에 신고내용을 통보하여 처리하도록 조치해야 한다(동규칙 제8조 제2항).
> ③ (O) 동규칙 제14조 제2항
> ④ (O) 동규칙 제20조 제1항 제1호, 제2호
>
> 정답 ②

경범죄 처벌법

737 ☐☐☐☐ 예상문제

「경범죄 처벌법」에 대한 설명으로 가장 적절하지 않은 것은?

① 「경범죄 처벌법」은 「형법」의 보충법이다.
② 범칙금을 납부한 사람은 그 범칙행위에 대하여 다시 처벌받지 아니한다.
③ 죄를 짓도록 시키거나 도와준 사람은 감경한다.
④ 사람을 벌할 때에는 그 사정과 형편을 헤아려서 그 형을 면제하거나 구류와 과료를 함께 과할 수 있다.

정답과 해설

① (O) 「경범죄 처벌법」은 **광의의 형법**에 속하며, **형법의 보충법이자 일반법**이다. 즉, 「형법」의 **특별법이 아니라 보충법**으로서, 형법이 다루지 않는 경미한 범죄를 다루는 법이다.
② (O) 범칙금을 납부한 사람은 그 범칙행위에 대하여 다시 처벌받지 아니한다(동법 제8조 제3항).
③ (X) 죄를 짓도록 시키거나(교사범) 도와준 사람(방조범)은 **죄를 지은 사람(정범)에 준하여 벌한다**(동법 제4조).
④ (O) 사람을 벌할 때에는 그 사정과 형편을 헤아려서 그 형을 **면제(감면 X)**하거나 **구류**와 **과료**를 함께 과할 수 있다(동법 제5조).

정답 ③

738 예상문제

다음 중 「경범죄 처벌법」상 법정형이 가장 무거운 것과 가장 가벼운 죄로 연결된 것은?

> ㉠ 술에 취한 채로 관공서에서 몹시 거친 말과 행동으로 주정하거나 시끄럽게 한 사람
> ㉡ 흥행장, 경기장, 역, 나루터, 정류장, 그 밖에 정하여진 요금을 받고 입장시키거나 승차 또는 승선시키는 곳에서 웃돈을 받고 입장권·승차권 또는 승선권을 다른 사람에게 되판 사람
> ㉢ 범죄 피의자로 입건된 사람의 신원을 지문조사 외의 다른 방법으로는 확인할 수 없어 경찰공무원이나 검사가 지문을 채취하려고 할 때에 정당한 이유 없이 이를 거부한 사람
> ㉣ 여러 사람에게 물품을 팔거나 나누어 주거나 일을 해주면서 다른 사람을 속이거나 잘못알게 할 만한 사실을 들어 광고한 사람
> ㉤ 못된 장난 등으로 다른 사람, 단체 또는 공무수행 중인 자의 업무를 방해한 사람

① ㉠㉡
② ㉢㉣
③ ㉠㉤
④ ㉠㉢

정답과 해설

㉠㉢이 옳은 연결이다.
㉠ 관공서에서의 주취소란 – **60만원 이하**의 벌금, 구류 또는 과료의 형으로 처벌한다(경범죄 처벌법 제3조 제3항 제1호).
㉡ 암표매매 – **20만원 이하**의 벌금, 구류 또는 과료의 형으로 처벌한다(동법 제3조 제2항 제4호).
㉢ 지문채취 불응 – **10만원 이하**의 벌금, 구류 또는 과료의 형으로 처벌한다(동법 제3조 제1항 제34호).
㉣ 거짓광고 – **20만원 이하**의 벌금, 구류 또는 과료의 형으로 처벌한다(동법 제3조 제2항 제2호).
㉤ 업무방해 – **20만원 이하**의 벌금, 구류 또는 과료의 형으로 처벌한다(동법 제3조 제2항 제3호).

정답 ④

739 24 채용

「경범죄 처벌법」에 관한 설명으로 가장 적절하지 않은 것은?

① 인터넷 중고거래 사이트를 통해 비대면으로 웃돈을 받고 유명 가수의 콘서트 티켓을 되판 사람은 이 법상 암표매매로 처벌된다.
② 있지 아니한 범죄나 재해 사실을 공무원에게 거짓으로 신고한 사람은 주거가 분명하여도 현행범으로 체포할 수 있다.
③ 피해자가 있는 범칙행위를 한 사람은 범칙자에 해당하지 아니한다.
④ 주거 또는 신원이 확실하지 아니한 사람에게는 통고처분을 하지 아니한다.

정답과 해설

① (X) 암표매매는 흥행장, 경기장, 역, 나루터, 정류장, 그 밖에 정하여진 요금을 받고 입장시키거나 승차 또는 승선시키는 곳에서 웃돈을 받고 입장권·승차권 또는 승선권을 다른 사람에게 되판 사람을 처벌 대상으로 한다(경범죄 처벌법 제3조 제2항 제4호). 그러므로 인터넷 중고거래 사이트를 통해 **비대면**으로 웃돈을 받고 유명 가수의 콘서트 티켓을 되판 사람은 이 법상 암표매매로 **처벌되지 않는다(된다 X).**
② (O) **거짓 신고(동법 제3조 제3항)**에 해당하는 경우 형사소송법 제214조가 적용되지 않아 **주거불명 여부와 관계없이** 현행범 체포가 가능하다.
③ (O) 피해자가 있는 범칙행위를 한 사람은 범칙자에 해당하지 아니한다(동법 제6조 제2항 제3호).
④ (O) 주거 또는 신원이 확실하지 아니한 사람에게는 통고처분을 하지 아니한다(동법 제6조 제2항 제3호).

[범칙자와 통고처분의 제외자를 구분]
제6조(정의) ② 이 장에서 "범칙자"란 범칙행위를 한 사람으로서 **다음 각 호의 어느 하나에 해당하지 아니하는 사람**을 말한다. → 범칙자 제외자
 1. 범칙행위를 상습적으로 하는 사람
 2. 죄를 지은 동기나 수단 및 결과를 헤아려볼 때 구류처분을 하는 것이 적절하다고 인정되는 사람
 3. 피해자가 있는 행위를 한 사람
 4. 18세 미만인 사람
제7조(통고처분) ① 경찰서장, 해양경찰서장, 제주특별자치도지사 또는 철도특별사법경찰대장은 범칙자로 인정되는 사람에 대하여 그 이유를 명백히 나타낸 서면으로 범칙금을 부과하고 이를 납부할 것을 통고할 수 있다. 다만, **다음 각 호의 어느 하나에 해당하는 사람에게는 통고하지 아니한다.** → 통고처분 제외자
 1. 통고처분서 받기를 거부한 사람
 2. 주거 또는 신원이 확실하지 아니한 사람
 3. 그 밖에 통고처분을 하기가 매우 어려운 사람

정답 ①

다음은 파출소장 A가 소속 직원들에게 「경범죄 처벌법」에 대하여 교양한 내용이다. 가장 적절하지 않은 것은?

① '관공서에서의 주취소란'과 '거짓신고'의 법정형으로 볼 때, 두 경범죄의 경우에는 「형사소송법」 제214조(경미사건과 현행범인의 체포)에 해당되지 않아 범인의 주거가 분명하더라도 현행범인 체포가 가능하다.

② 「경범죄 처벌법」 위반자가 서명 후 위반자용 용지와 은행납부용 용지를 지급받자 화를 참지 못하여 통고처분 용지를 찢은 경우 공용서류무효죄에 해당한다.

③ 상대방의 명시적 의사에 반하여 지속적으로 접근을 시도하여 면회 또는 교제를 요구하거나 지켜보기, 따라다니기, 잠복하여 기다리기 등의 행위를 반복하여 하는 사람은 10만원 이하의 벌금, 구류 또는 과료의 형으로 처벌한다.

④ 여러 사람에게 물품을 팔거나 나누어 주거나 일을 해주면서 다른 사람을 속이거나 잘못 알게 할 만한 사실을 들어 광고한 사람은 20만원 이하의 벌금, 구류 또는 과료의 형으로 처벌한다.

정답과 해설

① (O) 경범죄 처벌법 제3조 제3항, 형사소송법 제214조
② (X) 형사사건을 조사하던 경찰관이 스스로의 판단에 따라 자신이 보관하던 진술서를 **임의로 피고인에게 넘겨준 것**이라면, 위 진술서의 보관책임자인 경찰관은 장차 이를 공무소에서 사용하지 아니하고 폐기할 의도하에 처분한 것이라고 보아야 할 것이므로, 위 진술서는 더 이상 공무소에서 사용하거나 보관하는 문서가 아닌 것이 되어 **공용서류로서의 성질을 상실**하였다고 보아야 한다(대법원 1999. 2.24. 98도4350). 이 판례의 취지에 의할 때 **공용서류무효죄는 성립하지 아니한다.**
③ (O) 동법 제3조 제1항 제41호(지속적 괴롭힘)
④ (O) 동법 제3조 제2항 제2호(거짓 광고)

정답 ②

741 20 채용, 23 간부

「경범죄 처벌법」에 대한 설명이다. 아래 가.부터 라.까지 설명 중 옳고 그름의 표시(O, X)가 바르게 된 것은?

> 가. 범칙행위란 「경범죄 처벌법」 제3조 제1항 각 호부터 제3항 각 호까지의 어느 하나에 해당하는 위반행위이다.
> 나. 「경범죄 처벌법」 제8조 제1항에 따른 납부기간에 범칙금을 납부하지 아니한 사람은 납부 기간의 마지막 날의 다음 날부터 30일 이내에 통고받은 범칙금에 그 금액의 100분의 30을 더한 금액을 납부하여야 한다.
> 다. 해양경찰서장을 제외한 경찰서장, 제주특별자치도지사 또는 철도특별사법경찰대장은 범칙자로 인정되는 사람에 대하여 그 이유를 명백히 나타낸 서면으로 범칙금을 부과하고 이를 납부할 것을 통고할 수 있다.
> 라. 범칙금 납부 기한 내 범칙금을 납부하지 않아 즉결심판이 청구된 피고인이 통고받은 범칙금에 그 금액의 100분의 50을 더한 금액을 납부하고 그 증명서류를 즉결심판 선고 전까지 제출하였을 때에는 경찰청장, 해양경찰청장, 제주특별자치도지사는 그 피고인에 대한 즉결심판 청구를 취소할 수 있다.

① 가.(O) 나.(X) 다.(X) 라.(X)
② 가.(O) 나.(O) 다.(O) 라.(X)
③ 가.(O) 나.(X) 다.(X) 라.(O)
④ 가.(X) 나.(X) 다.(X) 라.(X)

정답과 해설

가. (X) "범칙행위"란 제3조 제1항 각 호 및 제2항(제3항 X) 각 호의 어느 하나에 해당하는 위반행위를 말한다(경범죄 처벌법 제6조 제항). 제3항은 **통고처분 항목이 아니라 즉결심판 항목에 해당한다.**
나. (X) 납부기간에 범칙금을 납부하지 아니한 사람은 납부기간의 마지막 날의 다음 날부터 **20일 이내(30일 이내 X)**에 통고받은 범칙금에 그 금액의 **100분의 20(100분의 30 X)**을 더한 금액을 납부하여야 한다(동법 제8조 제2항).
다. (X) 경찰서장, **해양경찰서장**, 제주특별자치도지사 또는 철도특별사법경찰대장은 범칙자로 인정되는 사람에 대하여 그 이유를 명백히 나타낸 서면으로 범칙금을 부과하고 이를 납부할 것을 통고할 수 있다(동법 제7조 제1항).
라. (X) 즉결심판이 청구된 피고인이 통고받은 범칙금에 그 금액의 100분의 50을 더한 금액을 납부하고 그 증명서류를 즉결심판 선고 전까지 제출하였을 때에는 **경찰서장(경찰청장 X), 해양경찰서장(해양경찰청장 X)** 및 제주특별자치도지사는 그 피고인에 대한 즉결심판 청구를 취소**하여야 한다(할 수 있다 X)**(동법 제9조 제2항).

정답 ④

742

「경범죄 처벌법」에 대한 설명으로 적절하지 않은 것은 모두 몇 개인가?

가. 범칙금은 신용카드, 직불카드 등으로 낼 수 있다. 그러나 범칙금은 분할하여 납부할 수 없다.

나. 경찰청장, 해양경찰청장, 제주특별자치도지사 또는 철도특별사법경찰대장은 범칙자로 인정되는 사람에 대하여 그 이유를 명백히 나타낸 서면으로 범칙금을 부과하고 이를 납부할 것을 통고할 수 있다.

다. 통고처분서를 받은 사람은 통고처분서를 받은 날부터 10일 이내에 경찰청장·해양경찰청장 또는 철도특별사법경찰대장이 지정한 은행, 그 지점이나 대리점, 우체국 또는 제주특별자치도지사가 지정하는 금융기관이나 그 지점에 범칙금을 납부하여야 한다. 다만, 천재지변이나 그 밖의 부득이한 사유로 말미암아 그 기간 내에 범칙금을 납부할 수 없을 때에는 그 부득이한 사유가 없어지게 된 날부터 5일 이내에 납부하여야 한다.

라. 납부기간 내 범칙금을 납부하지 아니한 사람은 납부기간의 마지막 날부터 20일 이내에 통고받은 범칙금에 그 금액의 100분의 20을 더한 금액을 납부해야 한다.

마. 즉결심판이 청구된 피고인이 통고받은 범칙금에 그 금액의 100분의 50을 더한 금액을 납부하고 그 증명서류를 즉결심판 선고 전까지 제출하였을 때에는 경찰서장, 해양경찰서장 및 제주특별자치도지사는 그 피고인에 대한 즉결심판 청구를 취소할 수 있다.

① 없음 ② 1개
③ 2개 ④ 3개

정답과 해설

가. (O) 동법 제8조의2 제1항
나. (X) **경찰서장, 해양경찰서장, 제주특별자치도지사 또는 철도특별사법경찰대장**은 범칙자로 인정되는 사람에 대하여 그 이유를 명백히 나타낸 서면으로 범칙금을 부과하고 이를 납부할 것을 통고할 수 있다(동법 제7조 제1항).
다. (O) 동법 제8조 제1항
라. (X) 납부기간 내 범칙금을 납부하지 아니한 사람은 납부기간의 **마지막 날의 다음날부터(마지막 날부터 X)** 20일 이내에 통고받은 범칙금에 그 금액의 100분의 20을 더한 금액을 납부해야 한다(동법 제8조 제2항).
마. (X) 즉결심판이 청구된 피고인이 통고받은 범칙금에 그 금액의 100분의 50을 더한 금액을 납부하고 그 증명서류를 즉결심판 선고 전까지 제출하였을 때에는 경찰서장, 해양경찰서장 및 제주특별자치도지사는 그 피고인에 대한 즉결심판 청구를 **취소하여야 한다(할 수 있다 X)**(동법 제9조 제2항).

정답 ④

743   15 승진

A가 1월 13일에 「경범죄 처벌법」 위반으로 통고처분을 받은 경우, 1차 납부기일과 2차 납부기일로 가장 적절한 것은? (밑줄·굵은 글씨는 토요일 또는 공휴일 / 단, 천재지변 등으로 범칙금을 납부할 수 없는 상황은 발생하지 않은 것으로 한정)

1月						
日	月	火	水	木	金	土
				1	2	**3**
4	5	6	7	8	9	**10**
11	12	13	14	15	16	**17**
18	19	20	21	22	23	**24**
25	26	27	28	29	30	**31**

2月						
日	月	火	水	木	金	土
1	2	3	4	5	6	**7**
8	9	10	11	12	13	**14**
15	16	17	18	19	20	**21**
22	23	24	25	26	27	**28**

① 1차 납부기일 – 1월 20일, 2차 납부기일 – 1월 27일
② 1차 납부기일 – 1월 20일, 2차 납부기일 – 2월 3일
③ 1차 납부기일 – 1월 23일, 2차 납부기일 – 2월 2일
④ 1차 납부기일 – 1월 23일, 2차 납부기일 – 2월 12일

정답과 해설

④ (O) 통고처분서를 받은 사람은 **통고처분서를 받은 날부터 10일 이내**(기산일은 익일부터)에 범칙금을 납부하여야 하므로 **1차 납부기일은 1월 23일**이고, 납부기간에 범칙금을 납부하지 아니한 사람은 **납부기간의 마지막 날의 다음 날부터 20일 이내**에 납부하여야 하므로 **2차 납부기일은 2월 12일**이다(경범죄 처벌법 제8조).

정답 ④

744 □□□□ 예상문제

甲은 대한민국과 베트남의 국가대표 축구경기가 열리는 상암 월드컵경기장 부근에서 암표를 판매하다가 경찰관 P에 의하여 적발되었다. 이에 관한 다음 설명 중 옳지 않은 것은? (다른 예외적인 사정은 고려하지 않는다.)

① 甲이 범한 죄의 법정형은 20만원 이하의 벌금, 구류 또는 과료이다.
② 마포경찰서장은 甲에 대하여 범칙금을 부과하고 이를 납부할 것을 통고할 수 있다.
③ 만약 甲이 통고처분서 받기를 거부한다면 마포경찰서장은 甲에 대하여 지체 없이 즉결심판을 청구하여야 한다.
④ 만약 甲이 통고처분서를 받았다면 그 받은 날부터 10일 이내에 금융기관이나 그 지점에 범칙금을 납부하여야 한다. 범칙금은 신용카드, 직불카드 등으로 낼 수 있고 또한 분할하여 납부할 수도 있다.

정답과 해설

① (O) 경범죄 처벌법 제3조 제2항 제4호
② (O) 동법 제7조 제1항
③ (O) 동법 제9조 제1항
④ (X) 甲이 통고처분서를 받았다면 그 받은 날부터 10일 이내에 금융기관이나 그 지점에 범칙금을 납부하여야 한다. 범칙금은 신용카드, 직불카드 등으로 낼 수 있다(동법 제8조의2 제1항). 그러나 **범칙금은 분할하여 납부할 수 없다**(동법 시행령 제4조 제2항).

정답 ④

745   17·18 승진

「즉결심판에 관한 절차법」에 대한 설명 중 적절한 것으로 연결된 것은?

> ㉠ 「즉결심판에 관한 절차법」상 즉결심판은 공소장일본주의가 적용되지 않는다.
> ㉡ 「즉결심판에 관한 절차법」상 판사는 정식재판청구서를 받은 날부터 7일 이내에 경찰서장에게 정식재판청구서를 첨부한 사건기록과 증거물을 송부한다.
> ㉢ 「즉결심판에 관한 절차법」상 지방법원, 지원 또는 시·군법원의 판사는 즉결심판절차에 의하여 피고인에게 20만원 이하의 벌금, 구류 또는 과료, 자격상실, 자격정지에 처할 수 있다.
> ㉣ 「즉결심판에 관한 절차법」상 판사가 즉결심판청구를 기각하는 결정을 한 경우 경찰서장은 지체없이 사건을 법원에 송치하여야 한다.
> ㉤ 「즉결심판에 관한 절차법」상 즉결심판절차에 의한 심리와 재판의 선고는 비공개된 법정에서 행하되, 그 법정은 경찰관서외의 장소에 설치되어야 한다.

① ㉠㉡
② ㉡㉢
③ ㉢㉣
④ ㉣㉤

정답과 해설

㉠ (O) 경찰서장은 즉결심판의 청구와 동시에 즉결심판을 함에 필요한 서류 또는 증거물을 판사에게 제출하여야 한다(동법 제4조). 즉, 즉결심판은 공소장일본주의가 적용되지 않는다.
㉡ (O) 동법 제14조 제3항
㉢ (X) 지방법원, 지원 또는 시·군법원의 판사는 즉결심판절차에 의하여 피고인에게 **20만원 이하의 벌금, 구류 또는 과료(자격상실, 자격정지 X)에 처할 수 있다**(즉결심판에 관한 절차법 제2조).
㉣ (X) 판사가 즉결심판청구를 기각하는 결정을 한 경우 경찰서장은 지체없이 사건을 **관할지방검찰청 또는 지청의 장(법원 X)**에게 송치하여야 한다(동법 제5조 제2항).
㉤ (X) 즉결심판절차에 의한 심리와 재판의 선고는 **공개된 법정(비공개된 법정 X)**에서 행하되, 그 법정은 경찰관서(해양경찰관서를 포함)외의 장소에 설치되어야 한다(동법 제7조 제1항).

정답 ①

746 23 채용, 17·18 승진

「즉결심판에 관한 절차법」에 대한 설명으로 가장 적절한 것은? (다툼이 있으면 판례에 의함)

① 「즉결심판에 관한 절차법」상 피고인은 정식재판의 청구를 포기할 수 없다.
② 「즉결심판에 관한 절차법」상 정식재판을 청구하고자 하는 피고인은 정식재판청구서를 판사에게 제출하여야 한다.
③ 「즉결심판에 관한 절차법」상 판사는 구류의 선고를 받은 피고인이 일정한 주소가 없거나 또는 도망할 염려가 있을 때에는 5일을 초과하지 아니하는 기간 내에서 경찰서 유치장에 유치할 것을 명령할 수 있다. 다만, 이 기간은 선고기간을 초과할 수 없다.
④ 피고인이 즉결심판에 대하여 제출한 정식재판청구서에 피고인의 자필로 보이는 이름이 기재되어 있고 그 옆에 서명이 되어 있어 위 서류가 작성자 본인인 피고인의 진정한 의사에 따라 작성되었다는 것을 명백하게 확인할 수 있더라도 피고인의 인장이나 지장이 찍혀 있지 않다면 정식재판청구는 부적법하다고 보아야 한다.

정답과 해설

① (X) 피고인은 정식재판의 청구를 **포기할 수 있다**(동법 제12조 제2항).
② (X) 정식재판을 청구하고자 하는 피고인은 즉결심판의 선고·고지를 받은 날부터 7일 이내에 정식재판청구서를 **경찰서장(판사 X)에게 제출**하여야 한다(동법 제14조 제1항).
③ (O) 동법 제17조 제1항
④ (X) 피고인이 즉결심판에 대하여 제출한 정식재판청구서에 피고인의 자필로 보이는 이름이 기재되어 있고 그 옆에 서명이 되어 있어 위 서류가 작성자 본인인 피고인의 진정한 의사에 따라 작성되었다는 것을 명백하게 확인할 수 있으며 형사소송절차의 명확성과 안정성을 저해할 우려가 없으므로, 정식재판청구는 **적법하다고 보아야 한다**(대판 2017모3458).

정답 ③

THEME 03 풍속영업의 단속

747 ☐☐☐☐ 17 간부

「풍속영업의 규제에 관한 법률」에서 규정하는 풍속영업의 범위에 해당하지 않는 것은?

① 「게임산업진흥에 관한 법률」에 따른 복합유통게임제공업
② 「영화 및 비디오물의 진흥에 관한 법률」에 따른 비디오물감상실업
③ 「공중위생관리법」에 따른 미용업
④ 「체육시설의 설치 이용에 관한 법률」에 따른 무도장업

정답과 해설

① (O) 「게임산업진흥에 관한 법률」에 따른 **게임제공업 및 복합유통게임제공업**
② (O) 「영화 및 비디오물의 진흥에 관한 법률」에 따른 **비디오물감상실업**
③ (X) 미용업은 풍속영업의 범위에 **해당하지 아니한다.**

> **풍속영업의 규제에 관한 법률**
> 제2조(풍속영업의 범위) 4. 「공중위생관리법」에 따른 **숙박업, 목욕장업, 이용업 중 대통령령으로 정하는 것**
> ※ 티켓다방, 농어촌 민박, 미용업, 카페, 사행행위영업, 일반음식점영업 등은 풍속영업이 아님

④ (O) 「체육시설의 설치 이용에 관한 법률」에 따른 **무도학원업 및 무도장업, 골프장, 골프연습장**

정답 ③

748 25 채용

「풍속영업의 규제에 관한 법률」상 풍속영업을 하는 자 및 대통령령으로 정하는 종사자가 풍속영업을 하는 장소에서 하여서는 아니 되는 행위로 가장 적절하지 않은 것은?

① 「성매매알선 등 행위의 처벌에 관한 법률」 제2조 제1항 제2호에 따른 성매매알선등행위
② 음란행위를 하게 하거나 이를 알선 또는 제공하는 행위
③ 음란한 문서·도화·영화·음반·비디오물, 그 밖의 음란한 물건에 대한 제작·반포·판매 및 이를 알선하는 행위
④ 도박이나 그 밖의 사행행위를 하게 하는 행위

정답과 해설

③ (X) 풍속영업의 규제에 관한 법률 제3조

> 제3조(준수 사항) 풍속영업을 하는 자(허가나 인가를 받지 아니하거나 등록이나 신고를 하지 아니하고 풍속영업을 하는 자를 포함한다. 이하 "풍속영업자"라 한다) 및 대통령령으로 정하는 종사자는 풍속영업을 하는 장소(이하 "풍속영업소"라 한다)에서 다음 각 호의 행위를 하여서는 아니 된다.
> 1. 「성매매알선 등 행위의 처벌에 관한 법률」 제2조 제1항 제2호에 따른 성매매알선등행위
> 2. 음란행위를 하게 하거나 이를 알선 또는 제공하는 행위
> 3. 음란한 문서·도화(圖畵)·영화·음반·비디오물, 그 밖의 음란한 물건에 대한 다음 각 목의 행위
>   가. **반포(頒布)·판매·대여(제작 X)**하거나 이를 하게 하는 행위
>   나. 관람·열람하게 하는 행위
>   다. 반포·판매·대여·관람·열람의 목적으로 진열하거나 보관하는 행위
> 4. 도박이나 그 밖의 사행(射倖)행위를 하게 하는 행위

정답 ③

749 ☐☐☐☐ 예상문제

「풍속영업의 규제에 관한 법률」과 관련된 판례의 입장으로 옳지 않은 것은? (다툼이 있으면 판례에 의함)

① 유흥주점영업허가를 받았다고 하더라도 실제로는 노래연습장 영업을 하고 있다면 유흥주점영업에 따른 영업자 준수사항을 지켜야 할 의무가 있다고 할 수 없다.
② 특정다방에 대기하는 이른바 '티켓걸'이 노래연습장에 티켓영업을 나가 시간당 정해진 보수를 받고 그 손님과 함께 춤을 추고 노래를 불러 유흥을 돋우게 한 경우, 손님이 직접 전화로 티켓걸을 부르고 그 티켓비를 손님이 직접 지급하였다고 한다면 비록 업소 주인이 이러한 사정을 알고서 이를 용인하였다고 하더라도 유흥종사자를 둔 경우에 해당한다고 할 수 있다.
③ 풍속영업자가 자신이 운영하는 여관에서 친구들과 일시 오락 정도에 불과한 도박을 한 경우, 형법상 도박죄는 성립하지 아니하고 풍속영업법위반죄의 구성요건에는 해당하며 사회상규에 위배되는 행위이다.
④ 음식을 나르기 위하여 고용된 종업원이 손님의 거듭되는 요구에 못이겨 할 수 없이 손님과 합석하여 술을 마시게 된 경우 유흥접객원에 포함되지 아니한다.

정답과 해설

① (O) 대법원 1997. 9.30. 97도1873 업소의 구분은 그 업소가 영업을 할 때 다른 법령에 따라 요구되는 허가·인가·등록·신고 등의 여부와 관계없이 **실제로 이루어지고 있는 영업행위를 기준**으로 한다.
② (O) 대법원 2006. 2.24. 2005도9114
③ (X) 풍속영업자가 자신이 운영하는 여관에서 친구들과 일시 오락 정도에 불과한 도박을 한 경우, 형법상 도박죄는 성립하지 아니하고 **풍속영업법위반죄의 구성요건에는 해당하나 사회상규에 위배되지 않는 행위로서 위법성이 조각**된다 (대법원 2004. 4. 9. 2003도6351).
④ (O) 대법원 2009. 5.28. 2008도10118

정답 ③

750 예상문제

「풍속영업의 규제에 관한 법률」과 관련된 판례의 입장으로 옳지 않은 것은? (다툼이 있으면 판례에 의함)

① 나이트클럽 무용수인 피고인이 무대에서 공연하면서 겉옷을 모두 벗고 성행위와 유사한 동작을 연출하거나 속옷에 부착되어 있던 모조 성기를 수차례 노출한 경우, 「풍속영업의 규제에 관한 법률」상 음란행위에 해당한다.
② 풍속영업소인 숙박업소에서 음란한 외국의 위성방송프로그램을 수신하여 투숙객 등으로 하여금 시청하게 하는 행위는 「풍속영업의 규제에 관한 법률」상 '음란한 물건'을 관람하게 하는 행위에 해당한다.
③ 모텔에 동영상 파일 재생장치인 디빅 플레이어(DivX Player)를 설치하고 투숙객에게 그 비밀번호를 가르쳐 주어 저장된 음란 동영상을 관람하게 한 경우, 이는 「풍속영업의 규제에 관한 법률」이 금지하고 있는 음란한 비디오물을 풍속영업소에서 관람하게 한 행위에 해당한다.
④ 유흥주점 여종업원들이 웃옷을 벗고 브래지어만 착용하거나 치마를 허벅지가 다 드러나도록 걷어 올리고 가슴이 보일 정도로 어깨끈을 밑으로 내린 채 손님을 접대한 경우, 위 종업원들의 행위는 「풍속영업의 규제에 관한 법률」상 '음란행위'에 해당한다.

정답과 해설

① (O) 대법원 2011. 9. 8. 2010도10171 나이트클럽 모조성기 노출사건
② (O) 대법원 2010. 7.15. 2009도4545 모텔 포르노 상영사건
③ (O) 대법원 2008. 8.21. 2008도3975 모텔 음란동영상 상영사건
④ (X) 유흥주점 여종업원들이 웃옷을 벗고 브래지어만 착용하거나 치마를 허벅지가 다 드러나도록 걷어 올리고 가슴이 보일 정도로 어깨끈을 밑으로 내린 채 손님을 접대한 경우, 위 종업원들의 행위는 「풍속영업의 규제에 관한 법률」상 '음란행위'에 **해당한다고 보기 어렵다**(대법원 2009. 2.26. 2006도3119 야한 노래방도우미 사건).

정답 ④

THEME 04 성매매알선 등 행위의 처벌에 관한 법률

751 ☐☐☐☐ 예상문제

「성매매알선 등 행위의 처벌에 관한 법률」에서 '성매매' 개념과 가장 관련이 없는 것은?

① 불특정인을 상대
② 금품 그 밖의 재산상 이익의 수수하거나 약속
③ 성교행위 또는 유사성교행위
④ 성매매의 자금, 토지 또는 건물제공 행위

정답과 해설

④ (X) 성매매 알선 등 행위에 해당한다.

> 제2조(정의) 1. "성매매"란 불특정인을 상대로 금품이나 그 밖의 재산상의 이익을 수수(收受)하거나 수수하기로 약속하고 다음 각 목의 어느 하나에 해당하는 행위를 하거나 그 상대방이 되는 것을 말한다.
> 가. 성교행위
> 나. 구강, 항문 등 신체의 일부 또는 도구를 이용한 유사 성교행위
> 2. "성매매알선 등 행위"란 다음 각 목의 어느 하나에 해당하는 행위를 하는 것을 말한다.
> 가. 성매매를 알선, 권유, 유인 또는 강요하는 행위
> 나. 성매매의 장소를 제공하는 행위
> 다. 성매매에 제공되는 사실을 알면서 자금, 토지 또는 건물을 제공하는 행위

정답 ④

752 ☐☐☐☐ 21 경채

「성매매알선 등 행위의 처벌에 관한 법률」에 대한 설명으로 적절하지 않은 것을 모두 고른 것은?

> ㉠ 경찰은 신고자등을 조사할 때에는 직권으로 또는 본인·법정대리인의 신청에 의하여 신뢰관계에 있는 사람을 동석하게 할 수 있다.
> ㉡ 성매매피해자의 성매매는 처벌하지 아니한다.
> ㉢ 법원은 신고자등의 사생활이나 신변을 보호하기 위하여 심리를 비공개하여야 한다.
> ㉣ 판사는 보호처분으로 성매매가 이루어질 우려가 있다고 인정되는 장소나 지역에의 출입금지 처분을 할 수 있다. 이에 따른 보호처분 기간은 6개월을 초과할 수 없다.
> ㉤ 영업으로 성매매알선 등 행위를 한 사람에 대한 벌칙은 3년 이하의 징역 또는 3천만원 이하의 벌금에 처한다.

① ㉠㉡
② ㉡㉢
③ ㉢㉤
④ ㉣㉤

정답과 해설

㉠ (O) 성매매알선 등 행위의 처벌에 관한 법률 제8조 제2항
㉡ (O) 동법 제6조
㉢ (X) 법원은 신고자등의 사생활이나 신변을 보호하기 위하여 **필요하면 결정으로 심리를 공개하지 아니할 수 있다**(동법 제9조 제2항).
㉣ (O) 동법 제15조
㉤ (X) 영업으로 성매매알선 등 행위를 한 사람에 대한 벌칙은 **7년 이하의 징역 또는 7천만원 이하의 벌금에 처한다**(동법 제19조 제2항 제1호).

정답 ③

753 □□□□ 예상문제

다음 중 「성매매알선 등 행위의 처벌에 관한 법률」상 성매매피해자에 해당하는 자는 모두 몇 개인가?

> ㉠ 불특정인을 상대로 금품 등을 수수·약속하고 성교행위를 한 자
> ㉡ 위계, 위력, 그 밖에 이에 준하는 방법으로 성매매를 강요당한 사람
> ㉢ 업무관계, 고용관계, 그 밖의 관계로 인하여 보호 또는 감독하는 사람에 의하여 마약·향정신성의약품 또는 대마에 중독되어 성매매를 한 사람
> ㉣ 미성년자, 사물을 변별하거나 의사를 결정할 능력이 없거나 미약한 사람 또는 대통령령으로 정하는 중대한 장애가 있는 사람으로서 성매매를 하도록 알선·유인된 사람
> ㉤ 성매매 목적의 인신매매를 당한 사람

① 1개
② 2개
③ 3개
④ 4개

정답과 해설

④ (O) **성매매피해자**란 ㉡·㉢·㉣·㉤에 해당하는 자를 말한다(제2조 제1항 제4호).
㉠은 성매매를 의미한다.

정답 ④

754 ☐☐☐☐ 15·21 채용, 21 경채, 예상문제

다음 내용 중 옳은 것은? (다툼이 있으면 판례에 의함)

① 성매매피해자의 성매매는 형을 감경하거나 면제할 수 있다.
② "성매매"란 불특정인을 상대로 금품이나 그 밖의 재산상의 이익을 수수하거나 수수하기로 약속하고 유사성교행위를 제외한 성교행위를 하거나 그 상대방이 되는 것을 말한다.
③ 성매매업소 업주 A가 성매매를 알선하고, 손님이 성매매 여성과 만났으나 마음에 들지 않는다며 거절하여 성교에 이르지 못하였다 하더라도 '알선'행위의 기수로 볼 수 있다.
④ 성매매의 상대방에 대해 '불특정인을 상대로'라는 것은 행위 당시에 상대방이 특정되지 않았다는 의미로 본다.

정답과 해설
① (X) 성매매피해자의 성매매는 **처벌하지 아니한다**(동법 제6조 제1항).
② (X) **유사성교행위도 포함**한다(동법 제2조 제1항 제1호).
③ (O) 성매매업소 업주 A가 성매매를 알선하고, 손님이 성매매 여성과 만났으나 마음에 들지 않는다며 거절하여 성교에 이르지 못하였다 하더라도 '알선'행위의 **기수로 볼 수 있다**(없다 X)(대법원 2005. 2.17. 2004도8808).
④ (X) '불특정인을 상대로'라는 것은 행위 당시에 상대방이 특정되지 않았다는 의미가 아니라, **그 행위의 대가인 금품 기타 재산상의 이익에 주목적을 두고 상대방의 특정성을 중시하지 않는다는** 의미라고 보아야 한다(대법원 2016. 2.18. 2015도1185).

정답 ③

755 ☐☐☐☐ 예상문제

성매매 피해자 등의 보호에 관한 내용으로 옳은 것은?

① 성매매피해자의 성매매는 감경한다.
② 법원은 신고자 등을 증인으로 신문할 때에는 직권으로 또는 본인·법정대리인이나 검사의 신청에 의하여 신뢰관계에 있는 사람을 동석하게 하여야 한다.
③ 성매매 목적의 인신매매를 한 사람이 그 행위와 관련하여 성을 파는 행위를 하였거나 할 사람에게 가지는 채권은 그 계약의 형식이나 명목에 관계없이 무효로 한다.
④ 「성매매알선 등 행위의 처벌에 관한 법률」에 규정된 죄를 범한 사람이 수사기관에 신고하거나 자수한 경우에는 형을 감경하거나 면제해야 한다.

정답과 해설
① (X) 성매매피해자의 성매매는 **처벌하지 않는다**(성매매알선 등 행위의 처벌에 관한 법률 제6조).
② (X) 법원은 신고자 등을 증인으로 신문할 때에는 직권으로 또는 본인·법정대리인이나 검사의 신청에 의하여 신뢰관계에 있는 사람을 동석하게 **할 수 있다**(동법 제8조).
③ (O) 동법 제10조
④ (X) 이 법에 규정된 죄를 범한 사람이 수사기관에 신고하거나 자수한 경우에는 형을 감경하거나 면제**할 수 있다**(동법 제26조).

정답 ③

총포·도검·화약류 등의 안전관리에 관한 법률

756 □□□□ 14 간부, 예상문제

「총포 · 도검 · 화약류 등의 안전관리에 관한 법률」 및 「총포 · 도검 · 화약류 등의 안전관리에 관한 법률 시행령」상의 용어 정의가 옳은 것은?

① "총포"란 권총, 소총, 기관총, 포, 엽총, 금속성 탄알이나 가스 등을 쏠 수 있는 장약총포 및 공기총(가스를 이용하는 것을 포함한다)을 말하고, 총포신·기관부 등 그 부품은 제외한다.
② "화약류"란 화약과 폭약을 말하고, 화공품(火工品 : 화약 및 폭약을 써서 만든 공작물을 말한다)은 제외한다.
③ "전자충격기"란 사람의 활동을 일시적으로 곤란하게 하거나 인명에 위해를 주는 전류를 방류할 수 있는 기기로서 대통령령으로 정하는 것을 말한다.
④ "도검"이란 칼날의 길이가 15cm 이상 되는 칼 · 검 · 창 · 치도 · 비수 등으로서 성질상 흉기로 쓰이는 것만을 의미한다.

정답과 해설

① **(X)** "총포"란 권총, 소총, 기관총, 포, 엽총, 금속성 탄알이나 가스 등을 쏠 수 있는 장약총포(裝藥銃砲), 공기총(가스를 이용하는 것을 포함한다) 및 **총포신·기관부 등 그 부품으로서 대통령령으로 정하는 것을 말한다**(총포·도검·화약류 등의 안전관리에 관한 법률 제2조 제1항).
② **(X)** "화약류"란 화약, 폭약 및 **화공품(火工品 : 화약 및 폭약을 써서 만든 공작물을 말한다)을 말한다**(동법 제2조 제3항).
③ **(O)** "전자충격기"란 사람의 활동을 일시적으로 곤란하게 하거나 인명에 위해를 주는 전류를 방류할 수 있는 기기로서 **대통령령**으로 정하는 것을 말한다(총포·도검·화약류 등의 안전관리에 관한 법률 제2조 제5항).

> **총포 · 도검 · 화약류 등의 안전관리에 관한 법률 시행령(대통령령)**
> **제6조의3(전자충격기)** 법 제2조 제5항의 규정에 의한 전자충격기는 순간적인 고압전류를 방류할 수 있는 기기로서 다음 각호의 1에 해당하는 것으로 한다. **다만, 산업용 및 의료용 전자충격기를 제외한다.**
> 1. 총포형 전자충격기
> 2. 막대형 전자충격기
> 3. 기타 휴대형 전자충격기

④ **(X)** "도검"이라 함은 칼날의 길이가 15센티미터 이상 되는 칼·검·창·치도(雉刀)·비수 등으로서 성질상 흉기로 쓰여지는 것과 **칼날의 길이가 15센티미터 미만이라 할지라도 흉기로 사용될 위험성이 뚜렷이 있는 것 중에서 대통령령이 정하는 것**을 말한다(동법 제2조 제2항).

정답 ③

757

「총포 · 도검 · 화약류 등의 안전관리에 관한 법률」에 대한 설명으로 가장 적절하지 않은 것은?

① 화약류를 운반하려는 사람은 행정안전부령으로 정하는 바에 따라 도착지를 관할하는 경찰서장에게 신고하여야 한다. 다만, 대통령령으로 정하는 수량 이하의 화약류를 운반하는 경우에는 그러하지 아니하다.
② 화약류를 폐기하려는 자는 행정안전부령으로 정하는 바에 따라 그 폐기하려는 곳을 관할하는 경찰서장에게 신고하여야 한다. 다만, 제조업자가 제조과정에서 생긴 화약류를 그 제조소 안에서 폐기하는 경우에는 그러하지 아니하다.
③ 금고 이상의 실형을 선고받고 그 집행이 끝나거나 집행을 받지 아니하기로 확정된 후 3년이 지나지 아니한 자는 총포 · 도검 · 화약류 · 분사기 · 전자충격기 · 석궁 제조업의 허가를 받을 수 없다.
④ 총포 · 도검 · 화약류 · 분사기 · 전자충격기 · 석궁의 판매업을 하려는 자는 판매소마다 행정안전부령으로 정하는 바에 따라 판매소의 소재지를 관할하는 시 · 도경찰청장의 허가를 받아야 한다.

정답과 해설

① (X) 화약류를 운반하려는 사람은 행정안전부령(운반개시 **1시간 전까지**)으로 정하는 바에 따라 **발송지**를 관할하는 **경찰서장**에게 **신고하여야 한다**. 다만, 대통령령으로 정하는 수량 이하의 화약류를 운반하는 경우에는 그러하지 아니하다(총포·도검·화약류 등의 안전관리에 관한 법률 제26조).
② (O) 화약류를 폐기하려는 자는 행정안전부령으로 정하는 바에 따라 그 폐기하려는 곳을 관할하는 **경찰서장(시·도경찰청장 X)**에게 **신고하여야 한다**. 다만, 제조업자가 제조과정에서 생긴 화약류를 그 제조소 안에서 폐기하는 경우에는 그러하지 아니하다(동법 제20조).
③ (O) **금고 이상(자격정지 X)**의 실형을 선고받고 그 집행이 끝나거나 집행을 받지 아니하기로 확정된 후 **3년**이 지나지 아니한 자는 총포·도검·화약류·분사기·전자충격기·석궁 제조업의 허가를 받을 수 없다(동법 제5조 제1호).
④ (O) 총포·도검·화약류·분사기·전자충격기·석궁의 판매업을 하려는 자는 판매소마다 행정안전부령으로 정하는 바에 따라 판매소의 소재지를 관할하는 **시·도경찰청장의 허가**를 받아야 한다(동법 제6조 제1항).

[정답] ①

758 22 채용

「경비업법」 제2조 정의에 관한 설명 중 가장 적절하지 않은 것은?

① '시설경비업무'란 경비를 필요로 하는 시설 및 장소에서의 도난·화재 그 밖의 혼잡 등으로 인한 위험발생을 방지하는 업무를 말한다.
② '호송경비업무'란 운반중에 있는 현금·유가증권·귀금속·상품 그 밖의 물건에 대하여 도난·화재 등 위험발생을 방지하는 업무를 말한다.
③ '신변보호업무'란 사람의 생명·신체·재산에 대한 위해의 발생을 방지하고 그 신변을 보호하는 업무를 말한다.
④ '기계경비업무'란 경비대상시설에 설치한 기기에 의하여 감지·송신된 정보를 그 경비대상시설외의 장소에 설치한 관제시설의 기기로 수신하여 도난·화재 등 위험발생을 방지하는 업무를 말한다.

정답과 해설

① (O) 경비업법 제2조 제1호 가목
② (O) 동법 제2조 제1호 나목
③ (X) '신변보호업무'란 사람의 **생명·신체(재산 X)** 에 대한 위해의 발생을 방지하고 그 신변을 보호하는 업무를 말한다 (동법 제2조 제1호 다목).
④ (O) '기계경비업무'란 경비대상시설에 설치한 기기에 의하여 감지·송신된 정보를 그 **경비대상시설 외의(내의 X) 장소**에 설치한 관제시설의 기기로 수신하여 도난·화재 등 위험발생을 방지하는 업무를 말한다(동법 제2조 제1호 라목).

정답 ③

759 예상문제

다음 중 「경비업법」상 경비업의 신고사항에 해당하지 않는 경우는?

① 경비업을 영위하고자 하고자 할 때
② 영업을 폐업하거나 휴업한 때
③ 법인의 주사무소나 출장소를 신설·이전 또는 폐지한 때
④ 특수경비업무를 개시하거나 종료한 때

> **정답과 해설**
> ① (X) **경비업을 영위하고자 하는 법인**은 도급받아 행하고자 하는 경비업무를 특정하여 그 법인의 주사무소의 소재지를 관할하는 시·도경찰청장의 **허가**를 받아야 한다(경비업법 제4조 제1항).
> ②③④ (O) 신고사항에 해당한다(동법 제4조 제3항).
>> **제4조(경비업의 허가)** ③ 제1항의 규정에 의하여 경비업의 허가를 받은 법인은 다음 각 호의 어느 하나에 해당하는 때에는 **시·도경찰청장**에게 **신고**하여야 한다.
>> 1. 영업을 폐업하거나 휴업한 때
>> 2. 법인의 명칭이나 대표자·임원을 변경한 때
>> 3. 법인의 주사무소나 출장소를 신설·이전 또는 폐지한 때
>> 4. 기계경비업무의 수행을 위한 관제시설을 신설·이전 또는 폐지한 때
>> 5. 특수경비업무를 개시하거나 종료한 때
>> 6. 그 밖에 대통령령이 정하는 중요사항을 변경한 때
>
> **정답** ①

760 예상문제

「경비업법」에 대한 설명 중 가장 옳지 않은 것은?

① 경비업 허가의 유효기간은 허가받은 다음 날부터 5년으로 한다.
② 경비업자는 경비업무를 성실하게 수행하여야 하고, 도급을 의뢰받은 경비업무가 위법 또는 부당한 것일 때에는 이를 거부하여야 한다.
③ 금고 이상의 형의 집행유예선고를 받고 그 유예기간중에 있는 자는 경비지도사, 일반경비원 또는 특수경비원 모두 될 수 없다.
④ 경비업자는 집단민원현장에 경비원을 배치하는 때에는 경비지도사를 선임하고 그 장소에 배치하여 행정안전부령으로 정하는 바에 따라 경비원을 지도·감독하게 하여야 한다.

> **정답과 해설**
> ① (X) 경비업 허가의 유효기간은 **허가받은 날부터(허가받은 다음날부터 X)** 5년으로 한다(경비업법 제6조 제1항).
> ② (O) 동법 제7조 제2항
> ③ (O) 금고 이상의 형의 집행유예선고를 받고 그 유예기간중에 있는 자는 경비지도사, 일반경비원 또는 특수경비원 **모두 될 수 없다**(동법 제10조 제1항 제4호, 제2항 제3호).
> ④ (O) 동법 제7조 제6항
>
> **정답** ①

761 예상문제

「경비업법」에 관한 설명으로 가장 적절한 것은?

① 경비업의 업무에는 시설경비, 호위경비, 신변보호, 기계경비, 특수경비, 혼잡·교통유도경비업무가 있다.
② 기계경비업의 허가를 받은 법인이 기계경비업무의 수행을 위한 관제시설을 신설·이전 또는 폐지한 때에는 관할 경찰서장에게 신고하여야 한다.
③ 경비업자는 경찰공무원 또는 군인의 제복과 색상 및 디자인 등이 명확히 구별되는 소속 경비원의 복장을 정하고 이를 확인할 수 있는 사진을 첨부하여 주된 사무소를 관할하는 경찰서장에게 소정의 양식에 따라 신고하여야 한다.
④ 경비원이 휴대할 수 있는 장비의 종류는 경적·단봉·분사기 등 행정안전부령으로 정하되, 근무 중에만 이를 휴대할 수 있다.

정답과 해설

① (X) 경비업의 업무에는 시설경비, **호송경비(호위경비 X)**, 신변보호, 기계경비, 특수경비, 혼잡·교통유도경비업무가 있다(경비업법 제2조 제1호).
② (X) 기계경비업의 허가를 받은 법인이 기계경비업무의 수행을 위한 관제시설을 신설·이전 또는 폐지한 때에는 **시·도경찰청장(경찰서장 X)**에게 **신고**하여야 한다(동법 제4조 제3항).
③ (X) 경비업자는 경찰공무원 또는 군인의 제복과 색상 및 디자인 등이 명확히 구별되는 소속 경비원의 복장을 정하고 이를 확인할 수 있는 사진을 첨부하여 주된 사무소를 관할하는 **시·도경찰청장(경찰서장 X)**에게 소정의 양식에 따라 신고하여야 한다(동법 제16조).
④ (O) 동법 제16조의2 제1항

정답 ④

762 ☐☐☐☐ 24 승진

「경비업법」에 관한 설명으로 가장 적절하지 않은 것은?

① 주주총회와 관련하여 이해대립이 있어 다툼이 있는 장소, 100명 이상의 사람이 모이는 국제 · 문화 · 예술 · 체육 행사장, 「행정대집행법」에 따라 대집행을 하는 장소는 집단민원현장에 해당한다.
② 경비업을 영위하고자 하는 법인은 도급받아 행하고자 하는 경비업무를 특정하여 그 법인의 주사무소의 소재지를 관할하는 시 · 도경찰청장의 허가를 받아야 한다.
③ 금고 이상의 형의 선고유예를 받고 그 유예기간 중에 있는 자는 경비지도사의 결격사유에 해당한다.
④ 경비업의 허가를 받으려는 법인이 갖추어야 할 요건 중 시설경비업무의 경비인력 요건은 경비원 10명 이상 및 경비지도사 1명 이상이다.

정답과 해설

① (O) 경비업법 제2조 제5호 라목, 바목, 사목
② (O) 경비업을 영위하고자 하는 법인은 도급받아 행하고자 하는 경비업무를 특정하여 그 법인의 주사무소의 소재지를 관할하는 **시 · 도경찰청장(경찰서장 X)**의 **허가(신고 X)**를 받아야 한다. 도급받아 행하고자 하는 경비업무를 변경하는 경우에도 또한 같다(동법 제4조 제1항).
③ **(X)** 금고 이상의 형의 **집행유예선고(선고유예 X)**를 받고 그 유예기간중에 있는 자는 경비지도사의 결격사유에 해당한다(동법 제10조 제1항 제4호).
④ (O) 경비업의 허가를 받으려는 법인이 갖추어야 할 요건 중 **시설경비업무(시설경비업무 외의 경비업무 X)**의 경비인력 요건은 **경비원 10명 이상 및 경비지도사 1명 이상**이다(동법 제4조 제2항 제2호 가목).

정답 ③

THEME 07 유실물법

763 예상문제

「유실물법」 내용 중에서 밑줄 친 부분이 옳지 않은 것은 모두 몇 개인가?

> 제4조(보상금) 물건을 반환받는 자는 ㉠ 물건가액의 100분의 5 이상 100분의 20 이하의 범위에서 보상금을 습득자에게 지급할 수 있다.
> 제9조(습득자의 권리 상실) 습득물이나 그 밖에 이 법의 규정을 준용하는 물건을 횡령함으로써 처벌을 받은 자 및 습득일부터 ㉡ 10일 이내에 제1조 제1항 또는 제11조 제1항의 절차를 밟지 아니한 자는 제3조의 비용과 제4조의 보상금을 받을 권리 및 습득물의 소유권을 취득할 권리를 상실한다.
> 제10조(선박, 차량, 건축물 등에서의 습득) ① 관리자가 있는 선박, 차량, 건축물, 그 밖에 일반인의 통행을 금지한 구내에서 타인의 물건을 습득한 자는 그 물건을 관리자에게 인계하여야 한다.
> ② 제1항의 경우에는 선박, 차량, 건축물 등의 점유자를 습득자로 한다. 자기가 관리하는 장소에서 타인의 물건을 습득한 경우에도 또한 같다.
> ③ 이 조의 경우에 ㉢ 보상금은 제2항의 점유자와 실제로 물건을 습득한 자가 반씩 나누어야 한다.
> 제14조(수취하지 아니한 물건의 소유권 상실) 이 법 및 「민법」 제253조, 제254조에 따라 물건의 소유권을 취득한 자가 그 취득한 날부터 ㉣ 6개월 이내에 물건을 경찰서 또는 자치경찰단으로부터 받아 가지 아니할 때에는 그 소유권을 상실한다.

① 1개 ② 2개
③ 3개 ④ 4개

정답과 해설

㉠ (X) 물건을 반환받는 자는 물건가액의 100분의 5 이상 100분의 20 이하의 범위에서 보상금을 습득자에게 지급하여야 한다(할 수 있다 X).
㉡ (X) 7일 이내(10일 이내 X)이다.
㉣ (X) 3개월 이내(6개월 이내 X)이다.

정답 ③

764 □□□□ 예상문제

「유실물법」상 '유실물 처리'에 대한 설명으로 옳은 것은?

① 습득물, 유실물, 준유실물, 유기동물은 「유실물법」의 규정에 따라 처리한다.
② 경찰서장은 보관한 물건이 보관에 과다한 비용이나 불편이 수반되거나 경제적 가치가 떨어질 때 매각할 수 있다.
③ 범죄자가 놓고 간 것으로 인정되는 물건을 습득한 자는 신속히 그 물건을 경찰서에 제출하여야 한다.
④ 착오로 인하여 점유한 타인의 물건도 「유실물법」 규정에 따라 제출하면 보상금을 청구할 수 있다.

정답과 해설

① (X) **유기동물은 「동물보호법」의 규정에 따라 처리한다.**
② (X) 경찰서장 또는 자치경찰단을 설치한 제주특별자치도지사는 **보관한 물건이 멸실되거나 훼손될 우려가 있을 때 또는 보관에 과다한 비용이나 불편이 수반될 때(경제적가치 하락 X)**에는 대통령령으로 정하는 방법으로 이를 **매각할 수 있다** (유실물법 제2조).
③ (O) 동법 제11조 제1항
④ (X) 착오로 점유한 물건, 타인이 놓고 간 물건이나 일실(逸失)한 가축에 관하여는 이 법 및 「민법」 제253조를 준용한다. 다만, **착오**로 점유한 물건에 대하여는 제3조의 비용과 제4조의 **보상금을 청구할 수 없다**(동법 제12조).

정답 ③

THEME 08 소년경찰

765 □□□□ 15 간부

「소년법」상 소년형사절차의 특례에 대한 설명이다. 빈 칸의 숫자를 모두 더한 값은?

> ㉠ 죄를 범할 당시 (　)세 미만인 소년에 대하여 사형 또는 무기형으로 처할 것인 때에는 (　)년의 유기징역으로 한다.
> ㉡ 소년이 법정형으로 장기 (　)년 이상의 유기형에 해당하는 죄를 범한 경우에는 그 형의 범위에서 장기와 단기를 정해 선고하되, 장기는 (　)년, 단기는 (　)년을 초과하지 못한다.
> ㉢ 징역 또는 금고를 선고받은 소년에 대하여는 형의 집행 중에 (　)세가 되면 일반교도소에서 집행할 수 있다.

① 70
② 71
③ 73
④ 75

정답과 해설

18+15+2+10+5+23=73
㉠ 죄를 범할 당시 (**18**)세 미만인 소년에 대하여 사형 또는 무기형으로 처할 경우에 (**15**)년의 유기징역으로 한다(소년법 제59조).
㉡ 소년이 법정형으로 장기 (**2**)년 이상의 유기형에 해당하는 죄를 범한 경우에는 그 형의 범위에서 장기와 단기를 정하여 선고한다. 다만, 장기는 (**10**)년, 단기는 (**5**)년을 초과하지 못한다(동법 제60조 제1항).
㉢ 징역 또는 금고를 선고받은 소년에 대하여는 특별히 설치된 교도소 또는 일반 교도소 안에 특별히 분리된 장소에서 그 형을 집행한다. 다만, 소년이 형의 집행 중에 (**23**)세가 되면 일반 교도소에서 집행할 수 있다(동법 제63조).

정답 ③

766 □□□□ 예상문제

「소년법」상 소년형사절차의 특례에 대한 설명으로 옳지 않은 것은?

① 범죄소년이란 죄를 범한 14세 이상 19세 미만의 소년을 말한다.
② 판결당시 18세 미만인 소년에 대하여는 사형 또는 무기형으로 처할 때에는 15년의 유기징역으로 한다. 단, 특정강력범죄를 범한 소년에 대해서는 20년의 유기징역으로 한다.
③ 18세 미만의 소년에 대하여는 노역장 유치선고를 금지한다.
④ 보호처분이 계속 중일 때에 징역, 금고 또는 구류를 선고받은 소년에 대하여는 먼저 그 형을 집행한다.

정답과 해설

② (X) **죄를 범할 당시**(판결당시 X) **18세 미만**인 소년에 대하여는 사형 또는 무기형으로 처할 때에는 **15년의 유기징역**으로 한다. 단, **특정강력범죄**를 범한 소년에 대해서는 **20년의 유기징역**으로 한다(소년법 제59조).

정답 ②

THEME 09 청소년 보호법

767 17 승진. 예상문제

「청소년 보호법」 제2조 제5호의 "청소년 유해업소"란 청소년의 출입과 고용이 청소년에게 유해한 것으로 인정되는 청소년출입·고용금지업소와 청소년의 출입은 가능하나 고용이 청소년에게 유해한 것으로 인정되는 청소년 고용금지업소를 말한다. 다음 중 옳은 것은? (이 경우 업소의 구분은 그 업소가 영업을 할 때 다른 법령에 따라 요구되는 허가·인가·등록·신고 등의 여부와 관계없이 실제로 이루어지고 있는 영업행위를 기준으로 한다)

	청소년출입·고용금지업소	청소년고용금지업소
①	「게임산업진흥에 관한 법률」에 따른 청소년게임제공업 및 인터넷컴퓨터게임시설제공업	「게임산업진흥에 관한 법률」에 따른 일반게임제공업 및 복합유통게임제공업 중 대통령령으로 정하는 것
②	「영화 및 비디오물의 진흥에 관한 법률」에 따른 '비디오물소극장업'	「영화 및 비디오물의 진흥에 관한 법률」에 따른 '비디오감상실업'
③	「체육시설의 설치·이용에 관한 법률」에 따른 '무도학원업'	「식품위생법」에 따른 '티켓다방'
④	유해화학물질 영업(유독물을 직접 사용하지 아니하는 장소에서 이루어지는 영업 제외)	유료 만화대여업

정답과 해설

① (X) 「게임산업진흥에 관한 법률」에 따른 **청소년게임제공업 및 인터넷컴퓨터게임시설제공업**은 **청소년고용금지업소**, 「게임산업진흥에 관한 법률」에 따른 **일반게임제공업 및 복합유통게임제공업 중 대통령령으로 정하는 것**은 **청소년출입·고용금지업소**에 해당한다.

② (X) 「영화 및 비디오물의 진흥에 관한 법률」에 따른 '비디오물소극장업'은 **청소년고용금지업소**, 「영화 및 비디오물의 진흥에 관한 법률」에 따른 '비디오감상실업'은 **청소년출입·고용금지업소**에 해당한다.

③ (O) 청소년보호법 제2조

④ (X) 유해화학물질 영업(유독물을 직접 사용하지 아니하는 장소에서 이루어지는 영업 제외)과 **유료 만화대여업**은 **청소년고용금지업소**에 해당한다.

정답 ③

768 예상문제

「청소년 보호법」상 청소년유해행위에 해당하는 것은 모두 몇 개인가?

⊙ 청소년에게 구걸을 시키거나 청소년을 이용하여 구걸하는 행위
ⓒ 영리나 흥행을 목적으로 청소년에게 음란한 행위를 하게 하는 행위
ⓒ 영리를 목적으로 청소년으로 하여금 거리에서 손님을 유인하는 행위를 하게 하는 행위
ⓔ 다(茶)류를 판매하는 곳에서 근무하는 청소년을 보고 묵인하는 행위
ⓜ 청소년을 남녀 혼숙하게 하는 등 풍기를 문란하게 하는 영업행위를 하거나 이를 목적으로 장소를 제공하는 행위
ⓑ 영리를 목적으로 청소년으로 하여금 손님과 함께 술을 마시거나 노래 또는 춤 등으로 손님의 유흥을 돋우는 접객 행위를 하게 하거나 이러한 행위를 알선·매개하는 행위

① 3개　　　　　　　　　　② 4개
③ 5개　　　　　　　　　　④ 6개

정답과 해설

⊙ⓒⓒⓜⓑ 5 항목이 '**청소년유해행위**'에 해당한다.
⊙ (O) 청소년보호법 제30조 제5호
ⓒ (O) 동법 제30조 제3호
ⓒ (O) 동법 제30조 제7호
ⓔ (X) 청소년으로 하여금 **영업장을 벗어나** 차 종류를 배달하는 행위를 하게 하거나 이를 조장하거나 묵인하는 행위는 금지되지만(동법 제30조 제9호), **근로기준법상 요건을 충족하면 단순히 다(茶)류를 판매하는 곳에서 근무는 가능**하다.
ⓜ (O) 동법 제30조 제8호
ⓑ (O) 동법 제30조 제2호

정답 ③

THEME 10 아동·청소년의 성보호에 관한 법률

769 □□□□ 23·24 채용, 18 승진, 20 간부

「아동·청소년의 성보호에 관한 법률」상 미수범 처벌 규정에 해당하는 것은 모두 몇 개인가?

㉠ 위계(僞計) 또는 위력으로써 아동·청소년을 추행한 자
㉡ 아동·청소년의 성을 사는 행위의 장소를 제공하는 행위를 업으로 하는 자
㉢ 아동·청소년의 성을 사는 행위를 알선하는데 사용되는 사실을 알면서도 자금·토지 또는 건물을 제공하는 자
㉣ 영업으로 아동·청소년의 성을 사는 행위의 장소를 제공·알선하는 업소에 아동·청소년을 고용하도록 한 자
㉤ 아동·청소년의 성을 사는 행위를 한 자
㉥ 영업으로 아동·청소년을 아동·청소년의 성을 사는 행위의 상대방이 되도록 유인·권유한 자

① 2개　② 3개　③ 5개　④ 6개

정답과 해설

㉠㉥은 미수범 처벌규정이 있다.
㉠ (O) 위계(僞計) 또는 위력으로써 아동·청소년을 간음하거나 아동·청소년을 추행한 자는 **미수범은 처벌한다**(아동·청소년의 성보호에 관한 법률 제7조 제5항, 제6항).
㉡ (X) 미수범 처벌규정이 **없다**.　㉢ (X) 미수범 처벌규정이 **없다**.
㉣ (X) 미수범 처벌규정이 **없다**.　㉤ (X) 미수범 처벌규정이 **없다**.
㉥ (O) 동법 제14조 제1항 제4호 미수범은 **처벌한다**.

> 「아동·청소년의 성보호에 관한 법률」상 미수범 처벌 정리
> 제7조(아동·청소년에 대한 강간·강제추행 등) ① 폭행 또는 협박으로 아동·청소년을 강간한 사람
> ② 아동·청소년에 대하여 폭행이나 협박으로 다음 각 호의 어느 하나에 해당하는 행위를 한 자
> 　1. 구강·항문 등 신체(성기는 제외한다)의 내부에 성기를 넣는 행위
> 　2. 성기·항문에 손가락 등 신체(성기는 제외한다)의 일부나 도구를 넣는 행위
> ③ 아동·청소년에 대하여 「형법」 제298조(강제추행)의 죄를 범한 자
> ④ 아동·청소년에 대하여 「형법」 제299조(준강간, 준강제추행)의 죄를 범한 자
> ⑤ 위계(僞計) 또는 위력으로써 아동·청소년을 간음하거나 아동·청소년을 추행한 자
> 제11조(아동·청소년성착취물의 제작·배포 등) ① 아동·청소년성착취물을 제작·수입 또는 수출한 자
> 제12조(아동·청소년 매매행위) ① 아동·청소년의 성을 사는 행위 또는 아동·청소년성착취물을 제작하는 행위의 대상이 될 것을 알면서 아동·청소년을 매매 또는 국외에 이송하거나 국외에 거주하는 아동·청소년을 국내에 이송한 자
> 제14조(아동·청소년에 대한 강요행위 등) ① 다음 각 호의 어느 하나에 해당하는 자
> 　1. 폭행이나 협박으로 아동·청소년으로 하여금 아동·청소년의 성을 사는 행위의 상대방이 되게 한 자
> 　2. 선불금(先拂金), 그 밖의 채무를 이용하는 등의 방법으로 아동·청소년을 곤경에 빠뜨리거나 위계 또는 위력으로 아동·청소년으로 하여금 아동·청소년의 성을 사는 행위의 상대방이 되게 한 자
> 　3. 업무·고용이나 그 밖의 관계로 자신의 보호 또는 감독을 받는 것을 이용하여 아동·청소년으로 하여금 아동·청소년의 성을 사는 행위의 상대방이 되게 한 자
> 　4. 영업으로 아동·청소년을 아동·청소년의 성을 사는 행위의 상대방이 되도록 유인·권유한 자

정답 ①

770 ☐☐☐☐ 23 채용

「아동·청소년의 성보호에 관한 법률」에 관한 설명으로 가장 적절하지 않은 것은?

① "아동·청소년"이란 19세 미만의 사람을 말한다.
② 위계(僞計) 또는 위력으로써 아동·청소년을 추행한 자에 대한 미수범 처벌규정을 두고 있다.
③ 사법경찰관리는 19세 이상의 사람이 성적 착취를 목적으로 정보통신망을 통하여 아동·청소년에게 성적 욕망이나 수치심 또는 혐오감을 유발할 수 있는 대화를 지속적 또는 반복적으로 하거나 그러한 대화에 지속적 또는 반복적으로 참여시키는 행위를 한 범죄에 대하여 신분을 비공개하고 범인으로 추정되는 자들에게 접근하여 범죄행위의 증거 및 자료 등을 수집할 수 있다.
④ 사법경찰관리가 디지털 성범죄에 대한 신분위장수사를 할 때 신분을 위장하기 위한 문서, 도화 및 전자기록 등의 작성, 변경 또는 행사는 가능하지만, 아동·청소년성착취물을 소지, 판매 또는 광고할 수 없다.

> **정답과 해설**
> ① (O) 아동·청소년의 성보호에 관한 법률 제2조 제1호
> ② (O) 위계(僞計) 또는 위력으로써 아동·청소년을 간음하거나 아동·청소년을 추행한 자는 미수범은 처벌한다(동법 제7조 제5항 제6항).
> ③ (O) 동법 제25조의2 제1항 제1호
> ④ (X) ~~아동·청소년성착취물을 소지, 판매 또는 광고할 수 **있다**(없다 X)(동법 제25조의2 제2항).
>
> 정답 ④

771 17·24 채용, 13·20 승진

「아동·청소년의 성보호에 관한 법률」에 대한 설명으로 적절하지 않은 것은 모두 몇 개인가?

㉠ 음주 또는 약물로 인한 심신장애 상태에서 아동·청소년대상 성폭력 범죄를 범한 때에는 「형법」 제10조 제1항·제2항 및 제11조(청각 및 언어 장애인)를 적용하지 아니한다.
㉡ 아동·청소년대상 성범죄의 공소시효는 성범죄 피해 아동·청소년이 성년에 달한 날부터 진행한다.
㉢ 아동·청소년에 대한 강간·강제추행 등의 죄는 DNA 증거 등 그 죄를 증명할 수 있는 과학적 증거가 있는 때에는 공소시효가 10년 연장된다.
㉣ 13세 미만의 사람에 대하여 강간죄를 범한 경우에는 공소시효를 적용하지 않는다.
㉤ 법원은 아동·청소년 대상 성범죄를 범한 「소년법」 제2조의 소년에 대하여 형의 선고를 유예하는 경우에는 반드시 보호관찰을 명하여야 한다.
㉥ 검사 또는 사법경찰관은 피해아동·청소년의 진술내용과 조사과정은 피해자가 원하지 않는 의사를 표시하더라도 영상녹화를 하여야 한다.

① 2개 ② 3개
③ 5개 ④ 6개

정답과 해설

㉠ (X) 음주 또는 약물로 인한 심신장애 상태에서 아동·청소년대상 성폭력 범죄를 범한 때에는 「형법」 제10조 제1항·제2항 및 제11조(청각 및 언어 장애인)를 **적용하지 아니할 수 있다**(아동·청소년의 성보호에 관한 법률 제19조).
㉡ (O) 동법 제20조 제1항
㉢ (O) 동법 제20조 제2항
㉣ (O) 동법 제20조 제4항
㉤ (O) 동법 제21조 제1항
㉥ (X) 피해아동·청소년 또는 그 법정대리인(법정대리인이 가해자이거나 가해자의 배우자인 경우는 제외한다)이 이를 원하지 아니하는 의사를 표시하는 경우에는 **영상녹화를 하여서는 아니 된다**(동법 제26조 제3항).

정답 ①

772 □□□□ 22 채용

「아동·청소년의 성보호에 관한 법률」에 관한 설명 중 가장 적절하지 않은 것은?

① 사법경찰관리는 「아동·청소년의 성보호에 관한 법률」 제11조 및 제15조의2의 죄, 아동·청소년에 대한 「성폭력범죄의 처벌 등에 관한 특례법」 제14조 제2항 및 제3항의 죄에 해당하는 '디지털 성범죄'에 대하여 신분을 비공개하고 범죄현장(정보통신망 포함) 또는 범인으로 추정되는 자들에게 접근하여 범죄행위의 증거 및 자료 등을 수집할 수 있다.

② 사법경찰관리가 신분비공개수사를 진행하고자 할 때에는 사전에 상급 경찰관서 수사부서의 장의 승인을 받아야 한다. 이 경우 그 수사기간은 1개월을 초과할 수 없다.

③ 사법경찰관리는 신분위장수사를 하려는 경우에는 검사에게 신분위장수사에 대한 허가를 신청하고, 검사는 법원에 그 허가를 청구한다. 다만 신분위장수사 절차를 거칠 수 없는 긴급을 요하는 때에는 동법 제25조의2 제2항의 요건을 구비하고 법원의 허가 없이 신분위장수사를 할 수 있다. 이 경우, 사법경찰관리는 신분위장수사 개시 후 지체 없이 검사에게 허가를 신청하여야 하고, 48시간 이내에 법원의 허가를 받지 못한 때에는 즉시 신분위장수사를 중지하여야 한다.

④ 국가수사본부장은 신분비공개수사가 종료된 즉시 대통령령으로 정하는 바에 따라 국가경찰위원회에 수사 관련 자료를 보고하여야 하며, 국가수사본부장은 대통령령으로 정하는 바에 따라 국회 소관 상임위원회에 신분비공개수사 관련 자료를 반기별로 보고하여야 한다.

정답과 해설

① (O) 아동·청소년의 성보호에 관한 법률 제25조의2 제1항

② (X) 사법경찰관리가 신분비공개수사를 진행하고자 할 때에는 사전에 상급 경찰관서 수사부서의 장의 승인을 받아야 한다. 이 경우 그 수사기간은 **3개월(1개월 X)**을 초과할 수 없다(동법 제25조의3 제1항).

③ (O) 사법경찰관리는 **신분위장수사**를 하려는 경우에는 검사에게 신분위장수사에 대한 허가를 신청하고, 검사는 법원에 그 허가를 청구한다. 다만 신분위장수사 절차를 거칠 수 없는 긴급을 요하는 때에는 동법 제25조의2 제2항의 요건을 구비하고 법원의 허가 없이 신분위장수사를 할 수 있다. 이 경우, 사법경찰관리는 신분위장수사 개시 후 지체 없이 검사에게 허가를 신청하여야 하고, **48시간(36시간 X) 이내**에 법원의 허가를 받지 못한 때에는 즉시 신분위장수사를 중지하여야 한다(동법 제25조의3 제3항, 제25조의5 제1항, 제2항).

④ (O) **국가수사본부장**은 신분비공개수사가 종료된 즉시 대통령령으로 정하는 바에 따라 **국가경찰위원회**에 수사 관련 자료를 보고하여야 하며, **국가수사본부장**은 대통령령으로 정하는 바에 따라 **국회 소관 상임위원회(경찰청장 X)**에 신분비공개수사 관련 자료를 **반기별(분기별 X)**로 보고하여야 한다(동법 제25조의6).

정답 ②

773 ■■■■ 예상문제

「아동·청소년의 성보호에 관한 법률」과 관련된 판례의 입장으로 옳지 않은 것은?

① 제작한 영상물이 객관적으로 아동·청소년이 등장하여 성적 행위를 하는 내용을 표현한 영상물에 해당하는 한 대상이 된 아동·청소년의 동의하에 촬영한 것이라거나 사적인 소지·보관을 1차적 목적으로 제작한 것이라고 하여 '아동·청소년성착취물'에 해당하지 아니한다거나 이를 '제작'한 것이 아니라고 할 수 없다.

② 아동·청소년이 이미 성매매 의사를 가지고 있었던 경우에도 그러한 아동·청소년에게 금품이나 그 밖의 재산상 이익, 직무·편의제공 등 대가를 제공하거나 약속하는 등의 방법으로 성을 팔도록 권유하는 행위는 '성을 팔도록 권유하는 행위'에 포함된다.

③ 성을 사는 행위를 알선하는 행위를 업으로 하는 자가 성매매알선을 위한 종업원을 고용하면서 고용대상자에 대하여 연령확인의무의 이행을 다하지 아니한 채 아동·청소년을 고용하였다면, 특별한 사정이 없는 한 적어도 아동·청소년의 성을 사는 행위의 알선에 관한 미필적 고의는 인정된다.

④ 아동·청소년의 성을 사는 행위를 알선하는 행위를 업으로 하는 사람이 알선의 대상이 아동·청소년임을 인식하면서 알선행위를 하였더라도, 아동·청소년의 성을 사는 행위를 한 사람이 상대방이 아동·청소년임을 인식하지 못하였다면 「아동·청소년의 성보호에 관한 법률」위반죄로 처벌할 수 없다.

정답과 해설

① (O) 대법원 2015. 3.20. 2014도17346 장애여중생과 성관계 사건
② (O) 대법원 2011.11.10. 2011도3934 님아 혹시 만남? 사건
③ (O) 대법원 2014. 7.10. 2014도5173 17세 백양 18세 최양 사건
④ (X) (1) 아동·청소년의 성을 사는 행위를 알선하는 행위를 업으로 하는 사람이 알선의 대상이 아동·청소년임을 인식하면서 알선행위를 하였다면, **아동·청소년의 성을 사는 행위를 한 사람이 상대방이 아동·청소년임을 인식하고 있었는지 여부는 알선행위를 한 사람의 책임에 영향을 미칠 이유가 없다.** (2) 아동·청소년의 성을 사는 행위를 알선하는 행위를 업으로 하여 아동·청소년의 성보호에 관한 법률 제15조 제1항 제2호의 위반죄가 성립하기 위해서는 알선행위를 업으로 하는 사람이 아동·청소년을 알선의 대상으로 삼아 그 성을 사는 행위를 알선한다는 것을 인식하여야 하지만, 이에 더하여 알선행위로 아동·청소년의 성을 사는 행위를 한 사람이 상대방이 아동·청소년임을 인식하여야 한다고 볼 수는 없다(대법원 2016. 2.18. 2015도15664).

정답 ④

774 □□□□ 예상문제

「아동 · 청소년의 성보호에 관한 법률」과 관련된 내용으로 옳은 것은? (다툼이 있으면 판례에 의함)

① 법원은 아동 · 청소년 대상 성범죄를 범한 「소년법」 제2조의 소년에 대하여 형의 선고를 유예하는 경우에는 보호관찰을 명할 수 있다.
② 아동 · 청소년의 성을 사는 행위를 알선하는 행위를 업으로 하는 사람이 알선의 대상이 아동 · 청소년임을 인식하면서 알선행위를 하였다면, 아동 · 청소년의 성을 사는 행위를 한 사람이 상대방이 아동 · 청소년임을 인식하고 있었는지 여부는 알선행위를 한 사람의 책임에 영향을 미칠 이유가 없다.
③ '아동 · 청소년의 성을 사는 행위를 한 자'에 대한 처벌규정과 '아동 · 청소년의 성을 사는 행위를 하도록 유인 · 권유 또는 강요한 자'의 처벌규정은 같다.
④ 영리를 목적으로 청소년으로 하여금 신체적인 접촉 또는 은밀한 부분의 노출 등 성적 접대행위를 하게 하거나 이러한 행위를 알선 · 매개하는 행위는 아동 · 청소년의 성을 사는 행위이다.

정답과 해설

① (X) 법원은 아동·청소년 대상 성범죄를 범한 「소년법」 제2조의 소년에 대하여 형의 선고를 유예하는 경우에는 반드시 보호관찰을 **명하여야 한다**(명할 수 있다 X)(아동·청소년의 성보호에 관한 법률 제21조 제1항).
② (O) 대법원 2016. 2.18. 2015도15664
③ (X) '아동·청소년의 성을 사는 행위를 한 자'에 대한 처벌규정은 **1년 이상 10년 이하의 징역 또는 2천만원 이상 5천만원 이하의 벌금**이고, '아동·청소년의 성을 사는 행위를 하도록 유인·권유 또는 강요한 자'의 처벌규정은 **3년 이하의 징역 또는 3천만원 이하의 벌금**이다(동법 제13조 제1항, 제2항).
④ (X) 영리를 목적으로 청소년으로 하여금 신체적인 접촉 또는 은밀한 부분의 노출 등 성적 접대행위를 하게 하거나 이러한 행위를 알선·매개하는 행위는 **「청소년보호법」 제30조 제1호에 규정된 청소년 유해행위에 대한 설명**이다.

정답 ②

THEME 11 「실종아동등의 보호 및 지원에 관한 법률」과 「실종아동등 및 가출인 업무처리 규칙」

775 22 경채, 예상문제

「실종아동등의 보호 및 지원에 관한 법률」상 용어에 대한 설명으로 옳지 않은 것은 모두 몇 개인가?

> ㉠ "아동등"이란 실종 당시 18세 미만인 아동, 「장애인복지법」 제2조의 장애인 중 지적장애인, 자폐성장애인 또는 정신장애인, 「치매관리법」 제2조 제2호의 치매환자를 말한다.
> ㉡ "실종아동등"이란 약취·유인 또는 유기되거나 사고를 당하거나 가출하거나 길을 잃는 등의 사유로 인하여 보호자로부터 이탈된 아동등을 말한다.
> ㉢ "보호자"란 친권자, 후견인이나 그 밖에 다른 법률에 따라 아동등을 보호하거나 부양할 의무가 있는 사람을 말한다. 다만, 동법 제2조 제4호의 보호시설의 장 또는 종사자는 제외한다.
> ㉣ "보호시설"이란 「사회복지사업법」 제2조 제4호에 따른 사회복지시설을 말하고, 인가·신고 등이 없이 아동 등을 보호하는 시설로서 사회복지시설에 준하는 시설은 해당하지 아니한다.

① 1개 ② 2개
③ 3개 ④ 4개

정답과 해설

㉠ (O) "아동등"이란 **실종 당시(신고 당시 X)** 18세 미만인 아동, 「장애인복지법」 제2조의 장애인 중 지적장애인, 자폐성장애인 또는 정신장애인 또는 「치매관리법」 제2조 제2호의 치매환자를 말한다(실종아동등의 보호 및 지원에 관한 법률 제2조 제1호).
㉡ (O) "실종아동등"이란 약취·유인 또는 유기되거나 사고를 당하거나 **가출하거나(가출한 경우는 제외 X)** 길을 잃는 등의 사유로 인하여 보호자로부터 이탈된 아동등을 말한다(동법 제2조 제2호).
㉢ (O) "보호자"란 친권자, 후견인이나 그 밖에 다른 법률에 따라 아동등을 보호하거나 부양할 의무가 있는 사람을 말한다. **다만, 동법 제2조 제4호의 보호시설의 장 또는 종사자는 제외**한다(동법 제2조 제3호).
㉣ (X) "보호시설"이란 「사회복지사업법」 제2조 제4호에 따른 **사회복지시설 및 인가·신고 등이 없이 아동등을 보호하는 시설로서 사회복지시설에 준하는 시설을 말한다**(동법 제2조 제4호).

정답 ①

776 ☐☐☐☐ 26 간부, 예상문제

「실종아동등 및 가출인 업무처리 규칙」상 정의규정에 관한 설명으로 적절하지 않은 것은 모두 몇 개인가?

> 가. 찾는실종아동등 : 보호자가 찾고 있는 실종아동등을 말한다.
> 나. 보호실종아동등 : 보호자가 확인되지 않아 경찰관이 보호하고 있는 실종아동등을 말한다.
> 다. 장기실종아동등 : 보호자로부터 이탈한 지 48시간이 경과한 후에도 발견되지 않은 찾는실종아동등을 말한다.
> 라. 가출인 : 실종 당시 보호자로부터 이탈된 18세 이상의 사람을 말한다.
> 마. 발견지 : 실종아동등 또는 가출인을 발견하여 보호 중인 장소를 말하며, 발견한 장소와 보호 중인 장소가 서로 다른 경우에는 보호 중인 장소를 말한다.
> 바. 국가경찰 수사 범죄 : 「자치경찰사무와 시·도자치경찰위원회의 조직 및 운영 등에 관한 규정」 제3조 제1호부터 제5호까지 또는 제6호 나목의 범죄를 말한다.

① 1개 ② 2개
③ 3개 ④ 4개

정답과 해설

가. (O) 실종아동등 및 가출인 업무처리 규칙 제2조 제3호
나. (O) "보호실종아동등"이란 보호자가 **확인되지 않아**(확인되어 X) 경찰관이 보호하고 있는 실종아동등을 말한다 (동규칙 제2조 제4호).
다. (X) "장기실종아동등"이란 보호자로부터 **신고를 접수한 지**(이탈한 지 X) 48시간이 경과한 후에도 발견되지 않은 찾는실종아동등을 말한다(동규칙 제2조 제5호).
라. (X) "가출인"이란 **신고**(실종 X) 당시 보호자로부터 이탈된 18세 이상의 사람을 말한다(동규칙 제2조 제6호).
마. (O) "**발견지**"란 실종아동등 또는 가출인을 발견하여 보호 중인 장소를 말하며, 발견한 장소와 보호 중인 장소가 서로 다른 경우에는 **보호 중인 장소(발견한 장소 X)**를 말한다(동규칙 제2조 제8호).
바. (X) "국가경찰 수사 범죄"란 「자치경찰사무와 시·도자치경찰위원회의 조직 및 운영 등에 관한 규정」 제3조 제1호부터 제5호까지 또는 제6호 나목의 **범죄가 아닌 범죄**를 말한다(동규칙 제2조 제9호).

정답 ③

777 예상문제

「실종아동등 및 가출인 업무처리 규칙」상 '실종아동등 프로파일링시스템 등록 등'에 대한 설명으로 옳은 것은?

① 경찰청 여성청소년과장은 「실종아동등의 보호 및 지원에 관한 법률」에 따른 정보시스템으로 실종아동등 프로파일링시스템 및 실종아동찾기센터 홈페이지(인터넷 안전드림)를 운영한다.
② 경찰관서의 장은 실종아동등 프로파일링시스템에 등록된 대상의 보호자가 해제를 요청한 경우 즉시 해제하여야 한다.
③ 프로파일링시스템에 등록되어 있는 발견된 18세 미만 아동 및 가출인의 자료는 수배 해제 후로부터 10년간 보관하며, 발견된 지적·자폐성·정신장애인 등 및 치매환자의 자료는 수배 해제 후로부터 5년간 보관한다.
④ 실종아동등 프로파일링시스템에 등록된 보호시설 무연고자에 대한 자료는 본인의 요청이 있으면 즉시 삭제하여야 한다.

정답과 해설

① (X) 경찰청 생활교통안전국장(경찰청 여성청소년과장 X)은 정보시스템으로 실종아동등 프로파일링시스템 및 실종아동찾기센터 홈페이지(이하 "인터넷 안전드림"이라 한다)를 운영한다(실종아동등 및 가출인 업무처리 규칙 제6조 제1항).
② (X) 경찰관서의 장은 실종아동등 프로파일링시스템에 등록된 대상의 보호자가 해제를 요청한 경우에는 **실종아동등 프로파일링시스템에 등록된 자료를 해제 요청 사유의 진위(眞僞) 여부를 확인한 후(즉시 X)** 수정·해제자료를 작성하여 해제하여야 한다(동규칙 제8조 제3항 제6호).
③ (X) 프로파일링시스템에 등록되어 있는 발견된 18세 미만 아동 및 가출인의 자료는 수배 해제 후로부터 **5년간** 보관하며, 발견된 지적·자폐성·정신장애인 등 및 치매환자의 자료는 수배 해제 후로부터 **10년간** 보관한다(동규칙 제7조 제3항).
④ (O) 동규칙 제7조 제3항 제4호

정답 ④

778 예상문제

다음은 甲지역에서 아동실종사건이 발생한 경우 관할 A경찰서장이 취하여야 할 조치와 관련한 설명이다. 가장 적절한 것은?

① A경찰서장은 실종아동등의 발생 신고를 접수한 후 24시간 내에 수색 또는 수사의 실시 여부를 결정하여야 한다.
② A경찰서장은 실종아동등(범죄로 인한 경우 포함)의 조속한 발견을 위하여 「위치정보의 보호 및 이용 등에 관한 법률」에 따른 위치정보사업자에게 실종아동등의 개인위치정보의 제공을 요청할 수 있다.
③ 요청을 받은 위치정보사업자는 실종아동등의 동의가 없음을 이유로 A경찰서장의 요청을 거부하여서는 아니 된다.
④ A경찰서장은 실종아동등에 대하여 현장탐문 및 수색 후 그 결과를 즉시 보호자에게 통보하여야 하며, 이후에는 실종아동등 프로파일링시스템에 등록한 날부터 3개월까지는 15일에 1회, 3개월이 경과한 후부터는 분기별 1회 보호자에게 추적 진행사항을 통보한다.

정답과 해설

① (X) 경찰관서의 장은 실종아동등의 발생 신고를 접수하면 **지체 없이** 수색 또는 수사의 실시 여부를 결정하여야 한다(실종아동등의 보호 및 지원에 관한 법률 제9조 제1항).
② (X) 경찰관서의 장은 실종아동등(범죄로 인한 경우를 **제외**)의 조속한 발견을 위하여 필요한 때에는 실종아동등의 위치 확인에 필요한 「위치정보의 보호 및 이용 등에 관한 법률」에 따른 개인위치정보의 제공을 요청할 수 있다(동법 제9조 제2항).
③ (O) ②의 요청을 받은 자는 그 실종아동등의 **동의 없이** 개인위치정보등을 수집할 수 있으며, 실종아동등의 동의가 없음을 이유로 **경찰관서의 장의 요청을 거부하여서는 아니 된다**(동법 제9조 제3항).
④ (X) **1개월까지는 15일에 1회, 1개월이 경과한 후부터는 분기별 1회** 보호자에게 추적 진행사항을 통보한다(실종아동등 및 가출인 업무처리규칙 제11조 제5항).

정답 ③

779 ☐☐☐☐ 22 채용

「실종아동등의 보호 및 지원에 관한 법률」과 「실종아동등 및 가출인 업무처리 규칙」에 관한 설명 중 옳은 것은 모두 몇 개인가?

> ㉠ '장기실종아동등'이라 함은 보호자로부터 이탈한 지 48시간이 경과한 후에도 발견되지 않은 '찾는 실종아동등'을 말한다.
> ㉡ 경찰관서의 장은 실종아동등의 발생 신고를 접수하면 24시간 이내에 수색 또는 수사의 실시여부를 결정하여야 한다.
> ㉢ 발견된 18세 미만 아동 및 가출인의 경우, 실종아동등 프로파일링시스템에 등록된 자료는 수배 해제 후로부터 10년간 보관한다.
> ㉣ 실종아동등 프로파일링시스템에 등록된 미발견자의 자료는 소재 발견시까지 보관한다.
> ㉤ 경찰관서의 장은 실종아동등에 대하여 「실종아동등 및 가출인 업무처리 규칙」 제18조에 따른 현장 탐문 및 수색 후, 그 결과를 즉시 보호자에게 통보하여야 한다. 이후에는 실종아동등 프로파일링시스템에 등록한 날로부터 1개월까지는 15일에 1회, 1개월이 경과한 후부터는 분기별 1회 보호자에게 추적 진행사항을 통보한다.

① 1개
② 2개
③ 3개
④ 4개

정답과 해설

㉠ **(X)** "장기실종아동등"이란 보호자로부터 **신고를 접수한 지(이탈한 지 X)** 48시간이 경과한 후에도 발견되지 않은 찾는 실종아동등을 말한다(실종아동등 및 가출인 업무처리규칙 제2조 제5호).

㉡ **(X)** 경찰관서의 장은 실종아동등의 발생 신고를 접수하면 **지체 없이(24시간 이내에 X)** 수색 또는 수사의 실시 여부를 결정하여야 한다(실종아동등 보호 및 지원에 관한 법률 제9조 제1항).

㉢ **(X)** 발견된 18세 미만 아동 및 가출인의 경우, 실종아동등 프로파일링시스템에 등록된 자료는 수배 해제 후로부터 **5년간(10년간 X)** 보관한다(동규칙 제7조 제3항 제1호).

㉣ **(O)** 실종아동등 프로파일링시스템에 등록된 미발견자의 자료는 **소재 발견시**까지 보관한다(동규칙 제7조 제3항 제3호).

㉤ **(O)** 경찰관서의 장은 실종아동등에 대하여 「실종아동등 및 가출인 업무처리 규칙」 제18조에 따른 현장 탐문 및 수색 후, 그 결과를 즉시 보호자에게 통보하여야 한다. 이후에는 실종아동등 프로파일링시스템에 등록한 날로부터 **1개월까지는 15일에 1회, 1개월이 경과한 후부터는 분기별 1회** 보호자에게 추적 진행사항을 통보한다(동규칙 제11조 제5항).

정답 ②

780 ☐☐☐☐ 25 채용

「실종아동등의 보호 및 지원에 관한 법률」에 대한 설명으로 가장 적절하지 않은 것은?

① 「사회복지사업법」 제14조에 따른 사회복지전담공무원은 그 직무를 수행하면서 실종아동등임을 알게 되었을 때에는 「실종아동등의 보호 및 지원에 관한 법률」 제3조 제2항 제1호에 따라 경찰청장이 구축하여 운영하는 신고체계로 지체 없이 신고하여야 한다.
② 경찰청장은 실종아동등의 조속한 발견과 복귀를 위하여 아동등의 보호자가 신청하는 경우 아동등의 지문 및 얼굴 등에 관한 정보를 「실종아동등의 보호 및 지원에 관한 법률」 제8조의2에 따른 정보시스템에 등록하고 아동등의 보호자에게 사전신고증을 발급할 수 있다.
③ 경찰청장은 실종아동등의 발견을 위하여 실종아동등을 찾고자 하는 가족으로부터 유전자검사대상물을 채취할 수 있다.
④ 경찰관서의 장과 경찰관서에 종사하거나 종사하였던 자는 실종아동등을 찾기 위한 목적으로 제공받은 개인위치정보등을 실종아동등을 찾기 위한 목적 외의 용도로 이용하여서는 아니 되며, 경찰관서의 장은 목적을 달성하였을 때에는 1년 간 보관하여야 한다.

정답과 해설

① (O) 「사회복지사업법」 제14조에 따른 사회복지전담공무원은 그 직무를 수행하면서 실종아동등임을 알게 되었을 때에는 「실종아동등의 보호 및 지원에 관한 법률」 제3조 제2항 제1호에 따라 **경찰청장**이 구축하여 운영하는 신고체계로 **지체 없이 신고하여야 한다**(실종아동등의 보호 및 지원에 관한 법률 제6조 제1항 제4호).
② (O) **경찰청장**은 실종아동등의 조속한 발견과 복귀를 위하여 아동등의 보호자가 신청하는 경우 아동등의 지문 및 얼굴 등에 관한 정보를 「실종아동등의 보호 및 지원에 관한 법률」 제8조의2에 따른 정보시스템에 등록하고 아동등의 보호자에게 사전신고증을 **발급할 수 있다**(동법 제7조의2).
③ (O) **경찰청장**은 실종아동등의 발견을 위하여 실종아동등을 찾고자 하는 가족으로부터 유전자검사대상물을 **채취할 수 있다**(동법 제11조 제1항).
④ (X) **경찰관서의 장**과 경찰관서에 종사하거나 종사하였던 자는 실종아동등을 찾기 위한 목적으로 제공받은 개인위치정보등을 실종아동등을 찾기 위한 목적 외의 용도로 이용하여서는 아니 되며, 경찰관서의 장은 목적을 달성하였을 때에는 **지체 없이 파기하여야 한다**(동법 제9조 제4항).

정답 ④

02 수사경찰

① 가정폭력처벌등에 관한 특례법
② 아동학대범죄의 처벌 등에 관한 특례법
③ 스토킹범죄의 처벌 등에 관한 법률
④ 성폭력범죄의 처벌 등에 관한 특례법
⑤ 특정중대범죄 피의자 등 신상정보 공개에 관한 법률
⑥ 범죄피해자 보호법
⑦ 마약류사범 수사

• 기 출 키 워 드 •

23년 2차	• 아동학대범죄의 처벌 등에 관한 특례법
24년 1차	• 피의자 유치 및 호송 규칙 • 가정폭력범죄의 처벌 등에 관한 특례법
24년 2차	• 특정중대범죄 피의자 등 신상정보 공개에 관한 법률 • LSD
25년 1차	
25년 2차	• 아동학대범죄의 처벌 등에 관한 특례법 • 범죄피해자 보호법

최신개정법령&무료자료 다운로드 등
네이버 김재규경찰학 카페(https://cafe.naver.com/ollaedu)

가정폭력범죄의 처벌 등에 관한 특례법

781 □□□□ 예상문제

「가정폭력범죄의 처벌 등에 관한 특례법」에 대한 설명으로 옳은 것은?

① "가정폭력"이란 가정구성원 사이의 신체적, 정신적 피해를 수반하는 행위를 말하며, 재산상 피해는 이에 해당하지 않는다.
② 피해자에게 고소할 법정대리인이나 친족이 없는 경우에 이해관계인이 신청하면 검사는 10일 이내에 고소할 수 있는 사람을 지정할 수 있다.
③ 진행 중인 가정폭력범죄에 대하여 신고를 받은 사법경찰관리는 피해자의 동의가 있는 경우에만 피해자를 가정폭력 관련 상담소 또는 보호시설로 인도하는 조치를 할 수 있다.
④ 아동, 70세 이상의 노인, 그 밖에 정상적인 판단능력이 결여된 사람의 치료 등을 담당하는 의료인 및 의료기관의 장이 직무를 수행하면서 가정폭력범죄를 알게 된 경우에는 정당한 사유가 없으면 즉시 수사기관에 신고하여야 한다.

정답과 해설

① (X) "가정폭력"이란 가정구성원 사이의 **신체적, 정신적 또는 재산상 피해**를 수반하는 행위를 말한다(가정폭력 범죄의 처벌 등에 관한 특례법 제2조 제1호).
② (X) 피해자에게 고소할 법정대리인이나 친족이 없는 경우에 이해관계인이 신청하면 검사는 **10일 이내**에 고소할 수 있는 사람을 지정**하여야 한다**(할 수 있다 X)(동법 제6조 제3항).
③ (O) 동법 제5조 제2호
④ (X) 아동, **60세 이상의 노인**, 그 밖에 정상적인 판단능력이 결여된 사람의 치료 등을 담당하는 의료인 및 의료기관의 장은 직무를 수행하면서 가정폭력범죄를 알게 된 경우에는 정당한 사유가 없으면 즉시 수사기관에 신고하여야 한다(동법 제4조 제2항 제2호).

정답 ③

782 25 간부

「가정폭력범죄의 처벌 등에 관한 특례법」에 대한 설명으로 적절하지 않은 것은 모두 몇 개인가?

> 가. 피해자에게 고소할 법정대리인이나 친족이 없는 경우에 이해관계인이 신청하면 검사는 10일 이내에 고소할 수 있는 사람을 지정하여야 한다.
> 나. 검사는 가정폭력범죄로서 사건의 성질·동기 및 결과, 가정폭력행위자의 성행 등을 고려하여 이 법에 따른 보호처분을 하는 것이 적절하다고 인정하는 경우에는 가정보호사건으로 처리할 수 있다. 이 경우 검사는 피해자의 의사를 존중하여야 한다.
> 다. 법원은 가정폭력행위자에 대하여 유죄판결(선고유예는 제외한다)을 선고하거나 약식명령을 고지하는 경우에는 200시간의 범위에서 재범예방에 필요한 수강명령(「보호관찰 등에 관한 법률」에 따른 수강명령을 말한다)을 병과할 수 있다. 이 경우 수강명령은 형의 집행을 유예할 경우에는 그 집행유예기간이 종료된 다음날부터 6개월 이내에 집행한다.
> 라. 사법경찰관이 긴급임시조치를 한 때에는 지체 없이 검사에게 임시조치를 신청하고, 신청받은 검사는 법원에 임시조치를 청구하여야 한다. 이 경우 임시조치의 청구는 응급조치를 한 때부터 48시간 이내에 청구하여야 한다.

① 0개 ② 1개
③ 2개 ④ 3개

정답과 해설

가. (O) 가정폭력범죄의 처벌 등에 관한 특례법 제6조 제3항
나. (O) 동법 제9조 제1항
다. (X) 이 경우 수강명령은 형의 집행을 유예할 경우에는 그 **집행유예기간 내에(그 집행유예기간이 종료된 다음날부터 6개월 이내 X)** 에 집행한다(동법 제3조의2 제1항, 제4항).
라. (X) 사법경찰관이 긴급임시조치를 한 때에는 지체 없이 검사에게 임시조치를 신청하고, 신청받은 검사는 법원에 임시조치를 청구하여야 한다. 이 경우 임시조치의 청구는 **긴급임시조치(응급조치 X)** 를 한 때부터 48시간 이내에 청구하여야 하며, 긴급임시조치결정서를 첨부하여야 한다(동법 제8조의3 제1항).

정답 ③

783 예상문제

다음 중 신고를 받고 출동한 지역경찰관이 「가정폭력범죄의 처벌 등에 관한 특례법」상 가정폭력 사건으로 처리할 수 있는 경우를 모두 고른 것은?

> ㉠ 이혼한 배우자 甲이 乙의 주거에 침입한 경우
> ㉡ 丙과 따로 살고있는 사촌동생이 丙을 협박한 경우
> ㉢ 乙의 계부였던 A가 乙의 재물을 손괴한 경우
> ㉣ 사실혼 관계에 있는 B가 폭행한 경우
> ㉤ C의 시어머니가 C의 재물을 절도한 경우

① ㉠㉡㉢
② ㉡㉣㉤
③ ㉠㉢㉤
④ ㉠㉢㉣

정답과 해설

㉠㉢㉣ 옳은 설명이다.
㉡ (X) 丙과 따로 살고있는 사촌동생은 「가정폭력 범죄의 처벌 등에 관한 특례법」상 '가정구성원'에 해당하지 않는다 (가정폭력 범죄의 처벌 등에 관한 특례법 제2조 제2호).
㉤ (X) 절도죄는 「가정폭력 범죄의 처벌 등에 관한 특례법」상 '가정폭력범죄'에 해당하지 않는다.

정답 ④

784 24 채용

「가정폭력범죄의 처벌 등에 관한 특례법」상 가정폭력범죄에 해당하지 않는 것은?

① 甲의 아버지가 甲의 명예를 훼손한 경우
② 乙의 계모였던 사람이 乙의 재물을 손괴한 경우
③ 丙과 같이 사는 사촌동생이 丙을 약취유인한 경우
④ 丁이 이혼한 전 부인을 강간한 경우

정답과 해설

① (O) 甲의 아버지가 甲의 명예를 훼손한 경우 가정폭력범죄에 해당한다.
② (O) 乙의 계모였던 사람이 乙의 재물을 손괴한 경우 가정폭력범죄에 해당한다.
③ (X) 丙과 같이 사는 사촌동생이 丙을 약취유인한 경우 동거하는 친족에는 해당하지만 **약취·유인은 가정폭력범죄에 해당하지 않는다.**
④ (O) 丁이 이혼한 전 부인을 강간한 경우 가정폭력범죄에 해당한다.

정답 ③

785 23 간부

다음 사례에서 「가정폭력범죄의 처벌 등에 관한 특례법」상 A의 "가정구성원"에 해당하지 않는 자는?

> A남은 B녀와 혼인하여 살다가 이혼하였고 C녀는 D남과 혼인하여 살다가 이혼하였다. 그 후 A와 C가 재혼하였다. A에게는 부친 E가 있으며, C에게는 모친 F가 있다. 한편 A의 형제자매로는 남동생 G가 있으며, C의 형제자매로는 여동생 H가 있다. G는 아직 결혼을 하지 않고, 충남 아산에 있는 A와 C의 집에서 같이 살고 있으며, H는 결혼하여 남편과 함께 미국에서 살고 있다.

① B
② F
③ G
④ H

정답과 해설

① (O) B : A의 배우자 였던 사람(가정폭력범죄의 처벌 등에 관한 특례법 제2조 제2호 가목)
② (O) F : A의 현재 배우자의 직계존속(동법 제2조 제2호 나목)
③ (O) G : A의 동거하는 남동생(동법 제2조 제2호 라목)
④ (X) H : A의 동거하지 않는 친족이라 동법 제2조에서 정의하는 **가정구성원에 해당하지 않는다.**

정답 ④

786 19 간부, 예상문제

「가정폭력범죄의 처벌 등에 관한 특례법」상 가정폭력범죄의 유형에 해당하지 않는 죄는 모두 몇 개인가?

> 가. 공갈죄
> 나. 퇴거불응죄
> 다. 주거 · 신체 수색죄
> 라. 상해치사
> 마. 재물손괴죄(특수재물손괴포함)
> 바. 모욕죄
> 사. 약취 · 유인죄
> 아. 「성폭력범죄의 처벌 등에 관한 특례법」상 카메라 등을 이용한 촬영죄
> 자. 아동혹사죄

① 1개 ② 2개
③ 3개 ④ 4개

정답과 해설

② **라와 사**가 가정폭력범죄의 유형에 해당하지 않는다.

가정폭력범죄의 유형에 해당하지 않는 죄
사기, 절도, 횡령, 배임, 강도, 살인, 약취 · 유인, 인질강요, 상해치사, 폭행치사상, 체포 · 감금등의 치사상, 업무방해, 공무집행방해, 중손괴

정답 ②

787 ☐☐☐☐ 21 채용

「가정폭력범죄의 처벌 등에 관한 특례법」에 대한 설명으로 가장 적절하지 않은 것은?

① 가정폭력으로서 출판물 등에 의한 명예훼손, 재물손괴, 유사강간, 주거침입의 죄는 가정폭력범죄에 해당한다.
② 사법경찰관은「가정폭력범죄의 처벌 등에 관한 특례법」제5조에 따른 응급조치에도 불구하고 가정폭력범죄가 재발될 우려가 있고, 긴급을 요하여 법원의 임시조치 결정을 받을 수 없을 때에는 직권 또는 피해자나 그 법정대리인의 신청에 의하여 긴급임시조치를 할 수 있다.
③ 법원은 가정폭력행위자에 대하여 유죄판결(선고유예는 제외)을 선고하거나 약식명령을 고지하는 경우에는 200시간의 범위에서 재범예방에 필요한 수강명령(「보호관찰 등에 관한 법률」에 따른 수강명령) 또는 가정폭력 치료프로그램의 이수명령을 병과할 수 있다.
④ 가정폭력범죄 중 아동학대범죄에 대해서는「청소년 보호법」을 우선 적용한다.

정답과 해설

① (O) 가정폭력범죄의 처벌 등에 관한 특례법 제2조 제3호
② (O) 동법 제8조의2 제1항
③ (O) 동법 제3조의2 제1항
④ (X) 가정폭력범죄에 대하여는 이 법을 우선 적용한다. 다만, 아동학대범죄에 대하여는 **「아동학대범죄의 처벌 등에 관한 특례법」**을 우선 적용한다(동법 제3조).

정답 ④

788 22 승진. 예상문제

「가정폭력범죄의 처벌 등에 관한 특례법」에 대한 설명으로 적절한 것은?

① 가정폭력범죄가 재발될 우려가 있다고 인정하는 경우에는 사법경찰관의 직권으로 법원에 임시조치를 청구할 수 있다.
② 진행 중인 가정폭력범죄에 대하여 신고를 받은 사법경찰관리는 즉시 현장에 나가서 폭력행위의 제지, 가정폭력행위자·피해자의 분리, 현행범인의 체포 등 범죄수사, 피해자를 가정폭력 관련 상담소 또는 보호시설로 인도(피해자가 동의한 경우만 해당), 긴급치료가 필요한 피해자를 의료기관으로 인도, 폭력행위 재발 시 제8조에 따라 임시조치를 신청할 수 있음을 통보, 제55조의2에 따른 피해자보호명령 또는 신변안전조치를 청구할 수 있음을 고지해야 한다.
③ 甲의 배우자였던 乙이 甲에게 폭행을 당한 것을 이유로 112치안종합상황실에 가정폭력으로 신고하여 순찰 중이던 경찰관이 출동한 경우, 그 경찰관은 해당 사건에 대해 가정폭력범죄 사건으로 처리할 수 없다.
④ '가정폭력행위자'에는 가정폭력범죄를 범한 사람 및 가정구성원이 아닌 공범을 포함한다.

정답과 해설

① (X) **검사**는 가정폭력범죄가 재발될 우려가 있다고 인정하는 경우에는 **직권으로 또는 사법경찰관의 신청**에 의하여 임시조치를 청구할 수 있다(동법 제8조 제1항). **[주의] 사법경찰관은 직권으로 법원에 임시조치를 청구할 수 없다.**
② (O) 동법 제5조
③ (X) 가정폭력범죄의 처벌 등에 관한 특례법상 가족구성원 범위에는 배우자(사실혼 포함) 또는 **배우자였던 사람이 포함**되기 때문에 가정폭력범죄사건으로 **처리할 수 있다**(동법 제2조 제2호 가목).
④ (X) '가정폭력행위자'란 가정폭력범죄를 범한 사람 및 **가정구성원인 공범**을 말한다(동법 제2조 제4호).

정답 ②

789 ⬜⬜⬜⬜ 예상문제

진행 중인 가정폭력범죄에 대하여 신고를 받은 사법경찰관리가 즉시 현장에 나가서 할 수 있는 응급조치를 모두 고르시오.

> ㉠ 「형사소송법」 제212조에 따른 현행범인의 체포 등 범죄수사
> ㉡ 피해자를 가정폭력 관련 상담소 또는 보호시설로 인도(피해자의 의견을 존중한 경우만 해당)
> ㉢ 긴급치료가 필요한 피해자를 의료기관으로 인도
> ㉣ 피해자 또는 가정구성원이나 그 주거·직장 등에서 100미터 이내의 접근 금지
> ㉤ 피해자 보호명령 또는 신변안전조치를 청구할 수 있음을 고지
> ㉥ 국가경찰관서의 유치장 또는 구치소에의 유치

① ㉠㉡㉤
② ㉡㉣㉥
③ ㉠㉢㉤
④ ㉡㉢㉤

정답과 해설

㉠ (O) 동법 제5조 제1의2호
㉡ (X) 피해자를 가정폭력 관련 상담소 또는 보호시설로 인도(피해자가 **동의한 경우**만 해당한다)(동법 제5조 제2호)
㉢ (O) 동법 제5조 제3호
㉣ (X) **임시조치** 내용이다(동법 제29조 제1항 제2호).
㉤ (O) 동법 제5조 제5호
㉥ (X) **임시조치** 내용이다(동법 제29조 제1항 제5호).

정답 ③

790 ⬜⬜⬜⬜ 예상문제

다음 중 「가정폭력범죄의 처벌 등에 관한 특례법」에 관한 설명으로 가장 옳지 않은 것은 무엇인가?

① 사법경찰관은 응급조치에도 불구하고 가정폭력범죄가 재발될 우려가 있고, 긴급을 요하여 법원의 임시조치 결정을 받을 수 없을 때에는 직권 또는 피해자나 그 법정대리인의 신청에 의하여 피해자 또는 가정구성원의 주거 또는 점유하는 방실로부터의 퇴거 등 격리, 피해자 또는 가정구성원이나 그 주거·직장 등에서 100미터 이내의 접근 금지, 피해자 또는 가정구성원에 대한 「전기통신기본법」 제2조제1호의 전기통신을 이용한 접근 금지 중 어느 하나에 해당하는 조치(이하 "긴급임시조치"라 한다)를 할 수 있다.

② 판사는 가정보호사건의 원활한 조사·심리 또는 피해자 보호를 위하여 필요하다고 인정하는 경우에는 결정으로 가정폭력행위자에게 의료기관이나 그 밖의 요양소에의 위탁의 임시조치를 할 수 있다.

③ ②의 경우 임시조치기간은 1개월을 초과할 수 없다. 다만, 피해자의 보호를 위하여 그 기간을 연장할 필요가 있다고 인정하는 경우에는 결정으로 두 차례만 각 기간의 범위에서 연장할 수 있다.

④ 정당한 사유 없이 긴급임시조치(검사가 임시조치를 청구하지 아니하거나 법원이 임시조치의 결정을 하지 아니한 때는 제외한다)를 이행하지 아니한 사람은 300만원 이하의 과태료를 부과한다.

정답과 해설

① (O) 가정폭력범죄의 처벌 등에 관한 특례법 제8조의2 제1항
② (O) 동법 제29조 제1항 제4호
③ (X) 다만 피해자의 보호를 위하여 그 기간을 연장할 필요가 있다고 인정하는 경우에는 결정으로 **한 차례만** 각 기간의 범위에서 연장할 수 있다(동법 제29조 제5항).
④ (O) 동법 제66조 제2호

정답 ③

THEME 02 아동학대범죄의 처벌 등에 관한 특례법

791 ☐☐☐☐ 22 승진, 예상문제

「아동학대범죄의 처벌 등에 관한 특례법」에 대한 설명으로 가장 적절하지 않은 것은?

① 아동학대범죄 신고를 접수한 사법경찰관리나 아동학대전담공무원이 동행하여 현장출동하지 아니한 경우, 수사기관의 장이나 시·도지사 또는 시장·군수·구청장은 현장출동에 따른 조사 등의 결과를 서로에게 통지할 수 있다.

② 사법경찰관은 피해아동 등에 대한 응급조치에도 불구하고 아동학대범죄가 재발될 우려가 있고, 긴급을 요하여 법원의 임시조치 결정을 받을 수 없을 때에는 직권으로 아동학대행위자에 대한 긴급임시조치를 할 수 있다.

③ 검사는 아동학대범죄사건의 증인이 피고인 또는 그 밖의 사람으로부터 생명·신체에 해를 입거나 입을 염려가 있다고 인정될 때에는 관할 경찰서장에게 증인의 신변안전을 위하여 필요한 조치를 할 것을 요청하여야 한다.

④ '피해아동등을 아동학대 관련 보호시설로 인도조치'를 하는 때에는 피해아동등의 이익을 최우선으로 고려하여야 하며, 피해아동등을 보호하여야 할 필요가 있는 등 특별한 사정이 있는 경우를 제외하고는 피해아동등의 의사를 존중하여야 한다.

정답과 해설

① (X) 현장출동이 동행하여 이루어지지 아니한 경우 수사기관의 장이나 시·도지사 또는 시장·군수·구청장은 현장출동에 따른 조사 등의 결과를 서로에게 **통지하여야 한다**(할 수 있다 X)(아동학대범죄의 처벌 등에 관한 특례법 제11조 제7항).

② (O) 동법 제13조 제1항

③ (O) **검사**는 아동학대범죄사건의 증인이 피고인 또는 그 밖의 사람으로부터 생명·신체에 해를 입거나 입을 염려가 있다고 인정될 때에는 **관할 경찰서장**에게 증인의 신변안전을 위하여 필요한 조치를 할 것을 **요청하여야 한다**(동법 제17조의2 제1항).

④ (O) '피해아동등을 아동학대 관련 보호시설로 인도조치'를 하는 때에는 피해아동등의 이익을 최우선으로 고려하여야 하며, 피해아동등을 보호하여야 할 필요가 있는 등 특별한 사정이 있는 경우를 제외하고는 **피해아동등의 의사를 존중(동의 X)**하여야 한다(동법 제12조 제1항).

정답 ①

792 ▢▢▢▢ 21 채용

「아동학대범죄의 처벌 등에 관한 특례법」에 대한 설명으로 가장 적절하지 않은 것은?

① 아동학대 신고의무자가 보호하는 아동에 대하여 아동학대범죄를 범한 때에는 그 죄에 정한 형의 2분의 1까지 가중한다.
② 아동학대범죄 현장을 발견한 경우 또는 학대현장 이외의 장소에서 학대피해가 확인되고 재학대의 위험이 급박한 경우, 사법경찰관리 또는 아동학대전담공무원은 피해아동등의 보호를 위하여 즉시 응급조치를 하여야 한다. 응급조치에는 아동학대범죄 행위의 제지, 아동학대행위자를 피해아동등으로부터 격리, 피해아동등을 아동학대 관련 보호시설로 인도, 피해아동등 또는 가정구성원에 대한 전기통신을 이용한 접근 금지 등의 조치가 있다.
③ 아동학대행위자를 피해아동등으로부터 격리하는 경우, 72시간을 넘을 수 없다. 다만, 공휴일이나 토요일이 포함되는 경우로서 피해아동등의 보호를 위하여 필요하다고 인정되는 경우에는 48시간의 범위에서 그 기간을 연장할 수 있다.
④ 판사는 아동학대범죄의 원활한 조사·심리 또는 피해아동등의 보호를 위하여 필요하다고 인정하는 경우에는 결정으로 아동학대행위자에게 임시조치를 할 수 있다. 임시조치에는 친권 또는 후견인 권한 행사의 제한 또는 정지, 아동보호전문기관등에의 상담 및 교육 위탁, 의료기관이나 그 밖의 요양 시설에의 위탁, 경찰관서의 유치장 또는 구치소에의 유치 등이 있다.

정답과 해설

① (O) 아동학대 신고의무자가 보호하는 아동에 대하여 아동학대범죄를 범한 때에는 그 죄에 정한 형의 2분의 1까지 가중한다(아동학대범죄의 처벌 등에 관한 특례법 제7조).
② (X) 피해아동등 또는 가정구성원에 대한 전기통신을 이용한 접근 금지 등의 조치는 응급조치가 아닌 임시조치에 해당한다.
③ (O) 제1항 제2호부터 제5호까지의 규정에 따른 응급조치는 72시간을 넘을 수 없다. 다만, 본문의 기간에 공휴일이나 토요일이 포함되는 경우로서 피해아동등의 보호를 위하여 필요하다고 인정되는 경우에는 48시간의 범위에서 그 기간을 연장할 수 있다(동법 제12조 제3항).

> 1. 아동학대범죄 행위의 제지
> 2. **아동학대행위자를 피해아동등으로부터 격리**
> 3. 피해아동등을 아동학대 관련 보호시설로 인도
> 4. 긴급치료가 필요한 피해아동을 의료기관으로 인도
> 5. 피해아동등을 연고자 등에게 인도

④ (O) 동법 제19조 제1항

정답 ②

793 ☐☐☐☐ 25 채용, 예상문제

「아동학대범죄의 처벌 등에 관한 특례법」에 대한 설명으로 가장 적절하지 않은 것은?

① "아동"이란 18세 미만의 사람을 말한다.
② "아동학대행위자"란 아동학대범죄를 범한 사람 및 그 공범을 말하고, "피해아동"이란 아동학대범죄로 인하여 직접적으로 피해를 입은 아동을 말한다.
③ 아동학대범죄 신고를 접수한 사법경찰관리나 아동학대전담공무원은 지체 없이 아동학대범죄의 현장에 출동하여야 한다. 이 경우 수사기관의 장이나 시·도지사 또는 시장·군수·구청장은 서로 동행하여 줄 것을 요청할 수 있으며, 그 요청을 받은 수사기관의 장이나 시·도지사 또는 시장·군수·구청장은 정당한 사유가 없으면 사법경찰관리나 아동학대전담공무원이 아동학대범죄 현장에 동행하도록 조치하여야 한다.
④ 사법경찰관리 또는 아동학대전담공무원이 응급조치를 한 경우에는 즉시 응급조치결과보고서를 작성하여야 한다. 이 경우 사법경찰관리가 응급조치를 한 경우에는 관할 경찰관서의 장이 시·도지사 또는 시장·군수·구청장에게, 아동학대전담공무원이 응급조치를 한 경우에는 소속 시·도지사 또는 시장·군수·구청장이 관할 경찰관서의 장에게 작성된 응급조치결과보고서를 10일 이내에 송부하여야 한다.

정답과 해설

① (O) "아동"이란 **18세 미만**(19세 미만 X)의 사람을 말한다(아동학대범죄의 처벌 등에 관한 특례법 제2조 제1호).
② (O) "아동학대행위자"란 아동학대범죄를 **범한 사람 및 그 공범**을 말하고, "피해아동"이란 아동학대범죄로 인하여 **직접적**(간접적 X)으로 피해를 입은 아동을 말한다(동법 제2조 제5호, 제6호).
③ (O) 아동학대범죄 신고를 접수한 사법경찰관리나 아동학대전담공무원은 **지체 없이**(24시간 이내 X) 아동학대범죄의 현장에 출동하여야 한다. 이 경우 수사기관의 장이나 시·도지사 또는 시장·군수·구청장은 **서로 동행하여 줄 것을 요청할 수 있으며**, 그 요청을 받은 수사기관의 장이나 시·도지사 또는 시장·군수·구청장은 **정당한 사유가 없으면 사법경찰관리나 아동학대전담공무원이 아동학대범죄 현장에 동행하도록 조치하여야 한다**(동법 제11조 제1항).
④ (X) **사법경찰관리 또는 아동학대전담공무원**이 응급조치를 한 경우에는 **즉시 응급조치결과보고서를 작성하여야 한다.** 이 경우 사법경찰관리가 응급조치를 한 경우에는 관할 경찰관서의 장이 시·도지사 또는 시장·군수·구청장에게, 아동학대전담공무원이 응급조치를 한 경우에는 소속 시·도지사 또는 시장·군수·구청장이 관할 경찰관서의 장에게 작성된 응급조치결과보고서를 **지체 없이 송부하여야 한다**(동법 제12조 제5항).

정답 ④

794 24 간부

「아동학대범죄의 처벌 등에 관한 특례법」에 대한 설명으로 가장 적절한 것은?

① 피해아동에게 고소할 법정대리인이나 친족이 없는 경우에 이해관계인이 신청하면 검사는 20일 이내에 고소할 수 있는 사람을 지정하여야 한다.
② 아동학대범죄 신고를 접수한 사법경찰관리는 아동학대범죄가 행하여지고 있는 것으로 신고된 현장 또는 피해아동을 보호하기 위하여 필요한 장소에 출입하여 아동 또는 아동학대행위자 등 관계인에 대하여 조사를 하거나 질문을 할 수 있다. 이 경우 사법경찰관리는 피해아동의 보호 및 「아동복지법」 제22조의4의 사례관리계획에 따른 사례관리를 위한 범위에서만 아동학대행위자 등 관계인에 대하여 조사해야 한다.
③ 법원은 아동학대행위자에 대하여 유죄판결(선고유예를 포함한다)을 선고하거나 약식명령을 고지하면서 200시간의 범위에서 재범예방에 필요한 수강명령 또는 아동학대 치료프로그램의 이수명령을 병과할 수 있다.
④ 사법경찰관은 아동학대행위자에 대한 긴급임시조치를 한 경우에는 즉시 긴급임시조치결정서를 작성하여야 하고, 그 내용을 시·도지사 또는 시장·군수·구청장에게 지체 없이 통지하여야 한다.

정답과 해설

① (X) 피해아동에게 고소할 법정대리인이나 친족이 없는 경우에 이해관계인이 신청하면 검사는 **10일 이내(20일 이내 X)**에 고소할 수 있는 사람을 지정하여야 한다(아동학대범죄의 처벌 등에 관한 특례법 제10조의4 제3항).
② (X) 아동학대범죄 신고를 접수한 사법경찰관리나 아동학대전담공무원은 아동학대범죄가 행하여지고 있는 것으로 신고된 현장 또는 피해아동을 보호하기 위하여 필요한 장소에 출입하여 아동 또는 아동학대행위자 등 관계인에 대하여 조사를 하거나 질문을 할 수 있다. 다만, **아동학대전담공무원(사법경찰관리 X)**은 피해아동의 보호, 「아동복지법」 제22조의4의 사례관리계획에 따른 사례관리를 위한 범위에서만 아동학대행위자 등 관계인에 대하여 **조사 또는 질문을 할 수 있다**(동법 제11조 제2항).
③ (X) 법원은 아동학대행위자에 대하여 유죄판결(선고유예를 **제외(포함 X)**)을 선고하거나 약식명령을 고지하면서 200시간의 범위에서 재범예방에 필요한 수강명령 또는 아동학대 치료프로그램의 이수명령을 병과할 수 있다(동법 제8조 제1항).
④ (O) 동법 제13조 제2항

정답 ④

795 ☐☐☐☐ 예상문제

「아동학대범죄의 처벌 등에 관한 특례법」상 임시조치 청구에 대한 설명으로 옳지 않은 것은?

① 검사는 아동학대범죄가 재발될 우려가 있다고 인정하는 경우에는 직권으로 또는 사법경찰관이나 보호관찰관의 신청에 따라 법원에 임시조치를 청구할 수 있다.
② 사법경찰관이 응급조치 또는 긴급임시조치를 하였거나 시·도지사 또는 시장·군수·구청장으로부터 응급조치가 행하여졌다는 통지를 받은 때에는 지체 없이 검사에게 임시조치의 청구를 신청하여야 한다.
③ ②의 신청을 받은 검사는 임시조치를 청구하는 때에는 응급조치가 있었던 때부터 48시간(응급조치 기간이 연장된 경우에는 그 기간) 이내에, 긴급임시조치가 있었던 때부터 72시간 이내에 하여야 한다.
④ 사법경찰관은 검사가 ③에 따라 임시조치를 청구하지 아니하거나 법원이 임시조치의 결정을 하지 아니한 때에는 즉시 그 긴급임시조치를 취소하여야 한다.

정답과 해설

① (O) **검사**는 아동학대범죄가 **재발될 우려가** 있다고 인정하는 경우에는 직권으로 또는 사법경찰관이나 보호관찰관의 신청에 따라 **법원에 임시조치를 청구할 수 있다**(아동학대범죄의 처벌 등에 관한 특례법 제14조 제1항).
② (O) 사법경찰관이 응급조치 또는 긴급임시조치를 하였거나 시·도지사 또는 시장·군수·구청장으로부터 응급조치가 행하여졌다는 통지를 받은 때에는 **지체 없이 검사**에게 임시조치의 청구를 **신청하여야 한다**(동법 제15조 제1항).
③ (X) ②의 신청을 받은 검사는 임시조치를 청구하는 때에는 응급조치가 있었던 때부터 **72시간(48시간 X)**(응급조치 기간이 연장된 경우에는 그 기간) 이내에, 긴급임시조치가 있었던 때부터 **48시간(72시간 X)** 이내에 하여야 한다(동법 제15조 제2항).
④ (O) 사법경찰관은 검사가 ③에 따라 임시조치를 청구하지 아니하거나 법원이 임시조치의 결정을 하지 아니한 때에는 **즉시** 그 긴급임시조치를 **취소하여야 한다**(동법 제15조 제3항).

정답 ③

THEME 03 스토킹범죄의 처벌 등에 관한 법률

796 22 채용

「스토킹범죄의 처벌 등에 관한 법률」상 처리절차에 관한 설명 중 옳은 것은 모두 몇 개인가?

㉠ 사법경찰관은 스토킹행위 신고와 관련하여 스토킹행위가 지속적 또는 반복적으로 행하여질 우려가 있고 스토킹범죄의 예방을 위하여 긴급을 요하는 경우, 스토킹행위자에게 직권으로 또는 스토킹행위의 상대방이나 그 법정대리인 또는 스토킹행위를 신고한 사람의 요청에 의하여, 스토킹행위의 상대방등이나 그 주거등으로부터 100미터 이내의 접근 금지, 「전기통신기본법」 제2조 제1호의 전기통신을 이용한 접근 금지 등의 조치를 할 수 있다.
㉡ 사법경찰관은 긴급응급조치를 하였을 때에는 지체 없이 검사에게 해당 긴급응급조치에 대한 사후승인을 지방법원 판사에게 청구하여 줄 것을 신청하여야 하며, 신청을 받은 검사는 긴급응급조치가 있었던 때부터 48시간 이내에 지방법원 판사에게 해당 긴급응급조치에 대한 사후승인을 청구한다.
㉢ 긴급응급조치기간은 1개월을 초과할 수 없다.
㉣ 법원은 스토킹범죄의 원활한 조사·심리 또는 피해자 보호를 위하여 잠정조치가 필요하다고 인정하는 경우에는 결정으로 스토킹행위자를 국가경찰관서의 유치장 또는 구치소에 1개월을 초과하지 않는 범위에서 유치할 수 있다. 다만, 법원은 피해자의 보호를 위하여 그 기간을 연장할 필요가 있다고 인정하는 경우에는 결정으로 2개월의 범위에서 연장할 수 있다.

① 1개 ② 2개
③ 3개 ④ 4개

정답과 해설

㉠ (O) 스토킹범죄의 처벌 등에 관한 법률 제4조 제1항(**긴급응급(임시X)조치**)
㉡ (O) 사법경찰관은 긴급응급조치를 하였을 때에는 **지체 없이** 검사에게 해당 긴급응급조치에 대한 사후승인을 **지방법원 판사**에게 청구하여 줄 것을 신청하여야 하며, 신청을 받은 검사는 긴급응급조치가 있었던 때부터 **48시간** 이내에 **지방법원 판사**에게 해당 긴급응급조치에 대한 사후승인을 청구한다(동법 제5조 제1항, 제2항).
㉢ (O) 긴급응급조치기간은 **1개월**을 초과할 수 없다(동법 제5조 제5항).
㉣ (X) 법원은 스토킹범죄의 원활한 조사·심리 또는 피해자 보호를 위하여 잠정조치가 필요하다고 인정하는 경우에는 결정으로 스토킹행위자를 국가경찰관서의 유치장 또는 구치소에 1개월을 초과하지 않는 범위에서 유치할 수 있다(**연장 불가**). 다만, 법원은 피해자의 보호를 위하여 그 기간을 연장할 필요가 있다고 인정하는 경우에는 결정으로 제1항 제2호(피해자 또는 그의 동거인, 가족이나 그 주거등으로부터 100미터 이내의 접근 금지), 제3호(피해자 또는 그의 동거인, 가족에 대한 「전기통신기본법」 제2조 제1호의 전기통신을 이용한 접근 금지) 및 제3호의2(「전자장치 부착 등에 관한 법률」 제2조 제4호의 위치추적 전자장치(이하 "전자장치"라 한다)의 부착)에 따른 잠정조치에 대하여 두 차례 한정하여 각 3개월의 범위에서 연장할 수 있다(동법 제9조 제1항 제4호, 제7항).

정답 ③

797 22 채용

「스토킹범죄의 처벌 등에 관한 법률」에 관한 설명 중 가장 적절하지 않은 것은?

① '스토킹범죄'란 지속적 또는 반복적으로 스토킹행위를 하는 것을 말한다.
② 사법경찰관리는 진행 중인 스토킹행위에 대하여 신고를 받은 경우 즉시 현장에 나가 스토킹 행위의 제지, 스토킹행위자와 피해자 분리, 유치장 또는 구치소에의 유치등의 조치를 할 수 있다.
③ 스토킹범죄를 저지른 사람은 3년 이하의 징역 또는 3천만원 이하의 벌금에 처한다.
④ 흉기 또는 그 밖의 위험한 물건을 휴대하거나 이용하여 스토킹범죄를 저지른 사람은 5년 이하의 징역 또는 5천만원 이하의 벌금에 처한다.

정답과 해설

① (O) 스토킹범죄의 처벌 등에 관한 법률 제2조 제2호
② (X) 사법경찰관리는 진행 중인 스토킹행위에 대하여 신고를 받은 경우 즉시 현장에 나가 1. 스토킹행위의 제지, 향후 스토킹행위의 중단 통보 및 스토킹행위를 지속적 또는 반복적으로 할 경우 처벌 서면경고, 2. 스토킹행위자와 피해자등의 분리 및 범죄수사, 3. 피해자등에 대한 긴급응급조치 및 잠정조치 요청의 절차 등 안내, 4. 스토킹 피해 관련 상담소 또는 보호시설로의 피해자등 인도(피해자등이 동의한 경우만 해당한다) **조치를 하여야 한다(할 수 있다 X)** (동법 제3조). **유치장 또는 구치소에의 유치등의 조치는 법원의 잠정조치에 관한 내용**이다(동법 제9조 제1항 제4호).
③ (O) 동법 제18조 제1항
④ (O) 동법 제18조 제2항

정답 ②

798 예상문제

「스토킹범죄의 처벌 등에 관한 법률」에 대한 설명으로 옳지 않은 것은?

① "스토킹행위"란 상대방의 의사에 반(反)하여 정당한 이유 없이 상대방 또는 그의 동거인, 가족(이하 "상대방등"이라 한다)에게 접근하거나 따라다니거나 진로를 막아서는 행위, 상대방등의 주거, 직장, 학교, 그 밖에 일상적으로 생활하는 장소(이하 "상대방등의 주거등"이라 한다) 또는 그 부근에서 기다리거나 지켜보는 행위 등을 하여 상대방에게 불안감 또는 공포심을 일으키는 것을 말한다.
② 사법경찰관리는 진행 중인 스토킹행위에 대하여 신고를 받은 경우 즉시 현장에 나가 응급조치를 하여야 한다.
③ ②의 응급조치의 내용 중 스토킹 피해 관련 상담소 또는 보호시설로의 피해자등 인도는 피해자등이 동의한 경우만 해당한다.
④ 사법경찰관은 스토킹행위 신고와 관련하여 스토킹행위가 지속적 또는 반복적으로 행하여질 우려가 있고 스토킹범죄의 예방을 위하여 긴급을 요하는 경우 스토킹행위자에게 직권으로 또는 스토킹행위의 상대방이나 그 법정대리인 또는 스토킹행위를 신고한 사람의 요청에 의하여 긴급임시조치를 할 수 있다.

정답과 해설

① (O) 스토킹범죄의 처벌 등에 관한 법률 제2조 제1호
② (O) 동법 제3조
③ (O) 스토킹 피해 관련 상담소 또는 보호시설로의 피해자등 인도는 **피해자등이 동의한 경우(피해아동등의 의사를 존중 X)**만 해당한다(동법 제3조 제4호).
④ (X) 사법경찰관은 스토킹행위 신고와 관련하여 스토킹행위가 지속적 또는 반복적으로 행하여질 우려가 있고 스토킹범죄의 예방을 위하여 긴급을 요하는 경우 스토킹행위자에게 직권으로 또는 스토킹행위의 상대방이나 그 법정대리인 또는 스토킹행위를 신고한 사람의 요청에 의하여 **긴급응급조치(긴급임시조치 X)**를 할 수 있다(동법 제4조 제1항).

정답 ④

799 ▢▢▢▢ 예상문제

「스토킹범죄의 처벌 등에 관한 법률」상 긴급응급조치에 대한 설명으로 옳지 않은 것은?

① 사법경찰관은 긴급응급조치를 하는 경우에는 스토킹행위의 상대방등이나 그 법정대리인에게 통지하여야 한다.
② 스토킹행위의 상대방등이나 그 법정대리인은 제4조 제1항 제1호의 긴급응급조치가 있은 후 스토킹행위의 상대방등이 주거등을 옮긴 경우에는 사법경찰관에게 긴급응급조치의 변경을 신청할 수 있으며, 긴급응급조치가 필요하지 아니한 경우에는 사법경찰관에게 해당 긴급응급조치의 취소를 신청할 수 있다.
③ 사법경찰관은 정당한 이유가 있다고 인정하는 경우에는 직권으로 또는 ①에 따른 신청에 의하여 해당 긴급응급조치를 취소할 수 있고, 검사의 승인을 받아 긴급응급조치의 종류를 변경할 수 있다.
④ 경찰관서의 장(국가수사본부장, 시·도경찰청장 및 경찰서장을 의미)은 스토킹범죄 전담 사법경찰관을 지정하여 특별한 사정이 없으면 스토킹범죄 전담 사법경찰관이 피해자를 조사하게 하여야 한다.

정답과 해설

① (O) 스토킹범죄의 처벌 등에 관한 법률 제6조 제1항
② (O) 스토킹행위의 상대방등이나 그 법정대리인은 **제4조 제1항 제1호**의 긴급응급조치가 있은 후 스토킹행위의 상대방등이 주거등을 옮긴 경우에는 사법경찰관에게 긴급응급조치의 **변경(취소 X)**을 신청할 수 있으며, 긴급응급조치가 필요하지 아니한 경우에는 사법경찰관에게 해당 긴급응급조치의 **취소(변경 X)**를 신청할 수 있다(동법 제7조 제2항, 제3항).

> 제4조(긴급응급조치) ① 사법경찰관은 스토킹행위 신고와 관련하여 스토킹행위가 지속적 또는 반복적으로 행하여질 우려가 있고 스토킹범죄의 예방을 위하여 긴급을 요하는 경우 스토킹행위자에게 직권으로 또는 스토킹행위의 상대방이나 그 법정대리인 또는 스토킹행위를 신고한 사람의 요청에 의하여 다음 각 호에 따른 조치를 할 수 있다.
> 1. **스토킹행위의 상대방등이나 그 주거등으로부터 100미터 이내의 접근 금지**
> 2. 스토킹행위의 상대방등에 대한 「전기통신기본법」 제2조 제1호의 전기통신을 이용한 접근 금지

③ (X) 사법경찰관은 정당한 이유가 있다고 인정하는 경우에는 직권으로 또는 제1항부터 제3항까지의 규정에 따른 신청에 의하여 해당 긴급응급조치를 **취소(변경 X)**할 수 있고, **지방법원 판사(검사 X)**의 승인을 받아 긴급응급조치의 종류를 **변경(취소 X)**할 수 있다(동법 제7조 제4항).
④ (O) **경찰관서의 장(국가수사본부장, 시·도경찰청장 및 경찰서장을 의미)**은 스토킹범죄 전담 사법경찰관을 지정하여 특별한 사정이 없으면 스토킹범죄 전담 사법경찰관이 피해자를 조사하게 하여야 한다(동법 제17조 제2항).

정답 ③

800 24 승진, 예상문제

「스토킹범죄의 처벌 등에 관한 법률」상 잠정조치에 대한 설명으로 가장 적절하지 않은 것은?

① 검사는 스토킹범죄가 재발될 우려가 있다고 인정하면 직권 또는 사법경찰관의 신청에 따라 법원에 스토킹행위자에 대한 잠정조치를 청구할 수 있다.
② 법원은 스토킹범죄의 원활한 조사·심리 또는 피해자 보호를 위하여 필요하다고 인정하는 경우에는 결정으로 스토킹행위자에게 피해자 또는 그의 동거인, 가족에 대한 「전기통신기본법」 제2조 제1호의 전기통신을 이용한 접근 금지조치를 할 수 있다.
③ 피해자 또는 그의 동거인, 가족이나 그 주거 등으로부터 100미터 이내의 접근을 금지하는 잠정조치를 이행하지 아니한 사람은 2년 이하의 징역 또는 2천만원 이하의 벌금에 처한다고 규정되어 있다.
④ 법원이 스토킹행위자에게 국가경찰관서의 유치장 또는 구치소에의 유치의 잠정조치를 하는 경우 그 기간은 1개월을 초과할 수 없다. 다만, 법원은 피해자의 보호를 위하여 그 기간을 연장할 필요가 있다고 인정하는 경우에는 결정으로 두 차례에 한정하여 각 1개월의 범위에서 연장할 수 있다.

정답과 해설

① (O) 스토킹범죄의 처벌 등에 관한 법률 제8조
② (O) 동법 제9조 제1항 제3호
③ (O) 동법 제20조 제2항
④ (X) 국가경찰관서의 유치장 또는 구치소에의 유치의 잠정조치를 하는 경우 그 기간은 1개월을 초과할 수 없다. **유치장 또는 구치소에의 유치의 잠정조치를 하는 경우 연장은 할 수 없다**(동법 제9조 제7항).

정답 ④

801 ☐☐☐☐ 24 간부

「스토킹범죄의 처벌 등에 관한 법률」상 잠정조치로 적절한 것은 모두 몇 개인가?

> 가. 국가경찰관서의 유치장 또는 구치소에의 유치
> 나. 스토킹행위자와 피해자 등의 분리 및 범죄수사
> 다. 피해자 또는 그의 동거인, 가족이나 그 주거 등으로부터 100미터 이내의 접근 금지
> 라. 스토킹 피해 관련 상담소 또는 보호시설로의 피해자 등 인도(피해자 등이 동의한 경우만 해당한다)
> 마. 피해자 또는 그의 동거인, 가족에 대한 「전기통신기본법」 제2조 제1호의 전기통신을 이용한 접근 금지

① 1개 ② 2개
③ 3개 ④ 4개

정답과 해설

가. (O) **잠정조치**에 해당한다(스토킹범죄의 처벌 등에 관한 법률 제9조 제1항 제4호).
나. (X) **응급조치**에 해당한다(동법 제3조 제2호).
다. (O) **잠정조치**에 해당한다(동법 제9조 제1항 제2호).
라. (X) **응급조치**에 해당한다(동법 제3조 제4호).
마. (O) **잠정조치**에 해당한다(동법 제9조 제1항 제3호).

스토킹행위 신고 등에 대한 응급조치 (제3조)	1. 스토킹행위의 제지, 향후 스토킹행위의 중단 통보 및 스토킹행위를 지속적 또는 반복적으로 할 경우 처벌 서면경고 2. 스토킹행위자와 피해자등의 분리 및 범죄수사 3. 피해자등에 대한 긴급응급조치 및 잠정조치 요청의 절차 등 안내 4. 스토킹 피해 관련 상담소 또는 보호시설로의 피해자등 인도(피해자등이 동의한 경우만 해당한다)
스토킹행위자에 대한 잠정조치 (제9조)	1. 피해자에 대한 스토킹범죄 중단에 관한 서면 경고 2. 피해자 또는 그의 동거인, 가족이나 그 주거등으로부터 100미터 이내의 접근 금지 3. 피해자 또는 그의 동거인, 가족에 대한 「전기통신기본법」 제2조 제1호의 전기통신을 이용한 접근 금지 3의2. 「전자장치 부착 등에 관한 법률」 제2조 제4호의 위치추적 전자장치(이하 "전자장치"라 한다)의 부착 4. 국가경찰관서의 유치장 또는 구치소에의 유치

정답 ③

성폭력범죄의 처벌 등에 관한 특례법

802 □□□□ 19 승진

「성폭력범죄의 처벌 등에 관한 특례법」에 대한 설명으로 가장 적절한 것은?

① 카메라등이용촬영죄는 디엔에이(DNA)증거 등 그 죄를 증명할 수 있는 과학적인 증거가 있는 때에는 공소시효가 10년 연장된다.
② 경찰청장은 각 경찰서장으로 하여금 성폭력범죄 전담 사법경찰관을 지정하도록 하여 특별한 사정이 없으면 이들로 하여금 피의자를 조사하게 하여야 한다.
③ 13세인 사람에 대하여 강간죄를 범한 경우에는 공소시효를 적용하지 아니한다.
④ 신체적인 장애가 있는 사람에 대하여 강제추행죄를 범한 경우에는 공소시효를 적용하지 아니한다.

정답과 해설

① (X) 제2조 제3호 및 제4호의 죄와 제3조부터 제9조까지의 죄는 디엔에이(DNA)증거 등 그 죄를 증명할 수 있는 과학적인 증거가 있는 때에는 공소시효가 **10년 연장**된다. 그러므로 동법 제14조에 해당하는 **카메라등이용촬영죄**의 경우 디엔에이(DNA)증거 등 그 죄를 증명할 수 있는 과학적인 증거가 있는 때에도 **공소시효가 10년 연장되지 아니한다(연장된다 X)**(성폭력범죄의 처벌 등에 관한 특례법 제21조 제2항).
② (X) 경찰청장은 각 경찰서장으로 하여금 성폭력범죄 전담 사법경찰관을 지정하도록 하여 특별한 사정이 없으면 이들로 하여금 **피해자(피의자 X)**를 조사하게 **하여야 한다(할 수 있다 X)**(동법 제26조 제2항).
③ (X) 13세 미만의 사람에 대하여 강간죄를 범한 경우에는 공소시효를 적용하지 아니한다(동법 제21조 제3항). **13세인 사람은 '13세 미만의' 사람이 아니므로** 그에 대하여 강간죄를 범한 경우 여전히 **공소시효를 적용**한다.
④ (O) 동법 제21조 제3항

정답 ④

803 | 25 승진

「성폭력범죄의 처벌 등에 관한 특례법」상 19세미만피해자등 진술 내용 등의 영상녹화 및 보존 등에 관한 설명으로 가장 적절하지 않은 것은? (다툼이 있는 경우 판례에 의함)

① 사법경찰관은 19세미만피해자등의 진술 내용과 조사 과정을 영상녹화장치로 녹화(녹음이 포함된 것을 말한다)하고, 그 영상녹화물을 보존하여야 한다.
② 촬영한 영상물에 수록된 피해자의 진술은 공판준비기일 또는 공판기일에 조사과정에 동석하였던 신뢰관계에 있는 자의 진술에 의하여 그 성립의 진정함이 인정된 때에는 증거로 할 수 있다.
③ 사법경찰관은 영상녹화를 마쳤을 때에는 지체 없이 피해자 또는 변호사 앞에서 봉인하고 피해자로 하여금 기명날인 또는 서명하게 하여야 한다.
④ 사법경찰관은 피해자가 녹화장소에 도착한 시각, 녹화를 시작하고 마친 시각, 그 밖에 녹화과정의 진행경과를 확인하기 위하여 필요한 사항을 조서 또는 별도의 서면에 기록한 후 수사기록에 편철하여야 한다.

정답과 해설

① (O) **검사 또는 사법경찰관**은 19세미만피해자등의 진술 내용과 조사 과정을 영상녹화장치로 녹화(녹음이 포함된 것을 말한다)하고, 그 영상녹화물을 **보존하여야 한다**(성폭력범죄의 처벌 등에 관한 특례법 제30조 제1항).
② (X) 제30조제1항에 따라 19세미만피해자등의 진술이 영상녹화된 영상녹화물은 같은 조 제4항부터 제6항까지에서 정한 절차와 방식에 따라 영상녹화된 것으로서 **증거보전기일, 공판준비기일 또는 공판기일**에 그 내용에 대하여 **피의자, 피고인 또는 변호인이 피해자를 신문할 수 있었던 경우에 증거로 할 수 있다**(다만, **증거보전기일**에서의 신문의 경우 법원이 피의자나 피고인의 방어권이 보장된 상태에서 피해자에 대한 반대신문이 충분히 이루어졌다고 인정하는 경우로 한정)(동법 제30조의2 제1항 제1호).
③ (O) **검사 또는 사법경찰관**은 영상녹화를 마쳤을 때에는 **지체 없이** 피해자 또는 변호사 앞에서 봉인하고 피해자로 하여금 **기명날인 또는 서명**하게 **하여야 한다**(동법 제30조 제4항).
④ (O) 동법 제30조 제5항, 제6항

정답 ②

804 예상문제

「성폭력범죄의 처벌 등에 관한 특례법」에 대한 설명으로 옳은 것은?

① 피해자가 13세 미만이거나 신체적인 또는 정신적인 장애로 사물을 변별하거나 의사를 결정할 능력이 미약한 경우에는 관련 전문가에게 피해자의 정신·심리 상태에 대한 진단 소견 및 진술 내용에 관한 의견을 조회할 수 있다.
② 수사기관과 법원은 성폭력범죄의 피해자를 조사하거나 심리·재판할 때 피해자가 편안한 상태에서 진술할 수 있는 환경을 조성하여야 하며, 조사 및 심리·재판 횟수는 3회 미만으로 하여야 한다.
③ 법원은 19세미만피해자등을 증인으로 신문하는 경우에 검사, 피해자 또는 그 법정대리인의 신청할 때에는 재판에 지장을 줄 우려가 있는 등 부득이한 경우가 아니면 피해자와 신뢰관계에 있는 사람을 동석하게 할 수 있다.
④ 음주 또는 약물로 인한 심신장애 상태에서 성폭력범죄(음행매개, 음화반포등, 음화제조등, 공연음란의 죄는 제외한다)를 범한 때에는 형법상 심신상실자, 심신미약자 및 청각 및 언어장애인 감경규정을 적용하지 아니할 수 있다.

정답과 해설

① (X) 피해자가 13세 미만이거나 신체적인 또는 정신적인 장애로 사물을 변별하거나 의사를 결정할 능력이 미약한 경우에는 관련 전문가에게 피해자의 정신·심리 상태에 대한 진단 소견 및 진술 내용에 관한 의견을 **조회하여야 한다(조회할 수 있다 X)**(성폭력범죄의 처벌 등에 관한 특례법 제33조 제4항).
② (X) 수사기관과 법원은 성폭력범죄의 피해자를 조사하거나 심리·재판할 때 피해자가 편안한 상태에서 진술할 수 있는 환경을 조성하여야 하며, 조사 및 심리·재판 횟수는 **필요한 범위에서 최소한(3회 미만 X)**으로 하여야 한다(동법 제29조 제2항).
③ (X) 법원은 19세미만피해자등을 증인으로 신문하는 경우에 검사, 피해자 또는 그 법정대리인의 신청할 때에는 재판에 지장을 줄 우려가 있는 등 부득이한 경우가 아니면 피해자와 신뢰관계에 있는 사람을 **동석하게 하여야 한다**(동법 제34조 제2호).
④ (O) **음주 또는 약물로 인한 심신장애 상태**에서 성폭력범죄(음행매개, 음화반포등, 음화제조등, 공연음란의 죄는 **제외**한다)를 범한 때에는 형법상 심신상실자, 심신미약자 및 청각 및 언어장애인 감경규정을 적용하지 **아니할 수 있다**(동법 제20조).

정답 ④

805 ☐☐☐☐ 25 승진

「성폭력범죄의 처벌 등에 관한 특례법」상 신상정보 등록 및 제출에 관한 설명으로 가장 적절하지 않은 것은?

① 등록대상자는 등록대상 성범죄의 유죄판결이나 약식명령 또는 공개명령이 확정된 날부터 30일 이내에 성명, 주민등록번호, 주소 및 실제거주지, 직업 및 직장 등의 소재지, 연락처, 신체정보, 소유차량의 등록번호 등 기본신상정보를 자신의 주소지를 관할하는 경찰관서의 장에게 제출하여야 한다.
② 등록대상자는 제출한 기본신상정보가 변경된 경우에는 그 사유와 변경내용을 변경사유가 발생한 날부터 20일 이내에 자신의 주소지를 관할하는 경찰관서의 장에게 제출하여야 한다.
③ 등록대상자에 대한 기본신상정보를 법무부장관에게 송달할 때에 관할경찰관서의 장은 등록대상자에 대한 「형의 실효 등에 관한 법률」에 따른 범죄경력자료를 함께 송달하여야 한다.
④ 등록대상자는 최초 등록일부터 1년마다 주소지를 관할하는 경찰관서에 출석하여 경찰관서의 장으로 하여금 자신의 정면·좌측·우측 상반신 및 전신 컬러사진을 촬영하여 전자기록으로 저장·보관하도록 하여야 한다.

정답과 해설

① (O) 성폭력범죄의 처벌 등에 관한 특례법 제43조 제1항
② (O) 등록대상자는 제출한 기본신상정보가 변경된 경우에는 그 사유와 변경내용(이하 "변경정보"라 한다)을 변경사유가 **발생한 날부터 20일 이내에 제출하여야 한다**(동법 제43조 제3항).
③ (O) 등록대상자에 대한 기본신상정보를 송달할 때에 **관할경찰관서의 장**은 등록대상자에 대한 「형의 실효 등에 관한 법률」 제2조 제5호에 따른 범죄경력자료를 함께 **송달하여야 한다**(동법 제43조 제6항).
④ (X) 등록대상자는 제1항에 따라 기본신상정보를 제출한 경우에는 **그 다음 해부터 매년 12월 31일까지** 주소지를 관할하는 경찰관서에 출석하여 경찰관서의 장으로 하여금 자신의 정면·좌측·우측 상반신 및 전신 컬러사진을 촬영하여 전자기록으로 저장·보관하도록 하여야 한다(동법 제43조 제4항).

정답 ④

THEME 05 특정중대범죄 피의자 등 신상정보 공개에 관한 법률

806 24 채용

「특정중대범죄 피의자 등 신상정보 공개에 관한 법률」에 대한 설명으로 옳은 것은 모두 몇 개인가?

> ㉠ 검사와 사법경찰관은 이 법상 신상정보 공개 요건을 모두 갖춘 특정중대범죄사건의 피의자의 얼굴, 성명 및 나이를 공개할 수 있다. 다만, 피의자가 미성년자인 경우에는 공개하지 아니할 수 있다.
> ㉡ 검사와 사법경찰관은 이 법상 신상정보 공개를 결정할 때에는 범죄의 중대성, 범행 후 정황, 피해자 보호 필요성, 피해자(피해자가 사망한 경우 피해자의 유족을 포함한다)의 의사 등을 종합적으로 고려하여야 한다.
> ㉢ 법무부장관은 이 법상 신상정보 공개 여부에 관한 사항을 심의하기 위하여 신상정보공개심의위원회를 둘 수 있다.
> ㉣ 수사 및 재판 단계에서 신상정보의 공개에 대하여는 다른 법률의 규정이 있는 경우 그 법률에 따른다.

① 없음
② 1개
③ 2개
④ 3개

정답과 해설

㉠ (X) 다만, 피의자가 미성년자인 경우에는 공개하지 **아니한다(아니할 수 있다 X)**(제4조 제1항).
㉡ (O) 동법 제4조 제2항
㉢ (X) **검찰총장 및 경찰청장(법무부장관 X)**은 신상정보 공개 여부에 관한 사항을 심의하기 위하여 신상정보공개심의위원회를 둘 수 있다(동법 제8조 제1항).
㉣ (X) 수사 및 재판 단계에서 신상정보의 공개에 대하여는 다른 법률의 규정에도 불구하고 **이 법을 우선 적용**한다(동법 제3조).

정답 ②

807 ☐☐☐☐ 25 간부

「특정중대범죄 피의자 등 신상정보 공개에 관한 법률」상 피의자의 신상정보에 대한 설명이다. 아래 가.부터 라.까지의 설명 중 옳고 그름의 표시(O, X)가 바르게 된 것은?

> 가. 검사는 이 법상 신상정보 공개요건을 모두 갖춘 특정중대범죄사건의 피의자에 대하여 법원에 신상정보 공개를 청구할 수 있다. 다만, 피의자가 미성년자인 경우에는 제외한다.
> 나. 검사와 사법경찰관은 피의자의 얼굴을 공개하기 위하여 필요한 경우 피의자를 식별할 수 있도록 피의자의 얼굴을 촬영할 수 있다. 이 경우 신상정보공개심의위원회에서 피의자의 의견을 청취해야 한다.
> 다. 검사와 사법경찰관은 피의자에게 신상정보 공개를 통지한 날부터 5일 이상의 유예기간을 두고 신상정보를 공개하여야 한다. 다만, 피의자가 신상정보 공개 결정에 대하여 서면으로 이의 없음을 표시한 때에는 유예기간을 두지 아니할 수 있다.
> 라. 신상정보를 공개하는 피의자의 얼굴은 특별한 사정이 없으면 공개 결정일 전후 30일 이내의 모습으로 한다. 이 경우 검사와 사법경찰관은 다른 법령에 따라 적법하게 수집·보관하고 있는 사진, 영상물 등이 있는 때에는 이를 활용하여 공개할 수 있다.

① 가.(O) 나.(O) 다.(O) 라.(O)
② 가.(O) 나.(X) 다.(O) 라.(X)
③ 가.(X) 나.(X) 다.(O) 라.(O)
④ 가.(X) 나.(O) 다.(O) 라.(X)

정답과 해설

가. (X) **검사와 사법경찰관**은 신상정보 공개요건을 모두 갖춘 특정중대범죄사건의 **피의자**의 얼굴, 성명 및 나이(이하 "신상정보"라 한다)를 **공개할 수 있다(법원에 청구할 수 있다 X)**. 다만, **피의자**가 미성년자인 경우에는 공개하지 아니한다(특정중대범죄 피의자 등 신상정보 공개에 관한 법률 제4조 제1항).

> [비교] 검사는 공소제기 시까지 특정중대범죄사건이 아니었으나 **재판 과정에서** 특정중대범죄사건으로 공소사실이 변경된 사건의 **피고인**으로서 제4조 제1항 각 호의 요건을 모두 갖춘 **피고인**에 대하여 피고인의 현재지 또는 최후 거주지를 관할하는 법원에 신상정보의 공개를 청구할 수 있다. 다만, **피고인**이 미성년자인 경우는 제외한다(동법 제5조 제1항).

나. (X) 검사와 사법경찰관은 제1항에 따라 피의자의 얼굴을 공개하기 위하여 필요한 경우 피의자를 식별할 수 있도록 피의자의 얼굴을 촬영할 수 있다. 이 경우 **피의자는 이에 따라야 한다**(동법 제4조 제5항).

다. (O) 검사와 사법경찰관은 피의자에게 신상정보 공개를 **통지한 날부터 5일** 이상의 유예기간을 두고 신상정보를 공개하여야 한다. **다만, 피의자가 신상정보 공개 결정에 대하여 서면으로 이의 없음을 표시한 때에는 유예기간을 두지 아니할 수 있다**(동법 제4조 제7항).

라. (O) 신상정보를 **공개하는** 피의자의 얼굴은 특별한 사정이 없으면 공개 결정일 **전후 30일 이내**의 모습으로 한다. 이 경우 검사와 사법경찰관은 다른 법령에 따라 적법하게 수집·보관하고 있는 사진, 영상물 등이 있는 때에는 이를 활용하여 **공개할 수 있다**(동법 제4조 제4항).

정답 ③

THEME 06 범죄피해자 보호법

808 ☐☐☐☐ 23 경채

「범죄피해자 보호법」에 관한 설명으로 가장 적절하지 않은 것은?

① 범죄피해자는 범죄피해 상황에서 빨리 벗어나 인간의 존엄성을 보장받을 권리가 있다.
② 범죄피해 방지 및 범죄피해자 구조 활동으로 피해를 당한 사람도 범죄피해자로 본다.
③ 국민은 범죄피해자의 명예와 사생활의 평온을 해치지 아니하도록 유의하여야 하고, 국가 및 지방자치단체가 실시하는 범죄피해자를 위한 정책의 수립과 추진에 최대한 협력하여야 한다.
④ 구조금을 받을 권리는 그 구조결정이 해당 신청인에게 발송된 날부터 1년간 행사하지 아니하면 시효로 인하여 소멸된다.

정답과 해설

① (O) 범죄피해자 보호법 제2조(기본이념)
② (O) 제1항 제1호(범죄피해자)에 해당하는 사람 외에 범죄피해 방지 및 범죄피해자 구조 활동으로 **피해를 당한 사람도 범죄피해자**로 본다(동법 제3조 제2항).
③ (O) 동법 제6조
④ (X) 구조금을 받을 권리는 그 구조결정이 해당 신청인에게 **송달된 날부터(발송된 날부터 X) 2년(1년 X)**간 행사하지 아니하면 시효로 인하여 소멸된다(동법 제31조).

정답 ④

809 ☐☐☐☐ 22 채용

「범죄피해자 보호법」에 관한 설명 중 가장 적절하지 않은 것은?

① '범죄피해자'란 타인의 범죄행위로 피해를 당한 사람과 그 배우자, 직계친족 및 형제자매를 말한다. 다만, 배우자의 경우 사실상의 혼인관계는 제외한다.
② 국가는 범죄피해자가 해당 사건과 관련하여 수사담당자와 상담하거나 재판절차에 참여하여 진술하는 등 형사절차상의 권리를 행사할 수 있도록 보장하여야 한다.
③ 국가는 범죄피해자가 요청하면 가해자에 대한 수사결과, 공판기일, 재판 결과, 형 집행 및 보호관찰 집행 상황 등 형사 절차 관련 정보를 대통령령으로 정하는 바에 따라 제공할 수 있다.
④ 국가 및 지방자치단체는 범죄피해자가 형사소송절차에서 한 진술이나 증언과 관련하여 보복을 당할 우려가 있는 등 범죄피해자를 보호할 필요가 있을 경우에는 적절한 조치를 마련하여야 한다.

> **정답과 해설**
> ① (X) "범죄피해자"란 타인의 범죄행위로 피해를 당한 사람과 그 배우자(**사실상의 혼인관계를 포함**), 직계친족 및 형제자매를 말한다(범죄피해자 보호법 제3조 제1항 제1호).
> ② (O) **국가**는 범죄피해자가 해당 사건과 관련하여 수사담당자와 상담하거나 재판절차에 참여하여 진술하는 등 형사절차상의 권리를 행사할 수 있도록 **보장하여야 한다**(동법 제8조 제1항).
> ③ (O) **국가**는 범죄피해자가 요청하면 가해자에 대한 수사결과, 공판기일, 재판 결과, 형 집행 및 보호관찰 집행 상황 등 형사 절차 관련 정보를 대통령령으로 정하는 바에 따라 **제공할 수 있다**(**제공하여야 한다 X**)(동법 제8조 제2항).
> ④ (O) **국가 및 지방자치단체**는 범죄피해자가 형사소송절차에서 한 진술이나 증언과 관련하여 보복을 당할 우려가 있는 등 범죄피해자를 보호할 필요가 있을 경우에는 적절한 조치를 **마련하여야 한다**(동법 제9조 제2항).
>
> 정답 ①

810 ☐☐☐☐ 25 채용

「범죄피해자 보호법」에 관한 설명으로 가장 적절하지 않은 것은?

① "범죄피해자"란 타인의 범죄행위로 피해를 당한 사람과 그 배우자(사실상의 혼인관계를 포함한다), 직계친족 및 형제자매를 말한다.
② 구조금은 유족구조금·장해구조금 및 중상해구조금으로 구분한다.
③ 범죄행위 당시 구조피해자와 가해자 사이가 4촌 이내의 친족인 경우에는 구조금을 지급하지 아니한다.
④ 구조피해자가 과도한 폭행·협박 또는 중대한 모욕 등 해당 범죄행위를 유발하는 행위를 한 때에는 구조금의 일부를 지급하지 아니한다.

> **정답과 해설**
> ① (O) 범죄피해자 보호법 제3조 제1호
> ② (O) 동법 제17조 제1항
> ③ (O) 동법 제19조 제1항 제3호
> ④ (X) 구조피해자가 **과도한** 폭행·협박 또는 **중대한** 모욕 등 해당 범죄행위를 유발하는 행위를 한 때에는 구조금을 (**구조금의 일부 X**) 지급하지 아니한다(동법 제19조 제3항 제2호).
>
> 정답 ④

811 22 경채

「범죄피해자 보호법」에 관한 설명 중 가장 적절하지 않은 것은?

① "범죄피해자 보호·지원"이란 복지 증진을 제외한 범죄피해자의 손실 복구, 정당한 권리 행사에 기여하는 행위를 말한다. 다만, 수사·변호 또는 재판에 부당한 영향을 미치는 행위는 포함되지 아니한다.
② 국가는 구조피해자나 유족이 해당 구조대상 범죄피해를 원인으로 하여 손해배상을 받았으면 그 범위에서 구조금을 지급하지 아니한다.
③ 이 법은 외국인이 구조피해자이거나 유족인 경우에는 해당 국가의 상호보증이 있는 경우에 적용한다.
④ 구조금을 받으려는 사람은 법무부령으로 정하는 바에 따라 그 주소지, 거주지 또는 범죄 발생지를 관할하는 지구심의회에 신청하여야 한다.

정답과 해설

① (X) "범죄피해자 보호·지원"이란 범죄피해자의 손실 복구, 정당한 권리 행사 및 **복지 증진에 기여**(복지 증진을 제외 X)하는 행위를 말한다. 다만, 수사 변호 또는 재판에 부당한 영향을 미치는 행위는 포함되지 아니한다(동법 제3조 제1항 제2호).
② (O) **국가**는 구조피해자나 유족이 해당 구조대상 범죄피해를 원인으로 하여 손해배상을 받았으면 그 범위에서 **구조금을 지급하지 아니한다**(동법 제21조 제1항)
③ (O) 이 법은 외국인이 구조피해자이거나 유족인 경우에는 해당 국가의 상호보증이 **있는**(없는 X) 경우에 **적용한다** (동법 제23조).
④ (O) 구조금을 받으려는 사람은 **법무부령**으로 정하는 바에 따라 그 주소지, 거주지 또는 범죄 발생지를 관할하는 지구심의회에 신청하여야 한다(동법 제25조 제1항).

정답 ①

THEME 07 마약류사범 수사

812 ☐☐☐☐ 예상문제

다음 중 「마약류 관리에 관한 법률」에서 규제하는 '마약'에 해당하는 것은 모두 몇 개인가?

> ㉠ 양귀비, 코카인 ㉡ 마리화나
> ㉢ 헤로인 ㉣ 코데인
> ㉤ 메스암페타민 ㉥ L.S.D

① 2개   ② 3개   ③ 4개   ④ 5개

> **정답과 해설**
> ㉠㉢㉣ 「마약류 관리에 관한 법률」에서 규제하는 '마약'에 해당한다.
> ㉡는 **대마**에 해당한다.
> ㉤㉥ **향정신성의약품**에 해당한다.
>
> 정답 ②

813 ☐☐☐☐ 24 채용, 26 간부

향정신성의약품 중 LSD에 관한 설명으로 옳은 것은 모두 몇 개인가?

> ㉠ 근육강화 호르몬 분비효과가 있으며, 소다수 등에 타서 타인에게 복용하게 하여 성범죄 등에 악용한다.
> ㉡ 곡물의 곰팡이, 보리 맥각에서 추출한 물질을 인공적으로 합성시켜 만들어낸 것으로 무색·무취·무미하다.
> ㉢ 미량을 우편, 종이 등의 표면에 묻혔다가 뜯어서 입에 넣는 방법으로 복용하기도 한다.
> ㉣ 강한 중추신경 억제성 진해작용이 있으며 코데인 대용으로 시판되고 있다.
> ㉤ 일부 남용자들은 실제로 사용하지 않는데도 환각현상을 경험하는 '플래쉬백 현상'을 일으키기도 한다.
> ㉥ 동공확대, 심박동 및 혈압상승, 수전증, 오한 등의 증상을 나타낸다.
> ㉦ 내성이나 심리적 의존성이 있지만 금단현상은 일으키지 않는다고 알려져 있다.

① 2개   ② 3개   ③ 4개   ④ 5개

> **정답과 해설**
> ㉠ (X) **GHB(물뽕)**에 대한 설명이다.
> ㉣ (X) **덱스트로메트로판(러미라)**에 대한 설명이다.
>
> 정답 ④

814 ☐☐☐☐ 24 승진

마약류에 관한 설명으로 가장 적절하지 않은 것은? (다툼이 있는 경우 판례에 의함)

① 마약류 매매 여부가 쟁점이 된 사건에서 매도인으로 지목된 피고인이 수수사실을 부인하고 있고 이를 뒷받침할 금융자료 등 객관적 물증이 없는 경우, 마약류를 매수하였다는 사람의 진술만으로 유죄를 인정하기 위해서는 그 사람의 진술이 증거능력이 있어야 함은 물론 합리적인 의심을 배제할 만한 신빙성이 있어야 한다.

② 「마약류 관리에 관한 법률」 제2조에 따르면 '원료물질'이란 마약류가 아닌 물질 중 마약 또는 향정신성의약품의 제조에 사용되는 물질로서 대통령령으로 정하는 것을 말한다.

③ 프로포폴은 페놀계 화합물로 흔히 수면마취제라고 불리는 정맥마취제로서 수면내시경 등에 사용되나, 환각제 대용으로 오남용되는 사례가 있으며, 정신적 의존성을 유발하기도 하여 향정신성의약품으로 지정되어 관리되고 있다.

④ GHB는 사용 후 통상적으로 15분 후에 효과가 발현되고 그 효과는 3시간 정도 지속되며 무색, 무취, 무미의 액체로 유럽 등지에서 데이트 강간약물로도 불린다.

정답과 해설

① (O) 마약류 매매 여부가 쟁점이 된 사건에서 매도인으로 지목된 피고인이 수수사실을 부인하고 있고 이를 뒷받침할 금융자료 등 객관적 물증이 없는 경우, 마약류를 매수하였다는 사람의 진술만으로 유죄를 인정하기 위해서는 그 사람의 진술이 **증거능력이 있어야 함은 물론 합리적인 의심을 배제할 만한 신빙성이 있어야 한다**(대법원 2014. 4. 10. 2014도1779).

② (O) 마약류 관리에 관한 법률 제2조 제6호

③ (O)

④ (X) GHB는 사용 후 통상적으로 15분 후에 효과가 발현되고 그 효과는 3시간 정도 지속되며 무색, 무취, **짠맛(무미 X)**의 액체로 유럽 등지에서 데이트 강간약물로도 불린다.

정답 ④

815 19 채용

다음은 마약류에 대한 설명이다. 옳은 것으로 묶인 것은?

> ㉠ 마약이라 함은 양귀비, 아편, 대마와 이로부터 추출되는 모든 알칼로이드로서 대통령령으로 정하는 것을 말한다.
> ㉡ GHB(일명 물뽕)는 무색, 무취, 무미의 액체로 유럽 등지에서 데이트 강간약물로도 불린다.
> ㉢ LSD는 곡물의 곰팡이, 보리 맥각에서 추출한 물질을 인공 합성시켜 만든 것으로 무색, 무취, 무미하다.
> ㉣ 코카인은 「마약류 관리에 관한 법률」에서 규제하는 향정신성의약품에 해당한다.
> ㉤ 마약성분을 갖고 있으나 다른 약들과 혼합되어 마약으로 다시 제조하거나 제제할 수 없고, 그것에 의하여 신체적 또는 정신적 의존성을 일으키지 아니하는 것으로서 총리령으로 정하는 것을 한외마약이라고 한다.
> ㉥ 한외마약은 코데날, 코데잘, 코데솔, 코데인, 유코데, 세코날 등이 있다.

① ㉠㉥   ② ㉡㉢
③ ㉢㉤   ④ ㉣㉤

정답과 해설

㉠ (X) "마약"이란 양귀비, 아편, **코카 잎[엽]**(대마 X) 그리고 이들로부터 추출되는 모든 알칼로이드 및 그와 동일한 화학적 합성품으로서 대통령령으로 정하는 것 등을 말한다(마약류 관리에 관한 법률 제2조 제2호 라목).
㉡ (X) GHB(일명 물뽕)는 무색, 무취이나 **짠맛(무미 X)**이 나는 액체로 유럽 등지에서 성범죄용으로 악용되어 데이트 강간 약물로도 불린다.
㉣ (X) 코카인은 **마약**에 해당한다(마약류 관리에 관한 법률 제2조 제2호 라목, 동법 시행령 [별표1] 참고).
㉥ (X) 코데인은 **천연마약**에 해당한다.

정답 ③

816 ☐☐☐☐ 25 승진

다음에서 설명하는 「마약류 관리에 관한 법률」상 향정신성의약품으로 지정된 약물로 가장 적절한 것은?

> ㉠ 알약의 모양이 나비모양처럼 생겼다고 하여, 일명 '나비약'이라고 불리는 마약성 식욕억제제의 성분이다.
> ㉡ 중추신경을 흥분시켜서 식욕을 사라지게 하여 체중감량의 효과가 있다.
> ㉢ 다량을 복용하거나 장기 복용하면 환청, 환각, 망상, 중독 등의 부작용이 있다.
> ㉣ 「마약류 관리에 관한 법률」 제2조 제3호 라목에 해당하는 향정신성의약품이다.

① 옥시코돈(Oxycodone)
② 코데인(Codeine)
③ 펜터민(Phentermine)
④ 해시시(Hashish)

정답과 해설

① (X) 옥시코돈(Oxycodone)은 **반합성마약**이다.
② (X) 코데인(Codeine)은 **천연마약**이다.
③ (O) 설문은 **펜터민(Phentermine)**에 대한 설명이다.
④ (X) 해시시(Hashish)는 **대마(대마수지)**이다.

정답 ③

817 ☐☐☐☐ 예상문제

마약류에 대한 설명으로 가장 적절한 것은?

① 러미라(덱스트로메트로판)는 강한 중추신경 억제성 진해작용이 있으며, 의존성과 독성이 강한 특징이 있다.
② 카리소프로돌(일명 S정)은 골격근 이완의 효과가 있는 근골격계 질환 치료제로서 과다복용시 인사불성, 혼수쇼크, 호흡저하, 사망에까지 이르게 할 수 있다.
③ GHB는 무색, 무취, 무미의 액체로 소다수 등 음료수에 타서 복용하여 '물 같은 히로뽕' 이라는 뜻으로 일명 물뽕으로 불리고 있다.
④ 사일로시빈은 미국의 텍사스나 멕시코 북부지역에서 자생하는 선인장인 페이요트(Peyote)에서 추출·합성한 향정신성의약품이다.

정답과 해설

① (X) 러미라는 강한 중추신경 억제성 진해작용이 있으나 **의존성과 독성은 없어** 코데인 대용으로 널리 시판된다.
③ (X) GHB는 무색무취로써 **짠맛**이 나는 액체로 소다수 등의 음료에 타서 복용하며 '물 같은 히로뽕'이라는 뜻에서 '물뽕'이라고도 한다.
④ (X) 사일로시빈은 남아메리카, 멕시코, 미국의 열대와 아열대 지역에서 나는 버섯으로부터 얻어지는 향정신성의약품이다. 미국의 텍사스나 멕시코 북부지역에서 자생하는 선인장인 페이요트(peyote)에서 추출·합성한 향정신성의약품은 메스칼린이다.

정답 ②

818   20 승진

마약류에 대한 설명으로 가장 적절한 것은?

① 한외마약이란 일반약품에 마약성분을 미세하게 혼합한 약물로 신체적·정신적 의존성을 일으킬 염려가 없어 감기약 등으로 판매되는 합법의약품이다.
② 향정신성의약품 중 덱스트로 메트로판은 강한 중추신경 억제성 진해작용이 있으며 의존성과 독성이 강하다.
③ 마약의 분류 중 합성 마약으로는 헤로인, 옥시코돈, 하이드로폰 등이 있다.
④ GHB는 무색·무취의 짠맛이 나는 액체로 소다수 등의 음료에 타서 복용하며, 특히 미국, 유럽 등지에 서 성범죄용으로 악용되어 '정글 주스'라고도 불린다.

> **정답과 해설**
>
> ② (X) 향정신성의약품 중 덱스트로 메트로판은 강한 중추신경 억제성 진해작용이 있으나 **의존성과 독성은 없어** 코데인 대용으로 널리 시판된다.
> ③ (X) 헤로인, 옥시코돈, 하이드로폰 등은 **반합성마약**이다.
> ④ (X) GHB(gamma-hydroxybutyric acid)는 미국, 유럽 등지에서 성범죄용으로 악용되어 '데이트 강간 약물'이라고도 불리는데, 무색·무취로써 짠맛이 나는 액체로 소다수 등의 음료에 타서 복용하며 '물 같은 히로뽕'이 라는 뜻에서 '물뽕'이라고도 한다. **정글쥬스라고도 불리는 것은 덱스트로메트로판(러미라)이다.**
>
> [정답] ①

819   21 경채

마약류에 대한 설명 중 적절한 것은 모두 몇 개인가?

> ㉠ 엑스터시는 1914년 독일에서 식욕감퇴제로 개발되었으며, 곡물의 곰팡이와 보리 맥각에서 발견되어 이를 분리·가공·합성한 것이다.
> ㉡ 프로포폴은 흔히 수면마취제라고 불리는 정맥마취제로서 수면내시경 등에 사용되나, 환각제 대용으로 오·남용되는 사례가 있어 마약으로 지정되어 관리되고 있다.
> ㉢ 야바는 카페인, 에페드린, 밀가루 등에 필로폰을 혼합한 것이다.
> ㉣ 메스카린은 미국의 텍사스나 멕시코 북부지역에서 자생하는 선인장인 페이요트에서 추출·합성한 향정신성의약품이다.
> ㉤ 대마의 종류에는 대마초, 대마초의 종자·뿌리, 대마수지 또는 해시시 등이 있다.

① 1개 ② 2개
③ 3개 ④ 4개

정답과 해설

㉠ (X) **엑스터시**는 1914년 독일에서 식욕감퇴제로 개발되었으나 1980년대 마약으로 변질되었다. **LSD**는 곡물의 곰팡이와 보리 맥각에서 발견되어 이를 분리·가공·합성한 것으로 무색·무취·무미하다.
㉡ (X) 프로포폴은 흔히 수면마취제라고 불리는 정맥마취제로서 수면내시경 등에 사용되나, 환각제 대용으로 오·남용되는 사례가 있어 **향정신성의약품(마약 X)**으로 지정되어 관리되고 있다.
㉢ (O) 야바는 카페인, 에페드린, 밀가루 등에 필로폰을 혼합한 것으로 순도가 20~30% 정도로 낮다.
㉣ (O)
㉤ (X) '대마'에는 대마초의 **종자(種子)·뿌리** 및 성숙한 대마초의 줄기와 그 제품은 **제외**한다(마약류관리에 관한 법률 제2조 제4호).

정답 ②

03

경비경찰

① 경비경찰 대상·특징
② 경비경찰의 조직 및 수단
③ 행사안전경비(혼잡경비)
④ 선거경비
⑤ 집회·시위의 관리
⑥ 재난 및 안전관리 기본법
⑦ 경찰작전(통합방위법)
⑧ 경찰비상업무규칙
⑨ 대테러 업무
⑩ 경찰의 인질범 협상
⑪ 경호경비
⑫ 청원경찰

• 기 출 키 워 드 •

23년 2차	• 국민보호와 공공안전을 위한 테러방지법
24년 1차	
24년 2차	
25년 1차	• 국민보호와 공공안전을 위한 테러방지법
25년 2차	• 경찰비상업무규칙

최신개정법령&무료자료 다운로드 등
네이버 김재규경찰학 카페(https://cafe.naver.com/ollaedu)

THEME 01 경비경찰 대상·특징

820 □□□□ 17 승진

경비경찰의 대상에 대한 설명으로 가장 적절하지 않은 것은?

① 경비경찰의 대상은 크게 개인적·단체적 불법행위와 자연적·인위적 재난으로 나뉜다.
② 행사안전경비의 대상은 조직화되지 않은 군중을 대상으로 한다.
③ 피경호자의 신변을 보호하는 호위와 경비활동도 경비경찰의 대상이다.
④ 자연적·인위적 재난은 치안경비와 재난경비로 구성된다.

> **정답과 해설**
> ①②③ (O)
> ④ (X) 자연적·인위적 재난은 **혼잡경비와 재난경비**로 구성된다.
>
> 정답 ④

821 □□□□ 13 간부

다음 중 경비경찰에 대한 설명으로 가장 옳은 것은?

① 금융기관의 도난방지를 위한 경비는 원칙적으로 경비경찰의 대상이다.
② 폭력행위 등 처벌에 관한 법률 제3조(집단적 폭행)는 집단으로 위력을 보인 경우이므로 경비경찰의 대상이다.
③ 대테러활동은 개인적 불법행위와 관련된 것으로 경비경찰의 대상이 아니다.
④ 자연적 돌발사태로 인하여 발생하는 재산상의 피해는 경비경찰의 대상이다.

> **정답과 해설**
> ① (X) 금융기관의 도난방지를 위한 경비는 원칙적으로 **생활안전경찰의 대상**이다.
> ② (X) 폭력행위 등 처벌에 관한 법률 제3조(집단적 폭행)는 **수사경찰의 대상**이다.
> ③ (X) 대테러활동은 개인적·단체적 불법행위와 관련된 것으로 **경비경찰의 대상**이다.
> ④ (O)
>
> 정답 ④

822 24 간부

경비경찰 활동의 특징에 관한 설명으로 가장 적절하지 않은 것은?

① 경비사태에 대해 기한을 정하여 진압할 수 없고 즉시 출동하여 신속하게 조기대응해야 한다는 점에서 즉시적(즉응적) 활동이다.
② 현재의 질서상태를 유지하는 것에 가치를 두는 현상유지적 활동으로 정태적이고 소극적인 특성을 가지나 질서유지를 통해 새로운 변화와 발전을 보장하기 위한 동태적이고 적극적인 특성은 갖지 않는다.
③ 경비사태가 발생한 후의 진압뿐만 아니라 특정한 사태가 발생하기 전의 경계·예방의 역할을 수행한다는 점에서 복합기능적 활동이다.
④ 경비사태가 발생할 때 조직적이고 집단적인 대응이 요구되므로 조직적 부대 활동에 중점을 둔 체계적인 부대편성과 관리 및 운영이 필요하다.

> **정답과 해설**
> ② (X) 현상유지적 질서유지적 활동은 **정태적·소극적인 개념은 아니며** 새로운 변화와 발전을 보장하기 위한 기초를 다진다는 의미에서 **동태적·적극적인 의미의 현상유지작용**이라고 볼 수 있다.
>
> 정답 ②

823 17 승진

경비경찰권의 한계에 대한 설명으로 가장 적절하지 않은 것은?

① '경찰평등의 원칙'이란 경찰권발동에 있어서 상대방의 성별, 종교, 사회적 신분, 인종 등을 이유로 불합리한 차별을 해서는 안 된다는 것이다.
② '경찰소극목적의 원칙'이란 경찰목적의 소극성이라고도 하며, 이는 경찰목적에 따른 한계로서 경찰권은 사회공공의 질서유지를 위해서만 발동한다는 것이다.
③ '법규상의 한계'란 경비경찰권의 행사는 반드시 법적인 근거를 요하는 것을 말한다.
④ '경찰책임의 원칙'이란 경찰책임은 민·형사상의 책임에 있어서와 같은 고의·과실을 요건으로 하고, 경찰상 장해의 발생에 관하여 책임 있는 자에 대하여만 행하여진다는 것이다.

> **정답과 해설**
> ④ (X) 경찰책임은 그의 생활범위 내에서 사실상 사회공공의 안녕·질서에 대한 위해가 발생한 경우에 성립되는 것으로 그 위해의 발생에 대한 고의·과실, 위법성의 유무, 위험에 대한 인식여부 등을 묻지 않는다.
>
> 정답 ④

경비경찰의 조직 및 수단

824 ☐☐☐☐ 23 승진

경비경찰 조직운영의 원칙에 관한 설명으로 가장 적절하지 않은 것은?

① 치안협력성 원칙 : 경비경찰이 업무수행과정에서 국민의 협력을 구해야 하고, 국민이 스스로 협조를 할 때 효과적인 업무수행이 가능하다.
② 지휘관단일성 원칙 : 지시는 한 사람에 의해서 행해져야 하고, 보고도 한 사람을 통해서 이루어져야 한다.
③ 부대단위활동 원칙 : 부대에는 지휘관, 직원 및 대원, 지휘권과 장비가 편성되며 임무수행을 위한 보급지원체제를 갖추고 있어야 한다.
④ 체계통일성 원칙 : 경비업무를 효과적으로 수행하기 위해 복수의 지휘관을 두어야 한다.

정답과 해설

④ **(X)** 경비업무를 효과적으로 수행하기 위해 **복수의 지휘관을 두는것은 지휘관 단일성의 원칙에 반한다.** 즉, 긴급하고 신속한 경비업무의 효율적인 처리를 위하여 지휘관을 한 사람만 두어야 한다(지휘관 단일성의 원칙).

정답 ④

825 예상문제

경비경찰의 조직운영과 관련하여 옳지 않은 것은 모두 몇 개인가?

> ㉠ 의사결정은 신속하고 효과적인 절차를 위해 결정과정을 단일화해야 한다.
> ㉡ 임무를 중복 부여하여 최악의 경우를 대비한다.
> ㉢ 주민의 협력을 받아 효과적으로 목적을 달성한다.
> ㉣ 부대활동의 성패는 지휘관에 의하여 좌우된다.
> ㉤ 업무수행의 신속성을 위해 반드시 지휘관이 있어야 한다.

① 1개
② 2개
③ 3개
④ 4개

정답과 해설

㉠ (X) 지휘관단일성원칙은 의사결정은 다수에 의하여 신중히 검토한 후에 가장 효과적·합리적으로 결정하되 그 집행에 있어서는 한 사람의 지휘관에 의하여 움직여야 하므로 **의사결정의 과정에서까지 단일해야 한다는 의미는 아니다.**
㉡ (X) '임무를 중복 부여하여 최악의 경우를 대비한다'는 것은 **체계통일성의 원칙에 반한다.**
㉢ (O) 치안협력성의 원칙에 대한 설명이다.
㉣ (O) 부대단위활동의 원칙에 대한 설명이다.
㉤ (X) '업무수행의 신속성'은 지휘관 단일성의 원칙과 관련 있고, '반드시 지휘관이 있어야 하는 것'은 부대단위활동의 원칙과 관련 있다.

정답 ③

826 23 승진

경비경찰의 경비수단 종류 및 원칙에 관한 설명으로 가장 적절하지 않은 것은?

① 경고와 제지는 간접적 실력행사로서 「경찰관 직무집행법」에 근거를 두고 있다.
② 위치의 원칙이란 사태 진압시의 실력행사에 있어서 가장 유리한 지형·지물·위치 등을 확보하여 작전수행이나 진압을 용이하게 한다는 원칙이다.
③ 균형의 원칙이란 주력부대와 예비대를 적절하게 활용하여 한정된 경력으로 최대의 효과를 얻도록 해야 한다는 원칙이다.
④ 안전의 원칙이란 작전 때의 변수 발생은 사회적으로 큰 파장을 미칠 수 있으므로 사고 없는 안전한 진압을 실시해야 한다는 원칙이다.

정답과 해설

① (X) 제지는 **직접적 실력행사**에 해당한다. '경고'와 '제지'는 「**경찰관 직무집행법**」 제5조·제6조, '체포'는 「**형사소송법**」 제212조에 근거한다.

정답 ①

827 ☐☐☐☐ 23 간부

경비경찰에 대한 설명으로 가장 적절하지 않은 것은?

① 경비경찰활동은 하향적 명령체계가 확보되어야 하므로 부대원의 재량은 상대적으로 적고, 활동의 결과에 대해서는 지휘관이 책임을 지는 것이 일반적이다.
② 경비수단의 종류 중 체포는 상대방의 신체를 구속하는 강제처분이며 직접적 실력행사로서「경찰관 직무집행법」에 근거를 두고 있다.
③ 경비경찰은 실력행사시 상대의 저항력이 약한 시점을 포착하여 가장 적절한 시기에 강력하고 집중적인 실력행사를 하여야 한다.
④ 경비경찰 활동은 현재의 질서상태를 보존하는 것에 중점을 두는 현상유지적 활동 수행의 특성을 가진다.

정답과 해설

① (O) **하향적 명령에 의한 활동**에 대한 설명이다.
② (X) 경비수단의 종류 중 체포는 상대방의 신체를 구속하는 강제처분이며 직접적 실력행사로서 **「형사소송법」**(「**경찰관 직무집행법**」X)에 근거를 두고 있다.

정답 ②

THEME 03 행사안전경비(혼잡경비)

828 ☐☐☐☐ 19 승진, 예상문제

행사안전경비에 대한 설명으로 가장 적절한 것은?

① 행사안전경비의 근거법령으로는 「경찰관 직무집행법」, 「경비업법 시행령」 등이 있다.
② 행사안전경비는 대규모의 공연, 기념행사, 경기대회, 제례의식 등 기타 각종 행사를 위해 모인 조직화된 군중에 의하여 발생하는 자연적인 혼란상태를 사전에 예방하거나 경계하고, 위험한 사태가 발생한 경우에 신속히 조치하여 확대되는 것을 방지하는 경비경찰활동을 말한다.
③ 행사안전경비 중 예비대의 운용여부 판단은 주최측과 협조하여 실시한다.
④ 예비대가 관중석에 배치될 경우 관중이 잘 보이도록 행사장 앞쪽에 배치하는 것이 효과적이다.

> **정답과 해설**
> ① (O) 「경찰관 직무집행법」 제5조(위험발생의 방지), 제6조(범죄의 예방과 제지), 제7조(위험방지를 위한 출입), 「경비업법 시행령」 제30조(경비가 필요한 시설 등에 대한 경비의 요청) 등이 행사안전경비의 근거가 된다.
> ② (X) 행사안전경비(혼잡경비)라 함은 대규모의 공연, 기념행사, 경기대회, 제례의식, 기타 각종 행사를 위해 모인 **미조직된 군중에 의하여** 발생되는 자연적인 혼란상태를 사전에 예방하거나 경계하고, 위험한 사태가 발생한 경우에는 신속히 조치하여 확대되는 것을 방지하는 경비경찰활동을 말한다.
> ③ (X) **예비대의 운용여부 판단은 경찰판단(주최측 X)하에 실시할 사항**이며, 주최측과 협조할 사항은 행사 진행 과정 파악, 경비원 활용 권고, 자율적 질서유지 등이 있다.
> ④ (X) 예비대가 관중석에 배치될 경우 단시간 내에 혼란예상지역에 도달할 수 있도록 예비대를 **통로 주변(행사장 앞쪽 X)** 등에 배치하는 것이 효과적이다.
>
> **정답** ①

829 ☐☐☐☐ 22 채용

행사안전경비에서 군중정리의 원칙에 관한 설명 중 가장 적절하지 않은 것은?

① 밀도의 희박화 – 제한된 면적의 특정한 지역에 사람이 많이 모이면 상호간에 충돌현상이 나타나고 혼잡이 야기되므로, 차분한 목소리로 안내방송을 진행함으로써 사전에 혼잡상황을 대비하여 사고를 방지할 수 있다.
② 이동의 일정화 – 군중은 현재의 자기 위치와 갈 곳을 잘 몰라 불안감과 초조감을 갖게 되므로 일정방향과 속도로 이동을 시켜 주위의 상황을 파악할 수 있는 여건을 조성시킴으로써 심리적 안정감을 갖도록 하는 것이다.
③ 경쟁적 사태의 해소 – 다른 사람보다 먼저 가려는 심리상태를 억제시켜 질서 있게 행동하면 모든 일이 잘 될 수 있다는 것을 납득시키는 것이다. 이 경우 질서를 지키면 오히려 손해를 본다는 심리상태가 형성되지 않도록 주의하여야 한다.
④ 지시의 철저 – 분명하고 자세한 안내방송을 계속함으로써 혼잡한 사태를 회피하고 사고를 방지할 수 있다.

정답과 해설
① (X) 차분한 목소리로 안내방송을 진행함으로써 사전에 혼잡상황을 대비하여 사고를 방지할 수 있는 것은 **경쟁적 사태의 해소**이다.

정답 ①

830 ☐☐☐☐ 예상문제

행사안전경비 중 군중 정리의 원칙에 대한 설명으로 가장 적절하지 않은 것은?

① 밀도의 희박화 – 많은 사람이 모이면 충돌과 혼잡이 야기되어 거리감과 방향감각을 잃고 혼란한 상태에 이르므로 가급적 많은 사람이 모이는 것을 회피케 한다. 대규모 군중이 모이는 장소는 사전에 블록화한다.
② 지시의 철저 – 사태가 혼잡할 경우 계속적이고도 자세한 안내방송으로 지시를 철저히 해서 혼잡한 사태를 정리하고 사고를 미연에 방지할 수 있다.
③ 이동의 일정화 – 군중들은 현재의 자기 위치와 갈 곳을 잘 알지 못함으로써 불안감과 초조감을 갖게 되므로 여러 방향으로 이동시켜 주위의 상황을 파악할 수 있는 여건을 조성한다.
④ 경쟁적 사태의 해소 – 경쟁적 사태는 남보다 먼저 가려고 하는 군중의 심리상태로 순서에 의하여 움직일 때 순조롭게 모든 일이 잘될 수 있다는 것을 납득시켜야 한다.

정답과 해설
③ (X) 군중은 현재의 자기 위치와 갈 곳을 잘 몰라 불안감과 초조감을 갖게 되므로 **일정한 방향(여러 방향 X)**으로 이동시켜 주위의 상황을 파악할 수 있는 여건을 조성하여야 한다.

정답 ③

831 예상문제

행사안전경비(혼잡경비)에 대한 설명으로 옳지 않은 것은 모두 몇 개인가?

> ⊙ 행사안전경비는 공연, 경기대회 등 미조직된 군중에 의하여 발생되는 자연적인 혼란상태를 사전에 예방·경계·진압하는 경비경찰활동으로 개인이나 단체의 불법행위를 전제로 한다.
>
> ⓒ 「공연법」상 공연장운영자는 재해대처계획을 정하여 관할 시·도경찰청장에게 신고하여야 하며, 이 경우 관할 시·도경찰청장은 신고 받은 재해대처계획을 관할 소방서장과 관할 경찰서장에게 통보하여야 한다.
>
> ⓒ ⓒ의 신고를 하지 않은 경우 「공연법」 제43조 제1항에 의해 2천만원 이하의 벌금을 부과한다.
>
> ② 공연장 외의 시설에서 1,000명 이상의 관람이 예상되는 공연을 하고자 신고한 자가 신고한 사항을 변경하려는 경우 공연 7일 전까지 변경신고를 하여야 한다.
>
> ⑩ 「경비업법 시행령」 제30조에 의하면 시·도경찰청장 또는 경찰서장은 제1항에 따른 요청을 할 때 행사의 주최자나 시설 또는 장소의 관리자에게 행사장등에 경비원을 배치할 수 없다고 판단되는 경우에는 행사개최일 또는 많은 사람이 모이는 날 3일 전까지 그 사실을 통지해 줄 것을 함께 요청해야 한다.

① 1개 ② 2개
③ 3개 ④ 4개

정답과 해설

⊙ (X) **행사안전경비**는 미조직된 군중에 의하여 발생되는 자연적인 혼란상태를 사전에 예방·경계·진압하는 경비경찰활동으로 특별히 **개인이나 단체의 불법행위를 전제로 하지 않는다**.

ⓒ (X) 「공연법」 제11조 제1항에 의하면 공연장운영자는 재해대처계획을 정하여 **관할 특별자치시장·특별자치도지사·시장·군수·구청장에게 신고**하여야 하며, 이 경우 특별자치시장·특별자치도지사·시장·군수·구청장은 신고 받은 재해대처계획을 **관할 소방서장과 관할 경찰서장**에게 통보하여야 한다.

ⓒ (X) 「공연법」 제43조(과태료) 제1항에 의하면 재해대처계획을 신고하지 아니한 자에게는 **2천만원 이하**의 **과태료**(**벌금 X**)를 부과한다.

② (O) 「공연법 시행령」 제9조 제3항

⑩ (X) **시·도경찰청장 또는 경찰서장**은 제1항에 따른 요청을 할 때 행사의 주최자나 시설 또는 장소의 관리자에게 행사장등에 경비원을 배치할 수 없다고 판단되는 경우에는 행사개최일 또는 많은 사람이 모이는 날 **1일 전까지** 그 사실을 통지해 줄 것을 함께 **요청할 수 있다**(경비업법 시행령 제30조 제2조).

> **제30조(경비가 필요한 시설 등에 대한 경비의 요청)** ① 시·도경찰청장 또는 경찰서장은 행사장, 그 밖에 많은 사람이 모이는 시설 또는 장소(이하 "행사장등"이라 한다)에서 혼잡 등으로 인한 위험의 발생을 방지하기 위하여 경비가 필요하다고 인정하는 경우에는 행사의 주최자나 시설 또는 장소의 관리자에게 행사장등에 경비원을 배치하도록 요청할 수 있다.

정답 ④

선거경비

832 □□□□ 20 승진, 예상문제

선거경비에 대한 설명 중 가장 적절한 것은?

① 선거는 사회이목이 집중되고 국가적으로 중대한 영향을 미치는 행사이기 때문에 선거경비는 대테러경비에 준하는 경비활동이 요구된다.
② 대통령선거, 국회의원선거, 지방선거 모두 선거일 06:00부터 개표 종료시까지 을호비상이 원칙이다.
③ 대통령 선거, 국회의원선거, 지방자치단체의 의회의원 및 장의 선거기간은 후보자등록마감일의 다음 날부터 선거일까지이다.
④ 대통령 선거기간은 23일이며, 국회의원 및 지방자치단체 의원 선거기간은 14일이다.

> **정답과 해설**
> ① (X) 선거경비는 행사안전경비, 대테러경비, 경호경비, 다중범죄진압 등 **종합적인 경비활동**이 요구된다.
> ② (X) 선거일부터 개표 종료시까지 **갑호비상**이 원칙이다.
> ③ (X) 「공직선거법」 제33조 선거기간은 **대통령선거는 후보자등록 마감일의 다음날부터** 선거일까지이며, **국회의원선거와 지방자치단체의 의회의원 및 장의 선거는 후보자등록 마감일 후 6일부터** 선거일까지이다.
> ④ (O)
>
> **정답** ④

833 ☐☐☐☐ 21 채용, 22 승진

선거경비에 대한 설명으로 옳은 것은 모두 몇 개인가?

㉠ 통상 비상근무체제는 선거기간 개시일부터 개표 종료 때까지이며, 경계강화기간은 선거기간 개시일부터 선거 전일까지이다.
㉡ 대통령 후보자는 갑호경호 대상으로 후보자 등록 시부터 당선 확정 시까지 후보자가 원하는 경우 유세장·숙소 등에 대해 24시간 경호임무를 수행하고, 후보자가 원하지 않는 경우 시·도경찰청에서 경호경험이 있는 자를 선발해 관내 유세기간 중 근접 배치한다.
㉢ 투표소의 질서유지는 선거관리위원회와 경찰이 합동으로 하고, 경찰은 112 순찰차를 투표소 밖에 배치하여 거점근무 및 순찰을 실시하고, 정복 경찰을 투표소 내에 배치하여야 한다.
㉣ 「공직선거법」상 누구든지 개표소 안에서 무기 등을 지닐 수 없으므로 선거관리위원회 위원장의 원조요구가 있더라도 개표소 안으로 투입되는 경찰관은 무기를 휴대할 수 없다.
㉤ 「공직선거법」상 투표소 안에서 또는 투표소로부터 100미터 안에서 소란한 언동을 하거나 특정 정당이나 후보자를 지지 또는 반대하는 언동을 하는 자가 있는 때에는 투표관리관 또는 투표사무원은 이를 제지하고, 그 명령에 불응하는 때에는 투표소 또는 그 제한거리 밖으로 퇴거하게 할 수 있다.
㉥ 「공직선거법」상 투표관리관 또는 투표사무원은 투표소의 질서가 심히 문란하여 공정한 투표가 실시될 수 없다고 인정하는 때에는 투표소의 질서를 유지하기 위하여 정복을 한 경찰공무원 또는 경찰관서장에게 원조를 요구할 수 있다.

① 1개
② 2개
③ 3개
④ 4개

정답과 해설

㉠ (O)
㉡ (X) 대통령 후보자는 **을호경호 대상자**이다.
㉢ (X) 투표소의 질서유지는 **선거관리위원회가 자체적**으로 하고, 경찰은 112 순찰차를 투표소 밖에 배치하여 거점근무 및 순찰을 실시한다.
㉣ (X) 원조요구를 받은 경찰관은 예외적으로 **무기 등을 휴대할 수 있다**(동법 제183조 제3항, 제6항).
㉤ (O) 동법 제166조 제1항
㉥ (O) **투표관리관 또는 투표사무원**은 투표소의 질서가 심히 문란하여 공정한 투표가 실시될 수 없다고 인정하는 때에는 투표소의 질서를 유지하기 위하여 **정복(사복 X)**을 한 **경찰공무원 또는 경찰관서장**에게 원조를 요구할 수 있다(동법 제164조 제1항).

정답 ③

834 예상문제

A경찰서 경비계장은 지방선거를 앞두고 개표소 경비대책을 수립하였다. ㉠부터 ㉤까지의 내용 중 적절하지 않은 것을 모두 고른 것은?

㉠ 제1선 개표소 내부에서 질서문란행위가 발생한 경우 선거관리위원회위원장 또는 선거관리위원회 위원의 요청이 있는 경우에만 경찰력을 투입하고 개표소 내부의 질서가 회복되거나 선거관리위원회위원장의 요구가 있을 때는 퇴거하여야 한다.
㉡ 개표소 내부의 사전 안전검측은 선거관리위원회 요청시 경찰은 소방·한전 등 유관기관과 협조하여 개표소 내·외곽에 대한 사전 안전검측을 실시한다.
㉢ 개표소 경비 관련 3선 개념에 의하면 제1선은 개표소 내부, 제2선은 울타리 내곽, 제3선은 울타리 외곽으로 구분한다.
㉣ 개표소 경비 제3선(울타리 외곽)은 선거관리위원회와 합동으로 출입자를 통제하고, 출입문은 되도록 정문만을 사용함이 원칙이다.
㉤ 대통령 후보자의 신변보호는 각 선거구를 관할하는 경찰서에서 후보자가 원할 경우 신변보호요원을 적정 수 배치해야 한다.

① ㉠㉢   ② ㉠㉤
③ ㉡㉣   ④ ㉣㉤

정답과 해설

㉠ (O) 공직선거법 제183조 제3항, 제5항

> **제183조(개표소의 출입제한과 질서유지)** ③ 구·시·군선거관리위원회위원장이나 위원은 개표소의 **질서가 심히 문란**하여 공정한 개표가 진행될 수 없다고 인정하는 때에는 개표소의 질서유지를 위하여 **정복**을 한 **경찰공무원** 또는 **경찰관서장**에게 원조를 요구할 수 있다.
> ④ ③의 규정에 의하여 원조요구를 받은 경찰공무원 또는 경찰관서장은 **즉시** 이에 따라야 한다.
> ⑤ ③의 요구에 의하여 개표소안에 들어간 경찰공무원 또는 경찰관서장은 **구·시·군선거관리위원회위원장**(경찰서장 X)의 지시를 받아야 하며, 질서가 회복되거나 **위원장**(위원 X)의 요구가 있는 때에는 즉시 개표소에서 **퇴거하여야 한다**(할 수 있다 X).

㉡ (O)
㉢ (O)
㉣ (X) **제2선(울타리 내곽)** 경비에 대한 설명이다. **제3선(울타리 외곽)**은 검문조·순찰조를 운영하여 위해 기도자의 접근을 차단한다.
㉤ (X) **대통령선거 후보자**가 경호를 원하지 않더라도 경찰청에서 경호경험이 있는 자로 선발된 직원을 항상 대기시켜 유세 기간에 근접 배치하고, **국회의원 후보자의 신변보호**는 각 선거구를 관할하는 경찰서에서 후보자가 원할 경우 신변보호 요원을 적정 수 배치해야 한다.

정답 ④

THEME 05 집회·시위의 관리

835 ☐☐☐☐ 예상문제

다중범죄의 특징 중 확신적 행동성에 관한 설명으로 옳은 것은?

① 다중범죄를 발생시키는 주동자나 참여하는 자들은 자신의 사고가 정의라는 확신을 가지고 행동하므로 과감하고 전투적인 경우가 많다. 점거농성 때 투신이나 분신자살 등이 그 대표적인 예이다.
② 다중범죄의 발생은 군중심리의 영향을 많이 받아 일단 발생하면 부화뇌동으로 인하여 갑자기 확대될 수도 있다. 조직도 상호 연계되어 있으므로 어느 한 곳에서 시위사태가 발생하면 같은 상황이 전국으로 파급되기 쉽다.
③ 시위군중은 행동에 대한 의혹이나 불안을 갖지 않고 과격·단순하게 행동하며 비이성적인 경우가 많아 주장내용이 편협하고 타협, 설득이 어렵다.
④ 현대사회의 문제는 전국적으로 공통성이 있으며 조직도 전국적으로 연계된 경우가 많다. 다중범죄는 특정한 조직에 기반을 두고 뚜렷한 목적의식을 가지고 있으므로 소속되어 있는 단체의 설치목적이나 활동방침을 분명하게 파악하는 것이 사태의 진상파악에 도움이 된다.

> **정답과 해설**
> ① (O) **확신적 행동성**에 관한 설명이다.
> ② (X) **부화뇌동적 파급성**에 관한 설명이다.
> ③ (X) **비이성적 단순성**에 관한 설명이다.
> ④ (X) **조직적 연계성**에 관한 설명이다.
>
> 정답 ①

836 ☐☐☐☐ 22 승진

다중범죄의 정책적 치료법 및 진압의 기본원칙에 대한 설명으로 가장 적절하지 않은 것은?

① 전이법은 불만집단과 이에 반대하는 대중의견을 크게 부각시켜 불만집단이 자진해산 및 분산하게 하는 정책적 치료법이다.
② 봉쇄·방어는 군중이 중요시설이나 기관 등 보호대상물의 점거를 기도할 경우, 사전에 부대가 선점하여 바리케이트 등으로 봉쇄하는 방어조치로 충돌없이 효과적으로 무산시키는 진압의 기본원칙이다.
③ 세력분산은 일단 시위대가 집단을 형성한 이후에 부대가 대형으로 진입하거나 장비를 사용하여 시위집단의 지휘·통제력을 차단하며, 수개의 소집단으로 분할시켜 시위의사를 약화시키는 진압의 기본원칙이다.
④ 지연정화법은 시간을 지연시킴으로써 불만집단의 고조된 주장을 이성적으로 사고할 기회를 부여하고 정서적으로 감정을 둔화시켜서 흥분을 가라앉게 하는 정책적 치료법이다.

정답과 해설

① (X) **경쟁행위법**에 대한 설명이다. 전이법은 다중범죄의 발생 징후나 이슈가 있을 때 집단이나 국민들의 관심을 집중시킬 수 있는 경이적인 사건을 폭로하거나 규모가 큰 행사를 개최함으로써 원래의 이슈가 상대적으로 약화되도록 하는 방법이다.

정답 ①

837 ☐☐☐☐ 예상문제

'다중범죄'에 대한 설명으로 옳은 것은?

① 다중범죄는 미조직된 다수에 의한 불법집단행동을 말한다.
② 다중범죄의 특징으로 다중행태의 예측 불가능성, 확신적 행동성, 조직적 연계성, 부화뇌동적 파급성, 이성적 행동성 등을 들 수 있다.
③ 진압의 3대원칙으로는 신속한 해산, 주모자 체포, 재집결 방지가 있다.
④ 진압의 기본원칙 중 '세력분산'은 군중이 목적지에 집결하기 전에 중간에서 차단하여 집합을 못하게 하는 방법으로, 중요 목지점에 경력을 배치하고 검문검색을 실시하여 불법 시위가담자를 사전에 색출, 검거하거나 귀가시키는 것을 말한다.

정답과 해설

① (X) 다중범죄는 **어느 정도 조직된** 다수에 의한 불법집단행동을 말한다.
② (X) 다중범죄의 특징으로 다중행태의 예측 불가능성, 확신적 행동성, 조직적 연계성, 부화뇌동적 파급성, **비이성적** 행동성 등을 들 수 있다.
③ (O) 진압의 3대원칙으로는 **신**속한 해산, **주**모자 체포, **재**집결 방지가 있다.   **신주재**
④ (X) **차단·배제**에 대한 설명이다.

정답 ③

838 25 승진, 예상문제

다음은 다중범죄의 정책적 치료법에 대한 설명이다. ㉠과 ㉢에 들어갈 치료법으로 가장 적절하게 짝지어진 것은?

> ㉠ 다중범죄의 발생 징후나 이슈가 있을 때 집단이나 국민들의 관심을 집중시킬 수 있는 경이적인 사건을 폭로하거나 규모가 큰 행사를 개최함으로써 원래의 이슈가 상대적으로 약화되도록 하는 방법
> ㉡ 불만집단의 고조된 주장을 시간을 끌어 이성적으로 사고할 기회를 부여하고 정서적으로 감정을 둔화시켜서 흥분을 가라앉게 하는 방법
> ㉢ 특정 불만집단에 대한 정보활동 강화로 사전에 불만·분쟁 요인을 찾아 해소시키는 방법

① ㉠ 전이법 ㉡ 지연정화법 ㉢ 선수승화법
② ㉠ 지연정화법 ㉡ 경쟁행위법 ㉢ 전이법
③ ㉠ 선수승화법 ㉡ 지연정화법 ㉢ 경쟁행위법
④ ㉠ 전이법 ㉡ 경쟁행위법 ㉢ 선수승화법

정답과 해설

① ㉠ **전이법** ㉡ **지연정화법** ㉢ **선수승화법**에 대한 설명이다.

정답 ①

THEME 06 재난 및 안전관리 기본법

839 □□□□ 19 승진, 예상문제

「재난 및 안전관리 기본법」에 대한 설명으로 가장 적절한 것은?

① '재난'이란 국민의 생명·신체·재산과 국가에 피해를 주거나 줄 수 있는 것으로서 자연재난, 인적재난, 사회재난으로 구분된다.
② '안전관리'란 재난의 예방·대비·대응 및 복구를 위하여 하는 모든 활동을 말한다.
③ 행정안전부장관은 국가 및 지방자치단체가 행하는 재난 및 안전관리 업무를 총괄·조정한다.
④ '중앙대책본부장'은 대통령령으로 정하는 규모의 재난이 발생하여 국가의 안녕 및 사회질서의 유지에 중대한 영향을 미치거나 피해를 효과적으로 수습하기 위하여 특별한 조치가 필요하다고 인정하거나 지역대책본부장의 요청이 타당하다고 인정하는 경우에는 중앙안전관리위원회 심의를 거쳐 해당 지역을 특별재난지역으로 선포할 것을 대통령에게 건의할 수 있다. 선포를 건의받은 대통령은 해당 지역을 특별재난지역으로 선포하여야 한다.

정답과 해설

① (X) '**재난**'이란 국민의 생명·신체·재산과 국가에 피해를 주거나 줄 수 있는 것으로서 **자연재난과 사회재난**(인적재난 X)을 말한다(재난 및 안전관리 기본법 제3조 제1호). **사자재난**
② (X) '**안전관리**'란 **재난이나 그 밖의 각종 사고로부터 사람의 생명·신체 및 재산의 안전을 확보하기 위하여 하는 모든 활동을 말한다**(동법 제3조 제4호) 재난의 예방·대비·대응 및 복구를 위하여 하는 모든 활동은 '**재난관리**'이다(동법 제3조 제3호).
③ (O) **행정안전부장관**(경찰청장 X)은 국가 및 지방자치단체가 행하는 재난 및 안전관리 업무를 총괄·조정한다(동법 제6조).
④ (X) '중앙대책본부장'은 대통령령으로 정하는 규모의 재난이 발생하여 국가의 안녕 및 사회질서의 유지에 중대한 영향을 미치거나 피해를 효과적으로 수습하기 위하여 특별한 조치가 필요하다고 인정하거나 지역대책본부장의 요청이 타당하다고 인정하는 경우에는 중앙안전관리위원회 심의를 거쳐 해당 지역을 특별재난지역으로 선포할 것을 대통령에게 건의할 수 있다. 선포를 건의받은 **대통령**은 해당 지역을 특별재난지역으로 **선포할 수 있다**(선포하여야 한다 X)(동법 제60조 제1항).

정답 ③

840 ☐☐☐☐ 24 간부

「재난 및 안전관리 기본법」에 대한 설명으로 가장 적절한 것은?

① 재난관리란 재난이나 그 밖의 각종 사고로부터 사람의 생명·신체 및 재산의 안전을 확보하기 위하여 하는 모든 활동을 말한다.
② 시장·군수·구청장과 지역통제단장(대통령령으로 정하는 권한을 행사하는 경우에만 해당한다)은 재난이 발생하거나 발생할 우려가 있는 경우에 사람의 생명 또는 신체나 재산에 대한 위해를 방지하기 위하여 필요하면 해당 지역 주민이나 그 지역 안에 있는 사람에게 대피하도록 명하거나 선박·자동차 등을 그 소유자·관리자 또는 점유자에게 대피시킬 것을 명할 수 있다. 이 경우 미리 대피장소를 지정할 수 있다.
③ 긴급구조기관이란 경찰청, 시·도경찰청 및 경찰서를 말한다. 다만, 해양에서 발생한 재난의 경우에는 해양경찰청·지방해양경찰청 및 해양경찰서를 말한다.
④ 국무총리는 대통령령으로 정하는 재난이 발생하거나 발생할 우려가 있는 경우 사람의 생명·신체 및 재산에 미치는 중대한 영향이나 피해를 줄이기 위하여 긴급한 조치가 필요하다고 인정하면 중앙안전관리위원회의 심의를 거쳐 재난사태를 선포할 수 있다. 다만, 국무총리는 재난상황이 긴급하여 중앙안전관리위원회의 심의를 거칠 시간적 여유가 없다고 인정하는 경우에는 중앙안전관리위원회의 심의를 거치지 아니하고 재난사태를 선포할 수 있다.

정답과 해설

① (X) 해당 지문은 **"안전관리"**에 대한 설명이다(동법 제3조 제4호). **"재난관리"**란 재난의 예방·대비·대응 및 복구를 위하여 하는 모든 활동을 말한다(재난 및 안전관리 기본법 제3조 제3호).
② (O) 동법 제40조 제1항
③ (X) "긴급구조기관"이란 **소방청·소방본부 및 소방서(경찰청, 시·도경찰청 및 경찰서 X)**를 말한다. 다만, 해양에서 발생한 재난의 경우에는 해양경찰청·지방해양경찰청 및 해양경찰서를 말한다(동법 제3조 제7호).
④ (X) **행정안전부장관(국무총리 X)**은 대통령령으로 정하는 재난이 발생하거나 발생할 우려가 있는 경우 사람의 생명·신체 및 재산에 미치는 중대한 영향이나 피해를 줄이기 위하여 긴급한 조치가 필요하다고 인정하면 중앙위원회의 심의를 거쳐 **재난사태**를 선포할 수 있다. 다만, **행정안전부장관(국무총리 X)**은 재난상황이 긴급하여 중앙위원회의 심의를 거칠 시간적 여유가 없다고 인정하는 경우에는 중앙위원회의 심의를 거치지 아니하고 **재난사태**를 선포할 수 있다(동법 제36조 제1항).

정답 ②

841 ☐☐☐☐ 19 채용, 예상문제

「재난 및 안전관리 기본법」상 재난관리 체계에 대한 설명으로 옳지 않은 것은?

① 특별재난지역 선포는 복구단계에서의 활동이다.
② 재난분야 위기관리 매뉴얼 작성은 대비단계에서의 활동이다.
③ 재난관리체계 등의 평가는 예방단계에서의 활동이다.
④ 정부합동안전 점검은 복구단계에서의 활동이다.

정답과 해설

① (O) 재난피해조사, 특별재난지역 선포 등은 **복구단계(대응단계 X)**에서의 활동이다(재난 및 안전관리 기본법 제60조 이하).
② (O) 각 기능별 재난대응 활동계획 작성, 재난분야 위기관리 매뉴얼 작성, 재난대비훈련 등은 **대비단계**에서의 활동이다 (동법 제34조의5).
③ (O) 정부합동안전 점검, 재난관리체계 등의 평가 활동은 **예방단계**에서의 활동이다(동법 제33조의2).
④ (X) **정부합동안전 점검**은 **예방** 단계에서의 활동이다(동법 제32조).

정답 ④

경찰작전(통합방위법)

842 예상문제

「통합방위법」에 대한 설명으로 가장 적절하지 않은 것은?

① 특별시장·광역시장·특별자치시장·도지사·특별자치도지사 소속으로 특별시·광역시·특별자치시·도·특별자치도 통합방위협의회를 두고, 그 의장은 시·도지사가 된다.
② 행정안전부장관 또는 국방부장관은 을종사태에 해당하는 상황이 발생하였을 때 즉시 국무총리를 거쳐 대통령에게 통합방위사태의 선포를 건의하여야 한다.
③ 중앙 통합방위협의회의 의장은 국무총리가 되고, 통합방위본부장은 합동참모의장이 된다.
④ 서울시와 경기도에 걸친 통합방위 사태 중 병종사태에 해당하는 상황이 발생하였을 때는 대통령이 선포한다.

정답과 해설

① (O) 특별시장·광역시장·특별자치시장·도지사·특별자치도지사(이하 "시·도지사"라 한다) 소속으로 특별시·광역시·특별자치시·도·특별자치도 통합방위협의회(이하 "시·도 협의회"라 한다)를 두고, 그 **의장**은 **시·도지사**가 된다(통합방위법 제5조 제1항).
② (X) 행정안전부장관 또는 국방부장관은 **둘 이상의 시·도에 걸쳐 병종사태에 해당하는 상황이 발생하였을 때** 즉시 국무총리를 거쳐 대통령에게 통합방위사태의 선포를 건의하여야 한다(동법 제12조 제2항 제2호). **시·도경찰청장, 지역군사령관 또는 함대사령관**은 을종사태나 병종사태에 해당하는 상황이 발생한 때에는 즉시 시·도지사에게 통합방위사태의 선포를 건의하여야 한다(동법 제12조 제4항).
③ (O) 동법 제4조 제2항, 제8조 제2항

> **제8조(통합방위본부)** ② 통합방위본부에는 **본부장과 부본부장** 1명씩을 두되, 통합방위본부장은 **합동참모의장**이 되고 부본부장은 합동참모본부에서 군사작전에 대한 기획 등 작전 업무를 총괄하는 **참모 부서의 장**이 된다.

④ (O) 동법 제12조

정답 ②

843 ☐☐☐☐ 23 승진

「통합방위법」에 관한 설명 중 가장 적절하지 않은 것은?

① "갑종사태"란 일정한 조직체계를 갖춘 적의 대규모 병력 침투 또는 대량살상무기 공격 등의 도발로 발생한 비상사태로서 통합방위본부장 또는 지역군사령관의 지휘·통제 하에 통합방위작전을 수행하여야 할 사태를 말한다.
② "을종사태"란 적의 침투·도발 위협이 예상되거나 소규모의 적이 침투하였을 때에 시·도경찰청장, 지역군사령관 또는 함대사령관의 지휘·통제 하에 통합방위작전을 수행하여 단기간 내에 치안이 회복될 수 있는 사태를 말한다.
③ 국무총리 소속으로 중앙 통합방위협의회를 둔다.
④ 국가중요시설은 국방부장관이 관계 행정기관의 장 및 국가정보원장과 협의하여 지정한다.

정답과 해설

① (O) 통합방위법 제2조 제6호
② (X) **병종사태에 대한 설명**이다(동법 제2조 제8호).
③ (O) **국무총리(대통령 X) 소속**으로 중앙 통합방위협의회를 둔다(동법 제4조 제1항).
④ (O) 국가중요시설은 **국방부장관(국가정보원장 X)**이 관계 행정기관의 장 및 **국가정보원장(국방부장관 X)**과 협의하여 지정한다(동법 제21조 제4항).

정답 ②

844 예상문제

「통합방위법」 내용 중에서 밑줄 친 부분이 옳지 않은 것은 모두 몇 개인가?

> **제12조(통합방위사태의 선포)** ① 통합방위사태는 갑종사태, 을종사태 또는 병종사태로 구분하여 선포한다.
> ② 제1항의 사태에 해당하는 상황이 발생하면 다음 각 호의 구분에 따라 해당하는 사람은 ㉠ 즉시 국무총리를 거쳐 대통령에게 통합방위사태의 선포를 건의하여야 한다.
> 　1. 갑종사태에 해당하는 상황이 발생하였을 때 또는 둘 이상의 특별시·광역시·특별자치시·도·특별자치도(이하 "시·도"라 한다)에 걸쳐 을종사태에 해당하는 상황이 발생하였을 때 : ㉡ 국방부장관
> 　2. 둘 이상의 시·도에 걸쳐 병종사태에 해당하는 상황이 발생하였을 때 : ㉢ 행정안전부장관
> ③ 대통령은 제2항에 따른 건의를 받았을 때에는 중앙협의회와 국무회의의 심의를 거쳐 통합방위사태를 선포할 수 있다.
> ④ ㉣ 시·도경찰청장 또는 지방해양경찰청장은 을종사태나 병종사태에 해당하는 상황이 발생한 때에는 즉시 시·도지사에게 통합방위사태의 선포를 건의하여야 한다.
> ⑤ 시·도지사는 제4항에 따른 건의를 받은 때에는 시·도 협의회의 심의를 거쳐 을종사태 또는 병종사태를 선포할 수 있다.

① 0개　　　　　　　　　　② 1개
③ 2개　　　　　　　　　　④ 3개

정답과 해설

㉠㉡ (O)
㉢ (X) "행정안전부장관 또는 국방부장관"이라고 해야 옳다.
㉣ (X) "시·도경찰청장, 지역군사령관 또는 함대사령관은"이라고 해야 옳다.

정답 ③

845 ☐☐☐☐ 22 간부

통합방위사태가 선포된 때에는 「통합방위법」의 규정에 따라 통합방위작전을 신속하게 수행하여야 한다. 지역별 통합방위작전 수행 담당자로 가장 적절한 것은?

① 갑종사태가 선포된 경우 경찰관할지역 : 경찰청장
② 을종사태가 선포된 경우 특정경비지역 : 통합방위본부장
③ 을종사태가 선포된 경우 경찰관할지역 : 시·도경찰청장
④ 병종사태가 선포된 경우 특정경비지역 : 지역군사령관

> **정답과 해설**
> ① (X) 갑종사태가 선포된 경우 경찰관할지역 : **통합방위본부장 또는 지역군사령관**(통합방위법 제15조 제2항 단서)
> ② (X) 을종사태가 선포된 경우 특정경비지역 : **지역군사령관**(동법 제15조 제2항 단서)
> ③ (X) 을종사태가 선포된 경우 경찰관할지역 : **지역군사령관**(동법 제15조 제2항 단서)
> ④ (O) 동법 제15조 제2항 제2호
>
> 정답 ④

846 ☐☐☐☐ 22 간부, 예상문제

「통합방위법」상 국가중요시설에 대한 설명으로 가장 적절하지 않은 것은?

① 국가중요시설의 관리자는 경비·보안 및 방호책임을 지며, 통합방위사태에 대비하여 자체방호계획을 수립하여야 한다. 이 경우 국가중요시설의 관리자는 자체방호계획을 수립하기 위하여 시·도경찰청장 또는 지역군사령관에게 협조를 요청하여야 한다.
② 시·도경찰청장 또는 지역군사령관은 통합방위사태에 대비하여 국가중요시설에 대한 방호지원계획을 수립·시행하여야 한다.
③ 국가중요시설의 평시 경비·보안활동에 대한 지도·감독은 관계 행정기관의 장과 국가정보원장이 수행한다.
④ 국가중요시설의 자체방호, 방호지원계획, 그 밖에 필요한 사항은 대통령령으로 정한다.

> **정답과 해설**
> ① (X) **국가중요시설의 관리자(소유자 포함)** 는 경비·보안 및 방호책임을 지며, 통합방위사태에 대비하여 자체방호계획을 수립하여야 한다. 이 경우 국가중요시설의 관리자는 **자체방호계획**을 수립하기 위하여 **시·도경찰청장 또는 지역군사령관**에게 협조를 요청**할 수 있다(하여야 한다 X)**(통합방위법 제21조 제1항).
> ② (O) **시·도경찰청장(통합방위본부장 X) 또는 지역군사령관**은 통합방위사태에 대비하여 국가중요시설에 대한 방호지원계획을 수립·시행하여야 한다(동법 제21조 제2항).
> ③ (O) 국가중요시설의 평시 경비·보안활동에 대한 지도·감독은 **관계 행정기관의 장과 국가정보원장**이 수행한다(동법 제21조 제3항).
> ④ (O) 국가중요시설의 자체방호, 방호지원계획, 그 밖에 필요한 사항은 **대통령령(행정안전부령 X)** 으로 정한다(동법 제21조 제5항).
>
> 정답 ①

경찰비상업무규칙

847 □□□□ 24 간부, 예상문제

「경찰 비상업무 규칙」에 대한 설명 중 옳지 않은 것은 모두 몇 개인가?

> ㉠ "지휘선상 위치 근무"란 비상연락체계를 유지하며 유사시 2시간 이내에 현장지휘 및 현장근무가 가능한 장소에 위치하는 것을 말한다.
> ㉡ "정위치 근무"란 사무실 또는 상황과 관련된 현장에 위치하는 것을 말한다.
> ㉢ "정착근무"란 감독순시·현장근무 및 사무실 대기 등 관할구역 내에 위치하는 것을 말한다.
> ㉣ "필수요원"이란 전 경찰관 및 일반직공무원(이하 '경찰관 등') 중 경찰기관의 장이 지정한 자로 비상소집시 2시간 이내에 응소하여야 할 자를 말한다.
> ㉤ "일반요원"이란 필수요원을 제외한 경찰관 등으로 비상소집시 3시간 이내에 응소하여야 할 자를 말한다.
> ㉥ "가용경력"이란 총원에서 휴가·출장·교육·파견 등을 포함하여 동원될 수 있는 모든 인원을 말한다.

① 3개 ② 4개
③ 5개 ④ 6개

정답과 해설

㉠ (X) "지휘선상 위치 근무"란 비상연락체계를 유지하며 유사시 **1시간 이내**(2시간 이내 X)에 현장지휘 및 현장근무가 가능한 장소에 위치하는 것을 말한다(경찰 비상업무 규칙 제2조 제2호).
㉡ (X) "정위치 근무"란 감독순시·현장근무 및 사무실 대기 등 **관할구역 내**에 위치하는 것을 말한다(동규칙 제2조 제3호).
㉢ (X) "정착근무"란 **사무실 또는 상황과 관련된 현장에 위치하는 것**을 말한다(동규칙 제2조 제4호).
㉣ (X) "필수요원"이란 전 경찰관 및 일반직공무원 중 경찰기관의 장이 지정한 자로 비상소집시 **1시간 이내**(2시간 이내 X)에 응소하여야 할 자를 말한다(동규칙 제2조 제5호).
㉤ (X) "일반요원"이란 필수요원을 제외한 경찰관 등으로 비상소집시 **2시간 이내**(3시간 이내 X)에 응소하여야 할 자를 말한다(동규칙 제2조 제6호).
㉥ (X) "가용경력"이란 총원에서 휴가·출장·교육·파견 등을 **제외(포함 X)**하고 실제 동원될 수 있는 모든 인원을 말한다(동규칙 제2조 제7호).

정답 ④

848 24 간부, 21 경채, 예상문제

「경찰 비상업무 규칙」에 대한 설명으로 옳지 않은 것은 모두 몇 개인가?

㉠ 비상근무는 비상상황의 유형에 따라 경비 소관의 경비, 작전비상, 수사 소관의 수사비상, 안보 소관의 안보비상, 치안상황 소관의 교통, 재난비상으로 구분하여 발령한다.
㉡ 대규모 집단사태·테러·재난 등의 발생으로 치안질서가 극도로 혼란하게 되었거나 그 징후가 현저한 경우 가용경력을 100% 동원하고, 지휘관은 상황과 관련된 현장에 위치한다.
㉢ 비상근무 을호가 발령된 때에는 연가를 중지하고 가용경력 50%까지 동원할 수 있으며, 지휘관과 참모는 1시간 이내에 현장지휘 및 현장 근무가 가능한 장소에 위치한다.
㉣ 국제행사·기념일 등을 전후하여 치안수요가 증가한 때에는 부득이한 경우를 제외하고는 연가를 억제하고 가용경력 30%까지 동원할 수 있다.
㉤ 부서별 상황의 긴급성 및 중요도에 따라 비상등급은 갑호 비상, 을호 비상, 병호 비상, 작전준비태세, 경계 강화 순으로 구분하여 실시한다.

① 1개
② 2개
③ 3개
④ 4개

정답과 해설

㉠ (X) 비상근무는 비상상황의 유형에 따라 1. **경비 소관의 경비, 작전, 재난비상(치안상황 소관의 교통, 재난비상 X)**, 2. 안보 소관의 안보비상, 3. 수사 소관의 수사비상, 4. 교통 소관의 교통비상으로 구분하여 발령한다(경찰 비상업무 규칙 제4조 제1항).
㉡ (O) 갑호비상근무에 대한 설명이다(동규칙 제7조 제1항 제1호).
㉢ (X) 을호 발령시 **지휘관과 참모는 관할구역 내(정위치 근무) 위치**한다(동규칙 제7조 제1항 제2호).
㉣ (O) 병호비상근무에 대한 설명이다(동규칙 제7조 제1항 제3호).
㉤ (X) 부서별 상황의 긴급성 및 중요도에 따라 비상등급은 갑호 비상, 을호 비상, 병호 비상, **경계 강화, 작전준비태세** 순으로 구분하여 실시한다(동규칙 제4조 제2항).

정답 ③

849 ☐☐☐☐ 25 채용

「경찰 비상업무 규칙」에 관한 설명으로 가장 적절하지 않은 것은?

① "필수요원"이란 모든 경찰공무원 및 일반직공무원 중 경찰기관의 장이 지정한 사람으로 비상소집 시 1시간 이내에 응소해야 할 사람을 말한다.
② 비상근무의 발령권자는 비상상황이 종료되는 즉시 비상근무를 해제한다.
③ 작전준비태세가 발령되면 작전경력을 동원하고 지휘관과 참모는 정위치 근무를 원칙으로 한다.
④ 비상근무 대상은 경비·작전·재난·안보·수사·교통 업무와 관련한 비상상황에 국한한다. 다만, 두 종류 이상의 비상상황이 동시에 발생한 경우에는 긴급성 또는 중요도가 상대적으로 더 큰 비상상황의 비상근무로 통합하여 실시한다.

> **정답과 해설**
> ③ (X) 작전준비태세가 발령된 때에는 **별도의 경력동원 없이 경찰관서 지휘관 및 참모의 비상연락망을 구축**하고 신속한 응소체제를 유지하며, 경찰관등은 상황발생 시 즉각 출동이 가능하도록 출동태세 점검을 실시하며, 유관기관과의 긴밀한 연락체계를 유지하고, 필요시 작전상황반을 유지의 비상근무를 한다(경찰 비상업무 규칙 제7조 제1항 제5호).
>
> 정답 ③

850 ☐☐☐☐ 22 승진

「경찰 비상업무 규칙」상 비상근무의 종류별 정황에 대한 설명이다. 아래 ㉠부터 ㉢까지의 설명 중 옳고 그름의 표시(O, X)가 바르게 된 것은?

> ㉠ 작전비상 – 갑호 – 대규모 적정이 발생하였거나 발생 징후가 현저한 경우
> ㉡ 교통비상 – 을호 – 농무, 풍수설해 및 화재 등에 따른 대규모 교통사고 등 교통혼란이 발생하였거나 발생할 가능성이 현저한 경우
> ㉢ 경비비상 – 갑호 – 국제행사·기념일 등을 전후하여 치안수요의 증가하여 경력을 동원할 필요가 있는 경우
> ㉣ 수사비상 – 갑호 – 사회이목을 집중시킬만한 중대범죄 발생시

① ㉠(O) ㉡(X) ㉢(X) ㉣(O)
② ㉠(O) ㉡(X) ㉢(O) ㉣(O)
③ ㉠(X) ㉡(X) ㉢(O) ㉣(X)
④ ㉠(O) ㉡(O) ㉢(X) ㉣(X)

> **정답과 해설**
> ㉠ (O) 경찰 비상업무 규칙 제4조 제3항 [별표1]
> ㉡ (X) 교통비상 **갑호**에 해당하는 내용이다(동규칙 제4조 제3항 별표1).
> ㉢ (X) 경비비상 **갑호** – 국제행사·기념일 등을 전후하여 치안수요의 **급증(증가 X)**으로 경력을 동원할 필요가 있는 경우 (동규칙 제4조 제3항 별표1) **[주의]** 증가는 **경비비상 을호와 병호**에 해당한다.
> ㉣ (O) 동규칙 제4조 제3항 [별표1]
>
> 정답 ①

THEME 09 대테러 업무

851 □□□□ 22 채용

「국민보호와 공공안전을 위한 테러방지법」 제2조 정의에 관한 설명 중 가장 적절하지 않은 것은?

① '테러위험인물'이란 테러를 실행·계획·준비하거나 테러에 참가할 목적으로 국적국이 아닌 국가의 테러단체에 가입하거나 가입하기 위하여 이동 또는 이동을 시도하는 외국인을 말한다.
② '대테러활동'이란 제1호의 테러 관련 정보의 수집, 테러위험 인물의 관리, 테러에 이용될 수 있는 위험물질 등 테러수단의 안전관리, 인원·시설·장비의 보호, 국제행사의 안전확보, 테러 위협에의 대응 및 무력진압 등 테러 예방과 대응에 관한 제반 활동을 말한다.
③ '테러단체'란 국제연합(UN)이 지정한 테러단체를 말한다.
④ '대테러조사'란 대테러활동에 필요한 정보나 자료를 수집하기 위하여 현장조사·문서열람·시료채취 등을 하거나 조사대상자에게 자료제출 및 진술을 요구하는 활동을 말한다.

정답과 해설

① (X) '**외국인테러전투원**'이란 테러를 실행·계획·준비하거나 테러에 참가할 목적으로 국적국이 아닌 국가의 테러단체에 가입하거나 가입하기 위하여 이동 또는 이동을 시도하는 외국인을 말한다. "**테러위험인물**"이란 테러단체의 조직원이거나 테러단체 선전, 테러자금 모금·기부, 그 밖에 테러 예비·음모·선전·선동을 하였거나 하였다고 의심할 상당한 이유가 있는 사람을 말한다(국민보호와 공공안전을 위한 테러방지법 제2조 제3호·제4호).
② (O) 동법 제2조 제6호
③ (O) '테러단체'란 **국제연합(UN)(국가정보원 X, 국제형사경찰기구(ICPO) X)**이 지정한 테러단체를 말한다(동법 제2조 제2호).
④ (O) 동법 제2조 제8호

정답 ①

852 ☐☐☐☐ 25 채용

「국민보호와 공공안전을 위한 테러방지법」에 관한 설명으로 가장 적절하지 않은 것은?

① '외국인테러전투원'이란 테러를 실행·계획·준비하거나 테러에 참가할 목적으로 국적국이 아닌 국가의 테러단체에 가입하거나 가입하기 위하여 이동 또는 이동을 시도하는 내국인·외국인을 말한다.
② 관계기관의 대테러활동으로 인한 국민의 기본권 침해 방지를 위하여 국가테러대책위원회 소속으로 대테러 인권보호관 1명을 둔다.
③ 대테러활동과 관련하여 장단기 국가대테러활동 지침 작성·배포 등을 수행하기 위하여 국무총리 소속으로 관계기관 공무원 및 민간위원으로 구성되는 대테러센터를 둔다.
④ 관계기관의 장은 대통령령으로 정하는 국가중요시설과 많은 사람이 이용하는 시설 및 장비에 대한 테러예방대책과 테러의 수단으로 이용될 수 있는 폭발물·총기류·화생방물질, 국가 중요행사에 대한 안전관리대책을 수립하여야 한다.

정답과 해설

① (O) 국민보호와 공공안전을 위한 테러방지법 제2조 제4호
② (O) 동법 제7조 제1항
③ (X) 대테러활동과 관련하여 장단기 국가대테러활동 지침 작성·배포 등을 수행하기 위하여 국무총리 소속으로 관계기관 **공무원(민간위원 X)**으로 구성되는 대테러센터를 둔다(동법 제6조 제1항 제2호).

> **제6조(대테러센터)** ① 대테러활동과 관련하여 다음 각 호의 사항을 수행하기 위하여 국무총리 소속으로 관계기관 **공무원(민간위원 X)**으로 구성되는 대테러센터를 둔다.
> 1. 국가 대테러활동 관련 임무분담 및 협조사항 실무 조정
> 2. **장단기 국가대테러활동 지침 작성·배포**
> 3. 테러경보 발령
> 4. 국가 중요행사 대테러안전대책 수립
> 5. 대책위원회의 회의 및 운영에 필요한 사무의 처리
> 6. 그 밖에 대책위원회에서 심의·의결한 사항

④ (O) 관계기관의 장은 대통령령으로 정하는 국가중요시설과 많은 사람이 이용하는 시설 및 장비(이하 "테러대상시설"이라 한다)에 대한 테러예방대책과 테러의 수단으로 이용될 수 있는 폭발물·총기류·화생방물질(이하 "테러이용수단"이라 한다), 국가 중요행사에 대한 안전관리대책을 수립하여야 한다(동법 제10조 제1항).

정답 ③

853 19·23 승진, 예상문제

「국민보호와 공공안전을 위한 테러방지법」상의 설명으로 옳은 것은 모두 몇 개인가?

> ㉠ 대테러활동에 관한 정책의 중요사항을 심의·의결하기 위하여 국가테러대책위원회를 두고, 위원장은 법무부장관으로 한다.
> ㉡ 국가정보원장은 테러위험인물에 대하여 출입국·금융거래 및 통신이용 등 관련 정보를 수집하여야 한다.
> ㉢ 관계기관의 장은 외국인테러전투원으로 출국하려 한다고 의심할 만한 상당한 이유가 있는 내·외국인에 대해 국가정보원장에게 일시 출국금지 요청이 가능하다.
> ㉣ ㉢에 따른 일시 출국금지 기간은 60일로 한다. 다만, 출국금지를 계속할 필요가 있다고 판단할 상당한 이유가 있는 경우에 관계기관의 장은 그 사유를 명시하여 연장을 요청할 수 있다.
> ㉤ 테러단체 구성죄는 미수범, 예비·음모 모두 처벌하는 규정을 두고 있고, 대한민국 영역 밖에서 범한 외국인에게도 국내법을 적용한다.

① 0개 ② 1개
③ 2개 ④ 3개

정답과 해설

㉠ (X) 대테러활동에 관한 정책의 중요사항을 심의·의결하기 위하여 국가테러대책위원회를 두고, 위원장은 **국무총리(법무부장관 X, 국가정보원장 X)**로 한다(동법 제5조 제1항, 제2항).
㉡ (X) **국가정보원장**은 테러위험인물에 대하여 출입국·금융거래 및 통신이용 등 관련 정보를 **수집할 수 있다(하여야 한다 X)**(동법 제9조 제1항).
㉢ (X) 관계기관의 장은 외국인테러전투원으로 출국하려 한다고 의심할 만한 상당한 이유가 있는 내국인·외국인에 대하여 일시 출국금지를 **법무부장관에게 요청할 수 있다**(동법 제13조 제1항).
㉣ (X) ㉢에 따른 일시 출국금지 기간은 **90일**로 한다. 다만, 출국금지를 계속할 필요가 있다고 판단할 상당한 이유가 있는 경우에 관계기관의 장은 그 사유를 명시하여 연장을 요청할 수 있다(동법 제13조 제2항).
㉤ (O) 동법 제17조, 제19조

정답 ②

854 23 채용, 23 승진

「국민보호와 공공안전을 위한 테러방지법」에 관한 설명으로 가장 적절한 것은?

① 「여권법」 제17조 제1항 단서에 따른 외교부장관의 허가를 받지 아니하고 방문 및 체류가 금지된 국가 또는 지역을 방문·체류한 사람이 테러로 인해 생명의 피해를 입은 경우, 그 사람의 유족에 대해 특별위로금을 지급할 수 있다.
② 관계기관의 장은 테러의 계획 또는 실행에 관한 사실을 관계기관에 신고하여 테러를 사전에 예방할 수 있게 하였거나, 테러에 가담 또는 지원한 사람을 신고하거나 체포한 사람에 대하여 대통령령으로 정하는 바에 따라 포상금을 지급하여야 한다.
③ 대테러활동을 수행하는 국가기관, 지방자치단체, 그 밖에 대통령령으로 정하는 기관의 대테러활동으로 인한 국민의 기본권 침해 방지를 위하여 국가테러대책위원회 소속으로 대테러 인권보호관 1명을 둔다.
④ 테러로 인하여 신체·재산·명예의 피해를 입은 국민은 관계기관에 즉시 신고하여야 한다. 다만, 인질 등 부득이한 사유로 신고할 수 없을 때에는 법률관계 또는 계약관계에 의하여 보호의무가 있는 사람이 이를 알게 된 때에 즉시 신고하여야 한다.

정답과 해설

① (X) 테러로 인하여 생명의 피해를 입은 사람의 유족 또는 신체상의 장애 및 장기치료가 필요한 피해를 입은 사람에 대해서는 그 피해의 정도에 따라 등급을 정하여 특별위로금을 지급할 수 있다. **다만, 「여권법」 제17조 제1항 단서에 따른 외교부장관의 허가를 받지 아니하고 방문 및 체류가 금지된 국가 또는 지역을 방문·체류한 사람에 대해서는 그러하지 아니하다**(동법 제16조 제1항).
② (X) 관계기관의 장은 테러의 계획 또는 실행에 관한 사실을 관계기관에 신고하여 테러를 사전에 예방할 수 있게 하였거나, 테러에 가담 또는 지원한 사람을 신고하거나 체포한 사람에 대하여 대통령령으로 정하는 바에 따라 포상금을 **지급할 수 있다(하여야 한다 X)**(동법 제14조 제2항).
③ (O) 동법 제7조
④ (X) 테러로 인하여 **신체 또는 재산(명예 X)**의 피해를 입은 국민은 관계기관에 즉시 신고하여야 한다(동법 제15조 제1항).

정답 ③

THEME 10 경찰의 인질범 협상

855 □□□□ 26 간부, 예상문제

다음 빈 칸에 들어갈 알맞은 내용으로 짝지은 것은?

- 1972년 뮌헨올림픽 당시 검은 9월단에 의한 이스라엘 선수단 테러사건을 계기로 독일에서는 연방 경찰 소속으로 (㉠)이 설립되었다.
- (㉡)은 인질사건 발생시 인질이 인질범에 동화되는 현상을 의미하며, 심리학에서 오귀인효과 라고도 한다.

① ㉠ GSG-9 　　㉡ 스톡홀름 증후군
② ㉠ GIPN 　　　㉡ 스톡홀름 증후군
③ ㉠ GSG-9 　　㉡ 리마 증후군
④ ㉠ GIPN 　　　㉡ 리마 증후군

정답과 해설

① ㉠ 항목은 **GSG-9**에 대한 설명이고, ㉡ 항목은 **스톡홀름 증후군**에 대한 설명이다.

스톡홀름 신드롬이란 인질사건 발생시 시간이 경과할수록 **인질이 인질범을 이해**하는 일종의 감정이입이 이루어져 상호 간에 친근감이 생겨 경찰에 적대감을 갖게 되는 현상으로, 스웨덴의 수도인 스톡홀름에서 은행강도사건 발생시에 131시간 동안 인질로 잡혀 있던 여인이 인질범과 사랑에 빠져 인질범과 함께 경찰관에 대항하여 싸운 사건으로 심리학에서는 오귀인효과라고 한다.

정답 ①

경호경비

856 □□□□ 21 간부, 예상문제

경호경비에 대한 설명으로 옳은 것은?

① 경호란 경비와 호위를 포함하는 개념으로 호위란 피경호자의 생명과 신체를 보호하기 위해 특정한 지역을 경계·순찰·방비하는 행위이다.
② 하나의 통제된 출입문이나 통로를 통한 접근도 반드시 경호원에 의하여 확인된 후 허가절차를 밟아 이루어져야 한다는 것은 경호의 4대원칙 중 자기담당구역 책임의 원칙의 내용이다.
③ 행사장 경호과정에서 비표확인이나 MD(금속탐지기) 설치 운영 등은 제3선 경계구역부터 철저히 이루어져야 한다.
④ 연도경호는 물적 위해요소가 방대하여 엄격하고 통제된 3중 경호원리를 적용하기 어렵다.

> **정답과 해설**
> ① (X) 피경호자의 생명과 신체를 보호하기 위해 특정한 지역을 경계·순찰·방비하는 행위는 **경비**에 대한 설명이다.
> ② (X) **하나의 통제된 지점을 통한 접근의 원칙**에 대한 내용이다.
> ③ (X) 비표확인이나 MD(금속탐지기) 설치 운영 등은 **제1선 안전구역에서의 활동**이다.
> ④ (O) 옳은 설명이다.
>
> 정답 ④

857 □□□□ 예상문제

경호의 4대 원칙에 대한 설명 중 가장 적절하지 않은 것은?

① 자기 담당구역 책임의 원칙 – 경호원은 각자 자기 담당구역 내에서 일어나는 어떠한 사태에 대해서도 책임을 지고 해결하여야 한다는 원칙이다.
② 자기희생의 원칙 – 어떠한 희생을 치르더라도 피경호자의 신변의 안전이 보호·유지되어야 한다는 것으로서 육탄방어의 정신으로 피경호자를 보호하여야 한다는 원칙이다.
③ 하나의 통제지점을 통한 접근의 원칙 – 피경호자와 접근할 수 있는 통로는 통제된 유일한 통로여야 한다는 원칙으로서 행차 코스, 행사 예정인 장소 등은 비공개되어야 하는 것이 좋다.
④ 목표물 보존의 원칙 – 암살 기도자나 위해를 가할 가능성이 있는 자들로부터 분리시켜야 한다는 원칙으로 보안의 원칙이라고도 한다.

> **정답과 해설**
> ③ (X) '행차 코스, 행사할 예정인 장소 등은 **비공개**되어야 하는 것이 좋다'는 것은 **목표물 보존의 원칙과 관련**이 있다.
>
> 정답 ③

THEME 12 청원경찰

858 ☐☐☐☐ 23 간부

청원경찰에 대한 설명으로 적절한 것은 모두 몇 개인가? (다툼이 있는 경우 판례에 따름)

가. 시·도경찰청장은 청원경찰 배치가 필요하다고 인정하는 기관의 장 또는 시설·사업장의 경영자에게 청원경찰을 배치할 것을 명령할 수 있다.
나. 청원경찰이 직무상의 의무 등을 위반하는 경우에는 청원주 및 관할 감독 경찰서장은 대통령령이 정하는 징계절차를 거쳐 징계처분을 하여야 한다.
다. 청원경찰은 「형법」이나 그 밖의 법령에 따른 벌칙을 적용할 때에는 공무원으로 보기 때문에 청원경찰의 불법행위에 대한 배상책임에 관하여는 「국가배상법」의 규정을 적용한다.
라. 국가나 지방자치단체에 근무하는 청원경찰의 근무관계는 사법상의 고용계약관계이다.

① 0개 ② 1개
③ 2개 ④ 3개

정답과 해설

가. **(X)** 시·도경찰청장은 청원경찰 배치가 필요하다고 인정하는 기관의 장 또는 시설·사업장의 경영자에게 청원경찰을 배치할 것을 **요청(명령 X)**할 수 있다(청원경찰법 제4조 제3항).
나. **(X) 청원주(경찰서장 X)**는 청원경찰이 직무상의 의무를 위반하거나 직무를 태만히 한 때에는 대통령령으로 정하는 징계절차를 거쳐 징계처분을 하여야 한다(동법 제5조의2 제1항).
다. **(X)** 청원경찰(**국가기관이나 지방자치단체에 근무하는 청원경찰은 제외**)의 직무상 불법행위에 대한 배상책임에 관하여는 「**민법**」(**국가배상법 X**)의 규정을 따른다(동법 제10조의2).
라. **(X) 국가나 지방자치단체에서 근무하는 청원경찰**은 국가공무원법이나 지방공무원법상 공무원은 아니지만 다른 청원경찰과는 달리 임용권자가 행정기관의 장이고, 국가나 지방자치단체에서 보수를 받으며, 산업재해보상보험법이나 근로기준법이 아닌 공무원연금법에 따른 재해보상과 퇴직급여를 지급받고, 직무상 불법행위에 대하여도 민법이 아닌 국가배상법이 적용되는 등 특징이 있으며, 그 외 임용자격, 직무, 복무의무 내용 등을 종합하여 볼 때, 그 근무관계를 **사법상 고용계약관계로 보기는 어렵다**(부산고등법원 2011.11.2.선고, 2011누1870).

정답 ①

859 예상문제

청원경찰에 대한 설명이다. 옳은 것으로 바르게 연결된 것은?

> ㉠ 청원경찰을 배치받으려는 자는 대통령령으로 정하는 바에 따라 관할 경찰서장에게 청원경찰 배치를 신청하여야 한다.
> ㉡ 청원경찰은 청원주의 신청에 따라 시·도경찰청장이 임용한다.
> ㉢ 청원경찰에 대한 징계의 종류는 파면, 해임, 정직, 감봉 및 견책으로 구분한다.
> ㉣ 청원경찰은 관할 경찰서장의 감독을 받아 그 경비구역만의 경비를 목적으로 필요한 범위에서 「청원경찰법」에 따른 경찰관의 직무를 수행한다.
> ㉤ 시·도경찰청장은 청원경찰이 직무를 수행하기 위하여 필요하다고 인정하면 청원주의 신청을 받아 관할 경찰서장으로 하여금 청원경찰에게 무기를 대여하여 지니게 할 수 있다.
> ㉥ 청원경찰의 임용자격은 18세 이상인 사람이다.

① ㉠㉢㉥
② ㉡㉤㉥
③ ㉠㉡㉣
④ ㉢㉤㉥

정답과 해설

㉠ (X) 청원경찰을 배치받으려는 자는 대통령령으로 정하는 바에 따라 관할 **시·도경찰청장(경찰서장 X)**에게 청원경찰 배치를 신청하여야 한다(청원경찰법 제4조 제1항).
㉡ (X) 청원경찰은 시·도경찰청장의 승인을 받아 **청원주가 임용**한다(동법 제5조 제1항).
㉢ (O) 청원경찰에 대한 징계의 종류는 **파면, 해임, 정직, 감봉 및 견책(강등 X)**으로 구분한다(동법 제5조의2 제2항).
㉣ (X) 「**경찰관 직무집행법**」(「청원경찰법」 X)에 의해 경찰관의 직무를 수행한다(동법 제3조).
㉤ (O) 동법 제8조 제2항
㉥ (O) 동시행령 제3조 제1호

정답 ④

860 ☐☐☐☐ 예상문제

「청원경찰법」에 관한 내용으로 옳은 것은?

① 청원경찰의 '근무 중 제복 착용 의무'가 법률에 명시적으로 규정되어 있지는 않다.
② 시·도경찰청장은 항상 소속 청원경찰의 근무 상황을 감독하고, 근무 수행에 필요한 교육을 하여야 한다.
③ 청원경찰 업무에 종사하는 사람은 「형법」이나 그 밖의 법령에 따른 벌칙을 적용할 때에는 공무원으로 본다.
④ 「국가공무원법」상 결격사유에 해당하는 사람도 청원경찰로 임용될 수 있다.

> **정답과 해설**
> ① (X) 청원경찰은 근무 중 **제복을 착용하여야 한다**(청원경찰법 제8조 제1항).
> ② (X) **청원주(시·도경찰청장 X)**는 항상 소속 청원경찰의 근무 상황을 감독하고, 근무 수행에 필요한 교육을 하여야 한다. 시·도경찰청장은 청원경찰의 효율적인 운영을 위하여 청원주를 지도하며 감독상 필요한 명령을 할 수 있다(동법 제9조의3 제2항).
> ③ (O) 동법 제10조 제2항
> ④ (X) 「국가공무원법」상 결격사유에 해당하는 사람은 청원경찰로 **임용될 수 없다(임용될 수 있다 X)**(동법 제5조 제2항).
>
> **정답** ③

861 ☐☐☐☐ 21 경채, 예상문제

청원경찰 법령에 대한 설명 중 적절한 것은?

① 청원경찰은 임용신청 – 임용승인 – 임용 – 배치신청 – 배치결정 순서로 배치된다.
② 청원경찰이 직무를 수행할 때에는 경비목적을 위하여 「경찰관 직무집행법」에 따른 직무와 수사활동 등 사법경찰관리의 직무를 수행할 경우에는 필요한 최소한의 범위에서 하여야 한다.
③ 청원주는 청원경찰이 직무상의 의무를 위반하거나 직무를 태만히 한 때에는 징계절차를 거쳐 그 경중에 따라 파면, 해임, 강등, 정직, 감봉 및 견책 중 합당한 처분을 하여야 한다.
④ 청원경찰은 「총포·도검·화약류 등의 안전관리에 관한 법률」에 따른 소지허가를 받아야만 분사기를 휴대하고 직무를 수행할 수 있다.

> **정답과 해설**
> ① (X) 청원경찰은 **배치신청(청원주) – 배치결정(시·도경찰청장) – 임용신청(청원주) – 임용승인(시·도경찰청장) – 임용(청원주)** 순서로 배치된다.
> ② (X) 청원경찰은 「경찰관 직무집행법」에 따른 **직무 외의 수사활동 등 사법경찰관리의 직무를 수행해서는 아니 된다**(동법 시행규칙 제21조 제2항).
> ③ (X) 청원주는 청원경찰이 직무상의 의무를 위반하거나 직무를 태만히 한 때에는 징계절차를 거쳐 그 경중에 따라 파면, 해임, 정직, 감봉 및 견책**(강등 X)** 중 합당한 처분을 하여야 한다(동법 제5조의2 제1항 제1호, 제2항).
> ④ (O) 청원주는 「총포·도검·화약류 등의 안전관리에 관한 법률」에 따른 분사기의 소지허가를 받아 청원경찰로 하여금 그 분사기를 휴대하여 직무를 수행하게 할 수 있다(동법 시행령 제15조).
>
> **정답** ④

862 ☐☐☐☐ 25 간부

「청원경찰법」에 관한 설명으로 가장 적절하지 않은 것은?

① 청원주가 청원경찰을 폐지하거나 감축하였을 때에는 청원경찰 배치 결정을 한 경찰관서의 장에게 알려야 하며, 그 사업장이 시·도경찰청장이 청원경찰의 배치를 요청한 사업장일 때에는 그 폐지 또는 감축 사유를 구체적으로 밝혀야 한다.
② 청원주가 청원경찰을 면직시켰을 때에는 그 사실을 관할 경찰서장을 거쳐 시·도경찰청장에게 보고하여야 한다.
③ 시·도경찰청장은 청원경찰이 직무상의 의무를 위반하거나 직무를 태만히 한 때 또는 품위를 손상하는 행위를 한 때에는 대통령령으로 정하는 징계절차를 거쳐 징계처분을 하여야 한다.
④ 청원주는 청원경찰을 대체할 목적으로 「경비업법」에 따른 특수경비원을 배치하는 경우에는 청원경찰의 배치를 폐지하거나 배치인원을 감축할 수 없다.

정답과 해설

① (O) 청원경찰법 제10조의5 제2항
② (O) **청원주(시·도경찰청장 X)**가 청원경찰을 면직시켰을 때에는 그 사실을 관할 경찰서장을 거쳐 **시·도경찰청장(청원주 X)**에게 보고하여야 한다(동법 제10조의4 제2항).
③ (X) **청원주(시·도경찰청장 X)**는 청원경찰이 직무상의 의무를 위반하거나 직무를 태만히 한 때 또는 품위를 손상하는 행위를 한 때에는 대통령령으로 정하는 징계절차를 거쳐 징계처분을 하여야 한다(동법 제5조의2).
④ (O) **청원주**는 청원경찰을 대체할 목적으로 「경비업법」에 따른 특수경비원을 배치하는 경우에는 청원경찰의 배치를 폐지하거나 배치인원을 **감축할 수 없다**(동법 제10조의5 제1항 제1호).

정답 ③

04 교통경찰

① 도로
② 도로교통법상 용어정리
③ 자전거등
④ 차마의 통행방법
⑤ 긴급자동차
⑥ 어린이 통학버스 및 어린이·노인 및 장애인 보호구역
⑦ 음주운전 및 난폭운전
⑧ 운전면허
⑨ 운전면허 행정처분결과에 따른 결격대상자 및 결격기간
⑩ 운전면허 행정처분
⑪ 교통사고의 의의 및 용어 정의
⑫ 「교통사고처리 특례법」 제3조 제2항의 처벌특례 12개 항목
⑬ 교통관련 판례

• 기 출 키 워 드 •

23년 2차	• 종합 판례
24년 1차	• 운전면허
24년 2차	• 정차 및 주차의 금지
25년 1차	• 운전자의 의무
25년 2차	• 긴급자동차

최신개정법령&무료자료 다운로드 등
네이버 김재규경찰학 카페(https://cafe.naver.com/ollaedu)

01 도로

863 □□□□ 15 승진, 예상문제

다음 중 경찰관이 해당 운전자를 적발하여도 단속할 수 없는 경우?

① 유료주차장 내에서 음주운전을 하다가 적발된 경우
② 대학교 구내에서 마약을 과다복용하고 운전을 하다가 적발된 경우
③ 학교 운동장에서 운전면허를 취득하기 위해 운전연습을 하다가 신고를 통해 적발된 경우
④ 아파트 지하주차장에서 보행자를 충격하여 다치게 한 후 적절한 조치 없이 현장을 이탈하였다가 적발된 경우

> **정답과 해설**
>
> ①②④의 경우는 단속이 가능하다. 도로교통법 제44조(음주)·제45조(약물)·제54조 제1항(조치불이행)의 경우에는 도로 외의 곳에서 운전하는 것도 운전에 포함되므로 모두 단속할 수 있다(도로교통법 제2조 제26호).
> ③ (X) "운전"이란 원칙적으로 도로에서 차마를 그 본래의 사용방법에 따라 사용하는 것(조종을 포함한다)을 말하는데 ③ 지문의 **학교 운동장은 도로가 아니므로 그곳에서 면허 없이 운전하더라도 단속할 수 없다.**
>
> 정답 ③

THEME 02 도로교통법상 용어정리

864 ☐☐☐☐ 23 간부

「도로교통법」에 대한 설명이다. 아래 가.부터 마.까지 설명 중 옳고 그름의 표시(O, X)가 바르게 된 것은?

> 가. 보도란 연석선, 안전표시나 그와 비슷한 인공구조물로 경계를 표시하여 보행자(유모차와 보행보조용 의자차 제외)가 통행할 수 있도록 한 도로의 부분을 말한다.
> 나. 길가장자리구역이란 보도와 차도의 구분되지 않은 도로에서 보행자의 안전을 확보하기 위하여 안전표지 등으로 경계를 표시한 도로의 가장자리 부분을 말한다.
> 다. 자동차란 철길이나 가설된 선을 이용하지 아니하고 원동기를 사용하여 운전되는 차로서 승용자동차, 승합자동차, 화물자동차, 특수자동차, 이륜자동차, 원동기장치자전거와 건설기계를 말한다.
> 라. 어린이의 보호자는 어린이가 행정안전부령으로 정하는 인명보호 장구를 착용한 경우를 제외하고 도로에서 개인형 이동장치를 운전하게 하여서는 아니된다.
> 마. 모범운전자란 동법에 따라 무사고운전자 또는 유공운전자의 표시장을 받거나 2년 이상 사업용 자동차 운전에 종사하면서 교통사고를 일으킨 전력이 없는 사람으로서 시·도경찰청장이 정하는 바에 따라 선발되어 교통안전 봉사활동에 종사하는 사람을 말한다.

① 가. (X) 나. (O) 다. (X) 라. (O) 마. (X)
② 가. (X) 나. (O) 다. (O) 라. (X) 마. (O)
③ 가. (X) 나. (X) 다. (X) 라. (O) 마. (X)
④ 가. (X) 나. (O) 다. (X) 라. (X) 마. (X)

정답과 해설

가. (X) 보도란 연석선, 안전표지나 그와 비슷한 인공구조물로 경계를 표시하여 보행자(유모차, 보행보조용 의자차, 노약자용 보행기 등 행정안전부령으로 정하는 기구·장치를 이용하여 통행하는 사람 및 제21호의3에 따른 실외이동로봇을 **포함**한다)가 통행할 수 있도록 한 도로의 부분을 말한다(도로교통법 제2조 제10호).
나. (O) 동법 제2조 제11호
다. (X) 자동차란 철길이나 가설된 선을 이용하지 아니하고 원동기를 사용하여 운전되는 차(견인되는 자동차도 자동차의 일부로 본다)로서 자동관리법에 따른 승용자동차, 승합자동차, 화물자동차, 특수자동차, 이륜자동차(다만 **원동기장치자전거는 제외**한다)와 건설기계관리법 제26조 제1항 단서에 따른 건설기계를 말한다(동법 제2조 제18호).
라. (X) 어린이의 보호자는 도로에서 **어린이가 개인형 이동장치를 운전하게 하여서는 아니 된다**(동법 제11조 제4항). 즉, 어린이가 인명보호 장구를 착용한 경우에도 개인형 이동장치를 운전하게 하여서는 아니된다.
마. (X) 모범운전자란 제146조에 따라 무사고운전자 또는 유공운전자의 표시장을 받거나 2년 이상 사업용 자동차 운전에 종사하면서 교통사고를 일으킨 전력이 없는 사람으로서 **경찰청장**이 정하는 바에 따라 선발되어 교통안전 봉사활동에 종사하는 사람을 말한다(동법 제2조 제33호).

정답 ④

865 23 채용, 예상문제

「도로교통법」상 용어의 정의에 대한 설명으로 가장 적절한 것은?

① "차로"란 연석선(차도와 보도를 구분하는 돌 등으로 이어진 선을 말한다), 안전표지 또는 그와 비슷한 인공구조물을 이용하여 경계를 표시하여 모든 차가 통행할 수 있도록 설치된 도로의 부분을 말한다.
② "자동차등"이란 자동차와 개인형 이동장치를 말한다.
③ "정차"란 운전자가 5분을 초과하지 아니하고 차를 정지시키는 것으로서 주차 외의 정지 상태를 말한다.
④ "차"란 자동차·건설기계·원동기장치자전거·자전거, 철길이나 가설된 선을 이용하여 운전되는 것, 사람 또는 가축의 힘이나 그 밖의 동력으로 도로에서 운전되는 것을 말한다.

정답과 해설

① (X) **차도**에 대한 설명이다. 차로란 차마가 한 줄로 도로의 정하여진 부분을 통행하도록 차선으로 구분한 차도의 부분을 말한다(도로교통법 제2조 제4호, 제6호).
② (X) "**자동차등**"이란 자동차와 원동기장치자전거를 말한다(동법 제2조 제21호). "**자전거등**"이란 자전거와 개인형 이동장치를 말한다(동법 제2조 제21의2호).
③ (O) 동법 제2조 제25호
④ (X) "차"란 자동차·건설기계·원동기장치자전거·자전거, 사람 또는 가축의 힘이나 그 밖의 동력으로 도로에서 운전되는 것. 다만, 철길이나 가설된 선을 이용하여 운전되는 것, 유모차, 보행보조용 의자차, 노약자용 보행기 등 행정안전부령으로 정하는 기구·장치는 제외한다.

정답 ③

866 ○○○○ 26 간부

「도로교통법」 및 동법 시행규칙상 자율주행자동차에 관한 설명으로 가장 적절하지 않은 것은?

① 자율주행시스템을 사용하여 도로에서 차마 또는 노면전차를 그 본래의 사용방법에 따라 사용하는 것은 「도로교통법」상 운전의 개념에 포함된다.
② 부분 자율주행시스템은 지정된 조건에서 자동차를 운행하되 작동한계상황 등 필요한 경우 운전자의 개입을 요구하는 자율주행시스템을 말한다.
③ 완전 자율주행시스템을 갖춘 자동차의 운전자는 자율주행시스템의 직접 운전 요구에 지체 없이 대응하여 조향장치, 제동장치 및 그 밖의 장치를 직접 조작하여 운전하여야 한다.
④ 운전자가 자율주행시스템을 사용하여 운전하는 경우에는 자동차가 정지하고 있거나, 각종 범죄 및 재해 신고 등 긴급한 필요가 있는 경우가 아니라고 하더라도 휴대용 전화를 사용할 수 있다.

정답과 해설

① (O) "운전"이란 도로(도로 외의 곳·술에 취한 상태에서의 운전 금지·과로한 때 등의 운전 금지·사고발생 시의 조치·벌칙의 경우에는 도로 외의 곳을 포함)에서 차마 또는 노면전차를 그 본래의 사용방법에 따라 사용하는 것(조종 또는 **자율주행시스템을 사용하는 것을 포함**)을 말한다(도로교통법 제2조 제26호).
② (O) 동법 시행규칙 제2조의2

> **자동차 및 자동차부품의 성능과 기준에 관한 규칙**
> **제111조(자율주행시스템의 종류)** 자율주행시스템의 종류는 다음 각 호와 같이 구분한다.
> 1. **부분 자율주행시스템**: 지정된 조건에서 자동차를 운행하되 작동한계상황 등 필요한 경우 운전자의 개입을 요구하는 자율주행시스템
> 2. **조건부 완전자율주행시스템**: 지정된 조건에서 운전자의 개입 없이 자동차를 운행하는 자율주행시스템
> 3. **완전 자율주행시스템**: 모든 영역에서 운전자의 개입 없이 자동차를 운행하는 자율주행시스템

③ (X) 행정안전부령으로 정하는 **완전 자율주행시스템에 해당하지 아니하는** 자율주행시스템을 갖춘 자동차의 운전자는 자율주행시스템의 직접 운전 요구에 지체 없이 대응하여 조향장치, 제동장치 및 그 밖의 장치를 직접 조작하여 운전하여야 한다(동법 제56조의2 제1항).
④ (O) 운전자가 자율주행시스템을 사용하여 운전하는 경우에는 제49조제1항**제10호(휴대용 전화), 제11호(영상표시장치) 및 제11호의2(영상표시장치 조작 금지)**를 적용하지 아니한다(동법 제56조의2 제2항).

정답 ③

867 예상문제

다음은 「도로교통법」상 안전표지의 종류에 관한 설명이다. ㉠~㉢에 해당하는 내용으로 가장 적절하게 짝지어진 것은?

> 안전표지의 종류에는 도로상태가 위험하거나 도로 또는 그 부근에 위험물이 있는 경우에 필요한 안전조치를 할 수 있도록 이를 도로 사용자에게 알리는 (㉠), 도로교통의 안전을 위하여 각종 제한·금지 등의 규제를 하는 경우에 이를 도로사용자에게 알리는 (㉡), 도로의 통행방법·통행구분 등 도로교통의 안전을 위하여 필요한 지시를 하는 경우에 도로사용자에게 이를 따르도록 알리는 (㉢) 등이 있다.

① ㉠ 주의표지 ㉡ 규제표지 ㉢ 안내표지
② ㉠ 안내표지 ㉡ 주의표지 ㉢ 지시표지
③ ㉠ 안내표지 ㉡ 지시표지 ㉢ 주의표지
④ ㉠ 주의표지 ㉡ 규제표지 ㉢ 지시표지

정답과 해설

㉠ **주의표지** ㉡ **규제표지** ㉢ **지시표지**에 대한 설명이다.

정답 ④

자전거등

868 □□□□ 24 승진

「도로교통법」 및 같은 법 시행령상 자전거의 운전에 관한 설명으로 가장 적절하지 않은 것은?

① 자전거 운전자는 안전표지로 통행이 허용된 경우를 제외하고는 2대 이상이 나란히 차도를 통행하여서는 아니 된다.
② 술에 취한 상태에서 자전거를 운전했을 경우의 범칙금은 3만원이며, 술에 취한 상태에 있다고 인정할 만한 상당한 이유가 있는 자전거 운전자가 경찰공무원의 호흡조사 측정에 불응한 경우의 범칙금은 10만원에 해당된다.
③ 자전거 운전자는 길가장자리구역(안전표지로 자전거등의 통행을 금지한 구간은 제외한다)을 통행할 수 있다. 이 경우 자전거 운전자는 보행자의 통행에 방해가 될 때에는 서행하거나 일시정지하여야 한다.
④ 자전거 운전자는 서행하거나 정지한 다른 차를 앞지르려면 앞차의 좌측으로만 통행하여야 한다. 이 경우 자전거 운전자는 정지한 차에서 승차하거나 하차하는 사람의 안전에 유의하여 서행하거나 필요한 경우 일시정지하여야 한다.

정답과 해설

① (O) 자전거 운전자는 안전표지로 통행이 허용된 경우를 **제외하고는 2대 이상이 나란히 차도를 통행하여서는 아니 된다**(도로교통법 제13조의2 제5항).
② (O) 동법 시행령 별표8
③ (O) 자전거 운전자는 길가장자리구역(안전표지로 자전거등의 통행을 금지한 구간은 제외한다)을 통행할 수 있다. 이 경우 자전거 운전자는 보행자의 통행에 방해가 될 때에는 **서행하거나 일시정지하여야 한다(서행할 수 있다 X)**(동법 제13조의2 제3항).
④ (X) 자전거 운전자는 서행하거나 정지한 다른 차를 앞지르려면 앞차의 **우측(좌측 X)으로 통행할 수 있다(하여야 한다 X)**. 이 경우 자전거 운전자는 정지한 차에서 승차하거나 하차하는 사람의 안전에 유의하여 서행하거나 필요한 경우 일시정지하여야 한다(동법 제21조 제2항).

정답 ④

869 예상문제

「도로교통법」상 자전거 이용에 대한 내용으로 가장 적절한 것은?

① 술에 취한 상태에서 자전거를 운전한 사람, 경찰공무원의 측정에 응하지 아니한 사람은 10만원 이하의 벌금, 구류, 과료에 처한다.
② 자전거등의 운전자는 안전표지로 자전거등의 통행이 허용된 경우 보도를 통행할 수 있다. 이 경우 자전거등의 운전자는 보도 중앙으로부터 차도 쪽 또는 안전표지로 지정된 곳으로 서행하여야 하며, 보행자의 통행에 방해가 될 때에는 일시정지하여야 한다.
③ 자전거의 운전자가 운전 중 휴대전화를 사용하거나, 신호위반, 주차위반을 한 경우 처벌할 수 없다.
④ 자전거의 운전자가 횡단보도를 이용하여 도로를 횡단할 때에는 보행자에 주의하면서 서행하여야 한다.

정답과 해설

① (X) 술에 취한 상태에서 자전거등을 운전한 사람, 술에 취한 상태에서 자전거를 운전하였다고 인정할 만한 상당한 이유가 있는 사람을 호흡조사로 측정할 수 있다. 이 경우 경찰공무원의 측정에 응하지 아니한 사람은 **20만원 이하**의 벌금이나 구류 또는 과료에 처한다(도로교통법 제156조 제11호, 제12호).
② (O) 동법 제13조의2 제4항
③ (X) **휴대전화 사용**의 경우 **자동차 등 운전에 한정되어** 자전거는 **처벌할 수 없으나**, 신호위반, 주차위반의 경우 **모든 차를 대상**으로 하고 있으므로 **자전거도 처벌할 수 있다.**
④ (X) 자전거의 운전자가 횡단보도를 이용하여 도로를 횡단할 때에는 **자전거에서 내려서 자전거를 끌거나 들고 보행하여야 한다**(동법 제13조의2 제6항).

정답 ②

870 예상문제

개인형 이동장치(PM)에 대한 설명으로 옳지 않은 것은?

① 개인형 이동장치(PM)란 「도로교통법」상 원동기장치자전거 중 차체중량이 30kg 미만이고 시속 25km 이상으로 운행할 경우 원동기가 작동하지 아니한 것 중 행정안전부령으로 정한 것을 말한다.
② 어린이의 보호자는 도로에서 어린이가 개인형 이동장치를 운전하게 하여서는 아니 된다.
③ 개인형 이동장치(PM)의 범위에는 「자전거이용 활성화에 관한 법률」상 전기자전거는 포함되지 않으나 행정안전부령에 적합한 페달이 없는 스로틀방식의 전기자전거는 개인형 이동장치(PM)에 해당한다.
④ 개인형 이동장치(PM)는 음주운전에 해당하는 경우 범칙금 3만원, 측정거부의 경우 범칙금 10만원이 부과된다.

정답과 해설

① (O) 도로교통법 제2조 제19의2호
② (O) 동법 제11조 제4항
③ (O) 옳은 설명이다.
④ (X) 개인형 이동장치(PM)는 음주운전에 해당하는 경우 범칙금 **10만원**, 측정거부의 경우 범칙금 **13만원**이 부과된다(동법 제44조 제2항 및 제156조 제11호, 시행령 별표8).

정답 ④

871 ☐☐☐☐ 22 경채

다음 사례에서 A와 B에 대한 처분으로 옳은 것은?

A와 B는 친구 사이로 동시에 1종 보통운전면허 시험에 합격하여 면허를 발급받았다. 둘은 축하하기 위하여 알코올을 섭취 후 A는 도로교통법에서 정의하는 개인형 이동장치인 전동킥보드를, B는 전동기를 장착하지 않은 일반 자전거를 타고 도로교통법상 도로에 해당하는 골목길을 운전하여 주행하던 중 교통경찰관에게 단속되었다. 음주측정 결과 A는 혈중알코올 농도 0.09%, B는 혈중알코올 농도 0.1%로 각각 측정되었다. (단, A와 B에 대한 다른 교통법규 위반은 고려하지 않는 것으로 함)

	A	B
①	운전면허 취소와 범칙금 10만 원	범칙금 3만 원
②	운전면허 취소와 범칙금 10만 원	운전면허 취소와 범칙금 3만 원
③	운전면허 취소와 범칙금 13만 원	운전면허 취소와 범칙금 10만 원
④	운전면허 정지와 범칙금 10만 원	범칙금 없음

정답과 해설

① (O) A는 혈중알코올 농도 0.09%, B는 혈중알코올 농도 0.1%로 각각 측정되었다. 이는 운전면허 취소사유인 **0.08%**를 초과한 수치로 운전면허 취소와 음주운전으로 인한 범칙금은 A의 개인형 이동장치인 전동킥보드는 10만원, B의 자전거의 경우는 범칙금 3만원이 부과된다(도로교통법 시행령 별표8).

정답 ①

THEME 04 차마의 통행방법

872 ☐☐☐☐ 23 채용, 예상문제

「도로교통법」상 '주차 및 정차' 금지 장소에 대한 설명으로 가장 적절한 것은?

① 모든 차의 운전자는 예외 없이 터널 안에 차를 주차해서는 아니 된다.
② 다중이용업소의 영업장이 속한 건축물로 소방본부장의 요청에 의하여 시·도경찰청장이 지정한 5미터 이내의 곳은 주·정차가 금지된다.
③ 버스여객자동차의 정류지임을 표시하는 기둥이나 표지판 또는 선이 설치된 곳으로부터 10미터 이내의 곳은 주·정차가 금지된다.
④ 「소방기본법」 제10조에 따른 소방용수시설 또는 비상소화장치가 설치된 곳으로부터 10미터 이내인 곳에서는 주·정차가 금지된다.

> **정답과 해설**
>
> ① (X) 모든 차의 운전자는 터널 안에 차를 주차해서는 아니 된다. **그러나 고장 또는 그 밖의 부득이한 사유로 터널 안 도로에서 차 또는 노면전차를 정차 또는 주차하는 경우에는 전조등(前照燈), 차폭등(車幅燈), 미등(尾燈)과 그 밖의 등화를 켜야 한다**(동법 제33조, 제37조 제1항).
> ② (X) 다중이용업소의 영업장이 속한 건축물로 소방본부장의 요청에 의하여 시·도경찰청장이 지정한 5미터 이내의 곳은 **주차금지장소**에 해당한다(동법 제33조 제2호 나목).
> ③ (O) 동법 제32조 제4호
> ④ (X) 「소방기본법」 제10조에 따른 소방용수시설 또는 비상소화장치가 설치된 곳으로부터 **5미터 이내**인 곳에서는 주·정차가 금지된다(동법 제32조 제6호).
>
> 정답 ③

873 24 채용

다음 중 「도로교통법」 제32조(정차 및 주차의 금지)에 규정된 장소를 모두 고른 것은? (다만, 이 법이나 이 법에 따른 명령 또는 경찰공무원의 지시를 따르는 경우와 위험방지를 위하여 일시정지하는 경우는 고려하지 않는다)

> ㉠ 터널 안 및 다리 위
> ㉡ 교차로의 가장자리나 도로의 모퉁이로부터 5미터 이내인 곳
> ㉢ 시장등이 제12조 제1항에 따라 지정한 어린이 보호구역
> ㉣ 교차로・횡단보도・건널목이나 보도와 차도가 구분된 도로의 보도(「주차장법」에 따라 차도와 보도에 걸쳐서 설치된 노상주차장은 제외한다)
> ㉤ 도로공사를 하고 있는 경우에는 그 공사 구역의 양쪽 가장자리로부터 5미터 이내인 곳

① ㉠㉡㉢
② ㉠㉣㉤
③ ㉡㉢㉣
④ ㉢㉣㉤

정답과 해설
㉠㉤ 주차 금지 장소(도로교통법 제33조)에 해당한다.

정답 ③

874 예상문제

다음은 「도로교통법」상 주차 및 정차 금지에 관한 설명이다. 괄호 안에 들어갈 숫자의 총합은?

> ㉠ 모든 차의 운전자는 교차로의 가장자리나 도로의 모퉁이로부터 ( )미터 이내인 곳에서는 차를 정차하거나 주차하여서는 아니 된다.
> ㉡ 모든 차의 운전자는 안전지대가 설치된 도로에서는 그 안전지대의 사방으로부터 각각 ( )미터 이내인 곳에서는 차를 정차하거나 주차하여서는 아니 된다.
> ㉢ 모든 차의 운전자는 버스여객자동차의 정류지(停留地)임을 표시하는 기둥이나 표지판 또는 선이 설치된 곳으로부터 ( )미터 이내인 곳에서는 차를 정차하거나 주차하여서는 아니 된다.
> ㉣ 모든 차의 운전자는 건널목의 가장자리 또는 횡단보도로부터 ( )미터 이내인 곳에서는 차를 정차하거나 주차하여서는 아니 된다.

① 25
② 30
③ 35
④ 40

정답과 해설
㉠ 5 ㉡ 10 ㉢ 10 ㉣ 10 이므로 정답은 35이다.

정답 ③

THEME 05 긴급자동차

875 ☐☐☐☐ 19 승진, 예상문제

다음 중 긴급자동차에 대한 설명으로 옳지 않은 것은?

① 긴급자동차는 고속도로 갓길을 통행할 수 있다.
② 긴급자동차 이외의 자동차는 긴급자동차가 고속도로에 들어가는 때에는 그 진입을 방해하여서는 안 된다.
③ 긴급자동차[제2조 제22호 가목부터 다목까지의 자동차(소방차, 구급차, 혈액 공급차량)와 대통령령으로 정하는 경찰용 자동차만 해당함]의 운전자가 긴급한 용도를 마친 후 복귀하는 과정에서 운행 중 교통사고를 일으킨 경우 제151조(대물사고) 또는 「교통사고처리 특례법」 제3조 제1항(대인사고)에 따른 형을 감경하거나 면제할 수 있다.
④ 긴급한 용도로 사용되고 있는 소방차의 경우 앞지르기 방법, 신호 또는 지시에 따를 의무가 적용되지 않는다.

정답과 해설

① **(O)** 도로교통법 제60조 제1항 제1호
② **(O)** 동법 제65조 제2항
③ **(X)** 긴급자동차(제2조 제22호 가목부터 다목까지의 자동차와 대통령령으로 정하는 경찰용 자동차만 해당한다)의 운전자가 **그 차를 본래의 긴급한 용도로 운행하는 중에 교통사고를 일으킨 경우**에는 그 긴급활동의 시급성과 불가피성 등 정상을 참작하여 제151조 또는 「교통사고처리 특례법」 제3조 제1항에 따른 형을 **감경하거나 면제할 수 있다**(동법 제158조의2).
④ **(O)** 제30조 제4호, 제9호

정답 ③

876 25 채용

다음 중 「도로교통법」 및 동법 시행령상 자동차를 사용하는 사람 또는 기관 등의 신청에 의하여 시·도경찰청장이 지정하는 긴급자동차로 옳은 것은 모두 몇 개인가?

> ㉠ 경찰용 자동차 중 범죄수사, 교통단속, 그 밖의 긴급한 경찰업무 수행에 사용되는 자동차
> ㉡ 민방위업무를 수행하는 기관에서 긴급예방을 위한 출동에 사용되는 자동차
> ㉢ 도로관리를 위하여 사용되는 자동차 중 운행이 제한되는 자동차를 단속하기 위하여 사용되는 자동차
> ㉣ 교도소의 자동차 중 수용자의 호송·경비를 위하여 사용되는 자동차
> ㉤ 국내외 요인에 대한 경호업무 수행에 공무로 사용되는 자동차

① 2개   ② 3개   ③ 4개   ④ 5개

정답과 해설

㉠ (X) 경찰용 자동차 중 범죄수사, 교통단속, 그 밖의 긴급한 경찰업무 수행에 사용되는 자동차 — **법정긴급자동차**
㉡ (O) 민방위업무를 수행하는 기관에서 긴급예방을 위한 출동에 사용되는 자동차
㉢ (O) 도로관리를 위하여 사용되는 자동차 중 운행이 제한되는 자동차를 단속하기 위하여 사용되는 자동차
㉣ (X) 교도소의 자동차 중 수용자의 호송·경비를 위하여 사용되는 자동차 — **법정긴급자동차**
㉤ (X) 국내외 요인에 대한 경호업무 수행에 공무로 사용되는 자동차 — **법정긴급자동차**

정답 ①

877 23 채용, 22 간부

「도로교통법령」상 '국내외 요인에 대한 경호업무 수행에 공무로 사용되는 자동차'에 대한 특례로서 해당 긴급 자동차에 적용하지 않는 사항들은 모두 몇 개인가?

> 가. 「도로교통법」 제17조에 따른 자동차등의 속도 제한
> 나. 「도로교통법」 제23조에 따른 끼어들기 금지
> 다. 「도로교통법」 제19조에 따른 안전거리 확보 등
> 라. 「도로교통법」 제33조에 따른 주차금지
> 마. 「도로교통법」 제21조 제1항에 따른 앞지르기 방법 등

① 2개   ② 3개   ③ 4개   ④ 5개

정답과 해설

긴급자동차는 자동차의 속도 제한, 앞지르기의 금지, 끼어들기의 금지의 적용을 받지 않는다. 다만, **다, 라, 마**는 모든 긴급자동차에 적용되는 것이 아니라 긴급자동차 중 **소방차, 구급차, 혈액공급차량과 대통령령으로 정하는 경찰용 자동차**에 대해서만 적용하지 아니한다(동법 제30조). 그러므로 '국내외 요인에 대한 경호업무 수행에 공무로 사용되는 자동차'는 **가, 나 항목**이 적용되지 않는다.

정답 ①

어린이통학버스 및 어린이·노인 및 장애인 보호구역

878 ☐☐☐☐ 22 승진

어린이 보호구역 및 어린이 통학버스에 대한 설명으로 가장 적절하지 않은 것은?

① 「도로교통법」상 모든 차의 운전자는 어린이나 영유아를 태우고 있다는 표시를 한 상태로 도로를 통행하는 어린이통학버스를 앞지르지 못한다.
② 「어린이·노인 및 장애인 보호구역의 지정 및 관리에 관한 규칙」상 시·도경찰청장이나 경찰서장은 「도로교통법」 제12조 제1항 또는 제12조의2 제1항에 따라 보호구역에서 구간별·시간대별로 도시지역의 간선도로를 일방통행로로 지정·운영할 수 있다.
③ 어린이라 함은 13세 미만의 사람을 말한다.
④ 「어린이·노인 및 장애인 보호구역의 지정 및 관리에 관한 규칙」상 시장등은 조사 결과 보호구역으로 지정·관리할 필요가 인정되는 경우에 관할 시·도경찰청장 또는 경찰서장과 협의하여 해당 보호구역 지정대상시설의 주(主) 출입문을 중심으로 반경 300미터 이내의 도로 중 일정구간을 보호구역으로 지정하나, 해당 지역의 교통여건 및 효과성 등을 면밀히 검토하여 필요한 경우에 보호구역 지정대상시설의 주 출입문을 중심으로 반경 500미터 이내의 도로에 대해서도 보호구역으로 지정할 수 있다.

정답과 해설

① (O) 모든 차의 운전자는 어린이나 영유아를 태우고 있다는 표시를 한 상태로 도로를 통행하는 **어린이통학버스를 앞지르지 못한다**(도로교통법 제51조 제3항).
② (X) 「어린이·노인 및 장애인 보호구역의 지정 및 관리에 관한 규칙」상 시·도경찰청장이나 경찰서장은 「도로교통법」 제12조 제1항 또는 제12조의2 제1항에 따라 보호구역에서 구간별·시간대별로 도시지역의 **이면도로(간선도로 X)**를 일방통행로로 지정·운영할 수 있다.
③ (O) 동법 제2조 제23호
④ (O) 어린이·노인 및 장애인 보호구역의 지정 및 관리에 관한 규칙 제3조 제6항

정답 ②

879  예상문제

'어린이 보호구역 및 어린이통학버스'에 대한 설명으로 옳지 않은 것은 모두 몇 개인가?

> ㉠ 시·도경찰청장이나 경찰서장은 보호구역에서 구간별·시간대별로 차마의 정차나 주차를 금지하거나, 운행속도를 시속 20킬로미터 이내로 제한하는 조치를 할 수 있다.
> ㉡ 어린이통학버스가 도로에 정차하여 어린이가 타고 내리는 중임을 표시하는 장치를 가동 중인 때에는 어린이통학버스가 정차한 차로와 그 차로의 바로 옆 차로를 통행하는 차의 운전자는 어린이통학버스에 이르기 전에 서행하여 안전을 확인한 후 진행한다.
> ㉢ 위 ㉡의 경우 중앙선이 설치되지 아니한 도로와 편도 1차로인 도로에서는 반대방향에서 진행하는 차의 운전자는 어린이통학버스에 이르기 전에 서행하여 안전을 확인한 후 진행한다.
> ㉣ 모든 차의 운전자는 어린이 또는 영유아를 태우고 있다는 표시를 하고 도로를 통행하는 '어린이통학버스'를 앞지르기할 때 과도하게 속도를 올리는 행위를 자제하여야 한다.

① 1개
② 2개
③ 3개
④ 4개

정답과 해설

㉠ (X) 운행속도를 시속 **30킬로미터 이내**로 제한하는 조치를 할 수 있다(어린이·노인 및 장애인 보호구역의 지정 및 관리에 관한 규칙 제9조 제1항 제3호).
㉡ (X) 어린이통학버스가 도로에 정차하여 어린이나 영유아가 타고 내리는 중임을 표시하는 점멸등 등의 장치를 작동 중일 때에는 어린이통학버스가 정차한 차로와 그 차로의 바로 옆 차로로 통행하는 차의 운전자는 어린이통학버스에 이르기 전에 **일시정지하여 안전을 확인한 후 서행**하여야 한다(도로교통법 제51조 제1항).
㉢ (X) **일시정지하여** 안전을 확인한 후 서행하여야 한다(동법 제51조 제2항).
㉣ (X) 모든 차의 운전자는 어린이나 영유아를 태우고 있다는 표시를 한 상태로 도로를 통행하는 **어린이통학버스를 앞지르지 못한다**(동법 제51조 제3항).

정답 ④

880 □□□□ 25 간부

「도로교통법」에 관한 설명이다. (가)부터 (다)까지의 내용을 가장 적절하게 나열한 것은?

(가)은 도로에서의 위험을 방지하고 교통의 안전과 원활한 소통을 확보하기 위하여 필요하다고 인정할 때에는 우선 보행자, 차마 또는 노면전차의 통행을 금지하거나 제한한 후 그 도로 관리자와 협의하여 금지 또는 제한의 대상과 구간 및 기간을 정하여 도로의 통행을 금지하거나 제한할 수 있다.
(나)은 교통사고의 위험으로부터 어린이를 보호하기 위하여 필요하다고 인정하는 경우에는 「유아교육법」 제2조에 따른 유치원의 주변도로 가운데 일정 구간을 어린이 보호구역으로 지정하여 자동차등과 노면전차의 통행속도를 시속 30킬로미터 이내로 제한할 수 있다.
(다)은 고속도로의 원활한 소통을 위하여 특히 필요한 경우에는 고속도로에 전용차로를 설치할 수 있다.

	(가)	(나)	(다)
①	경찰서장	시장등	경찰청장
②	시·도경찰청장	경찰청장	시장등
③	경찰서장	시·도경찰청장	경찰청장
④	시·도경찰청장	시장등	경찰청장

정답과 해설

(경찰서장)은 도로에서의 위험을 방지하고 교통의 안전과 원활한 소통을 확보하기 위하여 필요하다고 인정할 때에는 우선 보행자, 차마 또는 노면전차의 통행을 금지하거나 제한한 후 그 도로 관리자와 협의하여 금지 또는 제한의 대상과 구간 및 기간을 정하여 도로의 통행을 금지하거나 제한할 수 있다(도로교통법 제6조 제2항).
(시장등)은 교통사고의 위험으로부터 어린이를 보호하기 위하여 필요하다고 인정하는 경우에는 「유아교육법」 제2조에 따른 유치원의 주변도로 가운데 일정 구간을 어린이 보호구역으로 지정하여 자동차등과 노면전차의 통행속도를 시속 30킬로미터 이내로 제한할 수 있다(동법 제12조 제1항).
(경찰청장)은 고속도로의 원활한 소통을 위하여 특히 필요한 경우에는 고속도로에 전용차로를 설치할 수 있다(동법 제61조 제1항).

정답 ①

THEME 07 음주운전 및 난폭운전

881  25 채용

「도로교통법」상 운전자의 의무에 관한 설명으로 가장 적절하지 않은 것은?

① 누구든지 술에 취한 상태에서 자동차등(「건설기계관리법」 제26조 제1항 단서에 따른 건설기계 외의 건설기계를 포함), 노면전차 또는 자전거를 운전하여서는 아니 된다.
② 경찰공무원은 교통의 안전과 위험방지를 위하여 필요하다고 인정하는 경우에는 운전자가 술에 취하였는지를 호흡조사로 측정할 수 있으며, 이 경우 운전자는 경찰공무원의 측정에 응하여야 한다.
③ 운전이 금지되는 술에 취한 상태의 기준은 운전자의 혈중알코올농도가 0.03퍼센트 이상인 경우로 한다.
④ 개인형 이동장치의 운전자는 대통령령으로 정하는 승차정원을 초과하여 동승자를 태우고 개인형 이동장치를 운전하여서는 아니 된다.

정답과 해설
④ (X) 개인형 이동장치의 운전자는 **행정안전부령(대통령령 X)**으로 정하는 승차정원을 초과하여 동승자를 태우고 개인형 이동장치를 운전하여서는 아니 된다(동법 제50조 제10항).

정답 ④

882 예상문제

음주운전 처벌기준에 대한 설명으로 바르게 연결된 것은?

㉠ 음주측정 거부 시 1년 이상 5년 이하의 징역이나 500만원 이상 2천만원 이하의 벌금에 처한다.
㉡ 혈중알콜농도가 0.07%인 경우 1년 이상 2년 이하 500만원~1천만원 벌금에 처한다.
㉢ 혈중알콜농도가 0.15%인 경우 1년 이상 5년 이하의 징역이나 1천만원 이상 2천만원 이하의 벌금에 처한다.
㉣ 혈중알콜농도가 0.09%인 경우 1년 이상 2년 이하의 징역이나 500만원 이상 1천만원 이하의 벌금에 처한다.

① ㉠㉣ ② ㉠㉢
③ ㉡㉣ ④ ㉢㉣

정답과 해설
㉠㉣ 옳은 설명이다.
㉡ (X) 혈중알콜농도가 0.07%인 경우 **1년 이하 징역이나 500만원 이하 벌금**에 처한다.
㉢ (X) 혈중알콜농도가 0.15%인 경우 **1년 이상 2년 이하의 징역이나 500만원 이상 1천만원** 이하의 벌금에 처한다.

정답 ①

883 예상문제

「특정범죄 가중처벌 등에 관한 법률」 제5조의11(위험운전 등 치사상)에 관한 내용이다. 빈칸에 들어갈 내용으로 가장 적절한 것은?

> 음주 또는 (㉠)의 영향으로 정상적인 운전이 곤란한 상태에서 자동차등을 운전하여 사람을 상해에 이르게 한 사람은 1년 이상 (㉡) 이하의 징역 또는 1천만원 이상 3천만원 이하의 벌금에 처하고, 사망에 이르게 한 사람은 무기 또는 (㉢) 이상의 징역에 처한다.

① ㉠ 약물 ㉡ 5년 ㉢ 5년
② ㉠ 과로 ㉡ 15년 ㉢ 3년
③ ㉠ 과로 ㉡ 5년 ㉢ 5년
④ ㉠ 약물 ㉡ 15년 ㉢ 3년

정답과 해설

음주 또는 **약물**의 영향으로 정상적인 운전이 곤란한 상태에서 자동차등을 운전하여 사람을 상해에 이르게 한 사람은 **1년 이상 15년** 이하의 징역 또는 **1천만원 이상 3천만원 이하의 벌금**에 처하고, **사망에 이르게 한 사람은 무기 또는 3년** 이상의 징역에 처한다.

정답 ④

884 23 해경간부(행정법), 예상문제

「특정범죄 가중처벌 등에 관한 법률」 제5조의11(위험운전치사상)에 대한 설명 중 옳지 않은 것은?

① 운전자가 음주 또는 약물의 영향으로 정상적인 운전이 곤란한 상태에서 운전한 경우 처벌된다.
② 경찰관이 위법한 체포상태에서 음주측정을 요구한 경우 그에 불응하더라도 음주측정거부에 관한 도로교통법 위반죄로 처벌할 수 없다.
③ 음주인피사고 후 도주하면 「특정범죄 가중처벌 등에 관한 법률」 제5조의3(도주차량 운전자의 가중처벌)과 「도로교통법」 제44조(술에 취한 상태에서의 운전금지)만 적용하고 이 법률은 적용하지 않는다.
④ 자전거와 「도로교통법」상 자동차로 인정되는 10종의 건설기계도 처벌대상이 된다.

정답과 해설

① (O) 동법 제5조의11
② (O) 대판 2004도8404
③ (O)
④ (X) 원동기장치자전거와 덤프트럭 등 「건설기계관리법」상 자동차로 간주되는 건설기계도 처벌대상이 된다(특정범죄 가중처벌 등에 관한 법률 제5조의11). **자전거의 경우**는 「특정범죄 가중처벌 등에 관한 법률」상 제5조의11은 적용되지 않으며, 자전거 음주운전 금지는 「**도로교통법」 제44조에 규정**되어 있다.

정답 ④

885 예상문제

「교통단속처리지침(주취운전단속)」에 대한 설명이다. 아래 ㉠부터 ㉣까지의 내용 중 옳고 그름의 표시(O, X)가 바르게 된 것은? (단, '술에 취한 상태'는 혈중알코올농도가 0.03퍼센트 이상인 경우로 전제함)

> ㉠ 만취한 상태의 기준 혈중알코올 농도 0.08% 이상이다.
> ㉡ 자전거 등, 경운기 주취운전도 처벌할 수 있다.
> ㉢ 음주측정기용 불대는 1인 1개 사용함을 원칙으로 한다.
> ㉣ 주취운전 의심자를 호흡측정하는 때에는 피측정자의 입안의 잔류 알콜을 헹궈낼 수 있도록 음용수 200ml을 제공하여야 한다.

① ㉠ O ㉡ O ㉢ X ㉣ X
② ㉠ O ㉡ X ㉢ O ㉣ O
③ ㉠ O ㉡ X ㉢ X ㉣ O
④ ㉠ X ㉡ O ㉢ O ㉣ X

정답과 해설

③ 옳은 연결이다.
㉡ (X) 경운기 주취운전은 처벌규정이 없다.
㉢ (X) 음주측정기용 불대는 1회 1개 사용함을 원칙으로 한다.

정답 ③

886 ⬜⬜⬜⬜ 25 승진

「도로교통법」상 음주운전 방지장치 부착 조건부 운전면허를 받은 운전자의 운전면허 취소·정지사유에 해당하지 않는 것은?

① 음주운전 방지장치가 설치된 자동차등을 시·도경찰청에 등록하지 아니하고 운전한 경우(다만, 여객자동차 운수사업자의 사업용 자동차, 화물자동차 운수사업자의 사업용 자동차 및 그 밖에 대통령령으로 정하는 자동차등에 음주운전 방지장치를 설치·등록한 경우는 제외한다)
② 음주운전 방지장치가 설치되지 아니하거나 설치기준에 부합하지 아니한 음주운전 방지장치가 설치된 자동차등을 운전한 경우
③ 음주운전 방지장치가 설치된 자동차등을 등록한 후 음주운전 방지장치 부착 자동차등의 운행기록을 제출하지 아니하거나 정상 작동 여부를 검사받지 아니한 경우
④ 음주운전 방지장치가 해체·조작 또는 그 밖의 방법으로 효용이 떨어진 것을 알면서 해당 장치가 설치된 자동차등을 운전한 경우(다만, 음주운전 방지장치의 점검 또는 정비를 위한 경우, 폐차하는 경우, 교육·연구의 목적으로 사용하는 등 대통령령으로 정하는 사유에 해당하는 경우, 음주운전 방지장치의 부착 기간이 경과한 경우는 제외한다)

정답과 해설

① (O) 도로교통법 제93조 제1항 제21호
② (O) 동법 제93조 제1항 제22호
③ (X) 음주운전 방지장치가 설치된 자동차등을 등록한 후 음주운전 방지장치 부착 자동차등의 운행기록을 제출하지 아니하거나 정상 작동 여부를 검사받지 아니한 경우의 사람에게는 **500만원 이하의 과태료**를 부과한다(동법 제160조 제1항 제9호).
④ (O) 동법 제93조 제1항 제23호

정답 ③

887 ⬜⬜⬜⬜ 22 채용

「도로교통법」 및 관련 법령에 따를 때, 다음 설명 중 가장 적절하지 않은 것은? (다툼이 있는 경우 판례에 의함)

① 운전자가 음주운전으로 교통사고를 야기한 후, 차에서 내려 피해자(진단 3주)에게 '왜 와서 들이받냐'라는 말을 하고, 교통사고 조사를 위해 경찰서에 가자는 경찰관의 지시에 순순히 응하여 순찰차에 스스로 탑승하여 경찰서까지 갔을 뿐 아니라 경찰서에서 조사받으면서 사고 당시 상황에 대한 자신의 주장을 정확하게 진술하였다면, 비록 경찰관이 작성한 주취운전자 정황진술보고서에는 '언행상태'란에 '발음 약간 부정확', '보행상태'란에 '비틀거림이 없음', '운전자 혈색'란에 '안면 홍조 및 눈 충혈'이라고 기재되어 있다고 하더라도 음주로 인한 특정범죄 가중처벌 등에 관한 법률 위반(위험운전치사상)이 아니라 도로교통법 위반(음주운전)으로 처벌해야 한다.
② 「도로교통법」 및 관련 법령에는 연습운전면허를 발급받은 사람이 본인에게 귀책사유(歸責事由)가 없는 경우 등 대통령령으로 정하는 경우를 제외하고, 운전 중 고의 또는 과실로 교통사고를 일으키거나 「도로교통법」이나 동법에 따른 명령 또는 처분을 위반한 경우에 시·도경찰청장은 연습운전면허를 취소하여야 한다고 규정하고 있으므로, 연습운전면허를 받은 사람이 운전을 함에 있어 주행연습 외의 목적으로 운전하여서는 아니된다는 준수사항을 지키지 않았다고 하더라도 무면허운전으로 처벌할 수는 없다.
③ 「도로교통법」상 도로가 아닌 곳에서 술에 취한 상태에서의 운전은 음주운전으로는 처벌할 수 있지만 운전면허의 정지 또는 취소처분을 부과할 수는 없다.
④ 개인형 이동장치를 타고 신호위반, 중앙선 침범과 진로변경 금지 위반행위를 연달아 하여 다른 사람에게 위협 또는 위해를 가할 뿐 아니라 교통상의 위험을 발생하게 한 운전자에 대해 난폭운전으로 처벌할 수 있다.

정답과 해설

① (O) 대판 2017도15519 → 이 사건 사고 당시 피고인이 '음주의 영향으로 정상적인 운전이 곤란한 상태'에 있었다고 단정하기 어렵다. 음주측정거부만 유죄로 인정(도로교통법 제44조 위반(음주운전))
② (O) 대판 2013도15031
③ (O) 대판 2018두42771
④ (X) 자동차등(개인형 이동장치는 제외한다)의 운전자는 신호위반, 중앙선 침범과 진로변경 금지 위반행위를 연달아 하거나, 하나의 행위를 지속 또는 반복하여 다른 사람에게 위협 또는 위해를 가하거나 교통상의 위험을 발생하게 하여서는 아니 된다(동법 제46조의3).

정답 ④

888 ☐☐☐☐ 21 간부

「도로교통법」상 음주측정 거부에 해당하는 것은? (판례에 의함)

① 경찰공무원이 운전자의 음주 여부나 주취 정도를 확인하기 위하여 음주측정기에 의한 측정의 사전절차로서 음주감지기에 의한 시험을 요구할 때, 그 시험결과에 따라 음주측정기에 의한 측정이 예정되어 있고 운전자가 그러한 사정을 인식하였음에도 음주감지기에 의한 시험에 명시적으로 불응한 경우
② 오토바이를 운전하여 자신의 집에 도착한 상태에서 단속경찰관으로부터 주취운전에 관한 증거 수집을 위한 음주측정을 위해 인근 파출소까지 동행하여 줄 것을 요구받고 이를 명백하게 거절하였음에도 위법하게 체포·감금된 상태에서 음주측정요구에 응하지 않은 행위
③ 신체 이상 등의 사유로 인하여 호흡조사에 의한 측정에 응할 수 없는 운전자가 혈액채취에 의한 측정을 거부하거나 이를 불가능하게 한 행위
④ 교통사고로 상해를 입은 피고인의 골절부위와 정도에 비추어 음주측정 당시 통증으로 인하여 깊은 호흡을 하기 어려웠고 그 결과 음주측정이 제대로 되지 아니한 경우

정답과 해설

① (O) 음주측정거부에 해당한다(대판 2017도 12949).
② (X) 피고인이 이 사건 오토바이를 운전하여 자신의 집에 도착한 상태에서 단속경찰관으로부터 주취운전에 관한 증거 수집을 위한 음주측정을 위하여 인근 파출소까지 동행하여 줄 것을 요구받고 이를 명백하게 거절하였음에도 위법하게 체포·감금된 상태에서 이 사건 음주측정요구를 받게 되었으므로, 그와 같은 음주측정요구에 응하지 않았다고 하여 **피고인을 음주측정거부에 관한 도로교통법 위반죄로 처벌할 수 없다**고 판단한 것은 정당하다(대판 2004도 8404).
③ (X) 신체 이상 등의 사유로 호흡조사에 의한 음주측정에 응할 수 없는 운전자가 '혈액채취에 의한 측정'을 거부하거나 이를 불가능하게 한 경우, **음주측정에 불응한 것으로 볼 수 없다**(대판 2010도2935).
④ (X) 교통사고로 상해를 입은 피고인의 골절부위와 정도에 비추어 음주측정 당시 통증으로 인하여 깊은 호흡을 하기 어려웠고 그 결과 음주측정이 제대로 되지 아니하였던 것으로 보이므로 피고인이 **음주측정에 불응한 것이라고 볼 수는 없다**(대판 2005도7125).

정답 ①

889 □□□□ 23 채용, 예상문제

'음주운전'과 관련된 판례 입장으로 옳지 않은 것은?

① '도로교통법 제44조 제1항을 2회 이상 위반한 사람'에 대하여 비형벌적인 반복 음주운전 방지 수단에 대한 충분한 고려 없이, 가중처벌의 요건이 되는 과거 음주운전 금지규정 위반 전력 등과 관련하여 아무런 제한을 두지 않음으로써 가중처벌할 필요가 없거나 죄질이 비교적 가벼운 유형의 재범 음주운전 행위에 대해서까지 일률적으로 가중처벌하도록 한 것은 형벌 본래의 기능에 필요한 정도를 현저히 일탈하는 과도한 법정형을 정하고 있어 책임과 형벌 간의 비례원칙에 위배된다.
② 음주운전에 대한 수사방법으로서의 혈액 채취에 의한 측정의 방법은 운전자가 호흡측정 결과에 불복하는 경우에만 한정하여 허용한 것으로 볼 수 있다.
③ 물로 입 안을 헹굴 기회를 달라는 피고인의 요구를 무시한 채 호흡측정기로 측정한 혈중알코올 농도 수치가 0.05%로 나타난 사안에서, 피고인이 당시 혈중알코올 농도 0.05% 이상의 술에 취한 상태에서 운전하였다고 단정할 수 없다.
④ 음주감지기에서 음주반응이 나온 경우, 그것만으로 술에 취한 상태에 있다고 인정할 만한 상당한 이유가 있다고 볼 수 없다.

정답과 해설

① (O) '도로교통법 제44조 제1항을 2회 이상 위반한 사람'에 대하여 (중략) 책임과 형벌 간의 **비례원칙에 위배되어 헌법에 위반된다(위반되지 않는다 X)**(헌재 2019헌바446).
② (X) 음주운전에 대한 수사방법으로서의 혈액 채취에 의한 측정의 방법을 운전자가 호흡측정 결과에 불복하는 경우에만 **한정하여 허용한 것으로 볼 수 없다**(대판 2014도16051).
③ (O) 대판 2009도1856
④ (O) 대판 2002도6632

정답 ②

THEME 08 운전면허

890 ☐☐☐☐ 18 승진, 예상문제

다음 ( )에 들어갈 숫자를 모두 합한 값으로 옳은 것은?

제1종 보통면허	• 승용자동차 • 승차정원 ( )명 이하의 승합자동차 • 적재중량 ( )톤 미만의 화물자동차 • 건설기계(도로를 운행하는 3톤 미만의 지게차에 한함) • 총중량 ( )톤 미만의 특수자동차(구난차등은 제외한다) • 원동기장치자전거
제2종 보통면허	• 승용자동차 • 승차정원 ( )명 이하의 승합자동차 • 적재중량 ( )톤 이하의 화물자동차 • 총중량 3.5톤 이하의 특수자동차(구난차등은 제외한다) • 원동기장치자전거

① 48
② 51
③ 52
④ 56

정답과 해설

15 + 12 + 10 + 10 + 4 = 51(도로교통법 시행규칙 제53조, [별표18])

정답 ②

891 ☐☐☐☐ 24 채용

제2종 보통면허만을 취득한 자가 운전할 경우, 무면허운전이 되는 것은?

① 원동기장치자전거
② 화물자동차(적재중량 3톤)
③ 승합자동차(승차정원 8명)
④ 특수자동차(총중량 4톤)

정답과 해설

제2종 보통면허의 경우 운전할 수 있는 차는 총중량 **3.5톤 이하의 특수자동차**이다.

정답 ④

892 19 채용

다음 중 무면허 운전에 해당하는 경우로 가장 적절한 것은?

① 제1종 보통면허를 소지한 甲이 구난차 등이 아닌 10톤의 특수자동차를 운전한 경우
② 제1종 대형면허를 소지한 乙이 구난차 등이 아닌 특수자동차를 운전한 경우
③ 제2종 보통면허를 소지한 丙이 승차정원 10인의 승합자동차를 운전한 경우
④ 제2종 보통면허를 소지한 丁이 적재중량 4톤의 화물자동차를 운전한 경우

정답과 해설

① 제1종 보통면허로는 총중량 **10톤 미만**의 특수자동차(구난차등은 제외)를 운전할 수 있는데, 甲은 10톤의 특수자동차를 운전했으므로 이는 **무면허 운전이 된다.**
②③④ 이들은 모두 무면허 운전이 아니다.

정답 ①

893 예상문제

다음에 들어갈 숫자의 총 합은?

㉠ 도로교통법상 어린이의 기준연령은 ( )세 미만이다.
㉡ 운전면허증 소지자가 면허증의 반납사유가 발생하면 ( )일 이내 반납하여야 한다.
㉢ 외국에서 발행한 국제운전면허증은 입국한 날로부터 ( )년간 유효하다.
㉣ 임시운전면허증의 유효기간은 ( )일 이내이며, 취소 또는 정지 대상자의 경우에는 ( )일 이내로 할 수 있다.

① 61
② 81
③ 82
④ 84

정답과 해설

㉠ 도로교통법상 어린이의 기준연령은 **(13)**세 미만이다.
㉡ 운전면허증 소지자가 면허증의 반납사유가 발생하면 **(7)**일 이내 반납하여야 한다.
㉢ 외국에서 발행한 국제운전면허증은 입국한 날로부터 **(1)**년간 유효하다.
㉣ 임시운전면허증의 유효기간은 **(20)**일 이내이며, 취소 또는 정지 대상자의 경우에는 **(40)**일 이내로 할 수 있다.
② 모든 수의 합은 13+7+1+20+40=81

정답 ②

894 ☐☐☐☐ 예상문제

「도로교통법」상 운전면허 결격사유에 대한 설명으로 가장 적절하지 않은 것은?

① 18세 미만(원동기장치자전거의 경우에는 16세 미만)인 사람
② 듣지 못하는 사람(제1종 운전면허 중 대형면허·특수면허만 해당한다), 앞을 보지 못하는 사람(한쪽 눈만 보지 못하는 사람의 경우에는 제1종 운전면허 중 대형면허·특수면허만 해당한다)이나 그 밖에 대통령령으로 정하는 신체장애인은 운전면허를 받을 수 없다.
③ 제1종 대형면허 또는 제1종 특수면허를 받으려는 경우로서 19세 미만이거나 자동차(이륜자동차는 제외한다)의 운전경험이 2년 미만인 사람
④ 교통상의 위험과 장해를 일으킬 수 있는 정신질환자 또는 뇌전증 환자로서 대통령령으로 정하는 사람은 운전면허를 받을 수 없다.

정답과 해설

① (O) 도로교통법 제82조 제1항 제1호
② (O) 동법 제82조 제1항 제3호
③ (X) 제1종 대형면허 또는 제1종 특수면허를 받으려는 경우로서 19세 미만이거나 자동차(이륜자동차는 제외한다)의 운전경험이 **1년 미만(2년 미만 X)**인 사람(도로교통법 제82조 제1항 제6호)
④ (O) 동법 제82조 제1항 제2호

정답 ③

895 예상문제

연습운전면허에 대한 다음 설명 중 옳은 것은?

① 연습운전면허는 그 면허를 받은 날부터 2년 동안 효력을 가진다.
② 시·도경찰청장은 연습운전면허를 발급받은 사람이 운전 중 고의 또는 과실로 교통사고를 일으키거나 「도로교통법」이나 이 법에 따른 명령 또는 처분을 위반한 경우에는 연습운전면허를 정지하여야 한다.
③ 연습운전면허를 받은 사람이 도로에서 주행연습을 하는 때에는 운전면허(연습하고자 하는 자동차를 운전할 수 있는 운전면허에 한한다)를 받은 날부터 1년이 경과된 사람(소지하고 있는 운전면허의 효력이 정지기간 중인 사람을 제외한다)과 함께 승차하여 그 사람의 지도를 받아야 한다.
④ 연습운전면허에는 1종 보통연습면허와 제2종 보통연습면허가 있다.

정답과 해설

① (X) 연습운전면허는 그 면허를 받은 날부터 **1년(2년 X)** 동안 효력을 가진다. 다만, 연습운전면허를 받은 날부터 1년 이전이라도 제1종 보통면허 또는 제2종 보통면허를 받은 경우 연습운전면허는 그 효력을 잃는다(도로교통법 제81조).
② (X) 시·도경찰청장은 연습운전면허를 발급받은 사람이 운전 중 고의 또는 과실로 교통사고를 일으키거나 「도로교통법」이나 이 법에 따른 명령 또는 처분을 위반한 경우에는 **연습운전면허를 취소(정지 X)**하여야 한다(동법 제93조 제3항).
③ (X) 연습운전면허를 받은 사람이 도로에서 주행연습을 하는 때에는 운전면허(연습하고자 하는 자동차를 운전할 수 있는 운전면허에 한한다)를 받은 날부터 **2년(1년 X)**이 경과된 사람(소지하고 있는 운전면허의 효력이 정지기간 중인 사람을 제외한다)과 함께 승차하여 그 사람의 지도를 받아야 한다(동법 시행규칙 제55조).
④ (O) 동법 제80조

정답 ④

896 예상문제

운전면허에 대한 설명으로 가장 적절하지 않은 것은?

① 국제운전면허증을 외국에서 발급받은 사람은 국내에 입국한 날부터 2년 동안만 그 국제운전면허증으로 자동차 등을 운전할 수 있다.
② 임시운전증명서는 유효기간 중 운전면허증과 동일한 효력이 있다.
③ 임시운전증명서의 유효기간은 20일 이내(운전면허 정지·취소처분 시 40일 이내)로 하되, 경찰서장이 20일의 범위 안에서 연장 가능하다.
④ 운전면허증 소지자가 면허증의 반납사유가 발생하면 반납사유가 발생한 날로부터 7일 이내 반납하여야 한다.

정답과 해설

① **(X)** 외국의 권한 있는 기관에서 국제운전면허증을 발급받은 사람은 국내에 **입국한 날부터(발급받은 날부터 X) 1년** 동안만 그 국제운전면허증으로 자동차등을 운전할 수 있다(도로교통법 제96조 제1항).
② (O) 동법 제91조 제2항
③ (O) 임시운전증명서의 유효기간은 **20일 이내**로 하되, 운전면허의 취소 또는 정지처분 대상자의 경우 **40일 이내**로 할 수 있다. 다만, **경찰서장(시·도경찰청장 X)**이 필요하다고 인정하는 경우 그 유효기간을 1회에 한하여 **20일의 범위 이내**에서 연장할 수 있다(동법 시행규칙 제88조 제2항).
④ (O) 국제운전면허증을 외국에서 발급받은 사람은 「여객자동차 운수사업법」 또는 「화물자동차 운수사업법」에 따른 사업용 자동차를 운전할 수 없다. 다만, 「여객자동차 운수사업법」에 따른 대여사업용 자동차를 임차하여 운전하는 경우에는 **그러하지 아니하다(마찬가지이다 X)**(동법 제96조 제2항).

정답 ①

THEME 09 운전면허 행정처분결과에 따른 결격대상자 및 결격 기간(§82)

897 □□□□ 예상문제

운전면허 행정처분 결과에 따른 결격대상자와 결격 기간이 옳게 연결된 것은 몇 개인가?

> ㉠ 무면허+자동차 절·강도 → 위반한 날로부터 3년
> ㉡ 음주운전+2회 이상 교통사고 → 취소된 날로부터 3년
> ㉢ 2회 이상의 공동위험행위 → 취소된 날로부터 2년
> ㉣ 운전면허 대리응시 → 1년
> ㉤ 공동위험행위로 운전면허가 취소된 경우 원동기장치자전거면허 취득 결격기간 → 6월
> ㉥ 음주운전으로 사람을 사망케 한 경우 → 취소된 날로부터 3년

① ㉠㉡㉢
② ㉠㉡㉤
③ ㉠㉢㉥
④ ㉡㉢㉣

정답과 해설

㉠㉡㉢ 모두 옳은 지문이다.
㉣ (X) 운전면허 대리응시 → **2년**
㉤ (X) 공동위험행위로 운전면허가 취소된 경우 원동기장치자전거면허 취득 결격기간 → **1년**
㉥ (X) 음주운전으로 사람을 사망케 한 경우 → 취소된 날로부터 **5년**

정답 ①

898 □□□□ 예상문제

「도로교통법」상 다음의 사례로 운전면허가 취소되었을 때 운전면허 재취득에 필요한 결격 기간이 옳은 것은?

> 운전자 A(만 40세)는 술을 마시고 귀가하기 위해 운전하는 도중 횡단보도를 건너고 있는 보행자 B를 충격하여 2주간의 치료가 필요한 인적피해 교통사고를 낸 후, 도주하였다가 신고를 받고 출동한 경찰관에게 검거되어 운전면허가 취소되었다. (단, 운전자 A의 사고 시 혈중알코올농도 0.01%)

① 2년
② 3년
③ 4년
④ 5년

정답과 해설

5년의 제한사유 이외의 사유로 교통사고로 사람을 사상한 후에 구호조치 없이 도주한 경우에 해당하므로 운전면허 재취득에 필요한 결격 기간은 **4년**이다.

정답 ③

THEME 10 운전면허 행정처분

899 예상문제

아래는 「도로교통법 시행규칙」 [별표 28] '운전면허 취소·정지처분 기준'의 일부를 발췌한 것이다. 다음 중 옳은 것은?

1. 일반기준
   가. ~ 마. 〈생략〉
   바. 처분기준의 감경
   (1) 감경사유
      (가) 음주운전으로 운전면허 취소처분 또는 정지처분을 받은 경우
      운전이 가족의 생계를 유지할 중요한 수단이 되거나, ㉠ 모범운전자로서 처분당시 3년 이상 교통봉사활동에 종사하고 있거나, 교통사고를 일으키고 도주한 운전자를 검거하여 경찰서장 이상의 표창을 받은 사람으로서 다음의 어느 하나에 해당되는 경우가 없어야 한다.
      1. ㉡ 혈중알코올농도가 0.08퍼센트를 초과하여 운전한 경우
      2. 음주운전 중 인적피해 교통사고를 일으킨 경우
      3. 경찰관의 음주측정요구에 불응하거나 도주한 때 또는 단속경찰관을 폭행한 경우
      4. ㉢ 과거 5년 이내에 3회 이상의 물적피해 교통사고의 전력이 있는 경우
      5. ㉣ 과거 3년 이내에 음주운전의 전력이 있는 경우

① ㉠
② ㉡
③ ㉢
④ ㉣

정답과 해설

㉠ (O) 옳은 설명이다.
㉡ (X) 혈중알코올농도 **0.1퍼센트**를 초과하여 운전한 경우이다.
㉢ (X) 과거 5년 이내에 3회 이상의 **인적피해** 교통사고의 전력이 있는 경우이다.
㉣ (X) 과거 **5년 이내**에 음주운전의 전력이 있는 경우이다.

정답 ①

900 ☐☐☐☐ 25 간부

「도로교통법」상 통고처분에 관한 설명이다. 적절한 것은 모두 몇 개인가? (다툼이 있으면 판례에 의함)

> 가. 경찰서장은 범칙자의 성명이나 주소가 확실하지 아니한 경우 이유를 분명하게 밝힌 범칙금 납부통고서로 범칙금을 낼 것을 통고할 수 있다.
> 나. 경찰서장의 통고처분은 항고소송의 대상이 되는 행정처분에 해당한다.
> 다. 「도로교통법」은 범칙금 납부통고서를 받은 사람이 그 범칙금을 낸 경우 범칙행위에 대하여 다시 벌받지 아니한다고 규정하고 있는바, 이는 범칙금의 납부에 확정재판의 효력에 준하는 효력을 인정하는 취지로 해석하여야 한다.
> 라. 같은 일시, 장소에서 이루어진 안전운전의무 위반의 범칙행위와 중앙선을 침범한 과실로 사고를 일으켜 피해자에게 부상을 입혀 「교통사고처리 특례법」을 위반한 경우, 안전운전의무를 불이행하였음을 이유로 통고처분에 따른 범칙금을 납부하였음에도 「교통사고처리 특례법」 위반죄로 처벌하는 것은 이중처벌에 해당하므로 허용되지 아니한다.

① 0개 ② 1개
③ 2개 ④ 3개

정답과 해설

가. (X) 성명이나 주소가 확실하지 아니한 사람은 **통고처분 제외자**에 해당한다(도로교통법 제163조 제1항 제1호).

나. (X) 경찰서장의 **통고처분**은 행정소송의 대상이 되는 행정처분이 아니므로 그 처분의 취소를 구하는 **항고소송은 부적법**하다고 할 것이다.

> [판례] 통고처분은 상대방의 임의의 승복을 그 발효요건으로 하기 때문에 그 자체만으로는 통고이행을 강제하거나 상대방에게 아무런 권리의무를 형성하지 않으므로 **행정심판이나 행정소송의 대상으로서의 처분성을** 부여할 수 없다(헌재 선고 96헌바4).

다. (O) 범칙금 납부통고서를 받은 사람이 그 범칙금을 납부한 경우 그 범칙행위에 대하여 다시 벌받지 아니한다고 규정하고 있는바, 이는 범칙금의 납부에 **확정재판의 효력에 준하는** 효력을 인정하는 취지로 해석하여야 한다(대법원 2001도849).

라. (X) **안전운전 의무 위반**에 대해 범칙금을 납부한 것과 **중앙선을 침범한 과실로 사고**를 일으켜 피해자에게 부상을 입혀 「교통사고처리 특례법」을 위반으로 형사처벌을 받는 것은 서로 다른 법적 문제에 대한 처벌로, **이중벌에 해당하지 않는다.**

> [판례] 같은 일시, 장소에서 이루어진 안전운전의무 위반의 범칙행위와 중앙선을 침범한 과실로 사고를 일으켜 피해자에게 부상을 입혔다는 교통사고처리특례법위반죄의 범죄행위사실은 시간, 장소에 있어서는 근접하여 있는 것으로 볼 수 있으나 범죄의 내용이나 행위의 태양, 피해법익 및 죄질에 있어 현격한 차이가 있어 동일성이 인정되지 아니하고 별개의 행위라고 할 것이어서 피고인이 안전운전의 의무를 불이행하였음을 이유로 통고처분에 따른 범칙금을 납부하였다고 하더라도 피고인을 교통사고처리특례법 제3조 위반죄로 처벌한다고 하여 도로교통법 제119조 제3항에서 말하는 **이중처벌에 해당한다고 볼 수 없다**(대판 2001도849).

정답 ②

901　☐☐☐☐ 21 승진

「도로교통법」 및 「도로교통법 시행령」상 교통안전교육에 대한 설명으로 가장 적절하지 않은 것은?

① 교통안전교육은 운전면허를 받고자 하는 사람이 학과시험 응시 전 받아야 하는 1시간의 교통안전교육으로, 자동차운전 전문학원에서 학과교육을 수료한 사람은 제외된다.
② 특별교통안전교육 중 의무교육 대상은 운전면허효력 정지처분을 받게 되거나 받은 초보운전자로서 그 정지기간이 끝나지 아니한 사람 등이다.
③ 특별교통안전교육 중 권장교육 대상은 운전면허를 받은 사람 중 교육을 받으려는 날에 65세 이상인 사람 등으로, 권장교육을 받기 전 1년 이내에 해당 교육을 받지 아니한 사람에 한정한다.
④ 긴급자동차 교통안전교육 중 신규 교통안전교육은 긴급자동차를 운전하는 사람을 대상으로 3년마다 정기적으로 실시하는 교육이다.

> **정답과 해설**
>
> ① (O) 도로교통법 제73조 제1항, 동법 시행령 제37조 제1항
> ② (O) 동법 제73조 제2항 제4호
> ③ (O) 동법 제73조 제3항 제4호
> ④ (X) 긴급자동차 교통안전교육 중 신규 교통안전교육은 최초로 긴급자동차를 운전하려는 사람을 대상으로 실시하는 교육이다. **정기 교통안전교육**은 긴급자동차를 운전하는 사람을 대상으로 **3년마다 정기적**으로 실시하는 교육을 말한다(동법 시행령 제38조의2 제2항).
>
> 정답 ④

THEME 11 「교통사고처리 특례법」 제3조 제2항의 처벌특례 12개 항목

902   ☐☐☐☐ 22 승진

다음 ㉠부터 ㉢까지 중 「교통사고처리 특례법」 제3조 제2항(처벌의 특례) 단서 각 호에 해당하는 것은 모두 몇 개인가?

> ㉠ 「도로교통법」 제39조 제4항을 위반하여 자동차의 화물이 떨어지지 아니하도록 필요한 조치를 하지 아니하고 운전한 경우
> ㉡ 「도로교통법」 제17조 제1항 또는 제2항에 따른 제한속도를 시속 20킬로미터 초과하여 운전한 경우
> ㉢ 「도로교통법」 제13조 제3항을 위반하여 중앙선을 침범하거나 같은 법 제62조를 위반하여 횡단, 유턴 또는 후진한 경우
> ㉣ 「도로교통법」 제24조에 따른 철길건널목 통과방법을 위반하여 운전한 경우

① 1개
② 2개
③ 3개
④ 4개

정답과 해설

㉠ (O) 교통사고처리 특례법 제3조 제2항 제12호
㉡ (O) 동법 제3조 제2항 제3호
㉢ (O) 동법 제3조 제2항 제2호
㉣ (O) 동법 제3조 제2항 제5호

> 「교통사고처리 특례법」 제3조 제2항의 처벌특례 12개 항목
> 1. 신호·지시위반 사고
> 2. 중앙선침범, 고속도로·자동차전용도로에서의 횡단, 유턴 후진 위반
> 3. 과속사고(20km/h 초과)
> 4. 앞지르기 방법·금지 시기·장소 위반사고 또는 끼어들기의 금지 → 고속도로에서의 앞지르기 방법을 위반하여 운전한 경우
> 5. 철길건널목 통과방법 위반사고
> 6. 횡단보도 보행자 보호의무 위반사고
> 7. 무면허운전 중 사고
> 8. 음주·약물 운전 및 음주측정 거부
> 9. 보도침범·보도 횡단방법 위반사고
> 10. 승객추락방지 의무 위반사고
> 11. 어린이보호구역 주의의무 위반사고
> 12. 적재화물추락사고 교통사고 처리 관련 법률

정답 ④

903 21 간부

「교통사고처리 특례법」 제3조 제2항 단서 '처벌특례 항목'들에 대한 설명 중 옳은 것들로 묶인 것은? (판례에 의함)

가. 교차로 진입 직전에 백색실선이 설치되어 있으면, 교차로에서의 진로변경을 금지하는 내용의 안전표지가 개별적으로 설치되어 있지 않다고 하더라도 자동차 운전자가 교차로에서 진로변경을 시도하다가 교통사고를 내었다면 이는 특례법상 '통행금지를 내용으로 하는 안전표지가 표시하는 지시를 위반하여 운전한 경우'에 해당한다.

나. 중앙선이 설치된 도로의 어느 구역에서 좌회전이나 유턴이 허용되어 중앙선이 백색 점선으로 표시되어 있는 경우, 그 지점에서 안전표지에 따라 좌회전이나 유턴을 하기 위하여 중앙선을 넘어 운행하다가 반대편 차로를 운행하는 차량과 충돌하는 교통사고를 내었더라도 이를 특례법에서 규정한 중앙선 침범 사고라고 할 것은 아니다.

다. 연습운전면허를 받은 사람은 운전을 함에 있어 '주행연습 외의 목적으로 운전하여서는 아니된다'는 사항을 준수해야 하며 이에 위반하여 운전한 경우 그 운전은 특례법에서 규정한 무면허운전으로 보아 처벌할 수 있다.

라. 화물차 적재함에서 작업하던 피해자가 차에서 내린 것을 확인하지 않은 채 출발함으로써 피해자가 추락하여 상해를 입게 된 경우, 특례법 소정의 '승객의 추락방지 의무'를 위반하여 운전한 경우에 해당하지 않는다.

① 가. 나.
② 가. 다.
③ 나. 다.
④ 나. 라.

정답과 해설

가. (X) 교차로 진입 직전에 백색실선이 설치되어 있으나 교차로에서의 진로변경을 금지하는 내용의 안전표지가 개별적으로 설치되어 있지 않은 경우, 자동차 운전자가 교차로에서 진로변경을 시도하다가 야기한 교통사고가 교통사고처리 특례법 제3조 제2항 단서 제1호에서 정한 '도로교통법 제5조에 따른 통행금지를 내용으로 하는 안전표지가 표시하는 지시를 위반하여 운전한 경우'에 **해당하지 않는다**(대법원 2015도3107).

나. (O) 황색실선이나 황색점선으로 된 중앙선이 설치된 도로의 어느 구역에서 좌회전이나 유턴이 허용되어 중앙선이 백색 점선으로 표시되어 있는 경우, 그 지점에서 안전표지에 따라 좌회전이나 유턴을 하기 위하여 중앙선을 넘어 운행하다가 반대편 차로를 운행하는 차량과 충돌하는 교통사고를 낸 것은 교통사고처리 특례법에서 규정한 중앙선 침범에 **해당하지 않는다**(대법원 2016도18941).

다. (X) 연습운전면허를 받은 사람이 도로에서 주행연습을 하는 때에 운전면허를 받은 날부터 2년이 경과한 사람과 함께 타서 그의 지도를 받아야 한다고 규정하고 있는바, 연습운전면허를 받은 사람이 도로에서 주행연습을 함에 있어서 위와 같은 준수사항을 지키지 않았다면 준수사항을 지키지 않은 데에 따른 제재를 가할 수 있음은 별론으로 하고 그 운전을 **무면허운전이라고 할 수는 없다**(대법원 2000도5540).

라. (O) 화물차 적재함에서 작업하던 피해자가 차에서 내린 것을 확인하지 않은 채 출발함으로써 피해자가 추락하여 상해를 입게 된 경우, 교통사고처리특례법 제3조 제2항 단서 제10호 소정의 의무를 위반하여 운전한 경우에 **해당하지 않는다**(대법원 99도3716).

정답 ④

THEME 12 교통관련 판례

904 ☐☐☐☐ 15 간부

다음 중 도로교통과 관련된 신뢰의 원칙에 관한 내용으로 틀린 것은 모두 몇 개인가? (판례에 의함)

> 가. 특별한 사정이 없는 한 고속도로를 운행하는 자동차의 운전자는 보행자가 나타날 것을 예견하여 제한속도 이하로 감속 운행할 주의의무가 없다.
> 나. 고속도로상이라 하더라도 제동거리 밖의 무단횡단자를 발견했을 경우 사고를 미연에 방지할 의무가 있다.
> 다. 특별한 사정이 없는 한 반대차로를 운행하는 차가 갑자기 중앙선을 넘어올 것까지 예견하여 감속해야 할 주의의무는 없다.
> 라. 보행자신호가 적색인 경우 반대차로 상에서 정지하여 있는 차량의 뒤로 보행자가 횡단보도를 건너올 수 있다는 것까지 예상할 주의의무는 없다.
> 마. 보행자신호의 녹색등이 점멸하는 때에는 보도 위에 서 있던 보행자가 갑자기 뛰기 시작하면서 보행을 시작할 수도 있다는 것까지 예상할 주의의무는 없다.

① 1개 ② 2개
③ 3개 ④ 4개

정답과 해설

가.나. (O) 고속도로를 운행하는 자동차의 운전자로서는 일반적인 경우에 고속도로를 횡단하는 보행자가 있을 것까지 예견하여 보행자와의 충돌사고를 예방하기 위하여 급정차 등의 조치를 취할 수 있도록 대비하면서 **운전할 주의의무가 없고**, 다만 고속도로를 무단횡단하는 보행자를 충격하여 사고를 발생시킨 경우라도 운전자가 상당한 거리에서 보행자의 무단횡단을 미리 예상할 수 있는 사정이 있었고, 그에 따라 즉시 감속하거나 급제동하는 등의 조치를 취하였다면 보행자와의 충돌을 피할 수 있었다는 등의 특별한 사정이 인정되는 경우에만 **자동차 운전자의 과실이 인정될 수 있다**(대판 2000도2671).

다. (O) 특별한 사정이 없는 한 반대차로를 운행하는 차가 갑자기 **중앙선을 넘어올 것까지 예견하여 감속해야 할 주의의무는 없다**(대판 85다카562).

라. (O) **보행자신호가 적색인 경우** 반대차로 상에서 정지하여 있는 차량의 뒤로 보행자가 횡단보도를 건너올 수 있다는 것까지 예상할 **주의의무는 없다**(대판 92도2077).

마. (X) 횡단보도의 보행자 신호가 녹색신호에서 적색신호로 바뀌는 예비신호 점멸중에도 그 횡단보도를 건너가는 보행자가 흔히 있고 또 횡단보도중에 녹색신호가 적색신호로 바뀐 경우에도 그 교통신호에 따라 정지함이 없이 나머지 횡단보도를 그대로 횡단하는 보행자도 있으므로 보행자 신호가 녹색신호에서 정지신호로 바뀔 무렵 전후에 횡단보도를 통과하는 자동차 운전자는 보행자가 교통신호를 철저히 준수할 것이라는 신뢰만으로 자동차를 운전할 것이 아니라 좌우에서 이미 횡단보도에 진입한 보행자가 있는지 여부를 살펴보고 또한 그의 동태를 두루 살피면서 서행하는 등하여 그와 같은 상황에 있는 보행자의 안전을 위해 어느 때라도 정지할 수 있는 태세를 갖추고 자동차를 운전하여야 할 **업무상의 주의의무가 있다**(대판 86도549).

정답 ①

905 ☐☐☐☐ 예상문제

다음은 '무면허운전'과 관련된 판례들이다. 옳고 그름(O, X)에 연결이 바르게 된 것은?

> ㉠ 운전면허증 소지자가 운전면허증만 꺼내 보아도 쉽게 알 수 있는 정도의 노력조차 기울이지 않고, 적성검사 기간 도래 여부에 관한 확인을 게을리하여 기간이 도래하였음을 알지 못하였다면 적성검사 기간 내에 적성검사를 받지 않는 것에 대한 미필적 고의가 있다 볼 수 있다.
> ㉡ 연습운전면허를 받은 사람이 도로에서 주행연습을 하는 때에 운전면허를 받은 날부터 2년이 경과한 사람과 함께 타서 그의 지도를 받아야 한다고 규정하고 있는바, 연습운전면허를 받은 사람이 도로에서 주행연습을 함에 있어서 위와 같은 준수사항을 지키지 않았다면 무면허운전에 해당한다.
> ㉢ 특정범죄 가중처벌 등에 관한 법률 위반(도주차량)으로 운전면허취소처분을 받은 자가 자동차를 운전하였다고 하더라도 그 후 피의사실에 대하여 무혐의 처분을 받고 이를 근거로 행정청이 운전면허 취소처분을 철회하였다면, 위 운전행위는 무면허운전에 해당하지 않는다.
> ㉣ 여러 날에 걸쳐 무면허운전을 한 경우 특별한 경우를 제외하고는 사회통념상 운전한 날을 기준으로 운전한 날마다 1개의 운전행위가 있다고 보는 것이 타당하다.

① ㉠ (O) ㉡ (O) ㉢ (O) ㉣ (O)
② ㉠ (O) ㉡ (X) ㉢ (O) ㉣ (O)
③ ㉠ (O) ㉡ (X) ㉢ (X) ㉣ (O)
④ ㉠ (X) ㉡ (O) ㉢ (O) ㉣ (X)

정답과 해설

㉠ (O) 대판 2012도8374
㉡ (X) **연습운전면허**를 받은 사람이 도로에서 주행연습을 하는 때에 운전면허를 받은 날부터 2년이 경과한 사람과 함께 타서 그의 지도를 받아야 한다고 규정하고 있는바, 연습운전면허를 받은 사람이 도로에서 주행연습을 함에 있어서 위와 같은 준수사항을 지키지 않았다고 하더라도 **무면허운전에 해당하지 않는다**(대판 2000도5540).
㉢ (O) 대판 2007도9220
㉣ (O) 대판 2001도6281

정답 ②

906 ☐☐☐☐ 예상문제

다음 설명 중 옳은 것은 모두 몇 개인가? (판례에 의함)

> ㉠ 신호위반으로 교통사고를 야기한 자가 신호위반의 범칙금을 납부하였다면, 「교통사고 처리 특례법」상 신호위반으로 인한 업무상과실치상죄의 죄책을 물을 수 없다.
> ㉡ 교차로 직전의 횡단보도에 따로 차량보조등이 설치되어 있지 아니한 경우, 교차로 차량신호등이 적색이고 횡단보도 보행등이 녹색인 상태에서 횡단보도를 지나 우회전하다가 사람을 다치게 한 경우 「교통사고처리 특례법」상 특례조항인 신호위반에 해당하지 않는다.
> ㉢ 교차로에 교통섬이 설치되고 그 오른쪽으로 직진 차로에서 분리된 우회전차로가 설치된 경우, 우회전 차로가 아닌 직진 차로를 따라 우회전하는 행위는 교차로 통행방법 위반이다.
> ㉣ 사고 후 자신의 명함을 주고 택시에게 피해자 이송의뢰를 하였으나 경찰이 도착하기 전에는 병원에 가지 않겠다고 하여 이송을 못하고 있는 사이 현장을 이탈한 경우는 특정범죄가중처벌등에관한법률위반(도주차량)에 해당되지 않는다.

① 1개 ② 2개
③ 3개 ④ 4개

정답과 해설

㉠ **(X)** 통고처분을 받게 된 범칙행위와 「교통사고처리 특례법」 제3조 제1항 위반죄는 그 행위의 성격 및 내용이나 죄질, 피해법익 등에 현저한 차이가 있어 **동일성이 인정되지 않는 별개의 범죄행위**라고 보아야 할 것이므로, **통고처분을 받아 범칙금을 납부하였다고 하더라도 업무상과실치상죄로 처벌하는 것이 이중처벌에 해당한다고 볼 수 없다**(대판 2006도4322).
㉡ **(X)** 교차로 직전의 횡단보도에 따로 차량보조등이 설치되어 있지 아니한 경우, 교차로 차량신호 등이 적색이고 횡단보도 보행등이 녹색인 상태에서 횡단보도를 지나 우회전하다가 사람을 다치게 한 경우 「교통사고처리 특례법」상 특례조항인 **신호위반에 해당**한다(대판 2009도8222).
㉢ **(O)** 대판 2011도9821
㉣ **(X)** **특정범죄가중처벌등에관한법률위반**(도주차량)에 해당된다(대판 2004도250).

정답 ①

907 ■■■■ 예상문제

다음 설명 중 옳은 것은? (판례에 의함)

① '운전면허를 받지 아니하고'라는 법률문언의 통상적 의미에 '운전면허를 받았으나 그 후 운전면허의 효력이 정지된 경우'가 당연히 포함된다 할 수 있다.

② 법무부장관이 발급한 사증없이 입국심사를 받지 않고 국내에 입국한 후 1년 이내에 자동차를 운전하였고, 운전을 하기 전에 외국에서 국제운전면허증을 발급받았다면, 출입국관리법에 따른 정상적인 입국심사절차를 거치지 아니하고 불법으로 입국하였더라도 이는 무면허 운전에 해당하지 않는다.

③ 황색실선이나 황색점선으로 된 중앙선이 설치된 도로의 어느 구역에서 좌회전이나 유턴이 허용되어 중앙선이 백색 점선으로 표시되어 있는 경우, 그 지점에서 안전표지에 따라 좌회전이나 유턴을 하기 위하여 중앙선을 넘어 운행하다가 반대편 차로를 운행하는 차량과 충돌하는 교통사고를 낸 것은 교통사고처리 특례법에서 규정한 중앙선침범에 해당한다.

④ 차의 운전자가 횡단보도에서의 보행자 보호의무를 위반하여 운전하다가 횡단보도 보행자가 아닌 제3자를 다치게 한 경우, 횡단보도 보행자에 대한 운전자의 업무상 주의의무 위반행위와 상해의 결과 사이에 직접적인 원인관계가 존재하는 한 「교통사고처리 특례법」상 특례조항인 보행자 보호의무 위반에 해당한다.

정답과 해설

① (X) '운전면허를 받지 아니하고'라는 법률문언의 통상적 의미에 '운전면허를 받았으나 그 후 운전면허의 효력이 정지된 경우'가 **당연히 포함된다 할 수 없다(있다 X)**(대판 2011도7725).

② (X) 법무부장관이 발급한 사증없이 입국심사를 받지 않고 국내에 입국한 후 1년 이내에 자동차를 운전하였고, 운전을 하기전에 외국에서 국제운전면허증(상호인정외국면허증)을 발급받았다 하더라도, 출입국관리법에 따른 정상적인 입국심사절차를 거치지 아니하고 **불법으로 입국**하였다면 국제운전면허증을 소지하고 있다 하더라도 **도로교통법 위반(무면허운전)에 해당**한다(대판2017도9230).

③ (X) 황색실선이나 황색점선으로 된 중앙선이 설치된 도로의 어느 구역에서 좌회전이나 유턴이 허용되어 중앙선이 백색 점선으로 표시되어 있는 경우, 그 지점에서 안전표지에 따라 좌회전이나 유턴을 하기 위하여 중앙선을 넘어 운행하다가 반대편 차로를 운행하는 차량과 충돌하는 교통사고를 낸 것은 **교통사고처리 특례법에서 규정한 중앙선침범에 해당하지 않는다**(대판 2016도18941).

④ (O) 대판 2009도12671

정답 ④

908 24 승진

다음 설명 중 가장 적절하지 않은 것은? (다툼이 있는 경우 판례에 의함)

① 「교통사고처리 특례법」 제2조 제2호는 '교통사고'란 차의 교통으로 인하여 사람을 사상하거나 물건을 손괴하는 것을 말한다고 규정하고 있는데, 여기서 '차의 교통'은 차량을 운전하는 행위 및 그와 동일하게 평가할 수 있을 정도로 밀접하게 관련된 행위를 모두 포함한다.

② 음주운전 신고를 받고 출동한 경찰관이 만취한 상태로 시동이 걸린 차량 운전석에 앉아 있는 甲을 발견하고 음주측정을 위해 하차를 요구하는 것만으로는 「도로교통법」 제44조 제2항이 정한 음주측정에 관한 직무에 착수하였다고 할 수 없다.

③ 술에 취한 乙이 자동차 안에서 잠을 자다가 추위를 느껴 히터를 가동시키기 위하여 시동을 걸었고, 실수로 기어 등 자동차의 발진에 필요한 장치를 건드려 원동기의 추진력에 의하여 자동차가 움직이거나 또는 불안전한 주차상태나 도로여건 등으로 인하여 자동차가 움직이게 된 경우는 자동차의 운전에 해당하지 아니한다.

④ 모든 차의 운전자는 보행자보다 먼저 횡단보행자용 신호기가 설치되지 않은 횡단보도에 진입한 경우에도, 보행자의 횡단을 방해하지 않거나 통행에 위험을 초래하지 않을 상황이 아니고서는, 차를 일시정지하는 등으로 보행자의 통행이 방해되지 않도록 할 의무가 있다.

정답과 해설

① (O) 대판 2016도21034
② (X) 음주운전 신고를 받고 출동한 경찰관이 만취한 상태로 시동이 걸린 차량 운전석에 앉아 있는 甲을 발견하고 음주측정을 위해 하차를 요구하는 것만으로는 「도로교통법」 제44조 제2항이 정한 음주측정에 관한 직무에 착수하였다고 **할 수 있다(할 수 없다 X)**(대판 2020도7193).
③ (O) 대판 2004도1109
④ (O) 대판 2020도8675

정답 ②

909 ☐☐☐☐ 25 간부

자동차 운전면허의 취소 또는 정지에 관한 설명으로 가장 적절하지 않은 것은? (다툼이 있는 경우 판례에 의함)

① 운전면허 취소사유에 해당하는 음주운전을 적발한 경찰관의 소속 경찰서장이 사무착오로 위반자에게 운전면허정지처분을 한 상태에서 위반자의 주소지 관할 지방경찰청장이 위반자에게 운전면허취소처분을 한 것은 선행처분에 대한 당사자의 신뢰 및 법적 안정성을 저해하는 것으로서 허용될 수 없다.

② 250cc 오토바이의 운전은 제1종 대형면허나 보통면허와는 아무런 관련이 없는 것이므로 이를 음주운전한 사유만 가지고서는 그 운전자가 보유하고 있는 제1종 대형면허나 보통면허까지 취소할 수는 없다.

③ 위드마크 공식을 사용해 운전 당시 혈중알코올농도를 추산하는 경우로서 알코올의 분해소멸에 따른 혈중알코올농도의 감소기(위드마크 제2공식, 하강기)에 운전이 이루어진 것으로 인정되는 경우에는 음주 시작 시점부터 곧바로 생리작용에 의하여 분해 소멸이 시작되는 것으로 보아야 한다. 이와 다르게 인정하려면 과학적 증명 또는 객관적인 반대 증거가 있거나 특별한 사정이 있어야 한다.

④ 제1종보통 운전면허와 제1종대형 운전면허를 취득한 자가 대형화물자동차를 운전하다가 교통사고를 낸 것과 관련하여 행정청이 운전면허정지처분을 하면서 면허의 종별을 기재하지 않고 면허번호만을 특정하였고, 운전면허정지처분의 기초자료가 되는 위반사고점수제조회와 임시운전면허증상의 면허의 종류 내지 소지면허란에 1종대형만을 기재한 경우에, 위 각 운전면허가 1개의 면허번호에 의하여 통합관리되고 있다면 제1종대형 운전면허와 제1종보통 운전면허는 모두 정지된다.

정답과 해설

① (O) 대판 99두10520
② (O) 대판 91누8289
③ (O) 대판 2021도14074
④ (X) 제1종보통 운전면허와 제1종대형 운전면허를 취득한 자가 대형화물자동차를 운전하다가 교통사고를 낸 것과 관련하여 행정청이 운전면허정지처분을 하면서 면허의 종별을 기재하지 않고 면허번호만을 특정한 경우, 위 각 운전면허가 1개의 면허번호에 의하여 통합관리되고 있다고 하더라도 운전면허정지처분의 대상은 **제1종대형 운전면허에 국한되므로 제1종보통 운전면허는 정지되지 않는다**(대판 2000두5425).
제1종대형 운전면허에 대한 처분만이 명확히 기재되었으므로, **제1종보통 운전면허는 정지처분의 대상이 되지 않는다**는 점에서 모두 정지된다고 보는 것은 틀린 것입니다.

정답 ④

05

정보경찰

① 정보의 특징
② 정보의 분류
③ 정보의 순환
④ 정보경찰의 업무(활동)
⑤ 집회 및 시위에 관한 법률

• 기 출 키 워 드 •

23년 2차	• 집회 및 시위에 관한 법률
24년 1차	• 정보배포 원칙
24년 2차	• 확성기등의 소음기준 등
25년 1차	• 집회 및 시위에 관한 법률 정의
25년 2차	

최신개정법령&무료자료 다운로드 등
네이버 김재규경찰학 카페(https://cafe.naver.com/ollaedu)

THEME 01 정보의 특징

910 ☐☐☐☐ 예상문제

다음은 첩보와 정보를 비교 설명한 것이다. 옳지 않은 것은?

① 첩보는 부정확한 견문지식을 포함하지만, 정보는 객관적으로 평가된 정확한 지식이다.
② 첩보는 기초적·단편적·불규칙적·미확인상태의 지식이지만, 정보는 특정한 사용목적에 맞도록 평가·분석·종합·해석하여 만든 완전한 지식이다.
③ 정보는 첩보와는 달리 정보의 요구·첩보수집 및 정보의 생산·배포 등 일련의 과정을 거치면서 여러 사람이 조직적이고 계획적인 협동작업을 통하여 산출되어지는 것이 일반적인 현상이다.
④ 첩보는 그 사용자가 필요로 하는 적시에 제공되어야 하는 적시성이 특히 요구되지만, 정보는 시간에 구애받지 않고 과거와 현재의 것을 불문한다.

> **정답과 해설**
> ④ (X) **첩보는 시간에 구애받지 않고** 과거와 현재의 것을 불문하지만, **정보는** 그 정보사용자가 필요로 하는 **적시에 제공**되어야 하는 적시성이 특히 요구된다.
>
> 정답 ④

911 ☐☐☐☐ 예상문제

다음은 정보가치에 대한 평가기준을 설명한 것이다. ㉠ ~ ㉣에 해당하는 정보의 질적 요건을 순서대로 옳게 나열한 것은?

> ㉠ 정보는 정보사용자의 사용목적과 관련된 것이어야 한다.
> ㉡ 정보는 가능한 주제와 관련된 사항을 모두 망라하여 작성되어야 하며, 부분적 단편적인 정보는 사용자가 의사결정을 하는데 도움을 주지 못한다.
> ㉢ 정보가 생산자나 사용자의 의도에 따라 주관적으로 왜곡되면 선호정책의 합리화 도구로 전락될 수 있다.
> ㉣ 정보는 사용자가 필요한 때에 사용할 수 있도록 제공되어야 한다.

① 적시성 – 완전성 – 객관성 – 정확성
② 완전성 – 적시성 – 객관성 – 적실성
③ 적실성 – 완전성 – 객관성 – 적시성
④ 적실성 – 완전성 – 정확성 – 적시성

> **정답과 해설**
> ③ ㉠은 **적실성**, ㉡은 **완전성**, ㉢은 **객관성**, ㉣은 **적시성**에 대한 설명이다.
>
> 정답 ③

912 예상문제

다음과 같은 경우 甲이 제출한 정보는 정보의 가치평가요소 중 어떤 점이 결여되었다고 할 수 있는가?

> 구로경찰서 정보과에 근무하는 甲경장은 5월 중 관내 중소기업체의 노사분규에 대한 정보보고서 작성을 지시받고는 재래시장의 생필품 가격동향, 구로백화점 매출 추세, 지하철노조 구로역 조합비 현황 등을 내용으로 하는 보고서를 작성, 제출하였다.

① 적시성(timeliness)
② 적실성(relevance)
③ 완전성(completeness)
④ 필요성(necessity)

정답과 해설

② 노사분규 관련 정보대책서 작성을 지시받았다면 해당 기업의 노조위원장 역할, 노조원들의 조직 체계 및 성향, 사업주와 노조원들간의 관계, 상급노동단체의 개입정도, 노조원들의 행동계획 및 기업의 대처방향, 주변 관련기업체의 분규동향 및 파급현황 등에 대해서 정보를 수집해야 하며, 설문과 같이 일반적인 경제상황 등을 수집하는 것은 사용자의 사용목적을 제대로 충족시키지 못한 것이므로 **적실성(適實性)이 결여**된 것이다.

정답 ②

THEME 02 정보의 분류

913 ☐☐☐☐ 예상문제

정보의 분류에 관한 설명으로 옳지 않은 것은 모두 몇 개인가?

> ㉠ 정보요소에 의한 분류 – 정치, 경제, 사회, 군사 등
> ㉡ 사용수준에 의한 분류 – 적극정보, 소극(보안)정보
> ㉢ 사용목적에 의한 분류 – 전략정보, 전술정보
> ㉣ 수집활동에 의한 분류 – 인간정보, 기술정보
> ㉤ 분석형태(기능)에 의한 분류 – 기본정보, 현용정보, 판단정보

① 0개   ② 1개
③ 2개   ④ 3개

정답과 해설

㉡㉢ 2개 항목이 옳지 않다.
㉡ (X) **사용수준(성질)**에 따른 분류는 **전략정보(국가정보), 전술정보(부문정보)**이다.
㉢ (X) **사용목적**에 의한 분류는 **적극정보, 소극(보안)정보**이다.

정답 ③

914 예상문제

정보를 분석형태(기능)에 따라 분류할 때 가장 옳지 않은 것은?

① 기본정보는 과거의 사실이나 사건들에 대한 정적인 상태를 기술하여 놓은 정보를 말한다.
② 현용정보는 모든 사물이나 상태의 동적인 상태를 보고하는 정보를 말한다.
③ 판단정보는 종합적인 분석과 과학적 추론을 필요로 하므로 분석형태에 따른 분류에 있어서 가장 정선된 형태의 정보라고 할 수 있다.
④ 실시간 보고되는 경찰의 정보상황보고(속보)는 첩보에 가깝지만, 경찰서 → 시·도경찰청 → 경찰청을 거치면서 어느 정도 분석·평가과정을 거치게 되므로, 성질상 판단정보에 해당한다고 볼 수 있다.

> **정답과 해설**
> ④ (X) 실시간 보고되는 경찰의 정보상황보고(속보)는 첩보에 가깝지만, 경찰서 → 시·도경찰청 → 경찰청을 거치면서 어느 정도 분석·평가과정을 거치게 되므로, 성질상 **현용정보**에 해당한다고 볼 수 있다.
>
> **정답** ④

915 예상문제

정보를 출처에 따라 분류할 때 옳지 않은 것은 모두 몇 개인가?

㉠ 간접정보는 직접정보에 비해 출처의 신빙성과 내용의 신뢰성이 낮게 평가될 여지가 있다.
㉡ 정기출처란 특별한 보호조치가 요구되지 않아 일상적인 방법으로 첩보를 수집할 수 있는 출처를 말하는데 정기간행물, 방송, 신문 등이 이에 해당한다.
㉢ 국가에 따라 다르지만 통상 전체 생산 국가정보의 약 75%에서 많게는 90%가 공개출처정보이다.
㉣ 비밀출처에는 공작원, 외교관 등이 포함되나 국가정보기관이나 부문정보기관에 종사하는 정보관은 해당되지 않는다.
㉤ 공개출처에서 얻은 첩보라고 해서 반드시 비밀출처에서 얻은 첩보보다 가치가 떨어지는 것은 아니다.

① 1개 ② 2개
③ 3개 ④ 4개

> **정답과 해설**
> ㉡ (X) 특별한 보호조치가 요구되지 않아 일상적인 방법으로 첩보를 수집할 수 있는 출처는 **공개출처**이다.
> ㉣ (X) 국가정보기관이나 부문정보기관에 종사하는 정보관도 **비밀출처에 포함**된다.
>
> **정답** ②

THEME 03 정보의 순환

916 ☐☐☐☐ 22 간부

정보의 순환과정에 대한 설명으로 가장 적절한 것은?

① 정보의 순환과정은 첩보의 수집 → 정보의 요구 → 정보의 생산 → 정보의 배포 순이다.
② 첩보수집의 소순환과정은 첩보의 수집계획 → 출처개척 → 획득 → 전달 순이다.
③ 정보요구의 소순환과정은 첩보의 선택 → 기록 → 평가 → 분석 → 종합 → 해석 순이다.
④ 정보생산의 소순환과정은 첩보의 기본요소 결정 → 수집계획서의 작성 → 명령하달 → 사후검토 순이다.

> **정답과 해설**
> ① (X) 정보의 순환과정은 **정보의 요구 → 첩보의 수집** → 정보의 생산 → 정보의 배포 순이다.
> ② (O) 첩보수집의 소순환과정은 위 ② 또는 출처의 개척 → 첩보의 수집 → 첩보의 전달 순이다.
> ③ (X) **정보생산**의 소순환과정은 첩보의 선택 → 기록 → 평가 → 분석 → 종합 → 해석 순이다.
> ④ (X) **정보요구**의 소순환과정은 첩보의 기본요소 결정 → 수집계획서의 작성 → 명령하달 → 사후검토 순이다.
>
> 정답 ②

917 예상문제

정보의 순환과정에 대한 다음 설명 중 틀린 것은 모두 몇 개인가?

> ㉠ 정보의 순환과정은 요구, 수집, 생산, 배포의 4단계를 거친다.
> ㉡ 각 단계는 각각 소순환과정을 거치며 전체 순환에 연결된다.
> ㉢ 정보의 순환은 연속적 또는 동시에 이루어질 수도 있다.
> ㉣ 첩보수집단계의 소순환과정은 첩보의 기본요소 결정 → 첩보수집계획서의 작성 → 명령·하달 → 수집활동에 대한 조정·감독 순이다.
> ㉤ 정보의 순환과정 중 가장 중요하고도 어려운 단계는 정보의 생산단계이다.
> ㉥ 정보생산단계의 소순환과정은 선택 → 기록 → 분석 → 평가 → 종합 → 해석이다.

① 1개
② 2개
③ 3개
④ 4개

정답과 해설

정보의 순환과정은 요구, 수집, 생산, 배포의 4단계를 거치며, 각 단계는 **각각 소순환과정을 거쳐 전체 순환에 연결**된다. 다만, 정보의 순환은 **연속적 또는 동시에** 이루어질 수도 있다(즉, 정보요구에 의해 곧바로 정보분석과정으로 가기도 하고 정보분석과정에서 첩보수집을 요청하는 경우가 있어 단순한 직렬형태만으로 이루어지지 않는다는 의미임).
- ㉣ (X) **첩보수집단계**의 소순환과정은 출처의 개척 → 첩보의 수집 → 첩보의 전달이다. 첩보의 기본요소 결정 → 첩보수집계획서의 작성 → 명령·하달 → 수집활동에 대한 조정·감독은 **정보요구의 소순환과정**이다.
- ㉤ (X) 첩보의 수집(collection)이란 첩보수집기관이 출처를 개척하고 수요 첩보를 입수하여 이를 정보작성기관에 전달하기까지의 과정을 말한다. 정보활동이 고도화됨에 따라 상대적으로 보안의식이 높아지고 있는 현대에 있어서는 **첩보의 수집이 가장 중요하고도 어려운 과정**이라 할 수 있다.
- ㉥ (X) 정보생산단계의 소순환과정은 선택 → 기록 → **평가 → 분석** → 종합 → 해석이다.

정답 ③

918 예상문제

EEI(첩보기본요소)와 SRI(특별첩보요구)에 대한 설명으로 가장 적절하지 않은 것은?

① EEI는 광범위한 지역에 걸쳐 수집되어야 할 항시적 요구사항으로 사전에 첩보수집계획서를 작성한다.
② SRI는 단기적 문제해결을 위한 첩보요구이다.
③ 정보관들은 SRI에 따라 일상적으로 정보활동을 수행한다.
④ SRI는 비교적 구체성·전문성이 요구된다.

정답과 해설

③ (X) 정보관들은 **EEI에 따라** 일상적으로 정보활동을 수행한다.

정답 ③

919 □□□□ 06 채용, 예상문제

정보순환단계의 소순환과정에 대한 다음 설명을 읽고, 그 순서를 바르게 나열한 것은?

> ㉠ 첩보의 출처 및 내용에 관하여 그 신뢰성과 사실성, 즉 타당성을 판정하는 과정
> ㉡ 정보의 생산과정에서 수집된 첩보 중 즉각 사용하지 않거나 사용된 첩보를 관리하는 과정
> ㉢ 수집된 첩보 중에서 긴급성, 유효성 등을 기준으로 필요한 것을 걸러내는 과정
> ㉣ 평가단계에서 정선된 첩보를 가지고 정보요구를 해결하기 위한 가설들을 논리적으로 검증하는 일련의 과정
> ㉤ 부여된 주제에 대한 정보를 생산하기 위하여 동류의 것끼리 분류된 사실을 하나의 통일체로 결합하는 과정
> ㉥ 정보의 의미와 중요성을 결정하여 건전한 결론도출을 가능하게 하는 과정

① ㉢ → ㉠ → ㉡ → ㉣ → ㉤ → ㉥
② ㉡ → ㉢ → ㉣ → ㉠ → ㉤ → ㉥
③ ㉡ → ㉠ → ㉢ → ㉤ → ㉣ → ㉥
④ ㉢ → ㉡ → ㉠ → ㉣ → ㉤ → ㉥

정답과 해설

정보의 생산단계에서의 소순환과정에 대한 설명이다.
정보생산단계 소순환과정은 ㉢ 선택 → ㉡ 기록 → ㉠ 평가 → ㉣ 분석 → ㉤ 종합 → ㉥ 해석이다.

정답 ④

920 □□□□ 24 채용

정보배포 원칙에 관한 설명으로 가장 적절하지 않은 것은?

① 필요성의 원칙은 알 필요가 있는 대상자에게 정보를 알려야 하고, 알 필요가 없는 대상자에게는 알려서는 안 된다는 것을 의미한다.
② 보안성의 원칙에 따라, 정보가 누설됨으로써 초래될 결과를 예방하기 위한 보안대책을 강구해야 한다.
③ 적시성의 원칙에 따라, 먼저 생산된 정보를 우선적으로 배포한다.
④ 계속성의 원칙은 정보가 필요한 기관에 배포되었다면 그 주제와 관련된 새로운 정보는 그 기관에 계속 배포해 주어야 한다는 것을 의미한다.

정답과 해설

③ (X) 정보는 먼저 생산되었다고 우선적으로 배포하는 것이 아니라 정보의 배포 순위는 정보의 중요성과 긴급성에 따라 결정된다. 정보사용자가 해당 정보를 필요로 하는지, 필요로 하는 시기는 언제인지 등을 고려하여 **중요하고 긴급한 정보를 우선적으로 배포하여야 한다. 적시성의 원칙**은 정보사용자가 사용하고자 하는 시간에 맞추어 배포되어야 한다.

정답 ③

921

정보배포의 원칙에 대한 설명이다. 〈보기 1〉과 〈보기 2〉의 내용이 가장 적절하게 연결된 것은?

〈보기 1〉
(가) 특정 정보가 필요한 정보사용자에게 배포되었다면, 그 정보의 내용이 변화되었거나 혹은 관련 내용이 추가적으로 입수되었을 경우에 관련 정보는 지속적으로 사용자에게 배포되어야 한다.
(나) 정보는 정책결정과정에서 정보사용자가 사용하고자 하는 시간에 맞추어 배포되어야 한다.
(다) 정보는 사용자의 능력과 상황에 맞추어서 적당한 양을 조절하여 필요한 만큼만 적절한 전파수단을 통해 전달되어야 한다.

〈보기 2〉
㉠ 필요성 ㉡ 적시성
㉢ 적당성 ㉣ 계속성

(가) (나) (다)
① ㉣ ㉡ ㉢
② ㉡ ㉢ ㉠
③ ㉠ ㉡ ㉢
④ ㉣ ㉡ ㉠

정답과 해설

필요성	정보는 반드시 알아야 할 **필요가 있는** 대상에게만 알려야 한다는 원칙이다.
적시성	정보는 정책결정과정에서 정보사용자가 **사용하고자 하는 시간에 맞추어 배포**되어야 한다.
보안성	정보의 누설로 인하여 가치 상실 등의 결과를 예방하기 위해 **보안대책을 강구**하여야 한다.
계속성	특정 정보가 필요한 정보사용자에게 배포되었다면, 그 정보의 내용이 변화되었거나 관련 내용이 추가적으로 입수되었거나 할 경우 정보는 **계속적으로 사용자에게 배포**되어야 한다.
적당성	정보는 사용자의 능력과 상황에 맞추어서 **적당한 양을 조절하여** 필요한 만큼만 배포하여야 한다.

정답 ①

922 ☐☐☐☐ 예상문제

다음 중 정보의 배포수단에 대한 설명으로 틀린 것은?

① '메모'는 정보분석관이 가장 많이 활용하며, 현용정보를 전달하는데 주로 이용된다.
② '특별보고서'는 정보사용자에게는 배포되지 않는 보고서로서 분석관 상호간의 연구를 돕기 위하여 작성·배포한다.
③ '전화(전신)'는 해외 주재기관 등에 전달하는데 효과적이며, 보안유지가 특히 요구되는 방법이다.
④ '휴대폰 문자메시지'는 최근 활용도가 증가하고 있는 수단으로써 정보사용자가 공식회의나 행사 등에 참석하고 있어 물리적 접촉이 용이하지 않거나 사실확인 차원의 단순 보고에 주로 활용된다.

> **정답과 해설**
> ② '연구참고용 보고서'에 대한 설명이다. '특별보고서'는 축적된 정보가 다수의 사람이나 기관에게 이해관계가 있거나 가치가 있을 때 사용하는 정보의 배포수단이다.
>
> **정답** ②

923 ☐☐☐☐ 예상문제

정보생산자와 정보사용자의 관계에 있어서 '정보생산자로부터의 장애요인'으로 볼 수 없는 것은?

① 정보분석관의 객관적 분석의 결여와 더불어 정보기관의 집단적 편견도 정보실패의 주요원인이다.
② 정보속성상 정보는 애매하고 불명확한 사안을 다루고 있어 여러 가능성을 언급하는 경우가 많다.
③ 정책결정자들은 현용정보를 가장 높이 평가하며, 판단정보는 그보다 낮게 평가한다.
④ 신문·방송 및 인터넷 등을 통해 수많은 정보들이 거의 실시간으로 전파되고 있으며 기업 정보부서, 증권가 등의 사설정보지 등과도 경쟁한다.

> **정답과 해설**
> ① (O) '편향적 분석의 문제'
> ② (O) '판단의 불명확성'
> ③ (X) '판단정보의 소외'로써 **정보사용자로부터의 장애요인**에 해당한다.
> ④ (O) '다른 정보와의 경쟁'
>
> **정답** ③

정보경찰의 업무(활동)

924 예상문제

경찰정보활동에 대한 설명으로 가장 적절하지 않은 것은?

① '정보상황보고서'란 일반적으로 '상황속보' 또는 '속보'로 불리며, 집회·시위 등 공공의 갈등 상황 및 갈등이 우려되는 사안에 대해 경찰 내부 또는 필요시 경찰 외부에까지 전파하는 보고서를 말한다.
② '정보판단(대책)서'란 관련 견문과 자료를 종합·분석하여 지휘관으로 하여금 경력동원 등 상황에 대한 조치를 요하는 보고서를 말한다.
③ 정보보고서의 작성 방법은 일반적인 보고서 작성 방법과 대체로 유사하나 중요한 판단이나 경찰 조치를 나타내는 등의 특수한 용어를 사용한다는 점에서 차이가 있다.
④ 정보보고서를 작성할 때 판단을 나타내는 용어 중 '예상됨'은 과거의 움직임이나 현재의 동향, 미래의 계획 등으로 미루어 장기적으로 활동의 윤곽이 어떠하리라는 예측을 할 경우를 말한다.

> **정답과 해설**
> ④ (X) '예상됨'은 첩보 등을 분석한 결과 단기적으로 어떤 상황이 전개될 것이 비교적 확실한 경우를 말한다. 지문은 '전망됨'의 내용이다.
>
> 정답 ④

925 25 승진

정보보고서에서 판단을 나타낼 때 사용하는 용어이다. 가능성이 가장 낮은 것부터 높은 순서로 바르게 배열된 것은?

① 우려 → 전망 → 예상 → 판단
② 우려 → 예상 → 전망 → 판단
③ 판단 → 예상 → 전망 → 우려
④ 예상 → 판단 → 전망 → 우려

> **정답과 해설**
> ① '우려 – 추정 – 전망 – 예상 – 판단' 순으로 확률이 높아진다.
>
> 정답 ①

926 ☐☐☐☐ 예상문제

「보안업무규정」상 신원조사에 대하여 설명한 것이다. 옳은 것은?

① 신원조사는 국가보안을 위하여 국가에 대한 충성심·청렴성 등을 조사하기 위하여 한다.
② 국가보안시설·보호장비를 관리하는 기관 등의 장(해당 국가보안시설 등의 관리업무를 수행하는 소속직원을 포함한다)은 신원 조사의 대상이 된다.
③ 임명할 때 정부의 승인이나 동의가 필요한 공공기관의 임원은 신원조사의 대상이 된다.
④ 국가정보원장은 신원조사 결과 국가안전보장에 해를 끼칠 정보가 있음이 확인된 사람에 대해서는 관계기관의 장에게 통보할 수 있으며, 통보를 받은 관계 기관의 장은 신원조사 결과에 따라 필요한 보안대책을 마련하여야 한다.

> **정답과 해설**
>
> ① (X) 신원조사는 국가보안을 위하여 국가에 대한 **충성심·신뢰성** 등을 조사하기 위하여 신원조사를 한다(보안업무규정 제36조 제1항).
> ② (O) 동규정 제36조 제3항
> ③ (X) 2020.1.4. 개정에 따라 신원조사 대상에서 **제외되었다**(동규정 제36조 제3항).
> ④ (X) 국가정보원장은 신원조사 결과 국가안전보장에 해를 끼칠 정보가 있음이 확인된 사람에 대해서는 관계 기관의 장에게 그 사실을 **통보하여야 한다**. 통보를 받은 관계 기관의 장은 신원조사 결과에 따라 필요한 보안대책을 마련하여야 한다(동규정 제37조).
>
> 정답 ②

집회 및 시위에 관한 법률

927 □□□□ 예상문제

집회 및 시위에 대한 설명 중 가장 옳지 않은 것은?

① '집회'란 '특정 또는 불특정 다수인이 공동의 의견을 형성하여 이를 대외적으로 표명할 목적 아래 일시적으로 일정한 장소에 모이는 것'을 말한다.
② '시위'란 여러 사람이 공동의 목적을 가지고 도로, 광장, 공원 등 일반인이 자유로이 통행할 수 있는 장소를 행진하거나 위력 또는 기세를 보여, 불특정한 여러 사람의 의견에 영향을 주거나 제압을 가하는 행위를 말한다.
③ 「집회 및 시위에 관한 법률」 제2조 제2호가 규정한 '시위'에 해당하려면 '공중이 자유로이 통행할 수 있는 장소'라는 요건을 충족하여야 한다.
④ '플래시몹(Flashmob)'이란 불특정 다수가 휴대 전화나 전자우편을 이용해 이미 정해진 시간과 장소에 모여 현장에서 주어진 행동을 짧은 시간에 하고 곧바로 흩어지는 새로운 시위형태를 말한다.

정답과 해설

① (O) 대법원 2008. 6.26, 2008도3014
② (O) 동법 제2조 제2호
③ (X) **헌법재판소**는 「집회 및 시위에 관한 법률」 제2조 제2호의 '시위'의 개념에 대해 "다수인이 공동 목적을 가지고 (1) 도로, 광장, 공원 등 공중이 자유로이 통행할 수 있는 장소를 진행함으로써 불특정다수인의 의견에 영향을 주거나 제압을 가하는 행위와 (2) 위력 또는 기세를 보여 불특정 다수인의 의견에 영향을 주거나 제압을 가하는 행위를 말한다고 풀이되므로, 위 (2)의 경우에는 '공중이 자유로이 통행할 수 있는 장소'라는 **장소적 제한개념은 시위라는 개념의 요소라고 볼 수 없다.**"라고 판시한 바 있다(헌법재판소 1994. 4.28. 91헌바14).
④ (O)

정답 ③

928 □□□□ 예상문제

「집회 및 시위에 관한 법률」 제2조(정의) 제3호에 규정된 '주최자'에 대한 설명이다. 가장 옳지 않은 것은?

① '주최자'란 자기 이름으로 자기 책임 아래 집회 또는 시위를 여는 사람이나 단체를 말한다.
② 주최자는 질서유지인을 따로 두어 집회 또는 시위의 실행을 맡아 관리하도록 위임할 수 있고, 질서유지인은 그 위임의 범위 안에서 주최자로 간주되므로 「집회 및 시위에 관한 법률」상 주최자에 관한 조항을 적용받게 된다.
③ 외국인이나 범죄 수배자도 주최자가 될 수 있다.
④ 다수의 단체의 대표들이 공동대표를 겸하고 있는 연합단체가 개최한 집회에서 연합단체의 집행위원장을 대신하여 가장 많은 인원이 참가한 단체의 부위원장이 집회의 사회를 보았다면 그 사회자를 집회의 주최자로 볼 수 있다.

정답과 해설
① (O) 집회 및 시위에 관한 법률 제2조 제3호
② (X) 주최자는 **주관자**를 따로 두어 집회 또는 시위의 실행을 맡아 관리하도록 위임할 수 있다. 이 경우 **주관자**는 그 위임의 범위 안에서 주최자로 본다(동법 제2조 제3호).
③ (O) 주최자의 자격에는 아무 제한이 없다. 따라서 외국인이나 범죄와 관련된 수배자도 주최자가 될 수 있다.
④ (O) 대법원 2008. 6.26 2007도6188

정답 ②

929 □□□□ 25 채용

「집회 및 시위에 관한 법률」에 대한 설명이다. ㉠~㉢에 들어갈 내용으로 가장 적절한 것은?

> "옥외집회"란 (㉠)이 없거나 사방이 폐쇄되지 아니한 장소에서 여는 집회를 말한다.
> "(㉡)"란 자기 이름으로 자기 책임 아래 집회나 시위를 여는 사람이나 단체를 말한다.
> "(㉢)"(이)란 국가경찰관서를 말한다.

	㉠	㉡	㉢
①	천장	주최자	경찰기관
②	천장	주최자	경찰관서
③	지붕	주최자	경찰관서
④	지붕	주관자	경찰기관

정답과 해설
② (O)
> ㉠ "옥외집회"란 **천장**이 없거나 사방이 폐쇄되지 아니한 장소에서 여는 집회를 말한다.
> ㉡ **"주최자"**란 자기 이름으로 자기 책임 아래 집회나 시위를 여는 사람이나 단체를 말한다.
> ㉢ **"경찰관서"**란 국가경찰관서를 말한다.

정답 ②

「집회 및 시위에 관한 법률」상 집회·시위의 신고에 대한 설명으로 옳은 것은?

① 옥외집회나 시위를 주최하려는 자는 그에 관한 신고서를 옥외집회나 시위를 시작하기 720시간 전부터 48시간 전에 관할 경찰서장에게 제출하여야 한다. 다만, 옥외집회 또는 시위 장소가 두 곳 이상의 경찰서의 관할에 속하는 경우에는 관할 시·도경찰청장에게 제출하여야 하고, 두 곳 이상의 시·도경찰청 관할에 속하는 경우에는 경찰청장에게 제출하여야 한다.

② 관할 경찰관서장은 신고서를 접수하면 신고자에게 접수 일시를 적은 접수증을 즉시 내주어야 한다.

③ 주최자는 신고한 옥외집회 또는 시위를 하지 아니하게 된 경우에는 신고서에 적힌 집회 일시 24시간 전에 그 철회사유 등을 적은 철회신고서를 관할경찰관서장에게 제출하여야 한다. 철회신고서를 받은 관할경찰관서장은 금지 통고를 한 집회나 시위가 있는 경우에는 그 금지 통고를 받은 주최자에게 사실을 24시간 이내 알려야 한다.

④ 관할경찰관서장은 신고서의 기재 사항에 미비한 점을 발견하면 접수증을 교부한 때부터 24시간 이내에 주최자에게 12시간을 기한으로 그 기재 사항을 보완할 것을 통고할 수 있다. 보완 통고는 보완할 사항을 분명히 밝혀 서면으로 주최자 또는 연락책임자에게 송달할 수 있다.

정답과 해설

① (X) 옥외집회나 시위를 주최하려는 자는 그에 관한 다음 각 호의 사항 모두를 적은 신고서를 옥외집회나 시위를 시작하기 **720시간(72시간도 가능) 전부터 48시간 전**에 관할 경찰서장에게 제출하여야 한다. 다만, 옥외집회 또는 시위 장소가 두 곳 이상의 경찰서의 관할에 속하는 경우에는 관할 시·도경찰청장에게 제출하여야 하고, 두 곳 이상의 시·도경찰청 관할에 속하는 **경우에는 주최지를 관할하는 시·도경찰청장**에게 제출하여야 한다(동법 제6조 제1항).

② (O) 관할 경찰서장 또는 시·도경찰청장(이하 "관할경찰관서장"이라 한다)은 신고서를 접수하면 신고자에게 접수 일시를 적은 접수증을 **즉시** 내주어야 한다(동법 제6조 제2항).

③ (X) 주최자는 신고한 옥외집회 또는 시위를 하지 아니하게 된 경우에는 신고서에 적힌 집회 일시 24시간 전에 그 철회사유 등을 적은 철회신고서를 관할경찰관서장에게 **제출하여야 한다(제출할 수 있다 X)**. 철회신고서를 받은 관할경찰관서장은 금지 통고를 한 집회나 시위가 있는 경우에는 그 금지 통고를 받은 **주최자(질서유지인 X)**에게 사실을 **즉시** 알려야 한다(동법 제6조 제3항, 제4항).

④ (X) 관할경찰관서장은 신고서의 기재 사항에 미비한 점을 발견하면 접수증을 교부한 때부터 **12시간 이내에 주최자에게 24시간**을 기한으로 그 기재 사항을 보완할 것을 통고할 수 있다. 보완 통고는 보완할 사항을 분명히 밝혀 **서면(구두 X)**으로 주최자 또는 연락책임자에게 송달**하여야 한다**(동법 제7조 제1항, 제2항).

정답 ②

931 예상문제

집회 및 시위에 관한 내용 중 ( ) 안 숫자의 합은?

㉠ 옥외집회나 시위를 주최하려는 자는 그에 관한 사항 모두를 적은 신고서를 옥외집회나 시위를 시작하기 720시간 전부터 ( )시간 전에 관할 경찰서장에게 제출하여야 한다.
㉡ 관할 경찰관서장은 신고서의 기재사항에 미비한 점을 발견하면 접수증을 교부한 때부터 12시간 이내에 주최자에게 ( )시간을 기한으로 그 기재사항을 보완할 것을 통고할 수 있다.
㉢ 신고서를 접수한 관할 경찰관서장은 신고된 옥외집회 또는 시위가 다음 각 호의 어느 하나에 해당하는 때에는 신고서를 접수한 때부터 ( )시간 이내에 집회 또는 시위를 금지할 것을 주최자에게 통고할 수 있다.
㉣ 집회 또는 시위의 주최자는 제8조에 따른 금지 통고를 받은 날부터 ( )일 이내에 해당 경찰관서의 바로 위의 상급경찰관서의 장에게 이의를 신청할 수 있다.
㉤ 이의 신청을 받은 경찰관서의 장은 접수 일시를 적은 접수증을 이의 신청인에게 즉시 내주고 접수한 때부터 24시간 이내에 재결(裁決)을 하여야 한다. 이 경우 접수한 때부터 ( )시간 이내에 재결서를 발송하지 아니하면 관할경찰관서장의 금지 통고는 소급하여 그 효력을 잃는다.

① 130
② 142
③ 151
④ 154

정답과 해설

④ 48 + 24 + 48 + 10 + 24 = **154**이다.
㉠ 옥외집회나 시위를 주최하려는 자는 그에 관한 사항 모두를 적은 신고서를 옥외집회나 시위를 시작하기 720시간 전부터 **(48)**시간 전에 관할 경찰서장에게 제출하여야 한다(집회 및 시위에 관한 법률 제6조 제1항).
㉡ 관할 경찰관서장은 신고서의 기재 사항에 미비한 점을 발견하면 접수증을 교부한 때부터 12시간 이내에 주최자에게 **(24)**시간을 기한으로 그 기재 사항을 보완할 것을 통고할 수 있다(동법 제7조 제1항).
㉢ 신고서를 접수한 관할 경찰관서장은 신고된 옥외집회 또는 시위가 금지사항에 해당하는 때에는 신고서를 접수한 때부터 **(48)**시간 이내에 집회 또는 시위를 금지할 것을 주최자에게 통고할 수 있다(동법 제8조 제1항).
㉣ 집회 또는 시위의 주최자는 금지 통고를 받은 날부터 **(10)**일 이내에 해당 경찰관서의 바로 위의 상급 경찰관서의 장에게 이의를 신청할 수 있다(동법 제9조 제1항).
㉤ 이의 신청을 받은 경찰관서의 장은 접수 일시를 적은 접수증을 이의 신청인에게 즉시 내주고 접수한 때부터 24시간 이내에 재결(裁決)을 하여야 한다. 이 경우 접수한 때부터 **(24)**시간 이내에 재결서를 발송하지 아니하면 관할경찰관서장의 금지 통고는 소급하여 그 효력을 잃는다(동법 제9조 제2항).

정답 ④

932 ☐☐☐☐ 예상문제

「집회 및 시위에 관한 법률」상 제한·금지·보완통고에 대한 설명으로 가장 적절하지 않은 것은?

① 관할경찰관서장은 「집회 및 시위에 관한 법률」 제8조 제5항 각호의 어느 하나에 해당하는 경우로서 거주자나 관리자가 시설이나 장소의 보호를 요청하는 경우에는 집회나 시위의 금지 또는 제한을 통고할 수 있으며, 제한 통고의 경우 시한에 대한 규정은 없다.
② 관할경찰관서장은 금지 사유에 해당하는 집회 및 시위의 경우에 신고서를 접수한 때로부터 48시간 이내에 금지통고를 할 수 있다.
③ 관할경찰관서장은 「집회 및 시위에 관한 법률」 제6조 제1항에 따른 신고서의 기재사항에 미비한 점을 발견하면 접수증을 교부한 때로부터 12시간 이내에 주최자에게 24시간을 기한으로 그 기재사항을 보완할 것을 통고할 수 있다.
④ 보완통고는 보완할 사항을 분명히 밝혀 서면 또는 문자 메시지(SMS)로 주최자 또는 연락책임자에게 전달하여야 한다.

정답과 해설

① (O) 집회 및 시위에 관한 법률 제8조 제5항
② (O) 동법 제8조 제1항
③ (O) 관할경찰관서장은 「집회 및 시위에 관한 법률」 제6조 제1항에 따른 신고서의 기재사항에 미비한 점을 발견하면 접수증을 교부한 때로부터 **12시간** 이내에 **주최자(질서유지인 X)**에게 24시간을 기한으로 그 기재사항을 보완할 것을 통고할 수 있다(동법 제7조 제1항).
④ (X) 보완 통고는 보완할 사항을 분명히 밝혀 **서면**으로 주최자 또는 연락책임자에게 **송달(전달 X)하여야 한다**(동법 제7조 제2항).

정답 ④

933 23 간부

「집회 및 시위에 관한 법률」상 옥외집회에 대한 설명으로 가장 적절한 것은? (다툼이 있는 경우 판례에 따름)

① 대통령 관저, 국회의장 공관, 대법원장 공관, 헌법재판소장 공관, 전직 대통령이 현재 거주하는 사저의 경계 지점으로부터 100미터 이내의 장소에서는 옥외집회 또는 시위가 금지된다.

② 대규모 집회 또는 시위로 확산될 우려가 없는 경우라면 주한 일본대사관의 업무가 없는 휴일인 일요일에 주한일본대사의 숙소로부터 100미터 이내의 장소에서 그 숙소를 대상으로 하지 않고 그 숙소의 기능이나 안녕을 침해할 우려가 없다고 인정된다면 확성기를 사용한 옥외집회가 가능하다.

③ 옥외집회나 시위를 주최하려는 자가 집시법이 규정하는 각 호의 사항 모두를 적은 신고서를 옥외집회나 시위를 시작하기 72시간 전부터 48시간 전에 관할 경찰서장에게 제출한 경우, 집회 또는 시위의 주최자가 질서유지인을 두고 도로를 행진하는 경우에는 질서유지선을 설정할 수 없다.

④ 주최자가 질서유지인을 두고 부득이 새벽 1시에 집회를 하겠다고 미리 신고한 경우에는 집회의 성격상 부득이하다면 관할 경찰관서장은 질서유지를 위한 조건을 붙여 옥외집회를 허용할 수 있다.

정답과 해설

① (X) 누구든지 **대법원장 공관, 헌법재판소장 공관**(대통령 관저(官邸) X, 국회의장 공관 X, 전직 대통령 현재 거주하는 사저 X)에 해당하는 청사 또는 저택의 경계 지점으로부터 100미터 이내의 장소에서는 옥외집회 또는 시위를 하여서는 아니 된다(집회 및 시위에 관한 법률 제11조 제3호).

② (O) 동법 제11조 제5호

③ (X) 옥외집회나 시위를 주최하려는 자는 그에 관한 다음 각 호의 사항 모두를 적은 신고서를 옥외집회나 시위를 시작하기 **720시간 전부터(72시간도 가능) 48시간 전**에 관할 경찰서장에게 제출하여야 한다. 신고를 받은 관할경찰관서장은 집회 및 시위의 보호와 공공의 질서 유지를 위하여 필요하다고 인정하면 최소한의 범위를 정하여 **질서유지선을 설정할 수 있다**(설정할 수 없다 X)(동법 제6조 제1항, 제13조).

④ (X) 헌법불합치결정에 따른 개정이 이루어지지 않아 효력을 상실하여 현재는 **24시간 언제나 옥외집회가 가능**하며, 시위의 경우 해가 진 후부터는 같은날 24시까지만 가능하다.

정답 ②

934 ○○○○ 26 간부

「집회 및 시위에 관한 법률」상 옥외집회와 시위의 금지 시간 및 금지 장소에 관한 설명으로 가장 적절하지 않은 것은? (다툼이 있는 경우 판례에 의함)

① 「집회 및 시위에 관한 법률」 제10조에서 일률적으로 야간 시위를 금지하는 것은 목적달성을 위해 필요한 정도를 넘는 지나친 제한으로서 침해의 최소성 원칙 및 법익균형성 원칙에 반한다.
② 「집회 및 시위에 관한 법률」 제11조 제1호에 따라 국회의 활동을 방해할 우려가 없고, 대규모 집회 또는 시위로 확산될 우려가 없는 경우로서 국회의 기능이나 안녕을 침해할 우려가 없다고 인정되는 때에 한하여 국회의사당의 경계 지점으로부터 100미터 이내의 장소에서 옥외집회 또는 시위를 할 수 있다.
③ 「집회 및 시위에 관한 법률」 제11조 제3호에서 국회의장 공관의 경계 지점으로부터 100미터 이내의 장소에서 일체의 집회를 하지 못하도록 하는 것은 입법목적 달성을 위한 적합한 수단이다.
④ 「집회 및 시위에 관한 법률」 제11조 제5호 중 '국내 주재 외국의 외교기관'에 관한 부분은 입법자가 법률로써 직접 집회의 장소적 제한을 규정한 것으로, 행정청이 주체가 되어 집회의 허용 여부를 사전에 결정하는 것이 아니므로 헌법 제21조 제2항의 허가제 금지에 위배되지 않는다.

정답과 해설

② (X) 「집회 및 시위에 관한 법률」 제11조 제1호에 따라 국회의 활동을 방해할 우려가 **없거나(없고 X)**, 대규모 집회 또는 시위로 확산될 우려가 없는 경우로서 국회의 기능이나 안녕을 침해할 우려가 없다고 인정되는 때에 한하여 국회의사당의 경계 지점으로부터 100미터 이내의 장소에서 옥외집회 또는 시위를 할 수 있다.
③ (O) 「집회 및 시위에 관한 법률」 제11조 제3호에서 국회의장 공관의 경계 지점으로부터 100미터 이내의 장소에서 일체의 집회를 하지 못하도록 하는 것은 **입법목적 달성을 위한 적합한 수단**(목적의 정당성, 수단의 적합성)이다. 그러나 침해의 최소성 원칙 및 법익균형성 원칙에 반한다는 측면에서 국회의장 공관의 경계 지점으로부터 100미터 이내의 장소에서 옥외집회 또는 시위를 할 수 있다.
④ (O) 헌법 제21조 제2항의 '허가'는 '행정청이 주체가 되어 집회의 허용 여부를 사전에 결정하는 것'으로서 행정에 의한 사전허가는 헌법상 금지되지만, 입법자가 법률로써 일반적으로 집회를 제한하는 것은 **헌법상 '사전허가금지'에 해당하지 않는다**(헌재 2014. 4. 24. 2011헌가29). 따라서 입법자는 법률로써 옥외집회에 대하여 일반적으로 시간적, 장소적 및 방법적인 제한을 할 수 있고, 실제로도 우리 집시법은 심판대상조항에 의한 장소적 제한 이외에, 시위의 시간적 제한(제10조), 교통소통을 위한 제한(제12조)이나 확성기 등 사용의 제한(제14조) 등과 같은 방법적 제한에 관하여 규정하고 있다.

정답 ②

935 예상문제

「집회 및 시위에 관한 법률」상 확성기 등의 사용의 제한에 관한 설명으로 옳은 것은?

① 소음 측정 장소는 피해자가 위치한 건물의 외벽에서 소음원 방향으로 1 ~ 3.5m 떨어진 지점으로 하되, 소음도가 높을 것으로 예상되는 지점의 지면 위 1.2 ~ 1.5m 높이에서 측정한다. 주된 건물의 경비 등을 위하여 사용되는 부속 건물, 광장·공원이나 도로상의 영업시설물, 공원의 관리사무소 등도 소음 측정 장소에 해당한다.

② 확성기등의 대상소음이 있을 때 측정한 소음도를 측정소음도로 하고, 같은 장소에서 확성기등의 대상소음이 없을 때 5분간 측정한 소음도를 배경소음도로 한다. 이 경우 배경소음도가 위 표의 등가소음도 기준보다 큰 경우에는 배경소음도의 소수점 첫째 자리에서 올림한 값을 등가소음도 기준으로 하고, 등가소음도 기준에서 10dB을 더한 값을 최고소음도 기준으로 한다.

③ 중앙행정기관이 개최하는 국경일 행사의 경우 행사 개최시간에 한정하여 행사 진행에 영향을 미치는 소음에 대해서는, 「집회 및 시위에 관한 법률 시행령」 별표2에 따른 확성기등의 소음기준을 '그 밖의 지역'의 소음기준으로 적용한다.

④ 최고소음도는 확성기등의 대상소음에 대해 매 측정 시 발생된 소음도 중 가장 높은 소음도를 측정하며, 동일한 집회·시위에서 측정된 최고소음도가 1시간 내에 3회 이상 위 표 및 제3호 후단에 따른 최고소음도 기준을 초과한 경우 소음기준을 위반한 것으로 본다. 다만, 주거지역, 학교, 종합병원에 해당하는 대상 지역의 경우에는 1시간 내에 2회 이상 위 표 및 제3호 후단에 따른 최고소음도 기준을 초과한 경우 소음기준을 위반한 것으로 본다.

정답과 해설

① (X) 다만, 주된 건물의 경비 등을 위하여 사용되는 부속 건물, 광장·공원이나 도로상의 영업시설물, 공원의 관리사무소 등은 소음 측정 장소에서 **제외(해당 X)**한다(동법 시행령 제14조 [별표 2]).

② (X) 이 경우 배경소음도가 위 표의 등가소음도 기준보다 큰 경우에는 배경소음도의 소수점 첫째 자리에서 올림한 값을 등가소음도 기준으로 하고, 등가소음도 기준에서 **20dB**을 더한 값을 최고소음도 기준으로 한다(동법 시행령 제14조 [별표 2]).

③ (X) 중앙행정기관이 개최하는 국경일 행사의 경우 행사 개최시간에 한정하여 행사 진행에 영향을 미치는 소음에 대해서는, 「집회 및 시위에 관한 법률 시행령」 별표2에 따른 확성기등의 소음기준을 **주거지역(그 밖의 지역 X)**'의 소음 기준으로 적용한다(동법 시행령 제14조 별표2 비고 7).

④ (O) 동법 시행령 제14조 [별표 2]

정답 ④

936 15 간부, 예상문제

집회현장에서의 확성기 최고소음도기준(「집회 및 시위에 관한 법률 시행령」)으로 빈 칸의 숫자를 순서대로 바르게 나열한 것은?

	주간 (07:00~해지기 전)	심야 (00:00~07:00)
주거지역, 학교, 종합병원	(가)이하	(나)이하
공공도서관	(다)이하	(라)이하

    가   나   다   라
① 85 - 55 - 85 - 70
② 95 - 75 - 70 - 65
③ 80 - 65 - 80 - 75
④ 75 - 60 - 75 - 70

정답과 해설

가. 80dB 이하
나. 65dB 이하
다. 80dB 이하
라. 75dB 이하

소음도 구분		대상지역	시간대		
			주간 (07:00~해지기 전)	야간 (해진 후~24:00)	심야 (00:00~07:00)
대상소음도	등가소음도 (Leq)	주거지역, 학교, 종합병원	60dB 이하	50dB 이하	45dB 이하
		공공도서관	60dB 이하	55dB 이하	
		그 밖의 지역	70dB 이하	60dB 이하	
	최고소음도 (Lmax)	주거지역, 학교, 종합병원	80dB 이하	70dB 이하	65dB 이하
		공공도서관	80dB 이하	75dB 이하	
		그 밖의 지역	90dB 이하		

정답 ③

937 ☐☐☐☐ 24 채용

「집회 및 시위에 관한 법률」과 같은 법 시행령에 규정된 확성기등의 소음기준 및 측정방법에 관한 설명으로 가장 적절한 것은? (다툼이 있는 경우 판례에 의함)

① 확성기등의 소음은 관할 경찰서장(현장 경찰공무원)과 주최자가 임명한 자가 함께 측정한다.
② 등가소음도와 최고소음도를 측정하는 데 있어서 대상 지역을 주거지역ㆍ학교ㆍ종합병원, 공공도서관, 그 밖의 지역으로 구분하고 시간대를 주간과 야간으로만 구분하여 각기 차별적인 등가소음도와 최고소음도 기준을 적용한다.
③ 등가소음도는 10분간(소음 발생 시간이 10분 이내인 경우에는 그 발생 시간 동안을 말한다) 측정한다. 다만, 주거지역, 학교, 종합병원, 공공도서관의 경우에는 등가소음도를 5분간(소음 발생 시간이 5분 이내인 경우에는 그 발생 시간 동안을 말한다) 측정한다.
④ 확성기등 사용을 제한하는 규정 도입 취지에 따라 신고대상 집회ㆍ시위가 아닌 경우뿐만 아니라 1인 시위의 경우에도 소음제한 규정을 동일하게 적용한다.

정답과 해설

① (X) 확성기등의 소음은 **관할 경찰서장(현장 경찰공무원)**이 측정한다(동법 시행령 제14조 [별표 2] 비고 1.).
② (X) **등가소음도**를 측정하는 데 있어서 대상 지역을 주거지역ㆍ학교ㆍ종합병원은 **주간ㆍ야간ㆍ심야**로 구분하고, 공공도서관, 그 밖의 지역은 **주간ㆍ야간**으로 구분한다. **최고소음도**를 측정하는 데 있어서 대상 지역을 주거지역ㆍ학교ㆍ종합병원은 **주간ㆍ야간ㆍ심야**로 구분하고, 공공도서관은 **주간ㆍ야간**으로 구분하고, **그 밖의 지역**은 **시간대를 구분하지 않는다**.
③ (O) 동법 시행령 제14조 별표2
④ (X) 학문ㆍ예술ㆍ종교ㆍ관혼상제ㆍ국경행사에 관한 집회는 확성기등 사용의 제한 규정이 적용되나, 집회ㆍ시위로 볼 수 없는 1인 시위의 경우 **적용할 수 없다**.

정답 ③

938 □□□□ 21 채용

「집회 및 시위에 관한 법률」및 「집회 및 시위에 관한 법률 시행령」상 질서유지선에 대한 설명으로 가장 적절한 것은?

① 관할 경찰관서장은 집회 및 시위의 보호와 공공의 질서유지를 위하여 집회·시위의 행진로를 확보하거나 이를 위한 임시횡단보도를 설치할 필요가 있을 경우에는「집회 및 시위에 관한 법률」제13조 제1항에 따라 질서유지선을 설정할 수 있다.
② 경찰관서장이 질서유지선을 설정할 때에는 주최자 또는 연락책임자에게 이를 서면으로 고지하여야 하며, 이러한 과정을 통해 설정·고지된 질서유지선은 추후에 변경할 수 없다.
③ 옥외집회 및 시위의 신고를 받은 관할 경찰관서장은 집회 및 시위의 보호와 공공의 질서유지를 위하여 필요하다고 인정하면 최대한의 범위를 정하여 질서유지선을 설정할 수 있다.
④「집회 및 시위에 관한 법률」제13조에 따라 설정한 질서유지선을 경찰관의 경고에도 불구하고 정당한 사유 없이 상당 시간 침범하거나 손괴·은닉·이동 또는 제거하거나 그 밖의 방법으로 그 효용을 해친 자는 6개월 이하의 징역 또는 500만원 이하의 벌금·구류 또는 과료에 처한다.

정답과 해설

① (O) 집회 및 시위에 관한 법률 시행령 제13조 제1항 제5호

> **제13조(질서유지선의 설정·고지 등)** ① 관할 경찰관서장은 집회 및 시위의 보호와 공공의 질서 유지를 위하여 다음 각 호의 어느 하나에 해당하는 경우에는 법 제13조 제1항에 따라 질서유지선을 설정할 수 있다.
> 5. 집회·시위의 행진로를 확보하거나 이를 위한 임시횡단보도를 설치할 필요가 있을 경우

② (X) 법 제13조 제2항에 따른 질서유지선의 설정 고지는 서면으로 하여야 한다. 다만, 집회 또는 시위 장소의 상황에 따라 질서유지선을 새로 설정하거나 **변경하는 경우에는 집회 또는 시위의 장소에 있는 경찰공무원이 구두로 알릴 수 있다**(동법 시행령 제13조 제2항).
③ (X) 제6조 제1항에 따른 신고를 받은 관할경찰관서장은 집회 및 시위의 보호와 공공의 질서 유지를 위하여 필요하다고 인정하면 **최소한의 범위(최대한의 범위 X)**를 정하여 질서유지선을 설정할 수 있다(동법 제13조 제1항).
④ (X) 「집회 및 시위에 관한 법률」제13조에 따라 설정한 질서유지선을 경찰관의 경고에도 불구하고 정당한 사유 없이 상당 시간 침범하거나 손괴·은닉·이동 또는 제거하거나 그 밖의 방법으로 그 효용을 해친 자는 6개월 이하의 징역 또는 **50만원 이하(500만원 이하 X)**의 벌금·구류 또는 과료에 처한다(동법 제24조 제3호).

정답 ①

939 ☐☐☐☐ 25 간부

「집회 및 시위에 관한 법률」 및 동법 시행령상 질서유지선에 대한 설명으로 가장 적절하지 않은 것은? (다툼이 있는 경우 판례에 의함)

① 질서유지선은 띠, 방책, 차선 등 물건 또는 도로교통법상 안전표지로 설정된 경계표지를 말하므로, 경찰관을 배치하는 방법으로 설정된 질서유지선은 이 법상 질서유지선에 해당하지 아니한다.
② 관할 경찰관서장은 집회 및 시위의 보호와 공공의 질서 유지를 위하여 집회·시위의 장소를 한정하거나 집회·시위의 참가자와 일반인을 구분할 필요가 있을 경우에는 질서유지선을 설정할 수 있다.
③ 집회 또는 시위 장소의 상황에 따라 질서유지선을 새로 설정하거나 변경하는 경우에는 집회 또는 시위의 장소에 있는 경찰공무원이 주최자 또는 연락책임자에게 이를 구두로 알릴 수 있다.
④ 질서유지선은 집회 및 시위의 보호와 공공의 질서 유지를 위하여 필요하다고 인정되는 경우로서 이 법령상 질서유지선을 설정할 수 있는 사유에 해당한다면 반드시 집회 또는 시위가 이루어지는 장소 외곽의 경계지역에만 설정되어야 한다.

정답과 해설

① (O) 집회 및 시위에 관한 법률 제2조 제5호. **사람의 대열(경찰관들의 배열), 버스 등 차량은 사용 불가하다.**
② (O) 동법 시행령 제13조 제1항 제1호
③ (O) 동법 시행령 제13조 제2항
④ (X) 신고를 받은 관할경찰관서장은 집회 및 시위의 보호와 공공의 질서 유지를 위하여 필요하다고 인정하면 **최소한(최대한 X)의 범위를 정하여** 질서유지선을 설정할 수 있다라고 규정(동법 제13조 제1항)이 되어 있으므로 질서유지선이 집회 또는 시위가 이루어지는 장소의 **외곽 경계지역뿐만 아니라 필요한 경우 다양한 위치에 설정될 수 있다.**

정답 ④

940 ☐☐☐☐ 22 간부

「집회 및 시위에 관한 법률」상 주최자와 질서유지인의 준수 사항에 대한 설명으로 가장 적절하지 않은 것은?

① 집회 또는 시위의 주최자는 집회 또는 시위의 질서 유지에 관하여 자신을 보좌하도록 18세 이상의 사람을 질서유지인으로 임명하여야 한다.
② 집회 또는 시위의 주최자는 질서를 유지할 수 없으면 그 집회 또는 시위의 종결을 선언하여야 한다.
③ 질서유지인은 참가자 등이 질서유지인임을 쉽게 알아볼 수 있도록 완장, 모자, 어깨띠, 상의 등을 착용하여야 한다.
④ 관할경찰관서장은 집회 또는 시위의 주최자와 협의하여 질서유지인의 수를 적절하게 조정할 수 있다.

정답과 해설
① (X) 집회 또는 시위의 주최자는 집회 또는 시위의 질서 유지에 관하여 자신을 보좌하도록 18세 이상의 사람을 질서유지인으로 임명**할 수 있다(하여야 한다 X)**(집회 및 시위에 관한 법률 제16조 제2항).
② (O) 동법 제16조 제3항
③ (O) 동법 제17조 제3항
④ (O) 동법 제17조 제4항

정답 ①

941 ☐☐☐☐ 예상문제

집회 및 시위의 해산에 대한 설명으로 가장 적절하지 않은 것은?

① 관할 경찰관서장 또는 관할 경찰관서장으로부터 권한을 부여받은 경찰공무원이 집회 또는 시위를 해산시키려는 때에는 종결선언의 요청 → 자진해산의 요청 → 해산명령 및 직접 해산의 순서를 따라야 한다.
② 주최자에게 집회 또는 시위의 종결 선언을 요청하되, 주최자의 소재를 알 수 없는 경우에는 주관자·연락책임자 또는 질서유지인을 통하여 종결 선언을 요청할 수 있으며, 주최자·주관자·연락책임자 및 질서유지인이 집회 또는 시위 장소에 없는 경우에는 종결선언의 요청을 생략할 수 있다.
③ 해산명령은 1회로도 족하나, 자진해산 요청은 3회 이상 실시해야 한다.
④ 자진해산을 요청할 때는 반드시 '자진해산'이라는 용어를 사용하여 요청할 필요는 없고, 해산을 요청하는 언행 중에 스스로 해산하도록 청하는 취지가 포함되어 있으면 된다.

정답과 해설
①② (O) 집회 및 시위에 관한 법률 시행령 제17조
③ (X) 자진해산 요청에 따르지 아니하는 경우에는 **세 번 이상 자진해산할 것을 명령**하고, 참가자들이 해산명령에도 불구하고 해산하지 아니하면 직접 해산시킬 수 있다(동법 시행령 제17조 제3호). 즉, **자진해산 요청은 1회로도 족하나, 해산명령은 3회 이상 실시해야 한다.**
④ (O) 대법원 2000.11.24. 2000도2172

정답 ③

942 ☐☐☐☐ 19·20 채용, 예상문제

「집회 및 시위에 관한 법률」상 처벌규정에 대한 설명으로 가장 적절하지 않은 것은?

① 적법한 절차에 따라 설정한 질서유지선을 경찰관의 경고에도 불구하고 정당한 사유 없이 상당 시간 침범하거나 손괴·은닉·이동 또는 제거하거나 그 밖의 방법으로 그 효용을 해친 자는 6개월 이하의 징역 또는 50만원 이하의 벌금·구류 또는 과료에 처한다.
② 중복된 2개 이상의 집회·시위 신고의 경우 제8조 제4항에 해당하는 먼저 신고된 옥외집회 또는 시위의 주체자가 정당한 사유 없이 집회일시 24시간 전에 철회사유서를 제출하지 않은 경우 100만원 이하의 과태료를 부과한다.
③ 군인·검사·경찰관이 폭행, 협박, 그 밖의 방법으로 평화적인 집회 또는 시위를 방해한 경우 3년 이하의 징역에 처한다.
④ 주최자 또는 질서유지인이 참가를 배제하였지만 그 집회·시위에 참가한 자는 6개월 이하의 징역 또는 50만원 이하의 벌금·구류 또는 과료에 처한다.

정답과 해설

① (O) 집회 및 시위에 관한 법률 제13조, 제24조 제3호
② (O) 동법 제26조 제1항
③ (X) 군인·검사·경찰관이 폭행, 협박, 그 밖의 방법으로 평화적인 집회 또는 시위를 방해한 경우 **5년 이하**(3년 이하 X)의 징역에 처한다(동법 제22조 제1항 단서).
④ (O) 동법 제24조 제1호

정답 ③

943 예상문제

집회·시위에 대한 다음 설명 중 '판례'의 태도와 일치하는 것은?

① 비록 미군의 환경파괴행위를 규탄하는 주장을 전달하는 행사였다 해도 '열린음악회'라는 명칭을 사용하고 음악회의 형식을 빌려 개최되었다면 예술에 관한 집회에 해당하여 사전 집회신고가 필요 없다.
② 시민들의 왕래가 많은 명동에서 개최된 플래시몹(flash mob)은 비록 정부의 청년실업 문제 정책을 규탄하려는 의도로 개최되었다 해도 공공질서를 해할 위험성이 없는 퍼포먼스에 지나지 않아 집회 및 시위에 관한 법률에서 말하는 집회에 해당하지 않는다.
③ 마을 이장이 사찰의 납골당 설치에 반대할 목적으로 꽃마차를 사용한다고 신고해놓고 신고하지 아니한 상여, 만장 등을 사용한 경우 신고범위를 현저히 벗어난 것으로 보아야 한다.
④ 신고내용에 포함되지 않은 삼보일배 행진은 사회상규에 반하지 아니한다.

정답과 해설

① (X) 비록 '열린음악회' 명칭으로 집회가 진행되었고, 참가자들의 노래자랑 행사 성격이 포함되었다고 하더라도, 당시 제반 정황에 비추어 볼 때 순수한 의미의 음악회 행사였다고 보기 어렵고, 음악회라는 형식을 빌려 미군의 환경파괴행위를 규탄하는 주장을 전달하고자 개최된 집회였다고 봄이 상당하므로 **일몰 후의 옥외집회가 허용되는 예술, 친목, 오락에 관한 집회에 해당하지 않는다**(대법원 2005. 5.12. 2005도1543).
② (X) 대법원은 특정 인터넷카페 회원 10여 명과 함께 불특정 다수의 시민들이 지나는 명동 한복판에서 퍼포먼스(Performance) 형태의 플래시몹(flash mob) 방식으로 노조설립신고를 노동부가 반려한데 대한 규탄 모임을 진행함으로써 「집회 및 시위에 관한 법률」상 미신고 옥외집회를 개최하였다는 내용으로 기소된 사안에서, 위 모임의 주된 목적, 일시, 장소, 방법, 참여인원, 참여자의 행위 태양, 진행 내용 및 소요시간 등 제반 사정에 비추어 볼 때「집회 및 시위에 관한 법률」제15조에 의하여 신고의무의 적용이 배제되는 오락 또는 예술 등에 관한 집회라고 볼 수 없고, 그 실질에 있어서 **정부의 청년실업 문제 정책을 규탄하는 등 주장하고자 하는 정치·사회적 구호를 대외적으로 널리 알리려는 의도하에 개최된「집회 및 시위에 관한 법률」제2조 제1호의 옥외집회에 해당하여「집회 및 시위에 관한 법률」**제6조 제1항에서 정한 사전신고의 대상이 된다고 판시하였다(대법원 2013. 3.28. 2011도2393).
③ (X) "마을 이장이 신축 중인 사찰의 납골당 설치에 반대할 목적으로 마을 주민들의 옥외집회와 시위를 주최하면서 2004. 4.11.에는 신고하지 아니한 상여, 만장 등을 사용하고, 2007. 4.19.에는 꽃마차를 사용한다고 신고하고서도 상여, 만장 등을 사용하였지만 각 옥외집회 및 시위의 목적, 일시, 장소, 대형, 구호 제창 여부, 진로 등 나머지 신고사항은 모두 준수되었으며, 신고되지 아니한 상여 등을 사용함으로 인하여 기존 신고 내용과 비교할 때 더 큰 교통 혼잡을 야기한 것으로 보이지 않는다는 등의 이유로 옥외집회 등 주최 행위가「집회 및 시위에 관한 법률」에서 정한 신고한 목적·일시·장소·방법 등 그 범위를 현저히 일탈한 경우에 해당하지 아니한다."고 판시하였다(대법원 2008.10.23. 2008도3974).
④ (O) 대법원 2009. 7.23. 2009도840

정답 ④

944 ☐☐☐☐ 23 채용, 예상문제

다음 설명 중 가장 적절하지 않은 것은? (다툼이 있는 경우 판례에 의함)

① 외형상 기자회견이라는 형식을 띠었지만, 용산철거를 둘러싸고 철거민의 입장을 옹호하면서 검찰에 수사기록을 공개하라는 내용의 공동 의견을 형성하여 이를 대외적으로 표명할 목적 아래 일시적으로 일정한 장소에 모인 것은 「집회 및 시위에 관한 법률」상 집회에 해당한다.

② 10인이, 1인은 피켓을 들고 다른 2~4인이 별도로 구호를 외치거나 전단을 배포하는 행위 없이 그 옆에 서 있는 방법으로 돌아가면서 시위를 한 경우 1인 시위에 해당되어 「집회 및 시위에 관한 법률」이 적용되는 집회·시위로 볼 수 없다.

③ 「집회 및 시위에 관한 법률」에 따른 신고 없이 이루어진 집회에 참석한 참가자들이 차로 위를 행진하는 등 도로교통을 방해함으로써 통행을 불가능하게 하거나 현저하게 곤란하게 하는 경우라도 참가자 모두에게 당연히 일반교통방해죄가 성립하는 것은 아니다.

④ 집회의 자유가 가지는 헌법적 가치와 기능, 집회에 대한 허가 금지를 선언한 헌법정신, 신제도의 취지 등을 종합하여 보면, 신고는 행정관청에 집회에 관한 구체적인 정보를 제공함으로써 공공질서의 유지에 협력하도록 하는 데 의의가 있는 것으로 집회의 허가를 구하는 신청으로 변질되어서는 아니 되므로, 신고를 하지 아니하였다는 이유만으로 옥외집회 또는 시위를 헌법의 보호 범위를 벗어나 개최가 허용되지 않는 집회 내지 시위라고 단정할 수 없다.

> **정답과 해설**
>
> ① (O) 대법원 2012. 11. 15. 선고 2011도6301
> ② (X) 다수인이 공동목적을 가지고 한 곳에 모여 계획한 역할 분담에 따라 다수의 위력 또는 기세를 피켓에 기재된 주장 내용을 특정·불특정 다수인에게 전달함으로써 그들의 의견에 영향을 미치는 것으로서 **10인 모두 '미신고 옥외시위 주최'의 공모공동정범에 해당**한다(대법원 2011. 9.29. 2009도2821).
> ③ (O) 대판 2006도755
> ④ (O) 대법원 2012. 4. 19. 선고 2010도6388
>
> [정답] ②

945 22 채용

「집회 및 시위에 관한 법률」에 관한 다음 설명 중 가장 적절하지 않은 것은? (다툼이 있는 경우 판례에 의함)

① 집회의 신고가 경합할 경우, 먼저 신고된 집회의 목적, 장소 및 시간, 참여예정인원, 집회 신고인이 기존에 신고한 집회 건수와 실제로 집회를 개최한 비율 등 먼저 신고된 집회의 실제 개최 가능성 여부와 양 집회의 상반 또는 방해가능성 등 제반 사정을 확인하여 먼저 신고된 집회가 다른 집회의 개최를 봉쇄하기 위한 허위 또는 가장 집회신고에 해당함이 객관적으로 분명해 보이는 경우라도 관할 경찰관서장이 뒤에 신고된 집회에 대하여 금지통고를 했다면, 이러한 금지통고에 위반하여 집회를 개최한 행위는 「집회 및 시위에 관한 법률」에 위배된다.

② 질서유지선이 집회 및 시위의 보호와 공공의 질서유지를 위하여 필요하다고 인정되는 최소한의 범위를 정하여 설정되고 「집회 및 시위에 관한 법률 시행령」 관련 조항에서 정한 사유에 해당한다면, 집회 또는 시위가 이루어지는 장소 외곽의 경계지역뿐 아니라 집회 또는 시위의 장소 안에도 설정할 수 있다.

③ 경찰관들이 옥외집회 또는 시위 장소에서 줄지어 서는 등의 방법으로 소위 '사실상 질서유지선'의 역할을 수행한다고 하더라도 이를 가리켜 「집회 및 시위에 관한 법률」에서 정한 질서유지선이라고 할 수는 없다.

④ 집회·시위 참가자들이 관할 경찰관서에 신고하지 않고 집회를 개최한 경우, 그 옥외집회 또는 시위로 인하여 타인의 법익이나 공공의 안녕질서에 대한 직접적인 위험이 명백하게 초래되지 않은 상황에서 경찰이 '미신고집회'라는 사유로 자진 해산 요청을 한 후, '불법적인 행진시도', '불법 도로 점거로 인한 도로교통법 제68조 제3항 제2호 위반'이라는 사유로 3회에 걸쳐 해산명령을 하였더라도 정당한 해산명령에 해당하지 않는다.

정답과 해설

① (X) 집회의 신고가 경합할 경우 특별한 사정이 없는 한 관할경찰관서장은 집회 및 시위에 관한 법률(이하 '집시법'이라 한다) 제8조 제2항의 규정에 의하여 신고 순서에 따라 뒤에 신고된 집회에 대하여 금지통고를 할 수 있지만, 먼저 신고된 집회의 참여예정인원, 집회의 목적, 집회개최장소 및 시간, 집회 신고인이 기존에 신고한 집회 건수와 실제로 집회를 개최한 비율 등 먼저 신고된 집회의 실제 개최 가능성 여부와 양 집회의 상반 또는 방해가능성 등 제반 사정을 확인하여 **먼저 신고된 집회가 다른 집회의 개최를 봉쇄하기 위한 허위 또는 가장 집회신고에 해당함이 객관적으로 분명해 보이는 경우**에는, 뒤에 신고된 집회에 다른 집회금지 사유가 있는 경우가 아닌 한, 관할경찰관서장이 단지 먼저 신고가 있었다는 이유만으로 뒤에 신고된 집회에 대하여 집회 자체를 금지하는 통고를 하여서는 아니 되고, 설령 이러한 금지통고에 위반하여 집회를 개최하였다고 하더라도 그러한 행위를 **집시법상 금지통고에 위반한 집회개최행위에 해당한다고 보아서는 아니 된다**(대법원 2014. 12. 11. 선고, 2011도13299, 판결).
② (O) 대법원 2019. 1. 10., 선고, 2016도21311, 판결
③ (O) 대법원 2019. 1. 10., 선고, 2016도21311, 판결
④ (O) 지정재판부 2014헌바492, 2016. 9. 29

정답 ①

946 22 승진

집회 및 시위에 대한 설명으로 가장 적절하지 않은 것은? (다툼이 있는 경우 판례에 의함)

① 집회참가자들이 망인에 대한 추모의 목적과 그 범위 내에서 이루어지는 노제 등을 위한 이동·행진의 수준을 넘어서서 그 기회를 이용하여 다른 공동의 목적을 가지고 일반인이 자유로이 통행할 수 있는 장소를 행진하거나 위력 또는 기세를 보여, 불특정한 여러 사람의 의견에 영향을 주거나 제압을 하는 행위에까지 나아가는 경우에는, 이미 「집회 및 시위에 관한 법률」이 정한 시위에 해당하므로 「집회 및 시위에 관한 법률」 제6조에 따라 사전에 신고서를 관할 경찰서장에게 제출할 것이 요구된다.

② 옥외집회 또는 시위 참가자들이 교통혼잡이 야기되었다고 볼 만한 사정은 없으나 이미 신고한 행진 경로를 따라 행진로인 하위 1개 차로에서 약 3시간 30분 동안 이루어진 집회시간 동안 2회에 걸쳐 약 15분 동안 연좌하였다는 사실만으로도 주최행위가 신고한 목적, 일시, 방법 등의 범위를 뚜렷이 벗어나는 경우에 해당한다고 볼 수 있다.

③ 집회란 '특정 또는 불특정 다수인이 공동의 의견을 형성하여 이를 대외적으로 표명할 목적 아래 일시적으로 일정한 장소에 모이는 것'을 말한다.

④ 옥외집회 또는 시위 당시의 구체적인 상황에 비추어 볼 때 옥외집회 또는 시위의 신고사항 미비점이나 신고범위 일탈로 인하여 타인의 법익 기타 공공의 안녕질서에 대하여 직접적인 위험이 초래된 경우에 비로소 그 위험의 방지·제거에 적합한 제한조치를 취할 수 있되, 그 조치는 법령에 의하여 허용되는 범위 내에서 필요한 최소한도에 그쳐야 한다.

정답과 해설

① (O) 대판 2012. 4. 26. 선고, 2011도6294
② (X) 옥외집회 또는 시위 참가자들이 교통혼잡이 야기되었다고 볼 만한 사정은 없으나 이미 신고한 행진 경로를 따라 행진로인 하위 1개 차로에서 약 3시간 30분 동안 이루어진 집회시간 동안 2회에 걸쳐 약 15분 동안 연좌하였다는 사실만으로는 주최행위가 신고한 목적, 일시, 방법 등의 범위를 뚜렷이 벗어나는 경우에 **해당하지 아니한다**(대판 2010. 3. 11. 선고, 2009도10425).
③ (O) 대판 2009. 7. 9. 선고, 2007도1649
④ (O) 대판 2001. 10. 9. 선고, 98다20929

정답 ②

947 □□□□ 24 승진

집회 및 시위에 관한 설명 중 옳고 그름의 표시(O, X)가 바르게 된 것은? (다툼이 있는 경우 판례에 의함)

㉠ 헌법에 따르면 집회에 대한 허가제는 인정되지 아니한다.
㉡ 집회 금지통고는 관할 경찰서장이 집회신고를 접수한 후「집회 및 시위에 관한 법률」상 집회 사전 금지조항에 근거하여 집회 주최자 등에게 해당 집회를 금지한다는 사실을 알리는 행정처분이므로 그 자체를 헌법에 위배되는 제도라고 볼 수 없다.
㉢ 집회의 금지와 해산은 원칙적으로 공공의 안녕질서에 대한 직접적인 위협이 명백하게 존재하는 경우에 한하여 허용될 수 있고, 집회의 자유를 보다 적게 제한하는 다른 수단, 예컨대 시위 참가자수의 제한, 시위 대상과의 거리 제한, 시위 방법, 시기, 소요시간의 제한 등 조건을 붙여 집회를 허용하는 가능성을 모두 소진한 후에 비로소 고려될 수 있는 최종적인 수단이다.
㉣ 사전 금지 또는 제한된 집회라 하더라도 실제 이루어진 집회가 당초 신고 내용과 달리 평화롭게 개최되거나 집회 규모를 축소하여 이루어지는 등 타인의 법익 침해나 기타 공공의 안녕질서에 대하여 직접적이고 명백한 위험을 초래하지 않은 경우에는 이에 대하여 사전 금지 또는 제한을 위반하여 집회를 한 점을 들어 처벌하는 것 이외에 더 나아가 이에 대한 해산을 명하고 이에 불응하였다 하여 처벌할 수는 없다.

① ㉠(O) ㉡(O) ㉢(O) ㉣(O)
② ㉠(X) ㉡(X) ㉢(O) ㉣(X)
③ ㉠(O) ㉡(O) ㉢(X) ㉣(O)
④ ㉠(O) ㉡(X) ㉢(X) ㉣(X)

정답과 해설

㉠ (O) 모든 국민은 집회·결사의 자유를 가진다(헌법 제21조 제1항).
㉡ (O) 대판 2009도13846
㉢ (O) 헌재 2000헌바67, 83
㉣ (O) 대법원 2011.10.13. 2009도13846

정답 ①

06

안보경찰

① 방첩활동
② 보안수사
③ 보안관찰(보안관찰법)
④ 남북교류협력(남북교류협력에 관한 법률)
⑤ 북한이탈 주민의 보호(북한이탈주민의 보호 및 정착지원에 관한 법률)

• 기 출 키 워 드 •

23년 2차	
24년 1차	
24년 2차	
25년 1차	
25년 2차	• 북한이탈주민의 보호 및 정착지원에 관한 법률

최신개정법령&무료자료 다운로드 등
네이버 김재규경찰학 카페(https://cafe.naver.com/ollaedu)

방첩활동

948 ☐☐☐☐ 19 승진, 14 간부

방첩활동에 관한 다음 설명 중 옳은 것은?

① 방첩수단을 적극적·소극적·기만적 수단으로 분류할 때 허위정보의 유포, 양동간계시위, 역용공작은 소극적 방첩수단에 해당된다.
② 피라미드형은 간첩 밑에 주공작원 2~3명을 두고, 주공작원은 그 밑에 각각 2~3명의 행동공작원을 두는 조직형태로 일시에 많은 공작을 입체적으로 수행할 수 있어 활동 범위가 넓고 조직 구성에 많은 시간이 소요되지 않는다는 장점이 있다.
③ 동일 지배계급의 일부세력이 집권세력을 폭력으로써 타도하여 정권을 탈취하는 전복의 형태를 정부전복이라고 한다.
④ 계속 접촉의 유지는 탐지 → 주시 → 판명 → 이용 → 검거 순서로 진행된다.

정답과 해설

① (X) **허위정보의 유포, 양동간계시위**는 **기만적 방첩수단**에 해당하고, 역용공작은 적극적 방첩수단에 해당한다.
② (X) 피라미드형은 일시에 많은 공작을 입체적으로 수행할 수 있고 활동범위가 넓다는 장점이 있지만, 행동의 노출이 쉽고 일망타진 가능성이 높으며 **조직구성에 많은 시간이 소요된다는 단점**이 있다.
③ (O) 정부전복은 동일 계급 내의 일부세력이 권력을 강화하거나 새로운 정권을 획득할 목적으로 타 계급을 기습하는 행위를 말한다.
④ (X) 계속 접촉의 유지는 탐지 → **판명 → 주시** → 이용 → 검거 순서로 진행된다.

정답 ③

949 ☐☐☐☐ 15·17 채용, 17 승진, 14·18 간부

간첩망의 형태에 대한 설명 중 가장 적절한 것은?

① 단일형은 간첩이 단일 특수목적을 수행하기 위해 동조자를 포섭하지 않고 단독으로 활동하는 점조직으로 대남간첩이 가장 많이 사용하며, 간첩 상호간에 종적·횡적 연락의 차단으로 보안 유지 및 신속한 활동이 가능하며 활동 범위가 넓고 공작 성과가 높다는 장점이 있다.
② 써클형은 일시에 많은 공작을 입체적으로 수행할 수 있고 활동범위가 넓은 반면, 행동의 노출이 쉽고 일망타진 가능성이 높으며 조직구성에 많은 시간이 소요된다.
③ 삼각형은 간첩이 3명 이내의 공작원을 포섭하여 지휘하고, 포섭된 공작원 간 횡적연락을 차단한 형태로 일망타진 가능성이 적고 활동범위가 좁으며 공작원 검거시 간첩 정체가 쉽게 노출된다.
④ 레포형은 삼각형 조직에 있어서 간첩과 주공작원 간, 행동공작원 상호간에 연락원을 두고 종·횡으로 연결하는 형태이다.

> **정답과 해설**
> ① (X) 단일형은 보안유지 및 신속한 활동이 가능하다는 장점이 있지만, **활동범위가 좁고 공작 성과가 비교적 낮다는 단점**이 있다.
> ② (X) **피라미드형**에 대한 설명이다.
> ③ (O) 삼각형은 간첩이 3명 이내의 공작원을 포섭하여 지휘하고, 포섭된 공작원 간 **횡적연락을 차단**한 형태로 일망타진 가능성이 적고 **활동범위가 좁으며 공작원 검거시 간첩 정체가 쉽게 노출**된다.
> ④ (X) 레포형은 **피라미드형(삼각형 X) 조직**에 있어서 간첩과 주공작원 간, 행동공작원 상호간에 연락원을 두고 종·횡으로 연결하는 형태이다.
>
> 정답 ③

950 　14 · 19 승진

선전에 관한 다음 설명 중 옳지 않은 것은?

① 선전이란 특정집단을 자극하여 감정이나 견해 등을 우리 측에 유리한 방향으로 유도하기 위한 심리전의 일종을 말한다.
② 흑색선전은 출처를 위장하여 행하는 선전으로, 선전이라는 선입견을 주지 않고도 효과를 거둘 수 있지만, 적이 이를 감지하고 역선전을 할 경우 대항이 어렵다.
③ 회색선전은 출처를 밝히지 않고 행하는 선전으로, 선전이라는 선입관을 주지 않고 효과를 얻을 수 있지만 출처를 은폐하면서 선전의 효과를 거두기가 곤란하다는 단점이 있다.
④ 백색선전은 출처를 공개하고 행하는 선전으로, 주제의 선정과 용어 사용에 제한을 받지만 신뢰도가 높다.

> **정답과 해설**
>
> ① (O) 선전이란 특정집단을 자극하여 감정이나 견해 등을 우리 측에 **유리한 방향으로 유도하기 위한 심리전의 일종을** 말한다.
> ② (X) 회색선전(출처위장X, 출처 밝히지 않음 O)에 관한 설명이다. 흑색선전이란 출처를 위장하여 행하는 선전으로, 적국 내에서도 수행할 수 있고 즉각적이고 집중적인 효과를 거둘 수 있다는 장점이 있으나 노출의 위험 때문에 지나친 주의가 요구된다.
> ③ (O) 회색선전은 출처를 밝히지 않고 행하는 선전으로, 선전이라는 선입관을 주지 않고 효과를 얻을 수 있지만 **출처를 은폐하면서 선전의 효과를 거두기가 곤란하다는 단점이** 있다.
> ④ (O) **백색선전은** 출처를 공개하고 행하는 선전으로, 주제의 선정과 용어 사용에 제한을 받지만 **신뢰도가 높다.**
>
> 정답 ②

THEME 02 보안수사

951 ☐☐☐☐ 18·19 승진

「국가보안법」의 특성에 대한 설명으로 가장 적절하지 않은 것은?

① 고의범만 처벌하며, 일부 범죄를 제외하고 기본적으로 미수·예비·음모를 처벌한다.
②「국가보안법」의 죄를 범하고 그 보수를 받은 때에는 이를 몰수한다. 다만, 이를 몰수할 수 없을 때에는 그 가액을 추징한다.
③ 검사는「국가보안법」의 죄를 범한 자에 대하여 공소제기를 보류할 수 있으며 공소보류가 취소된 경우에는 동일한 범죄사실로 재구속할 수 없다.
④ 편의제공죄나 찬양·고무죄 등「형법」상 종범의 성격을 가진 행위에 대하여 독립된 범죄로 처벌한다.

정답과 해설

① (O)「국가보안법」에는 **과실범 처벌 규정이 없다.**
② (O) 동법 제15조 제1항
③ (X) 검사는「국가보안법」의 죄를 범한 자에 대하여 공소제기를 보류할 수 있으며, 공소보류가 취소된 경우에는 동일한 범죄사실로 **재구속할 수 있다(할 수 없다 X)**(동법 제20조 제4항).
④ (O) 동법 제7조 제1항

정답 ③

952 ☐☐☐☐ 10 채용, 17 승진

국가보안법상 반국가단체(제2조)에 관한 설명 중 틀린 것은?

① 반국가단체라 함은 정부를 참칭하거나 국가를 변란할 것을 목적으로 하는 국내외의 결사 또는 집단으로서 지휘통솔체제를 갖춘 단체를 말한다.
② 정부를 참칭한다는 것은 함부로 단체를 조직하여 정부를 사칭하는 것으로 정부와 동일한 명칭을 사용할 필요는 없고 일반인이 정부로 오인할 정도면 충분하다.
③ 「국가보안법」 제2조에 의한 반국가단체로서의 지휘통솔체제를 갖춘 단체라 함은 2인 이상의 특정 다수인 사이에 단체의 내부질서를 유지하고 그 단체를 주도하기 위하여 일정한 위계 및 분담 등의 체계를 갖춘 결합체를 의미한다.
④ 형법상 내란죄에서의 국헌문란이란 헌법 또는 법률의 기능을 소멸시키거나 헌법에 의하여 설치된 국가기관을 전복 또는 그 권능행사를 불가능하게 하는 것으로 국가보안법상 국가변란이 국헌문란보다 더 넓은 개념이다.

정답과 해설

① (O) 반국가단체라 함은 **정부를 참칭(국가를 참칭 X)**하거나 **국가를 변란(국헌을 문란 X)**할 것을 목적으로 하는 국내외의 결사 또는 집단으로서 지휘통솔체제를 갖춘 단체를 말한다.
② (O) 정부를 참칭한다는 것은 함부로 단체를 조직하여 정부를 사칭하는 것으로 **정부와 동일한 명칭을 사용할 필요는 없고 일반인이 정부로 오인할 정도면 충분하다.**
③ (O) 대법원 1995. 7.28. 95도1121
④ (X) 형법상 **국헌문란**이 국가보안법상 **국가변란보다 넓은 개념**이다.

정답 ④

953 18 승진, 22·24 간부

「국가보안법」에 대한 설명으로 적절하지 않은 것은 모두 몇 개인가?

> 가. 이적단체란 정부를 참칭하거나 국가를 변란할 것을 목적으로 한다.
> 나. 반국가단체의 구성·가입죄 및 가입권유죄는 미수뿐만 아니라 예비·음모도 처벌한다.
> 다. 범죄수사 또는 정보의 직무에 종사하는 공무원이 이 법의 죄를 범한 자라는 정을 알면서 그 직무를 유기한 때에는 10년 이하의 징역에 처한다. 다만, 본범과 친족관계가 있는 때에는 그 형을 감경 또는 면제한다.
> 라. 반국가단체나 그 구성원의 지령을 받거나 받기 위하여 또는 그 목적수행을 협의하거나 협의하기 위하여 잠입하거나 탈출한 자는 10년 이하의 징역에 처한다.

① 1개   ② 2개
③ 3개   ④ 4개

정답과 해설

가. (X) 정부를 참칭하거나 국가를 변란할 것을 목적으로 하는 국내외의 결사 또는 집단으로서 지휘통솔체제를 갖춘 단체를 **반국가단체**라고 한다(국가보안법 제2조 제1항). '**이적단체**'란 반국가단체 등의 활동을 찬양·고무·선전 또는 이에 동조하거나 국가의 변란을 선전·선동하는 행위를 하는 것을 그 목적으로 하여 특정 다수인에 의하여 결성된 계속적이고 독자적인 결합체를 말한다(대법원 2007.12.13. 2007도7257).

나. (X) **반국가단체의 구성·가입죄**는 미수뿐만 아니라 예비·음모도 처벌한다. 그러나 **반국가단체의 가입권유죄**는 미수범만 처벌하고, 예비·음모는 처벌하지 않는다(동법 제3조)

다. (X) 본범과 친족관계가 있는 때에는 그 형을 **감경 또는 면제할 수 있다**(감경 또는 면제한다 X)(동법 제11조. 특수직무유기).

라. (X) 국가의 존립·안전이나 자유민주적 기본질서를 위태롭게 한다는 정을 알면서 반국가단체의 **지배하에 있는 지역**으로부터 잠입하거나 그 지역으로 탈출한 자(**단순 잠입·탈출죄**)는 10년 이하의 징역에 처한다(동법 제6조 제1항). 반국가단체나 그 구성원의 **지령을 받거나 받기 위하여 또는 그 목적수행을 협의하거나 협의하기 위하여** 잠입하거나 탈출한 자(**특수 잠입·탈출죄**)는 사형·무기 또는 5년 이상의 징역에 처한다(동법 제6조 제2항). 라의 경우는 **특수 잠입·탈출죄에 해당한다**.

정답 ④

954 18 채용, 18·22 간부

다음 중 「국가보안법」에 대한 설명으로 옳은 것은?

① 이 법의 죄를 범한 자를 수사기관 또는 정보기관에 통보하거나 체포한 자에게는 「국가보안유공자 상금지급 등에 관한 규정」이 정하는 바에 따라 상금을 지급할 수 있다.
② 범인에게 금품, 재산적 이익만을 제공한 경우 정범으로 처벌되지는 않는다.
③ 「국가보안법」, 「군형법」, 「형법」에 규정된 반국가적 범죄로 금고 이상의 형을 선고받고 그 형의 집행을 종료하지 아니한자 또는 그 집행을 종료하거나 집행을 받지 않기로 확정된 후 5년이 경과하지 않은 자가 재차 특정범죄를 범하였을 때는 최고형으로 사형을 정하고 있다.
④ 찬양·고무 등(제7조), 불고지죄(제10조)를 위반한 자에 대한 수사기관의 구속기간은 최대 50일이다.

정답과 해설

① (X) 이 법의 죄를 범한 자를 수사기관 또는 정보기관에 통보하거나 체포한 자에게는 대통령령이 정하는 바에 따라 상금을 **지급한다(지급할 수 있다 X)**(국가보안법 제21조 제1항).
② (X) 「형법」에서는 정범에 종속되어 처벌되지만, 「국가보안법」에서는 범인에게 무기·금품·재산상 이익 등 각종 편의를 제공한 자는 **종범이 아닌 편의제공죄로 처벌(정범)**된다(동법 제9조).
③ (O) 동법 제13조
④ (X) 찬양·고무 등(제7조), 불고지죄(제10조), 특수직무유기죄(제11조), 무고날조죄(제12조)를 **제외한** 「국가보안법」 위반 **사범에 대하여만 구속기간 연장규정이 적용**되며, 이 경우 구속기간은 사법경찰관(1차 연장) 20일, 검사(2차 연장) 30일 **최대 50일**이다(동법 제19조).

정답 ③

955 □□□□ 14 채용, 17·19 승진

「국가보안법」에 대한 설명으로 적절하지 않은 것은?

① 「국가보안법」 제8조 제1항 회합·통신죄에서 '회합·통신 기타의 방법으로 연락'이라고 함은 반국가단체의 구성원 또는 그 지령을 받은 자를 직접 상대방으로 하는 경우는 물론이고 제3자를 이용하여 통신 기타의 방법으로 연락하는 것을 말한다.
② 「국가보안법」 제10조의 불고지죄는 반국가단체구성죄, 목적수행죄, 자진지원죄 등의 죄를 범한 자라는 정을 알면서 수사기관 또는 정보기관에 고지하지 아니하는 경우에 성립하는 것으로, 5년 이하의 징역 또는 200만원 이하의 벌금에 처한다. 다만, 본범과 친족관계가 있는 때에는 그 형을 감경 또는 면제한다.
③ 불고지죄의 대상이 되는 범죄는 반국가단체구성죄(제3조), 목적수행죄(제4조), 자진지원죄(제5조 제1항), 편의제공죄(제9조)가 있다.
④ 불고지죄의 입법취지는 중요 국가보안법 위반범인에 대한 불가비호성(不可庇護性)에 있다.

정답과 해설

① (O) 동법 제8조 제1항
② (O) 「국가보안법」 제10조의 불고지죄는 반국가단체구성죄, 목적수행죄, 자진지원죄 등의 죄를 범한 자라는 정을 알면서 수사기관 또는 정보기관에 고지하지 아니하는 경우에 성립하는 것으로, 5년 이하의 징역 또는 **200만원(300만원 X)** 이하의 벌금에 처한다. 다만, 본범과 친족관계가 있는 때에는 그 형을 **감경 또는 면제한다**(동법 제10조).
③ (X) 불고지죄의 대상이 되는 범죄는 **반국가단체구성죄(제3조), 목적수행죄(제4조), 자진지원죄(제5조 제1항)·제3항(자진지원 미수범)·제4항(자진지원 예비·음모)**이다(동법 제10조).
④ (O) 반국가단체를 구성하거나 반국가단체에 가입한 자 또는 그 구성원, 구성원으로부터 지령을 받은 자의 일정한 범죄행위 또는 그들에 대한 자진지원행위를 알면서도 그 사실을 수사기관에 신고하지 아니함으로써 성립한다(**불가비호성**).

정답 ③

「국가보안법」에 대한 설명으로 가장 적절하지 않은 것은?

① 자진지원죄는 반국가단체나 그 구성원 또는 그 지령을 받은 자를 지원할 목적으로 자진하여 목적수행죄(국가보안법 제4조 제1항)에 규정된 행위를 하는 경우에 성립한다.
② 국가보안법 제5조 제1항의 자진지원죄는 반국가단체 구성원이나 그 지령을 받은 자도 주체가 될 수 있지만, 국가보안법 제6조 제2항의 특수잠입탈출죄는 반국가단체 구성원만 주체가 될 수 있다.
③ 금품수수죄는 국가의 존립·안전이나 자유민주적 기본질서를 위태롭게 한다는 정을 알면서 반국가단체의 구성원 또는 그 지령을 받은 자로부터 금품을 수수하는 경우에 성립하고, 본죄의 금품은 반드시 환금성이나 경제적 가치가 있어야 하는 것은 아니며, 반국가단체로부터 무기나 무전기를 수령하는 것, 음식물 접대 등 향응을 수수하는 것도 금품에 해당한다.
④ 외국인의 경우 단순잠입죄는 반국가단체 지배하의 지역으로부터 대한민국에 들어온 이상 어디에 체류하다 왔는가와 상관없이 성립하지만, 외국에서 반국가단체 지배하의 지역으로 들어가는 행위는 단순탈출죄가 성립되지 않는다.

정답과 해설

① (O) 국가보안법 제5조
② (X) 자진지원죄는 **반국가단체 구성원이나 그 지령을 받은 자는 주체가 될 수 없고, 특수잠입탈출죄는 행위 주체에 아무런 제한이 없다**(동법 제5조 제1항, 제6조 제2항).
③ (O) 옳은 설명이다.
④ (O) 외국인의 경우 단순잠입죄는 반국가단체 지배하의 지역으로부터 대한민국에 들어온 이상 어디에 체류하다 왔는가와 상관없이 성립한다. 그러나 단순탈출죄의 경우 국내 거주 외국인이 반국가단체 지배하의 지역으로 들어가는 행위는 본죄가 성립하지만, **외국에서 반국가단체 지배하의 지역으로 들어가는 행위**는 '탈출'의 개념에 해당하지 않기 때문에 **본죄가 성립되지 않는다**.

정답 ②

THEME 03 보안관찰(보안관찰법)

957 ☐☐☐☐ 23 채용, 19·24 승진, 17 간부

「보안관찰법」에 관한 설명으로 가장 적절한 것은?

① '보안관찰처분대상자'는 보안관찰해당범죄 또는 이와 경합된 범죄로 징역 이상의 형의 선고를 받고 그 형기 합계가 3년 이상인 자로서 형의 전부 또는 일부의 집행을 받은 사실이 있는 자이며, 보안관찰처분의 기간은 2년이다.
② 보안관찰처분을 받은 자는 이 법이 정하는 바에 따라 소정의 사항을 주거지 관할 검사에게 신고하고, 재범방지에 필요한 범위 안에서 그 지시에 따라 보안관찰을 받아야 한다.
③ 피보안관찰자는 주거지를 이전하거나 국외여행 또는 7일 이상 주거를 이탈하여 여행하고자 할 때에는 미리 거주예정지, 여행예정지 등을 지구대·파출소장을 거쳐 관할경찰서장에게 신고하여야 한다.
④ 보안관찰처분청구는 검사가 보안관찰처분청구서를 법무부장관에게 제출함으로써 행한다.

정답과 해설

① (X) '보안관찰처분대상자'라 함은 보안관찰해당범죄 또는 이와 경합된 범죄로 **금고 이상**(징역 이상 X)의 형의 선고를 받고 그 **형기합계가 3년 이상**인 자로서 형의 전부 또는 **일부의 집행을 받은**(면제받은 X) 사실이 있는 자이며, 보안관찰처분의 기간은 **2년**이다(보안관찰법 제3조, 제5조 제1항).
② (X) 보안관찰처분을 받은 자는 이 법이 정하는 바에 따라 소정의 사항을 주거지 **관할 경찰서장**(검사 X)에게 신고하고, 재범방지에 필요한 범위 안에서 그 지시에 따라 보안관찰을 받아야 한다(보안관찰법 제4조 제2항).
③ (X) 피보안관찰자는 주거지를 이전하거나 국외여행 또는 **10일(7일 X) 이상** 주거를 이탈하여 여행하고자 할 때에는 미리 거주예정지, 여행예정지 등을 **지구대·파출소장을 거쳐 관할경찰서장**(법무부장관 X)에게 신고하여야 한다(동법 제18조 제4항).
④ (O) 보안관찰처분청구는 **검사**가 보안관찰처분청구서를 **법무부장관**에게 제출함으로써 행한다(동법 제8조 제1항).

정답 ④

958 ☐☐☐☐ 18·22 승진, 17 간부, 20 경채

보안관찰에 대한 설명 중 가장 적절한 것은?

① 「보안관찰법」상 법무부장관은 보안관찰처분대상자의 신청이 있을 때에는 부득이한 사유가 있는 경우를 제외하고는 2월 내에 보안관찰처분 면제여부를 결정하여야 한다.
② 「형법」상 일반이적죄는 「보안관찰법」상 보안관찰해당범죄에 해당된다.
③ 「보안관찰법 시행규칙」에서 규정하는 '사안'에는 보안관찰처분기간갱신청구에 관한 사안도 해당된다.
④ 「보안관찰법」상 피보안관찰자는 주거지를 이전하거나 국외여행 또는 7일 이상 주거를 이탈하여 여행하고자 할 때에는 미리 거주예정지, 여행예정지 등을 지구대·파출소장을 거쳐 관할경찰서장에게 신고하여야 한다.

정답과 해설

① (X) 법무부장관은 요건을 갖춘 보안관찰처분대상자의 신청이 있을 때에는 부득이한 사유가 있는 경우를 제외하고는 **3월(2월 X)**내에 보안관찰처분면제여부를 결정하여야 한다(동법 제11조 제2항).
② (X) **「군형법」상(「형법」 X) 일반이적죄**는 「보안관찰법」상 보안관찰해당범죄에 해당한다(동법 제2조 제2호).
③ (O) 사안이라 함은 **보안관찰처분청구, 보안관찰처분취소청구, 보안관찰처분기간갱신청구, 보안관찰처분면제결정청구, 보안관찰처분면제결정취소청구 및 보안관찰처분면제결정신청**에 관한 사안을 말한다(동법 시행규칙 제2조 제1호).
④ (X) 피보안관찰자는 주거지를 이전하거나 국외여행 또는 **10일(7일 X) 이상** 주거를 이탈하여 여행하고자 할 때에는 미리 거주예정지, 여행예정지 등을 **지구대·파출소장을 거쳐 관할경찰서장(법무부장관 X)**에게 신고하여야 한다(동법 제18조 제4항).

정답 ③

959 예상문제

다음 중 「보안관찰법」상 보안관찰에 해당되지 않는 범죄는 모두 몇 개인가?

> ㉠ 내란죄(형법 제87조)
> ㉡ 내란목적살인죄(형법 제88조)
> ㉢ 외환유치죄(형법 제92조)
> ㉣ 여적죄(형법 제93조)
> ㉤ 모병이적죄(형법 제94조)
> ㉥ 일반이적죄(형법 제99조)
> ㉦ 단순반란불보고죄(군형법 제9조 제1항)
> ㉧ 「군형법」상의 일반이적죄(군형법 제14조)
> ㉨ 금품수수죄(국가보안법 제5조 제2항)

① 1개 ② 2개
③ 3개 ④ 4개

정답과 해설

③ ㉠㉥㉦ 항목은 **보안관찰 해당범죄가 아니다**(보안관찰법 제2조).

> 보안관찰 해당범죄 제외 암기 팁
> 「형법」상 보안관찰 해당범죄 제외 : **내**란죄, **일**반이적죄, **전시**군수계약불이행죄 **내일전시**
> 「**군**형법」상 보안관찰 해당범죄 제외 : **단**순반란불보고죄(§9①) **단군**
> 「국가보안법」상 보안관찰 해당범죄 제외 : **반**국가단체 구성 · 가입 · 권유죄**찬**양 · 고무죄, **회**합 · 통신죄, **무**고 · 날조죄   **반찬회무**

정답 ③

960 17 채용, 19·22 승진, 17·21 간부

「보안관찰법」상 보안관찰처분을 받은 자(피보안관찰자)의 신고에 대한 다음 설명 중 가장 옳은 것은?

① 최초 신고사항에 변동이 있을 때에는 10일 이내에 지구대장·파출소장을 거쳐 관할경찰서장에게 변동사항을 신고하여야 한다.
② 법무부장관의 결정을 받은 자가 그 결정에 이의가 있을 때에는 「행정소송법」이 정하는 바에 따라 그 결정이 집행된 날부터 30일 이내에 서울고등법원에 소를 제기할 수 있다.
③ 보안관찰처분결정고지를 받은 날부터 10일 이내에 지구대장·파출소장을 거쳐 관할경찰서장에게 피보안관찰자신고를 하여야 한다.
④ 보안관찰처분결정고지를 받은 날이 속한 달부터 매 3월이 되는 달의 말일까지 3월간의 주요활동사항 등 소정사항을 지구대장·파출소장을 거쳐 관할경찰서장에게 신고하여야 한다.

정답과 해설
① (X) 최초 신고사항에 변동이 있을 때에는 **7일 이내**에 지구대장·파출소장을 거쳐 관할경찰서장에게 신고하여야 한다(보안관찰법 제18조 제3항).
② (X) 법무부장관의 결정을 받은 자가 그 결정에 이의가 있을 때에는 행정소송법이 정하는 바에 따라 그 결정이 집행된 날부터 **60일 이내**에 **서울고등법원**에 소를 제기할 수 있다(동법 제23조).
③ (X) 보안관찰처분결정고지를 받은 날부터 **7일 이내**에 지구대장·파출소장을 거쳐 관할경찰서장에게 피보안관찰자신고를 하여야 한다(동법 제18조 제1항).
④ (O) 동법 제18조 제2항

정답 ④

961 ☐☐☐☐ 예상문제

보안관찰처분심의위원회에 관한 다음 설명 중 옳은 것은 모두 몇 개인가?

> ㉠ 보안관찰처분에 관한 사안을 심의·의결하기 위하여 법무부에 보안관찰처분심의위원회(이하 "위원회"라 한다)를 둔다.
> ㉡ 위원회는 위원장 1인과 8인의 위원으로 구성한다.
> ㉢ 위원장은 법무부차관이 된다.
> ㉣ 위원은 법무부차관의 제청으로 대통령이 임명 또는 위촉한다.
> ㉤ 위원회는 보안관찰처분 또는 그 기각의 결정, 면제 또는 그 취소결정 그리고 보안관찰처분의 취소 또는 기간의 갱신결정을 심의·의결한다.
> ㉥ 위원회의 회의는 위원장을 제외한 재적위원 과반수의 출석으로 개의하고 출석위원 과반수의 찬성으로 의결한다.

① 2개 ② 3개
③ 4개 ④ 5개

정답과 해설

㉠㉢㉤ 옳은 설명이다.
㉡ (X) 위원회는 위원장 1인과 **6인**의 위원으로 구성한다(보안관찰법 제12조 제2항).
㉣ (X) 위원은 **법무부장관**의 제청으로 대통령이 임명 또는 위촉한다(동법 제12조 제4항).
㉥ (X) 위원회의 회의는 **위원장을 포함한** 재적위원 과반수의 출석으로 개의하고 출석위원 과반수의 찬성으로 의결한다(동법 제12조 제10항).

정답 ②

962 20 간부, 21 경채

「보안관찰법」상 보안관찰처분에 대한 설명으로 옳지 않은 것은?

① 보안관찰처분은 보안처분의 일종으로 본질, 추구하는 목적 및 기능에 있어 형벌과는 다른 독자적 의의를 가진 사회보호적 처분이므로 형벌과 병과하여 선고한다고 해서 일사부재리 원칙에 위반하였다고 할 수 없다.
② 보안관찰처분에 관한 결정은 보안관찰처분심의위원회의 의결을 거쳐 법무부장관이 행하며, 법무부장관은 보안관찰처분심의위원회의 의결과 다른 결정을 할 수 없다. 다만, 보안관찰처분대상자에 대하여 보안관찰처분심의위원회의 의결보다 유리한 결정을 하는 때에는 그러하지 아니하다.
③ 보안관찰처분의 기간은 2년으로 하며 법무부장관은 검사의 청구가 있는 때에는 보안관찰처분심의 위원회의 의결을 거쳐 1회에 한해 그 기간을 갱신할 수 있다.
④ 보안관찰처분의 기간은 보안관찰처분 결정을 집행하는 날부터 계산하며, 이 경우 초일을 산입한다.

정답과 해설

① (O) 옳은 설명이다.
② (O) 동법 제14조 제1항, 제2항
③ (X) 보안관찰처분의 기간은 2년으로 하며 법무부장관은 검사의 청구가 있는 때에는 보안관찰처분심의위원회의 의결을 거쳐 **횟수 제한 없이** 연장할 수 있다(동법 제5조).
④ (O) 동법 제25조 제1항

정답 ③

THEME 04 남북교류협력(남북교류협력에 관한 법률)

963 ☐☐☐☐ 예상문제

남북교류협력 중 북한 방문에 대한 설명으로 옳은 것은?

① 남한 주민이 북한을 방문하고자 하는 경우 방문 10일 전까지 남북교류협력시스템을 통해 '북한 방문 승인 신청서'를 제출하여야 한다.
② 방북 시 통일부장관이 발급한 방문증명서를 소지해야 하며, 방문증명서를 발급받지 않고 방북하면 2년 이하의 징역 또는 2천만원 이하의 벌금에 처해진다.
③ 거짓이나 부정한 방법으로 방문승인을 받은 경우에는 승인을 취소할 수 있다.
④ 「남북교류협력에 관한 법률」상 '재외국민'이 외국에서 북한을 왕래할 때에는 통일부장관이나 재외공관의 장에게 신고하여야 하며, 단순히 신고하지 않고 북한을 왕래한 경우 「국가보안법」이 아닌 「남북교류협력에 관한 법률」의 적용을 받는다.

정답과 해설

① (X) 남한 주민이 북한을 방문하고자 하는 경우 **방문 7일 전**까지 남북교류협력시스템을 통해 '북한 방문승인 신청서'를 제출하여야 한다(남북교류협력에 관한 법률 시행령 제12조 제1항).
② (X) **3년 이하의 징역** 또는 **3천만원 이하의 벌금**에 처한다(동법 제27조 제1항).
③ (X) 거짓이나 부정한 방법으로 방문승인을 받은 경우 승인을 **취소하여야 한다**(동법 제9조 제7항 제1호).
④ (O) 재외국민이 외국에서 북한을 왕래할 때에는 **통일부장관이나 재외공관의 장**에게 신고하여야 하며(동법 제9조 제8항), 단순히 신고하지 않고 북한을 왕래한 경우 「남북교류협력에 관한 법률」의 적용을 받는다(동법 제28조의2 제1항 제1호).

정답 ④

964 ☐☐☐☐ 19 채용

「남북교류협력에 관한 법률」에 관한 설명으로 가장 적절하지 않은 것은?

① 남한의 주민이 북한을 방문하거나 북한의 주민이 남한을 방문하려면 통일부장관의 방문 승인을 받아야 하며, 통일부장관이 발급한 증명서를 소지하여야 한다.
② 남한의 주민이 북한의 주민과 접촉하려면 통일부장관에게 미리 신고하여야 하는 것이 원칙이나 대통령령으로 정하는 부득이한 사유에 해당하는 경우에는 접촉한 후에 신고할 수 있다.
③ 남한과 북한 간의 거래는 국가 간의 거래가 아닌 민족내부의 거래로 본다.
④ 「남북교류협력에 관한 법률」상 "반출·반입"이란 매매, 교환, 임대차, 사용대차, 증여, 사용 등을 목적으로 하는 남한과 북한 간의 물품 등의 이동을 말하며, 단순히 제3국을 거치는 물품 등의 이동은 포함하지 않는다.

정답과 해설

① (O) 남한의 주민이 북한을 방문하려면 **통일부장관(법무부장관 X)**의 방문승인을 받아야 하며, **통일부장관(법무부장관 X)**이 발급한 증명서(이하 '방문증명서'라 한다)를 소지하여야 한다(남북교류협력에 관한 법률 제9조 제1항).
② (O) 남한의 주민이 북한의 주민과 회합·통신, 그 밖의 방법으로 접촉하려면 **통일부장관(법무부장관 X)**에게 미리 **신고하여야 한다**. 다만, **대통령령**으로 정하는 부득이한 사유에 해당하는 경우에는 접촉한 후에 **신고할 수 있다(승인을 받아야 한다 X)**(동법 제9조의2 제1항).
③ (O) 남한과 북한 간의 거래는 국가 간의 거래가 아닌 **민족내부의 거래**로 본다(동법 제12조).
④ (X) "반출·반입"이란 매매, 교환, 임대차, 사용대차, 증여, 사용 등을 목적으로 하는 남한과 북한 간의 물품 등의 이동(**단순히 제3국을 거치는 물품등의 이동을 포함**한다)을 말한다(동법 제2조 제3호).

정답 ④

THEME 05 북한이탈주민의 보호(북한이탈주민의 보호 및 정착지원에 관한 법률)

965 □□□□ 19 채용, 24 승진, 20 간부

「북한이탈주민의 보호 및 정착지원에 관한 법률」에 대한 설명으로 옳은 것은?

① '북한이탈주민'이란 군사분계선 이북지역에 주소, 직계가족, 배우자, 직장 등을 두고 있는 사람으로서 북한을 벗어난 후 외국 국적을 취득한 사람을 말한다.
② 대한민국은 보호대상자를 상호주의에 입각하여 특별히 보호하고 외국에 체류하고 있는 북한이탈주민의 보호 및 지원 등을 위해 외교적 노력을 다하여야 한다.
③ 국가는 보호대상자의 성공적인 정착을 위하여 보호대상자의 보호·교육·취업·주거·의료 및 생활보호 등의 지원을 지속적으로 추진하고 이에 필요한 재원을 안정적으로 확보하기 위해 노력하여야 한다.
④ 통일부장관은 '북한이탈주민 대책협의회'의 심의를 거쳐 북한이탈주민의 보호 여부를 결정한다. 단, 국가안보에 현저한 영향을 끼칠 우려가 있는 자의 경우 국방부장관이 보호 여부를 결정한다.

> **정답과 해설**
> ① (X) '북한이탈주민'이란 군사분계선 이북지역에 주소, 직계가족, 배우자, 직장 등을 두고 있는 사람으로서 북한을 벗어난 후 **외국 국적을 취득하지 아니한 사람(취득한 사람 X)**을 말한다(북한이탈주민의 보호 및 정착지원에 관한 법률 제2조 제1호).
> ② (X) 대한민국은 보호대상자를 **인도주의(상호주의 X)**에 입각하여 특별히 보호한다(동법 제4조 제1항).
> ③ (O) **국가 및 지방자치단체**는 보호대상자의 성공적인 정착을 위하여 보호대상자의 보호·교육·취업·주거·의료 및 생활보호 등의 지원을 지속적으로 추진하고 이에 필요한 재원을 안정적으로 확보하기 위하여 노력하여야 한다(동법 제4조의2).
> ④ (X) 통일부장관은 북한이탈주민 대책협의회의 심의를 거쳐 보호 여부를 결정한다. 다만, 국가안보장에 현저한 영향을 줄 우려가 있는 사람에 대하여는 **국가정보원장이(국방부장관 X) 그 보호 여부를 결정**하고, 그 결과를 지체 없이 통일부장관과 보호신청자에게 통보하거나 알려야 한다(동법 제8조 제1항).
>
> 정답 ③

966 21·24 승진

「북한이탈주민의 보호 및 정착지원에 관한 법률」에 대한 내용으로 가장 적절하지 않은 것은?

① '구호물품'란 「북한이탈주민의 보호 및 정착 지원에 관한 법률」에 따라 보호대상자에게 지급하거나 빌려주는 금전 또는 물품을 말한다.
② '보호대상자'란 이 법에 따라 보호 및 지원을 받는 북한이탈주민을 말한다.
③ 통일부장관은 보호대상자가 정착지원시설로부터 그의 거주지로 전입한 후 정착하여 스스로 생활하는데 장애가 되는 사항을 해결하거나 그 밖에 자립·정착에 필요한 보호를 할 수 있다.
④ 통일부장관은 보호대상자가 거주지로 전입한 후 그의 신변안전을 위하여 국방부장관이나 경찰청장에게 협조를 요청할 수 있으며, 협조요청을 받은 국방부장관이나 경찰청장은 이에 협조한다.

정답과 해설

① (X) '**보호금품(구호물품 X)**'이란 이 법에 따라 보호대상자에게 지급하거나 빌려주는 금전 또는 물품을 말한다(북한이탈주민의 보호 및 정착지원에 관한 법률 제2조 제4호).
② (O) '보호대상자'란 이 법에 따라 **보호 및 지원을 받는(받을 예정인 X)** 북한이탈주민을 말한다(동법 제2조 제2호).
③ (O) 동법 제22조 제1항
④ (O) 동법 제22조의2 제1항

정답 ①

967 ☐☐☐☐ 21 채용

「북한이탈주민의 보호 및 정착지원에 관한 법률」에 대한 설명으로 가장 적절하지 않은 것은?

① 위장탈출 혐의자 또는 국내 입국 후 3년이 지나서 보호신청한 사람은 보호대상자로 정하지 아니할 수 있다.
② 북한이탈주민으로서 「북한이탈주민의 보호 및 정착지원에 관한 법률」에 의한 보호를 받으려는 사람은 재외공관장등에게 보호를 직접 신청하여야 한다. 다만, 보호를 직접 신청하지 아니할 수 있는 대통령령으로 정하는 사유가 있는 경우에는 그러하지 아니하다.
③ 보호신청을 받은 재외공관장등은 지체 없이 그 사실을 소속 중앙행정기관의 장을 거쳐 통일부장관과 국가정보원장에게 통보하여야 한다.
④ 경찰청장은 보호신청자에 대하여 보호결정 등을 위하여 필요한 조사 및 일시적인 신변안전조치등 임시보호조치를 한 후 지체 없이 그 결과를 통일부장관과 국가정보원장에게 통보하여야 한다.

정답과 해설

① (O) 위장탈출 혐의자 또는 국내 입국 후 3년이 지나서 보호신청한 사람(체류국에 10년 이상 생활 근거지를 두고 있는 사람 X)은 보호대상자로 정하지 아니할 수 있다(북한이탈주민의 보호 및 정착지원에 관한 법률 제9조 제1항).

> 제9조(보호 결정의 기준 등) ① 보호 여부를 결정할 때 다음 각 호의 어느 하나에 해당하는 사람은 보호대상자로 결정하지 **아니할 수 있다.**
> 1. 항공기 납치, 마약거래, 테러, 집단살해 등 국제형사범죄자
> 2. 살인 등 중대한 비정치적 범죄자
> 3. 위장탈출 혐의자
> 5. 국내 입국 후 3년이 지나서 보호신청한 사람
> 6. 그 밖에 국가안전보장·질서유지·공공복리에 대한 중대한 위해 발생 우려, 보호신청자의 경제적 능력 및 해외체류 여건 등을 고려하여 보호대상자로 정하는 것이 부적당하거나 보호 필요성이 현저히 부족하다고 대통령령으로 정하는 사람

② (O) 북한이탈주민으로서 이 법에 따른 보호를 받으려는 사람은 재외공관이나 그 밖의 행정기관의 장(**각급 군부대의 장을 포함**한다. 이하 "재외공관장등"이라 한다)에게 보호를 직접 신청하여야 한다. 다만, 보호를 직접 신청하지 아니할 수 있는 대통령령으로 정하는 사유가 있는 경우에는 그러하지 아니하다(동법 제7조 제1항).
③ (O) 동법 제7조 제2항
④ (X) **국가정보원장**은 보호신청자에 대하여 보호결정 등을 위하여 필요한 조사 및 일시적인 신변안전조치 등 임시보호조치를 한 후 지체 없이 그 결과를 **통일부장관에게 통보**하여야 한다(동법 제7조 제3항).

정답 ④

07

외사경찰

② 다문화 사회
③ 국적법
④ 외국인의 입국과 출국(출입국관리법)
⑤ 여권(여권법)
⑥ 외국인의 체류(출입국관리법)
⑦ 국제형사경찰기구(인터폴)
⑧ 국제형사사법공조(법)
⑨ 범죄인 인도법
⑩ 주한미군지위협정(SOFA)
⑪ 외국인 등 관련범죄에 관한 특칙

• 기 출 키 워 드 •

23년 2차	• 경찰수사규칙과 범죄수사규칙
24년 1차	• 범죄인 인도법
24년 2차	• 국제경찰공조
25년 1차	
25년 2차	• 범죄인 인도법

최신개정법령&무료자료 다운로드 등
네이버 김재규경찰학 카페(https://cafe.naver.com/ollaedu)

THEME 01 다문화 사회

968 □□□□ 20 채용

다음은 다문화 사회의 접근유형에 대한 설명이다. 〈보기 1〉과 〈보기 2〉의 내용이 가장 적절하게 연결된 것은?

〈보기 1〉

(가) 소수집단이 자결(Self-determination)의 원칙을 내세워 문화적 공존을 넘어서는 소수민족 집단만의 공동체 건설을 지향한다.

(나) 차별을 금지하고 사회참여를 위해 기회평등을 보장하는 것으로, 사회통합을 위해 문화적 다양성을 인정하며 민족 집단의 존재를 인정하지만 시민 생활과 공적 생활에서는 주류 사회의 문화, 언어, 사회관습을 따를 것을 요구한다.

(다) 다문화주의를 결과에 있어서의 평등보장이라는 측면에서 접근하는 것으로, 문화적 소수자가 현실적으로 문화적 다수자와의 경쟁에서 불리한 위치에 있다는 것을 전제로 소수집단의 사회참가를 촉진하기 위해 적극적인 법적·재정적 원조를 한다.

〈보기 2〉

㉠ 조합주의적 다문화주의
㉡ 급진적 다문화주의
㉢ 자유주의적 다문화주의

  (가) (나) (다)
① ㉠ ㉢ ㉡
② ㉡ ㉢ ㉠
③ ㉠ ㉡ ㉢
④ ㉡ ㉠ ㉢

정답과 해설

② (O) (가)는 급진적 다문화주의, (나)는 자유주의적 다문화주의, (다)는 조합주의적 다문화주의에 대한 설명이다.

정답 ②

969 ☐☐☐☐ 19 승진

다문화 사회의 접근유형에 대한 설명으로 가장 적절하지 않은 것은?

① 급진적 다문화주의 – 다문화주의는 '차이에 대한 권리'로 해석되며, 소수자의 문화적 권리와 결부되어 이해된다.
② 동화주의 – 사회통합을 이룩하기 위해 국가내부의 문화적 다양성을 허용하고, 소수 인종집단 고유의 문화와 가치를 인정하지만, 시민생활이나 공적생활에서는 주류 사회의 문화·언어·사회습관에 따를 것을 요구한다.
③ 조합주의적 다문화주의 – 자유주의적 다문화주의와 급진적 다문화주의의 절충적 형태로서 다문화주의를 결과에 있어서의 평등보장이라는 측면에서 접근한다.
④ 다원주의 – 소수집단이 자결(self-determination)의 원칙을 내세워 문화적 공존을 넘어서는 소수민족 집단만의 공동체 건설을 지향한다. 미국에서의 흑인과 원주민에 의한 격리주의 운동이 대표적이다.

정답과 해설

①②③ 모두 옳은 설명이다.
④ (X) 지문 내용은 **급진적 다문화주의**에 관한 설명이다.

정답 ④

THEME 02 국적법

970 ☐☐☐☐ 19 채용

「국적법」상 일반귀화의 요건에 관한 내용이다. ㉠~㉤의 내용 중 옳고 그름의 표시(O, X)가 모두 바르게 된 것은?

> ㉠ 10년 이상 계속하여 대한민국에 주소가 있을 것
> ㉡ 대한민국에서 영주할 수 있는 체류자격을 가지고 있을 것
> ㉢ 대한민국의 「민법」상 성년일 것
> ㉣ 법령을 준수하는 등 대통령령으로 정하는 품행 단정의 요건을 갖출 것
> ㉤ 귀화를 허가하는 것이 국가안전보장·질서유지 또는 공공복리를 해치지 아니한다고 법무부장관이 인정할 것

① ㉠ (X) ㉡ (O) ㉢ (O) ㉣ (X) ㉤ (O)
② ㉠ (O) ㉡ (X) ㉢ (O) ㉣ (O) ㉤ (X)
③ ㉠ (O) ㉡ (O) ㉢ (X) ㉣ (X) ㉤ (O)
④ ㉠ (X) ㉡ (O) ㉢ (O) ㉣ (X) ㉤ (X)

정답과 해설

㉠ (X) **5년 이상** 계속하여 대한민국에 주소가 있을 것(국적법 제5조 제1호)
㉡ (O) 동법 제5조 제1호의2
㉢ (O) 동법 제5조 제2호
㉣ (X) 법령을 준수하는 등 **법무부령**으로 정하는 품행 단정의 요건을 갖출 것(동법 제5조 제3호)
㉤ (O) 귀화를 허가하는 것이 국가안전보장·질서유지 또는 공공복리를 해치지 아니한다고 **법무부장관(외교부장관 X)** 이 인정할 것(동법 제5조 제6호)

정답 ①

971 ☐☐☐☐ 예상문제

'국적'과 관련된 내용에 대한 설명으로 옳지 않은 것은?

① 대한민국 국적을 취득한 사실이 없는 외국인은 법무부장관의 귀화허가를 받아 대한민국 국적을 취득할 수 있다.
② 대한민국 국적을 취득한 외국인으로서 외국 국적을 가지고 있는 자는 대한민국 국적을 취득한 날부터 1년 내에 그 외국 국적을 포기하여야 한다.
③ 출생 당시에 모가 자녀에게 외국 국적을 취득하게 할 목적으로 외국에서 체류 중이었던 사실이 인정되는 자는 외국 국적을 포기한 경우에만 대한민국 국적을 선택한다는 뜻을 신고할 수 있다.
④ 중앙행정기관의 장이 복수국적자를 외국인과 동일하게 처우하는 내용으로 법령을 제정 또는 개정하려는 경우에는 미리 외교부장관과 협의하여야 한다.

정답과 해설

① (O) 대한민국 국적을 **취득한 사실이 없는(취득한 사실이 있는 X)** 외국인은 법무부장관의 귀화허가를 받아 대한민국 국적을 취득할 수 있다(국적법 제4조 제1항).
② (O) 동법 제10조 제1항
③ (O) 동법 제13조 제3항
④ (X) 중앙행정기관의 장이 복수국적자를 외국인과 동일하게 처우하는 내용으로 법령을 제정 또는 개정하려는 경우에는 미리 **법무부장관(외교부장관 X)**과 협의하여야 한다(동법 제11조의2).

정답 ④

외국인의 입국과 출국(출입국관리법)

972 ☐☐☐☐ 15 간부

다음 중 사증 없이 입국할 수 있는 외국인이 아닌 것은?

① 재입국허가를 받은 자 또는 재입국허가가 면제된 자로서 그 허가 또는 면제받은 기간이 만료되기 전에 입국하는 자
② 대한민국과 사증면제협정을 체결한 국가의 국민으로서 그 협정에 의하여 면제대상이 되는 자
③ 대한민국의 이익 등과 관련하여 외교부장관이 인정한 사람
④ 난민여행증명서를 발급받고 출국하여 그 유효기간이 만료되기 전에 입국하는 자

> **정답과 해설**
>
> ③ (X) **법무부장관(외교부장관 X)**이 대한민국의 이익 등을 위하여 입국이 필요하다고 인정하는 사람이 사증 없이 입국할 수 있는 외국인이다(출입국관리법 시행령 제8조 제1항 제3호).
>
> 정답 ③

973 17 채용

「출입국관리법」상 외국인의 입국금지 사유로 가장 적절하지 않은 것은?

① 감염병환자, 마약류중독자, 그 밖에 공중위생상 위해를 끼칠 염려가 있다고 인정되는 사람
② 강제퇴거명령을 받고 출국한 후 5년이 지난 사람
③ 사리 분별력이 없고 국내에서 체류활동을 보조할 사람이 없는 정신장애인, 국내체류비용을 부담할 능력이 없는 사람, 그 밖에 구호(救護)가 필요한 사람
④ 경제질서 또는 사회질서를 해치거나 선량한 풍속을 해치는 행동을 할 염려가 있다고 인정할 만한 상당한 이유가 있는 사람

정답과 해설

② (X) '강제퇴거명령을 받고 출국한 후 5년이 지나지 아니한 사람'이라고 해야 옳다(출입국관리법 제11조 제1항 제6호).

> **제11조(입국의 금지 등)** ① 법무부장관은 다음에 해당하는 외국인에 대하여는 입국을 금지할 수 있다.
> 1. 감염병환자, 마약류중독자, 그 밖에 공중위생상 위해를 끼칠 염려가 있다고 인정되는 사람
> 2. 「총포·도검·화약류 등의 안전관리에 관한 법률」에서 정하는 총포·도검·화약류 등을 위법하게 가지고 입국하려는 사람
> 3. 대한민국의 이익이나 공공의 안전을 해치는 행동을 할 염려가 있다고 인정할 만한 상당한 이유가 있는 사람
> 4. 경제질서 또는 사회질서를 해치거나 선량한 풍속을 해치는 행동을 할 염려가 있다고 인정할 만한 상당한 이유가 있는 사람
> 5. 사리 분별력이 없고 국내에서 체류활동을 보조할 사람이 없는 정신장애인, 국내체류비용을 부담할 능력이 없는 사람, 그 밖에 구호가 필요한 사람
> 6. 강제퇴거명령을 받고 출국한 후 5년이 지나지 아니한 사람(지난 사람 X)
> 7. 1910년 8월 29일부터 1945년 8월 15일까지 사이에 일본등의 정부의 지시를 받거나 그 정부와 연계하여 인종, 민족, 종교, 국적, 정치적 견해 등을 이유로 사람을 학살·학대하는 일에 관여한 사람
> 8. 1부터 7까지의 규정에 준하는 사람으로서 법무부장관이 그 입국이 적당하지 아니하다고 인정하는 사람

정답 ②

974

「출입국관리법」상 외국인이 입국할 때 생체정보의 제공에 대한 설명 중 옳지 않은 것은?

① 입국하려는 외국인은 입국심사를 받을 때 법무부령으로 정하는 방법으로 생체정보를 제공하고 본인임을 확인하는 절차에 응하여야 한다.
② 17세 미만인 사람과 외국과의 우호 및 문화교류 증진, 경제활동 촉진 또는 대한민국의 이익 등을 고려하여 생체정보의 제공을 면제하는 것이 필요하다고 법무부령으로 정하는 사람은 제외된다.
③ 생체정보를 제공하지 아니하는 경우에는 그의 입국을 허가하지 아니할 수 있다.
④ 법무부장관은 입국심사에 필요한 경우에는 관계 행정기관이 보유하고 있는 외국인의 생체정보의 제출을 요청할 수 있다.

정답과 해설

① (O) 입국하려는 외국인은 입국심사를 받을 때 **법무부령(대통령령 X)**으로 정하는 방법으로 생체정보를 제공하고 본인임을 확인하는 절차에 응하여야 한다(출입국관리법 제12조의2 제1항 본문).
② (X) **대통령령(법무부령 X)**으로 정하는 사람은 제외된다(동법 제12조의2 제1항 제1호, 제3호).
③ (O) 생체정보를 제공하지 아니하는 경우에는 그의 입국을 허가하지 **아니할 수 있다(아니한다 X)**(동법 제12조의2 제2항).
④ (O) 동법 제12조의2 제3항

정답 ②

975 ☐☐☐☐ 19 간부, 예상문제

「출입국관리법」상 규정된 '상륙의 종류'와 '내용'에 대한 설명으로 가장 적절한 것은? (단, 기간연장은 없음)

① 관광상륙 – 외국인승무원이 승선 중인 선박 등이 대한민국의 출입국항에 정박하고 있는 동안 휴양 등의 목적으로 상륙하려는 외국인승무원에 대하여 선박등의 장 또는 운수업자나 본인이 신청하면 3일의 범위에서 관광상륙을 허가할 수 있다.
② 난민임시상륙 – 선박등에 타고 있던 외국인이 생명·신체 또는 신체의 자유를 침해받을 공포가 있는 영역에서 도피하여 곧바로 대한민국에 비호를 신청하는 경우 60일의 범위 내에서 허가할 수 있다.
③ 승무원상륙 – 승선 중인 선박등이 대한민국의 출입국항에 정박하고 있는 동안 휴양 등의 목적으로 상륙하려는 외국인승무원은 15일 범위 내에서 허가할 수 있다.
④ 재난상륙 – 선박등에 타고 있는 외국인(승무원을 포함한다)이 질병이나 그 밖의 사고로 긴급히 상륙할 필요가 있다고 인정될 때 상륙하는 것으로 30일 범위 내에서 허가할 수 있다.

정답과 해설

① (X) 설문의 내용은 **관광상륙이 아니라 승무원상륙**에 대한 설명이다. 외국인승무원이 승선 중인 선박 등이 대한민국의 출입국항에 정박하고 있는 동안 휴양 등의 목적으로 상륙하려는 외국인승무원에 대하여 선박등의 장 또는 운수업자나 본인이 신청하면 **15일(3일 X)**의 범위에서 승무원의 상륙을 허가할 수 있다(출입국관리법 제14조의2 제1항).
② (X) 선박등에 타고 있던 외국인이 생명·신체 또는 신체의 자유를 침해받을 공포가 있는 영역에서 도피하여 곧바로 대한민국에 비호를 신청하는 경우 **90일의 범위 내(60일의 범위 내 X)**에서 허가할 수 있다(동법 제16조의2 제1항).
③ (O) 출입국관리공무원은 승선 중인 선박등이 대한민국의 출입국항에 정박하고 있는 동안 휴양 등의 목적으로 상륙하려는 외국인승무원에 대하여 선박등의 장 또는 운수업자나 본인이 신청하면 **15일의 범위**에서 승무원의 상륙을 허가할 수 있다(동법 제14조 제1항).
④ (X) 출입국관리공무원은 선박등에 타고 있는 외국인(승무원을 포함한다)이 질병이나 그 밖의 사고로 긴급히 상륙할 필요가 있다고 인정되면 그 선박등의 장이나 운수업자의 신청을 받아 **30일의 범위**에서 **긴급상륙**을 허가할 수 있다(동법 제15조 제1항). **재난상륙**은 **조난을 당한 선박등**에 타고 있는 외국인(승무원을 포함한다)을 **긴급히 구조**할 필요가 있다고 인정될 때이다.

정답 ③

976 19·25 승진

「출입국관리법」상 출국금지에 관한 내용으로 가장 적절하지 않은 것은?

① 출국금지를 요청한 기관의 장은 출국금지기간을 초과하여 계속 출국을 금지할 필요가 있을 때에는 출국금지기간이 끝나기 3일 전까지 법무부장관에게 출국금지기간을 연장하여 줄 것을 요청하여야 한다.
② 법무부장관은 범죄수사를 위하여 출국이 적당하지 아니하다고 인정되는 사람에 대하여 1개월 이내의 기간을 정하여 출국을 금지할 수 있다.
③ 법무부장관은 출국금지 사유가 없어졌거나 출국을 금지할 필요가 없다고 인정할 때에는 즉시 출국금지를 해제하여야 한다.
④ 법무부장관은 기소중지 또는 수사중지(피의자중지로 한정한다)된 경우로서 체포영장 또는 구속영장이 발부된 사람에 대하여 3개월 이내의 기간을 정하여 출국을 금지할 수 있다.

> **정답과 해설**
> ① (O) 동법 제4조의2 제2항
> ② (O) 동법 제4조 제2항
> ③ (O) 동법 제4조의3 제1항
> ④ (X) 법무부장관은 기소중지 또는 수사중지(피의자중지로 한정한다)된 경우로서 체포영장 또는 구속영장이 발부된 사람에 대하여 **영장 유효기간 이내(3개월 이내 X)**의 기간을 정하여 출국을 금지할 수 있다(동법 제4조 제2항 제2호).
>
> 정답 ④

THEME 04 여권(여권법)

977 19 승진, 예상문제

「여권법」과 「여권법 시행령」에 대한 설명으로 옳지 않은 모두 몇 개인가?

㉠ 여권은 외교부장관이 발급한다.
㉡ 일반여권, 관용여권, 외교관여권의 유효기간은 각각 10년, 5년, 3년 이내이다.
㉢ 외교부장관은 여권 등의 발급, 재발급과 기재사항변경에 관한 사무의 일부를 대통령령으로 정하는 바에 따라 지방자치단체의 장에게 대행하게 할 수 있다.
㉣ 여권이 발급된 날부터 3개월이 지날 때까지 신청인이 그 여권을 받아가지 아니한 때에는 그 효력을 잃는다.
㉤ 관계 행정기관의 장은 장기 2년 이상의 형에 해당하는 죄로 인하여 기소되는 등의 일정 사유에 해당하는 때에는 외교부장관에게 여권 등의 발급 · 재발급의 거부 · 제한이나 유효한 여권의 반납명령을 요청할 수 있다.
㉥ 여행증명서의 유효기간은 1년 이내로 하되, 그 여행증명서의 발급 목적을 이루면 그 효력을 잃는다.

① 2개 ② 3개
③ 4개 ④ 5개

정답과 해설

㉠ (O) 여권법 제3조
㉡ (X) 외교관여권의 유효기간은 **5년 이내(3년 이내 X)**이다(동법 제5조 제1항 제3호).
㉢ (O) 동법 제21조 제1항
㉣ (X) 여권이 발급된 날부터 **6개월(3개월 X)**이 지날 때까지 신청인이 그 여권을 받아가지 아니한 때에는 그 효력을 잃는다(동법 제13조 제1항 제2호).
㉤ (O) 동법 시행령 제23조
㉥ (O) 동법 제14조 제2항

정답 ①

978 ☐☐☐☐ 18 승진, 예상문제

「여권법」상 여권발급 등의 거부·제한 사유에 해당하지 않은 것은 모두 몇 개인가?

> ㉠ 장기 3년 이상의 형에 해당하는 죄로 인하여 기소되어 있는 사람
> ㉡ 「여권법」제24조부터 제26조까지의 죄를 범하여 금고 이상의 형을 선고받고 그 집행이 끝나거나(집행이 끝난 것으로 보는 경우를 포함한다) 집행이 면제되지 아니한 사람
> ㉢ 장기 5년 이상의 형에 해당하는 죄로 인하여 기소중지 또는 수사중지(피의자 중지로 한정한다)되어 국외에 있는 사람
> ㉣ 국외에서 대한민국의 안전보장·질서유지나 통일·외교정책에 중대한 침해를 야기할 우려가 있는 경우로서 출국할 경우 테러 등으로 생명이나 신체의 안전이 침해될 위험이 큰 사람

① 1개 ② 2개
③ 3개 ④ 4개

정답과 해설

㉠ (X) **장기 2년** 이상의 형에 해당하는 죄로 인하여 기소되어 있는 사람(여권법 제12조 제1항 제1호)
㉡ (X) 「여권법」제24조부터 제26조까지의 죄를 범하여 **실형(금고 이상의 형 X)** 을 선고받고 그 집행이 끝나거나(집행이 끝난 것으로 보는 경우를 포함한다) 집행이 면제되지 아니한 사람(동법 제12조 제1항 제2호)
㉢ (X) **장기 3년** 이상의 형(동법 제12조 제1항 제1호)
㉣ (O)

정답 ③

979 ☐☐☐☐ 21 승진

여행경보단계 중 해외체류자는 신변안전에 특별히 유의하여야 하고, 해외여행예정자는 불필요한 여행을 자제해야 하는 단계는?

① 남색경보 ② 황색경보
③ 적색경보 ④ 흑색경보

정답과 해설

② (O) **황색경보 단계**에 대한 설명이다(여행경보제도 운영지침 제5조 제1항 제2호).

정답 ②

외국인의 체류(출입국관리법)

980 ☐☐☐☐ 26 간부

「출입국관리법 시행령」상 외국인의 장기체류 자격에 관한 설명으로 가장 적절하지 않은 것은?

① 전문대학 이상의 교육기관 또는 학술연구기관에서 정규과정의 교육을 받거나 특정연구를 하려는 사람은 D-2 장기체류자격을 취득할 수 있다.
② 수익이 따르는 음악, 미술, 문학 등의 예술활동과 수익을 목적으로 하는 연예, 연주, 연극, 운동경기, 광고·패션모델, 그 밖에 이에 준하는 활동을 하려는 사람은 E-2 장기체류자격을 취득할 수 있다.
③ 「외국인근로자의 고용 등에 관한 법률」에 따른 국내 취업요건을 갖춘 사람은 E-9 장기체류자격을 취득할 수 있다.
④ 국민과 혼인관계(사실상의 혼인관계를 포함)에서 출생한 자녀를 양육하고 있는 부 또는 모로서 법무부장관이 인정하는 사람은 F-6 장기체류자격을 취득할 수 있다.

> **정답과 해설**
>
> ② **(X)** 수익이 따르는 음악, 미술, 문학 등의 예술활동과 수익을 목적으로 하는 연예, 연주, 연극, 운동경기, 광고·패션모델, 그 밖에 이에 준하는 활동을 하려는 사람은 **E-6(예술흥행)** 장기체류자격을 취득할 수 있다.
>
> 정답 ②

981 예상문제

「출입국관리법」상 외국인의 체류에 대한 설명 중 옳지 않은 것은?

① 외국인은 사증에 기재된 체류자격과 체류기간의 범위 내에서 대한민국에 체류할 수 있다.
② 외국인이 사증에 기재된 체류자격 외 활동을 하고자 할 때는 법무부장관의 사전허가를 받아야 한다.
③ 법무부장관은 공공의 안녕질서나 대한민국의 중요한 이익을 위하여 필요하다고 인정하면 체류하는 외국인에 대하여 거소(居所) 또는 활동의 범위를 제한하거나 그 밖에 필요한 준수사항을 정할 수 있다.
④ 대한민국에서 출생하여 체류자격을 가지지 못하고 체류하게 되는 외국인은 출생한 날부터 90일 이내에, 대한민국에서 체류 중 대한민국의 국적을 상실하거나 이탈하는 등 그 밖의 사유로 체류자격을 가지지 못하고 체류하게 되는 외국인은 그 사유가 발생한 날부터 30일 이내에 체류자격을 받아야 한다.

정답과 해설

① (O) 출입국관리법 제17조 제1항
② (O) 동법 제20조
③ (O) 동법 제22조
④ (X) 대한민국에서 출생하여 체류자격을 가지지 못하고 체류하게 되는 외국인은 출생한 날부터 90일 이내에, 대한민국에서 체류 중 대한민국의 국적을 상실하거나 이탈하는 등 그 밖의 사유로 체류자격을 가지지 못하고 체류하게 되는 외국인은 **그 사유가 발생한 날부터 60일 이내(30일 이내 X)**에 체류자격을 받아야 한다(동법 제23조).

정답 ④

982 21 채용, 23 승진

「출입국관리법」상 외국인 강제퇴거 대상으로 적절하지 않은 것은 모두 몇 개인가?

㉠ 영주자격을 가진 사람으로 3년 이상의 징역 또는 금고의 형을 선고받고 석방된 사람 중 법무부령으로 정하는 사람
㉡ 외국인등록 의무를 위반한 사람
㉢ 벌금 이상의 형을 선고받고 석방된 사람
㉣ 법무부장관이 정한 거소 또는 활동범위의 제한이나 그 밖의 준수사항을 위반한 사람
㉤ 지방출입국·외국인관서의 장이 붙인 조건부 입국 허가조건을 위반한 사람

① 2개 ② 3개
③ 4개 ④ 5개

정답과 해설

㉡㉣㉤ 3항목은 외국인 강제퇴거 대상자에 해당한다.
㉠ (X) **영주자격**을 가진 사람으로 **5년 이상**의 징역 또는 금고의 형을 선고받고 석방된 사람 중 법무부령으로 정하는 사람(동법 제46조 제2항 제2호)
㉢ (X) **금고 이상(벌금 이상 X)**의 형을 선고받고 석방된 외국인이 강제퇴거 대상자에 해당한다(동법 제46조 제1항 제13호).

정답 ①

983 ☐☐☐☐ 21 채용

「출입국관리법」에 대한 설명으로 가장 적절한 것은?

① 출국이 금지(「출입국관리법」 제4조 제1항 또는 제2항)되거나 출국금지기간이 연장(「출입국관리법」 제4조의2 제1항)된 사람은 출국금지결정이나 출국금지기간 연장의 통지를 받은 날 또는 그 사실을 안 날부터 15일 이내에 법무부장관에게 출국금지결정이나 출국금지기간 연장결정에 대한 이의를 신청할 수 있다.
② 외국인이 입국할 때에는 유효한 여권과 외교부장관이 발급한 사증을 가지고 있어야 한다.
③ 수사기관이 「출입국관리법」 제4조의6 제3항에 따른 긴급출국금지 승인을 요청한 때로부터 12시간 이내에 법무부장관으로부터 긴급출국금지 승인을 받지 못한 경우, 법무부장관은 「출입국관리법」 제4조의6 제1항의 수사기관 요청에 따른 출국금지를 해제하여야 한다.
④ 법무부장관은 소재를 알 수 없어 기소중지결정이 된 사람 또는 도주 등 특별한 사유가 있어 수사진행이 어려운 사람에 대하여는 6개월 이내의 기간을 정하여 출국을 금지할 수 있다.

정답과 해설

① (X) 출국이 금지(「출입국관리법」 제4조 제1항 또는 제2항)되거나 출국금지기간이 연장(「출입국관리법」 제4조의2 제1항)된 사람은 출국금지결정이나 출국금지기간 연장의 통지를 받은 날 또는 그 사실을 안 날부터 **10일 이내**에 법무부장관에게 출국금지결정이나 출국금지기간 연장결정에 대한 이의를 신청할 수 있다(출입국관리법 제4조의5 제1항).
② (X) 외국인이 입국할 때에는 유효한 여권과 **법무부장관**이 발급한 사증(査證)을 가지고 있어야 한다(동법 제7조 제1항).
③ (O) 동법 제4조의6 제4항
④ (X) 법무부장관은 소재를 알 수 없어 기소중지결정이 된 사람 또는 도주 등 특별한 사유가 있어 수사진행이 어려운 사람에 대하여는 **3개월 이내**의 기간을 정하여 출국을 금지할 수 있다(동법 제4조 제2항 제1호).

정답 ③

984 ☐☐☐☐ 23 간부

「출입국관리법」에 대한 설명이다. 아래 가.부터 라.까지 설명 중 옳고 그름의 표시(O, X)가 바르게 된 것은?

> 가. 수사기관이 「출입국관리법」 제4조의6 제3항에 따른 긴급출국금지 승인을 요청한 때로부터 24시간 이내에 법무부장관으로부터 긴급출국금지 승인을 받지 못한 경우, 법무부장관은 출입국관리법 제4조의6 제1항의 수사기관 요청에 따른 출국금지를 해제하여야 한다.
> 나. 18세 미만의 외국인을 제외한 대한민국에 체류하는 외국인은 여권, 선원신분증명서, 외국인입국허가서, 외국인등록증, 모바일외국인등록증 또는 상륙허가서를 지니고 있어야 한다.
> 다. 출입국관리공무원 외의 수사기관이 출입국사범에 해당하는 사건을 입건하였을 때에는 지체 없이 관할 지방출입국·외국인관서의 장에게 인계하여야 한다.
> 라. 감염병환자, 마약류중독자, 강제퇴거명령을 받고 출국한 후 5년이 지난 외국인은 입국금지 사항에 해당한다.

① 가. (O) 나. (X) 다. (O) 라. (O)
② 가. (X) 나. (O) 다. (O) 라. (O)
③ 가. (X) 나. (X) 다. (O) 라. (X)
④ 가. (O) 나. (X) 다. (X) 라. (X)

정답과 해설

가. **(X)** 법무부장관은 수사기관이 제3항에 따른 긴급출국금지 승인 요청을 하지 아니한 때에는 제1항의 수사기관 요청에 따른 출국금지를 해제하여야 한다. 수사기관이 긴급출국금지 승인을 요청한 때로부터 **12시간 이내**에 법무부장관으로부터 긴급출국금지 승인을 받지 못한 경우에도 또한 같다(출입국관리법 제4조의6 제4항).
나. **(X)** 대한민국에 체류하는 외국인은 항상 여권·선원신분증명서·외국인입국허가서·외국인등록증·모바일외국인등록증 또는 상륙허가서를 지니고 있어야 한다. 다만, **17세 미만**인 외국인의 경우에는 그러하지 아니하다(동법 제27조 제1항).
다. **(O)** 동법 제101조 제2항
라. **(X)** 강제퇴거명령을 받고 출국한 후 **5년이 지나지 아니한 사람**은 입국금지 사항에 해당한다(동법 제11조 제1항 제6호).

정답 ③

THEME 06 국제형사경찰기구(인터폴, ICPO)

985 ☐☐☐☐ 22 간부

국제형사경찰기구(INTERPOL) 설립에 대한 설명으로 가장 적절하지 않은 것은?

① 1914년 모나코(Monaco)에서 제1회 국제형사경찰회의(International Criminal Police Congress)가 개최되었다.
② 1923년 헤이그(Hague)에서 19개국 경찰기관장이 참석하여 유럽대륙 위주의 국제형사경찰위원회(International Criminal Police Commission)를 창설하였다.
③ 1956년 비엔나(Vienna)에서 개최된 제25차 국제형사경찰위원회 총회에서 국제형사경찰기구(International Criminal Police Organization: ICPO), 즉 인터폴(INTERPOL)로 명칭이 변경되었다.
④ 2021년 현재 본부는 리옹(Lyon)에 있다.

> **정답과 해설**
> ② (X) 1923년 **비엔나(헤이그 X)**에서 제2차 국제형사경찰회의가 개최되어 유럽대륙 위주의 국제형사경찰위원회(International Criminal Police Commission)를 창설하였다.
>
> **정답** ②

986 ☐☐☐☐ 20 승진

국제형사경찰기구(인터폴)에 대한 설명으로 가장 적절하지 않은 것은?

① 인터폴 협력의 원칙으로는 주권의 존중, 일반형법의 집행, 보편성의 원칙, 평등성의 원칙, 업무방법의 유연성 등이 있다.
② 1923년 비엔나에서 19개국 경찰기관장이 참석한 가운데 제2차 국제형사경찰회의가 개최되어 국제형사경찰위원회(ICPC : International Criminal Police Commission)를 창립하였다.
③ 법무부장관은 국제형사경찰기구로부터 외국의 형사사건 수사에 대하여 협력을 요청받거나 국제형사경찰기구에 협력을 요청하는 경우 국제범죄의 정보 및 자료교환, 국제범죄의 동일증명 및 전과조회 등의 조치를 취할 수 있다.
④ 인터폴에서 발행하는 국제수배서에는 변사자 신원확인을 위한 흑색수배서(Black Notice), 장물수배를 위한 장물수배서(Stolen Property Notice), 범죄관련인 소재확인을 위한 청색수배서(Blue Notice) 등이 있다.

> **정답과 해설**
> ③ (X) **행정안전부장관**은 국제형사경찰기구로부터 외국의 형사사건 수사에 대하여 협력을 요청받거나 국제형사 경찰기구에 협력을 요청하는 경우 국제범죄의 정보 및 자료교환, 국제범죄의 동일증명 및 전과조회 등의 조치를 취할 수 있다(국제형사사법공조법 제38조 제1항).
>
> **정답** ③

987 ☐☐☐☐ 예상문제

국제형사경찰기구(인터폴)에 관한 설명으로 옳은 것은?

① 1956년 비엔나에서 제25차 국제형사경찰위원회가 개최되어 국제형사경찰기구(ICPO : International Criminal Police Organization)가 발족하였고, 발족과 함께 프랑스 파리에 사무총국을 두었다.
② 인터폴 총회는 국제범죄 예방과 진압을 위해 각 회원국 등과 긴밀한 협조관계를 유지하는 총본부이자 추진체이며, 국제수배서를 발행한다.
③ 인터폴 총회는 회원국 정부가 자국 내에 국제경찰협력 상설 경찰부서를 지정하도록 하고 있는데 이것을 국가중앙사무국(NCB)이라 한다.
④ 인터폴 회원국 간 협조의 기본원칙으로 모든 회원국은 재정 분담금의 규모와 관계없이 동일한 혜택과 지원을 받을 수 있다는 보편성을 들 수 있다.

정답과 해설

① (O) 옳은 설명이다.
② (X) **인터폴 사무총국**은 국제범죄 예방과 진압을 위해 각 회원국 등과 긴밀한 협조관계를 유지하는 총본부이자 추진체이며, 국제수배서를 발행한다.
③ (X) **인터폴 사무총국**은 회원국 정부가 자국 내에 국제경찰협력 상설 경찰부서를 지정하도록 하고 있는데 이것을 국가중앙사무국(NCB)이라 한다.
④ (X) 모든 회원국은 **재정 분담금**의 규모와 관계없이 동일한 혜택과 지원을 받을 수 있다는 것은 **평등성(보편성 X)**이다.

정답 ①

988 □□□□ 22 해경간부

다음 〈보기〉의 내용은 국제수배서의 종류에 대한 설명이다. 가장 옳게 짝지어진 것은?

> ㉠ 체포영장이 발부된 범죄인에 대하여 범죄인 인도를 목적으로 하는 경우에 발행
> ㉡ 폭발물, 테러범, 위험인물 등에 대한 보안을 경보하기 위하여 발행
> ㉢ 사망자의 신원을 확인할 수 없거나 사망자가 가명을 사용하였을 경우 정확한 신원을 파악할 목적으로 발행
> ㉣ 여러 국가에서 상습적으로 범죄를 저질렀거나 범죄를 저지를 가능성이 있는 국제범죄자의 동행을 파악 및 사전에 그 범행을 방지할 목적으로 발행
> ㉤ 가출인의 소재 확인 또는 기억상실자 등의 신원을 확인할 목적으로 발행

	㉠	㉡	㉢	㉣	㉤
①	적색수배서	오렌지색 수배서	흑색수배서	녹색수배서	황색수배서
②	청색수배서	흑색수배서	황색수배서	오렌지색 수배서	적색수배서
③	적색수배서	청색수배서	흑색수배서	녹색수배서	황색수배서
④	청색수배서	오렌지색 수배서	녹색수배서	적색수배서	흑색수배서

정답과 해설

①의 연결이 옳다.
- ㉠ **적색수배서(Red Notice)** - 체포영장이 발부된 범죄인에 대하여 범죄인 인도를 목적으로 하는 경우에 발행
- ㉡ **오렌지색수배서(Orange Notice)** - 폭발물, 테러범, 위험인물 등에 대한 보안을 경보하기 위하여 발행
- ㉢ **흑색수배서(Black Notice)** - 사망자의 신원을 확인할 수 없거나 사망자가 가명을 사용하였을 경우 정확한 신원을 파악할 목적으로 발행
- ㉣ **녹색수배서(Green Notice)** - 여러 국가에서 상습적으로 범죄를 저질렀거나 범죄를 저지를 가능성이 있는 국제범죄자의 동행을 파악 및 사전에 그 범행을 방지할 목적으로 발행
- ㉤ **황색수배서(Yellow Notice)** - 가출인의 소재 확인 또는 기억상실자 등의 신원을 확인할 목적으로 발행

정답 ①

THEME 07 국제형사사법공조(법)

989 ☐☐☐☐ 24 채용

국제경찰공조에 관한 설명으로 가장 적절한 것은?

① 국제형사사법공조와 범죄인 인도는 동일한 법률에 근거하고 있다.
② 「국제형사사법공조법」에는 증거 수집, 압수·수색 또는 검증이 공조의 범위로 포함되어 있다.
③ 국제형사경찰기구(인터폴)의 회원국은 자국 내 설치된 국가중앙사무국을 통해 다른 나라의 국가중앙사무국과 국제범죄정보 및 자료를 교환하며, 임의적 협조라기보다는 강제적 협조의 성격을 가진다.
④ 국제형사경찰기구는 국제형사공조기구로 분류되며, 예외적인 사안에서는 국제형사경찰기구 소속 수사관이 범인을 체포하거나 구속할 수도 있다.

정답과 해설

① (X) 국제형사사법공조는 「국제형사사법공조법」에 근거하고, 범죄인 인도는 「범죄인 인도법」에 근거한다.
② (O) 국제형사사법 공조법 제5조
③ (X) 국제형사경찰기구(인터폴)의 협조는 임의적 협조의 성격을 가지며, 강제적인 협조의 성격을 갖지 않는다.
④ (X) 국제형사경찰기구 소속 수사관이 범인을 체포하거나 구속할 수 있는 권한이 없다.

정답 ②

990 ☐☐☐☐ 19 채용, 20 간부

국제형사사법 공조에 대한 설명으로 옳지 않은 것은 모두 몇 개인가?

> 가. 요청국이 공조에 따라 취득한 증거를 공조요청의 대상이 된 범죄 이외의 수사나 재판에 사용해서는 안된다는 원칙은 '특정성의 원칙'과 관련이 깊다.
> 나. 「국제형사사법 공조법」상 공조범죄가 대한민국의 법률에 의하여는 범죄를 구성하지 아니하거나 공소를 제기할 수 없는 범죄인 경우 공조를 하지 아니할 수 있다.
> 다. 「국제형사사법 공조법」상 대한민국에서 수사가 진행 중이거나 재판에 계속된 범죄에 대하여 외국의 공조요청이 있는 경우에는 그 수사 또는 재판 절차가 끝날 때까지 공조를 연기하여야 한다.
> 라. 「국제형사사법 공조법」상 외국의 요청에 따른 수사의 공조절차에서 검사는 요청국에 인도하여야 할 증거물 등이 법원에 제출되어 있는 경우에는 법무부장관의 인도허가 결정을 받아야 한다.
> 마. 우리나라가 외국과 체결한 형사사법 공조조약과 「국제형사사법 공조법」의 규정이 상충되면 공조조약이 우선 적용된다.

① 1개 ② 2개
③ 3개 ④ 4개

정답과 해설

가. (O) 특정성의 원칙과 관련한 설명으로 옳다.
나. (O) 공조범죄가 **대한민국의 법률(요청국의 법률 X)**에 의하여는 범죄를 구성하지 아니하거나 공소를 제기할 수 없는 범죄인 경우 공조를 하지 아니할 수 있다(국제형사사법 공조법 제6조 제4호).
다. (X) 대한민국에서 수사가 진행 중이거나 재판에 계속(係屬)된 범죄에 대하여 외국의 공조요청이 있는 경우에는 그 수사 또는 재판 절차가 끝날 때까지 공조를 **연기할 수 있다(하여야 한다 X, 없다 X)**(동법 제7조).
라. (X) 검사는 요청국에 인도하여야 할 증거물 등이 법원에 제출되어 있는 경우에는 **법원(법무부장관 X)**의 인도허가 결정을 받아야 한다(동법 제17조 제3항).
마. (O) 동법 제3조

정답 ②

991 ☐☐☐☐ 예상문제

국제형사사법공조의 기본원칙에 대한 설명으로 맞지 않는 것은?

① 요청국이 보증하도록 규정되어 있음에도 불구하고 요청국의 보증이 없는 경우 공조를 하지 아니할 수 있다.
② 일방국가에서만 처벌 가능한 범죄이면 된다.
③ 요청국이 공조에 따라 취득한 증거를 공조요청의 대상이 된 범죄 이외의 수사나 재판에 사용하여서는 안 된다는 원칙이다.
④ 외국이 공조해준 만큼 공조해주는 것이 원칙이다.

정답과 해설

① (O) 상호주의(§4)는 공조조약이 체결되어 있지 아니한 경우에도 동일하거나 유사한 사항에 관하여 대한민국의 공조요청에 따른다는 요청국의 보증이 있는 경우에는 이 법을 적용한다는 원칙이다.
② (X) 국제형사사법공조의 대상범죄는 요청국과 피요청국에서 **모두 처벌 가능한 범죄(쌍방 가벌성의 원칙)**이어야 한다.
③ (O) 특정성의 원칙이다.
④ (O) 상호주의 원칙이다.

정답 ②

THEME 08 범죄인 인도법

992 21 승진

범죄인 인도에 관한 원칙에 대한 설명으로 가장 적절하지 않은 것은?

① 자국민불인도의 원칙은 자국민은 인도하지 않는다는 원칙으로서, 우리나라 「범죄인 인도법」 제9조는 절대적 거절사유로 규정하고 있다.
② 쌍방가벌성의 원칙은 인도청구가 있는 범죄가 청구국과 피청구국 쌍방의 법률에 의하여 범죄를 구성하지 않는 경우에는 그 범죄에 관하여 범죄인을 인도하지 않는다는 원칙이다.
③ 최소한 중요성의 원칙은 어느 정도 중요성을 띤 범죄인만 인도한다는 원칙이다.
④ 특정성의 원칙은 인도된 범죄인이 인도가 허용된 범죄 외의 범죄로 처벌받지 아니하고, 제3국에 인도되지 아니한다는 청구국의 보증이 없는 경우에는 범죄인을 인도하여서는 아니된다는 원칙이다.

정답과 해설

① **(X)** 범죄인이 대한민국 국민인 경우에 범죄인을 인도하지 **아니할 수 있다**(범죄인 인도법 제9조 제1호). **임의적 인도거절 사유에 해당한다.**
②③ **(O)** 동법 제6조
④ **(O)** 동법 제10조

정답 ①

993 ☐☐☐☐ 25 간부

「범죄인 인도법」에 관한 설명으로 가장 적절한 것은?

① 범죄인의 인도를 청구하는 국가가 같은 종류 또는 유사한 인도범죄에 대한 대한민국의 범죄인 인도청구에 응한다는 보증을 하는 경우에는 이 법을 적용한다. 단, 인도조약이 체결되어 있지 않은 국가는 제외한다.
② 검사는 긴급인도구속영장에 의하여 구속된 범죄인에 대하여 그가 구속된 날부터 2개월 이내에 법무부장관의 인도심사청구 명령이 없을 때에는 범죄인을 석방하고, 법무부장관에게 그 내용을 보고하여야 한다.
③ 대한민국 또는 청구국의 법률에 따라 인도범죄에 관한 공소시효 또는 형의 시효가 완성된 경우나 범죄인의 인도범죄 외의 범죄에 관하여 대한민국 법원에 재판이 계속 중인 경우 또는 범죄인이 형을 선고받고 그 집행이 끝나지 아니하거나 면제되지 아니한 경우에는 범죄인을 인도하여서는 아니 된다.
④ 외교부장관은 둘 이상의 국가로부터 동일 또는 상이한 범죄에 관하여 동일한 범죄인에 대한 인도청구를 받은 경우에는 범죄인을 인도할 국가를 결정하여야 하며, 이 경우 법무부장관과 협의하여야 한다.

정답과 해설

① (X) **인도조약이 체결되어 있지 아니한 경우에도** 범죄인의 인도를 청구하는 국가가 같은 종류 또는 유사한 인도범죄에 대한 대한민국의 범죄인 인도청구에 응한다는 보증을 하는 경우에는 이 법을 적용한다(범죄인 인도법 제4조).
② (O) 동법 제30조
③ (X) 대한민국 또는 청구국의 법률에 따라 인도범죄에 관한 공소시효 또는 형의 시효가 완성된 경우는 **절대적 인도거절 사유**이고, 범죄인의 인도범죄 외의 범죄에 관하여 대한민국 법원에 재판이 계속 중인 경우 또는 범죄인이 형을 선고받고 그 집행이 끝나지 아니하거나 면제되지 아니한 경우에는 **임의적 인도거절 사유**이다(동법 제7조 제1호, 제9조 제4호).
④ (X) **법무부장관(외교부장관 X)**은 둘 이상의 국가로부터 동일 또는 상이한 범죄에 관하여 동일한 범죄인에 대한 인도청구를 받은 경우에는 범죄인을 인도할 국가를 결정하여야 하며, 필요한 경우 **외교부장관(법무부장관 X)**과 협의 **할 수 있다(하여야 한다 X)**(동법 제16조 제1항).

정답 ②

994 ☐☐☐☐ 22·24 채용

「범죄인 인도법」 제7조에 따른 절대적 인도거절 사유에 해당하지 않는 것은?

① 대한민국 또는 청구국의 법률에 따라 인도범죄에 관한 공소시효 또는 형의 시효가 완성된 경우
② 인도범죄에 관하여 대한민국 법원에서 재판이 계속 중이거나 재판이 확정된 경우
③ 인도범죄의 성격과 범죄인이 처한 환경 등에 비추어 범죄인을 인도하는 것이 비인도적이라고 인정되는 경우
④ 범죄인이 인종, 종교, 국적, 성별, 정치적 신념 또는 특정 사회단체에 속한 것 등을 이유로 처벌되거나 그 밖의 불리한 처분을 받을 염려가 있다고 인정되는 경우

정답과 해설

①②④ (O) **절대적 인도거절 사유**이다(범죄인 인도법 제7조).
③ (X) **임의적 인도거절 사유**이다(동법 제9조 제5호).

절대적 인도거절 사유 (§7)	다음의 어느 하나에 해당하는 경우에는 범죄인을 **인도하여서는 아니 된다.** 1. 대한민국 또는 청구국의 법률에 따라 인도범죄에 관한 공소**시효** 또는 형의 시효가 완성된 경우 2. 인도범죄에 관하여 대한민국 법원에서 재판이 **계속 중**이거나 재판이 확정된 경우 3. 범죄인이 인도범죄를 범하였다고 의심할 만한 **상당한** 이유가 없는 경우(단, 인도범죄에 관하여 청구국에서 유죄의 재판이 있는 경우는 제외) 4. 범죄인이 인종, 종교, 국적, 성별, 정치적 신념 또는 특정 사회단체에 속한 것 등을 이유로 처벌되거나 그 밖의 **불리한 처분**을 받을 염려가 있다고 인정되는 경우 **시효 계속중 상당한 불리한 처분**
임의적 인도거절 사유 (§9)	다음의 어느 하나에 해당하는 경우에는 범죄인을 **인도하지 아니할 수 있다.** 1. 범죄인이 대한민국 국민인 경우 2. 인도범죄의 전부 또는 일부가 대한민국 영역에서 범한 것인 경우 3. 범죄인의 인도범죄 **외의** 범죄에 관하여 대한민국 법원에 재판이 계속 중인 경우 또는 범죄인이 형을 선고받고 그 집행이 끝나지 아니하거나 면제되지 아니한 경우 4. 범죄인이 인도범죄에 관하여 제3국(청구국이 아닌 외국을 말함)에서 재판을 받고 처벌되었거나 처벌받지 아니하기로 확정된 경우 5. 인도범죄의 성격과 범죄인이 처한 환경 등에 비추어 범죄인을 인도하는 것이 비인도적이라고 인정되는 경우

정답 ③

995 20 채용

다음은 「범죄인 인도법」과 범죄인 인도의 원칙에 대한 설명이다. 옳은 것은 모두 몇 개인가?

> ⊙ 「범죄인인도법」 제6조는 대한민국과 청구국의 법률에 따라 인도범죄가 사형, 무기징역, 무기금고, 장기 1년 이상의 징역 또는 금고에 해당하는 경우에만 범죄인 인도가 가능하다고 규정하여 '쌍방가벌성의 원칙'과 '최소한의 중요성 원칙'을 모두 담고 있다.
> ⓒ 인도조약이 체결되어 있지 않은 경우에도 범죄인의 인도를 청구하는 국가가 동종의 범죄인 인도청구에 응한다는 보증을 하는 경우 「범죄인 인도법」을 적용한다는 원칙은 '상호주의 원칙'이다.
> ⓒ 자국민은 원칙적으로 인도의 대상이 아니라는 '자국민 불인도의 원칙'은 「범죄인 인도법」상 절대적 인도거절 사유로 규정되어 있다.
> ⓔ 인도범죄가 정치적 성격을 지닌 범죄이거나 그와 관련된 경우 범죄인을 인도하여서는 안된다는 '정치범 불인도의 원칙'은 「범죄인 인도법」에 규정되어 있다. 다만 국가원수 암살, 집단 학살 등은 정치범 불인도의 예외사유로 인정한다.

① 1개 ② 2개
③ 3개 ④ 4개

정답과 해설

⊙ (O) 「범죄인인도법」 제6조는 대한민국과 청구국의 법률에 따라(쌍방가벌성) 인도범죄가 사형, 무기징역, 무기금고, 장기 1년 이상의 징역 또는 금고에 해당하는 경우에만(최소한의 중요성 원칙) 범죄인 인도가 가능하다고 규정하여 '쌍방가벌성의 원칙'과 '최소한의 중요성 원칙'을 모두 담고 있다.
ⓒ (O) 옳은 설명이다(동법 제4조).
ⓒ (X) **'자국민 불인도의 원칙'**은 「범죄인 인도법」상 **임의적 인도거절 사유**로 규정되어 있다(동법 제9조).
ⓔ (O) 옳은 설명이다(동법 제8조).

정답 ③

996 예상문제

「범죄인 인도법」에 대한 설명으로 가장 적절한 것은?

① 범죄인 인도심사 및 그 청구와 관련된 사건은 각 관할구역 고등법원과 고등검찰청의 전속관할로 한다.
② 인도청구서의 경우 조약체결국가는 상호보증서를 첨부하여 청구하고, 조약 미체결국가는 외교경로를 통하여 청구한다.
③ 서울고등법원 판사는 청구에 관계된 범죄가 인도거절사유 및 임의적 거절사유에 해당되는 경우 타당성 여부를 판단한다.
④ 법원은 범죄인이 인도구속영장에 의하여 구속 중인 경우에는 구속된 날부터 2개월 이내에 인도심사에 관한 결정을 하여야 한다.

정답과 해설

① (X) 범죄인의 인도심사 및 그 청구와 관련된 사건은 **서울고등법원과 서울고등검찰청**의 전속관할로 한다(범죄인 인도법 제3조).
② (X) 인도청구서의 경우 **조약체결국가는 외교경로를 통하여** 청구하고, **조약 미체결국가는 상호보증서를 첨부**하여 청구한다.
③ (X) **법무부장관**은 인도조약 또는 「범죄인 인도법」에 따라 범죄인을 인도할 수 없거나 인도하지 아니하는 것이 타당하다고 인정되는 경우에는 인도심사청구명령을 하지 아니하고, 그 사실을 외교부장관에게 통지하여야 한다(동법 제12조). ※ **법무부장관**이 타당성 여부를 판단하여 인도심사를 청구하지 않을 수 있다는 의미임
④ (O) 동법 제14조 제2항

정답 ④

997

「국제형사사법 공조법」과 「범죄인 인도법」에 대한 내용으로 옳은 것은 모두 몇 개인가?

> 가. 국제형사사법 공조와 범죄인 인도 과정 모두에서 상호주의 원칙과 조약우선주의를 천명하고 있다.
> 나. 대한민국에서 수사가 진행 중이거나 재판에 계속된 범죄에 대하여 외국의 공조요청이 있는 경우에는 즉시 공조해야 한다.
> 다. 외국의 요청에 따른 수사의 공조절차에서 공조요청 접수 및 요청국에 대한 공조 자료의 송부는 법무부장관이 한다. 다만, 긴급한 조치가 필요한 경우나 특별한 사정이 있는 경우에는 외교부장관이 법무부장관의 동의를 받아 이를 할 수 있다.
> 라. 대한민국과 청구국의 법률에 따라 인도범죄가 사형, 무기징역, 무기금고, 장기 3년 이상의 징역 또는 금고에 해당하는 경우에만 범죄인을 인도할 수 있다.
> 마. 범죄인이 대한민국 국민이거나 인도범죄에 관하여 대한민국 법원에서 재판이 확정된 경우에는 범죄인을 인도하여서는 아니 된다.

① 1개
② 2개
③ 3개
④ 4개

정답과 해설

가. (O) 국제형사사법 공조법 제3조, 제4조 및 범죄인인도법 제3조의2 제4조
나. (X) 대한민국에서 수사가 진행 중이거나 재판에 계속(係屬)된 범죄에 대하여 외국의 공조요청이 있는 경우에는 **그 수사 또는 재판 절차가 끝날 때까지 공조를 연기할 수 있다**(국제형사사법 공조법 제7조).
다. (X) 공조요청 접수 및 요청국에 대한 공조 자료의 송부는 **외교부장관**이 한다. 다만, 긴급한 조치가 필요한 경우나 특별한 사정이 있는 경우에는 **법무부장관이 외교부장관의 동의**를 받아 이를 할 수 있다(국제형사사법공조법 제11조, 공조요청의 접수 및 공조자료의 송부).
라. (X) 대한민국과 청구국의 법률에 따라 인도범죄가 사형, 무기징역, 무기금고, **장기 1년** 이상의 징역 또는 금고에 해당하는 경우에만 범죄인을 인도할 수 있다(범죄인인도법 제6조).
마. (X) 범죄인이 대한민국 국민인 경우는 **임의적 거절사유**이다(범죄인인도법 제9조).

정답 ①

 주한미군지위협정(SOFA)

998 ☐☐☐☐ 예상문제

주한미군지위협정(SOFA)에 따른 대상자에 대한 설명으로 옳지 않은 것은?

① 주한미군이란 대한민국의 영역 안에 있는 미국의 육군·해군·공군에 속하는 인원으로 현역에 복무하고 있는 자를 말한다.
② 군속이란 미국의 국적을 가진 민간인으로서 대한민국에 있는 미군 군대에 고용되거나, 동 군대에 근무 또는 동반하는 자를 말한다.
③ 초청계약자란 미국의 법률에 따라 조직된 법인, 통상 미국에 거주하는 동 법인의 고용원 및 그들의 가족으로서 미국 정부에 의해 지정된 자를 말한다.
④ 가족이란 주한미군·군속의 배우자 및 21세 미만의 자녀, 부모 및 21세 이상의 자녀 또는 기타 친척으로서 그 생계비의 3분의 1 이상을 미국군대의 구성원 또는 군속에 의존하는 자를 말한다.

> **정답과 해설**
> ④ **(X)** 부모 및 21세 이상의 자녀 또는 기타 친척으로서 그 생계비의 **반액 이상(3분의 1 이상 X)**을 합중국 군대의 구성원 또는 군속에 의존하는 자이다.
>
> 정답 ④

999 ☐☐☐☐ 예상문제

주한미군지위협정(SOFA) 규정 상 미군 A가 공무수행 중 범죄를 저질렀을 경우 재판권에 대한 설명으로 옳지 않은 것은?

① SOFA규정에 의하여 미군 군속도 주한미군지위협정의 대상자이다.
② A는 공무수행 중이므로 미군이 1차적 재판권을 갖는다.
③ 공무수행에 부수한 행위는 공무의 개념에서 제외된다.
④ 주한미군이 주한미군을 대상으로 신체나 재산에 대한 범죄를 저질렀을 경우에는 미국이 1차적 재판권을 갖는다.

> **정답과 해설**
> ③ **(X)** 공무집행 중의 작위 또는 부작위에 의한 범죄에 대하여는 미군 당국이 1차적 재판권을 가지며, **공무집행의 범위에는 공무집행으로 인한 범죄뿐만 아니라 공무집행에 부수하여 발생한 범죄도 포함**된다.
>
> 정답 ③

외국인 등 관련범죄에 관한 특칙

1000 ☐☐☐☐ 24 승진

다음 설명 중 가장 적절하지 않은 것은?

① 「경찰수사규칙」에 따르면 사법경찰관리는 외국인을 체포·구속하는 경우 국내 법령을 위반하지 않는 범위에서 영사관원과 자유롭게 접견·교통할 수 있고, 체포·구속된 사실을 영사기관에 통보해 줄 것을 요청할 수 있다는 사실을 알려야 한다.
② 「경찰수사규칙」에 따르면 사법경찰관리는 외국인 변사사건이 발생한 경우에는 영사기관 사망 통보서를 작성하여 지체 없이 검사에게 통보해야 한다.
③ 「범죄수사규칙」에 따르면 경찰관은 외국군함에 관하여는 해당 군함의 함장의 청구가 있는 경우 외에는 이에 출입해서는 아니 된다.
④ 「범죄수사규칙」에 따르면 경찰관은 총영사, 영사 또는 부영사의 사무소는 해당 영사의 청구나 동의가 있는 경우 외에는 이에 출입해서는 아니 된다.

정답과 해설

① (O) 경찰수사규칙 제91조 제2항
② (X) 사법경찰관리는 외국인 변사사건이 발생한 경우에는 영사기관 사망 통보서를 작성하여 지체 없이 **해당 영사기관(검사 X)**에 통보해야 한다(경찰수사규칙 제91조 제4항).
③ (O) 범죄수사규칙 제211조 제1항
④ (O) 범죄수사규칙 제213조 제2항

정답 ②

1001 ☐☐☐☐ 23 채용, 25 간부

「경찰수사규칙」과 「범죄수사규칙」이 규정하고 있는 외국인에 대한 조사 및 수사에 관한 내용으로 가장 적절한 것은 모두 몇 개인가?

> ㉠ 경찰관은 대한민국의 영해에 있는 외국 선박 내에서 발생한 범죄로서 대한민국 육상이나 항내의 안전을 해할 때, 승무원 이외의 사람이나 대한민국의 국민에 관계가 있을 때 또는 중대한 범죄가 행하여졌을 때는 수사를 하여야 한다.
> ㉡ 사법경찰관리는 외국인을 조사하는 경우에는 조사를 받는 외국인이 이해할 수 있는 언어로 통역해 주어야 한다.
> ㉢ 사법경찰관은 주한 미합중국 군대의 구성원·외국인군무원 및 그 가족이나 초청계약자의 범죄 관련 사건을 인지하거나 고소·고발 등을 수리한 때에는 7일 이내에 한미행정협정사건 통보서를 미군 당국에게 통보해야 한다.
> ㉣ 경찰관은 외국군함에 속하는 군인이나 군속이 그 군함을 떠나 대한민국의 영해 또는 영토 내에서 죄를 범한 경우에는 신속히 국가수사본부장에게 보고하여 그 지시를 받아야 한다. 다만, 현행범 그 밖의 급속을 요하는 때에는 체포 그 밖의 수사상 필요한 조치를 한 후 신속히 국가수사본부장에게 보고하여 그 지시를 받아야 한다.
> ㉤ 경찰관은 외교관 또는 외교관의 가족, 그 밖의 외교의 특권을 가진 사람 등의 관련범죄를 수사함에 있어서 외교특권을 침해하는 일이 없도록 주의하여야 한다.

① 1개 ② 2개
③ 3개 ④ 4개

정답과 해설

㉠ (O) 범죄수사규칙 제214조 제1호
㉡ (O) 경찰수사규칙 제91조 제1항
㉢ (X) 사법경찰관은 주한 미합중국 군대의 구성원·외국인군무원 및 그 가족이나 초청계약자의 범죄 관련 사건을 인지하거나 고소·고발 등을 수리한 때에는 **7일** 이내에 한미행정협정사건 통보서를 **검사(미군 당국 X)**에게 통보해야 한다 (경찰수사규칙 제92조 제1항).
㉣ (O) 범죄수사규칙 제212조
㉤ (O) 범죄수사규칙 제209조 제1항

정답 ④

저자 김재규

약력

- 동국대학교 대학원 경찰행정학과 경찰학박사
- 현, 해커스 경찰학 강사
- 현, 한국경찰학회 부회장
- 현, 원광디지털대학교 경찰학과 겸임교수
- 중앙경찰학교 외래교수
- 경찰공제회 경찰승진 실무종합 편찬 및 감수총괄
- 경찰수사연수원 외래교수
- 동국대학교 경찰행정학과 겸임교수
- 연세대학교 행정대학원 외래교수
- 네이버 김재규경찰학 카페(https://cafe.naver.com/ollaedu)
- 카카오톡 오픈채팅 김재규 경찰학(https://open.kakao.com/o/gYB88Ehe)

논문

- 뺑소니교통사고의 실태분석과 개선방안에 관한 연구, 2000.
- 불심검문의 요건과 한계에 관한 연구, 2009.
- 불심검문의 실태 및 개선방안에 관한 연구, 2009.

저서

- 행정실무Ⅰ·Ⅱ(경무·방범·교통·경비편), 형사실무Ⅰ·Ⅱ(수사·정보·보안·외사편), 1997.
- 경찰학개론(경찰시험 최초의 수험서), 수사Ⅰ·Ⅱ(경찰시험 최초의 수험서), 2000.
- 객관식 경찰학개론(경찰시험 최초의 수험서), 객관식 수사Ⅰ·Ⅱ(경찰시험 최초의 수험서), 2001.
- 경찰경무론·방범론·교통론·경비론·정보론·보안론·외사론, 2001.
- 경찰TOTAL기출문제, 2002.
- 경찰실무종합, 경찰실무Ⅰ·Ⅱ·Ⅲ, 2005.
- 경찰학개론(전정판)·수사Ⅰ(전정판), 2006.
- 객관식 경찰학개론(전정판)·수사Ⅰ(전정판), 2006.
- 경찰학개론(신정판)·수사(신정판), 2009.
- 객관식 경찰학개론(신정판)·수사(신정판), 2009.
- 경찰학개론 서브노트, 2012.
- 경찰학개론 암기노트, 2014.
- 수사(신정판), 2018.
- 경찰법령집 2019.
- 객관식 경찰학개론(전정판)·수사(전정판), 2019.
- 경찰실무종합 핵심정리, 2021.
- 경찰실무종합 효자손, 2021.
- 김재규 경찰학 핵심 서브노트, 2025
- 김재규 경찰학 22개년 총알 기출 OX, 2024
- 김재규 경찰학 PLUS 1000제, 2024

자기계발서

- 얌마! 너만 공부하냐, 2013.

2026 대비 최신개정판

해커스경찰
킹재규 경찰학 PLUS+ 1000제

개정 3판 1쇄 발행 2025년 11월 3일

지은이	김재규 편저
펴낸곳	해커스패스
펴낸이	해커스경찰 출판팀
주소	서울특별시 강남구 강남대로 428 해커스경찰
고객센터	1588-4055
교재 관련 문의	gosi@hackerspass.com
	해커스경찰 사이트(police.Hackers.com) 교재 Q&A 게시판
	카카오톡 채널 [해커스 경찰공무원]
학원 강의 및 동영상강의	police.Hackers.com
ISBN	979-11-7404-607-9 (13350)
Serial Number	03-01-01

저작권자 ⓒ 2025, 김재규

이 책의 모든 내용, 이미지, 디자인, 편집 형태는 저작권법에 의해 보호받고 있습니다.
서면에 의한 저자와 출판사의 허락 없이 내용의 일부 혹은 전부를 인용, 발췌하거나 복제, 배포할 수 없습니다.

경찰공무원 1위,
해커스경찰 police.Hackers.com

해커스경찰

· 정확한 성적 분석으로 약점 극복이 가능한 **경찰 합격예측 온라인 모의고사**(교재 내 응시권 및 해설강의 수강권 수록)
· 해커스 스타강사의 **경찰학 무료 특강**
· **해커스경찰 학원 및 인강**(교재 내 인강 할인쿠폰 수록)

한경비즈니스 선정 2024 한국품질만족도 교육(온·오프라인 경찰학원) 부문 1위